༄༅། །རྔ་ཁུལ་གྱི་ལོ་རབས།

阿坝州年鉴

ABA PREFECTURE YEARBOOK 2021

阿 坝 州 人 民 政 府　主办
阿坝州地方志办公室　　编

方志出版社

图书在版编目（CIP）数据

阿坝州年鉴 . 2021 / 阿坝州地方志办公室编 . — 北京：方志出版社，2021.12

ISBN 978-7-5144-5096-5

Ⅰ . ①阿… Ⅱ . ①阿… Ⅲ . ①阿坝藏族羌族自治州—2021—年鉴 Ⅳ . ① Z527.12

中国版本图书馆 CIP 数据核字（2021）第 266973 号

阿坝州地方志办公室网址　阿坝州年鉴（2021）电子书

阿坝州年鉴（2021）

编　　者：阿坝州地方志办公室
责任编辑：王海荣

出 版 者：方志出版社
地址　北京市朝阳区潘家园东里 9 号（国家方志馆 4 层）
邮编　100021
网址　http://www.zgfzcb.cn
发　　行：方志出版社图书经销中心
电话　（010）67110500
经　　销：各地新华书店
装帧设计：四川远近文化有限公司
印　　刷：成都市兴雅致印务有限责任公司

开　　本：889 × 1194　　1/16
印　　张：46.25
字　　数：1240 千字
版　　次：2021 年 12 月第 1 版　　2021 年 12 月第 1 次印刷
印　　数：0001 ～ 1000 册

ISBN 978-7-5144-5096-5　　定价：296.00 元

·生态保护·

SHENGTAI BAOHU

>>>>>>>>>

4月10日，河坝州召开入河排污口设置专家论证会（州生态环境局提供）

>>>>>>>>>

4月26日，州委书记刘坪（左一）在马尔康市参加2020年义务植树活动（州林草局提供）

松潘县大熊猫公园走廊（6月26日）
（大熊猫国家公园阿坝管理分局提供）

7月3日，全国首个大熊猫国家公园法庭在汶川卧龙特别行政区挂牌成立
（州林草局提供）

7月26日，生态环境部部长黄润秋（中）在若尔盖县唐克镇藏哇村调研定居点农村生活污水处理情况 （州生态环境局提供）

8月6日，兰州大学生命科学学院包新康（左四）在若尔盖湿地保护区培训指导鸟类监测方法与识别

（若尔盖湿地管理局提供）

9月16日，副省长杨洪波（左一）一行到若尔盖湿地保护区调研生态保护工作

（若尔盖湿地管理局提供）

12月26日，省委副书记、代省长黄强（右一）在若尔盖县唐克镇调研黄河生态保护情况

（州委办提供）

3月17日，若尔盖湿地保护区首次监测记录到国家一级保护鸟类东方白鹳
（若尔盖湿地管理局提供）

4月17日，若尔盖湿地保护区首次监测记录到被称为鸟中熊猫的黑鹳
（若尔盖湿地管理局提供）

5月11日，若尔盖湿地保护区首次发现国家二级保护动物彩鹮
（若尔盖湿地管理局提供）

6月12日，若尔盖湿地保护区拍摄到国家一级保护鸟类反嘴鹬
（若尔盖湿地管理局提供）

7月10日，若尔盖湿地保护区首次监测记录到国家一级保护动物羚牛
（若尔盖湿地管理局提供）

7月12日，松潘县白羊自然保护区拍摄到野生大熊猫
（大熊猫国家公园阿坝管理分局提供）

阿坝县多美林卡湿地公园 （州林草局提供）

若尔盖沙化治理初见成效 （州林草局提供）

·经济建设·

JINGJI JIANSHE

2月26日，州委副书记、州长杨克宁（中）在松潘县调研基础设施建设情况（唐俊峰/摄）

3月5日，西宁至成都铁路四川段建设启动仪式在松潘举行（州发改委提供）

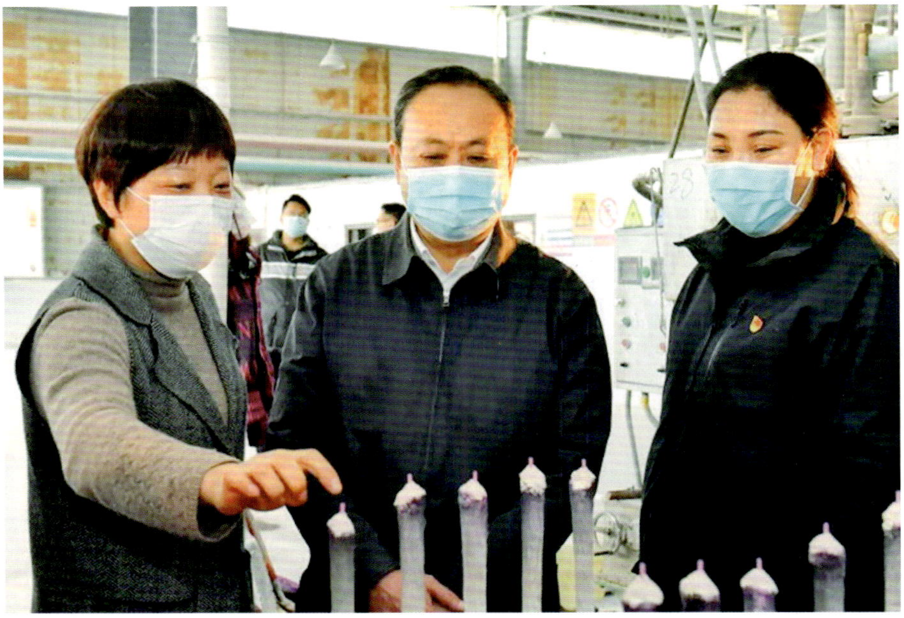

>>>>>>>>>

3月25日，州委书记刘坪（中）在理县调研企业生产经营情况

（州交通局提供）

3月26日，2020年第一季度重大项目集中开工暨都江堰至四姑娘山山地轨道交通扶贫项目开工动员会在汶川县映秀镇举行

（州交通局提供）

4月21日，汶川片区金融支持稳企业保就业工作督导会召开　　（人民银行阿坝中心支行提供）

7月17日，岷江水电资产重组工作专题协调会在汶川召开　　（州国投公司提供）

>>>>>>>>>

6月6日，红原机场开通惠州至红原至西宁航线　　（红原机场提供）

>>>>>>>>>

8月2日，九寨黄龙机场恢复北京至九寨航线　　（九寨黄龙机场提供）

10月23日，阿坝州2020年金融机构支持特色农牧产业发展工作座谈会在马尔康召开　　（州银保监分局提供）

11月13日，阿坝州人民政府与国家电投四川公司战略合作协议签约仪式在马尔康举行　　（州政府办提供）

·全域旅游·

QUANYU LVYOU

<<<<<<<<<

九寨黄龙机场
（九黄机场提供）

汶马高速公路　　（州交通局提供）

<<<<<<<<<

第十一届四姑娘山国际攀冰节（1月1日）（四姑娘山管理局提供）

鹧鸪山滑雪场生态旅游（1月2日）（州信用联社提供）

金川梨花晨景（3月28日） （金川县政府办提供）

达古冰川4860观景平台（6月7日）（达古冰川管理局提供）

<<<<<<<<<

6月16日，阿坝州2020“熊猫阿坝·相约九寨”主题月活动暨九寨沟熊猫园开园仪式举行（九寨沟县委宣传部提供）

6月5日，全域旅游航线开通专题营销座谈会在惠州市召开 （州文体旅局提供）

>>>>>>>>>

夏日藏寨（6月29日）（曾凡荣／摄）

>>>>>>>>>

灾害治理后的九寨沟火花海（8月9日）
（肖维阳／摄）

<<<<<<<<<

9月27日，九寨沟景区立体式游客服务设施投入使用（九寨沟管理局提供）

黄龙五彩池（10月3日）

（黄龙管理局提供）

10月9日，2020年阿坝州文化和旅游暨全域旅游发展大会在汶川召开

（州文旅体局提供）

四姑娘山冬日晨景（11月6日）（曾凡荣／摄）

12月13日，茂县九鼎山景区太子岭滑雪场对外营业（茂县政府办提供）

阿坝县城

茂县县城

壤塘县城一角

汶川县城夜景

·开放合作·

KAIFANG HEZUO

3月26日，阿坝州推进东西部劳务协作 （州就业局提供）

6月12日，清华大学与宜宾市、阿坝州校地合作协议签署仪式在成都举行 （州委办提供）

6月18日，州委外事办组织德国、波兰等10国驻成都总领事馆的21名领事人员到州考察 （州外事办提供）

8月5—7日，黄河上游川甘青水源涵养区生态保护和高质量发展协商协作研讨会第一次会议在若尔盖召开 （州政府办提供）

9月10日，阿坝州2020年就业扶贫暨东西部劳务协作专场招聘会在若尔盖举行 （州就业局提供）

>>>>>>>>>

9月11日，海峡两岸义诊活动在州人民医院开展 （州医院提供）

>>>>>>>>>

11月30日，重庆市四川阿坝州商会成立大会暨阿坝州投资合作推介会在重庆举行 （州委统战部提供）

·卫生健康·

WEISHENG JIANKANG

1月2日，州人民政府与省医院在成都举行州人民医院托管座谈会　　（州医院提供）

1月29日，州民宗委开展寺庙新冠疫情防控工作督导
（州民宗委提供）

1月31日，州委书记刘坪（右一）到州人民医院看望慰问防控一线工作人员
（州医院提供）

>>>>>>>>>

2月1日，茂县全域开展疫情防控消毒消杀工作　　　　（茂县疾控中心提供）

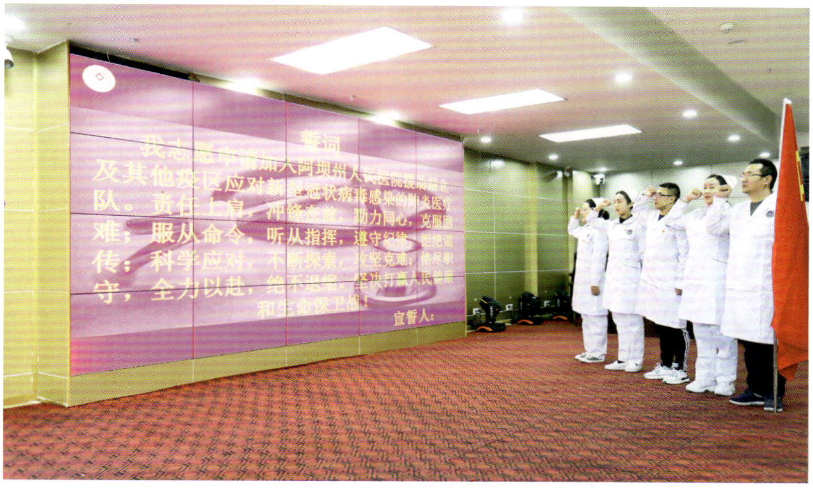

>>>>>>>>>

2月1日，州人民医院举行“驰援疫区医疗队”誓师会　　　　（州医院提供）

>>>>>>>>>

2月1日，州疾控中心在马尔康城区悬挂疫情防控宣传横幅　　　　（州疾控中心提供）

2月3日，阿坝州开展卫生执法检查 （州卫健委提供）

2月20日，阿坝州新冠疫情防控卡点坚持24小时值守 （州公安局提供）

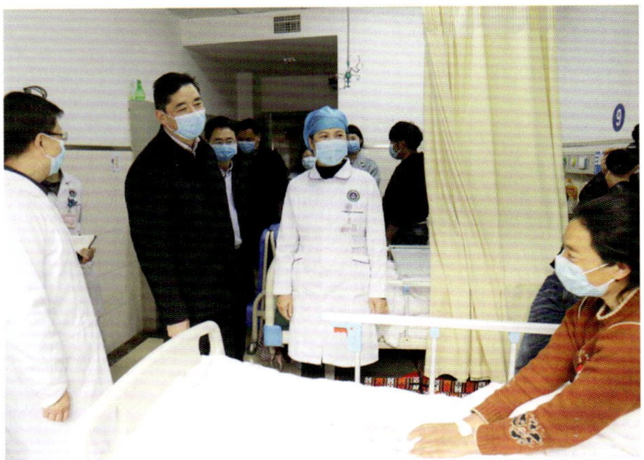

3月14日，省卫健委副主任宋世贵（左二）到州调研新冠肺炎诊治工作 （州医院提供）

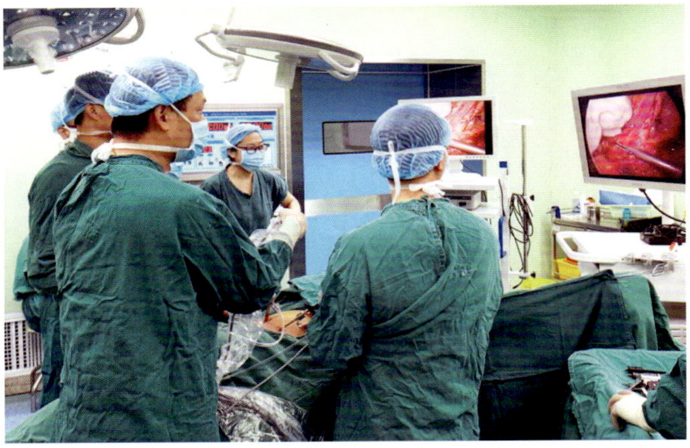

7月11日，州人民医院开展腹腔镜下直肠癌根治手术 （州人民医院提供）

7月15日，四川省民族地区健康促进专项行动启动仪式在汶川举行 （州卫健委提供）

7月22日，阿坝州“医疗分中心”在汶川县紧张建设　（州信用联社提供）

12月1日，州人民医院在马尔康市举行防艾滋病宣传活动　（州医院提供）

12月18日，若尔盖疾控人员搬运疫情防控物资　（州卫健委提供）

·文化体育·

WENHUA TIYU

10月8日，大熊猫国家公园汶川（卧龙）入口社区开放仪式主题晚会在汶川县绵虒镇三声音乐广场举行　（汶川县史志中心提供）

10月13日，熊猫百图唐卡首展仪式在成都举行　　（州文体旅局提供）

11月15日，第四届四川省国家级羌族文化生态保护区成果展暨2020年羌年庆祝活动开幕式在理县举行　　（理县史志中心提供）

11月15日，黄河源非遗保护与铸牢中华民族共同体意识论坛在理县举行 （理县史志中心提供）

<<<<<<<<<

11月23日，“金秋阿坝 爱的阳光”公益助残励志演出暨第29个“国际残疾人日”主题晚会在马尔康举行 （马尔康市史志中心提供）

>>>>>>>>>

12月18日，阿坝州首届“青稞文学奖”颁奖典礼在九寨沟举行 （用旦／摄）

3月8日，汶川中学举行阳光体育活动　　（汶川中学提供）

汶川中学校新貌（6月8日）　　（州教育局提供）

<<<<<<<<<

8月12日，阿坝州职工篮球赛在马尔康举行　（州文体旅局提供）

>>>>>>>>>

10月6日，黄龙极限耐力赛在松潘举行　（州文体旅局提供）

10月27日，阿坝州第二十届“雪山杯”足球赛在茂县举行　（茂县政府办提供）

12月3日，2020环四姑娘山超级越野跑在小金举行　（州文体旅局提供）

·社会民生·

SHEHUI MINSHENG

1月16日，阿坝州开展“立功喜报、展光荣之家”现役军人家属走访慰问活动（理县人武部提供）

1月17日，人保财险阿坝分公司在汶川县高速公路出口（服务区）设置“心服务”站点（人保财险阿坝州分公司提供）

2月18日，阿坝州组织开展2020“春风行动”农民工返岗活动（州人社局提供）

4月15日，2020年“4・15”全民国家安全教育日活动在马尔康举行 （州委政法委提供）

4月26日，中共阿坝州委全面依法治州委员会第二次会议在马尔康召开 （州司法局提供）

4月28日，阿坝县开展2020年“送政策、送服务、送岗位、送培训”下乡系列活动　（州就业局提供）

6月8日，阿坝州举行2020年“两不愁三保障”东西部劳务协作现场招聘会（小金分会场）　（州就业局提供）

7月20日，州委宣讲团第一分队在若尔盖县宣讲省委十一届七次、州委十一届九次全会精神　（州委讲师团提供）

8月7日，阿坝州开展工程招投标专项治理联合检查（州纪委提供）

8月18日，阿坝州开展都汶高速公路单坎梁子隧道抢险

（州交通局提供）

9月10日，阿坝州开展“温情九月天 情暖教师节”消防救援系列活动

（州消防救援支队提供）

9月18日，阿坝州全国民族团结进步示范州授牌暨民族团结进步创建工作表彰大会在马尔康召开

（州民宗委提供）

10月25日，州消防救援支队开展4000米以上海拔冰雪灾害救援拉练

（州消防救援支队提供）

11月1日，2020年中式烹饪培训在红原举行

（州就业局提供）

11月2—7日，省红十字会救护师资培训班（阿坝片区）在马尔康举办

（州红十字会提供）

·脱贫攻坚·
TUOPIN GONGJIAN

黑水县瓦钵乡莴笋基地（3月2日）
（黑水融媒体中心提供）

3月15日，州委书记刘坪（左二）在若尔盖调研牦牛产业园区建设

9月12日，阿坝州—台州市东西部扶贫协作和对口支援工作联席会议在松潘召开　（州政府办提供）

12月7日，阿坝州脱贫攻坚领导小组第18次会议在马尔康召开　（阿坝日报社提供）

<<<<<<<<<

11月8—10日，阿坝州举办“决战决胜谱新篇·文化扶贫在行动”（四川站）网络主题传播活动

（州网信办提供）

3月29日至4月1日，州委书记刘坪在小金县、黑水县调研脱贫奔康、产业发展、疫情防控、森林草原防火、乡镇行政区划和村级建制调整“两项改革”等工作

（州交通局提供）

2020年6月，阿坝州甜樱桃直播带货在理县桃坪羌寨开播　　（州农业农村局提供）

7月23日，“净土阿坝”携手“拼多多”产地平台开启消费扶贫直播带货节

（州农业农村局提供）

阿坝县2020年劳务品牌“一县一品”培训藏式服装制作班结业典礼

（州就业局提供）

茂县“冰糖心”苹果丰收　　（茂县政府办提供）

数字阿坝 2020

面积	84242 平方公里
粮食作物播种面积、粮食总产量	4.93 万公顷、16 万吨
森林面积、森林覆盖率	218.98 万公顷、26.58%
草原面积、自然保护区面积	452.19 万公顷、229 万公顷
年末常住人口、年末户籍人口	82.26 万人、89.73 万人
人口城镇化率、人口出生率、人口自然增长率	41.43%、1.12%、7.29‰
地区生产总值	411.75 亿元
第一产业增加值、第二产业增加值、第三产业增加值	82.07 亿元、96.45 亿元、233.23 亿元
三次产业结构、全部工业增加值	19.9 ：23.4 ：56.7、79.52 亿元
农林牧渔业总产值	142.21 亿元
年末全州牲畜出栏、年末全州牲畜存栏	207.98 万头（匹、只）、411.62 头（匹、只）
肉类总产量、民营经济增加值	35.42 万吨、185.32 亿元
民营经济三次产业结构、三次产业投资	18.2 ：32.7 ：49.1、3.8 ：25.1 ：71.1
社会消费品零售总额、进出口总额	96.81 亿元、2581 万美元
国家AAAAA级景区、国家AAAA级旅游景区	3 个、22 个
接待游客、旅游总收入	3604.01 万人次、301.14 亿元
一般公共预算收入、一般公共预算支出	28.73 亿元、368.38 亿元
本外币存款余额、本外币贷款余额	738.33 亿元、375.46 亿元
年末全州保费总收入	8.89 亿元
全体居民人均可支配收入	23726 元
城镇居民人均可支配收入、城镇居民人均消费支出	37011 元、20619 元
农村居民人均可支配收入、农村居民人均消费支出	15539 元 、12162 元
城镇新增就业、城镇登记失业率	7412 人、3.79%
基本养老保险参保	60.39 万人
纳入城市低保、纳入农村低保	1.58 万人、7.31 万人
纳入农村特困供养	6151 人
普通高等院校、专任教师、在校学生	2 所、623 人、8919 人
全日制中等职业学校、专任教师、在校学生	4 所、295 人、3558 人
小学、普通中学、高中数	237 所、53 所、18 所
小学、普通中学、高中专任教师数	6448 人、4210 人、1372 人
小学、普通中学、高中在校学生数	64149 人、42699 人、14805 人
卫生机构、床位、卫生技术人员	1728 个、5381 张、7022 人
公共图书馆、图书馆藏书、专利授权	14 座、88.4 万册、396 件
广播电视台、有线电视用户数	14 家、6.35 万户
广播、电视综合覆盖率	92.51%、98.51%
固定电话、移动电话、互联网用户	21.91 万户、87.28 万户、33.53 万户
邮政局所网点总数、快递业务总量	234 个、716.56 万件
邮电业务总量	90.23 亿元
公路总里程、公路客运量、机场数	15547 公里、606 万人、2 个

《阿坝州年鉴》编纂委员会

《阿坝州年鉴》编辑部

《阿坝州年鉴（2021）》编写组成员名单

（按内文排序）

中共阿坝州委办公室

冯峥勇　周继斌

中共阿坝州委组织部

唐炜超　廖爱华　柯贤武　魏金磊　李冬梅　邹阳楷

张兴禹　闫红飞　祁　宇　刘诗琪

中共阿坝州委宣传部

文俊言　胡　静　罗　军　刘尚剑　母新月

中共阿坝州委讲师团

何　俊　尕让卓玛

中共阿坝州委统一战线工作部

阿　江　安志瑛

中共阿坝州直机关工作委员会

冉华胜　严中胜

中共阿坝州委政策研究室

马绍强　高德政

中共阿坝州委机构编制委员会办公室

石　龙　杨　庚　张世玲

中共阿坝州委保密机要局

夏绪光　泽郎斯基

阿坝州公务服务中心

杨贵荣　桂　林

中共阿坝州委党校

杜　强　刘　莉

中共阿坝州委老干部局

杨秀方　陈国勇

中共阿坝州委党史研究室

肖　飞　冯佩林　罗　登

阿坝州档案馆

王　勇　李小康

中共阿坝州委外事工作委员会办公室

朱　俊　邹　静

阿坝州人大常委会办公室

赵文辉　邹卫东　白玛欧智

阿坝州人民政府办公室

郭文强　李　维　吴丽红　李清秀　桑木丹　孙国江

阿坝州人力资源和社会保障局

王　伟　李　东

阿坝州人民政府政务服务中心

罗德江　索郎当州　杨　舟

阿坝州机关事务管理局

朱芸芸　牟夏芳　熊　伟　雍　懿　马建康

阿坝州信访局

罗尔伍　王廷景

阿坝州行政审批服务中心

杨　莉　耿玉璞

阿坝州政协办公室

杨美秀　蒋　艳　侯正欣

中共阿坝州纪律检查委员会（阿坝州监察委员会）

付水冰　鲁小波

阿坝州总工会

陈婷婷　范文艳　蔡树红

共青团阿坝州委员会

王　甲　罗　玲

阿坝州妇女联合会

向秋杰　邓玉雪

阿坝州文学艺术界联合会

巴　桑　刘小花

阿坝州科学技术协会

勒乌戈　姚　晔　马永填

阿坝州残疾人联合会

杨海成　姜　懋

阿坝州社会科学界联合会

陈宝珍　杨云建

阿坝州红十字会

更　培　罗　芳

阿坝州工商业联合会（阿坝州商会）

喻林超　黄　川

阿坝州佛教协会

供波泽里　贡波泽郎

中共阿坝州委政法委员会

白玛罗尔伍　郭家翔

阿坝州中级人民法院

周全寿　刘姝娟

阿坝州人民检察院

毛光文　白祥霞

阿坝州公安局

刘　飞　黄南昕

阿坝州司法局

罗尔基木　邓　军　梁万寿

阿坝军分区

胡兴美　童振宇

阿坝州退役军人事务局

曾云红　李雪莲　谢小红　余晓梅　仁青娜姆

阿坝州人民政府防空办公室

顺明厚　孙国江

阿坝州发展和改革委员会

陆云玲　安从强　都茂平

阿坝州国有资产监督管理委员会

蒋　刚　王　健　胥松英

阿坝州国有资产投资管理有限公司

陈太林　郑　志

阿坝州市场监督管理局

刘　宏　曹　建

阿坝州公共资源交易中心

李仲宏　骆宗炜

阿坝州审计局

邓维学　程　为

阿坝州统计局

王懋川　李清坤　黄健英　杜春普　罗么塔　其　美

阿坝州行政审批局

黄　龙　张竟曦　康　睿

国网四川阿坝州电力有限责任公司

姜和平　赖　虎　李冬梅　曾　俊　田　亮

何欣键　易海英

国家统计局阿坝州调查队

邝贵清　巴　准　唐　伟　冯青勇

阿坝州财政局

泽　久　黄　健　郭　菁　罗　敏

阿坝州税务局

曾生东　王万松　成莉娟

阿坝州农业农村局

马吉元　赵　怡

阿坝州水务局

龚智成　郭成科

阿坝州经济和信息化局

杨　琦　李元春　文华彬　米绍虎　尚琳艳　牟全贵

邹开行　张　莉

四川阿坝工业园区管理委员会

陈永革　牛培勇　郭文慧

成都—阿坝工业集中发展区管理委员会

杨荣茂　叶　蛟

德阳—阿坝生态经济产业园区管理委员会

李光美　陈加龙　郭佐政

阿坝州住房和城乡建设局

范秋实　曾　兰　郑祥亮　颜　乔　杨成刚　王德春

王志强

阿坝州烟草专卖局（公司）

陈隽逸　张成城

阿坝州商务和经济合作局

罗尔伍　顺云梅

阿坝州供销合作社联合社

罗照伟　罗　金

阿坝州银行保险业监督管理分局

唐　玉　罗冰堰

中国人民银行阿坝州中心支行

罗　勇　甘　飞　王　磊　查旺俄玛

中国农业银行阿坝州分行

王　桥　刘学松　赵晓婷

中国建设银行阿坝州分行

吴　特　陈桂红

中国农业发展银行阿坝州分行

王建华　陈　蓓　杨　柯

阿坝州农村信用联社

罗　伟　李　波

中国工商银行阿坝州直属分行

黄　俊　王雪峰

中国邮政储蓄银行阿坝州分行

彭　涛　羊　帆　王　勇

成都银行阿坝州分行

杨　莉　代　翠　江　曼

中国人民财产保险股份有限公司阿坝州分公司
雷　云　贾　伟
中国人寿保险股份有限公司阿坝州分公司
曹　骏　刘　嘉
中华联合财产保险股份有限公司阿坝州中心支公司
陶西勇　李宏红
中国平安财产保险股份有限公司阿坝州中心支公司
张　勤　欧巧玲
阿坝州交通运输局
袁　磊　高晓瑾
阿坝州公路管理局
孟长春　许小平　杨维利　陶朝勋　秦玥嘉
阿坝州公路隧道管理处
包益权　邓　佳
四川九寨黄龙机场有限责任公司
郜进良　黄　丽
阿坝州红原机场有限责任公司
李爱如　钟荣华
阿坝州邮政管理局
蒲　娅　李　静
中国邮政集团公司阿坝州分公司
马千军　王查来
中国电信股份有限公司阿坝州公司
蒲　川　李雪奎
中国移动通信集团阿坝州分公司
魏小峰　陈　碧
中国联合网络通信有限公司阿坝州分公司
付雪梅　余发龙
中国铁塔股份有限公司阿坝州分公司
泽郎登　简明凤
中共阿坝州委网络安全和信息化委员会办公室
周文琴　王莫平
阿坝州文化体育和旅游局
巴　黎　刘明星　唐学海
阿坝州大九寨旅游集团有限责任公司
冯德强　余　勇
九寨沟国家级自然保护区管理局
王潘潘　吕兴强　贺志刚　周晓伶　叶　青
孙　剑　阳书媛
黄龙国家级自然保护区管理局
安德军　陈云秀　张萍　李庆忠　万　敏　赵兴旭

四姑娘山国家级自然保护区管理局
陈　雨　王秋蓉
达古冰川自然保护区管理局
扎晓庆　马　燕
阿坝州生态环境局
杨继雄　徐加乐
阿坝州自然资源局
刘成建　蔡良杰
阿坝州林业和草原局
冯　宇　周　波
阿坝州森林消防支队
张永强　李明奎
阿坝州气象局
杨　斌　杨呈韵
阿坝州防震减灾局
候治强　任海韬
四川若尔盖湿地国家级自然保护区管理局
咏　秀　银千措
四川省汶川卧龙特别行政区（四川省卧龙国家级自然保护管理局）
王　华　明　杰
大熊猫国家公园阿坝管理分局
杨　琴　张　文　张　川　冯一帆　明　江
阿坝州科学技术局
张险峰　桑根江措
阿坝州生态保护与发展研究院
李　峰　李　麟
四川省龙日种畜场
沈义攀　肖　敏　张智凯
阿坝州教育局
卢晓军　尹　波
四川省汶川中学校
龙绍明　罗廷亭
四川省马尔康中学校
赵艳红　汪　辉　张绿波　王贵兰　王银花
张继红　郑图碧
马尔康民族师范学校（阿坝州民族高级中学）
尕让他　阿　基　刘　翠　毛　霞　牟　桃
四川省威州民族师范学校
顺定强　崔仁益

阿坝州中等职业技术学校
王树全　黄汉华
四川省阿坝卫生学校
蔡鹏飞　陈海英　索郎多吉　罗　茜
阿坝州广播电视大学
王维蓉　杨逸秋
阿坝职业学院
柴继贵　唐　斌
阿坝师范学院
向　武　马昌威　仁嘉鑫
阿坝州新华书店
何振华　唐　倩
阿坝州藏文编译局
阿　根　乔　夙
阿坝州地方志办公室
卓　林　黄　强
阿坝州广播电视局
马锡斌　何志芬　冯端春　邱国东　杨　勇
阿坝州广播电视台
阿　郎　马君梅
阿坝州电影公司
谢　宁　冯茂强
阿坝日报社
杨　佳　李晓燕
阿坝州卫生健康委员会
泽郎运尔基　勒　波
阿坝州卫生和计划生育监督执法支队
美梅沙　邵正武　董跃翔　蔡　婷
阿坝州中心血站
伍迪蓉　吴　峰
阿坝州疾病预防控制中心
格　敏　泽仁江措
阿坝州人民医院
潘　华　胡　林　李萍英　杨　艳
阿坝州藏医院（藏医药研究所）
谢　玲　让　坚
阿坝州应急管理局
兰　翔　张国勇
阿坝州消防救援支队
陈龙驹　冷成伟

阿坝州社会保险事业管理局
罗文松　曾秋芸　马庆颖
阿坝州医疗保障局
杨秀平　马　强
阿坝州就业服务管理局
邓运辉　马清涛
阿坝州公积金管理中心
胡培柱　尚光丽　易志勇　罗酬杰
阿坝州民政局
王惠勇　周晓龙　杨　力
阿坝州民族宗教事务委员会
梁万永　周　涵
阿坝州扶贫开发局
吴定全　毛　坤　王晓云
马尔康市党史研究和地方志编纂中心
李　斌　赵　雪
金川县党史研究和地方志编纂中心
邓芝兰　郑泽玉
小金县党史研究和地方志编纂中心
张昌林　王　琴
阿坝县地方志编纂委员会办公室
龚　伟　仁青初
若尔盖县党史研究和地方志编纂中心
孙玉波　蒋祖建
红原县党史研究和地方志编纂中心
朱大刚　江　勇
壤塘县党史研究和地方志编纂中心
王志蓉　刘　玲
汶川县党史研究和地方志编纂中心
白　莉　陈　文
理县党史研究和地方志编纂中心
岳云刚　冯丽娟
茂县党史研究和地方志编纂中心
潘茂壁　曾承林　朱　登　张大明　余志军
松潘县党史和地方志编纂中心
车华强　田　瑛
九寨沟县党史研究和地方志编纂中心
李文勤　周朝霞
黑水县党史研究和地方志编纂中心
邹红梅　刘思艺

编辑说明

一、《阿坝州年鉴（2021）》以马克思列宁主义、毛泽东思想、邓小平理论、“三个代表”重要思想、科学发展观、习近平新时代中国特色社会主义思想为指导，坚持辩证唯物主义和历史唯物主义的立场、观点和方法，坚持实事求是的思想路线，遵循客观、真实、准确的原则，充分体现阿坝特色、部门特色、年度特色。

二、《阿坝州年鉴（2021）》编纂宗旨是全面、系统、客观、准确记录阿坝州自然、政治、经济、文化和社会等方面年度情况，为各级党政机关部门决策提供参考依据，为科研和教学工作提供全新信息，为国内外投资者和旅游者了解、研究阿坝州提供权威资料。

三、《阿坝州年鉴》是1998年创刊出版，逐年连续出版，公开发行。《阿坝州年鉴（2021）》是总第22卷，主要载录2020年1月1日至12月31日阿坝州基本情况、发展变化及大事要闻。

四、《阿坝州年鉴（2021）》采取逻辑分类法，采用类目、分目、条目层级编辑，核心内容基本实现条目化。全书以不同字体、字号区别不同层次，条目标题均加【 】表示。为方便读者查阅，全书配备三重检索系统，即文前有详细目录、文中有页眉检索、文后有主题索引。

五、《阿坝州年鉴（2021）》设特载、大事记、阿坝概述、中共阿坝州委、阿坝州人民代表大会、阿坝州人民政府、政协阿坝州委员会、纪检监察、群众团体、法治、军事、综合监督与管理、财政与税务、农业与农村工作、工业与建筑业、商贸与服务业、金融业、交通运输与邮政业、信息业、旅游业与景区管理、城乡建设与生态保护、科学技术、教育、文化、卫生健康与体育、社会民生、县（市）、人物与先进集体名录、附录。

六、《阿坝州年鉴（2021）》文稿由州级有关部门，各县（市），以及部分驻州单位和部分企（事）业单位提供，并经各供稿部门（单位）编写组审核。

七、《阿坝州年鉴（2021）》主要统计资料由阿坝州统计局提供。内文条目中的数据由各供稿单位提供，条目中部分数据因统计口径等关系，可能与统计资料中的数据不一致，引用时应以统计资料为准；某些指标数据在上年卷刊出后作了调整的，一般不予说明，应以本卷数据为准。

目　录

CONTENTS

特　载
SPECIAL REPORTS

大 事 记
A CHRONICLE OF MAJOR EVENTS

阿坝综述
ABA OVERVIEW

精神文明建设

Spiritual Civilization Construction

中共阿坝州委

THE CPC ABA PREFECTURE COMMITTEE

州委工作综述

Work Summary of the CPC Aba Prefecture Committee

重要会议

Important Meetings

侨务和台湾事务

Overseas Chinese Affairs and Taiwan Affairs

人民代表大会

ABA PREFECTURE PEOPLE'S CONGRESS

重要会议

Important Meetings

人大事务

People's Congress Affairs

人民政府

ABA PREFECTURE PEOPLE'S GOVERNMENT

州政府工作综述

Work Summary of Aba Prefecture People's Government

重要会议

Important Meetings

人民政协
THE CPPCC ABA PREFECTURE COMMITTEE

纪检监察
DISCIPLINE INSPECTION AND SUPERVISION

群众团体
MASS ORGANIZATIONS

国家统计调查
National Statistical Survey

财政与税务
FINANCE AND TAXATION

财政
Finance

税务管理
Taxation Management

农业与农村工作
AGRICULTURE AND RURAL AREAS WORK

农业和农村经济运行
Agriculture and Rural Economy Operation

乡村振兴
Rural Revitalization

商贸与服务业
BUSINESS TRADE AND SERVICE INDUSTRY

金融业
FINANCIAL INDUSTRY

交通运输　邮政业
TRANSPORTATION AND POSTAL INDUSTRY

城乡建设与生态保护
URBAN AND RURAL CONSTRUCTION AND ECOLOGICAL PROTECTION

科学技术
SCIENCE AND TECHNOLOGY

教 育
EDUCATION

文化 传媒
CULTURE AND MEDIA

卫生健康与体育
HYGIENE AND HEALTH AND SPORTS

县(市)
COUNTIES (CITIES)

理县

Lixian County

茂县

Maoxian County

松潘县

Songpan County

九寨沟县

Jiuzhaigou County

黑水县

Heishui County

人　物
PERSONAGES

2020 年阿坝州领导名录

List of Prefecture Leaders in 2020

人物传略

Brief Biography of Famous People

先进个人
Advanced Individuals

先进集体
Advanced Collectives

先进事迹
Meritorious Deeds

附　录
APPENDIX

文献资料
Documents and Literature

地方性法规
Local Regulations

文件目录
File Catalog

公报公告
Bulletins and Announcements

统计资料

Statistical Data

索 引

INDEX

特　载

SPECIAL REPORTS

在2020年阿坝州文化和旅游暨全域旅游发展大会上的讲话

（2020年10月9日）

中共阿坝州委书记　刘　坪

2018年，省委十一届三次全会把阿坝定位为“川西北生态示范区”，州委十一届五次全会据此提出加快建设“一州两区三家园”的战略新目标，系统谋划部署全域旅游示范区建设。今年省委十一届七次全会又赋予阿坝发展新内涵、新任务、州委十一届九次全会提出了加快构建以旅游业为龙头的“1+6”现代服务业体系。去年9月，全州文化和旅游暨全域旅游发展大会重点围绕“九寨沟景区基本对外开园”作了动员部署，阿坝旅游发展迎来了一个复苏温暖的冬天和一个阳光明媚的春天。今年突如其来的新冠肺炎疫情，再次对第三产业特别是旅游业带来巨大冲击和影响。在这样一个特殊背景下，召开阿坝州承办2021年全省文化和旅游发展大会动员部署会、2020年阿坝州文化和旅游暨全域旅游发展大会，提神聚力、意义重大。今年9月25日，2020四川省文化和旅游发展大会宣布阿坝州为2021年四川省文化和旅游发展大会承办地，这是省委、省政府交给我州的一项重大任务，也是一次展示阿坝、宣传阿坝的宝贵机会，饱含着省委、省政府对阿坝工作的关心与厚爱、信任与重托。为承办好此次大会，9月28日，州委常委会专题听取筹备情况汇报，研究部署相关工作，要求全州上下充分认识省委决策意图，并举全州之力、集全州之智办好明年全省文旅发展大会，绝不辜负省委、省政府的关心厚爱。今天，我们在这里召开阿坝州承办2021年全省文化和旅游发展大会动员部署会、2020年阿坝州文化和旅游暨全域旅游发展大会，主要任务是深入学习贯彻习近平新时代中国特色社会主义思想，认真落实2020年四川省文化和旅游发展大会精神，以全州承办2021年四川省文化和旅游发展大会为契机，动员全州上下顺应大势、把握机遇，扎实做好“文旅融合、全域旅游”这篇大文章，加快建设国际生态文化旅游目的地，努力为四川建设文化和旅游强省贡献阿坝智慧、阿坝力量。

昨天以来，我们分组考察了首届数字国际熊猫节，大熊猫国家公园汶川（卧龙）入口社区开放仪式，观摩了龙溪阿尔沟、无忧花果山、烟雨三江等点位。刚才，大会进行了表扬通报和颁奖授牌，九寨沟、理县、汶川和金牌导游大赛获奖代表、优秀文旅企业代表、景区文创产品大赛获奖代表分别作了交流发言，讲得都很好，希望大家互学互鉴，为阿坝文旅发展作出新的更大贡献。下面，我强调五点意见。

一、认识重大意义，切实增强思想和行动自觉

清华书记强调，文化是旅游的灵魂，旅游是文化的载体，两者相生共兴、融合交汇。近年来，四川省文化和旅游发展大会已成为宣传推广四川文旅品牌、推动提升国际交流合作的重要平台，成为全省文旅融合发展的一块金字招牌。能否办好2021年四川省文化和旅游发展大会，不仅关系阿坝的形象，更关系四川的荣誉。我们一定要从战略和全局的高度，深刻认识举办大会的重大意义，进一步增强责任感和紧迫感，迅速行动起来、高效运转起来，形成合力、鼎力支持，坚决把承办工作抓实抓好抓出彩。

第一，承办2021年四川省文化和旅游发展大会，意义非同一般。2021年是我们党成立100周年，是第一个百年目标实现之年，是第二个百年奋斗目标开篇之年。在这个特殊时间节点举办全省文化和旅游发展大会，背景特殊、意义重大、影响深远。可以说，这是四川献礼建党100周年的一项重大活动。同时，今年是九寨沟地震灾后恢复重建的收官之年，也是全州脱贫攻坚决战决胜之年，2021年四川省文化和旅游发展大会将全面检阅我们贯彻落实习近平总书记“建成推进民族地区绿色发展脱贫奔康的典范”重要指示精神，高质量推动九寨沟灾后重建的成果；全面检阅我们贯彻落实习近平总书记关于扶贫工作重要论述，高质量脱贫攻坚的成果；全面检阅我们贯彻落实中央、省委决策部署，奋力建设“一州两区三家园”的成果。我们一定要顺势而为、乘势而上，以最高标准、最严要求抓好承办工作，全方位展示阿坝灾后重建成果、脱贫攻坚成果、旅游发展成果以及经济社会发生的翻天覆地变化，以优异成绩献礼建党100周年。

第二，承办2021年四川省文化和旅游发展大会，背景非同以往。当前，世界百年未有之大变局持续深化，全球经济下滑仍然深不见底，经济全球化出现停滞甚至倒退。特别是全球受新冠肺炎疫情大流行影响，世界各国均从供应链安全角度进行调整，呈现出本地化、区域化、分散化的逆全球化趋势，特别是今年旅游需求更是下降近70%。对此，以习近平总书记为核心的党中央审时度势、科学决策，提出“加快构建以国内大循环为主体、国内国际双循环相互促进的新发展格局”的重大战略部署。以国内大循环为主体，关键在于推动“消费促升级”，而文旅经济既融合三次产业，又连接供需两端，是提振消费的重要抓手之一。同时，省委十一届七次全会明确支持阿坝大力发展生态经济，打造国家生态文明建设示范区、国家全域旅游示范区和国际生态文化旅游目的地，为我州工作提供了重要遵循。今年以来，面对突如其来的新冠肺炎疫情，我们在党中央、国务院和省委、省政府的坚强领导下，统筹抓好疫情防控和经济社会发展，成为全省首个以市（州）为单元的低风险区，稳妥推进文旅产业复工复产，全州已接待游客2373.2万人次，实现旅游收入201.7亿元，充分体现出阿坝旅游长期持续向好的基本面和大趋势没有改变，也为我们承办2021年四川省文化和旅游发展大会奠定了坚实基础。在这样的大背景下，办好全省文旅发展大会，有利于展现阿坝文旅独特魅力、树立阿坝文旅整体形象，有利于在承接文旅消费转移中抢占先机、掌握主动，实现在危机中育新机、于变局中开新局，这是阿坝文旅发展的强心之举、振兴之举。我们一定要提高站位、知责担当、主动作为，以强烈的使命感和紧迫感，高质量承办2021年四川省文化和旅游发展大会，全面推动阿坝文旅产业放大优势、丰富业态、提质增效。

第三，承办2021年四川省文化和旅游发展大会，要求非同寻常。经验告诉我们，一个国家的跨越、一个地区的提升，固然需要一定时期的蓄能积淀，但往往离不开对一些重大事件的驾驭、重大活动的举办和一些重大机会的把握。近年来，在中央、省委的坚强领导下，我们解决了许多长期想解决而没有解决的难题，办成了许多过去想办而没有办成的大事，各项工作呈现出良好发展态势。正如全国政协副主席杨传堂来州调研时指出，阿坝一年一个样、两年大变样，向全面建成小康社会迈出了更为坚实的一步。承办全省文旅发展大会，是推动阿坝文旅提质增效的绝佳机会，是推动阿坝扩大开放的难得机遇，是鼓舞阿坝各族群众掀起“第三次创业”新热潮的重要契机。此次大会办好了，群众有底子、干部有底气，阿坝就有锐气、有面子，事业就会一顺百顺，前景就会更加广阔；办砸了，形象没了，机遇丢了，领导不满意，群众不答应，我们就会丧失发展信心，阿坝的良好发展态势就会受到重大挫伤和影响。我们一定要牢记使命、不负重托，高标准、高质量、高效率推进各项筹备工作，确保全省文旅发展大会顺利举办和圆满成功。

第四，承办2021年四川省文化和旅游发展大会，获益非同凡响。文旅发展大会，是推出和展示地方旅游产品，扩大地区、景区知名度和影响力的一个重要载体，是营销推介的重要平台。我常讲“只看到成绩会盲目乐观，只看到问题会悲观泄气”。美国黄石公园世人皆知，而我们的九寨沟、阿坝作为大熊猫的故乡在国外仍然欠缺知名度和影响力。我们要抓住机遇、用好平台、打造品牌，让熊猫家园·净土阿坝蜚声海内外，走向世界。比如，2003年全省旅游发展大会在乐山召开后，掀起了“四川人游四川”的高潮，四川旅游有效克服“非典”影响，逆势增长10.7%，实现旅游总收入420.8亿元，创历史最好水平。同时，文旅产业是综合性产业，关联程度高、资源消耗小、综合效益好，它的发展，影响到各产业的发展；它的开放，影响到各领域的开放。通过举办文旅发展大会，我们不仅能促进文旅产业发展，还能带动周边产业发展，提供更多就业岗位，带动群众增收致富，更好地解决摩擦性、结构性、周期性失业难题；还能推动区域经济结构调整，打通绿水青山与金山银山的双向转换通道；还能进一步促进开放合作、发展外向型经济，为推进经济高质量发展培育更多新的经济增长点。比如，2004年全省文旅发展大会在九寨沟举办，充分展示了阿坝文旅产业发展成果，让全州上下人心振奋，文旅发展高歌猛进，九黄线旅游实现跨越腾飞。我们一定要深刻认识承办全省文旅发展大会所蕴藏的发展机遇，主动作为、苦干实干，

10月8—9日，阿坝州承办2021年全省文化和旅游发展大会动员部署会、2020年阿坝州文化和旅游暨全域旅游发展大会在汶川召开 （州委办公室提供）

高质量承办好大会，进而推动全州文旅产业开创新局面、实现大发展。

二、对标成功经验，前瞻思考强短板补弱项

习近平总书记反复强调，要坚持问题导向，坚持底线思维，把问题作为研究制定政策的起点。虽然筹备工作才刚刚启动，但我们必须对标前两届举办全省文旅发展大会的成功经验，以前瞻的思维认真分析承办工作可能存在的问题，提前借鉴经验、查漏补缺，确保筹备工作有序有力有效推进。

从承办的门槛来看，获得2021年四川省文化和旅游发展大会“承办权”，至少需具备较好的发展基础、交通条件、食宿接待能力，较好的综合环境、设施条件和服务水平。虽然我州成功获取2021年大会承办权，但对标承办门槛，还存在诸多不足。比如，交通承载方面：“交通一断、全州瘫痪”仍然是全州的尴尬局面。今年国庆中秋假期，汶马高速、国道317线等多次发生断道，致使大量游客难进、滞留。如果明年大会期间还出现这类情况，其负面影响不言而喻。同时，部分景区之间缺少高等级公路和高档次车辆，严重影响游客的体验和观感。食宿接待方面：全州宾馆饭店接待能力偏弱，五星级酒店仅3家、床位4225张。同时，缺乏便于携带、物美价实的特色文旅商品，景区娱乐项目基本是缺项，致使游客逗留时间短、消费支出低，直接影响和制约全州旅游收入的增加。综合环境方面：全州文旅市场环境乱象依然是文旅产业发展的痛点，景区景点规范管理不够、配套设施建设滞后，从业人员素质参差不齐。比如，今年9月30日，省文旅厅通报全省部分旅游景区存在问题中提到：黄龙、《九寨千古情》剧场等场所进入既未要求佩戴口罩、也未检测体温、查看健康码；松潘县购物店连哄带骗高价售卖昆仑玉平安扣、貔貅挂件、饮水杯等物件；叠溪海子、九寨黄龙玉石玉器购物骗局；九黄沿线旅游厕所屡治不改等乱象集中出现在九黄沿线。这些问题如果不加紧解决，势必影响全省文旅发展大会的质量，也将影响全州文化和旅游长远发展。

从举办的目的来看，全省文旅发展大会旨在以文促旅、以旅彰文，充分释放文旅经济活力，把四川文化和旅游资源优势转化为发展优势，为人民群众美好生活提供丰润滋养。产品开发方面：近年来，我州文旅产业发展较快，但文化旅游产业品牌形象缺乏集群竞争力，除观光外基本没有激发旅游者潜在消费欲望的新产品。特别是对文化旅游创意元素偏少，文化产业价值链延伸不够，缺乏具有代表性的文旅纪念品、工艺品。区域发展方面：九黄沿线、龙头景区的业态创新，新景区景点连片打造较为滞后，九寨沟、黄龙、四姑娘山吸纳游客数占全州比重高达40%。对“九大”文旅品牌的高位规划和统筹推进不够，对“九大”文旅品牌起串联作用的九寨沟—松潘—红原—若尔盖、黑水—理县—小金—金川—壤塘—阿坝等内外环线串珠成链不够。发展效益方面：2019年，全州门票收入占直接旅游收入的2.08%，游客人均消费721元、仅为全国的17%，游客平均停留州内天数与停留核心景区天数比为3：1，说明文旅经济总体活跃性和发展后劲挖掘不够。这些问题如果不加紧解决，势必影响全省文旅发展大会效果，也会影响阿坝旅游品牌。

从举办的经验来看，2019年、2020年全省文旅发展大会的筹备工作细致高效。比如，乐山在高速公路、城市周边、交通沿线灵活多样地宣传造势，宾馆饭店内都摆放了体现乐山特色的伴手礼、文创产品、旅游手册、文化书籍等。接待服务热情周到。比如，乐山在筹备大会时提出“端出乐山菜、体现国际范”，将名山名佛名人名城元素与特色餐饮、高端住宿、快速交通相结合，热情招待各方来宾。配套活动丰富多彩。比如，2004年在九寨沟举办的全省旅游发展大会，配套举办中国四川国际旅游节、第二届四川旅游商品交易会和四川旅游招商引资及合作洽谈签约仪式等活动，有力提升了大九寨旅游基础设施、城镇建设、旅游管理和服务水平，当年九寨沟接待游客同比增长400%。目前，我们“吃住行游购娱”和“商养学闲情奇”旅游新老六要素，均难以满足中高端游客需求，尤其是饮食文化特色不鲜明；配套活动还需进一步细致策划，初步计划活动类型较为单一。同时，从前几次全州大型接待来看，周到细致方面还需更加精细。这些问题如果不加紧解决，势必影响全省文旅发展大会的质量，势必影响阿坝旅游形象。

三、把握总体要求，确保大会精神精致精彩

全省文化和旅游发展大会是展现四川形象、树立四川品牌的一次盛会。前两届的成功举办，积累了

丰富经验、产生了重大影响，也为后来者提出了新的更高要求，增加了筹办工作难度。我们必须充分认识承办工作的艰巨性和复杂性，始终绷紧“只许成功、不能失败”的弦，坚定“没有最好，只有更好”的信心，下定百倍决心、付出百倍努力，高水平筹划、高质量运作、高效率推进，必须体现“国际范”，努力办一届“安全放心、特色鲜明、务实高效”的盛会。这12个字也是对筹备工作的总体要求。

安全放心，就是要营造一流的安全环境。安全是我们办好一切活动的基本原则，也是检验文旅发展大会成功与否的基本标准，绝不能出现任何闪失。有研究表明，“游客选择出行目的地，安全始终是首要因素，占83%以上”，我们一定要把营造一流的安全环境作为重中之重，让各位嘉宾、各方游客游得安全、游得放心。要慎终如始抓好疫情防控。我曾明确指出，疫情防控就是为阿坝发展而战、为阿坝未来而战。从实践情况看，全州各行各业特别是旅游产业的强劲复苏，首要因素就是疫情防控取得了骄人成绩。要坚持突出外防输入、内防反弹，严格落实既定部署，积极构建常态化疫情防控体系。要切实加强地灾防治。自然灾害多发频发，是长期困扰阿坝的治州难题之一，也是确保文旅发展大会成功的重大难题之一。今年“黄金周”发生的“滚石事件”，再次给我们敲响了警钟。我们要拉网式开展安全生产大排查大整治，重点启动旅游交通安全专项整治行动，对沿线地灾隐患进行全覆盖排查，逐一建立风险台账，加紧推进防治工作，切实消除一切风险隐患，努力让每一个进入阿坝的游客放心安心。要全力维护社会稳定。社会稳定与否，是游客选择旅游目的地的关键因素，更是确保文旅发展大会成功举办的重要前提。我们要巩固提升民族团结进步示范创建成果，持续深化“法治阿坝”建设和“扫黑除恶”专项斗争，健全完善矛盾纠纷多元化解机制，不断巩固和拓展社会大局长期稳定向好态势，切实消除游客心中的顾虑。

特色鲜明，就是要树立一流的阿坝形象。全省文旅发展大会主题活动多、参会嘉宾涉及广、社会影响范围大。我们要倍加珍惜来之不易的承办机会，用心策划筹备方案，精心设计系列活动，充分体现阿坝特点，确保大会精神精致精彩。会务要精益求精。会务工作是办好文旅发展大会的核心关键，展现的是阿坝形象、体现的是阿坝水平。要认真学习借鉴成都、乐山办会经验，加强与省文化旅游厅的对接汇报，每一个细节都要考虑充分、每一个环节都要反复推演，以精益求精的实际行动当好东道主、当好服务员。活动要彰显特色。景区景点和文艺活动、旅游商品、沿线风采，既是会议特色，也是会议亮点。要注重美景、美食、美宿、美事与全域旅游的有机结合，把阿坝文化、阿坝元素、阿坝形象、阿坝精神贯穿全领域全过程，实现赏文化、观风景、品美食、受感悟的有机统一。同时，要精致规划全州旅游外环线、中环线、内环线，精心改造九黄沿线风貌环境，细致选取能够集中展示灾后重建、脱贫奔康等工作的路线点位，全方位、全景区展现阿坝建设“绿色发展、全域旅游、脱贫攻坚典范”的成果。接待要热情周到。硬件不够软件补，热情周到的接待是办好大会的基本保障。我们要充分发扬藏羌儿女热情好客的优良传统，切实增强大局意识、责任意识，坚持以人为本、突出特点特色，做深做实各项接待要素，周密做好应对各类突发情况的预案准备，为四面八方来宾和游客提供人性化、个性化、精准化接待服务，用诚心热情、精心周到的服务创造如沐春风、宾至如归的效果。

务实高效，就是要体现一流的阿坝作为。我州筹备工作仅有11个月左右的时间，时间紧、任务重、要求高。我们要把承办工作作为重中之重、急之又急的任务，拿出十足百倍的精气神，苦干实干加油干，优质高效的抓实工作。要挂图作战、清单管理。这次大会影响深远、意义重大，容不得半点迟疑迟缓、一丝松懈松劲。要坚持“一切服从大会、一切服务大会”的原则，尽快梳理出筹备工作任务清单，逐一细化职责任务、排出时限节点，切实把任务分解到每一天、把责任落实到每一人，确保筹备工作有序有力推进，涉及的灾后重建、风貌改造等一些重点工程、重点项目要提前至少1个月如期完工。特别要全力以赴抓好漳扎镇风貌改造、鲁能小镇建设、九寨天堂改造提升等工程，市场监管、基础设施提档升级等工作，确保如期将全省一流、全国知名的特色文旅小镇完美呈现给来宾和游客。要强化配合、协同而为。这次大会将全面展示阿坝绿色发展、全域旅游、脱贫奔康成果，与全州各行各业息息相关。我们要树立承办工作“都是参与者，没有局外人”的理念，坚持做到“有人负责我配合、无人负责我负责”，既立足职责职能，各司其职、各负其责，认认真真干好自己的事情；又加强沟通协调、畅通沟通机制，形成指挥一体、步调一致、内外联动的工作格局，推动筹备工作整体出成效。要讲究方法、高效而为。这次大会主要包括参观考察、文艺展演、大会开幕、配套节庆等活动，工作千头万绪、任务艰巨繁重。我们要善于运用唯物辩证法认识、思考和解决问题，分清轻重缓急、主次要害，既看到繁重性艰巨性，又要有信心决心，把那些事关文旅大会筹办、全域旅游发展的重点工作往前抓往前赶，把那些制约整体进程、影响全局工作的关键问题率先解决掉，实现抓一点带一片的效果，给世人展示九寨沟依然美丽、更加美丽。

四、锁定关键细节，抓实抓具体筹备工作

细节决定成败。承办全省文旅发展大会是一项光荣而艰巨的任务，能不能把最好的水平、最好的形象展示出来，绝非一日之功，必须从每个环节、每个细节做起，持之以恒、坚持不懈。我们要紧扣“文旅融合、全域旅游”主线，对照“一个景区、九大品牌、七个融合”布局，统筹抓好补短板、促融合、育业态、挖内涵、提形象等工作，高质量筹备全省文旅发展大会，奋力开创文旅融合新局面。

（一）要精心搞好策划工作。承办好全省文旅发展大会，策划工作是龙头，直接关系大会整体效果。我们一定要高度重视、认真研究，既总揽全局考虑活动的整体效果，又兼顾细节突出活动的局部亮色，真正做到高标准、高水平、高档次，立意新、创意新、活动新。要搞好活动策划，认真学习借鉴成都、乐山乃至国际国内的成功经验，精心策划各项活动，统筹安排活动时序，力争每一项活动、每一个环节、每一个细节，都能充分体现阿坝特色，全面展示阿坝风采，让每一位受邀嘉宾、各界友人和中外游客，都能深切感受到阿坝魅力。要搞好参观策划，借助大会主题和活动序列，对现有资源进行集中组合、对展示方式进行动态调整、对产品内涵进行深度挖掘，精心设计一系列可观赏、可聆听、可参与、可遐想的线路点位，完美呈现阿坝文旅精彩，让每一位来宾和游客流连忘返，甚至达到不仅自己不想走，回去还会主动宣传阿坝的效果。要搞好营销策划，办节办会仅仅是手段，通过市场营销增加游客数量、提高旅游收入才是目的。从现在开始，要一手抓筹备工作，一手抓营销工作，认真开展客源市场调查，拿出操作性强的营销方案，扩展阿坝文旅品牌生态图，不断扩大影响力、号召力和竞争力。尤其要紧紧盯住占全州客源近 40% 的重庆市场，充分发挥重庆阿坝商会桥梁纽带作用，加大营销推介，主动融入成渝地区双城经济圈建设发展。

（二）要提档升级基础设施。完善的基础设施，是办好全省文旅发展大会的重要条件，也是提升阿坝文旅产业发展水平的迫切需要。我们要统筹文旅大会圆满成功的需要和文旅产业长远发展的需要，进一步加大文化和旅游基础设施建设力度。要加快推进交通设施建设，交通是阿坝旅游产业发展的基础性、保障性工程，要聚焦“快进慢游”旅游交通网络，全力推进成西（兰）铁路、都江堰至四姑娘山轨道交通、马久高速、川九路、九寨黄龙机场口岸机场建设、红原机场航线扩展等项目，开工建设川汶高速公路，着力抓好全国“四好农村路”示范州建设，着力畅通大循环、打通微循环。要着力完善旅游配套设施，切实加大主要旅游目的地、旅游线路和景区景点的游客服务中心、商品购物中心、医疗卫生保障基地、污水垃圾处理站点等公共服务设施建设力度，进一步规范完善旅游引导标识系统，有效满足游客出行需求。尤其要从解决车辆停靠难、游客如厕难等具体问题入手，做好人性化周到服务。要加力推进灾后重建工作，严格落实时间、任务、责任“三位一体”责任制，高质量推进九寨沟地震灾后重建工作特别是九寨沟景区的恢复重建工作，确保每一项工程都经得起来宾和游客的检阅，经得起实践和历史的检验。要大力推进智慧旅游建设，积极推动大数据在旅游服务全链条的深度应用，着力抓好智慧景区、智慧食宿、智慧购物、智慧交通等建设，让游客通过网络畅享“吃住行游购娱”“商养学闲情奇”等全方位服务。

（三）要丰富完善旅游业态。承办全省文旅发展大会，关键在于推动全州文旅产业加快发展。我州文化和旅游资源相对富集，但具有知名度和影响力的景区景点不多，对游客吸引力还不强，对经济社会发展的带动作用还不突出。我们要紧紧围绕“1+6”现代服务业产业体系，以承办全省文旅发展大会为契机，加强景区景点建设，大力开发精品线路，着力推进融合发展，积极打造文旅产业发展升级版。要持续打造主要景区，加快四姑娘山创AAAAA、达古冰川和莲宝叶则创建国家级生态旅游示范区工作，着力提升汶川无忧地、茂县古羌城、松潘古松州、黑水奶子沟、若尔盖大湿地、红原大草原、理县吉祥谷等景区基础设施，形成各美其美、美美与共的大旅游发展格局。要着力开发精品线路，立足旅游比较优势和文化资源特色，加快推进九黄线、南环线、内环线、草原线等文旅线路开发，精心打造一批自助游、深度游的小型景点和人文村寨，打造更多“网红”点、“打卡”点，把盆景变成园林，把点线变成立面，使阿坝成为一个大公园、大景区，四季皆景、处处可游。要大力发展特色旅游，紧扣现代旅游发展新趋势，积极开发航空游、冰雪游、研学游、乡村游、文化游、体育游、美食游、休闲游、康养游、夜间游、定制游、亲子游等产品，推动旅游新旧六要素全面融合发展，充分发挥文旅产业和其他产业融合发展的叠加增值效应。尤其要深度挖掘藏羌回汉文化资源，注重把文化元素巧妙植入旅游产业，引入趣味性、知识性、时尚性、互动性等新鲜元素，把潜在的文旅资源转化为现实的文旅产品，提升旅游文化品位。

（四）要着力提升服务水平。文旅产业的竞争实质是服务质量的竞争，要想长久吸引游客注意力，就必须要有优质服务作保障。目前，一流资源、二流开发、三流服务仍是阿坝文旅产业的现实写照。我们要抓住承办全省文旅发展大会的历史机遇，以满足游客需求为导向，全面提升旅游服务水平，树立阿坝文化旅游崭新形象。要纵深推进全域环境综合治理，坚决强化“谁砸阿坝的牌子，就砸谁的饭碗”的要求，坚决消除“坏的事情别人有，我也应该有”的思想，坚决树立“好的事情别人没有，我也必须有”的作风，锁定卫生环境、市场环境、治安环境三个关键，下决心、用恒心解决脏乱差、欺宰诈、黑恶霸等问题，切实把“游客为本、服务至诚”落到每个细节、每个环节，真正让游客食之放心、住之安心、行之顺心、游之舒心、购之称心、娱之开心。要加紧推进旅游服务精细管理，对标国际国内一流景区，强化精细化管理水平，全力打造标杆性服务景区。积极培育旅游行业协会，引导行业加强自律、规范管理、提升服务。加强对旅行社经营行为和导游执业行为监管。同时，要严格落实习近平总书记“预约旅游也是一个国家治理水平的体现”重要指示精神，探索“预约旅游模式”，既防止景区景点爆满，又有效避免防范疫情感染风险。今年，黄龙接待游客数攀升至九寨沟接待游客数80%左右，这与我们的有效管理、科学分流密不可分。要积极提升旅游从业人员素质，加大旅游从业人员分级分类培训力度，加强从业人员职业道德教育，提升一线人员业务技能和服务水平。探索建立从业人员诚信体系建设，建立健全“红黑名单”制度，逐步形成褒扬诚信、惩戒失信的良性机制。尤其要提高旅游车辆司乘人员素质，增强文明礼貌服务意识。对全州宾馆饭店硬件设施和服务质量进行大检查，着力提高旅游接待服务水平。特别强调一点，文化旅游发展关键是留住游客的“眼”和“胃”，只有抓住游客的胃，才能留住游客的人。要着力挖掘民族和地方传统风味，开展藏寨、羌山、回味十大名菜评选并制定烹饪标准，形成具有民族特色、地域特点的餐饮标识，加快培育“阿坝味道”“阿坝名店”“阿坝名厨”。加快建设文艺街、美食街等主题街区，大力引导省内外知名文创品牌、特色小吃入驻，为游客营造品鉴各色文化、品尝各地美食的良好条件，切实增强阿坝文旅感染力。

（五）要全力抓好氛围营造。一个企业的产品要靠宣传推介来打市场、创品牌。同样道理，文化旅游发展也得靠宣传推介来打市场、创品牌，提高知名度美誉度。对外宣传上，要把扩大知名度与开拓新市场有机结合起来，按照“政府主导、媒体引路、企业跟进、市场运作”等方式，充分调动全媒体、全景区、旅行社等方面积极性和主体作用，提炼营销主题、策划营销活动，针对性做好产品宣传和投放，形成立体宣传阵势。要主动邀请一批国际和中央、省级媒体记者来州采访报道，广泛宣传我州多姿多彩的文旅资源、改革发展的重大成就、干部群众的精神面貌，唱响主旋律、打好主动仗，为文旅发展大会营造良好的舆论环境。对内宣传上，要把营造浓厚氛围与引导群众参与有机结合起来，加强社会面上的宣传动员工作，向干部群众宣传承办大会之于我州经济社会和文化发展的重大意义，引导广大干部群众积极参与到氛围营造、形象塑造、志愿服务和环境整治等各项工作中来，形成人人关心、人人支持、人人参与的良好社会氛围。

五、抓好规划编制，全面谋划全域旅游

习近平总书记强调，我们要着眼长远、把握大势，开门问策、集思广益，研究新情况、作出新规划。当前，正是编制“十四五”规划的关键时期，各专项规划也在紧锣密鼓的编制当中。我们要紧扣“十四五”规划编制，抓住举办全省文旅发展大会带来的机遇和空间，全力抓好“十四五”全域旅游专项规划编制，为全州文旅发展打好基础、绘就蓝图。

（一）要认真研究重大问题。研究问题才能破解问题。近年来，通过全州上下不懈努力，文旅产业取得长足进步，但还存在诸多短板。比如，“是否安全”的问题、“是否通畅”的问题、“是否能够保持‘净土’”的问题；又如，全州文旅融合不深、产业附加值不高、产业链条不全等问题，这些都是加快全域旅游发展面临的现实挑战。因此，要认真研究景区景点、干道沿线、集镇周边的地灾治理、生态保护、快速通道建设、环境污染防治等工作，逐点逐片梳理问题短板，逐项提出解决思路和措施办法，建立问题整改台账，限时整改到位，确保通过攻坚作战，真正让阿坝全域旅游产生变化、得到提升。同时，要注重运用统筹的思维和方法，通过多规合一解决实际问题，在编制城镇、交通、产业等各类专项规划中，积极融入旅游元素，解决突出问题，为全域旅游发展预留空间。比如，城镇建设规划要注重挖掘本土文化元素，服务全域旅游；水利建设规划要统筹考虑绿岸护岸，注重审美游憩价值和休闲度假功能；交通建设规划要充分考虑道路沿线风景和功能打造，不断完善全域旅游服务体系；乡村振兴规划不仅要考虑建成和谐幸福家园，还要考虑建成休闲度假乐园。

（二）要积极储备重大项目。项目是规划的灵魂，是确保规划落地的根本。要紧盯国家和省上产业政策和投资导向，充分挖掘本地发展潜力和资源禀赋，着眼补短板、调结构、增后劲，重点谋划一批文化旅游、生态旅游开发，以及城镇、交通、水利、能源、通讯建设方面的大项目、好项目，特别要确保旅游干线环线、重要景区景点通讯信号全覆盖。抓紧做好策划、包装和储备工作，争取更多项目进入国家和省上规划，为全州全域旅游高质量发展提供支撑。在此基础上，要按照“531”的时间节点，认真编制5年期的项目实施清单、3年期的项目行动计划、1年期的具体施工计划，加快形成“谋划储备一批、审核批准一批、开工实施一批、投产见效一批”的项目梯次推进格局，一步一个脚印推动规划落地见效。同时，要对现有旅游项目进行整理清点，对一些陈旧过时、久占不建的旅游项目进行改造或收回开发权，对于适应全域旅游整体发展的项目要进行重点扶持，打造全域旅游项目精品。

（三）要加紧梳理重大政策。政策是一切经济工作的生命线。对阿坝而言，只有加强对政策的合理利用，加强对机遇的精准把握，全域旅游发展才会取得实质性成效并不断壮大。比如：今天参观过程中，阿尔沟旅游基础扶贫设施项目投资人就发自内心的说“来这里投资就是因为我们的优惠政策非常具体、具有很强可操作性”，充分展现了政策红利释放后的强劲效应。要认真梳理国省重大政策，聚焦中央方针、国家战略、省委决策和政策导向，认真梳理“新时代推进西部大开发形成新格局”“中央第七次西藏工作座谈会支持涉藏地区发展”“长江黄河流域生态保护治理和高质量发展”“加快建设川西北生态示范区”等国省发展战略中蕴藏的政策机遇特别是支持旅游产业的优惠政策，努力争取一批文旅项目审批权限下放、提升产业项目补贴标准、下降项目配套资金比例、全域旅游项目贴息补助等优惠政策，汇总形成政策适用清单。要认真梳理自身现有政策，围绕省委建设文化强省、旅游强省目标，全面梳理全州既有的支持旅游发展政策体系，对不适应发展形势甚至制约产业发展的，及时废止；对成效明显需要继续坚持的，持续丰富完善；对需要创新突破的，结合全面深化改革工作，大胆探索实践，持续释放改革红利。要注重梳理发达地区政策，认真梳理掌握发达地区特别是毗邻地区发展全域旅游方面的政策举措，立足州情实际，积极分析论证，需要共同争取的，加强彼此协调沟通，共同向上争取；适用于我州但人有我无的，要加紧调查研究、制定出台，加快健全本土优惠政策体系，推动全域旅游加快发展。

六、压实工作责任，确保工作高效落实

承办好2021年四川省文化和旅游发展大会，展示的不仅是阿坝文旅发展形象，也是广大干部群众干事创业的精气神。各级各部门要切实增强大局意识和全局观念，凝聚智慧、集中力量，主动参与和支持大会系列活动，周密组织、精心实施，确保大会圆满成功。

（一）加强组织领导，狠抓责任落实。工作要推进，领导是关键。为切实加强对承办工作的领导，州委将高规格成立筹备工作领导小组，初步计划由我和克宁同志任组长，下设办公室和各专项工作组，分别至少由1名常委或副州长牵头，具体负责会务组织、活动安排、安全保卫、服务接待等工作的组织协调。各牵头领导一定要亲自抓、亲自推，牵头部门要具体抓、盯住抓。领导小组办公室（州文体旅游局）要坚决扛起责任、解放思想、靠前作为，切实抓好统筹协调和工作督查，定期召开协调会议，强化部门协同联动，找问题、聚合力、补短板。各县（市）和州直牵头部门也要成立相应工作机构，进一步细化完善具体执行方案，将各项工作任务和责任分解靠实到具体单位和责任人，确保城镇建设发展、景区景点装扮、路域环境整治、风貌改造提升、特色节点塑造、宣传氛围营造等等，每一项工作都有人抓、靠得实，切实把工作细化、量化、具体化、考核化，推动大会办出特色、再上新台阶。

（二）完善工作机制，强化服务保障。文旅发展大会作为一项国际性旅游节会，从主办、承办、参会的各个方面，到开幕式和政务、经贸、演出活动的各个环节，各项工作量大面广、任务繁重，需要建立一套协调有力、运行顺畅的工作机制来保障。要建立纵向沟通衔接机制。领导小组办公室（州文体旅游局）要充分发挥好承上启下、沟通协调的职能作用，加强向上汇报衔接，加强同各县（市）和州直部门的沟通协调，确保纵横上下衔接紧密、步调一致、对接有效。要建立横向联动协作机制。各级各部门要牢固树立全州“一盘棋”思想，这绝不是九寨沟一个县的事，也不是“九环线”沿线县（市）的事，而是全州十三县（市）共同的大事盛事，大家都要主动服务、主动融入、主动贡献，必须切实增强大局意识、协作意识、配合意识，定期通气、经常沟通，齐心协力做好策应工作、自主自觉抓好自身发展。

（三）强化督查考核，推动工作落实。督查考核是推动工作的有效利器。州委办公室、州政府办公室、州委督查室、纪检监委机关要对筹备工作进展情况经常性开展督促检查，确保各个项目、各处环节、各项服务做细做到位。要注重运用督查考核“指挥棒”，把文旅工作绩效考评结果作为评价党政领导班子和领导干部实绩的重要内容，进一步完善考核体系、制定具体办法，把办会工作成效充分体现在年度目标责任考核之中。要坚持奖优罚劣，对照台账加大问责问效力度，对工作推进不力、完成任务落后的部门，采取相应的惩戒措施，以强有力的督查考核推动工作落实。

同志们：办好文旅大会，是一项重要政治任务，没有退路，必须背水一战；是一块干事创业品牌，事关全局形象，必须全力以赴；是一份全州集体荣誉，各界高度关注，必须精心守护。让我们坚持以习近平新时代中国特色社会主义思想为指导，在中央、省委的坚强领导下，锐意进取、埋头苦干、创新突破，高标准高质量高效率推进承办工作，努力把全省文化和旅游发展大会办成一次精彩盛会，以优异成绩向建党100周年献礼！

在州委经济工作会上的讲话

（2020年12月30日）

中共阿坝州委副书记、州长 杨克宁

明年是“十四五”规划实施的开局之年，也是我州开启全面建设社会主义现代化阿坝新征程的第一年，做好经济工作至关重要。我们一定要坚持以习近平新时代中国特色社会主义思想为指导，深入贯彻党的十九届五中全会、省委十一届八次全会精神，全面落实州委十一届十次全会决策部署，严格按照中央、省委经济工作会议要求，坚定贯彻新发展理念，坚持稳中求进工作总基调，以高质量发展为主题，以改革创新为动力，推动经济持续平稳健康发展。确保明年地区生产总值增长7.5%以上。

一、下足“三个功夫”，推动投资提质增量

面对宏观经济持续下行的巨大压力和不稳定不确定性因素明显增多的被动局面，投资拉动仍然是我州经济增长的“主引擎”。我们要坚持以“三条高速通道”建设为抓手，进一步盘活存量、扩大增量、提高质量，以大项目促进大投资，用大投资带动大发展。确保明年全社会固定资产投资增长10%以上。

（一）下足“谋”的功夫。“谋”就是谋项目，既要谋当前，又要谋长远。目前，我州的“十四五”规划纲要已基本成型，要对标对表、抓紧编制38个专项规划，积极谋划符合州情实际和发展需要的大项目、好项目、实项目，滚动更新“万亿项目储备库”。

要善谋生态项目。抢抓“国家实施黄河流域生态保护和高质量发展战略”契机，深度对接国家刚刚出台的规划纲要，立足“一屏四带、全域生态”发展布局，围绕防沙治沙、湿地修复、地灾防治、干旱河谷治理等领域，谋划一批综合性、上规模的生态项目。

要深谋基础项目。抢抓“新时代推进西部大开发形成新格局”契机，立足“四向通道、全域拓展”开放布局，突出交通、电力、通信、水利、新型基建等领域，谋划一批破瓶颈、利长远的基础项目。

要多谋产业项目。抢抓“省上支持川西北生态示范区发展生态经济”契机，立足“三地共建、五业同优”产业布局，聚焦文化旅游、生态工业、现代服务业、清洁能源开发等领域，谋划一批跨区域、跨行业的产业项目。

要细谋三农项目。抢抓“国家实施乡村振兴战略”契机，立足“农业升级、农村发展、农民进步”发展要求，针对美丽乡村建设、农业基础提升、农村能人培养等领域，谋划一批补短板、强弱项的涉农项目。

（二）下足“抓”的功夫。“抓”就是抓项目，既要抓重点项目，又要兼顾中小项目。全面落实“领导联系、统筹协同”机制，持续化解投资堵点和项目难点，推动签约项目尽快落地、在建项目加快进度、竣工项目如期投运。

要全力以赴抓在建。坚持州、县领导坐镇指挥，加快推进成西（兰）铁路、久马高速、九绵高速、都四山地轨道、友谊隧道至映秀段公路等项目建设，力争明年完成交通投资200亿元以上。有序推进大渡河“两库八级”水电开发，加快建设金川、巴拉、双江口等大中型水电站，建成投运马尔康500千伏、红原220千伏等输变电工程。

要千方百计抓开工。抢抓工程建设的“黄金季节”，开工建设川汶高速、松黑路、白湾至马奈段公路等交通项目和金川220千伏、四姑娘山110千伏等输变电工程。全力办好“省州重点项目集中开工仪式”，确保项目应开尽开、能开快开。

要从实从细抓前期。充分利

用冬春施工“淡季”，把项目前期做深做实做细。尤其要盯住可研立项、环评审批、林地占用、征地拆迁等关键环节，强化上门服务和跟踪督办，对省州重点项目的手续办理，必要时可以特事特办、开辟绿色通道，确保项目开工“无梗阻”“零障碍”。

要严把关口抓质量。坚持把工程质量、安全落实到项目建设的全过程和各环节，不论是在建项目，还是新开工项目，都要严格执行工程建设质量标准和施工安全要求，加强对项目建设的跟踪审计和监督，凡发现工程质量不达标或存在安全隐患的，必须及时整改、严肃追责。

（三）下足“扩”的功夫。“扩”就是扩投资，既要扩大国家投资，又要扩大招商引资。一直以来，我州的投资主要依靠中省“预算内投资”和“财政投资”，社会投资、民间投资支撑严重不足。要树牢“抓项目就是抓投资，抓投资就是抓发展”理念，进一步创新投资模式，培植投资主体，扩大投资规模。

要大力争取国家投资。抢抓中央和省级部门分配项目、安排资金的重要节点，主动对接国家政策投向，突出关键项目、重要环节，列出单子、积极对接、强化跟踪，“不把项目争取到手、不把资金落实到位”决不罢休。

要全面激活民间投资。抓住国家支持民营经济健康发展机遇及其政策红利，围绕畅通融资渠道、搞好规划引导、拓宽进入领域等重点，创新方式方法，完善制度保障，推出一批有吸引力的特色产业项目和基础设施项目，鼓励和支持民间投资进入，推动民间投资成为投资的“主力军”。

要持续加大招商引资。全面落实招商引资优惠政策，借助东西部协作、省内对口支援等平台，发挥驻京、驻杭、驻深等对外联络处作用，强化全面招商、全员招商和精准招商，推动更多新型外向型企业、高新技术及其配套产业落户我州。狠抓签约项目动态管理和跟踪落地，提升项目履约率、开工率和资金到位率。

要不断深化国企投资。支持国有企业转型发展。发挥州国投、交投、农投等国资平台公司作用，持续加大在资源开发、基础建设、产业发展等领域的投融资力度，在推动国有资产保值增值的同时，让国有资本成为扩大投资的“生力军”。

二、构建“三大体系”，推动产业转型升级

产业发展是经济持续增长的“定盘星”“稳定器”。我们要立足“川西北阿坝生态示范区”定位，发挥资源优势，保持战略定力，大力发展符合“高质量发展要求”的生态特色产业，加快构建“6+N”高原特色农牧业体系、“5+N”生态工业体系、“1+6”现代服务业体系，推动“生态产业”向更高水平迈进。

（一）加快构建“1+6”现代服务业体系。坚持以全域旅游为载体，大力发展文化旅游核心产业，培育提升金融服务、商业贸易、现代物流、科技信息、休闲康养、特色餐饮“六大产业”。确保明年第三产业增加值增长 8.5% 以上。

要全域发展文化旅游业。以创建国家全域旅游示范区为抓手，深入实施“九环线旅游发展振兴、南环线旅游完善提升、西环线旅游培育壮大”行动，加快建设 G317 最美景观大道、黄河天路国家旅游风景道、重走长征路红色旅游廊道“三大走廊”。适时制定九寨沟旅游扩容方案，推动九寨沟旅游尽快恢复到震前水平。围绕“九大文旅品牌”，深入开展线上线下精准营销，不断扩大“熊猫家园 · 净土阿坝”品牌知名度和影响力。加快推进特色文化旅游名镇、村寨建设，持续完善智慧旅游服务体系，开发推广“智享阿坝”APP。高质量承办全省文化和旅游发展大会。力争明年接待游客人次、旅游总收入均增长 12% 以上。

要大力发展生活性服务业。坚持以旅游为“龙头”，紧扣“吃住行游购娱”“商学养闲情奇”旅游新旧六要素，大力发展休闲康养、特色民宿、美食餐饮等生活性服务业。积极做好应对“后疫情”时代旅游发展的各项准备，推动批发零售、住宿餐饮等传统服务业复苏振兴。创新培育“阿坝味道”“阿坝名店”“阿坝名厨”。推进医养融合发展，支持开发藏羌医疗康养产品，加快建设九寨沟国际医养度假示范区、汶川生态康养旅游示范地。

要加快发展生产性服务业。全面落实服务业高质量发展政策措施，培育壮大金融服务、商业贸易、现代物流、科技信息等重点产业。加快云计算、大数据、物联网、5G 等新技术应用。实施国家级电子商务进农村综合示范二次覆盖项目，鼓励商业地产吸收大型连锁企业新开设门店，推动第二批省级步行街改造升级。确保明年新增规模以上服务业企业 5 户、限上商贸入统企业 13 家。

（二）加快构建“6+N”高原特色农牧业体系。推动牛羊（禽蜂）、生（藏）猪、特色果蔬、高原蔬菜、优质粮油、道地中药材“六大主导产业”提质增效，积极发展食药菌类、高原花卉等有发展潜力的N个新兴产业。确保明年第一产业增加值增长4.5%以上。

要持续改善农牧业生产条件。深入实施藏粮于地、藏粮于技战略，加快推进高标准农田建设。大力实施马尔康脚梭两河等重点水利工程，完善水利设施配套。深入开展现代草原畜牧业试点示范，大力推进现代农业标准化基地建设。新建高原绿色原料食品基地100万亩、牦牛标准化养殖示范场100个，创建省级农业园区3个。推动建设智慧农业基础设施，加快发展数字农业。

要全面推进农牧业产业化经营。培育壮大龙头企业、农村集体经济组织、农民专业合作社、家庭农牧场等经营主体，扶持发展种养大户。深化“大业主＋小农户”利益联结机制，探索推广“园区＋龙头企业＋合作社＋基地＋农户”“集体经济组织＋基地＋农户”等经营模式。培育发展农商联盟、农业产业化联合体等新型主体，推进农牧特色产业“景观化”打造，建设推出一批草原生态观光体验牧场。

要特别注重农牧业品牌打造。做强“净土阿坝”品牌产业联盟，建成“净土阿坝”特色农产品成都展示和电商中心。培育农超、农社、农企、农校等产销对接流通新业态，构建“田间—餐桌”“牧场—餐桌”产销衔接模式，打造实时高效的农牧业产业链、供应链。实施“互联网＋产品”“农业＋新业态”行动，推动农牧产品与时节“串联”、同地域“并联”。大力发展农旅融合康养产业，申创省级示范农业主题公园3个。积极开展成阿、渝阿、浙阿农商对接活动，打造成渝错季果蔬大走廊和高原畜产品供应地。

（三）加快构建“5+N”生态工业体系。大力发展清洁能源、特色农牧深加工、民族文化工艺、中藏羌医药、优质矿产资源“五大产业”；探索发展以飞地园区、县域中小微企业园为载体的数字经济、绿色载能、材料加工等N个特色产业。确保明年第二产业增加值、规模以上工业增加值均增长7.5%以上，建筑业增加值增长10%以上。

要做强现代工业发展载体。合理布局新能源、新材料、绿色载能、信息技术等产业，推动“成阿园区”提质增效、“德阿园区”发展壮大、“绵阿园区”挂牌运行。支持和鼓励州内园区特色化、集聚化发展，提升阿坝工业园区和县级工业园区综合配套能力。多种形式发展县域中小微企业产业园区，全面加强以园招商和产业培育。

要加快传统工业转型步伐。认真落实长江黄河保护法律法规，科学开发利用水能、光伏、风能等清洁能源；加快推进光伏发电基地建设，大力实施风电和风光水多能互补开发、水电就地消纳等试点。积极发展牦牛肉、奶制品加工等绿色食品产业，支持新希望牦牛、高原之宝做大做强。深度开发藏羌织秀、石刻、唐卡等民族工艺品，加快建设民族文化产业聚集区。有序推进金川李家沟、业隆沟锂矿采选项目，推动锂产业全链条发展。

要培育壮大战略新兴产业。发挥水电就地消纳优势，加快推动水制氢、氢能装备制造等项目落地，布局发展集中式大数据中心、云计算中心。依托飞地园区，积极引进节能环保、高端装备、人工智能等新型产业。充分挖掘高原生物资源，加快发展生物育种、生物医药等生物产业。持续加大新技术引进和应用，推动电解铝、工业硅、电子材料、人工晶体等延伸产业链。

三、强化“三项重点”，推动经济行稳致远

夺取明年经济工作好成绩，是确保“十四五”开好局、起好步的有力支撑，更是加快建设社会主义现代化阿坝的“第一步”。我们要坚定信心决心，积极克服来自各方面的风险挑战，勇破困局、敢挑重担，奋起直追、跳起摸高，以“钉钉子”精神不断开创经济高质量发展新局面。

（一）强化风险防控。清醒认识“防范化解重大风险”伴随经济发展的全过程，切实增强底线思维、忧患意识，始终把“防范化解重大风险”摆在经济工作的突出位置，抓早、抓好、抓出成效。

要常态推进疫情防控。目前，国内疫情呈“多点散发”态势，形势依然严峻。要全面落实“外防输入、内防反弹”措施，进一步加强入州人员特别是中高风险地区入州人员的核酸检测、健康监测和合理管控，全面做好疫苗接种相关工作，周密部署景区景点、商场超市、学校医院、机场车站、机关企业等重点场所的“消杀灭”工作，坚决避免发生聚集性疫情。

12月30日，阿坝州委经济工作会议在马尔康召开

（州政府办公室提供）

要全面加强灾害防治。结合正在开展的“5+2”专项治理，深入开展地震、泥石流等自然灾害的风险调查、隐患排查和监测预警，加快推进各类自然灾害重点工程建设，确保尽早建成、发挥效用。持续深化森林草原防灭火工作，坚决守住不发生重大森林草原火灾的底线。切实加强应急管理体系建设，不断提升防灾减灾救灾抗灾能力。

要全力维护社会稳定。压实金融风险防范责任，稳妥有序化解金融风险和防止资本无序扩张，依法打击各类非法金融活动。深入开展“三反两防”“扫黑除恶”等专项斗争，严厉打击在工程建设、市场交易中非法阻工、强买强卖、扰乱市场秩序等违法行为。健全社会治安防控体系和公共法律服务体系，加快建设平安和谐阿坝。

（二）强化区域协同。推动区域协调发展是贯彻新发展理念、建设社会主义现代化经济体系的重要举措，更是大势所趋。要坚决破除“利益藩篱”和“保护壁垒”，加快形成统筹有力、竞争有序、绿色协调、共享共赢的区域协调发展新格局。

要主动融入成渝双城经济圈。加快打通连接成渝地区的“大通道”，积极推进与天府新区、两江新区的战略合作，大力发展总部经济。主动推动产业融入和要素融入，全力承接战略性产业转移。加强文化艺术、城市旅游、文创产品等方面合作，着力打造成渝地区休闲康养和生态文化旅游最佳目的地。

要推动四带联动特色化发展。探索建立发展规划对接、资源充分利用、项目整体谋划、合作利益共享等机制，既要差异化发展，又要抱团发展。适时分片区召开联席会议并开展工作督导。推动东南、西北、东北片区旅游环线和文旅产品开发合作，加速旅游连线成片；推动东南、西北、西南片区优质资源和精深加工开发合作，加速产业链条延伸。形成“四带”竞相发展、协同发展、创新发展新格局。

要促进县域经济高质量发展。鼓励和支持各（县）市因地制宜发展特色产业，积极构建“一县一支柱、一县一基地、一县一特色”发展新格局。深化县域合作，力争共建一批跨行政区划的现代农业基地、文化旅游廊道。支持各县（市）争创省级县域经济先进县。

要推动城乡一体化发展。牢固树立城乡“一盘棋”思想，加快推进资源优化配置，提升乡村借力发展能力。按照“宜工则工、宜商则商、宜旅则旅”原则，优化城乡功能布局，增强发展内生动力和内在活力。深度挖掘历史文化名城和传统古村落资源，大力发展乡村旅游。

（三）强化要素保障。坚持“以政策支撑、以改革破局”，推动经济发展质量变革、效率变革、动力变革，不断增强经济竞争力、创新力和抗风险能力。

要深化改革创新开放。坚持把改革创新作为经济高质量发展的“第一动力”，纵深推进要素市场化配置、财税体制等方面改革，更大程度释放改革红利。深入推进科技成果转化，依靠科技创新促进产业转型升级。积极融入长江经济带建设等国家战略，强化与京津冀、长三角、粤港澳和成渝地区合作，构建全方位、多层次开放合作新格局。

要加强财税金融保障。加大存量资金分类清理、统筹盘活力度，培育长期稳定财源，确保明年一般公共预算收入增长7.5%左右。深化财政金融互动，发挥政策叠加效应，加快发展普惠金融、绿色金融。持续完善金融要素市场，改善金融生态环境，构建多元融资格局。全面落实减税降费政策，支持各类市场主体健康发展。

要大力优化营商环境。全面落实支持民营经济健康发展政策措施。持续深化“放管服”“最多跑一次”改革，严格执行市场公平竞争审查制度，健全营商环境评价指标体系，进一步优化政策、政务、市场、法治和人文环境，构建亲清新型政商关系。

同志们，经济工作涉及发展领域的方方面面，是一项复杂的系统工程，任何一个方面、一个环节做得不好、做得不到位，都会直接影响经济发展全局。为确保明年经济工作取得实实在在成效，我们还要：

大力实施生态立州战略，不断筑牢绿色发展基础。认真贯彻习近平生态文明思想，坚持把生态保护作为“头等大事”，深入实施长江黄河上游生态保护修复、干旱河谷治理等重点工程，加快建设大熊猫国家公园和若尔盖国家湿地公园。落实“三线一单”分层分级管控机制，健全国土空间规划和实施体系，建立预留重大基础设施建设廊道和用地制度。全面做好长江经济带小水电清理整改，常态化推进非煤矿山、砂石料场、建筑工地规范管理。坚持山水林田湖草系统治理，打好污染防治“三大战役”，坚决守护好“绿水青山”和“金山银山”。

大力实施扩大内需战略，增强经济运行活力韧劲。坚持“供给侧”与“需求侧”并重，扎实做好“六稳”工作，全面落实“六保”任务。把“稳定就业”作为重中之重，清理取消不合理限制灵活就业规定，推动产业、创业、企业、就业联动；持续做好重点群体就业工作，引导扶持农民工返乡创业，明年城镇新增就业7000人以上。大力开展“互联网+消费”行动，积极培育智慧消费、定制消费、体验消费等新业态；依托漳扎、川主寺、桃坪等特色文旅小镇，培育打造一批独具藏羌风格的特色商贸镇、商业街、餐饮街，引领消费需求，促进消费升级。确保明年社会消费品零售总额增长10%以上。

大力实施乡村振兴战略，推动发展成果人民共享。坚持“农业农村优先发展”原则，力争在产业发展、基础提升、公共服务等重点领域取得实质性突破，推动发展成果惠及更多农牧民群众。健全防返贫致贫监测帮扶制度，完善增强内生动力机制，推进脱贫攻坚成果巩固与乡村振兴战略有机衔接。全面落实农村生活垃圾、污水处理措施，努力打造一批美丽乡村。探索宅基地“三权分置”实现形式，让农村沉睡资源“活起来”。加大农村实用人才培养力度，建设一支“懂农业、爱农村、爱农民”的乡村干部队伍，全面提升“三农”工作水平。

同志们：做好明年的经济工作，任务艰巨、意义重大。我们要坚持以习近平新时代中国特色社会主义思想为指导，在省委、省政府和州委的坚强领导下，以更加奋发有为的精神状态、更加行之有效的措施办法，扎扎实实做好每一项工作，奋力推动“十四五”经济开好局、起好步，以优异成绩庆祝建党100周年！

大事记

A CHRONICLE OF MAJOR EVENTS

1月
January

1日　阿坝州正式启用新一代多普勒天气雷达，形成“地基、空基、天基”立体监测体系。

2日　阿坝州人民政府与四川省医学科学院、四川省人民医院在成都举行托管阿坝州人民医院签约仪式。

3日　省体育局、州人民政府主办的2020年四川省“百万群众迎新登高”健身活动阿坝州分会场在茂县环羌城酷跑热力开跑。

5日　马尔康民族师范学校学生昂扎甲木措在四川省文明办、四川省教育厅、四川省电视艺术家协会、四川广播电视台共同举办的四川省第三届青少儿“金话筒”电视主持大赛总决赛中获季军。

同日　阿坝军分区党委第十六届二次全体（扩大）会议暨党管武装工作述职会议在马尔康市召开。

7日　2020年州委机构编制委员会第1次全体会议。会议研究同意为阿坝职业学院增加事业编制50名等6项事宜。

8—10日　人力资源和社会保障部副部长汤涛在松潘县、茂县调研慰问“三支一扶”人员。

11日　阿坝藏族羌族自治州第十二届人民代表大会第四次会议在马尔康市开幕，杨克宁代表州人民政府作工作报告。

同日　第六届全国大众冰雪季四川分会场暨四川省第二届全民健身冰雪季在松潘奇峡沟站开启，活

1月5日，马尔康民族师范学校昂扎甲木措获四川省第三届青少儿“金话筒”电视主持人大赛总决赛季军
（马尔康民族师范学校提供）

1月13日，全州"不忘初心、牢记使命"主题教育总结大会在马尔康召开　（州志办提供）

动主题是"绿色阿坝、红色旅游、白色滑雪"。

13日　全州"不忘初心、牢记使命"主题教育总结大会在马尔康市召开。

同日　阿坝州第三代社会保障卡首发仪式在马尔康市举行。

14日　四川卧龙国家级自然保护区管理局、中国电信四川分公司、中通服咨询设计研究院联合完成的"大数据+生态卧龙智慧系统"参加"首届全国生态大数据创新应用大赛"决赛，获优秀奖。

15日　G4217蓉昌高速公路都映段一阶段治理工程完成病害治理，恢复双幅双向通行。都汶高速板子沟大桥"8·20"山洪泥石流灾害恢复重建工程正式建成，恢复双幅双向通行。

同日　阿坝州十二届人大四次会议第三次全体会议在马尔康市召开。州委常委、纪委书记郑雷当选为四川省第十三届人民代表大会代表、阿坝州监察委员会主任。

16日　黑水县沙石多乡羊茸村、小金县沃日镇木栏村、理县古尔沟镇大沟村、九寨沟县漳扎镇中查村、茂县凤仪镇坪头村、金川县卡拉脚乡二普鲁村、松潘县牟尼乡包座村、马尔康市白湾乡木尔基村入选首批"国家森林乡村名单"。

17日　全州启动新冠肺炎医疗救治工作，组织各县（市）卫生健康局、州直医疗单位开展《新型冠状病毒感染的肺炎诊疗方案》培训，254个医疗机构、2190名医务人员参训；确定州人民医院为定点救治医院，成立呼吸内科、儿科、ICU、感染科等技术人员的专家组。

18日　州委副书记、州长杨克宁在马尔康市看望慰问全州科技界干部人才、春节值守干警和敬老院老人，走访困难群众、老党员、老干部，送去新春祝福。

18—19日　省气象局局长杨卫东在阿坝县、马尔康市气象局调研气象服务工作，开展新春慰问活动。

21日　全州新型冠状病毒感染的肺炎防控工作会议在马尔康市召开，会议以电视电话形式进行。确定汶川县人民医院为州级新冠疫情防治后备医院，其他县（市）人民医院为县级定点医院。

24日　全州新型冠状病毒感染肺炎联防联控工作专题研究会议在马尔康召开。会议传达州委书记刘坪和州委副书记、州长杨克宁的指示，分析全州当前疫情形势和联防联控工作存在的问题，研究部署下一步工作。

同日　全州市场监管系统对农集贸市场、超市、餐饮、电商等经营场所野生动物交易情况进行现场检查，检查农集贸市场21个次、超市商场31个次、餐饮68个次、电商3个；会同公安、卫健、农业农村、林草等部门开展联合检查59次。

同日　全州设置新型冠状病毒感染肺炎卫生防疫卡点30处，出动卫生防疫人员92人，开展24小时轮岗值守，全州未发现新型冠状病毒感染肺炎病例。

25日　州市场监管局、卫生健康委、商务和经济合作局、公安局按照突发公共卫生事件Ⅰ级应急响应总体要求发布联合通告，决定从25日起在全州行政区域内禁止举办各类群体性餐饮经营行为（农村自办群体性宴席），解禁时间另行通知。

25—27日　州委书记刘坪在州人民医院、卫生健康委、疾控中心和金川县、壤塘县检查督导新型冠状病毒感染肺炎疫情防控工作，慰问值班值守的干部职工、医护人员，特别是一线防控人员。

26日　州直部门（单位）机关党委书记抓党建工作述职评议会议在马尔康市召开。21个州直部门（单位）机关党委书记作现场述职、评议考核。

27日　州市场监管局出台《关于加强疫情防控期间社会餐饮食品

安全工作的指导意见》《关于加强新冠肺炎疫情防控期间企业、工地和养老机构食堂食品安全工作的指导意见》。

28 日　阿坝州人民政府印发《阿坝藏族羌族自治州人民政府关于加强新型冠状病毒感染的肺炎联防联控工作的通告》，取消或延迟开展集会展览、文化体育、集体宗教活动等群众性聚集活动，关闭所有旅游景区景点，图书馆、网吧、宗教活动场所等人员密集场所暂停营业（对外开放），暂停涉旅企业组织的团队旅游活动，关闭活禽交易宰杀市场。

同日　州委常委会（扩大）会议及应对新型冠状病毒感染肺炎疫情工作领导小组和指挥部全体会议在马尔康召开。传达学习习近平总书记在召开中央政治局常委会会议研究新型冠状病毒感染的肺炎疫情防控工作时的重要讲话精神和 1 月 27 日对新型冠状病毒感染的肺炎疫情防控工作的重要指示精神，省委常委会议和省委书记彭清华讲话精神，研究部署全州疫情防控工作。

同日　阿坝州应对新型冠状病毒感染肺炎疫情联防联控机制领导小组第四次会议在马尔康市召开。传达学习习近平总书记关于新型冠状病毒感染的肺炎疫情的重要指示精神和国务院总理李克强关于新型冠状病毒感染的肺炎疫情的重要批示精神，贯彻落实党中央、国务院，省委、省政府关于新型冠状病毒感染的肺炎疫情防控部署的相关举措，研究部署全州近期疫情防控工作的具体措施。

29 日　召开州应对新型冠状病毒感染的肺炎疫情联防联控指挥部第一次会议，学习传达习近平总书记关于新型冠状病毒感染的肺炎疫情的重要指示精神和李克强总理关于新型冠状病毒感染的肺炎疫情的重要批示精神，贯彻落实省、州党委政府关于新型冠状病毒感染的肺炎疫情防控部署的相关举措，部署防控工作。

同日　州应对新型冠状病毒感染肺炎疫情应急指挥部向社会发布公告（第 1 号），成立阿坝州应对新型冠状病毒感染肺炎疫情应急指挥部，下设疫情防控和医疗救治组、后勤保障组、交通运输组、市场监管组、宣传舆情组、佛事活动管理组、景区管理组、社会稳控组、综合工作组。

同日　省疾控中心检测复核、诊断专家确诊，马尔康市诊断报告新型冠状病毒感染肺炎 1 例，为输入性病例。

同日　阿坝州人民政府印发《关于做好阿坝州第七次全国人口普查工作的通知》，普查标准时点是 2020 年 11 月 1 日零时，主要调查人口和住户的姓名、公民身份号码、性别、年龄、民族、受教育程度、行业、职业、迁移流动、婚姻生育、死亡、住房情况等，查清全国人口数量、结构、分布、城乡住房等情况。

30 日　州应对新型冠状病毒感染肺炎疫情应急指挥部向社会发布（第 3 号）公告，调整全州各级各类学校春季学期开学时间，具体开学时间根据疫情防控形势另行通知，未通知前一律不得自行开学。各学校（高三年级）均不得组织或变相组织补课、答疑、辅导等聚集性活动。

同日　州应对新型冠状病毒感染肺炎疫情应急指挥部向社会发布（第 4 号）公告，加强在产企业疫情防控，利用在岗员工维持正常产能，停产企业推迟复产，统一调度和监督管理建设项目。

31 日　州委书记刘坪到阿坝州人民医院检查指导疫情防控工作，看望慰问患者和奋战在一线的医护人员。

同月　成兰铁路（阿坝段）完成投资 159.54 亿元，1 月完成投资 2.26 亿元。成兰铁路（阿坝段）15 座隧道全部开工，完成 217103.11 成洞米，占设计总量的 91.68%。全线完成征用红线内永久用地 227.59 公顷，红线外永久用地 10.15 公顷，临时用地 525.6 公顷，安置点征地 48.86 公顷；拆迁房屋 748 户。

同月　阿坝州人民政府批准设立“嘉绒文化生态保护区”“河曲马黄河草原文化生态保护区”。阿坝州实现文化生态保护区全域全民覆盖，是全省第一个文化生态保护区全域全民覆盖的市（州）。

2 月
February

1 日　全州召开应对新型冠状病毒感染肺炎疫情应急指挥部第三次会议，落实中央、省委关于防控新型冠状病毒感染肺炎疫情的最新部署要求，传达省应对新型冠状病毒感染肺炎疫情应急指挥部第三次、第四次会议精神，通报全州新型冠状病毒感染肺炎疫情防控工作情况。

同日　阿坝州人民医院召开新

型冠状病毒肺炎“驰援疫区医疗队誓师会”，会议宣读《中共阿坝州人民医院委员会关于成立驰援疫区医疗队的通知》《中共阿坝州人民医院委员会关于成立临时党支部的决定》，举行授旗仪式并集体宣誓。

1—2日　州委书记刘坪在松潘县检查指导新型冠状病毒感染的肺炎疫情防控工作。

3日　全州应对新型冠状病毒感染肺炎疫情工作会议在马尔康市召开。

4日　州委书记刘坪主持召开州委专题工作会议，传达学习中共中央政治局常务委员会会议、国务院常务会议和省委应对疫情工作领导小组会议、省应对新型冠状病毒感染肺炎疫情应急指挥部第五次会议精神，再研究再部署再落实全州当前疫情防控工作。

5日　汶川县三江镇村民自发捐购的7万公斤蔬菜运抵武汉，分发到武汉武钢医院、普仁医院等6家医院，爱心善款10万元汇入武汉市慈善机构。

6日　省委副书记、省委应对新型冠状病毒肺炎疫情工作领导小组副组长邓小刚到阿坝州指导疫情防控工作。邓小刚要求增强“四个意识”，坚定“四个自信”，做到“两个维护”，把思想和行动统一到习近平总书记重要指示精神和党中央决策部署上来，落实落细省委部署要求，做到守土有责、守土担责、守土尽责，确保社会大局稳定。

同日　省人民政府副省长王凤朝到成阿园区防控疫情物资生产企业四川索玛新材料科技有限公司调研，慰问生产企业一线员工。

7日　州应对新型冠状病毒肺炎疫情应急指挥部印发《关于进一步加强防控物资和春运错峰返程运输保障的通知》，加强生活物资市场监管和执法，实施“春风行动”。

同日　州应对新型冠状病毒肺炎疫情应急指挥部印发《关于加快推进重要必须领域全面复产复工的通知》，推进涉及疫情防控、能源供应、交通物流、医用物资、生活必需品和重大工程、重大项目等重要国计民生的企事业单位和公共服务窗口单位复产复工。

8日　州委常委会（扩大）会议暨应对新型冠状病毒肺炎疫情工作领导小组第二次会议在马尔康召开。传达学习2月3日中央政治局常委会会议、省委常委会会议暨省委应对疫情工作领导小组第三次会议、省委疫情防控督导组来州检查指导工作指示精神，安排部署联防联控、群防群控和专防专控工作。

9日　阿坝州应对新型冠状病毒肺炎疫情工作会议在马尔康召开。贯彻落实习近平总书记重要指示精神、国务院总理李克强重要批示，落实省委、省政府和州委、州政府决策部署，通报当前全州疫情防控情况。马尔康市、汶川县和5个专项工作组汇报工作情况。

10日　州应对新型冠状病毒肺炎疫情应急指挥部发布公告（第6号），严格属地管理原则，严格外来人员管理，严格返岗复工管理，严格执行学校延迟开学规定，关闭、暂停所有旅游营销活动、对外开放宗教活动场所、景区景点等公共场所，取消宗教佛事活动等。

同日　州应对新型冠状病毒肺炎疫情应急指挥部发布公告（第7号），加强宗教活动场所和宗教教职人员疫情防控，所有宗教活动场所暂停对外开放。

同日　州应对新型冠状病毒肺炎疫情应急指挥部印发《阿坝州新冠肺炎防疫期间农民工有序返岗“春风行动”方案》，组织“点对点、一站式”应急运输客运班车。全州“春风行动”开展时间1个月，从2月11日开始，可延长开展时间。

10—11日　州委副书记、州长杨克宁在小金县各村寨防疫卡点、县人民医院等开展疫情防控检查指导工作，推动贯彻落实

2月9日，阿坝州应对新型冠状病毒肺炎疫情工作会议在马尔康召开　（州志办提供）

习近平总书记关于疫情防控的重要讲话和系列重要指示批示精神。

11日 州应对新型冠状病毒肺炎疫情应急指挥部印发《加强疫情防控期间农村群体性聚餐监管八条措施》，落实属地责任，实行疫情防控工作网格化管理，签订承诺书，取消或延期红事，从简白事等。

12日 阿坝州应对新冠肺炎疫情工作调度会暨州委应对新冠肺炎疫情工作领导小组第三次会议在马尔康召开，会议传达学习习近平总书记在北京市调研指导新冠肺炎疫情防控工作时的重要讲话精神及省委应对疫情工作领导小组第四次会议精神，通报全州疫情防控情况，听取各县（市）、卧龙特别行政区疫情防控工作情况汇报，安排部署下一步工作。州委副书记、州长杨克宁出席会议并安排部署工作。

13日 州应对新型冠状病毒肺炎疫情应急指挥部印发《关于进一步强化全州公路防疫卡点管理工作的通知》，加强防疫卡点特别是与其他市（州）毗邻的卡点管理，做好周边小路管控，打击非法营运行为，确保所有进出人员从防疫卡点通行并接受防疫检测。

14日 全州应对新冠肺炎疫情应急指挥部第四次会议在马尔康召开。传达学习省委办公厅《关于坚决反对形式主义、官僚主义 让基层干部把更多精力投入到疫情防控第一线的通知》，研究当前全州疫情防控和经济社会发展情况，安排部署下一步重点工作。

同日 金川县庆宁乡“川梨树”获四川省“十大树王”暨“百佳古树名木”奖。

15日 州应对新型冠状病毒肺炎疫情应急指挥部向社会发布公告（第8号），规定疫情防控期间各类车辆通行的相关管理，保障疫情防控急需物资、群众生产生活物资等运送车辆通行。

同日 州政府办公室印发《关于落实支持疫情防控期间工业企业复产达产政策措施的通知》，缓解工业企业在疫情防控期间的生产经营困难，统筹疫情防控和工业经济健康发展。

17日 州应对新型冠状病毒肺炎疫情应急指挥部印发《关于严格执行第8号公告的通知》，部署保障疫情防控急需物资、群众生产生活物资等运送车辆在州内顺畅通行。

同日 州发改委申报新冠肺炎疫情防控建设项目中央预算内投资计划项目2个，总投资1500万元，其中集中收治和重症患者诊治能力提升设施设备购置项目1个，总投资964万元；病毒核酸检测实验室改造提升项目1个，总投资536万元。

18日 全州组建14个新冠肺炎疫情防控审计监督工作组织领导小组，负责全州新冠肺炎疫情防控资金和捐赠款物的专项审计。

19日 省委农办主任、省农业农村厅厅长杨秀彬一行到州调研督导农村地区新冠肺炎疫情防控和春耕生产工作，召开专题座谈会。

20日 全州22家快递公司陆续复工复产，全州100个快递网点复工76个，复工率76%。

同日 阿坝州妇计中心创建为省级儿童早期综合发展示范基地。

21日 州应对新冠肺炎疫情应急指挥部第七次会议在马尔康召开。传达学习习近平总书记关于疫情防控工作的重要指示精神，学习贯彻中央应对新冠肺炎疫情工作领导小组会议及全国恢复交通运输秩序电视电话会议精神，省应对新冠肺炎疫情应急指挥部第14次会议精神和省应对新冠肺炎疫情应急指挥部《关于进一步推进分区分类防控工作的通知》要求，贯彻落实州委决策部署，分析当前全州疫情防控和经济社会发展形势，审议《阿坝州新冠肺炎疫情防控指挥部关于印发全力做好疫情防控一线医务人员及其家属关心关爱若干措施的通知（代拟稿）》，研究部署下一步工作。

21日 阿坝州2020年财税工作电视电话会议在马尔康市召开。

22日 州委书记刘坪主持召开州委常委会（扩大）会议暨州委应对新冠肺炎疫情工作领导小组第六次会议和阿坝州应对新冠肺炎疫情应急指挥部会议，传达学习中央政治局常委会会议、省委常委会会议暨省委应对新型冠状病毒肺炎疫情工作领导小组第五次会议、全国全省恢复交通秩序会议精神，中央统战部、西藏办有关工作的通知要求。

24日 州公安局、州交通运输局发布《关于有序恢复市际道路班线客运车辆发班的公告》，自2020年2月25日6:00起，有序恢复市际班车（阿坝州发往其他市州班线客车及其他市州发往阿坝州班线客车）运行。

25日 红原县刷经寺镇三家寨村、壤塘县岗木达乡章光村、若尔盖县冻列乡然多村、阿坝县垮沙乡沙湾村入选第二批“国家森林乡村”。

26 日　省委副书记、省委应对新冠肺炎疫情工作领导小组副组长邓小刚到茂县人民医院、南新镇凤毛坪村看望慰问一线医务人员。

28 日　成兰铁路、汶川县城棚户区综合改造及配套基础设施建设等 14 个重点项目实现复工。其中，省重点项目复工 2 个，州重点项目复工 12 个。

29 日　中共阿坝州委常委会（扩大）视频会议暨州委应对新冠肺炎疫情工作领导小组第七次会议在马尔康市召开。

3 月
March

3 日　全州规模以上工业企业在 1—2 月增至 118 户，比 2019 年 1—2 月的 102 户净增 16 户，比 2019 年 1—12 月的 107 户净增 11 户，比 2019 年的年报 114 户净增 4 户。

同日　中国共产党阿坝州第十一届纪律检查委员会第五次全体会议在马尔康市召开，会议以电视电话会议召开。

5 日　青海西宁至四川成都铁路四川段建设工程在松潘县黄胜关启动。副省长杨洪波出席启动仪式。

8 日　阿坝州脱贫攻坚普查领导小组成立，阿坝州脱贫攻坚普查工作全面启动。

同日　州委书记刘坪在阿坝县调研多美林卡国家湿地公园（试点）湿地保护和恢复三期项目开工复工情况。

10 日　州应对新冠肺炎疫情应急指挥部第九次会议在马尔康市召开。

11 日　省委政法委副书记夏凤俭到松潘县川主寺镇郎依寺、林坡寺检查指导疫情防控、和谐寺庙建设工作。

13 日　阿坝州首个“律师事务所调解工作室”在四川信守律师事务所挂牌成立。

14 日　省卫健委副主任宋世贵一行到阿坝州人民医院调研新冠肺炎防控、安全生产及质量提升工作。

15 日　州市场监管局、州消委会联合马尔康市市场监管局开展“3・15”宣传活动。

16 日　全州 51 户规上电力生产工业企业 1—2 月发电 19.09 亿千瓦时，同比下降 16.6%。42 户水力发电企业发电 18.27 亿千瓦时，下降 17.1%，占全州规上工业发电量的 95.7%；7 家太阳能发电企业发电 0.68 亿千瓦时，下降 2.9%，占全州规上工业发电量的 3.6%。

17 日　2020 年全州安全生产、应急管理工作会议暨 2020 年州安委会第一次全体会议和州应急委第一次全体会议在马尔康市召开。学习贯彻习近平总书记关于安全生产和应急管理工作的重要论述，落实全国全省安全生产和应急管理工作相关会议精神，总结 2019 年度安全生产和应急管理工作，分析研判安全生产形势，安排部署 2020 年重点工作。

同日　州脱贫攻坚领导小组第十五次会议在马尔康市召开。

18 日　州委第一督查组在四姑娘山管理局督查四姑娘山景区创建国家 AAAAA 级旅游景区工作推进情况。

18—20 日　省委书记、省委应对新冠肺炎疫情工作领导小组组长彭清华在州调研指导疫情防控和经济社会发展工作。彭清华强调，要坚决落实习近平总书记在 3 月 18 日中央政治局常务委员会会议上的重要讲话精神，准确把握当前疫情防控和经济形势的阶段性变化，继续扎实抓好精准防控，紧扣实际有序恢复生产生活秩序，努力完成全年经济社会发展目标任务。省委副书记、省委应对新冠肺炎疫情工作领导小组副组长邓小刚陪同。

19 日　全州全社会固定资产投资 1—2 月同比下降 6.3%，高于全省 10.2 个百分点，居全省第 7 位，同比上升 14 位。

同日　全州民间投资 1—2 月同比增长 1.4%，占全社会固定资产投资比重为 31.7%，同比提高 2.4 个百分点。

同日　全州交通投资 1—2 月同比下降 30.9%，占全社会固定资产投资比重为 33.9%，同比降低 12.1 个百分点。

20 日　州国投公司与四姑娘山实业开发公司、小金县久胜投资公司在成都签署成都阿坝宾馆公司分立协议。

24 日　州委审计委员会第二次会议在马尔康市召开。审议通过《中共阿坝州审计委员会委办公室关于调整州委审计委员会部分组成人员的请示》《阿坝州领导干部自然资源资产离任（任中）审计实施细则》《中共阿坝州委审计委员会关于进一步加强审计发现问题整改工作的实施意见》《阿坝州 2020 年度统一组织审计项目计划》。

3月27日，全州乡镇行政区划调整改革工作总结暨村级建制调整改革工作推进会议在马尔康召开

（州志办提供）

同日　全州巩固脱贫攻坚成果、全面建成小康社会视频会议在马尔康市召开。

25日　省应急管理厅厅长段毅君率队在汶川县城市应急体验中心（阿坝州安全体验中心）和阿坝汶川侨源气体有限公司检查调研应急管理工作。

26日　2020年第一季度重大项目集中开工暨都江堰至四姑娘山山地轨道交通扶贫项目开工动员会在汶川县映秀镇举行。

27日　全州乡镇行政区划调整改革工作总结暨村级建制调整改革工作推进会议在马尔康市召开。

29日　州委副书记、州长杨克宁在马尔康会见北京京能清洁能源电力股份有限公司西南分公司党委书记、执行董事杨春风，举行座谈会。

31日　九寨沟、黄龙、四姑娘山、达古冰川四文化景区在成都召开开园新闻发布会，宣布于3月31日起开园。

同日　州委书记刘坪到四姑娘山景区检查指导疫情防控、护林防火、旅游安全和旅游复产工作。

4月
April

1日　全州召开森林草原防火灭火暨安全生产工作会议。学习贯彻习近平总书记重要指示精神，传达落实全省会议精神。

同日　州人大常委会主任谷运龙在茂县开展森林草原火灾防范、疫情防控、乡村建制改革、推动经济社会步入正轨、安全生产、维护社会稳定、全域环境治理、基层社会治理、基层组织建设工作督导。

3日　省委副书记邓小刚到阿坝州观音桥林业局502林场万林管护站视察防火防疫卡点工作。

15日　州委党建领导小组2020年第一次会议在马尔康市召开。贯彻落实中央、省委关于全面从严管党治党部署要求，落实省委党建领导小组2020年第一次会议精神，听取州委党建领导小组部分成员单位为“保稳定、战疫情、强治理”提供坚强政治保证情况汇报，审议领导小组2019年工作总结和2020年工作要点。

17日　若尔盖湿地保护区首次监测记录到黑鹳。黑鹳是国家一级保护濒危动物，被称为“鸟中熊猫”。

18日　达古冰川景区首次在海拔4353米捕捉到雪豹活动。

20日　全国首个阿来书屋在阿坝州达古冰川景区挂牌成立。

21日　中共阿坝州委全面深化改革委员会第三次会议在马尔康市召开。

23日　全州1—4月争取到位省级工业发展资金2863万元，推动特色资源优势产业项目建设和特

4月15日，州委党建领导小组2020年第一次会议在马尔康召开

4月26日，2020年阿坝州义务植树活动启动仪式在马尔康举行　（州志办提供）

色生态产品加工项目建设，促进产业结构优化调整和企业复工复厂。

26日　2020年阿坝州义务植树活动启动仪式在马尔康市松岗镇直波村举行。

同日　州委全面依法治州委员会第二次会议在马尔康市召开。贯彻落实中央全面依法治国委员会第三次会议和省委全面依法治省委员会第二次会议安排部署，统筹推进全面依法治州各项工作。

27日　州人民政府与中交基础设施养护集团有限公司举行战略合作协议签约仪式。

28日　副省长尧斯丹率省政府办公厅、省水利厅、省自然资源厅、省林草局等部门负责人到卧龙特别行政区检查防灾减灾救灾工作，调研指导脱贫攻坚成效巩固提升工作。

同日　全州党建工作会议在马尔康市召开。

29日　州人民医院开出全州第二批集中采购药品首张处方笺，标志着国家组织的第二批药品集中采购和使用在阿坝州落地实施。

5月
May

6日　州人民政府根据《四川省古树名木保护条例》《四川省古树名木认定办法》等规定，认定全州二级古树207株，涉及汶川、金川等9个县。

11日　若尔盖湿地保护区首次发现国家二级保护动物彩鹮。

13日　阿坝州人民政府与腾讯云计算（北京）有限责任公司签订战略合作协议，推动数字阿坝建设。

13—14日　农发行四川省分行党委书记、行长董明到阿坝州分行督导脱贫攻坚、巡视“回头看”专题民主生活会。

15日　“5·15”打击和防范经济犯罪集中宣传活动在马尔康市举行。州公安局、州金融工作局及马尔康地区的6家州级银行机构参加宣传活动。

18日　阿坝州启动“战疫阿坝　守护净土——阿坝州抗击新型冠状病毒肺炎疫情纪实展”。

19日　州委书记刘坪，州委常委、秘书长刘波涛到马尔康民族师范学校调研指导学校安全与新型冠状病毒肺炎疫情防控工作。

19—22日　省纪委副书记、省监委副主任张乾华一行在州调研马尔康市500千伏变电站施工现场、阿坝县格尔登寺、九寨沟县地震灾后恢复重建点、松潘县川主寺红军长征纪念碑园等，了解复工复产、藏区维护稳定、灾后重建、廉洁文化建设等工作情况。

5月20日，州委书记刘坪（前排右二）在马尔康市调研督导森林草原防火工作　（州志办提供）

20 日　阿坝州印发《阿坝州巩固和提升城镇建设管理的实施意见》，提高城镇管理体系，初步形成特色鲜明、功能完善、生态良好、环境优美、文化深化、宜居宜业智能化综合管理水平。

同日　全州森林草原防灭火专项整治工作动员电视电话会议在马尔康市召开。

同日　省委宣传部副部长、省文旅厅党组书记、厅长戴允康一行到小金县沃日镇共享农庄、达维镇会师桥、四姑娘山双桥沟、四姑娘山镇斯古拉旅游文化城和长坪村，调研农旅结合、红色旅游、景区规划、四姑娘山国家AAAAA级旅游景区创建、文旅融合、户外产业及民宿发展情况。

21 日　省卫健委党组书记沈骥一行到州人民医院调研新冠肺炎疫情防治及对口支援工作。

21—25 日　国务院四川森林草原防灭火专项整治督导组分两组在汶川、马尔康、金川、红原等7个县（市）督导调研全州森林草原防灭火和专项整治工作开展情况。

22 日　省纪委副书记张乾华到红军长征纪念碑碑园检查指导廉政建设情况。

23 日　国务院督导组应急部应急指挥专员周俊亮一行到黄龙管理局检查督导森林草原防灭火工作，指导专项整治工作。

25 日　省退役军人事务厅党组成员、副厅长余远友一行到小金县调研涉藏地区烈士纪念设施保护管理及烈士纪念设施规划建设工作。

27 日　省气象局党组书记彭广到若尔盖县气象局调研指导气象工作。

28 日　省林草局党组书记、局长刘宏葆在卧龙督导调研防火防汛工作。

30 日　州公安局卧龙分局在卧龙特别行政区挂牌成立，标志卧龙森林公安改革的完成。

同日　州工商联、汶川县人民政府举办四川知名企业消费扶贫阿坝行暨汶川县投资推介会。全国工商联副主席、省政协副主席、省工商联主席陈放出席会议。

6 月
June

2 日　以“消除事故隐患，筑牢安全防线”为主题的第19个全国“安全生产月”“安全生产雪山草地行”启动会在马尔康市举行。

2—5 日　全国政协副主席杨传堂一行在州开展脱贫攻坚和“四好”公路建设工作调研。

3 日　2020年全州巡察工作会议暨州委第八轮巡察动员部署会在马尔康市召开。州委常委、州委巡察工作领导小组副组长高立新主持会议，郑雷出席会议并讲话。常规巡察阿坝职业学院（除省管干部以外的其他班子成员）、州直属机关工作委员会、州发展和改革委员会、州水务局等12个州级部门党组织。

5 日　浙江省临海市委书记梅式苗率党政互访代表团30人，到黄龙国家级风景名胜区扎嘎景区调研。

6 日　阿坝州红原机场开通惠州至红原至西宁航线。

8 日　省档案馆馆长祝云一行到汶川县、茂县调研档案工作，推动建立局馆协作机制。

同日　全州防汛减灾工作推进会在马尔康市召开。贯彻落实习近平总书记关于防灾减灾救灾工作的重要论述，全面落实全省防汛减灾推进会议和省委书记彭清华讲话精神，再研究再部署再落实全州防汛减灾、地灾防治和森林草原防灭火工作。

同日　四川省人民政府批复，

6月8日，全州防汛减灾工作推进会在马尔康召开　（州志办提供）

同意《阿坝州调整阿坝县等六县部分乡镇行政区划》。

9日 “安全血液 拯救生命”暨地震三周年感恩系列主题宣传活动，纪念第17个世界献血者日在九寨沟县举行。

10—12日 四川卧龙国家级自然保护区与世界自然基金会（WWF）、一个地球自然基金会（OPF）主办的“野生大熊猫及雪豹栖息地有效保护经验交流会”在卧龙特别行政区召开。四川、甘肃、陕西三省6个保护区的50名专家参会。

11日 阿坝州银保监分局批复获准筹建中国人寿保险阿坝州分公司。

12日 阿坝州人民政府与清华大学校地合作协议签订仪式在成都举行。

13日 松潘县、理县、马尔康市、金川县内国道213线、317线、248线发生部分路段塌方、泥石流等自然灾害，阻断交通。

15—20日 省卫健委专家组在松潘县、九寨沟县开展2019年大骨节病控制和消除省级评价，通过省级抽查复核。

16日 阿坝州人民政府与中国大熊猫保护研究中心在九寨沟县举行大熊猫保护研究战略合作协议签约仪式。探索创建大熊猫管理、保护、研究合作新模式，推进中国大熊猫保护科研事业的发展。

同日 全州防汛减灾和地质灾害防治视频调度会议在马尔康市召开。

19日 阿坝州“七五”普法工作推进会在马尔康市召开。安排部署2020年法治宣传教育工作，落实“谁执法谁普法”普法责任制责任清单。

22日 全州1—5月有续约项目124个，新签合作项目9个，协议引资额51.85亿元；实现招商引资到位资金24.7亿元，完成州下达全年任务78亿元的31.7%，其中到位国内省外资金14.85亿元，完成省下达全年任务15亿元的99%。

同日 “阿坝州2020年政银携手促进消费专项活动”启动仪式在马尔康市举行。

23日 阿坝州大熊猫国家公园体制试点工作推进会在汶川召开。

24日 2020年阿坝州“提升金融服务实体经济质效促进政银保企互动共赢”推进会在汶川县召开。总结2019年提升金融服务实体经济质效促进银保企互动共赢工作成效，安排部署金融工作。

28日 州安全生产专项整治三年行动计划推进部署会议暨2020年全州第二次安全生产工作会议在马尔康市召开。

同日 九寨沟县取得新冠病毒核酸检测资质，是全州第一家开展新冠病毒核酸检测的医疗机构。

30日 国网四川省电力公司党委书记、董事长谭洪恩在州调研督查阿坝州电力分公司森林草原输配电线路火灾隐患排查整治情况。

7月
July

3日 全国首个大熊猫国家公园法庭在四川汶川卧龙特别行政区挂牌成立。

同日 省人民法院党组书记、院长王树江在黑水县调研诉讼服务中心实质化运行、警务装备配备、案件审判执行办理工作。

4日 州委书记刘坪到茂县黑虎镇、沟口镇深沟村调研防汛救灾、脱贫攻坚、乡村振兴、乡镇行政区划调整和村级建制调整“两项改革”工作。

同日 州委副书记、州长杨克宁在马尔康会见中电建水电开发集团有限公司董事长荣其富一行，主持召开座谈会。

7月4日，州委副书记、州长杨克宁（右二）与中电建水电开发集团有限公司举行座谈 （州志办提供）

同日 全州基层社会治理暨州域社会治理现代化试点工作推进会在阿坝县召开。贯彻落实中共十九届四中全会和省委十一届六次全会、州委十一届八次全会精神，安排部署“两项建设”和网格化等工作。

5—7日 黄河上游四川、甘肃、青海三省三州六县检察院、法院在若尔盖县召开黄河上游川甘青水源涵养区生态环境保护司法协作会。共筑黄河上游法治保护网，公正高效服务保障黄河流域生态保护和高质量发展国家战略。

7月27日，中国共产党阿坝州第十一届委员会第九次全体会议在马尔康召开　（州委办提供）

6日 阿坝州印发《支持总部经济发展优惠政策》，在财政扶持、土地供应、留州电量、人才服务、金融服务、科技支撑等方面提供支持。

同日 省人大常委会副主任、岷江省级河长刘作明一行在岷江流域的汶川县、理县开展巡河调研。

7日 省委常委、组织部部长王正谱到阿坝师范学院调研指导高校党建和人才队伍建设等工作。

9日 阿坝州人民政府与中国移动通信集团四川有限公司、中国移动（成都）产业研究院在成都举行加快5G建设发展战略合作协议签约仪式。

12日 阿坝州在汶川县举行2020年公路养护和应急抢险机械设备发放仪式，发放机械设备96台（套）。

14日 阿坝州人民政府组织召开暴雨预警信息发布协调会，州气象局、州委网信办、州通发办、州广播电视局、州电视台与州移动公司、州电信公司、州联通公司建立气象暴雨黄色及以上预警全网发布工作机制。

15日 四川省民族地区健康促进专项行动启动仪式在汶川县锅庄广场举行，推动民族地区群众健康素养和健康水平改善。

22日 州委副书记、州长杨克宁率阿坝州各县（市）主要领导开启“净土阿坝”消费扶贫直播节，向拼多多6.28亿用户推介川西藏羌好物，助推阿坝州特色产品和特色景区电商发展。

24日 高考成绩揭晓，马尔康民族师范学校实现民族中学高考一类模式考生硬上重本线目标。10人上普通二本，156人上民族类一本。

24—26日 阿坝州全域旅游推介活动在兰州、西安举行，推动实施“全州一盘棋”全域旅游整合营销战略。

25—26日 阿坝州级领导干部和县处级主要负责人读书班在马尔康市举行。读书班以习近平新时代中国特色社会主义思想为统揽，深入学习贯彻习近平生态文明思想和习近平总书记对四川工作系列重要指示精神，全面落实中共十九届四中全会、省委十一届七次全会决策部署，重点围绕“推动长江黄河上游生态重在保护、要在治理、高质量发展”主题开展学习研讨。州委书记刘坪作开班主题报告，州委副书记、州长杨克宁作结业讲话。

27日 中国共产党阿坝州第十一届委员会第九次全体会议在马尔康市召开。全会坚定以习近平新时代中国特色社会主义思想为指导，深入贯彻习近平生态文明思想和习近平总书记“重在保护、要在治理、高质量发展”重要讲话精神，以及中央财经委员会第六次会议、省委十一届七次全会精神，审议通过《中共阿坝州委关于深入贯彻习近平总书记重要讲话精神　推动长江黄河上游生态重在保护要在治理高质量发展的决定》《阿坝州深入基层“两联一进”群众工作全覆盖办法》。州委委员53人、候补州委委员5人出席全会。州纪委常委、州监委委员和有关方面负责人列席会议。驻州的中共十九大党代会代表，部分省、州十一次党代会代表列席会议。州委书记刘坪主持会议。

28 日 全州推进新型城镇化进程发展大会在马尔康市召开。

29 日 全国首个“狼生态保护监测站”在四川若尔盖湿地保护区挂牌成立。

8 月
August

1 日 北京兵圣文化传播有限公司向红军长征纪念碑碑园捐赠毛泽东墨迹集《孙子兵法》18 米长卷及《孙子兵法》专著。

1—21 日 中国国际税收研究会顾问、国家税务总局原副局长王力在州调研指导税收工作，看望慰问高原税收征管一线和参与防汛救灾的基层干部职工。

2 日 省人社厅党组书记、厅长胡斌一行到九寨沟景区调研灾后重建情况。

2—4 日 国家统计局总统计师曾玉平在红原县、若尔盖县督导国家脱贫攻坚普查，检查指导基层党建。

3 日 黄龙国家级风景名胜区管理局与松潘县人民政府在黄龙景区举办“清凉黄龙·相约松州”2020 年松潘黄龙旅游推介会。

同日 第四届“中国创翼”创业创新大赛阿坝州选拔赛在马尔康市举行。

同日 阿坝州首届“绿宝石杯”森林草原防灭火知识竞赛在汶川县水磨镇开赛。黑水县代表队获团队一等奖。

5 日 全州 118 家规上工业企业在 1—6 月实现利润 7.07 亿元，同比增加盈利额 0.74 亿元，盈利额同比增长 11.8%。

同日 中国科学院西北生态环境资源研究院冰冻圈国家重点实验室在达古冰川开展冰川消融实验研究。

6 日 生态环境部部长，九三学社中央委员会委员、常委、副主席黄润秋一行，到阿坝州调研黄河上游水源涵养区生态保护工作。

6—7 日 九三学社中央和川甘青三省政协主办，全国政协人口资源环境委员会指导，四川省政协办公厅、中共阿坝州委、九三学社四川省委和阿坝州政协承办的“黄河上游川甘青水源涵养区生态保护和高质量发展协商协作研讨会第一次会议”在若尔盖县唐克镇举办。全国政协副主席、九三学社中央常务副主席邵鸿出席会议并讲话。全国政协人口资源环境委员会副主任杨松到会指导，全国政协副秘书长、提案委副主任、九三学社中央副主席赖明主持会议。九三学社中央副主席、生态环境部部长黄润秋，财政部副部长余蔚平，农业农村部国家首席兽医师（官）李金祥，国家林业和草原局副局长刘东生出席会议并讲话。自然资源部、水利部、文化和旅游部等相关部门负责人介绍有关工作情况。四川省政协副主席崔保华致辞并介绍四川省委省政府推进黄河上游生态保护和高质量发展的重大举措和显著成效。甘肃省政协副主席尚勋武、青海省政协副主席杜捷出席会议并发言。中国工程院院士王桥等 10 名专家学者作交流研讨。州委书记刘坪致辞并介绍阿坝州黄河流域保护发展情况。阿坝州政协主席尼玛木、黄南州政协主席徐强、果洛州政协主席当周、黄南州政协副主席拉结加作协商议政发言。

10 日 阿坝州净土阿坝农业投资发展公司（简称州农投公司）在茂县成立，为州属国有控股企业，注册资本 8000 万元。州农投公司业务范围包括农、林、牧、渔专业及辅助性活动，涵盖作业道、农田

8月11—12日，副省长尧斯丹率队考察阿坝州生态保护与现代畜牧业发展情况 （州志办提供）

灌溉、冷链仓储、交易市场、电子商务等涉农基础建设运营，“净土阿坝”品牌包装推介、市场运营、商标管理及产品加工销售、涉农产业发展等。

11—12日　全省草原生态和现代草原畜牧业高质量发展现场会在若尔盖县唐克镇召开。副省长尧斯丹出席会议，并率队考察阿坝州生态保护及现代畜牧业发展情况。

12日　副省长尧斯丹带领省州有关部门负责人到松潘县调研全域旅游产业发展。

12—25日　州委组织“雪山草地”群众宣讲团在阿坝县、若尔盖县、红原县、壤塘县，开展省委十一届七次全会、州委十一届九次全会精神集中宣讲“七进”（进机关、进企业、进乡镇、进社区、进军营、进寺庙、进景区）活动44场次。

15日　阿坝州工伤预防项目启动仪式在汶川县举行。

18日　州委书记刘坪主持召开全州防汛救灾工作视频调度会议。传达学习习近平总书记关于防汛救灾工作重要指示精神，落实省委书记彭清华关于做好防汛减灾救灾工作的重要要求，听取全州防汛减灾救灾情况汇报，分析当前防汛形势，研究部署防汛减灾救灾工作。

21日　州委审计委员会第三次会议在马尔康市召开。审议通过《2019年度州级预算执行和其他财政支出情况审计报告》。

同日　阿坝州新型工业化发展大会在马尔康市召开。会议坚持以习近平新时代中国特色社会主义思想为指导，深入学习习近平总书记关于制造强国战略重要论述，认真贯彻省委十一届七次全会、全省抓项目促投资大会、全省推动制造业高质量发展现场会精神，全面落实州委十一届九次全部工作部署。

25—27日　2020年川西北生态示范区机关党建联席会第二次会议在马尔康市召开。省直机关工委、甘孜州直机关工委和阿坝州直机关各单门（单位）党建工作负责人、机关党委书记等参会。

26日　阿坝州2020年住户调查工作推进暨业务培训会在松潘县召开。

27日　省人大常委会副主任叶壮一行，到若尔盖县、红原县调研生态保护和基层人大运转工作。

29—31日　全国政协常务委员、民族和宗教委员会主任王伟光一行，在红原县、阿坝县、若尔盖县和松潘县调研民族地区草原生态环境保护、红色文化保护。

8月　晋江市华联印铁制罐有限公司印铁制罐项目签约入驻成都—阿坝工业园区。项目占地8公顷，总投资10亿元。

9月
September

1日　州红十字组织绵阳四〇四医院开展“天使之旅”贫困先天性心脏病患儿筛查活动，检查全州0～14岁儿童。

同日　州民族团结进步创建工作领导小组第三次会议在马尔康市召开。

5日　十三届全国政协常委、十三届全国政协外事委员会副主任、中国红十字会副会长、博鳌亚洲论坛理事会秘书长李保东到汶川县映秀镇考察调研。

同日　首届熊猫大道自行车公开赛在四姑娘山开幕，21个省（市）的350名自行车运动爱好者参赛。

6日　国务院督导组常务副组长付建华一行，到马尔康国有林保护局督导森林草原防灭火工作。

8日　州委书记刘坪到小金县调研防汛减灾、森林草原防灭火、脱贫攻坚、乡村振兴及乡村“两项改革”工作。

9日　中华全国工商联“全国民营经济人士理想信念教育基地”在汶川县映秀镇家国情怀书院宣誓广场揭牌。全国工商联党组成员、副主席李兆前，全国工商联副主席、省政协副主席、省工商联主席陈放，省委统战部副部长、省工商联党组书记陈泉出席。

10日　全州服务业发展大会在马尔康市召开。通报服务业发展先进集体和先进个人，征求《关于加快构建“1+6”现代服务业体系推进服务业高质量发展的实施意见》意见。

同日　国网四川省电力公司副总经理陈云辉率省公司建设施工安全大检查第七督导组在州开展建设施工安全大检查。

14—16日　中国人与生物圈国家委员会在黄龙世界生物圈保护区开展第二个十年评估工作。中国人与生物圈国家委员会、国家林草局、中国科学院、中国环境科学研究院、中国科学院成都分院、四川省林业科学研究院等单位的专家参加。

15日　副省长尧斯丹在茂县主持召开阿坝州森林草原防灭火工作座谈会，指导森林草原防灭火专项整治工作。

15—16日　全国政协副主席、

9月10日，阿坝州服务业发展大会在马尔康召开 （州志办提供）

中央统战部副部长、国家民委党组书记、主任巴特尔在汶川县、茂县和松潘县，开展民族团结进步创建工作调研，主持召开学习贯彻中央第七次西藏工作座谈会精神研讨会。

15—17日　副省长杨洪波在阿坝州调研黄河上游生态屏障建设工作，督导红原县久马高速查针梁子隧洞控制性工程、红原县污水处理厂、红原县瓦切镇草原防沙治沙示范工程、若尔盖县污水处理厂、唐克镇污水处理厂、西成铁路花湖站、班佑乡道整治工程、松潘县第二生活垃圾填埋场、成兰铁路第13标段、国道213线松潘县城过境改建工程等，了解阿坝州推动黄河上游生态屏障建设。

15—18日　四川省烟草专卖局（公司）党组书记、局长、总经理李恩华在茂县、松潘县、若尔盖县、红原县、马尔康市、理县，调研掌握高原民族地区烟草市场和干部职工工作生活状态。

17日　截至8月底，汶川"8·20"强降雨特大山洪泥石流灾后恢复重建规划总投资15.49亿元的115个项目已开工110个项目，开工率95.7%；已完工（主体完工）项目29个，完工率25.2%；到位资金87717.5万元，资金到位率56.6%；完成投资65828.2万元，投资完成率42.5%；支付资金31007万元，资金支付率20%。

17—19日　中国人与生物圈国家委员会主席、中科院院士许智宏在九寨沟景区开展世界生物圈保护区第二个十年评估工作。

18日　阿坝州全国民族团结进步示范州授牌暨民族团结进步创建工作表彰大会在马尔康市召开。会议以电视电话会议形式召开。国家民族事务委员会监督检查司司长隋青宣读《国家民委关于命名阿坝藏族羌族自治州为"全国民族团结进步示范州"的决定》《国家民委关于命名第七批全国民族团结进步示范区（单位）的决定》，为阿坝藏族羌族自治州、马尔康市授牌。四川省委统战部副部长、省民族宗教委党组书记张富国宣读《中共四川省委宣传部中共四川省委统战部四川省民族宗教事务委员会关于命名第四批全省民族团结进步示范区（单位）的决定》，为金川县、小金县、汶川县、理县、黑水县授牌。表彰阿坝州创建全国民族团结进步示范州工作中的先进集体、先进个人以及优秀集体、优秀个人。

22—23日　省地方志办党组书记、主任陈建春率队在阿坝州调研指导全州地方志工作，督导地方志"两全目标"推进情况。

23日　四川省涉藏州、县广播电视工作暨广播电视公共服务重点项目现场培训班在松潘县举办。

23—25日　四川省司法厅党委委员、副厅长孔祥贵率四川律师公证法律服务团在阿坝县开展送法进寺庙活动，举办"弘扬法治精神，依法治寺管僧"主题知识竞赛，推动寺庙法治宣传教育。

25日　阿坝州印发《关于加快构建"1+6"现代服务业体系推进服务业高质量发展的实施意见》。支持、培育企业，力争交通运输、仓储和邮政快递业增加值年均增长7%。

25—26日　省委常委、常务副省长罗文在州调研乡村振兴、脱贫攻坚、重大项目建设和森林草原防灭火工作。

28日　阿坝州"华夏大禹情，中国无忧地"大禹文化学术交流活动暨汶川县无忧地·慢生活国家级旅游度假区创建启动大会在汶川县举行。发布《汶川禹迹图》，开展大禹文化主题演讲和大禹文化论坛研讨。

29日　2020年州委机构编制委员会第2次全体会议在马尔康召开。研究同意组建阿坝州新闻传媒中心等11项机构编制事宜。

同日　阿坝州第四届特色美食烹饪技能大赛暨美食展在汶川县举办。

10月
October

1日　“弘扬伟大长征精神——红军长征过阿坝特展”在拉萨市西藏牦牛博物馆举行。阿坝州首次在省外推介红色文化，拓展长征国家文化公园（阿坝段）影响路径。

6日　黄龙极限耐力赛UTHL120组和QZG组在松潘县卡卡沟口开跑，全国各地选手160名参赛。

8—9日　2020年全州文化和旅游发展大会暨阿坝州承办2021年全省文化和旅游发展大会动员部署会在汶川县召开。学习贯彻习近平新时代中国特色社会主义思想，落实2020年四川省文化和旅游发展大会精神，特别是省委书记彭清华的重要要求，以承办2021年四川省文化和旅游发展大会为契机，做好“文旅融合、全域旅游”大文章，建设国家生态文明建设示范区、国家全域旅游示范区和国际生态文化旅游目的地，服务四川建设文化和旅游强省。

10日　2019年度“感动中国”盲人党员朱丽华为阿坝州民族高级中学建档立卡贫困学生捐赠助奖学金14.41万元和鸭绒被67床。

12日　全球唯一大熊猫巨幅唐卡——《大熊猫百图唐卡长卷》在四川省图书馆首次展出。作品全长172米，高1.6米。

13—14日　州人大常委会组织部分驻州全国、省、州人大代表集中视察全州道路交通建设及养护工作，在松潘县召开座谈会。

13—15日　副省长曹立军在汶川县、理县、茂县、松潘县和九寨沟县，开展退役军人创业就业、老年人救助供养、基层便民服务、地质灾害防治、生态修复工作调研。

15日　四川银保监局党委书记、局长陈育林到阿坝州调研信用社改革发展和风险化解、支持实体经济发展、加强内部管理工作。

15—16日　省委常委、统战部部长田向利在马尔康市宣讲中央第七次西藏工作座谈会精神，调研“一寺一策”依法规范管理工作。

15—18日　省“七五”普法实地调研工作组在红原县麦洼寺、安曲镇下哈玛村、马尔康市格桑梅朵法治教育基地、马尔康市第四小学和州司法局开展工作调研。

16日　若尔盖花湖自然教育基地和九寨沟爱情海自然教育基地获批为省级自然教育基地。

同日　联合国教科文组织国际自然与文化遗产空间技术中心（HIST）九寨沟工作站在九寨沟景区成立。

16—18日　国务院原副总理马凯在州开展工作调研。

17日　中国科学院西北生态环境资源研究院冰冻圈科学国家重点实验室副主任、研究员王飞腾率研究团队到达古冰川17号冰川，开展应用人工措施减缓冰川消融保护试验科考工作。

18日　国务院督导组专员周俊亮一行，到小金国有林保护局调研督导森林草原防灭火专项整治工作。

同日　2020年四川红叶生态旅游节暨黑水县第八届冰川彩林生态文化旅游季在达古冰川景区游人广场举行。

20日　2020年“春蕾计划”青春期教育项目启动仪式暨“你好，女孩”家庭教育公益讲座走进阿坝活动在马尔康市举行。

同日　汶马高速15标项目主体工程狮子坪特长隧道完成98.4%，剩余150米，11月贯通。狮子坪特长隧道是汶马高速全线控制性工程，全长13.1公里。

21—31日　州委在阿坝县、红原县、壤塘县、若尔盖县开展中央第七次西藏工作座谈会精神宣讲会。

22日　中国人寿集团公司党委副书记、监事长陈方磊到汶川县支公司调研，指导支公司基层党建、扶贫、震后重建等工作，察看支公司客户服务大厅，看望和慰问各部门和营销职场的一线员工和营销伙伴。

同日　西藏四川阿坝商会在西藏自治区拉萨市成立。州委书记刘坪，西藏自治区党委统战部副部长、区工商联党组书记纪世德出席大会并讲话。

22—24日　民政部、国务院扶贫办组成的联合调研组在红原县开展社会救助兜底保障脱贫攻坚督导工作调研。

24日　红原大草原、阿坝曼泽塘大草原和若尔盖热尔大坝草原被评为“四川十大最美草原”。

26日　省人大常委会副主任黄新初一行，在金川县、马尔康市、理县调研考察森林草原防灭火、脱贫攻坚等工作。

28日　阿坝州人民政府与中国铁塔四川省分公司在马尔康市签署《推进阿坝州5G通信基础设施建设战略合作协议》，推动全州5G通信基础设施建设，促进5G与经

10月28日，阿坝州人民政府与中国铁塔股份有限公司四川省分公司战略合作协议签约仪式在马尔康举行

（州志办提供）

济社会各领域融合发展。

29日　省人大常委会副主任刘作明一行在九寨沟景区沟口立体式游客服务中心调研灾后重建和旅游接待情况。

同日　成都市与阿坝州、甘孜州对口支援工作三方联席会议在松潘县召开。

29—30日　岷江沱江流域七市（州）河长制工作2020年度第二次联席会议在理县召开。成都、德阳、乐山、资阳、阿坝、眉山、雅安七市（州）分别就河湖长制考核、河湖“清四乱”常态化、规范化及群防群治作交流发言，研究推进河湖环境治理工作的思路与措施。

10月　德阿产业园区创建为省级绿色园区。

11月
November

1日　阿坝州纪委监委首创的《党纪政务处分决定公开宣布“四个面对面”》，被评为“中国廉洁创新奖特色创新项目”。

4日　全州2020—2021年度森林草原防灭火工作会议在马尔康市召开。贯彻落实习近平总书记关于加强森林草原防灭火的重要指示批示精神，贯彻落实党中央、国务院和省委、省政府各项决策部署，抓好森林草原防灭火专项整治，维护生态安全、人民群众生命财产安全。

同日　黄龙、九寨沟、青城山—都江堰、峨眉山组织的“焕新游四川　蜀你最会玩”旅游推介会在广州举行，当地87家旅行商和30家媒体参加。

同日　四川省阿坝州、甘肃省甘南州在若尔盖县召开黄河流域（白龙江流域）突发环境事件联防联控座谈会，签订黄河流域突发环境事件联防联控联动协议。

5日　中国大熊猫保护研究中心副主任张海清一行，到大熊猫国家公园阿坝管理分局九寨沟县、松潘县调研大熊猫保护与现状研究工作。

6日　四川·小金—浙江·绍兴投资合作推介会在浙江省绍兴市举行。138家浙江企业和8家小金企业参加。

同日　第六届环四姑娘山超级越野跑在四姑娘山景区游客中心开幕。31个省（自治区、直辖市）的163个城市的1303名选手参赛。

10—11日　阿坝州代表四川省接受交通运输部“十三五”全国干线公路养护管理治理能力评价工作，现场核查和考评示范路建设、养护能力提升、服务区及停车区建

11月4日，“焕新游四川 蜀你最会玩”旅游推介会在广州举行　（州文体旅局提供）

设和安全生命防护、隧道提质升级、连续长陡下坡专项治理。

14日　阿坝州人民政府主办，阿坝州文化体育和旅游局、黑水县人民政府、达古冰川风景名胜区管理局及阿坝大九寨旅游集团公司承办的“越过四季·2020达古冰川越野挑战赛”在达古冰川景区游客中心开赛。

18—19日　中央编办副主任牛占华，国家林草局党组成员、人事司司长谭光明一行，在卧龙特区调研指导森林草原防灭火和大熊猫国家公园体制试点工作。

20日　学习贯彻中共十九届五中全会精神省委宣讲团宣讲报告会在马尔康市召开。

同日　省委宣传部副部长、省电影局局长高中伟一行在马尔康太平洋电影城检查调研，了解全州电影工作。

同日　国家AAAAA级旅游景区景观质量评审会在北京国家文旅部举行，四姑娘山景区通过专家评审，入围国家AAAAA级旅游景区。

23日　青海省果洛州人大常委会主任杨英一行，到马尔康市、汶川县、小金县考察自治条例、生态环境保护条例、非物质文化遗产保护条例以及旅游条例变通规定的起草修订等工作。

同日　省卫生健康委员会批复，同意州人民医院成立四川（阿坝）高原卫生应急救援支队。

24—12月1日　州委在马尔康市、金川县、小金县、四姑娘山管理局开展中共十九届五中全会精神宣讲工作。

26日　省委常委、宣传部部长甘霖到阿坝师范学院调研指导工作。

同日　阿坝州创建国家公共文化服务体系示范项目“藏羌戏曲进校园”接受国家文化和旅游部验收评审。

30日　重庆市四川阿坝州商会成立大会暨阿坝州投资合作推介会在重庆市举行。

同日　阿坝州人民政府、阿坝州文化和旅游产业发展领导小组办公室、重庆市文化和旅游发展委员会主办的“渝”见阿坝——阿坝州全域旅游重庆推介会暨重庆·阿坝文化旅游战略合作框架协议签订仪式在重庆举行，“人间瑶池·圣地黄龙”宣传片在重庆展播。

11月　国家林业和草原局组织的第二届“扎根基层工作，献身林草事业”优秀毕业生揭晓，唐卓入选第二届“扎根基层工作，献身林草事业”优秀毕业生 。

12月
December

3日　州人民医院被国家卫生健康委员会确认为“第三批住院医师规范化培训基地”。

同日　达古冰川景区旅游接待突破20万人次，达到20.1万人次，实现门票收入1142.01万元，同比分别增长66.96%和88.41%。

8—12日　2020年度成阿广电交流·阿坝州优秀广播电视节目暨网络视听节目评选会在马尔康市召开。

9日　阿坝州推荐的非遗音画专辑《羌年》羌笛U盘、绛（黄）笔筒、雪域香阁3件文创作品入选全国文旅创意展；“亚一则则”吉祥娃娃、“九寨有礼”系列产品、“无忧汶川”系列产品等文创产品入选四川文创精品展；祥巴文化公司、西部牧场“云上花街”被命名为首批四川文创集市。

15日　截至11月底，总投资413.9亿元、年度计划投资47.7亿元的12个省级考核重点项目，完成投资52.8亿元。其中8个续建项目全部复工，完成投资40.9亿元，完成率111.3%；4个新开工项目全部开工，开工率100%，完成投资11.9亿元，完成率108.6%。

同日　“5·12”汶川地震遗址、遗迹及地震博物馆被命名为省级廉洁文化基地。

16日　州银保监分局批复，同意设立中国人寿保险股份有限公司阿坝藏族羌族自治州分公司，准予开业。

18日　州非遗名录项目“藏棋”入围国家文化和旅游部第五批国家级非物质文化遗产代表性项目。

19日　州委组织党外人士、基层代表在马尔康市召开座谈会，征求《中共阿坝州委关于制定阿坝州国民经济和社会发展第十四个五年规划和二〇三五年远景目标的建议》意见建议。

20—21日　中国共产党阿坝州第十一届委员会第十次全体会议在马尔康市召开。学习贯彻习近平新时代中国特色社会主义思想和习近平总书记对四川工作系列重要指示精神，贯彻落实中共十九届五中全会、中央第七次西藏工作座谈会和省委十一届八次全会、省委涉藏工作会议精神，听取讨论州委书记刘坪代表州委常委会所作的工作报告，审议通过《中共阿坝州委关

12月20—21日，中国共产党阿坝州第十一届委员会第十次全体会议在马尔康召开　（州志办提供）

于制定国民经济和社会发展第十四个五年规划和二〇三五年远景目标的建议》。刘坪就《建议（讨论稿）》向全会作说明。州委委员56人、候补州委委员4人出席全会。州纪委常委、州监委委员和有关方面负责人列席会议。省、州第十一次党代会部分基层代表列席会议。全会由州委常委会主持。

22日　汶川县映秀镇桃关村彻底关组村民李玉德被州人民政府追授为“见义勇为勇士”。

同日　2020年阿坝州人大常委会和阿坝州人民政府联席会议在马尔康市召开。会议通报州人大常委会和州人民政府2019年联席会议提出的问题整改落实及相关工作情况，推动州委各项决策部署落地生根、经济社会高质量发展。

23日　全州完成12719名重点人群紧急使用新冠疫苗的统一采购工作。

24日　全州全年招商引资续约项目164个，新引进落地项目14个。全州招商引资项目到位资金112.68亿元，完成州下达78亿元任务的144%，其中到位省外资金44.19亿元，完成四川省下达15亿元任务的294%。

26日　省委副书记、代省长黄强到州调研黄河流域生态保护和高质量发展工作。

28日　阿坝州人民政府出台《阿坝州商品房预售资金监管暂行办法》，推动开发企业、监管银行、属地县（市）住建局共同监管商品房预售资金模式，建立监管账户、签订监管协议等措施。

同日　中共阿坝州委全面深化改革委员会第四次会议在马尔康市召开。

29日　中共阿坝州委经济工作会议在马尔康市举行。会议坚持以习近平新时代中国特色社会主义思想为指导，学习贯彻中共十九届四中全会、省委十一届六次全会精神和中央、省委经济工作会议精神，总结2020年经济工作，谋划部署2021年经济工作，动员全州上下保持战略定力、增强必胜信心，攻坚克难、苦干实干，促进全州经济高质量发展，实现与全国全省同步脱贫全面建成小康社会。

30日　全州创造性推动疫情常态防控投资项目工作，1—11月全社会固定资产投资增长12%，高于全省2.9个百分点，居全省第二位。

12月　全州依法开展村、社区、小组调整优化改革，村级建制从改革前的1358个调减至1090个，减幅20%；新建社区1个、“村改居”8个、撤并社区4个，建制社区从59个调整优化至64个；村民小组调减至455个，减幅10.72%。

同月　南充市洋意钢构彩板有限公司自动化医用设备及配套项目签约入驻成都—阿坝工业园区。项目占地8.53公顷，总投资5.5亿元。

阿坝综述

ABA OVERVIEW

基本情况

Basic Information

【地理位置】 阿坝州位于青藏高原东南缘，四川省西北部，北纬30°5′～34°9′，东经100°0′～104°7′之间，是长江黄河上游重要生态屏障和重要水源涵养地。北和西北与甘肃、青海交界，东和东南与绵阳、德阳、成都市相邻，南和西南与雅安市接壤，西与甘孜州相连。南北长约414公里，东西宽约360公里，面积84242平方公里，占全省总面积（48.5万平方公里）的17.31%。平均海拔3000米以上，州人民政府驻马尔康市马尔康镇，海拔2600米，距省会城市成都395公里。

【历史沿革】 阿坝州历史悠久，远在五六千年前的新石器时代，就有人类生息繁衍。史为蜀山蚕丛生息地域，古属禹贡梁州之域，秦惠文王九年（公元前316）灭巴、蜀后设置蜀郡，始建湔氐道（治地今松潘县北），隶属蜀郡。西汉元鼎六年（公元前111），开西南夷，以冉为汶山郡（治地在今茂县凤仪镇），郡辖绵虒县、湔氐道、汶江县、广柔县、蚕陵县。白水上游氐人聚居地，置甸氐道（今九寨沟县附近），属武都郡。三国蜀汉章武年间（221—222），废汶山郡，置汶山、冉、平康、白马、匡用五围。西晋时，置西夷校尉于汶山。隋唐时代，广泛实行羁縻州制度，宋代仍承袭之。元置松潘、岩、叠、威、茂等处军民安抚司，治所在松潘，流官土官并用。明、清两代仍承袭土司制度。清乾隆十七年（1752）对杂谷脑土司实行改土归流。乾隆四十一年（1776）大小金川之役后又实行改土归流。乾隆四十八年（1783）置懋功屯务厅，领汉屯五、土屯六、土司二。1927年，茂县置四川省松理懋茂汶屯殖督办署，至1935年改置四川省第十六行政督察区。1950年2月，川西人民行政公署茂县专区专员公署接管原第十六行政督察区专员公署。1953年3月，四川省藏族自治区（地级）在茂县成立，1955年11月更名为四川省阿坝藏族自治州（州人民政府驻刷经寺，1958年迁马尔康），1987年7月更名为四川省阿坝藏族羌族自治州。

【行政区划】 阿坝州辖马尔康1个市，金川、小金、阿坝、若尔盖、红原、壤塘、汶川、理县、茂县、松潘、九寨沟、黑水12个县。2020年，全州调整乡镇行政区划，乡镇数从219个撤并至174个，减幅20.5%，行政村从1358个撤并到1090个，减幅20%。

【人口与民族】 年末，全州户籍人口总户数284435户，总人口897287人。其中城镇人口253663人，占总人口的28.26%；农村人口643624人，占71.73%。男性456390人，占50.86%，女性440897人，占49.14%；藏族535406人，占59.67%；羌族166910人，占18.60%；回族27957人，占3.12%；汉族165357人，占18.43%；其他1657人，占0.18‰。

【语言 宗教】 全州主要居住有藏族、羌族、回族和汉族。藏族使用藏语，主要是安多、嘉绒等次方言，属汉藏语系藏缅语族藏语支。羌族使用羌语，分为北部方言和南部方言，属藏缅语族羌语支。回族以汉语为交流工具，日常生活中也使用一定的阿拉伯语、波斯语词汇。州内汉族使用汉语，主要是四川次方言领阿坝州片方言，属汉藏语系领汉语支。在藏族、羌族和其他少数民族中广泛使用汉语。境内有苯波教、藏传佛教、伊斯兰教、道教等，其中藏传佛教有宁玛、噶当、噶举、觉囊、萨迦、格鲁等派别。羌族多信仰“万物有灵”的多神崇拜。经批准开放的佛教寺庙200多座，清真寺和道观全部开放。

【地貌土壤】 全州地表整体轮廓为典型高原，地势高亢，高原由丘状高原面和分割山顶面组成，平均海拔3500~4000米。山势南高北低，河谷地势西北高、东南低，山川呈西北至东南走向。境内最高海拔四姑娘山主峰6250米，与东侧岷江出境处水平距离仅59公里，高差却达5470米。全州高原和山地峡谷约各占一半。高原包括高平原、丘状高原、高山原。山地峡谷主要有低中山、中山、高山、极高山和山原，其间分布平坝或台地。全州地貌类型有11个，分为平坝、台地、低山、低中山、中山、高山、极高山、山原、高平原、丘状高原、高山原。全州地域辽阔，复杂的地貌类型形成特殊的立体土壤，分为高山寒漠土、高山草甸土、亚高山草甸土、棕色针叶林土、暗棕壤、棕壤、褐土、黄棕壤、黄壤、草甸土、沼泽土、泥炭土、风沙土、黑色石灰土、新积土等15个土壤类型和27个亚类、41个土属。

【气候特点】 阿坝州复杂的地形地貌导致多样的气候，气温自东南向西北并随海拔由低到高而相应降低。西北部的丘状高原属大陆高原性气候，四季气温无明显差别，冬季严寒漫长，夏季凉寒。山原地带为温凉半湿润气候，夏季温凉、冬春寒冷，干湿季明显，气候呈垂直变化，高山潮湿寒冷，河谷干燥温凉，年平均气温5.6℃~13.0℃。高山峡谷地带，随着海拔高度变化，气候从亚热带到温带、寒温带、寒带，呈明显的垂直性差异。海拔2500米以下的河谷地带降水集中，蒸发快，成为干旱、半干旱地带；海拔2500~4100米的坡谷地带是寒温带，干湿季比较分明；海拔4100米以上为寒带，冬长无夏。日照充足，昼夜温差大，无霜期短。冬春季节空气干燥，多阵性大风，旱、霜、雪、低温、大雪各类灾害性天气频繁。2020年，全州平均气温8.9℃，较历年同期（8.5℃）偏高0.4℃；年平均降水量899.3毫米，较历年同期多4成。

【山脉 河流 湖泊】 东北部岷山山脉呈西北—东南走向，自若尔盖与九寨沟县境之间横贯松潘东北部，是岷江、涪江、白龙江及黄河支流黑河的分水岭。龙门山脉呈东北西南走向，经平武、北川向州境茂县、汶川延伸，与邛崃山脉相连。中南部邛崃山脉，北起鹧鸪山，向南经小金县东北部、东部直插芦山县和宝兴县，西南面与夹金山相接，为岷江支流杂谷脑河与大渡河支流梭磨河与小金川的分水岭。鹧鸪山位于州境中南部，属邛崃山脉，南北走向。梦笔山南东走向，属邛崃山脉。雅克夏山，位于黑水县西部，由北向南延伸，属邛崃山脉。夹金山，位于州境南部，东北西南走向，属邛崃山脉。

有溪河530条，其中流域面积大于或等于500平方公里的有54条，200~499平方公里的有61条，100~199平方公里的有92条，99平方公里以下的有323条，除白河、黑河等属黄河流域外，其余均属长江流域，分属岷江水系、嘉陵江水系、大渡河水系。均以降水补给为主，枯期为融雪和地下水补给。有大小湖泊542个，总水面约70.5平方公里，总蓄水量约7.45亿立方米。

各县（市）均分布有湖泊，金川县最多，理县、马尔康市次之，红原最少。以淡水湖泊为主，有极少咸水湖，大部分为高山湖泊，主要分布在海拔3000~4500米的高山或山原地带，多为冰雪融化后形成的冰蚀湖或冰斗湖，亦有高山洼地积水湖。茂县叠溪海子最大，蓄水量约1亿立方米。九寨沟风景区内有大小湖泊118个，其中长海最大，长约4.39公里，深约80米。若尔盖县和红原县，分布着全国最大的高原沼泽，高原湿地保护区。

【国土资源】 全州土地总面积830.03万公顷，其中耕地8.4万公顷，占1.01%；园地1.15万公顷，占0.14%；林地376万公顷，占45.3%；牧草地369.94万公顷，占44.57%；城镇村及工矿用地2.34万公顷，占0.28%；交通用地1.32万公顷，占0.16%；水域及水利设施用地6.55万公顷，占0.79%；其他土地64.33万公顷，占7.75%。2020年，新增有效灌溉面积4000公顷，发展高效节水灌溉面积253.33公顷，解决4.4万名贫困人口饮水安全、3.9万人用电安全。

【生物资源】 阿坝州是世界十大生物多样性中心之一的青藏高原的一部分，是中国川西—滇北植物特有现象中心的重要组成部分，是成都平原及长江、黄河上游的"绿色生态屏障"和著名的"珍贵生物基因宝库"。有珙桐、红豆杉、岷江柏、紫果云杉等珍稀野生植物资源1534种，其中药用植物1200种、芳香油植物70种、淀粉植物37种、油脂植物80种、纤维植物79种、单宁植物68种。贝母、虫草、红豆杉、黄芪、红景天、党参、羌活、秦艽、大黄等大宗药材资源丰富，有"天然药库"之称。有脊椎动物资源553种，其中兽类116种，鸟类338种，爬行类32种，两栖类23种，鱼类44种。境内有国家一、二级保护动物76种。其中一级保护动物（兽类13种、鸟类10种）有大熊猫、金丝猴、雪豹、云豹、扭角羚、豹、梅花鹿、白唇鹿、野鹿、虎、藏羚羊、玉带海雕、金雕、绿尾虹雉（贝母鸡）、中华秋沙鸭、斑尾榛鸡、黑颈鹤、白鹳、四川山鹧鸪、雉鹑、胡兀鹫、马麝、林麝等23种，二级保护动物（兽类16种、鸟类36种、爬行类1种）有小熊猫、猞猁、黑熊、豺、兔狲、斑羚、岩羊、盘羊、水鹿、藏原羚、水獭等53种。

【森林资源】 全州因地形、地貌、气候等多种因素的制约，形成以亚高山暗针叶林为主的多种森林类型，分布以海拔、坡向等在水平方向上由西北向东南呈规律性变化。森林主要分布于各大山脉主山脊及大小山脊两侧，分为冷杉林、云杉林、红杉林、方枝柏林、红桦林、高山栎林、铁杉林等森林类型，有杜鹃、沙棘、蔷薇等10余种灌木树种和岷江冷杉、细叶云杉、铁覆膜、华山松、柏林、楠木、红杉、三尖杉等40余种乔木。全州林地总面积435.60万公顷，总蓄积4.59亿立方米，森林覆盖率26.58%。

【草原资源】 阿坝州有草原资源452.18万公顷，其中可利用草原资源385.63万公顷，分别占州土地总面积54.5%和46.5%。阿坝、若尔盖、红原、壤塘、松潘5个县牧区草场面积131.83万公顷，高山峡谷区和半农半牧区草场分布较为零星，成片草场大多分布在海拔3000米以上地区，有6666.67公顷以上的连片草场52块。州内草地划分为9类29组118个型，其中高山、亚高山草甸草地面积占67.56%，高寒灌丛占16.92%，沼泽类占9.52%，疏林类占2.50%，其余为山地灌丛、山地草丛等类。

【水利资源】 阿坝州内雪山起伏，江河密布，溪沟纵横，水力资源丰富，有溪河530条，除白河、黑河

顽皮的大熊猫

若尔盖县九曲黄河晨韵

等属黄河流域外，其余均属长江流域。岷江、嘉陵江、大渡河、黄河四大水系215条河流及其支流的水力资源理论蕴藏量1933.4万千瓦，可开发量1400万千瓦，水能资源特点是河流落差大，距离负荷中心近。汶川县、理县、茂县的水力资源理论蕴藏量占全州理论蕴藏量的三分之一。

【矿产资源】 阿坝州境内矿产资源丰富，已发现矿种58个，有大型矿床12处，中型矿床10处，小型矿床36处。优势矿种有金、锂、花岗石、大理石、水泥用石灰石、泥炭、矿泉水、石榴子石、褐煤、温泉等。

【风景名胜】 全州拥有国家AAAA级旅游景区以上25个，其中国家AAAAA级旅游景区3个，分别是九寨沟风景名胜区、黄龙风景名胜区、汶川特别旅游区。有世界自然遗产、人与生物圈保护区和“绿色环球21”三项桂冠的风景区九寨沟、黄龙，世界自然遗产和人与生物圈保护区卧龙。有九寨沟、夹金山、土地岭、甘海子、雅克夏、四川金川6个国家森林公园，卡龙沟景区、米亚罗红叶风景区、叠溪—松平沟景区、三江生态旅游区、九顶山风景名胜区、草坡旅游区6个省级风景名胜区。全州自然保护区25个，其中国家级6个（九寨沟、黄龙、卧龙、若尔盖湿地、四姑娘山、白河），省级10个（白羊、勿角、铁布、宝顶沟、米亚罗、草坡、曼则塘湿地、三打古、南莫且湿地、弓杠岭），州级5个，县级4个，总面积229万公顷。

【红色资源】 1935年4月，中国工农红军长征到达川西北高原阿坝地区，1936年8月离开，转战驻留16个月，这是长征中最艰苦、最激烈、最危险、最悲壮、会议决定最多的一段岁月。两河口、芦花、毛儿盖、沙窝、巴西等地先后召开政治局会议。红军长征翻越夹金山、梦笔山、亚克夏山、昌德山、打古山等8座平均海拔超过4000米的大雪山，3次穿越沼泽地，实施土门战役、松潘战役、夏洮战役、绥崇丹懋战役等，开辟川西北革命根据地，创建中国历史上第一个少数民族自治政权——格勒得沙共和国中央革命政府。全州13个县（市）被四川省人民政府认定为革命老区县。松潘县川主寺镇红军长征纪念碑碑园、“5·12”汶川地震遗址遗迹及地震博物馆、小金县两河口会议旧址、马尔康市卓克基土司官寨、红原县红军烈士墓、松潘县毛儿盖会议会址、若尔盖县巴西会议会址为全国、全省、全州爱国主义教育基地。

【非遗与文物保护】 全州有国家级非遗项目19项，国家级非遗传承人13人；省级非遗项目73项，省级非遗传承人82人；全州州级非遗项目总数457项，州级非遗传承人478人。国家级非遗生产性保护基地1个、省级非遗生产性保护基地3个、省级非遗传习基地3个、州级非遗生产性保护基地34个、州级非遗传习基地42个。全州有各类不可移动文物2132处，其中全国重点文物保护单位16处32个点，省级文物保护单位62处67个点，州级文物保护单位94处。

【民族节庆】 藏历年是藏族人民一年中最为隆重的传统节日，与汉族的农历新年大致相同。还有莫郎节、燃灯节等。藏历新年是根据藏历推算出来的。羌年是羌族人民一年中

黄龙风景区初春雪景

辫子魂演出

最隆重的节日，每年农历十月初一举行，一般为3~5天，也有村寨欢庆7~8天，还有祭山会、瓦尔俄足节。回族人民有三大节日，是圣纪节、古尔邦节、开斋节，这三个节庆是按照伊斯兰教历来推算的，这种教历系纯阴历，为伊斯兰宗教活动之用。汉族人民的节庆活动较多，较为普遍的民间传统节日有春节、元宵节、清明节、端午节和中秋节等。

（黄　强）

国民经济与社会发展
National Economic and Social Development

【经济总量】 2020年阿坝州地区生产总值突破400亿元，达411.75亿元，按可比价格计算，比上年增长3.3%，其中第一产业增加值82.07亿元，增长4.5%，对经济增长的贡献率为19.1%，拉动经济增长0.6个百分点；第二产业增加值96.45亿元，增长5.3%，对经济增长的贡献率为49.5%，拉动经济增长1.6个百分点；第三产业增加值233.23亿元，增长1.9%，对经济增长的贡献率为31.4%，拉动经济增长1.1个百分点。三次产业结构为19.9∶23.4∶56.7。单位GDP能耗下降5.32%。

【民营经济】 全年民营经济增加值185.32亿元，增长2.6%，占地区生产总值的比重为45%，对地区生产总值增长的贡献率为39.8%。民营经济中第一产业增加值33.78亿元，增长5.9%，第二产业增加值60.50亿元，增长3.7%，第三产业增加值91.04亿元，增长0.3%。民营经济三次产业对民营经济增加值的贡献率分别为40.8%、53.4%、5.8%。民营经济三次产业结构为18.2∶32.7∶49.1。

【物价】 全年居民消费价格（CPI）比上年上涨6.3%，涨幅比上年增加4个百分点，其中，食品烟酒类最高，上涨15.2%，其他用品和服务上涨4%，医疗保健类上涨3.7%，教育文化和娱乐类上涨2.5%，衣着类上涨1%。商品零售价格指数上涨5.1%。

【农业】 全年农林牧渔业总产值142.21亿元，按可比价计算比上年增长4.8%，农林牧渔业增加值85.39亿元，增长4.8%。年末，灌溉面积3.70万公顷，其中耕地有效灌溉面积2.81万公顷。年末农业机械总动力达76.29万千瓦，同比增长1.8%。实施粮食综合产能提升行动，抓好“四新”“五良”示范推广，完善粮食补贴政策，稳定粮食生产。全年粮食作物播种面积4.93万公顷，增长1.2%；粮食总产量16万吨，增长1.3%；粮食单产33245.44公斤/公顷；蔬菜产量72.62万吨，下降0.7%；园林水果产量30.13万吨，增长42.5%。

【林业】 完成营造林39286.67公顷，义务植树人数29.66万人，植树217.77万株。完成川西高原生态脆弱区治理面积3466.67公顷。完成沙化土地治理2400公顷。完成退化草原改良34666.67公顷，人工种草1600公顷，黑土滩治理1866.67公顷，草原围栏8000公顷，毒害草治理2666.67公顷。完成退化草原治理12000公顷，天然草原改良2373.33公顷。实施大熊猫国家公园二期项目5个，完成生态植被恢复面积2494.33公顷。完成退化湿地恢复4600公顷，现有湿地保有量63.38万公顷。全州林地保有量4224733.33公顷，林地面积4356500公顷，森林面积2189793.33公顷，森林蓄积4.58亿立方米，活立木蓄积4.79亿立方米，森林覆盖率26.58%。建设各类自然保护地62个，居全省第二，其中森林和野生动物、湿地类型自然保护区25个，森林公园10个，湿地公园6个，风景名胜区10个，地质公园5个，自然遗产6个。草原综合植被覆盖率85.22%。红原大草原、阿坝曼泽塘大草原和若尔盖热

红原麦洼牦牛

尔坝大草原被评为“四川十大最美草原”。

【畜牧业】 全年生猪出栏33.02万头，比上年增长15.5%；牛出栏57.41万头，比上年下降2.4%；羊出栏48.08万只，比上年增长0.4%；家禽出栏69.47万羽，比上年下降8%。年末猪存栏35.59万头，比上年增长34.1%；牛存栏231.68万头，比上年增长1.3%。全年肉类总产量10.74万吨，比上年下降0.6%。其中猪肉产量2.28万吨，比上年增长10.9%；牛肉产量7.45万吨，比上年下降4%。奶类产量14.04万吨，比上年下降2.1%。

【工业】 全年全部工业增加值79.52亿元，比上年增长5.2%，对经济增长的贡献率为40.8%，拉动经济增长1.3个百分点。工业化率为19.3%。规模以上工业增加值增长5.1%。规模以上工业单位增加值能耗下降8.02%。年末规模以上工业企业123户，实现工业总产值185.62亿元。其中，战略新兴产业企业22户，实现产值15.51亿元。轻工业产值12.38亿元，重工业产值173.23亿元。分行业看，规模以上工业15个行业大类中有7个行业增加值保持增长，其中，支柱行业电力、热力生产和供应业增长6.7%。从主要工业产品产量看，有11种呈正增长，增长面达57.9%，其中农用薄膜4112吨，增长60.4%，电子元件2166万个，增长58.7%，水泥69.2万吨，增长22.3%，发电量228.19亿千瓦时，增长5.9%。下降较多的有：石灰石1.69万吨，下降89.6%，硅酸盐水泥熟料20.57万吨，下降24.7%。全年规模以上工业企业实现主营业务收入177.12亿元，比上年下降2.6%。盈亏相抵后实现利税总额24.22亿元，增长26.4%。产品销售率94.9%，比上年减少1.5个百分点。

【建筑业】 全年实现建筑业增加值17.13亿元，比上年增长6.1%。年末，全州具有资质等级的施工总承包和专业承包建筑业企业148家，实现建筑业总产值69.41亿元，增长6.6%。竣工产值30.34亿元，增长6.7%。房屋建筑施工面积74.14万平方米，增长1%，其中2020年新开工面积39.45万平方米。

【固定资产投资】 全年全社会固定资产投资比上年增长12.3%。其中，项目投资增长12.8%。全社会投资中，基础设施投资增长15.7%，占投资完成额的比重较上年提高1.7个百分点；产业投资增长21.3%；民生及社会事业投资下降6.7%。民间投资增长13.9%。分产业看，第一产业投资同比增长8.5%；第二产业投资增长0.1%，其中工业投资增长0.1%；第三产业投资增长17.6%。三次产业投资比例为3.8∶25.1∶71.1。全年完成房地产开发投资4.63亿元，比上年增长118.7%。商品房施工面积27.58万平方米，增长50.5%，其中新开工面积12.24万平方米，下降0.6%，商品房销售面积12.32万平方米，增长4.8倍。

【交通运输】 年末，行政区划面积内公路总里程15547公里，其中等级公路14943公里。全年公路客运量606万人，比上年下降48%，旅客周转量91159万人公里，下降43.2%；公路货运量2317万吨，下降7.4%，货物周转量400832万吨公里，增长3.8%。

【邮电通信】 年末，全州固定电话用户21.91万户，移动电话用户87.28万户。互联网用户33.53万户，增长8.5%。全年完成邮电业务总量90.23亿元，增长51.4%，完成邮电业务收入9.25亿元，增长9.7%。全州快递服务企业业务总量716.56万件，增长99.3%，实现业务收入9208万元，增长26.8%。邮政局所网点总数为234个，邮路172条、总长度14703公里；农村投递路线216条，总长度9681公里。

道路畅通

【消费市场】 全年实现社会消费品零售总额96.81亿元，比上年下降4.2%。按经营单位所在地分，城镇实现零售额72.39亿元，下降4.5%，乡村实现零售额24.42亿元，下降3.3%。按消费形态分，餐饮收入33.26亿元，下降9.8%，商品零售63.55亿元，下降0.9%。

【对外经济】 全年实现进出口总额2581万美元，比上年增长29.3%，其中出口1680万美元，增长2.9%，进口901万美元，增长148.2%。全年实现续约项目164个、新引进落地项目18个；实现招商引资到位资金112.68亿元，其中到位国内省外资金44.19亿元。组织10家企业参加青藏川滇甘特色农产品展销会，实现现场交易金额2.76万元，达成协议金额380万元。

【旅游业】 实施全域旅游示范区、天府旅游名县、A级旅游景区、旅游度假区等品牌创建行动，创建国家全域旅游示范区1个、省级全域旅游示范区2个，天府旅游名县1个；A级景区49个，其中国家AAAAA级旅游景区3个，国家AAAA级旅游景区22个。旅行社32家；星级饭店18个，其中五星级3个，四星级7个。旅游从业人员6.6万人。全年接待游客3604.01万人次，比上年增长14.2%，实现旅游总收入301.14亿元，增长32.3%。除疫情管控外，九寨沟景区基本实现全年开放，景区全年接待游客147.67万人次，实现门票收入1.65亿元，同比分别增长209.8%和234.9%，拉动全州各A级景区接待海内外游客1882.79万人次，实现门票收入3.74亿元，分别增长40.4%和11.8%。九黄机场、红原机场进出港航班2450架次、运送旅客16.97万人次。

【财政税务】 全年，完成一般公共预算收入28.73亿元，比上年增长8.8%。其中税收收入18.01亿元，下降2.6%，非税收入10.72亿元，增长35.6%。全州一般公共预算支出368.38亿元，增长19.7%，其中社会保障和就业支出增长5.2%，交通运输支出增长98.7%，教育支出增长4.5%，卫生健康支出增长7.1%，节能环保支出增长5.9%。

【金融保险】 年末，全州金融机构本外币存款余额738.33亿元，比上年增长11.1%，其中住户存款余额315.72亿元，增长13.8%，本外币贷款余额375.46亿元，增长11.4%，其中短期贷款43.45亿元，增长32.9%，中长期贷款315.69亿元，增长11.6%。住户贷款77.81亿元，增长4.9%。非金融企业及机关团体贷款余额297.66亿元，增长13.3%。全年全州保险机构保费总收入8.89亿元，比上年增长12.4%。其中人身险2.37亿元，增长13.8%；财产险6.52亿元，增长12%。已决赔案件数12.75万件，增长28.6%；已决赔案件金额4.23亿元，增长26.5%。

【教育事业】 全州有普通高等院校2所，专任教师623人，普通本科招生2684人，在校生8919人，普通专科招生1475人，在校生3702人，本专科毕业生2567人。全日制中等职业学校4所，专任教师295人，在校生3558人。普通中学53所，专任教师4210人，在校生42699人；普通中学中高中18所，专任教师1372人，在校生14805人。小学237所，专任教师6448人，在校生64149人。幼儿园276所（含民办），在园幼儿30709人，学前三年的毛入园率87.89%。小学学龄儿童入学率99.94%。女童入学率99.95%。九年义务教育完成率97.19%。

【科学技术】 全年申请专利362件，专利授权396件。争取省级各类科技计划专项50项，获得资金支持2860万元；争取州级科技计划项目共54项，资金750万元。开展高新企业奖补1个，资金160万元。

九寨沟县漳扎镇小学

年末有高新技术企业9家，科技企业孵化器1个，省级众创空间5个，国家级国际科技合作基地1个。登记技术合同10项，成交金额251万元。实施省级科技农村领域项目38项共1575万元。其中，科技扶贫项目27项1160万元。

【文化事业】 创作全球唯一一幅《大熊猫百图唐卡长卷》，实现首展。完成全国首部登山题材体育记录励志电影《珠峰队长》拍摄制作。完成动漫《阿米格东》《全域旅游新锅庄》创编。年末，完成606个贫困村文化室巩固和建设。全州有文化馆14个，文化站174个，博物馆（纪念馆）9个，公共图书馆14个，图书馆藏书88.4万册。有农家书屋1354个。广播电视台14座，有线电视用户6.35万户，州级广电网络公司1个。广播、电视人口综合覆盖率分别是92.51%和98.51%。

【卫生事业】 开展应急物资储备，建成核酸实验室27个，有负压救护车12台、负压担架24张，改造负压病房39间、病床68张。年末，全州13个县（市）级综合医院均达到二级甲等，其他县级医疗机构均达到二级水平。卫生机构（村卫生室）1728个，其中医院40个（综合医院23个、中医民族医院15个、中西医结合医院1个、专科医院1个），乡镇卫生院214个，社区卫生服务机构13个，疾病预防控制机构14个，采供血机构1个，卫生监督机构4个，医学科学研究机构1个，医学在职培训机构1个，村卫生室1330个。医疗卫生床位5381张。卫生技术人员7022人，其中执业（助理）医师2541人，注册护士2329人。孕产妇住院分娩率98.39%。

【体育事业】 全省首个少数民族传统体育项目珍珠球训练基地、省冬季项目后备人才基地、四川省少数民族传统体育北嘎（藏式摔跤）项目训练基地在阿坝州建设。200人次运动员积极参加各级各类比赛，获得金牌18枚。组建全省首支高山滑雪越野滑雪队。全年开展各类大型群众体育活动41次，参与人数61万人次，其他各类小型群体活动213次，免费开放体育场馆83.74万人次。年末，完成1362个农村、8个乡镇农民体育健身工程建设。销售体育彩票4880万元。举办环四姑娘山超级越野跑、夹金山越野跑、"净土阿坝"青少年国际式摔跤、柔道精英邀请赛等品牌重大赛事活动。

【环境保护】 全州可吸入颗粒物（PM10）年均浓度为23微克/立方米、细颗粒物（PM2.5）年均浓度为16微克/立方米，州府所在地城市空气质量优良天数100%，环境空气质量保持全省第二、全国前列（第13位），城市噪声平均等效声级≤55分贝。主要河流出境断面水质达到II类水域标准，州、县（市）政府所在地城市集中式饮用水源地水质达到III类水域标准。全州环境质量保持优良。

【安全生产】 全年发生各类安全事故350起，死亡117人，直接经济损失960万元。亿元国内生产总值安全事故死亡人数0.28人。

【人民生活】 全年全体居民人均可支配收入23726元，比上年增长5.8%。按常住地分，全年城镇居民人均可支配收入37011元，比上年增收1541元，增长4.3%。其中工资性收入26973元，增长4.3%，经营净收入7212元，增长3.8%，财产净收入1449元，增长7.3%，转

阿坝州7名登山健儿登顶珠穆朗玛峰

若尔盖县沙化治理初见成效

移净收入1377元，增长6.1%。人均消费支出20619元，下降13.6%。其中，食品烟酒支出下降17.6%，生活用品及服务支出下降14%，交通通信支出下降7.2%，教育文化娱乐支出下降18%。城镇居民恩格尔系数34.6%。全年农村居民人均可支配收入15539元，比上年增收1287元，增长9%。其中工资性收入4201元，增长8.1%，经营净收入9013元，增长8.9%，财产净收入440元，增长15.3%，转移净收入1885元，增长10.5%。人均消费支出12162元，下降5.4%。其中食品烟酒支出下降12.1%，生活用品及服务支出增长6.4%，交通通信支出下降5.6%，教育文化娱乐支出下降8.9%。农村居民恩格尔系数38.1%。

【就业与社会保险】 全年城镇新增就业7412人。年末城镇登记失业率3.79%。全州城镇职工养老保险覆盖超过22.9万人，城乡居民养老保险覆盖37.49万人。基本医疗保险参保85.46万人，其中城镇职工基本医疗保险参保15.67万人，城乡居民基本医疗保险参保69.79万人。失业保险参保7.81万人（失地农民）。工伤保险参保10.86万人。生育保险参保10.15万人。

【社会救助】 全年有1.58万人纳入城市低保，7.31万人纳入农村低保，城市和农村低保标准分别为590元/月和390元/月，发放城乡低保补助资金24835万元。纳入农村特困供养6151人，其中集中供养971人，集中供养率为16%。实施医疗救助7.91万人次，发放医疗救助资金14139万元，重点救助对象政策范围内住院自付费用救助比例达80%及以上。出台阶段性减征职工基本医疗保险费相关政策，为1341家企业减征医疗保险费3222万元。参保人员异地就医医疗费用持社会保障卡联网直接结算39.65万人次，医保基金支付44023万元，职工个人账户支付7665万元。

（黄　强）

精神文明建设
Spiritual Civilization Construction

【概况】 2020年，坚持以习近平新时代中国特色社会主义思想为指导，推进精神文明创建工作，提高文明创建成色，促进公民和未成年人思想道德建设，搭建新时代文明实践平台，推动志愿服务活动开展，筑牢思想文化阵地。

【群众性精神文明创建活动】 落实文明城市测评体系标准，指导文明城市创建工作，全州7个县（市）通过省考核组验收。开展文明村镇创建，推进“孝善和俭”道德传扬活动，开展星级文明户、文明家庭创建，“好婆媳”“好儿女”“好妯娌”等评选，推荐5个村镇创评全国文明村镇，8个村镇创评省级文明村镇，10个全国文明村镇、24个省级文明村镇通过复查。督促文明单位细化工作标准、规范创建流程、提高服务质量，引领带动更多创建主体在服务群众、服务社会中发挥示范作用，增强文明单位责任感、使命感和光荣感。3个单位创评全国文明单位、4个单位创评省级最佳文明单位、7个单位创评省级文明单位。6个全国文明单位、10个省级最佳文明单位、65个省级文明单位通过复查。推进家庭、家教、家风建设，创评全国文明家庭1户、省级文明家庭3户。全州有5户家庭获评2020年第一批四川省“最美家庭”。落实文明校园创建工作要求，开展文明校园创建，促进未成年人思想道德建设，指导威州民族师范学校通过全国文明校园验收考评。

【公民思想道德建设】 面对突如其

9月24日，青年学习小组在卓克基红军长征纪念馆学习长征精神　（州精神文明办提供）

来的新冠疫情，组织全州精神文明战线发挥乡村红白理事会作用，红事延办、白事简办，减少人员聚集，阻断病毒交叉传染。疫情期间，金川县有178对新人主动“喊停”婚宴，取消寿宴7场、其他聚会41场。利用“村村响”、流动小喇叭、微信群、手机短信等传播载体，引导干部群众做好自身防疫。全州开展防疫宣传8.4万余场次，发放资料67.5万余份，覆盖群众118万余人次。中国好人、四川好人、成都阿坝州商会会长李进捐赠口罩10万枚，向阿坝县捐赠价值30万元的防疫物资和40吨蔬菜、6000枚口罩、30套防护服；省级道德模范刘陈军向茂县捐赠医用口罩3400枚、护目镜120个。开展身边好人、新时代好少年、“最美家庭”等先进典型推荐选树，组织干部群众参与身边好人推荐评议活动，2020年上榜“中国好人”2人、“四川好人”8人。获评全国“最美家庭”2户、“五好”家庭1户、四川省“最美家庭”25户。开展“关爱模范·情暖好人”慰问活动，州财政落实19.1万元新春慰问专项经费，州领导带队慰问全州101名四川省道德模范、中国好人、四川好人、感动阿坝年度人物。

【未成年人思想道德】 开展优秀童谣传唱、中华经典诵读、优秀传统文化进校园等活动，增强未成年人爱党、爱国情感。推进乡村学校少年宫项目建设，新建7个中央项目，4个省级项目，划拨建设资金145万元，促进乡村学校少年宫发挥育人作用。开展未成年人心理成长指导，新建未成年人心理健康辅导中心7个。组织中心骨干人员参加培训，提升工作能力和水平。开展校园文明建设，落实文明校园创建要求，分步骤、分阶段实施创建任务。

【志愿服务队伍建设】 开展志愿服务信息注册，发动符合基本条件、热爱公益事业的个人或团体加入志愿服务行列，全州注册志愿者13余万人，注册人数为常住人口的13%以上，完成注册志愿者人数占职工人数2/3的目标。

【志愿服务活动】 全州各类志愿服务团队围绕扶贫济困、助老助残、社区服务、生态建设、抢险救灾、网络文明、社会管理、文化建设、脱贫攻坚及乡村振兴等领域，开展有针对性的志愿服务活动。疫情期间，全州组建疫情防控志愿服务队伍2776支，开展志愿服务活动10.3万场次，参与志愿者6.9万人次。开展“青年网络文明志愿行动”、净土战“疫”花开阿坝等志愿服务活动，组织慰问抗疫一线女医务人员、女警察、社区卡点值守的女干部、巾帼志愿者、女环卫工人等793人，送去价值12万元慰问物资。给269名留守儿童、牧区单亲儿童、贫困儿童等特殊困难儿童发放慰问金5万元，送“读书礼包”100个，送“关爱书信”100封，送“爱心课堂”2节，6~18岁年龄段儿童书籍291册。

【新时代文明实践】 建立州级抓推进、县级抓落实的工作机制，县级党委承担新时代文明实践中心建设的主体责任，负责统筹规划中心建设和工作开展，纳入目标督查考核，保障任务落实。州委宣传部、州文明办成立试点工作指导组，推进试点工作指导、督促。发挥金川县、汶川县两个全国新时代文明实践中心建设试点县示范作用，在全州建立试点中心3个、试点所42个、试点站48个，构建起“中心－所＋站”三级工作体系，带动48个乡镇、211个村（社区）探索新时代文明实践中心所、站建设工作。推进理论宣讲、教育服务、文化服务、科技与科普服务、健身体育服务“五大平台”建设，推进“村史馆”“红白事理事会”“志愿者队伍”“红色文艺轻骑兵”等队伍建设，形成“十三个一”新时代文明实践中心阿坝建设模式。全年全州利用新时代文明实践中心（站、所）开展各类活动7200场次，受益群众53万人次。

（松　涛）

中共阿坝州委

THE CPC ABA PREFECTURE COMMITTEE

州委工作综述

Work Summary of the CPC Aba Prefecture Committee

【概况】 2020年，州委坚持以习近平新时代中国特色社会主义思想为指导，聚焦“生态、发展、民生、稳定、作风”五个关键，加快建设“一州两区三家园”，推动各项工作取得全方位进步、开创性成绩，成为全省新冠肺炎疫情防控首个以市州为单元的低风险区，取得“整体解决深度贫困问题”的历史性成就，全年实现地区生产总值411.75亿元，同比增长3.4%。中央领导肯定“阿坝一年一个样、两年大变样，向全面建成小康社会迈出了更为坚实的一步”。

【贯彻中央省委重大决策部署】 召开州委常委会会议、州委理论中心组学习会，举办县处级领导干部读书班，深入学习领会中共十九届五中全会、省委十一届八次全会精神实质。州委常委带头联系县（市）、乡镇和寺庙全面宣讲会议精神，带动全州开展宣讲2600场次；组建35个宣讲团，分层分类开展宣讲活动，把全州干部群众的思想和行动统一到中央、省委决策部署上来。召开州委十一届九次、十次全会和州委经济工作会议，出台《关于深入贯彻习近平总书记重要讲话精神推动长江黄河上游生态重在保护要在治理高质量发展的决定》《深入基层“两联一进”群众工作全覆盖办法》《关于制定国民经济和社会发展第十四个五年规划和二〇三五

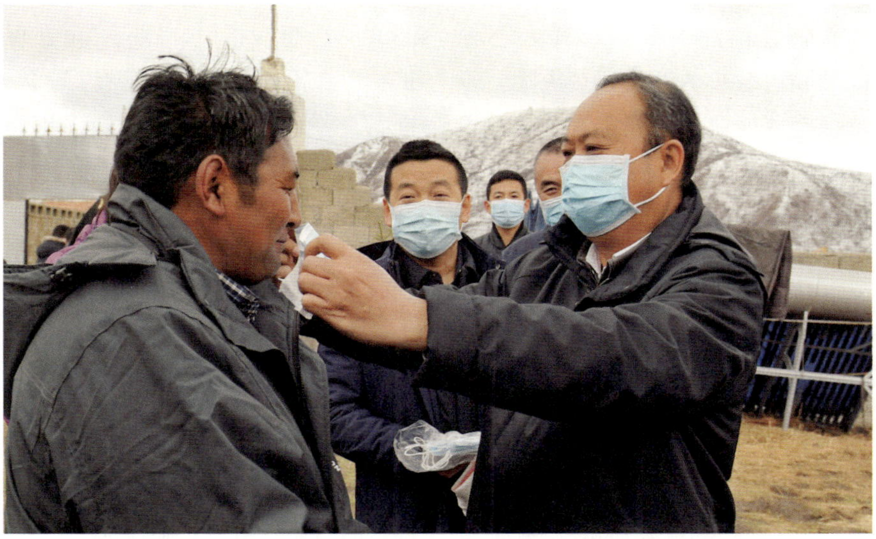

4月4日，州委书记刘坪（右一）在阿坝县麦尔玛镇莫洼洛村宣传防疫知识，指导村民佩戴口罩

（州委办公室提供）

年远景目标的建议》等，推动中央、省委决策部署在阿坝落地。

【抗击新冠肺炎疫情】 贯彻习近平总书记关于新冠肺炎疫情防控工作的重要指示精神，把人民群众的生命安全和身体健康放在第一位，科学建立“三圈层”防控布局，创新推行“两报告一检测一证明”制度，率先推行“两个一律”工作要求。疫情防控应急响应级别调整后，统筹推进疫情防控和经济社会发展，加快恢复正常生产生活秩序。4月1日前，全州28个主要景区景点对外开放，规上工业企业、省州重点项目复工复产100%。郫都区疫情发生后，第一时间恢复疫情防控卡点，开展排查核查，细化人和物同防举措，管好风险点，守住疫情防控成果。

【脱贫攻坚】 坚持以习近平总书记关于扶贫工作的重要论述为指引，精准制定“一户一策”“一人一策”帮扶菜单，推动剩余41户221名贫困人口全部脱贫。建立防止返贫监测帮扶机制和解决相对贫困长效机制，消除601户2651人不稳定户和边缘户的返贫致贫风险。坚持把产业就业作为稳定脱贫的根本之策，8.1万余名贫困人口、3.2万余名贫困劳动力通过发展产业、外出务工实现增收。推进乡村振兴，发挥州级2亿元启动资金杠杆作用，开展乡村振兴试点，创建一批省州级先进县（市）、乡镇及示范村。

【黄河上游川甘青水源涵养区生态保护和高质量发展协商协作研讨会】 坚定贯彻习近平生态文明思想，共同推进黄河上游生态保护治理和高质量发展。8月，阿坝州承办召开研讨会，得到全国政协、九三学社中央和7个国家部委支持，以及其他省、州政协响应。形成《阿坝备忘录》，在协同筑牢生态屏障、构建全域旅游发展联盟等方面达成广泛共识，为国家出台《黄河流域生态保护和高质量发展规划纲要》提供参考。

【推进乡村“两项”改革】 坚定贯彻省委决策部署，召开全州乡镇行政区划调整改革小结暨村级建制调整改革工作推进会，建立“州级领导牵头挂帅、州县乡村联动”工作推进机制，结合“两联一进”群众工作全覆盖，开展政策宣讲、意见建议征求，全面凝聚共识、争取支持。做好两项改革“后半篇文章”，优化空间，聚集资源，提升服务。截至12月底，全州乡镇数量减幅20.5%，行政村数量减幅20%，全州基层治理体系发生结构性变革、实现整体性重塑。

【改善生态环境】 坚持以习近平生态文明思想为指引，践行“重在保护、要在治理、高质量发展”理念，推行“一增一减”措施，加强生态保护和治理。针对金川八一水电站舆情，第一时间召开常委会（扩大）会议反思剖析问题根源，推进问题整改，完成拆除平场工作。开展“5+2”重点领域清理整顿，整治突出问题110个，推动全州上下形成警钟长鸣、严抓严管的思想自觉和行动自觉。推进“七大保护”行动，推进“七大治理”工程，全年森林面积和蓄积量分别净增3533.33公顷和299万立方米，林草综合覆盖率80%以上，主要河流出境断面水质常年保持Ⅱ类标准以上，环境空气质量居全国前列、全省前茅。

【经济发展】 坚定贯彻中央、省委统筹推进疫情防控和经济社会发展的重大部署，抓好“六稳”工作、落实“六保”任务，全州经济呈现出逐季向好的良好态势。成立“净土阿坝”农业投资发展公司和品牌产业联盟，构建“6+N”特色农牧业产业体系，全年一产增加值同比增长4.5%。推动成阿、德阿、绵阿“飞地”园区建设，构建“5+N”生态工业体系，全年二产增加值同比增长5.3%。打造“1+6”现代服务业产业体系，全年三产增加值同比增长1.9%。推进省州重点项目73个，完成九寨沟地震灾后恢复重建，推进金川、汶川两县特大山洪泥石流灾后重建，全年固定资产投资同比增长12.3%，居全省第二位。

【风险防范】 树立“人民至上、生命至上”理念，推进森林草原防灭火专项整治，制定“1+10”整治方案及“四个清单”，整改火灾隐患5659处，开展综合演练158场次，组建地方专业扑火队13支、群众义务扑火队1190支。做好防灾减灾救灾工作，推进“七个到位”，应对山洪泥石流等自然灾害98起，安全转移群众8.12万人次。抓好安全生产工作，对重点领域开展安全生产专项整治三年行动，安全生产事故同比下降17.86%。

【民生事业】 践行以人民为中心的

发展思想，实施“春风行动”，组织15.7万名农民工外出务工，1.2万余名就业困难群众实现就地就近稳定就业。实施教育优先战略，推进十五年免费教育扩面提质，推进阿坝师院应用型本科建设，加强阿坝职业学院重点专业、重点学科培育，形成较为完善的国民教育体系和终身教育体系。开展“健康阿坝”建设，深化医药卫生改革，13个县（市）综合医院均达到二级甲等，贫困居民健康建档率100%。推进公共卫生应急能力建设，建设核酸监测实验室15个，改造负压病房39间，配备负压救护车12台。

【改革开放】 完成12项国省重大改革试点任务、9项自主创新改革任务。推进创新驱动战略，高新技术制造业主营业务收入达到34亿元。成立西藏四川阿坝商会、重庆四川阿坝商会，开展和主动参加省内外各类大型招商活动；组织党政代表团前往浙江、重庆、省内对口帮扶地开展考察学习，签订浙阿文化旅游战略合作、渝阿文化旅游战略合作协作等协议，形成“全面发力、多点突破、蹄疾步稳、纵深推进”的大开放格局。

【民主法治】 贯彻习近平法治思想，推进民主法治建设，巩固团结和谐、安定有序的良好局面。加强党对民主法治建设的领导，支持和保障州人大及其常委会依法行使职权，支持法治政府建设，支持政协照章履行职能。加强立法工作，强化重点领域和重大改革立法，强化重点领域的工作监督和法律监督。推进依法治州，开展“七五”普法，创建一批国家级、省级法治示范县、乡镇、单位。推进群团换届工作，加强党管武装、统一战线、保密、老干、双拥等工作。

【党的建设】 强化思想政治建设，推进“不忘初心、牢记使命”主题教育，实施领导班子和干部队伍政治建设工程，推动政治体检和思想体检走深走实。建立县级领导班子结构模型，集中开展领导干部考核调研分析。探索聘任制公务员和干部“三跨”试点，推进“硕博进阿坝”行动，引进高层次人才158人。推进州县两级党校分类建设，优化现场教学点28个。加强组织建设，开展党支部共建共促活动2300场次，培养村级后备人才4500名、发展党员2764名。创新开展“三察三治”，制定阿坝州党政干部容错纠错实施细则。

（周继斌）

2月7日，州委书记刘坪（前排右二）在马尔康市沙尔宗镇沙尔宗村查看村民家用和农用物资采购清单

（州委办公室提供）

重要会议

Important Meetings

【全州“不忘初心、牢记使命”主题教育总结大会】 1月13日，全州召开“不忘初心、牢记使命”主题教育总结大会。州委书记刘坪出席会议并讲话，强调要紧密团结在以习近平同志为核心的党中央周围，以这次主题教育为新起点，不忘初心、牢记使命，奋力谱写稳州兴州事业新篇章，建设94万父老乡亲共建共享的“一州两区三家园”，为实现中华民族伟大复兴中国梦、推动治蜀兴川再上新台阶作出阿坝贡献。

【州委常委（扩大）会议】 1月28日，阿坝州委常委（扩大）会议在马尔康召开。州委书记刘坪出席会议并讲话，强调要坚定贯彻习近平总书记重要讲话精神，提高政治站位、增强风险意识，以科学、有效、果断的措施，坚决守护好人民群众生命安全和身体健康，向党中央、向省委、向全州各族干部群众交上一份合格答卷。

1月13日，全州"不忘初心、牢记使命"主题教育总结大会在马尔康召开　（州委办公室提供）

【全州应对新型冠状病毒感染肺炎疫情工作会议】 2月3日，全州应对新型冠状病毒感染肺炎疫情工作会议在马尔康召开。州委书记刘坪出席会议并讲话，强调当下疫情是对"不忘初心、牢记使命"主题教育的一次"考试"，全州上下要坚决贯彻习近平总书记重要指示精神，始终把人民群众生命安全和身体健康放在第一位，群策群力、联防联控，认真答好"防疫治疫"的考卷，全力打赢这场没有硝烟的抗疫战。

【阿坝州乡镇行政区划调整改革小结暨村级建制调整改革工作推进会】 3月27日，阿坝州乡镇行政区划调整改革小结暨村级建制调整改革工作推进会在马尔康召开。州委书记刘坪出席会议并讲话，强调要坚决贯彻落实省委决策部署和州委工作要求，以对发展负责、对历史负责、对人民群众负责的使命担当，齐心协力、攻坚克难，圆满完成改革任务。

【中国共产党阿坝州第十一届委员会第九次全体会议】 7月27日，中国共产党阿坝州第十一届委员会第九次全体会议在马尔康举行。州委书记刘坪出席会议并讲话。全会号召，全州各级党组织和广大党员干部要紧密团结在以习近平同志为核心的党中央周围，增强"四个意识"，坚定"四个自信"，做到"两个维护"，一心向党守初心、一心为民践宗旨、一心干事担使命，主动融入、主动服务、主动贡献成渝地区双城经济圈建设，推进长江黄河上游生态保护治理和高质量发展，开展深入基层"两联一进"群众工作全覆盖，抢抓机遇、乘势而上、积极作为，奋力加快"一州两区三家园"建设，努力在治蜀兴川事业中谱写阿坝新篇章。

【中国共产党阿坝州第十一届委员会第九次全体会议第二次会议】 7月27日，州委书记刘坪出席州委十一届九次全体会议第二次会议并讲话，强调要更加紧密地团结在以习近平同志为核心的党中央周围，坚定贯彻落实中央、省委决策部署，以赶考的心态、昂扬的状态、奋进的姿态，全力以赴攻坚克难、蹄疾步稳狠抓落实，努力向中央、省委和全州人民交上一份合格答卷，加快建设"一州两区三家园"，为推动治蜀兴川再上新台阶贡献阿坝力量。

【阿坝州创建全国"四好农村路"示范州暨"十四五"交通大会战动员大会】 7月28日，阿坝州创建全国"四好农村路"示范州暨"十四五"交通大会战动员大会在马尔康召开。州委书记刘坪出席会议并讲话，强调要坚定贯彻习近平总书记对交通运输作出的系列重要论述精神，以永不停滞的坚持，奋力打赢五年交通"大会战"、创建成为全国"四好农村路"示范州，推动阿坝交通运输事业高质量发展，为"一州两区三家园"建设提供交通保障。

【阿坝州推进新型城镇化发展大会】 7月28日，阿坝州推进新型城镇化发展大会在马尔康召开。州委书记刘坪出席会议并讲话，强调要坚定以习近平新时代中国特色社会主义思想为指导，苦干实干，扎实工作，一张蓝图绘到底，重整行装再出发，一届接着一届干，高质量推进阿坝特色新型城镇化，助力"一州两区三家园"建设。

【阿坝州新型工业化发展大会】 8月21日，阿坝州新型工业化发展大会在马尔康召开。州委书记刘坪出席会议并讲话，强调要坚持以习近平新时代中国特色社会主义思想为指导，在省委、省政府的坚强领导下，继续发扬艰苦奋斗、感恩奋进、担当实干的精神，接续奋斗、攻坚

7月28日，阿坝州创建全国"四好农村路"示范州暨"十四五"交通大会战动员大会在马尔康召开
（州委办公室提供）

克难，下功夫落实好此次会议精神，奋力推进新型工业化发展，为长江黄河上游生态保护治理和高质量发展、成渝地区双城经济圈建设作出新的更大贡献。

【阿坝州服务业发展大会】 9月10日，阿坝州服务业发展大会在马尔康召开。州委书记刘坪出席会议并讲话，强调要坚定以习近平新时代中国特色社会主义思想为指导，在省委、省政府的坚强领导下，在省商务厅的关心支持下，进一步解放思想、坚定信心，抢抓机遇、创新突破、提高服务业发展水平和发展质量，壮大全州经济整体实力，为建设"一州两区三家园"作出新的更大贡献。

【阿坝州"十四五"规划工作领导小组第一次会议】 9月28日，阿坝州"十四五"规划工作领导小组第一次会议在马尔康召开。州委书记刘坪出席会议并讲话，强调要坚定以习近平新时代中国特色社会主义思想为指导，更加紧密团结在以习近平为核心的党中央周围，解放思想、实事求是、群策群力，谋长久之策、行固本之举，高标准按期完成"十四五"规划编制工作，切实为全州经济社会高质量发展擘画宏伟蓝图。

【阿坝州承办2021年全省文化和旅游发展大会动员部署会】 10月9日，阿坝州承办2021年全省文化和旅游发展大会动员部署会、2020年阿坝州文化和旅游暨全域旅游发展大会在马尔康召开。州委书记刘坪出席会议并讲话，强调要坚持以习近平新时代中国特色社会主义思想为指导，在中央、省委的坚强领导下，锐意进取、埋头苦干、创新突破，高标准高质量高效率推进承办工作，努力把全省文化和旅游发展大会办成一次精彩盛会。

【中国共产党阿坝州第十一届委员会第十次全体会议】 12月20—21日，中国共产党阿坝州第十一届委员会第十次全体会议在马尔康召开。州委书记刘坪出席会议并讲话。全会号召，全州上下要更加紧密团结在以习近平同志为核心的党中央周围，在中央和省委坚强领导下，深入贯彻中央、省委和州委会议精神，不忘初心、牢记使命，为加快建成生态美丽、富裕小康、和谐幸福的现代化新阿坝而努力奋斗。

【中国共产党阿坝州第十一届委员会第十次全体会议第二次会议】 12月21日，中国共产党阿坝州第

9月28日，阿坝州"十四五"规划工作领导小组第一次会议在马尔康召开
（州委办公室提供）

十一届委员会第十次全体会议第二次会议在马尔康召开。州委书记刘坪出席会议并讲话，强调更加紧密团结在以习近平同志为核心的党中央周围，在中央和省委坚强领导下，贯彻落实中央、省委和州委全会精神，不忘初心、牢记使命，为加快建成生态美丽、富裕小康、和谐幸福的现代化新阿坝而努力奋斗。

（周继斌）

组织建设
Organization Construction

【概况】 2020年，以习近平新时代中国特色社会主义思想为指导，贯彻新时代党的组织路线和党的治藏方略，落实全国全省组织部长会议、全州党建工作会议等精神，谋定“113610”总体思路，围绕夺取疫情防控和经济社会发展“双胜利”，推动“5＋5”十件大事收官，完成年度目标任务。截至2020年12月31日，全州有党员79080名，其中女性党员23569名，少数民族党员57782名，35岁以下党员23377名，大专及以上学历党员34572名；全州有基层党组织3826个，其中党委342个、党总支99个、党支部3385个。

【干部队伍建设】 研究印发《阿坝州领导班子和干部队伍政治建设工程实施方案》，细化分解32项目标任务。出台《阿坝州党政领导干部“政治体检”实施办法（试行）》，采取“常规体检＋任前体检”方式，聚焦问题，对症下药，治病救人。突出政治标准选任干部，坚持政治表现“凡提必审”，建立开展干部选任党委出具政治审查报告机制。选拔在脱贫攻坚、反分维稳、抢险救灾、“两联一进”等工作中勇于担当、实绩突出的干部。研究制定《州管干部选拔任用干部人事档案审核办法（试行）》《省州管理干部任免职谈话工作有关规定》等操作规程，规范干部选拔任用五个流程。执行“四个凡必”、“双签字”、“八个不上会”、“十不准”、全程纪实等要求，防止“带病提拔”。出台《阿坝州集中换届干部储备工程实施方案》，开展2021年县级领导班子换届调研分析，组建13个考核调研组，全覆盖开展州管领导班子和领导干部考核调研。落实干部因私出国（境）审批制度，集中管理610名州管干部因私出国（境）证件。研究出台《关于进一步关心爱护基层一线干部职工激励干事创业担当作为的若干措施》，调动干部积极性。

【干部教育培训】 开展干部思想政治教育，聚焦强化政治信仰和政治能力，实施习近平新时代中国特色社会主义思想教育培训计划，开展中共十九届四中全会精神“线上＋线下”培训，举办县处级领导干部专题培训班8期，完成县处级以上领导干部全员轮训。开展“一把手”提能，州、县（市）分级举办主要领导读书班27期，培训3751人。实施“千人递进培养”计划，举办以选调生为主体的第三期理论班、青干班，培训中青年骨干100名。开展专业化领导干部培养，州县联动举办州委“一州两区三家园”战略目标及基层治理体系能力建设专题培训班，培训110期10847人次。

【教培基地建设】 推进州县党校分类改革，出台《阿坝州县级党校分类建设计划实施方案》，实行分级负责、教学统筹、师资统建、建设统规的“一分三统”办学治校模式，建立7个独立办学类、6个统筹办学类县级党校。开展雪山草地分院建设，出台《四川长征干部学院阿坝雪山草地分院建设实施方案》，规划雪山草地奋斗路等5条精品教学线路，开展“体验式、融入式、滴灌式”教学，构建“1院2区10基地＋N个现场教学点”全域办学布局。

【年轻后备干部培养】 研究制定全州党政领导班子建设规划实施意见，细化实施《领导班子和干部队伍政治建设工程实施方案》《稳州兴州执政骨干育苗工程行动方案》《阿坝州贯彻〈2019—2023年全国党政领导班子建设规划纲要〉实施意见》3个方案，分类施策，跟踪培养优秀年轻干部。实施稳州兴州执政骨干育苗工程，推进源头储备、递进培养、素质提升、三联并进、人岗匹配“五大行动”，形成“1+5”年轻干部储备战略。健全年轻干部选育管用全链条工作机制，常态化掌握州本级县级干部100名、正科级干部300名和一定数量的副科级、科员。逐人落实年轻干部综合素质测试人员培养措施，组织实施年轻干部综合素质测试1427人，重点掌握431人。健全上下联动、长期关注的接续培养机制，指导各县（市）各单位完

5月28日，州委常委、组织部长高立新（右二）调研阿坝雪山草地分院选址工作（州委组织部提供）

成238名正科级以下测试人员培养计划和培养进度报送，建立副科级、科员、党外干部三个类别培养台账，形成跟踪培养情况报告。开展优秀年轻干部实践锻炼，推荐副县级干部4名、正科级干部2名到省直部门、成都市挂职锻炼；接收省直部门科级干部2名到州实践锻炼；落实全州优秀年轻干部实践锻炼计划，选派30名优秀年轻干部上派下挂。创新涉藏地区选调生工作路径，探索实践“三维工作法”，选优育强选调生队伍。

【干部监督管理】 执行《领导干部“带病提拔”倒查工作规程》，完成2名县处级干部和4名乡科级干部“带病提拔”倒查。制定《省委第六巡视组巡视阿坝州反馈选人用人、人才队伍、基层组织建设等方面问题专项整改方案》，细化分解7类22个具体整改任务，制定81条具体整改措施，逐一明确责任单位、责任领导、责任科室。开展干部个人事项专项整治，自查、整改5个问题。开展干部随机抽查110名，开展干部查核验证4名，完成17批次215名干部重点查核工作，组织处理不如实报告干部16名，其中诫勉处理14名，责令作出检查1名，批评教育16名。完成小金县、汶川县和6个州级部门、企事业单位负责人年度经济责任审计。

【推进基层党建】 成立疫情防控临时党支部101个，建立乡村党员防疫工作队1617支，推动7万余名党员、3.5万余名干部争当防疫“战斗员”、民事“代办员”、复工复产“指导员”。组织党员捐款682.77万元、划拨专项党费167.4万元。注重防疫一线考察识别干部，提拔重用干部25人、一线发展党员107名、挖掘储备先进典型109个。紧盯“到建党100周年全面消除软弱涣散乡村”既定目标，坚持“大并小”“强并弱”原则，调减撤并软乡3个、弱村10个。组建工作专班7套，紧扣“选村、选址、选名、选人、选过渡班子”五个环节，分区分类指导，全州乡镇调减45个、减幅20.5%，行政村撤减272个、减幅20.1%。推进基层治理制度创新和体系能力建设，制发《办公室及其工作机构组建方案》，组建5个工作组，拟定各项运行规则、健全工作制度、落实职责任务，督促指导县（市）规范设置领导机构和办事机构，落实州县及各组联络人员60名，推动上下联动、协同配合。推动重点任务落地，实施项目清单化管理，制定州基层治理委员会2020年工作总体安排，明确22项年度工作任务，细化落实州委十一届八次全会决定项目责任分工31类137项。统筹推进省级5项试点、26个乡镇、122个村（社区）州级“三项试点”588项措施落实。推进日常督导，每月统筹调度工作情况，落实季度通报各县（市）和专项工作进展、交流经验，组建暗访督导组，发现和整改反馈工作机构建设滞后、试点措施不实等问题197个。深化“联户联情”群众工作，落实“联县、驻乡、帮村、包户”制度，制发《关于优化调整“联户联情”工作力量的通知》，组织州、县（市）对照《阿坝州深入基层“两联一进”群众工作全覆盖办法》自查整改，推动3.5万名机关干部与19.7万户农牧民群众结对帮扶，实现基层、群众、工作“三个全覆盖”。州、县（市）开展活动7.8万次，走访群众超过3轮，排查化解矛盾纠纷3542起，提供惠民服务6.5万次，收集办理诉求13563件，开展政策法规宣传7.4万场次。

【人才政策体系完善与引育】 制定《“硕博进阿坝行动”2020年实施方案》，出台实职实岗、跟踪培养、待遇保障等10条政策常年揽才，全年引进硕博人才158名，其中博士5名（博士后2名）、县处级领导干部14名。全年引才数量接近全州165名硕博人才存量，增幅95.8%。选派硕博人才51名赴浙江大学开展“长江黄河上游生态重在保护要在治理高质量发展”专题研修培训，赴成都、重庆、北京、兰州、武汉宣传“硕博进阿坝行动”。制定《柔性引才项目化管理办法》，建成院士（专家）工作站9个，引进张锡祥院士等省级以上专家团队25个、柳松教授等高端人才261名，完成“智慧九寨”等重点项目244个，实施“牦牛圈养”等技术攻坚150项。州委组织部与清华大学等5所高校签订战略合作协议，投资4.58亿元建成清华—理县乡村振兴工作站等重大项目6个。实施乡村干部提能、创客培育等“五项计划”，培育乡村企业家、乡村创客1.6万余名，定向培养紧缺急需专业大学生、乡村实用人才456名，引进乡村医生、教师、规划师1154名。营造拴心留人环境，投入资金3000万元，新建拎包入住人才公寓148套，配套建成人才服务中心，发放人才安家补助1185万元、“阿坝英才绿卡”163张。推荐入选“天府万人计划”3名，表扬终身从教奖123人。

6月16日，州委常委、组织部长高立新（正前）主持召开2020年“硕博进阿坝”工作推进会

（州委组织部提供）

【党员学习教育】 创新三种远程教育教学模式，为党员群众提供“菜单式”教学服务。采取“必学＋选学”“理论＋实训”“室内＋室外”的教学模式，发挥“土专家”“田秀才”示范带动作用，形成“进门是课堂、出门是现场”党员教育教学模式。分段式教学提升培训实效性，采用“集中学习—座谈交流—实地观摩”相结合的分段式教育模式。利用党校、乡村党员活动阵地，开展专题讲座集中教育培训党员的思想、能力、素质，提升理论素养水平；与州外高校、对口援藏地区、州内各兄弟县（市）的培训资源联系，组织党员异地培训。开展农牧民夜校大讲堂活动，采取“乡镇领导讲、普通党员讲、专家教授讲、致富能手讲、业务能手讲”等五讲形式，促进单纯的理论灌输到自我参与、叫我学到我要学的转变，调动群众的积极性，提高夜校参学率。在全州宽带覆盖的所有行政村，升级远程教育站点互联网模式（将原有的卫星模式更新为互联网接收模式），基层党员群众通过计算机设备和移动终端进行在线学习。“党员教育＋数字电视”实现党教平台“户户通”，建设党员教育＋IPTV模式，运用数字电视专网为传输载体，实现党员教育“户户通”，广大党员干部群众只需在家操作电视遥控板，就可以在线学习。开展村务监督，享受便民服务。“党员教育＋移动终端”实现新媒体教学平台“人人通”，运用组工微博、微信公众号、APP等新媒体方式，建设移动学习平台，让党员群众随时随地通过手机等移动终端学习，实现学习教育广覆盖。

【党建制度改革】 聚力推进14项改革任务。出台一批制度机制，研制“巩固深化‘不忘初心、牢记使命’主题教育成果、加强和改进机关党的建设、党员教育培训、党政领导班子建设规划纲要、州属国企领导人员管理、公务员平时考核、阿坝英才绿卡”7项制度。在黄河流域、岷江中上游核心区探索生态功能区党建示范带建设路径。出台领农村党员“五要十不要”行为规范，开展聘任制公务员和干部“三跨”试点。实施“硕博进阿坝”行动，与清华大学签订6项合作协议，与成都、甘孜深化人才协同发展，首度发放阿坝英才绿卡182张。统筹做实乡村“两项改革”及“后半篇”文章，推进州、县（市）党校分类改革。优化办校布局、办学体系、对外合作，提升阿坝雪山草地分院建设质量。

【组工教育】 全年组织开展“组工大讲堂”6期，学习贯彻习近平新时代中国特色社会主义思想和对四川工作重要指示。出台《部机关工作职能与制度汇编》，明确机关各科室（中心）职能职责，修订完善机关3类29项管理制度，自身建设全面过硬。研究部机关人事任免事项10批次，调整干部43人次，优化干部队伍结构，增强活力。开展机关公职人员诚信履职专项教育，全覆盖建立诚信档案。建立机关干部廉洁从政档案，实时记录职工婚丧嫁娶等重大事项中的廉洁自律有关情况。开展“两联一进”群众工作，深入金川县勒乌镇、马尔康市日部乡，金川县观音寺、马尔康市让古寺等地服务联系群众和寺庙僧尼，解决帮扶对象实际困难。

【援藏干部管理和教育】 实施“援助干部人才盘活工程”，制定《阿坝州援助干部人才盘活工程行动方案》，坚持“同岗同责、一人一策”，用好用活1908名东西部扶贫协作、省内对口帮扶等各类援助人才，创新“组团式”教育医疗帮扶模式，争取帮扶资金9.36亿元，实施重点项目434个，帮带阿坝当地人才5000名。选派50名援助干部人才赴浙江大学举办“援藏践初心·奋斗担使命”专题培训班，提拔任用优秀援助人才159名，推荐省级表彰先进个人83名、先进集体22个。

（刘诗琪）

思想政治宣传
Ideological and Political Publicity

【概况】 2020年，贯彻落实党中央、省委、州委宣传思想工作各项决策部署，牢牢把握举旗帜、聚民心、育新人、兴文化、展形象的使命任务，深化“思想引领”“舆论引导”“文明实践”“文化繁荣”“意识形态”“能力提升”六大工程，为推进“一州两区三家园”建设提供思想保证、舆论支持、道德滋养和文化条件。

【理论学习与研究】 发挥党委（党组）理论学习中心组示范带动作用，制定《县（市）党委理论学习中心组测评细则》，制发10个专题学习安排意见。州委中心组举行专题学习会12次，邀请专家作专题辅导3次。做好“学习强国”平台推广使用，组织稿件被省平台采用1826篇，被全国平台采用156篇。运用“阿坝党委中心组”“阿坝微宣讲”网络平台，发送学习信息70期220条，被省委宣传部评为“2019年市（州）党委理论学习中心组学习组织工作学习成果运用先进单位”。开展“疫情法治”等专题研究，课题立项93个，服务州委、州政府决策参考。出版《明经世文　川西北史料选编》《涪源史话》专著。《长征干部学院依托红色资源进行党性教育的实践与思考》《润物细无声的有效课堂初思》获省政研会2019年度调研成果三等奖。

【重大主题宣传】 宣传中央、省委、州委决策部署和各地各部门疫情防控工作举措、成效，涌现出的先进典型、防疫知识、企业复工复产、春耕生产、农民工返岗就业等情况。组织召开“阿坝州新冠肺炎疫情防控工作新闻发布会”4场。指导州内媒体开展针对性宣传，安排县级融媒体中心推送重要稿件800篇。开设民族团结进步宣传专题专栏，报道全州经济社会发展成就及民族团结进步模范典型，宣传民族政策、民族法律法规、民族团结进步事业、民族团结进步典型。开设全域旅游宣传专题专栏，组织安排《四川日报》阿坝记者站、阿坝日报社、州广播电视台、各县（市）融媒体中心宣传报道全域旅游工作情况。开展黄河上游川甘青水源涵养区生态保护和高质量发展协商协作研讨会第一次会议宣传。开设森林草原防灭火工作专题专栏，制定印发《阿坝州森林草原防灭火宣传工作方案》，普及防火法律法规、基本常识和避险知识，报道森林草原防灭火整治工作情况。组织州、县（市）媒体平台刊播《瞄准大应急，当好“守夜人”》《人民消防为人民》等公益宣传片。以庆祝中国共产党成立100周年为主线，组织开展阿坝州“感恩党、听党话、跟党走”群众教育活动；举办“阿坝州第十一次党代会以来经济社会发展主题成就展”“百年党史铭恩奋进—阿坝州庆祝中国主题展”，在全州巡展；举办“阿坝记忆—庆祝中国共产党成立100周年档案史料展”“学党史、听党话、颂党恩、跟党走”演讲比赛，营造爱党、爱国社会氛围。开展阿真能周先进事迹巡回报告5场次，通过电视、微

12月16日，州委常委、宣传部长杨星（右）在松潘县调研部门行业思想政治宣传工作 （州委宣传部提供）

信平台等媒体传播，掀起学习阿真能周热潮。

【舆论引导】 围绕中心工作，把握正确舆论导向，组织重大主题宣传、成就宣传、典型宣传，唱响主旋律、弘扬正能量，引导舆论监督，展现阿坝形象。

【意识形态建设】 完善意识形态定期报告、分析研判、督查通报等制度，细化完善《党委（党组）意识形态工作责任制落实情况考核细则》，编制《意识形态责任制工作指南》。落实《中央第四巡视组专项检查四川意识形态工作反馈意见阿坝州专项整改方案》，建立网络安全联动、突发舆情应对、正面宣传引导等机制。开展“扫黄打非”五大专项行动，确保意识形态领域安全。

【新闻发布】 推进新闻发言人队伍建设，州、县（市）两级新闻发言人共120余人，修订完善《阿坝州突发公共事件新闻发布应急预案》，做好新闻发布和突发事件新闻发布。牵头和指导新闻发布会15场，召开新冠肺炎疫情防控新闻发布会4场，回应社会关切。

【对外宣传】 与新华网、人民网、中新网、中国网开展新一轮合作，开设“熊猫家园　净土阿坝”专版，刊发《雪山草地展新貌——四川阿坝州脱贫奔康纪实》等稿件1000余篇（条），展现阿坝风采。推进外宣点建设，建立脱贫攻坚资料库，对接上级媒体推送涉藏脱贫故事、经验、典型等30个。协调服务中央、省级媒体来州采访100批次。邀请中央、四川、浙江的16家省级媒体记者开展采访活动，实地采访30个点位，刊发《云端“天路”助脱贫》等新闻稿件268条，在《四川日报》以“见证·阿坝全域脱贫摘帽观察”为主题，刊发12个整版，全景报道全州脱贫攻坚成果。

（母新月）

政策宣讲

Policy Presentation

【概况】 2020年，秉持马克思主义在意识形态领域的指导地位、巩固全党全国人民团结奋斗的共同思想基础，用马克思主义中国化最新成果武装党员干部、教育各族群众、指导发展实践，以理论清醒保证政治坚定，以思想自觉引领行动自觉，做好政策宣讲、传播理论知识、理论宣讲服务工作。

【中共十九届五中全会精神宣讲】 落实阿坝州委办公室《中共阿坝州委办公室关于做好学习贯彻党的十九届五中全会精神宣讲工作的通知》要求，11月24日至12月1日，组织州委第一宣讲分团在马尔康市、金川县、小金县、四姑娘山管理局开展宣讲工作，受众6400余人。各县（市）组建的宣讲团结合“两联一进”群众工作全覆盖，在乡（镇）、村开展宣讲2200场，受众10.08万人。组织开展基层宣讲活动，抽调驻村第一书记、选调生、大学生、“土专家”等组建小分队，开展全会精神宣讲。

【中央第七次西藏工作座谈会精神宣讲】 根据阿坝州委办公室《中共阿坝州委办公室关于做好学习贯彻中央第七次西藏工作座谈会精神宣讲的通知》要求，10月21—31日，组织宣讲团第三宣讲分团赴阿坝县、红原县、壤塘县、若尔盖县开展宣讲5场，受众800余人。13县（市）组建宣讲小分队在乡镇场、藏乡羌寨、学校寺庙、草山药山开展集中巡回宣讲900场次，受众10万人次。

【省委十一届七次、州委十一届九次全会精神宣讲】 根据阿坝州委宣传部《中共阿坝州委宣传部关于做好学习贯彻省委十一届七次、州委十一届九次全会精神宣讲工作的通知》要求，8月12—25日，集中动员培训阿坝州“雪山草地”群众宣讲团，组织州委第一宣讲分团在阿坝县、若尔盖县、红原县、壤塘县机关、企业、乡镇、社区、军营、寺庙、景区开展省委十一届七次全会、州委十一届九次全会精神集中宣讲活动44场次。13个县（市）组建宣讲小分队开展集中宣讲，姐妹宣讲团、马背宣讲队、摩托车宣讲队等在乡镇场、藏乡羌寨、学校寺庙、草山药山开展巡回宣讲1000场次，受众近20万人次。

【省委十一届八次、州委十一届十次全会精神宣讲】 根据阿坝州委宣传部《中共阿坝州委宣传部关于学习宣传贯彻州委十一届九次全会精神宣讲工作的通知》精神，州委宣讲团第三分团在理县、汶川县、九寨沟县、松潘县开展全会精神宣讲工作。通过宣讲方式“重点讲”、多元主体“大众讲”、依托特色载体“融合讲”等开展全覆盖宣讲，促进基层宣讲“走新”又“走心”。

【理论传播】 按照“合并同类项”方式，用藏汉双语传播思想理论，打造党员干部学习思想理论、学习藏语汉语的网络终端，推出专题“微宣讲”105期，订阅量8500人。做好“阿坝微宣讲”微信公众号建设，探索藏汉双语现场宣讲和“阿坝微宣讲”手机终端同步。在突出藏语汉语民族文化特色基础上，利用图文音视频集成功能，发挥参与互动拓展效能，强化系统组织链式开发导向，开展“互联网+宣讲”加强和改进群众性思想政治工作。组织藏汉双语翻译评比，推出藏汉双语精彩图文集锦，展示藏汉双语宣讲经典范例。统筹理论宣讲与舆论引领，康巴卫视、阿坝州电视台、《阿坝日报》、阿坝州政府网等形成传播链，用发展引领认识同向、相伴同行、利益同享，用理论自信引领舆论正能量，讲好中国故事、中国共产党的故事、中国特色社会主义的故事。推动微红原、若尔盖发布、安多阿坝藏文版、微壤塘、微金川、微黑水、微茂县、微小金、微松潘等公众号传播党和国家的思想理论，发布本地宣讲信息。

【宣讲服务】 编印中共十九届五中全会、中央第七次西藏工作座谈会和省委十一届六次全会、十一届七次全会精神十一届八次全会、涉藏工作会议以及州委十一届八次全会、十一届九次全会等重要会议精神宣讲读本、宣讲提纲、PPT及藏文翻译版，订购学习图书分发至各州级单位和各县相关单位，助推机关党员干部学习贯彻重要会议精神。为各州直部门、各县（市）中心组成员订购《中共中央关于制定经济和社会发展第十四个五年规划和二〇三五年远景目标的建议》辅导读本（人民出版社）；组织人员参加四川省理论宣讲骨干培训班、省委中共十九届全会集体备课会、2020年度讲师团系统暨学习平台工作培训班等，推动重大主题集中宣讲、集体备课，储备阿坝州基层理论宣讲人才和智力。

【学习强国推进】 举办专题培训班、微信群、QQ群、党政网等载体动员、帮助广大党员干部注册使用“学习强国”APP，推动学习往深里走、往实里走、往心里走，实现党员全覆盖。截至2020年12月9日，阿坝州纳入组织架构82004人，激活总数78837人，日活跃人数40469人，人均学习积分20.74分，各项数据均排名全省前列。州委宣传部牵头组建稿件采编队伍，落实省学习平台要求，建立州级供稿站1个和县级供稿站19个。1月1日至12月7日，阿坝州供稿站向上级学习平台上报稿件4100余篇，被四川省平台采用稿件2186篇，被全国学习平台采用稿件184篇。

（尕让卓玛）

统一战线

United Front

【概况】 2020年，落实“基层统战工作提升年”要求，坚持稳中求进工作总基调，围绕中心、服务大局，求真务实、开拓创新，牵头组织7个州级联系帮扶部门深入阿坝县17个乡镇（场）、25个村的1003户抽查“两联一进”工作开展情况，访谈干部84人，推荐70名贫困学生参加“致公筑梦一帮一”项目，协调配合致公党福建省委到州开展脱贫攻坚民主监督调研督导工作，推动2019年度县（市）委书记、县（市）长落实藏传佛教寺庙管理责任制述职。

【民族宗教领域统战】 推进藏传佛教寺庙“一寺一策”依法规范管理。按照“自下而上、民主推荐、逐级申报”原则，创建省级文明和谐寺庙33座，获省表扬爱国守法先进僧尼339名，寺庙管理优秀干部31名。开展中央宗教工作督查“回头看”，全州50个先进集体和101名先进个人获州委表扬。

【公共服务入寺惠僧】 协调争取寺庙公共建筑维修资金667万元，落实40万元开展党姆美好生活行动，开展义诊巡诊活动26次，诊治4200人，发放健康宣传资料7600份，免费发放价值3.2万元药品。

【宗教人才教育培训】 10月16日，省委常委、统战部长田向利带队到马尔康市宣讲中央第七次西藏工作座谈会精神，习近平对四川涉藏工作重要指示精神及宗教法律法规，增进社会各界了解中央政策和法律法规。编制发放《中华人民共和国宪法》《宗教事务条例》藏语汉语读本，开展各级各类宣讲2400场次，制作法治微视频72期，推送法治短信9万余条。规范教育管理宗教网络大V，组织700名藏传佛教僧人、68名清真寺教职人员参加省、州专题培训和佛学考试，四川藏语佛学院、中国藏语系高级佛学院录取僧人32名。举办藏传佛教寺庙活佛培训班4期。推进四川藏语佛学院阿坝分院建设，建立拟聘任经师库，制定僧才招生、培训方案，获中央统战部、国家宗教局批复。向“同心阿坝”等微信公众号平台推送信息140期，中央、省主流媒体刊用31期。

【非公有制经济领域统战】 培训优秀非公经济代表人士100人次，完成综合评价和推荐9人。开展“凝心聚力助扶贫·同心筑梦奔小康”系列主题活动，推进“万企帮万村”扶贫帮扶工作，投入资金2.82亿元，帮扶225个村10399名贫困人口。组织召开阿坝州民营企业家谈心会，开展调研，推动解决问题困难3个。指导成立西藏四川阿坝州商会和重庆市四川阿坝州商会。

【党外代表人士队伍建设】 开展党外代表人士教育培养，推荐无党派人士人选17名，保留人选25名，调整人选20名。开展党外各层级后备干部的培养和实践锻炼，推荐党外干部4名到浙江省开展东西部扶贫协作外派挂职。完成党委统战部长兼任同级政协党组副书记相关工作。按照政协章程规定，调整37名州政协委员。开展党外代表人士队伍信息化建设情况摸底调查工作，形成《全州党外干部人才分析报告》《全州党外代表人士队伍信息化建设情况调研报告》。组织党外人士、非公经济人士、宗教界代表人士在马尔康召开座谈会，征求制定《国民经济和社会发展第十四个五年规划和二〇三五年远景目标》的建议。

【党外知识分子和新的社会阶层人士统战】 开展“同心同向奔小康 聚智聚力筑梦想”主题教育活动，覆盖400人次。推荐无党派人士重点人选46名。开展高校、国有企业党外知识分子统战工作，印发《关于加强和改进新时代国有企业统一战线工作的指导意见（试行）》，制定《阿坝州高校统战工作联席会议制度（试行）》《阿坝州国有企业统战工作联席会议制度》。召开全州网络人士统战工作会议，制发《阿坝州深入贯彻落实〈关于加强网络人士统战工作的意见〉的分工方案》。发挥党外知识分子和新的社会阶层人士联谊会作用，推广“云丹桑巴”经验做法，推进基层统战工作基地建设工作。

【对国外藏胞统战】 审查审核国外藏胞回国探访申请18人。到5个县（市）和10个乡镇开展定居藏胞及国外藏胞亲属走访慰问和政策宣

12月21日，州委书记刘坪（中）组织召开党外人士、非公经济人士、宗教界人士代表意见征求座谈会

（州委统战部提供）

3月12日，州委副书记、统战部长李为国（右一）在阿坝县开展宗教领域疫情防控工作督导（州委统战部提供）

讲。指导完善回国藏胞档案，开展藏胞工作调研，形成报告和信息提供工作参考。

【港澳台侨统战】 开展台资企业调研，了解台资企业生产经营、发展状况，及时解决存在问题，宣传政策措施，增进企业发展信心。开展困难归侨侨眷慰问活动，发放慰问金5600元／人；争取浙江新华爱心教育基金10万元，资助困难学生40人。组织香港道德会和广东省侨心慈善基金会向2000名学生发放2000件羽绒服。指导协助九寨沟县设立80万元的“侨爱呵护灾区”教师成长基金。做好阿坝州风土人情、自然风光等在台湾的宣传报道。

【宗教场所卫生安全建设】 落实新型冠状病毒肺炎防控措施，印发《阿坝州宗教活动场所疫情防控九项措施》《关于进一步加强疫情期间宗教活动场所管理工作的通知》，督促全州292座宗教活动场所实行封闭式管理，暂停或取消宗教活动，暂停信众礼佛、转经等活动。5月19日，省委统战部副部长、省委涉藏办主任沈阳到州调研寺庙安全管理工作。结合“联寺联僧”寺庙群众工作，开展疫情防控知识宣传，发放资料15.7万份，13.9万人次受教育。引导非公经济人士、宗教界人士、党外知识分子、新阶层人士及藏胞和藏胞亲属助力疫情阻击战，组织捐款捐物1239.05万元。

（安志瑛）

机关组织建设

Organization Construction of Organs

【概况】 2020年，坚持以习近平新时代中国特色社会主义思想为指导，突出政治思想教育引领，开展宣传思想教育，推进机关组织建设，强化党风廉政建设和反腐败斗争，做好机关公职人员护照管理，促进机关精神文明和文化建设。

【机关政治建设】 督促州直部门党组织落实保障“两个维护”制度机制，增强“四个意识”，坚定“四个自信”，做到“两个维护”。州直部门党组织组织5685名党员干部到爱国主义教育基地开展教育活动364场，锻炼党性修养，筑牢党员干部对党绝对忠诚的政治品格。开展政治纪律规矩学习教育1200场次，引导党员干部严格遵守党章党规，做政治上的明白人、老实人；开展政治纪律宣讲376场，教育引导党员干部严守政治纪律、站稳政治立场，积极履行职责，抓实反对分裂维护稳定，带头维护全州和谐稳定的社会政治局面。开展部门领导班子成员和干部重大事项报告、外出报备情况检查30人次，督促制度规定严格落实。抓好州委第二巡察组巡察州直机关工委反馈的4个方面12个问题的整改落实，坚持立行立改，坚决整改到位。督促部门党组织定期开展党员干部思想政治体检，落实双重组织生活制度，启动推行党员领导干部参加双重组织生活的情况在本部门公示通报、向州直机关工委报告审查的工作机制。

【机关宣传文化与精神文明建设】 制发州直部门党组（党委）理论学习中心组学习测评细则，督促各部门利用中心组学习、“三级书记讲党课”“三会一课”等方式，学习《习近平谈治国理政》第三卷，学习贯彻习近平新时代中国特色社会主义思想，推动学习贯彻党的创新理论走深走心走实。开展“学用新思想、建功新时代”活动，在州直机关建立青年理论学习小组150个，举办学习活动633场，2480名青年干部定期开展理论学习、成果交流。举办青年学习骨干“学用新思想”示范培训1期，140人参训，教育引导青年干部准确领会新思想的科学内涵和精神实质，带动学习小组抓好理论学习，激励青年干部积极投身全州第三次创业热潮。督促部门党组织坚持并领导完善班子成员、基层党组织负责人谈心谈话制度，开展机关党员干部思想动态分析、情况摸排，注重把准党员干部思想脉搏，履行教育人、鼓舞人、激励人职责，提振精气神、凝聚正能量。

【机关基层组织建设】 组织州直机关4000多名党员开展机关基层组织工作条例知识测试，推动学习宣传贯彻《中国共产党党和国家机关基层组织工作条例》。坚持“抓两头带中间”，在州直机关组织开展“班子作用发挥好、基本制度落实好、党员队伍建设好、服务中心工作好、廉洁自律形象好”为主要内容的“五好党支部”创建活动，创建“五好党支部”237个，占党支部总数的67.9%；开展软弱涣散基层党组织集中整治，制定实施方案，明确整治重点，采取19个后进党支部由本部门党组（党委）书记负总责、1名县级党员领导班子成员主抓、1名党务干部具体抓和州直机关工委1名党建指导员结对抓整治工作，促进整治和转化提升。指导督促349个党支部完成集中统一换届工作。举办入党积极分子培训班1期，培训教育党的创新理论、党章党史等，189人参训。全年新发展党员115人，转正预备党员105人，发展党员质量和数量实现“双提升”。健全完善机关党建分片包联、分层明责、分类优化、分段考核的“四分”工作机制，明晰州直机关工委、部门党组（党委）等“七个主体”的党建职责任务，压实机关党建责任；制定全面推行机关党建和业务工作同谋划部署、同推进落实、同督查考核、同激励追责，与中心（业务）工作融合并进的“四同一融合”工作模式，推进党建和业务深度融合、相互促进；制定全面推行党员积分制管理实施方案，用量化小积分管党员大队伍；建立州直机关党组织“三会一课”、主题党日等组织生活考核评比、成果展示、定期交流制度，促进组织生活规范严实开展；建立片区机关党建联席会议制度，整体提升州县市机关党建水平；建立机关党委工作运行规则，督促对标履职高效尽责。开展党务干部培训班2期，461人参训，促进新任党务干部增强政治意识、夯实理论基础、尽快熟悉业务、提高工作能力。举办州直机关党组织书记专题培训班1期，95人参训，促进党组织书记扛起政治责任、抓实党建工作。州直机关工委会同州文体旅局等部门开展抓机关党建促全域旅游发展课题调研，培育“全域旅游·富民强州”党建服务中心工作品牌。8月25—27日，2020年川西北生态示范区机关党建联席会议在马尔康成功举办，省直机关工委、甘孜州直机关工委和阿坝州直机关各部门（单位）党建工作负责人、机关党委书记等参会。

【机关党风廉政建设】 落实党风廉政建设主体责任，加强对州直机关纪检监察工委领导，细化工作任务清单25项。调整纪检监察工委承担的部门业务工作，整改完成省纪检监察系统内部督察反馈“三转”不到位问题。推动州发改委、公安局等5个部门机关党委设立机关纪委，充实工作力量，抓实党风廉政建设工作。整治“七个不适应”突出问题，开展“三察三治”专项行动，对19个州直机关党组织开展疫情防控值班情况暗访抽查，发现问题11个，对20个州直部门汛期值班进行检查，发现问题2

1月26日，2020年度州直部门（单位）机关党委书记抓党建工作述职会议在马尔康召开

（州直机关工委提供）

8月25—27日，2020年川西北生态示范区机关党建联席会第二次会议在马尔康召开

（州直机关工委提供）

个，反馈给相关部门，督促整改落实。坚持把党规党纪学习教育纳入部门中心组、党支部学习重要内容，督促开展会前学纪、典型案例通报、“四个面对面”教育等，组织党员干部集中观看《越界》等警示教育片，筑牢拒腐防变根基。紧盯节庆节点，向党员干部推送廉洁提醒短信1万余条。组织参加全省“廉韵润初心”廉政故事演讲比赛、机关干部形象作风图片展，1名选手获全省演讲比赛二等奖。做好案件审理工作，完成派驻纪检监察组移送案件审理18件，给予党纪政务处分21人。开展州直机关科级及以下党员、公职人员党纪政务处分回访和执行情况监督检查11人。

【党内关爱帮扶建设】 推行思想关爱、常态普惠、专项资助等党内关爱措施，激发党员对党组织的认同感、归属感和荣誉感。走访慰问新中国成立前入党老党员13人、生活困难党员111人，发放慰问金13.68万元。按程序核定党内帮扶对象8人，发放党内帮扶资金13.74万元。从党员“一日捐”款项中支付31.16万元，为州直机关6233名党员和援藏干部购买意外伤害、疾病住院费用补偿医疗保险。

【公职人员护照管理】 落实公职人员护照管理要求，保障在马尔康地区的州直各部门（单位）、州属企事业单位在职干部职工、离退休人员合法权益，规范集中管理因私出国（境）证件，做好护照信息核实。

（严中胜）

国企组织建设

Organization Construction of State-owned Enterprises

【概况】 2020年，以习近平新时代中国特色社会主义思想为指导，突出国有企业政治思想教育引领，开展国企党的组织建设，强化国企党风廉政建设和反腐败斗争，推进人才队伍建设。

【国企党组织建设】 坚持党建引领企业基层治理，落实党建主体责任，研制《阿坝州国资系统2020年度党建工作要点》，细化国企党建任务指标17项，制定国有企业党的建设工作重点任务清单29项，开展全覆盖党建综合巡察2次，组织13个县（市）、监管企业负责人召开2020年全州国资国企改革发展暨党建党风廉政建设工作会，安排部署全州党建、党风廉政建设工作。坚持党的组织覆盖，组织成立阿坝交投公司党委、净土阿坝农投公司党委，建立与国企组织结构、经营模式相适应的组织体系。实施“强基固本提升工程”，对标“五个基本”规范化建设企业党组织，推动“五好”支部创建，推进党建带群团组织。组织国资系统26个基层党组织306名党员，在新冠肺炎疫情防控、“8·17”特大山洪泥石流道路抢险和灾后重建等中发挥党员先锋模范作用。贯彻落实《中国共产党国有企业基层组织工作条例》《阿坝州州属国有企业党委会议事规则（试行）》，落实党委研究讨论前置程序，坚持领导带头讲学、党员干部结合实际深入研讨学、线上线下灵活学、知识竞赛以考促学、举办国资国企干部能力提升培训班系统学方式学深学透，把中国共产党的全面领导和《中国共产党国有企业基层组织工作条例》要求融入企业生产经营。

【国资国企党风廉政建设】 坚持国资系统“十牢记十不准”，规范企业领导人外出请销假制度，整饬“四风”，严惩履职不到位干部3名。开展“以案促改”工作，严格落实民主集中制、重大事项请示报告等制度，定期开展谈心谈话、党建述职、民主评议等，落实正负面清单16条。开展“三察三治”专

12月1日，州国资委党委书记、主任祁玲（前左）在汶川映秀爱国主义教育基地宣讲中共十九届五中全会精神
（州国资委提供）

项行动，整改落实巡视巡察反馈问题 19 个、督查反馈意见 9 个，移交监管企业线索 3 件。坚守《州属国有企业商务招待管理办法》，树牢“亲、清”政企关系。

【国资国企干部队伍建设】 全年新发展党员 4 名、转正 9 名，培养入党积极分子 18 名。国资委机关 7 名干部晋升职级，1 名班子成员推荐担任国企正职，3 名科长晋升四级调研员，2 名干部提拔到副科级岗位。选优配强州国投公司、红原机场公司、州交投公司、净土阿坝农投公司、盐业公司班子成员；开展“硕博进阿坝行动”，选聘优秀人才 3 名到企业任职，社会化选聘企业高管 4 名。配合州委组织部、州直机关工委举办国资国企县处级主要领导读书班，邀请专家、领导在国资委机关开展专题辅导讲座 4 次，组织监管企业优秀党员开展集中学习研讨轮训 2 次；举办全州国资国企干部综合素能提升培训班，参训干部 52 人次。

【国企宣传思想建设】 推进思想政治建设，开展“三会一课”“主题党日”等活动，巩固“不忘初心、牢记使命”主题教育成果，坚定“四个自信”，增强“四个意识”，做到“两个维护”。制订 2020 年党委中心组专题学习计划、国资系统测评细则，开展理论中心组学习 12 次、会前学法学纪学规 20 余次、主题党日活动 12 次、“学用新思想、建功新时代”活动 4 次，运用“学习强国”学习平台和四川学习平台拓宽学习。组织监管企业高管、各分子公司人员，围绕中共十九届四中、五中全会、省委十一届七次、八次全会，州委十一届九次、十次全会精神和中央第七次西藏工作座谈会、四川省涉藏地区工作会议精神开展宣教活动 60 场次。

【国企维护稳定】 国资委主要负责人主持召开委务会 4 次，专题研究部署维稳工作。贯彻“稳定压倒一切”的主导思想，实施应急值班值守，排查、防范、化解各种矛盾和问题。旗帜鲜明站在意识形态斗争第一线，采取“1+N”方式走村入户进企业到寺庙，开展专题宣讲，覆盖干部群众 1200 人次。履行出资人监管职责，督导州属监管企业安全生产、食品安全、森林草原防灭火工作。

（胥松英）

政策研究
Policy Research

【概况】 2020 年，以习近平新时代中国特色社会主义思想为指导，落实中央、省委和州委决策部署，推进政策理论研究、文稿服务、深化改革主责主业，推动联系村和社区的疫情联防联控、知识宣传，推进“两联一进”群众工作全覆盖走访慰问活动 20 次，开展廉洁警示教育，完成各项工作任务。

【理论学习】 学习贯彻党的创新理论，学习贯彻习近平新时代中国特色社会主义思想、中共十九大及十九届二中、三中、四中、五中全会和习近平对四川工作系列重要指示精神，以及省委十一届五次、六次和州委十一届九次、十次全会精神，巩固深化“不忘初心、牢记使命”主题教育成果，开展中心组理论学习 10 次、职工会 12 次。

【文稿服务】 推进州委十一届十次全会文稿起草，形成《中共阿坝州委关于制定阿坝州国民经济和社会发展第十四个五年规划和二〇三五年远景目标的建议》《关于〈中共阿坝州委关于制定阿坝州国民经济和社会发展第十四个五年规划和二〇三五年远景目标的建议〉的说明》等文稿材料，协助省委政研室完成《“十四五”时期加强和促进我省中藏药产业发展研究》等重大课题。参与州委十一届九次全会、州委财经委会议、防汛工作会、黄河上游川甘青水源涵养区生态保护和高质量发展协商协作研讨会、四川省民族地区全域旅游发展座谈会等文稿起草，形成《黄河流域阿坝段生态保护与高质量发展》等州委主要领导署名文稿，以及松潘县河道治理、红原县中小微企业园区发展等调研文稿。

【调查研究】 紧扣发展新阶段，拟定州委重大调研课题23个，州级各部门及各县（市）领导干部调研课题53个，完成整理、汇编，进入编印阶段。完成黄河流域阿坝段生态保护与高质量发展、阿坝州加强机关党建工作的思考两项重大课题调研，形成调研报告。拟定“十四五”规划重点调研课题清单及责任分工建议方案，确定重点调研课题20个。强化调研工作指导和跟踪督导，牵头开展省委第六巡视组反馈“关于调研不深入、调研报告针对性、操作性不强”问题整改工作，明确整改要求，督促各县（市）、州级各部门提高政治站位行、务实整改举措。加强全州重大改革试点工作的调研和督导，形成8篇重大试点经验向省委改革办推介。完善和提升《阿坝研究》党刊交流平台，完成4期《阿坝研究》组稿、编印工作，其中《阿坝研究（黄河流域阿坝段生态保护和高质量发展）专刊》作为黄河上游川甘青水源涵养区生态保护和高质量发展协商协作研讨会学习交流资料。以现代服务业、生态旅游、生态治理等为调研主要内容，编发《政研专报》12期，为州委领导提供决策参考。挖掘改革经验，总结报送《阿坝改革信息专报》40期，其中小金县组建民生诉求会办中心“再提速”、马尔康“区域化党建+”模式等5期改革经验被省委改革办采用。

【深化改革】 落实全州机构改革工作部署，成立州委全面深化改革委员会，完善深改委、专项小组成员，调整牵头单位、成员单位责任人，明确岗位职责任务，推动改革有人抓、不脱节、抓得实。对标中央、省委改革部署和州委改革工作最新要求，调整州委深改委及专项小组成员，召开专项小组联络会议，形成改革合力。围绕九大重点改革领域，制定年度工作要点和改革落实台账，确定年度改革任务151项。筹备、召开州委深改委第3次、第4次会议，审议专项改革方案8个。推进主要领导抓专项改革方案落实制度，推动州级领导抓23项重点改革任务。开展重大改革试点调研督导10次，形成深改委统筹协调、专项小组分块抓总、牵头部门主责实施、参与部门各尽其责、改革办协调督促良性工作格局。开展改革能力提升培训，组织州、县（市）61人次到西南财经大学进行培训。

（高德政）

4月21日，中共阿坝州委全面深化改革委员会第三次会议在马尔康召开 （牟学军摄）

编制管理
Establishment Management

【概况】 2020年，按照“重点工作抓落实、常规工作抓规范、自身建设抓提升”要求，推进党政机构改革、事业单位改革、综合执法体制改革、规范机构编制管理工作，开展“两联一进”工作12次40人次，发放价值1.7万元的慰问品，办理答复各类意见征求稿40件，答复人大、政协提案议案3件，撰写乡镇机构改革、黄河流域生态保护、国家公园体制、驻外机构设置等调研文章10余篇，为州委决策提供科学依据。

【党政机构改革】 根据省委编办要求，完成全州生态环境系统42名行政编制调整。根据中央、省委、州委要求及各部门运行情况，合理调整职能职责，完成应急、林草、水务、自然资源、防震减灾、州委组织部、州人社局等部门职责调整审批。优化调整机构设置，完成州委组织部、州委宣传部、州水务局、州市场监督管理局等部门内设机构的新增、撤销、更名，督导11个县（市）完成机关事务管理机构挂牌工作。

【事业单位改革】 规范公益类事业单位管理，调整整合职能相近、规模较小事业单位，清理规范事业单位名称，完善州属事业单位机构设置，优化职能配置，根除“事业局”。重新明确阿坝职业学院、州政府政务服务中心、州人力资源和社会保障局、州林草局、州市场监管局、州文体旅局所属事业单位机构编制事项。指导各县（市）推进事业单位行政职能划转和局委办事业单位更名工作，研究批复汶川等6个县47个科级事业单位更名。

【乡镇机构改革】 根据《阿坝州乡镇机构改革实施意见》，5月底完成乡镇机构改革工作，优化乡镇职能配置，统筹编制资源，合理设置机构编制领导职数，推动乡镇职能由“管理型”向“公共服务型”转变。乡镇行政区划调整至172个，比改革前减少45个。

【综合执法体制改革】 完成综合行政执法体制改革工作。推进纪检监察、政法等领域改革，深化综合行政执法改革，指导理顺5个领域执法机构运行管理，推进其他领域综合行政执法改革。截至2020年9月底，州本级完成组建市场监管、生态环境保护、文化市场、交通运输、农业、城市管理、自然资源等综合行政执法队伍，印发机构编制文件。

【行业体制改革】 完成州森林公安局、卧龙森林公安分局机构优化设置，划转政法专项编制60名、机关工勤人员事业编制3名到州公安局，配合州委组织部、人社局完成州森林公安局人员转隶56名，指导完成县（市）森林公安机关管理体制调整。推进纪检监察体制改革，完成全州派驻纪检监察改革政法专项编制划转69名完成涉及人员转隶；完成州直机关纪律检查工作委员会更名赋权、留置看护队机构及州纪委监委驻州法院、州检察院、州司法局纪检监察组的机构调整；配合推进行业协会商会脱钩改革。

【专项整治】 制定印发《阿坝州森林草原防灭火工作体制机制和党政责任落实专项整治推进方案》，从5月起开展森林防灭火专项整治督导调研7次，完成专项整治方案16项任务中的12项，建立健全制度6项。根据省委编办要求，为州、县（市）应急管理系统增核4名兼职领导和1名森林草原防灭火专职副指挥长领导职数，明确州县自然资源局、水务局、林草局、防震减灾局分管具体业务工作的副职兼任同级应急局副局长，开展应急指挥工作领导力量。加强全州森林草原防灭火救援队伍管理人员和专业技术人员编制建设，置换、调剂行政编制38名，调剂增加事业编制80名。

8月3日，全州机构编制系统表彰大会在马尔康召开（州委编办提供）

【重点领域改革】 1月17日，州委书记、编委主任刘坪主持召开2020年州委机构编制委员会第1次全体会议，研究同意为阿坝职业学院增加50名事业编制等6项机构编制事宜，明确阿坝职业学院机构编制事项并新增50名事业编制，保障高校招才引智；调整州委党校机构编制事项，推进州县级党校分类建设；探索创新人才与编制管理，出台《阿坝州人才专项事业编制管理办法（试行）》，保障高层次人才和

9月29日，州委书记、编委主任刘坪（正前中）主持召开2020年州委机构编制委员会第2次全体会议

（州委编办提供）

紧缺人才引进。组建大熊猫国家公园阿坝管理分局，成立阿坝州基层治理指导中心，明确机构编制事宜。9月29日，州委书记、编委主任刘坪主持召开2020年州委机构编制委员会第2次全体会议，会议研究同意组建阿坝州新闻传媒中心等11项机构编制事宜，推动组建新闻传媒中心，推进阿坝日报社和州广播电视台机构改革，推动媒体融合发展。

【清理规范机构编制】 清理规范机构编制实名制信息，核对、清理、完善州级部门机构及人员编制信息，更新实名制管理系统数据1万条。完成2019年度州级机关事业单位的机构编制统计工作，审核各县（市）委编办统计资料，完成全州统计数据核对、汇总和上报。为州委组织部、州财政局、人社局、公车办等部门提供选人用人、干部配备、财政预算决算、公务员招录、机关事业单位人员参保、目标绩效核发机构编制数据20余份，做到出口数据与系统数据、实有数据一致。开展各部门编制使用前置审核，实行县级领导空缺职数编制预留制度，2020年发放用编通知340份，审核变更下达议事协调机构30个。开展事业单位登记管理，完成法人2019年度报告公示工作，公示率100%。完善中文域名注册管理，注册在用中文域名500个，做好网站标识规范化建设。

【编制监督检查】 2020年，州疾控中心以疾控系统人员不足为由，分别向黑水县、松潘县、金川县人民政府发函，要求相关县按照2011年核定的县疾控中心编制数调整增加事业编制，干预地方编制管理，州编办在全州范围内通报批评并诫勉谈话州疾控中心相关负责人。完成2020年度超审批权限设置机构等问题自查自纠，发现各类问题69件，完成整改3件。根据省委编办要求，推进违规违纪问题整改工作，全州违规违纪问题720条，截至2020年底，整改277条。

【编制人才培养】 举办机构编制业务培训班和综合能力提升培训班，培训全州机构编制系统干部120人次，修订完善《“三重一大”议事规则》《财务报销十条规定》《干部职工请休假制度》等10项制度规范，推动真管实管、常管常严。

（杨　庚　张世玲）

保密管理

Confidentiality Administration

【概况】 2020年，贯彻中国共产党各项方针政策，强化班子凝聚力、带动力，团结实干谋发展，锐意进取开拓创新，各项工作协调推进，取得新进步。

【主体责任落实】 贯彻落实保密工作主体责任，向州委、州政府报告阶段性保密工作，贯彻落实相关文件精神，结合会前学法学纪工作，推进领导干部及涉密人员保密普法。

【督促检查】 按照保密检查管理规定和州法治工作安排要求，开展保密审查、审批、确认和监督检查，开展营业性打印复印点保密检查工作，检查营业性打印复印点以及废旧收购点，依法依规处理发现的问题，做好高考统一考试保密安全工作。

【宣传教育】 利用“4·15”“12·4”宣传日，开展宪法、保密法及实施条例等法律知识宣传教育活动，抓好《定密管理实施办法》《阿坝州“七五”保密法制宣传教育规划》等法律法规贯彻落实。组织征订《保密工作》《保密科学技术》等宣传资料。坚持对各级领导干部和涉密人员发送保密宣传短信和“保

4月15日，“深入学习宣传保密法 增强全民保密意识”主题宣传教育活动在马尔康开展

（州保密机要局提供）

密观”微信群的普及使用工作，提高领导干部和工作人员和全社会人员保密意识。

【自查自评督导】 按照省保密办（局）安排部署，制定《2020年保密自查自评保密管理督查工作方案》，要求各县（市）、州级各单位开展自查自评，组织督查各单位开展自查自评工作，指导工作开展。

（泽郎斯基）

公务服务
Official Duty Service

【概况】 2020年，落实党建责任制和“党建第一责任人”职责，把管党治党置于核心位置，推动党建工作和业务工作结合，召开专题党建工作会议12次，开展中共十九届四中、五中全会精神宣讲3次，理论学习党支部学习会12次，党支部专题研究意识形态领域工作会议12次，参学人员达100余人次。推进党员正风肃纪整治行动，落实中央八项规定精神及省州有关规定，开展帮扶政策宣传、扶贫情况收集、资料信息核实，走访80人次，协调争取资金35.95万元，收集帮扶户困难问题10件。

【公务接待工作】 推动公务接待工作从事务向政务转型，提升服务保障质量和水平，全年完成各类接待任务164批次2351人次。其中国家级4批，省部级59批，厅级79批，外事接待1批，其他接待21批。

【后勤保障服务】 完成州党政考察团在乐山、内江、宜宾、泸州、自贡、资阳六市考察学习及在浙江、西藏拉萨、重庆调研的后勤保障工作。参与州委九次、十次全会、厅级领导和县处级主要负责人读书班后勤保障，服务“黄河上游川甘青水源涵养区生态保护和高质量发展协商协作研讨会”“全省牧区草牧业转型升级和草原生态保护与高质量发展现场推进会”“黄河上游川甘青水源涵养区生态环境保护司法协作会”“宜宾市向阿坝州基层乡镇捐赠车辆交付仪式”等大型活动。完成全国政协副主席杨传堂、邵鸿、巴特尔，国务院原副总理马凯及省领导彭清华、尹力、黄强等在阿坝州考察调研服务。服务新冠肺炎疫情防控，采购防控物资，开展防疫消杀、协调交通保畅，动态管理接待人员，发送温馨提示短信，宣传疫情防控知识。

【服务转型升级】 按照“要加快推进公务接待从事务向政务转型”要求，确立“1234”〔一个中心目标、两项重点任务（建指挥体系、搭工作平台）、三大创新行动（形象提升、装备提升、能力提升）、四个筑基工程（立规范、细流程、明家底、强力量）〕工作布局，研究制定《加快推进公务接待工作转型升级的实施方案》。开展业务工作培训，推行“读书日”、开设“政务知识大讲堂”。修订《阿坝州国内公务接待管理办法实施细则（试行）》，规范公务接待管理。

（杨贵荣　桂　林）

党政干部教育
Party and Government Cadres Education

【概况】 2020年，坚持以习近平新时代中国特色社会主义思想为指导，贯彻落实省委十一届六次、七次全会、州委十一届九次全会和全州党校（行政学院）工作会议精神，聚焦主业主课，创新教学模式，突出办学特色，发挥党校干部教育培训主阵地作用，规范班次和学制，从党的理论教育、党性教育、经济社会重大现实问题研究和领导干部执政能力提升等设置各班次课程，实施校院课程体系标准化建设，完善专题式、体验式、案例式、实践式教学模式设置，打造“叫得响”“立得住”“有价值”精品课程。《“一个拳头不能选出两个中央”——长征途中反张国焘分裂斗争的历史与警示》成为省委组织部报中组部的精品网络课程。

【干部培训】 完成27个主体班培训，培训2383人；完成19个外训班培训，培训991人；完成委托办班5期，培训480人；完成指导办班109期，培训8601人。按照州委十一届五次全会关于“加大长征干部学院建设力度，着力打造党性教育‘四川品牌’”要求，谋划推动干部培训与脱贫攻坚相融，通过“城乡党建结对共建”，带动教学基地周边农牧民发展餐饮住宿、民俗体验等产业，助推群众增收致富，摸索出一条干部教育培训与民生发展互融互促、整体推进的新路子。

【学历教育】 根据全省统一安排，省委党校在职研究生阿坝州分部2020年拟招录法学专业，全州考生报名577人，创历史新高。其中35岁以下530人，36~45岁46人，46岁以上1人，分别占总数的91.85%、7.97%、0.17%；党政机关考生410人，企事业单位考生167人，分别占71.06%、28.94%；基层单位考生498人，占86.31%；少数民族考生452人，占78.34%；录取33人。完成2018级、2019级西南民大函授本科行政管理、法学专业29个学科系统成绩录入；完成2018级、2019级西南民大函授法学、行政管理学两个专业各项考务工作；组织实施2018级法学、行政管理52名学员现场论文答辩工作；按照教学计划组织安排2019级授课教师实施期末考试。

【干部政治理论考试】 7月，完成全省第一次拟任县处级任职资格考试，参考学员281人；完成全州第一次拟任科级干部任职资格考试，参考学员2617人。11月，举行全省第二次拟任县处级考试和全州第二次拟任科级干部考试，县处级任职资格考试参考学员237人，科级干部任职资格考试参考学员2037人。开展科级干部任职资格考试系统维护，保障考试系统正常使用。根据经济、社会的发展，充实中央、省、州重要会议、重大决策部署相关知识点到题库。

【教学培训方式创新】 建立教学活动“统管”、课程体系“统研”、培训班次“统办”机制。指导教学计划、教学模块、教学组织，建立统一课程体系、全州共享师资库。指导县级党校研发具有当地特色、体现学校优势的精品课程。指导汶川和松潘等独立办学的县级党校承办部分重点班次。对统筹办学类的县级党校，主体班次安排在州委党校举办，实现三点办学运行体制。围绕领导干部学基本理论和锻炼基本素养目标，推进基础理论教育、党性宗旨信念教育、党章党规党纪教育“三进课堂”，完善主体班次课程体系。创新课程设置，保证党的理论教育和党性教育课程设置不低于总课时的70%，在各类主体班次和其他重要班次的课程设置中党性教育课程不低于总课时的20%。开发《〈共产党宣言〉导读》等19门党性教育微党课。推行研究式教学，综合运用菜单式、讲授式、案例式、模拟式、体验式等教学方法，创新教学方式。开展州县党校课程共享库建设，建立州县共建共享课程体系。

【教育培训监管】 推进州委集中安排的进修班、培训班、理论研修班、专题研讨班和中青班等主体班建

9月24日，中青年干部理论培训班 青年干部能力提升班（第3期）开班式在州委党校举行（州委党校提供）

设，开展全州县处级领导干部、企事业单位领导人员和乡科级领导干部主体培训。制定领导干部进修班、中青班（1~2个月）的教学流程和管理办法，开好1个月以上班次党性分析会，组织学员撰写总结和分析材料。建立专题研讨班、民族干部班培训机制等。指导各县级党校办好主体班，建立培训管理流程，推进开放办学。

【科研资政课题成果】 申报全省党校系统重大研究项目3项，获批立项2项，其中“两联一进”推动阿坝基层社会治理新格局结项。申报全省党校系统一般研究项目15项，获批立项3项，结项3项，其中1项课题被评为优秀课题。申报州级部门主要领导调研项目“关于重在保护要在治理高质量发展的若干思考”，获批立项，完成结项。立项“关于加快推进阿坝州乡村振兴中产业振兴的若干建议”等3项校院重点委托研究课题。按照学校“课程课题化、课题课程化”要求，申报课题48项，立项17项，结项17项。

【学术交流及期刊宣传】 以习近平新时代中国特色社会主义思想为指导，按照《中国共产党党校（行政学院）工作条例》要求，开展特色教材编写工作。完成《长征时期党中央重要会议纪事》初稿。落实《红军长征在雪山草地》编纂工作方案。出版合刊《阿坝发展》2期，刊发稿件40篇。组织专兼职教师参与省州级各类征文活动，报送1篇“决胜全面建成小康社会”文稿、3篇西南地区党校（行政学院）系统理论研讨会文稿。《长征时期党中央重要会议的深刻启示》在2020年9月30日第11期《四川党校报》上发表，实现省级报刊上发文新突破。按照省委党校长征精神数据库建设相关要求，开展长征精神数据库建设相关数据、图文、史料等收集、整理、汇编，做好校（院）长征精神数据库建设，指导各县（市）党校长征精神数据库建设，完成省委党校长征精神数据库课题结项申报工作。

【党校分类建设】 在马尔康市、汶川县、松潘县设立州委党校三个独立校区。小金、若尔盖、九寨沟、理县、茂县5所校园设施、师资力量等达到独立办学条件的县级党校，提升办学能力；金川、阿坝、红原、壤塘、黑水5所校园面积小、无相关配套设施、办学能力较弱甚至部分功能丧失的县级党校，用3年时间规划重建，推动独立办学。

（刘　莉）

11月20日，开展领导干部任职资格理论考试　（州委党校提供）

老干部管理与服务
Retired Cadres Management and Service

【概况】 2020年，坚持以习近平新时代中国特色社会主义思想和中共十九大精神为指导，学习领会习近平关于老干部工作的重要论述，贯彻落实州委十一届八次、九次全会精神和全国、全省老干部局长工作会议精神，对标老干部工作新的职能定位和赋予的新使命，抓好离退休干部党的建设、精准服务、作用发挥、自身建设工作，推动民族地区老干部工作取得新进展。

【政治思想建设】 建立离退休干部“不忘初心、牢记使命”长效机制，引导老干部离岗不离党、退休不褪色；明确老干部政治学习、严肃党内政治生活、严守政治纪律和政治规矩等要求，落实阅读文件、参加重要会议等制度，开展走访慰问老干部党务工作者、困难老党员49人，发放慰问金9800元。创新疫情期间离退休党员组织生活和学习活动形式，开展网上党建工作，建立特殊时期网上组织生活和学习机制，指导各离退休干部管理服务

1月3日，阿坝州2020年春节慰问离退休干部座谈会在成都召开　（州委老干部局提供）

中心党委和各离退休干部党支部组织开展月度党委会、党支部学习活动，学习中央、省委、州委重大决策部署，贯彻《中国共产党支部工作条例（试行）》，引导老干部增强“四个意识”、坚定“四个自信”、做到“两个维护”，举办离退休干部党组织负责人培训班1期，开展学习活动370人次。

【老干部正能量发挥】 开展“民族团结一家亲，同心共筑中国梦”主题活动，巩固民族团结进步示范单位成果。组织1500余名老干部参与诗书画和摄影作品展活动，反映全州抗击疫情、脱贫奔康、民族团结成就。贯彻州委十一届九次全会精神，落实推进长江黄河上游生态重在保护要在治理高质量发展要求，组织厅级实职退休干部30名，在茂县、九寨沟、松潘三县参观考察县域经济、全域旅游、城市建设、灾后恢复重建、生态旅游区等建设情况，征求全州经济社会发展的意见建议。结合建党99周年庆祝活动和“七五”普法，组织“五老”宣讲团开展“传承红色基因、争做时代新人”主题教育和法治宣传教育进校园活动798场次，参与“五老”人员1217人次，受教育青少年45万余人次。组织“五老”人员开展帮教活动42场次，帮教失足青少年158人次。协助参与城区及校园周边环境整治260次，整治突出问题96个。

【老干部服务管理】 修订完善看望慰问离退休干部制度和健康休养、参观考察制度。全覆盖走访慰问厅级退休干部和州属离休干部142人，帮扶特殊困难离退休干部136人次，发放帮扶资金20万元。做好老干部统计、信息管理、困难补助、医疗照顾和来信来电来访工作。推进规范化建设，调整党政领导联系离退休干部，确定州属涉老组织归口由各地老干部管理服务中心统一管理机制，明确管理职能、理顺管理关系，推动驻外离退休干部党委运转，发挥涉老组织作用。

【老干部载体建设】 推进老干部信息管理系统建设，建好管好用好“四川离退休干部服务管理系统”，利用“互联网＋党建＋服务＋管理＋教育＋宣传”信息化平台，加大中组部“离退休干部”、省委老干部局“天府晚霞”及州委老干部局“阿坝晚霞”手机APP关注度，办好“阿坝晚霞”微信公众号，推出信息80期480条，关注粉丝6500人，阅读量20万人次。对接晚霞杂志社，出版一期《民族团结一家亲——阿坝老干部助力创建全国民族团结进步示范州纪实》晚霞杂志阿坝专刊。调研各县（市）老干部学习活动阵地建设，了解建设使用困难，指导各县（市）委

10月16—21日，组织厅级实职退休干部回州参观考察　（州委老干部局提供）

老干部局做好老干部学习活动阵地“十四五”谋划。

【关心下一代】 围绕“党建带关建”开展“六好”创建，建立“1+1”（关工委+学校，关工委+企业）、“1+N”（关工委+离退休干部党支部+教师退休协会）等机制，推动基层关工委组织队伍建设。争取省关工委经费50万元，改善红原县龙日乡中心小学办学条件。在“六一”期间，关工委与妇联、教育等部门开展慰问活动80场次，发放慰问金和学习用品（折合人民币）10万元，受益学生2万名。组织“五老”人员深入开展新思想进农村、进社区、进校园等宣讲活动，宣讲300余场次，受教育青少年20万人次。

（陈国勇）

党史研究
Party History Research

【概况】 2020年，深入学习贯彻习近平新时代中国特色社会主义思想和中共十九大精神，全面贯彻州委十一届五次、六次、七次、八次、九次、十次全会部署，抓牢“生态、发展、民生、稳定、作风”五个关键，围绕“一州两区三家园”战略目标，落实新冠肺炎疫情防控工作重大决策部署，响应“抗击疫情”爱心捐款1600元，开展“两联一进”群众工作10次，开展春节、全国“两会”、森林防灭火等关键时间节点的重点工作。完成金川县、若尔盖县、理县、松潘县的党史“七进”工作现场督查检查考核。

【党史书刊出版】 编纂《中国共产党阿坝州执政实录》2019年卷，集中展示2019年州委团结带领全州各族干部群众在政治、经济、文化、社会、生态各领域改革发展的工作历程和取得的成果。编辑《阿坝党史》第28期，开展“两个一百年”奋斗目标征文，刊载30篇文章。

【党史资料征集与整理】 完成7名四川脱贫攻坚亲历者和25名援川干部口述（回忆）资料征集，撰稿32篇、16万余字，覆盖全州脱贫攻坚决策层、执行层和受惠群众，展现脱贫攻坚的宏伟历程和东西部扶贫协作的制度优势。

【党史专题研究】 完成《党的群众路线在脱贫攻坚中的创造性运用——以阿坝州“两联一进”群众工作全覆盖为例》《从红岩精神谈共产党人精神世界的独立性》《党的光辉耀阿坝 高举旗帜跟党走——“阿坝之治”的历史与形塑》等专题课题撰写，服务州委中心工作。

【党史宣传】 推进村史馆建设，截至12月底，全州建成50余个村史馆，积极搭建党史、新中国史、改革开放史、社会主义发展史教育新平台，助力全域旅游打造，献礼建党100周年。试运行“阿坝党史网”，设置首页、机构设置、动态信息、党史研究、党史宣教、口述历史和文献资料七大板块，其中特色板块“口述历史”以适时更新的方式呈现各县（市）、州级各部门拍摄制作的近200部口述历史纪录片，讲述历史记忆、共建和谐家园。为西藏牦牛博物馆“弘扬伟大长征精神——红军长征过阿坝特展”提供展陈资料；为“阿坝舰”提供红军长征在阿坝相关资料；落实州委组织部主体培训班次授课。

【党史审核审校】 组织审核把关“红军长征两河口会议纪念馆展陈文字大纲”相关史实；组织审核把关大型民族音乐剧《牦牛革命》剧本相关史实；全程参与《阿坝州红军长征国家文化公园规划》的编制、史实审核等工作；

8月20日，2020年度全州党史部门主要负责人暨口述历史工作推进会在马尔康召开（州委党史研究室提供）

组织审核电视剧剧本《阿坝一家人》相关史实；组织审核《四川长征干部学院阿坝雪山草地分院红原现场教学点改造提升规划建设方案》《黑水县芦花会议会址纪念馆改造设计方案》《人民领袖和我们在一起主题展厅——展陈策划方案》相关史实；组织审核《风景这边独好——长征时期党中央重要会议纪事》相关史实。

【口述历史】 8月20日，组织召开全州党史部门主要负责人暨口述历史工作推进会，推进2020年度口述历史工作任务。全州确定15部口述历史纪录片摄制任务，其中6部完成审核入库，实现常态播放，其余口述历史纪录片修改完善中。联合州广播电视台滚动播放2013—2019年摄制的口述历史纪录片。牵头完成口述历史展厅展陈设计及布展，开展口述历史“进学校”“进寺庙”“进机关”“进农村社区”，在“微阿坝”“让历史告诉未来”栏目推送口述历史纪录片。

【党史人才培养】 组织党员学习贯彻习近平新时代中国特色社会主义思想、中共十九届历次全会精神、省州全会精神等26次，进一步增强“四个意识”、坚定“四个自信”、做到“两个维护”，推进“不忘初心、牢记使命”主题教育常态化、制度化；组织班子成员到成都、西昌、桂林等地考察，学习先进党史工作经验、先进思想和做法；组织职工参加科级干部理论提升培训、西南地区党史和文献部门业务干部培训。8月，组织召开全州党史部门主要负责人暨口述历史工作推进会，以会代训，强化全州党史干部队伍业务能力培训。签订“廉政承诺书”，查找梳理廉政风险点10个，落实防控措施14条。开展会前学纪学法170余人次，组织观看警示教育片，以案促改，警钟长鸣；开展廉政谈心谈话14人次，向干部职工发送节日廉洁短信35条，常态化进行廉政提醒、教育；严格执行公款、财务管理各项规定。

（肖　飞　罗　登）

档案管理
Archives Management

【概况】 2020年，坚持以习近平新时代中国特色社会主义思想为指导，学习贯彻落实中共十九大精神，贯彻落实省、州重要决策部署，围绕“一州两区三家园”战略目标，加强档案资源建设，夯实档案基础业务，提升档案安全保障水平，增强档案服务能力，完成各项工作任务。

【档案抢救和保护】 争取国家重点档案抢救和保护采购项目经费20万元，完成馆藏“民国松潘县政府”全宗3个目录1317卷档案的抢救和保护，12月底通过验收。

【档案展陈建设】 筹办“阿坝记忆”展览和“朝着一州两区三家园阔步前进——阿坝州口述历史成果汇报展”，其中口述历史展是与州委党史研究室联合筹办。完成“阿坝记忆”展基础装修，优化展品制作和排版。12月底完成口述历史布展。

【档案业务建设与指导】 州档案馆与州移民局印发《阿坝州关于进一步做好精准扶贫档案工作的意见》，明确精准扶贫档案工作的组织管理、文件材料收集、档案整理的流程与要求。2020年，全州完成167个专项部门、219个乡（镇）及606个贫困村脱贫攻坚档案业务建设与指导，全覆盖检查指导全州精准扶贫档案。贯彻落实《四川省档案局关于四川省应对新型冠状病毒肺炎疫情防控工作文件材料收集工作的通知》，指导有关单位做好疫情防控档案的收集、整理、归档管理工作。制定印发《关于做好县级机构改革部门、乡镇行政区划调整档案收集、整理、移交工作通知》，明确档案归属与流向，规范处置机构改革单位档案。完成16个省级重点项目及52个州级重点项目档案登记工作。5月，州档案馆完成晴朗水电站建设项目征地移民安置竣工档案验收。

【档案信息化建设】 争取数字化档案馆建设项目经费18万元，完成馆藏阿坝州工业局、阿坝州二轻工业局、阿坝州民政局3个全宗单位档案数字化加工。

【档案服务利用】 开通省内各市（州）和县（区）异地查档服务，查档范围是民生档案，包括企业职工档案、婚姻登记档案、知青档案、土地确权档案等，以及已经公开的政府信息。全年提供异地查档32人次1020卷；接待社会各界档案查阅利用者400人次，查阅档案4200卷，复印1万页；接待查阅利

1月7日，阿坝州档案馆召开科级领导干部岗位竞争上岗会　（州档案馆提供）

用者2100人次，提供各门类各载体档案1万卷（件）。

【档案接收与征集】 接收州委督查室、州文化局、州体育局、州旅游局、州委组织部、州隧道管理处等10个全宗单位档案、资料进馆。接收进馆文书档案248卷39672件，接收进馆实物档案46件，接收资料1816册。对接县（市）档案馆和州属国有企业，开展国有企业退休人员人事档案移交至退休户籍地相关工作。12月，组织各县（市）接收70家国有企业退休人员档案700余盒。征集入馆收藏散存民间的嘉绒地区土司档案81件。

【档案法宣传】 州市档案局（馆）于“6·9”国际档案日在马尔康举办“档案见证小康，聚焦扶贫决胜期”主题宣传活动。活动采取档案法律法规知识有奖问答、珍贵档案图片展、设置档案业务咨询台、线上媒体滚动播放《档案》宣传片、接受媒体采访、开展档案征文等方式宣传，发放宣传资料400份和《兰台小红工作记》50册，受理咨询200人次。参与“12·4”国家宪法日集中宣传活动，设立宣传咨询点，档案馆查档大厅开展普法宣传，电子显示屏滚动播放宣传内容，利用微信群和QQ群分享知识内容等，宣传宪法及档案法知识。

【档案鉴定】 完成档案鉴定331卷8275件，清理涉密件121卷；开放新中国成立前档案5838卷，新中国成立后档案9859卷2716件；开放目录案卷级2万条、文件级0.27万条；在线目录案卷级2万条、文件级0.27万条。

【档案人才培养】 1月，开展科级领导实职竞争上岗测评工作，7人竞争4个正科实职岗位，3人竞争3个副科实职岗位，选拔任用科级干部7名。8月，在茂县举办脱贫攻坚档案培训，各县（市）脱贫攻坚业务人员30人参训。9月在成都举办为期5天的全州档案基础业务培训班，州、县、乡（镇）单位专兼职档案人员140人参训。组织学员参加省档案学校培训基地各类档案业务培训班14期200人次。

【全州档案工作会议】 6月24日，全州档案工作会议在马尔康召开。会议以电视电话会议形式召开。会议贯彻落实全国档案工作暨表彰先进和全省档案工作会议精神，总结2019年全州档案工作，安排2020年全州档案工作。州委常委、秘书长刘波涛出席会议并讲话；州档案局局长金天强、州档案馆馆长王勇分别对做好全州档案局、馆工作进行安排。州级有关部门、各县（市）党委分管领导和档案局、馆主要负责人参会。

10月10日，召开十一届州委第九轮第一巡察组巡察州档案馆工作动员会　（州档案馆提供）

【领导调研】6月，四川省档案馆馆长祝云一行6人到汶川、茂县调研档案工作。调研组听取州档案馆情况汇报暨阿坝州委副秘书长金天强代表州委作发言，介绍阿坝州档案馆概况。祝云对阿坝州档案工作取得的成绩给予肯定，要求建立局馆协作机制，形成合力的档案工作“一盘棋”工作格局，建设档案人才队伍，丰富馆藏资源，充分发挥档案资政育人作用等方面提出了要求。

6月18日，组织外国驻成都领事团在阿坝州开展参访活动（州委外办提供）

【档案安全】6月，组织举办档案馆消防安全专题培训，邀请省消防总队教官到会培训，讲解火灾监测预警、火源防控、及时排查消除隐患、灭火器材正确使用、发生火灾正确施救、自救等相关知识，进行灭火器实地演练。举办2期档案安全应急演练，开展馆库安全维护各项工作，提高全体档案工作人员的消防责任意识、安全意识，年内无档案安全事故发生。

（王　勇　李小康）

外事管理

Foreign Affairs Management

【概况】2020年，以中共十九届四中全会、中央第七次西藏工作座谈会及省委十一届七次全会和州委十一届七次、八次全会精神为指引，围绕“一州两区三家园”建设，在把握国际国内新形势、应对外事工作新挑战中推动工作。

【涉外事务管理】展示阿坝优势资源，服务全国外交工作大局，主动宣传涉藏工作，开展对外宣传推介。2020年6月，承办外国驻成都领事团参访活动，奥地利、德国、瑞士、波兰、新加坡等10个国家驻成都总领事馆的21名领事参加此次活动。州委副书记吴立岩代表阿坝州委、阿坝州人民政府会见外国驻成都领事团，介绍阿坝“大九寨”“大熊猫”“大草原”“大冰川”等九大“名片”。外国驻成都领事团参访黄龙、九寨沟景区、九寨沟县漳扎镇、九寨沟国际旅游应急医疗救援中心、松潘县象藏艺术学校等单位。

【因公出国（境）管理】在2020年新冠肺炎疫情“空窗期”，制发《阿坝州因公临时出国（境）办理流程》《阿坝州因公出国（境）手续办理指南》，规范全州因公出国（境）工作办理程序。开展年内因公出国（境）审核报批，办理因公出国（境）手续1批4人次。

【国际友城建设与管理】按照“服务外交、促进友城、投桃报李、支持项目”要求，开展对外抗疫援助国际友城建设。4月，汶川县服务国家总体外交大局，向以色列援助价值23万元卫生防疫物资，展现阿坝州守望相助、救急救难形象，用行动促进以色列人民对中国开放包容和阿坝人民真诚友善的认识。以色列当地的报纸、网站和主流华文媒体均对阿坝州援助活动进行宣传报道，阿坝影响、阿坝声音在以色列得以传播。

【外籍人士管理】做好以色列、新加坡、波兰、捷克驻成都总领事馆及加拿大驻广州总领事馆、丹麦驻上海总领事馆6批16人次总领事级官员因私到阿坝州旅游相关工作，运用外国驻华外交官员的影响力，提升旅游资源的国际知名度和美誉度。做好红原县华洲地毯制造农民专业合作社聘请5名尼泊尔籍工人的“外国人来华工作”行政许可项目审查。

【对外交流与合作】9月5日，博鳌亚洲论坛理事会秘书长李保东一行到阿坝州考察，与州委副书记、州长杨克宁以座谈形式交换论坛与阿坝州加强联系与合作意见，用论坛平台为全州社会发展提供更多支持和帮助，促进经济社会发展。

【海外领事保护】 2月，通过驻泰国使领馆妥善处置1起涉及汶川县居民在泰国的海外领事保护案（事）件。4月，开展“4·15”全民国家安全教育日宣传活动，普及领事保护知识，提高全州各族群众海外风险防范意识和自我保护能力。为疫情滞留海外和有出境留学、务工打算人员印发《阿坝州居民出国特别提醒》《新冠肺炎疫情期间我州企业境外机构、人员安全防范和保障工作预案（试行）》，提高居民海外安全保护意识和安全防范能力，防范海外疫情影响和各类安全问题叠加风险，保护境外人员安全。

（邹　静）

侨务和台湾事务
Overseas Chinese Affairs and Taiwan Affairs

【概况】 2020年，开展侨务和台湾事务的管理与服务，推动海峡两岸文化交流和社会交往，促进交流合作，争取台湾同胞项目、资金、物资支持，组织慰问困难归侨侨眷，推动“侨胞之家”建设。

【管理与服务】 全州有归侨侨眷438人，台胞台属56人（台胞4人、台属52人），1家独立台资企业为敦电子科技（阿坝州）股份有限公司。在疫情期间，组织调研立敦电子科技（阿坝州）有限公司生产经营、发展状况、劳工聘用情况，协调解决困难问题，帮助复产扩产，坚定在州发展信心。贯彻落实党的侨务工作要求，推进困难归侨侨眷关心关爱工作，在马尔康市、小金县、松潘县看望慰问4名困难归侨侨眷，送去慰问金5600元/人。

【宣传交流合作】 结合国台办和省台办要求，组织开展向台湾地区宣传推荐阿坝州风土人情、自然风光等工作。宣传内容在台湾联合报报纸、网络、新媒体等多个平台连续刊播，促进台湾同胞了解大陆、了解阿坝州。

11月21日，举行2020年香港道德会捐赠爱心棉衣发放仪式　（州委统战部提供）

【接受捐赠】 向浙江新华爱心教育基金会争取到“珍珠班计划”项目，按每年每人2500元标准，为马尔康中学203名困难学生申请补助50.75万元。接受香港道德会和广东省侨心慈善基金会的资金、项目和物资捐赠100万元，为马尔康市、阿坝县、若尔盖县、红原县、壤塘县、松潘县2000名学生发放捐赠羽绒服2000件。争取海外华人华侨向九寨沟县爱心捐款80万元，组织协调九寨沟县成立“侨爱呵护灾区”教师成长基金。

【联谊活动】 开展州级“侨胞之家”建设，推动马尔康市、阿坝县、红原县、松潘县4个县（市）“侨胞之家”建设。

（安志瑛）

人民代表大会

ABA PREFECTURE PEOPLE'S CONGRESS

重要会议

Important Meetings

【概况】 2020年，组织召开阿坝州人民代表大会1次，阿坝州人大常委会会议8次，阿坝州人大常委会主任会议14次。

【阿坝州人民代表大会】 1月11—15日，阿坝藏族羌族自治州第十二届人民代表大会第四次会议在马尔康开幕。听取和审查阿坝州人民政府州长杨克宁所作的政府工作报告；审查和批准阿坝州2019年国民经济和社会发展计划执行情况及2020年计划草案的报告，阿坝州2019年财政预算执行情况及2020年财政预算草案的报告；批准2020年国民经济和社会发展计划，2020年州本级预算；听取和审查阿坝州人民代表大会常务委员会主任谷运龙所作的人大常委会工作报告，阿坝州中级人民法院院长秦海所作的法院工作报告，阿坝州人民检察院检察长邓鹏所作的检察院工作报告；通过《阿坝藏族羌族自治州人民代表大会关于修改〈阿坝藏族羌族自治州野生动物植物保护条例〉的决定》《阿坝藏族羌族自治州宗教事务条例（修订）》，同意报省人大常委会审查批准后颁布实施；通过《阿坝藏族羌族自治州第十二届人民代表大会增设监察和司法委员会、社会建设委员会的决定》，表决通过州十二届人民代表大会部分专门委员会成员人选名单；选举省第十三届人大代表1名，补选州人大常委会副主任1名，补选州监察委员会主任1名，补选州人大常委会委员1名。根据《阿坝藏族羌族自治州宪法宣誓制度实施办法》的规定，新当选的州人大常委会副主任张通荣、州监察委主任郑雷、州人大常委会委员马玉峰和新任的州人大专门委员会组成人员林蓉、陈万喜、胡顺清、卓玛吉、谷清蓉、马启寿、罗央、王君、杨玉林、罗敬敏、钱莉向宪法宣誓。会议应到代表277名，实到代表244名，符合法定人数。不是州十二届人大代表的州政府秘书长，州委、州政府副秘书长，州纪委监委、州法院、州检察院负责人，州政府工作部门负责人，州人大常委会工作机构负责人、机关党委书记、派驻纪检监察组组长，州委、州政府有关部门、单位负责人，群团组织负责人，省、州双重领导单位负责人，驻州武警、消防、森警负责人，部分州内企业负责人，驻州的全国、省人大代表，各县（市）援藏干部领队、各县（市）援建干部负责人列席会议。出席政协阿坝州十四届四次会议的全体委员和列席人员应邀列席第一次全体会议。州级机关副县级以上领导干部旁听此次会议的第一、第二次全体会议。

【第二十三、二十四次常委会会议】4月14—16日，阿坝州第十二届人大常委会第二十三、二十四次会议在马尔康召开。会议听取和审议《阿坝州人民政府关于全州应急管理能力建设情况的报告》《阿坝州人民政府关于2019年度全州环境状况和环境保护目标完成情况的报告》；听取《阿坝州人民政府关于2019年法治政府建设情况的报告》《阿坝州人大常委会法工委关于2019年备案审查工作情况的报告》；对常委会任命的31个政府工作部门主要负责人履职情况开展会议评议；通过人事任免事项。

6月18日，阿坝州第十二届人大常委会第二十五次会议在马尔康召开 （州人大常委会办公室提供）

【第二十五次常委会会议】6月18日，阿坝州第十二届人大常委会第二十五次会议在马尔康召开。会议传达四川省第十三届人大常委会第十九次会议精神；听取和审议《阿坝州中级人民法院关于全州法院环境资源审判工作情况的报告》；审议通过《阿坝藏族羌族自治州预算审查监督办法》《阿坝藏族羌族自治州人民代表大会常务委员会执法检查暂行办法》；通过人事任免事项。

【第二十六次常委会会议】8月25—26日，阿坝州第十二届人大常委会第二十六次会议在马尔康召开。会议传达四川省第十三届人大常委会第二十会议精神；听取和审议《阿坝州人大常委会执法检查组关于〈中华人民共和国农产品质量安全法〉〈四川省《中华人民共和国农产品质量安全法》实施办法〉的执法检查报告》《阿坝州人民政府2020年上半年国民经济和社会发展计划执行情况的报告》《阿坝州人民政府2019年财政决算和2020年上半年财政预算执行情况的报告》《阿坝州人民政府关于2019年州本级财政预算执行和其他财政收支情况的审计工作报告》《阿坝州人民政府关于草地沙化治理情况的报告》《阿坝州人民政府关于全州新冠肺炎疫情防控工作情况的报告》和常委会任命的政府工作部门工作人员2019年度履职评议意见整改情况的报告；听取州人大监司委关于州法院、州检察院、州公安局、州司法局营造法制化营商环境工作情况的报告；通过人事任免事项。

4月14—16日，阿坝州第十二届人大常委会第二十三、二十四次会议在马尔康召开（州人大常委会办公室提供）

【第二十七次常委会会议】10月20—21日，阿坝州第十二届人大常委会第二十七次会议在马尔康召开。会议传达四川省第十三届人大常委会第二十二次会议精神；听取和审议《阿坝州人民政府关于阿坝藏族羌族自治州2020年州级财政预算调整的报告》《阿坝州人民政府2020年国有企业国有资产管理情况的报告》《阿坝州人民政府关于全州学前教育工作情况的报告》《阿坝州人民检察院关于全州检察机关未成年人检察工作情况的报告》；审议《阿坝藏族羌族自治州森林草原防灭火条例》；通过人事任免事项。

【第二十八次常委会会议】 11月20日，阿坝州第十二届人大常委会第二十八次会议在马尔康召开。会议审议《阿坝藏族羌族自治州森林草原防火灭火条例（草案）》；会议审议通过《阿坝州人民代表大会及其常务委员会审查监督国民经济和社会发展规划和计划的规定》《阿坝藏族羌族自治州人民代表大会常务委员会规范性文件备案审查办法》；通过人事任免事项。

【第二十九次常委会会议】 12月9日，阿坝州第十二届人大常委会第二十九次会议在马尔康召开。会议传达四川省十三届人大常委会第二十三、二十四次会议精神；听取和审议《阿坝州人民政府关于办理州人大常委会对2019年度州级财政预算执行和其他财政收支审计问题整改落实情况的报告》《阿坝州人民政府关于州十二届人大四次会议代表建议、批评和意见办理情况的报告》《阿坝州人民政府关于2020年度州级义诊巡诊项目实施进展情况的报告》《阿坝州人民政府关于2020年农村综合改革转移支付资金支持村集体经济发展项目实施进展情况的报告》；审议《阿坝藏族羌族自治州实施〈四川省旅游条例〉的变通规定（修订草案）》《阿坝藏族羌族自治州人民代表大会关于修改〈阿坝藏族羌族自治州施行《中华人民共和国婚姻法》的补充规定〉的决定（草案）》《阿坝藏族羌族自治州人民代表大会关于修改〈阿坝藏族羌族自治州施行《中华人民共和国继承法》的变通规定〉的决定（草案）》；审议通过《阿坝藏族羌族自治州人民代表大会常务委员会关于召开阿坝藏族羌族自治州第十二届人民代表大会第五次会议的决定》；通过人事任免事项。

【第三十次常委会会议】 12月22日，阿坝州第十二届人大常委会第三十次会议在马尔康召开。会议审议《阿坝藏族羌族自治州森林草原防灭火条例（草案）》（三审）；听取和审议《阿坝州人民政府关于2020年州本级社保基金预算调整（草案）的报告》；审议通过《阿坝藏族羌族自治州人民代表大会常务委员会关于批准2020年州本级社保基金预算调整的决议》；通过人事任免事项。

【第三十七次主任会议】 1月9日，阿坝州第十二届人大常委会第三十七次主任会议在马尔康召开。会议组织学习《中华人民共和国基本医疗卫生与健康促进法》。审定《阿坝藏族羌族自治州第十二届人民代表大会第四次会议筹备工作报告（草案）》《阿坝藏族羌族自治州人民代表大会常务委员会工作报告（草案）》《阿坝州人大常委会2020年工作要点（草案）》《阿坝藏族羌族自治州第十二届人民代表大会第四次会议主席团、秘书长名单（草案）》《阿坝藏族羌族自治州第十二届人民代表大会第四次会议主席团常务主席名单（草案）》《阿坝藏族羌族自治州第十二届人民代表大会第四次会议执行主席分组名单（草案）》《阿坝藏族羌族自治州第十二届人民代表大会第四次会议副秘书长名单（草案）》《阿坝藏族羌族自治州第十二届人民代表

12月22日，阿坝州第十二届人大常委会第三十次会议在马尔康召开　（州人大常委会办公室提供）

大会第四次会议列席人员名单（草案）》《阿坝藏族羌族自治州第十二届人民代表大会常务委员会代表资格审查委员会关于个别代表的代表资格的审查报告（草案）》，决定提请州十二届人大常委会第二十二次会议审议表决；审定阿坝藏族羌族自治州人民代表大会常务委员会关于提请审议《阿坝藏族羌族自治州宗教事务条例（修订草案）》的议案（草案）、阿坝藏族羌族自治州人民代表大会常务委员会关于提请审议《阿坝藏族羌族自治州人民代表大会关于修改〈阿坝藏族羌族自治州野生动物植物保护条例〉的决定（草案）》的议案（草案）和阿坝州人大常委会主任会议关于提请审议《阿坝藏族羌族自治州第十二届人民代表大会关于增设监察和司法委员会与社会建设委员会的建议（草案）》的议案（草案），决定提请州十二届人大常委会第二十二次会议审议表决；研究阿坝藏族羌族自治州人民代表大会常务委员会关于提请阿坝藏族羌族自治州第十二届人民代表大会第四次会议审议《阿坝藏族羌族自治州人民代表大会关于修改〈阿坝藏族羌族自治州生态环境保护条例〉的决定（草案）》的议案（草案），决定暂不提交本次常委会会议，待条件成熟后再行研究；研究州十二届人大四次会议工作日程，原则同意印发执行；审定《阿坝藏族羌族自治州人民代表大会代表小组办法》《领导干部人大代表进入人大代表联络站开展密切联系群众工作办法》，同意印发实施；研究州十二届人大常委会第二十二次会议人事任免事项，同意提请常委会会议审议表决；检查州十二届人大常委会第二十二次会议准备情况。

【第三十八次主任会议】 3月24日，阿坝州第十二届人大常委会第三十八次主任会议在马尔康召开。会前组织学习《中华人民共和国传染病防治法》；会议听取《阿坝州人民政府关于2018年财政决算和2019年上半年财政预算执行情况审议意见办理情况的报告》《阿坝州人民政府关于〈阿坝藏族羌族自治州2019年州级财政预算调整（草案）的报告〉的审议意见办理情况的报告》《阿坝州人民政府关于2019年上半年国民经济和社会发展计划执行情况报告审议意见办理情况的报告》《阿坝州人民政府关于全州民族团结进步创建工作审议意见办理情况的报告》；审定州十二届人大四次会议州人大代表建议、批评和意见常委会领导领衔督办、委室督办建议方案；审定乡镇人大代表培训方案；听取关于《阿坝州预算审查监督办法（草案）》的起草情况说明，同意报州委审定，按程序提交常委会会议审议；分别听取各评议小组关于政府组成部门主要负责人履职情况的调查报告；研究州十二届人大常委会第二十三次会议方案；研究州十二届人大常委会第二十三次会议人事任免事项。

【第三十九次主任会议】 4月13日，阿坝州第十二届人大常委会第三十九次主任会议在马尔康召开。会前组织学习《中华人民共和国监察法》。会议听取州人民政府关于《阿坝州人大常委会执法检查组关于〈四川省城乡环境综合治理条例〉〈阿坝藏族羌族自治州实施四川省城乡环境综合治理条例的补充规定〉执法检查报告》《阿坝州人大常委会关于〈阿坝州人民政府精准脱贫产业发展情况的报告〉审议意见》《阿坝州人大常委会关于〈2018年阿坝州行政事业性国有资产管理情况报告〉的审议意见》办理情况的报告；审定《阿坝州人大立法和监察司法业务培训班建议方案》《阿坝州人大常委会2020年度民生实事项目跟踪监督方案》《阿坝州人大常委会州级领导联系指导县（市）人大常委会方案》；研究州十二届人大常委会第二十三、二十四次会议人事任免事项，同意提交常委会会议审议表决；检查州十二届人大常委会第二十三、二十四次会议准备情况，研究确定会议议程（草案）和会议日程。

【第四十次主任会议】 4月14日，阿坝州第十二届人大常委会第四十次主任会议在马尔康召开。会议听取州十二届人大常委会第二十四次会议分组审议《阿坝州人民政府关于全州应急管理能力建设情况的报告》《阿坝州人民政府关于2019年度全州环境状况和环境保护目标完成情况的报告》有关情况的报告，决定提请州十二届人大常委会第二十四次会议进行满意度表决；听取州十二届人大常委会第二十三、二十四次会议分组审议任免案有关情况的报告，决定提请州十二届人大常委会第二十三、二十四次会议表决。

【第四十一次主任会议】 6月17日，阿坝州第十二届人大常委会第四十一次主任会议在汶川召开。会前组织学习《中华人民共和国民法典》；会议研究《阿坝藏族羌族自治州人民代表大会常务委员会执法检查暂行办法（草案）》，决定提请州十二届人大常委会第二十五次会议审议；听取《代表专业小组和州代表小组工作开展情况报告》；听取固定资产投资项目开工复工情况调研报告；研究州十二届人大常委会第二十五次会议人事任免事项，同意提请常委会会议审议；检查州十二届人大常委会第二十五次会议准备情况，研究确定会议议程（草案）和会议日程。

【第四十二次主任会议】 6月18日，阿坝州第十二届人大常委会第四十二次主任会议在马尔康召开。会议听取州十二届人大常委会第二十五次会议分组审议《阿坝州中级人民法院关于全州法院环境资源审判工作情况的报告》有关情况的报告，决定提请州十二届人大常委会第二十五次会议满意度表决；听取州十二届人大常委会第二十五次会议分组审议《阿坝藏族羌族自治州预算审查监督办法（草案）》《阿坝藏族羌族自治州人民代表大会常务委员会执法检查暂行办法（草案）》和任免案有关情况的报告，决定提请州十二届人大常委会第二十五次会议表决。

【第四十三次主任会议】 8月25日，阿坝州第十二届人大常委会第四十三次主任会议在马尔康召开。会前学习《中华人民共和国农产品质量安全法》《四川省〈中华人民共和国农产品质量安全法〉实施办法》。会议分别书面听取州人民政府、州中级人民法院、州人民检察院关于州十二届人大四次会议代表审查政府工作报告、计划报告、预算报告、法院工作报告、检察院工作报告的综合意见办理情况的报告；听取州人大监司委关于州法院、州检察院、州公安局、州司法局营造法治化营商环境工作情况的报告；研究《阿坝州人大城环资委关于制定〈阿坝藏族羌族自治州森林草原防灭火条例〉的建议方案》《2020年州人大常委会组成人员暨县（市）人大常委会主任学习会建议方案》；审定《阿坝藏族羌族自治州人民代表大会常务委员会任命国家机关工作人员任前陈述办法（草案）》；听取各评议小组关于州政府工作部门主要负责人履职评议意见整改情况的跟踪监督报告、初步评议意见；研究人事任免事项，同意提请州十二届人大常委会第二十六次会议审议；检查常委会第二十六次会议准备情况。

【第四十四次主任会议】 8月26日，阿坝州第十二届人大常委会第四十四次主任会议在马尔康召开。会议听取关于审议《阿坝州人大常委会执法检查组关于〈中华人民共和国农产品质量安全法〉〈四川省《中华人民共和国农产品质量安全法》实施办法〉的执法检查报告》《阿坝州人民政府2020年上半年国民经济和社会发展计划执行情况的报告》《阿坝州人民政府2019年财政决算和2020年上半年财政预算执行情况的报告》《阿坝州人民政府关于2019年州本级财政预算执行和其他财政收支情况的审计工作报告》《阿坝州人民政府关于草地沙化治理情况的报告》《阿坝州人民政府关于全州新冠肺炎疫情防控工作情况的报告》和常委会任命的政府工作部门工作人员2019年度履职评议意见整改等有关情况的报告，决定提请州十二届人大常委会第二十六次会议进行满意度表决；听取关于审议《阿坝藏族羌族自治州人民代表大会常务委员会关于批准阿坝州2019年州本级财政决算的决议（草案）》和任免案有关情况的报告，决定提请州十二届人大常委会第二十六次会议表决。

【第四十五次主任会议】 10月19日，阿坝州第十二届人大常委会第四十五次主任会议在马尔康召开。会前学习《森林防火条例》《草原防火条例》；会议听取《阿坝州人民政府关于全州应急管理能力建设情况报告审议意见办理情况的报告》《阿坝州人民政府关于2019年度全州环境状况和环境保护目标完成情况报告审议意见办理情况的报告》；研究《阿坝藏族羌族自治州人民代表大会常务委员会审查监督国民经济和社会发展规划和计划的规定（草案）》，决定待州委审定后提交州人大常委会审议表决；研究州十二届人大常委会第二十七次会议人事任免事项，同意提交会议审议；检查州十二届人大常委会第二十七次会议准备情况，研究会议议程，确定会议日程。

【第四十六次主任会议】 10月21日，阿坝州第十二届人大常委会第四十六次主任会议在马尔康召开。会议听取关于审议《阿坝藏族羌族自治州森林草原防灭火条例（草案）》（一审）有关情况的报告，决定提请州十二届人大常委会第二十七次会议表决是否继续进行审议；听取关于审议《阿坝藏族羌族自治州2020年州级财政预算调整（草案）的报告》《阿坝州人民政府2020年国有企业国有资产管理情况的报告》《阿坝州人民政府关于全州学前教育工作情况的报告》《阿坝州人民检察院关于全州检察机关未成年人检察工作情况的报告》有关情况的报告，决定提请州十二届人大常委会第二十七次会议进行满意度表决；听取关于审议任免案有关情况的报告，决定提请州十二届人大常委会第二十七次会议表决。

【第四十七次主任会议】 11月19日，阿坝州第十二届人大常委会第四十七次主任会议在马尔康召开。会前组织学习《中华人民共和国民法典》“物权编”。会议听取《关于全国、省、州人大代表集中视察公路建设和养护工作的报告》和州人大法制委关于《阿坝藏族羌族自治州森林草原防火灭火条例（草案）》有关工作开展情况的报告；研究《阿坝藏族羌族自治州人民代表大会常务委员会规范性文件备案审查办法（修订草案）》《关于开展州人大常委会任命政府工作部门工作人员2020年度履职评议工作的建议方案》和州十二届人大常委会第二十八次会议人事任免事项；检查州十二届人大常委会第二十八次会议准备情况，研究确定会议议程（草案）和会议日程。

【第四十八次主任会议】 12月8日，阿坝州第十二届人大常委会第四十八次主任会议在马尔康召开。会前学习《中华人民共和国民法典》婚姻家庭编；会议听取《阿坝州中级人民法院关于办理〈阿坝州人大常委会关于《阿坝州中级人民法院关于全州法院环境资源审判工作情况的报告》的审议意见〉办理情况的报告》；研究《阿坝藏族羌族自治州人民代表大会关于修改〈阿坝藏族羌族自治州生态环境保护条例〉的决定（草案）》《阿坝藏族羌族自治州森林草原防灭火条例（草案）》；审定阿坝州人大常委会主任会议关于提请审议《阿坝藏族羌族自治州人民代表大会关于修改〈阿坝藏族羌族自治州施行《中华人民共和国婚姻法》的补充规定〉的决定（草案）》《阿坝藏族羌族自治州人民代表大会关于修改〈阿坝藏族羌族自治州施行《中华人民共和国继承法》的变通规定〉的决定（草案）》的议案（草案）和《阿坝藏族羌族自治州人民代表大会常务委员会关于召开阿坝藏族羌族自治州第十二届人民代表大会第五次会议的决定（草案）》，决定提请州十二届人大常委会第二十九次会议审议表决；听取《阿坝州人大常委会预算工作委员会关于2019年度审计查出问题整改落实情况的跟踪督查报告》《关于赴江苏省部分市学习考察乡镇人大和代表工作的情况报告》；研究州十二届人大常委会第二十九次会议任免事项，同意提交会议审议和表决；检查州十二届人大常委会第二十九次会议准备情况，研究会议议程，确定会议日程；通报和研究其他工作。

【第四十九次主任会议】 12月22日，阿坝州第十二届人大常委会第四十九次主任会议在马尔康召开。会议听取《阿坝州人民政府关于2020年州本级社保基金预算调整（草案）的报告》，同意提交州十二届人大常委会第三十次会议审议；研究《阿坝藏族羌族自治州森林草原防灭火条例（草案）》和州十二届人大常委会第三十次会议人事任免事项，同意提交州十二届人大常委会第三十次会议审议表决；检查州十二届人大常委会第三十次会议准备情况，研究会议议程，确定会议日程。

人大事务
People's Congress Affairs

【概况】 2020年，坚持以习近平新时代中国特色社会主义思想为指导，学习贯彻习近平关于坚持和完善人民代表大会制度的重要思想，贯彻落实中共十九大和十九届二中、三中、四中、五中全会，省委十一届六次、七次、八次全会和州委十一届五次、六次、七次、八次、九次、十次全会精神，抓住“生态、发展、民生、稳定、作风”五个关键，围绕中心、服务大局，助推“一州两区三家园”建设，担负新时代赋予地方人大的历史使命。

【人大监督】 听取和审议州人民政府2020年国有企业国有资产管理情况报告，听取州法院、检察院、

3月7日，州人大常委会主任谷运龙（左二）在茂县督导疫情防控和复工复产工作（州人大常委会办公室提供）

公安局、司法局营造法治化营商环境报告，听取和审议州人民政府关于2019年度全州环境状况和环境保护目标完成情况、关于草地沙化治理情况和州中级人民法院关于全州法院环境资源审判工作情况报告，开展“美丽阿坝，我是行动者”2020年度阿坝环保世纪行活动，举办“绿色生活，美丽阿坝”2020年阿坝州环保世纪行活动征文大赛。听取和审议州人民政府关于法治政府建设情况、关于全州应急管理能力建设情况和州人民检察院关于全州检察机关未成年人检察工作情况报告，开展《四川省农村扶贫开发条例》《阿坝州农村扶贫开发条例》实施情况执法检查，开展《中华人民共和国农产品质量安全法》《四川省〈中华人民共和国农产品质量安全法〉实施办法》执法检查，列出问题清单，听取检查单位负责人贯彻实施情况报告，开展满意度测评。听取和审议州人民政府关于全州学前教育工作情况报告，听取和审议州人民政府31个工作部门主要负责人2019年度履职情况报告，跟踪监督评议意见整改落实情况；选取州级义诊巡诊、农村综合改革转移支付资金支持村集体经济发展2个民生项目，开展对民生项目全程跟踪监督试点，听取审议专项工作报告；制定《阿坝藏族羌族自治州预算审查监督办法》《审查和监督国民经济和社会发展规划和计划暂行办法》。

【重大事项决议决定】 审查州本级财政预决算执行情况，依法批准2019年度州本级财政决算、2020年度州本级预算调整。

【人事任免】 坚持党管干部原则和人大依法任免的有机统一，全年依法任免国家机关工作人员42人次。

【人大代表工作】 组织60名州人大代表、人事代表工作者开展履职培训；举办2期乡镇人大代表和人大工作者专题培训班，培训360人。印发《领导干部人大代表进人大代表联络站密切联系群众工作办法》《代表小组办法》《代表走访企业、群众实施方案》，建立领导干部人大代表进站走访接访群众工作制度，组织开展代表小组、专业代表小组活动，推进闭会期间州人大代表履职常态化、规范化、制度化。完成州十二届人大第四次会议期间代表提出的88件建议的交办，实行常委会领导领衔督办、专委会和工作机构全覆盖、全过程督办，量化评估承办单位办理情况，专题审议州人民政府关于代表建议

9月16日，2020年度阿坝州人大常委会组成人员暨各县（市）人大常委会主任学习会在九寨沟县召开
（州人大常委会办公室提供）

人民代表大会

12月22日，2020年度州人大常委会与州人民政府联席会议在马尔康召开　（州人大常委会办公室提供）

办理情况的报告，推动代表建议办理工作的开展。印发《代表规范化履职指导意见》，完善代表履职监督制度，指导代表依法、正确、有效履职。开展“脱贫攻坚——人大代表再行动”活动。开展为期3个月的人大代表走访企业、群众专项工作，各级人大代表走访企业688家、群众68874人，帮助解决困难和问题2188条。组织部分驻州全国、省、州人大代表集中视察全州公路建设和养护工作。

【人大专题调研】 按照州委有关部署和常委会年度工作安排，开展全州固定资产投资项目开工和复工情况专题调研，全州农村面源污染治理情况专题调研，开展环境保护目标完成情况和应急管理能力建设情况调研，开展代表规范履职情况调研，开展脱贫攻坚、乡村振兴工作调研，开展民族文化传承调研，开展学前教育和民族宗教工作调研。开展乡镇人大规范化建设和治理能力建设调研，加强和改进全州乡（镇）人大工作，探索基层人民代表大会制度建设。

【人大重要活动】 开展“维护稳定、疫情防控、基层治理、经济社会发展”督导，指导春耕生产、企业复工和森林草原防灭火、地灾隐患排查整治，组织《阿坝州实施〈四川省旅游条例〉变通规定（修订草案）》《人大常委会听取和审议国民经济和社会发展计划办法（草案）》起草组赴甘肃省和青海省考察学习，组织州人大法制委、城环资委、州生态环境局、水务局、林业和草原局、农业农村局、发改委、经信局和11家州内水电企业代表在都江堰召开《阿坝州生态环境保护条例》修改座谈会。与全国人大社建委副主任委员、中华慈善总会会长宫蒲光一行在汶川县召开民族团结进步创建经验现场交流会并考察灾后重建工作。与省人大常委会副主任叶壮一行在若尔盖县、红原县陪同调研生态保护和基层人大运转等工作。与青海省果洛州人大常委会主任杨英一行在马尔康市、汶川县、小金县考察自治条例、生态环境保护条例、非物质文化遗产保护条例以及旅游条例变通规定的起草修订等工作。与眉山市人大常委会主任刘十庆一行在金川县、马尔康市、理县调研援藏工作。接受“阿坝舰”模型捐赠，在九寨沟县举行州人大常委会组成人员暨县（市）人大常委会主任学习会，在江西省开展传统文化旅游资源保护考察学习，开展民生实事项目跟踪监督，开展中共十九届五中全会精神宣讲活动，推动州人大常委会和州人民政府联席会议的召开。

（邹卫东　白玛欧智）

人民政府

ABA PREFECTURE PEOPLE’S GOVERNMENT

州政府工作综述

Work Summary of Aba Prefecture People’s Government

【概况】 2020年，阿坝州人民政府贯彻习近平新时代中国特色社会主义思想，落实中央、省、州决策部署，推进疫情防控和经济社会发展，抓好“六稳”“六保”，推动各项事业进步。

【经济优化发展】 全州地区生产总值增长3.3%，实现止滑企稳—快速复苏—扭负为正的“三级跳”。实施重点领域“补短板”行动，项目储备规模突破1.5万亿元，推进省、州重点项目75个。全社会固定资产投资增长12.3%，连续三年保持两位数增长。建成高标准农田3133.33公顷，超额完成粮食、生猪生产任务。加快现代农业园区建设，发展采摘经济、直播带货、线上销售，一产增加值增长4.5%。推动战疫贷、稳保贷、企业纾困、留存电量等政策措施落地见效，实现发电量、用电量双增长，新增规上工业企业18家。规上工业增加值增长5%。开展市场拓展“三大活动”“政银携手·促进消费”专项行动，社会消费品零售总额回升。四姑娘山国家AAAAA级旅游景区创建工作取得进展，“一洗三养四净”线路产品发展态势良好，九寨沟、黄龙、达古冰川等景区疫后旅游收入逐步增长。全州接待游客3604万人次、实现旅游收入301.1亿元，分别增长14.2%、32.3%。

6月17日，州委副书记、州长杨克宁（左一）在金川县指导调研防汛减灾工作 （唐俊锋摄）

【系统性风险防控】 开展森林草原防灭火专项整治，制定“1+10”整治方案和“四个清单”，修订完善应急预案28个，整改火灾隐患5659个，组建扑火队1371支、航空护林队1个，新建卫星林火监测监控系统40套、野外停机坪4个，全州连续33年无重特大森林火灾。推进反分维稳工作，深化“六项治理”，社会面管控有力有效，确保“大事小事都不出”。抓好防灾减灾救灾抗灾，推进“四灾体系”建设，开展应急演练，提升应急救援能力，应对处置金川“6·14”、九寨沟松潘茂县“8·16”等自然灾害，安全转移群众8.2万人次。加强环保、金融等领域风险防控，开展“5+2”专项治理，依法拆除金川县八一电站等违法违规小水电。完成农信社高风险“摘帽”，隐性债务风险有效化解。

【推进基础建设】 开展“交通大会战”，实施项目37个，完成投资186.8亿元，创历史新高。完成九黄口岸机场建设省级验收。全国首条山地轨道交通都四项目开工建设，成西（兰）铁路、久马高速、九绵高速、茂红路等项目加快推进，汶马高速、迭玛路、叠松路等11个项目完工，在交通运输部全国公路养护管理评价考核中取得优异成绩。启动老旧小区改造，推进百强中心镇、特色小城镇创培工作。实施生活垃圾分类试点，红原藏家新村、壤塘集中供暖等市政设施建成投用，提升城镇功能。

【乡村振兴】 整合投入9.3亿元，实施示范项目54个，创建省级先进乡镇3个、示范村14个，命名州级先进县（市）2个、先进乡镇5个、示范村30个。推进“厕所革命”整村示范建设，新改建农村厕所2.4万户，清理村内沟渠1.1万公里、生活垃圾3.3万吨，建立常态化环卫机制。实施“金通工程”，完成“两通”任务。创建全国“四好农村路”示范州，建成示范路615公里。小金、壤塘创建成省级“四好农村路”示范县，实现零的突破。

【脱贫攻坚】 城乡居民人均可支配收入分别增长4.3%和9%，实现大疫、大灾之后稳定增收。出台“就业促进6项举措”，发放创业担保贷款2393万元，开发疫情应急性公益岗位8449个，1.2万人就地就近稳定就业。实施“春风行动”，完善农民工服务平台，转移劳动力15.7万人，实现劳务收入41.9亿元，做到“一超两不低”。出台“社保10条措施”，减免基本医疗、养老、失业和工伤保险费3亿元，发放稳岗返还资金1.1亿元、惠及2.9万名职工。实施“四办法一方案”医保新政，实现“七个统一”目标。发放困难群众临时价格补贴7242万元，代缴贫困人口医疗保险2713万元。完成“三专一平台”建设，扶贫产品销售额超过5亿元。实施“一户一策”解决剩余41户221名贫困群众增收问题。

【新冠疫情防控】 阿坝州是全省首个以市州为单元的低风险区，是全省确诊病例最少、最先实现“清零”的市州。启动应急响应、组建疫情防控机构，组织医护人员全员到岗，建立日报告、日调度、日研判制度，实行“两个一律”，形成全速、全域、全员行动的格局。聚焦“外防输入、内防扩散”目标，落实“三圈层”布局，抓实网格化管理、地毯式摸排、全程式监测，因时因势开展常态化防控，做到找得到、管得住、服务好。坚持“四早”“四集中”原则，投入资金4.5亿元，保障防疫物资需求，确定定点医院14家，建成核酸检测实验室22个，改造负压病房39间，唯一确诊病例治愈出院，守住院内“零感染”底线。藏药“三味龙胆花片”入选《全省新冠肺炎中医

8月28日，州委常委、副州长徐春（左二）在理县调研交通损坏情况　（汪铭皓摄）

12月2日，州委常委、常务副州长范继跃（右二）在理县小丘地调研群众安置工作　　（陈坚摄）

药防控指南》。出台“工业复产达产8条”“支持文旅企业10条”“缓解房屋租金压力12条”“重点项目复工开工3条”等政策措施，抢抓农业生产，加速复工复产，推动景区开园，促进复市复课，保供稳价，恢复生产生活秩序。举办全国首个地市级抗疫纪实展。筹集4105万元款物，驰援武汉、道孚、丹巴等地。

【对外协作开放】出台鼓励投资、支持总部经济发展优惠政策，在西藏、重庆成立阿坝商会。开展网上洽谈、在线签约，参加网上广交会等商贸活动。新引进落地项目18个，到位资金112.7亿元。承接帮扶资金41.5亿元，实施帮扶项目453个，打造扶贫协作和对口支援新样板。优化特色产业分区布局，建成协同共兴考核体系，培育州级县域经济发展强县3个、先进县1个、进步县1个。

【推进自身建设】学习贯彻习近平新时代中国特色社会主义思想和习近平总书记对四川、阿坝工作系列重要指示精神，增强“四个意识”，坚定“四个自信”，做到“两个维护”，把准政府工作的政治方向。坚持全面依法履职，完善依法决策机制。深化“五大领域”综合行政执法改革，落实行政执法“三项制度”。接受州人大及其常委会、州政协监督。构建职能科学、权责法定、执法严明、公开公正、廉洁高效、守法诚信的法治政府。坚持优化、协同、高效原则，完成本轮机构改革、事业单位分类改革。推进“放管服”改革，建成州政务云、政务大数据、政府网站集约化平台，广泛应用无纸化办公系统，在全国率先推行公共资源全程电子化交易。推广一窗受理、一网通办、只跑一次等便民措施，上线运行政务服务“好差评”系统，限时办结率、群众满意率99%以上，“12345”热线成为政府服务“总客服”。推进不敢腐、不能腐、不想腐建设，发挥审计“治已病、防未病”功能，开展以案促改、巡视整改、统计督察反馈意见整改。严格落实中央八项规定及其实施细则精神，大力整饬“四风”顽疾，推行“光盘行动”，规范督查考核。拓展“两联一进”群众工作全覆盖，坚决整肃庸政懒政怠政，推进作风建设制度化、常态化、长效化，优化风清气正的政治生态。

重要会议
Important Meetings

【概况】2020年，落实会前学法要求，组织召开全体会议2次，州政府常务会议15次。

【十二届州政府第八次全体会议】4月29日，十二届阿坝州人民政府第八次全体会议在马尔康召开，会议以电视电话形式召开，各县（市）设分会场。分析研判当前形势，安排部署下一步政府工作特别是二季度工作，夺取疫情防控和经济社会发展双胜利。州委副书记、州长杨克宁出席会议并讲话。副州长蔡清礼、陶剑锋、丁明忠、王树明，州政府一级巡视员葛宁，州政府秘书长余光亚出席会议。州人大常委会副主任李洪勇，州政协副主席陈福生，阿坝军分区副司令员应邀出席会议。州政府副秘书长，各县（市）政府县（市）长，直属机构和省、州双重管理机构等有关单位主要负责人，州监委、州法院、州检察院、州委办公室、州人大常委会办公室、州政协办公室、州委有关部门、州武警支队、州消防支队、州森警支队、群团组织负责人在主会场参加会议。

【十二届州政府第九次全体会议】12月27日，十二届阿坝州人民政府第九次全体会议在马尔康召开，

4月29日，十二届阿坝州人民政府第八次全体会议在马尔康召开　（州政府办公室提供）

会议以电视电话会议形式召开，各县（市）设分会场。州政府组成部门主要负责人在马尔康主会场参加会议。会议讨论、修改拟提请州十二届人大五次会议审议的《阿坝州国民经济和社会发展第十四个五年规划和二〇三五年远景目标纲要草案（送审稿）》《政府工作报告（送审稿）》《阿坝州2020年国民经济和社会发展计划执行情况及2021年计划草案的报告（送审稿）》《阿坝州2020年财政预算执行情况和2021年财政预算草案的报告（送审稿）》，安排部署当前重点工作。州委副书记、州长杨克宁主持会议，州委常委、常务副州长范继跃，副州长陶剑锋、丁明忠、王树明、徐贵强、依当措，州政府秘书长余光亚出席会议。州人大常委会副主任颁玛德吉，州政协副主席洪秀英，阿坝军分区副司令员马玉峰应邀出席会议。州政府组成部门主要负责人在马尔康主会场参加会议。

【十二届州人民政府第36次常务会议】1月7日，十二届阿坝州人民政府第36次常务会议在马尔康召开。会前学习《中华人民共和国公路安全保护条例》。会议听取2019年全州信访工作开展情况的报告、2019年全州安全生产工作情况的报告。审议《阿坝州促进建筑业高质量发展的实施意见（送审稿）》。研究、审议《关于推荐2019年全州脱贫攻坚表彰对象的请示》《阿坝州国土空间规划管理实施意见（送审稿）》等事项。州委副书记、州长杨克宁主持会议，州委常委、副州长于泳、张焘、潘国伟，副州长葛宁、刘波涛、丁明忠，州政府秘书长余光亚出席会议。州人大常委会副主任米建康，州政协副主席秦开金应邀出席会议。

【十二届州人民政府第37次常务会议】1月16日，十二届阿坝州人民政府第37次常务会议在马尔康召开。会前学习《中华人民共和国企业国有资产法》。会议听取四川省人民政府第五次全体会议精神的报告、全省生猪稳产保供和粮食安全工作会议精神的报告和2019年全州法治政府建设工作情况的报告。审议《阿坝州人民政府办公室关于支持贫困县开展统筹整合使用财政涉农资金试点的指导意见（修订稿）》。研究其他事宜。州委副书记、州长杨克宁主持会议；州委常委、常务副州长范继跃，州委常委、副州长潘国伟，副州长陶剑锋、王树明，一级巡视员葛宁，州政府秘书长余光亚出席会议。州人大常委会副主任颁玛德吉，州政协副主席陈福生应邀出席会议。

【十二届州人民政府第38次常务会议】3月3日，十二届阿坝州人民政府第38次常务会议在马尔康召开。会前学习《中华人民共和国传染病防治法》。会议听取《人社部副部长汤涛来州调研情况的汇报》《全州生态环境保护工作开展情况的报告》。审议《阿坝州2020年重点项目建议名单（送审稿）》《2020年度和一季度主要经济指标分县（市）目标任务建议方案（送审稿）》《阿坝州国家生态文明示范州、示范县（市）创建工作方案（代拟稿）》《阿坝州14个扶贫专项2020年实施方案（送审稿）》。研究、审议《关于解决全州新冠肺炎后备定点医院改建经费的请示》《阿坝州地质灾害综合防治体系建设2019年度实施方案》《阿坝州推进“飞地”园区高质量发展实施方案（送审稿）》等事宜。州委副书记、州长杨克宁主持会议。州委常委、常务副州长范继跃，州委常委、副州长张焘、潘国伟，副州长蔡清礼、陶剑锋、丁明忠、王树明，州政府秘书长余光亚出席会议。州人大常委会副主任王全，州政协副主席陈福生，阿坝军分区政委应邀出席会议。

5月14日，十二届州人民政府第41次常务会议在马尔康召开 （州政府办提供）

【十二届州人民政府第39次常务会议】 3月25日，十二届阿坝州人民政府第39次常务会在马尔康召开。会前学习《重大行政决策程序暂行条例》。审议《阿坝州现代高原特色农牧业产业体系建设实施方案（2020—2022年）（送审稿）》。会议研究审议《阿坝藏族羌族自治州人民政府腾讯云计算（北京）有限责任公司战略合作框架协议（送审稿）》《关于2020年公开考试考核招聘事业单位工作人员的请示》等事宜。州委副书记、州长杨克宁主持会议。州委常委、常务副州长范继跃，州委常委、副州长张泰、潘国伟，副州长蔡清礼、丁明忠、王树明，州政府秘书长余光亚出席会议。州人大常委会副主任李洪勇，州政协副主席秦开金，阿坝军分区政委应邀出席会议。

【十二届州人民政府第40次常务会议】 4月27日，十二届阿坝州人民政府第40次常务会议在马尔康召开。学习《四川省抢险救灾工程项目管理办法》。会议听取《全国安全生产电视电话会议贯彻落实情况的报告》《四姑娘山景区创建国家5A级旅游景区总体规划》。审议《阿坝州加快工业经济高质量发展的实施意见》。审议、听取《关于做好“三农”补短板强弱项重点工作、决胜全面小康的意见（送审稿）》《阿坝州创建少数民族地区“四好农村路”示范州实施方案》《阿坝州新闻传媒中心组建方案（送审稿）》等事项。州委副书记、州长杨克宁主持会议。州委常委、常务副州长范继跃，副州长蔡清礼、陶剑锋、丁明忠、王树明，州政府一级巡视员葛宁，州政府秘书长余光亚出席会议。州人大常委会副主任王德海，州政协副主席陈福生，阿坝军分区政委应邀出席会议。

4月27日，十二届州人民政府第40次常务会议在马尔康召开 （州政府办提供）

【十二届州人民政府第41次常务会议】 5月14日，十二届阿坝州人民政府第41次常务会在马尔康召开。会前学习《中华人民共和国社会保险法》。会议听取《关于2020年1—4月东西部扶贫协作和对口支援工作推进情况的报告》《阿坝州民族宗教工作开展情况的报告》。研究、审议《阿坝州森林草原防灭火专项整治工作实施方案（送审稿）》《阿坝州党政机关主要负责人履行推进法治建设第一责任人职责的实施办法（送审稿）》等事项。州委副书记、州长杨克宁主持会议。州委常委、常务副州长范继跃，副州长蔡清礼、陶剑锋、丁明忠、王树明，州政府一级巡视员葛宁，秘书长余光亚出席会议。州人大常委会副主任颁玛德吉，州政协副主席陈福生应邀出席会议。

【十二届州人民政府第42次常务会议】 6月10日，十二届阿坝州人民政府第42次常务会议在马尔康召开。会前学习《中华人民共和国防洪法》。会议传达国务院四川森林草原防灭火专项整治督导组赴阿坝州督导情况、省督导组赴州开展森林草原防灭火专项整治督导情况，研究贯彻落实措施。听取全州森林草原防灭火林牧区输配电设施火灾隐患专项整治情况的报告、2019年省对州食品安全党政同责考核情况的报告、2020年防汛减灾工作开展情况的报告、全省落实统计督察反馈意见整改工作视频会议精神的报告。审议、研究《阿坝州自然资源统一确权登记总体工作方案（送审稿）》《阿坝州支持总部经济发展优惠政策（送审稿）》等事项。州委副书记、州长杨克宁主持会议，州委常委、常务副州长范继跃，副州长陶剑锋、丁明忠、王树明，州政府秘书长余光亚出席会议。州委常委、州政府党组成员徐春，州人大常委会副主任、马尔康市委书记张培云，州政府党组成员徐贵强，州政协副主席洪秀英，阿坝军分区政委应邀出席会议。

【十二届州人民政府第43次常务会议】 7月8日，十二届阿坝州人民政府第43次常务会议在马尔康召开。会前学习《森林防火条例》。会议听取2019年脱贫攻坚成效考核问题整改及历年各类问题整改清零行动开展情况的报告、2020年1—6月全州经济运行情况的报告、阿坝州长江经济带生态环境问题集中排查整治省级暗查指导情况的报告、“十三五”以来州政府签订的战略协议梳理情况的报告、统计督察反馈意见整改工作推进情况的报告。审议《阿坝州推进服务业高质量发展的实施意见（送审稿）》等事项。州委副书记、州长杨克宁主持会议。州委常委、常务副州长范继跃，州委常委、副州长徐春，副州长蔡清礼、陶剑锋、王树明、徐贵强出席会议。州人大常委会副主任李洪勇，州政协副主席陈福生应邀出席会议。

【十二届州人民政府第44次常务会议】 8月24日，十二届阿坝州人民政府第44次常务会在马尔康召开。会前学习《中华人民共和国治安管理处罚法》。会议传达学习国务院第三次廉政工作会议、省政府第三次廉政工作会议精神、省委书记彭清华8月21日在“雅安市汉源县福泉镇中海村突发滑坡灾害致9人失联”上的批示精神。听取贯彻落实全省农村乱占耕地建房问题整治工作电视电话会议和全省农民工工作电视电话会议精神情况的报告、2020年上半年全州信访工作开展情况的报告、全州防范化解金融风险工作情况的报告。研究、审议《阿坝州水资源综合规划（送审稿）》《州本级行政权力清单目录（2019—2020年本）（送审稿）》等事项。州委副书记、州长杨克宁主持会议。州委常委、常务副州长范继跃，州委常委、副州长徐春，副州长蔡清礼、王树明、徐贵强，州一级巡视员葛宁，州政府秘书长余光亚出席会议。州人大常委会副主任王德海，州政协副主席陈福生应邀出席会议。

【十二届州人民政府第45次常务会议】 9月9日，十二届阿坝州人民政府第45次常务会议在马尔康召开。会前学习《中华人民共和国民法典》。会议传达学习习近平总书记在中央第七次西藏工作座谈会上的重要讲话精神。学习州人大常委会赴山西、河南学习考察报告。听取阿坝州2020年艾滋病防治工作情况的报告、国务院督导组赴州开展森林草原防灭火专项整治工作督导的情况报告、关于全州“十四五”规划编制工作推进情况的报告、关于长江黄河上游生态保护和高质量发展工作推进情况的报告，研究、审议《阿坝州金融支持乡村振兴工作方案（送审稿）》等事项。州委副书记、州长杨克宁主持会议。州委常委、常务副州长范继跃，副州长蔡清礼、王树明，州一级巡视员葛宁，州政府秘书长余光亚出席会议。州人大常委会副主任王全，州政协副主席王明辉应邀出席会议。

【十二届州人民政府第46次常务会议】 10月16日，十二届阿坝州人民政府第46次常务会议在马尔康召开。会前学习“一法四条例”（《中华人民共和国残疾人保障法》《残疾人教育条例》《残疾人就业条例》《无障碍环境建设条例》《残疾预防和残疾人康复条例》）。会议听取《关于全国深化“放管服”改革优化营商环境电视电话会议主要精神及贯彻落实意见的报告》《关于交通运输部李小鹏部长来州调研有关情况的报告》。审议《阿坝州人民政府工作规则（修订）（送审稿）》《阿坝州人民政府常务会议议事决策规则（修订）（送审稿）》。

审议、研究《阿坝藏族羌族自治州森林草原防灭火条例（草案）》《阿坝州森林草原防灭火标本兼治总体方案（2020—2025年）（送审稿）》《阿坝州下放乡镇公共服务事项清单（送审稿）》等事项。州委副书记、州长杨克宁主持会议。州委常委、常务副州长范继跃，副州长王树明、徐贵强，州政府秘书长余光亚出席会议。州人大常委会副主任颁玛德吉，州政协副主席洪秀英应邀出席会议。

【十二届州人民政府第47次常务会议】 11月12日，十二届阿坝州人民政府第47次常务会议在马尔康召开。会前学习新修订的《中华人民共和国食品安全法实施条例》。传达学习中国共产党第十九届中央委员会第五次全体会议精神。会议听取《关于全州扫黑除恶专项斗争工作情况的报告》《关于脱贫攻坚工作情况的报告》。研究、审议《阿坝州行政规范性文件管理办法（送审稿）》《阿坝州人民政府重大行政决策合法性审查规定（修订）（送审稿）》《阿坝州人民政府重大行政决策程序规定（送审稿）》《阿坝州党政领导干部森林草原防灭火责任制规定（试行）（送审稿）》等事项。安排部署“十四五”规划编制、安全生产、廉政建设及小水电清理等重点工作。州委副书记、州长杨克宁主持会议。州委常委、常务副州长范继跃，州委常委、副州长徐春，副州长蔡清礼、丁明忠、王树明、徐贵强、依当措，州一级巡视员葛宁出席会议。阿坝军分区政委应邀出席会议。

【十二届州人民政府第48次常务会议】 12月11日，十二届阿坝州人民政府第48次常务会议在马尔康召开。会议传达学习省委十一届八次全会精神。传达学习省委、州委关于加强新冠肺炎疫情防控工作有关会议及领导批示精神。听取《关于全国根治欠薪冬季专项行动动员部署电视电话会议情况的报告》《关于全省加快构建“四好农村路”高质量发展体系现场会议精神及贯彻落实情况的报告》《关于森林草原防灭火工作暨专项整治工作情况的报告》《关于全州坚决打赢新一轮禁毒人民战争（2018—2020年）工作情况的报告》。审议《阿坝州州属企业外部董事选聘管理办法（送审稿）》《阿坝州生态环境机构监测监察执法垂直管理制度改革实施方案（送审稿）》《关于报送阿坝州县域经济发展考核结果的请示》。研究《关于命名和奖励李玉德见义勇为相关事宜的请示》。安排部署安全生产、小水电整改、廉政防线、“5+2”专项督查督导、州委全会和州“两会”等重点工作。州委副书记、州长杨克宁主持会议；州委常委、常务副州长范继跃，副州长徐春、陶剑锋、丁明忠、王树明、依当措，州一级巡视员葛宁，州政府秘书长余光亚出席会议。州人大常委会副主任王全，州政协副主席陈福生应邀出席会议。

【十二届州人民政府第49次常务会议】 12月22日，十二届阿坝州人民政府第49次常务会议在马尔康召开。会议传达学习州委十一届十次全会精神、省委副书记邓小刚来州调研指示精神及我州贯彻情况。审议《阿坝州长征国家文化公园规划（送审稿）》《规划（送审稿）》《阿坝藏族羌族自治州消防安全责任制实施办法（2020年修订）（送审稿）》《阿坝州商品房预售资金监管暂行办法（送审稿）》《阿坝州州属企业董事会及董事评价暂行办法（送审稿）》《关于应对新冠肺炎疫情进一步帮扶服务业小微企业和个体工商户缓解房屋租金压力的实施方案（送审稿）》《阿坝州文化旅游发展有限责任公司“智享阿坝”项目建设方案》《阿坝藏族羌族自治州2020

11月12日，十二届州人民政府第47次常务会议在马尔康召开　（州政府办公室提供）

年州本级社保基金预算调整（草案）的报告（送审稿）》《阿坝州人民政府 成都理工大学战略合作框架协议（送审稿）》《绵阳市人民政府 阿坝藏族羌族自治州人民政府共建绵阳—阿坝产业园合作协议（送审稿）》《中国人民银行成都分行 阿坝州人民政府天府信用通平台建设战略合作协议（送审稿）》。研究《关于成立阿坝州促进中小企业发展工作领导小组的请示》《关于红原机场公司拟将川主寺三个宾馆退出实物增资的请示》《关于借支解决省道220线日部至木尔渣公路改建工程等建设项目缺口资金的请示》。安排部署"两会"准备、风险防控、民生保障、廉政防线等重点工作。州委副书记、州长杨克宁主持会议；州委常委、常务副州长范继跃，副州长徐春、蔡清礼、丁明忠、徐贵强、依当措，州一级巡视员葛宁，州政府秘书长余光亚出席会议。州人大常委会副主任王德海，州政协副主席洪秀英应邀出席会议。

【十二届州人民政府第50次常务会议】 12月27日，十二届阿坝州人民政府第50次常务会议在马尔康召开。会议审议《2021年及"十四五"时期全州主要经济指标预期目标建议方案（送审稿）》《阿坝藏族羌族自治州国民经济和社会发展第十四个五年规划和二〇三五年远景目标纲要草案（送审稿）》《政府工作报告（送审稿）》《阿坝藏族羌族自治州2020年国民经济和社会发展计划执行情况及2021年计划草案的报告（书面）（送审稿）》《阿坝藏族羌族自治州2020年财政预算执行情况及2021年财政预算草案的报告（书面）（送审稿）》。研究《关于解决阿坝州长江经济带小水电清理整改工作有关事项的请示》。州委副书记、州长杨克宁主持会议。州委常委、常务副州长范继跃，副州长陶剑锋、丁明忠、王树明、徐贵强、依当措，州政府秘书长余光亚出席会议。州人大常委会副主任颁玛德吉，州政协副主席洪秀英应邀出席会议。

（郭文强）

人事与人才管理

Personnel and Talents Management

【概况】 2020年，贯彻落实省厅和州委、州政府各项决策部署，众志成城战疫情、战灾情、促发展，推动稳就业、促就业、保就业，落实社会保险优惠政策，加强人事人才工作，提升人社公共服务能力，全州人社事业取得新突破、实现新发展。

【公共就业创业服务】 贯彻落实国务院应对疫情影响强化稳就业22条等政策，搭建线上线下招聘求职平台和高校毕业生就业对接平台，落实《进一步促进高校毕业生就业十条措施》，开展网络招聘、"人社局长进校园活动"、秋季人才招聘暨高校校园专场招聘会，逐条落实《贫困家庭技能培训和就业促进扶贫专项2020年实施方案》，推进高校毕业生、戒毒康复人员、就业困难人员等重点群体就业。全州城镇新增就业7412人，失业人员再就业721人，就业困难人员就业226人，青年就业见习423人，动态消除零就业家庭，城镇登记失业率控制在4.0%以内。发放创业担保贷款2392.85万元，转移输出农村劳动力15.6万人，实现劳务收入45.2亿元。

【事业单位人事管理】 健全州级统筹网络管理的岗位设置和聘用管理平台，完成51个州属事业单位、532个县乡属事业单位岗位变更设置审批工作，审批州级事业单位人员聘用调整1280人。推荐教育、卫生、农业、工程、文化艺术等系列440人申报高级职称，685人申报中级职称。其中：331人通过高级职称评审，585人通过中级职称评审。

【事业单位工资管理】 核发州本级104个事业单位工资，认定事业单位连续工龄118人，调整高海拔折算工龄补贴4550人，办理事业单位退休手续并核定退休待遇154人，核定新参加工作人员工资210人，审核调进调出人员工资转移介绍268人，办理州本级事业单位依据年度考核结果晋升工资5799人，审核办理州本级岗位变动、津贴变动、转岗工资、取得较高学历等工资变动1702人次。配合州教育局统计审核2019年度义务教师工资待遇落实保障情况，配合州卫健委做好一线医务人员临时性工作补助的统计审核工作，完成州本级养老保险待遇数据测算，完成2019年目标奖水平测算及审核发放工作。

【高层次人才引进】 州人社局配合州委组织部启动"硕博进阿坝行

8月3日，第四届“中国创翼”创业创新大赛四川赛区阿坝州选拔赛在马尔康举办　（州人社局提供）

动”，引进高层次人才 71 人，支持用人单位直接考核招聘硕士研究生 4 人。开展第 86 批中国博士后科技服务团（四川阿坝行）活动和四川省博士（后）服务团助力阿坝决胜全面小康招才引智活动，现场指导 84 次、解决技术难题 85 个、举办专题讲座 34 场、召开座谈会 30 场、提出意见建议 167 条，基层专业技术人员和群众受众 3100 人次，帮扶指导教育、农业、文旅、卫生、住建、工业、自然资源 7 个行业 31 个项目工作。

【专业技术人才引进】 州人社局公开考试招聘事业单位工作人员 592 人，考核招聘事业单位工作人员 270 人；会同州委组织部从大学生村官中考核招聘乡镇事业单位工作人员 13 人；会同州教育局做好 46 名公费师范生考核招聘工作；会同州卫生健康委做好 8 名 2020 届农村订单定向免费医学本科毕业生直接考核招聘工作。

【技能人才培养】 获批“四大片区”急需紧缺专业技术人才研修项目 45 万元，培训 300 人；依托人社厅高级研修项目，参与国家、省级高级研修项目培训 30 人；加强指导行业主管部门对基层专业技术人员业务培训，年培训 1 万人次。选拔推荐 2020 年享受政府特殊津贴人员 5 人、第十三批四川省学术和技术带头人 3 人、第十三批四川省学术和技术带头人后备人选 2 人。

【技术人才表彰】 推进事业单位年度考核，汇总审批州、县（市）事业单位拟记功人员 190 人（个）。其中结合年度考核审批记功人员 160 人；会同州民宗委开展民族团结进步事业奖励记功 1 人；会同州扶贫开发局开展脱贫攻坚专项奖励记功 29 人（个）。

【对外交流与合作】 建立东西部劳务协作和省内对口帮扶联系机制，与浙江省台州市、温州市、嘉兴市人社部门分别签订劳务协作备忘录，开展东西部劳务协作专场招聘会 23 场，推介转移 342 名贫困劳动力到省外就业。参与四川省第五届工匠杯技能大赛，组织全州 6 名选手参加维修、焊接、电工比赛，打造阿坝“技能大赛”品牌。推进“川渝”两地业务互办，“川渝”两地实现社保卡激活、挂失、查询、解挂、解锁等业务相互办理，解决社保卡服务最后一公里难题。

行政效能

Administrative Efficacy

【概况】 2020 年，对 13 县（市）、35 个政府工作部门、18 个州委州政府其他部门、5 个中央（省）驻州部门、5 个州委及州政府直属事业单位和政府部门主管的州本级事业单位开展目标绩效管理相关工作，细化督查方案，推动各项工作落实。

【完善考核制度】 健全负面考核清单、考核制度，组织修订《阿坝州县（市）、州直部门、州本级事业单位目标绩效管理办法》，细化、优化目标指标。突出州委、州政府重大决策和重点工作部署，形成操作性强的目标绩效管理指标体系，实现省委、省政府下达的保证目标和政务目标的对接，保障各项重大决策部署落地落实。

【下达指标任务】 根据省委、省政府下达阿坝州目标绩效管理指标，结合新修订办法和州委州政府安排的年度重点工作，制定下达 2020 年度各县（市）量化考核指标 44 类 416 条，州直部门量化考核指标 42 类 388 条。下达县（市）、部门负责清单指标共计 54 项。

【推进年度考评】 成立州委、州政府目标考评小组13个，于12月份开始在各县（市）、州直各部门开展量化考评，逐一查核负面清单指标。

【常规督查】 按照州政府领导的要求，监督州政府部门主要负责人和州政府办公室领导工作日的政务活动情况，共发送信息10126条。督查督办州政府常务会议议定事项的办理情况，督查督办135件。

【专项督查】 4月，参加州委专项督查督办工作1次。按照杨克宁、范继跃指示精神，专项督查督办阿坝职业学院工作进展情况，督办事项12项。按照州委、州政府主要领导工作要求，组织相关部门梳理“十三五”以来以州政府名义与相关市（州）、国家和省级的相关部门、科研院校、有关企业签订的战略协议、备忘录、意向书、计划书（以下统称协议）97项（不含州委名义与民主党派签订的6项协议），签订77项，未正式签订20项。参加森林草原防灭火、防灾减灾、疫情防控、维护社会稳定等工作的督查督办。

（吴丽红　李清秀）

政务调研
Government Affairs Survey and Research

【概况】 2020年，围绕政府中心工作，强化学习、转变作风、调查研究、当好参谋，履职文稿服务，推动学习交流，完成各项任务。

【课题研究】 完成《黄河流域阿坝段现代生态产业体系建设的路径研究》《阿坝州特色经济体系建设的实践与探索》等课题调查研究和报告撰写工作，开展社科项目等调研课题。指导各县（市）人民政府、州政府各部门开展政务调研，全年完成重点调研课题58个，为政府决策提供了有益参考。

【文稿服务】 完成州政府主要领导出席全国两会、省州两会系列会议讲话、新闻稿、汇报材料的服务工作。完成州政府主要领导在全州经济形势分析研判会、州政府全体会、常务会、党组会、州长例会等常规性会议上的文稿服务工作。完成州政府主要领导在全州政府系统廉政工作会、新冠疫情防控指挥部会议及领导小组会议、脱贫攻坚工作会及领导小组会议、全州应急管理及安全生产委员会议和各类现场推进会等全州性专题会议的文稿服务工作。完成州政府主要领导向国家部委、省委及省政府、省级部门工作汇报文稿服务工作。完成州政府主要领导出席“青藏川滇甘交界地藏区州（市）长第六次联席会议”等各种大型活动、招商引资、战略合作座谈会相关场合文稿服务工作。完成州政府主要领导到县（市）、部门调研的文稿服务工作。完成州政府、州政府办公室领导交办的其他方面文稿起草工作。全年完成各类文稿280余篇。

【学习交流】 按照每周五下午集体学习规定，组织全体人员集体学习，学习掌握习近平新时代中国特色社会主义思想，国内外最新时政要闻，中央、省、州重要会议精神、重大决策部署等。在每月最后一个工作日组织全体人员集中沟通交流，相互通报本月工作开展情况、存在的问题和不足、改进措施及心得体会，促进共同提高。加强相关部门的沟通、交流和合作，推进信息沟通和资源共享，提前了解掌握州政府主要领导工作动向及可能需要的文稿服务，做到提前谋划、提前介入、提前准备。

【健全机制】 完善内部文稿起草机

2月4日，州委副书记、州长杨克宁（中）在红原县调研疫情防控工作　（唐俊峰摄）

8月3日，州委副书记、州长杨克宁在汶川县调研阿尔寨灾后搬迁建设　（唐俊锋摄）

制，明确职责分工，强化协作配合，坚持重大文稿集体起草。完善文稿起草协调联动机制，坚持文稿起草前、中、后的沟通联系。定期召开联席会议，推进信息资源互通共享。完善与州直各部门文稿起草协调联动机制，坚持专项文稿起草、修改、送审全过程征求采纳部门意见。开展重要文稿“回头看”，坚持文稿后期经验总结和成果运用，定期或不定期总结。

（李　维）

政府信息公开

Making Government Information Public

【概况】 2020年，坚持以习近平新时代中国特色社会主义思想为指导，认真落实国家和省工作部署，紧扣中心、聚集需求、突出重点，扎实推进政府信息公开各项工作。

【推进体制机制建设】 调整设立阿坝州推进政府职能转变和“放管服”改革暨政务公开协调小组，由州政府常务副州长分管，州、县（市）政府办公室作为业务主管部门负责统筹、协调、指导、监督全州政府信息公开工作。完善考核评议办法，推动政务公开为全州依法治州、行政效能、党风廉政建设重要抓手和政府系统目标绩效考评的重要内容，主动接受社会监督。学习宣传《条例》，修订《阿坝州政府信息公开指南》《阿坝州人民政府办公室公文公开属性源头认定办法》《阿坝州政府信息发布协调工作制度》等。聚焦中心工作、全州经济社会发展中的重要情况、民生关注热点焦点问题等，与州大数据中心、州委网信办、阿坝日报社、州广播电视台建立州政府信息协同联动发布工作机制。

【保障信息公开内容】 开设《重点领域信息公开》《财政预决算公开》《环保督查》《民族团结创建》等专栏，推进决策、执行、管理、服务、结果公开。2020年，全州各级行政机关通过政府网站、政府信息公开目录管理系统等载体主动公开各类政府信息20.8万条，其中通过政府网站公开政府信息15.7万条；微博、微信等政务新媒体公开政府信息3.8万条；州人民政府公报公开政府信息114条；其他方式公开政府信息1.3万条。政府网站编发信息被新华网、《四川日报》、《阿坝日报》等官方媒体多次转载。

【畅通政民互动渠道】 发布或转载国家、省、州各类图解、视频、音频等政策解读信息300余条。举办在线访谈18期、民意征集和网上调查38期。办理领导信箱来信、来电658件。开设《新冠肺炎疫情防控》《全力以赴坚决打赢抗击新冠肺炎疫情人民战争》等专题，依法依规公开疫情信息和防控措施6328条，积极宣传复工复产等政策。

【推进公开平台建设】 举办全州政务公开工作人员业务能力提升培训班。全州政府网站集约化平台上线运行，143个政府网站合并整合为72个，实现统一标准体系、统一技术平台、统一安全防护、统一运维监管，集中管理信息数据，集中提供网站服务。政务新媒体健康有序发展，做优做强阿坝州政府网站新浪官方微博主账号，推动全州297个官方新媒体组建新媒体矩阵，公开政府信息。创办《阿坝州人民政府公报》，同步发布政府公报电子版与纸质版，共发刊6期，印数2.4万册，向全州各级行政机关、政务服务大厅、便民服务中心、档案馆、公共图书馆等1300多个单位（个人）实行免费赠阅。

【规范管理信息公开】 落实政务公开清单管理，规范州政府门户网站“政府信息公开”“政务公开”等专栏建设，完善数据检索、下载和互联互通等功能，发布法定（主动）公开内容，开展动态更新。完成13个县（市）和38个州级部门编制的486个主动公开基本目录集中统一展示。指导13个县（市）及其174个乡镇编制发布187个试点领域基层政务公开标准目录。

（桑木丹）

政务服务
Government Affairs Service

【概况】 2020年，坚持以习近平新时代中国特色社会主义思想为指导，贯彻落实中共十九届四中、五中全会精神，推动省州深化“放管服”改革目标任务，推进简政放权、放管结合、优化服务改革。全州受理办结各类事项1789061件，其中网上429017件，州本级211150件，各县（市）及乡镇村（社区）1577911件。开展“两联一进”群众工作12次，开展“法律七进”“七五普法”、宪法宣讲等活动各1次。授予17个部门、30名窗口工作人员“红旗窗口”“服务明星”称号。

【组织阵地建设】 开展中心组和党支部集中学习活动，组织集体学习研讨16次、支部组织生活及主题党日活动11次，党员领导干部参加双重组织生活会6次。召开党风廉政建设专题会议，层层签订责任书；开展谈心谈话，落实领导干部个人事项报告制度，全年无因违纪违法情况，无违反中央八项规定情况。2020年政风行风群众满意度测评96.89分。巩固“不忘初心、牢记使命”主题教育成果，推进“五制、四公开、三亮明”行动，开展窗口单位服务意识不强、不作为、慢作为和乱作为专项整治，创新审批服务便民和监管方式，落实监管责任。

【窗口管理服务】 围绕办件、评议、考勤、考核、评优五个方面，修改完善“部门窗口考核办法”“部门窗口工作人员考核办法”“首问负责制”“限时办结制”及“责任追究制”等6项制度，规范考核管理体系。全年州本级评选红旗窗口17个、服务明星30人次，组织43名窗口人员在省内外高校参加专题培训。开展线上线下政务大厅巡查，集中整治窗口服务意识不强等问题，定期通报窗口效能建设情况，全年通报批评违反纪律工作人员9人，分管领导约谈部门领导1人，约谈首席代表1人。微信工作群通报窗口1个、23人次。在州县（市）乡（镇）三级综合性政务大厅开展便民服务设备大排查行动，开设自主服务区，实行网上预约办事。

【“一网通办”建设】 构建全流程一体化在线服务平台，融入全省域“一平台、一张网、一个库”战略布局，推进审批服务扁平化、便捷化、智能化，实现线上线下功能互补、融合发展。州发改、交通、工商等部门业务系统实现与省一体化平台数据互通。落实《阿坝州推进“一网通办”专项行动方案》，指导入驻部门清理在线网办事项名称、编码、类型、法律依据、行使层级等主体信息，完善服务事项实施清单和办事指南，全州实现政务服务可网办事项13953项，可网办率90.23%，其中全程网办事项9057项，全程网办率58.57%。运用“阿坝政务服务”“四川政务服务”微信公众号和“四川政务服务”手机APP等载体，延伸拓展政务服务“两微一端”，推动服务。

4月8日，州政务服务中心主任谢荣妹（右一）在红原县邛溪镇玛萨村调研 （徐靖航摄）

7月13日，州委常委、常务副州长范继跃（右二）调研指导“12345”政务服务热线运行情况（王存兵摄）

在87个服务窗口独立设置多功能评价仪。

【推进集成服务】 州本级设置对外服务坐席119个，独立设置“一窗受理”窗口9个，实行无差异化服务事项受理737项，事项覆盖率74.89%，配套邮政专递窗口，助力群众办事“最多跑一次”。州本级设立工程建设项目改革“综合窗口”2个、公共服务窗口6个、公用服务窗口4个，新设政务大厅自助服务区，基本实现“前台综合受理、后台分类审批、统一窗口出件”的集成服务模式。全州174个乡（镇）、1090个行政村、64个社区的便民服务标准建设均达到省定脱贫攻坚成效考核标准，各级政务服务机构入驻事项涵盖行政许可、公共服务、公用服务及便民服务等，基本建成四级联动政务服务体系，惠及全州94万名各族群众。按照州工程建设项目审批制度改革领导小组的统一要求，推进工程建设项目审批制度改革，完善项目审批“一窗进出”机制，在州政务大厅设置“一窗受理”综合窗口，州住建部门牵头，州发改、自然资源、生态环境、政务服务中心等协同，推动水、电、气、网信等4个公用服务部门入驻综合窗口，实行120个工作日办结制。全州企业开办事项审批时限压缩至1个工作日以内，全州通过“一窗通”和“营商通”平台申请办理企业登记注册677户，审核通过657户。全州梳理形成阿坝州“一事一次办”事项清单（第一批）105项，实现“马上办”事项5244项，占33.91%，“网上办”事项13953项，占90.23%，“就近办”事项283项，占1.83%，“一次办”事项14710项，占95.12%。

【创新服务举措】 依托网上政务服务平台，优化办事系统、简化办事材料、精简办事环节，设置“一窗受理”窗口9个，全州实现“最多跑一次”服务37494项，实现“零跑腿”30930项，其中州本级“最多跑一次”服务2840项，实现“零跑腿”2136项；全州政务服务机构配套邮政专递窗口，助力群众办事“最多跑一次”。6月22日，建成“12345”热线平台，实现热线电话、热线网站、热线APP、热线微博和热线微信五位一体“7×24”全天候运行，受理各类来电26266件，办结回复率100%，其中协调解决农民工工资964.84万元，追回商贸旅游诱购资金9.17万元。

（杨　舟）

机关事务管理
Organs Affairs Management

【概况】 2020年度，坚持习近平新时代中国特色社会主义思想为指导，牢固树立“四个意识”，坚定“四个自信”，做到“两个维护”，落实全面深化改革创新，发挥自身优势，拓展新职能，强化自身建设，提升机关事务管理工作水平，为阿坝州实现“一州两区三家园”战略目标，构建“一屏四带、全域生态、三地共建、五业同优”发展新格局提供服务保障。

【国有资产管理】 开展州直行政事业单位闲置固定资产自查清理调配工作，发挥国有资产的使用效益，清理出住宅、商铺各2套（间）、各种设备57台（套）。

【办公用房管理】 清理出闲置办公用房2300平方米，优化调整办公用房6500平方米。完成283个州直行政事业单位、71处办公用房（行政单位63个办公点36处，事业单位220个办公点35处）安全结构鉴定，办公用房总面积约149200平方米。

【公务用车管理】 按照省委第六巡视组巡视阿坝州反馈问题，在各县（市）党委、州级各部门开展“作风、纪律、廉政、巡视”自查和整改。组织召开2020年公务用车管理领导小组会议4次，审批一般公务用车、执法执勤用车。经州公务用车管理领导小组批准同意，开展公车定点维修和定点保险管理，规范公务用车维修行为，节约预算资金，委托州政府采购中心实施公开招标方式进行政府采购，评选出成都、都江堰、马尔康等地区定点维修单位20家、定点保险供应商4家。

【公共机构节能管理】 全州公共机构综合能耗消耗44299.69吨标准煤，人均综合能耗消耗313.44千克标准煤，水资源消耗439.35万吨，人均31.09吨，单位建筑面积能耗4.15公斤标准煤/平方米（全州2256家公共机构，建筑面积889.25万平方米）。人均综合能耗同比下降3.53%，人均水耗同比下降3.75%，单位建筑面积能耗同比下降2.35%。阿坝州人民医院、马尔康中学和汶川中学3家单位创建为国家级节约型公共机构示范单位；壤塘人民医院、金川县人民医院、理县人民医院3家创建为省级节约型公共机构示范创建单位。在全州开展公共机构生活垃圾分类和处置，印发垃圾分类实施细则，落实垃圾分类。面向机关全体干部职工发出“厉行节约 反对浪费”倡议，发出倡议书超过1万份。利用川报观察客户端平台，动员干部职工18100人次参与“光盘打卡”活动，引导广大干部职工珍惜每一餐饭，节约每一粒粮食，养成厉行节约的文明用餐习惯。开展“拒绝舌尖上的浪费”主题的“厉行节约、反对浪费”宣传教育进机关、进学校、进医院、进企业、进社区、进餐厅、进家庭活动，开展制止餐饮浪费教育，弘扬勤俭节约的优良作风。

【州级机关周转房管理】 按要求分配周转房四期641套（州农科所旁，户型分别是60平方米、70平方米、90平方米）。修订完善周转房承租合同，做好租金的收取工作，收入州级机关周转房租金163.74万元。做好州级机关周转房小区及住户房屋维修工作和安全生产工作，开展州级机关1562套周转房疫情常态化防控，落实疫情防控措施。

（马建康）

5月18日，州机关事务局党组书记、局长金绍强（正前左）在红原县调研公务用车管理（州机关事务局提供）

来信来访
Letters and Calls from the Masses

【概况】 2020年，推进全州信访法治化建设，畅通群众利益诉求渠道，全力维护群众合理诉求，全州信访总量1491件（次），同比增加270件（次），上升22%；到省上访38批54人次，同比减少18人次；全州信访呈现“一升三降一保持”态势，形势总体平稳。落实工作经费10万元帮助壤塘县尕多乡昔郎村开展基础设施建设。

【涉疫信访办理】 成立新冠疫情信访党员干部“先锋队”，建立涉疫信访优先办理“高速通道”，落实24小时在岗服务，办理涉及疫情类信访件151件，按期办结率、回复率均100%，架起党委政府和人民群众之间的“连心桥”。

【阳光信访】 探索“互联网+信访”工作模式，推进信访信息化建设，规范开展网上信访办理工作，推动州委书记、州长信箱接入全省网上信访信息系统，规范办理流程，提升使用功能。收到群众来信897件，办结862件，正在办理35

件；办结人民网网民留言210件，国家、省、州网上投诉受理平台投诉件107件，州委、州政府领导批示信访件7件，按期办结率100%。提升信访受理率、参评率、满意率，分别为99.73%、98.60%、96.80%；提升责任部门受理率、按期办结率、参评率、满意率，分别为98.51%、97.36%、92.93%、82.89%，提升信访工作质效。

5月23日，州委常委、宣传部长杨星（右二）在松潘县大姓乡上纳咪村下访接待群众　（州信访局提供）

【信访法治化建设】 落实中央、省委《关于进一步加强信访法治化建设的实施意见》和中办、国办《关于依法处理涉法涉诉信访问题的意见》，制定和完善《运用公益诉讼解决涉众型信访问题工作方案》，引导群众合理合法逐级表达诉求。建立全州191件涉法涉诉信访件台账，推动运用法治解决涉法涉诉信访事项，提升信访法治化建设水平。

【领导干部接访下访】 印发《阿坝州委、州政府领导预约接访工作方案》，促进领导接访变“被动等”为“主动找”，提升领导接访效率和推动问题解决。各级领导干部参与接访下访7529人次，下访群众12501人次，解决问题1839件次。指导各级各部门开展人民满意窗口创建工作，提升各级各部门信访接访窗口服务质量。

【矛盾纠纷排查化解】 排查突出信访矛盾纠纷，排查310件、化解301件，化解率97%，消除矛盾隐患。落实省信访局《关于进一步加强初信初访办理工作的办法》，推动解决群众初信初访诉求，做到能解决的第一时间解决，不能解决的告知信访人投诉渠道。开展信访事项群众满意率评价，提升案件办理质量，实现“最多访一次”。

【信访突出问题化解】 落实《2020年信访矛盾化解攻坚工作方案》，细化“四定六包”措施，州级集中交办重点信访事项14件，化解12件，正在化解2件。全州收到信访事项复查复核申请20件，其中撤销或不予受理15件，受理5件。协调解决“三跨三分离”信访案件，会商全州梳理出的46件“三跨三分离”信访事项，搭建化解“三跨三分离”信访事项平台，维护群众合法权益。

【信访干部队伍建设】 研究制定《2020年干部职工教育培训计划》，在马尔康市、成都市和浙江省绍兴市举办培训班3期，夯实信

7月3—4日，州政府副秘书长、州信访局党组书记、局长罗尔伍（左三）一行到壤塘县开展信访工作调研

（州信访局提供）

访基层基础、提高信访干部履职能力。开展主题党日、《信访条例》15周年宣传年、“两联一进”群众工作全覆盖等活动，推动信访、政策法规宣传教育，发放宣传资料6263份，解答群众咨询396人次。落实全面从严治党要求，开展双重组织生活14次，局党组召开党组会议14次，组织赴廉政教育基地接受廉政教育和观看警示教育片，筑牢反腐防线。

（王廷景）

4月23日，州行政审批中心主任杨莉（左）组织窗口工作人员培训审批工作　（州行政审批中心提供）

审批事务

Examination and Approval Matters

【概况】 2020年，落实州委、州政府关于优化营商环境的相关决定，落实“一窗受理、集成办理”，依规审批办事，化解行政审批的烦琐，提升行政审批效率。

【综合受理】 无差别受理州本级27个部门257个大项700余个小项的许可事项工作，统筹安排部门选派人员负责综合受理、内部流转、综合咨询、引导服务等工作。简化综合窗口受理—部门审批—加盖印章—出件的办事环节。综合窗口对审批要件齐备的，立即受理并转办，出具受理告知书；对审批材料需要补充完善或不符合申请要件的，一次性告知申请人并出具不予受理告知书或一次性补正材料告知书。全年受理州本级行政许可事项2152件；疫情期间，通过QQ微信受理许可事项238件，预约现场办件65件，邮递送242件，容缺受理200件。

【按责转办】 根据综合交办要件，组织人员对要件内容、法定形式再次进行审核，按照“谁主管谁负责”原则，分类处置，依法作出审核意见和制作相关证照。全年转办州本级行政许可事项2152件。4月23日，州行政审批中心主任杨莉组织窗口工作人员开会指导工作，强调按责转办事宜。

【统一出件】 州本级各审批部门限时办结，完成证照制作，就出具准予许可发证函及附件送至综合窗口加盖“阿坝州行政审批局行政审批专用章”（9部门75项），未统一印章的由原部门加盖审批印章。各审批部门将审批证照文书送至综合窗口，综合窗口在第一时间内通过电话、短信、手机客户端等形式告知申办人上门签领或快递送达，在办结通知书签字确认，进行好差评。全年加盖“阿坝州行政审批专用章”451件，办结2137件，群众满意率100%。

（杨　莉　耿玉璞）

人民政协

THE CPPCC ABA PREFECTURE COMMITTEE

重要会议
Important Meetings

【概况】 2020年，中国人民政治协商会议第十四届阿坝藏族羌族自治州委员会召开全体会议1次、常委会议5次、主席会议9次、学习会1次，组织召开黄河上游川甘青水源涵养区生态保护和高质量发展协商协作研讨会第一次会议。

【全体会议】 中国人民政治协商会议第十四届阿坝藏族羌族自治州委员会第四次会议于2020年1月10—14日在马尔康举行。会议审议并同意州政协主席尼玛木所作的政协第十四届阿坝州委员会常务委员会工作报告、副主席王斌所作的提案工作情况报告；听取并赞同州长杨克宁所作的政府工作报告，赞同州中级人民法院工作报告、州人民检察院工作报告和计划、预算报告。选举邓真华为政协第十四届阿坝藏族羌族自治州委员会常务委员。州委书记刘坪在会上作重要讲话。会议认为，一年来，中共阿坝州委认真贯彻新发展理念，始终坚持稳中求进工作总基调，牢牢抓住“生态、发展、民生、稳定、作风”五个关键，团结带领全州各族干部群众，接续奋斗、砥砺奋进，全力推进“一州两区三家园”建设，稳州兴州各项事业取得新的重大进展。

1月10日下午，十四届阿坝州政协第四次全体会议在马尔康召开 （州政协办提供）

1月11日，十四届阿坝州政协委员认真听取报告 （州政协办提供）

会议认为，政府工作报告总结成绩客观实在、令人鼓舞，提出的目标任务科学合理、切实可行，作出的工作安排重点突出、翔实具体，贯穿了高质量发展要求，契合全州人民群众对美好生活的向往和追求。会议期间，委员们聚焦党政工作的要事、民生改善的实事和社会治理的难事，认真履职尽责、积极建言献策，提出了许多建设性意见和建议，营造协商民主的浓厚氛围。会议指出，2020 年是全面建成小康社会、实现第一个百年奋斗目标的决胜之年。全州政协组织和广大政协委员要坚持发扬民主和增进团结相互贯通、建言资政和凝聚共识双向发力，充分发挥人民政协专门协商机构作用，认真履行政治协商、民主监督、参政议政职能，积极为加快建设“一州两区三家园”贡献政协智慧和力量。

【第十六次常委会会议】 1 月 13 日，政协第十四届阿坝州委员会常务委员会第十六次会议第一次会议在马尔康举行，51 名常委出席会议。会议审议政协第十四届阿坝州委员会常务委员会委员候选人建议名单，选举办法（草案），监票人、总监票人建议名单，《政协第十四届阿坝州委员会提案审查委员会关于十四届四次会议提案审查情况的报告》（草案）和《政协第十四届阿坝州委员会第四次会议决议》（草案）。是日，政协第十四届阿坝州委员会常务委员会第十六次会议第二次会议在马尔康举行，51 名常委出席会议。听取关于委员小组讨论情况的报告；通过政协第十四届阿坝州委员会常务委员会委员候选人名单，选举办法（草案），监票人、总监票人建议名单，总计票人、计票人名单，《政协第十四届阿坝州委员会提案审查委员会关于十四届四次会议提案审查情况的报告（草案）》和《政协第十四届阿坝州委员会第四次会议决议（草案）》。

【第十七次常委会会议】 4 月 27 日，政协第十四届阿坝州委员会常务委员会第十七次会议在马尔康举行，49 名常委出席会议。会议听取州人民政府关于我州依法管理宗教事务情况的通报、州纪委监委关于党风廉政建设工作情况的通报；3 名常委作大会发言；审议通过《关于我州依法管理宗教事务情况的调研报告》；尼玛木讲话。

【第十八次常委会会议】 7 月 21 日，政协第十四届阿坝州委员会常务委员会第十八次会议在若尔盖县唐克镇举行，41 名常委出席会议。会议听取州人民政府关于 2020 年上半年全州经济社会发展情况的通报和关于全州乡村振兴试点工作及巩固脱贫攻坚成效情况的通报；听取州中级人民法院 2020 年上半年工作情况通报；听取州人民检察院 2020 年上半年工作情况通报；2 名常委作大会发言；审议通过《关于我州乡村振兴试点工作及巩固脱贫攻坚成效情况的调研报告》；审议通过委员调整事项；州政协领导讲话。

【第十九次常委会会议】 9 月 29 日，政协第十四届阿坝州委员会常务委员会第十九次会议在马尔康举行，44 名常委出席会议。会议听取州人民政府关于全州高原病慢病康复医疗体系建设情况的通报；审议通过《关于我州高原病慢病康复医疗体系建设情况的调研报告》；尼玛木讲话。

【第二十次常委会会议】 12 月 15 日，政协第十四届阿坝州委员会常务委员会第二十次会议在马尔康举行，42 名常委出席会议。会议听取州人民政府关于政协第十四届阿坝州委员会第四次会议以来提案办理情况的通报和关于全州重点旅游集镇规划建设情况的通报；审议通过《关于我州重点旅游集镇规划建设情况的调研报告》《政协第十四届阿坝州委员会常务委员会工作报告（审议稿）》《政协第十四届阿坝州委员会常务委员会关于十四届四次会议以来提案工作情况的报告（审议稿）》；审议《政协阿坝州委员会 2021 年工作要点（审议稿）》；审议通过《政协阿坝州委员会提案工作条例》（修订草案）；审议通过政协第十四届阿坝州委员会第五次会议有关事项和委员任免事项。尼玛木讲话。

【第三十四次主席会议】 1 月 13—14 日，政协第十四届阿坝州委员会第三十四次主席会议第一次会议和第二次会议在马尔康召开。州政协主席尼玛木，副主席王明辉、王斌、章小平、达扎·尕让托布旦拉西降措、秦开金、龙刚、王生、陈福生、洪秀英、刘云建，秘书长牟卫东出席会议。尼玛木主持会议。第一次会议上，协商讨论《政协第十四届阿坝州委员会第四次会议选举办法（草案）》、十四届州政协常务委员候选人建议名单、监票人和总监票人建议名单、《政协第十四届阿坝州委员会提案委员会关于十四届四次会议提案审查情况的报告（草案）》、《政协第十四届阿坝州委员会第四次会议决议（草案）》，同意将以上建议名单和草案提交州政协常委会议审议；听取州委组织部所作的《关于提名王斌同志免职的说明》，同意王斌提出的辞职申请，要求按程序提交十四届州政协第十六次常委会议审议，待常委会议审议通过后提交十四届州政协四次全会备案；研究《黄河上游川甘青水源涵养区生态保护和高质量发展协商协作研讨会第一次会议（2020·四川阿坝）建议方案》；研究、同意《关于调整十四届州政协领导班子成员工作分工和联系指导县（市）政协工作的方案》；组织学习《关于印发〈省委第六巡视组关于巡视阿坝州的反馈意见〉〈张冬云同志在十一届省委第五轮巡视反馈会上的讲话提纲〉和〈刘坪同志在省委第六巡视组巡视阿坝州反馈会上的表态讲话〉的通知》（阿委〔2019〕96号）。第二次会议上，听取小组酝酿讨论和审议《政协第十四届阿坝州委员会第四次会议选举办法（草案）》、十四届州政协常务委员候选人建议名单、监票人和总监票人建议名单、《政协第十四届阿坝州委员会提案委员会关于十四届四次会议提案审查情况的报告（草案）》、《政协第十四届阿坝州委员会第四次会议决议》（草案）的情况报告，同意将以上建议名单和草案提交十四届州政协第十六次常委会议第二次会议审议。

【第三十五次主席会议】 3月6日，政协第十四届阿坝州委员会第三十五次主席会议在马尔康召开。州政协主席尼玛木，副主席王明辉、章小平、达扎·尕让托布旦拉西降措、秦开金、龙刚、王生、陈福生、洪秀英，秘书长牟卫东出席会议。尼玛木主持会议。会前组织学习《中华人民共和国传染病防治法》；会议审议通过《黄河上游川甘青水源涵养区生态保护和高质量发展协商协作研讨会阿坝会议建议方案（初稿）》和各工作机构细化方案；安排部署近期工作。

【第三十六次主席会议】 4月9日，政协第十四届阿坝州委员会第三十六次主席会议在马尔康召开。州政协主席尼玛木，副主席王明辉、章小平、达扎·尕让托布旦拉西降措、秦开金、龙刚、王生、陈福生、洪秀英，秘书长牟卫东出席会议。尼玛木主持会议。会前组织学习《地方党政领导干部食品安全责任制规定》；会议审议通过《关于我州依法管理宗教事务情况的调研报告》《政协第十四届阿坝州委员会常务委员会第十七次会议建议方案》；研究《2020年州政协主席会议成员领衔督办重点提案建议方案》；安排部署近期工作。

【第三十七次主席会议】 6月2日，政协第十四届阿坝州委员会第三十七次主席会议在若尔盖县唐克镇召开。州政协主席尼玛木，州政协副主席王明辉、章小平、达扎·尕让托布旦拉西降措、秦开金、龙刚、王生、陈福生、洪秀英，秘书长牟卫东出席会议。尼玛木主持会议。会前组织学习《中华人民共和国网络安全法》；会议传达全国政协十三届三次会议精神和省政协十二届三次会议精神，研究贯彻落实意见。

【第三十八次主席会议】 7月14日，政协第十四届阿坝州委员会第三十八次主席会议在马尔康召开。州政协主席尼玛木，副主席王明辉、秦开金、龙刚、王生、陈福生、洪秀英，秘书长牟卫东出席会议。尼玛木主持会议。会前组织学习《中华人民共和国农民专业合作社法》；会议传达省政协十二届十次常委会议精神，研究贯彻落实意见；听取《中华羌族历史文化集成》编纂工作和州政协展厅提升工作进展情况汇报；审议通过《关于我州乡村振兴及巩固脱贫攻坚成效情况的调研报告（送审稿）》《州政协委员视察考察工作办法（送审稿）》《政协第十四届阿坝州委员会常务委员会第十八次会议建议方案》；研究人事事项；安排部署近期工作。

【第三十九次主席会议】 9月15日，政协第十四届阿坝州委员会第三十九次主席会议在汶川县映秀镇召开。州政协副主席王明辉、秦开金、龙刚、陈福生、洪秀英、刘云建，秘书长牟卫东出席会议。王明辉主持会议。会议审议通过《关于我州高原病慢病康复医疗体系建设情况的调研报告（送审稿）》《关于我州重点旅游集镇规划建设情况的调研报告（送审稿）》《政协第十四届阿坝州委员会常务委员会第十九次会议建议方案》；安排部署近期工作。

【第四十次主席会议】 11月3日，

9月15日，政协第十四届阿坝州委员会第39次主席会议在汶川召开　（州政协办提供）

政协第十四届阿坝州委员会第四十次主席会议在马尔康召开。州政协主席尼玛木，副主席王明辉、章小平、达扎·尕让托布旦拉西降措、秦开金、龙刚、王生、陈福生，秘书长牟卫东出席会议。尼玛木主持会议。会议传达全省地方政协联络工作座谈会暨“有事来协商”平台建设工作推进会精神和全省政协秘书长工作交流座谈会精神，研究贯彻落实意见；审议通过《关于成兰铁路阿坝段建设情况的视察报告》《关于我州重点旅游景区管理情况的调研报告》《政协阿坝州委员会提案工作条例（修订草案）》；研究委员任免事宜；安排部署近期。

【第四十一次主席会议】 12月8日，政协第十四届阿坝州委员会第四十一次主席会议在马尔康召开。州政协主席尼玛木，副主席王明辉、章小平、达扎·尕让托布旦拉西降措、秦开金、龙刚、王生、陈福生、洪秀英、刘云建，秘书长牟卫东出席会议。尼玛木主持会议。会前组织学习《阿坝州风景名胜区条例》；会议传达四川省人民政协理论与实践研究会第三届会员代表大会精神；审议通过《关于全域环境综合整治情况的调研报告（送审稿）》《关于我州农村环境整治“三大革命”的调研报告（送审稿）》《政协阿坝州委员会2020年工作总结（送审稿）》《政协阿坝州委员会2021年工作要点（送审稿）》《政协第十四届阿坝州委员会常务委员会工作报告（送审稿）》《政协第十四届阿坝州委员会常务委员会关于十四届四次会议以来提案工作情况的报告（送审稿）》《2020年度优秀政协委员建议名单》《2020年度优秀提案、提案办理先进单位、提案办理先进个人建议名单》《十四届州政协第二十次常委会议建议方案》和政协第十四届阿坝州委员会第五次会议有关事项；研究“有事来协商”平台建设工作领导小组建议名单和人事事项；安排部署近期工作。

【第四十二次主席会议】 12月14日，政协第十四届阿坝州委员会第四十二次主席会议在马尔康召开。州政协主席尼玛木，副主席王明辉、章小平、达扎·尕让托布旦拉西降措、秦开金、龙刚、王生、陈福生、洪秀英，秘书长牟卫东出席会议。尼玛木主持会议。会前组织学习《阿坝州宗教事务条例》；会议协商讨论十四届州政协五次会议有关事宜；研究2021年度调研视察课题；研究人事和班子成员分工等有关事宜。

【州政协学习会】 11月10—12日，政协第十四届阿坝州委员会在汶川县会议中心召开党组中心组理论学习暨十四届州政协第四次学习会，州政协党组成员、主席会议成员、各县（市）政协主席、州政协机关副县级以上干部参加会议。学习习近平总书记在“不忘初心、牢记使命”主题教育总结大会、决战决胜脱贫攻坚座谈会、经济社会领域专家座谈会、全国抗击新冠肺炎疫情表彰大会上的重要讲话精神，中央政治局常委、十三届全国政协主席汪洋在全国地方政协经验交流会上的讲话精神，中央第七次西藏工作座谈会精神，省委书记彭清华在省委十一届七次全会上的讲话精神，刘坪在州委十一届九次全会上的讲话精神，《中国共产党章程》，中央办公厅印发《关于巩固深化“不忘初心、牢记使命”主题教育成果的意见》；邀请有关领导和专家分别作《民法典》、中共十九届五中全会精神解读及“十四五”规划相关重点内容、《习近平谈治国理政》第三卷等辅导讲座，部分县市政协主席，州政协部分委室主任围绕学习内容作交流发言，畅谈学习心得，思考谋划贯彻落实举措。尼玛木讲话。

【黄河上游川甘青水源涵养区生态保护和高质量发展协商协作研讨会第一次会议】 8月6—7日，九三学社中央和川甘青三省政协联合主办，全国政协人口资源环境委员会指导，四川省政协办公厅、阿坝州委、九三学社四川省委和州政协承办的“黄河上游川甘青水源涵养区生态保护和高质量发展协商协作研讨会第一次会议”在若尔盖县唐克镇举办。全国政协副主席、九三学社中央常务副主席邵鸿出席会议并讲话。全国政协人口资源环境委员会副主任杨松到会指导，全国政协副秘书长、提案委副主任、九三学社中央副主席赖明主持会议。九三学社中央副主席、生态环境部部长黄润秋，财政部副部长余蔚平，农业农村部国家首席兽医师（官）李金祥，国家林业和草原局副局长刘东生出席会议并讲话。自然资源部、水利部、文化和旅游部等相关部门负责人介绍有关工作情况。四川省政协副主席崔保华受柯尊平主席委托致辞并介绍四川省委、省政府推进黄河上游生态保护和高质量发展的重大举措和显著成效。甘肃省政协副主席尚勋武、青海省政协副主席杜捷出席会议并发言。中国工程院院士王桥等10名专家学者作交流研讨。阿坝州委书记刘坪致辞并介绍阿坝州黄河流域保护发展情况。阿坝州政协主席尼玛木、黄南州政协主席徐强、果洛州政协主席当周、黄南州政协副主席拉结加作协商议政发言。会议聚焦“生态保护·全域旅游”主题，深入协商研讨，积极建言献策，形成阿坝备忘录，在筑牢黄河上游生态屏障、构建全域旅游发展联盟、推进区域互联互通等方面达成广泛共识，进一步探索了“共同抓好大保护、协同推进大治理”的上游思路和着力重点。

8月6日，黄河上游川甘青水源涵养区生态保护和高质量发展协商协作研讨会第一次会议在若尔盖召开

（州政协办提供）

政协事务

Political Consultative Conference Affairs

【概况】 2020年，坚持以习近平新时代中国特色社会主义思想为指导，学习贯彻中共十九大及十九届四中、五中全会，中央、省委政协工作会议，省委十一届六次、七次、八次会议，州委十一届八次、九次、十次全会精神，坚持建言资政和凝聚共识双向发力，冲锋在一线，战斗在前沿，各项工作取得新进展新成效。协助全国政协民宗委主任王伟光、省政协多名副主席到阿坝州开展重点调研督导，支持配合全国各地政协到阿坝州开展学习考察活动20批次，促进交流，推动工作经验和经济社会发展成就的宣传。

【思想政治建设】 学习领会习近平新时代中国特色社会主义思想、习近平总书记关于加强和改进人民政协工作的重要思想、《习近平谈治国理政》第三卷以及中共十九届五中全会、中央第七次西藏工作座谈会和省、州重要会议精神，开展中国共产党党史、新中国史、改革开放史、社会主义发展史教育。协助州委制发《关于新时代加强和改进人民政协工作的实施方案》，为各级党委加强对政协工作的领导、发挥人民政协作用提供重要的遵循和指导。坚持党建引领思想政治建设，学习领会全州党建工作会议精神，深刻认识党建工作的重要性和时代性，推进政协党的建设，履行党建主体责任。研究制定《州政协党组向州委请示报告工作实施办法》，明确请示报告的基本原则、具体事项以及程序方式，促进请示报告工作的制度化、规范化。每月向州委常委会报告上月重点工作完成情况和当月重点工作安排，把政协各项工作置于州委全面领导之下。加强和改进人民政协工作，筑牢增强“四个意识”、坚定“四个自信”、做到“两个维护”的思想政治基础，推动新时代政协工作的责任担当。

9月11日，全国、省、州政协委员视察成兰铁路阿坝段建设情况座谈会在松潘召开　（州政协办提供）

【政治协商】 组织委员围绕“生态、发展、民生、稳定、作风”五个关键，发表意见建议、建言献策；邀请州委、州政府主要领导参加委员联组会，听取委员心声，加强交流互动，实现反映意见建议和解疑释惑良性互动、民主氛围和协商效果有机统一。全年，召开全体会议1次、常委会议5次、党组会议10次、主席会议10次、各类专题协商会70次，协商全州经济社会发展的重大事项和人民群众关心的热点难点问题，州委、州政府重视和采纳多数意见和建议。协商讨论《关于制定阿坝州“十四五”规划和二〇三五年远景目标的建议（征求意见稿）》，提出意见建议29条。引导委员调研、提交提案，提出提案173件，审查立案95件，全部办理完毕，其中87件提案提出的问题和建议，得到解决或纳入规划逐步解决。畅通政协履职平台渠道，向全国政协、省政协提交提案24件，争取国家和省关注支持，其中《关于完善四川涉藏地区工资福利政策缩小收入差距》等4件提案通过全国政协十三届三次会议立案，交相关部门办理答复。

【参政议政】 确定年度重点调研课题8个，较往年增加。开展依法管理宗教事务情况专题调研，提出5方面16条对策建议。开展乡村振兴及巩固脱贫成效、慢病高原病康复医疗体系建设调研，州委书记刘坪对《关于我州乡村振兴试点工作及巩固脱贫攻坚成效情况的调研报告》作出批示。开展重点旅游集镇规划建设、生态保护与全域旅游发展、旅游景区管理情况调研，提出相关建议意见48条，供州委、州政府决策参考。做好全国政协、省政协到阿坝州开展草原生态环境保护、基层应急能力建设、地质灾害防范、乡村振兴等工作调研，宣传介绍全州工作情况，反映困难问题，提出意见建议。做好全国、省、州政协委员视察成兰铁路阿坝段建设工作，提出意见建议。

【民主监督】 通过州政协常委会会议，听取“一府两院”阶段性工作和专项工作情况通报，认真提出评议意见。突出问题导向，推动监督融入调研、视察、提案、反映社情民意等人民政协经常性工作中，客观反映真实情况，实事求是指出问题，提出针对性意见建议，促进相关工作改进完善。组织委员视察成兰铁路阿坝段建设情况，听取各方意见，指出“工程建设缓慢，补偿标准低、兑现迟缓，失地农民后续保障亟待解决”等问题，并提出相应工作建议。围绕建设美丽阿坝，开展全域环境综合整治、农村环境整治“三大革命”协商监督，指出问题8个，提出建议14条。落实州委安排，主席会议成员到各县（市）督导森林草原防灭火、防灾减灾、复工复产、维护稳定、脱贫攻坚、乡村振兴、重点项目建设以及小水电、沙石料场、非煤矿山、建筑工地等重点领域清理整顿工作。

【提案办理】 集中归口交办审查立案提案，遴选9件提案作为年度重点提案，州政协主席会议成员领衔督办，相关委室具体承办。召开提案办理协商座谈会，研究分析当前提案办理协商中的主要问题，明确下步工作重点。统筹谋划向上级提交提案，2020年全国和省“两会”期间提交提案24件。完成《阿坝州政协提案工作条例》修订工作。借鉴先进地区提案工作经验做法，开展提案工作制度化建设学习考察。

【文史研究】 开展《“我为扶贫攻坚做件事”——阿坝政协履职风采录》（阿坝文史第47辑）编撰工作，编审、修改征集的文史资料，突出真实性、生动性和感染力。完成编辑出版工作，收集文史资料140余篇38万字。服务民族团结进步事业发展，完成《中华羌族历史文化集成》编纂工作。做好历史文化名人推荐，2人入选省政协《四川历史文化名人百人画传》。

【社情民意宣传】 召开全州政协新闻宣传暨反映社情民意信息工作会议，制作《守护母亲河》主题宣传片，于会前会中会后推出专题专栏专版专刊，刊发新闻稿件70篇，营造良好舆论氛围，扩大社会影响。编辑出版《阿坝政协》杂志4期，其中党建专刊1期，黄河文化研究会专刊1期。运用三级互联互通网络宣传州、县（市）政协工作，在阿坝州政协门户网站上传信息50条，编辑上报社情民意信息20条。召开年度理论研讨会，开展人民政协理论与实践研究及论文征集，向省政协理论研究会推荐优秀论文。

【重大会议筹办】 践行习近平生态文明思想，抢抓黄河流域生态保护和高质量发展这一重大国家战略机遇，紧扣川西北阿坝生态示范区建设重要任务，拓展人民政协大团结、大联合平台，推动建立“黄河上游川甘青水源涵养区生态保护和高质量发展协商协作研讨会”机制，成立会议筹备服务保障工作领导小组，组建10个工作机构，压实工作责任，落细任务分工，推行每周工作通报、重大问题集中会商等制度，加强横向联系沟通和纵向汇报对接，推进各项筹备工作。8月6—7日，协商协作研讨会第一次会议在若尔盖举办，全国政协副主席、九三学社中央常务副主席邵鸿出席会议并讲话，生态环境部、财政部、农业农村部、国家林草局、自然资源部、水利部、文旅部等7个部委领导发言，四川、甘肃、青海三省四个州政协作协商议政发言，中国工程院院士王桥等10名专家作专题演讲，州委书记刘坪在会上介绍阿坝州黄河流域保护发展情况。会议聚焦“生态保护·全域旅游”主题，协商研讨，形成《协商协作研讨会（阿坝）备忘录》，在筑牢黄河上游生态屏障、建立川甘青结合部国家级生态旅游示范区、构建全域旅游发展联盟、推进区域互联互通和社会治理等方面达成共识，探索“共同抓好大保护、协同推进大治理”的上游思路和着力重点，为争取国家层面对黄河上游生态保护和高质量发展的关注支持，搭建便捷高效的协商协作平台。研讨会成果为国家出台《黄河流域生态保护和高质量发展规划纲要》提供参考。省政协党组将《阿坝州政协关于黄河上游川甘青水源涵养区生态保护和高质量发展协商协作研讨会情况的报告》呈送省委，省委书记彭清华批示有关部门认真研究，更加突出黄河流域保护发展在治蜀兴川全局中的地位。此次会议被列为州委常委会2020年七件重点大事之一。州委十一届十次全会充分肯定州政协“勇于担当，善作善成”。

7月30日，州委书记刘坪（右三）率队督导黄河上游川甘青水源涵养区生态保护和高质量发展协商协作研讨会相关工作筹备情况（一）（州政协办提供）

7月30日，州委书记刘坪（右三）现场督导黄河上游川甘青水源涵养区生态保护和高质量发展协商协作研讨会相关筹备工作情况（二）（州政协办提供）

4月3日，州政协主席尼玛木（右一）一行在九寨沟景区督导森林草原防火工作 （州政协办提供）

【委员服务管理】 举办2020年阿坝州政协委员干部能力素质提升培训班，组织179名政协委员和干部分3期赴厦门大学参加培训，帮助委员提升素质、丰富学识、开阔视野、增进交流，强化“懂政协、会协商、善议政”的能力本领，夯实“守纪律、讲规矩、重品行”的思想根基。发动广大政协委员开展“五个一”活动，围绕事关全州经济社会发展的大事要事调查研究、献计出力。开展委员履职情况考核，在年度政协全会期间予以通报表扬，引导树立创先争优意识，激励履职尽责。

【落实州委决策部署】 巩固拓展全州政协系统“我为扶贫攻坚做件事”活动成效，牵头组织州级联系部门在九寨沟县开展2020年度脱贫攻坚全覆盖督导工作，督促检查年度任务推进完成、脱贫成果巩固提升、易地扶贫搬迁后续扶持、扶贫资金管理使用、驻村帮扶、问题整改“清零”等情况。按照脱贫攻坚省级全覆盖检查要求，做好与牵头单位民盟四川省委联系对接，完成九寨沟县脱贫攻坚督促指导，通过省级验收。做好省政协到阿坝州开展“建立返贫监测预警和应急救助机制，巩固脱贫成果”的专题调研，围绕监测对象确定标准、程序、动态管理以及落实帮扶救助措施等提出建议。协助做好致公党福建省委到州开展脱贫攻坚民主监督调研工作，为夺取脱贫攻坚战胜利贡献政协力量。贯彻落实习近平总书记对新冠肺炎疫情重要指示精神和中央、省委、州委部署要求，树立“生命重于泰山、疫情就是命令、防控就是责任”理念，发出倡议书，引导全州政协系统投身疫情防控的人民战争、总体战、阻击战。主席会议成员到联系县靠前督导疫情防控工作，督促落实防控责任和各项防控措施；各县（市）政协按照统一部署组织、参与辖区内疫情防控工作；政协委员立足本职岗位，引导群众全力配合防控举措，暂停佛事活动减少人员聚集，捐资捐物强化医疗物资保障。2020年上半年疫情防控关键期，全州政协系统捐款240余万元，捐物折合人民币140余万元。

【自身建设】 贯彻中央、省委政协工作会议精神，州委批准设立州政协机关党委，完成机关党支部换届工作，推动机关党建工作。开展学习型机关建设，弘扬崇尚学习的优良传统，召开州政协党组中心组理论学习暨十四届州政协第四次学习会，传达学习中共十九届五中全会、全国和省两会、全国地方政协工作经验交流会以及中央第七次西藏工

4月9日，政协阿坝州委员会党风廉政建设工作会议在马尔康召开 （州政协办提供）

作座谈会精神，学习《习近平谈治国理政》第三卷，把思想和行动统一到中央、省委决策部署和对人民政协工作的要求上来，提升开展工作、服务履职的本领。4月9日，州政协召开党风廉政建设工作会议。坚持重要会议会前学纪、学法，推动“关键少数”不断树牢法治思维，提高法治素养。推进民族团结进步示范机关和学法用法示范机关创建活动，抓好省级最佳文明单位复查验收准备工作。2020年，州政协机关先后获“全省政协新闻宣传先进单位”“民族团结进步创建工作先进集体”“脱贫攻坚先进集体”“法律政策七进先进集体”“拥军优属模范单位”等表扬奖励，多名干部职工被评为先进个人。

提案选辑
Proposal Compiling

【概况】 2020年，政协阿坝州委员会引导委员广泛深入调研、提交提案，提出，提案173件，审查立案95件，全部办理完毕，评选优秀提案6件。

2020年阿坝州政协提案办理情况一览表

表1

序号	提案编号	提案人	提案标题	类别	主办单位	反馈意见
1	3	李戎生等9名委员	关于支持红原县委党校（阿坝长征干部学院红原分院）迁建的提案	经济发展	州委相关部门	已办理答复
2	82	刘培英等4名委员	关于配套职务与职级并行相关政策的提案	民生改善	州委相关部门	已办理答复
3	15	三郎斯基等5名委员	关于创新和加强我州紧缺型专业学术、技术人才队伍建设的提案	民生改善	州委相关部门	已办理答复
4	7	王晓琳等11名委员	关于调整我州45岁以上党政机关事业单位干部职工和在职“大三职”村干部健康体检标准的提案	民生改善	州委相关部门	已办理答复
5	25	韩忠林等5名委员	关于支持村（社区）“两委”干部参加基本养老保险和医疗保险，并将其经费纳入州财政预算补助的提案	民生改善	州委相关部门	已办理答复
6	10	南卡尔甲等17名委员	关于适当提高寺庙民管会成员补助标准的提案	民生改善	州委相关部门	已办理答复
7	49	索朗永忠等12名委员	关于提高汶川、理县、茂县艰苦边远地区类区的提案	民生改善	州委相关部门	已办理答复
8	1	阿洁等14名委员	关于进一步关心爱护干部职工的提案	民生改善	州委相关部门	已办理答复
9	70	马秀珍等12名委员	关于下放公安干警招录权限缩短招录周期的提案	民生改善	州委相关部门	已办理答复
10	73	纪承慧等7名委员	关于重视和用活科技人才的提案	民生改善	州委相关部门	已办理答复
11	65	张忠华等12名委员	关于提高退休干部职工体检费用标准的提案	民生改善	州委相关部门	已办理答复
12	58	马吉元等19名委员	关于加强农林牧科技创新能力建设的提案	社会管理	州委相关部门	已办理答复
13	90	阿达等8名委员	关于提高离任村干部、在职村干部工资待遇的提案	社会管理	州委相关部门	已办理答复
14	17	金天强委员	关于争取将长征干部学院总院设在阿坝州的提案	社会管理	州委相关部门	已办理答复
15	12	王孝莉等2名委员	关于关心关爱单亲母亲群体，推动牧区移风易俗的提案	社会管理	州委相关部门	已办理答复
16	37	王志勇等4名委员	关于合力把映秀爱国主义教育基地打造成为全国重要爱国主义教育基地的提案	社会管理	州委相关部门	已办理答复
17	66	尹大芝等8名委员	关于加强我州黄河上游重点旅游集镇建设的提案	经济发展	州政府相关部门	已办理答复
18	77	王扎等11名委员	关于加强光伏、风能等清洁能源开发利用的提案	经济发展	州政府相关部门	已办理答复
19	75	王扎等11名委员	关于在水电消纳产业示范区建设中增加直供“飞地”园区相关内容的提案	经济发展	州政府相关部门	已办理答复
20	81	王扎等11名委员	关于启动实施S446线黑水县芦花镇至理县米亚罗公路新建工程的提案	经济发展	州政府相关部门	已办理答复

续表 1

序号	提案编号	提案人	提案标题	类别	主办单位	反馈意见
21	83	王扎等 11 名委员	关于加大对黑水县毛尔盖河、小黑水河流域生态保护修复治理投入的提案	经济发展	州政府相关部门	已办理答复
22	52	嘉华晋布等 9 名委员	关于支持红原县雅克音乐文化产业园建设的提案	经济发展	州政府相关部门	已办理答复
23	80	何红等 3 名委员	关于支持在红原县建设川甘青结合部商贸物流中心提案	经济发展	州政府相关部门	已办理答复
24	87	何红等 9 名委员	关于支持环红原机场旅游经济圈核心区建设的提案	经济发展	州政府相关部门	已办理答复
25	67	陈里然丹等 3 名委员	关于解决 S217 线道路改扩建项目资金的提案	经济发展	州政府相关部门	已办理答复
26	56	邓真华等 12 名委员	关于加快推进 G248 线（新扎沟口至马奈段）改扩建的提案	经济发展	州政府相关部门	已办理答复
27	43	邓真华等 12 名委员	关于加快争取两康高速落地落实的提案	经济发展	州政府相关部门	已办理答复
28	61	苏拉让波等 5 名委员	关于加大岷江流域大渡河金川县城镇堤防治理的提案	经济发展	州政府相关部门	已办理答复
29	18	邓真华等 4 名委员	关于加快金川县电网建设的提案	经济发展	州政府相关部门	已办理答复
30	22	新甲旦真等 5 名委员	关于加快争取 S451 线金小路隧道建设项目的提案	经济发展	州政府相关部门	已办理答复
31	39	邓真华等 5 名委员	关于重点支持金川县东女新区建设的提案	经济发展	州政府相关部门	已办理答复
32	40	阿达等 7 名委员	关于支持若尔盖县园区发展建设的提案	经济发展	州政府相关部门	已办理答复
33	4	葛林冲等 8 名委员	关于支持九寨沟县宜居县城建设的提案	经济发展	州政府相关部门	已办理答复
34	8	雷代荣等 7 名委员	关于支持九寨沟县创建州级乡村振兴战略先进县的提案	经济发展	州政府相关部门	已办理答复
35	24	李炳勇等 13 名委员	关于支持建设九寨沟铁路建设的提案	经济发展	州政府相关部门	已办理答复
36	51	李为仁等 4 名委员	关于解决川（主寺）黄（龙）公路（X120）雪山梁隧道运行管养问题的提案	经济发展	州政府相关部门	已办理答复
37	2	马骞等 15 名委员	关于建设平松高速公路的提案	经济发展	州政府相关部门	已办理答复
38	32	白玛泽仁等 15 名委员	关于加快松黑路建设的提案	经济发展	州政府相关部门	已办理答复
39	33	马继云等 16 名委员	关于加快平松路提升改造的提案	经济发展	州政府相关部门	已办理答复
40	62	贺思怒等 12 名委员	关于乡村旅游产业发展推动乡村振兴的提案	经济发展	州政府相关部门	已办理答复
41	59	何尔乓等 2 名委员	关于进一步加强对民营企业支持力度的提案	经济发展	州政府相关部门	已办理答复
42	55	王勇等 13 名委员	关于加快 S446 线黑水县芦花镇至理县米亚罗段公路建设的提案	经济发展	州政府相关部门	已办理答复
43	47	索朗永忠等 13 名委员	关于加大资金投入改造现有电网的提案	经济发展	州政府相关部门	已办理答复
44	44	杨泽旺等 13 名委员	关于加强全州道路基础设施建设，切实提升出州通行能力的提案	经济发展	州政府相关部门	已办理答复
45	78	马秀珍等 12 名委员	关于将壤塘县城镇集中供暖及早纳入电能替代项目并予以落实的提案	经济发展	州政府相关部门	已办理答复
46	41	马秀珍等 12 名委员	关于给予州级文化产业园资金政策支持的提案	经济发展	州政府相关部门	已办理答复
47	38	马秀珍等 12 名委员	关于以“分级入库”方式分享落户“飞地”园区企业产值、税收的提案	经济发展	州政府相关部门	已办理答复
48	19	马秀珍等 12 名委员	关于在壤塘县开发的州级土地复垦项目中给予新增耕地指标支持的提案	经济发展	州政府相关部门	已办理答复

续表 1

序号	提案编号	提案人	提案标题	类别	主办单位	反馈意见
49	11	马秀珍等 12 名委员	关于将退耕还林纳入长期补助政策的提案	经济发展	州政府相关部门	已办理答复
50	9	马秀珍等 12 名委员	关于出台施工 400 万元以下和勘察、设计、监理 100 万元以下招标投标政策的提案	经济发展	州政府相关部门	已办理答复
51	69	张忠华委员	关于修建我州部分通村路排水沟修复沿线被毁生态的提案	经济发展	州政府相关部门	已办理答复
52	36	刘培英等 7 名委员	关于加快推进成阿高速公路建设的提案	经济发展	州政府相关部门	已办理答复
53	35	谢志香等 5 名委员	关于加快推进国道 213 线恢复重建的提案	经济发展	州政府相关部门	已办理答复
54	27	陈雨委员	关于做好马匹转产，推动四姑娘山景区可持续健康发展的提案	经济发展	州政府相关部门	已办理答复
55	93	付国英等 8 名委员	关于加快实施我州公车改革的提案	民生改善	州政府相关部门	已办理答复
56	76	李戎生等 9 名委员	关于争取畜牧业保险政策的提案	民生改善	州政府相关部门	已办理答复
57	71	容中仁青等 6 名委员	关于出台 3500 米以上高海拔地区取暖津贴政策的提案	民生改善	州政府相关部门	已办理答复
58	63	王琼祥等 14 名委员	关于支持红原县成立“阿坝州高原性疾病防治研究中心”的提案	民生改善	州政府相关部门	已办理答复
59	50	阿达等 13 名委员	关于大力支持若尔盖藏医药“国药准字号”生产认证的提案	民生改善	州政府相关部门	已办理答复
60	91	阿达等 9 名委员	关于铁布梅花鹿自然保护区建立农作物补偿机制的提案	民生改善	州政府相关部门	已办理答复
61	28	阿达等 8 名委员	关于调整高海拔深度贫困地区参保群众医保报销比的提案	民生改善	州政府相关部门	已办理答复
62	14	代国蓉等 3 名委员	加大对我州青少年心理健康问题关注力度的提案	民生改善	州政府相关部门	已办理答复
63	6	王晓琳等 3 名委员	关于全州统筹使用医保资金的提案	民生改善	州政府相关部门	已办理答复
64	21	蒲小燕等 8 名委员	关于建立孕情早发现激励机制的提案	民生改善	州政府相关部门	已办理答复
65	23	董谊等 2 名委员	关于建立“阿坝州社会救助大平台”的提案	民生改善	州政府相关部门	已办理答复
66	29	阿旺尼美等 4 名委员	关于将直升机纳入常态化空中巡护体系的提案	民生改善	州政府相关部门	已办理答复
67	60	高志全委员	关于解决部分失地农民社保问题的提案	民生改善	州政府相关部门	已办理答复
68	20	纪承慧等 11 名委员	关于促进新时代退役军人就业创业工作的提案	民生改善	州政府相关部门	已办理答复
69	84	王斌等 16 名委员	关于加快我州教育信息化建设的提案	民生改善	州政府相关部门	已办理答复
70	68	曾飞雪等 7 名委员	关于消除汶马高速路与 317 国道交汇路口高架桥桥墩和车辆通行安全隐患的提案	民生改善	州政府相关部门	已办理答复
71	72	王小刚委员	关于文旅融合发展背景下羌族释比音乐的保护与利用的提案	社会管理	州政府相关部门	已办理答复
72	74	李健等 5 名委员	关于调整县级公立医院人员经费占总支出比例的提案	社会管理	州政府相关部门	已办理答复
73	79	王扎等 11 名委员	关于强化科技支撑，推进林草资源管理网格化的提案	社会管理	州政府相关部门	已办理答复
74	88	唐俐委员	关于整治小额贷款谨防各种“套路贷”，切实保护人民群众财产安全的提案	社会管理	州政府相关部门	已办理答复
75	86	杨林清等 2 名委员	关于进一步建立健全全州乡村红白理事会引导树立文明乡风的提案	社会管理	州政府相关部门	已办理答复

续表 1

序号	提案编号	提案人	提案标题	类别	主办单位	反馈意见
76	89	袁洪泳等 3 名委员	关于争取无害化处理补助政策的提案	社会管理	州政府相关部门	已办理答复
77	54	丁友军等 9 名委员	关于发挥自治功能，建立符合州情的公共法律服务制度，促进依法治州的提案	社会管理	州政府相关部门	已办理答复
78	13	工商联	关于进一步促进全州民营经济发展的提案	社会管理	州政府相关部门	已办理答复
79	5	张廷仪委员	关于进一步加强对小金四姑娘山景区中小微企业和商户帮扶的提案	社会管理	州政府相关部门	已办理答复
80	26	奔卡·嘎桑仁静等 9 名委员	关于支持九寨沟县撤县设市的提案	社会管理	州政府相关部门	已办理答复
81	34	刘志红委员	关于建议调整州属公立医院绩效工资总量核定比例的提案	社会管理	州政府相关部门	已办理答复
82	74	刘志红等 3 名委员	关于建议调整《阿坝藏族羌族自治州医疗服务价格》的提案	社会管理	州政府相关部门	已办理答复
83	89	刘志红等 6 名委员	关于公立医院编制外专业技术岗位人员实行员额管理，财政按编制内同级人员工资的一定比例拨付员额人员工资的提案	社会管理	州政府相关部门	已办理答复
84	48	张永贵等 13 名委员	关于加快解决马尔康城区停车难问题的提案	社会管理	州政府相关部门	已办理答复
85	45	李龙清委员	关于推进我州生活垃圾分类工作的提案	社会管理	州政府相关部门	已办理答复
86	16	马定瑜等 2 名委员	规范全州区域内道路区间测速的提案	社会管理	州政府相关部门	已办理答复
87	30	李戎生等 9 名委员	关于加大黄河流域四川片区红原、阿坝、若尔盖三县生态治理和保护力度的提案	生态建设	州政府相关部门	已办理答复
88	53	阿达等 11 名委员	关于加大黄河九曲第一湾自然景观保护力度的提案	生态建设	州政府相关部门	已办理答复
89	57	魏静等 3 名委员	关于加快金川雪梨林资源开发与保护的提案	生态建设	州政府相关部门	已办理答复
90	31	杨刚等 4 名委员	关于牟尼沟景区及牟尼乡进行旅游联合开发的提案	生态建设	州政府相关部门	已办理答复
91	46	喻林超等 11 名委员	关于优化调整我州生态保护红线及自然保护区面积、分区的提案	生态建设	州政府相关部门	已办理答复
92	90	马秀珍等 12 名委员	关于将壤塘县纳入生态保护重点县生态补偿试点县范围的提案	生态建设	州政府相关部门	已办理答复
93	85	王斌等 16 名委员	关于建立长江中下游地区补偿上游地区长效机制的提案	生态建设	州政府相关部门	已办理答复

【优秀提案】 提案一　关于关心关爱单亲母亲群体推动牧区移风易俗的提案（第 12 号提案）

提案人：王孝莉、严昌琼委员

一、背景情况。单亲母亲群体是阿坝州 45 万妇女中比较特殊的弱势群体，从成因而言有非婚生、离异、丧偶类型，其家庭大多比较贫困，部分贫病交加，处于生活的底层，其生存状况和生活质量令人担忧，该群体收入多为政策性收入，返贫风险高，目前因陈规陋习钻帐篷原因尚未根治而导致的非婚生单亲家庭仍时有增加，该群体既是阿坝州脱贫攻坚、同步奔小康的短板，又是依法治州、基层治理的难点，关系其家庭子女的健康成长和社会的和谐稳定，亟待党政高度重视，相关部门齐抓共管，社会各界关心关爱，从源头推动移风易俗，根治非婚生单亲家庭的产生及脱贫难、返贫风险大问题。

二、现状及存在的困难和问题。单亲母亲现状：据不完全统计，仅牧区四县有非婚生、离异、丧偶单亲母亲家庭 5348 户，22079 名，建档立卡贫困家庭占 35%；多为单亲母亲带2~5名子女共同生活，存在二代三代单亲家庭，家庭成员为妇女和儿童，30岁以下占25%，30~50岁占60%，50岁以上占15%。文盲、小学、初中以上文化分别占78%、17%及5%。单亲母亲中大多患大骨节病、肺心病、结核病及多种妇科疾病。70%左右主要从事传统畜牧业，少量单亲母亲以打零工为生，部分靠挖虫草等草药增加家庭收入，极少数从事缝纫、乡村旅游接待等产业。大部分缺乏劳动力，仅依靠挖药售卖及政府救助勉强维持生活，大多处于贫困线临界边缘。

存在的困难和问题：一是基数较大，代际传递明显。单亲母亲群体庞大，因钻帐篷、逛寨子等陈规陋习原因造成的非婚单亲家庭占35%以上，部分县（市）现在仍然存在因陈旧陋习新增的单亲妈妈，部分家庭为二代、三代单亲，呈明显的代际传递。二是不懂法律，保护能力缺乏。相关部门对新《婚姻法》《妇女权益保障法》《未成年人保护法》以及计划生育政策等方面的宣传执行不到位，对侵犯妇女权益违法犯罪行为打击不到位，致使钻帐篷等陈规陋习及两性关系混乱和一户3孩至5孩等问题至今仍在一定范围内不同程度存在，且大多数单亲家庭孩子均由母亲抚养，父亲均未履行抚养义务。因不懂法、知法及用法，有的女孩被性侵怀孕后受不杀生观念影响不得不生下孩子，有的单亲母亲与孩子父亲同居多年却不办理结婚证，最终被抛弃，完全不懂拿起法律武器维护自己的合法权益。三是不重视教育，文化水平低。大部分家庭不重视子女教育，大多数女孩满16岁后家长任由其辍学，因其没有一技之长，文化水平低，在就业时困难重重，仅能找到重体力低收入的工作，贫困的代际传递不可避免地出现在这些家庭当中。四是观念落后，脱贫能力低。现有扶贫政策更多以输血为主，未能有效打破单亲母亲陈旧思想枷锁，没有唤醒其自我脱贫意识，赋予其造血功能。大多数单亲母亲文化程度偏低，劳动技能单一，无就业意愿，不愿参加技能培训，致富能力低下，且受“男尊女卑”陈腐观念影响，把自己放在家庭从属地位，安于现状，得过且过，“等、靠、要”懒惰思想严重，完全依赖政府政策性收入，政策停止后返贫风险大，如不激发她们的内生动力，仅依靠政府补贴，难以实现真正脱贫。且大多数单亲母亲因照顾老人小孩而抽不开身外出务工，当地又无适合女性居家灵活就业的产业，且难以选树致富女带头人形成辐射带动作用，这也是目前单亲母亲及其家庭难以走出困境的重要原因。

三、建议对策。由州委政法委牵头，成立由州检察院、法院、教育、公安、司法、卫健委、扶贫开发、妇联等部门配合，做好以下工作。（一）精准调研，摸清底数。全面开展单亲母亲摸底调研，摸清底数，核实数据，精准识别，建立健全单亲贫困母亲家庭动态数据库，形成调研报告，找出症结，找准对策，共同形成阿坝州关心关爱单亲母亲的实施意见，明确各部门职责，建立联动机制，形成定期召开联席会议制度，多部门共同发力推动工作落地落实。（二）依法惩治，加强宣传。开展“打击违法犯罪、保护单亲母亲家庭权益”专项活动，大力推进草地牧区移风易俗，构建现代婚姻制度，倡导文明婚育新风，针对非婚生单亲家庭开展“寻找父亲”工程，向陈规陋习开刀，树典型，出实招，用法律手段强制其履行义务。由州委宣传部牵头，组织检察、法院、公安、司法、卫健委、妇联等部门组织普法宣讲队，采用编演维权小品、情景剧等方式，利用农民夜校、坝坝宣讲等阵地，加大对相关法律法规、计划生育政策的无死角宣传，让一夫一妻制等深入人心，引导妇女“学法、尊法、守法、用法”，自尊、自爱、自立、自强，加大正反典型案例宣传，正面示范带动，以先进典型弘扬新风，反面震慑，以法律惩治推进妇女维权，彻底从源头根治钻帐篷的陈规陋习。（三）教育引导，转变观念。在各中小学校广泛开展“格桑花开·女童关爱”思想教育活动。让广大女童从小接受“四自”精神及法律知识教育，树立正确三观，学法尊法守法用法，提高文化水平，通过知识改变命运，阻断贫困代际传递。（四）加强培训，提升技能。为有就业愿望和能力的单亲母亲家庭提供各类技能培训，在普惠性培训中提高单亲母亲参训比例，提高单亲母亲脱贫能力，并结合各县（市）实际，找准适合单亲母亲居家灵活就业的产业发展路子，大力发展村集体经济，促进单亲母亲实现居家灵活就业。借鉴贵州“公益办学、教育扶贫”模式，探索在州内院校开设藏织、藏绣、羌绣、唐卡等非遗文化专业，制定科学的人才培养计划，免费招收农牧区16岁以上辍学少女入学接受学历教育和技能培训，让她们学习技能、传承文化，增强脱贫致富能力，过上充满自信、有尊严和有底气的生活，阻隔贫困代际传递。

提案二　关于进一步促进全州民营经济发展的提案（第13号提案）

提案人：州工商联

阿坝州地处青藏高原东南缘，是集老少边穷病高地区，特别是草地四县主要是以藏族聚居为主的农牧业县。近年来，阿坝州民营经济组织不断增加、结构不断完善，在当地稳定增长、促创新、增就业、改善民生等方面发挥了重要作用，成为推动经济社会发展的重要力量。但通过调研了解到民营企业在发展过程中遇到了诸多瓶颈，阻碍了企业的健康发展。

原因分析：目前，阿坝州民营企业普遍存在小、弱、散状况，加之长期以来社会对民营企业认识的偏差，自身企业经营管理理念相对落后，企业受融资、创新发展等因素的持续影响，很大程度制约了民营企业的发展，再加之阿坝州民营企业因地区条件限制难以引入和留住经营管理人才。虽然近年来国家、省、州和县均出台了相应的促进民营经济发展相关政策，但相关政策落地难。

建议：一是强化政策支撑。立足阿坝州民族区域自治特点、资源优势等，进一步制定和出台民营经济健康持续稳定发展的政策，并对招商引资、土地出让、税收费用、融资、项目建设、人才培养等进行细化和量化，更加具有可操作性和实用性。进一步落实党中央、国务院促进民营经济发展决策部署及省、州促进民营经济健康发展的各项政策，认真贯彻执行省委、州委关于促进民营经济健康发展的实施意见，将税费优惠支持政策、降低民营企业经营成本支持政策、金融信贷支持政策、民营企业创新创业支持政策、加强民营企业优秀人才队伍建设支持政策、财政资金支持政策等落实落地，落实到位，有力有效破除“三门三山”，进一步提振民营企业信心、激发民营经济活力。二是强化人才支撑。政府、就业等行业部门要多对各类行业组织开展专业、系统的培训，帮助企业解决用工问题；进一步加大职业院校建设，为企业培养符合时代发展需要的各类技术人才。三是强化企业党建。加强企业党组织建设，突出党组织在企业中的作用，出台加强储备和委派党建指导员的规定。由组织部、统战部、机关党工委、工商联共同负责党建指导员派驻非公企业、工业园区、商协会指导党建工作。

提案三　关于加快推进成阿高速公路建设的提案（第36号提案）

提案人：刘培英、李洪、唐林、吴应俊、金媛、胥斌、刘云建委员

汶川作为阿坝州的南大门，是阿坝州联系内地的门户和交通枢纽，也是九寨环线中线的必经之路，据统计，每天经汶川出州通行车辆约为1.5万余辆，进州通行车辆约为4000余辆。近年来，汶川依托得天独厚的自然、文化旅游资源和气候条件，按照“两大目的地、两大内环线＋文旅小镇”的总体布局，围绕“运动康养·生态颐养·老年文养”的主题定位，加快建设天府汶川生态康养慢生活度假区，全力打造川西北特色生态康养目的地。但汶川交通保障能力脆弱，抗御山洪泥石流等灾害能力弱，严重制约了县域乃至全州经济社会更快更好发展。为此，完善地区公路网，进一步提高抗灾、救灾和应急保障能力，最大限度避免自然灾害引起“两线一走廊”（都汶高速、国道213线）交通中断的问题，规划建设成阿（汶彭）高速公路已势在必行。案据：

（一）项目基本情况。经多方争取，目前成阿高速已纳入全省高速公路发展规划，四川省交通运输厅交通勘察设计研究院已初拟成阿高速的规划路线，路线接成彭高速，从彭州市西侧经丽春、桂花镇接第三绕城高速互通，向北经磁峰、龙门山镇至汶川县接都汶高速、汶马高速，总长度约105公里（彭州约76公里、汶川境内29公里），双向四车道高速公路标准。

（二）项目建成的意义。成阿高速的建成将为汶川和彭州两地提供一条便捷的通道（较现有都汶高速缩短约20公里），最大限度地发挥两地资源优势，促进区域协同发展，将解决当前阿坝州与成都交通运输组织单一、通道可靠性不足等问题，最大限度避免自然灾害引起“两线一走廊”（都汶高速、国道213线）交通中断的问题，进一步提高抗灾、救灾和应急保障能力，也将成为阿坝州一条重要的战备通道，为国家安全维稳提供重要的保障。

（三）项目前期工作开展情况。“十三五”初提出汶彭二级公路建设思路，该项目纳入了阿坝州“十三五”交通运输专项规划。

2017年，汶川县与彭州市就如何推动成阿高速公路一期（汶川至彭州）建设进行协商，对成阿高

速公路建设的重要性和必要性达成了共识。双方建立了联络机制，加强信息对接、沟通协作，并分别向成都市、阿坝州专题报告，积极争取上级党委政府的支持。同时，彭州市和汶川县在生态保护红线确定前，分别为项目预留了建设通道。

2018 年 2 月，彭州市交通局委托编制单位开展成阿高速公路方案研究。2018 年 6 月编制单位完成方案研究报告，并提交彭州市交通局。该项目已列入成都市高快速路网规划，阿坝州也已列入交通规划。成阿高速成都段（成都经济区环线高速公路彭州连接线）作为先期实施段已于 2018 年 11 月经省人民政府批准同意纳入省高速公路网规划，开展项目前期工作。汶彭高速作为成阿高速北段，2019 年纳入省高网规划。

2019 年 8 月，省交通运输厅委托兴蜀公司作为代理业主完成项目可研及设计编制单位的招标工作。现项目编制单位已收集相关数据继续开展前期方案研究工作，待方案稳定后启动项目可研报告编制，同时项目编制单位已于 10 月 24 日进行了现场勘察。

2019 年 11 月 22 日，经交通运输厅研究形成意见，省政府领导同意，以四川省人民政府办公厅办文通知反馈了相关意见，文件指出"下一步，交通运输厅将积极向交通运输部汇报，力争将该项目纳入国家高速路网规划"。

方案：

目前，交通运输部正在开展对民族地区、贫困地区定点帮扶，四川省正同步加大对民族地区、贫困地区精准扶贫力度，国家和省上对阿坝州的交通发展在项目安排、资金补助、政策优惠、技术支持等方面给予了全方位支持和倾斜。建议州人民政府利用有利契机，积极向上争取，将成阿高速纳入国家高速公路发展规划，加大协调省级相关部门力度，加快推进成阿高速公路的前期工作，力争项目尽快开工建设，尽早为阿坝州经济发展和脱贫奔康助力。

提案四　关于优化调整阿坝州生态保护红线及自然保护区面积分区的提案（第 46 号提案）

提案人：蒋明、刘武财、杨友清、江磋塔、李贵亮、李荣昌、胡强、谢晓兰、王生、章小平委员

阿坝州生态保护基本情况：一是已划定生态保护红线 3.99 万平方公里，占国土面积的 48.12%，为四川省市州中最大占比。二是已建成各级各类自然保护区 25 个，森林公园 10 个、湿地公园 6 个，保护区面积达 227 万公顷，占国土面积的 27%；常年管护林地面积达 5580 万亩，森林覆盖率 25.63%；现有天然草原面积 6783 万亩，草地植被综合覆盖率达 79.9%；湿地面积 63.38 万公顷，自然湿地保护率达 55%；野生动植物种类达 4000 余种，世界自然遗产、重点保护物种和典型生态系统得到有效保护。全州大气质量持续保持省内市（州）排名第一，主要河流出境断面水质达到国家Ⅲ类及以上水域标准，水功能区水质达标率保持 100%，土壤环境总体保持稳定，农牧用地安全能够得到有效保障，生态环境不断优化，宜居水平不断提升，为阿坝州建设川西北生态示范区奠定了坚实基础。

主要问题：一是阿坝州生态保护红线内，有 900 多平方公里的土地为生产生活用地，其中基本农田约 0.2 平方公里，基本草原约 930 平方公里，矿业权约 1.2 平方公里，人工商品林约 8.5 平方公里，生态保护红线与人为活动相冲突；二是部分项目建设与生态红线划定相冲突，影响项目落地。各类重点项目中，涉及交通路线 15 条，涉及水电站 3 个。国家战略性矿产勘查开发预留空间与生态红线矛盾较为突出，调整后的油气采矿权与生态红线矛盾冲突面积仍占约 353 平方公里。三是过去阿坝州在申报创建各级各类自然保护区等保护区时为了更多争取国家、省的财政支持，保护区申报面积普遍划定较大，且保护区分区也没有进行充分的科学论证，一些保护区的核心区和缓冲区大多大于主要保护对象生境范围，部分原住民和可适度开发生态旅游的区域也划入了核心区和缓冲区，对已形成的保护主体与主要保护对象和谐共生的生态环境进行了不必要的分割，从法理上形成保护主体与主要保护对象的矛盾，绿水青山难以转变为金山，一定程度上制约着保护主体生产生活发展。

为此，建议州里按照《自然资源部办公厅、生态环境部办公厅关于开展生态红线评估调整工作的函》的精神和要求，对阿坝州已划定的生态保护红线和已建成的各级各类自然保护区面积、分区开展科学评估调整工作，以优化调整阿坝州生态红线、自然保护区面积和分区，切实做到保护优先、重点识别、实事求是，纠偏优化，确保生态红线、自然保护区权威、科学、可执行，

合力推进“一州、两区、三家园”建设步伐。

提案五 关于加大资金投入改造现有电网的提案（第 47 号提案）

提案人：索朗永忠、甘先群、孙春艳、黄涛、贺思怒、何尔兵、高志全、陈耿义、让太、王小刚、邹银武、秦开金委员

理县变电站共 11 座，变电容量共 126350 千伏安。其中代运行维护的 110 千伏变电站共 2 座，变电容量 81500 千伏安；运行维护的 35 千伏变电站共 9 座，其中永久站 5 座，临时简易站 4 座，变电总装机容量 44850 千伏安。35 千伏线路共计 12 条（包含 5 条支线），线路总长度 186.1 公里（支线总长度 47.62 公里）；10 千伏线路共 27 条，线路长度 554.64 公里。县域内，35 千伏线路供电半径长，线路“T”接点多，线路线径小，大部分线路线径均在 LGJ-95 以下，LGJ-70 线径居多，线路运行年限久，不能满足负荷增长需求，在用电高峰时段，时有线路被熔断。其中：朴头镇由朴头、梭罗沟两座变电站供电，供电总容量 6000 千伏安，目前实际负荷 6930 千瓦，后续拟增负荷 10360 千瓦，供电容量缺口很大。2019 年该地区农网升级仅限于 10 千伏及以下配网主线和公变变压器改造，经理县供电公司现场勘查，如若满足该地区旅游开发建设，保障用户正常供用电。该地区实际安装变压器台数应达 50 台以上，实际用电负荷总容量最少在 20000 千伏安。

建议：

一、恳请落实资金进行电网改造和其他变电站环线建设，满足日益增长的游客用电需求，提升供电质量。

二、恳请留州电量分配上给予支持，用于扶持全域旅游产业发展，让广大涉旅经营户享受优惠政策，逐步发展壮大。

提案六 关于加强阿坝州黄河上游重点旅游集镇建设的提案（第 66 号提案）

提案人：尹大芝、阿达、措德、李戎生、马骞、尼玛木、章小平、严昌琼委员

阿坝州是黄河上游重要的生态屏障和水源涵养地，是藏、羌、回、汉等多元民族与多元文化的汇集地，是历史时期的文化走廊、民族走廊，是革命时期的红色长征走廊，是黄河文明的重要组成部分。为贯彻落实习近平总书记在黄河流域生态保护和高质量发展座谈会上的讲话精神，要把握好黄河流域生态保护和高质量发展国家战略的原则，坚持生态优先绿色发展，坚持走绿色可持续高质量发展之路，坚持因地制宜、分类施策，发挥比较优势，坚持抑制不合理利用方式，推动利用方式由粗放低效向节约集约型转变。加强阿坝州黄河上游重点旅游集镇建设与黄河文化保护传承相结合的建设工作就尤为重要。

在阿坝州全域旅游发展中，处于黄河上游的阿坝、若尔盖、红原、松潘等县的唐克镇、邛溪镇、达扎寺镇、瓦切镇、安曲镇等重点旅游集镇，在推进黄河文化生态带旅游集镇建设中投入不足，黄河旅游品牌没有形成，旅游集镇治理体系和治理能力尚待完善。

阿坝州黄河上游自然文化资源富集，建设国际文化旅游目的地独具优势，转型发展正当其时。推动沿黄河流域发展全域旅游势在必行，建设与旅游集镇为中心现代服务产业体系迫在眉睫。

建议：

一是多规合一，顶层设计，高水平编制好《阿坝州黄河流域旅游集镇发展规划》。着眼未来，坚持三线清单，协调好集镇规划、旅游规划、土地利用规划之间的关系，超前规划阿坝州黄河流域重点旅游集镇。并纳入黄河流域规划纲要中。二是彰显特色，多元发展，把阿坝州黄河上游旅游集镇按国家级特色小镇标准，打造一批黄河源区国际旅游特色风情小镇。三是强化治理现代化，高效推动旅游特色城镇治理体系和治理能力建设，要加快形成以州级层面系统顶层设计，对表国家战略部署；要研究建立高效组织体系和工作机制；要以新一代信息技术为支撑，率先强力推进沿黄河地区智慧集镇建设工作。建平安、温馨、和谐、宜居、宜游旅游集镇，不断提升旅游产业治理体系和能力现代化，让黄河成为造福人民的幸福河。

（侯正欣）

纪检监察

DISCIPLINE INSPECTION AND SUPERVISION

重要会议

Important Meetings

【概况】 2020年，严格落实有关规定，组织召开全体会议1次，巡察工作安排部署会议1次，上半年审查调查工作调度会1次，全州纪检监察案件质量现场会1次。

【第五次全会】 3月3日，中国共产党阿坝州第十一届纪律检查委员会第五次全体会议在马尔康召开，会议以电视电话会议形式召开。州委书记刘坪出席会议并作重要讲话。审议通过郑雷代表州纪委常委会所作的工作报告。松潘县委、壤塘县人民政府、黑水县人民政府、州文化体育和旅游局、州市场监督管理局主要负责人向大会述责述廉，接受测评。出席全会州纪委委员42人，列席138人。

【巡察工作会】 6月3日，全州巡察工作会议暨州委第八轮巡察动员部署会在马尔康召开，州委常委、州委巡察工作领导小组副组长高立新主持会议并宣布第八轮巡察组组长、副组长授权及任务分工决定，州委常委、州委巡察工作领导小组常务副组长郑雷出席会议并讲话。常规巡察阿坝职业学院（除省管干部以外的其他班子成员）、州直属机关工作委员会、州发展和改革委员会、州水务局等12个州级部门党组织。

【述责述廉会】 7月16日，阿坝州在马尔康召开县纪委书记（监委主任）、州纪委监委派驻纪检监察组长向州纪委常委会述责述廉会。壤塘县、茂县、九寨沟县、黑水县纪委监委和驻州委组织部、州委统战

7月16日，阿坝州县级纪委书记和驻州级部门纪检组长向州纪委常委会述责述廉会在马尔康召开

（州纪委提供）

部、州教育局、州交通局纪检监察组组长作现场述责述廉，接受质询和民主测评。

【全州 2020 年上半年审查调查工作调度会】 7 月 21 日，全州 2020 年上半年审查调查工作调度会在马尔康召开。分析形势、明确任务、正视问题、增添措施，保障下半年审查调查工作。听取各县（市）纪委书记、州纪委监委各纪检监察室负责人上半年审查调查工作进展情况和下一步工作打算。

【全州纪检监察案件质量现场会】 9 月 23 日，全州纪检监察案件质量现场会在茂县召开，州纪委相关科室、派驻纪检监察组负责人，以及 13 县（市）纪委监委主要负责人、分管审查调查或案件审理的领导、案件审理室负责人 80 余人参加会议。州委常委、州纪委书记、州监委主任郑雷出席会议并围绕案件质量提升作讲话。

纪检监察事务

Affairs of Discipline Inspection and Supervision

【概况】 2020 年，坚持以习近平新时代中国特色社会主义思想为指导，增强“四个意识”，坚定“四个自信”，做到“两个维护”，忠诚履行党章和宪法赋予的职责，推进全面从严治党，净化政治生态，用坚强的纪律作风服务决战决胜全面小康、夺取疫情防控胜利和经济社会发展。

4月26日，州委常委、纪委书记、监委主任郑雷（正前右）在理县蒲溪乡河坝村调研“三务”公开工作

（州纪委提供）

【推动“两个维护”】 组织学习习近平系列重要讲话精神和《习近平谈治国理政》第三卷，并与第一卷、第二卷贯通融合指导工作，督促全州广大党员干部提高政治站位，在思想上、政治上、行动上同以习近平为核心的党中央保持高度一致。按照州委安排，印发关于严明疫情防控纪律的紧急通知，成立 3 个暗访督查组赴 13 个县（市）、70 个州级部门开展监督检查，现场督促整改问题隐患 367 个，严肃查处疫情防控不力问题 49 件 52 人。执行请示报告制度，州纪委监委主动向省纪委监委和州委请示报告工作 69 次。增进政治纪律和政治规矩意识，开展政治纪律大培训 3000 余场次，7 万余名党员干部接受教育，查处违反政治纪律和政治规矩 22 人。

【落实“三察三治”】 创建“察部署落地、治政令梗阻，察项目推进、治职责缺位，察为民服务、治初心迷失”的“三察三治”监督机制，聚焦“不请示不报告、不担当不负责、不作为不落实、不履职不干事”等突出问题，对 2156 个单位开展察治，督促解决“重点项目推进滞后”“便民服务窗口运行不畅”等问题 2601 个，追责问责 281 人。“三察三治”做

11月11日，州委常委、纪委书记、监委主任郑雷在阿坝县贾洛镇调研指导工作 （州纪委提供）

法被《四川日报》等媒体报道。聚焦“六稳”“六保”，出台服务保障民营经济健康发展七条措施，构建“亲”“清”政商关系，保护民营企业合法权益。围绕脱贫攻坚收官、森林草原防灭火、防汛减灾等重点领域，开展监督检查，督促问题整改。推进九寨沟“8·8”地震灾后恢复重建、汶川“8·20”强降雨特大山洪泥石流灾后恢复重建专项监督，开展督查检查54次，督促整改问题112个，党纪处分1人，组织处理15人。

5月26日，组织汶川县纪委开展重点项目推进、资金拨付专项督查　（州纪委提供）

【落实“两个责任”】强化管党治党“两个责任”落实，常态化开展述责述廉、约谈提醒等工作，102名县级干部接受任前集体廉政谈话，督促领导干部报备婚丧喜庆事宜等个人有关事项145人次。制定《办理党风廉政情况意见工作办法》，规范党风廉政意见回复程序、办理事项，州纪委监委机关回复党风廉政意见71批1418人次，提出暂缓意见61人次。

【腐败惩治与预防】深化“脱贫攻坚纪律作风保障年”活动，开展“四个不摘”政策落实情况监督检查，实施“明目行动”，全覆盖清理扶贫领域工程项目，“回头看”问题线索处置情况，清理线索1400件，督促相关责任部门整改建设进度滞后、质量不合格等方面问题2025个，查处扶贫领域腐败和作风问题110件200人，给予党纪政务处分91人、组织处理109人。组织开展“阳光问廉”3期、“坝坝会”1093场，解决实际问题3655个。召开现场会推广壤塘群众工作经验。协助州委制定《阿坝州建立健全村级纪检监察组织和村务监督委员会指导意见》，全州1154个村（社区）全覆盖建立纪检监察组织，推动基层治理。完善纪委监委班子成员挂牌督办包案制度，健全涉黑涉恶案件“双专班”侦办、案件线索移送通报和联系会商、逐案筛查机制，查处涉黑涉恶腐败和“保护伞”问题24件29人，移送司法5件5人。4月26日，州委常委、纪委书记、监委主任郑雷在理县蒲溪乡河坝村调研党务、村务、政务公开工作。2020年全省党风廉政建设社会评价，阿坝州较2019年提高0.9分，上升4位，排名上升幅度全省第一。

【信访处理】全州纪检监察机关受理群众信访举报935件次，同比增长11.8%，处置问题线索1509件，立案738件822人，处分812人，留置37人，移送司法27人，县处级干部28人、乡科级干部187人受到党纪政务处分。坚持受贿行贿一起查，查处不法商人15人，通缉行贿人为全省首例。

【行业治理】坚决治理重点行业领域乱象，开展发改、住建、卫健、人防领域系统治理，查处严重违纪违法案。在高压震慑和政策感召下，包括8名县处级干部在内的323人主动投案或向组织说清问题。运用“四种形态”批评教育帮助和处理2140人次，各形态分别占比61.1%、31.6%、3.5%、3.8%。

【以案促改】督促州卫健委等部门建立医疗设备耗材采购“三统一”模式，全州采购医疗设备中标价节约率67%。开展就业系统培训“五晒五治”，推动建立完善《阿坝州职业技能培训补贴办法》等机制，就业系统案入选国家人社部警示教育案件录。制定《阿坝州党政干部容错纠错实施细则》，实践运用“三个区分开来”，从轻减轻或免予处理23人，为363名干部澄清正名。

【廉洁教育】培育汶川、马尔康等县（市）廉洁教育基地，映秀震中纪念馆成功申报四川省廉洁文化基地。坚持用身边事教育身边人，制作《培训里的“生意经”》《折翼的青春》等警示教育片。在“阳光阿坝”微信公众号开展党纪法规知识测试，参与线上答题14万人。深化“四个面对面”，公开宣布处分决定580余场次，10600余名党员干部接受现场教育，“四个面对面”获评第二届“中国廉洁创新奖”特色创新项目。

【正风肃纪】 贯彻落实中央八项规定精神，督促各级各部门和党员干部带头落实节约粮食、制止餐饮浪费，整治形式主义、官僚主义，防止“四风”隐形变异，完成13个县(市)和89个州级部门正风肃纪集中督查2轮，发现问题353个，纠治公车私用、违规发放津补贴等问题224个。查处落实中央八项规定精神不力问题236件336人，给予党纪政务处分201人，组织处理135人，通报曝光78件102人。开展正反两方面宣传教育，推进舆论引导，组织观看警示教育片、发送廉洁短信。

【巡察整改】 完成阿坝职业学院、州人社局等24个州级部门党组织的常规巡察，州本级巡察覆盖率85%。推进州、县政府采购专项巡察，实施跨市(州)帮扶式巡察，开展州本级和茂县联动巡察，丰富巡察方式，提升巡察监督质效。全州接受巡察村(社区)99%，解决突出问题323个，推动巡察监督向基层延伸。制定《关于被巡察党组织进一步加强巡察整改工作的意见》，督促169个被巡察党组织整改问题2043个。建立《州纪委监委机关与巡察机构工作协作“六项机制”》《关于建立完善巡察与审计工作协作机制的意见》，推动巡察监督与纪检监督、审计监督融合。

6月14日，组织理县夹壁村党员志愿服务队开展救灾工作 （州纪委提供）

【队伍建设与管理】 坚持民主集中制，推进“不忘初心、牢记使命”常态化制度化。深化派驻改革，州本级划转政法专项编制19个，调整优化派驻机构5个，完善纪检监察室与派驻机构统筹联动机制。统筹运用上挂锻炼、以案代训等方式培训343人次，提升干部队伍能力素质。落实纪检监察干部关心关爱措施，开展全覆盖健康体检，制定《关于关心关爱纪检监察干部的落实细则》。配合省纪委监委内部督察，整改问题30个。完成7个县纪委监委的内部督察，督促整改问题110个。开展全系统警示教育，通报19起典型案例。坚持刀刃向内，防治“灯下黑”，处置纪检监察干部问题线索36件，立案5件、处分5人，组织处理15人。与公安机关、金融机构、审计部门协作配合，建立完善《预防打击监察对象贪污贿赂和洗钱犯罪》等系列协作机制。

（鲁小波）

4月10日，甘孜、阿坝纪检监察工作经验交流座谈会在马尔康召开 （州纪委提供）

群众团体

MASS ORGANIZATIONS

总工会

Aba Federation of Trade Unions

【概况】 2020年，围绕增“三性”、去“四化”，坚持锐意改革创新，团结带领广大职工适应新常态、践行新理念、展示新作为，自觉接受党的领导，贯彻中央、省委和州委决策部署，落实重大事项请示报告制度，关心走访慰问抗疫一线职工，下拨困难救助金帮扶因疫致困职工，安排专项资金用于14个州属企业复工复产和疫情防控，统筹助学资金帮助315名困难职工（农民工）子女实现“大学梦”，争取帮扶资金和送温暖资金帮扶困难职工（农民工）9997人次，完成4个“雪域高原职工之家”建设和38个（乡镇）职工之家提档升级，发挥工会活动阵地作用。

【州总工会八届十次全会】 5月19日，阿坝州总工会八届十次全委会议在马尔康市召开。听取全委会工作报告和经审工作报告，安排部署2020年工作任务。州委副书记李为国当选为州总工会第八届委员会主席，李维洪、张兰当选为州总工会第八届委员会副主席。州总工会八届委员会委员，不是州总工会八届委员会委员的县总工会负责人等参加会议。

【州工会第九次代表大会】 12月23—24日，阿坝州工会第九次代表大会在马尔康市召开。选举产生州总工会第九届委员会、经费审查委员会委员；审议通过州总工会第八届委员会工作报告、财务工作报告和第八届经费审查委员会工作报告。州总工会九届一次全委会选举产生州总工会新一届领导班子。州委副书记吴立岩出席会议并讲话，

12月23—24日，阿坝州总工会第九次代表大会在马尔康召开　（州总工会提供）

省总工会党组成员、副主席杜长江到会致辞，州人大常委会副主任王德海、州政协副主席洪秀英、州一级巡视员葛宁出席会议。

【工会组织建设】 完成百人以下、25人以上企业建会摸排工作，全州建会企业128家，建会率91.43%。在全州范围内全面推进货车司机等群体入会工作，下拨补助资金20万元，全州农民工入会率动态保持在92%。

【产业工人队伍建设和技能人才培养】 履行全州产业工人队伍建设改革牵头职责，落实《阿坝州产业工人队伍建设改革实施方案》，开展好产业工人队伍建设改革深化年行动。开展“改革创新当先锋 提质增效保增长”职工技术创新成果和优秀合理化建议征集活动，收集技术创新成果1个、优秀合理化建议4条。实施职工素质提升工程，在全州金融、林业等行业（系统）举办岗位练兵和技能比赛活动，参与职工1000人（次）。健全完善劳模评选推荐、事迹宣传和关爱激励机制，推荐上报全州2家单位和19名个人为全国、省劳模（先进工作者）及省五一巾帼标兵（岗）、新冠肺炎疫情防控一线先进个人（集体）。

【职工就业创业援助】 开展就业创业服务月活动，做好疫情防控期间返岗就业服务工作，运用州、县（市）公共招聘网、微信公众号等发布256家企业招聘信息，提供483个工种10939个岗位，推动165人实现就业。按照政府主导与社会扶持相结合的思路，打造岗位平台，开发“疫情宣传、统计岗位、疫情监测、卡点值守、社区公共卫生、消毒保洁”等公益岗位1510个，安置1340人。

【职工合法权益维护】 健全完善职工信访工作机制，办理职工维权案件，畅通职工（农民工）诉求渠道。聚焦5个重点问题和8个重点，开展职工队伍稳定风险专项排查化解工作，促进全州职工队伍稳定。开展“女职工维权行动月”活动，举办各类宣传活动100场（次），发放宣传材料2万份，咨询解答5000人次。开展工资集体协商“集中要约行动月”活动，发出邀约并回应企业291家，全州正常经营建会企业工资集体协商建制率96.9%，女职工权益专项集体合同率和女职工权益专项集体合同签约率90%以上。

【职工生活服务和文体活动体系建设】 开展职工之家建设，全年下拨专项资金275万元，完成17个乡镇职工之家、4个“雪域高原职工之家”、4个基层工会职工之家、1个省级职工之家阵地建设，提升改造13个乡镇职工之家、1个“雪域高原职工之家”。培育和践行社会主义核心价值观，深化“中国梦·劳动美”主题教育，新建1个职工（农民工）文化驿站、2个四川省职工书屋示范点，打造健康文明、昂扬向上的职工文化。

【困难职工帮扶慰问】 推进深度困难职工、困难职工帮扶救助和职工普遍送温暖的层级梯度帮扶服务工作，筹集使用帮扶资金273万元，

11月29日，州总工会党组书记、副主席李维洪深到小金县两河口镇彭坝村调研扶贫项目建设情况（州总工会提供）

2020年11月，州总工会党组书记、副主席李维洪参与“百姓开放日”活动（州总工会提供）

帮扶困难职工家庭 1920 户次。开展“四季送”活动，解决就业 165 人，开发应急性公益岗位 1510 个，安置 1340 人；筹集和发放防暑降温物品 133 万元，走访慰问职工 10712 人（次）；筹集金秋助学资金 45 万元，资助 315 名困难职工（农民工）子女上学；筹集送温暖资金 192 万元，走访慰问困难职工（农民工）及劳模 2884 人。开展“阿坝州特困职工深度帮扶行动”，全州帮扶特困职工 64 名。联合省基金会、创维集团开展“创维公益万里行、积善帮困暖人心”活动，争取全州困难职工（农民工）爱心物资价值 40 余万元和“专项补贴卡”价值 800 万元。

【民工关爱行动】 开展农民工关爱服务工作，走访慰问农民工 2825 人，发放慰问品 57 万元。开展“春风行动”就业专场行动 23 场次，参与农民工 3164 人。联合州人社局、州就业局等相管部门根治欠薪案件 50 起，追回 1069 名农民工欠薪 2776 万元。开展“温暖回家路·工会伴你行”平安返乡活动，投入资金 17 万元，服务农民工 720 人。建工会户外劳动者服务站点 7 个，投入资金 12.5 万元，服务农民工 1180 人。

【劳模关爱行动】 开展春节慰问、“劳模关爱周”、五一慰问等活动，发放各级劳模各类补助资金、慰问金 207.5 万元，慰问各级劳模 1031 人次。按照“定点组织、相对集中、方便劳模”的原则，组织全国、省部级、州级劳模开展劳模健康体检，参加体检劳模 234 人，划拨劳模健康体检费 13.4 万元。组织 18 名省部级以上劳模参加全总、省总劳模短期疗休养活动。

【工会经费管理】 开展工会经费“收、管、用”，做好财政划拨和地税代征工会经费工作，工会经费收入稳定增长。与税务部门沟通协调，截至 12 月底，返还 115 户小微企业工会经费 333.49 万元，帮助小微企业渡过难关。坚持基层工会经费分成比例不低于 60%；安排乡镇职工之家提升建设资金 100 万元，配套全州乡镇（街道）、开发区（产业园区）和社区工会工会经费 40 万元，补助职工活动阵地建设资金 100 万元，推动工会经费向基层倾斜。

【会员普惠行动】 联合阿坝州邮政分公司、邮储银行阿坝州分行开展工会会员普惠性服务“超市满减、9 元系列、加油满减”活动，投入普惠性服务项目专项资金 88 万元。

【协力社会责任】 向全州各级干部职工发送新冠肺炎疫情宣传短信 5000 条，发出各类宣传海报、倡议书、防疫抗疫信息 100 条，组织动员全州职工参与疫情防控工作。走访慰问全州医疗、公路、公安系统等抗疫一线职工 587 人，发放慰问专项资金 59 万元、爱心奶粉 1932 罐。开展疫情期间困难职工帮扶救助，发放各类专项帮扶资金、生活补贴 39.8 万元，帮助困难职工 195 人次。下拨 14 个州属企业抗击疫情专项资金 20 万元，推动复工复产企业开展疫情防控。

（陈婷婷）

共青团

Aba Prefecture Committee of the Communist Youth League of China

【概况】 2020 年，以习近平新时代中国特色社会主义思想为指导，学习贯彻习近平总书记关于青年工作的重要思想和对四川工作系列重要指示精神，落实中共十九届五中全会、省委十一届六次、七次全会、州委十一届八次、九次、十次全会精神，保持和增强政治性、先进性、群众性，提升组织力、引领力、服务力，团结引领广大团员青年为推动稳州兴州各项事业再上新台阶贡献青春力量。

【共青团组织建设】 理顺摸清全州 13 个县级委、302 个基层团委、1 个团工委、5 个团总支、2576 个团支部的基本情况，完成全州 50347 名团员系统登记，新发展团员 2840 人，新团员录入率 100%。建设运营“智慧团建”系统，实现 2019 年度学校毕业学生团员团组织关系转接率 100%。收取 2019 年度团费 58421.70 元，上缴团省委 2.1 万元。推动青年志愿者协会、青年企业家协会、青年之家，以及 2016 年以来获州级青年创业扶持资金的企业纳入非公有制经济和社会组织团建，全年全州非公有制经济组织建团 52 个，社会组织建团 60 个。确立茂县为全州分批入队示范点，开展星级少工委、少先队星级学校评定工作和“红领巾奖章”创先争优行动。联合州教育局开展阿坝州“少先队组织建设标准化示范学校”“阿坝州优秀学校少工委”“阿坝州优秀学校少工委主任”评选活动。联合州文明办、州教育局、州文体旅游局开展第三届“四川省青少年文化艺术展演（阿坝片区）”活动。

【青春聚力群众行动】 深入“两联一进”联系点11次，走访慰问贫困户92户264人，开展专题辅导6次，联系社会爱心人士、企业捐助物资2.2万元。扩大康山乡“共青扶贫农场”种植规模，帮助31户农户销售2000公斤石磨玉米粉，增收6万元；帮助联系户售卖囤积玉米1150公斤，实现收入1万元；在梭磨乡木尔溪村引进结球生菜试点种植项目，帮助贫困群众增收0.6万元。

【青少年思想引领】 组织“青年大学习”网上团课29期，参与人次31.22万，聘请中小学校领军教师、基层检察院法治讲解员、行业系统青年骨干和两新组织优秀代表到基层宣讲27场。开展“红土高原格桑花”系列活动，推进社会主义核心价值观培育工程，在中小学生中倡导文明出行、勤俭节约、生态环保等理念，1个集体、2名个人获全国表彰，13个集体、7名个人获省级表彰，推荐全国青联委员1名，评选表彰全州抗击疫情先进集体28个、先进个人173名，州级优秀团组织40个、优秀个人70名；开展川西北生态示范区少先队辅导员素质能力大赛，4名少先队辅导员夺得一、二、三等奖。拍摄阿真能周先进事迹专题宣传片。发布《阿坝青年》电子期刊9期、268条微信、526条微博，开展“团团带你游阿坝”主题宣传活动，征集阿坝州青年志愿者之歌。

【青年志愿服务】 推进州县团委、乡镇和企事业团组织志愿服务常态化建设，组建青年突击队和青年志愿服务队193支，招募5000余名志愿者。开展“疫情防控、青春有我”专项志愿服务，组织8757名志愿者到疫情防控一线开展卡点值守、防控宣传、义务理发、跑腿代购、心理疏导等34806次。开展“青春志愿、守护生命”志愿服务，汶川、金川、九寨沟等地团组织参加泥石流灾害清淤、交通疏导、后勤保障等服务，疏散、转移群众1.5万人；走进村镇、社区、机关、学校、工地宣传森林草原防灭火知识、排查隐患点，发放宣传资料3万份。开展“爱在村寨、美在旅途、靓在景区、讲在青年”志愿服务，深化环境卫生综合治理、文明旅游、春运温暖回家路、保护母亲河等行动。组织200名志愿者服务川滇藏青交界地藏区州长联席会议和黄河上游川甘青水源涵养区生态保护和高质量发展协商协作研讨会。

【中长期青年发展规划】 11月24日，全州青年工作联席会第二次全体会议在马尔康市召开。州委副书记吴立岩出席会议并讲话，州政府副州长依当措主持会议。会议传达《四川省中长期青年发展规划（2017—2025年）》实施工作联席会议第二次全体会议暨工作推进会精神；审议阿坝州贯彻落实《四川省中长期青年发展规划（2017—2025年）2020年工作要点》。州教育局、州发改委、马尔康市和理县作交流发言。

【青年（大学生）创新创业】 推荐5个优秀创业项目参加“创青春”川西北生态示范区大赛，获一银一铜，3个项目被评为优秀项目，九寨沟读本网络科技项目获四川省“创青春”大赛三等奖，川甘青物流园项目获四川省“创青春”大赛优秀奖。2个青年创业项目获“四川省返乡下乡明星企业”称号。管理使用州级青年创业扶持专项资金，扶持“光合云朵”等35个项目，落实专项资金100万元。落实“青创10

9月2日，2020年“创青春”川西北生态示范区青年创新创业区域大赛落幕　（团州委提供）

万+”省级创业扶持启动资金13万元，募集创业资金42万余元；拨付13县（市）青创专项经费26万元，扶持2337名青年创业。8月，中央电视台新闻频道《朝闻天下》栏目报道全州解决“脱贫”“解困”工作成效。9月，沿黄九省（区）青年学习贯彻习近平关于黄河流域生态保护和高质量发展系列重要指示精神报告会暨沿黄九省（区）青年协作行动之“返家乡”集中实践活动成果交流会在郑州举行，州青联委员、创业青年张居悦代表四川省青年参加会议并作汇报演讲。落实“逐梦计划”，解决在校学生实习岗位，完成目标任务150%。

12月24日，共青团阿坝州委第十三次代表大会在马尔康召开　（团州委提供）

【困境儿童帮扶】与州委组织部开展“国务院国资委教育扶贫专项党费”项目，落实410名困难学生（本科60人，专科50人，高中、初中、小学各100人）助学金100万元；整合省青基金会“四川银行业扶贫慈善基金”、四川烟草“诚至诚”圆梦大学希望工程、“中国茅台·国之栋梁”2020希望工程圆梦行动大型公益助学项目，资助66名学生33万元；开展“暖冬”“微心愿”行动，慰问812名少年儿童，送去物资价值19.6万元。开展“共青希望新心——如新中华儿童心脏病基金”公益活动，免费为10202名儿童筛查先天性心脏病，筛查出患者64名，免费手术19名。解决困难青少年“向阳花少儿医疗救助基金”20万元。推动各级团组织开展“送法进校园”“校园法律知识竞赛”等活动50场次，覆盖4万余人，印制法制宣传海报1000份，重点学习《中华人民共和国未成年人保护法》《中华人民共和国预防青少年犯罪法》。

【青年联合会】组织委员参与“青年大学习”网上团课29期，观看4期“学习宣传贯彻中共十九届五中全会和省委十一届八次全会精神”线上直播课堂，收看州委党校网上理论学习课程10期，召开全州青联委员学习中共十九届五中全会精神专题视频会议。组织“青年讲师团”等到基层、学校开展专题宣讲27场。州青联与浙江省青联、青企协，绍兴团青联联合开展“圆梦微心愿”青联委员助力脱贫攻坚公益活动，为3个贫困乡镇的432名小学生捐赠学习、生活物资价值8.6万元。组织委员开展疫情防控捐款4.1万元、捐物价值4.57万元。全年卸职委员14名，增补委员29名。

【第十三次代表大会】12月24—25日，共青团阿坝州第十三次代表大会在马尔康市召开。州委副书记吴立岩出席会议并讲话；团省委副书记王惠明到会致辞；州人大常委会副主任王德海、州政协副主席洪秀英出席会议。州一级巡视员葛宁主持会议。州妇联主席向秋杰代表州级群团组织向大会致贺词。王甲代表共青团阿坝州第十二届委员会作《高举习近平新时代中国特色社会主义思想伟大旗帜　不忘初心牢记使命　在加快建设“一州两区三家园”的生动实践中再立新功》报告。选举产生共青团阿坝州第十三届委员会委员27名、候补委员16名、常委11名和团州委领导班子，王甲当选共青团阿坝州第十三届委员会书记。

（罗　玲）

妇女联合会
Aba Women’s Federation

【概况】2020年，坚定以习近平新时代中国特色社会主义思想为指导，学习贯彻中共十九大和十九届历次全会和省委、州委十一届历次全会精神，增强“四个意识”，坚

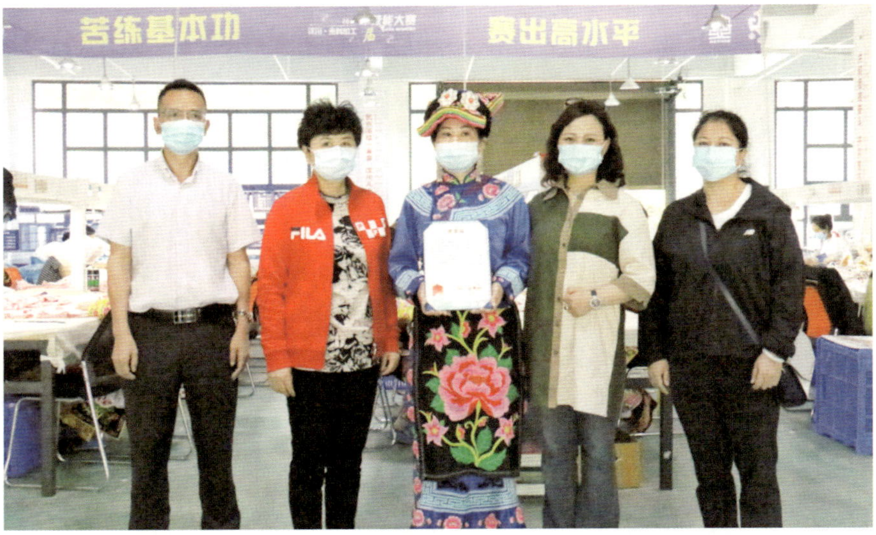

5月21—22日，省妇联党组成员、副主席张怀青（左二）一行到汶川县来料加工扶贫车间考察调研
（州妇联提供）

定“四个自信”，做到“两个维护”。坚持以党的政治建设为统领，强化思想引领夯实执政基础，助力疫情防控贡献巾帼力量，抓好创业就业助力脱贫攻坚，用心用情扶助温暖妇女人心，完善妇儿维权助力基层治理，深化改革破难延伸组织手臂，压实主体责任，落实党建任务，团结引领全州妇女在“一州两区三家园”建设中贡献巾帼力量。

【妇女思想引领】 线上开展“巾帼心向党”思想引领活动，发布信息99期323条。线下开展“巾帼心向党”大宣讲100余场，辐射妇女54.5万余人次，制作阿坝妇女十三大献礼片。推荐“三八红旗手”（集体）等先进149名（个）。落实意识形态工作要求，党组2次专题研究网络意识形态工作和州妇女儿童网络舆情引导处置培训会，以案促训。

【妇女创业增收】 印发巾帼决战决胜脱贫攻坚实施意见，完成马尔康市脱贫攻坚全覆盖督查。开展“春风行动”网上专场招聘，推荐女性就业488人。组织“巾帼助力脱贫奔康·川妹带川货”直播带货，发动执委开展直播带货206场次，销售产品价值890万元。实地督查43个妇女产业项目资金832万元及2011—2019年各级“两癌”救助项目资金311万元。争取省、州资金240万元；新建省、州“妇”字号基地11个，树立带头人11名，推动各级基地带动3.67万名妇女实现年增收3000元~8万元。推动省州300万元项目建设管理。组织各行业妇女2000余名开展“岗位大练兵·技能大比武”等技能比赛。举办技能培训57期，培训4668人。组织女产业带头人、单亲母亲49人到甘肃、青海学习交流，开眼界，长见识，转观点，提能力。

【推进家庭教育】 评选推荐全国、省“五好家庭”9户，全国最美抗疫家庭1户、全省“五最美家庭”28户（获评25户），揭晓全州“最美家庭”17户，推荐评选四川省家庭工作先进集体（个人）14个（人）。开展家庭教育大讲堂46场，开展最美家庭故事分享会32场。开展“书香飘万家——家庭亲子阅读”线上活动，发动126所中小学校和4193户家庭参与活动，筛选审核上报优秀抖音短视频13个，优秀读后感8篇。联合州发改委等部门印发《阿坝州绿色家园创建方案》。发放《“垃圾分类，我们在行动”、小手拉大手 共建“熊猫家园·净土阿坝”倡议书》；联合州法院在马尔康市第二小学开展“四圈四同”环资审判护航青山绿水主题活动。建立全州小学、中学网上家长学校2个。在“花开阿坝”微信公众号转播家风家教系列视频10集，发至全州网上家教群，辐射17366户家庭，覆盖妇女儿童52098人次。

【妇女儿童关爱】 统筹争取310万元资金建立“阿曲阿妈”爱心基金，发放36.22万元，救助187户贫困单亲母亲家庭。开展“牧区单亲母亲家庭问题与对策研究”课题调研。动态监测特殊困难妇女群体，举办“净土春晖·云朵妈妈”——关爱留守儿童特别行动等活动，为700余名困弱妇女儿童、留守病残妇女、环卫女工、网红“拉姆”及其儿子、军属、退役军人、三老干部等发放40万元慰问金和物资。争取安康大学生资助款22.82万元，救助17名学生。争取“两癌”及大病救助金44.9万元，救助患病妇女68名。争取100万元，全州新建成儿童之家50个，累计建儿童之家280个。争取全国儿基会、爱心企业捐赠羽绒服、毛衣、救灾包、爱心守护包、米、油等5222件（个），价值71万元发1600余名妇女儿童。定制10万元的“觉姆暖心包”251个，发放给壤塘等县的党姆。建立巾帼志愿“阳光站”1个，推进双拥工作。

【妇联改革】 推进“县级妇联改革破难”和乡镇、村社区的妇联组织调整，州、县各增设挂职副主席12名。调研女性社会组织和村（社区）妇联主席待遇保障，推进民主法制和社会体制领域妇联改革。联合州委组织部指导基层党建带妇建，联合州委政法委试点开展网格员与妇联执委双向任职，联合州民政局调研女性社会组织建设。在3家社工组织及阿坝职业学院建立妇联。推动州本级女法官、女检察官协会纳入团体会员。建好用好妇女微家，筹建女企业家协会。举办100人基层妇联干部综合素质能力提升培训班，建立168名优秀女干部人才库。

【东西部协作】 搭建协作平台，与浙江省妇联对接开展“浙川姐妹手拉手·小康生活快步走”对口帮扶活动。争取浙江省妇女儿童基金会捐赠价值16万元灾后暖心包800个。浙江省女企业家协会捐赠价值30万元爱心羽绒服1000件。温州市妇联通过温州市妇女儿童关爱基金，连续三年定向捐赠帮扶壤塘、阿坝、红原三县妇女儿童关爱项目资金20万元，安排帮扶资金60万元，重点帮扶救助符合城乡低收入家庭认定标准的单亲贫困母亲、觉姆姐妹（尼姑）、困境家庭及患病妇女。争取温州市女企业家协会连续3年每年资助壤塘、阿坝、红原其中一个县5名优秀贫困女大学生5000元救助金，三年累计救助7.5万元，2020年发放救助金2.5万元，提供暑期实习岗位、就业岗位、创业就业指导等。绍兴市妇联与马尔康市实施“家教扶智三个一”活动，赠送《家庭教育》杂志（500份）、开通家庭教育线上学习通道1个、送上家庭教育线下讲座1组。嘉兴市妇联组织女企业家在黑水县实施初级中学女生宿舍援建项目和黑水县妇女创业就业培训中心援建项目，价值40万元。

【服务疫情防控】 发出投身防疫倡议，设专栏发防疫信息100余条，引导2.74万余户家庭10万余名妇女儿童投身疫情防控阻击战。播放“净土战‘疫’·花开阿坝”妇女节线上特别纪念节目。开展关爱援鄂一线医务人员“四送到家”等活动，慰问本州籍援鄂医务人员、抗疫一线牺牲人员家属等898人次，发放慰问品价值14.17万元。发动“妇”字号基地向援鄂抗疫一线医务人员捐赠价值9.1万元羌绣笔记本等物资761本（个）。对因疫情等原因存在致返贫风险单亲母亲家庭进行摸排，争取各级救助开展“净土阿坝·巾帼解忧”志愿服务，发放资料10万余份，组织志愿者为400余人次抗疫一线工作人员义务理发。开展巾帼解忧“阿坝州特殊时期·特别家教娜姆云课堂”“净土阿坝·阳光青春”“净土阿坝·春蕾陪伴”云课堂，28.96万名学生家长受益。发出抗疫募捐倡议，依法依规募集上缴、发放捐款3.08万元及价值17.3951万元物资。

【阿坝州妇女第十三次代表大会】 12月15—17日，阿坝州妇第十三次代表大会在马尔康召开。全州各地各条战线的190名正式代表参加会议。省妇联副主席李凤琴、州委副书记吴立岩、州人大常委会副主任颁玛德吉、州政协副主席洪秀英、省妇联二级巡视员胡秀琴出席开幕式，州级群团部门负责人、12名特邀代表和10名2019年三八红旗手（集体）、巾帼建功标兵等先进集体和个人代表应邀列席会议。大会集中审议向秋杰代表阿坝州妇女联合会第十二届执行委员会所作的工作报告。按照《中华全国妇女联合会章程》规定，选举产生阿坝州妇联第十三届执行委员会主席、副主席、常委、执委，向秋杰当选为阿坝州妇女联合会第十三届执行委员

10月20日，“你好，女孩”守护包捐赠暨2020年“春蕾计划”青春期教育项目启动仪式（阿坝站）在马尔康举行
（州妇联提供）

会主席，陈英、王孝莉当选为副主席，丁雁当选为挂职副主席，李元平、郭素梅、曾飞雪、严艳、何九妹当选为兼职副主席。措斯基等43人当选为执委，杨红英等15人当选为常委。大会总结过去五年全州妇女事业、妇女发展和妇联工作取得的新成就，提出未来五年全州妇联工作总体要求和阿坝妇女发展主要目标。

（邓玉雪）

科学技术协会

Aba Association for Science and Technology

【概况】 2020年，坚持以习近平新时代中国特色社会主义思想为指导，紧紧围绕州委、州政府中心工作，团结带领全州广大科技工作者扎实工作，推动经济社会繁荣发展。

【科协组织建设】 11月23—24日，阿坝州科学技术协会第七次代表大会在马尔康市召开。州委副书记吴立岩，省科协党组成员、副主席经戈出席会议并讲话。阿坝州人大常委会副主任王全，阿坝州政府副州长依当措，阿坝州政协副主席洪秀英出席会议。145名科技工作者代表参加会议。会议审议通过勒乌戈代表阿坝州科协第六届委员会所作的工作报告和《阿坝州科协实施〈中国科学技术协会章程〉办法》，选举产生新一届科协领导班子，勒乌戈当选为第七届委员会主席，吕波当选为副主席，柴继贵、龚智成、杨林、何世明当选为兼职副主席。开展党组理论学习中心组学习、党组会前学纪学法、支部党员学习、全体干部职工学习会60余次，班子成员参加省、州各类学习班10余次。新考聘事业单位工作人员4人，职级晋升3批次5人，转正正科级领导干部1名。落实党风廉政建设责任制和“一岗双责”制度，推进“三察三治”、意识形态、省委巡视整改等工作，完成各项党建工作任务。

【科普活动】 开展“全国科普日”“科技活动周”“科普进校园”“科普进社区”等活动，发送各类科普资料、科普用品约20万份，参与群众5万人次。副州长王树明参加“阿坝州科技活动周”启动仪式。组织全州13个县和40余个州级部门、学会、协会开展科普宣传活动。运用科普e站、广告屏、电梯间显示屏等新媒体开展疫情防控知识宣讲800次，赠送相关知识手册500份，发布相关综合信息6000条。州科协被中国科协表彰为全国科普日活动优秀组织单位，获评“四川省2020年防范邪教宣传月活动优秀组织单位”。

【示范建设】 完成省级科普专项经费项目的申报，落实科普专项资金400万元，评审领导小组和州科协党组评审项目47个，州政府批准实施评审结果。完成州级科普惠农兴村计划项目的申报评审，奖补州级“科普惠农兴村计划”项目10个，资金50万元。开展“天府科技云服务”科普惠民共享基地申报，推荐41家单位和组织申报“天府科技云服务”科普惠民共享基地，入围省级科普共享基地11家。

【青少年科创】 组织参加第34届四川省青少年科技创新大赛，全州获奖作品24项，其中入围35届全国青少年科技创新大赛2项，青少年科技创新成果一等奖2项，青少年科技辅导员成果项目一等奖1项、二等奖2项、三等奖2项，科技实践活动一等奖1项、二等奖1项，少年儿童科学幻想绘画一等奖2项、二等奖1项、三等奖10项，青少年科学影像节作品一等奖1项，十佳科技辅导员1项。

【科技馆展教】 全年接待进馆观摩、体验的群众、青少年约4.3万

11月23—24日，阿坝州科学技术协会第七次代表大会在马尔康召开 （州科协提供）

9月21日，2020年阿坝州全国科普日活动启动仪式在马尔康举行 （州科协提供）

人次。开展中小学生手工制作课、机器人启蒙课、创客科学和编程课、科学兴趣课等科技展教课82节，受益1600人次。举办“相约阿坝科技馆，观测最美金边日食”“培养祖国花朵，抚育人类未来”等主题活动。

【学（协）会工作】 举办“决胜全面建成小康社会、决战脱贫攻坚”专题学术论文征集活动。推荐科技工作者3名参加全省最美科技工作者评选和第十五届四川省青年科技奖评选。推进院士（专家）工作站建设，完成第五批院士（专家）工作站申报工作，州自然资源与科技信息研究所获州委、州政府命名。州老科协召开天府科技云培训会，与都江堰市老科协举行业务交流座谈。在汶川县特色水果基地开展定点调研，授牌全州首个老专家科技服务营地，新建州老科协专家服务营地2个。

【天府科技云】 落实“天府科技云”服务中心标准化建设，建成12县及州本级云服务中心，全州注册用户总数2万余户，注册科技工作者1.7万人，注册企事业单位900家，科技工作者注册率排名全省第一。

【服务基层群众】 依托“天府科技云”平台，联系服务贫困村、贫困户，全州农村专业技术协会在平台注册比例超过18%，注册省级科普共享基地11家。全覆盖看望慰问联系村群众99户，发送慰问物品价值约3.3万元。开展“两联一进”工作11次，参与干部职工50人次，走访群众80户，参与群众300人，发放慰问物资1万余元，指导春耕备耕服务和防汛各1次，督查森林草原防火安全及维稳工作1次。

（马永填）

工商联（阿坝州商会）
Aba Federation of Industry and Commerce (Aba Chamber of Commerce)

【概况】 2020年，加强和改进非公有制经济人士思想政治工作，参与政治协商，发挥民主监督作用，促进行业协会商会改革发展，搭建服务平台，解决夏尔嘎村教育基金10万元，帮助阿坝县哇尔玛乡夺登寺僧人雪周争取医疗救助款1万元。联系寺八玛寺被表彰为省级文明和谐寺庙和若尔盖县平安寺庙。

【工商联组织建设】 推进会员发展工作，会员数在2019年基础上增加6%，达2101人。推进异地商会建设，10月22日成立西藏阿坝州商会，11月30日成立重庆四川阿坝州商会。

【工商联参政议政】 引导非公经济代表人士参与政治，在州“两会”提交提案议案3件，其中团体提案《关于进一步促进全州民营经济发展》和联名提案《关于优化调整我州生态保护红线及自然保护区面积、分区》被州政协提案委列为重点提案。

【非公有制企业党建】 开展“两个覆盖”推进商会党的建设，指导符合条件的2家异地商会建立党组织。与省工商联党工委、州委组织部、州委统战部等部门沟通，选派党建工作指导员、组建联合支部等，实现商会党的工作全覆盖。开展党组织书记和党建指导员“两支队伍”培训，举办非公党建培训班2期50人次，重点培训党的路线方针政策、党务知识、群众工作、企业生产经营管理。

【非公有制经济宣传教育】 开展非公有制经济人士理想信念教育，组织非公企业参加省工商联“抗疫助

6月2日，省工商联到阿坝州专题调研《优化营商环境条例》贯彻落实情况 （州工商联提供）

企·公益直播”线上培训；组织民营经济人士10位参加省工商联举办的民营经济人士理想信念教育活动。完成第八届劳动模范和先进工作者推荐上报工作；向省工商联上报5户省工商联执委抗疫先进企业和2名抗疫先进个人；配合省工商联向建川博物馆推荐“我们走在大路上——四川民营企业成就巡礼”大型展览优秀民营企业典型案例2件；向省工商联推荐上报公益视频材料10份；收集整理13个（县）市非公经济人士参与抗疫图片资料20余份。举办阿坝州统战工商联系统干部暨民营经济代表人士贯彻学习中共十九届五中全会精神培训班1期，培训100余人次。6月20日，省工商联到阿坝州专题调研《优化营商环境条例》贯彻落实情况。

【非公有制经济发展促进】 促进银、政、企三方合作，推进“万企帮万村”产业扶贫项目金融供需对接，协助农发行针对性地创新金融产品，帮助5家企业获得贷款。开展四川鑫星融资担保公司、汶川科信电碳公司维权服务。帮助阿坝州慧明电力建设有限公司和V9健身业务拓展提供咨询服务。

【非公有制经济对外交往】 开展东西部工商联扶贫协作，初步形成牦牛绒、毛产业链。5月6日，嘉兴市—阿坝州工商联召开“2020—2021年度牦牛绒毛原料综合开发利用项目”视频会议，通报牦牛绒毛项目开发进度，研究部署下步工作。2020年实际收购牦牛绒毛合格产品80吨，直接帮助牧民增收400万元。

【服务平台搭建】 推进州委“7+2”战略合作，主动向省工商联汇报州委“7+2”战略合作工作任务，共同拟定2020年省工商联与阿坝州战略合作重点工作内容。5月30日，与汶川县政府共同主办“四川知名企业阿坝州消费扶贫暨投资项目推介会”，省工商联领导，州委刘坪书记出席活动并讲话。在签约仪式上，举行全国工商联“万企帮万村”消费扶贫平台“联成e家”阿坝扶贫馆运营中心揭牌仪式，签约意向项目2个，资金33亿元，与会企业意向认购消费扶贫产品330万元。9月上旬，协助全联、省联在汶川县映秀镇家国情怀书院宣誓广场完成中华全国工商联“全国民营经济人士理想信念教育基地（映秀）揭牌仪式”。

【社会公益活动】 1月27日，向

10月22日，州委书记刘坪出席西藏四川阿坝商会成立大会并致辞 （州工商联提供）

9月9日，中华全国工商联“全国民营经济人士理想信念教育基地（映秀）揭牌仪式”在汶川家国情怀基地举行

（州工商联提供）

全州工商联系统和所属商协会、广大民营企业发出《阿坝州关于全力抗击新型冠状病毒肺炎的倡议书》，引导全州非公经济企业和人士、工商联系统抗疫捐款捐物、参与地方抗疫。2月6日，向州委、州政府建议出台“关于应对新型冠状病毒感染肺炎疫情支持中小微企业发展的意见”。指导有关商会、企业家开展捐款捐物，2月中、下旬，有关商会从巴西低价进口一批欧版N95口罩，州工商联兼职副主席购买后捐赠给阿坝州阿坝县、甘孜州道孚县人民医院等9家单位。全州民营企业、民营企业家283家为抗击新冠疫情捐款捐物1626万元，其中196家捐款225.5万元，87家捐物价值1400.5万元。

【万企帮万村行动】 截至2020年底，全州参与“万企帮万村”帮扶民营企业192家，实施项目413个，投入资金2.82亿元，被帮扶村225个，被帮扶困难户10399户。

（黄 川）

文学艺术界联合会

Aba Federation of Literature and Art Circles

【概况】 2020年，组织全州文艺工作者和文艺爱好者学习习近平新时代中国特色社会主义思想和中共十九大精神，坚守岗位、文艺战疫，认真履行新时代赋予文联的新使命、新职责。

【全体会议】 9月28日，州文联五届二次全委会在马尔康市召开。以习近平新时代中国特色社会主义思想为指导，学习贯彻省委十一届七次全会、州委十一届九次全会和省文联七届五次全委会精神，审议《阿坝州文联五届二次全委会工作报告》，部署下一阶段工作，启动“百年礼赞，时代放歌”——庆祝建党100周年主题创作，印发《阿坝州2020年度县（市）文联考评办法》。

【主题创作】 举办“净土阿坝·向祖国汇报”“绿色生活，美丽阿坝”等作品征集展赛活动8次。出版《阿依姆姆》《漂木》《沃日河谷的太阳》等著作，州内作家在《人民日报》《星星》等国家级、省级报刊发表作品80篇（首）。开展文学扶贫“万千百十”活动，捐赠图书1000册；收集刊发“脱贫攻坚”题材文学作品30篇（首），长篇小说《异情》被列为“万千百十”文学活动重点扶持选题。邀请全国鲁奖、茅奖获得者和知名作家20人，开展第二届“阿来诗歌节”采风创作活动和面向全国的原创诗歌大赛。11月，与《星星》诗刊联合以脱贫攻坚等为内容，举办创作培训暨16部文学作品改稿会。12月中旬，在九寨沟县举办“青稞文学奖”颁奖典礼和“民族文学周·阿坝”系列文学活动，全国各地作家、翻译家和文学创作者80人参加。组织全州200余名文艺工作者创作各门类战疫作品1000余件（幅），《草地》第二期出版“凝心聚力，抗击疫情”专版，刊发文学美术、书法60篇（首）。“阿坝文艺”微信平台特刊18期，刊发111人次、115篇（首），推出美术书法作品7期、100余幅，刊发宣传稿3篇，刊播视频3个。《阿坝文艺》“文艺战疫”专刊，推出103篇（幅）。20余名文艺家的50余篇（幅）诗歌、书法、摄影、歌曲等作品被《民族文学》、《人民日报》、“学习强国”等平台刊登播出。

【人才培养】 组织全国各地文艺家100人深入壤塘、若尔盖等基层一线采风、研讨培训、集中创作和

9月28日，阿坝州文学艺术界联合会五届二次全委会在马尔康召开 （珂伟摄）

开展文艺展览（演）等活动。推荐20名会员参加中国文联、中国书协和省音协、美协文艺骨干研修班。2020年新增国家级会员4名，省级会员15名。加强基层文联建设和管理，完善文艺创作激励机制，制定实施《各县（市）文联的考评办法》。州作协获全省作协系统先进集体。

【文艺创作申报】 完成2019年度文艺创作基金项目申报工作，收到101个申报主体的290项申报材料，经过初审、复审和终评，评审出版类14部、获奖类48项、稿酬作品144项，兑付扶持资金41.08万元。

【精品创作】 举办第二届阿来诗歌节，邀请名家走进马尔康、宣传马尔康，提升地方知名度和美誉度，打造地方文化名片，助力地方经济社会协调发展。组织推荐优秀文艺作品和文艺人才，参加全国、省级文艺评优活动。其中《破晓》获首届“青稞文学奖”中篇小说奖；《羽帆》入选海报设计大赛；水粉作品《夬儒节上的人们》获优秀奖；歌曲《云上羌族》获中国音协优秀奖、“颂歌百年”建党100周年优秀作品奖；微电影《绿水青山》获“第八届亚洲微电影艺术节”扶贫单元优秀奖，美术《春阳》、摄影《建设家园》和书法《青山绿水赋》等6件作品获“2020年四川省乡村艺术节”一、三名；广场舞《阿拉吉吉》获“四川省第五届群众广场舞展演活动”优秀奖；诗歌作品《一个村庄的短札或抒情》《马尔康·我心中的格桑花》分别获2020马尔康·第二届阿来诗歌节原创诗歌大赛三等奖和优秀奖；歌曲《欢迎你到桃坪来》入围四川省乡村十大金曲；1幅书法作品获传承与创新·四川省第二届行草书大展优秀奖；唐卡《大熊猫百图唐卡长卷》获四川省文联“2020年度百佳”推优工程优秀奖。完成《中国民间剪纸集成·阿坝藏羌卷》，填补国内无藏羌剪纸集成类书籍空白。

【惠民活动】 开展“红色文艺轻骑兵”“文艺下基层”等志愿服务活动，在壤塘、黑水、阿坝3个县6个村开展“藏寨羌乡送全家福”“藏寨羌乡送万福”惠民活动，免费拍摄、赠送“全家福”600张，举办“幸福新阿坝，最美全家福”主题的流动摄影展览6场，免费书写、赠送春联、福字600幅。举办“聚焦中国最美湿地·走进若尔盖黄河

11月12日，阿坝州文联开展“深入生活、扎根人民”主题实践暨纪念建党100周年主题创作采风活动 （月旦摄）

大草原助力脱贫攻坚书写时代华章活动”，助力牧民奔小康惠民活动。开展送文化下乡惠民演出活动，表演《雪山高原的祝福》《夯出幸福来》等节目，赠送各类书籍1000余册。开展“2020春天的祝福——爱在无忧城、相聚乐福年送图书、送春联、送春福主题惠民活动”；开展“2020欢乐乡村行”文化惠民活动12场次，服务农民工、消防人员、留守老人和儿童等特殊群体8300余人。

【文艺进校园活动】 采取挂牌建立艺术学校或传统文化教育基地、传统书法和藏族祥巴进校园等形式，走进马师校和高职院开展“弘扬民族文化，增强文化自信”主题的传统艺术进校园活动2场次，推动中华优秀传统文化传承发展，普及推广传统艺术。

【阿坝文艺讲堂】 邀请文艺专家到马尔康、金川、汶川、茂县和黑水县，举办“阿坝文艺讲堂”大型公益讲座，2000人次聆听。

【交流宣传】 以阿坝自然人文为基调，在《星星·散文诗》封二设13县图文专栏，宣传推介阿坝州。承办名家看四川“我们向着小康走——中国作家阿坝行”活动，开展“文学羌地，生态茂州”金秋笔会暨研讨会，举办“浙江金华·四川汶川”文化活动，促进文化交流。与州公安局开展“缅怀、致敬、前行”主题的诵读、书法和原创诗文竞赛，开展阿真能周先进事迹2020中华经典诵写活动。

（刘小花）

残疾人联合会

Aba Disable Persons' Federation

【概况】 2020年，以习近平新时代中国特色社会主义思想为指导，以习总书记关于残疾人事业的重要论述为残疾人工作的根本遵循，开展宣传教育、走访慰问困难残疾人，推动康复工作，落实东西部协作建设，推进残联系统改革，保障残疾人事业发展。

【残疾人组织建设】 完成县、乡、村三级基层组织构架，实现乡镇残联“四有”和村（社区）残协“三有”达标任务。全州1418个村（社区）选聘一名残疾人担任村级残疾人联络员，解决“最后一公里”服务短板（省残联在全省推广学习），每月补助误工补贴200元，全州兑付资金340万元。6月5日，召开第五届主席团第二次会议，调换和增补主席团委员8人，调整主席团副主席1人，推举执行理事会副理事长1人，增补1名执行理事会理事。

【信息动态更新】 落实中国残联残疾人动态更新调查要求，为31731名持证残疾人和42名0～18岁未办证人员开展残疾人基本服务状况和需求信息数据动态更新调查工作。截至10月25日，全州13个县（市）及卧龙特区完成调查100%，其中入户调查率98.98%。

【康复训练】 全年接受各类康复服务29944人，提供残疾人基本型辅助器具4401件。康复救助残疾儿童266名，其中在州残疾人康复中心接受康复训练47人（脑瘫35人，智力12人）。救助精神病患者服药540人，精神病住院12人。实施视力障碍者手术757例，其中实施白内障手术715例、翼状胬肉手术42例；完成盲人定向行走训练20例。成人肢残康复训练33人次。完成康复中心大楼无障碍和测听隔音室装修改造。完成假肢易耗材料、康复器材采购等工作。

【教育保障】 配合做好特教学校复学工作，在州残疾人康复中心新开设在训残疾人儿童学前教育班。精准掌握6～14周岁适龄残疾儿童入学状况，对未入学适龄残疾儿童制定实施“一人一案”（受教育安置方案），保障适龄残疾儿童少年接受义务教育。

【就业保障与技能培训】 落实《四川省残疾人就业保障金征收使用管理实施办法》，完成全州征收残疾

11月23日，金秋阿坝 爱的阳光公益助残励志演出暨第29个“国际残疾人日”主题晚会在马尔康举行

（州残联提供）

人就业保障金工作，完成就业年龄段（16~59周岁）残疾人的就业信息系统录入工作，摸底排查全州35周岁以下毕业残疾大学生214人，就业（公益性岗位、聘用）96人，待业115人。开展残疾人技能培训，下达小金县培训资金20万元，其余各县资金来源为去年结余培训资金及东西部扶贫资金。推进各县股权量化试点工作，年终分红16.5万元，覆盖贫困残疾人1080人。

【宣传走访】 开展第30次全国助残日宣传活动，实施“助残脱贫 决胜小康”主题网络专栏集中宣传。报送残疾人事迹材料，广泛宣传脱贫攻坚中残疾人先进事迹。完成州残联微信公众号上线工作，推送微信公众号信息70期72条，推送美丽阿坝信息58条。与州电视台拍摄脱贫攻坚中残疾人典型事迹宣传片。开展温暖万家行活动，州、县各级残工委成员单位走访慰问困难残疾人2519户（州级领导干部慰问25户，县级领导干部慰问246户），发放慰问金85.5万元，发放慰问品（大米、粮油、生活用品等）价值4.8万元。

【东西部协作建设】 2020年，聚焦全州建档立卡贫困残疾人6025名，争取浙江省投入各类帮扶协作资金800多万元，项目资金涉及贫困残疾人康复救助、教育资助、危房改造、家庭版无障碍改造、发展生产、辅助具器、重度残疾人护理以及干部业务培训等领域，惠及贫困残疾人，推动联系统干部能力提升。投入浙江援建资金100万元，在州康复中心建设贫困残疾人家庭“扶贫车间”，搭建残疾人家庭创造就业平台，增加残疾人家庭收入。10月，组织州、县残联部分人员和残疾人创业能人到浙江5个市考察，学习先进经验。

【国际残疾人日活动】 11月23日，州残联与州文化体育旅游局、马尔康市残疾人联合会在马尔康举办《金秋阿坝 爱的阳光》公益助残励志演出暨阿坝州迎接第29个“国际残疾人日”主题晚会。四川省残疾人艺术团、阿坝州爱的阳光艺术团参加演出。

12月21日，2020年阿坝州人民政府残疾人工作委员全体会在马尔康召开（州残联提供）

【调研服务】 开展专题调研，收集平台优化意见建议30余条上报省残联。组织全州残联系统和基层残疾人工作者参加“量服”培训会。9月2日，举办阿坝州残联系统2020年“量服”培训会，根据需求为残疾人提供服务21599人，实施服务36750次，人均落实1.16项次，覆盖率67.98%。为全州1028名贫困残疾人发放扶贫对象生活费补贴300余万元，落实扶持农村贫困残疾人发展生产资金135万元。投入资金300余万元，实施585户建档立卡重度残疾人家庭无障碍改造项目。争取股权量化资金270万元，在理县、马尔康、红原、小金开展试点工作，受益建档立卡贫困残疾人1125人。

【资金保障】 加大残疾人事业经费投入和监管力度，全州全年投入残疾人事业发展资金约5000万元，州本级投入残疾人事业发展资金1066.51万元。

【残疾系统改革】 根据中国残联和省残联改革方案，制定符合阿坝州实际残联改革方案，报州委全面深化改革委员会第三次会议审议通过。5月25日，阿坝州人民政府办公室印发《阿坝州残疾人联合会改革方案》，要求各县（市）人民政府、州政府各部门、各直属机构和卧龙特区执行。13县（市）残联围绕《中国残联关于扎实做好基层残联组织专项改革》《中国残联 民政部关于加强和改进村（社区）残协工作的意见》，编制改革方案。

（姜　懋）

红十字会
Aba Branch of the Red Cross Society of China

【概况】 2020年12月28日，州委全面深化改革委员会第四次会议审议通过《阿坝州红十字会改革方案》。参与完成脱贫攻坚工作，抽派干部到小金县结斯乡王家寨村驻村开展扶贫工作，陈娣被省委省政府评为2019年脱贫攻坚优秀驻村工作队队员。开展民族团结进步创建，州红十字会被州委、州政府表彰为2019年度州级民族团结进步示范单位和阿坝州创建全国民族团结进步示范州工作优秀集体，党组书记、常务副会长更培被评为阿坝州创建全国民族团结进步示范州工作优秀个人。

【红十字会组织建设】 推进红十字事业基层基础建设，在全州城镇社区、乡镇、村和学校建立基层组织184个，建立州红十字会赈济救援队、州红十字志愿服务 We Do 服务队两支志愿服务组织，全州建立县级红十字会志愿服务队12支。发展团体会员56个、个人会员1821人、注册志愿者626人。全州30名红十字志愿者获“新冠肺炎疫情防控工作优秀志愿者”，2名优秀红十字青少年会员、1名学校红十字会先进工作者被省红十字会表彰。

8月20日，副州长、州防震减灾局局长王树明（左二）一行在金川县马奈镇慰问“7·25”泥石流受灾群众

（州红十字会提供）

【第五次会员代表大会】 2020年12月17—18日，阿坝州红十字会第五次会员代表大会在马尔康召开，选举产生新一届领导集体，审议通过《阿坝州红十字会事业发展规划纲要（2021—2025年）》，首次成立阿坝州红十字会监事会。

【应急救援体系建设】 加强仓库标准化建设与管理，储备救灾物资，采购价值18万元的赈济家庭包及12万元的救灾棉被。参与洪涝灾害救援，争取省红十字会救灾物资，向马尔康市、阿坝县、茂县、松潘县、九寨沟县下拨40余万元救灾物资。组织开展为期3天的赈济救援能力提升培训1期，赈济救援队员30人参加。

【人道救援救助行动】 争取高原贫困母亲专项救助金30万元；开展红十字会“博爱送万家”及“关爱进社区”活动，发放慰问金22.2万元。实施贫困大病患者救助及为贫困患者助力活动，发放救助金23.43万元。联络浙江省嘉兴红十字会及爱心人士2019年度“感动中国”盲人党员朱丽华向阿坝州民族高级中学67名建卡贫困学生资助15.41万元助学金及67床鸭绒被。申请中国红十字基金会“小天使”和“天使阳光”项目，为全州0~14岁儿童体检，初步筛查86人，确诊需手术24人，完成手术22人。8月20日，副州长、州红十字会会长王树明率队慰问马奈镇“7·25”泥石流受灾群众。参与“99公益日”活动，被四川省红十字会表彰为2020年“99公益日”活动组织工作先进集体。

【捐赠款物管理】 加强社会捐赠资金物资接收、管理、分配工作，全州红十字系统发布捐赠款物公示信息74期，接收捐赠款物4105.83万元，其中资金3058.51万元，物资价值1047.32万元。捐赠物资全部移交给州县应对新型冠状病毒感染肺炎疫情指挥部，州红十字会接收捐赠资金按捐赠者意愿全部转拨及

2月10日，州委常委、常务副州长范继跃（左二）到州红十字会视察新冠肺炎疫情防控物质储备情况

（州红十字会提供）

使用。聘请第三方审计公司审计州红十字会疫情防控社会捐赠款物收支情况在单位门户网站公示审计报告，做到接收使用捐赠款物公开、透明、规范、高效，零库存、零失误、零投诉。2月10日，州委常委、常务副州长范继跃到州红十字会视察新冠肺炎疫情防控工作。四川省红十字会表彰阿坝州红十字系统新冠肺炎疫情防控接受捐赠款物工作先进集体4个、先进个人6名，参与疫情防控工作先进集体8个、先进个人6名。

【应急救护培训】 筹措资金补助各县（市）救护培训经费14万元，安排6.5万元专项资金购买救护包2300个、急救员培训教材2300本、补充人体模型教具2套，发放各县（市）红十字会。2020年全州救护员培训任务2000人次，完成2261人次，任务完成率113%，普及培训任务1万人次，完成13602人次，任务完成率136%。11月1—7日，联合四川省红十字会举办救护师资培训，参加救护师资培训48人。开展“世界急救日”宣传活动，覆盖全州各族群众，促使“人人学急救、急救为人人”深入人心。

【博爱家园建设】 2020年，全州完成822个项目清理。完成四川省红十字会援建的理县通化乡西山村的项目尾款申请及薛城镇甲米村、古尔沟镇小沟村博爱家园项目结案。完成浙江省红十字会援建的阿坝县、茂县太平乡牛尾村、松潘县川主寺镇八十沟村博爱家园项目的尾款拨付及结案。新申请实施中国红十字会总会援助壤塘县刑木达村、小金县王家寨村、沙冲村“博爱家园”3个项目，资金105万元。

【红十字精神传播】 全年，通过红十字会门户网站、微信公众号发布相关信息51条。5月，全州红十字系统开展“助力疫情防控，红十字‘救’在身边”主题的“红十字博爱周”纪念宣传活动。6月，联合州中心血站、九寨沟县人民政府在九寨沟县开展“安全血液·拯救生命”无偿献血主题宣传暨“8·8”九寨沟地震3周年感恩系列主题宣传活动。组织编印《红十字会相关法律法规汇编》《三献知识》《防艾知识》《救护培训》宣传折页共3.4万份。

【对外合作交流】 加强浙江省红十字会对阿坝州红十字的对口帮扶工作，协调对接绍兴市红十字会及各区县市对马尔康、金川、小金3县（市）的东西部扶贫协作工作，开展项目实施、人道救援、志愿服务、应急救护、人才培养合作。

（更 培 罗 芳）

法 治

LAW-BASED GOVERNANCE

人大立法

Legislation of People' s Congress

【概况】 2020年，阿坝州人民代表大会常务委员会发挥立法工作主导作用，抓住提高立法质量，开展立良法、立好法、立务实管用法，用法制保障全州改革发展稳定，全年制定法规2件、修改法规4件、报批实施法规3件。

【民族立法】 紧扣"一屏四带、全域生态"发展新格局，分析研判全州森林草原防灭火工作现状、薄弱环节和突出问题，请示州委同意，《阿坝藏族羌族自治州森林草原防灭火条例》立法工作纳入年度计划，完成会议审议，按照立法程序规定报请省人大常委会批准。审议《阿坝藏族羌族自治州实施〈四川省旅游条例〉的变通规定（修订草案）》，依法规范旅游市场秩序，维护旅游者和经营者合法权益，促进旅游产业发展。

【立法调研】 开展乡村振兴、乡村集体经济组织地方立法前期调研，向州委请示汇报立法工作中的重大问题，统筹协调立法工作中的重大事项，督促立法项目推进。开展《阿坝藏族羌族自治州生态环境保护条例》立法调研6次，召开座谈会论证会3次，征求意见26条。争取上级人大立法支持和指导，做好法规报批工作，经省人大常委会审查批准，《阿坝藏族羌族自治州文物保护条例》《阿坝藏族羌族自治州宗教事务条例（修订）》于2020年8月1日正式实施，《阿坝藏族

3月25日，州人大常委会主任谷运龙（中）在乡镇人大开展立法调研　（州人大常委会办公室提供）

羌族自治州人民代表大会关于修改〈阿坝藏族羌族自治州野生动物植物保护条例〉的决定》于2020年11月30日公告实施。

【地方性法规清理】 结合《民法典》，开展自治条例、单行条例和地方性法规清理，请示州委同意，修改《阿坝藏族羌族自治州施行〈中华人民共和国婚姻法〉的补充规定》《阿坝藏族羌族自治州施行〈中华人民共和国继承法〉的变通规定》。

【备案审查】 按照“有件必备、有备必审、有错必纠”的要求，开展规范性文件备案审查，全年备案审查州人民政府规范性文件2件，向省人大常委会报备人大决议决定6件。

（邹卫东　白玛欧智）

政法委及综治
Politics and Law, and Comprehensive Governance

【概况】 2020年，以习近平新时代中国特色社会主义思想为指导，带领全州政法系统贯彻中共十九届四中、五中全会，省委十一届七次、八次全会和州委十一届八次、九次、十次全会以及和中央第七次西藏工作座谈会等系列会议精神，落实州委“防风险、护安全、战疫情、强治理、保稳定”各项决策部署，忠诚担当、主动作为，聚力“三反两防”、发力治寺控局、竭力防控风险、全力扫黑除恶、致力整肃队伍，夺取系列安保维稳攻坚战的完胜和疫情防控阻击战的阶段性胜利。2020年，首次实现全年“大事中事小事都不出”，促进全州政治社会大局持续稳定。

3月24日，州委政法委工作会议在马尔康召开　（州委政法委提供）

【反防斗争建设】 把反分维稳摆在最突出位置，践行总体国家安全观，紧扣“三反两防”，防范应对风险挑战，实现大事不出、中事不出、小事也不出。推动落实“六清”任务，打掉涉黑组织1个、恶势力集团2个、恶势力团伙15个，侦破9类涉黑涉恶案件194件、查处365人，依法处置涉案资产1.14亿元；查处党员干部“保护伞”案件34件34人；围绕11个重点行业领域，整治乱点乱象问题594个。

【网格化建设】 坚持州域社会治理现代化与基层治理试点工作一体推进，加强政法基层基础建设，推广“网格化+联户长”模式，全州划分网格6125个，配备专兼职网格员6487人，建成网格化服务管理工作体系。

【风险源头治理】 传承发扬新时代“枫桥经验”，开展社会稳定风险评估，推动完成13个县、154

9月27日，平安阿坝建设领导小组第一次会议在马尔康召开　（州政法委提供）

个乡镇综治中心建设，发挥“天网”“雪亮工程”在侦查破案、治安管理、风险防控、隐患排查、应急处置中的作用，助推破案120余起；发现和处置地质灾害隐患点20余处。结合民族团结进步创建，深化“法律政策七进”，抓好村规民约法治体检，开展州级政法部门“法治进校园”专题活动，组织宣讲2.7万场次，提升人民群众安全感和满意度。

7月13日，全州乡镇党委政法委员培训班结业典礼在汶川县映秀镇举行（州政法委提供）

【政法领域改革】 落实《中国共产党政法工作条例》，承接中央、省委改革部署，推进司法行政改革、法官检察官单独序列配套改革、司法责任制改革、大数据职能辅助办案系统建设、刑事诉讼涉案财物管理处置等工作，完成全州森林公安系统隶转工作，优化政法机关职能设置、工作体系。各级综治中心实战化、州县法学会实体化建设有序，推进智慧政法建设，促进政法宣传。

【社会治安综合治理】 3月24日，州委政法委工作会议在马尔康召开。安排部署政法工作。7月4日，全州基层社会治理暨州域社会治理现代化试点工作推进会在阿坝县召开。贯彻落实中共十九届四中全会和省委十一届六次全会、州委十一届八次全会精神，交流经验做法，安排部署“两项建设”和网格化等工作，推进全州基层社会治理暨州域社会治理现代化试点工作。9月27日，平安阿坝建设领导小组召开第一次会议，学习习近平关于社会治理现代化和平安中国建设的重要论述、重要指示精神，传达中共中央、国务院平安中国创建精神，审议通过平安阿坝建设领导小组相关指导性文件，谋划部署当前和今后一个时期平安阿坝建设工作。

【政法队伍建设】 落实重大事项请示报告、政治巡查督察等制度机制，向省委政法委和州委报告政法领域重大事项、重要工作9次。主动发挥干部协管工作，审批任免政法系统科级干部132人次，完成172名乡镇政法委员配备和州法院、州检察院20名聘用制书记员聘用工作。开展正风肃纪，依纪依法处理政法干警48件49人。贯彻《中国共产党政法工作条例》《四川省实施细则》，围绕学思践悟习近平新时代中国特色社会主义思想，7月13—17日，在汶川县映秀镇家国情怀书院天地映秀教育培训中心举办“阿坝州乡镇政法委员履职能力提升培训班”，乡镇党委政法委员、基层法庭庭长105人参训。10月20—24日，在汶川县映秀镇家国情怀书院天地映秀教育培训中心举办第二期阿坝州乡镇党委政法委员培训班，乡镇党委政法委员、县（市）政法委政治部主任、基层法庭庭长120人参训。

【矛盾纠纷多元化解】 2020年，全州集中开展三轮重大矛盾纠纷和涉稳隐患“大排查、大化解”专项行动，集中时间、集中力量排查疫情、“三山一界”、国有企业改革、行政区划调整和村级建制调整改革等十大类重大矛盾纠纷和涉稳隐患，发现重大矛盾纠纷和涉稳隐患54件，化解54件。传承发展新时代“枫桥经验”，结合“两联一进”排查矛盾纠纷5864件、化解5805件，化解处置阿坝县与青海省甘德县群众药材采挖纠纷。

【扫黑除恶专项斗争】 践行习近平重要指示精神，落实中央决策部署和省委工作要求，聚焦三年目标和“一州两区三家园”建设，依法严厉打击涉黑涉恶违法犯罪，推动平安阿坝、法治阿坝建设。成立组建领导小组及其办公室工作专班7个，印发方案，落实责任，5名副厅级分管领导跟进督导，13个县（市）、25个州级部门“一把手”各司其职，州扫黑办班子成员分片包干。强化经费保障，州县统筹1339.2万元保障扫黑除恶专项斗争。组织各级干部进村入户、进寺入舍开展宣传发动和线索征集，发挥传统媒体和新兴媒体营造氛围，促进社会知晓率。畅通举报渠道，落实举报保护奖励，摸排涉黑涉恶线索903条，办结回复890条，办结率98.5%；采取提级侦办、挂牌督办、异地用警等措施，立案侦办涉黑案件1起、恶势力犯罪集团案件3起、恶势力案件15起；侦办九类涉恶案件194起，打击处理365人，扣押冻结涉黑恶资产价值1.14亿余元，缴获枪支44支。落实"一线双核""一案三查""双专班""两必问"、建立领导小组和纪委监委双专班等制度机制，推进"破网打伞"，查处党员干部"保护伞"案件34件34人。

【基层法治保障】整顿软弱涣散乡（镇）党组织，落实转化措施381条，联审村"两委"成员资格，清理不符合条件村干部104人，依法罢免涉恶村委会主任2名。取缔线上线下非法社会组织16个；摸排各类乱点乱象线索477条、治理乱点乱象594处。建立精细化考评考核、合成化专案攻坚、立体化社会治安防控、常态化严打整治等机制，重点围绕藏区社会领域陈规陋习、宗教寺庙领域乱点乱象整治构建策应反分裂斗争的长效机制。

【见义勇为宣传表彰】组织全州政法干警参加反分维稳、风险防控、抢险救灾中，涌现阿真能周、宋飞等一批先进典型。2019年8月20日2时许，连续强降雨导致山洪泥石流。李玉德在巡视时听到异响，第一时间叫醒工作人员，协助撤离到安全地带，又主动返回大坝协助排险，在提取闸门时遭遇洪水冲击牺牲。2020年12月22日，阿坝州人民政府追授李玉德为"阿坝州见义勇为勇士"。

（白玛罗尔伍　郭家翔）

依法治州
Law-based Governance of the Prefecture

【概况】2020年，贯彻落实习近平法治思想和中央、省委法治建设各项决策部署，服务维护祖国统一、加强民族团结，铸牢涉藏地区中华民族共同体意识、高质量发展、依法治理、一体推进法治阿坝、法治政府、法治社会建设。

【依法执政】健全党领导立法、保证执法、支持司法、带头守法的制度，出台《阿坝州党政主要负责人履行推进法治建设第一责任人职责实施办法》。

【地方立法】颁布实施《阿坝州民族团结进步条例》《阿坝州宗教事务条例》等重要自治法规和政府规章，健全科学立法、民主立法机制，凸显立法引领规范保障作用。

【依法行政】基本实现《法治政府建设实施纲要（2015—2020）》目标任务，通过省级第三方验收。建立完善重大行政决策程序和合法性审查程序。规范公正文明执法，推行行政执法"三项制度"。在全省率先建立州级领导干部一对一法律顾问制度。

【公正司法】推进司法责任制综合配套改革，形成权责统一的司法权运行新模式，"四大检察"平衡发展，解决"执行难"，执行到位率排名全省第一，"四圈四同"环资审判和"格桑梅朵"未检工作被两高肯定。

【法治社会】实施"七五"普法规划，创新开展"法律政策七进"，常态化推进依法治寺管僧，送法进寺庙位于全省前列，基本建成城乡公共法律服务体系，扫黑除恶专项斗争和依法科学防控疫情取得阶段性胜利，增强全社会法治观念和法治素养，全州社会大局长期稳定。

（梁万寿）

法治政府建设
Law-based Government Building

【概况】2020年，贯彻落实《法治政府建设实施纲要（2015—2020年）》，完成法治政府建设省级验收。制定法治政府建设阿坝方案，深化"放管服"改革，营造法治化营商环境，推动政府职能依法履行。开展会前学法、法治培训，促进领导干部运用法治思维和法治方式深化改革、推动发展，政府各项工作逐步进入法治化轨道。

【合法性审查】组织开展5次5000余件规范性文件清理，强化备案审查，审查州委州政府决策事项107件，提出建议意见100余条。制定《阿坝州人民政府重大行政决策程序规定》《阿坝州人民政府重大行政决策合法性审查规定》等制度，建立行政决策程序机制，推进行政决策科学化、民主化、法治化。

【行政执法监督】 贯彻落实行政执法三项制度，开展行政执法监督检查66次，评查行政执法案卷550余卷，解决人民群众最不满意突出执法问题23条，组织1559人参加行政执法资格考试。

【行政复议与立法】 加强重点领域立法，推动出台《阿坝州餐厨废弃物管理办法》等政府规章。搭建多元解纷平台，推动行政机关负责人出庭应诉，化解行政争议，办理行政复议案件68件、行政应诉案件102件。

（梁万寿）

公 安
Public Security

【概况】 2020年，阿坝公安紧紧围绕维护稳定和疫情防控两条主线，以“一三五七”战略引领全警，推进业务工作和队伍建设协调发展，优化全州和谐稳定的社会治安环境。

【公安改革】 完成全州公安机关执法勤务职务和警务技术职务两个职务序列首次套改，完成森林公安机关管理体制调整及转隶工作。组织申报“省级枫桥式公安派出所”，汶川映秀派出所、茂县凤仪派出所、理县城关派出所被省公安厅命名为全省首批“省级枫桥式公安派出所”；建设实战型草原骑警队伍，推动阿坝、若尔盖、红原三县草原骑警联勤联训联防。清理调整公安行政审批“四个办”事项，实现“一次办、网上办、马上办”事项100%，实现“就近办”事项52%，全年行政审批事项办结率100%，群众满意率100%。

【违法犯罪打击】 全州公安机关发现受理违反治安管理处罚法案件1825起，查处1700起，结案1667起，结案率98.06%。与上年同期比较，发现受理数减少266起，同比下降12.72%，查处数减少250起，同比下降12.82%。查处违法人员2780人。

【刑事案件侦破】 全州公安机关立刑事案件1071起，破获567起，破案率52.9%，现行命案11起实现全破；每万人立刑事案件12起，为全省每万人立刑事案件30起的40%，是全省最安全的地区之一。48小时侦破红原色地命案；侦破公安部督办的九寨沟、马尔康系列制贩枪支案2起；打掉“5·17”盗车系列专案和松潘籍特大系列盗车团伙，破获系列案件72起，抓获犯罪嫌疑人30人，追回被盗车及缴获作案车81辆，挽回群众经济损失720余万元。

【经济案件侦破】 全州受理经济犯罪案件线索30条，立案18件，破案16件（积案4件），撤案14件，抓获犯罪嫌疑人19人，移送起诉18人，取保候审10人，协查可疑交易线索46条，云端任务11件，协助税务追缴税款4661万余元。

【反恐防暴建设】 落实《涉恐隐患排查整治方案》，检查快递物流企业30家、加油站61家，水厂、电厂、化工企业等20家，公安检查站、治安卡点16处，学校、幼儿园89所，汽车客运站7家、医疗卫生机构6所景区2处；排查隐患95处，下达整改通知书170份。

【安保警卫】 完成全国开放创建交流现场会，全国政协副主席邵鸿、交通部党组书记杨传堂到阿坝州调研考察，“黄河上游川甘青水源涵养区生态保护和高质量发展协商协作研讨会”等13次安保任务。

【科技信息化建设】 全州开展移动警务终端配备，配备率56%，350兆对讲机配备，配备率71%。督促

3月26日，全州公安工作电视电话会议在马尔康召开 （州公安局提供）

阿坝、若尔盖、红原、壤塘、马尔康、金川、松潘 7 个县（市）完善监控设施，新增视频监控点位。保障州委书记刘坪在州公安局指挥大厅指挥调度全州疫情防控的通信畅通，做好连续 12 天全州指挥调度音频、视频正常和高效，未发生通信保障失误。全年保障各类视频指挥调度 250 次、视频会议 283 次，发电保障 24 小时。

【能力素质建设】 推进民警现场执法规范、现场控制、处置高效、心理抗压等能力建设，组织教官团对 13 县（市）公安局、州局机关应急处突队开展送教上门服务，全州 687 名民（辅）警参训。

【公安宣传】 在各主流媒体发布宣传稿件 400 条。推进“坚持政治建警全面从严治警”教育整顿，策划实施各类大型主题宣传 13 次。在《阿坝日报》上刊发阿坝公安专刊 21 期，全年通过公安自媒体发布宣传稿件 1000 条。

（黄南昕）

检　察

Procuratorial Work

【概况】 2020 年，落实“生态、发展、民生、稳定、作风”五个关键，聚焦维护国家安全、生态安全、人民群众生命财产安全“三个安全”，推动“四大检察”“十大业务”协调发展，服务“一州两区三家园”建设，以检察自觉和检察担当助推国家治理体系和治理能力现代化。

【司法体制改革】 组织开展员额检察员入额和晋升，遴选入额 3 人，退出员额 5 人，全州检察机关员额检察官 134 人。司法体制改革以来，全州两级检察机关晋升检察官 58 人，其中州院 9 人，基层院 49 人。开展三级高级检察官、四级高级检察官择优选升两批次 55 人。召开全州检察长工作会议，贯彻落实《阿坝州检察机关案件承办确定办法（试行）》，明确入额检察官在一线办案，承担相应办案数量。建立“以随机分案为主、指定分案为辅”的案件承办确定机制。设置权力清单，确保入额检察官办案数量、质效在统一业务应用系统中体现，定期组织数据分析。

【行政执法与刑事司法衔接】 推进全州“行刑衔接”工作，与相关执法部门沟通协调，明确任务要求。部分县院与当地行政机关建立相关合作机制、签署相关文件，明确案件线索移送、职务犯罪惩防、行政执法与刑事司法衔接等工作的协作配合，规范行政执法行为。整治人民群众反映强烈、影响社会和谐稳定的突出问题，实施环境保护、食品药品安全、安全生产、国土资源、工程建设、涉农利益等部门监督移送以罚代刑的刑事犯罪案件。开展行政执法人员以权谋私行为查处，推进职务犯罪和违法违纪案件查处。与行政执法机关协调配合，开展专项监督检查。

【刑事检察】 起诉危害国家安全犯罪案件 12 件 12 人，故意杀人、故意伤害、强奸等案件 81 件 111 人，盗窃、抢劫、诈骗等案件 143 件 252 人。开展毒品犯罪惩治，涉毒犯罪案件 23 件 44 人，职务犯罪案件 21 件 23 人。开展立案和侦查活动监督，监督侦查机关立案 5 件、撤案 6 件；纠正漏捕 5 人、漏罪 21 人、漏犯 8 人；向侦查机关发出书面纠正违法通知书 18 件（次）。黑水、马尔康、红原、九寨沟、小金、若尔盖、松潘等县（市）检察院在公安机关执法办案管理中心派驻检察室。开展刑事审判活动法律监督，提出抗诉 2 件，参加庭前会议 17 件，列席人民法院审委会 6 次。开展刑罚执行和监管活动监督，全覆盖

3月25日，全州检察长工作会在马尔康召开　（州检察院提供）

5月13日，全州首例行政诉讼监督案件公开听证会在马尔康举行 （州检察院提供）

巡回检察全州看守所，发现反馈问题 47 件，纠正监管执行活动违法 11 件、监外执行和社区矫正违法 18 人。

【民事检察】 开展民事法律精准监督，办理民事生效裁判监督案件 11 件、民事审判程序监督案件 28 件、民事执行监督案件 27 件、支持起诉案件 69 件。聚焦民间借贷、劳动争议纠纷、交通事故保险理赔、不动产买卖等重点领域，立案涉嫌虚假诉讼的生效裁判监督案件 2 件。与同级法院会签《民事行政诉讼监督配合协作工作机制》，在法院设立“民事行政检察监督岗”14 个，维护司法权威。拓展民事检察部门参与社会治理、服务民生途径，依托“监督岗”，监督法院民事诉讼活动，化解涉法涉诉矛盾纠纷，提升司法公信力和人民群众满意度。红原、壤塘县院与法院、司法局会签支持起诉、法律援助工作中协作配合机制，畅通救济渠道，促进民事检察与法律援助的衔接，保障弱势群体诉讼权益。

【行政诉讼检察】 开展行政检察监督，全州两级行政检察业务部门受理各类行政案件 36 件，其中生效裁判监督案件 1 件，审判程序监督案件 4 件，行政执行监督案件 10 件（非诉执行监督案件 7 件），实质性化解行政争议 10 件，督促行政机关不当履行职责 12 件。依法发出检察建议 25 件，书面回复采纳 25 件。践行新时代“枫桥经验”，推进“促进行政争议实质性化解”专项活动，对接人民调解，召开公开听证会，邀请人大代表、政协委员、人民监督员参加听证会，推进释法说理、息诉服判等。全年召开 1 件行政生效监督案件听证会，充分听取当事人意见建议，强化释法说理，促进案结事了政和，促成当事人争议的化解。办理行政处罚、行政争议案件的矛盾化解 9 件。

【公益诉讼检察】 办理公益诉讼案件 264 件，发出诉前检察建议 240 件，其中办理单独民事公益诉讼案件 8 件、刑事附带民事公益诉讼案件 14 件。推进川甘青三省三州黄河上游水源涵养区生态环境司法协作，举办司法协作若尔盖论坛，服务和保障黄河流域生态保护治理和高质量发展。跟进松潘黄龙钙化池被踩踏事件，通过诉前程序督促相关部门加强高原生态保护。开展“守护美丽草原”公益诉讼监督专项行动，启用无人机现场勘查和航拍取证，深入草原牧区公开宣告检察建议。若尔盖县检察院《马背上的公益诉讼》入选全国检察机关司法警察服务公益诉讼典型案例，松潘县检察院办理的“部分医

9月10日，阿坝州“检察信息技术＋政务云”应用推广会在马尔康召开 （州检察院提供）

疗机构违法处置医疗废物案”被评为全省行政公益诉讼诉前程序典型案例。

【国家司法救助】 贯彻最高检察院、国务院扶贫开发领导小组办公室《关于检察机关国家司法救助工作支持脱贫攻坚的实施意见》，推动国家司法救助融入脱贫攻坚。与政法委、财政和扶贫等部门开展信息对接，进拓展案源和救助资金来源，扩大基层司法救助覆盖面，开展贫困当事人救助，助力打赢脱贫攻坚战。全年办理司法救助案件38件，救助68人，发放求助金67.69万元，其中建档立卡户10户15人，残疾人6人，未成年人25人。

【检务公开与宣传】 构建官方网站和“两微一端”为载体的检察公共关系，发布各类检察信息400条（期），邀请人大代表、政协委员、人民监督员和特约检察员视察工作、观摩庭审、公开听证、业务竞赛和参与专项检查550人（次），召开座谈会56次，邀请社会各界人士参加检察开放日活动83次；接受人民监督员监督检务工作及办案活动87件。公布程序性信息查询1098条，重要案件信息335条，法律文书560份。

【扫黑除恶】 坚持“是黑恶犯罪一个不放过、不是黑恶犯罪一个不凑数”，推进“六清”行动，全年起诉涉黑恶犯罪案件7件70人。制发行业监督检察建议，督促整改。

【法治服务】 以12309检察服务中心为支撑，创建“基地＋平台”“中心＋平台”的检察服务新模式，推广应用“检察信息技术＋政务云”，开展检务公开、监督评议、检察宣传和检察服务，提高检察为民服务效率。“格桑梅朵”未成年人检察品牌被写入高检院工作报告、州委工作报告和高检院《未成年人检察工作白皮书》，全州检察机关做大做强“格桑梅朵”未检品牌，建设若尔盖“法治护苗中心”、红原“格桑花开——‘未’你而来”、汶川“爱——云朵未检工作区”、理县“吉祥——花蕾”、茂县“尔玛穆曦希望之家”、黑水“未成年人关护中心”等品牌。全州119名检察官兼任法治副校长，开展“开学第一课”、法治巡讲等活动，受教学生和群众2万余名。

（白祥霞）

法院
Court

【概况】 2020年，推动州县两级案件受理与审执，受理各类案件9943件，审执结9869件，结案率排名全省第三。案件数同比分别上升20.3%、24.94%，其中阿坝州中级人民法院受理案件632件，审执结618件，同比分别上升5.33%、14.44%。审执工作取得新突破、司法公信实现新提升、队伍建设展现新气象。

【体制机制改革】 完善员额法官、司法辅助人员和司法行政人员权责明晰、人岗相适的分类管理制度，突出法官办案主体地位，推动院（庭）长办理案件7584件，占比76.85%。常态化晋升法官等级168名，提升法官队伍素养，州中级人民法院连续两年获评全省“十佳庭审”。全州公开招聘书记员141名，书记员与法官比提升至1∶2，提升300%。

【刑事审判】 成立涉藏工作领导小组，召开工作会，安排部署审判工作。开展专项行动，打击危害国家安全犯罪，斩断供给境外分裂分子和分裂组织资金链条。坚持宗教独立自主自办原则，打击境外势力支配宗教事务行为。刑事审判二庭被表彰为全国法院先进集体，若尔盖法院被表彰为省维护稳定先进集体，松潘法院的1名干警被表彰为省维护稳定先进个人。

【扫黑除恶专项斗争】 三年专项斗争开展以来，阿坝州法院一审审结19件139人，实现案件清零，2名干警立三等功。审结九寨沟陈某等18人、汶川张某等16人影响重大的涉高利借贷黑恶案件，维护经济社会秩序。审结若尔盖“敢死队”尚某等16人抢劫、敲诈勒索采挖贝母群众案件，推进“三山一界”平安建设。审结阿坝县甲某等4人开设赌场、寻衅滋事、高利放贷案，有效减少草地县赌博衍生案件。审结金川卫某等7人通过敲诈勒索强揽俄热河电站建设运输犯罪案件，保障重点工程建设。审结黑水何某等5人、理县张某等4人利用“拉斯巴”民间自治组织，依靠家族势力哄闹选举现场、聚众斗殴等方式破坏基层社会管理秩序犯罪，引导传统民间组织向法治、德治、自治的现代化治理方向发展。开展“打伞”治乱，

7月4日，省法院党组书记、院长王树江（左三）在黑水法院调研审判工作 （州法院提供）

汶川县政府办原副主任、国资中心原负责人黄某充当砂石行业“保护伞”，犯受贿罪被判处有期徒刑7年。发布办案指导手册，规范案件审理。发出乡村治理、交通运输等司法建议19条，做到“一案一建议”。制作宣传片14部，警示群众远离“黑恶”。

【和谐阿坝建设】 审结故意杀人、故意伤害、强奸等侵犯公民人身权利犯罪110件236人。贡某等抢劫杀害出租车司机，一审判处首犯死刑立即执行，保障从业人员安全及乘客出行安全。开展三年禁毒人民战争，审结毒品犯罪案件89件139人，与上年同比下降30%。张某制造、运输毒品48.99公斤，该案是建州以来涉毒数量最大，一审判处死刑立即执行的首例涉毒案件。保持惩治腐败高压态势，审结职务犯罪案件16件18人，其中原厅级干部1人，处级干部2人，判处三年以上有期徒刑12人。审结马尔康医院季某贪污案，警示教育初出“象牙塔”公职人员。审结若尔盖、阿坝县等医院院长受贿案，促进医疗药品器械规范采购。审结泽某受贿，未经招投标指定生态环境考核监测项目案，保障生态环境领域安全。落实宽严相济刑事政策，判处缓刑257件359人，被告人缓刑率41.89%；组织诊断13件，对符合规定的1件2人作出暂予监外执行决定，保障刑罚有效实施和彰显人道主义关怀。省州县（市）三级法院联动，司法救助94案111人，发放司法救助金241.68万元。审结性侵单亲母亲刑事案件2件2人，均判处5年以上有期徒刑。保护未成年人健康成长，推动马尔康、黑水等7个基层法院成立“未成年人审判庭”。开展防范打击侵害未成年人犯罪专项行动，审结7件16人。张某长期性侵未成年继女，被判处有期徒刑11年。制发告诫书帮助12名适龄学生重返校园，服务控辍保学。

【民事审判】 7月4日，省法院党组书记、院长王树江一行在黑水县法院调研审判工作。开展家事审判机制改革，出台人民法庭管理意见，配备130名干警，打造家事审判新模式。人民法庭工作被人民法院报专版报道，茂县凤仪法庭被最高法院评为先进集体。审结婚姻家庭案件1927件，调解结案1416件，调撤率73%。设立反家暴工作室43个，庇护受家暴人员，打造“温馨娘家”。制定维护单亲母亲权益意见，拍摄藏汉双语宣传片，与检察院、公安局联合开展专项保护行动，亮剑“钻帐篷、爬墙墙”等不法行为。唤醒单亲母亲主体意识，审结主动起诉性侵、支付抚养费等案件19件。

【矛盾纠纷化解】 坚持合法自愿原则，规范调解行为，遏制“经书作价”“用钱买命”调解现象，惩治杀害调解员凶手夺某、扎某，判决宣布被告人亲属驱逐出村和限制人身自由等违法无效，防止民间调解走偏。调研1354个村1.08万条村规民约，厘清风俗习惯合法与违法界限。推动小金等试点地区交警队、保险公司等适用人身损害赔偿城乡统一标准调解案件16件，增加赔付金额130万元，保护农村居民利益。

【营商法治环境建设】 促成华强方特动漫公司与理县鹧鸪山自然公园就“熊出没”动漫形象著作权侵权案，达成公园付费继续使用动漫形象和解。召开全国专家、资深法官及相关部门参加的地理标志、非遗案件研讨会，提出举证查明事实等对策建议，助推品牌建设。规范企业破产，受理破产案10件，发挥破产重整和解制度功能，推进企业进出市场。重整328名债权人3.2

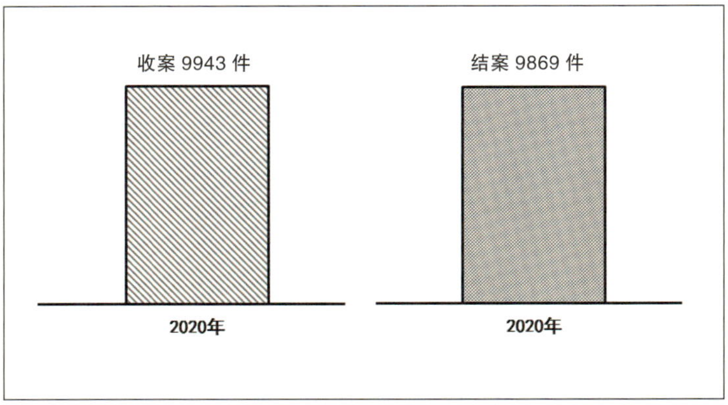

图 1　2020 年阿坝州两级法院各类案件收案、结案情况示意图

（2020 年阿坝州法院受理各类案件 9943 件，同比上升 20.30%，审结各类案件 9869 件，同比上升 24.94%。）

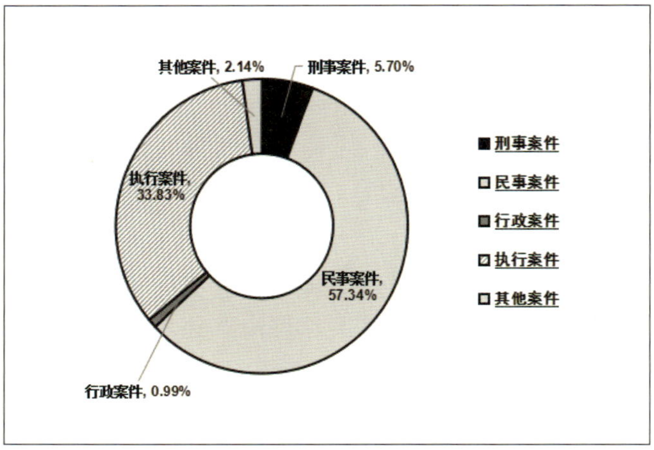

图 2　阿坝州两级法院审执结案件结构示意图

（2020 年阿坝州法院审执结刑事案件 591 件，民事案件 5640 件，行政案件 102 件，执行案件 3241 件，其他案件 295 件。）

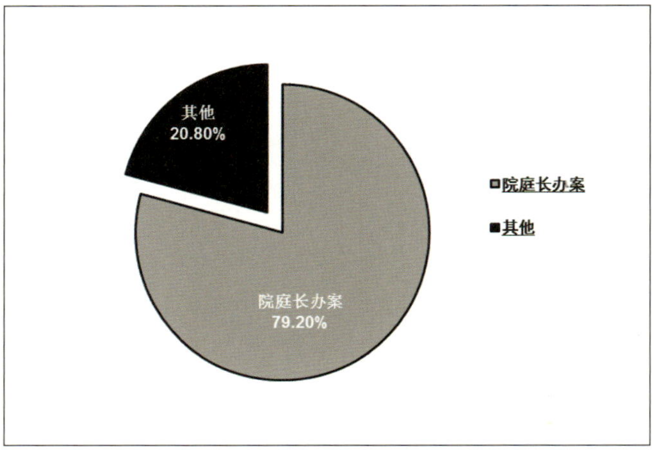

图 3　阿坝州两级法院院庭长办案情况

（2020 年阿坝州法院院庭长办理案件 7584 件，占审结案件总数 76.85%。）

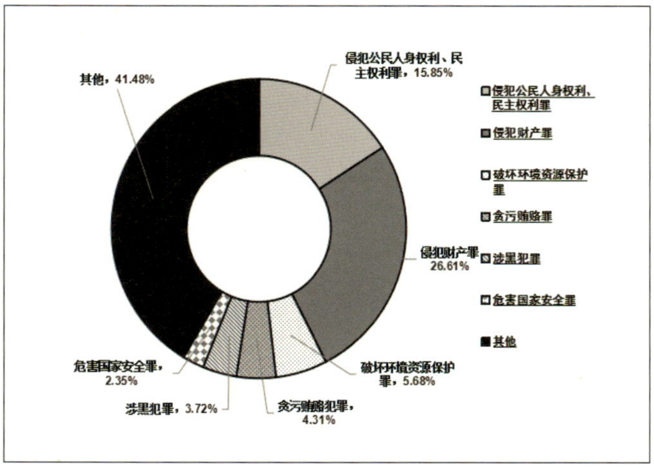

图 4　阿坝州两级法院刑事案件结构示意图

（2020 年阿坝州法院受理刑事案件 594 件，同比上升 4.56%。）

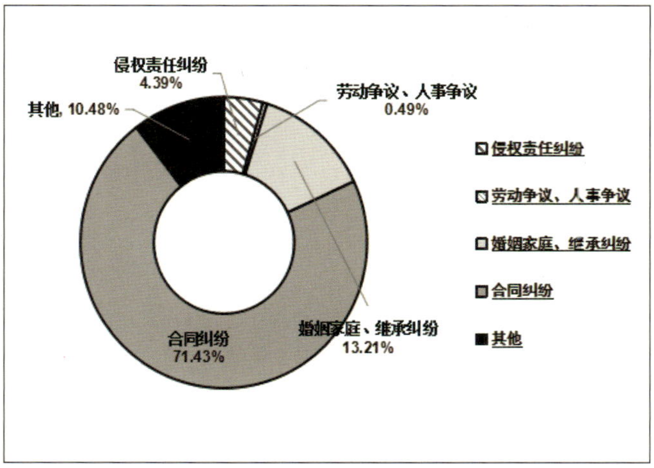

图 5　阿坝州两级法院民事案件结构示意图

（2020 年阿坝州法院受理民事案件 5673 件，同比上升 27.20%。）

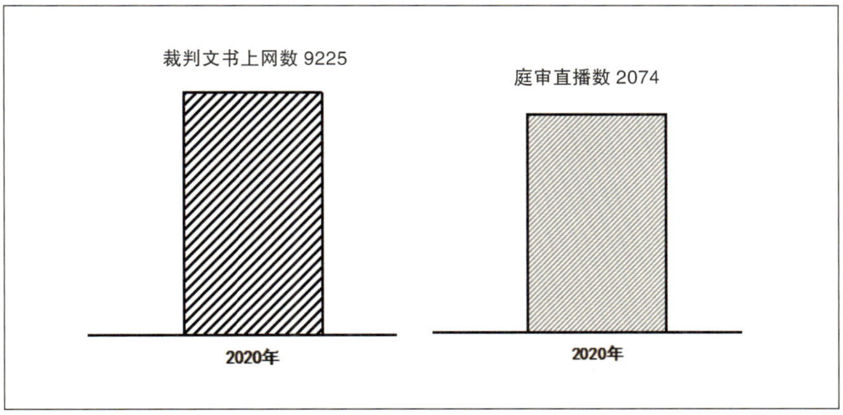

图 6　2020 年阿坝州两级法院司法公开情况示意图

（2020 年阿坝州法院裁判文书上网 9225 份，同比上升 21.13%；2020 年阿坝州法庭审直播 2074 件，同比上升 30.93%。）

亿元债权的阿坝富奇冶炼公司，保住全州唯一电石生产资质，解决就业 110 人。与州人行、州银保监局建立金融纠纷多元化解机制，集中化解金融纠纷 247 件 3.7 亿元。区分正常融资和非法集资，规范金融交易，防范金融不良债权，审结李某、王某非法吸收公众存款案，涉及 60 人 1170 万元。

【服务项目建设】 调研近 3 年审理的建设工程案件 1686 件，分析招投标管理不规范和违法转包、分包、挂靠等问题，与 8 个州级行政部门建立工程建设领域民行衔接联动意见，推动形成共建共治格局。审结中铁三局天津公司与四川宇泰公司成兰铁路新民隧道施工合同纠纷等涉汶马高速、成兰铁路、红原机场、双江口水电站、九寨沟灾后重建国家重点工程案件 56 件，标的额 6.55 亿元，化解因地质灾害、工程量变更产生的停工窝工阻工纠纷，服务项目工程建设。审结工程质量纠纷 16 件，发挥工程质量司法鉴定作用。

【行政审判】 审结各类行政案件 102 件，依法维持事实清楚、程序合法、适用法律正确的 31 件具体行政行为案件，裁定准予行政机关强制执行 12 件，维护行政权威。纠正不当具体行政行为案件 23 件，保护行政相对人合法权益。推动行政机关负责人出庭应诉 55 件，占比 82%，其中金川、红原、壤塘等 7 个县实现 100%。制定“一站式”诉讼服务意见，引导当事人通过“微法院”手机远程立案 1506 件，跨域立案 57 件，推进群众不出家门打“官司”。依法减免诉讼费 86 万元，确保经济困难群众打得起“官司”。茂县法院被表彰为全省诉讼服务中心建设示范单位。

【环境资源审判和“四圈四同”品牌建设】 坚持生态保护系统性，实现全区域保护，召开川甘青三省三州法检两长出席的黄河上游水源涵养区生态环境保护司法协作会，加强黄河源头保护。召开岷江流域法院环境司法协作会，做好自然灾害及突发公共环境事件的上下游司法应对。4 月 27 日，州人大常委会在汶川召开全州法院环境资源审判工作座谈会，发挥裁判规则指引作用，判决四姑娘山管理局履行安全保障义务，对游客路某未按备案线路露营进行登山坠崖不承担责任，维护正常旅游秩序。坚持生态保护平衡性，用法治保护山水林田湖草生命共同体，审结环资刑事案件 29 件 42 人。甲某盗伐滥伐林木刑事附带民事公益诉讼案，入选最高院黄河流域生态环境司法保护典型案例。制定草畜平衡完善草原生态保护法治保障意见，促进草原生态平衡。在卧龙牧特区建成全国首个大熊猫国家公园法庭，建立与保护濒危物种和国家公园相适应的司法服务机构。判决非法出售国家二级保护动物猕猴死体犯罪案件。与民建中央调研生态损害修复赔偿问题，向全国阿坝推广经验。结合全年法定节假日及 13 个县（市）特色文化旅游节，开展主题法治宣传，实现“线上 + 线下”24 小时不间断绿色司法服务。

【审判执行】 推动召开州县两级执行工作联席会和出台加强综合治理从源头切实解决执行难办法，完善综合治理执行难工作大格局。提档升级，发挥网络查控、网络拍卖、案款发放等功能，“一键查询”被执行人2917人财产1.46万宗。执行湖南金光道公司拖欠工程款，网上一次足额扣划被执行人账户250万元，改变登门临户型执行旧模式。开展网上司法拍卖130次，拍卖资产13次894.15万元，节省佣金44.71万元。制定失信被执行人信用监督、警示和惩戒机制建设意见，联合限制乘坐飞机、高铁、参加招投标等。纳入失信名单182人，限制高消费1506人，318人主动履行执行义务。长期下落不明的失信被执行人向某主动给付案款。开展公职人员信用监督，促成执结案件94件。小金抚边乡村委会原主任未履行义务被纳入失信名单，换届选举被取消竞选资格。州法院、理县法院被表彰为全省法院“基本解决执行难”先进集体。解决执行难的第一年，执结案件3241件，结案标的额6.44亿元，起步坚实。

【诉讼服务】 7月3日，全国首个大熊猫国家公园法庭在汶川卧龙特区成立。完成院庭建设项目8个，增加建筑面积1.63万平方米，增长率244%，新建改善科技法庭65个，开庭6391次，配备巡回审判车13台，为服务诉讼群众33.6万人次。建成四川法官学院古尔沟教学实习基地，结束全州无法官培训基地的历史。争取省级统筹专项资金1893万元，解决阿坝州法院集中供暖问题。

【司法公开】 依法接受人大及其常委会监督，向州人大常委会报告环境资源审判、优化法治营商环境工作，获人大代表高票通过。制定指南适用自治法规13件。若尔盖法院依照婚姻法补充规定审理单亲母亲请求抚养费案件，判处男方承担高于女方比例的抚养费。接受政协民主监督，定期通报法院工作。接受检察机关法律监督，维护司法公正。接受社会监督，使用热线“12368”等通道回复案件咨询6.7万条。挂网裁判文书9225份，同比上升21.13%，网络直播庭审2074件，同比上升30.93%。

（刘姝娟）

司法行政
Judicial Administration

【概况】 2020年，全州司法系统坚持“围绕中心抓服务、围绕稳定抓法治、围绕基层抓规范、围绕能力抓队伍”工作思路，落实“生态、发展、民生、稳定、作风”五个关键，开展依法治州、“七五”普法、“法律政策七进”、公共法律服务提档升级工作，为“一州两区三家园”发展战略提供法律服务。代表四川省接受国家“七五”普法检查验收，连续三年被表彰为“全国法律职业资格考试先进集体”，被省委宣传部、统战部、省民宗委评为“四川省民族团结进步示范机关”，创建为第五届四川省文明单位，被州委、州政府表彰为“全州民族团结进步示范单位”和“先进集体”，多项工作得到州委书记刘坪、州长杨克宁的肯定批示和省司法厅表扬，保持全省司法行政系统第一方阵地位。

【推进“七五”普法】 落实《关于开展第七个五年法治宣传教育的决议》，制定“1+7”工作细化方案，落实《阿坝州关于实行国家机关“谁执法谁普法”普法责任制重点单位任务清单》。在全州构建党委领导、人大监督、政府实施、政协支持的州县乡三级联动普法工作大格局。建立普法经费动态增长机制，落实普法经费3000万元。创建全国法治示范县2个，全国民主法治示范村11个，省级法治示范县2个，省级法治示范乡镇4个，省级学法用法示范单位7个，州级

3月3日，开展疫情防控入户宣讲活动 （州司法局提供）

法治示范乡镇108个，州级依法治村示范村283个。12月4日，州人大常委会办公室、州委宣传部、州委政法委、州委全面依法治州委员会办公室主办，州司法局、州教育局、州林草局承办的“深入学习宣传习近平法治思想、大力弘扬宪法精神”主题“12·4”宪法宣传日系列活动在马尔康举行。

7月10日，阿坝州司法局组织召开进一步做好防汛减灾和地灾防治专题会 （州司法局提供）

【法律政策七进】 落实《阿坝州深入基层“两联一进”群众工作全覆盖办法》，编发汉语藏语两种语言《“两联一进”法律政策知识读本》《青少年普法漫画手册》等44万册，创新制发法治挂历、年历、僧包等普法产品50余种300余万件；建成法治广场、图书角、服务点、基地2300余个。提档升级“藏汉双语”法治宣传工作室，开设“法治阳光”栏目，制作推送节目82期，辐射到川甘青三省交界的安多地区，提升阿坝普法影响力。加强宣讲队伍建设，组建州、县（市）汉语、藏语法律政策宣讲团14个、各类宣讲分队220个，开展法律政策宣讲20475场次，受教育139.2万余人次。编排单亲母亲家庭维权题材法治情景剧《卓玛的维权路》，巡回演出100余场，受教育群众15万人次。

【公共法律服务】 建成公共法律服务“实体、热线、网络”平台，基本建成覆盖城乡的公共法律服务体系。办理法律援助案件606件、公证2039件、司法鉴定17件、农民工讨薪和妇女儿童维权248件。刑事案件律师辩护全覆盖，法院指定援助案件343件，辩护率100%。推动阿坝师范学院、阿坝州职业技术学院建成公共法律服务中心；与内地25个律所建立法律服务帮扶机制，开展“远程法律服务”。组织开展2020年国家统一法律职业资格考试，客观题报名264人，主观题报名82人，考点设在阿坝州卫生学校。

【推进基层治理】 融入州域基层社会治理，牵头开展村规民约法治体检和以案说法宣传教育。策应重点寺庙集中整治，全州42座重点寺庙法律顾问全覆盖，建成寺庙法律服务点220个，率先在全省涉藏地区建成2座寺庙（格尔登寺、郎木寺）公共法律服务中心。推进扫黑除恶专项斗争，办结涉黑涉恶案件刑事辩护10件。坚持和发展新时代“枫桥经验”，成功调解矛盾纠纷2198件，成功率99%。开展社区矫正对象管理，落实刑释解矫人员安置帮教措施，建成社区矫正中心4个。解决疫情防控常态化探视难题，改造升级服刑人员远程视频会见系统，设立会见点位100个，组织185名服刑人员与550余名家属视频会见。

9月7日，组建马背上的“法律政策”宣讲团 （州司法局提供）

【参与疫情防控】 组建5类法治专业小组，编写《阿坝州新型冠状病毒疫情防控工作法律法规汇总》，审查疫情防控规范性文件、重大决策事项91件。制作推送《疫情七宗罪》等13期“法治阳光”汉藏双语普法节目，录制汉藏双语《法治阿坝》节目。开展涉疫行政违法典型案例宣传，进村入户入寺开展疫情防控宣传宣讲1.5万余场次。新媒体疫情防控普法宣传点击阅读量3300多万次。社区矫正对象和安置帮教人员“零疫情”“零违规”。

5月29日，阿坝州公安局森林警察支队挂牌成立 （州公安局提供）

【司法行政队伍建设】 坚持政治引领、党建先行，推进“四型机关”创建和支部十个标准化、党委（党组）六个规范化建设。投入教育培训经费100余万元，开展能力素质提升行动。用好用活现有编制，依托“硕博进阿坝行动”，引进1名高层次法律专业人才。弘扬“忠诚、为民、尚法、担当”的四川司法行政精神，引导干部担当作为、干事创业，提升全州队伍革命化、正规化、专业化、职业化水平。全系统50个集体、40名个人获州级以上表彰表扬。九寨沟漳扎司法所、汶川映秀司法所创建为省级“枫桥式司法所”。

（梁万寿）

森林安全管理

Forest Safety Management

【概况】 2020年，挂牌成立阿坝州公安局森林警察支队，发挥保护生态安全职能作用，推进森林法制建设与宣传，强化森林公安人才培养，依法打击各类破坏森林和野生动植物资源的违法犯罪行为，维护和保障“一州两区三家园”建设。

【森林法制建设与宣传】 全州公安机关配合相关部门开展森林及野生动植物法律法规宣传，推动典型案例以案示警、以案说法。全年出动警力2346人次，警车732台次，集中宣传40场次，悬挂横幅、标语97条，制作展板58个，发放宣传资料、手册23722份，媒体宣传24次，在公路沿线、重点林区制作宣传牌82个，教育群众40余万人次。

【涉林案件办理】 全州森警部门各类案件544件，破获541件，其中刑事案件52件（森林刑事案件33件，野生动物刑事案件18件），破获52件；受理行政案件433件（森林行政案件316件，野生动物行政案件14件），查处327件（森林行政案件314件，野生动物行政案件13件）；涉林治安案件发生57件，查处57件。抓获犯罪嫌疑人员75人，移送审查起诉21件40人；行政处罚551人（警告123人，补种树木57人，罚款249人，行政拘留121人，其他处罚1人）。收缴木材301.76立方米，野生植物369株，幼树73株，野生动物150头（只），野生动物制品101.2公斤，作案工具266件，罚款58.16万元。

【森警人才教育与培训】 在汶川县水磨镇举办办案民警及林草行政执法人员培训班各1期，培训办案民警53名和林草行政执法人员43名在马尔康举办森林草原、火灾应急演练暨火案现场堪验大比武，全州观摩参加演练和比武民警62人。

【专项整治行动】 全州森警部门开展“奋进系列”“森林草原火灾案件侦破查处”“疫情期间打击破坏野生动物资源违法犯罪”等专项行动，维护全州森林草原安全，保障人民群众生命财产安全。

（黄南昕）

军 事

MILITARY

人民武装

People's Armed Forces

【概况】 2020年，贯彻党中央、中央军委和习近平主席决策指示，落实省军区党委和州委安排部署，坚持举旗铸魂把方向、聚焦主业强能力、全面从严正风气、强基固本保稳定、真抓实干见成效，推动各项完成任务。

【思想政治建设】 贯彻落实习近平新时代中国特色社会主义思想和习近平强军思想，开展党委理论学习中心组专题学习4次，重点学习中共十九大和十九届四中、五中全会、全国两会精神，建立习主席重要讲话跟进学、重要文电及时学、重要观点经常学机制坚定信仰信念。围绕疫情防控开展政治宣传和教育，普及防疫常识，制作宣传展板，张贴知识挂图，发放教育手册，做好心理疏导，制发《关于严格落实隔离措施做到"九个一律"的通知》《关于严格疫情防控期间群众纪律的通知》。推动意识形态领域建设，开展"四反"教育，组织核心涉密、重要岗位人员政治考核。

【红色文化宣传教育】 深化巩固"传承红色基因、担当强军重任""不忘初心、牢记使命"主题教育成果，推进党史国史军史、优良传统、形势政策教育，开展集中学习教育、参观革命遗址、重温入党入伍誓词、观看红色影片等活动，把红色基因根植于部队官兵血脉。开展典型宣传和新闻报道，在军地媒体撰稿300余篇。

7月1日，组织官兵、文职人员和职工在卓克基红军纪念馆开展红色文化教育　（徐欢摄）

【干部队伍建设】 贯彻军委主席负责制及各级落实措施，学习《中国共产党军队党的建设条例》《中国共产党军队委员会工作条例》，完善和加强党委班子建设措施，发挥党委核心领导作用。组织召开州级“三议”会议，压实各级党委领导思想政治、备战打仗、安全管理责任。落实七项制度，党内生活更加正规。召开州委议军会、党管武装工作述职会议，办理军地主要领导双向兼职有关事宜。制定《干部选拔任用基本原则》，完成干部调整、士官选晋、文职招录等工作。办理随军家属困难补助审核、分居费、探亲路费等福利工作，落实2020年度报考干部子女班和干部子女中考优待工作和干部福利工作。开展纪律教育，定期传达违纪问题通报，组织学习《军队行业部门廉政主管责任规定》等相关规定，传阅《严重违纪违法师级以下人员忏悔材料汇编》。推进军委巡视反馈问题后续整改，做好纪律处分执行和受处分人员教育管理。开展有害信息清查清理及有形物品清理，推动思想洗涤。开展政治领域官僚主义形式主义、师级以上领导干部落实有关待遇规定、上网账号和网络借贷、参加社团和发表言论等专项清理清查活动。开展政治考核，动态管理官兵使用移动电话和国际互联网，核查上报涉法涉诉案件问题和居住在营区的地方人员情况。

【军事斗争准备】 围绕“四个坚持扭住”“三个过硬”抓基层打基础，坚持和完善帮建基层制度，推动基层经常性工作落实。开展海拔3000米以上人武部集中供氧工程建设。开展乡镇武装部正规化建设，全部实现达标。开展“条令学习月”等活动，组织“7·23”案件专项安全教育整顿活动，开展机关作风纪律整顿，严格落实一日生活制度，规范各项管理工作。开展枪支弹药和民兵装备仓库管理专项整治，完成省军区武器装备仓库专项检查，推进军分区民兵武器装备仓库新建工作。

【军事智能化建设】 定期分析安全形势，开展保密集中整治、“百日安全”等活动，加强安全教育训练、隐患排查治理，推进拉网式安全普查，动态管理官兵移动电话和国际互联网使用，核查涉法涉诉案件和营区内居住人员情况，升级民兵装备仓库安防系统，牢固安全稳定基础。更新保密室安防设施，回收并上交长期不用的密码装备。修订完善后装保障方案预案，调整补充各类物资器材，做好应急战备保障准备。

【后勤保障建设】 落实党委当家理财制度，修订完善军分区《财务管理实施细则》《公务接待管理办法》等，汇总上报全区审计监督数据，完成家底经费清理统计上报，推进生活费审计退款和专项清理核查工作。完成报废车辆移交和退役报废武器销毁调运、上交工作。完成红原维稳轮训基地整体移交，做好久马高速占用军用土地房地产价值评估，将州医院作为机关社会化医疗保障机构，组织官兵健康体检、病退评残。依规采购保安保洁、绿化管护、食堂劳务派遣等物业服务。抓好疫情防控宣传和教育，制发防控方案、处置预案，落实营区封闭式管理和消毒防护措施，开展返岗人员隔离管控、医学观察、解除隔离审批，做好强外来人员、物业服务人员管理，实现新冠肺炎“零感染”目标。

（胡兴美　韦龙林　张林飞）

兵役及民兵预备役

Military Service and Militia Reserve Service

【概况】 2020年，执行《中华人民共和国兵役法》，推动服兵役人员遵守宪法和法律，保障服兵役而产生的权利和义务，组织参加应急抢险，维护社会稳定，保障人民安居乐业。

【军事训练】 开展首长机关军事训练，重点突出基本技能、平时工作业务、应急应战业务训练，实施年度军事考核。推进民兵军事训练，开展军事职业教育工作，完成若尔盖县在校学生基础军事训练任务。坚持以训带练，组织民兵执行堰塞湖险情警戒、人员营救、道路抢通、物资搬运等任务，转移受灾群众、完成土石作业、抢修道路交通，提升应急应战能力。抓好常态化疫情防控条件下役前教育训练。

【民兵调整改革】 推进民兵规模结构调整优化，按照力量分类，围绕任务类型，建立州应急营、县应急连、应急排和专业特殊力量，完成全州应急民兵、普通民兵整组任务。修订《阿坝州民兵应急力量规范化建设实施细则（试行）》《阿坝州关于推进军民融合深度发展的措施》。

3月12日，组织民兵参加疫情卡点执勤　　（阿坝军分区提供）

【廉洁征兵】严肃征兵纪律，严格执行征兵各项政策规定，按规定进行公开，按规定分配征兵任务，对于优先征集对象，没有扩大范围、放宽条件、降低标准征集男兵和女兵，聘请579名廉洁征兵监督员，全年未发生征集新兵、直招士官违纪违规问题。开展年满18周岁和18~24周岁男性青年兵役登记，组织专项业务培训，开展役前教育训练，全州兵役登记率顺利达标。组织召开高原兵定向征补调研座谈会。在阿坝州师范学院组织大学生征兵宣传，检查抽查县（市）征兵体检情况。

【服务军校招生】开展陆军边海防学院昆明校区藏族中学和军队院校招生工作，推荐的招生对象全部通过复试复查，部分被军校录取，部分被录取为直招士官。协调落实优抚优待和大学生学费补偿、保留学籍等事宜，开展新兵回访活动。

【参建参治】协调出台《阿坝州随军家属安置实施办法》，联合表彰双拥先进、“十佳军嫂”等，统计公示立功受奖人员情况，开展走访驻军部队、军人家庭、退伍老兵和悬挂“光荣”牌匾活动。参与“两联一进”、脱贫攻坚、疫情联防联控，军地共建全国民族团结进步示范州、全国双拥模范城。推动“一部帮一村”工作落实，军分区和13个县（市）人武部联系帮扶1个县、19个乡（镇）、21个行政村、374户贫困户、1673名贫困人口，全部脱贫摘帽。对接乡村振兴计划，组织民兵上万人次昼夜参与卡点盘查、巡逻排查、物资运送等工作，帮助群众发放医疗防护器材、购买生活用品、搬运农药化肥、开展春耕生产。全州民兵参与剪枝、播种66.67公顷，搬运种子10余吨，分发肥料5车、农药40余件、农膜近3吨。

【抢险救灾】2月12日16时许，红原日干乔大沼泽附近草场突发火灾。组织红原县人武部召集应急民兵200名，携带灭火装备前往草场扑救，采取分段隔离、由外及内、先面后点、顺风而扑、避开浓烟的战术，处置火灾险情。经过9个小时连续奋战，过火面积466.67公顷大火被全部扑灭。7月23日，理县境内薛城镇至上孟乡道路回龙桥段被洪水冲断，1000余名游客被困上孟乡孟屯河谷景区附近。落实理县上孟乡武装部组织民兵安全转移全部游客。8月17日，茂县凤仪镇、南新镇境内发生山洪泥石流灾害，落实茂县人武部组织450余名民兵配合安全转移群众2070余人，清理泥石流淤积10余万立方米，抢通道路约3公里，构建防洪带2.3

7月23日，理县上孟乡武装部组织民兵转移游客　　（阿坝军分区提供）

公里。8 月 20 日，汶川县耿达镇至卧龙镇多处道路被山洪冲垮，导致数百名群众被围困，汶川县人武部迅速组织 35 名民兵携带救援物资器材赶赴现场，安全转移群众 370 名，同时协助运送应急通信设备，配合当地移动分公司工作人员抢通卧龙镇部分村寨移动信号。

（胡兴美　徐　麟）

国防动员

National Defense Mobilization

【概况】 2020 年，落实《中华人民共和国国防动员法》“国家加强国防动员建设，建立健全与国防安全需要相适应、与经济社会发展相协调、与突发事件应急机制相衔接的国防动员体系，增强国防动员能力”规定，推进国防动员建设呈现稳中有升、持续向好。

【夯实动员基础】 召开州国动委专业办公室工作协调会，修订完善保障预案，核查清理重点动员潜力资源，评估论证老旧桥梁情况，保障部队战备拉动动员。拟制《国防动员方案（初案）》，开展国防动员潜力数据核查更新和动员方案修订业务培训。

8月28日，在马尔康中学开展新生军训

（白玛央吉摄）

【学生军训】 落实《国防教育法》《普通高等学校军事课教学大纲》，贯彻参谋部总政治部《关于在普通高等学校和高级中学开展学生军事训练工作意见》，从适应国家人才培养战略和国防后备力量建设的需要出发，围绕校园文明建设和加强校风校纪转变，组织入校新生开展队列动作、作风养成、整理内务等军训，言传身教和引导灌输部队光荣传统和军事常识，增强国防观念，培养军人作风，潜移默化树立热爱人民军队，增进国防建设思想意识。

9月4日，马尔康民族师范学校2020级新生入学国防教育现场

（马师校提供）

【国防宣传教育】 开展全民国防教育日系列活动，展出宣传画，发放宣传资料，接受群众咨询 500 余人次。参与支持地方红色资源开发保护工作。新建 6 所少年军校，筹资援建少年军校。

（胡兴美　童振宇）

退役军人事务

Veterans Management

【概况】 2020 年，加强基层基础基本建设、提升思想政治工作质效、提升权益维护工作质效、提升依法管理工作质效、提升优抚褒扬工作质效、提升就业安置工作质效，落实“两活动一制度”，推进移交安置、就业创业、褒扬纪念、思想教育、权益维护等工作，推动退役军人工作任务的完成。汶川县退役军人服务中心被表彰为“四川省退役军人工作先进集体”，若尔盖县退役军人事务局局长杨晓菊被表彰为“四川省退役军人工作先进个人”，国家税务总局阿坝州税务局机关党委副书记明华强、松潘县泥腿兄弟种植专业合作社理事长葛玲、漳扎镇漳扎村村民杨尧被表彰为“四川省模范退役军人”。

【服务保障体系建设】 开展“基层基础基本建设年”，新时代“枫桥经验”“示范性退役军人服务站”创建活动。推进全州“两站两中心”建设，全州退役军人服务保障体系建设规范化。推进专职编制人员配备、基础设施配套、人员经费保障、功能作用发挥等工作，开展“强基补短”，将“两站两中心”建设成“退役军人之家”。全州建立服务中心14个、乡镇服务站141个、村（社区）服务站562个，落实编制55名，省级复审验收通过创建全国示范性退役军人服务中心（站）66个。

10月31日，州委副书记、州长杨克宁（右）在汶川县看望慰问抗美援朝老战士姚华舟

（州退役军人事务局提供）

【优待抚恤】 落实优抚对象抚恤补助政策和自然增长机制，调整抚恤补助标准，实行“一卡通”按时足额发放抚恤金和生活补助金，为义务兵家庭发放优待金，下拨重点优抚对象生活补助等资金。开展新评残工作，换（补）发伤残证，完成残疾等级评定，保障换证率。

【开展褒扬纪念】 开展“致敬·2020清明祭英烈”祭扫活动，网上祭扫达12998人次，实地祭扫6324人次。在茂县举行“9·30”烈士公祭活动，阿坝州和茂县主要领导、军地代表、烈士遗属、学校师生和社会各界人士代表参加活动。开展纪念中国人民抗日战争暨世界反法西斯战争胜利75周年系列活动，组织慰问抗日战争老战士老干部、抗战将领及其遗属、抗战烈士遗属22名，并送去慰问金。开展中国人民志愿军抗美援朝出国作战70周年走访慰问活动，组织慰问志愿军老战士、老干部、烈士家属411名，发放中国人民志愿军抗美援朝出国作战70周年纪念章和慰问金。阿坝州消防支队汶川县消防大队水磨镇政府原专职队员更斯穷被评定为烈士。

【落实移交安置】 组织接收符合政府安置工作的退役士官，全部安置在机关事业单位。军转干部和军队文职人员计划安置任务完成率100%。审定退役士兵社保接续档案，完成符合条件退役军人养老保险补缴。完成自主择业军转干部退役金调待工作。发放困难企业军转干部困难补助金。完成军休干部审定，落实军休干部医疗保障待遇，调整军休干部年定期增资。

【推进就业创业】 阿坝州退役军人服务中心和培训中心纳入大学生见习基地，阿坝州职业学院和阿坝州中等职业技术学校纳入四川省省级退役军人就业创业培训机构。根据光荣返乡退役军人意愿，开展短期职业技能培训。引导自主择业干部主动就业创业，推荐优秀退役军人参加全省“就业创业之星”1人，进入决赛。组织退役军人参加“民营企业招聘周”活动，部分退役军人创业典型被纳入四川省级退役军人就业创业导师库。

【政治思想教育】 传承老兵红色基因，发挥模范带头作用，引导退役军人参与基层治理、脱贫攻坚、抢险应急。激励退役军人永葆“退役不褪色、退伍不退志”的军人本色，营造退役军人珍惜荣誉、奋发图强的氛围。组建退役军人志愿服务队，组织退役军人和老兵志愿服务队投身疫情防控一线，组织退役军人和服务队参加抗洪抢险。举办首届退役军人书画摄影大赛，征集书法篆刻作品38幅、摄影作品115幅，专家评审和网络投票选出书法类作品一等奖3个，二等奖5个，三等将8个；评选摄影类作品一等奖5个，二等奖10个。

【规划编制】 完成退役军人“十四五”规划编制，制定退役军人服务中心

11月1日，州委书记刘坪（左）看望慰问抗美援朝老战士陈金云 （州退役军人事务局提供）

（站）建设项目中长期发展规划，完成烈士纪念设施“十四五”规划编制。编制松潘县新建“长征英烈纪念园”项目、阿坝县新建“阿坝县烈士纪念馆”项目和15个烈士陵园实施改扩建项目纳入“十四五”项目规划重大工程规划项目。下拨专项资金维修改造小金县烈士陵园。

【推进“两活动一制度”】 全州退役军人系统班子成员带头开展“基层基础基本建设年”、“思想政治工作年”、常态化联系退役军人制度的“两活动一制度”，实现13个县（市）乡镇服务对象干部联系全覆盖。坚持平常联系与定期联系相结合，开展服务对象“大走访”组织调研活动，收集困难问题，解答政策咨询、就业、困难、诉求等。在黑水县昌德红色教育基地开展政治教育“严党性”主题活动，提升“思想政治工作年”活动质效，增强退役军人事务干部职工党性修养。

（曾云红　谢小红）

双拥共建
Double Support and Joint Construction

【概况】 2020年，贯彻落实习近平总书记关于双拥工作和军政军民团结的重要指示，以创建全国双拥模范城为目标，弘扬长征精神，发扬拥军优属、拥政爱民光荣传统，按照州委、州政府和阿坝军分区的统一安排，深化军地共建，推进军民融合发展。军地军政军民团结，开展双拥活动，阿坝州创建为全国双拥模范城、四川省双拥模范城。

【双拥共建体系建设】 制定出台《中共阿坝州委、阿坝州人民政府、阿坝军分区关于加强新时代“拥军优属、拥政爱民”工作的实施意见》《阿坝州关于创建国家和省级双拥模范州实施方案》。州、县（市）成立双拥工作领导小组14个，双拥服务组织167个，健全完善《阿坝州双拥工作领导小组议事规则》《阿坝州双拥工作领导小组成员单位职责》等制度，组织召开阿坝州双拥工作领导小组全体会议、党委议军会议、军政座谈会议。

【落实优抚安置政策】 推进退役军人服务保障，维护和保障优抚对象权益，发放优抚资金社会保障卡“一卡通”。规范发放全州义务兵优待金、退役士兵待安置期间生活费、大学生入伍奖励金、立功受奖军人奖励金、自主就业退役士兵地方经济补助等。解决重点优抚对象医疗难、生活难、住房难等问题，州县（市）投入经费920万元建立“退役军人关爱帮扶专项基金”。全州接收安置退役士兵，符合政府安排工作条件退役士兵全部安排在机关事业单位，安置率100%；安置自主择业军转干部34名。制定出台《阿坝州随军家属就业安置实施办法（试行）》，规范和明确符合规定条件的部队军人家属就业安置、社会保障等。

【拥军优属活动】 建立完善走访慰问制度，在元旦、春节、八一等重要节日开展走访慰问驻地部队活动，发放慰问金和慰问物品；走访慰问退役军人、现役军人家属、“三属”人员，发放慰问金和慰问物品。

【拥政爱民活动】 修订完善“1+N”应急方案，组织民兵参与巡逻备勤，完成小金“2·22”山林火灾、壤塘南木达“3·11”社区灭火救援、金川“6·27”、汶川“8·20”特大山洪泥石流抢险等救援任务。组织开展扶贫帮困、捐资助学等工作，对接帮扶贫困村，开展“党建扶贫、设施扶贫、文化扶贫、生态扶贫、能力扶贫、教育扶贫、医疗扶贫”等活动。开展“支部对支部、一班结一户”活动，武警支队与驻地社区基层党组织开展共建。

【双拥宣传教育】 举办藏区新旧社会图片展、微型党课、“五红”教育、军营开放日等活动，促进民族团结进步。走访慰问“阿坝舰”官兵。引导各中小学开展《中华人民共和国国防教育法》教育教学，增强学生“爱国、爱党、爱军”教育和国防教育。帮助各藏传佛教寺院（庙）、清真寺开展国防知识教育。打造松潘县红军长征纪念碑碑园、马尔康松岗镇胡底烈士纪念广场、若尔盖县胜利曙光纪念碑雕塑、红军过草地纪念碑和各县（市）烈士陵园等双拥宣传教育平台，全年开展双拥宣传教育20余万人次。确定每年8月为全州双拥宣传月，向社会开放活动等。

【双拥共建成效】 全国双拥工作领导小组、退役军人事务部、中央军

9月16—17日，阿坝州双拥工作领导小组慰问组在广州市走访慰问“阿坝舰”全体官兵

（州退役军人事务局提供）

委政治工作部命名阿坝州为“全国双拥模范城”；省委、省政府、省军区，命名阿坝州、马尔康市、红原县、汶川县为“四川省双拥模范城（县）”；阿坝州人民医院体检科科长但立峰获“四川省爱国拥军模范”称号。省双拥工作领导小组授予九寨沟、阿坝、茂县、理县、若尔盖、小金、黑水7个县“四川省双拥先进县”称号。武警阿坝支队政治工作部获评“四川省拥政爱民先进单位”。全州有9个单位和8名个人被表彰为“四川省拥军优属先进单位”“四川省拥军优属先进个人”，40个单位和70名个人被表彰为州级双拥工作模范集体和模范个人。

（曾云红　谢小红）

4月10日，“阿坝舰”舰模入馆仪式在马尔康举行

（州退役军人事务局提供）

人民防空

Civil Air Defense

【概况】 2020年，坚持以习近平新时代中国特色社会主义思想为指导，完善全州人防系统指挥通信设备，全覆盖建立预警报知系统，开展应急支援比武。

【行业系统治理】 落实省纪委、省人防办、州纪委系统治理方案，开展人防行业系统治理工作，成立治理工作领导小组，制定实施方案，明确治理重点，确定治理时限，提出治理目标。坚持以问题为导向推进治理，规范全州人防工作。

【应急能力建设】 全年向省申请指

7月16日，开展全州人民防空指挥通信训练（州人防办提供）

挥通信设备建设经费100万元，其中若尔盖县50万元，汶川县50万元，推进防空警报器及配套设施建设。开展机动指挥所、无线短波电台、预警报知系统以及卫星电话维护、保养和检修工作。与成都市人防办对接沟通，接受成都市人防办捐赠的防空警报器33台价值100万余元。

【组织常规训练】 开展电台、机动指挥所、州应急平台、视频会议系统、卫星电话的常规性训练，每天与省办互联互通训练、每周与各县（市）互联互通训练。视频会议系统每周坚持与省办互联互通训练。参加全省组网训练，自行组织机动指挥训练，提高操作能力，熟悉操作流程。

【应急演练演训】 参与阿坝州2020年地震应急救援桌面推演和阿坝州2020年洪涝地灾应急演练，出动中型机动指挥所1台、防空警报器2台、无人机1台。与州应急管理局搭建平台，组织相关单位观摩，开展全时全景拍摄，实时传输演练现场画面到13个县（市）视频会议室。作为远端指挥所多次参加省人防办组织的指挥通信展演活动，完成展演各项任务。

【应急比武竞赛】 按照省人防办通信竞赛活动要求，组织全州人防系统通信技能考核和选拔，组建参赛代表队，完成10月下旬举行的全省人防通信竞赛，提升区域防空、跨区协同能力。

【应急避难场所建设】 与九寨沟管理局推进景区沟口人防应急避难场所建设，功能和后期维护管理方案按程序报省人防办研究。

（孙国江）

10月21日，参加全省人防指挥通信大比武（州人防办提供）

综合监督与管理

COMPREHENSIVE SUPERVISION AND MANAGEMENT

固定资产投资管理

Fixed Asset Investment Management

【概况】2020年，贯彻习近平关于统筹做好疫情防控和经济社会发展重要指示精神，落实党中央、国务院“做好六稳工作、落实六保任务”重要要求，围绕省委省政府“农业多贡献、工业挑大梁、投资唱主角、消费促升级”决策部署，强化经济运行监测、拉动固定资产投资、推动重点项目建设、深化重点领域改革，推进“十三五”收官各项工作，启动“十四五”规划编制，全州经济社会保持稳定发展。

【规划编制】学习贯彻习近平对“十四五”规划编制工作的重要指示精神，推进“十四五”规划编制，建立“3+2+1”工作机制，推进州情调研摸底、重点领域研究、专规清单编制、支撑项目储备、规划纲要编制等重点工作，筹备召开规划领导小组会议1次、专题推进会3次、集中办公3次、部门讨论3次、意见征集5次、专题对接5次。经过前期课题调研、提出基本思路、起草纲要草案、征求各方意见、专家论证咨询等多个阶段，逐条分析、充分吸纳各方意见建议，形成纲要（草案），阿坝州第十二届人民代表大会第五次会议审议通过。结合国省要求，形成总体规划、空间规划、专项规划有效衔接的“1+1+38”州级规划体系，推动纲要中各项重点任务、重要工程、重大政策的落实。抢抓政

8月3日，州委副书记、州长杨克宁（前排中）在汶川督导州重点项目建设推进情况　（州发改委提供）

策支持“窗口期”，上报一批争取纳入国家和省“十四五”规划《纲要》重大项目，成西铁路、轨道交通、川汶高速、川西北黄河流域综合治理、三州一市光伏基地、阿坝—成都东1000千伏特高压等项目纳入上级规划。

【重点项目投资】 实施基础设施等重点领域补短板行动，举行2次重大项目集中开工，出台重点项目防疫系列措施，落实省州重点项目防疫补助1000万元，制发《阿坝州投资促进和项目推进目标绩效考核办法（试行）》，成立州级项目推进团队，形成“按月进度通报、适时问题转办、专题协调解决、按季评价公示、定期约谈问责”工作机制，针对性召开重点项目协调会议、集中约谈会议等，转办问题诉求206条、落实责任主体27个。推进都（都江堰）四（四姑娘山）轨道交通开工建设，西（西宁）成（成都）铁路开工启动，九（九寨沟）黄（黄龙）机场口岸建设通过省级验收，金川电站和汶（汶川）马（马尔康）、马（马尔康）久（久治）、九（九寨沟）绵（绵阳）高速等75个省州重点项目。2020年全社会固定资产投资增长12.3%，居全省第二位。深化“万亿项目储备”1.5万亿元，建立交通、能源、文旅、产业、生态五类超千亿和市政道路桥梁、老旧小区改造等N个超百亿专项储备库。推进“十四五”支持阿坝州经济社会发展专项（基础库），规划民生改善、基础设施等五大类3300个项目，总投资5300亿元。

【民生社会事业项目】 全年民间投资增速13.9%，房地产开发投资4.63%，民生社会事业项目投资65.5亿元。争取到位国家、省各类资金23.1亿元，连续三年实现争取国家、省资金超20亿元；申报审核通过12个项目专项债券资金39.39亿元，发放13.89亿元。按照规划任务要求督促灾后恢复重建，茂县叠溪“6·24”特大山体滑坡灾后恢复重建规划项目投资完成率100%，完成全部重建任务；“8·8”九寨沟地震灾后恢复重建完工率95.9%，投资完成率94.9%；汶川“8·20”强降雨特大山洪泥石流灾后恢复重建争取到位资金9.09亿元，开工率98.3%；推进金川县曾达乡“6·27”特大山洪泥石流灾后恢复重建，开工率81.5%。

【川西北生态示范区建设】 推进长江黄河上游重在保护要在治理高质量发展，制定《川西北阿坝地区生态保护和高质量发展三年行动方案》，编制《川西北阿坝生态示范区规划（2020—2035）》待州委州政府审定，印发《川西北阿坝生态示范区2020年重点任务清单》，参与全省黄河流域生态保护和高质量发展规划编制工作。争取退牧还草、天然林资源保护工程二期、中小河流治理等生态保护类中央预算内投资项目20个，争取到位中央预算内资金2.42亿元。汶川、红原、若尔盖纳入全国生态综合补偿试点范围。落实河湖长制联络员单位职责，推进大熊猫国家公园试点、若尔盖国家公园创建工作。推进清洁能源开发，全州清洁能源总装机达612.5万千瓦，编制完成《阿坝州光伏发电基地规划》，推进光伏开发竞价工作，在松潘、若尔盖、壤塘、阿坝4个县开展测风工作。

（都茂平）

11月26日，四川省2020年第四季度重大项目集中开工阿坝州分会场在九寨沟县举行　（州发改委提供）

物价管理

Price Control

【概况】 2020年，贯彻习近平关于统筹做好疫情防控和经济社会发展重要指示精神，落实党中央、国务院“做好六稳工作、落实六保任

3月18日，开展市场价格监督检查 （州发改委提供）

务”重要要求，做实市场物价管理，保障全州经济社会稳定发展。

【价格监测调补】 全州居民消费价格指数分别同比涨幅7.0%、8.4%、8.5%、7.9%、7.0%、7.0%、7.7%、7.3%、5.2%、4.0%、2.4%、3.4%，CPI中的食品价格分别同比上涨23.2%、30.0%、30.3%、28.3%、23.9%、23.0%、26.1%、22.4%、14.3%、9.8%、7.1%、10.7%。启动社会救助和保障标准与物价上涨挂钩联动机制，发放价格临时补贴9817.12万元，惠及困难群众189.21万人次。其中2020年发放价格临时补贴7495.22万元，惠及困难群众131.42万人次。年度争取留存电量总量35.4亿千瓦时，满足全州民生用电、州内及“飞地”园区工业生产用电需求。用好水电消纳产业示范区政策，州内15户企业纳入年度试点，全年消纳弃水电量12.54亿千瓦时。

【成本监审】 开展景区门票价格制度改革，落实年度成本资料报送制度，组织开展AAA级及以上景区数据报送和分析工作，运用成本监审制定和调整景区门票价格。落实《四川省完善长江经济带污水处理收费机制工作方案》，制定《阿坝州建立健全污水处理收费机制实施方案》，明确污水处理3个阶段的收费目标和污水处理成本监审工作要求。推进长江经济带污水处理成本监审工作，完成污水处理企业情况调查表的收集。

【价格走势预测】 预计生猪和猪肉价格随着生猪产能恢复，全州猪价有望略降，整体波动幅度较小。从2020年牛羊肉、禽蛋菜价格形势看，2021年牛羊肉、禽蛋菜价格总体仍将高于上年水平，涨幅趋窄。随着猪肉价格的平稳，预计全州牛羊肉、禽蛋菜消费替代品需求总体平稳，大幅上涨的可能性不大。

（都茂平）

国有资产监督管理

State-owned Assets Supervision and Management

【概况】 2020年，组织应对疫情防控、脱贫攻坚、自然灾害等多重考验，开展国资监管、资本布局、深化改革、基层党建等，做强做优做大国有资本和国有企业，增强国资国企的控制力、影响力和竞争力。全年监管企业资产总额73.29亿元，较2019年增长0.08%；负债总额21.5亿元，较2019年增长9.59%；所有者权益51.79亿元，较2019年下降3.4%，实现利润总额0.11亿元，较2019年增长110.37%；资产负债率29.33%，较2019年上升2.53个百分点。获2019年度全省国资国企系统信息工作先进单位、2020年度全省国资国企综合研究工作先进单位。

【国资国企改革】 坚持“因地制宜、程序规范、优势互补”原则，组建九寨通用航空公司，为全州首家混合所有制企业。落实民航发展基金，补贴红原机场公司4150万元。完成州国投公司现代企业制度试点改革，建立健全企业内部管控体系和法人治理结构，完善财务管理、法务风控、人力资源、纪检监察等制度70余项。推进投资发展公司、州盐业公司改制工作，促进企业内部管控。

【国资监管】 组织召开全州国资国企改革发展暨党建、党风廉政建设会议，明确2020年国资监管工作目标、方向和措施。聚焦主责主业，编制阿坝州国有资本“十四五”规划。制定阿坝州国资委权力和责任清单，明确履职边界，明确监管重点，精简监管事项，改进监管方式。出台《州属国有企业投资监督管理试行办法》，建立完善以管资本为主的国有资产管理体制。

6月22日，副州长陶剑锋（左一）到州国资委调研国资国企改革（州国资委提供）

川优客之家科技有限公司，新建“漫语阳光”星空房酒店，与中石化合作投资1200万元建设机场加油站。

【退休人员社会化管理】州国资委履行牵头抓总责，突出政策“准”、底数“细”、力量“强”、推进“稳”，完成全州国有企业退休人员社会化管理，移交地方退休人员档案20691份，党员组织关系转移地方981名，管理职能移交20691人。

【国企投资融资】推动组建州交投、净土阿坝农投、阿坝兴蓉环保、国鑫小额贷款、千里行旅游服务、四川都金山地轨道交通公司，与川发展筹建运营规模10亿元的“阿坝州振兴产业发展基金”，优化资本布局，形成阿坝全域旅游、高原特色农牧业、交通路网建设、金融服务体系、水矿资源有序开发、质量检测、水生态综合治理、“智享阿坝”APP、爱国主义教育培训等架构。大九旅集团投资4232.78万元，建成停车场及充电桩项目。完成岷江水电重大资产重组、阿坝宾馆资产分立、成阿工业园区建设建筑装饰材料生产加工项目，推进新四姑娘山庄和金林宾馆改扩建、阿坝州对外开放合作中心建设项目，推动古尔沟温泉山庄作价入股四川古尔沟神峰温泉公司。开工建设巴拉水电站，推进全州优势能源开发。

【国资经营预算】贯彻落实“完善国有资本经营预算制度，提高国有资本收益上缴公共财政比例”要求，全年可上缴收益企业2户，上缴收益1813.41万元。

【经营业绩考核】修订完善《阿坝州州属国有企业负责人经营业绩考核办法（试行）》，立足企业功能定位强化差异化考核，健全个人收入与企业经济效益挂钩的市场化薪酬分配机制，激发企业干部职工干事创业积极性。

【对外交流与合作】深化中央、省、州三方合作，提升“国有企业市州行”，完善“企地合作”长效机制，搭建常态化的国企交流合作平台，推动重大项目合作示范引领。引进培育规模以上企业，红原机场引入四

【统筹经济社会发展】督导各监管企业开展疫情防控，红原机场公司深入开展区域消毒和人员管控，州盐业公司全面做好全州食盐库存、配送、消毒等工作。落实12条政策措施支持企业统筹推进防控疫情和复工复产，电信、移动、联通公司全面开通网上缴纳医疗、养老等“不见面”社会保险业务，州属国资监管企业对承租经营用房企业实行租金全免或减半收取政策，减免租金520万元。组织国资国企系统捐款12万余元。投入各类帮扶资金590余万元，定点帮扶11个贫困村。

5月18日，州国资委党委书记、主任祁玲（左一）在红原县洞拉村开展走访慰问活动（州国资委提供）

【划转社保基金】贯彻落实中央、省部署要求，对照大中型企业划型标准，审核全州相关企业股权结构、国有资本、经营规模等，确定州国投公司、大九旅集团纳入划转范围，划转国有资本1.3亿元到省级社保基金。

（胥松英）

4月16日，州委书记刘坪（右三）在台州市考察经济体制改革工作 （州发改委提供）

经济体制改革
Economic System Reform

【概况】2020年，贯彻执行党中央、国务院“做好六稳工作、落实六保任务”重要要求，落实“一州两区三家园”建设，紧扣“生态、发展、民生、稳定、作风”五个关键，深化经济体制改革。

【经济发展】推进经济复苏企稳，牵头建立“1+3+2”经济形势分析和“三性”问题研判分析工作机制，定期研判经济形势、谋划工作措施、化解问题风险，集中会商7次，形成形势分析12篇、预警报告2篇。出台重点项目疫情补助、灵活水电气价格等对冲措施，推动经济平稳健康发展，主要经济指标呈向好态势，全年地区生产总值增长3.3%，高于全国0.5个百分点，经济社会发展重回正轨。

【推进改革】在改革谋划上对标、在主体责任上压实、在推进方法上紧跟，实行“清单制+责任制”，做好过程管理、台账管理、节点管理，完成经改任务28项。推进放管服改革，实现政务服务“一网通办”和企业办事“最多跑一次”。依法依规出台优化营商环境相关政策法规17条、“立改废”2条，围绕指标提升推出改革举措19条，研究解决问题52个。推进行政审批制度改革，动态调整行政权力事项69个。

【招投标管理】全年受理事项49件，总投资14亿元。开展全州发改系统工程招投标廉洁从政专项行动，开展工程招投标领域突出问题系统治理，发现问题线索122条，行政立案39起，结案30起，罚款78.62万元，配合公安机关成功破获1起串标案，向纪委监委移送线索3条。建立投标保证金保函制度，降低企业制度性交易成本。

【社会信用体系建设】推动社会信用体系建设，做好失信严惩制度和红黑名单建设，发挥守信激励和失信惩戒机制作用，印发《阿坝州关于建立完善守信联合激励和失信联合惩戒机制的实施方案（试行）》《阿坝州信用“红黑名单”评选发布工作方案（试行）》，确定阿坝州第一批信用“红黑名单”848条，

6月13日，阿坝州领导在浙江考察企业生产经营情况 （州发改委提供）

发挥信用在创新监管机制、提高监管能力和水平方面的作用，推进全州信用建设。

【产业发展】 组织相关企业申报“抗疫贷”资金，完成红原县宇妥藏药股份有限公司（主要产品为三味龙胆花片）和阿坝汶川侨源气体有限公司（产品为医用氧）2家企业申报工作。其中红原县宇妥藏药股份有限公司申报贷款3000万元，阿坝汶川侨源气体有限公司申报贷款3900万元。组织各县（市）申报政府专项债券项目，德阿生态经济产业园—九绵生态旅游产业园南区基础设施建设项目成功申报专项债券资金5000万元。围绕5G基站、大数据、充电桩等领域，储备新基建项目12个，计划总投资23.28亿元。收集梳理阿坝州数字经济企业、典型项目，会同相关部门审核报送数字经济企业1个（中国电信阿坝分公司），数字典型项目2个（九寨沟县智慧旅游大数据综合管理平台、九寨千古情旅游文化项目）。

（都茂平）

国有资产投资

State-owned Assets Investment

【概况】 2020年，围绕资产管理、教育培训、资源开发、水务环保、质量检测、资本运营等主业，完成既定目标，全年实现收入0.94亿元、利润收入0.21亿元，完成州国资委下达0.15亿元目标任务的140%。截至2020年底，公司总资产42亿元，净资产35亿元。

【资产管理】 加强资产经营管理，梳理承接的18宗实物资产情况，按照分级管理模式强化商铺、土地、房屋等资产经营管理。将闲置十多年的成都提督街土地盘活开发成立体停车库，年收入100余万元。盘活并正常经营租赁马尔康城区商铺、公租房商铺、晶金隆房产、广西北海房产等实物资产，全年实现资产租赁收入1400多万元。坚持维护国有资产权益的原则化解遗留问题，追缴公司承接的63宗9.82亿元历史债权中的55宗本金1.8亿余元，收取资金占用费5000余万元；收回香港汇日集团拖欠13年债权2804万元。规范股权管理，修订完善《参股公司管理办法》，建立管理台账和外派“董监事库”，更换外派董事2名、监事3名参与决策。强化对外投资股权管理，与州电力公司协商制定股东会、董事会议事规则和“三重一大”决策制度，完成岷电公司重大资产重组工作和阿坝宾馆分立，防止国有资产流失。

【资源开发】 坚持政策底线，维护资源开发权益，创新方式方法，做实6家水电企业资源股权，形成长期股权投资1.53亿元；按设计装机容量每年收取四川兴鼎水电开发公司180万元的资源补偿费；做实4家锂矿企业25%资源股权，形成长期股权投资4319万元；按净利润30%收取马脑壳金矿和九寨沟紫金矿业公司资源补偿费800多万元。继续与锂产业行业内众多企业对接磋商，与中国国际能源公司、四川国拓矿业公司共同组建阿坝未来锂产业股份有限公司，搭建全州锂矿资源开发平台。根据国电投四川公司与州政府签订的战略合作协议，与国电投四川公司组建合资公司参与全州光伏开发和光伏治沙项目，年内已完成可行性研究等前期工作，正按程序报批。与四川金能能源公司签订合作协议，组建阿坝州国鑫能源发展有限公司，推动州综合能源服务产业发展。

【水务环保】 投资2.6亿元通过摘牌方式取得汶川县、理县、茂县县城水务项目特许经营权，形成“汶—理—茂”特许经营项目区

3月20日，成都阿坝宾馆公司分立协议签署仪式在成都举行　（州国投公司提供）

7月6日，省人大常委会副主任、岷江省级河长刘作明一行在阿坝兴蓉公司调研生产情况

（州国投公司提供）

域市场；以委托运营方式接收理县3个乡镇和黑水县城污水处理厂，完成九寨沟、马尔康、黑水等县项目委托运营方案编制。拓展水务环保工程业务，取得房屋建筑和市政工程施工总承包三级资质，具备开展项目施工业务条件，构建起水务环保项目投资、建设、运营、管理一体化产业体系。开展已委托运营项目管理，自来水制水量782万吨左右、污水处理量350万吨左右。到2020年底，实现资产总额3.01亿元、营业收入2.04亿元，较2019年分别增长86.88%、117%。7月6日，省人大常委会副主任、岷江省级河长刘作明一行在阿坝兴蓉公司调研生产情况。

【教育培训】 完成映秀大酒店大门改建、映秀大酒店三楼办公室装修等项目，落实映秀5G试点。改善培训环境，完成住宿扩容、餐厅改造、教学设施设备配置、文化氛围营造等配套项目，达到每天同时满足500人食宿需求和1200人教学需求。开展教员队伍建设，提升管理能力，谋划现场教学与专题教学相结合，制定1~10天短期培训服务方案；建立20人的现场教员团队、107人的专家师资队伍，修订完善培训班、现场教员、后勤保障等管理规程。推进各系统资质创建工作，扩大映秀教育基地影响力，利用新闻媒体、微信公众号等媒介宣传推介，被授予“国家级中小学生研学实践教育基地”“全国民营经济人士理想信念教育基地”“四川省委党校党性教育基地”等。全年承接教育培训3.5万余人次、实现业务收入1900万元，与2019年基本持平。

【质量检测】 修订完善《程序文件》《质量手册》等，扩大建设工程质量检测业务。拓展检测资质和参数，取得检验检测机构资质认定证书、计量认证证书、房建主体结构现场检测类资质，检测参数327项，8人取得检测资格证书。制定《质检公司战略发展规划（2021—2025年）》，公开征集水利、环境、消防、交通等专项检测业务合作方工作及检测中心实验室建设。制定全州“3321”（3个分所、3个检测站、2个收样点、1个中心实验室）质检站点布局方案。完成四川耀格九寨沟分公司、阿坝州永固检测公司收购工作，全州实现检测站点全覆盖，提升州内质检市场占有率。全年实现检测收入695.5万元，较2019年增长63.11%。

【资本运营】 阿坝振兴产业基金向神仙池公司增资1亿元，持有股权22.13%，用于神仙池公司景区开发、项目运营以及其他合理经营。助力全州中小微企业发展，全年实施小额贷款业务突破1.5亿元，开展融资担保9152万元，实现在保余额1.66亿元，开展非融资担保6972.24万元，办理应急转贷资金1800万元、电力能源综合资金1.79亿元。

（郑　志）

工商行政管理
Administration for Industry and Commerce

【概况】 2020年，落实优化营商环境政策，优化审批服务，推进“证照分离”全覆盖、简易注销等各项改革，便利市场主体准入退出，推进部门联合“双随机、一公开”监管，推进失信联合惩戒和社会共治，落实公平竞争审查制度，强化重点领域反垄断执法，打击不正当竞争违法行为。

【商事制度改革】 全州实有市场主体64942户，注册资本1177亿元。其中内资（非私营）企业1772户，注册资金380.44亿元；私营企业9490户，注册资本623.63亿元；外商投资企业25户，注册资金1.18亿美元；个体工商户48091户，注册资金101.68亿元；农民专业合作社5564户，出资总额63.57亿元。全州核发（换发）“多证合一、一照一码”营业执照38212户，办理企业简易注销登记1096件，企业全程电子化登记申报3315件，审核通过2857件。

【工商登记制度改革】 调整下放行政许可7项23类，提供“网络办、快递办、预约办”等服务办结许可证516件，办结率60%。解答电话、网络咨询1300余件，限时办结率100%。压缩企业开办时间，通过“一窗通”和“营商通”平台办理登记注册855户。

【民营经济发展】 落实州委《促进民营经济健康发展实施意见》细化的56项具体举措，完成率89.2%。开展优秀民营企业家培训，培训民企负责人100人次。推动民企党建工作，党组织覆盖率73.06%。会同金融部门建立“金融顾问团”，帮助民企落实贷款9.52亿元。维护民企合法权益，督促整改问题18个，兑现金额402.19万元。全州民营经济实现增加值185.32亿元，同比增长2.6%，民间投资同比增长13.9%，增幅高于全省平均水平。

【网络商品交易监管】 贯彻落实《电子商务法》等法律法规，运用“网络市场监管联席会议制度”的协同管网机制，开展网络市场监管，强化网络定向监测，依法打击涉网违法经营行为，着营造诚实守信、公平竞争的网络市场环境。实施疫情防控涉网医用防护用品、长江黄河流域禁捕网络交易监管等，开展网上检查网站、网店1309个次，督促涉网经营主体下架（删除、屏蔽）非法交易信息31条，行政指导电商平台建设14个次。

【市场主体信用监管】 全州市场监管部门完成双随机抽查全流程整合，实现“双随机、一公开”监管全覆盖、常态化，将10954家企业、5506户农民专业合作社和46331户个体工商户列入检查对象名录库，检查1068户市场主体（包括非企业组织），476户市场主体被列入经营异常名录，78家企业被列入严重违法企业名单。申报复查省级“守合同重信用”企业21家，评定复查州级“守合同重信用”企业26家。全州企业年报率97.58%，重点行业领域企业年报率100%；农民专业合作社年报率98.75%；个体工商户年报率70.75%，名列全省前茅。

【广告市场监管】 开展“软色情”低俗庸俗媚俗等清理整治，检查主流媒体州、县电视台14户、广告经营户82户；检查景区及其设施和公路旁大型立柱广告18个，宣传册100余份，城内及国道、省道显著位置的LED显示屏与霓虹灯和灯箱广告40条、张贴户外广告40个（处）。规范媒体广告，监测州级主流媒体发布广告1508条次，其中阿坝电视台1241条次，阿坝日报社267条次，未发现违法广告，完成州级主流媒体违法率控制在1%的目标。查处广告案件6件，罚款3.45万元。

【公平交易执法】 建立阿坝州公平竞争审查工作联席会议制度，清理妨碍统一市场和公平竞争政策措施452件，废止1件，修订3件。开展“切实加强商业秘密保护力度”“扎实开展重点领域反不正当竞争执法专项行动”“认真做好《中华人民共和国反不正当竞争法》执法检查迎检工作”“大力宣传贯彻《禁止违法促销行为暂行规

2月7日，州委书记刘坪（右一）在汶川县调研市场监管和物资供应情况　（州市场监管局提供）

定》”工作，坚持打防结合，营造公平竞争的营商环境，全州开展宣讲、培训、合规指导154次，建立商业秘密保护指导站（联系点）、示范企业、示范基地8个，开展跨区域、跨部门协作执法61次，查办虚假或者引人误解的商业宣传行为案件2件，罚没金额4万元。保持高压态势打击传销，规范直销经营行为，打击各类不正当竞争行为。

【重点领域专项整治行动】 开展“春雷行动2021”，推进重点时段、重点领域、重要商品的检查，查处案件336件，此项工作有16名个人和州局、5个县（市）局被省局表彰。整治旅游市场，查处计量违法、不合格食品、假冒伪劣等案件323件，没收、下架假冒伪劣牦牛肉制品2275.59公斤，没收不合格计量器具20台。在国庆中秋重要节点，局班子带队在旅游沿线蹲点值守。结合节令热销、舆情热点，开展风险程度高、抽检合格率低、居民消费量大的产（商）品检查，组织抽检5869批次，任务完成率121.79%。排查、办结涉黑涉恶涉乱线索510条，移交扫黑办和公安机关35条。开展“两紧盯四查看”禁捕督导检查，在各县（市）发现问题577个，责令整改108个，更换店招店牌190个，删除违规信息100条。

（曹　建）

质量技术监督管理

Quality and Technical Supervision and Management

【概况】 2020年，坚持高质量发展，推进质量强州，提升阿坝品牌市场竞争力，筑牢计量技术基础，强化标准体系建设，完善认证认可和检验检测体系，落实企业安全主体责任，推进特种设备安全清单管理和预防机制建设。

10月20日，阿坝州特种设备监督检验所与国家电梯质量监督检验中心（重庆）在重庆签署合作备忘录

（州市场监管局提供）

【质量和认证监管】 全州63家企业通过质量管理体系认证，覆盖率67.5%，培育生产性和服务品牌7个。全州建成国家级农业标准化示范区20个，省级农业标准化示范区17个，服务业标准化示范项目3个，省级有机产品示范区和示范创建区4个。全覆盖专项巡查重点工业产品生产企业，完成危化品、成品油等监督抽查220余批次。

【计量监管】 在集贸市场、餐饮业、宾馆、商场（超市）、加油站等，综合运用市场检查、重点监管、突袭检查等方式开展监督检查，检查集贸市场61个，抽查经营户总数1315家，抽查餐饮业总数1088户，抽查道路交通出租车计价器32台，测试仪2台，抽查加油站263家次，检查邮政、快递公司110家。全州建成诚信计量标准化创建试点市场48个、配备专用秤2587台，检定计量器具18637台（件），减免费用427.5万元。抽检定量、过度包装114批次。重点用能单位能源计量专项监督检查14家。

【标准化体系建设】 落实质量体系建设标准，推动《阿坝州降雨量等级标准》《甜樱桃生产技术规程》《藏香猪养殖技术规程》《有机酿酒葡萄种植技术规程》等6个地方标准立项。

【特种设备监管】 开展安全生产专项整治三年行动，推进特种设备安全清单制管理，落实安全生产主体责任，强化安全检查和隐患排查，检查特种设备相关单位910家次，下达监察指令书113份，检验各类特种设备979台、压力管道2882米，排查整治安全风险隐患226个。主动融入成渝经济圈建设，与国家电梯质量监督检验中心重庆站签订合作备忘录，达成特种设备检验能力提升、安全评估等方面合作意向。

（曹　建）

食品药品监督管理
Food and Drug Supervision and Management

【概况】 2020年，落实《地方党政领导干部食品安全责任制规定》，推进食品安全监管和示范创建，实施校园食品安全守护行动、农村地区食品安全整治工程、网络食品安全提升工程、食品小作坊治理提升行动，开展食品安全风险隐患排查和整治，规范药品经营和使用行为，加大药械、疫苗、化妆品监管和不良反应监测。

【食品安全应急体系建设】 开展食品安全守护行动，建立健全风险分级管理和预防机制，在阿坝师院举办1000余人参加的较大食品安全突发事件（Ⅲ级）应急演练，开展冷链食品疫情防控突发事件桌面推演。

【落实食品安全党政责任】 落实食品安全党政同责，向州委常委会、州政府常务会作《2019年省对州食品安全党政同责考核情况报告》，修订完善《阿坝州食品安全委员会工作规则》、阿坝州州级党政领导干部食品安全工作责任清单，签订责任书47份，创建省级食品安全示范县，全州增至3个。

【食品安全监管】 开展食品生产安全专项整治，落实监管责任和企业主体责任，开展非洲猪瘟防控、校园周边整治、农村食品安全、小作坊能力提升、特殊食品质量安全等专项行动和食品销售风险分级管理。与教育部门签订学校食堂食品安全责任书357份，检查学校食堂987家次，学校食堂“明厨亮灶”完成率100%。开展食品安全宣传进校园活动84次，培训从业人员1449人次，检查发现问题183个，下发监督意见书230份，责令整改通知书235份，整改完成问题452个，约谈学校食品安全负责人56人次。全州食品抽检4922批次，率先在全省实现5批次/千人以上目标。查办食品违法案件292件、罚没176.66万元。

【药械安全监管】 推进疫苗监管体系改革，开展药械安全检查和化妆品清源整治，检查经营使用单位6427家次，检查医疗机构1309家次。完成药品、医疗器械、化妆品抽检481批次，合格率99.17%。监测药品不良反应418例、医疗器械不良反应112例、化妆品不良反应57例、药物滥用54例。

（曹　建）

公共资源交易管理
Public Resources Transaction Management

【概况】 2020年，以中共十九大和十九届历次全会为指导，贯彻落实省、州系列重要会议精神，强化服务平台定位，抓实电子化交易，促进安全化交易，落实智能化交易，围绕创建全省首批标准化规范化“两化”示范交易中心目标，应对化解疫情对公共资源交易的影响和挑战，实现项目交易不耽误、疫情防控不出事“双战双赢”，服务全州复工复产、项目推进工作大局，推进“一州两区三家园”建设的资源交易工作。电子化交易被全国公共资源交易跨区域合作联盟评为“走在全国前列”。中心“两化”建设得到省交易中心的肯定，在全省市（州）工作会议上

8月23日，副州长王树明（左一）检查2020年“市场监管科技活动周”宣传情况
（州市场监管局提供）

10月31日，州委副书记、州长杨克宁（中），副州长王树明（左）在汶川县调研食品安全工作
（州市场监管局提供）

9月15日，省政务服务和公共资源交易服务中心副主任李碧到阿坝州验收“两化”创建工作

（州公共资源交易中心提供）

被赞为“在全省创造了公共资源交易‘阿坝模式’”。

【交易平台业务开展】 全年，组织各类公共资源交易 1095 项，总交易额 88.59 亿元，节约资金 4.55 亿元，实现国有资产增值 1.17 亿元。其中在工程招标方面，组织开标 445 个项目、分 505 个标段，平均参加竞标 106.6 家 / 标段，财政评审招标控制价 82.79 亿元，中标价 78.59 亿元，节约资金 4.2 亿元，节资率 5.07%。在政府采购方面，组织项目 610 个，财政审查预算价 4.52 亿元，中标价 5.83 亿元，节约资金 0.35 亿元，节资率 7.74%。在土地、矿权及国有资产交易方面，组织交易项目 40 宗，起始价 4.66 亿元，成交价 5.83 亿元，实现国有资产增值 1.17 亿元，增值率 25.11%。

【项目交易建设】 坚持聘请专业医护人员、推行“一门进”“一卡通”疫情防控，暂停部分业务办理、恢复电子标正常交易、电子标和纸质标同步交易应对疫情影响，2 月 24 日开启动公共资源交易项目，3 月 26 日开放汶川开评标区，常态化开展项目交易。率先在全国研发电子化交易平台“暂停、恢复”功能，解决项目暂停后交易核心数据保密问题，确保应急状况下中止、暂停和恢复未完成项目交易。推行“不见面开标”，政府采购“谈判、询价、磋商、质疑澄清”完全实现投标人不到现场，功能性实现在线监督和远程监督。制定出台《关于进一步服务全州项目建设的八条工作措施》等，在特殊情况、应急状态下优先保障和固化重点项目、应急项目、扶贫项目开评标工作。12 月 15 日，邀请省内信息专家评审平台安全性。

【交易服务与决策建设】 做好政府采购、招标投标、“招拍挂”的场地预约使用、专家评标评审、系统稳定安全、监督全时留痕等服务保障工作，推动项目进场交易法定时间即到即开即评，不耽误项目。利用交易数据，分析交易主体的行为偏好、交易参与度等，定期形成交易工作专报、交易数据分析报告报州委、州政府主要领导、分管领导决策参考。州长杨克宁在《情况专报》（2020 第 28 期）上作出肯定、褒奖式批示。

【开标效率与质量建设】 组织专业力量调整优化电子化平台原有硬件资源、系统架构、技术配置，率先在业界彻底解决电子化交易平台开标卡、慢问题。参与项目投标超过 300 家，开标用时由原来 2.5~4 小时缩短至 30 分钟内，投标文件解密速度由原来 2.4 秒 / 家提升至 0.3

12月15日，组织召开平台安全评审会

（州公共资源交易中心提供）

秒/家，投标文件导入由原来6.8秒/家提升至0.9秒/家，基本满足半小时内完成1000家左右开标工作。9月15日，省政务服务和公共资源交易服务中心副主任李碧到我中心验收“两化”创建工作。研发开标辅助工具，推进开标现场向所有投标人远程开放，投标人能适时、动态、全面掌握开标。推动量子新技术在公共资源交易领域的运用，实现在拍卖代理机构抽取、动态密码生成、工程评标基准价抽取等方面的运用，用量子“绝对随机”代替传统算法的“相对随机”，促进交易过程的公平。

（李仲宏　骆宗炜）

审计管理
Audit Management

【概况】 2020年，抓牢“生态、发展、民生、稳定、作风”五个关键，围绕“一州两区三家园”战略目标，落实新冠肺炎疫情防控工作决策部署，开展“两联一进”群众工作，落实审计工作责任，完成各类审计项目169个，审计处理上缴财政1105万元，减少财政拨款或补贴202万元，归还原渠道资金5536万元，审减工程造价217万元。提出审计建议318条，报送审计专报、信息简报、宣传稿件101期。根据审计线索移送，追责问责19人，其中党纪政务处分5人、诫勉谈话14人。

【国家重大政策落实跟踪审计】 实施每季度确定一个主攻方向、聚焦一个重点方面，采取“结合审计”和“专项审计”双轨并行，持续加大重大政策措施落实情况的跟踪审计。聚焦新冠肺炎疫情防控、深化供给侧结构性改革、三大攻坚战重点任务推进、重大政府投资项目建设、“放管服”改革和区域协调发展等方面，聚焦重要性程度高、资金量大、涉及面广、落实难度大的项目和政策措施，重点开展了促进财政资金提质增效、促进优化营商环境、促进就业优先、促进民生保障、促进灾后恢复重建等政策措施落实情况的专项审计。

【财政审计】 开展预算收支平衡情况、重点支出的安排和资金到位情况、预算超收收入的安排和使用情况、本级人民代表大会关于批准预算决议的执行情况审计，首次实现全州财政一级预算单位审计全覆盖。抽调101人次，组成14个审计组，抽审69个单位和77个工程项目，完成新增财政资金直达市县基层直接惠企利民情况专项审计。

【经济责任审计】 完成省审计厅授权审计小金县党政主要领导任期经济责任暨自然资源资产。结合部门预算执行审计，完成3名州级部门领导干部、1名州级群团组织、1名州属事业单位和1名州管国有企业领导人员经济责任审计。

【固定资产投资审计】 按照审计厅统一部署，省、州、县审计机关三级联动，开展“8·8”九寨沟地震灾后恢复重建2020年度两个阶段跟踪审计。开展汶川“8·20”强降雨特大山洪泥石流、金川县曾达乡“6·27”特大山洪泥石流抢险救灾及灾后恢复重建跟踪审计和全州地质灾害综合防治体系建设项目资金专项审计调查。

4月7日，审计组在理县开展扶贫资金审计调研　（州审计局提供）

8月21日，中共阿坝州委审计委员会第三次会议在马尔康召开（州审计局提供）

【民生资金审计】 推进13个县(市)扶贫审计全覆盖,开展全州乡村振兴启动资金管理、使用情况的扶贫审计。抽查171个单位、100个乡镇,延伸调查316户家庭,审计扶贫资金54.45亿元,抽审扶贫资金量26.26亿元,抽查资金比例48.23%,实地抽查扶贫项目524个。审计查出扶贫资金管理不规范、扶贫项目程序不合规、效益不佳、超范围发放补助资金等问题88个。

【领导干部自然资源资产离任审计】 3月24日,阿坝州委审计委员会第二次会议在马尔康市召开。刘坪、杨克宁出席会议并作重要讲话。审议通过《中共阿坝州审计委员会委办公室关于调整州委审计委员会部分组成人员的请示》《阿坝州领导干部自然资源资产离任(任中)审计实施细则》《中共阿坝州委审计委员会关于进一步加强审计发现问题整改工作的实施意见》《阿坝州2020年度统一组织审计项目计划》。8月21日,阿坝州委审计委员会第三次会议在马尔康市召开,刘坪、杨克宁出席会议并作重要讲话。审议通过《2019年度州级预算执行和其他财政支出情况审计报告》。全年组织全州13个县(市)审计局完成自然资源资产离任(任中)审计项目15个,反映问题54个,提出加强管理等审计建议47条。

【审计工作建设机制】 推进"经济体检"与"政治巡视巡察"的贯通协调,联合出台《阿坝州纪检监察机关与审计机关加强协作的工作办法(试行)》《关于建立完善巡察与审计工作协作机制的意见》,与纪委监委、巡察办等部门建立完善协作机制。选派参与巡视2人次、参与巡察4人次,参与配合各类案件查处2人次。推进与重建办、财政、脱贫办等部门的沟通协作。

【审计分析平台建设】 用大数据分析模式,采取"1+N"模式,对全州1014个财政一级预算单位在6个方面20类疑点数据,统一组织现场审计38个单位,现场核查疑点93个单位和疑点自查883个单位。

(邓维学　程　为)

统计管理
Statistical Management

【概况】 2020年,坚持以习近平新时代中国特色社会主义思想为指导,贯彻落实州委、州政府决策部署和省统计局工作要求,围绕州委坚持稳中求进工作总基调,推进实施"一屏四带、全域生态""三地共建、五业同优""四向通道、全域拓展"等重大部署,坚持新发展理念和高质量发展要求,推动供给侧结构性改革,打造五大产业体系,进一步做好"六稳"工作,保持经济持续健康发展和社会大局稳定,为"一州两区三家园"建设、全面建成小康社会和"十三五"规划收官提供统计保障。

【全国人口普查】 按照国家、省人普办统一安排部署,组织实施阿坝州"七人普"工作,机构组建、普查经费、部门职责、舆论宣传、业务培训、物资采购分发等基础性工作均按时落实到位。完成普查小区划分、建筑物标绘、普查摸底、综合试点、专项试点、入户登记、比对复查、质量抽查、数据审核、行职业编码等阶段性重点工作,在规定时间内完成基础数据普查和上报。

【统计改革创新】 推进地区生产总值统一核算改革工作,开展地方资产负债表和自然资源资产负债表编制工作,根据全省自然资源资产负债表编制工作民族地区先行先试工作安排,在九寨沟完成自然资源资产负债表编制试点工作,为全州及13个县(市)开展编制自然资源资产负债表积累工作经验。建立阿坝州绿色发展指标体系,真实准确完整反映阿坝州"十三五"节能降耗完成情况,引领生态文明建设和绿色发展进程。配合省统计局完成知识产权产品投资统计、人力资源服务业统计试点和劳动工资抽样调查扩样工作。

【服务型统计基础建设】 组织实施农业、工业、建筑业、批发和零售业、住宿和餐饮业、房地产业、服务业等行业,以及能源、投资、消费、人口、劳动、文化、科技、妇女儿童、资源、环境等领域各项常规统计调查。分析疫情对经济发展的影响,形成《新冠肺炎疫情对全州经济影响分析报告》等统计分析上报州委、州政府,部分重大判断和政策建议被采纳、转化为决策依据。《积极应对疫情挑战,企业复工达产达效》《投资形势低开高走增速持续回升》《2020年上半

10月20日，开展“大国点名 没你不行”阿坝州第七次全国人口普查集中宣传月活动 （州统计局提供）

11月1日，州委书记刘坪（中）参加全国人口普查登记 （州统计局提供）

年阿坝州消费市场持续回暖》《经济延续回升向好态势》4篇统计分析获州委主要领导批示；《1—9月全州规上工业运行分析及全年走势预判》《前三季度阿坝州建筑业实现平稳增长》《1—9月阿坝州投资运行情况简析》《未雨绸缪、周密部署，阿坝州第七次全国人口普查工作取得显著成效》4篇统计分析获州政府主要领导批示；《2020年一季度阿坝州消费市场降幅扩大》《2020年一季度阿坝州投资实现平稳开局》《前三季度阿坝州消费品市场持续复苏》3篇统计分析获州政府分管领导批示。全年撰写统计分析38篇，统计专报7篇，经济信息和工作动态235条。完成《2019年阿坝州经济和社会发展统计公报》《阿坝月度经济信息》发布，完成《阿坝州领导干部经济工作手册（2020）》《阿坝统计年鉴2020》编印。每季度举办经济形势新闻发布会对经济形势进行解读和发布。

【统计数据质量管理】 全州统计系统坚持依法管统治统，防范和惩治统计造假、弄虚作假，出台《阿坝州统计违法举报工作实施办法（试行）》《阿坝州统计执法“双随机”抽查制度》和《违规干预统计工作记录制度》等规章制度，建立健全统计工作机制。5月14日，国家统计督察组向四川省反馈统计督察意见，5月26日，参加省统计局召开的全省统计督察反馈意见整改视频会，听取统计督察反馈意见整改部署，向州委、州政府主要领导、分管领导专题报告四川统计督察工作会议精神，州政府常务会两次听取统计督察整改落实情况报告。成立统计督察整改工作领导小组，印发整改方案，制定相关工作制度，建立整改清单，开展统计执法自查等，推动督察整改工作落实到位。结合国家统计督察整改工作，统计执法监督检查全州612个单位（项目），其中“双随机”执法检查规上工业企业33户。

【统计基层基础建设】 若尔盖县阿西镇被列为四川涉藏地区代表乡（镇、街道）统计工作规范化建设创新试点。与若尔盖县统计局组织实施阿西镇统计基础规范化建设，夯实基础，推进基础规范化建设，改善统计工作条件和环境，统计工作整体水平。

（杜春普 罗么塔）

行政审批管理
Management of Administrative Approval

【概况】 2020年，认真贯彻落实国务院“放管服”改革和省州各项工作部署，推进审批服务便民化，深化“放管服”改革优化营商环境，全州呈现出相对集中行政许可权改革、完善政务大厅窗口建设、推进政务服务能力提升、“无证明城市”创建、“12345民生诉求惠办中心”等工作，促进全州行政审批系统办事效能和服务水平。

【“放管服”改革】 确定改革要点和重点任务，印发《阿坝州深化“放管服”改革优化营商环境2020年工作要点》，从8个方面确定改革任务44项，落实责任单位，明确时间节点，量化具体指标。牵头组织州级行权部门和指导各县（市）开展权责清单动态调整工作，形成《阿坝州州级部门行政权力和责任清单目录（2019—2020 年本）》，州本级行政权力清单涉及行权部门 41 个，行政权力 5384 项，其中行政许可 265 项、行政处罚 4339 项、行政征收 17 项、行政强制 165 项、行政确认 41 项、行政裁决 8 项、行政给付 5 项、行政检查 268 项、行政奖励 100 项、其他行政权力 176 项。牵头拟定行政权力事项和公共服务事项等清单，形成阿坝州行政审批局拟相对集中行使行政权力事项清单、阿坝州工程建设项目审批服务事项清单、阿坝州工程建设项目下放审批服务事项清单等 17 张清单，推进行权部门依法规范公开行使行政权力运行。州本级在州政务服务大厅实行集成审批服务模式，设立 6 个审批服务综合窗口和 2 个工程建设项目审批综合窗口，实行无差别受理州本级 27 个部门 257 项行政许可事项及工程建设项目审批事项，集中 9 个部门的 72 项行政许可事项，统一加盖“行政审批专用章”出件 451 件，办结率和满意率均达 100%。指导 13 县（市）行政审批局，推进相对集中行政许可权改革，马尔康、若尔盖等 5 县（市）按照“成熟一批、划转一批”的原则，推动市场准入、社会事务等 455 项行政许可事项划转县（市）行政审批局实施，启用“行政审批专用章”，实行“一枚印章管审批”，减少审批事项，精简审批环节，压缩审批时间。全年受理办件 10680 件，办结 10680 件，群众满意度 100%。

【简政放权】 下放行政审批权力到县（市）66 项，比 2019 年增加 51 项。依法取消州本级行政权力 46 项，激发经济社会发展活力。指导各县（市）形成阿坝州县（市）行政审批局拟相对集中行使行政权力事项清单，上报省委编办、省司法厅，明确行政审批局行使行政许可权的合法性。深入乡镇、县（市）部门调研，形成阿坝州拟下放乡镇（街道）行政权力事项的建议清单共计 100 项，阿坝州下放乡镇公共服务事项清单共计 401 项，其中州本级下放 3 项。依据《四川省乡镇（街道）法定行政权力事项指导目录》《四川省赋予乡镇（街道）县级行政权力事项指导目录》及省委编办、省司法厅印发《乡镇（街道）属地事项责任清单指导目录（2020 年本）》，指导县（市）结合自身实际，梳理编制乡镇权责清单。

12月9—11日，全州行政审批系统推进“放管服”改革工作会在马尔康召开 （康睿摄）

【一体化政务服务平台运用】 以四川省一体化政务服务平台为枢纽，以四川省“互联网＋监管”平台为保障，依托州政务云和大数据中心，推动一体化政务服务平台运行，建设“天府通办”阿坝分站点，推进“一网通办”。6 月召开阿坝州全面整改提升网上政务服务能力专题协调会，印发《阿坝州全面整改提升网上政务服务能力实施方案》，确定 6 个方面 13 项整改措施；10 月在汶川举办落实《阿坝州深化“放管服”改革优化营商环境行动计划（2019—2020 年）》暨提升网上政务服务能力培训会；12 月，组织召开全州政务服务网办能力提升工作电视电话会，及全州行政审批系统深化“放管服”改革总结会议。全年全州受理各类依申请政务服务和公共服务事项 525480 件、办结 543600 件，线上受理 69780 件，办结 70145 件。全州网办能力由年初的全省第 20 名提升至年底的第 12 名。

【行政权力运行监管】 建立部门联合“双随机、一公开”监管工作联席会议制度，印发《阿坝州人民政府关于在全州市场监管领域全面推行部门联合“双随机、一公开”监管实施方案》。整合双随机抽查事项清单、检查对象、执法人员、检查程序等全流程。州县两级部门按照最新的权力清单，将所有行政权

9月25日，阿坝州州本级拟集中行政许可权事项清单风险评估会和专家论证会在马尔康召开　（米苏丹摄）

力事项纳入省一体化政务服务平台统一管理，确保线上线下运行一致，做好行政许可、行政处罚在省政务服务网“双公示”工作。

【公共资源交易监督管理】 推动电子化建设，保障安全交易，促进智能交易，实施“互联网＋公共资源交易”战略，化解疫情对公共资源交易带来的影响和挑战。整合共享公共资源交易平台，实现疫情防控与项目交易“两不误”，交易服务与辅佐决策“两促进”，开标效率与评标质量“两提升”。推进公共资源交易全流程电子化改革，坚持电子化平台软硬件环境“双升级”，推行智能辅助开评标，推行量子“绝对随机”新技术，实现不见面开标及在线谈判、询价、磋商、质疑澄清，在评标环节引入人脸识别和手写签名系统。实现电脑端＋移动端实时在线监督，打通电子化交易“最后一公里”。全年全州组织各类公共资源交易1095项，总交易额88.59亿元，节约资金4.55亿元，实现国有资产增值1.17亿元。

【政务服务和公共资源交易投诉受理】 率先对接启用全省政务服务“好差评”体系，确保办事群众和企业“能评价”“会评价”“要评价”，健全评价结果通报制度，坚持评价结果运用到位，落实政务服务“好差评”全覆盖，全州政务服务大厅“好差评”评价71.17万件，好评率99.99%。发挥“12345”热线平台贴近群众连心桥作用，全年受理各类来电24834件，办结回复率100%，群众满意度超99.34%，解决拖欠农民工工资1015.41万元，协调并追回商贸旅游方面诱购资金9.17万元。推动公共资源交易与监督，公布受理投诉、举报渠道，接受市场主体、行业组织、社会公众、新闻媒体等各方的监督，全年州本级未接到公共资源交易管理方面投诉。

【政务服务和公共资源交易绩效考评】 印发《2020年度各县（市）行政审批局深化“放管服”改革考核细则》，细化4个方面指标30项。制发《阿坝州工程建设项目审批管理系统运行规则（试行）》，出台配套文件17个，推进改革。州县（市）政务服务大厅设置审批服务综合窗口和工程建设项目审批综合受理窗口，减少环节、提高审批效率。2020年8月起，每月通报全州工程项目审批管理系统（2.0版）推进情况；10月起，每月通报全州“一网通办”线上办件情况。建立重点改革事项“一事一督”制度，推进管理系统事项认领、主题式服务配置，引导企业、指导部门

6月22—24日，州行政审批局党组书记、局长何志富（左三）在基层调研督导行政审批工作　（黄龙摄）

在管理系统上办件。2020年12月底，根据优化政务服务流程、精简材料、动态化管理，以及抗击疫情和提升服务，助力企业复工复产复商等情况，评选出深化“放管服”改革优化营商环境先进单位8个和全面提升网上政务服务能力先进单位8个。

【考察调研】 围绕深化“放管服”改革优化营商环境《行动计划（2019—2020年）》《2020年工作要点》，深入各县（市）、乡镇政务服务中心、便民服务中心、村级代办点8次，开展调研督导，形成《阿坝州“放管服”改革的探索与思考》《阿坝州行政审批制度改革工作进展情况的调研报告（代拟稿）》《阿坝州推进“放管服”改革向基层延伸的实践与探索》等调研报告，服务州委、州政府决策部署。

（康　睿）

电力管理

Electric Management

【概况】 2020年，国网四川省电力公司阿坝供电公司（国网四川阿坝州电力有限责任公司）供电面积7.1万平方公里，承担全州70余万人生产生活供电任务，有220千伏变电站12座，主变20台；110千伏变电站30座，主变37台；35千伏变电站74座，主变97台。220千伏线路36条，长度938.96公里；110千伏线路45条，长度1393.05公里；35千伏线路125条，长度2201.61公里；10千伏配电线路7011.28千米，配电容量76.92万千伏安。

【电网重大项目建设】 推动项目前期工作，完成金川220千伏输变电及其配套工程、若尔盖110千伏变电站增容项目核准上报；取得四姑娘山110千伏输变电工程、红原110千伏配套工程初设批复。取得久马高速6项电力迁改设计批复，与3个县（市）协调办、久马高速公司签订电力迁改三方协议。推进马尔康500千伏、红原220千伏、水磨220千伏扩建、成兰铁路220千伏牵引站供电工程等重点项目。“三区三州”29个项目建成投运、通过国网公司验收。小型基建项目竣工7项，新开工2项。新增13座变电站纳入集中监控，集中监控覆盖率84.2%。

【电网经营监督管理】 开展提质增效专项行动，实施增供扩销、降本节支重点措施17项。清理长期挂账项目464个，加强工程竣工决算管控。加大反窃电追缴力度，追补电量349.54万千瓦时。促成红原奶粉厂煤改电、壤塘集中供暖等电能替代项目落地实施。经研评审成本项目565项。开展2019年可控成本后评价工作，实现成本项目闭环管控。完善仓储体系建设，建成4个农网物资周转库房和红原标准化物资库房。库存物资压降率36.8%，超额完成国网四川省电力公司（以下简称：省公司）指标。清理回收废旧物资残值369.5万元。构建廉洁风险防控体系，应用大数据技术探索远程监督方式，挽回经济损失103.17万元。产业单位取得能监办承装（修、试）二级资质，市场签约量大幅增加，利润总额显著提高。

【电力安全生产监管】 创新安全警示教育模式，组织一线人员开展“讲别人的事故、保自己的安全”警示教育活动，完成授课1400余人次。组织修订公司安全责任清单，完成247个组织机构和个人安全责任清单修编、公示和发布。强化作业现场和电网风险管控，建立州、县两级安全管控中心成功管控六级及以上电网风险20项，三级及以上施工作业风险85项。加大现场反违章查纠力度，聚焦作业现

6月21日，国网壤塘供电公司员工迁改泥石流冲毁变压器　（杨准卓玛摄）

场关键人员、关键时段和关键环节，保持强大反违章态势，确保现场作业安全可控、能控、在控，全年公司督查现场1648个，查处各类违章2435项。全年电力安全形式总体平稳，未发生人身、电网、设备事故。

【农村电网改造升级】 加强农网优质工程及优秀设计创建工作，金川撒瓦脚10千伏及以下柔热村改造工程入选省公司配电网工程优秀设计；理县朴头庄房村改造工程入选省公司配电网标准化示范工程。积极推进三新四化工作，完成配电网预制化工厂建设，组织开展接地扁铁、扁钢折弯、冲孔、切排、钢绞线压接、剥线、接地引下线加工、导线绑扎压等预制化作业。使用全业务精益化管控平台，确保信息管控“一清二楚”。落实《配网工程里程碑计划管理细则》，按照时间节点推进项目物资采购、合同签订、开竣工、结决算等，常态化开展通报、例会、督办和约谈等，促进项目如期完工。

【电力设施智能化建设】 完成水磨、庙坪、下孟、唐克等变电站无人机飞巡；完善下孟、童家山等12座变电站高清视频远方巡检设施；完成变电站巡检机器人集中平台建设，实现变电站智能机器人集中管理，推进变电站机器人运用；推进操作票、工作票、巡检数据、标准化作业卡、定期轮换试验卡等运维记录电子化，在公司本部2个操作班覆盖应用电子化操作票、电子化工作票。

【智能电表改造服务】 HPLC模块换装项目下达换装计划58664只，完成率100%，HPLC覆盖率由41.76%提升至70.28%，剩余未覆盖的纳入项目储备，2021年实施。基于HPLC智能电表可实现停复电信息实时上报，结合线路拓扑关系开展故障范围研判，向用户精准推送停电信息，提升供电服务水平。结合HPLC高频采集，统计台区表计失压、失流信息，助力台区线损治理，对窃电等用电异常原因分析查处，精准定位。利用HPLC用户电压监测、台区数据，综合施策改造低电压、三相不平衡等情况。开展拓扑关系清理，验证和纠错线路—配变—用户关系，提升配网数据质量和采集正确率。

7月21日，国网汶川供电公司开展“绿水青山，节能增效”主题志愿宣传服务活动　（廖斌摄）

【电网市场服务整治】 开展带电作业5次，实现配网不停电作业“零突破”。完成农网预制化车间建设，实现9项施工工序工厂化组装，提高施工和接电效率。推进线上到户、客户经理线上化服务全覆盖。优化调整营业厅数量14个，新增29处自助缴费服务点，完善155处代收服务点功能。推进“三全”建设，换装智能电表3.5万个，全口径采集成功率达99.5%。查纠违反中央八项规定精神、扶贫领域腐败、漠视侵害群众利益、形式主义、官僚主义等问题，开展行风与优质服务提升专项行动，全州行风群众满意度测评排名第二。

【电力人才培养】 开展各类培训220期，参培7060人次。职称晋级219人，提升技能等级56人。培养优秀青年员工，选派25人“双向挂职”，5人赴福建公司实践锻炼，4人参与白鹤滩接网、杨房沟送出等省公司重点工程建设。提升团青工作质效，获四川省青年文明号和青年安全生产示范岗各1个，创建工人先锋号1个，五星级班组8个，四星级班组23个。推进精神文明建设，创建为“全国文明单位”。

【电力文化建设】 组织所属基层单位集中学习《企业文化建设工作指引2020》、国网公司新战略等优秀企业文化，领会企业文化丰富内涵。

在公司办公楼、园区制作企业文化墙、宣传专栏，开展征文比赛、演讲比赛等系列活动，推动国网公司企业文化走进基层、走进一线。开展抗击疫情、重点工程建设、防山火、提质增效等宣传，打造一批先进典型，弘扬优秀集体和个人先进事迹，展现公司员工团结一心、奋力拼搏的精神风貌。围绕培育社会主义核心价值观，深入践行“人民电业为人民”，宣传贯彻《新时代公民道德建设实施纲要》《新时代爱国主义教育实施纲要》。收集整理2018—2020全国文明单位创建专卷，制作《勇于担当，奉献高原》精神文明建设图集、《文明之花，绽放高原》精神文明建设巡礼专题片，服务员工文明素养提升。

（李冬梅）

国家统计调查

National Statistical Survey

【概况】 2020年，坚持疫情防控和统计调查工作“两手抓”，强化工作统筹，完成农牧业生产、城乡居民收支、工业生产者价格、居民消费价格、脱贫攻坚普查等国家调查任务以及目标绩效考核社会公众满意度测评、文明城市测评等州委、州政府专项任务，开展“让党中央放心、让人民群众满意的模范机关”创建活动，巩固深化“不忘初心、牢记使命”主题教育成果，抓好意识形态工作，落实“两联一进”群众工作，完成各项目标任务。

【城乡居民收入和支出】 阿坝州城乡居民收支调查涉及13个县（市）195点1950宅；贫困监测调查涉及4县（汶川县6个点、小金县9个点、壤塘县9个点、黑水县9个点）33个点330余宅；农民工监测涉及2个县（马尔康市1个、汶川县6个）7个点70余宅。2020年阿坝州城乡居民人均可支配收入分别为37011元和15539元，同比分别增长4.3%和9%。城乡居民人均消费支出分别为20619元和12162元，同比分别下降13.6%和5.4%。

【市场物价】 全省流通消费价格调查在阿坝州抽中县（市）为马尔康市，在马尔康市有采价点182个（网络采价点和其他市州代采点），采集商品1251个次，调查内容主要为城乡居民购买并用于日常生活消费的商品和服务项目的价格。调查内容根据全国城乡居民家庭消费支出调查资料以及居民消费结构和消费习惯确定，按用途划分为8大类262基本分类，包括食品烟酒、衣着、居住、生活用品及服务、交通和通信、教育文化和娱乐、医疗保健、其他用品和服务。2020年居民消费价格指数累比6.3%，商品零售价格指数累比5.1%。

【国家调查项目实施】 推进农业调查归口管理，制定完善《阿坝州粮食畜牧业统计调查数据归口管理实施细则（试行）》《2020年粮食畜牧业统计调查报表制度》，规范县级粮食、畜牧业调查数据采集方式，加强县（市）、乡镇农业数据管理；执行《四川省主要畜禽监测归口管理工作办法》，在10个县开展主要畜禽重点典型调查，推动改革实施；按照“因地制宜、确保质量、稳妥推进”总体思路，推进全州住户调查电子记账和农民工E调查；开展价格调查基期轮换，做好权数专项调查，联合多部门开展权数评估，确定新一轮基期的基本分类和代表规格品；完成文明城市创建模拟测评、目标绩效社会公众满意度测评等专项调查工作。

【国家调查数据质量管理】 通过“线上线下”相结合的方式，开展

1月7日，开展2020年度州级部门目标绩效社会公众满意度评价 （阿坝调查队提供）

12月4日，在马尔康镇开展统计法治联合宣传活动　　（阿坝调查队提供）

住户平台日审制，推动疫情防控和住户调查。开展藏汉双语电话回访各县（市）城镇、农村记账户260户，校验基层数据质量；与州农业农村局、州人社局赴13个县（市）开展督导检查，联合发文通报反馈，严把源头数据质量。推进调查能力建设，开展集中专题培训、分片分类培训等，提高基层调查业务技能；完善数据质量管理办法，执行季度数据送审、数据评估制度，有效检验数据匹配性和协调性。

【国家调查统计执法】 全年学习《关于深化统计管理体制改革提高统计数据真实性的意见》《统计违纪违法责任人处分处理建议办法》《防范和惩治统计造假、弄虚作假督察工作规定》27次，开展“统计连着国和家调查需要你我他”统计开放日、“弘扬法治精神、全面依法治统”统计法治集中宣传活动，组织参加全国统计法律法规知识竞赛活动，获先进集体优胜奖1个，获先进个人5人；加强执法队伍建设，组织参加执法资格证考试，通过1人，全州有5人取得国家统计局统一制发的执法资格证。10月，对4家工价调查企业开展统计执法“双随机”检查，立案处罚违法企业1家，规范管理统计执法案卷。

【国家调查宣传报告】 开展春耕生产、生猪产能恢复、企业复工复产、脱贫攻坚、农民工返岗就业等约稿调查和专题调研，全年向四川调查总队和州委州政府报送分析、信息132篇次。总结和整理统计调查资料，形成调查快讯60余条，进度分析20余篇。搭建、完善“阿坝国调”微信公众号平台，发布民生数据10余篇、时政新闻3篇、工作动态5篇。

【国家调查信息化建设】 落实内外网物理隔离要求，绑定终端IP、MAC端口，实行网络实名制接入，更新上报IP-MAC-PORT表，筑牢网络安全责任，推动所有台式电脑安装金山安全终端，安装率100%。定期开展安全漏洞检测工作，定期查看网络防火墙，全年未发生网络安全问题。完成视频会议室维修改造，组织参加国家、省视频会议10次，召开系统视频会议5次。推进OA系统流转利用，各专业联网直报，调查数据上报。

【国家脱贫攻坚普查】 组建州、县、乡三级普查工作机构，明确工作职责，制定各级普查方案。协调各级各部门抽选普查人员605人，协调财政部门落实普查经费，采购电脑、打印机等物资。完成普查人员培训，参训人员考试一次性通过率100%，完成脱贫攻坚普查全国教学视频藏语部分摄制，推动普查使用。完成脱贫攻坚现场登记、现场督导、审核验收等环节工作，国家统计局副局长、国家脱贫攻坚普查领导小组办公室主任李晓超，国家统计局总统计师曾玉平，省委常委、省脱贫攻坚普查领导小组组长曲木史哈等领导，对阿坝州脱贫攻坚普查予以肯定。迎接国家脱贫攻坚质量抽查，黑水县是四川省唯一无差错县。

（冯青勇）

财政与税务

FINANCE AND TAXATION

财　政

Finance

【概况】 2020年，贯彻落实党中央、国务院、省委、省政府和州委重大决策部署，落实更加积极有为的财政政策，坚持“有保有压、有进有退、进退有度”的财政保障思路，集中财力支持做好“六稳”“六保”工作，服务全州经济社会发展。

【灾后重建财政投入】 累计下达“8·8”九寨沟地震灾后恢复重建资金87.11亿元，其中中央省级资金69.78亿元（省级红会及慈善总会资金6066万元），收益债券12.45亿元、政府债券4亿元，州本级结余资金安排8497.57万元，州本级捐赠资金304.23万元。累计下达汶川“8·20”强降雨特大山洪泥石流灾后恢复重建资金12.73亿元。

【乡村振兴财政投入】 根据省委、省政府关于“按照全省统一、相对稳定的乡村振兴财政投入统计科目口径，落实涉农县（市）每年公共财政支出中对乡村振兴投入要达到一定比例的政策规定”，2020年各县（市）公共财政支出中乡村振兴财政投入比例不低于30%，全州下达中央、省、州乡村振兴专项资金1.79亿元，建立乡村振兴农业产业贷款分险补偿基金9452万元。下达省级财政乡村振兴转移支付奖补资金3340万元，其中下达3个先进乡镇奖补资金1500元，下达14个示范村奖补资金840万元，下达1个三星级现代农业园区资金1000万元。下达省级现代农业园区培育资金4000万元；产业提质量增效果绿色发展川果、川牛羊1000万元；十大优势特色产来川猪200万元；三大先导性支撑产业585万元；支持灾后重建规划农业项目资金1725万元。用于支持农村“厕所革命”整村推进财政奖补1710万元。用于乡村级农产品产地仓储冷链物流集配中心建设300万元。下达2019年度阿坝州乡村振兴战略工作州级先进县（市）、先进乡镇、示范村州级奖补资金3100万元，下达2019年度阿坝州星级现代农业园区州级奖补1700万元。下达州级农业产业化项目银行贷款贴息资金300万元。用于扶贫小额信贷和金融支持农业产业基地贷款财政贴息补贴。建立乡村振兴农业产业贷款分险补偿基金和农业信贷担保机制，13个县（市）到位资金9452万元。2020年12月底，省农担公司阿坝分公司为全州1048户新型农业经营主体发放担保贷款3.54亿元。

【全域旅游财政投入】 州级财政科学统筹、整合资金，安排用于支持

11月9日，州财政局党组书记、局长泽久（中）主持召开全州财政运行调度会　　（州财政局提供）

旅游产业发展资金1.19亿元。其中州级预算安排4571万元，依法治旅经费10万元，文化和旅游资源普查成果编制经费30万元，开展州委、州政府依法治州、法治政府建设相关工作任务，推进法治示范单位和法律进景区示范创建工作；旅游培训经费35万元，开展全州旅游系统从业人员、管理人员业务知识及技能培训；旅游执法及市场综合治理经费70万元，推进全州旅游执法和旅游市场综合治理；旅游宣传营销经费1700万元，帮助四大景区管理局及全州整合营销，拓展全州旅游市场、塑好阿坝全域旅游品牌；安排专项资金70万元，完成《河曲马文化生态保护区规划大纲》《嘉绒文化生态保护区规划大纲》《“十四五”阿坝州文化体育和旅游产业发展规划》；文化体育旅游事业发展及宣传经费50万元；重要客源城市电视台生活频道投放广告经费105万元；旅游标志标牌设计经费128万元，开展阿坝州国省干线旅游标志标牌设计和第一阶段设计；全国省干线旅游标志牌第一阶段采购安装资金1733万元，开展阿坝州国省干线旅游标志标牌设计和第一阶段采购安装项目；川西北生态示范区建设旅游产业发展专项小组办公室工作经费50万元，开展川西北生态示范区建设旅游产业发展专项小组办公室开展创建工作；《阿坝州国际旅游目的地及全域旅游发展规划》编制经费100万元，开展阿坝州国际旅游目的地及全域旅游发展规划编制；阿坝州红军长征国家文化公园规划编制经费20万元，开展阿坝州红军长征国家文化公园规划编制；下达九寨沟县旅游应急保障经费300万元；下达汶川县2020年阿坝州文化旅游暨全域旅游发展大会经费200万元。与省财政厅对接，争取落实中央、省专款7253.93万元，其中第二批天府旅游名县奖励资金3000万元，文旅融合示范项目补助资金1600万元，省级文化和旅游发展专项资金2390.43万元，2020旅游发展基金补助地方项目资金（旅游厕所建设）263.5万元。

【生态建设财政投入】 建立完善全流域横向生态补偿长效机制，全年下达生态环境专项资金3.44亿元，涵盖大气、水污染防治、集中饮用水源地保护资金、长江、黄河流域横向生态保护补偿、农村环境整治等项目。下达林业和草原专项资金11.48亿元，涵盖天保工程、退耕还林工程、退牧还草工程、草原生态修复治理项目、国家、省沙化治理示范区建设、干旱河谷和山体生态修复治理恢复项目以及森林草原防灭火等。支持重点生态保护修复，监督管理地质灾害综合防治体系建设资金，开展调研地质灾害综合防治体系建设、土地增减挂跨省域交易及灾后重建等三类专项资金安排，全年下达自然资源类专项资金12.63亿元，涵盖地质灾害综合防治体系建设项目，土地指标跨省调剂收入、重点生态保护治理、矿山地质环境、国土空间规划及其平台建设、山水林田湖草生态保护修复方案编制经费，第四轮矿产资源总体规划经费、“十四五”基础测绘、地质灾害防治、避险搬迁“十四五”规划编制经费等方面。

【民族教育财政投入】 推动全州十五年免费教育事业持续健康发展，落实城乡义务教育保障机制的各项政策措施，全年下达教育资金6.73亿元，其中上级补助6.46亿元，州级资金2745万元。实施教育资助政策，巩固完善家庭经济困难学生资助政策体系，发放普通高中家庭经济困难学生国家助学金，补助标准每年每生2000元，全州补助覆盖率50%，全年下达补助资金1948.32万元，其中上级补助资金1436.96万元，州本级补助资金61.36万元。发往建档立卡家庭经济困难全日制中职学生（技工类）生活补助每年每生1000元，资助本专科（高职）生活标准每年每生4000元（学费补助标准为每年每生2000元，生活补助标准为每年每生2000元），全年下达资金436.03万元，其中上级补助资金268.74万元，州本级补助资金167.29万元。下达“三区三州”教育扶贫资金2800万元，支持深度贫困地区补短板，强弱项，解决义务教育学校基本办学条件。支持职业教育攻坚，推进民族地区职业教育异地办学，全年下达中职免学费及助学金1240万元。

【文体事业财政投入】 下达中央、省、州公共文化服务体系建设专项资金9914.47万元；美术馆、公共图书馆、文化馆（站）及博物馆纪念馆免费开放专项资金2277.03万元；国家文物保护专项资金2228万元；国家非物质文化遗产保护专项资金667万元；省级文化和旅游发展专项资金2390.43万元；全省文旅融合示范项目补助资金1600万元。下达州级文化产业发展专项资金300万元，推进藏羌彝文化产业园区、民族特色村落等特色产业园区建设，推动体融合发展。推进全民健身工程建设、大型体育场馆免费（低收费）开放，保障运动队备战参赛，下达大型体育场馆免费（低收费）开放630万元，省级体育发展专项资金519.7万元，支持和保障“净土阿坝”青少年国际式摔跤和柔道精英邀请赛及马尔康地区中小学生篮球、足球赛暨马尔康地区青少年（篮球、足球）夏令营活动等各项体育赛事举办。拓展全州旅游市场、塑好阿坝全域旅游品牌，安排旅游宣传营销资金1700万元。

【医疗卫生财政投入】 投入财政资金27.8亿元，推动卫生健康事业高质量发展。推进医疗保险改革和医药卫生体制改革，落实基层医疗卫生机构补偿政策，加强公共卫生和计划生育服务，落实基本公共卫生服务财政补助提标政策。巩固和完善城乡居民基本医疗保险和大病保险制度，城乡居民基本医疗保险个人缴费水平从250元提高到280元。落实困难群众参加社会保险个人缴费财政代缴政策，确保符合条件的困难群众全部纳入社会保险体系。实施医疗救助资金支出，推进职工医保和生育保险合并实施，发挥医疗救助托底作用。全州投入疫情防控资金4.5亿元，核发新冠肺炎疫情一线医务人员临时性工作补助和党员捐赠资金87.1万元，惠及医务人员1564名。

【社保就业财政投入】 完善社会保障体系，投入财政资金24.3亿元，织密织牢社会保障“安全网”。做好返乡农民工、大学生、退役军人等群体就业创业工作。实施职业技能提升行动，下达资金3068万元。落实稳定岗位返还政策，减轻面临暂时性生产经营困难企业的负担，发放稳岗返还资金1.1亿元、惠及企业643家。开展社会救助体系建设，发展养老服务业、残疾人和儿童福利事业，发放困难群众临时价格补助资金7242万元。落实退役军人抚恤优待、退役安置和社会保险转移接续等政策，推进困难退役军人关爱帮扶工作。推进养老保险制度改革，提高企业和机关事业退休人员基本养老金水平。

【财政预算绩效管理】 推进财政支出绩效评价工作，按照“财政牵头指导、部门具体实施”的工作思路推进预算绩效管理。州级财政成立预算绩效工作领导小组，构建由局党组组织领导、局主要领导全面负责、分管领导分工负责、相关职能科室具体落实的职能分工体系。制定《阿坝州财政局预算绩效管理工作实施方案》，建立职能科室“2+

12月15日，全州工程项目结（决）算办理及政府采购专题会议在马尔康召开　（州财政局提供）

12月10日，2020年预算法及其实施条例宣讲会在马尔康举行　（州财政局提供）

2+N”工作架构。贯彻落实“三全”管理总体要求，建立“3+2”预算绩效管控体系，严把事前评估、事中监控、事后评价三个关键节点，分层分类对接“全方位”“全覆盖”管理要求。2011—2020年，全州评价项目2237个，涉及资金350.37亿元。实行绩效评价结果与预算编制和项目申报相挂钩。建立预算绩效管理激励制度，完善财政部门预算绩效管理工作机制。

【财政事务改革攻坚】贯彻落实《国务院关于印发实施更大规模减税降费后调整中央与地方收入划分改革推进方案的通知》，围绕改革的目标和要求，理顺州和县（市）收入划分，完善州与县（市）事权和支出责任划分，推进政府间财政关系规范化、法律化。围绕“稳增长、调结构、惠民生、促改革、防风险”总体要求，开展2020年预算法及实施条例的培训，推进预算管理体制、存量资金盘活、债务风险防控、税制结构优化等方面改革，压减一般性支出和非急需、非刚性支出。2020年全州一般性支出压减率10.4%。开展预决算及“三公”经费信息公开，公开州本级部门194个的预算信息及部门“三公”经费预算。建立财政存量资金定期清理机制，开展上级财政预算安排形成超过两年的项目结余结转资金清理，全年全州清理各类结转结余资金104.94亿元，统筹用于新增民生基本保障支出。贯彻落实《全面实施预算绩效管理的实施意见》《全省预算绩效管理工作推进方案》，绩效目标管理覆盖所有部门，实现绩效目标与预算资金“编审同步、上会同步、批复同步、公开同步”；财政重点评价内容全面覆盖一般公共预算、政府性基金预算、国有资本经营预算、社会保险基金预算。2020年，确定州级项目110个，覆盖13个县（市），涉及资金78.77亿元，较上年增加13.48亿元，增长20.65%。2020年5月，省厅审核通过全州改革任务，全州完成1022项改革任务，完成率100%。

【服务企业生产经营】投入2500万元建设成阿园区标准化厂房。给阿坝州文化旅游发展有限责任公司注入国有资本金1000万元。下达九黄机场航线补贴1602万元。下达红原机场运营资金12700万元，其中亏损补贴2200万元，航线补贴2921万元，口岸机场建设2215万元，基础设施建设5364万元。

（郭　菁　罗　敏）

税务管理
Taxation Management

【概况】2020年，按照“规范夯基础，特色做文章，创新求突破”工作思路，实现疫情防控和经济社会发展“双胜利”，参与抢险救灾、决战决胜脱贫攻坚，宣传疫情防控税收减免政策，助力复工复产，被中央文明委复查确认保留“全国文明单位”称号，全年州政府主要领导和分管领导给予税收工作肯定性批示13次。

【组织税费收入】坚持组织收入原则不动摇，全年组织税费收入63.24亿元，其中税收收入34.94亿元，社保费收入25.55亿元，非税收入2.74亿元，其他收入0.14亿，办理出口退税0.13亿元。

【减税降费】落实减税降费，释放政策红利，扶持壮大市场主体，全年减税降费8.14亿元，同比增长29.6%。其中新增减税2.7亿元，包括2020年出台疫情防控相关税费优惠政策减免1.35亿元，完成年度目标任务。

【社会保险费】全年实现社保和非税收入28.43亿元，其中社会保险费收入25.55亿元，各项非税收入

2月21日，全州2020年财税工作电视电话会议在马尔康召开　（州税务局提供）

2.88亿元。截至2020年底，完成8项社会保险费险种的征管职责划转改革和征管上线工作，完成16项非税项目（阿坝州涉及12项）的划转接收工作。

【税收征管】 开展电子税务局建设，升级优化电子税务局功能，实现网上办理“两房申报”、委托代征等业务。自然人电子税务局扣缴WEB端于9月1日起在全省推行，自然人电子税务局税务端在9月16日切换上线。落实好阶段性减免社会保险费政策，按要求落实好疫情防控税收优惠政策，依法办理纳税人延期申报、缴纳税款等相关工作，1—12月，核准延期申报476户次，申请缓缴18户次。落实支持疫情防控和复工复产税收政策，落实各项减税降费政策措施，保障纳税人减税降费政策红利。贯彻落实党中央、国务院关于深化“放管服”改革、优化营商环境工作的要求，优化企业税务注销程序，按照流程要求和时限，精简资料办理纳税人注销税务登记。落实企业开办提速工作要求，首次实现申领发票4小时办结。

【依法治税】 落实落细各项税费优惠政策措施，梳理支持疫情防控、全州区域性及特殊项目等税收优惠政策，提出推动复工复产建议，协助州政府出台《关于落实支持疫情防控期间工业企业复产达产政策措施》，建言献策地方党政。全州税务系统执法单位配备执法记录仪92台，按“文字记录为主、音像记录为辅”原则开展日常工作。州县两级均建立重大执法决定法制审核委员会，全年开展重大执法决定法制审核11件。接受州司法局、依法治州办组织的第三方法治政府建设评估和考核，获“法律政策七进”工作先进集体。

【纳税信用体系建设】 落实《税务总局关于纳税信用修复有关事项的公告》，全州近1000户企业的信用级别得到提升。2020年纳税信用评价结果显示，全州企业整体纳税信用状况持续向好，A级企业数量大幅上升，评选出A级纳税人283户；B级和M级企业总量稳中有升；C级和D级企业总量持续减少。做好向“信用阿坝”平台定期推送A级纳税人名单、税收违法“黑名单”等税务领域信用信息。拓展“银税互动”受惠范围，放宽“以信放贷”条件，将“税银互动”贷款的受惠企业范围由纳税信用A级、B级拓展至M级，受惠企业增加一倍。疫情期间正常推送信息、受理申请。

【纳税服务】 创新实施“提速保畅”“提质增效”两项行动，提升税收治理能力。深化放管服改革，推进“非接触式”办税缴费，实现197项涉税业务“全程网上办”，整体网办率97.54%；深化“税邮合作”，推出发票网上申领系列服务，向纳税人寄递发票14899户次，占发票业务66.03%。成立“税政工作专班”，依托金税三期系统，强

7月13日，成都德阳阿坝首批交流锻炼干部见面会在马尔康召开　（州税务局提供）

8月17日，国家税务总局原副局长王力（右二）在阿坝县局调研税务文化建设（州税务局提供）

化与市场监管、公安金盾等部门数据互通互用，提升数据治税能力。2020 年纳税人满意度调查位居全省第二。

【税务人才建设】 学习习近平新时代中国特色社会主义思想、习近平对四川工作重要指示精神和省委书记彭清华到阿坝州调研指示精神，巩固理论学习成效，用理论武装头脑，筑牢理想信念根基，推进“不忘初心、牢记使命”主题教育。7 月 13 日，组织召开成都德阳阿坝首批交流锻炼干部见面会，推进三地干部成长。推进职务与职级晋升，州局机关及派出机构晋升职级 85 人次，各县（市）局领导晋升职级 266 人次。轮岗交流科级干部 33 名，上挂下派 28 名；实施“团圆工程”，解决 19 名干部职工（调出系统）两地分居问题；组建 125 人专业人才库，推动 258 名年轻干部与业务骨干结对共进。自办和参加培训 52 期，送培 1020 人次。2020 年全省“岗位大练兵、业务大比武”活动综合成绩较 2019 年提升 7 位，3 人入围全省专业骨干，1 人获优胜选手，税务稽查类综合成绩居全省第六位，税政综合类居全省第十位。

【税务信息化管理】 提升办税服务厅前台设备、自助办税设备、网上办税体验区设备性能，推动办税服务厅“疏堵保畅”工作，实施办税服务厅一次性告知、首问责任等各项工作制度，落实“最多跑一次”和首办纳税人“套餐式”服务。打造畅通便捷网络办税环境，做好各类信息系统升级测试、验证工作，推行“无感”升级，减少系统升级对业务办理的影响；转型导税服务，用好智能导税指引，改变目前简单导税的情况，提高导税咨询效率；转型网上体验区服务，引导新办户、临时户网上独立办理，减少网上体验区用户，逐步缩小网上体验区；转型自助办税终端服务，优化“税邮合作”，网上办理领用、代开发票，大力倡导纳税人采用“网上申领、邮寄配送”方式领用和代开发票。推行“网上办税为主、自助办税为辅、实体办税厅兜底”的办税模式，引导纳税人缴费人“非接触”办理税费业务。

【税费宣传】 围绕“减税费优服务 助复产促发展”主题，开展税收宣传活动。聚焦个人所得税年度汇算、减税降费、非接触式办税等热点，在全州税务系统开展税收公益广告制作和展播活动。制作“卓玛办税”税收优惠短片 5 期，在全州办税服务场所展播。与州电视台协调，开展“落实税费政策 促进经济快速发展”记者行采访活动，组织马尔康、九寨沟、汶川、茂县、壤塘等县（市）电视台开展税费宣传月主题记者行活动 3 期，宣传报道税务机关落实税费优惠政策、推广“非接触式”办税、助力文旅企业复工复产、发挥税收大数据优势解决企业难题等情况。联系驻州全国人大代表和政协委员，开展全国“两会”代表委员走访活动。开展个税年度汇算宣传辅导，运用纳税人微信群、QQ 群、电话专访、上门走访、税企座谈等形式，宣传辅导个税年度汇算政策、操作指引等。

【服务群众生活】 全年全系统选派 45 名驻村帮扶干部（第一书记 27 名），投入资金 410.3 万元、结对贫困村 31 个，结对帮扶贫困户 568 户，扶持项目 11 个。州局和阿坝县局获全省脱贫攻坚“五个一”帮扶先进集体；松潘县局殷启雄被表彰为全国脱贫攻坚先进个人，理县吴俊获评全省“五个一”帮扶先进个人，州局明华强帮扶事迹入选全省脱贫攻坚纪实专题片《庄严的承诺》。

（成莉娟）

农业与农村工作

AGRICULTURE AND RURAL AREAS WORK

农业和农村经济运行

Agriculture and Rural Economy Operation

【概况】 阿坝藏族羌族自治州辖乡镇174个，行政村1090个，乡村户数20.12万户，乡村人口75.5万人。2020年，坚持以习近平新时代中国特色社会主义思想为指导，围绕“一州两区三家园”建设，提升农牧业综合生产能力，优化产业结构，促进农村环境深入改善，提高农民收入，全州实现农林牧渔业总产值142.2亿元，实现农牧民人均可支配收入15539元。

【高标准农田建设】 实施农业生产基础设施建设，完成2019年度高标准农田建设项目3133.33公顷（高效节水灌溉666.67公顷），移交项目区乡村使用，其中修建蓄水池、沉砂池等81座，修建明渠10.28公里，铺设管道57.63公里，设立水闸126个，修建机耕道、田间路等（含路面硬化）83.61公里，岸坡防护0.34公里，坡面防护11.56公里。2020年高标准农田建设项目4000公顷（高效节水灌溉253.33公顷）正在施工中。

【农业基础设施】 全州各型农用机械拥有量27150台，农机总动力76.2万千瓦，机耕作业1.93万公顷，机电灌溉1.2万公顷，机械植保1.47万公顷，主要农作物耕种收机械化率48.5%。

【粮油作物生产】 省下达全州粮食生产任务4.89万公顷15.9万吨，全州完成粮食生产播面4.93万公

9月1日，州委书记刘坪（右一）调研阿坝州农业科研成果 （州农业农村局提供）

顷、16万吨，较省下达目标增加400公顷、0.1万吨。全州完成粮油作物丰产示范面积2.13万公顷，其中完成玉米高产栽培6666.67公顷，马铃薯特色基地建设6666.67公顷，青稞丰产化栽培5333.33公顷，高原杂豆新品种示范1333.33公顷，高原油菜产业观光基地1333.33公顷。在松潘县试验种植藜麦48.67公顷。推广“藏青2000”青稞新品种2000公顷，其中主产县示范耕种1333.33公顷。引进高原双低油菜川油36号、青杂7号、青杂7号3个新品种，全州示范推广1333.33公顷。巩固提升马铃薯生产基地10000公顷，其中在岷江和大渡河流域海拔1500米地带商品蔬菜区种植鲜食型马铃薯3333.33公顷，在农区9县海拔2700米以下，高原区3000米以下区域种植加工型高淀粉马铃薯6666.67公顷。全年全州粮食适度规模经营373.33公顷，较上年增长5.15公顷。

【草畜发展】 在阿坝县开展优良牧草引种试验、青贮玉米播种期试验、青贮玉米与箭筈豌豆套作试验、本地优良牧草品种培育试验和推广播种试验，试验6.67公顷。开展畜种改良工作，开设牦（黄）牛冷配点44个，实际开始改良点48个，完成全年目标任务的104.76%。完成省下达全州恢复生猪生产出栏目标任务33万头。全年出栏牲畜138.8万头（只），同比增长2.4%，其中猪出栏33万头，牛出栏57.4万头，羊出栏48万只，肉奶总产量稳定在25万吨。保护畜禽遗传资源，开发和利用地方优势品种，全年完成4个国家级保种场、1个国家级保护区的申报和评估工作。

【渔业资源保护】 开展“长江禁捕”政策和相关法律法规宣传，完成“禁渔”宣传视频录制，在汶川、理县、茂县、松潘、金川、黑水、若尔盖、红原、阿坝、马尔康等10个县（市）主干道（主河道）安装“禁捕”标示牌。制作和采购渔业资源保护宣传图册1万份。全年全州开展“禁渔”宣传354次，发放宣传资料1万余份，向全州各酒店饭馆、农贸市场和贩卖水产品摊位发放、张贴标语及资料2000余份，提升全民保护水生生物资源意识。开展为期一年的专项执法整治行动，打击非法捕捞、市场销售非法渔获物等行为，摸底排查、集中整治水产品制品生产企业、农产品批发市场、农贸市场、商场超市、餐饮单位，建立重点整治行业台账，出动执法人员2000余人（次），检查包括水产品及其制品的生产、经营企业和个体户3000余户（次），检查商场、超市、集贸市场等各类市场200余家（次），网上检查网站、网店58个（次），检查网站、网店经营者125个（次）。

【渔业增殖放流】 根据省水产局审核批复，公证机构现场监督，全州农业农村部门完成渔业增殖放流60.57万尾，相关水电企业完成水电站辖区内渔业增殖放流58.5万尾，其中毛尔盖水电站完成黑水河增殖放流30万尾，双江口水电站完成大渡河上游增殖放流26.5万尾，小金川水电开发有限公司完成小金县沃日河、抚边河增殖放流2万尾。

【农特产品电商营销】 开展甜樱桃营销宣传，在汶川绵虒、克枯、电商产业园和理县桃坪、茂县等地举办电商直播培训、“净土阿坝直播带货季”系列活动，直播销售的甜樱桃平均售价22.5元/公斤以上。“净土阿坝甜樱桃直播带货季”在今日头条、抖音等网络平台关注230余万人次，短视频播放量379.5万次。游客入园采摘50元/

5月8日，州农业农村局在汶川三官庙村开展网络直播带货培训 （州农业农村局提供）

人次，入园采摘甜樱桃售价15元/公斤。7月22日，阿坝州人民政府州长杨克宁与13个县（市）政府县（市）长在拼多多平台开展视频直播带货，当日观看直播消费者约180万人次，直接成交额约115万元，50余款产品销量上涨5倍以上。直播带动拼多多平台阿坝州农产品销量上涨4倍，成交金额创“三州三区”深度贫困地区历史新高。牦牛及牦牛相关产品、羌脆李、松茸等阿坝州地方特色农产品搜索、浏览、关注量上涨6倍，活动当周整体带动销售额176万余元。

【“净土阿坝”品牌营销】 阿坝州代表四川省牵头组团参加全国黄河流域九省区联动“庆丰收、迎小康”系列活动，推出的“净土阿坝”农特产品和乡村农耕艺术作品展深受广大群众、各大企业和各级媒体青睐，农特和非遗文化产品通过线上和线下实现交易额5.4万元，签订意向性资金60万元。人民日报社、中国农业电影电视中心、腾讯网、山西今日头条等多家新闻媒体相继采访报道“净土阿坝”特色农产品和非遗文化，促进“净土阿坝”区域公共品牌社会影响力。组织52个农民合作社参加“第十一届四川省农民合作社优质农产品迎春大联展”“阿坝州—成都市第六届‘农商对接’活动”等营销活动，开拓合作社市场。

【农牧业项目推进】 落地落实农业项目资金8.92亿元，比上年同期增加0.98亿元。全州梳理储备农牧业项目10062个，估算总投资57.69亿元，其中“三农”领域补短板项目储备纳入省农业农村厅“农业农村基础设施建设重大项目储备库”动态管理，农业农村储备项目纳入发改系统“三年滚动项目库”动态管理。

【东西部扶贫产业实施】 浙江对口支援阿坝州产业帮扶项目68个，援建资金3.12亿元。截至10月底，完成估算投资3亿元、完成投资率96.03%，拨付资金2.77亿元、资金拨付率88.6%。引导扶贫企业105家在结对帮扶地投资2.44亿元，带动7578人贫困人口增收。

【灾后重建项目】 争取“8.16”灾后恢复重建项目资金5795万元，到位1296万元。截至2020年底，九寨沟“8·8”地震灾后重建项目全部完工，省级资金9611万元全部到位，完成估算投资1.37亿元，投资完成率100.74%，资金拨付8656.45万元，资金拨付率90.07%。金川“6·27”灾后农牧业重建资金694.5万元全部到位，完成估算投资316万元，投资完成率45.5%，资金拨付181.53万元，资金拨付率26.14%。汶川“8·20”灾后重建农牧规划资金1.46亿元，到位1.63亿元，资金到位率111.73%。完成估算投资1.02亿元，投资完成率69.51%，按程序拨付资金7655.25万元，资金拨付率46.85%。

【农作物良繁推广】 全州开展玉米组合鉴定2333个，承担省玉米各类试验（中晚熟、中熟、早熟、极早熟）5个，加代选育、测配及组合复制玉米种质资源2200余份，配制杂交组合400个。承担省青稞各类试验2个，繁殖青稞后代材料1600余份，配制杂交组合126个，繁殖稳定青稞品系10个，繁殖阿青六号和糯青稞原种1920公斤。在阿坝县黑青稞现代产业园区建立青稞展示基地1个，开展新技术集成示范研究，展示新品种32个。开展蔬菜品种试验4个，其中，线椒新品种试验中，“蓉椒1号”较对照“蜀香2号”增产9.6%，具有市场推广前景；自交套袋白湾海椒820余个，收获有效果实630余个。承担蔬菜绿色高效关键技术协同推广项目，配合省农科院园艺所、理县科农畜水局引进莴笋新品种21个和抗根肿病大白菜14个在朴头镇梭罗沟村、米亚罗镇斯博果、杂谷脑镇玛瑙村、古尔镇大沟村进行比较试验，筛选出优质丰产红皮莴笋3个，“三青”（青叶、青皮、青肉）莴笋品种2个，抗根肿病大白菜3个。在理县朴头镇、米亚罗镇、杂谷脑镇示范种植优质高产莴笋新品种5.33公顷、优质大白菜6.66公顷，示范种植优质棒菜7.33公顷。示范种植马铃薯新品种3个，其中“青薯9号”“兴佳2号”分别平均亩产3693.5公斤、3587.3公斤，较对照陇薯6号分别亩增产425公斤、318.8公斤，分别增产13%、9.8%。完成青稞“阿青4号”“阿青5号”“阿青6号”农作物品种登记。玉米新品种“阿单1623”于2020年3月通过四川省农作物品种审定委员会审定，申报农业部植物新品种权保护；新育自交系“阿7914”“阿1841”“阿6244”“阿9118”和新品种“阿单1704”“高原早158”“高原早178”通过四川省品种审定委员会专家组田间技术鉴定。人工驯化栽培阿坝野生灵芝——阿坝白芝通过四川省农作物专家评审委员会技术鉴定。

【畜牧科研】 上报省州畜牧科学研究项目4项，其中省科技厅科技计划项目2项，州科技局应用基础研发项目1项，中央高校基本科研业务费专项资金研究类项目1项。推进“高产奶牦牛标准化养殖生产关键技术研究与集成示范”“藏鸡种源性疾病净化与生物安全关键技术研究与示范”项目。实施州科技局应用基础研发“川西北高原青饲玉米种植与青贮技术研究示范”新立项项目4个。实施“肉鸡育种选择技术研究及新品系选育”项目，开展阿藏1系、阿藏2系、阿藏3系的选育研究工作，测定相关生产性能指标；开展藏鸡配套系选育研究，测定相关性能指标。推广示范使用索罗格卓夏久曼口服液（中藏药），开展牦牛腹泻性疾病临床应用试验及新药申报工作。

【动物疫病防控】 全州组织各类重大动物疫病疫苗3330.5万毫升（头份、羽份），免疫各类畜禽1587.11万头（只、羽）次，重大动物疫病应免畜禽免疫密度100%；圈舍、屠宰场、畜禽交易市场等场（舍）消毒灭源4.37亿平方米。全州采集畜禽重大动物疫病免疫血清3947份，检测3890份，免疫抗体合格率91.36%。开展非洲猪瘟疫情排查，监测生猪养殖场（户）72892个次，排查猪143.78万头次；排查生猪屠宰场2743个（次），排查猪2.97万头，未发现生猪异常死亡。开展非洲猪瘟屠宰检测抽检，抽检4365份，未检出非洲猪瘟阳性样品。全年全州产地检疫牲畜21.98万头（只、羽），其中猪6.46万头，牛4.67万头，羊1.1万只，禽类9.16万羽；屠宰检疫畜禽115944头（只、羽），其中猪34334头，牛羊16139只，禽类57471羽。生猪规模养殖场病死无害化处理1171头，屠宰环节无害化处理12头，无害化处理率100%。

【植物病虫害防治】 全州植物病虫发生9.74万公顷次，综合防控9.18万公顷次，占应防的94.3%，挽回损失2.67万吨。完成绿色防控4.04万公顷，覆盖率48.9%；完成专业化统防统治2.18万公顷，粮食病虫防控覆盖率44.5%；开展农药监督管理，宣传、培训、指导用药，推广绿色防控技术，提高农药使用利用率，农药利用率在46%以上，实现农药使用零增长目标。全年农药使用量388.24吨，其中生物农药78.27吨；回收农药包装废弃物19.86吨，回收率74.85%。开展草地贪夜蛾监测工作，全州布监测点53个，结合群众监测，未发现贪夜蛾入侵阿坝州。开展农田灭鼠和杂草防除，农田鼠密度1%～2%，平均1.3%，农舍鼠密度3%以下，平均1.4%，发生鼠害面积4513.33公顷，防治4026.67公顷，挽回损失351.2吨。农田杂草2.43万公顷，防除农田杂草2.38万公顷。建立蔬菜、水果、酿酒葡萄、马铃薯等作物绿色防控核心示范基地52个，9793.33公顷，辐射带动推广3.07万公顷，新安装杀虫灯1268盏，安插黄板118.25万张，安装引诱装置724套。完成专业化统防统治2.18万公顷。开展植物检疫工作，调运检疫30批次，种苗103.3万株。全年全州无植物检疫疫情发生。

【农产品质量安全】 完成省级农产品质量安全例行监测580个，完成率100%。州、县级定量监测各类农产品1185批次。农产品及农资监督抽查各类农产品样品100批次，监督抽查农药80批次，监督抽查兽药产品样品10批次，监督抽查饲料1批次。13个县（市）开展快速检测种植业产品样品5377个，合格率100%；养殖、屠宰、运输环节检测“瘦肉精”32456份。生鲜乳药物残留检测抽样464批次。推行食用农产品合格证制度，实施主体覆盖率100%，开具合格证12万余份，附带合格证上市农产品1.3万余吨。实施绿色食品、有机农产品、地理标志农产品追溯管理，全州年入驻追溯管理平台主体1959个；年产品批次目标任务200批次，完成任务10088批次。新申报“三品一标”绿色食品22个，无公害农产品12个，地理标志农产品3个。若尔盖县获批全国有机原料（牛乳）基地，是四川唯一一个全国有机原料（牛乳）基地县，面积111466.67公顷。

【农业综合执法】 全州出动执法人员1961人（次），检查养殖场313家（次）、定点屠宰场17家（次）、农贸市场104个（次），排查农贸市场内野生鱼类贩卖摊点11个（次）、排查畜禽72.18万头（只）及其产品12.13吨、检查超市19个（次）、消毒41.2万平方米，张贴《关于暂时禁止活禽交易（宰杀）的公告》1500余份、发放宣传资料6000余份。查获不按规定处置病死或者死因不明的动物案2起。完成农产品质量安全（“利剑”行动）案件数50件。出动农业综合执法人员1345人次，检查生产经营主体596个次。开展农资打假“春雷”行动，出动执法人员1985人次，检查农资经营门市981个，整顿市场200多个次。在生鲜乳收购时节，全覆盖检查红原、若尔盖、阿坝3个县6个生鲜乳收购站和25辆运输车，出动执法人员463人次，检查奶站332站次，检查运输车辆319车次。

【农机安全生产】 建立州、县、乡（镇）、村（组）、民五级责任联动体系，层层签订农机安全生产责任书，落实农机安全生产主体责任，全州、县（市）、乡（镇）责任书签订率100%。派出140个检查组开展农机安全生产排查，排除一般隐患142起，整治142起，打击非法违法行为67起，整治违规违章行为58起，检查企事业单位62家。全年全州未发生农机重特大安全生产事故。

（赵　怡）

2020年阿坝州茶叶、水果及食用坚果生产情况一览表（一）

表2

	一、茶叶合计（吨）	绿茶（吨）	其他茶叶	二、园林水果（吨）	1. 苹果（吨）	红富士（吨）	国光（吨）	2. 梨（吨）	其中：雪花梨（吨）
阿坝州	12	10	2	301301	66981	17697	44095	15823	6388
马尔康				778	714	714		15	15
汶川县	12	10	2	95901	158	158			
理县				9718	1158	1158	148	19	
茂县				111339	10346	10346		62	
松潘县				2300				828	
九寨沟				5864	1173	1173		312	
金川县				20308	265	265		14072	
小金县				50195	3728	3728	43947	501	5872501
黑水县				4898	155	155		14	

2020年阿坝州茶叶、水果及食用坚果生产情况一览表（二）

表3

	3. 其他水果（吨）	其中：桃（吨）	猕猴桃（吨）	葡萄（吨）	红枣（吨）	柿子（吨）	其他（吨）	三、食用坚果（吨）	其中：核桃（吨）	板栗（吨）	其他坚果（吨）
阿坝州	218497	1295	25413	4210	8	21	187550	4539	4529	10	
马尔康	49						49	76	76		
汶川县	95734		25136	5	8		70585	88	88		
理县	8393	65		67			8261	239	239		
茂县	100931	193	207	2175			98356	596	586	10	
松潘县	1304	12	45				1247	13	13		
九寨沟	4290	368		389			3533	263	263		
金川县	1873	301		464			1108	631	631		
小金县	2019	36	25	1051		1	906	588	588		
黑水县	3904	320		59		20	3505	2045	2045		

2020 年阿坝州茶叶、水果及食用坚果生产情况一览表（三）

表 4

	三、年末实有茶园面积（亩）	其中：本年采摘面积（亩）	四、年末果园面积（亩）	其中：苹果园（亩）	梨园（亩）	桃园（亩）	猕猴桃园（亩）	葡萄园（亩）	其他果园（亩）
阿坝州	3165	2910	299865	66855	18660	1425	13410	14445	185070
马尔康	0	0	2565	2250	60	0	0	0	255
汶川县	3165	2910	74085	180	0	0	12570	15	61320
理县	0	0	17520	1620	15	90	0	60	15735
茂县	0	0	94770	7560	45	195	735	1920	34315
松潘县	0	0	3330	180	690	30	90	0	2340
九寨沟	0	0	13680	1830	375	375	0	1485	9615
金川县	0	0	34380	9375	17025	165	0	3990	3825
小金县	0	0	51675	43335	420	15	15	6315	1575
黑水县	0	0	7860	525	30	555	0	660	6090

乡村振兴
Rural Revitalization

【概况】 2020 年，全州成功创建省级乡村振兴先进乡镇 3 个、示范村 14 个，命名州级先进县（市）2 个、先进乡镇 5 个、示范村 30 个，命名县（市）级先进乡镇 18 个、示范村 46 个。全年组织上报省级乡村治理示范村 20 个，示范乡镇 3 个。改善农村环境面貌，提高农牧民生活质量，提升群众获得感、幸福感和安全感。

【农村厕所革命】 2019—2020 年，投入中央、省级资金 4440 万元支持农村厕所革命整村推进项目建设，新改建农村卫生厕所 46735 户、整村推进 83 个村。突出“一村一策、一户一策、改管并重”，全年下达资金 2 批 1710 万元，完成民生实事建设任务 24 件 3326 户，完成目标任务的 121.7%。

【乡村环境治理】 整治农村环境脏乱差，实施全覆盖村庄清洁行动，清理农村生活垃圾 3.21 万吨，清理畜禽养殖粪污等农业生产废弃物 7052.39 吨，发动农民群众投工投劳 27.5 万人次，开展进村入户宣传教育 4.4 万场次 68.8 万人次，发放宣传资料 53 万份，张贴宣传标语 3.5 万条。

【发展特色产业】 投入省级财政培育资金 7000 万元，培育省级园区 7 个，其中汶川樱桃现代农业园区被表彰为省四星级现代农业园区，红原县牦牛现代农业园区、阿坝县青稞现代农业园区、金川县梨现代农业园区被表彰为省三星级现代农业园区。推进“园区 + 加工 + 休闲康养”等业态融合发展，形成三产融合发展新格局，打造农旅融合知名品牌。围绕全域旅游推出各类农旅融合乡村节庆活动，实现

9月1日，州委书记刘坪（左三）调研乡村振兴成果展　（州农业农村局提供）

休闲农业综合经营性收入15亿元以上。发展牛羊、生猪、高原蔬菜、特色果业、特色粮油、道地药材等“6+N”特色产业，聚力做大基地、做强主体、做响品牌、做优园区，重点培育出各类现代农业园区20个，其中创建省级园区1个，命名州级园区8个，园区入驻企业35家、专合社159家，带动从业人员10.13万人，园区内农牧民人均可支配收入1.8万元。实施“大业主+农户”一体化经营和“净土阿坝品牌+”产品营销，推动园区农工、农旅、农商融合发展。实施农业园区示范带动，全州特色农牧业传统生产经营保持稳定增长，一产增加值增长3.1%。

【农技人才培训】 全州完成高素质农民培训2802人。推进全部脱贫村驻村技术帮扶工作，开展蔬菜、水果种植与栽培技术，病虫害防治等综合管理知识宣传。开展饲草种植与栽培，动物疫病防控，畜牧养殖技术等培训，全州培训农牧民实用技术15.2万人次，发放资料15.4万份（册）。在全省率先组建州级“百名农牧专家巡回服务团”，全州各县（市）优化组建23个县级专家服务团，180名成员参加巡回服务。组建40个农技巡回服务小组，开展技术培训服务小组成员达81人。在全州遴选专业技术人员20名（州农业农村局13名），加入生猪产业、牦牛产业等8个技术服务团队。在13个县（市）开展“科技扶贫万里行”活动，提供决策咨询、技术指导等。完成养殖场师资培训150人次，培训农牧民养殖技术1200人次，全年技术指导各类养殖场200余次。

（赵　怡）

农业农村改革
Agricultural and Rural Reform

【概况】 2020年，稳妥推进各项改革，推进农村改革州级检查验收，完成年内改革任务11项，面上推进类改革31项，试点探索类改革8项。完成并销账改革6项，推进其他改革任务，实现农业农村改革预期目标。

【专业合作社建设】 全州有农民合作社5564户。2020年创建省级示范社10家。截至12月底，全州有国家级示范社9家、省级示范社77家、州级示范社146家。金川县被列为全省农民合作社质量提升整县试点县。

【合作社项目扶持】 全年下达中央财政农业生产发展扶持农民合作社资金1970万元，各县（市）整合资金1145万元，实际实施扶持项目54个，扶持资金725万元。所有项目实现全部开工，其中完工24个，完成工程量投资405万元。与邮政集团有限公司阿坝分公司达成战略协议，服务农民合作社金融支农、冷链运输等。组织4家农民合作社理事长到重庆参加全国农民合作社带头人能力提升研修学习。推荐15家合作社为省级典型样板示范合作社。推荐1家合作社扶贫典型案例。

【承包地管理】 推进农村土地“三权分置”，全州农村承包地确权登记颁证到户13.04万本，颁证率98.3%。开展农业适度规模经营，流转耕地13.67万亩，同比增2.31万亩，增长20.33%，帮助农牧民增加财产性收入约7100万元。

【集体经济发展】 开展清产核资，摸清集体家底，全州农村集体2019年末资产总计69.52亿元。开展成员身份确认，全州1088个村确认成员20.2万户、股东72.16万人。推进股权量化，量化经营性资产12亿元，以户为单位发放股权证。依法赋码登记颁证，规范开展经营，

9月1日，州委书记刘坪（正前）在州农业农村局主持召开农业农村改革座谈会　（州农业农村局提供）

已有1055个农村集体经济组织完成登记赋码颁证。盘活资产资源，壮大集体经济，实施扶持村集体经济项目45个、扶持资金4500万元。截至12月底，全州有956个村拥有集体产业，占比从2016年末的27.55%提升至87.7%。

【农业信贷担保】 推荐农业经营主体信贷需求290个，获得贷款1280万元。2020年，全州农业“政银担”新增担保项目511个、新增担保额1.91亿元，较上年同期增长37.15%。在保项目874个，在保余额3.09亿元，较上年同期增加1.5亿元，增长94.92%。

【农畜保险推广】 开展牦牛、藏系羊、育肥猪、能繁母猪、马铃薯、青稞、玉米、油菜政策性农业保险及藏香猪、蔬菜、水果及果树、花椒、雪梨、酿酒葡萄、玫瑰种植等地方特色农业保险，促进和保障农牧业生产和农牧民种养积极性。全年全州参保农户33503户，总保费3.25亿元，养殖业参保各类牲畜265.35万混合头，种植业参保5413.33公顷，出险理赔2.44亿元。

（赵　怡）

土地资源

Land Resource

【概况】 2020年，以习近平新时代中国特色社会主义思想为指导，推进全国国土空间规划编制，有序开发利用土地，保障各项建设和生产生活用地，把严土地使用审批，推进耕地保护。

【国土空间规划编制】 印发《阿坝州国土空间规划管理实施意见》《阿坝州国土空间规划编制实施方案》，推动成立阿坝州国土空间规划委员会。4月17日和9月27日，州政府分别召开全州国土空间规划动员会和自然资源专题会议，安排部署国土空间规划编制工作。9月4日和9月30日，国土空间规划文本两次征求各县（市）、州级各部门建议意见，形成州级国土空间规划初稿。按照《四川省关于严格土地利用总体规划实施管理的通知》要求，调整土地利用总体规划，完成21个批次土地利用总体规划修改审查报批工作（上报省厅7个批次），涉及11个县、136个乡镇、254个村，调整规划面积205.84公顷。

【土地利用】 根据《四川省自然资源厅关于2020年土地利用计划管理的通知》，印发《阿坝州自然资源局关于2020年土地利用计划管理的通知》，每县单列安排计划指标40公顷，专项用于脱贫攻坚。推动各县（市）在核算和使用计划指标时，安排保障乡村重点产业和项目用地不少于8%，保障农民合理建房需求。

【土地供应】 实行节约集约用地制度，执行土地使用标准，加强土地供应监管，全年全州建设用地供应278.56公顷，其中土地出让33.41公顷，收益3.36亿元。执行土地供应划拨目录，实行招标拍卖挂牌方式供应经营性用地、房地产用地和工业用地，保障供应保障性住房、民生工程、公共设施、公益事业、基础设施用地。按时填报土地市场动态监测监管系统信息，全州近五年土地综合供地率89.84%，超过省厅综合供地率60%的目标要求。

【用地预审】 全州自然资源系统开展省道453线新改建工程（壤塘县上壤塘至马尔康市日部段）、小金县新桥一级水电站等782个项目的规划选址和用地预审，面积906.05公顷，投资规模84.25亿元。其中，州级审查25个项目，涉及面积167.02公顷，投资规模24.71亿元。

【建设用地报批】 制定《阿坝州2020年重点项目用地保障方案》，分类保障重点建设项目，依法按程序优先保障国家和省重大基础设施、重点产业项目、民生项目等用地，全州上报批建设用地144.17公顷，其中建设用地22宗142.37公顷，单独选址项目2宗1.79公顷，兑付征地补偿费1889.15万元。

【耕地保护】 执行耕地保护制度，守住全州耕地保有量不少于6.589万公顷的红线，基本农田保护面积不少于5.27万公顷。会同州农业农村局、州统计局印发《关于印发阿坝州县（市）政府耕地保护责任目标考核办法的通知》，实施耕地保护目标考核。

（蔡良杰）

水务管理

Water Affairs Management

【概况】 阿坝州地处长江、黄河两大水系上游地区，流域面积8.4万平方公里。全州水资源丰富，有溪河530余条（除黄河干流属大江大河外，其余河流均属于中小河流），河长1.5万公里，常年水面面积1平方公里以上湖泊6个。河流分属2个水资源一级流域（长江区、黄河区），3个水资源二级流域（岷沱江、嘉陵江、龙羊峡以上），5个水资源三级流域（大渡河、青衣江和岷江干流、广元昭化以上、涪江、河源至玛曲），水资源多年平均总量446亿立方米，其中自产水多年平均总量395亿立方米，客水多年平均总量51亿立方米。2020年全州平均降水量828.43毫米，比多年平均值偏多14.83%，全州地表水资源量约0.05亿立方米，地下水资源量约0.01亿立方米。

【水资源综合规划】 编制完成《阿坝州水资源综合规划》，州政府常务会审议通过并批准执行。完成13县市综合规划。

【河湖长制管理】 全年全州设立调整州级河（湖）长23名，县级河湖长186名，乡级河湖长696名，村级河湖长1050名。各级河（湖）长聚焦河湖管理保护“六大任务”，审定年度河（湖）长制工作清单，协调解决流域重大问题，加强巡河频次和力度，排查和整治问题。全年各级河长开展巡河24697人次，排查处置问题1667个。启动州级10条重要河流、6个湖泊及3个水库一河（湖）一策管理保护方案（2021—2025年）编制工作，县级同步开展设立县级以上河（湖）长河流（湖泊、水库）一河（湖）一策管理保护方案（2021—2025年）编制工作。

7月4日，州委书记刘坪（中）督导岷江河（湖）长制落实情况 （州水务局提供）

【水能资源利用】 全州水能、太阳能、风能等可再生非化石能源资源丰富，全州理论蕴藏总量6423万千瓦，可开发量2907万千瓦，已开发595万千瓦，开发率20.5%。其中水电可开发约1400万千瓦，已开发570万千瓦，开发率40.7%，在建水电站装机414万千瓦，拟开发水电装机408万千瓦，全部分布在大渡河干流及支流绰斯甲河流域；水电为主的清洁能源已成为全州经济的支柱产业。从清洁能源资源总量来看阿坝州约占全省12.6%。

【节约用水宣传】 联合多部门印发《阿坝州2020年节水行动实施方案》、制发《阿坝州州节水行动督导方案》，开展跟踪督导工作，做到工作有计划，有督促，有落实。制发《阿坝州县域节水型社会达标建设工作实施方案》《阿坝州2020年节水行动实施方案》；汶川县兆迪水泥厂、阿坝师范学院列为重点用水监控户，指导督促业主建设水资源在线监测项目，实现24小时在线监控取用水情况；全州无县域节水型社会、中央节水型社会达标建设、节水型灌区、非常规水源利用目标任务。印发《2020年节约用水宣传工作计划》，筹措8万元，在阿坝州电视台、阿坝州邮政局、州教育系统等开展多场次“争做节水大使”“国旗下的讲话”等主题活动，结合“3·22世界水日”、中国水周，“12·4”宪法宣传日等契机，运用互联网信息技术和新媒体技术，提倡节水观念，宣传节水知识，增强节水意识。

【河道采砂管理】 依法规范全州河道采砂，连续开展河道采砂专项整治2年。全州完成180个砂场的整治工作，推进河道采砂规划管理，规范河道采砂和砂石加工作业。指导全州13个县（市）完成河道采砂规划工作，完成44个合法河道采砂场的颁证工作。依法严厉打击非法采砂行为10起，罚款25万元，查扣非法采砂机具9台，规范砂石运输行为73起。

【水土流失防治】 年度实施水土

7月6日，省人大常委会副主任刘作明（右前排中）主持召开岷江省级河长阿坝州巡河调研座谈会

（州水务局提供）

保持项目5个，完成投资3700万元，治理水土流失面积83平方公里。围绕“建设川西北阿坝生态示范区”目标，利用涉农资金整合开展山水林田湖草综合治理，省水利厅下达全州新增水土流失治理任务457平方公里，完成治理面积501.62平方公里，完成率109.76%。

【农村水利建设】 农村饮水安全巩固提升项目计划投资2461万元，实际投入资金9002万元。截至12月底，全州完成投资8652万元〔除卧龙特区处，13县（市）完成年度投资100%〕，完成年初计划的352%，总受益人口8.5万人。推进全州村镇供水工程水费收缴工作，截至12月底，全州52处千人工程收费100%；千人以下集中供水工程2488处，收费2439处，收费村镇供水工程占比98%，全年全州农村供水工程收取水费284万元，完成省水利厅下达的目标任务。落实农村饮水安全“三个责任”，并延伸到乡（镇）、村、管理人员。13个县（市）政府出台县级农村饮水工程运行管理办法，建立运行管理机构、运行管理办法和运行管理经费“三项制度”。依据《四川省村镇集中供水工程规范化管理评价办法》对18处百吨至千吨村镇集中供水工程、429处百吨以下村镇集中供水工程，开展全州2020年度村镇集中供水工程规范化管理州级评价工作，经评价赋分全部达到村镇供水工程规范化管理要求，通过省级交叉复核。

【涉水违法执法】 按照《水行政处罚实施办法》《中华人民共和国水法》《中华人民共和国水土保持法》《中华人民共和国防洪法》等实施调查、取证，坚持以事实为依据，根据违法行为的事实、性质、情节以及对社会危害程度等情节进行执法。结合扫黑除恶专项斗争、环保大督查、水土保持执法专项行动、河湖违法案件“清零”行动等开展执法工作，全年全州出动执法人员4152人次，出动车辆1182台次，现场制止水事违法行为126件，查处各类水事违法案件48件，行政处罚216.876万元，其中州支队牵头办理水土保持案件5件。

【水利交流与合作】 10月28—30

3月16日，2020年节水宣传活动在马尔康开展（州水务局提供）

6月15日，州委副书记吴立岩（左）在马尔康调研防汛工作（州水务局提供）

日，在理县组织召开岷江沱江流域七市州河长制工作2020年度第二次联席会议，加强工作协作和经验交流，推进流域水生态管理保护。

【黄河流域（四川段）防洪治理】启动黄河流域（四川段）防洪治理工程前期工作，争取到位前期工作经费150万元，黄河勘测设计研究院在黄河干流实地开展测量和地勘。编制完成黄河干流四川段防洪治理工程的可行性研究报告，报水利部审批。

【涉水领域“扫黑除恶”】根据中央、省、州开展扫黑除恶常态化斗争中“有黑扫黑、有恶除恶、有乱治乱”的工作要求，落实部门职能职责，细化工作方案，组织各县（市）水务局对河道采砂、水利工程招标、乱设排污口、违规弃渣以及水行政处罚案件中涉黑涉恶等情况排查行动。截至12月底，排查问题线索146件，其中涉黑涉恶线索4件，非法采砂案4件移送公安机关，饮水安全案1件经核查不属实；涉乱线索141条，整治141条。

（郭成科）

防汛抗旱
Flood Control and Drought Relief

【概况】2020年，全州水务系统学习贯彻习近平关于防灾减灾救灾的系列重要论述和指示批示精神，落实党中央国务院和省州决策部署，按照州委书记刘坪、州长杨克宁及州委、州政府领导历次会议及指示批示要求，落实“人民至上、生命至上”理念，保障人民群众生命财产安全。

【雨情】全州汛期年平均降水量689.5毫米，较历年同期（507.8毫米）偏多4成，其中金川县、小金县、若尔盖县、红原县、汶川县、理县、茂县汛期平均降水量位列历史同期第一位。全州出现9次区域性暴雨，有1636个监测站点达到暴雨，163个监测站点出现一般性洪涝。

【水情】州境内主要控制站中，大金、足木足、若尔盖、克柯、镇江关、桑坪、小金、马尔康、杂谷脑、较场坝、威州、绰斯甲、郭家坝、姜射坝14个站点出现超警戒水位洪水过程，其中桑坪、小金、马尔康、较场坝、若尔盖5个站点出现超保证水位洪水过程。马尔康水文站出现历史实测最大洪水，重现期达到50年一遇；小金水文站出现历史实测第二大洪水，重现期接近50年一遇。

【压实防治责任】结合乡镇行政区划、村建制调整、人员变动等实际情况，逐一落实重要河流及支流及重点防御部位（山洪灾害危险区）“三级”责任人，在《阿坝日报》、阿坝新闻网等主流媒体进行公示，接受社会监督。推动实行领导带班A、B岗补位制度和24小时值班值守制度，督促各类责任人到岗到位，确保信息畅通、调度及时、反应迅速。

【防汛部署督导】组织各县（市）、水库水电站、在建涉水施工企业召开防汛抗旱专题会议，对超标准洪水防御、山洪灾害防御，旅游景区、水电站、学校等重点区域防御工作进行专题安排部署。汛前组织州防汛抗旱指挥部成员单位分片区依托六大领域对七项防汛减灾重点工作开展督导检查，建立常态化督导检查机制。

【防汛排查整治】落实防汛安全隐患排查措施，组织群众、发动专业技术力量开展防汛安全隐患排查，整改发现的问题，对未能整改的隐患逐一落实监测人员，制定应急预案等应急措施。除对防汛抗旱应急预案进行修订完善外，督促各县（市）紧编制超标准洪水防御预案，水库电站修订防汛抢险应急预案，各在建涉水工程编制度汛方案，山洪灾害危险区完善防御预案。落实专项资金用于山洪灾害监测预警系统和中小河流水文监测系统运行维护，确保各类预警系统汛期正常运转，发挥效益。

【推进部门联动】组织气象、水文部门召开2020年汛期联席会议，建立常态化日会商、紧急情况实时会商制度，不断提升监测预警能力。落实资金用于山洪灾害危险区警示标识标牌更换、制作发放明白卡等，在全州1642个危险区主汛期前开展不少于一次的应急演练。做好避险转移前期工作，确保险情发生能迅速响应、安全转移。

【防汛物资储备】全州储备防汛应急麻袋、编织袋、铅丝网片（笼）、发电机、照明设备、救生衣、排涝设备等物资，价值1392.4万元（含州级物资78.49万元）。

【防汛物资利用】 面对防汛压力，州、县（市）两级协调调动消防救援、电力、通信、交通等专业队伍和民兵队伍2888支107267人次，出动各类抢险救援机具19583台（套），调拨雨衣3301件、雨鞋3096双、铅丝笼6145个、编织袋71850个、抢险沙袋8000条、防渗土工膜2000平方米等各类防汛抢险物资。

（郭成科）

脱贫攻坚
Poverty Alleviation

【概况】 2020年，全州脱贫攻坚工作坚决贯彻党中央、省委和州委的决策部署，开展问题整改清零行动，实施挂牌督战作战，完善监测预警体系，克服疫情灾情对脱贫攻坚的影响，推动全州2.6万户10.38万名贫困人口全部脱贫，贫困发生率降至零，完成攻坚任务，消除绝对贫困。

【扶贫资金投入】 到位各级各类扶贫资金64.41亿元，实施项目3450个。其中，产业类666个、就业类73个、住房保障类14个、基础设施和公益设施类1898个、其他类799个。

【就业扶贫】 实现就业扶贫"一超过两个不低于"工作目标，促成贫困劳动力外出务工37586人，是2019年底实际务工人数的104.73%，其中省外务工3005人，是2019年的116.83%，省内县外务工4945人，是2019年的117.73%。实施生态公益性岗位2.39万个，确保有劳动力贫困家庭有1人就业，户均增收1万元。

【健康扶贫】 建立"三保四补助二基金"九道防线，贫困人口基本医疗参保率100%，住院医疗费自付占比控制在5%以内。实施家庭医生签约服务和贫困人口健康体检，强化疾病预防控制，基本控制包虫病流行，大骨节病无新发病例，因病致贫返贫问题得到遏制。

【教育扶贫】 实施十五年义务教育、藏区"9+3"免费教育，"十三五"时期投入23.6亿元改善教学条件，投入16.2亿元用于九年义务教育学费减免、补助，受益学生45万人次。发放教育扶贫救助基金6896余万元，资助贫困学生5.5万人次，全州贫困学生无人因贫失学辍学。

【社会扶贫】 统筹抓好定点扶贫，投入社会扶贫及各类援助资金8.97亿元，实施项目425个。192个民营企业帮扶225个村，3119户10399名贫困人口。落实238.5万元"阿坝水滴"资金，帮扶特殊困难群体714户。

【消费扶贫】 组织122家企业、278个产品使用"四川扶贫"公益商标。推荐152家供应商、594个扶贫产品入选《全国扶贫产品目录》，实现销售额达4亿元。完成"三专一平台"建设任务，年内建成智能专柜81台、消费扶贫专区14个、专馆3个。

【问题整改】 全覆盖开展销号存量、减少增量、防止变量挂牌督战，推动脱贫攻坚各级各类发现问题整改。全州10998条历年脱贫攻坚各级各类发现问题全部整改销号，"两不愁三保障"和安全饮水、档案资料、数据信息、资金项目监管等短板基本补齐。

【成果巩固】 开展建立解决相对贫困长效机制全域试点，制定《关于开展建立解决相对贫困问题长效机制试点的指导方案》，在13个县（市）289个试点村开展贫困对象摸排、对标补短工作。投入171.61万元为2.6万户10.1万人购买扶贫保险。全部消除全州601户2651人脱贫不稳定户和边缘易致贫户风险。

【普查检查】 指导13个县（市）182个有脱贫攻坚普查任务的乡（镇）成立普查机构，明确358个村普查工作专干，抽调普查人员605人，落实普查工作经费864.9万元。小金县代表四川接受国家考核第三方评估，各项指标排名全省5个县首位；阿坝县通过接受新华社国家考核暗访；黑水县代表四川省"零"差错通过国家脱贫攻坚质量抽查。

【宣传表彰】 挖掘脱贫攻坚模范人物445个、典型案例200个，发布脱贫攻坚信息3700余条。编印《净土阿坝脱贫攻坚纪实》《阿坝脱贫攻坚实录》《阿坝脱贫印记》等书籍（画册），举办"净土阿坝·向祖国汇报"脱贫攻坚文艺会演和美术作品展览。《人民日报》连续刊登《向祖国报告：请收下阿坝脱贫成绩单》《阿坝州久久为功，脱贫攻坚成效显著》等，展示全州脱贫攻坚成就。

（王晓云）

【社保扶贫】 州社保局做好社会保障“安全网”，发挥社会保险在脱贫攻坚中的重要兜底作用，开展困难群体保费代缴及待遇发放工作，新增贫困人员纳入参保范围，实现贫困人员养老保险应保尽保、应发尽发。全年为66997名贫困人员代缴城乡居民基本养老保险费669.97万元，代缴完成率100%。36829名符合待遇领取条件的60周岁以上贫困人员纳入城乡居民养老保险待遇发放范围，发放完成率100%，其中944名贫困老人享受不用补助缴费年限直接领取养老保险待遇的社保扶贫政策。

（马庆颖）

【产业扶贫】 州发改委对标“两不愁三保障”指标，对“十三五”实施的2560套易地扶贫搬迁住房和225个电力扶贫项目开展“回头看”，做到问题整改“清零”。组织530名贫困群众赴浙江务工，销售已认定扶贫产品金额4.32亿元。争取落实以工代赈项目76个，总投资1.61亿元，完工73个，完成投资1.5亿元，组织受疫情影响滞留群众3166人（建档立卡贫困人口442人）就近参与以工代赈项目建设，发放劳务报酬2327万元。

【东西部扶贫协作和对口支援】 落实省委、省政府关于省内对口支援工作的决策部署，与浙江省嘉兴、绍兴、金华、台州、温州的东西部扶贫协作和对口支援工作，协调全州务工人员的权益保障和服务工作；协助浙江、上海等长三角地区及周边相邻地区的经贸合作和投资促进工作。188个对口支援项目完工182个，完工率96.8%；资金使用6.12亿元，资金使用率92.5%；选派52名党政干部和133名专业技术人才赴浙江挂职交流，全年培训干部人才44809人次；引入落地东部企业67家，完成州委、州政府要求招引2户规上企业任务，引导企业投资32.76亿元，带动20698名贫困群众脱贫增收；“若尔盖—南湖”“九寨—嘉善、庆元”飞地园区开园，“嵊州—马尔康”“小金—新昌、上虞”“理县—遂宁—东阳—永康”等“飞地”产业园区加快建设；开展消费扶贫，销售已认定扶贫产品6.36亿元，带动33302名贫困人口增收；帮助贫困群众省内就近或省外就业16693人，实现529名贫困群众在浙江稳定就业，帮助310名贫困家庭学生赴浙江职业院校就读；动员浙江社会各界捐款捐物价值3.08亿元，助推全州脱贫奔康。落实东西部扶贫协作和对口支援年度计划、目标任务，州委书记刘坪率阿坝州党政代表团到浙江考察学习，服务对接工作，签订《浙江省文化和旅游厅—阿坝州人民政府文化旅游战略合作框架协议》《绍兴市人民政府—阿坝州人民政府大禹文化传承发展战略合作框架协议》等协议。到嘉兴、台州、绍兴等6个市15个市（区、县）39家企业学习调研，宣传和推介阿坝州，掌握企业投资信息，促进交流合作。协助松潘县、小金县开展东西部协作交流考察、投资合作推介会。

汶川县产业扶贫项目落地见效（5月17日） （州扶贫开发局提供）

【省内对口帮扶】 坚持“双组长”责任制，开展高层交流互访，推动各项工作的落地落实，开展调研对接1377人次，召开联席会议和专题会议143次，共同研究部署和协力推动省内对口支援各项重点工作。安排省内帮扶资金2.25亿元，实施产业发展、教育医疗、干部人才、就业、基础设施等帮扶项目243个，使用资金2.18亿元，资金使用97%，带动2万余名贫困群众增收。选派干部88人、专业技术人才264人赴支援地挂职交流和跟岗学习，培训干部和专业技术人才15000余人次。开展直接采购、直播带货、以购代扶等消费扶贫行动，采购、销售农畜牧产品价值9451万元，带动3808户贫困户增收。组织社会慈善机构、爱心企业、群团组织、爱心人士开展扶贫济困活动，捐款捐物7000万元。

（都茂平）

5月18日，在小金县新桥乡开展滑坡隐患排查　（州自然资源局提供）

地质灾害预防
Geological Hazard Prevention

【概况】 2020年，阿坝州自然资源局组建专业地勘队伍排查地灾隐患和解译自然资源部、省自然资源厅提供的InSAR、LiDAR高清影像资料，全州有威胁人民群众生命财产安全的地质灾害隐患点5528处（滑坡1738处、崩塌1010处、泥石流1923处、不稳定斜坡857处），威胁约27万人生命安全和约148亿元资产安全。

【防灾体系建设】 落实党委统一领导，州、县（市）政府分级负责，部门协同配合的地质灾害防灾机制，建成调查评价、监测预警、工程防治及应急能力建设为核心的地质灾害综合防治体系，构建完成党委、政府、社会、公众、专业队伍“五位一体”的地质灾害防治新格局，实现巡查、排查、核查常态化、调查评价科技化、监测预警精细化、工程防治标准化、管理范围制度化、决策支撑信息化，促进地质灾害综合防治工作。

【监测与预警预报】 建立完善州、县、乡、村、组、监测员六级地质灾害防治群测群防监测预警预报网络，落实5528个隐患点专职监测员5949人，开展监测预警预报工作。发送气象预警信息162次，发送隐患点预警信息2.45万条。抽查县值班室、乡镇值班132轮次、17.94万人次防灾责任人。安装地灾隐患点自动化专业监测预警设备1852台，推动“人防＋技防”的监测预警预报建设，提高监测预警预报的准确率和时效性，成功避险30起，避灾1389人、3639万元资产。

【治理和避险搬迁】 投入资金6275.85万元，完成九寨沟地震灾后恢复重建地质灾害工程治理21处；投入资金1.62亿元，完成“8·20”灾后恢复重建地质灾害工程治理38处、排危除险2处、维修加固4处；投入资金1600万元，完成金川县“6·27”特大山洪泥石流灾后恢复重建地质灾害工程治理4处；投入资金1008万元，完成地质灾害避险搬迁252户。

（蔡良杰）

5月25日，自然资源部宋军、李晓春一行在阿坝州调研指导地质灾害防治　（州自然资源局提供）

工 业

INDUSTRY

规模以上工业发展

Development of Industry above Designated Size

【概况】 2020年，全州工业战线围绕州委、州政府中心工作，在确保疫情防控和生产安全的前提下，开展抓疫情联防联控，推动经济恢复，把疫情影响降到最低，全年呈现“降幅收窄、由负转正、触底回升”的“三连跳”，实现高于全国、快于全省的目标。一季度，阿坝州规上工业增加值大幅下降5.1%，二季度下降2.2%，降幅较一季度收窄2.9个百分点，三季度实现正增长0.9%，四季度持续回升，全年最终实现正增长5.1%，比全国2.8%的增长率高出2.3个百分点，比全省4.5%的增长率高出0.6个百分点。全年增速跃居全省第4位，比2019年的20名前进16位，比甘孜州（园区）的8.2%、凉山州的5.9%、宜宾市的5.6%分别低3.1、0.8和0.5个百分点。

【重点企业监测】 监测2019年产值排名前十位的大型重点企业（福堂水电、汶川侨源、阿坝铝厂、国网四川岷电供电、禧龙工业硅、华电杂谷脑、国网四川阿坝州供电、岷江电化、新纪元电冶、毛尔盖水电），被监测企业个数占比不到10%，其实现产值和增加值总量占比接近50%，占比高和权重大影响着全州规上工业经济发展。1—3月，10家企业增加值同比下降2.1%，州内规上工业增加值下降5.7%；1—6月，10家企业增加值同比增长1.7%，州内规上工业增加值下降2.4%，降幅呈收窄趋势；1—9月，10家企业增加值同比增长0.8%，州内规上工业增加值下降0.3%，降幅继续收窄；1—12月，10家企业增加值同比增长5.2%，州内规上工业增加值增长3.5%。

【实现营业收入】 全年全州123户规模以上工业企业实现营业收入177.12亿元，同比下降2.6%。分县看：汶川县、理县、茂县和黑水4个县合计78户规上工业企业实现营业收入150.99亿元，占全州85.2%，同比下降3.6%；其他9个县45户规上工业企业实现营业收入26.13亿元，占全州14.8%，同比增长3.9%。分行业看：51户发供电企业实现营业收入85.97亿元，占全州48.5%，同比增长6%；54户绿色载能企业实现营业收入83.16亿元，占全州47%，同比下降8.9%；18户生态加工企业实现营业收入7.99亿元，占全州4.5%，同比下降14.7%。

【县域工业发展】 东南片区绿色经济先行示范带汶理茂3个县规上工业企业67户，增加值总量占比69.5%，其中汶川县增长3.5%，茂县增长2.3%，理县增长0.6%。西南片区清洁能源产业示范带马金小三县（市）规上工业企业17户，增加值总量占比5.6%，其中马尔康市增长11.1%，金川县增长40.3%，小金县下降11.3%。东北片区精品文化旅游示范带松九黑三县规上工业企业20户，增加值总量占比20.2%，其中松潘县增长2.1%，九寨沟县增长8.4%，黑水县增长19%。西北片区草原特色产业示范带阿若红壤4县规上工业企业19户，增加值总量占比4.7%，其中阿坝县下降2.6%，若尔盖县下降31.8%，红原县下降0.1%，壤塘县增长0.7%。

【“飞地”经济发展】 茂县含“德阿”园区内四川思特瑞锂业有限公司1户企业增长2.6%，九寨沟县含“德阿”园区内四川大地致远计量器具有限公司和绵竹市万盛金属制品有限公司2户企业增长6.5%，黑水县含“成阿”园区内成都巴莫科技有限责任公司1户企业增长24.7%，壤塘县含“成阿”园区内成都锐欧光学电子有限公司、成都博实科睿新材料有限公司2户企业和“德阿”园区内四川桥联锡旺新能源机械制造有限公司1户企业增长63.3%。

【重点行业发展】 全年全州内123户规上工业企业涉及15个行业大类，工业增加值增速呈“八增七降”，其中发供电、有色金属冶炼和压延加工业、基础化学原料制造3大重点支柱行业呈“二增一降”，分别增长6.7%、3.6%和下降4.8%。全州123户规上工业企业中有发电业务的电力生产企业48户，企业个数占比39%，增加值增长6%，拉动州内规上工业增加值增速3.1个百分点，是全州工业经济稳增长稳预期的关键。

【阿坝园区经济】 2020年，州工业园区提供园区内26户工业企业，其中25户（汶川县13户、茂县9户、红原县3户）在规上工业企业统计范围内，另外1户汶川县中泰锆晶体有限公司还未达规；以锂、硅、盐化工基础化学原料制造业和铝制品有色金属冶炼和压延加工业高载能行业为主导产业，以肉类加工、乳制品制造、医药制造和水泥制造、铁合金冶炼业为辅。2020年，阿坝工业园区内规上工业产值占阿坝州内比重36.9%，下降6.6%；增加值占阿坝州内比重22.7%，下降2.2%，拉低0.5个百分点。

2020年阿坝州规模以上工业企业数及工业增加值分月累计增速统计表

表5　　　　单位:%

	规上工业企业个数（个）	2020年1—2月	1—3月	1—4月	1—5月	1—6月	1—7月	1—8月	1—9月	1—10月	1—11月	1—12月	1—12月（含园区）
阿坝州（含园区）	—	-8.7	-5.1	-0.9	-2.5	-2.2	-1.3	-0.1	0.9	1.7	2.6	5.1	
阿坝州内	123	-10	-5.7	-0.9	-2.1	-2.4	-1.6	-1.3	-0.3	0.3	1.0	3.5	
马尔康市	5	-16	-28.2	-9.8	-7.8	-17.6	-6.3	-11.0	-10.9	-7.7	8.7	11.1	
汶川县	37	-16.4	-8.8	-1.7	-4.4	-4.2	-4.5	-3.7	-2.1	-2.0	-0.2	3.5	
理县	10	-13	6.3	3.6	0.2	-0.5	-1.8	-3.2	-4.7	-2.0	-1.6	0.6	
茂县	20	4.4	1.1	-0.8	0.9	0.3	0.4	-1.4	-0.4	-1.6	-1.2	2.3	2.6
松潘县	6	12.5	5.6	3.7	2.4	-2.1	-3.7	-2.2	3.1	4.6	3.4	2.1	
九寨沟县	3	-11.8	-20.8	-10.4	-2.4	-2.1	8.6	14.8	21.8	25.0	15.4	8.4	6.5
金川县	3	10.4	68.3	94.3	54.9	8.9	14.4	5.5	8.8	-2.1	15.9	40.3	
小金县	9	-12.7	-11.3	-5.1	-2.7	-8.4	-2.6	-5.8	-9.6	-11.8	-11.3	-10.2	

续表 5

	规上工业企业个数（个）	2020 年 1—2 月	1—3 月	1—4 月	1—5 月	1—6 月	1—7 月	1—8 月	1—9 月	1—10 月	1—11 月	1—12 月	1—12 月（含园区）
黑水县	11	−23.7	−16.4	2.4	−6.2	0.1	2	5.5	6.6	14.7	17.0	19	24.7
壤塘县	1	22.1	12.6	0.3	3.0	3.9	16.3	−0.5	−12.0	−11.4	−0.2	0.7	63.3
阿坝县	2	13.2	18.0	33.4	39.8	31.3	26.8	9.1	−7.7	−3.8	−2.2	−2.6	
若尔盖县	5	14.2	−14.5	−23.9	−10.3	−12.0	−6.7	−1.5	−2.0	−22.7	−30.6	−31.8	
红原县	11	4.8	9.0	5.5	3.5	−15.9	−17.9	−7.6	−3.6	−4.7	−2.6	−0.1	

2020 年阿坝州内分行业分月增加值累计增速统计表

表 6　　单位：%

	规上工业企业数（个）	1—2 月	1—3 月	1—4 月	1—5 月	1—6 月	1—7 月	1—8 月	1—9 月	1—10 月	1—11 月	1—12 月
阿坝州内	123	−10	−5.7	−0.9	−2.1	−2.4	−1.6	−1.3	−0.3	0.3	1.0	3.5
黑色金属矿采选业	1	−72.2	−85.4	−77.7	−66.5	−55.7	−50.8	−43.2	−35.5	−32.4	−28.3	−24.9
非金属矿采选业	4	−48.2	196.8	306.4	229.2	164.2	108.3	71.6	22.1	−1.4	24.6	34.9
农副食品加工业	12	−65.9	−54.8	−51.4	−35.0	−47.4	−29.4	−28.6	−25.7	−47.1	−47.9	−47.5
食品制造业	2	未生产	−100	−95.6	−51.8	−39.3	−28.2	−4.0	−1.6	5.8	5.9	3.9
酒、饮料和精制茶制造业	2	−61.5	−41.1	−23.2	−11.2	−2.1	5.0	2.3	−1.2	−5.6	−11.2	−16.6
化学原料和化学制品制造业	29	−1.9	−7.5	−10.0	−10.7	−11.8	−13.5	−13.4	−11.0	−10.7	−9.3	−4.8
医药制造业	2	6.2	9.9	14.7	12.3	4.4	−0.7	−1.3	−0.9	−0.3	2.2	5.7
橡胶和塑料制品业	1	−74.9	−71.9	−61.4	−49.2	−38.2	−29.1	−19.0	12.5	40.1	60.8	90.3
非金属矿物制品业	5	−30.9	−21.5	−25.5	−17.5	−9.2	−2.1	3.8	7.0	7.2	16.0	15.9
黑色金属冶炼和压延加工业	6	−54.0	−40.0	−34.9	−41.1	−32.5	−31.6	−39.2	−39.2	−38.8	−35.1	−24.9
有色金属冶炼和压延加工业	4	6.9	−0.4	4.7	6.6	6.7	6.2	5.7	4.1	3.0	2.8	3.6
金属制品业	1	未生产	未生产	净增长	净增长	净增长	436.7	77.9	45.1	−38.4	−60.5	−68.3
通用设备制造业	1	−51.1	−34.6	−26.5	−21.6	−19.6	−18.9	−18.1	−17.2	−17.5	−16.6	−12.5
计算机、通信和其他电子设备制造业	2	−68.3	−73.8	−76.1	−70.7	−62.0	−47.0	−39.0	−16.7	−9.3	6.7	22.9
电力、热力生产和供应业	51	−11.3	−5.3	0.8	−0.4	−0.6	1.1	1.4	2.6	4.5	4.8	6.7
电力生产	45	−15.5	−6.5	0.6	−0.7	−0.9	1.2	5.4	2.6	4.0	3.9	6.0
电力供应	6	3.3	−1.2	1.3	0.8	0.6	0.6	1.8	31.0	6.6	8.4	9.8

（陈　庆）

工业经济运行
Industrial Economy Operation

【概况】 2020年，组织全州工业企业克服新冠疫情冲击和暴雨泥石流灾害影响，工业经济呈现持续回升势头，全州规上工业增加值同比增长5.1%（“飞地”园区），排名全省第四位，拉动全州经济增长1.3个百分点，实现工业税收17.1亿元，在全部税收中占比48.9%，提供就业1.3万余人，完成州委、州政府“工业挑大梁”的目标任务，获省经信厅关于推进全省工业经济高质量发展表现突出通报表扬。

【重点工业经济运行】 全年主要电站上网电量213.98亿千瓦时，同比上升4.84%；全社会用电量首次突破200亿千瓦时，全州大工业用电量89.56亿千瓦时，同比增加8.72%。

【规模以上工业运行】 全州新增规上工业企业37户，净增27户，其中州内新增18户，净增16户，规上企业123户；成阿园区新增12户，净增4户，总数85户；德阿园区净增7户，总数9户。

【工业技改投资】 全州全年在库工业和技改投资项目140余个，完成阿金食品、阿西茸矿泉水等一批特色生态产品加工项目，实现工业投资约90亿元，同比增长0.1%；完成兆迪水泥公司节能环保改造、潘达尔硅业节能增效改造等一批技改项目，实现技改投资约2.2亿元，同比下降68.8%。

【工业项目建设】 全年全州投产若尔盖尼巴、九寨沟白水河电站，新增装机容量1.6万千瓦，全州建成水电站装机达583.8万千瓦，光伏电站装机达32.5万千瓦。双江口、金川、剑科、红卫桥、巴拉等一批大、中型水电站推进；推进马尔康500千伏、红原220千伏、成兰铁路牵引站220千伏输变电工程等重大电网项目加快建设；建成投用夹壁至马塘110千伏输变电工程，保障马尔康市等地（牧）区电力供给可靠稳定；加快开展金川220千伏、四姑娘山110千伏输变电工程前期工作；向国家力争阿坝1000千伏特高压项目纳入国家“十四五”电力发展规划，启动相关前期工作；争取在阿坝州西北部、西南部规划建设500千伏枢纽变电站，与特高压电网联网，解决阿坝州西北部光伏、风能电力开发输出问题。

（张　莉）

5月7日，州经信局党组书记、局长郭雄（右二）在浩普瑞公司调研技改情况　（州经信局提供）

工业结构调整
Industrial Structure Adjustment

【概况】 2020年，坚持以培育战略性新兴产业为抓手，推动工业产业技术创新和校地企深度融合发展，完成燃煤小锅炉的淘汰等工作。

【战略性新兴产业培育】 全年22户战新企业产值占规上工业比重超过7%。宇妥藏药“高原大健康系列产品研发及保健品GMP生产线建设”项目建设完工，启动建设立业公司二期，川西磁业、鑫通新材料恢复重建加快建设。

【工业产业技术创新】 出台州级企业技术中心认定管理办法，组织川磨岷机联合数控机器股份有限公司、宇妥藏药股份有限公司等8户州级企业技术中心首批次认定工作。清理2011年以来的省级技术创新项目资金，组织专家验收2户企业技术创新项目。全年完成技术创新投入3200万元。

【校地企融合发展】 组织松潘县夏旭冬日天然沙棘食品有限公司、金雪梨果业开发有限责任公司等7家企业与四川大学召开政企代表座谈会，跟踪落实合作协议，促进产业由低端向中高端发展。

【轻工纺织发展】 实施藏香深度研发、藏绣加工技术改造等5个项目，实现投资500余万元。组织全州33家企业在温江参加深度贫困地区设计与扶贫电子商务培训，组织10家企业参加民族工艺品专题刺绣培训，提升产业技能和管理水平。组织企业参加大连工艺品展示展览会、精品展会。开展调研，形成《关于我州民族工艺美术产业发展的调研报告》，服务企业发展。

【节能降耗】 完成州内23家电解铝、水泥、工业硅、二甲醚等行业重点用能企业现场监察，全州企业能耗均在国家标准限额范围内，兆迪水泥、鑫新能源2019年能耗达到国家能耗标准先进值。

【“散乱污”企业整治】 完成整治“散乱污”企业29家，其中关闭取缔22家，整改提升6家，搬迁入园1户，完成“散乱污”企业专项整治。

7月29日，开展燃煤小锅炉淘汰督导工作

（州经信局提供）

【淘汰落后产能】 落实《阿坝州2020年度推动落后产能退出工作方案》，组织开展排查，各县（市）确认，全年全州无淘汰落后产能退出企业。

【淘汰燃煤小锅炉】 开展淘汰停用、煤改电、煤改气、扩容改造等，完成淘汰燃煤小锅炉65台，可保留至条件成熟再实施淘汰燃煤小锅炉52台。

（张　莉）

工业发展环境保障
Environmental Security for Industrial Development

【概况】 2020年，推动全州信用“红黑名单”建设、建立保障制度机制和激励惩戒措施，推动工业信用体系建设，优化营商环境，保障工业发展环境。

【工业信用体系建设】 构建以全州信用“红黑名单”为基础、以制度机制为保障、以激励惩戒措施为核心的具有社会约束力的守信联合激励和失信联合惩戒体系，组织评选工业企业“红黑名单”，报送3家企业作为全州“红名单”候选企业。会同中国人民银行阿坝州中心支行印发《关于开展信用体系建设提升产业园区企业融资能力的通知》。截至2020年底，注册天府信用通平台园区企业21家，促成9家注册企业通过平台达成融资13笔，融资金额1.21亿元（信用贷款3笔，金额245万元）。有8家注册企业被评为守信“红名单”企业，其中3家企业获得融资5笔7400万元。落实“双公示”工作，开展2020年行政许可审批事项清理，在州经信局门户网站公示行政许可和行政处罚信息，全年公示行政许可5大项9小项，行政处罚8大项16小项。

【营商环境优化】 落实国家普惠性和结构性减税政策，清理规范政府性基金和行政事业性收费。开展政务服务“好差评”，主动接受企业和群众监督，提升政务服务能力和水平。清理拖欠民营企业中小企业账款1025.83万元。全年兑现升规奖励、临时电费补贴、中小企业发展专项等资金1821万元，电力能源综合管理专项资金滚动借款1.3亿元，节约工业企业用电成本639万元。协调落实国家疫情防控重点保障企业（工业）贷款1.15亿元。

（张　莉）

能源供应保障
Energy Supply Security

【概况】 2020年，开展加强加油站管理，推动油罐防渗改造，促进电力供应，保障全州能源供给，全州消耗成品油31万吨，留存电量35.4亿千瓦时。

【成品油供应基础设施建设】 全州消耗成品油31万吨，推进成品油经营企业基础建设，管理秩序良好。完成全州72座加油站地下油罐防渗改造工作任务；完成91座持证

4月12日，开展加油站地下油罐防渗改造工作调研 （州经信局提供）

的加油站开展2018年、2019年年检工作；开启加油站经营资格审批和管理；完成“厕所革命”建设管理工作，新建加油站厕所2座；梳理“十三五”加油站规划点使用情况，启动“十四五”成品油分销体系建设发展规划编制工作。

【电力供应保障】 争取2020年留存电量35.4亿千瓦时，其中安排“飞地园区”（德阿、成阿园区）重点企业用电3.65亿千瓦时，安排阿坝铝厂17.5亿千瓦时，安排阿坝园区11.83亿千瓦时，安排红原绿色产业园区17万千瓦时，节约企业用电成本1.5亿元。确定阿坝州2020年第一、二批水电消纳产业示范区建设试点黑水科迪大数据开发有限公司等15户用电企业，全年消纳电12.54亿千瓦时，完成全年水电消纳10亿千瓦时电量的目标任务。推进疫情期间全州电力保障和供应工作，兑现防疫生产类企业临时电费补贴州级财政承担部分1241.36万元。

（张　莉）

阿坝工业园区
Aba Industrial Parks

【概况】 2020年，为省级开发区，产业定位为铝冶炼、化学原料、非金属矿物制品、农畜产品加工和中藏药制造，核准园区面积161.56公顷，辖汶川漩口（67.62公顷）、茂县土门（80.98公顷）、红原邛溪（12.96公顷）三个工业集聚区。园区管委会主任、成都—阿坝工业园区管委会常务副主任杨荣茂被州委表彰为“联寺联僧”先进个人和“联户联情”先进个人，园区管委会副主任牛培勇被州委表彰为“联户联情”先进个人，园区管委会人事科科长龚仁富被州直机关工委表彰为优秀党务工作者。

【运营业绩】 全年完成工业总产值69.39亿元，完成目标任务的115.7%；完成工业增加值10.15亿元，完成目标任务的126.9%；实现销售收入62.68亿元。

【服务企业发展】 贯彻落实省委、省政府《关于推动制造业高质量发展的意见》、《中共阿坝州委 阿坝州人民政府关于加快工业经济高质量发展的实施意见》和州委十一届九次全会、全州新型工业化发展大会精神。协调相关部门解决企业在生产经营中存在的困难和问题，全年完成基础设施投资1208万元，培育新增规上企业1家。出谋划策企业生产经营和项目建设，协调要素保障部门及州内金融行业，加大开放发展，激发民间投资活力，全年引进到位省内外资金8810万元，出口总额1190.5万美元，进口总额584万美元。提高发展质量，增强发展活力，申报有效发明专利62件。推动茂县新纪元公司投资1040万元，完成出炉机器人项目；投资300万元新建12吨/小时的镁球生产线项目1条。岷江电化公司投资3900万元，完成厂区西面边坡地质灾害综合治理项目；投资4800万元，完成“8·17”灾害受损厂房设备恢复和重建项目。兆迪水泥公司投资3150万元，完成环保综合治理改造项目；投资1300万元，实施“绿色矿山”项目，对停采矿山全面复绿。潘达尔硅业公司投资300万元，完成电炉节能增效技改项目。宇妥药业公司投资2900万元，完成保健食品生产线项目。浩普瑞公司投资512万元，完成磷酸铁锂技改增效项目。鸿泰锆业公司投资5000万元，启动实施下游产业链延伸项目。侨源公司投资2.7亿元，启动实施1100T/D氮气回收环保节能技改项目；投资2200万元，启动实施30T/D高纯特气技改项目。

【安全环保监管】 贯彻中央、省委、州委安全生产和环境保护工作要求，落实安全生产预测预警、风险评估论证等工作机制，提高园区企业防灾减灾的思想意识和自觉性。制定、落实24小时值班值守、班子成员AB岗带班制度，督导园区企业按照“五个到位”标准，逐项开展安全生产巡查整改。全年到园区企业宣传督导环保、安全生产工作30余次，逐户排查环保和安全生产隐患，督促整改落实；督促汶川、茂县、红原3个工业集中区做好污水处理设施巡查工作，确保设施正常运行和监测数据上传；开展专项督导18次，督促指导26家园区企业制定完善安全生产应急预案、开展应急演练，确保不发生重特大事故，减少一般性事故发生率。指导园区企业，抢占市场先机，促进“5+N”生态工业体系建设。

【推动企业复工复产】 开展落实好“六稳”工作、“六保”任务，宣传新型冠状病毒肺炎预防知识及规范佩戴口罩等知识，张贴宣传海报20余张，发放宣传资料1000余份，与企业点对点构建起复工复产网络体系，指导帮扶企业做好疫情防控和复工复产所需准备工作；分类指导园区企业疫情防控措施、流动人员管理、安全生产、生产要素保障等；压实企业法人疫情防控主体责任，落实常态化防控与应急处置措施，保障返企人员安全。4—12月，园区领导班子多次到汶川漩口、茂县土门、红原邛溪3个工业集聚区及企业调研，推动企业复工复产。10月21日，副州长蔡清礼率州经信局、州财政局、州自然资源局等部门负责人，到园区管委会专题调研园区建设发展等事宜。截至12月30日，除众合新能源公司因原料短缺停产外，其余企业全部按照既定目标恢复生产。

（郭文慧）

成都—阿坝工业园区

Chengdu–Aba Industrial Park

【概况】 2020年，坚持“合作共建、互利双赢”的原则理念，创新体制机制，挖掘双方优势，按照“两化互动、产城一体”发展思路实施开发建设，完成招商引资，引进人才。

【园区招商引资】 开展节能环保、医药医养、食品、新材料、高载电等产业招商引资，签约引进晋江市华联印铁制罐有限公司、南充市洋意钢构彩板有限公司等12个项目，协议总投资57.1亿元，协议占地47公顷，项目达产后预计年销售收入55.25亿元，预计年税收3.05亿元。

【重点项目建设】 完成巴莫科技高能量密度动力锂离子电池材料产业化先进智能制造基地项目1号、2号地块2栋厂房主体框架施工，完成墙体砌筑工程量的50%，推进1栋厂房主体二层施工，推进普通库房及其他附属用房主体框架施工；完成前沿生物产业基地项目一期宿舍楼、综合楼主体施工，完成多肽车间1、多肽车间2、动力中心主体框架施工，完成墙体砌筑工程量的70%，建成普通仓库；签订杭州士兰微电子股份有限公司智能功率模块和功率集成器件封装生产线扩产项目补充协议，开展方案设计及办理前期政务手续。完成德尔集团成都智能制造产业园项目方案设计初稿，组织开展图纸审查；完成阿坝州国有资产投资管理有限公司标准化厂房项目厂房面板搭设及门窗安装，组织开展地坪施工及总平施工，完成招商中心外装。

【人才引进行动】 联合阿坝州、金堂县等的相关部门开展钳工、车工、工伤预防专业知识线上培训，受训企业300家、受训1057人。为浩旺产业园等入园企业招聘熟练工1100人，培训技能人才120人。协

2月2日，副省长王朝凤（右二）在园区调研疫情防控物资生产情况 （成阿园区提供）

调解决成都士兰半导体制造有限公司等重点企业技术骨干、管理人才子女就学59人。

【项目建设管理与服务】 优化工业投资项目服务流程，落实专人跟踪服务，实施重点项目“一事一议”，提高项目进场率、开工率、竣工率和投产率。促进欣桂防水公司、东宸汽车零部件公司等8个项目竣工，促进成都巴莫科技公司三期、怡天钢结构公司二期等3个项目开工。

【规上企业培育】 培育规上企业12户，85户规上企业实现总产值93.48亿元，同比增长11.91%；实现增加值15.98亿元，同比增长9.2%；完成固定资产投资35.06亿元，同比增长51%；实现税收3.2亿元，同比增长28%。

（叶　蛟）

德阳—阿坝产业园区
Deyang-Aba Industrial Park

【概况】 2020年，坚持打造“中国锂都、千亿园区”目标，推进基础设施建设、扩大招商引资战果、提升服务能力和管理水平，园区规划范围内企业35户，规上企业16户（含新增4户）实现工业总产值40亿元。其中园区成立后新增规上企业（纳入两市州指标分享企业）10户，实现工业总产值16.07亿元，较2019年同期增长11.13%；实现工业增加值6.02亿元，较2019年同期增长4.8%；完成全社会固定资产4.33亿元，较2019年同期增长44.71%。10月，德阳—阿坝产业园区创建为省级绿色园区。

【园区发展宣传】 与《今日绵竹》、绵竹电视台建立宣传合作机制，不定期邀请主流新闻媒体宣传园区，刊（播）宣传德阿产业园区新闻报道24件，其中《今日绵竹》13件、绵竹电视台9件、德阳电视台2件。8月30日，与中国寓言文学研究会闪小说专委会、四川省小小说学会举办“德阿杯”全国小小说、诗歌、散文征文比赛活动，收到20多个省（自治区、直辖市）文稿8258件。坚持向州委、州政府及绵竹信息中心推送信息，被采用14条。利用LED、户外大型广告牌、板（墙）报、标语宣传园区建设和企业发展。

【基础设施建设】 经过两年建设，星旺大桥工程加紧施工。2020年9月30日工业大道及服务平台主体验收完成。完成园区供水管网工程、星旺大桥项目电力迁改项目、星旺大桥堤防新建工程，投入使用。推进1155亩宗地征地拆迁工作，已完成拆迁343户，保障了招商企业用地需求。

【招商引资】 落实“一核两翼”产业体系，招引符合园区产业链企业，到位国内州外资金2.55亿元，完成目标任务57%。在福州、广州及省内市（州）开展“一对一、点对点”招商活动。参加川浙东西产业扶贫会、广东省四川德阳商会成立庆典活动。参加线上招商活动，与正威国际集团有限公司、四川沃特尔管业有限公司、海峡汇富产业投资基金管理有限公司、四川能投锂业、广州碳歌应用新材料研究院等40家企业洽谈或跟进项目。5月28日，与四川衡盛源实业发展有限公司签订投资协议。6月16日，与中江县人民政府、四川德凯特种纤维有限公司、四川鸿兴化纤有限公司、四川省中江县金辉纺织有限公司签订投资协议。全年签订投资协议资金43.10亿元。6月29日，州人大常委会副主任王全带领部分全国、省、州人大代表走访园区企业，为园区企业疫情防控、止滑提速建言献策。

（郭佐政）

6月16日，德阳—阿坝产业园区与中江县三家企业签订投资协议　（德阳—阿坝产业园区提供）

建筑业

CONSTRUCTION INDUSTRY

建筑行业管理

Construction Industry Management

【概况】 2020年，围绕做大建筑业的目标，贯彻落实《四川省人民政府关于促进建筑业持续健康发展的实施意见》《阿坝州促进建筑业高质量发展意见》精神，采取措施推进建筑业发展。

【建筑产业提质增效】 全年在州内注册并取得资质的建筑企业560家，其中施工企业502家（2020年底达到512家）、勘察设计企业19家、监理企业18家、造价咨询企业21家，13个县（市）均注册有建筑业企业。

【建筑工程招投标监管机制建设】 对阿坝州公共资源交易中心挂网招标的445个房屋建筑和市政工程项目开展全覆盖自查，按照30%的比例开展抽查，发现排查潜在投标人、施工监理单位现场履职不到、投标保证金交纳过高等问题线索76个，全部完成核查。印发《关于规范房屋建筑和市政工程招标投标有关事宜的通知》《关于进一步落实建设工程招标人主体责任的通知》《关于调整招标投标活动监管方式的通知》等，明确招标人主体责任，规避招标投标活动风险。

【建筑工程质量提升】 贯彻落实省住建厅《关于完善质量保障体系提升建筑工程品质的实施意见》，优化行政审批流程，规范建筑市场行为，遏制工程转包、违法分包、挂靠等违法行为。开展“提升供给质量　建设质量强省”主题质量月活动，发放宣传资料3500份，在建

11月24日，州住建局党组成员、副局长徐富刚（右一）带队在阿坝县督查建筑行业停工情况

（州住建局提供）

4月6日，在壤塘县约谈在建工程项目负责人 （州住建局提供）

项目悬挂宣传横幅40条，解答现场咨询80人。

【建筑工程质量监管】 开展乱点乱象治理，打击检测机构弄虚作假等违法违规行为。开展脱贫攻坚农房质量安全检查，做好四类重点对象农村危房改造安全性鉴定技术指导，整改质量隐患问题，消除质量安全隐患，确保脱贫攻坚农房质量安全。推动各县（市）按照工程质量手册加强工程建设各环节质量管控，执行质量安全手册制度，提升现场质量管理标准化和规范化水平。开展现场观摩会，发放宣传资料2200份，在建项目悬挂宣传横幅330条，解答现场咨询80人。提升项目管理人员和施工人员业务能力，增强建设质量安全文明施工意识。开展拌混凝土质量管理，管理生产、运输、使用环节质量，随机抽查预拌混凝土企业3家，下发整改通知书3份。开展房屋市政工程质量专项检查，全州派出检查组38个，检查工程项目数290个，发现一般质量隐患95个，下发工程质量问题责令整改通知书38份，查处工程质量问题9个。

【建筑工程安全监管】 全年全州工程项目建设安全生产平稳可控，未发生较大以上安全事故。对施工企业178家、监理企业10家、燃气企业22家建立安全生产责任清单，落实建筑工地食堂食品安全监管责任。派出171个检查组706名检查人员开展安全整治行动，检查企业505家，排查、整改隐患171处；检查起重设备345台，发现、整改塔机隐患49处。建立林缘边农房隐患排查台账，立案查处22起，处罚金额36.55万元。

【施工现场扬尘、噪音管理】 开展施工现场扬尘、噪音防治监管，压实建设、施工、监理等主体防治责任，督促企业落实施工现场扬尘防治“六个百分百”措施，推动建立施工扬尘、噪音污染防治工作不良信用管理，情节严重的列入建筑市场“黑名单”。在汶川、九寨沟、茂县等地部分工程推广使用扬尘监控系统，实施建筑施工扬尘在线监测，开展扬尘污染信息化管控。

【建筑行业违法违规行为整治】 开展“扫黑除恶”专项排查整治行动，排查项目1712个，发现、查处项目违法违规线索208个、黑恶线索68条，全州行政处罚330余万元。

（范秋实　郑祥亮　杨　岚）

房地产经营开发
Real Estate Operation and Development

【概况】 2020年，全州住建行业贯彻落实“房子是用来住的，不是用来炒的”定位，执行国家省州有关房屋交易法律法规等政策，开展房屋交易与产权管理，维护房产交易双方合法利益，推进房产交易“互联网+政务服务”，推进服务型政府建设。

【房地产信息平台建设】 建立全州统一的商品房和存量房网签备案系统，实现商品房网签备案全覆盖，存量房网签备案地区覆盖率61%，完成房屋网签备案数据省州县三级联网。完成阿坝州房地产市场信息平台迁入州政府政务云平台纳入统一管理，保障个人房产信息数据安全。

【商品房销售监管】 推动出台《阿坝州商品房预售资金监管暂行办法》，对商品房预售资金实行开发企业、监管银行、属地县（市）住建局三方共同监管模式，建立监管账户、签订监管协议等，保障商品房预售资金安全、合法使用。

【房地产交易活动】 落实《阿坝州商品房预售资金监管暂行办法》，监管商品房预售资金，实施房屋买卖公平交易。全年交易商品房15万平方米，存量房12.8万平方米。

（曾　兰　郑祥亮）

商贸与服务业

BUSINESS TRADE AND SERVICE INDUSTRY

粮油购销
Grain and Oil Purchase and Sale

【概况】 2020年，围绕省委、省政府“农业多贡献、工业挑大梁、投资唱主角、消费促升级”决策部署，保障粮油市场稳定发展。

【粮油保障】 落实粮食安全省长责任制，完成全州政策性粮食数量和质量大清查工作。做好粮食库存稳粮控价工作，下达省州粮食轮换计划。推进军粮供应改革，确保阿坝州军粮供应保质保量，不脱供、断供。

【补贴保障】 应对疫情期间价格上涨，实施社会救助和保障标准与物价上涨挂钩联动机制，年内发放价格临时补贴7241.96万余元，惠及困难群众110.95万人次。

（都茂平）

烟草专卖
Tobacco Monopoly

【概况】 2020年，阿坝藏族羌族自治州烟草专卖局、四川省烟草公司阿坝州公司下辖13个县（市）烟草专卖局（分公司）、1个卷烟物流中心，注册资金1.15亿元，开展烟草大户控制小户和虚拟客户清查、整治，推动州县两级规范管理、科学决策。

【行政执法】 深化“以管市场为根本，建机制、练队伍”的“一体两翼”专卖管理格局和“一手查大案，一手严监管”的“双轮驱动”运行模式，建立与公安、工商、邮政、市场监管局、交通运输局、司法等8个州级部门、涉及川、青、甘三省和阿坝州、甘南州、果洛州三州的联合打假协作机制。破获全州第一起自主侦办（“4·16”）跨省案件，查办全州第一起（“8·10”）互联网涉烟违法案件。开展物流寄递、特殊经营场所、边界市场3类重点市场监管，常态化设卡检查交通路线19条。落实“分析、计划、检查、处理”四个环节的“APCD”预警监管方法，开展大户控制小户和虚拟客户大清查、大整治，全年查获涉烟案件306起，涉案卷烟176万支，案值135万元，市场净化率排名全省第一。试点开展示范单位建设，召开“三基”现场工作总结会。

【烟草队伍建设】 启动专卖队伍素质能力提升三年行动，推进网上办证、便捷缴纳。开展“行政许可不担当不作为”“吃拿卡要”专项整治、实施政务服务“好差评”等工作。采取限供、减供等措施，处理年内有两次违法违规卖烟大户39户，降低真烟外流数量，全年全州

9月15—18日，省烟草专卖局（公司）党组书记、局长、总经理李恩华到州开展工作调研（蓝莎摄）

客户“好差评”总体满意率99.83%。启动提拔程序2人，上挂下派5人、交流调整6人，新招录6人。研究制定《干部专业化能力提升三年规划》，开展“科长讲制度·局长讲思路”“卓越课堂”等系列培训活动，基层到机关轮岗32人次，推动队伍培训向人才培养转变。印发13个新冠疫情通知通告、出台10个新冠疫情标准化操作规程，确保“零感染”。推进退休人员社会化管理改革，获评“烟草行业离退休干部先进集体”。开展“职工之家”“道德讲堂”活动，发展企业内生动力。拍摄的《让格亚》获全国行业微视频一等奖。

【烟草销售】 全年销售卷烟26603箱，增长2.32%，单箱结构3.97万元，排名全省烟草第四，社会存销比0.5，卷烟价格指数101.35，3703户零售户盈利率16.63%，客户满意度连续三年位列全省第一方阵。全州在售卷烟品种缩减至94个，重点品牌销量占比85.33%。川烟销量占比39.73%、排名全省烟草第四。宽窄卷烟系列销售1809箱、增长50.13%，获全省烟草行业“川烟总量增幅突出贡献奖”。完成终端二维码铺设，网上订货率、智慧终端使用率100%。物流软塑商零周转运行实现“两个首创”，卷烟配送响应时间同比减少3.66小时。

【企业文化建设】 贯彻新时代党的建设总要求，全年组织各级开展集中学习170余次、研讨交流1100人次。形成“14462”工作思路，健全配套制度机制26部。全年发展正式党员3名、预备党员1名、积极分子3名，开展支部书记、党务工作者培训1期，举办首届党建工作实务技能比武活动，组织12名支部书记公开述职。出台《发现问题整改工作程序》，推进强力治标、长效治本、成风化人，形成政治生态全面整改、巡视反馈意见整改方案10个、明确整改任务47项、整改具体措施158条。完成“九个有无”、“天价烟”、“样品烟”、专卖执法监督等整治，全年开展各类警示教育100余场次，运用“四种形态”落实责任追究32人次。

【企业管理】 开展“标准化运行、程序化管控、信息化支撑、科学化考评”建设，提升管理质效，构建“管理机制、运行机制、考核机制”经营管理体系，出台《内部闭环管理工作指南》等配套机制，推动州、县两级规范管理、科学决策。推动“服务问题整改”向“服务企业发展”转变，全年审计发现问题49项，整改完成率100%，工程项目审计审减率9.35%。实施“互联网+”，把12项审批事项纳入企业微信常态流转。降本增效47万元，跨行结算比例提升至95.3%，节省资金70万元，盘活资产5处，获QC成果奖，取得实用新型专利和软件著作权各1项。开展安全重点岗位人员“述责践责”，投入整改资金80万元，整治隐患170项，完成事故应急处置方案集中修订评审，融入地方政府防汛应急体系。解决3处房屋产权证遗留问题。

【履行社会责任】 全年落实对外捐赠项目17个，投入扶贫资金169万元。向阿坝州新型冠状病毒肺炎防控指挥部捐赠10万元，为所属商铺64户承租户减免3个月租金，金额39.43万元。开展“助力扶贫·奉献爱心”捐款活动，154名干部职工爱心捐款3.68万元。开展“两联一进”工作，结对帮扶贫困户14户，实地走访群众110余人次，宣讲党的民族政策和党的惠民富民政策等。

（张成城）

现代服务业发展

Development of Modern Service Industry

【概况】 2020年，实现服务业增加值233.23亿元，增长1.9%；实现网络交易额78.31亿元，同比增长0.94%，排名全省第16位；网络零售额59.98亿元，排名全省第9位，其中服务型网络零售额57.16亿元，排名全省第4位。

【新型服务业体系建设】 完成全州服务业发展大会承办工作，推动出台《关于加快构建“1+6”现代服务业体系推进服务业高质量发展的实施意见》《贯彻落实〈关于加快构建“1+6”现代服务业体系推进服务业高质量发展的实施意见〉责任分工方案》。

【“十四五”服务业规划编制】 启动实施“十四五”服务业规划编制，完成规划编制招标，采取“1+4”模式，编制《阿坝州“十四五”服务业发展规划》《阿坝州商业贸易“十四五”行动计划》《阿坝州电子商务“十四五”行动计划》《阿坝州商务会展“十四五”行动计划》《阿坝州特色餐饮“十四五”行动计划》。

【商贸流通项目建设】 完成19个省级商贸流通脱贫奔康示范县项目建设，加大农产品流通基础设施建设，实现县级全覆盖，改善城乡市场体系。

【电子商务发展】 完成2015—2017年8个县国家级电子商务进农村综合示范县项目复核，理县成功申报实施2020年国家级电子商务进农村综合示范二次覆盖项目，获中央支持资金2000万元。编制《阿坝州商务扶贫专项2020年实施方案》，推进电商和消费扶贫工作任务完成。开展直播带货和线上促销活动，销售甜樱桃等农产品75万公斤，销售金额3800万元。组织特色农产品企业参加市场拓展“三大活动”和成都阿坝第六届农商对接等活动，达成产销协议2.78亿元。

（顺云梅）

食盐专营

Salt Monopoly

【概况】 2020年，管理1家盐业销售批发企业（阿坝州盐业公司）及其管理的13个县（市）经销网点，无食盐生产企业。全年销售“阿坝专销食用盐”5741吨。

【食盐流通体系建设】 落实“坚持批发专营制度，以现有食盐定点生产企业和食盐批发企业为基数，不再核准新增食盐批发企业”精神，全州原有14个盐业批发公司（含阿坝州盐业公司和13个县盐业公司）持有的食盐专营代理批发许可证于2018年12月31日废止。按照《四川省经济和信息化委员会办公室关于开展食盐定点生产企业和食盐批发企业证书审核换发工作的通知》要求，推进少数民族地区食盐保供，阿坝州人民政府确定由阿坝州盐业公司全面承担全州食盐保供任务，省经济和信息化厅为阿坝州盐业公司换发新的食盐定点批发企业许可证，未对其他区域食盐生产批发企业设置销售门槛。

【食盐储备管理】 印发《阿坝州食盐保供应急预案》，预防和消除因各种突发事件或其他原因引起的食盐市场异常波动，提高应对突发事件的应急处置能力，保证居民生活用盐供给，维护正常社会秩序。依据“食盐年度储备量不低于上一年度全州月平均食盐消费量”的标准

9月10日，阿坝州服务业发展大会在马尔康举行　（州商务经济合作局提供）

5月15日，“5·15”全国碘缺乏宣传活动在马尔康举行（州经信局提供）

测算，全州食盐储备量按1个月测算，州盐业公司分别在马尔康、松潘、红原、九寨沟四县及都江堰设立食盐保供应急储备库，储备食盐760吨，各点位平均储备食盐25吨，储备库内实行“动态储备、先入先出、轮补平衡”原则，每3个月轮换一次食盐储备。

【盐政管理】 原阿坝州商务局盐业行业管理、食盐质量安全市场监管职能于2017年分别调整移交州经济和信息化局、州市场监督管理局。州局采用内部挖掘方式，该项工作先后交由技术创新科和行业管理科办理，各县（市）也分别交由相关股室办理，均未新设科（股）室。调剂2名公职人员负责全州盐业管理监管工作，2017年12月底，各县（市）经济商务和信息化局也在机关内部全面完成职能移交工作，具体工作由工业经济管理股（室）兼任，无新增编制人员，全部为内部调剂。

【科学补碘推广】 联合市场监管部门、疾控部门、州盐业公司，开展“每天一点碘，健康多一点”“‘碘’亮智慧人生，共享健康生活”“科学补碘益智，健康扶贫利民”“众志成城战疫情，科学补碘保健康”等主题宣传活动。宣传全国碘缺乏病防治工作成就、宣传碘盐保护人民健康、提高民族素质重要性，促进全州农牧民提高防治碘缺乏病知识认识。

【加碘与未加碘食盐供应】 执行食盐专营批发“一个龙头”，促进各县（市）食盐经销网点对食盐终端零售网点做好“阿坝专销”食盐零售价格宣传（加碘食用盐500克/1元）。按照《关于规范未加碘食盐经营管理的通知》，结合“布局合理、方便群众、满足需要”原则，督导州盐业公司专门设定未加碘食盐销售供应网点、设置未加碘食盐销售专柜，提醒消费者谨遵医嘱购买食用未加碘食盐。

【食盐资质与生产经营】 加强同市场监管、应急管理部门等相关部门的沟通联系，强化联合检查执法。对阿坝州盐业有限责任公司和旗下13个县（市）经销网点批发环节专营制度落实情况、食盐定点批发和销售企业日常管理情况开展联合检查6次。

【食盐政策宣传】 州、县（市）每年组织开展“5·15”全国碘缺乏宣传活动，宣传新修订的《食盐专营办法》《四川省工业盐运销管理暂行办法》《食盐加碘消除碘缺乏危害管理条例》，张贴宣传标语，发放宣传手册、加碘盐。邀请省经信厅盐业处和相关专家开展政策法规和业务知识培训，培训全州经信系统分管领导和业务人员100人次。

（张　莉）

供销合作经营

Supplying and Marketing Cooperation Management

【概况】 2020年，贯彻习近平新时代中国特色社会主义思想，坚持为农务服务宗旨，推进综合改革，服务脱贫攻坚和乡村振兴，全州供销社系统实现经营服务总值2.5亿元，其中购进总额为9751万元，销售总额为1.29亿元，平台交易额1634万元，综合服务营业额690万元。走访慰问“联户联情”群众50余户，开展群众宣传教育活动4次，主题党日活动（共建活动）1次，参与群众130余人，发放慰问金及物资8300余元。

【综合改革】 全年召开3次全州供销社综合改革业务培训会议，部署综合改革工作。组织部分县（市）负责人赴广元市供销社学习考察再生资源回收利用工作组织架构、运行模式和实际效果等情况。州编委会同意核定州供销社设监事会主任1名（正县级），副主任1名（副县级），在州供销社财会统计审计科加挂州供销社监事会办公室牌子，增核副科级领导职数1名。监事会主任、副主任均配备到位。3月，结合四川省“三社融合”试点工作方案，制定印发《关于开展“三社融合”促进农村集体经济壮大试点方案》。9月24日，在若尔盖县召开全州供销社系统“三社”融合试点培训会，推动全州供销系统“三社”融合。全年全州供销系统新建基层社10个，新增农民社员1618人（户），新建综合服务社21个，新领办创办农民专业合作社2个。

【经营服务体系建设】 运用“村社共建”“寺社共建”开放办社，推进基层社联办。全州基层供销社97个、村级综合服务网点225个，汶川、黑水两县供销社受县政府委托管理农民专业合作社784个。与阿坝州云背篓农业开发有限公司开展合作，推进产销对接，全年实现农产品销售389.3万元，带动相关农产品销售1200万元。全系统有全资企业20户、参股企业1户，自办及代管政府投资公益性农贸市场2个。5月，完成马尔康等11个县（市）“两中心一体系”建设。争取省供销社综改资金400万元，推进阿坝县、壤塘县实施“两中心一体系”建设。截至年底，全州实现“两中心一体系”全覆盖。完成汶川、茂县、马尔康等11个县（市）2018—2019产业扶贫暨“两中心一体系”建设项目验收。

【农资储备和供应】 全年组织供应肥料33648.18吨，其中供应氮肥10078.81吨（尿素5939.59吨、碳铵3938吨，其他氮肥201.72吨），磷肥9229.14吨，复合肥8588.64吨，有机肥4444.13吨，钾肥287吨，其他肥料1020.46吨，实现化肥、农药零增长。安排下拨200万元农资储备及价格补贴资金，各县（市）供销社通过价格补贴销售方式兑付补贴给农户。开展农资商品“两放心”活动3次，配合市场监管等部门维护农资流通秩序，维护农户利益。

【扶贫商标】 指导各县（市）供销社组织各类农业经营主体开展“四川扶贫”集体商标认定、使用、宣传、推广，开展“扶贫832”业务联动和资源整合，做好产品供应链，推动156家公司及专合社申报水果、野生菌、肉制品、奶制品等12类229个产品使用“四川扶贫”集体商标，其中169个产品授权使用。

【农产品销售】 与阿坝州云背篓农业开发有限公司开展全方位合作，上架食堂专供系列、藏香猪系列、牦牛肉（鲜肉）系列、山珍菌类、营养滋补类、粮油调味类、牦牛肉干类等特色农产品9类49种产品，向北京、新疆、江西、广东省等地区200多个单位推广阿坝州优质农产品，全年销售优质农产品33581件，成交额600万元，交易额居全州同类企业之首。组织13个县入驻“扶贫832平台”，组织企业参加“2020消费扶贫·贫困地区农副产品产销对接会”3次，各县代表企业与50多家成熟采购商面对面交流洽谈，建立稳定的产销对接关系，全州线上线下销售额80万余元，达成意向采购协议2000余万元。全年供销系统实现农产品销售3371.85万元。

3月2日，州供销社主任朱湘平在阿坝州农资储备中心检查指导农资储备工作　（州供销社提供）

【生态示范区建设】 发挥供销社农村网点优势，推进供销社系统再生资源回收利用体系建设，推动各县（市）供销社开展再生资源回收业务，若尔盖县纳摩供销社注册再生资源回收业务，全年盈利28.6万元。指导理县供销社以代管方式管理运营通化乡与社区联办的“再生资源回收超市”。

【安全生产】 落实“党政同责、一岗双责、齐抓共管”的安全生产责任制，推进社机关层层签订安全生产工作和目标任务责任书，与各县（市）签订2020年安全生产（经营）目标管理责任书，将安全责任落实到人。7月，全系统在茂县召开安全生产工作暨清单制管理培训会。2020年，全系统未发生安全事故。

（罗照伟　罗　金）

口岸物流业
Port Logistics Industry

【概况】 2020年，围绕九寨黄龙机场航空口岸建设和“一平台、两空港、三园区、四中心、四服务站、多配送网点”为主要框架的现代物流业发展体系建设，推动各项工作落地落实。

【航空口岸建设】 推进九黄机场航空口岸建设，争取临时开放，正待国家口岸管理办公室批复。加强与成都海关（绵阳海关）、四川边检总站、公安厅出入境管理总队等联检单位沟通协调，召开工作协调对接会，督促红原机场做好联检用房及后勤保障。完成联检单位执勤用房装修改建工程，完成办公及生活保障设施设备采购。推进九黄机场第四期改扩建，完成投资。编制《九寨黄龙机场航空口岸临时开放可行性研究报告》，征求成都海关、四川出入境边检总站、公安厅出入境管理总队意见。

【编制物流规划】 按照“十四五”总体规划发展要求，推动修订完善《阿坝藏族羌族自治州物流产业发展中长期规划》，提出“一平台、两空港、三园区、四中心、四服务站、多配送网点”现代物流业发展体，纳入全州“十四五”专项规划。

【谋划物流项目】 对照规划，向上争取将州物流项目纳入各类规划。截至年末，向省发改委上报“十四五”争取国家支持阿坝州经济社会发展规划建设物流类项目30个、总投资30.5亿元；纳入省现代物流专项发展资金支持项目5个，全年争取到位资金1200万元。

【做好协调对接】 落实成都市—阿坝州对口帮扶和交流合作工作任务清单要求，与成都市口岸与物流办公室开展工作对接，推动九黄机场、红原机场与双流机场的合作，协调争取阿坝州至天府机场航线。

（郭文强）

对外贸易与合作
Foreign Trade and Cooperation

【概况】 2020年，实现进出口17901万元，同比增长30.46%，增幅位居全省第三，其中出口11629万元，同比增长3.6%，增幅位居全省第十；进口6272万元，同比增长151.6%，增幅位居全省第二。

【外贸队伍建设】 培育壮大出口队伍，新增外贸获权企业6家，新增农产品出口企业2家。

【重要对外贸易活动】 组织3家重点企业参加第127届网上“广交会”，推荐1家非遗企业入选第三届进博会非遗、老字号联名款衍生品。

【对外投资】 推动黑水县二道桥电站有限责任公司于2020年2月5日在英国白金汉郡威科姆市投资300万元，新建光明大麦饮品有限公司，经营范围是大麦为基础的植物蛋白饮品研发、生产、销售等业务，实现全州外经企业零的突破。

（顺云梅）

投资促进
Investment Promotion

【概况】 2020年，新签合作项目29个，协议引资额97.77亿元。到位州外资金112.68亿元，完成州下达全年目标78亿元的144.4%，其中到位国内省外资金44.19亿元，完成省下达全年目标15亿元的294.6%。

【创新招商引资方式】 运用网上洽谈、视频会议、在线签约、“请进来”等，与大唐四川发电、华电四川分公司、上海领先集团、中国电建集团江西电力、二冶集团、中国广核新能源等40余家企业开展清洁能源、环保、市政、储能、文化旅游开发等合作对接洽谈。

【完善投资促进机制】 修订完善《阿坝州鼓励投资优惠政策若干规定》，制定出台《支持总部经济发展优惠政策》，拟定《天府新区与阿坝州合作共建四川区域协同发展总部基地加快两地联动发展战略合作协议》。开展州对外开放合作中心综合展示厅设计。建立阿坝州驻深圳、杭州联络处，服务投资合作。

【重大招商活动】 9月21日，四川·阿坝—重庆投资合作推介会在重庆召开，州委常委、常务副州长范继跃推介阿坝州投资优势资源、投资环境、优惠政策和全域旅游、生态农牧业、绿色工业、现代服务业等领域项目166个，招商项目总投资534亿元。

（顺云梅）

金融业

FINANCIAL INDUSTRY

银行业

Banking Industry

银行保险监管

Banking and Insurance Supervision

【概况】 2020年，坚持以政治建设为统领，围绕金融支持常态化疫情防控、全面建成小康社会、打赢脱贫攻坚战开展工作，服务“一屏四带，全域生态”“三地共建，五业同优”，开展“两联一进”群众工作全覆盖，解决联系群众实际困难13个，向联系村捐赠帮扶资金10.35万元。

【服务实体经济】 协调各上级行加大对信贷倾斜力度，全年全州银行机构贷款余额375.46亿元，贷款增速11.42%，超额完成州委经济工作会议提出的“贷款投放规模超过370亿元和企业贷款规模超过280亿元的总目标”。与阿坝州民营办印发《关于做好受疫情影响民营小微企业金融服务工作的通知》，引导全州银行机构开办各项“抗疫”金融产品6项，实现贷款投放3.02亿元。与州金融工作局、州经信局、州商务局等部门收集整理四川省疫情防控重点企业、省级应急保供骨干商贸流通企业的金融帮扶需求，建立银行走访对接企业1819家，实际走访1323家。

【金融普惠服务】 出台《2020年阿坝州“提升金融服务实体经济质效 促进政银保企互动共赢”工作方案》，搭建“政银保企”合作平台，对接企业104家，支持对接企业信贷89.69亿元；融资辅导培训企业781家，银企对接企业779家，授信金额268.53亿元，投放信贷38.34亿元。年末，全州全口径小微企业贷款余额160.16亿元，占各项贷款余额的42.66%，完成信贷计划的171.13%。全州银行机构涉农

6月24日，2020年阿坝州“提升金融服务实体经济质效促进政银保企互动共赢”推进会在汶川召开

（州银保监分局提供）

贷款余额314.66亿元，较年初增加27.58亿元，完成上级行下达涉农信贷增量计划。

【金融助推脱贫】 确定信贷投放力度和进度，完成扶贫领域问题整改“清零”工作。按照基准及以下利率发放贷款规定，新发放建档立卡贫困户2741户扶贫小额贷款1.25亿元，办理贷款展期和续贷户数559户、余额1156万元，现存扶贫小额贷款4246户，金额1.66亿元。保障农户产品生产和春耕备耕农资供应信贷，线上线下发放农户贷款14.21亿元。

【减费让利行动】 全年全州各银行业机构为小微企业减费让利2216.87万元，其中落实无还本续贷政策节省企业“过桥”费用151.43万元，向部分企业提供低于LPR水平贷款、落实无还本续贷政策、减免开户费、账户管理费等方式减费让利企业1389.82万元，减少中介机构费470.18万元，其他方式减费让利672.61万元。

【金融风险防控化解】 推动地方政府属地责任和维稳第一责任履行，成立风险化解工作专班，出台农村信用社风险化解方案，制作指标达标任务分解表，完成高风险社“摘帽”任务，退出高风险地区行列。开展违规问题查处，行政处罚立案调查7项，完成行政处罚21起，行政处罚总金额240万元。落实扫黑除恶专项斗争“行业清源”，开展银行业放贷突出问题专项整治工作和防范电信网络诈骗专项行动，堵截电信网络诈骗6起，挽回客户经济损失6.03万元。印发《关于全州银行业保险业做好维护稳定工作的通知》，向银行保险机构从业人员提出工作提示提醒24条。

【银行业保险业改革】 全年推动阿坝州农村信用联社治理，核准阿坝州农信联社副主任2名，督促对外招聘副主任2名。推动普惠金融发展，在174个乡镇建立金融服务站点，实现基础金融不出村、综合金融不出县。“点对点”约谈敷衍了事、推进缓慢金融机构分管领导和部门负责人11人次，对承担基础金融覆盖工作的相关银行机构采取约见谈话、专题工作会等形式监管督导9次。截至11月末，阿坝州率先在三州（甘孜、阿坝、凉山）实现银行机构网点乡镇全覆盖。全州银行业机构网点278个，比2019年新增16个。督促保险机构落实好2020年分支机构发展规划，核准批复保险分支机构筹建22家，分支机构改建9家，分支机构开业1家。

9月17日，组织开展车险综合改革宣传活动

（州银保监分局提供）

【农业保险发展】 制定《阿坝州牦牛养殖保险示范条款》，向州人民政府提交政策性农业保险相关对策建议，向州财政局提交《阿坝州加快农业保险高质量发展的实施方案》，全州农业保险保费收入3.50亿元，排名全省第二，次于成都；农业保险赔付支出2.52亿元，排名全省第三，位于成都、绵阳之后。

【车险综合费率改革】 车险手续费用率从车改前的13.23%下降到11.27%，车险综合赔付率从49.28%提升至51.54%，车均保费下降约13%。开展涉农保险保费补贴专项治理工作，整治打击车险、人身险市场乱象，规范保险行业行政许可事项审查，全年完成行政许可事项审查48项。

（罗冰堰）

中国人民银行阿坝州中心支行

Aba Prefecture Central Sub-branch of the People's Bank of China

【概况】 2020年，贯彻习近平新时代中国特色社会主义思想和中共十九届四中、五中全会精神，以"抓管理、强履职、突特色、育文化"为总体要求，把"团结、感恩、执行"的文化理念转化为"一盘棋"思想和"争一流"劲头，推动疫情防控和业务工作两手抓，夯实内部管理，强化外部逆周期调控，推进金融支持稳企业保就业、民营小微企业、脱贫攻坚、乡村振兴等工作，开展绿色金融试点和普惠金融服务，防范化解金融风险。

6月16日，四川省绿专委2020年阿坝绿色金融调研会在马尔康召开 （人行阿坝中支提供）

【货币信贷政策落实】 落实加大信贷支持实体经济"针对性和有效性增强"要求，推动稳健货币政策见效。截至年末，全州金融机构本外币贷款余额375.5亿元，同比增加38.5亿元，增长11.4%；存款余额738.3亿元，同比增加73.7亿元，增长11.1%。推动普惠小微贷款延期政策扩面提质，落地落实金融支持稳企业保就业各项政策，全年发放再贷款、再贴现等货币政策工具20.6亿元，占新增贷款的53.6%。金融机构新发放贷款中贷款市场报价利率应用占比100%，存量贷款转换率99.98%。全州新增首贷小微企业436户，占全部首贷企业户数的94.98%；对580户重点企业开展银企融资对接，482户企业获得信贷支持51.06亿元，对接成功率93.28%;普惠小微贷款余额29.89亿元，地方法人金融机构普惠小微延期率70.86%，信用贷款余额占比4.02%；应收账款融资余额13.39亿元。坚持"盘活存量、用好增量、争取新量、传导有特色"思路，落实4次降准，深化贷款市场报价利率改革，全州一般贷款加权平均利率4.9%，较年初下降0.91个百分点，低于全省平均水平；普惠小微贷款加权平均利率4.9%，较年初下降0.47个百分点。9月16日，阿坝中支召开金融支持稳企业保就业工作推进会，贯彻中共中央、国务院"六稳六保"决策部署，传达分行金融支持稳企业保就业工作推进会精神，通报交流工作情况，安排部署下一阶段工作，推进全州金融支持稳企业保就业工作。10月14日，阿坝中支党委书记、行长郑琨带队深入汶川、九寨沟、松潘各县开展金融支持稳企业保就业工作督导。

【金融扶贫活动】 落实"党委总揽、政府主导、人行推动、部门联动、金融机构参与"金融扶贫工作机制，构建"政府搭平台、市场唱主角、服务抓精准、风险能防范"格局，推动金融精准扶贫产业基地建设，全州金融精准扶贫产业基地增至106个，投放贷款28.3亿元，带动建档立卡贫困户3529户。

11月4日，人行阿坝州中支党委书记、行长郑琨（左二）到黑水县开展金融支持“稳保”工作督导
（人行阿坝中支提供）

扶贫小额信贷覆盖率61%，逾期率持续低于全省水平。排查各级脱贫攻坚成效考核、巡视检查、督查调研等反馈的问题，成立四个巡回督导组，到13个县（市）开展金融扶贫问题整改督导，存量问题全部清零。落实州委州政府印发的金融支持乡村振兴工作方案，推动脱贫攻坚向乡村振兴衔接。11月4—8日，人行阿坝中支党委书记、行长郑琨深入黑水县开展金融扶贫、金融支持“稳保”工作督导，“联户联情”和定点帮扶工作。

【金融市场稳定】 落实“稳定大局、统筹协调、分类施策、精准拆弹”基本方针，依托大数据系统报表建立日监测制度，完善“一对一”监测制度，强化地方法人机构流动性监测，提升预警能力。落实流动性牵头监管和最后贷款人职责，压实“三个责任”，督导不良贷款处置。提升流动性管理能力，制定风险应急预案，督促与监督金融机构加强流动性风险管理、落实应急措施。开展央行评级，准确核定存款保险费率，规范金融综合管理，实施存款保险特色宣传。6月16日，人行成都分行党委委员、副行长方昕到阿坝州指导金融稳定工作。

【社会信用体系建设】 发挥社会信用体系建设双牵头机制作用，深化信用体系建设和信用信息运用，推进“ABCD信用村＋星级信用户”评级行政村全覆盖，农户、建档立卡贫困户评级覆盖率94%、100%，星级信用户均授信约10万元。推动州政府与“天府信用通”平台签署战略合作协议，牵头完成州信用信息平台上线运行前期工作，接入各部门数据，促进信用价值转化为融资优势和发展后劲。运用天府信用通平台向各金融机构共享4批（次）346家企业（项目）融资信息，引导342家重点支持对象注册平台，发布省、州金融培育任务136家，完成对接督导100%，培育成功111家；实现平台融资对接301笔，金额19.44亿元，惠及企业220家。

【金融流通监管】 修订《阿坝州反洗钱工作联席会议制度》，联合州纪委监委印发《关于预防打击监察对象贪污贿赂和洗钱犯罪的协作办法（试行）》，增强反洗钱工作合力。联合民政部门开展高风险社会组织监管走访，推进特定非金融机构反洗钱和反恐怖融资工作。发挥国库“双支柱”监督职能，完善“阿坝州预算审核监督协作”机制，强化对疑似非预算、超预算支出的监管；加强人民币流通状况监测和现金收支分析，推动现金服务示范区创建，固化整治拒收现金长效机制，推进人民币净化工程和反假工作。开展金融统计数据治理，推进账户监测管理，抓实“两管理、两综合”工作，全年依法对1家金融机构开展综合执法，办理行政处罚案件1件。11月5日，新版5元纸币在阿坝州顺利发行，阿坝中支工作人员到马尔康市银行机构网点开展兑换情况巡察，现场了解网点宣传、柜面人员培训、机具技术升级和备付金配款情况，开展业务指导。

【金融发展研究】 建立工作组织领导机制、提高绿色金融认识、加强部门联动、构建服务体系、找准产业着力点，争取财政奖补、政策性担保等政策，与中介服务机构沟通，共享生态绿色基建和产业项目信息、GEP（生态系统生产总值）核算体系下的生态项目信息。6月16—18日，省金融学会绿色金融专业委员会调研组一行到阿坝州调研绿色金融创新试点工作。省金融学会常务副会长、人行成都分行副行长方昕，省金融学会副会长、绿专委主任委员、兴业银行成都分行行长叶向峰，绿专委副主任委员、四川联合环境交易所董事长何锦峰，省地方金融监督管理局副处长莫凤英，绿专委委员、四川大学徐桂兰教授和饶蕾教授，锦泰保险财险部王雪梅副总经理等调研组成员参与调研。联合发改、生态环境等部门根据《绿色产业指导目录（2019年）》，开展绿色项目初评，优化绿色企业和项目库建设。引导金融机构创新“绿色保险+贷款保证保险”等金融服务模式。调研、形成《对绿色保险服务乡村发展的分析与思考》《绿色金融支持川西北阿坝生态示范区建设的思考》《绿色金融在贫困地区的实践路径》等报告，贯彻落实绿色金融创新试点工作要求，形成绿色金融发展“阿坝模式”。

【推进金融服务】 优化农村支付环境，提升服务点质效，全州启用助农取款点1859个，农村金融综合服务平台8个，农村金融综合服务示范站14个，办理小额取现、转账、代理缴费等业务2.76万笔。推行电子退库无纸化、开展社会保险费直接征缴入库、开展“国库惠民服务平台”建设，支持社会经济发展。全年社会保险费入库131522.59万元，划转131533.95万元，州本级国库报解各级收入69567笔，金额236919.74万元，支出38485笔，金额3968220.58万元；开通防疫资金“绿色通道”，拨付疫情防控资金1039笔，金额6850.6万元。全年全州投放现金20.92亿元，回笼现金5.97亿元，满足全州经济社会发展对现金需求。优化征信查询服务网点布局，便利群众使用，增设自助查询设备5台，全年提供个人征信报告查询服务23555笔。

（王　磊　查旺俄玛）

农业银行阿坝分行

Aba Prefecture Branch of Agricultural Bank of China

【概况】 2020年，贯彻落实州委十一届五次、九次、十次全会精神，围绕“一州两区三家园”战略目标和“与全国全省同步全面建成小康社会”脱贫目标，落实州政府与省农行战略合作协议，落实农行系统党委决策部署，发挥系统性国有大型银行优势，增强金融服务三农和实体经济、支持脱贫攻坚、乡村振兴、复工复产、防范化解风险等能力水平，全行服务地方经济社会发展贡献金融力量。

【经营规模提升】 全行存贷规模突破500亿元，达到536.78亿元，比年初净增44.21亿元，总量和增量分别占全州的50.32%和43.81%。其中全年投放各项贷款56.8亿元，同比多投11.3亿元，各项贷款余额189.65亿元，比年初净增22.33亿元、增幅13.34%，贷款总量和增量分别占全州的50.51%和58.01%；各项存款余额347.13亿元，比年初增加21.67亿元，增幅6.66%。全年贷款增量和增幅均超过存款，年末“存贷比”达到54.63%，比年初提升3.22个百分点，高出全州银行业平均水平（54.31%）0.32个百分点。

【金融扶贫】 全行超额完成省分行脱贫攻坚指标计划，金融精准扶贫贷款158.25亿元，占全州81.03%，比年初增加13.75亿元，增幅9.52%；贫困县日均存贷比56.46%，比年初提升5.33个百分点；日均信贷增速14.51%，高出全省农行0.04个百分点；普惠小微企业“首贷户”（企业首次在金融机构获得贷款）116户，向4270户建档立卡贫困户投放扶贫小额贷款1.98亿元。建立项目（产业）贷款与贫困户利益联结

4月16日，组织召开信贷工作会议　　（州农行提供）

机制，带动贫困人口 31611 人脱贫增收，比年初增加 9499 人。电子机具乡镇和行政村覆盖率 100% 和 93.64%。做实 14 个定点帮扶村工作（贫困村 8 个），派出驻村扶贫干部 5 人。

【减费让利行动】 全行各项贷款加权执行利率 4.66%，同比下降 54 个基点（下降基点按可比利率测算一年为企业和个人节省融资成本约 9000 万元），全行利率低于全州银行平均水平（4.9%）24 个基点、低于全省农行系统（4.98%）32 个基点、低于全省银行（5.54%）88 个基点。其中 2020 年新发放实体贷款加权利率 4.37%，同比下降 39 个基点；普惠小微企业执行利率 4.29%，同比下降 46 个基点，投放防疫保供贷款利率为 3.25%~3.85%。全年缴纳各类税收 1.64 亿元，其中直接缴纳到州内税收 3449.83 万元。

【风险防控】 加强操作风险管理，开展合规文化专项教育活动和员工日常管理、行为排查，未出现风险案件和安全事故。开展信用风险管控，全年利用系统政策自主处置不良贷款 5100 万元（近五年处置 12.62 亿元），全行不良贷款余额 1289 万元，占比 0.07%，分别较年初下降 4329 万元和 0.27 个百分点，计提风险拨备 3.81 亿元，拨备覆盖率 2955.77%。

【监管政策落实】 全年涉农贷款和精准扶贫贷款分别比年初增加 19.57 亿元和 13.75 亿元，均达到“持续增长”要求；普惠领域贷款比年初增加 3.03 亿元，增速 44.41%，高于国务院针对防疫保供提出的 40% 新要求；普惠法人有贷户数 193 户、比年初增加 100 户；普惠领域贷款执行利率比年初下降 46bp，普惠不良余额和不良率分别比年初下降 462 万元和 0.89 个百分点，达到余额和户数增加、成本和风险可控的“两增两控”监管新要求。

【防疫保供金融服务】 应急购买防疫物资一批，保障员工和办理业务客户防疫需求。辖内 32 个营业网点、58 个自助网点和 216 台自助机具坚持每天消杀一次作业；排查各类人员轨迹 773 人次，全州 14 个机构做到全员凡入必检、凡入必测和登记。开辟应急金融服务绿色通道 22 个，按照简化流程、特事特办，急事急办、随申随办各类疫情防控金融业务。落实“属地属事”管控要求，执行“日报告、零报告”制度，向监管机构和省分行进行疫情日报，向州委政府主要负责人以及疫情防控指挥部报告工作情况 6 次，组织全辖员工向疫区捐款 13.2 万元。

【“六稳”“六保”金融服务】 贯彻落实中共中央、国务院“六稳”要求、落实“六保”任务和州委、州政府工作部署，落实疫情防控和复工复产内外政策，出台系列纾困举措，开展汇报对接，岷江电化、大陆希望等 5 家企业纳入全省农行防疫企业信贷支持名单，通过信贷绿色通道投放贷款 1.16 亿元；主动对接 16 家防疫保供生产企业，投放贷款 1.63 亿元。全年对受疫情影响的 51 家企业、25.93 亿元贷款实施“一户一策、一企一档”名单制管理，其中调整 9 家企业 9.38 亿元的贷款结息周期，调整 20 家企业 6.28 亿元的贷款分期还款计划，实施 14 家企业 6899 万元的无还本续贷，实施 13 家企业 1.57 亿元的贷款展期，下调 2 家企业 2.68 亿元的贷款利率。

【支持长江黄河上游生态发展】 贯彻《中共阿坝州委关于深入贯彻习近平总书记重要讲话精神推动长江黄河上游生态重在保护要在治理高质量发展的决定》，落实《中共阿坝州委阿坝州人民政府关于建立政金企长效合作机制促进区域经济高质量发展的实施意见》，推进“建设国家级清洁能源基地”建设，信贷支持全州可开发水利水电项目和骨干电网建设贷款客户 38 户、授信金额 223.67 亿元、投放贷款 129.21 亿元，其中组建并牵头国电双江口电站银团贷款 292 亿元，投放贷款 52.79 亿元；组建并牵头中电建巴拉电站银团贷款 65.25 亿元，投放贷款 11.75 亿元；支持兴鼎剑科电站信贷授信 22.7 亿元，投放贷款 19.98 亿元，统筹推进大渡河流域“两库八级”开发。为全州“交通大会战”涉及的过境铁路和国、省、县交通道路信贷授信 17 亿元，其中成兰铁路信贷授信 10 亿元，投放贷款 3 亿元；汶马高速信贷授信 7 亿元，投放贷款 2.37 亿元。服务国家 AAAAA 级、AAAA 级旅游景区旅游建设开发，投放州内精品路线全域旅游各类贷款 25.44 亿元。其中为九管局、大九旅等州属旅游企业授信 5 亿元，助推全州核心景区提质升级；为在州央企九寨鲁能授信16.2亿元，投放贷款16.2亿元；为州内民企毕棚沟等40户旅游景区开发和酒店企业授信4.67亿元，投放贷款4.18亿元；信贷支持13户民俗客栈，贷款4000万元；信贷支持农（牧）家乐180户，贷款4629万元。

【服务特色农牧业发展】 推动全州“净土阿坝”绿色有机原产地品牌培育，助推“6+N”高原特色农牧业体系构建，投放六大主导产业贷款6.06亿元，其中支持松潘泥腿兄弟专合社、汶川农辉山鸡、四川鹿鸣丘高原生态等21家特色农业企业发展，投放贷款2875万元；支持九寨沟高原食品、松潘县高原红牦牛肉等农畜产品加工企业10户发展，投放贷款2392万元；支持九寨沟九珍党参、九寨沟天然药业、红原宇妥藏药等道地药材生产加工企业发展，投放贷款2800万元。

【服务州（县）属国资国企】 与农总行汇报协调，大九旅集团与农银投资设立“大九寨文化旅游产业发展基金”，首期规模4亿元，出台专门针对阿坝学校、医院的“三区三州”差异化信贷政策，畅通州内学校、医院融资渠道。年末，全行支持州（县）属国有企业和事业单位12家、贷款余额7.33亿元，其中旅游企业4家，贷款5.79亿元（大九旅、神仙池、九管局、通用航空）；投资公司3家，贷款3983万元（九寨国投、茂州投资、卧龙投资）；高等院校1家，5515万元（阿师院）；水电、林保、供销社等4家，贷款5940万元（九寨沟水电、小金林保、马尔康市供销社、州国投瑞久公司）。

【服务三农经济】 围绕州内具有示范带动作用的重点建设项目，加大全域旅游、水利水电、交通设施支持力度，建成并依托39个扶贫示范基地，支持特色农牧业、乡村旅游、返乡创业等，项目（产业）精准扶贫贷款余额156.8亿元，比年初增加13.74亿元。完成责任片区内13150户建档立卡贫困户评级授信，覆盖率100%，向4270户建档立卡贫困户投放扶贫小额贷款1.98亿元；完成272个行政村ABCD信用等级和30295户农户星级评定工作，完成10126户农户信息建档，对建档农户投放贷款2954笔2.17亿元。解决农村地区基础金融服务薄弱问题设惠农通服务点（助农取款点）1354个，新建金融服务空白乡镇网点15个，配备2台流动银行服务车。开展线上金融产品在农村地区的推广使用，逐步培育贫困地区广大农户现代金融意识，建成掌银示范村14个，全行掌银注册客户达到21.4万户、月活跃客户8.83万户。在农行掌银“扶贫专区”上线牦牛肉、特色水果、野生菌等特色农畜产品48种，实现销售980万元。利用农行系统“东西部协作”横向联动，促成农行浙江、广东分行支持的信贷客户与州扶贫电商签订购货协议，促成省内农行单位和员工购买州内扶贫产品，帮助州内带贫企业和贫困户销售产品860万元。

【履行社会责任】 落实《阿坝州深入基层“两联一进”群众工作全覆盖办法》，转变工作作风，全年州分行党委班子到挂点贫困村开展调研36次，走访企业与农户245次。单位和个人向定点帮扶的14个村捐款捐物200万元，帮助贫困村党支部建设、贫困家庭子女入学、开展贫困群众慰问等；争取员工招聘政策，新招聘员工70%实现“本土化”，解决建档立卡贫困户子女19人。

【普惠贷款投放】 实施“民营小微企业金融服务计划”和“个体工商户金融甘露行动计划”，全行普惠领域贷款余额10.17亿元，比年初增加3.03亿元，增速44.41%；普惠领域有贷客户数1331户，比年初增加531户，增幅60.11%。降低准入门槛，提高信用贷款比例，普惠小微企业“首贷户”116户，有贷客户数达到193户，比年初净增100户；创新推广抵押e贷、税银e贷等线上贷款产品，普惠小微企业贷款线上率77.11%，普惠领域贷款加权利率4.29%，同比下降46BP，全行所有贷款做到“零”收费，全额承担评估、登记等费用，减轻融资负担。

【农户贷款投放】 推广“牦牛e贷”“羌李e贷”等特色区域性纯信用信贷产品、“乡村领头贷”“强村贷”等巩固拓展脱贫攻坚成果与乡村振兴有效衔接的信贷产品，提高农户有效信贷需求获得率。全行农户贷款9.69亿元，比年初增加2.83亿元、增幅41.25%，其中线上产品“惠农e贷”余额8.27亿元，比年初增加3.15亿元，增幅61.52%。

【消费贷款投放】支持个人信贷需求，推动增强消费内需和生产经营内生动力，全行个人贷款余额22.05亿元，比年初增加6.63亿元，增幅43%，市场占比较年初提升7.53个百分点，当年个人贷款增量市场占比179.7%。推广微捷贷、个人综合消费贷、随薪贷等针对个人消费的纯信用随贷随还、方便快捷信贷产品，年末个人消费贷款余额5.31亿元。与州内房地产开发商合作，个人住房按揭楼盘6个，投放贷款7180万元。与州公积金管理部门合作，实现数据独家直联，服务全州公积金缴存职工购房信贷需求，投放公积金委托贷款42.15亿元，年末余额24.18亿元。

（王　桥　赵晓婷）

建设银行阿坝分行

Aba Prefecture Branch of China Construction Bank

【概况】2020年，建行阿坝州分行存款、贷款持续增长，信贷资产质量保持稳定，中间业务快速发展，经营业绩持续向好，各项工作成效明显。全辖一般性存款余额852901万元，较年初增加111282万元，增速15.01%，其中对公存款时点余额636690万元，较年初增加73042万元，增速12.96%；个人存款时点余额216211万元，较年初增加38239万元，增速21.49%。各项贷款余额289701万元，较年初增加69932万元，增速31.82%，不良贷款126万元，较年初增加37万元，不良贷款率0.04%。全辖实现中间业务净收1744万元，实现账面利润12383万元。

【风险防控责任落实】践行“合规创造价值”理念，推进“风险管理职责进党委”，深化全行合规经营理念，增强防范金融风险能力，全年未发生案件和重大风险事件。按照上级要求，推动操作风险、信息科技风险、外包风险、洗钱风险、舆情风险、银保监会、人行、审计署及内部审计等发现问题整改情况、其他风险纳入风险共享和全面风险管理框架。开展案件警示教育、组织线上合规考试学习、层层签订“两防责任书”等压实案防主体责任。开展平安建行工作，签订2020年安全综合治理目标管理责任书，做好“点、库、楼、房、区”等重点部位的安全防范，促进重大节日和重要时期全安全稳定。排查安全生产隐患和薄弱环节，堵塞安全生产管理漏洞，预防安全生产事故发生。

【长效机制建立】印发《建设银行阿坝分行案件警示教育活动方案》，开展合规培训和案例警示教育，召开“员工警示教育大会”“纪委书记上讲堂”、“分行联合宣讲团宣讲案例”“建行大学”网络平台学习、专题辅导、“员工行为大排查”、新员工入职教育、业务部门“每周一课”、网点晨会“每日讲合规”、谈心谈话网格化管理等活动，常态化学习制度，增强员工禁止性规定的红线和底线意识，引导员工“时时合规、事事合规、处处合规”习惯。

【服务实体经济】落实地方政府和监管部门关于加大信贷投入、支持实体经济的工作要求，改善融资与服务模式，探索新产品及服务方式，开展基础设施贷款，实现新增投放2.24亿元。加强与政府职能部门及工业园区管委会合作，掌握全州制造业金融需求信息，利用“园保贷”“云税贷”“云电贷”“抵押快贷”等特色信贷产品，推动精准营销、精准投放，投放制造业贷款1346.83万元，对183家民营企

7月1日，建行阿坝分行机关党支部、营业部党支部“忆先烈、守初心、担使命”七一主题党日活动在马尔康胡底碑园举行

（州建行提供）

7月24日，阿坝州分行半年经营形势分析会在马尔康召开（州建行提供）

业实施贷款，投放贷款3.83亿元，增幅达222%。

【金融服务能力建设】深化大数据网络化客户经营新模式，助力“三个一体化”经营，提升线上经营能力；加快渠道转型发展，助推网点综合竞争力提升。截至12月底，在5个网点内安装智慧柜员机17台，布放ATM自助设备25台，安装POS机具1026台，开通“裕农通”助农取款点195个；手机银行客户75575户，较年初新增12029户；个人网上银行客户65754户，较年初新增10461户；对公网上银行客户2223户，较年初新增236户；微信银行客户10878户，较年初新增1931户。在九寨沟县勿角镇和大录乡设立物理网点，提升空白乡镇基础金融服务覆盖率。

【金融扶贫服务】精准扶贫贷款余额1.70亿元，比年初增长1.06亿元，增幅165.19%，派专人参加金川县脱贫攻坚定点帮扶工作督导8次，驻金川县开展工作41天；向上级行争取扶贫专项资金10万元，帮助茂县四瓦村发展花椒产业，种植1.5万株花椒苗。州农业产业化龙头企业力度，发展15户州内商户入驻建行善融商城。截至2020年12月底，实现订单18464笔、交易额269.92万元。帮助金川县咯尔乡惠农果蔬专业合作社销售雪梨1825件1.1万公斤，销售雪梨膏200件。帮助金川县观音桥镇斯玛都村、石旁村，太阳河乡松都村、二嘎里乡雅夏村、庆宁乡松坪村销售猪肉、菜油、蜂蜜、蛋禽、土豆以及虫草、松茸等农特产品，金额约20万元；在茂县、金川县中学校资助贫困高中生20名“成长”，提供每人3000元助学金。被中国人民银行成都分行、四川省总工会、地方金融监督管理局、证监局表彰“金融精准扶贫劳动竞赛先进集体”。

【企业组织建设】学习贯彻习近平新时代中国特色社会主义思想，贯彻落实中共十九大和十九届四中、五中全会精神情况，深化“不忘初心、牢记使命”主题教育成果，与扶贫村和重点客户开展共建活动，组织参观红军长征纪念馆、映秀地震遗址、胡底烈士纪念碑等红色教育基地、扶贫工作纪念馆，推动党建工作与扶贫工作、业务中心工作相结合。开展“传承长征精神，不忘初心使命，助力脱贫攻坚”“忆先烈　守初心　担使命”“强化党建引领、学习张富清精神、践行三大战略”等党建主题实践活动，评选“优秀张富清金融突击队”和“优秀张富清金融服务队”，发挥基层党组织战斗堡垒作用和党员先锋模范作用，实现业务发展新突破。

【企业文化建设】开设道德讲堂宣讲《新时代公民道德建设实施纲要》《新时代爱国主义教育实施纲要》，完成“省级文明单位”复检工作，参加马尔康市省级文明城市创建。全年开展金融宣传活动30多次，其中特色宣传活动10多次，发放各类宣传资料1.2万份，接受宣传和现场咨询1.5万人次，受众消费者5万人次。推进职工文化活动阵地建设，开展“疫玫瑰·读书会”“快乐健身，健康你我”低碳环城跑、“暮春探幽”“快乐夏季、健康六月”趣味活动、“携手并肩展风采，凝心聚力创佳绩”工间操比赛、“聚心聚力·拥抱美好”“趣味气排球比赛”“激情夏日·展青春风采”等文体活动，增强员工体质，丰富员工业余生活，培养团队精神。组织开展“抗击疫情，希望同行——希望工程特别行动”“抗击疫情四川建行职工爱心捐款”“党员自愿捐款支持新冠肺炎疫情防控”募捐活动，全行捐款53445元。

（陈桂红）

中国农业发展银行阿坝州分行

Aba Prefecture Branch of Agricultural Development Bank of China

【概况】2020年，中国农业发展银行阿坝州分行贷款余额实现稳步增长，年末各项贷款余额143810.72万元，比年初净增51511.31万元，增幅54.14%，在阿坝州金融机构中增速排名第三，贷款余额为历史最高水平，其中精准扶贫贷款余额85008元，净增21517万元，占总贷款的59.11%。各项存款余额32026.16万元，日均存款余额42758.37万元，存贷比449.38%。实现各项收入5347万元，同比增加834万元，增幅18.49%；各项支出5310万元，同比增加2171万元，增幅61.17%。实现拨备后利润36万元，完成年初预计目标。发放贷款67971万元，收回贷款17460万元，贷款净增51511万元。年末贷款总额143811万元，全部为正常类贷款，没有不良贷款。

【应急保供和服务复工复产】完成汶川侨源气体、茂县新纪元电冶公司2户企业应急贷款调查审查审批流程，投放应急保供贷款5000万元，占全州银行业机构投放应急贷款的88%。简化疫情贷款手续和流程，畅通支付渠道，支付信贷资金2.62亿元，办理再融资贷款3000万元，办理粮食贷款展期30笔，金额3027万元，减免结算手续费2万，支持企业（项目）复产复工，维护企业良好信用记录，落实“六稳”“六保”要求，促进经济平衡发展和社会稳定。疫情保供贷款投放排名全州第一。

【服务脱贫攻坚】与13个县（市）党委政府领导座谈交流，配合职能部门梳理，指导项目业主，新营销储备项目14个，贷款需求17.9亿元。全年入库项目10个，金额45.45亿元；待入库项目14个，金额30.78亿元。向省分行申报项目5个，金额6.3亿元；获批3笔，金额4.69亿元。开展融资辅导培育项目2个，预估金额1亿元。截至年底，贷款投放6.79亿元，同比多放3.26亿元，增幅92.35%，贷款规模14.38亿元，为历年最好水平。获评“四川省2019—2020年度‘发挥金融合力助推脱贫攻坚’金融精准扶贫劳动竞赛先进集体”“阿坝州2017—2019年度‘发挥金融合力助推脱贫攻坚’先进集体”“阿坝州促进服务业发展工作先进集体”，王晓燕、徐靖等5人获评“阿坝州金融助推脱贫攻坚先进个人”“阿坝州2017—2020年度‘发挥金融合力助推脱贫攻坚’先进个人”。

【支持民营小微企业】推进银企信息互通机制，落实上级行差异化信贷政策，开展企业融资培育、辅导，建立“一企一策”制度，优化融资方案，推动民营小微企业融资。落实人民银行LPR利率基准转换要求，完成存量小微企业31户（普惠小微企业15户）利率转换，传导支持企业发展的政策红利至企业。执行“三区三州”优惠利率，对新客户首年优惠LPR减100BP，扶贫贷款均执行基础利率，让利让惠于“三区三州”贫困地区贷款客户，让利140.73万元。全年完成小微企业贷款续贷投放5342万元，较2019年增加70万元。

【支持全域旅游发展】围绕长江黄河流域生态保护，对接红原、若尔盖、阿坝三县委、县政府，达成意向支持项目4个，金额2.1亿元。年末采用林业资源开发与保护方式支持黄河大保护，实现贷款投放1000万元。服务“净土阿坝”品牌，支持高原畜牧业、农畜产品精深加工、种养植业、矿泉水加工等7户

6月8日，州农发行参加全州服务业“4+6”产业融资对接会 （州农发行提供）

11月21日，州农发行行长王建华（中）到小金县两河口村查看村集体经济牦牛标准化养殖基地

（州农发行提供）

民营小微企业，投放贷款6342万元。支持的企业贡献税收约150万元，提供就业岗位约140个，统筹实现生态资源最大化利用。投入基础设施、产业结构改善信贷资金2.18亿元，支持茂县中国古羌城综合发展提升项目、九寨沟县漳扎镇国际生态旅游魅力小镇项目、梦幻九寨沉浸式情景体验中心项目、小金县斯古拉文化城建设项目等，建成支柱产业、文旅品牌。

【服务国家粮食安全】 贯彻习近平总书记关于“粮头食尾”“农头工尾”的重要批示精神，结合阿坝实际和民族地区发展需要，支持青稞储备及优质油菜籽收购，按照各级政府下达轮换计划，发放粮食轮换贷款20笔，金额3150.69万元；办理展期95笔，金额9347.86万元。支持全州14家粮油储备企业开展省、州、县三级粮油储备轮换，确保粮食安全。

【金融风险防控】 推进全面风险管理体系建设，推动合规文化建设根植到贷前、贷中、贷后，开展贷款十二级分类、基金风险分类和非信贷资产分类工作，推进抵押品现场检查和非现场监测。与州国资委、财政局、国投公司、农投公司协调化解九寨沟天然葡萄酒业有限责任公司基金风险。开展内部贷后综合监控分析与指导，召开风险与内控管理委员会9次，贷后管理例会16次，针对2家民营小微企业风险情况向松潘县支行发出风险提示函3期。履行贷后外部管理职责，采取定期与不定期、现场与非现场检查方式，到企业现场检查140余次，核查企业财务报表、库存产品、工程进度等情况，摸清企业经营风险。坚持全心全意为人民服务的根本宗旨，落实“三包三联”工作要求，与联系户、僧人沟通交流，掌握思想行为动态，宣传党的政策法规、民族宗教政策、中共十九届五中全会精神，向小金县两河口村捐赠产业发展基金20万元。

【“治理强行”行动】 按照省分行“治理强行”三年行动方案要求，组织召开3次党委会专题研究“治理强行”从严治党、业务发展、内部管理、提质固基、监督约束五个方面11条措施，召开行长办公会推动行动方案落实。坚持从EAST报表系统数据错误表象入手，找出新核心业务系统、CM2006信贷管理系统、新旧人力资源系统等失范根源，整改源头错误数据，提升管理水平。依法合规开展存量档案全面清理销毁工作，全年清理存量文书档案、人事档案6486件，存量业务档案1144盒，清理率100%。

（杨　柯）

农村信用联社

Aba Prefecture Rural Credit Union

【概况】 2020年，定位服务“三农”，支持“地方经济”发展。全年各项存款余额208.78亿元，比年初增加25.76亿元，增幅14.08%；各项贷款余额116亿元，全年投放贷款55.45亿元，同比多投放2.89亿元，增幅5.50%。全州营业网点186个，占全州银行业70%，其中乡镇营业网点146个，占全州银行业的92%。在岗员工834人，占全州银行业38%。

【服务三农】 坚持服务“三农”定位，创新创优服务方式，开展“整村授信”“走千访万”工作，提高农户评级面和授信面，完成全州1181个行政村14.29万农户进行评级和授信，授信金额60.03亿元，评级授信率90.64%。根据地区实际提高农户小额信贷最高额度至10万元，全年向1.92万农户发放小额信用贷款10.79亿元，余额10.8亿元；提高星级农户贷款最高额度至50万元，全年向3474户星级农户授信2.07亿元，余额0.58亿元。围绕全省“10+3”、全州“6+N”高原特色农牧业重点领域，推出“信用社+公司+农户”模式，支持种养殖、乡村旅游、特色农牧产品加工等新型农牧业经营主体，落实新型经营主体贷款，带动农村产业发展和农户增收致富。截至年末，全社涉农贷款余额93.04亿元，占比80.26%。

【服务地方经济】 落实地方党委政府重大部署，融入“一州两区三家园”建设，支持阿坝州区域医疗分中心、棚改、华美达、大九旅等省、州重点项目和重点客户。结合“服务零距离融资大畅通”“稳企业、保就业”“百行进万企”等专项活动，推进银企融资对接40余户，在全州率先发放“稳保贷”“战役贷”3425笔，资金1.25亿元，支持民营小微企业发展。创新“天使贷”“妇女专属贷”“公职人员消费贷”，提升信用贷款最高额度至100万元，解决小微企业担保难题。落实不抽贷、不断贷、不压贷政策，对1446户客户37.92亿元贷款实施延期还本付息，对113户7.5亿元贷款实施无还本续贷；对民营及小微企业平均下调贷款利率，减费让利6176万元。开展征信服务小微企业“征信纾困”活动25次，推广运用“天府信用社通”平台，完成320户企业注册户，完成融资业务31笔。

【普惠金融】 推进与党委政府合作，搭建上线商品房预售资金监管系统；完成“松潘黄龙、若尔盖花湖、若尔盖九曲黄河第一湾”景区金融服务电子票务系统，实现游客一部手机畅游景区；推进“银税、银社、银市一体化网点”建设，实现老百姓在营业网点申报缴税、个体营业执照申报打印、城乡居民养老保险缴纳等惠民业务。推进农牧区基础金融服务全覆盖工作，设置、调整、优化金融服务基础网点186个，自助机具2054台，农惠通综合金融便民点67个，乡村综合金融服务站（点）133个，助农取款点1253家，阿坝农信金融服务网络覆盖全州乡镇和行政村100%。全年填补金融机构空白乡镇24个，解决7万余名边远农牧民基础金融服务问题，打通金融服务牧区“最后一公里”。新增电费代收代缴，落地“就医通”应用场景，实现手机充值、生活、娱乐、出行、医疗等便民金融服务，减轻市民金融参与成本。

3月15日，金融助力“乡村振兴”暨杨柳秋村“信用村”授牌仪式在黑水县沙石乡举行
（州农村信用联社提供）

【银行卡发放】 截至年底，全社发行银行卡102.14万张，较年初增加1.31万张，发行银行卡数达到阿坝州人均一张，其中地方特色卡6.92万张，较年初增加0.68万张，社保卡47.43万张，90%以上乡镇和行政村开通信用联社社保卡，占全州社保卡发行总量的50%。发行公务卡1813张，较年初增加944张。

【金融扶贫】 投放个人精准扶贫贷款，发放扶贫小额贷款5749.15万元，惠及1746户建档立卡贫困户；建立“金融+产业+公司+贫困户”“金融+基地+贫困户”等模式，发放产业、项目和基地扶贫贷款44.67亿元，带动0.69万户建档立卡贫困户就业创业脱贫和1.54万户一般农户增收致富；建立“农信党支部+贫困村”“党员领导干部+贫困户”的对口帮扶模式，结对贫困村19个、贫困户94户，组织捐资100余万元，帮助贫困村、贫

12月30日，阿坝州农村信用联社到边远牧区开展汽车银行金融服务 （州农村信用联社提供）

困户改善环境、发展产业。创新金融支持扶贫案例被国务院、中国银行业协会收录。

【金融风险防控】 开展信贷强基工程建设，建立健全信贷业务集中审查审批等21个制度，统一集中授信标准，规范信贷审批管理，严把新增贷款审查关，控制信贷风险。强化“三道防线”建设，开展合规操作培训和实地辅导，实施检查、指导、督导，完善审计体系。建立州联社领导班子、部室挂联包片、分级认领的资产风险管控责任机制，制定不良压降攻坚专项考核，建立州县乡“三级”台账，明确时间表和路线图，倒排工期、挂图作战；组建不良贷款经营管理中心，管住重组贷款风险底线；推进银政联动，加强公职人员和政府背景担保不良“清单化”管理；推进银法合力，建立不良资产“快立、快审、快判”执行全流程“绿色通道”。

（李　波）

工行阿坝直属支行

Aba Sub-branch Directly under Industrial and Commercial Bank of China

【概况】 2020年，贯彻落实各级政府及监管部门决策部署，围绕“一州两区三家园”建设开展工作，推动疫情防控和经营管理，深化内部管理，推进各项业务发展，发挥自身优势，建立服务体系，扩大市场规模，提升金融服务实体经济的精准性、有效性，实现稳中有进、进中向好的发展态势。

【信贷投放】 支持州内重点建设项目，申请政策支持，争取信贷规模，做好信贷投放，全年投放各类贷款7.8亿元，较2019年同期多投放4.11亿元。年末各项贷款余额13.03亿元，净增4.47亿元，增速52.16%，贷款增量、增速超额完成考核要求，全行贷款规模首次超过10亿元大关。

【金融普惠】 发挥科技优势，利用互联网大数据分析技术，创新结算贷、开户贷、税务贷、e贷等线上小微信贷产品，提升获客能力和获贷效率。开展“服务零距离、融资大畅通”民营小微企业金融服务提升行动，推广天府信用通平台的注册、应用，推进企业走访对接和金融宣传，扩大市场影响力。全年开展银企对接活动5次，线上线下对接小微企业46家，投放普惠小微信用贷款1700万元，投放普惠型个人消费贷款2314万元。

【“六稳”“六保”落实】 落实延期还本付息政策，降低企业融资成本，缓解资金压力，支持企业复工复产，做好“六稳”“六保”工作，办理小微企业无还本续贷普惠贷款客户6户，金额566万元；办理大中型企业延期付息及延期还本客户4户，延期付息金额19100万元、延期还本金额10530万元；下调4户企业3.7亿元贷款的利率。完成票据转贴现13800万元，实现再贴现5400万元。

【支持项目扶贫】 助推脱贫攻坚，全年发放金融精准扶贫贷款2189万元，增速27.64%，金融精准扶贫贷款余额10109万元。

【减费让利行动】 创新金融产品和服务，推荐线上小微无担保纯信用贷款产品，降低企业准入门槛，提高小微企业获贷能力。实施差异化定价策略，全年新发放小微企业贷款最低利率3.915%，平均加权利率4.36%，较上年下降了86BP。在贷款利率下行阶段，推进贷款市场报价利率LPR转换应用，降低企业融资成本。

【助推复工复产】贯彻落实信贷优惠政策，做好复工复产重点企业信贷支持，建立复工复产企业信贷业务绿色通道，积极支持受疫情影响严重的零售、住宿、餐饮、旅游、娱乐、交通等行业客户，开展尽职调查、审查审批、资源配置，随报随办、特事特办、急事急办，建立绿色审批通道，提高办理效率给予利率优惠，做到无缝对接，提供资金支持。落实《关于全力支持小微企业有序复工复产的通知》，推进小微企业复工信贷投放，运用“抗疫贷”“用工贷”“税务贷”等专属产品解决企业个性化的融资需求。开展“千名专家进小微”“万家小微成长计划”等系列活动，保障小微企业复工复产。成立“春润行动”小组，开展受困企业排查、筛选和分析工作，通过展期、续贷、再融资、调整还款计划、变更计息周期等方式减轻受困企业负担，保障企业复工复产持续经营。根据企业申请，对符合条件、流动性遇到困难的中小微企业、个体工商户贷款本金，安排临时性延期偿还，付息可延期，免收罚息，期间不调整贷款质量分类，贷款利率比原来低。

【企业文化建设】推进网点装修改造和空白乡镇网点建设，开展施工质量和施工进度管理，改善网点办公环境，提升服务能力。创建单位文化墙、党员活动室、职工之家等，提升支行内外形象，申报“市级精神文明单位”，开展“州民族团结进步先进单位”创建，通过考核验收。开展重点客户维护和拓展，拓宽存款渠道，实现稳存增存，把握区域发展优势，利用阿坝直属支行和九寨沟支行两个网点，服务州内交通、水电、旅游优势资源等基础设施和民生领域重点项目建设。

【金融风险防控】贯彻落实总行、省分行内控合规工作部署及内外部监管工作安排，做好重点领域风险防范和化解，遏制违规经营、违法犯罪，促进和保障全行稳健经营和健康发展，压实“网格化”管理责任，做好员工异常行为排查，坚守安全底线，遏制违规经营和违法犯罪等事件的发生。推进疫情防控、案件（风险）专项治理、市场乱象整治“回头看”、金融放贷突出问题整治、维护稳定工作排查、涉赌涉诈风险排查与整治等检查，建立问题整改问责台账，跟踪整改落实，避免风险发生。落实“制度治理年”主题活动，倡导“合规从高层做起”“案防从高层抓起”，引导全行全员合规。开展“认识洗钱风险　不踩制度红线”专题授课，推进“行长讲合规”等教育，增强合规意识、案防意识，推动合规文化理念。

（王雪峰）

邮储银行阿坝州分行

Aba Prefecture Branch of Postal Savings Bank of China

【概况】2020年，全州总存款余额23.99亿元，其中邮政代理个人存款余额9.82亿元，自营个人存款余额3.58亿元，同比增幅6.20%；公司存款余额10.6亿元，同比增幅33%；各项贷款结余10.92亿元，增幅119.11%。其中小额贷款结余2.31亿元、非住房消费贷款结余1.49亿元、住房贷款结余0.74亿元、小企业贷款结余1.67亿元、公司贷款结余5.3亿元。

【安防与内控建设】全行开展平安邮储、“安全生产专项整治三年行动”“安全生产和行风行貌专项整治活动”，推进安防设施建设，贯彻执行办公场所安全“十个严禁”和“十个必须”，提升企业形象和行风行貌。推进安全知识宣传教育、分管副行长授课、安全大讨论、同业调研、应急演练、日常检查、整改落实等工作，提升员工安全意识，排除企业安全隐患。发挥风险与内控委员会五大基础功能，提高风险管理委员会决策作用和风险管控作用。开展重点风险客户监测、资产分类日常监测、信用风险监测、评估机构监测，提升全行风险管控和市场应变能力。开展2020年资产质量真实性检查及偏离度检查、评估中介机构合作管理检查、信贷资产风险分类准确性排查等风险排查，摸清全行零售信贷业务发展中存在的问题及风险隐患。全年出检14次，出检113余人次，出检180余天，行程2万余公里，检查涵盖所有自营、代理、业务种类。发挥州分行反洗钱领导小组工作职能，督促和指导各邮政金融机构开展反洗钱工作，明确三道防线作用，推动共防共治。

【支持实体经济发展】助推小微企业发展，制定《阿坝州分行2020年“重点业务”发展计划》《阿坝州分行2020年小微企业金融服务“增量扩面、提质降本”工作方案》，明确目标计划和工作措施，加大民营、小微企业的支持力度。落实监管要求，做好疫情期间复工复产、春耕农耕、普惠金融、乡村振兴及精准扶贫等各项金融服务工作。全年全州总体存贷比 45.43%，超监管目标计划 0.43 个百分点。其中：涉农贷款结余 9.16 亿元，同比增长 6.37 亿元，增幅 228.31%，完成年度目标的 493.79%；金融精准扶贫贷款结余 3.51 亿元，增幅 1948.77%；普惠小微贷款结余 2.88 亿元，增幅 15.68%，完成监管目标的 110.34%；制造业贷款结余 2164.04 万元，同比增幅 177.44%，超监管净增目标 152.44 个百分点。截至 12 月底，普惠小微企业贷款结余 2.88 亿元，完成监管考核计划的 110.34%。

8月12日，开展金融知识进军营宣传慰问活动 （州邮政储蓄银行提供）

【金融产业扶贫发展】 按照州委、州政府工作部署和监管部门要求开展产业扶贫，行长彭涛组织调研邮储空白乡镇网点建设，印发《关于做好 2020 年金融助力脱贫攻坚的指导意见》，统筹实施金融扶贫工作。落实“不抽贷、不断贷、不压贷”规定，办理展期、延期还款客户 40 户，金额 4310 万元。开展减费让利，降低客户融资成本，执行各项贷款综合加权平均利率 6.34%，较 2019 年末下降 52 个 BP；新投放贷款加权平均利率 5.84%，较 2019 年末下降 40 个 BP，全年为企业减费让利 134 余万元。下调 3 户小微企业（红星领地酒庄有限公司在原利率基础上减 87 个 BP，茂县金翔电力发展有限公司在原利率基础上减 187 个 BP，茂县金科电力发展有限公司在原利率基础上减 80 个 BP）贷款利率，企业节约利息成本 23 万元。运用其他方式降低企业成本 12 万元（客户承担押品评估费用 16.7 万元，押品登记费 0.63 万元）。投入帮扶资金 15 万余元开展定点帮扶工作，组织春节慰问活动和基层党组织共建活动，实施贫困大学生帮扶，捐赠农牧民夜校设备。

【金融普惠服务】 加强与当地科协的联系，向有融资需求科协会员或科技服务对象投放小额贷款 575 万元；投放再就业贷款 923 万元，结余 1067 万元。完成村级授信评级 34 个，投放各类贷款 305 万元。完成公积金平台搭建工作，投放公积金住房委托贷款 4 笔 203.4 万元。推广“小微易贷”“极速贷”业务，分别净增 1964 万元和 1164.8 万元。开展工会会员普惠性服务工作，在全州范围内发放工会会员贷记卡 19238 张，启动加油满减、超市满减、9 元系列等活动，增强普

3月24日，州邮政储蓄银行行长彭涛（右二）到黑水县邮储空白乡镇调研网点建设 （州邮政储蓄银行提供）

惠服务能力。截至12月底，全州布放ITM27台、ATM9台、CRS24台，存折取款机3台。完成8个空白网点的装修和设备安装，11月底取得金融许可证。开展金融政策宣传，实施金融知识进军营活动。

【银行卡（借记卡）发放】 中国邮政集团公司阿坝分公司、中国邮政储蓄银行阿坝州分行联合阿坝州总工会开展普惠9元系列活动，新增发放工会联名卡（含借记卡）3.14万张，激活2.22万张，ETC发卡2142张。推出绿卡通（闪光卡）、绿卡通（农民丰收卡）、绿卡通（生肖卡）、绿卡通（乡情卡）、绿卡通（金晖卡）、绿卡通（易汇通卡）等特色卡服务。截至2020年12月底，发放借记卡2316张，结存卡19.89万张。

【授权信贷业务开展】 3月获得中国邮政储蓄银行四川省分行开办公司信贷业务授权，全年投放州内重点项目贷款21笔5.3亿元。

（王　勇）

成都银行阿坝分行
Aba Prefecture Branch of Bank of Chengdu

【概况】 2020年，全行存款余额40676.57万元，新增284.57万元；贷款余额25503.54万元，新增11146.54万元，无不良贷款。全年发放贷款25982万元，收回贷款14835.46万元，存贷比62.7%，纳税95.23万元。

【服务小微企业】 开展稳企业保就业工作，助力打赢疫情防控阻击战，不抽贷、断贷、压贷，完善续贷政策、延长贷款期限，组织“服务零距离·融资大畅通”活动，走访辖内民营小微企业62家，重点培育17家，发放3家，金额2225万元，降低利率，解决企业“融资贵、融资难”问题。按市场化原则合理确定LPR加减点幅度，压降贷款利率，落实贷款实际利率下行，加大企业融资让利力度，完成全行企业类贷款利率LPR转换100%。支持实体经济，对所辖企业做到上门宣传100%。对3家到期企业贷款运用展期、还后续贷的方式落实“应延尽延”“应贷尽贷”要求，支持企业发展。对接工业园区内企业，了解企业的金融服务需求，与都江堰支行分工协作，实现神州镐业“园保贷”投放1000万元；与金堂支行协作，给成阿工业园区投放流动资金贷款8笔，余额3908万元；投放项目贷款1笔，余额2亿元。参与国网四川岷江供电有限责任公司信贷资金投放工作，降低州内企业融资成本，对岷江电力2亿元企业流动资金贷款利率在上年执行利率的基础上下降100个BP。实现小微企业产品“易采贷”首笔投放，采用应收账款质押方式向企业发放“易采贷”产品，执行优惠利率，帮助该企业按时完成货物采购，支持该企业复工复产。

【惠民政策落实】 坚持“立足地方经济，立足中小企业，立足广大居民”市场定位，秉承“亲民便民惠民”服务理念，坚持优惠的定价和收费策略，推行的芙蓉锦城金卡、白金卡、钻石卡ATM跨行取现免收手续费政策降低客户用卡成本，促进广大客户切实享受成都银行的惠民政策。全年阿坝分行保持开业以来“零投诉”成绩。9月23日，州政府副秘书长、州金融工作局局长李元平到分行专题调研惠民政策落实情况。

【履行社会责任】 协助总行落实定点帮扶资金捐赠1笔，向马尔康市定向捐赠医疗救助资金10万元。5年向对口扶贫地马尔康市落实扶贫

9月17日，成都银行阿坝分行组织员工走进马江社区讲解金融知识　（成都银行阿坝分行提供）

11月11日，“山区孩子爱的抱抱熊”项目启动在马尔康第三小学举行　　（成都银行阿坝分行）

捐赠资金330万元。按照《成都银行阿坝分行关于2020年扶贫工作计划》，6月22日，行长袁斌带队到马尔康市沙尔宗镇尼市口村开展结对共建帮扶活动，向9户建档立卡贫困户开展端午节慰问，赠送米9袋、食用油9桶。关心支持中蜂养殖、中药材种植两项集体经济发展，做出帮扶支持承诺。向尼市口村赠送书籍35本及衣物424件。开展“以购代捐”帮扶活动，分行党员、干部购买蜂糖38罐，金额3800元。

【金融知识服务】 分行纪检委员牵头组成党员服务队，在对口扶贫村斯米村开展“金融知识进乡村”宣讲服务活动。副行长杨莉结合“两联一进”相关工作，代表分行党总支慰问参加活动村民，走访慰问联系帮扶对象。9月17日，“金融知识普及月”活动，走进马江社区为社区居民讲解金融知识。11月11日，启动“山区孩子爱的抱抱熊”项目，推动金融知识普及志愿活动。

【金融扶贫基地建设】 马尔康市婆陵甲萨酒店有限公司为金融助推脱贫攻坚示范基地，该公司注册地位于马尔康市马尔康镇婆陵甲萨巷，解决建档立卡贫困户就业1人，年均收入2.88万元，长期为贫困户提供就业岗位。企业运行正常，已达到往年平均水平，未出现欠息、逾期等不良情况。

【企业文化建设】 全行拓展各项业务，各项工作得到人行阿坝中支、阿坝银保监分局等监管部门好评，金融精准扶贫贷款增速全州靠前，分行公司部客户经理获人行阿坝州中心支行金融助推脱贫攻坚先进个人，分行完成人行阿坝州中心支行2020年银行业人民币收付业务量化考评各项工作任务，满分100分在全州银行机构通报表扬。

（江　曼）

保险业

Insurance Industry

人保财险阿坝州分公司

Aba Prefecture Branch of PICC Property and Casualty Company Limited

【概况】 2020年，学习贯彻中共十九大和十九届二中、三中、四中、五中全会精神，发挥保险的经济“减震器”和社会“稳定器”功能，落实“六稳”“六保”任务，围绕“第三次创业”和“一州两区三家园”建设，践行“人民保险服务人民”使命。人保财险阿坝州分公司获四川省分公司“2019年度综合经营管理三等奖”，人保财险阿坝州分公司理县营销服务部获评“区县支公司经营管理先进单位”，人保财险阿坝州分公司理县营销服务部经理陈耿彪获年度“优秀区县支公司经理”。

【业务发展】 保障和改善民生，推进社会治理创新，落实保险助推精准脱贫要求，服务乡村振兴，支持复工复产。全年依法合规经营，坚持守住不发生系统性、区

4月22日，人保财险阿坝州分公司被省分公司表彰为“2019年度综合经营管理三等奖”

（人财险阿坝州分公司提供）

域性风险的底线，实现保费收入2.82亿元，为全州承担风险金额2251.31亿元。

【理赔服务】 改进完善理赔线上化工作方案，打破传统模式，为客户提供理赔服务体验模式，提升赔案处理便捷度，开展“雷霆行动”，建设专业过硬、作风顽强、清正廉洁的理赔铁军队伍，推进优质服务公司和优质服务客户建设。全年，实际支出赔款1.84亿元，缴纳各类税费2554.64万元。10月16日，支付理县受普降暴雨受灾群众巨灾指数保险赔款110万元。10月23日和12月8日，分两次支付金川县泥石流受灾群众巨灾指数保险赔款135万元。9月7日，支付理县甘堡乡熊耳村四不寨地灾点发生山体滑坡受灾群众巨灾指数保险，赔款40万元。11月6日，支付小金中学1名死亡学生校方责任保险，赔款32.8万元。12月10日，支付阿坝州明珠电力建设开发有限公司工人意外死亡建筑施工企业雇主责任保险，赔款86万元。11月30日，支付成都恒安通科技有限公司员工意外死亡雇主责任保险，赔款70万元。

【优质服务】 贯彻落实疫情防控工作要求，启动理赔应急通道，引导客户线上投保、理赔，扩展保险责任，跟进提供保险服务，推广法定传染病保险、复工复产企业疫情防控综合保障保险、“安易行”等新产品，服务客户需求。

【“三农”服务】 参与地方扶贫工作，突出“金融扶贫，保险先行”主题，立足保险助推脱贫攻坚，防止广大农牧民“因灾致贫返贫”。松潘、红原、壤塘、小金、金川、黑水、阿坝、若尔盖、理县、茂县10个县营销服务部改建为支公司，实现支公司在全州13个县（市）全覆盖，在汶川映秀、汶川水磨、九寨沟漳扎3个乡镇设立三农保险服务部，在全州54个乡镇设立三农保险服务站，实现“网络连成片，服务面对面”的服务格局。开办政策性农险业务有牦牛、能繁母猪、特色水果等20余个，落实支农惠农政策。在“十三五”期间，为18270户农牧民提供229.18亿元农业风险保障，处理农险案件60431件，支付赔款2.12亿元，户均赔款1.09万元。2017—2020年，为全州441644人次提供823.29亿元建档立卡大病补充医疗保险风险保

6月16日，人保财险阿坝州分公司理赔查勘人员在金川县开展泥石流灾害现场查勘、施救、定损工作

（人财险阿坝州分公司提供）

障，处理赔案7510件，支付赔款4582.95万元；为49954名贫困人口提供40.65亿元的风险保障，支付赔款76.59万元。

【文化建设】 学习贯彻中共十九届五中全会和州委十一届十次全会精神和人保集团"卓越保险战略"，领会"做有温度的人民保险"深刻内涵，毫不动摇坚持和加强党的全面领导，传承人民保险服务人民的使命，弘扬公司红色基因，建设一支忠诚干净担当的干部队伍，把党性体现到忠诚和担当上来，夯实"做有温度的人民保险"的政治基础，以强大的合力，更好破解发展中的难题，推进全州系统党建工作向纵深发展。

（雷 云 贾 伟）

中国人寿阿坝州分公司
Aba Prefecture Branch of China Life Insurance Company Limited

【概况】 2020年，落实中国人寿四川省分公司业务发展需要，6月启动筹建，12月获得批准开业。设红原、若尔盖、小金、理县、九寨沟漳扎镇5个营销服务部。聚焦稳定脱贫长效机制，发挥保险风险保障作用，加强阿坝州疫情防控和复工复产保险服务，参与农村小额保险、小额信贷保险、学生保险、计划生育保险、大病保险、老龄保险等社会民生保险保障服务，履行企业社会责任。中国人寿阿坝州分公司在阿坝地区寿险市场份额占99%，保费总收入2.23亿元；全年理赔金额2726.2万元，理赔总件数4729件，服务理赔客户5000人次。

1月16日，中国人寿阿坝州分公司筹建组组长曹骏到九寨沟县开展脱贫帮扶工作

（中国人寿阿坝州分公司提供）

【人才培训与管理】 根据城乡居民寿险需求，布局机构网点，坚持服务在阿坝、用人在阿坝，吸纳当地人力资源就地就近就业，为稳就业、促增收作贡献。在全州吸纳人才3750人次，大多数为下岗或失业人员。700名人员中，本州籍人员占95.8%，少数民族占62%。加强员工队伍建设，鼓励员工奋发图强，针对不同用工体制员工制订磐石计划，号召青年员工投入网点建设、客户服务、业务发展。推进销售队伍专业化建设进程，做实做强销售队伍。改进员工考核方法手段，比作风、比德才、比实绩、比境界格局，选拔好干部，使用好干部，保持队伍活力。

【诚信经营】 把"合规诚信经营、严密防控风险"作为业务发展的生

10月22日，中国人寿集团公司党委副书记、监事长陈方磊在汶川县支公司调研

（中国人寿阿坝州分公司提供）

命线，围绕州委、州政府的中心工作，遵守《中华人民共和国保险法》和监管部门、地方政府各项规定，公平、公正、公开参与阿坝州保险市场的竞争。开展风险管理，始终把风险防范工作放在首位，建立完善风险事故防控处置工作机制。

【主要保险业务】 全年实现保费收入2942万元，其中个人意外伤害保险保费收入304.6万元，个人健康保险保费收入1724万元；团体意外伤害保险保费收入672.9万元，团体健康保险保费收入240.5万元。

【新冠肺炎疫情保险】 启动新型冠状病毒肺炎疫情应急方案，发挥金融保险社会稳定器作用，为政府、企事业单位及员工的生命保驾护航，为客户送上关爱，为卫生系统、医疗机构、公安干警等一线抗疫人员提供保险保障。2月起，通过线上保险服务，免费为全州4804名客户赠送62.46亿元意外伤害保险及拓展责任新型冠状病毒肺炎保险保障，为400名州、县（市）防疫一线人员免费提供5.2亿元意外伤害保险及拓展责任新型冠状病毒肺炎保险保障。

【履行社会责任】 1月16日，中国人寿阿坝州分公司筹建组组长曹骏一行到九寨沟县三合村看望慰问对口帮扶贫困户，了解扶贫帮扶工作开展情况以及举措和困难。5月29日，中国人寿四川省分公司副总经理刘肖灵到九寨沟县三合村开展入户调研，看望脱产帮扶干部，落实普惠金融政策，支持建档立卡贫困群众发展产业。10月22日，中国人寿集团公司党委副书记、监事长陈方磊赴汶川县支公司调研，指导支公司基层党建、扶贫、震后重建等工作，实地察看支公司客户服务大厅，看望慰问各部门和营销职场一线员工、营销伙伴。

（曹　骏　刘　嘉）

中华联合财险阿坝中心支公司

Aba Central Sub-branch of China United Property Insurance Company Limited

【概况】 2020年，按照州委、州政府、监管部门以及上级公司要求，落实监管各项政策，防范和化解各类风险，改善业务结构和质量，提升服务全州经济社会能力，扶助小型农牧业主体，助推脱贫攻坚，支持地方政府无害化处理体系建设，落实州委“两联一进”工作，各项工作取得明显成效。

【业务发展】 全年，实现保费收入12384.77万元，其中车险保费收入3217.76万元，非车财险保费收入617.02万元，人险保费收入673.36万元，农险保费收入7876.63万元。赔付金额6133.55万元，其中车险赔付案件3326件，赔付金额1333.61万元；非车财险赔付案件55件，赔付金额46.08万元；人险赔付案件138件，赔付金额53.83万元；农险赔付案件8104件，赔付金额4700.03万元。向地方纳税177.69万元，代扣代缴车船税457.08万元。

【服务地方经济情况】 在若尔盖、九寨沟、壤塘、小金、阿坝等县开展政策性牦牛、政策性藏绵羊、政策性育肥猪、政策性能繁母猪保险4个险种，为5374户农牧民提供12.16亿元风险保障；全年决赔款超过4700万元，受益1.64万户次。组织草料315吨，驱虫药品33件，免费发放到农牧民手中，降低灾害大牲畜致死率。出资150万元，参与地方政府建立病死畜禽无害化处理体系，形成与政府、无害化企业三方联动协作，建立养殖户风险

6月12日，中华财险在若尔盖县免费发放2020年牲畜驱虫药品活动　（中华财险阿坝中支公司提供）

12月28日，免费发放过冬草料　（中华财险阿坝中支提供）

有保障、病死畜禽可收集、集中无害化处理、为下游生物燃料、有机肥料提供原材料的联动机制，形成生态环境、资源节约和食品安全的循环发展模式。落实州委“两联一进”，深入联系寺庙宣传中共十九大精神和脱贫攻坚相关法律政策、帮助解决寺庙和僧侣面临困难和问题，帮助壤塘县伊根门多村3户建档立卡贫苦户和1名“三老人员”解决生产生活实际困难，帮助群众改善民生。为若尔盖县524名一线防疫人员送去意外医疗保障金额16244万元。2月9日，为壤塘、松潘等地防疫一线人员送去蔬果、牛奶、米面、药品等各类慰问品，价值5000元。1月3日，响应团中央委、中华联合财险四川团支部、金融行业团委号召，开展“新型冠状病毒肺炎”公益募捐，募款5898元。

【网络建设】 完成全州13个县（市）机构布局，实现全州县域机构全覆盖，中支本级实现集中统一，提升公司保险服务能力，助力地方脱贫攻坚工作开展。

【客户服务】 践行“感受同身，便捷至诚”服务理念，对待客户的需要和困难，展现“诚信守护、包容共享”核心价值观。全年经营、客户服务和客户投诉管理三项评级为A，理赔获赔率100%。

【表彰奖励】 阿坝中支党委2020年度被集团公司和财险总公司评为“先进基层党组织”，中华财险阿坝中支党委书记、总经理陶西勇被表彰为“阿坝州金融助推脱贫攻坚先进个人”。

（李宏红）

中国平安财险阿坝中心支公司

Aba Prefecture Central Sub-branch of Ping An Property and Casualty Insurance of China

【概况】 2020年，新增九寨沟营销服务部，建立每周晨会学反洗钱制度，完善企业内控制度，增强合规意识，树立合规理念，管控各类风险，杜绝内外部监管风险。全年实现总保费6810.37万元，其中车险4723.42万元，政策性保险584.63万元，其他财产险687.78万元，健康险107.67万元，人身意外险706.87万元。

【牦牛保险】 落实政府脱贫攻坚政策，推动牦牛保险项目工作，截至年底，承保牦牛1.8万余头，保额3600余万元，受益农户300余户。

8月26日，给购买保险牦牛做记号　（平安保险阿坝支公司提供）

6月18日，工作人员走村入户宣传生猪保险政策　　（平安保险阿坝中支公司提供）

【生猪保险】 贯彻国务院关于稳定生猪生产精神，落实省委、省政府关于生猪稳产保供工作部署，参与州内生猪保险项目工作，发挥保险功能作用，全年承保生猪6.3万头，服务生猪复产。组织工作人员走村入户宣传涉农保险，普及生猪保险政策，转移生猪疾病、自然灾害、意外事故等风险，保障生猪有序生产。

【扶贫保险】 与阿坝州扶贫开发局衔接，向州级参与脱贫攻坚的765名在职人员捐赠扶贫意外保险，提升他们的风险保障。与马尔康市扶贫开发局沟通衔接，为全市999户建档立卡户提供扶贫保障，保障人数3667人，保险金额7992万元。

【产业帮扶】 贯彻落实党中央、国务院中共十九大精准扶贫和乡村振兴战略精神和要求，创新产业扶贫模式，在汶川县落实产融扶贫项目政策，与当地养殖企业（农户）推动“产融扶贫项目”落地，形成三方产融扶贫机制，密切协同，推动“产融扶贫”创新模式。全年直接捐赠扶贫贴息100万元。

【结对帮扶】 根据州委、州政府开展“两联一进”工作的安排，在马尔康镇昌列寺、党坝乡嘉莫寺通过捐款捐物形式开展“联寺联僧”活动，对口4户贫困户，涉及松潘县、壤塘县。不定期走访对口扶贫村、扶贫贫困户，送去慰问物资。

【直播带货】 5月，与汶川甜樱桃扶贫企业四川阳光净土公司，开展公司总经理直播带货活动，推动产品上线公司自有平台，助推产品销售。

【支持复工复产】 贯彻落实党中央、国务院和中国银保监会关于做好新型冠状病毒感染的肺炎疫情防控工作要求，强化金融支持和服务保障，为71家小微企业（个体工商户）提供1262万元的风险保障。推出专属保险产品，保障企业经营发展。推出疫情防控政府救助责任保险，为汶川县、松潘县的2381名参与疫情防控人员提供风险保障，保额11.9亿元。为茂县各乡镇的500名参与疫情防控工作人员提供风险保障，保额2500万元。为州内医护工作者无偿提供风险保障。为参与疫情防控的全体医务工作者提供专属风险保障，人均保额50万元。为州内53家小微企业免费提供风险保障，每家保额100万元。推出复业平安赠险，为马尔康市和茂县1000户小微企业赠险，每户保额100万元。

【自身建设】 组织员工不定期参加专业技能培训。实行内部“竞争激励淘汰”管理机制。按照“合规经营，健康发展”原则，依据法律法规发展业务，组织员工定期开展反洗钱、反非法集资和中介合规等知识培训，提高全员合规意识，促进公司业务健康合规发展。做好客户理赔服务发展，运用IT平台，率先在省内实现车险全国通赔服务、车险赔案E化处理、车险IPAD查勘定损等，完善管理机制和服务水平保障客户利益。

（欧巧玲）

交通运输　邮政业

TRANSPORTATION AND POSTAL INDUSTRY

交通运输

Transportation

道路交通运输

Road Transportation

【概况】 2020 年，完成交通建设投资 186.8 亿元，完成年度目标的 106.7%，其中完成铁路投资 15.8 亿元，超额完成年度目标 15 亿元的 5.3%；完成轨道交通投资 6 亿元；完成公路建设投资 160 亿元（高速公路投资 77 亿元、国省干线公路投资 73 亿元、农村公路投资 10 亿元），超额完成年度目标 125.9 亿元的 27%；完成大中修及站点建设投资 4.8 亿元，超额完成年度目标 4.4 亿元的 9%。完成交通运输部“十三五”公路养护能力评价工作，得到评价组专家和部、省领导的一致好评。

【交通运输规划编制】 启动“十四五”综合交通规划前期摸底筹备工作，开展一系列规划研究工作，现场调研 10 余次，征求县市和部门意见 3 次，与交通运输部、省交通运输厅汇报对接，形成初步思路及方案。开展国省干线国土空间控制性规划，由华设设计集团股份有限公司（原中设设计集团股份有限公司）、交通运输部规划研究院、四川省交通运输发展战略和规划科学研究院三家联合体中标阿坝州国土空间规划项目，编制完毕项目总报告、图表册、三个专题及所有建设方案，交国土部门进行审查。2020 年 5 月，启动农村公路网县道规划的编制工作，制定《阿坝州农村公路网规划工作方案》，委托四川公路工程咨询监理有限公司编制《阿坝藏族羌族自治州农村公路网县道规划》。

【交通项目建设】 全州推进续建项目 26 个，其中成兰铁路建设项目 1 个；都江堰至四姑娘山山地轨道交通扶贫项目 1 个；汶马高速、九绵高速（阿坝州境内）、久马高速建设项目3个；绵茂公路（茂县段）蓝家岩隧道、省道446黑水县扎窝至红岩段恢复重建工程、省道450理县至小金公路工程等21个国省干线提升改造项目。新开工项目10个，其中成西铁路建设项目1个；国道317线友谊隧道至映秀段公路改建工程、省道217线安曲镇至马尔康界改（扩）建工程提升改造项目2个；国道213映秀至茂县段灾毁整治工程、国道317汶川至理县米亚罗三脚坝段灾毁整治工程等7个“8·20”灾后重建项目。实施“畅返不畅”，建成里程188.8公里，超额完成年度目标任务160公里的18%。完成旅游路、资源路、产业路建设，建成里程182.1公里，超额完成年度目标任务90公里的102%。

【交通运输行政审批改革】 完成交通运输行政权力“三张清单”汇编，组织实施。印发实施《阿坝州交通运输局深化“放管服”改革优化营商环境2020年工作要点》。

【客运站点建设】 全州完成道路运输站场投资3565万元，新建招呼站20个，原址重建汶川县三江镇客运站，新开工建设松潘县黄胜关枢纽。

【公交运营】 州内发行公交一卡通2000余张，与成都天府通合作实现手机二维码、支付宝刷卡功能。

【出租车运营】 组织各县（市）贯彻学习新修订的《四川省出租汽车服务质量信誉考核办法》，完成2019年度出租汽车服务质量信誉考核工作。开展出租汽车行业维稳工作，每日上报出租汽车行业稳定情况。

【道路客运】 全州客运606.36万人次，客运周转量9.12亿人公里，受疫情影响客运量和旅客周转量与2019年同期相比分别下降47.97%和43.24%。完成2020年道路春运工作任务，投入客运车辆13294辆次；发送旅客10111班次，其中普通包车3397趟次，旅游包车209趟次，没有加班车次；总客运量615.09万人次，未发生道路运输责任事故和重大服务质量投诉。指导完善定制客运班线试点方案，开通水磨至都江堰定制客运班线。5月份，组织对客运企业开展2019年度质量信誉考核工作。

【绿色低碳出行推广】 指导各县（市）开展新能源公交车推广运用，九寨沟县、茂县各更新投放6辆新能源公交车。组织开展绿色出行宣传月活动。淘汰更新客运车辆93辆、货运车辆700余辆。联合环境保护部门建立I/M制度，完成9家M站，实施节能车型目录管理。

【道路运输市场专项整治】 结合“扫黑除恶”工作，开展“打非治违”专项整治工作，各县（市）道路运输执法部门、检查卡点加大非法违法营运车辆查处力度，9月起组织开展为期一个月道路运输“打非治违”和旅游客运综合整治专项行动。全州出动执法人员4678人次、执法车辆1216辆次，检查各类车辆59220辆次，发现涉嫌违法违规车辆297辆次，处理270辆次，处罚金94.6万元。

【建制村通客车管理】 编制印发《阿坝州公路运输管理处关于进一步提升完善建制村通客车工作的指导意见》，开展建制村通客车“回头看”和自查自纠工作，制定《2020年建制村通客车工作督导方案》，帮助各县（市）找问题、补差距、增措施，全州实现225个乡镇、1377个建制村通客车。

【货运管理】 全州货运量2317.49万吨，货运周转量40.08亿吨公里，货运量同比下降7.41%，货物周转量同比上升3.82%。推动淘汰“黄标车”、老旧车辆，引导运输业户购置安全、节能车辆，引导企业开展规模化、专业化、信息化道路运输，提升全州货运业户服务模式和质量。开展危险品运输管理，全州5家危险运输企业的102辆危险品运输车辆全部安装电子运单终端，车辆使用率100%，全年异常运单率0.37%，低于3%的省局控制目标。

【维修和车辆技术管理】 在48家二类以上维修企业推行汽车二级维护信息化管理系统，二级维护电子合格单使用情况实行“季度通报制”，发放二级维护电子合格证6290份。客运车辆、危货运输车辆和总重12吨以上货运车辆实施车辆技术电子档案，完成“两客一危”电子档案建设2239辆，其他车辆278辆。5家汽车综合检测机构全部安装使用汽车综合性能检测信息化管理系统，检测车辆9163辆。

【汽车驾培管理】 推进营运驾驶

员继续教育第三个周期培训考试工作，全年通过网络教学继续教育7958人。组织道路运输从业资格考试7期，合格830人次，到期换证3400余人次。按照省交通运输厅开展全省道路运输驾培市场监管突出问题专项整治要求，各级交通行政主管部门和驾培机构针对“6个方面、5类行为”和“三类整治重点”，开展自查自纠。规范驾培市场行政审批，推进驾培准入。

【公路工程质量监督】 全年受理质量监督45项，监督公路建设1500余公里。开展综合督查、专项检查促进质量管控，落实财政资金97万元，采购第三方检测机构开展原材料、工程实体专项检测等；制发抽查意见通知书，督促建设单位、监理单位书面确认整改情况。推进参建企业信用建设，规范企业从业行为，完成信用交通系统关于监理、检测单位及合同人员信用评价工作。依申请完成公路工程交工检测核验意见、竣工鉴定报告44份，合格率100%。

【道路运输安全管理】 开展“三关一监督”，推进源头安全监管。利用好卫星定位系统、主动安全智能防控系统、包车系统、二级维护电子合格证（电子健康档案）、异动报警系统，重点监管“两客一危”（班线客运、旅游客运、危险品运输）企业，提升安全工作质量，实现安全工作闭环管理。开展明察暗访，组织处理发现问题；组织企业自查自纠，组织处理发现问题，鼓励企业主动发现处理隐患。全年未发生较大以上道路运输安全事故。

【公路工程造价管理】 在6月和12月综合督查高速公路项目3个、重点工程建设项目和农村公路项目43个，监督检查建设项目工程造价，公路工程造价管理法律法规、规章、制度用工程造价依据的执行情况，阶段造价文件编制、审查、审批、备案及对批复落实情况，建设单位工程造价管理台账和计量支付，设计变更原因及费用变更情况等，统一下发整改意见文件，要求限期整改和回复。开展公路建设项目新改建工程、灾后重建项目、景区公路、电站还建路等概算、施工图预算、变更审查工作，审查43项，送审金额530349.69万元，核定金额521857.58万元，核减金额8492.11万元，核减率1.6%；完成工程项目招标文件审查备案工作198项，控制工程建设投资，提高资金使用率。

10月18日，全国干线公路养护管理评价工作组在州开展国省干线路况检测　（秦玥嘉摄）

【从业人员再教育与技术培训】 组织531人次参加交通运输系统从业人员再教育和技术培训，其中48人参加“2020年度公路工程质量安全监督管理培训班”，2人参加道路运输从业资格驾驶员考核员培训，45人参加公务员在线网络培训，201人参加专业技术人员继续教育网络培训，10人参加交通部干部管理学院“三州一区”“脱贫攻坚专题”培训。组织各县（市）交通运输局工作人员45人参加交通运输部网络培训，组织2人参加省交通运输厅安全和应急管理培训，15人参加网上网络安全和信息化培训。组织53人参加公路隧道管理人员综合能力提升培训。

【交通运输应急指挥】 13个县（市）实现视频会议系统建设全覆盖；完成66个外场视频监控点位建设工作；配合省交通运输厅开展会议视频设备设施巡检和信息更新；派出无人机前往高位滑坡、严重水毁路段开展灾情查勘7次，服务交通运输系统抢险救灾工作。

【金通工程】 完成小金、黑水、壤塘金通工程试点任务，实现乡村客运LOGO标识、招呼站（牌）、车辆标识、从业人员标识“四统一”。

【公路养护和应急抢险设备发放】 7月12日，在汶川县举行2020年公路养护和应急抢险机械设备发放仪式，淘汰落后技术、工艺和生产方式，加强养护能力建设，解决公路养护机械化薄弱环节装备“短板”，促进全州公路养护从劳动密集型向技术密集型的转变，推动公路养护向机械化发展。

【路域环境整治】 按照《中华人民共和国公路法》《公路安全保护条例》等相关法律规定，推进公路标识、标牌、标语清理整治工作。全年修复路面坑凼69501平方米、路基缺口7处，清理塌方209040立方米、泥石流169883立方米、涵洞2475道、边沟3379.60公里、修整边坡231.20公里，增补公路边沟盖板2110张，修复波形护栏、缆索护栏1980余米，修补清理被动网25处，刷漆桥栏杆10100米。推动国省干线公路及旅游节点标识牌建设，投入资金2676万元，开展7条国道、1条省道、全长2347公里的公路标志标牌建设。新增更换各类标志标牌2696块，里程碑2074块，百米桩19206块。

【汶马高速全线通行】 12月31日，汶川至马尔康高速公路全线通车。汶马高速全长172公里，起于汶川县城以南，与映汶高速相接，止于马尔康市城区以东，主线设置桥梁52公里／121座（特大桥11座）、隧道96公里／32座（特长隧道12座），桥隧比86.5%，批复总工期6年。项目于2015年实质性开工建设，概算总投资约287亿元，全线采用双向四车道高速公路标准，设计时速80公里／小时。从成都绕城高速出发，约3个小时到达马尔康市。

【“四好农村路”示范创建】 制定《阿坝州创建少数民族地区“四好农村路”实施方案》，建立跟踪督导、目标考核、投入保障、以奖代补等工作机制，明确创建目标。结合农村人居环境整治，实施路域环境治理与村容村貌改变，推进“路田分家”“路宅分家”打造“畅、安、舒、美”出行环境，壤塘县、小金县创建为第四批省级“四好农村路”示范县，推动实现全国少数民族地区“四好农村路”示范州创建。

（高晓瑾）

7月12日，2020年公路养护和应急抢险机械设备发放仪式在汶川举行（秦玥嘉摄）

水路交通
Waterway Transportation

【概况】 2020年，开展全州水上交通安全监督与管理，推进水运安全生产，开展水运市场法律法规宣传，实施“打非治违”专项行动，防范水上交通事故发生。

【水运市场管理】 受新冠肺炎疫情影响，全州水上漂流旅游客大幅减少，下降65.6%。全州有水运企业5家，漂流船272艘，旅游观光船5艘，漂流工人42名。

【水运安全生产】 全州水上辖区未发生因源头管理造成的水上运输安全事故。采取措施，靠前监督管理，全州保持连续173个月无水上安全事故发生的纪录。加强船员管理和培训，规范管理培训考试船员，配置硬件设施，提高船员安全技术素质，防范水上交通事故的发生，促进全州水上交通安全形势稳定发展。

【水运监管】 树立“安全发展”理念，坚持“安全第一、预防为主、综合治理”的工作方针，落实安全责任，贯彻执行水上交通安全法律法规和规章制度，落实安全防范措施，纠正各类违法、违章行为，开展水上交通安全监督管理、船舶检验、环境保护工作，推进安全检查和巡查，实施安全生产领域“打非治违”专项行动，打击水上交通安全违法行为。开展隐患排查，推动安全措施落实，消除事故隐患。组织水上交通安全生产大检查工作组5个，选派检查人员26人/次，检查企业5家。6月，全州举行水上交通安全宣传活动，设立安全宣传台，发放“航道法手册”“安全警示语宣传单”、《四川省水上交通安全管理条例》、《阿坝州水上漂流安全管理暂行办法》、乘船安全知识读本等安全宣传资料50余份，接受咨询220余人次。

（林　忠）

公路管理
Highway Management

【概况】 2020年，全州公路系统管养全州国省干线公路2132.89公里，开展“两联一进”入户走访93户，举行座谈6次、主题党日4次，资助理县河坝村贫困户余王成4000元发展养殖业，解决“联户联情”联系村500个医用口罩，筹集资金46万元开展“冬送温暖”关爱劳模、职工生日访、生病住院访、服务职工在基层等慰问活动，投入4.16万元资助58名学生，投入经费24.4万元开展“夏送清凉”一线职工慰问活动，完成刷经寺公路管理分局提升改建工程，完成“两路精神”文化展厅打造。

【养护生产和大中修工程建设】 完成修复整治水毁路基缺口60处，完成路面病害处治21.48万平方米，修复波形护栏17.92公里，清理边沟7648.44公里，疏通、维修涵洞2446道，完成公路绿化美化60公里，美化装饰挡墙33处。开展大中修工程建设，完成新（续）建大中修任务179公里，完成预防性养护工程37.14公里。全年全州国省干线公路路面使用性能（PQI）93.05。

【养护能力建设】 设计施工总承包（EPC）建设大养护站14个，公路养护和应急抢通保通中心7个。完成第一期15个站点建设任务的14个，推进第二期站点建设6个。建设数据统一采集、突发险情快速应对、全方位监管的统一协作指挥系统，运用大数据提升公路养护信息化管理水平。购置各型装载机、挖掘机、综合养护车96台（套），按需分配到各基层分局，服务养护机械化作业。

【应急抢修】 全州发生泥石流、坍方等灾害造成道路阻断301次，损坏路基130.22万立方米，沥青混凝土路面损毁24.13万平方米，桥梁全毁1座/23延米、局部损毁15座/418.82延米，涵洞损坏77道，防护工程损坏529处/66.68万立方米，坍方1280次/89.03万立方米，造成损失约11.76亿元。全州投入应急抢险及抢修机械5205台班，13307人次，投入抢险资金约4976万元。

【安全监管治理】 全年未发生较大以上规模安全事故，三项指标控制在上级下达目标以内。落实安全生产“一岗双责”与“一票否决”责任，推进公路项目工程和涉路施工安全检查指导，实施“一桥一隧一档案、一危一险一措施”管养举措，签订安全生产责任书1100余份，签订率100%。开展安全监管和隐患排查治理，排查发现的安全隐患和问题600余处，推进行业领域公路、桥梁、隧道等隐患整治，整改率100%。

【路政管理和超限治理】 坚持“维护路产路权、保通保畅保安全”原则，全年开展专项宣传活动50次，

7月29日，开展九寨沟县罗依口抗洪抢险　（州公路局提供）

出动宣传车30车次，发放宣传资料8万余份，张贴、悬挂宣传标语728幅，咨询服务站点1156场次。开展专项整治活动80次，清理整治砂石场、洗车场、加水点220处，清理占道经营656处，规范运输车辆1600车次，规范涉路施工206次。全年上路巡查3900车次1.58万人次，查处“乱堆、乱建、乱接道”公路三乱和损坏公路路产行为，查处损坏公路及设施423处、违章建筑18处、占用公路及公路用地656处，清障排障3847处，查处率100%，结案率99%。按照法定程序处理案件，规范文书制作，做到路政执法文书使用率100%，法律、法规适用准确率100%、执法程序正确率100%。全年无行政复议被撤销、行政诉讼败诉的情况发生。开展超限超载车辆治理宣传，悬挂宣传横幅15幅，发放宣传资料6900余份，投入治超执法人员10478人次，执法车辆358车次，检测车辆370537辆，查处超限车辆57辆，卸载转运车辆47辆，卸载转运货物744.25吨。

7月17日，国道345线迭（部）玛（曲）公路郎木寺1号大桥合拢　（州公路局提供）

【改（扩）建工程】 完成国道347线茂县两河口至红原壤口段公路提升改建工程，投资15.43亿元，完成路基工程78%、桥梁工程47.06%、涵洞工程78.46%、隧道工程73.37%。完成国道345线迭部川甘界至若尔盖麦溪至甘肃玛曲段公路改建工程，投资9.65亿元，正在推进房建装修、绿化补喷工作。完成绵竹至茂县公路（茂县段）灾后重建工程投资7.61亿元，协助完成绵竹段1.5公里隧道主体工程。完成省道446线扎窝至红岩段隧道新建工程，投资4.17亿元，完成隧道工程75.94%、桩基工程91%、路基防挡工程99%。完成省道217线卓克基到小金公路改造工程，投资11.24亿元，完成路基工程75%、桥梁工程69%、涵洞工程97.6%、隧道工程35.6%、挡防工程99%。完成省道450线理县至小金段公路工程，投资8.60亿元，完成路基工程73%、路面工程21.2%、桥梁工程71%、涵洞工程79%、挡防工程97%、隧道工程39.54%、绿化及环境保护设施工程12.48%。完成国道544线川主寺至九寨沟县城段灾后恢复重建工程，投资23.75亿元，完成路基工程99%、路面工程88.91%、隧道工程75.27%、桥梁工程92.28%、涵洞工程100%、挡防工程98.99%、绿化工程88%、智慧交通一期100%。完成国道213线茂县石大关旧关楼山体高位崩塌整治工程，投资1.71亿元，完工隧道主体工程。完成国道213线川汶路灾损地灾整治工程，投资5378.83万元，完工除十里沟棚洞和青坡桥两个点的十项工程。完成国道347线茂县至北川段灾毁整治工程，投资1045.50万元，8月完工。完成国道213线映秀至茂县灾毁整治工程，投资2441万元，完成路基0.06公里、桥梁工程45%、涵洞工程100%、坡脚防护25%、挡防工程42%、机电工程完成20%。推进国道317线汶川至米亚罗三脚坝灾毁整治工程，完成投资1310万元，桥梁工程完成100%，坡脚防护78%、挡防工程100%。

【农村公路建设】 全州农村公路建设省投资目标任务6.50亿元，截至12月底，完成785公里，完成投资9.46亿元，占省目标的146%。民生基础设施工程农村公路建设目标任务30公里，计划投资800万元，完成里程32.68公里，拨付资金1073.8万元，占省目标的134.2%。

（秦玥嘉）

隧道管理
Tunnels Management

【概况】2020年，马尔康、金川、小金、汶川、理县、黑水、茂县、松潘、九寨沟、若尔盖等10个县的国省干线在役公路隧道83座92.46公里，电站还建隧道16座30.11公里（未办理移交），各公路管理分局（隧道管理所）管养隧道67座62.35公里，其中特长隧道3座16.78公里，长隧道16座29.45公里，中隧道10座7.28公里，短隧道14座4.59公里，明洞11座1.64公里，棚洞13座2.60公里，海拔在3000米以上隧道8座17.50公里。

【制度建设】修订完善《阿坝藏族羌族自治州公路隧道管理处机关管理办法（试行）》《阿坝藏族羌族自治州公路隧道管理处工作人员指纹考勤及奖、惩管理办法（试行）》《阿坝藏族羌族自治州公路隧道管理处工作人员请、销假及相关待遇管理办法（试行）》《阿坝藏族羌族自治州公路隧道管理处车辆及驾驶人员管理考核办法》《阿坝州公路隧道管理处财务管理办法（试行）》等规章制度。

【从业人员培训】12月中旬，组织全州隧道管护从业人员50名在西南交通大学培训隧道管护知识、机电设备维护专业知识，全部通过结业考试，获得结业证书。开展特种作业培训，16人取得高压电工操作证书，13人取得低压电工操作证书，10人取得高处安装、维护拆除证书。

【推进机械化养护】截至年末，配有高空作业车2台，清扫车1台，消防车1台，清障车1台，洗扫车2台。投资150万余元，为九寨沟、理县、汶川、马尔康、金川等隧道管理所购置高空作业车5台，保障隧道安全、养护。

【指导全州隧道管养】全年派出110余人次指导全州隧管所隧道管护业务，建立完善国省干线隧道基础档案（初步完善一隧一档），运用政府采购方式委托四川华腾公路试验检测有限责任公司和中交国通公路工程技术有限公司定期检测隧道土建和机电，检测隧道14座（土建检测4座、机电检测10座）；检查普通国省干线公路隧道安全运行3次，维修整改马尔康一号隧道、汶川桑坪隧道电路线路及灯具问题，整改恢复理县境内一颗印隧道、金枪岩隧道、满天星隧道照明设施；完成鹧鸪山隧道西洞口变电所35千伏电缆、鹧鸪山隧道35千伏输电线电杆更换，鹧鸪山隧道西口引道路段光缆电缆线更换。

【安全管理】完善安全规程、安全管理制度、安全紧急预案、安全考核制度，落实安全生产责任制，与各公路管理分局（隧管所）签订消防安全生管理目标、安全生产暨平安隧道目标管理责任书、隧道管养安全运行工作告知书。开展隧道进出口安全标志、标牌检查，常态化检查隧道内照明、通风、排水、消防、通信、监控、应急救援等系统设施状态。9月29日，在鹧鸪山隧道开展隧道消防逃生应急演练，6家单位、70人次、10台次救援车辆参演。

（邓　佳）

4月11日，在土地岭隧道开展安全检查　（州隧道管理处提供）

11月20日，在薛城隧道检查消防设施安全　（州隧道管理处提供）

交通安全管理
Traffic Safety Management

【概况】 2020年，围绕"战疫情、防事故、保畅通、护发展"工作主线，开展"奋进"系列专项行动和事故预防"减量控大"专项工作，压降道路交通事故死亡总量，严防不发生一次死亡10人以上重特大事故，创造良好道路交通环境。

【交通事故预防】 推动各级政府和交通运输部门落实属地管理和行业管理原则，开展道路安全隐患排查整治，全州排查出道路交通安全隐患119处，其中阿坝州人民政府挂牌督办15处。

【交通事故处理】 全州发生道路交通事故323起，死亡101人，受伤469人，直接经济损失610.395万元，与去年同期相比，事故减少62起，同比下降16.1%；死亡人数增加8人，同比上升8.6%；受伤人数减少94人，同比下降16.7%；直接经济损失减少127.175万元，同比下降17.24%。

【交通安全设施管理】 开展交通标志标牌清理，完善交通设施，创建交通文明示范街（路），推动城市交通治理科技信息应用，全年整改不符合规范、不易识别、对执法取证造成干扰交通标志26块、交通标线3.5公里，优化主城区主要路口红绿灯信号配时15个，安装中心护栏、车行道分离栏、人行道隔离栏1500米。

【交通安全宣传教育】 搭建阿坝交警微信公众号、今日头条、短信等网络交流平台，每日公布重要交通信息，向广大网民宣传交警各项重点工作、公布重要事项、发布重要时段路况信息、宣传交通安全常识，为群众提供"交通安全出行提示""车驾业务办理指南"等服务，全年双微发布198条，今日头条发布79条、发放宣传资料约50万份，发送短信约40万条。

12月4日，开展道路交通安全法规宣传 （州公安局提供）

【机动车和驾驶员管理】 开展"两客一危一货"、校车、农村面包车等重点车辆检验、报废及A、B类准驾车型驾驶人审验、换证等源头隐患"清零"行动，"两客一危"和校车检验率、报废率99%以上，重型货车和农村面包车检验率、报废率在95%以上，A、B类准驾车型驾驶人审验率、换证率超过99%。

【道路交通安全整治行动】 结合春运安保和"奋进一号"专项行动，开展各类交通违法行为执法，保驾护航"平安春运"，查处各类交通违法287369起，其中超速80712起，酒后驾驶537起，醉驾60起，无证驾驶2101起，拘留174人，刑事处罚23人，吊销驾驶证95人。

（黄南昕）

红原机场
Hongyuan Airport

【概况】 2020年，坚持党建工作为指导，坚定"四个自信"，做到"两个维护"，修订完善《党委会议事规则》《经理会议事规则》等40余项规章制度，组织召开党委会23次，研究经理会前置事项和"三重一大"等重大事项89项，召开经理会25次，研究经营发展事项147项。推进"三察三治"行动落地，开展明察暗访20次，问责10人次，开展廉政谈话6次195人次。修订完善《关于招、调人员管理规定（试行）》，选拔任用中层管理人员2名、部门经理助理3名，引进2名中层管理人员。组织公司高管参加各类培训6人次，中层干部及员工参加专业培训42人次，选派2名员工到民航飞行学院参加专业培训，政治理论及党性修养类培训63人次。保障航班882架次，旅客吞吐量47527人次，分别超额完成任务目标的47%、64%，同比2019年航班架次、旅客吞吐量分别增长29%、20%。红原机场被表彰为“阿坝州优秀文旅企业”。

【航线运行拓展】 按照州委、州政府工作要求，与相关航空公司沟通协调，完成各项目标任务。新开通惠州、西宁、绵阳3条航线。

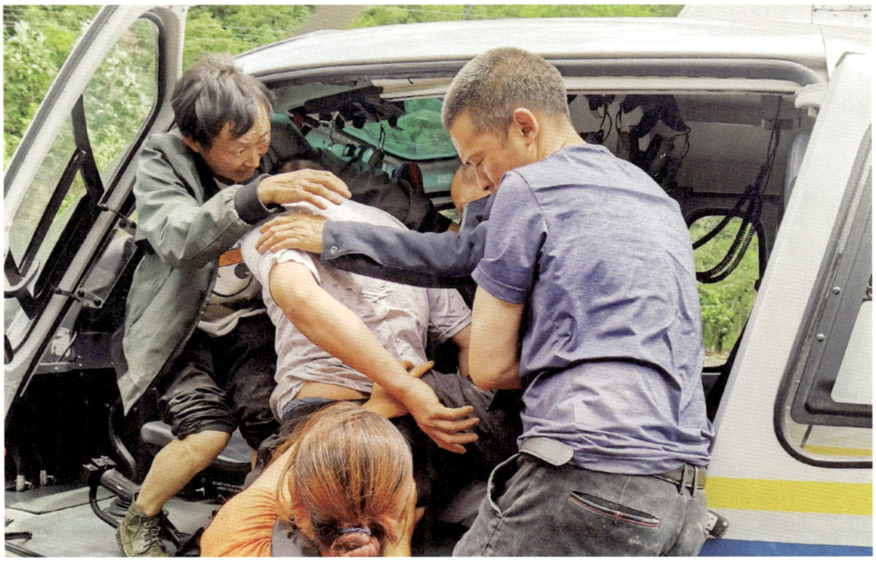

8月18日，参与松潘自然灾害应急救援行动　（红原机场提供）

【运营安全监管】 按照民航局“一二三三四”发展思路，落实“抓作风、强三基、守底线”工作要求，引导员工践行“在岗一分钟，安全六十秒”安全工作理念，开展“三个敬畏（敬畏生命、敬畏职责、敬畏规章）”主题教育活动。全年未发生因机场原因导致的事故及事故征候、有效服务质量投诉。投入资金1340万元，完成安防监控升级改造；购置84万元的驱鸟设施设备、41万元消防设施设备，增设165万元助航灯光监控系统，投入对讲机模拟改数字资金28万元。

【服务质量建设】 制定《残疾人旅客航空运输管理办法》，开通团队优先办理柜台和备用值机柜台，开办乘机手续时间提前4小时，减少旅客办理乘机手续等待时间。在候机楼开通藏汉双语屏显提示、藏汉双语广播，方便广大旅客，推动真情服务建设。

【辅助项目建设】 按照州委安排部署，组建“四川九寨通用航空有限责任公司”，取得民航经营许可证，获阿坝州护林防火防控队、阿坝州航空应急救援队授牌。与州应急管理局、州林草局和部分县（市）签订应急抢险救援协议。参与九寨沟、松潘两县汛期空中应急救援，受到当地政府和百姓一致好评。组建鹤翔航空旅游文化公司，投入项目资金1500余万元，推进“空港营地”项目建设，完成水电、道路、围界、安防等基础设施。推动“红色文化走廊和户外拓展营地项目”纳入省文旅融合发展支持项目，争取项目资金800万元。投资4200万元，完工和交付使用九黄口岸机场联检单位执勤用房改造。引入央企，合作投资1200万元建设机场加油站。引入民间资本投资，推进星空酒店项目建设。

（李爱如　钟荣华）

6月8日，红原机场—重庆航空合作框架协议签署仪式在红原机场举行　（红原机场提供）

九黄机场
Jiuhuang Airport

【概况】 2020年，统筹推进疫情防控、航班恢复、安全运营、口岸建设及机构改革等重点工作，安全保障航班1574架次，完成旅客吞吐量 122460 人次，实现营业收入 1386 万元，分别同比增长 446.53%、497.56%、121.05%。

【航线运行拓展】 克服新冠肺炎疫情影响，分析九寨客源市场，做好航线网络规划，推动具有高原运力的航空公司开展精准营销。做好与阿坝州委、州政府和民航主管部门的请示汇报，协调落实航线补贴政策，助力九寨航线恢复和拓展。5 月 3 日，九寨黄龙机场恢复中国国际航空公司、四川航空公司执飞成都—九寨航线。7 月份，在跨省旅游恢复后，恢复重庆、西安、长沙、无锡、北京等省际旅游航线，新开西藏航空公司执飞拉萨—兰州—九寨航线，全年恢复运营航点 8 个。

【航空口岸建设】 2 月，九寨黄龙机场航空口岸建设项目获初步设计及概算批复。受新冠肺炎疫情影响，项目招标等工作有所延迟，公司履行项目建设主体责任，保证工程设计、招投标、报建等工作进行。4 月，项目开工，协调充实人员、机具设备，采用突击施工方式，用 5 个月时间，投资 2 亿元，完成国际航站楼改造建设任务，通过专项检测、分项竣工验收和联检设施设备省级验收，具备临时口岸开放条件。

【运营能力建设】 抓好九寨黄龙机场保障能力建设，完成航站楼流程改造、空管设施更新改造 2 个项目收尾和竣工验收，推进飞行区安全整治工程，启动机场安防设施升级、空管设施设备 2 个项目前期工作。推动九寨黄龙机场环境设施改造升级方案，完成航站楼外广场改造。完成机场“职工之家”、员工宿舍和办公区形象改造方案设计，更换职工宿舍电视机、热水器 320 台，购置更新员工班车 5 辆，增强员工归属感。

【安全运行】 实施安全生产清单制管理，规范落实安委会和生产例会制度，解决安全生产问题 120 项。开展安全工作集中整治“回头看”，按计划组织年度应急演练，开展“三个敬畏”“三基”建设、作风建设等安全培训，轮训 1056 人次。开展航班恢复、航班换季、汛期安全等安全风险评估，启动 SMS 体系完善、三年安全行动、服务质量品牌建设等专项行动，保障冬季、汛期和特殊时期运行安全。全年实现安全生产“零事故”。

7月25日，九寨黄龙机场开通拉萨—兰州—九寨航线　（九黄机场提供）

【机构改革】 研究制定公司治理关系及组织机构改革方案，获上级批复。推进组建九寨黄龙机场运营分公司，落实机场运营管理职责。召开机构改革推进会，成立工作专班，厘清改革要求、流程和步骤，梳理完成改革推进任务清单，推进组织机构改革。深化“三项制度”改革，开展人才队伍建设，推进企业薪酬、绩效体系优化改革。制定党委会前置研究、研究决定事项清单，完善“三重一大”决策机制。实施管理制度“废改立”，开展内部控制体系建设，完成《内控管理手册》编制和自评价。开展财务 NC 系统、OA 办公系统、智慧机场等信息化建设，启动门户网站重建。做好企业发展顶层设计，开展“十三五”发展规划执行情况评估，启动“十四五”发展规划编制工作。

【机场文化建设】 压实党建责任，提高党建考核权重至 15%，落实党建责任制考核。开展“党建 + 护航先锋”基层党建规范提质行动，推进党员积分制管理末端落实。创建“文明九黄 · 温馨空港”服务品牌，通过省级最佳文明单位复查测评。开展“亮党员身份、树突击旗帜、筑战‘疫’堡垒”活动，常态化落实

九寨黄龙机场　　（九黄机场提供）

疫情防控28项制度机制。完善公司纪检队伍，定期研判廉洁风险形势，开展一对一谈话提醒34人次。开展“夏送清凉、冬送温暖”走访慰问，“传送文化、传递文明”志愿服务活动，3次赴阿坝州阿坝县和凉山州昭觉县开展“城乡党建、结对共建”，助力脱贫攻坚和对口帮扶，6个集体、1个项目和14名个人受到上级表彰。

（黄　丽）

邮政业
Postal Industry

邮政管理
Postal Management

【概况】 2020年，以习近平新时代中国特色社会主义思想为指导，开展“两联一进”群众工作，开展脱贫攻坚、森林防火等综合督导检查，执行“三重一大”集体决策，贯彻落实中央八项规定精神和开展警示教育、廉政教育，完成邮政行业业务收入（不包括邮政储蓄银行直接营业收入）14154.20万元，同比增长20.08%；完成邮政行业业务总量18734.26万元，同比增长64.77%，其中完成快递业务总量716.56万件，同比增长99.31%，完成业务收入9208.21万元，同比增长26.79%。

【邮政网点建设】 督促邮政企业调整优化村邮工作人员，基本实现乡镇邮政局所营投分设，全州201个邮政代办网点中有177个网点增设专职投递人员，新增乡镇及建制村投递委托人员189名。全州除极少数边远乡镇，其余乡政府所在地周投递频次均不少于5次，95%建制村周投递频次在3次及以上，全州建制村打卡完成率超过98%，实地打卡率保持较高位运行。

【快递行业发展】 开展寄递项目培育，特产寄递业务发展迅猛，督促企业充分发挥自身网络（网点）优势，根据市场需要将网点延伸覆盖到农土特产品集中种植区，提升寄递服务水平。开展“一市一品”培育，畅通川果、川味线上线下服务渠道，开展针对性寄递活动，打造快递服务“川货出川”寄递品牌。优化邮快件专用包装，打造特色产品寄递模式，保障产品品质，培育

5月13日，全州邮快合作暨快递进村工作推进会在马尔康召开　　（州邮政管理局提供）

年收寄量超10万件的“寄递+”精品项目。落实专人收集企业每月出口邮快件中各类农土特产品的收寄数量，全年完成农土特产品收寄260.37万件，总产值超过1亿元，其中实现超10万件的铜牌项目6个，较去年新增4个。畅通虫草、牛肉干、松茸、花椒等季节性农土特产品销售渠道，发展农业发展、农民增收、精准扶贫新载体。

【交邮快邮融合发展】 推进“邮快合作”，改善末端投递服务，组织企业召开快递下乡进村工作推进会6次，动员引导快递企业、邮政公司发挥自身优势、开展合作，满足农牧区群众寄递需求。组织壤塘县邮政快递企业召开邮快合作推进会，促成壤塘县实现“邮快合作”。推动州邮政公司设立41个快邮驿站，顺丰、京东等8家快递企业入驻，改善末端投递服务。顺丰、天天、中通等快递与州邮政公司签订协议，达成合作。全年快递业务覆盖91个乡镇、426个行政村，覆盖率分别从10.9%、4.73%提升至52.30%、39.22%，全年代投件超过17万件。与州住房和城乡建设局印发《关于加强城区物业管理推动邮政快递末端投递服务规范化的通知》，设置邮政、快递代收点，推动“接收邮、快件”纳入住宅小区物业服务范围。

【邮政网点规范管理】 督促邮政企业改造全州部分营业网点，整改和功能升级网点问题，12月20日全部完工，全州12个邮政网点整修项目建设，完工率100%。全州5个邮政、快递网点参与绿色网点创建，邮政公司参与创建的3个网点完成包装废弃物回收装置设置，车辆及用电管理达到相关要求，一联电子运单及“瘦身胶带”使用率100%。

【邮政投递车辆管理】 推动落实国家邮政局《快递专用电动三轮车技术要求》（YZ/T0136—2014），组织实施《邮政业安全生产设备配置规范》，统一标识、封闭上锁。组织企业落实投递安全生产主体责任，强化投递车辆内部管理，教育和培训从业人员职业操守、服务规范、作业规范、安全生产、车辆安全驾驶、道路交通安全等，规范驾驶人员操作行为，提升安全防范水平和应急处理能力。加强与公安、交通运输等部门协调配合，建立健全邮政快递运输保障机制，保障快递服务车辆通行和临时停靠的权利。

2月28日，州邮政管理局党组书记、局长任凤萍（右三）带队到马尔康市邮政快递企业检查疫情防控工作

（州邮政管理局提供）

【邮政安全常态监管】 结合寄递渠道涉枪涉爆、禁毒、“扫黄打非”、打假、打击涉烟违法、打击野生动物寄递、打击危化物品寄递等专项整治，实现行业生产安全事故零发生。全年召开安全生产季度会议4次、安全生产月度会议12次，学习习近平总书记关于安全生产工作重要论述、指示批示精神，贯彻落实党中央、国务院及省委、省政府、州委、州政府关于安全生产工作决策部署。研究安全生产重点工作、重大问题6次。6月，集中开展“安全生产月”“全民禁毒宣传月”等行业安全宣传活动，宣传邮政行业安全规范。制定《推行安全生产清单制管理工作实施方案》，向州安办报备。推行邮政快递业安全生产清单制管理，组织企业集中培训3次，督促指导清单工作。组织安全检查18次，出检311人次，检查网点134个，督促企业限期整改检查中发现的隐患。全年约谈企业5家，行政处罚2件，其中罚款2件1.35万元。制定《阿坝州邮政快递业安全生产专项整治三年行动实施方案》，推进邮政快递业安全生产治理体系和治理能力现代化。全年开展“排险除患”专项整治，

督促企业完成安全生产清单制定和报备。

【邮政业复工复产服务】 贯彻落实中共中央、国家邮政局各项决策部署，成立主要负责人为组长、州邮政管理局和州邮政分公司分管领导为副组长、各邮政快递企业法人为成员的州邮政业应对疫情工作领导小组，部署安排疫情防控工作，指导邮政、快递企业落实安全保障、做好应急值守工作。开展新冠肺炎疫情防控工作形势分析，印发《全州寄递企业复工复产疫情防控工作指南》等，安全监管和指导服务邮政快递企业复工复产，督促企业做好场所、车辆、邮快件消杀，投递人员佩带口罩等，确保行业疫情零发生。协调解决邮政、快递从业人员口罩等防护用品，开展企业营业网点疫情防控检查。2 月底邮政快递业实现全面复工。争取邮政、顺丰参与疫情防控生活物资保供商贸流通企业费用补贴。

（李　静）

中国邮政集团公司阿坝州分公司

Aba Prefecture Branch of China Post Group Corporation

【概况】 2020 年，有营业网点 234 处，代理金融网点 23 个，电子化支局 26 个，网点覆盖全州所有乡镇，成都组开设二级邮路 3 条，单程 1459 公里；阿坝州组开设二级邮路 1 条，单程 290 公里；马尔康组开设区内邮路 4 条，单程 1789 公里。全州邮政业务收入 5127 万元，比全州邮政“十三五”规划目标 3860

12月16日，小金县沃日乡成立“村邮乐购”便民服务站　（州邮政公司提供）

万元净增 1267 万元。5 年年均收入增幅 11.82%，实现稳定增长目标。

【农村电商发展】 阿坝邮政农村电商工作坚持“五大发展理念”，构建“农村电商 + 普遍服务 + 金融业务 + 寄递业务”生态圈，推动商流驱动资金流和实物流，实现平台提效、运营提质、流量提升、变现提速、保障提能，巩固阿坝邮政在农村市场的竞争优势，聚焦源头获客，全州实现合作社 159 户、个体农户 957 家走访全覆盖，开展示范合作社综合服务协议签约。做好惠农平台，发展农村会员 800 户。建设标杆县和农产品基地县级仓配处理中心、镇级周转运营中心、村级综合服务平台，推进县乡邮路、农村投递网优化升级，实施乡镇支局所、村级综合服务站叠加代投自提业务，打造乡村快递超市。推进“交邮合作”“邮快合作”，与农业部门签订合作协议、联合发文、召开联合推进会、成立联合项目组等，助推阿坝邮政发展。

【普遍服务建设】 推进普遍服务工作达标，成立专班，制定《普遍服务运营方案》，优化调整县以下邮路和班期，实现全州邮运全覆盖。推进全州邮政“四化”建设普遍服务工作，保障普服达标。截至 2020 年 12 月底，全州补白网点正常运营率、普遍服务网点签到率均 100%。《人民日报》等党报党刊当日见报率稳步提升，机要通信保持 30 年质量全红。全州总体实现“乡乡设所、村村通邮”。开辟民生服务新领域，推动普遍服务向公共服务延伸。实现在农村购物、销售、金融、生活、创业“五不出村”，推进农村公共服务均等化。开展城市邮政局所、便民服务站等，承接交管、电力等政企公共服务，打造“十分钟生活圈”。

【物流体系建设】 落实中央关于“加快完善县乡村三级农村物流体系，改造提升农村寄递物流基础设施，深入推进电子商务进农村和农产品出村进城，推动城乡生产与消费有效对接”规定，推进四川省邮政管理局“到 2022 年底，包含‘三州’在内全省基本实现‘快递下乡进

4月28日，开展送报刊进寺庙行动　（州邮政公司提供）

5月17日，州邮政公司与州运管处召开三级物流体系建设及融合发展座谈会（州邮政公司提供）

村’覆盖率100%”落实，结合地方政府承办电子商务进农村示范产业园、物流体系、电商公共服务站等基础设施建设项目，利用现有交通运输、农业、商务、供销、民快等农村快递物流资源，确定县乡村三级快递物流节点的数量、布局、规模、功能，推动交通运输、商贸流通、邮政快递等网络设施共建共享共用。成立“阿坝邮政县乡村三级快递物流体系建设工作组及工作专班”，组织召开专题会议，确定汶川、茂县分公司为全州三级物流体系建设单位。开展前期节点建设摸排，规划县域内三级物流体系邮路网络，推动建设及设施设备预算。结合惠农和渠道转型项目，梳理农民合作社、家庭农场、“生鲜寄递”等，汶川分公司结合州邮件处理中心搬迁，重新规划县级仓配处理中心；茂县公司在凤仪镇4个村级站点，设立快递代收点。与州邮政管理局、州运管处召开三级物流体系建设及融合发展座谈会，达成“交邮融合、邮快合作”示范县建设共识。

【“绿色邮政”创建】 贯彻落实习近平总书记重要指示，坚持新发展理念，打造阿坝地区“绿色运营践行者，绿色生活推动者，绿色生态守护者，绿色品牌塑造者”，推动绿色科技创新，拓展电子渠道，推广智能自助设备和分拣设备；推广电子运单，应用绿色环保包装；推进新能源技术应用，推广甩挂运输，促进节能减排；发挥集邮、函件等文化服务优势，传播绿色理念；利用邮政终端、物流渠道等网络优势，培育绿色生活习惯。进业务创新，丰富绿色产品品种；提高质量管控水平，提升绿色服务品质；培育绿色企业文化，创建绿色邮政品牌。

【“平安邮政”建设】 推进内控体系、案防机制和合规文化建设，打造网点“风险经理”队伍。开展员工行为风险监测，落实“一案五问”，防范化解代理金融重大风险。机要通信失密、丢损为零建设，机要用户服务满意度超过98%，机要件处理规格合格率超过98%，时限率100%。

【服务三农】 落实党和国家方针政策，派驻6名扶贫人员，助力决胜脱贫攻坚，服务乡村振兴。利用邮政“线上＋线下”销售渠道，打造阿坝邮政特色农产品订单帮扶、产业扶贫新模式，开展生鲜农特产品寄递，助力脱贫攻坚。响应州委、州政府精准扶贫号召，依托中国邮政覆盖全国运输大网的优势以及电商、EMS极速鲜等平台，向省公司申请低于社会公司运费的资费优惠和包装免费政策，开展生鲜果蔬寄递项目。派专人指导帮扶农村网店建设，推动乡村电商发展，助力农村农产品走出去。依托乡镇邮政局，利用全国邮政邮乐网平台，打造“阿坝馆”。利用全国邮政分销平台，整合各类社会资源，探索“阿坝农特产品进城”项目，开展“线上＋线下”销售。开通“绿色通道”，免费为湖北武汉地区防疫捐赠物资提供寄递服务。与全州各级政府及相关部门联系，承担防疫物资承运、免费运送中小学校教材任务，运送30余次。与政邮、税邮、警邮、医邮合作，推进便民服务，响应省公司“非接触式”工作方式，落实疫情联防联控。服务全州税收征管体制改革，对接阿坝州税务局开展发票免费邮寄服务。

（查王来）

信息业

INFORMATION INDUSTRY

电信业

China Telecom

【概况】 2020年，以习近平新时代中国特色社会主义思想和中共十九大、十九届二中、三中、四中、五中全会精神为指导，落实省委十一届和州委十一届全会精神，围绕“一州两区三家园”战略目标，打造“数字政府”“智慧阿坝”，推动数字经济和实体经济融合发展。开展维护稳定、脱贫攻坚、两联一进、创建民族团结进步示范州、电信宽带普遍服务工程、疫情防控和森林草原防灭火工作发挥综合信息化建设主力军作用，增强信息化基础设施建设能力以及通信保障服务能力。

【经营业绩】 全州移动语音用户37万户，有线宽带用户22万户。

【网络覆盖】 “十三五”期间，新建通信基站3386个（4G2592个、5G基站147个），在网运行的基站4074个（4G基站2592个、5G基站147个）。新增4G800兆基站62个。完成中继光缆、基站配套光缆和有线接入网光缆建设共2.5万皮长公里，完成“普遍服务”和“脱贫攻坚”通信建设任务，光网城市家庭宽带接入能力1000兆bps、农村家庭宽带接入能力100兆bps，全州城区、重点景区和所有乡镇通信网络覆盖率100%。5G网络实现国家AAAAA级旅游景区、各县主城区全覆盖。

【灾后重建】 完成九寨沟漳扎机房配套设施建设和机房搬迁工作。完

8月26日，州委副书记吴立岩（左二）在阿坝分公司调研指导工作 （州电信公司提供）

成九寨沟灾后重建物理网、接入网、传输网、STN网和IP城域网建设工作。完成管道建设和光缆建设。完成映秀到日隆，马尔康大藏方向，马尔康到米亚罗，红原到松潘，若尔盖到松潘，黑水到松潘，茂县到松潘，小金到金川，日部到壤塘县，红原到若尔盖，漳扎到九寨沟，漳扎到神仙池等方向灾后环网建设工作。

【网络与信息安全】 制定网络与信息安全2020年工作安排，明确网信安部门职责和工作重点。开展网络与信息安全系统培训，提升网信安意识。推进骚扰电话、垃圾短信治理，开展本地实名制暗访，形成通报机制下发，实名制红线意识得到提升。落实公安部"护网—2019"工作，全州电信网络没有被攻破，没有出现网络安全事故，个人用户信息保护和防范通信网络诈骗工作得到改善。完成全州两会、州委及州政府重要会议等重大通信保障，强力支撑涉藏地区维稳保障。在社会治理、森林草原防灭火、应急管理指挥、智慧城市建设、公共安全领域、互联网监测和重大节庆活动等提供一体化解决方案和畅通的通信保障。坚持业务办理实名登记。

【信息惠民】 贯彻"以人民为中心"理念，聚焦全州通信普遍服务建设、提速降费，开展惠民活动，实现全州行政村全光网全覆盖。全年，自筹资金1.03亿元，完成346个普服基站建设，13个县（市）、174个乡镇及1090个行政村无线网络覆盖100%；全州FTTH端口39万个。响应国家号召，顺应人民期盼，推进提速降费政策落地执行，城区家庭宽带普遍提升至300兆，城区具备1000兆入户能力。优化通信信息产品、网络优化保障、资费优化及售后服务等，宽带提速不提价。启动13个县（市）及卧龙特别行政区和全州95万名城乡居民利益的"政银携手 促进消费"专项行动。阿坝电信与州经济和信息化局启动"净土阿坝·品质生活—5G三千兆，信息新消费"主题惠民活动，推出1000万元惠民消费券、"100+款"5G爆款应用等，推进消费回升和潜力释放，提升消费信心，激发市场活力，发展线上消费，带动线下消费。

【履行社会责任】 向上争取扶贫捐赠专项资金25万元，根据各县分公司的具体帮扶需求下达预算，落实经费。选派的驻村队员工作被帮扶村肯定，其中派驻阿坝县求吉玛乡夏坤玛村若相波被省委、省政府表彰为"2019年优秀驻村工作队队员"，州分公司党委被省公司表彰为"脱贫攻坚"组织创新奖。推进"两联一进"工作，服务雪山草地民族群众。阿坝分公司党委统筹推进民族团结进步与脱贫攻坚工作，强化组织保障，公司党委书记、党委委员分别对应包片包户到人头，采取深入现场走访，面对面交流和电话定期沟通，推进帮扶工作。州公司被表彰为"阿坝州联户联情先进集体"，被州委、州政府评为"先进服务企业"，党委书记蒲川被表彰为"联户联情先进个人"，若尔盖分公司总经理金红被县委表彰为"联户联情先进个人"。利用5G、大数据技术助力全州卫生行业实施医疗上云，远程会诊，从平台到行业的一站式服务平台，构建绿色生态医疗。协助全州大中小幼各类院校构建"智慧校园、平安校园"，整合校园自媒体，提供一站式教务管理平台，充分结合5G、云计算、大数据、IR/VR、人工智能等新技术，推动校园可视化、智能化管理，开展助力中小学校"停课不停学"网络教育支撑。在疫情防控卡点安装慧眼摄像头记录监控

5月13日，副州长蔡清礼宣布"净土阿坝·品质生活—5G三千兆、信息新消费"主题惠民活动

（州电信公司提供）

进出车辆、人员，提高防控工作效率。投入资金130余万元，购置、分发防疫口罩、消毒物品等物资，定期在公司和帮扶村开展环境卫生消杀等，公司及帮扶村没有人员被感染。州公司被表彰为阿坝州“抗击新冠肺炎疫情先进集体”。

【抢险救灾】 面对持续降雨引发的泥石流灾害，启动“抗山洪保通信”应急预案，发出总动员，成立抢修党员冲锋队伍，采用人工搬运抢险材料徒步穿越泥石流灾害区域开展抢修工作，出动抢险人员2650人次，抢修车辆910台次，发电机油机1335台次，恢复基站1310个，修布放光缆760公里，投入资金3762万元。出动68架次无人机巡察道路冲毁、山体高位坍塌实情，开展无人机高空悬挂引接线模式传送物资，紧急调用38台次卫星电话进行抢险全程指挥调度。保障重要通信枢纽、干线、中心机房等设备，在重要通信节点驻扎抢险队伍，发挥全程全网优势对电路进行调度和应急抢修，24小时通信值班。汶川等6个县营业厅店服务时间延长到夜间22点，设立便民服务点，为受灾群众提供休息场所、免费电话、免费补卡等便民服务。

【5G运用】 依托“5G+”产业模式，聚焦九寨沟、黄龙、卧龙熊猫、黄河第一湾、日干乔湿地国家公园等景点，在“5G三九大，云上游四川”活动中，采取5G+4K、5G+VR慢直播等新技术，通过电信IPTV、i视视APP、天翼云VR、四川观察APP、央视频等载体，足不出户即可参与带来的沉浸式场景体验，让游客线上旅游的真实感不断提升。通过“5G+4K”技术将九寨沟的秀美风光、卧龙熊猫风景区中熊猫玩耍的实景等传递给观众，参与群众高900多万人次，打造云游样本，助推“全域景区、四季畅游”生态文化旅游新格局。

7月4日，在求吉玛乡开展七一共建扶贫慰问活动 （州电信公司提供）

【大数据与电子政务运营】 依托12345政务服务大数据平台和电子政务运营平台，推进“州大数据中心政务信息资源共享平台”和“全省一体化政务服务平台”建设。以“数字电视＋互联网＋政务ITV”模式服务全州党员远教，服务于政务宣传，信息科普等。在智慧公路建设打造社会综合治理综合信息平台，服务维护稳定、依法治理和矛盾纠纷调解。以“天网＋雪亮工程＋慧眼工程”模式推动平安阿坝建设，接入用户超过3.5万户。与教育行业合作伙伴联手共建、分工协作，推进“卡＋人脸识别技术＋家校互动”数字校园建设，打造阿坝校园具有示范作用的数字校园。

（李雪奎）

移动通信业
China Mobile

【概况】 2020年，落实以人民为中心的发展思想，在马尔康、汶川、理县、茂县等13个县（市）建立分公司，围绕“一州两区三家园”战略目标，贯彻落实州委十一届十次全会精神，承担起新时代赋予国有企业的历史使命，推动政治责任、经济责任与社会责任结合，助推数字经济发展。

【移动基础设施建设】 无线项目开通508个站点，全州13个市县城区和九寨沟、黄龙景区实现5G网络全覆盖，水磨、映秀、漳扎、川主寺等重点乡镇广覆盖，新建4G基站实现全州城区、乡镇及1354个行政村网络覆盖率100%。全州家宽新建站点877个、端口29720线。

【移动网络提速降费】 推出提速降费政策，推进流量扩容工作，全年完成流量扩容113个资费，流量免

信息业

7月9日，阿坝州人民政府与中国移动四川省分公司签署战略合作协议　　（州移动公司提供）

费增加50%以上，受益用户11.3万户。降低流量资费水平，主流套餐升级为流量畅享，流量全国通用，多人共享，全年流量平均单价同比下降56.7%，移动流量平均资费不足5元／GB。面向建档立卡贫困户给予最大优惠，助力网络精准扶贫；面向企业的宽带和专线业务，推动降低企业生产经营成本，助力实体经济发展。

【移动疫情防控保障服务】 阿坝移动响应政府疫情防控，组织各分公司"7×24"小时值守，保障通信服务。支撑阿坝州委、州政府防疫工作，为住建局、卫健委等100余家各级单位提供疫情服务。为全州中小学校免费提供多种形式远程授课方案，通过"云视讯"同步课堂小班互动教学、名师直播大班教学、家庭多屏互动教学，满足学校差异化需求。开通红名单通信保障2356户，全量保障1336条专线，发送疫情防控信息150万条。做好重要疫区人民群众提高停机授信额度、家庭宽带、集团专线的免停机服务，加大客户服务资源投入，提升10086客服接通率和服务质量。在6月和8月的主汛期，公司立即动用直升机、皮划艇、跨省通信车支援九寨沟勿角林场、松潘白羊乡、汶川耿达等域内通信保障，成为首先恢复通信运营商。

【移动通信扶贫】 投入移动通信资金2亿元，建设传输光缆2.68万皮长公里，实现行政村移动宽带覆盖率95%，高速4G覆盖率100%，国道4G覆盖率96.2%，省道4G覆盖率89.2%，铺就信息基础设施"高速路"，让贫困群众搭上互联网"快车"。贯彻人民为中心的发展思想，打造高速畅通、覆盖城乡、质优价廉、服务便捷的信息基础设施，保障农村地区信息通信服务。

【移动5G信息化建设】 推进"5G+"政务工作，做好政府服务工作，聚焦融媒体、应急指挥平台、环保监管、移动监管执法、在线监管系统等项目，建立"5G+智慧政务"。实现政务云数据共享，推动政务工作"互联网+"，助推政务信息化的发展。在九寨沟、莲宝叶则等重点景区，推进"5G+智慧旅游"落地，助推全域旅游战略实施。聚焦智慧城市、大数据平台、平安阿坝等重点需求项目，了解各局委办需求，助推"5G+智慧城市"建设，实现"三安全两治理一能力"。参与"平台+教育"服务模式，拓展"互联网+教育"大平台。推动5G网络"新基建"建设，打造教育专网，实现对传统4G、宽带、WIFI等网络的融合，提升教育智能化管理需求。开展5G+智慧医疗，落实九寨沟县医共体及智慧医院信息化项目标杆效应，拓展远程医疗、医共体、医疗专网、互联网医院、医疗上云等平台级需求场景。开展"5G+农牧业"，依托红原智慧畜牧（乡村振兴大数据）平台、若尔盖现代牦牛藏绵羊智慧养殖项目标

7月9日，州委书记刘坪（左二），州委副书记、州长杨克宁（左一）在四川移动公司参观创新空间信息化展厅
（州移动公司提供）

杆项目，围绕智慧农业、精准养殖、农业大数据平台业务板块，在相关县（市）复制推广，拓展打造行业生态圈。7月9日，四川移动与阿坝州人民政府、中移（成都）产业研究院在成都签署加快5G发展战略合作协议，公司依托中国移动产业和信息化技术优势，利用网络覆盖范围和客户基础优势，拓展信息化服务应用，挖掘大数据经济价值和社会价值，聚焦“一州两区三家园”战略目标，推进5G网络及行业应用在阿坝地区的建设和深度覆盖，助推“智慧阿坝”建设。

【网络信息安全】 构建主动防御和智慧运营的网络安全运营管理体系，控制高危漏洞和应对大范围服务攻击等高危事件，完成两会、州委十一届十次全会等重要会议的通信安全保障。开展用户普法教育，开展违规号码“查源头、堵漏洞”工作，配合公安部门提供异常开卡人员线索。开展涉诈失信人员限制入网管控，筑牢网络安全防线，维护广大客户合法权益。

（魏小峰　陈　碧）

联合通信业

China Unicom

【概况】 2020年，坚持以习近平新时代中国特色社会主义思想为指导，贯彻落实中国共产党十九大和十九届二中、三中、四中、五中全会和中央经济工作会议精神，围绕集团和省公司工作部署，推进混合所有制改革，扩大网络覆盖规模，拓展市场业务，服务社会治理、产业升级、脱贫攻坚成果巩固、乡村振兴、社会经济发展。

6月7日，组织参加通信抢险　（州联通公司提供）

【基础设施建设】 落实网络强国战略，全年5G新建基站148站，累计基站达1363站，其中，5G基站148站、4G基站665站、4G共享基站60站、3G基站490站。县城覆盖达到100%，乡镇覆盖达到86.16%，行政村覆盖达到69.1%，国家AAAA级旅游景区及以上景区覆盖达到93.25%。州内联通传输光缆达3.2万余皮长公里，构成三张庞大、稳定的传输网络（OTN网络、SDH网络、IPRAN网络），其中，途经州内一干传输635皮长公里，二干传输1587皮长公里。搭建业务出局路由3条，应急电路3条。推动形成全要素、多领域、高效益、深度融合发展格局通信网络，服务“一州两区三家园”。

【推进5G建设】 坚持5G引领，与阿坝电信共建共享5G基站148个，对县城、重点乡镇、行政村及国家AAAA级旅游景区以上的景区全覆盖，推动5G赋能高质量发展、创造高品质生活、实现高效能治理奠定基础。

【网络扩容升级】 全年开通L900站点10兆带宽容量，实施U900站点升级L900和3G网络升级扩容到4G。升级改造承载网，10G通道全部根据载波容量和增加波道的方式进行扩容，汶川至马尔康从10G扩容到50G。

【政务云大数据中心建设】 建成占地面积500平方米、具备10000核

8月26日，州委副书记吴立岩到阿坝联通调研阿坝州政务云大数据中心机房建设　（州联通公司提供）

信息业

VCPU（虚拟处理器）、32TB 内存、存储量达 1500TB（1.5PB）等功能 B 级机房 1 个；政务云大数据中心实现双油机双市电双 UPS 供电模式和 7×24 小时运维支撑、链路双裸纤上联和独享带宽等维护支撑服务，打通跨层级、跨地区、跨部门数共享、互联互通的通道，保障公众政务信息开放、民政渠道拓展、公众舆论引导服务能务提升，实现双方共赢。

【践行央企责任】 贯彻落实精准扶贫工作部署，选派驻村干部 1 人，投入资金 2.43 万元，重点解决贫困村民的生活困难。定向投入扶贫建设资金 2127 万元，新建基站 52 个，实现对阿坝县 21 个乡镇、87 个行政村、3323 户贫困户的有效覆盖，赠送藏汉双语智能终端 5300 台。充分运用现代信息技术，为地方 156 个州县防疫关键部门免费开通大数据，提供远程办公、教育培训、医疗诊治、法律诉讼、文宣推广等六大类 21 种产品 206 项防疫服务。

【网络提速降费】 围绕宽带和专线资费平均降低 15% 的工作目标。通过降本增效、扩大网络覆盖，聚焦新区建设、老旧小区光改投资立项，新增光纤覆盖小区 30 余个，宽带资费下降 20.9%，互联网专线下降 16.7%，资费降幅达到国家管控目标。

（付雪梅　余发龙）

铁塔业
China Tower

【概况】 2020 年，坚持以习近平新时代中国特色社会主义思想为指导，贯彻上级决策部署，组织开展抗疫抗洪、5G 规模建设和深化市场化变革等，拓展市场、做优服务，完成“服务升级年”各项任务目标，实现社会效益、行业效益和企业效益，助推地方脱贫攻坚和经济社会发展。

【5G 建设】 落实国家 5G 新基建战略，解决疫情影响、物资缺乏、人员不齐和建设工期紧等困难，承接 5G 铁塔需求 351 个，交付 351 个，交付率 100%，位居全省第一。全州 13 个县城及重要景区实现 5G 网络全覆盖。营造良好政策环境，推动出台 5G 支持专项文件。10 月 28 日，阿坝州人民政府副州长依当措与中国铁塔四川分公司副总经理杨慧在马尔康签署《推进阿坝州 5G 通信基础设施建设战略合作协议》，双方按照“政府引导、行业推进、开放共享”原则，推进阿坝 5G 通信基础设施建设，促进 5G 与经济社会各领域融合发展。完成 13 个县（市）5G 站址规划及评审，推动 5G 基站建设。

【履行社会责任】 推进电信普遍服务基站建设，提前完成第五批 72 个普服建设项目，交付率位居全省第一。第六批 66 个普服建设项目交付 51 个，高于全省平均进度；正在推进第七期 32 个普服项目前期准备。截至年底，全州 1354 个行政村 4G 网络实现全覆盖。统筹推进疫情防控和生产经营发展，保障防疫物资供应，全州所有员工及合作单位人员实现“零”感染。

7月12日，开展汛期通信保障　（州铁塔公司提供）

【通信保障】 联合电信企业做好通信保障，出动 400 人次，200 台次车辆，300 台次油机，全州实现所有防疫重保站“零”退服。承

10月28日，阿坝州人民政府与中国铁塔四川分公司签署战略合作协议　（州铁塔公司提供）

接、交付疫情应急通信新建需求3个。配合各级政府和电信企业启动应急预案，出动抢险人员1306人次，622台次车辆，2055台次油机，完成1482站次的保障任务，中国铁塔阿坝州分公司和3人分别被表彰为省级"防汛救灾应急通信保障"先进集体和先进个人。

【共建共享】探索实践"政府牵头、铁塔主导、电信企业共享"的建设运营模式，完成2817个共建共享站址建设，共享率83.54%，减少土地占用约13.8公顷。与公安、交警、林草、地震等部门开展合作，推进"通信塔"与"社会塔"双向转化，提升建设速度，降低运营成本，促进区域经济社会发展。

【安全生产】全年坚持"安全第一、预防为主、综合治理"的安全管理方针，主动作为、履职尽责，全年例安全事故"零"发生，实现既定安全目标。

（简明凤）

网络安全与信息化建设

Network Security and Information Management

【概况】2020年，坚持以习近平新时代中国特色社会主义思想为引导，学习贯彻习近平总书记关于网络强国的重要思想，落实中央、省委和州委关于网信工作的决策部署，推进网信事业，为推进"一州两区三家园"建设提供了强大的网上舆论支持、可靠的网络安全保障、有力的信息化支撑。1月，州委网信办被省委网信办表彰为2019年度网信工作先进单位。4月，州委网信办被州委、州政府表彰为2019年度全州维护社会稳定工作优秀单位。

9月14日，阿坝州2020年国家网络安全宣传周活动在马尔康举行　　（州委网信办提供）

加强党的领导。5月29日，组织召开州委网信委第二次全体会议，传达学习中央网络安全和信息化委员会第三次会议精神、省委网络安全和信息化委员会第二次会议精神；听取2019年全州网信工作情况汇报；审议并通过了《2020年阿坝州网信工作要点》《关于加快建立网络综合治理体系的实施方案》《阿坝州"十四五"网络安全和信息化规划编制方案》等文件。

强化网信队伍建设。深入开展"脚力、眼力、脑力、笔力"教育实践活动，着力打造过硬网信部门。举办网信工作专题培训班，培训网信业务骨干50余人次。选派30名网信骨干参加省级以上培训，全州网信队伍管网治网能力水平逐步提升。

【信息化支持疫情防控】组织州县新媒体平台在首页首屏开设抗击疫情专题专栏、发布疫情防控信息、讲述战疫一线感人故事、报道疫情防控经验做法，对外传递阿坝好声音，广泛汇聚抗击疫情网上正能量。协调省委网信办增加阿坝日报社、州电视台等17个政务微信公众号每日推送次数，州县网络媒体刊发疫情防控原创报道1.79万余篇，阅读量超过2.3亿次。组织网评员推送疫情防控信息280余篇，完成转发、评论4.6万余次。制发《关于进一步规范互联网群组信息传播管理的通告》，规范管理全州互联网信息传播。开展省州县三级网信工作联动，建立网络舆情处置绿色通道，强化部门协作、信息共享、舆情会商和联动处置，召开涉疫情网络舆情110指挥中心联席会议5次，编报疫情快报、专报104期，州级领导批示52期。制发《阿坝州抗击新型冠状病毒肺炎疫情的推荐云服务应用指南》《关于做好疫情防控期间通信建设和通信保障工作的通知》《关于加强联防联控和复工复产中数据安全与个人信息保护工作的通知》，引导企业加大信息化投入和应用，推动保网络通信、网络安全、远程诊疗、复工复产、网上招聘、网上教学、网络带货促销、网络直播宣传等工作。

【网络宣传引导】 组织州、县两级官方新媒体发布各类信息3.3万余条，阅读量超过15亿人次，其中抖音账号“阿坝州电视台”发布的单条信息最高阅读量7000余万人次，获赞300余万人次。开展“脱贫攻坚看阿坝”网络主题宣传活动，人民网、中国网等20余家网络媒体发布相关稿件60余篇，阅读量8100余万人次。9月19—22日，承办“中国梦·黄河情—黄河流域生态保护和高质量发展”四川站网络主题宣传活动，20余家中央和省级网络媒体发布涉州新闻稿件50余篇。组织全州13个县（市）融媒体中心参与“花开天府云游四川”“重启2020”等网络宣传主题活动，开展“九寨沟开园”“金川梨花”“县长直播带货”等50余场次直播活动，阅读量1500万人次。11月13日，在理县召开阿坝州网络人士座谈会，传达学习全国、全省和全州网络人士统战工作会议精神，引导全州网络人士围绕“一州两区三家园”建设创作好作品、传播正能量。组织全州网络大V开展“幸福羌年网络宣传活动”，与州文体旅局举办“dou游阿坝”全域旅游抖音打卡挑战赛活动，征集作品2411个，网络平台浏览量1.9亿次人次。

【网络阵地建设】 推进媒体深度融合发展，全州13个县级融媒体中心获“中华人民共和国互联网新闻信息服务许可证”。加强网络社会组织、网络大V管理，8月18日组织召开中共阿坝州互联网行业委员会第一次会议，审议通过《中共阿坝州互联网行业委员会工作职责》《中共阿坝州互联网行业委员会议事规则》《中共阿坝州互联网行业委员会成员工作分工》。成立阿坝州互联网协会，12月28日召开阿坝州互联网协会第一次会员代表大会，审议通过《阿坝州互联网协会章程》《阿坝州互联网协会会费管理办法》等，选举产生阿坝州互联网协会第一届理事会、监事会和会长、副会长。6月15—20日，牵头对达古冰川管理局等10个单位开展勒索病毒攻击现场检查。

11月13日，2020年阿坝州网络人士座谈会在理县召开 （州委网信办提供）

【网络风险防控】 组织各县（市）、州级各部门开展阿坝州2020年国家网络安全宣传周活动，举办网络风险防控应急演练，邀请州内知名人士容中尔甲、蒲巴甲等录制网络安全公益小视频22个，浏览量200万人次。举办线上线下活动210场次，发放各类宣传资料86800余份。

【网络舆情监管】 落实值班值守制度，执行24小时网络值班、领导带班和工作日报等，监测境内外网站、论坛、微博、微信等平台，预警处置上报相关信息。

【网络基础设施建设】 实施“网络强州”战略，加大4G建设、推进电信普遍服务等重点项目，优化网络结构，优化铁塔空间布局，提升网络覆盖范围和网络质量。截至年末，全州新建4G基站360个，新建5G基站329个。实施“智慧政务、智慧产业、智慧民生”三大信息工程，深化行业信息化应用，推进智慧旅游、智慧景区、智慧医疗、智慧园区等信息化项目。

【网络扶贫行动】 为全州30余所学校争取免费读物7万余册。承办浙江省委网信办、四川省委网信办在茂县举办的“风雨同心·共建小康”网络扶贫东西部协作活动。联合浙江省委网信办、“58同城”在金川等7个县开展“网络扶贫·让手机成为广大农民的新农具”线上网络主题培训活动，参训1100余人。

（王莫平）

旅游业

TOURISM

旅游业发展

Tourism Development

【概况】 2020年，坚持以习近平新时代中国特色社会主义思想为指导，全州接待海内外游客3496万人次，实现旅游收入297.4亿元，较2019年分别增长10.74%和29.36%，基本实现年度14%、25%增幅指标。

【旅游发展规划】 完成《阿坝州全域旅游发展规划》《阿坝州长征国家文化公园规划》《阿坝州全域旅游发展白皮书》编制和成果评审。10月9日，2020年阿坝州文化和旅游暨全域旅游发展大会在汶川召开，通报表彰阿坝州首届A级旅游景区文创产品设计大赛获奖单位、金牌导游（讲解员）以及优秀文旅企业，推动2021年全省文化和旅游发展大会基础工作，建立全州文旅大会暨全域旅游发展大会申办机制，确定每年召开一次全州文化旅游暨全域旅游发展大会。

【生态旅游创建】 创建天府旅游名县（理县）1个，国家AAA级旅游景区4个，州级旅游度假区30个。完成壤塘县壤巴拉文化旅游区、九寨嫩恩桑措、九寨爱情海3个景区创AAAA工作省级验收。完成九寨沟勿角、若尔盖花湖、壤塘高原林海、汶川康养创省级生态旅游示范区省级验收。

【推进旅游宣传】 拍摄制作《阿坝州全域旅游形象宣传片》《阿坝州生态旅游宣传片》，创作全球唯一《大熊猫百图唐卡长卷》，在省图书馆举行7天首展。制作出版《阿坝州高海拔山峰图录》《中国国家地理杂志》《何处韵悠扬——阿坝州非遗之旅》《阿坝州研学之旅》，丰富全域旅游融合发展内涵。6月2日，举办“熊猫家园·净土阿坝”全域旅游系列新书发布会，推进“符号互动”“媒体传播”。全网发布相关信息76条，阅读量超85.46万人次。活动刚举办1小时，网上直播突破340.6万人次。8月6日，首届“黄河上游川甘青水源涵养区生态保护和高质量发展协商协作研讨会”在若尔盖县唐克镇开幕。9月12—14日，组织参加在河南省洛阳市举行的沿黄九省区城市文化产业和旅游产业融合发展座谈会、第三届中原国际文化旅游产业博览会，获第三届中原国际文化旅游产业博览会最佳组织奖。

【推进全域旅游】 组建阿坝州国家全域旅游示范区创建办公室，建立州级部门联席会议制度和景区、县（市）联系协调机制，采取包片联县、督查通报、专家辅导、目标考核等方式，推进各县（市）创建全域旅游示范区。截至12月底，汶川、九寨沟、松潘三县被认定为省级全域旅游示范区单位，理县、黑水、红原、金川、茂县、小金、若尔盖七县确定为创建单位。12月17日，文化和旅游部公布第二批国家全域旅游示范区名单，九寨沟县成为第二批国家全域旅游示范区，是四川省民族地区首个国家全域旅游示范区。

【行业疫情防控】 落实州委、州政府关于疫情防控的决策部署，发布对外公告，关闭全州所有A级景区和文体场馆，停止旅游营销活动，加强景区疫情防控。开展线上文化服务和抗疫主题艺术创作，开设线上服务项目200件，服务群众10万人次。举办九寨沟、黄龙、四姑娘山、达古冰川景区恢复开园新闻发布会，推动出台全国医护工作者及1名陪伴家属免门票一年的优惠政策（2020年3月31日起，五一、十一黄金周除外），配套发布一“养”三“洗”四“净”旅游线路产品，推进景区景点和文体场馆恢复开园。

【旅游行业恢复】 组织各景区出台面向医护工作者的门票优惠政策，开通惠州—红原—西宁往返航线。举办“熊猫家园·净土阿坝”全域旅游系列新书发布会。组织各县（市）开展文化旅游资源普查，完成5.8万余个文化资源和1.5万余处旅游资源调查。

【旅游项目建设】 完成国道317最美景观大道项目招投标，推进理县、马尔康、金川、壤塘等7个点位建设。推动理县古尔沟温泉小镇、孟屯河谷景区等6个文旅重点项目恢复开工。争取文旅企业项目补助资金1750万元，落实文化产业扶持300万元。做好“十四五”项目储备，策划包装全州文体旅项目315个，总投资169亿元。其中文旅项目270个，计划总投资147亿元，体育项目45个，计划总投资22亿元。推动九寨沟景区恢复提升，开展景区地质灾害治理、恢复景区旅游设施、拓展景区旅游景点、提升景区管理水平，推进智慧旅游大数据综合管理平台、景区立体式游客服务中心、诺日朗综合服务中心等项目建设。推动若尔盖县文化产业建设项目、红原旅游基础设施建设项目、壤塘县乡村旅游打造项目等中西部帮扶项目建设。推进壤巴拉文化产业园、九寨沟文化产业园等园区建设。推动文化产业园区贯标，组织修订文化产业园区、示范基地评定办法，做好雅克音乐产业园等文化产业园贯标推荐工作。推进甘海子生态文化旅游区、勿角民族生态旅游试验区、九寨沟县特色民宿及自驾营地、九寨沟县全域旅游配套基础设施建设项目筹资，争取资金1747万元（甘海子生态文化旅游区项目330万元，九寨沟县特色民宿及自驾营地240万元，九寨沟县全域旅游配套基础设施项目1177万

3月26日，举办九寨、黄龙、四姑娘山、达古冰川景区开园新闻发布会 （州文体旅局提供）

元），争取灾后重建资金8510万元，超出290万元。申请纾困资金303万元，其中理县鹧鸪山自然公园开发有限责任公司100万元，四川古尔沟神峰温泉有限公司100万元，若尔盖青藏文旅文化发展有限公司47万元，红原县日甘乔旅游开发有限责任公司56万元。申报省文旅厅启动第二批文旅融合示范项目，推荐“一带一路”理县藏羌文旅休闲谷项目、阿坝县文化中心建设项目、红原县雅克音乐文化产业园建设项目、红色文化走廊及户外拓展营地建设项目。争取“一带一路”理县藏羌文旅休闲谷项目、红色文化走廊及户外拓展营地建设项目补助资金1600万元（各800万元）。推荐雅克音乐季申报音乐产业发展资金150万元。指导各县（市）、各景区管理局申报文体旅项目59个，计划总投资12.47亿元。

【酒店与民宿建设】 8月17—22日，阿坝州旅游酒店和民宿标准宣贯及提质增效培训在茂县举行，开展2019年“阿坝州最受游客喜爱的酒店和民宿”“阿坝州最具发展潜力的酒店和民宿”、首批“阿坝州熊猫级标杆酒店和民宿”颁奖及授牌仪式。印发《阿坝州加快推进民宿产业发展的实施意见》，指导民宿经济发展。

（唐学海）

旅游营销
Tourism Marketing

【概况】 2020年，坚持以服务群众为载体，开展宣传推介活动，推进国际旅游营销、国内旅游营销，促进区域合作旅游营销，提升全州旅游影响力。

9月25日，州委书记刘坪在四川省文旅大会上接过文化和旅游发展大会旗帜 （州文体旅局提供）

【国际旅游营销】 9月25日，组织参加在乐山峨眉山市举办的第七届四川国际旅游交易博览会，设立特装展区参加展示展销及交流活动，“熊猫家园·净土阿坝”主题阿坝展馆，整体以大熊猫为设计形象，展出阿坝文化体育和旅游特色。

【国内旅游营销】 6月16—17日，与中共阿坝州委网络信息化委员会办公室联合举办的“dou游阿坝·指尖课堂”在黑水县羊茸哈德村举行。8月19日，开展“重庆人眼中的阿坝”主题活动，面向全国征集“我与阿坝”点滴故事，反映在阿坝州旅游、生活的所见、所闻、所想、所感等内容。9月25日，参加在乐山召开的四川省文化和旅游发展大会，阿坝州成为2021年四川省文化和旅游发展大会承办地，州委书记刘坪接受授旗。11月9日，阿坝州党政代表团在浙江绍兴召开阿坝州—绍兴市东西部扶贫协作和对口支援工作联席会，签订大禹文化传承发展战略合作框架协议。

【区域合作旅游推介】 7月24日，与兰州市举办“熊猫萌动丝路金城　黄河沐浴净土阿坝”——阿坝州全域旅游推介暨兰州·阿坝双城文化交流活动。7月26日，与西安市举办“熊猫萌动丝路起点　黄河沐浴净土阿坝”——阿坝州全域旅游推介暨西安·阿坝双城文化交流活动。11月30日，阿坝州全域旅游重庆推介会暨重庆·阿坝文化旅游战略合作框架协议签订仪式在重庆市举行，与重庆市签订《重庆市、阿坝州5A景区“9+3”战略合作协议》。

（唐学海）

旅游企业经营
Tourism Enterprise Management

【概况】 2020年，围绕州委、州政府下达的目标任务，推动“增产增收、夯实管理、深化改革、稳步发展”，促进经营业绩及效益较上年度增长，实现总收入26130万元，较上年同期的16460万元增加9670万元，增幅58.75%；发生成本费用支出27610万元，较上年同期的26336万元增加支出1274万元，增幅4.84%；实现利润总额3873万元，较上年同期的-8800万元减亏12673万元，减亏幅度144.01%。

【服务体系建设】 完善现代企业制度，聘请管理咨询中介机构从企业发展现状、战略发展规划、法人治理结构、集团管控体系、人力资源管理等修订完善集团战略规划、法人治理结构、集团管控、人力资源管理4大模块16个方案，专题上报州国资委审批。

【全域旅游发展投资】 布局规划达古冰川景区索道上下站游客导购路线，拓展赏冰玩雪、观日出赏星空等非主营项目，提档升级旅游特色产品，擦亮景区“4860文创”产品。打造“景区五星红旗观礼台”“我的眼里只有你鸟巢”“4860冰川咖啡屋”“索道沿线盘羊观赏区”等网红打卡景点，填补景区参与项目少的空白。实施新四姑娘山庄和金林宾馆改扩建工程项目，改造提档升级酒店品质，促进国家全域旅游示范区创建。开展四姑娘山景区领域运营，新增天空之境、雪山许愿桌、彩虹小船及河畔亲子秋千等网红打卡造景，丰富游客立体式多维体验。推出云端山语、3360海拔主题精品项目，研发“3360文创”产品，推动文创产业与旅游业全域融合发展。

【观光车及索道运营】 九寨沟景区投入观光车20747台次，接待游客145万人次；黄龙景区索道安全运行2.8万小时，接待游客88.42万人次；四姑娘山景区投入观光车4353台次，接待游客29.13万人次；达古冰川景区投入观光车10580台次、索道安全运行2.37万小时，接待游客40.49万人次。加强景区观光车及索道主营业务安全生产管理，层层签订安全生产责任书，落实安全生产责任。开展安全隐患排查整治、安全生产月活动、全域旅游环境综合整治、安全生产清单制管理等，夯实安全生产重点领域、关键环节责任体系，遏制或减少各类事故。

3月19日，省委书记彭清华（右二）在达古冰川景区开展调研　　（大九旅集团提供）

【宾馆酒店运营】 执行疫情防控“五个到位”“五个决不允许”要求，结合旅游企业生产经营实际，推进下属酒店企业复工复产。其中达古冰川大酒店接待游客24804人次，实现营业收入491万元。实施新四姑娘山庄和金林宾馆提档升级改扩建工程，暂未投入使用。

【旅游发展】 立足阿坝大九寨文化旅游产业发展合伙企业（有限合伙）作用定位，支持具有发展潜力、近期效益回报可覆盖成本和长期效益可持续的旅游资源开发项目、文化旅游新业态开发、产业链延伸增值等旅游产业发展项目。贯彻落实州委州政府高原健康氧产业发展试点工作决策部署，承担全州高原健康氧产业发展工作国企责任。提档升级新四姑娘山庄所有房间为弥撒式有氧房，改造扩能达古冰川索道上站咖啡屋氧吧为全州高原用氧健康产业明星产品，改造升级四姑娘山双桥沟服务中心现有经营场所为弥撒式有氧房，打造全州高原健康用氧网红打卡产品。全州向省经信厅争取高原健康氧示范试点专项补贴资金20万元，直接划拨给集团专项补助资金17万元。

【退休人员社会化管理】 完成国有企业退休人员社会化管理工作，按时移交集团公司105名社会化管理退休人员档案等。

（余　勇）

九寨沟景区
Jiuzhaigou Scenic Spot

【概况】 2020年，在州委、州政府正确领导下，坚持以习近平新时代中国特色社会主义思想为指导，推动生态环境可持续发展，保障旅游服务业健康发展，推进基础设施和公共服务设施建设。组织召开党委中心组学习（扩大）会6次，组织集中学习和培训48场次，签订保密承诺书74份，完成5个党支部换届选举和3个党支部（总支）支委改选，推进5名预备党员转正和转接24名党组织关系。开展廉政警示教育和廉政提醒，办理问题线索5件，给予2人记过处分、1人书面诫勉，2人诫勉谈话。解决联系村大录村18人和景区社区、漳扎镇居民143人就业，走访联系僧人120次，落实大录村年度帮扶资金50万元，推动大录村油菜种植、便民桥修建、村民活动室和传习所建设、大录古藏寨传统文化挖掘、国家AAAA级旅游景区申报、大学生助学帮扶等。举办线上厨艺大赛、摄影比赛、职工健身操比赛、金秋文艺联欢会等活动8季，丰富职工文体生活。

【重建项目】 完成诺日朗瀑布实验性修复保育和火花海保育，开展受损山体生态修复，打造绿色重建典范。截至年末，修复恢复生态环境374.87公顷。绿化美化装板拦石墙，做到与环境相融，可视范围内绿化美化6.2万平方米。拓宽树正瓶颈路段，推进老虎嘴隧道工程，完成道路重建51.70公里，综合管沟34公里，停车场6个。建成国内景区最大规模真空负压环保厕所系统。采用地螺丝等新工艺修建栈道、休息亭，减小开挖方量、降低成本，修建栈道44.93公里,休息亭20座。推进景区标志性建筑沟口立体式游客服务设施建设，部分功能投入运营检测。开展中调，景区灾后保护与恢复项目29个，解捆后38个，完工项目32个，完工率84.21%，其中竣工10个；完成投资22.93亿元，占总投资的80.76%；资金支付15.80亿元。完善监督检查组意见工作机制和灾后重建廉政风险防控等工作机制，开展各类监督检查57次，发现问题30个，提出整改意见38个，全部整改到位。现场监督工程招标和设备材料等政府采购项目40个。推进省审计厅审计反馈问题整改。

【旅游安全管理】 3月28日，在蓝天临时游客中心举行2020年景区“保开园”综合应急演练，局属各部门、景区各村寨、地灾治理施工单位、道路施工单位、地灾及道路监理单位等参加演练，提升景区应急救援能力、统筹协调能力和快速响应能力，促进旅游应急处置实战能力。8月16日，持续强阻断通往九寨沟景区环线道路，8月18日起临时闭园，8月22日景区恢复开园。坚持预防为主、防消结合方针，落实森林草原防火责任制，实行24小时护林防火值班制度，分段、定时开展巡逻1460次，检查村寨、景点和施工点进消防安全80次，确保全年无森林火灾、火情。开展联合巡山巡护活动8次，教育劝返非法入景区挖药人员6人，拆除、捣毁俺房8座。开展林政管护和400公顷退耕还林地管护。落实哨卡管理，促进景区内资源、防火安全。10月15—18日，州自然资源局组织四川省冶金地勘局、西南交大、四川省地矿局、四川省核工业地质局、省国土空间生态修复和地质灾害防治研究院地质灾害防治专家，组成项目验收专家委员会验收九寨沟景区二期54处地质灾害治理工程项目。执行疫情防控各项措施和人员动态监测，摸排879645人次。开展重点疫区游客回访，逐一回访核对闭园前接待的湖北籍游客687名。组织全局干部职工接受核酸检测，覆盖率100%。设立志愿者服务点7个，做好防疫物资储备及发放。

【旅游综合管理】 落实“外防输入、内防反弹”疫情防控策略，成立指导组到蓝天临时游客中心、诺日朗餐厅、景区施工现场检查指导恢复开园准备工作。3月31日，闭园两个月的九寨沟景区恢复开园迎客。对自驾游客和旅行团采取分时分段分流入园，游客出示健康码、消毒进入闸机口，自助刷证过闸机，系统测试体温合格才能进入乘车通道，工作人员再次检查确认游客口罩佩戴情况，所有检测流程合格的游客才能乘坐观光车进园。截至年末，接待游客147.67万人次，旅游收入1.65亿元，全年实现安全、秩序、质量、稳定“四统一”和无影响投诉、无刑事治安案件、无重大安全事故“三无”目标。全年发动各村工作组和社区群众200次1200余人次，开展村寨环境卫生整治。联合路桥公司等单位出动推土机、挖掘机等大型机械100台次，清理建筑垃圾50车，生活垃圾40车。清扫、清运垃圾和处理污水、粪便3405吨，促进景区“低污染、零排放”。

【资源宣传利用】 11月在广州等目标市场开展线上线下展播、精品旅游推介会及金牌导游云直播等活动，推进主流媒体宣传。国庆中秋期间，推动中央电视台4个频道中的11个栏目播报景区新闻11条、播出48次，在央视客户端等10个头条媒体发布新闻110条，短期、密集景区新闻播报在全国景区中属首次。

【景区市场整治】 开展景区旅游市场秩序整治，处理投诉67起，受理率、处理率和满意率均100%。与各部门、下属企业、社区签订2020年禁种铲毒工作责任书72份。开展诺日朗商品售卖区外来经营人口清理工作3次，清理外来经营人员2人。开展综合执法专项检查4次、村寨私搭乱建排查5次，查处违规销售商户1户、口头警告3户。开展重点对象、重点时段、重点区域综治防控，完善群防群治体系。

【战略合作推进】 9月17—19日，完成中国人与生物圈国家委员会对九寨沟世界生物圈保护区第二个十年评估工作，中国人与生物圈国家委员会主席、中科院院士许智宏出席。专家组实地考察2017年九寨沟7.0级地震生态恢复保护、地灾治理、科普环教设施、大数据监测平台等灾后恢复重建工作。10月16日，全国55个世界遗产地首个联合国教科文组织国际自然与文化遗产空间技术中心（HIST）九寨沟工作站在九寨沟景区成立，HIST副主任王心源与景区管理局局长赵德猛签订合作协议，九寨沟管理局科研处处长杜杰报告九寨沟科研工作概况和建站计划。举办“地球大数据与世界遗产可持续发展学术研讨会”，与会代表们提出景区发展的科技需求和解决方案。

9月17—19日，中国人与生物圈国家委员会评估九寨沟世界生物圈保护区第二个十年工作 （昌兴强摄）

【重建经验交流】 5月8日，应邀参加四川省县域经济学会九寨沟调研座谈会，会上与四川省县域经济学会顾问和相关领域专家交流探讨旅游经济可持续发展情况。8月27日，参加深圳腾讯全球数字生态大会，作“九寨沟智慧景区探索实践”主题演讲，与腾讯云计算（北京）有限责任公司签订战略合作框架协议，推动九寨沟风景区首次上“云”，交流经验、共建智慧景区，助推九寨沟打造自然遗产保护与可持续发展新模式；借助腾讯云技术能力和优势，数字可视化管理景区内自然资源、游客、工作人员行迹、基础设施等；腾讯云围绕游客游览体验，开发建设多种数字化游玩方式，实现游客与景区信息实时对称，减少游客排队、盲从、资讯获取慢等问题，保障游客观景、休闲。

【旅游人才建设】 落实“硕博进阿坝行动”政策，引进硕士研究生7名、本科生9名、大专生1名，考核调入管理人才5名，向省、州争取下派援建干部3名。完成专业技术职务新聘、续聘、等级晋升51人次，技术工人等级考核和技师职务考评16人次，聘任技师2名。完成科级领导职位调整补充4人，试用期满转正任职7人。组织县处级党政领导和科级领导参加职务政治理论水平任职资格考试，11人通过科级任职资格考试。制订《九寨沟风景名胜区管理局2020年全员综合素质提升培训

10月16日，HIST副主任王心源（左）与九寨沟管理局局长赵德猛（右）签订合作协议　（桑吉摄）

计划》，开展"消防知识""垃圾分类与垃圾减量""节约型机关创建知识讲座""'新冠'疫情知识讲座""旅游安全紧急处置""旅游发展专题讲座"等春季集中培训，参训400人次。开展黄龙旅游人才基地2020年旅游管理人员培训班及第二期"黄龙大讲堂"和世界遗产地灾后恢复空间技术监测应用培训，第79批中国博士后服务团专家见面会、"8·8"九寨沟地震三周年"看巨变、凝共识、话发展"活动、2020年阿坝州金牌讲解员大赛和2020年全省研学旅行指导师技能大赛活动，培训覆盖率98%以上。完成九寨沟管理局人才培养示范基地师资力量（师资库）建设。

（王潘潘）

黄龙景区
Huanglong Scenic Spot

【概况】 2020年，以习近平新时代中国特色社会主义思想为指导，贯彻中央和省、州历次全会精神，围绕"一州两区三家园"战略布局，推进景区安全、生态保护、环境治理、规划建设、市场营销、党的建设工作，推动新型冠状肺炎疫情防控，落实"两联一进"群众工作全覆盖，召开旅游推介会、开展主题营销，游客接待及门票收入均较2019年有所上升，获评阿坝州"法律政策七进"先进集体、阿坝州"五四"红旗团支部、阿坝州创建全国民族团结进步示范州工作优秀集体。

【接待游客】 截至12月9日，接待100.04万人次，同比增长64.82%；实现旅游收入1.09亿元，同比增长69.25%。牟尼沟景区接待游客11.69万人次，同比增长13.41%，门票收入477.24万元，同比下降12.20%。红军长征纪念碑碑园免费接待游客9.1万人次。

【资源保护管理】 开展景区环境保护、景观保育、地理信息、生物多样性的科研与应用项目7项，定期开展保护区15个样方、样线野生动植物和水文地质监测，在丹云峡景区发现濒危兰花——小花杓兰居群，多次拍摄到大熊猫、川金丝猴等珍稀保护动物。完成黄龙世界生物圈保护区十年评估和省级自然保护区复核评估。开展资源保护巡护17次，首次开展黄龙自然保护区四沟至九寨沟国家级自然保护区长海的联合巡护，促进两区实现联防共管。开展反盗猎行动，突击清理野生动物分布重点区域，驱逐非法入山人员，清理套索30个，兽夹2个。执行景区环卫分段、厕所专人保洁、垃圾"日产日清"、污水"即产即排"制度，处理生活污水31.91万立方米，处理垃圾230.1吨，填埋炉渣和不可燃物4吨。开展爱国卫生运动"周末卫生大扫除"活动，清除栈道、公路、河道沿线卫生死角，整治景区乱象、偷拉盗运等行为。

【防灭火专项整治】 按照全州森林草原防灭火工作阶段目标任务，动员部署森林草原防灭火专项整治，出动森林防火宣传车1000次，发放宣传单1000份、宣传挂历2000份、告游客须知2000份，制作宣传横幅30幅，发布森林火险预警预报信息240次，开展森林草原防灭火相关专题培训12次。开展森林草原防灭火巡护和林区输电线路隐患排查10次，清理林缘林下杂草、枯枝、败叶等易燃物约4吨。在景区入口及重点入山口设立火源回收箱，回收火源1万余个。购置联防社区消防设施配备，向黄龙乡、小河镇捐赠手台泵6台，消防水管60根，消防快速接头60套，消防水枪6把。

【基础设施建设】 黄龙景区7个灾

后重建项目，估算总投资1.02亿元，截至2020年底，完成支付资金5704.4万元，竣工验收5个项目。黄龙景区栈道工程、黄龙景区地质灾害群测群防项目正实施。截至11月底，完成松潘川主寺旅游基础设施建设项目砌体施工，完成黄龙国家地质公园上山道改建栈道项目工程量65%。完工黄龙家园段河道堡坎、停车场综合服务楼维修改造项目、苗圃基地维修改造、黄龙景区厕所设备提升改造等零星维修项目。

【旅游安全建设】 执行景区门票网上实名预约制度，游客需凭健康绿码方可提前预约购票。在景区入口处搭设红外线体温检测仪，进入景区游客逐一检测体温。在景区公安分局、索道检票处、黄龙后寺设立应急隔离间，配备医疗设备和医护人员，满足临时隔离观察需要，实现景区疫情"零"发生目标。建立安全生产清单制管理，明确部门安全责任清单，推动安全生产主体责任和全员责任落地落实，开展隐患排查治理工作。全年开展15次安全生产联合检查活动，建台账，列清单，消除安全隐患。完善社区联席制度，密切联系周边社区开展社会治安综合治理。应对"8·16"丹云峡暴雨洪灾，保障景区人员生命、财产安全。

【宣传营销】 开展并参与各类宣传营销主题活动，与松潘县携手举办2020年黄龙旅游推介会，与中国石油四川分公司推出"圣地黄龙，'油'你约'惠'——中国石油伴你出游黄龙"优惠活动。参与"熊猫家园·净土阿坝"阿坝州全域旅游推介活动、"藏羌戏曲进景区，诗和远方的最佳组合"的系列主题活动、抖音"云游中国"活动、第24届重庆都市文化旅游节暨城际旅游交易会等，深化景区宣传营销，巩固和扩大客源市场。在九寨沟观光车播放黄龙宣传片等，做好家门口宣传营销。黄龙景区开展知名度提升行动，在央视、四川电视台等主流媒体宣传40余次，举办"2020年黄龙景区与九黄专线旅行商联谊会"。加强与成都九黄专线旅行商的沟通与交流，拉动客源增长。搭建成都、重庆、陕西、甘肃等重要客源地旅行商交流平台，宣传景区旅游产品。8月初，开展黄龙旅游推介活动，邀请超百家旅行商在黄龙共商旅游发展。开展网络直播、电影广告植入等，展示黄龙景区丰富的旅游资源和文化特色。完成"云游美丽中国"之走进生物圈保护区——黄龙保护区云直播活动，直播在线观看超179万人次；在重庆核心商圈观音桥"亚洲第一屏"、电影《随风飘散》中投放黄龙品牌形象宣传广告，提升宣传效应。参与"2020净土阿坝·黄龙极限耐力赛"，赛事线路在2018年和2019年被评为"全国十佳体育旅游精品线路"。携手国内第一款对标国际顶尖大作的开放世界冒险游戏《原神》跨界联动，推动新潮游戏社交文化与黄龙自然资源交融，让游戏传递旅游文化，让旅游文化激发游戏灵感，推动游戏与旅游产业跨界融合发展，打造川西高原首个"景区+游戏"新样板，吸引更多年轻玩家到黄龙旅游。

【优惠政策落实】 2020年，落实全国医护工作者及1名陪伴家属实行一年内免门票游览景区政策，对四川省援鄂医疗队队员及3名直系亲属免收景区门票、停车费和八折优惠景区直营餐饮及索道票。截至12月底，接待医护工作者及陪伴家属7832人次，其中四川省援鄂医疗队队员及直系亲属35人次。

【管理服务提升】 完成阿来书屋建

8月3日，举办2020年松潘黄龙旅游推介活动　（黄龙管理局提供）

设和开放，收录阿来文学作品和阿坝州作家作品1357册，拓展游客了解阿坝文化渠道。承办第四批国家公共文化体系示范项目“藏羌戏曲进景区，诗和远方的最佳组合”系列主题活动，开展藏羌戏曲知识图片展览，提升广大游客对全州藏羌文化的认知。开发及网店销售黄龙吉祥物杰宝等黄龙文创产品9个系列15款，其中“黄龙瑶池微缩景观模型”获2020年度“阿坝州首届A级旅游景区文创产品设计大赛”设计稿类三等奖。配合相关部门开展“四川省千龙千狮闹新春”展演活动，取得社会收益。参加茂县‘2020年文化和遗产日 阿坝州分会场展演”活动，丰富景区文化内涵。

【旅游人才培养】 组织全局干部职工到井冈山和北京开展培训，参加省、州各类专业性、综合性、短期专题培训30余人次。开展内部调训2人，外部跟岗学习4人。坚持公开公平公正原则，优化队伍结构，选拔干部21名（正科级1名，副科级9名，助理2名，主任科员5名、副主任科员1名，企业管理干部3名），平级调整干部5名，交流工作岗位40名。制订2020年新员工招聘计划，根据专业和特长安排8名新进员工工作岗位，落实6名定向培养专科生到黄龙实习。发挥旅游人才培养基地作用，举办民族地区“红色旅游讲解员跟岗培训班”“2020年旅游管理人才培训班”“第二期黄龙大讲堂”，提升民族地区旅游服务人员整体素质，助推全域旅游示范区创建工作。

9月21日，组织“瑶池欢歌”参加“花灯秀演·情聚松潘”比赛　（黄龙管理局提供）

【旅游市场整治】 联合松潘县旅游执法局、黄龙市场监督管理所开展规范景区旅游服务行动，规范提升景区经营服务部门的管理服务水平，查获无证、假证等不规范带团行为34起。采取划片分区、责任到人方式分组负责景区重要地段市场整治工作，充分发挥执勤点作用认真落实旅游市场巡查制，查处兜售人员8人。组织志愿者在黄龙乡小学、黄龙乡、职工食堂和景区入口开展“厉行节约反对浪费”志愿服务活动，倡导厉行勤俭节约、反对铺张浪费的生活方式，发放倡议书、宣传资料营造氛围。

【文化建设】 以“学习强国”平台，学习贯彻习近平新时代中国特色社会主义思想和中央和省、州历次全会精神，加强党员队伍思想政治建设，树牢“四个意识”，坚定“四个自信”，做到“两个维护”。落实党支部工作条例，5个党支部调整优化为7个党支部，配备专（兼）职支部书记，完成支部换届选举、支部考核、党员民主评议评优、新党员发展等工作。组织全局党员参加《中国共产党党和国家机关基层组织工作条例》专项知识测试，把牢机关党建工作方向。落实党风廉政建设责任，推进廉政警示教育，开展工作纪律督查3次，参与引才引智招聘监督、专业技术职称评聘监督各1次，干部任免监督2次，开展“三察三治”监督检查6次，疫情防控督查检查工作6次，厉行节约反对浪费监督检查3次，对较大金额的物资采购、工程招投标、项目验收等关键领域进行监督和廉政风险防控65次。解决5户贫困户就业问题，向联系户和联系僧人发放帮扶资金3.54万元、米200袋、油206桶。投入12.56万元资金帮扶修建包座村村道围栏、改建三联村自来水蓄水池及管道，协助安牟路养护等。为白羊乡捐赠10万元救灾资金，为小姓乡捐赠6万元发展特色文化。

【重要节庆活动】 9月21—23日，组织“瑶池欢歌”参加松潘县举办第四届古城“花灯秀演·情聚松潘”主题花灯会，获创新花灯舞比赛三等奖。10月1日，举办“庆国庆 迎中秋”猜灯谜活动，丰富广大职工的业余文化生活。

（陈云秀 万 敏）

四姑娘山景区
Siguniang Mountain Scenic Spot

【概况】 2020年，坚持以习近平新时代中国特色社会主义思想为指导，完善旅游服务体系，推动国家级AAAAA旅游景区创建，加强旅游安全监管，开展旅游资源宣传，开发旅游赛事活动，全面提升旅游影响力。

【景区发展规划与实施】 规划申创国家级AAAAA旅游景区，完善配套设施、转变发展理念、创新工作机制、提高服务质量，编制完成《四姑娘山旅游景区创建国家5A级旅游景区总体规划》《四姑娘山旅游景区创建国家5A级旅游景区景观资源评估报告》《四姑娘山智慧景区规划》《四姑娘山户外活动项目总体规划》，推进景区软硬件建设。打造“休闲户外”旅游，推动文旅融合发展新路子，突出本土文化，推出市场需求新产品。

【旅游服务体系建设】 建立四姑娘山户外旅游发展培训体系，推动景区从事户外活动，协作服务专业化培训，参训300余人次。订单跟踪评价户外向导（协作），促进户外从业人员提升服务质量。成立全国景区第一个户外活动管理机构，建立和完善相关管理制度，启用线上四姑娘山户外管理系统，推进特种旅游“大数据全覆盖”建设，实现“闭环式”无缝管理和精准营销。联合四川省文旅厅、四川旅游学院制定《四姑娘山山地户外运动旅游服务管理标准体系研究与实践》，通过专家评审，成为全国第一个山地户外旅游标准化项目。

【AAAAA景区创建】 按照创建总规和标准，确定创建项目24个，投资4.84亿元，完成和投入使用项目23个。景区内铺设电缆58公里，实现全景区通电。改造景区公路38.8公里、游步道21公里，改扩建休息亭38座、旅游环保厕所26座、乘车站台8个、人行下穿隧道4座，服务点3个、保护站2个以及完成智慧景区和游客中心对标提升改造等。12月9日，四姑娘山景区景观质量以94.9分通过国家文旅部评审，入围国家级AAAAA旅游景区创建名单。

【旅游安全监管】 不定期排查旅游基础设施，维修更换隐患设施设备。加强景区公路、栈道两旁枯枝杂石清理和游览公路、栈道养护工作。实行网格化管理，分片划段游客安全保障工作，落实责任到人。备注跟踪单独进沟游览的游客，关注具体行程，掌握安全状况。制定细化节假日旅游接待方案，明确职责、落实责任，组织班子成员和机关工作人员到基层一线，开展游客服务和安全保障工作。举办从业机构和户外人员安全意识、服务水平培训，明确风险告知。联合县级市场监管部门、镇政府不定期开展食品安全监督管理。开展汛期前安全大排查，清理泄洪道，设立安全隐患标识标牌，排危地质灾害隐患点。

【旅游资源宣传】 与澎湃新闻对接，参加“最美的地方——中国”2020澎湃新闻助力旅游业复苏公益行动计划。协助四川卫视《想走就走的旅行》栏目在景区拍摄宣传片，宣传四姑娘山特色旅游、美景奇观。在成都双流机场T1航站楼国际出发值机大厅发布全年动态视频，20小时／天／120次／30秒。完成《云端的山语》系列之乘物游心系列片的拍摄，宣传四姑娘

6月9日，省委组织部在四姑娘山景区调研5A景区创建工作 （四姑娘山管理局提供）

9月5日，举办2020年四姑娘山首届熊猫大道自行车公开赛　（四姑娘山管理局提供）

山，提升景区知名度。邀请国内10名网红大咖、抖音达人走进四姑娘山景区，探秘“东方圣山　户外天堂”。

【旅客满意度提升建设】在景区居民摆摊设点处和游客比较集中地开展宣传咨询活动，发放宣传资料，强化景点旅游经营者诚信经营、合法经营、公平竞争，保障旅游者合法权益。利用电话回访、景区微博和游客填写游客意见簿等方式，开展游客满意度问卷调查工作，征求游客对景区景观资源、环境保护、基础设施、服务质量等方面建议意见。全年游客满意度86%。

【景区防灭火责任落实】设置宣传牌、悬挂横幅、组织森林草原防灭火业务培训（演练）等开展防灭火宣传，增强防灭火意识。逐级签订防火责任书，实行分级管理和责任制考核办法，推进网格化管理，执行24小时领导带班、职工轮班制度，保障安全生产。完善森林防火指挥系统建设，落实护林防火工作制度，开展消防物资储备和采购，完善景区森林消防设施设备。

【生态监测与管理】坚持绿色发展理念，促进区域可持续发展，全年种植云杉6万株，高山艳山红1.9万株，红叶树1万株，高山杜鹃1300棵，桃树1000株，芍药16000株，播撒百合种子150公斤，草种6500公斤，花种300公斤，沙棘种子440公斤，修复裸露土地7.3万平方米。

【旅游赛事活动】1月1日，“第十一届四姑娘山国际攀冰节暨高山冰雪音乐节”在四姑娘山开幕，吸引马来西亚、新加坡、日本等国家和国内的300名攀冰运动爱好者参加。8月2日，第三届四姑娘山云间花径越野跑在四姑娘山游人中心开赛，吸引全国27个省市569名选手报名参赛，分别角逐44公里、29公里冠军。8月8日，第六届四姑娘山登山节在四姑娘山景区开幕，吸引全国100家户外机构以及330名户外运动运动爱好者参与。9月5日，“四姑娘山首届熊猫大道自行车公开赛”在四姑娘山景区开赛，活动设“骑行在云端”“探秘隆珠措”两段赛道，吸引全国21个省（市）350名自行车运动员参赛。10月24日，首届四姑娘山徒步露营大会在四姑娘山景区开营，活动设露营组、徒步穿越组、摄影组3个组别，户外运动爱好者600名参加。

（王秋蓉）

达古冰川景区
Dagu Glacier Scenic Spot

【概况】2020年，围绕“一州两区三家园”战略目标，践行“冰川雪山也是金山银山”发展理念，擦亮“大冰川”品牌，深层次开发旅游产品，推进冰川彩林国际旅游目的地建设，接待游客22.07万人次，同比增长46.65%，实现景区直接收入6151.57万元，同比增长63.61%，其中门票收入1270.31万元，同比增长80.18%。

【“大冰川”品牌建设】9月，马蜂窝旅游发布“中国新秘境”榜单，达古冰川景区位居全国第八，是全省唯一进入全国最强劲、最具新网红气质景区。10月，中国旅游研究院和马蜂窝自由行大数据联合实验室开展全国热门旅游地景区调查，达古冰川景区排名第八，是全省唯一冲进全国前十的景区；“给冰川盖被子”“达古冰川开启冰雪旅游”等新闻五上中央电视台。12月，抖音官方发布旅行榜单，达古冰川景区排名西南地区景点榜单和阿坝

4月1日，州委书记刘坪（左前）在达古冰川景区调研微型消防站建设　（达古冰川管理局提供）

州景点榜单第一，热度2786.5万人次，关注度22.6万人次，排名全国景点榜单第三。

【生物多样性培育】 落实“重在保护、要在治理”理念，严守景区生态保护红线、环境质量底线和资源利用上限，开展源头防控、生态修复、环境治理、常态化巡查，推进生态文明建设，筑牢长江黄河上游重要生态安全屏障达古冰川防线。推进绿化亮化美化工程，强化生态资源保护，提升景区颜值。实施“县局司村”联合保护新模式，推进生态资源保护宣传教育、野生动植物保护、林政执法、森林病虫害防治、环境综合整治等资源保护工作，实现生态资源可持续利用。开展《风景名胜区管理条例》等资源保护宣传教育22次，发放宣传资料2.3万余份。联合开展林政执法8次。开展专项野外巡护2次，巡护700公顷。开展森林病虫害防治3次，防治3万余公顷。救助珍稀野生动物6次。组织干部职工5000人次，开展环境整治20次。绿化、亮化、美化景区活动10次。打造金猴海“百亩花海”景观，捡拾道路沿线绿化带乱石杂物，开展环境综合治理督促指导7次，清运垃圾20余吨。恢复整治“9·13”特大泥石流灾害冲毁路段路面等地灾点，是唯一在全州全域旅游环境整治大会被州委主要领导表扬单位。在重点区域安装野外红外相机300余部，捕捉到国家一级保护动物雪豹、金丝猴、羚牛3种，二级保护动物岩羊、猕猴等5种。

【景区防灭火工作】 推进森林草原防火专项整治，宣传《森林防火条例》等法律法规10次，发放宣传资料1.6万份，出动流动宣传车300台次，设置防火标识标牌50余，禁火禁烟标识120个，LED滚动播放防火知识1200条，促进干部群众森林防火行动自觉。开展输电线路、原住村民祭祀用火等重点环节火灾隐患排查整治10次，整治森林火灾隐患6处，清理公路沿线可燃物约5吨。投入资金10万元，添置无人机等森防设备。组织干部职工、景区义警、一线管护员和三达古民兵124人，组建义务扑火队4支。开展森林草原防灭火和消防安全应急演练7次，检查维修护林防火设施设备50次，提升森林草原防灭火应急处置能力。采取“承诺制＋备案制”方式，管控景区违规野外用火，制止村民屋前祭祀用火8起和景区内吸烟等违规行为200次，回收火源500个，消除火灾隐患，实现连续18年无森林草原火灾事故发生。

【科研保护】 建立“科研＋科普＋生态旅游”长效生态发展机制，联合高等科研院所开展独叶草专项调查、全国首个应用“地球工程学”措施减缓冰川消融的“冰川盖被子”实验和五脉绿绒蒿专题调查，“探寻万株独叶草”“冰川盖被子”等科研项目效果好，优化景区生态环境、丰富物种资源。邀请中科院西北研究院等专家10批60人次到景区一线，开展冰川及周边生态环境、野生动植物保护等科学调研。申报国家气象公园规划科研项目和冰川红叶彩林旅游策略研究项目，获批冰川红叶彩林旅游策略研究项目。动态监测索道上下站等4个点位地表水、环境空气、环境噪声等，达一级或Ⅰ类标准。推进高山野生花卉驯化繁育基地建设。开展蜀葵实验性引种，先期实验性种植的桃儿七等7种花卉植株完整，野外生长状况良好，科研支撑生态资源开发。

【景区发展规划与实施】 完成《三打古自然保护区生态旅游规划》《达古冰川景区5A级景区提

升规划》等规划编制和审批，编制《四川三打古省级自然保护区生态旅游总体规划环境影响评价报告书》《达古冰川创建全国生态旅游示范区规划》《达古冰川旅游发展“十四五”规划方案》等，推进全国生态旅游示范区、国家级地质公园创建，推进国家5A级景区创建，推动观光休闲、康养度假、避暑纳凉、房车自驾、户外探险、科考研学等旅游产品建设，丰富“大冰川、大雪山、大彩林、大长征”特色旅游文化内涵，凸显“诗无达古、四季精彩”旅游品牌。投入全国生态旅游示范区创建经费80万元，国家级地质公园建设经费589万元，完成《达古冰川全国生态旅游示范区创建申报指导》招标、全国生态旅游示范区创建申报资料编制和宣传片摄制。完成达古冰山国家地质公园博物馆建设项目招标和进场作业。完成达古冰川景区罗毕牧场河道防洪治涝生态恢复项目建设。对接州发改委落实达古冰川景区旅游应急救援中心和达古冰川景区游客观光栈道改扩建项目2个，总投资3000万元。在省林草局争取《三打古自然保护区生态监测项目》估算投资2200万元，推进项目前期工作。优化达古湖、罗毕湖、娜姆湖等景点建设，新建景点“罗毕圣湖”网红打卡景点。

【生态旅游营销】 全新设计冰川旅游产品和旅游线路，实施品牌营销策略，提升景区知名度和竞争力。优化冰川、彩林、文化等生态旅游品牌，开展春季“赏花玩雪”、夏季“康养避暑”、秋季“红叶彩林”、冬季“冰雪天堂”四季旅游产品宣传。制定“观日出”“拍婚纱”等定制化线路产品，形成“月有亮点、季有主题”的品牌新形象。开展冰雪旅游期“靓装”活动，增设“观景木屋”，修建“远古记忆”文化墙；升级改造4860咖啡厅、冰川之眼、达古湖、罗毕圣湖、泪湖等网红打卡点，打造特色网红打卡景观和冰雪旅游体验区。达古冰川冬季冰雪旅游产品受到市场热捧，成为青年人“网红打卡”首选地，成为全省、全州冬季旅游亮点和热点。以月和节庆为节点，策划举办“朝圣达古、新年祈福”“九千年的爱恋——达古冰川婚拍旅游季”“爱达古冰川、爱健康生活”“藏羌戏曲进景区，诗和远方的最佳组合”“享20度夏季，高负氧康养福地　观冰川山花，无蚊虫避暑仙境”“七夕，爱在达古”“网红带你游达古”“生命在高处、纯净在达古”冰川瑜伽直播、“越过四季”达古冰川登山越野挑战赛、“Gofun共享汽车冰雪之旅”“零度音乐会”“1元游达古—达古冰川宠粉”“小红书博主达古冰川穿搭日记”“冬趣达古、造物狂欢达古”主题营销活动。利用《中国机长》拍摄地和湖南卫视《天天向上——冬日暖咖》入选咖啡馆等，推进文旅融合发展。策划打造国内首个纯自然网红景区、川西小瑞士、全球海拔最高客运索道、全球最高最孤独冰川咖啡馆、中国爱情圣地等固定IP，推动景区“打卡”热，丰富营销活动，促进旅游市场加速复苏。参加“熊猫萌动丝路金城　黄河沐浴净土阿坝”阿坝州全域旅游推介暨兰州西安·阿坝文化交流等旅游推介活动6场次，推介达古冰川旅游资源和旅游路线。在西安举办“新形势、新思路、新未来”达古冰川推介会，与西安中旅合作成立“达古冰川西北营销中心”，推出“自驾＋户外＋旅行社服务”模式，拓展陕西及大西北旅游客源市场。邀请成渝两地及省内其他二级市场的旅行商社10批200名业界同行在景区踩线考察，延伸省内二级市场，巩固成渝两地客源市场。运用微信、微博、抖音等平台宣传营销，开展线上线下活动30场。建立媒体矩阵，通过官

10月18日，2020年四川红叶生态旅游节暨黑水县第八届冰川彩林生态文化旅游季在达古冰川景区举行

（达古冰川管理局提供）

11月14日，达古冰川管理局党委书记唐华祥（前）在越过四季、越野挑战赛开幕式上致辞

（达古冰川管理局提供）

方微信、微博、小红书等10家线上网络平台实时宣传营销，推送各类新闻2564条，开辟景区营销渠道，发展潜在客户，提升景区形象。在成都、重庆、西安、绵阳等一、二级市场调研，以“电台讲故事、LED展美景、电梯广告近距离、旅交会树形象”等宣传手段开展市场拓展。拍摄“360度看达古冰川”专题片，整合互联网、私家车广播、公交地铁广告、电梯框架平面广告、户外大牌、影视媒体等资源，提升知名度。开展“旅游+商超”“旅游+影视”“旅游+婚拍”“旅游+航拍”等跨界营销活动60场次。对接华为5G《全光中国》公益宣传片、商业院线电影《游客陌生人》、腾讯网剧《鬼吹灯系列昆仑神宫》、央视电视剧《圣地可可西里》等10批剧组2000人，在达古冰川取景拍摄，推动达古冰川成为网红景区和影视拍摄基地，激发生态旅游发展活力。景区旅行社完成组客11.7万人次，较2019年同期增长121.80%；团散比例由2019年的4∶6上升到5.4∶4.6。

【旅游服务体系建设】 组织干部职工6000人次深入景区一线，采取站桩、动态服务方式开展安全提醒、游客疏导、环境整治、旅游咨询等志愿服务。协调黑水县公安、工商和医疗等执法、急救人员600人次，协助开展旅游秩序维护、医疗急救、旅游执法等工作，保障游客安全，全年无重特大旅游投诉事件。开展旅游市场扫黑除恶综合整治30次，规范旅游购物摊位1处，排查安全隐患30余次，清理一线塌方落石20次。

【旅游安全监管】 守护“净土阿坝”，开展疫情防控，防控机制完善、疫情防控宣传、湖北籍游客全面摸排、景区网格化管理、环境整治消杀、员工教育培训、疫后开放准备工作，实现景区游客和干部职工零感染。坚持关口前移，开展游客健康管理、实名制网络预约订票、环境场所消杀、疫情防控巡查、景区网格化管控、食品安全监管、防疫知识宣传、疫情联防联控、防疫物资储备和应急处置防控措施，排查重点区域“三类群体”，落实“两报告一隔离一检测”制度，堵住漏洞，确保游客生命财产安全。落实“安全第一、预防为主”原则，建立完善景区旅游安全工作机制，层层签订旅游安全责任书，开展旅游安全宣传教育5次，散发宣传资料、流动宣传、专题讲座等，散发旅游安全宣传单1800份。开展特种设备运行安全、配套旅游服务设备安全、食品安全等重点环节旅游安全隐患排查整治10次，发现问题18个，完成整改18个。开展“景区防洪应急演练”1次，排查整治景区自然灾害隐患8处，清理景区公路塌方落石20次，全年无旅游安全事故发生。

【提升游客满意度】 推行一线服务、优质服务、靠前服务和微笑服务，受理游客电话或现场咨询4万人次，免费提供雨伞1000人次，赠送一次性雨衣1万件。开展游客满意度问卷调查1次，发放问卷调查表500份，回收率100%，满意率较去年略有提升。

【景区环境监测】 9月，与四川省阿坝州生态环境监测中心站在沟口游人中心、红军桥、索道下站、索道上站四个点位开展景区环境质量现状监测，动态监测地表水、环境空气、环境噪声，采集水样8份，环境空气监测数据99条，环境噪声监测数据16份，出具《达古冰川景区环境质量现状监测报告》，地表水、环境空气、环境噪声为一级或Ⅰ类标准，符合生态环境监测标准。

（马　燕）

城乡建设与生态保护

URBAN AND RURAL CONSTRUCTION AND ECOLOGICAL PROTECTION

城乡建设

Urban and Rural Construction

【概况】 2020年，落实《阿坝州巩固和提升城镇建设管理实施意见》，加强城乡基础设施建设，开展申报历史文化街区，推进城乡环境综合治理，改造城镇老旧小区，巩固提升全州市貌乡容。

【城乡设施建设】 组织召开全州新型城镇化建设发展大会，制定《阿坝州巩固和提升城镇建设管理实施意见》。截至年底，全州常住人口城镇化率达 4 人 49%，城镇建成区面积达 101.5 平方公里。全州天然气管道总长 269.7 公里，燃气普及率 71%。有县城供水厂 21 座，供水管网 880.3 公里，县城供水普及率 87%。红原等六县公共建筑基本实现集中供暖，供暖管道 177.8 公里，供暖 86.97 万平方米。建成一批污水、垃圾处理设施，实现城市（县城）生活污水垃圾处理厂（场）全覆盖，全年县城污水处理率超过 80.5%，建制镇污水处理设施覆盖率 64%，县城生活垃圾无害化处理率达 97.3%；实施城镇美化、绿化工程，县城建成区绿地率 21.4%。

【魅力小城镇建设】 推进“百镇建设行动”建设，建成水磨、叠溪、中壤塘等特色浓郁、环境优美、功能配套的特色魅力小镇；申报 12 个全省“百镇建设行动”示范小城镇、7 个省级特色小城镇，向省级财政争取到位试点镇基础设施、公共服务设施、城乡环境等建设专项资金 13938 万元。

3月16日，松潘县川主寺魅力小镇竣工 （州住建局提供）

【市政设施建设】 组织到县到点位开展在建项目现场检查20余人次，督导城镇污水垃圾处理设施20处，完成污水垃圾"三推"项目51个。完成城镇公厕、交通公厕、景区景点公厕和农村户厕建设各类公厕174座（改建121座，新建53座），农村户厕24291户。完成《阿坝州公共厕所专项规划》。完成住建系统10个省州重点项目，投资9.48亿元，完成率110.1%。推进县城市政基础设施项目，完成投资5.78亿元。

【提升垃圾处理能力】 全年新建成热解气化垃圾处理设施8座，5座生活垃圾填埋场参加并通过省级无害化标准等级评定。

【历史文化街区申报】 根据四川省人民政府核定的四川省第三批历史文化街区，松潘县岷山历史文化街区、松潘县苍坪历史文化街区、松潘县中江历史文化街区创建为四川省第三批历史文化街区。

【老旧小区改造管理】 全年在马尔康市、汶川县、壤塘县、金川县启动城镇老旧小区改造项目13个，改造房屋170栋，建筑面积37.57万平方米，涉改住户4185户，争取中央补助资金1332.15万元、省级补助资金391万元。

【城乡建设环境治理】 围绕城市"五乱"和"两线一部"等突出问题治理，做好城镇街区、商场市场等的环境常态治理，推动"城中村"、背街小巷、城乡接合部脏乱差整治。开展各类环境整治行动，全年清理卫生死角垃圾3500余吨，清理水上漂浮物2290吨，清理和规范流动摊贩及越门占道经营1160起，治理广告"牛皮癣"8840处，规范店招店牌1320个，拆除违章设置户外广告488块，治理公厕脏乱差701处，治理工地乱象281处。

【"百镇建设行动"扩面增量试点镇】 茂县叠溪镇、壤塘县中壤塘镇通过2020年省级百镇建设行动验收。争取小城镇建设资金1058万元，完成黑水县色尔古镇、汶川卧龙镇考核验收，争取省级小城镇建设资金550万元。

4月25日，组织群众美化环境 （州住建局提供）

【美丽新村建设】 转发四川省住房和城乡建设厅《四川省农房风貌指引导则（试行）》，推动各县（市）因地制宜开展风貌设计，指导金川县、九寨沟县开展农房风貌整治提升试点工作。

【传统村落建设】 编制完成《阿坝州传统村落保护利用规划》，摸底调查"两项改革"后传统村落，保留国家级41个，调整更名3个，省级传统村落由127个调整到122个。

（范秋实　颜　乔　郑祥亮　王德春　杨成刚　秋　旭）

生态环境保护

Ecological Environment Protection

【概况】 2020年，全州空气质量优良率100%，长期处于全省前茅全国前列。8个主要河流国省考断面和31个县级及以上集中式饮用水水源地水质常年保持Ⅲ类标准以上，其中5个国考断面水质由Ⅱ类提升到Ⅰ类标准、1个国考和2个省考断面水质保持Ⅱ类标准，优良率100%，排名全国339个地级及以上城市国家地表水考核断面第26位，水环境质量持续保持稳定，主要污染物持续减少，环境风险稳定可控，土壤环境持续保持稳定。

【全国污染源普查】 完成第二次全国污染源普查工作，形成五大报告，工作成效得到国家、省高度评价，州生态环境局、汶川生态环境局、松潘生态环境局被表彰为表现突出集体，曹德斌等15人被表彰为表现突出个人。

【大气污染防治】开展“大气三控”，确保大气质量优良100%。推进以电代柴（煤）工程，完成358户民用燃料清洁能源替代，改造燃煤小锅炉65台。加强道路、施工、堆场扬尘监管，加强秸秆禁烧管控，秸秆综合利用率90%。完成1家水泥生产企业超低排放改造，开展3家企业强制性清洁生产审核。加强8家机动车环保检测机构监管，抽查检验机构13次，保障每年6.5万车辆检测；路检抽查104辆柴油车，遥感检测机动车150万次，注销老旧汽车2.1万台。

【水污染防治】开展“碧水三治”，确保8个主要河流国省考断面水质优良率100%。采用“3+1”模式治理438个行政村污水，占比40%。建成13个县城和55个建制镇污水处理设施。实施农药减量控害和化肥零增长行动，开展1548个禁养区管理和45个规模养殖场粪污处理监管，畜禽粪污综合利用率99%，畜禽养殖粪污处理设施装备率95%。

【土壤污染防治】开展“净土三抓”，确保土壤质量总体稳定。建成垃圾处理设施23个、医废处置中心2个、餐厨垃圾资源化利用2个。完成4633公顷农用地土壤详查，完成10家重点行业企业用地土壤污染状况调查，为113个地块建立“一企一档”，推进21家重点监管企业开展监测。完成8个矿山生态环境问题整治。

【环境质量建设】全州生态环境状况指数保持“优”级，全州有各类国控、省控和县控环境监测点位331个，基本建成大气、水、土壤、噪声、辐射、生态、污染源检测体系。

【项目环评审批】开通环评“网上办、不见面审批”等服务，建立主动服务机制，开通重大项目“绿色通道”，做好建设项目环评要素保障。截至年末，组织项目环评报告专家开展技术评审231个，全年审批项目环评文件183个，其中承诺制审批28个，完成成都至四姑娘山山地轨道交通扶贫项目、久治至马尔康高速公路等重大项目的环评审查审批。完成固定污染源清理整顿和排污许可核发登记，发证登记1034家。

【企业环境信用评价】督促指导涉及县（市）做好参评企业材料的初审，全州参评企业33家，其中环保良好企业21家，环保警示企业9家，环保不良企业3家。

【生态环境监测】完成5个国控地表水监测断面、2个省控地表水监测断面、25个县域河流地表水监测断面水质监测，水质均达《地表水环境质量标准》（GB3838—2002）Ⅱ类标准，达标率100%；7个市（州）级城镇集中式地表水饮用水水源地、19个县级集中式地表水饮用水水源地、200个乡镇集中式地表水饮用水水源地水质监测，水质均达《地表水环境质量标准》（GB3838—2002）Ⅲ类标准，达标率100%；3个国控环境空气质量自动监测点位实时连续监测，优良天数比例100%；13个省控空气质量自动监测点位实时连续监测，其中马尔康、小金、金川、理县、阿坝、若尔盖、红原、壤塘、松潘、九寨沟、黑水优良天数比例100%，汶川，茂县优良天数比例99.7%。马尔康市6个功能区噪声监测、15个区域环境噪声监测点位、4个道路交通噪声监测点位，监测结果达到《声环境质量标准》（GB3096—2008）标准，达标率100%；完成辐射环境质量监测，全州辐射环境质量状况良好。完成汶川县、茂县、理县、松潘县、马尔康市、金川县

9月24日，开展环保设施公众开放日活动　（州生态环境局提供）

11月4日，黄河流域突发环境事件联防联控座谈会暨联动协议签约仪式在马尔康举行

（州生态环境局提供）

县域跨界断面水质季报监测，岷江上游地表水高氯酸盐月报监测；全州13个县农村环境质量监测，13个县国家重点生态功能区县域生态环境月报监测；国家地表水环境质量监测事权上收采测分离工作；国控土壤样品采集工作。完成37家重点排污单位和废气挥发性有机物排污单位污染源执法监测。完成53家2019年土壤污染重点监管单位、工业园区、污水集中处理设施和固体废物处置设施周边土壤环境监督性监测。

【环境风险防范】 监督实施重特大生态环境事件和生态破坏事件应急预案，完成岷江流域水电站蓄水库区5处应急处置池建设。开展2020年黄河流域若尔盖段天府行动应急演练，协调解决跨地区环境污染纠纷，签订大渡河、岷江、涪江、白龙江流域突发环境事件联防联控合作协议。

【环境综合行政执法】 建立州县乡村4级网格化监管网络，依法打击环境违法行为，全年立案查处57件，下达整改通知180份，罚款510万元。全州受理环境信访投诉198件，其中来信2件，来访7件，微信举报19件，“12369”电话投诉168件，信访举报受理办理率100%。

【核与辐射安全管理】 完成《四川省核与辐射安全和放射性污染防治“十三五”规划及2025年远景目标》终期评估，编制《阿坝藏族羌族自治州核与辐射事故应急预案》，与绵阳市生态环境局、广元市生态环境局、遂宁市生态环境局签订核与辐射安全监管联防联控合作协议，摸底排查全州核技术利用单位。

【环保督察】 完善“清单制、责任制、销号制”等责任体系，落实整改责任。完善“统筹调度、暗访抽查、指导督导”等机制，掌握整改进度。完善“挂牌督办、通报约谈、移送追责”等机制，推进督查督办。全年实施统筹调度43期，发出通报专报41期，发出提示督办函52份，常态约谈排名靠后的5个州级部门和2个县（市），追责问责247人。

【环境宣传教育】 开展常态化新闻发布4次，“两微一官”公开政府信息1161条，其中门户网站198条、微信公众号409条、微博554条。推进环保设施公众开放12次。

【湿地生态环境监管】 开展自然保护地、生态保护红线监管，监督各类自然保护地监管制度的执行，监督野生动植物保护、湿地生态环境保护、荒漠化防治等工作；监督生物技术环境安全，牵头生物物种（遗传资源）管理工作，组织协

12月16日，举办天府行动——阿坝州2020年黄河流域突发环境事件应急演练 （州生态环境局提供）

调生物多样性保护工作，野生动植物保护率超过85%。

【生态环境问题整改】 收到各类央督、省督问题554个，完成整改553个，完成率99.8%。其中央督33个、省督196个、自然保护区255个、群众信访投诉61件全部完成，央督"回头看"9个问题完成整改8个。长江经济带排查问题240个，完成整改217个，州暗访督查交办问题80个，完成整改42个，正在组织整改1个长江生态环境问题、15项黄河流域生态环境警示片披露问题。

【环保项目建设】 全年中央、省下达环保专项资金22 856万元、10 281万元，实施大气、水、土壤污染治理以及环境监管能力建设项目144个。

（徐加乐）

矿产资源
Mineral Resources

【概况】 2020年，坚持以习近平新时代中国特色社会主义思想为指导，开展矿产勘探，规范管理矿山企业。全州发现矿种55个，大型矿床12处，中型矿床10处，小型矿床36处，有金、锂、花岗石、大理石、水泥用石灰石、泥炭、矿泉水、石榴子石、泥炭、温泉等优势矿种。

【地质勘查】 全州有地勘队伍31个，缩减探矿权至56宗，其中金矿20宗，锰矿14宗，铁矿1宗，铜矿5宗，铅锌矿2宗，钼矿2宗，锂矿10宗、钽铌矿1宗、地热1宗，勘查总面积3725.25平方公里。有效期内矿山企业27个，其中金矿8个、黑色金属（铁矿）1个、稀有金属（锂矿）4宗、其他非金属矿12宗、矿泉水1宗。

【矿业权出让改革】 落实自然资源部《关于推进矿产资源管理改革若干事项的意见（试行）》、四川省自然资源厅关于贯彻落实《自然资源部关于推进矿产资源管理改革若干事项的意见（试行）》要求，推进矿业权竞争性出让，控制矿业权协议出让，推进"净矿"出让。完善市场规则，建立交易平台，建立矿业权市场。依法报批矿业权，分类分级管理。公开出让新设矿业权，州、县（市）人民政府审批同意，按程序报批。

【矿产资源管理】 制定《阿坝州人民政府关于印发水电、矿产、旅游资源管理办法的通知》《阿坝州人民政府关于印发水电、矿产、旅游资源管理实施意见的通知》等规范性文件，明确生态保护优先、科学利用资源的原则，资源股权化、收益基金化、基金民生化的原则，资源开发与产业发展有效结合的原则，市场配置资源的原则，政府主导、集体决策、从严管理的原则。执行《阿坝藏族羌族自治州资源管理办法》《阿坝藏族羌族自治州水电旅游矿产资源管理实施意见》，推进共建开发，推行资源开发补偿收益作价入股。推动矿山企业每年按一定比例扶持当地乡村。推进矿区出让价款赔偿当地村民的草场、土地进，剩余价款按有关规定缴纳。推动资源就地转化，原矿不出州，延长产业链，增加经济效益。

【矿山企业安全生产】 开展金属非金属矿山整顿攻坚战，深化"排险除患"集中整治工作。开展地下矿山安全生产专项整治，兼顾露天矿山、尾矿库安全生产工作。推进金属非金属矿山安全生产标准化和地下矿山安全避险"六大系统"建设，提高矿山安全水平。开展尾矿库隐患治理，完善法规标准制度，深化依法监管。强化科技支撑，开展企业安全基础管理，提高企业安全保障能力。

【打击非法勘查开采】 开展执法监察，打击无证勘查开采、越层越界、以采代探等违法行为，推进立案查处，按照程序和标准处理。注销当地政府下达关闭的矿山企业采矿许可证或勘查许可证，排查关闭、废弃矿山现状，发现未封闭井口等安全隐患，组织封填整改；向应急管理、公安等部门函告注销（吊销）到期未延续的采矿许可证和探矿许可证情况，促进工作协同。执行省安委会、省自然资源厅有关矿山企业安全生产"黑名单"管理制度，执行矿业权人勘查开采信息公示制度，开展矿业权人勘查开采信息公示实地核查，查处实地核查和矿山储量动态监测工作中发现的各类违法违规行为。

（蔡良杰）

森林和草原资源
Forest and Grassland Resources

【概况】 2020年，学习领会习近平新时代中国特色社会主义思想，贯彻落实中共十九届四中、五中全会、省委十一届六次全会和州委

4月24日，2020年阿坝州义务植树活动启动仪式在马尔康举行 （州林草局提供）

十一届九次全会精神，围绕建设川西北阿坝生态示范区战略目标，践行“以人民为中心”“绿水青山就是金山银山”思想理念，贯彻落实省委“一干多支、五区协同”的区域发展战略部署，实施林业和草原重点生态工程，推动长江黄河上游生态重在保护、要在治理、高质量发展，加快建设“一州两区三家园”。全州林地面积435.60万公顷，森林面积219.80万公顷，森林蓄积4.59亿立方米，森林覆盖率26.48%。全州天然草地面积452.20万公顷，其中可利用草地面积385.63万公顷，占草地总面积85.28%。

【林草绿化行动】 完成沙化土地治理2400公顷。实施金川、小金、黑水等县长江上游干旱河谷治理项目625.33公顷。完成国省干线公路绿化总长779.1公里。完成九寨沟灾后重建植被恢复、汶川竹林风景线建设等营造林1552公顷。完成低质低效林改造工程1133.33公顷。推进阿坝多美林卡国家湿地公园（试点）、红原嘎曲国家湿地公园（试点）建设。在全州组织开展义务植树活动。

【林地保护利用】 依法审核办理久马高速、成兰铁路牵引站、金川水电站建设工程等长期使用林地项目115宗、622公顷；办理林木采伐80宗，采伐蓄积5.6万立方米，控制在年采伐限额之内。落实森林资源目标责任制，实现森林面积、蓄积增长。

【草原保护利用】 完成退化草原改良34.67万公顷，人工种草1600公顷，黑土滩治理1866.67公顷，草原围栏建设8000公顷，毒害草治理2666.67公顷。完成退化草原治理1.2万公顷，天然草原改良2.37万公顷，乡土草种基地建设400公顷，鼠害防治10万公顷，虫害防治3.3万公顷，草原监测站（点）建设15个。查处草原违法案件6宗，涉案面积1.61公顷；审核审批州级权限范围长期征占使用草原项目16宗，涉及草原62.37公顷。

【天然林资源保护】 全州常年管护天然林372.03万公顷，完成天保工程人工造林266.67公顷、封山育林3333.33公顷、森林抚育9933.33公顷。兑现集体公益林生态效益补偿72.32万公顷，集体和个人所有天然商品林停伐管护补助12.16万公顷。

【退耕还林还草工程建设】 巩固退

5月17日，开展2020侧柏病害防治 （州林草局提供）

7月2日，开展林业产品检疫联防联治工作　（州林草局提供）

耕还林还草成果5.1万公顷，全年兑现政策补助资金2124.24万元。

【木材检查站建设与管理】 开展流动巡查巡检120余次，检查车辆2000余辆，查处违法运输木材车辆5辆，材积13.1立方米。完善规章制度，强化内部管理，上下班使用钉钉管理软件；修订内控制度，执行“三重一大”制度。

【森林管护体系建设】 落实保护发展森林资源目标责任制，编制2021—2030年森林经营方案，核定“十四五”时期年森林采伐限额。完成国有林区改革，通过省级验收。

【森林草原防灭火宣传】 举办阿坝州首届“绿宝石杯”森林草原防灭火知识竞赛，组织开展防灭火演练309次、1.6万人参与。开展进校园宣传321次，印发宣传手册和森林火灾38问“口袋书”各1万份，发放《森林草原防火教育读本》和挂图8.4万册。制作《火警长鸣》等警示教育片。全年悬挂、张贴防火标语7.4万余幅，发放宣传资料39.7万余份。举办培训班289次，培训5万余人次。向州内手机用户和外来进州人员发送手机短信172万条。全州发生森林火灾3起，草原火灾1起，森林火灾损失率0.01‰，低于0.9‰的省控目标；森林草原火灾案件查处率100%。

【林业有害生物防治】 全州完成林业有害生物防治6231.47公顷，其中无公害防治面积6131.47公顷，无公害防治率98.4%。

【环保督查整改】 按照《阿坝州开展环境保护大检查大整改工作方案》，整改涉林环保督察问题255个，整改完成率100%。

【森林保护资金补助发放】 全州兑现森林生态效益补偿金21594.95万元，其中兑现国有林生态效益补偿资金4358.25万元，集体公益林生态效益补偿资金1.72亿元。兑现集体和个人所有天然商品林停伐管护补助2868.1万元。

【林产业发展】 全州新建林业产业基地1219公顷，其中核桃基地50公顷，花椒基地87公顷。建成林产业基地4.77万公顷，其中以核桃为主的木本油料基地1.48万公顷，以花椒为主的特色干果基地9651公顷。年产核桃（干重）5051吨，花椒（干重）2604吨。

【森林草原防灭火专项整治】 采取“4+9+4+10”模式，建立4个州级大队建队、9个县属大队、4个景区管理局队伍、10个国有林保护局队伍。174个乡（镇）组建290支群众义务扑火队，1114个村（社）组建1054支群众义务扑火队。购买卫星林火监测服务，建成林火视频监控系统64套。购置单兵装备1242套，发放到13支地方专业扑火队；购置小型消防车180辆，配置到174个乡镇和基层单位。分级压实州、县、乡、村、户5级责任，签订目标责任书4488份，防火公约、村规民约188518份。培训生态护林员23852名，推行APP巡护动态管理。

（周　波）

动植物保护
Plant and Animal Conservation

【概况】 2020年，推进野生动植物保护，开展“网剑行动”“清风行动”等专项执法行动；在“2·2”世界湿地日、“3·3世界野生动植物日”、4月“爱鸟周”、“4·45”安全教育日、“6·5”世界环境日、10月“保护野生动物宣传月”等开展野生动植物保护法律法规、知识宣

6月18日，2020年松树病害防治在理县开展　　（州林草局提供）

传，科普野生植物保护知识，提升全州各族人民保护意识，增强绿水青山就是金山银山理念。全州分布脊椎动物557种，其中兽类116种、鸟类338种、爬行类32种、两栖类23种、鱼类48种。有各类植物资源4000余种，其中经济价值植物1534余种（药用植物1200种，芳香油植物70种，淀粉植物37种，油脂植物80种，纤维植物79种，单宁植物68种）。

【自然保护区建设与管理】 全州建有森林和野生动物、湿地类型自然保护区25个，其中国家级6个，省级10个，州、县级9个，位居全省第二，保护区总面积229万公顷，占全州面积的27%。建成森林公园10个，其中国家级4个，省级6个，面积62.3万公顷，占全州面积的7.6%。建有省级以上风景名胜区10处，面积81.2万公顷，占全州面积的9.5%。全州建立省级以上湿地公园6个，面积1.5万公顷，占全州面积的0.17%。全州建立省级以上地质公园5个，面积20.1万公顷，占全州面积2.3%。有世界自然遗产3处，面积的54万公顷，约占全州国土面积的2.3%。

【生物多样性保护】 全州有国家重点保护动物142种，其中国家Ⅰ级保护39种、国家Ⅱ级保护103种，占全国重点保护动物的20.7%。属于国家重点保护Ⅰ级野生动物有大熊猫、扭角羚、川金丝猴、藏野驴等39种。国家重点保护野生植物93种，包括分布在阿坝州境内的国家Ⅰ级重点保护野生植物7种（珙桐、红豆杉、水杉、独叶草等）和国家II级保护野生植物86种。

【野生动植物执法检查】 开展“网剑行动”“清风行动”等专项执法行动，召开野生动物疫情防控会议122次，督导组9个、检查组1428个（次）、执法检查6403人次，督导检查养殖场所351处（次），检查农贸集贸市场超市818处（次），侦破查处野生动物刑事案件2起、行政案件5起。

【古树名木保护】 启动全州古树名木普查，完成古树名木清查及挂牌1199株。

【动植物科普】 全州出动宣传车1570台次，张贴标语、告示、倡议书1111幅（张），发放宣传资料16989份，微信公众号宣传168次，电信平台宣传1618次，电视宣传140次，签订责任书96份。开展野生动物保护、爱鸟周宣传活动。用电视台、短信、微信公众号全方位宣传野生动物保护知识法规，发布保护野生动物科普文章805篇。

【优化自然保护地】 按照全州自然保护地优化整合工作安排，牵头组织各县（市）人民政府、各管理局开展全州自然保护地整合优化工作。全州62个自然保护地（7个划入大熊猫国家公园、3个世界遗产未参与）中52个保护地参与本次整合优化，优化后有42个保护地，其中自然保护区20个、自然公园22个，11月方案上报至国家林草局。

（周　波）

森林消防救援

Forest Fire Rescue

【概况】 2020年，学习践行习近平授旗训词精神，贯彻中共十九大和十九届四中、五中全会精神，落实应急管理部、森林消防局和四川森林消防总队党委各项决策指示，适应新体制新职能新要求，把握稳中求进总基调，统筹抓好疫情防控和年度工作落实，实现疫情防控零感染和年度工作稳中求进总体目标。

【森林消防救援体系建设】坚持"四句话方针"，按照"全灾种、大应急"要求，加强"一专多能"，打造专业指挥控制、全域机动、灭火攻坚、综合救援和综合保障能力。完善相关制度，融入地方多灾种应急救援预案体系，建立顺畅高效的指挥机制。按照"装备精良、人员精干、专业精通、技能精湛"要求，把卧龙中队作为区域综合救援快速反应力量、一中队作为灭火救援尖刀分队，发挥好拳头作用。规范首长机关训练、新消防员集训、岗位大练兵、比武竞赛、野外化模拟化训练、全要素演习等组训模式，推进实战化训练创新发展。参与省、州森林草原防火督导工作，帮助地方完善防火应急预案，指导开展应急演练、灭火物资库和扑火队伍建设。全年派出96人次为各县（市）、国有林保护局、景区管理局专业、半专业扑火队培训44次，受训7085人次。

【森林消防督查】派出20余名消防骨干，在马尔康市、松潘县、九寨沟县、汶川县、壤塘县、阿坝县、卧龙特别行政区等地，采取明察与暗访方式。参与各级巡视、督导10余次。在40余个乡（镇）开展森林草原防灭火专项督导整治，询问村寨居民、随机抽查森林巡护人员、检查护林站、检查各乡防火部门软件资料、查看各乡扑火队建设情况。压实主体责任、督促执行落实、督查推进质效、促进群防群治、提高综合能力，推进各县（市）、乡（镇）森林草原防灭火专项整治工作进程。

【森林消防装备建设】为基层购买水泵、船外机、剪切钳、无齿锯等抢险救援装备和灭火机具零配件，增配大疆无人机、北斗对讲机等通信器材，各类地震、水域、山岳救援装备编配完善，提升救援能力。明确各单位主官主抓装备管理，推动管装爱装教育，建立健全装备档案资料，推进装备人才培养，开展装备训练、培训，增强技术骨干熟练掌握装备性能和使用维修能力。建立装备管理责任网，提高指战员装备管理工作责任心。

4月9日，参加凉山州木里县项角乡火灾扑救　（州森林消防救援支队提供）

【森林救援能力提升】推进森林草原防灭火主责主业和地震地质灾害、抗洪抢险专业救援力量能力建设，定期召开会议，会审方案预案，组织拉动演练，落实"日查训、周讲评、月考核"制度，全年完成154天1078小时52个课目训练。开展无人机操作培训、通讯骨干轮训、驾驶员复训和预任班长集训，组织野外驻训活动15天，推动实战背景下的训练，提升队伍实战化水平。总结火场经验，改进以水灭火战法和训法，制定新的水泵分队携行标准，革新部分装备。全年培训地震救援骨干20人，绳索救援骨干3人，水域救援骨干8人，通信专业骨干10人，卫生与救护骨干25人，特种车辆驾驶员9人，完善教练员人才库建设。完成灭火作战任务5起、洪涝灾害抢险救援任务5起、受困游客转移任务1起，出动4000余人次在九寨沟、黄龙和四姑娘山景区靠前驻防。

【森林安全宣传教育】在元旦、春节、清明节、国庆节等重点时段，组织人员在马尔康市、卧龙特别行政区和九寨沟景区、黄龙景区、四姑娘山景区、达古冰川景区开展专项防火宣传行动，到社区、村寨、学校、景区进行防火宣传教育，对照森林草原防灭火专项整治工作突出问题清单，整理印制《灭火安全手册》3000册、《灭火指挥员指挥手册》1500册和"森林灭火安全防范与紧急避险录像"光盘100份，下

10月2日，开展森林消防安全宣传活动　　（州森林消防救援支队提供）

发至各县（市）、卧龙特别行政区、国有林保护局、景区管理局森林草原防火指挥人员和专业扑火队、半专业扑火队伍。全年在各级媒体刊稿360余篇，省部级以上刊稿200余篇。

【森林消防应急演练】 坚持支队每半年、大队每季度、中队每月至少组织一次战备演练，重要节日和森林草原防火紧要期、自然灾害高发期视情组织战备演练，全年参与完成省“守护青山·2020”扑救森林草原火灾演练、阿坝州草原火灾灭火演练（红原）、阿坝州森林火灾灭火演练（马尔康西索村）、阿坝州洪涝地质应急救援演练（汶川）、九寨沟漳扎镇森林草原防灭火演练、九寨沟管理局森林草原灭火演练6次演练任务。

【“2·12”红原县瓦切镇森林火灾】 2020年2月12日13时45分至2月15日20时00分，阿坝州森林消防支队出动136名指战员，15台车辆，携带灭火机具、通信器材、宿营装备等500余件（套），摩托化机动700余公里，支队长黄泽君指挥全体指战员扑打火线5.88公里，清理火线11.6公里、火点30余处、烟点30余个，完成红原县瓦切镇森林火灾扑救任务。

【“3·28”凉山州木里县森林火灾】 2020年4月3日13时10分，根据总队命令，阿坝州森林消防支队150名指战员在完成西昌市经久乡灭火作战任务后，支队长黄泽君、政委张永强率队，出动10台车辆，携带灭火机具、通信器材、宿营装备等1300余套（件），驰援300余公里的木里县火场，扑灭连续火线3.8公里，断续火线0.6公里，清理烟点240余个，于4月7日13时00分安全回撤。

【“3·30”凉山州西昌市森林火灾】 2020年3月30日18时00分至4月2日16时50分，阿坝州森林消防支队出动150名指战员，10台车辆，携带灭火机具、通信器材、宿营装备等1500余件（套），摩托化机动800余公里，支队长黄泽君、政委张永强带领扑打火线1.8公里，清理烟点130余处，清理站杆倒木100余根。

【“5·7”凉山州冕宁县森林火灾】 2020年5月8日4时20分至5月12日10时30分，在冕宁县靠前驻防的阿坝州森林消防支队指战员130名，由支队长黄泽君指挥，出动17台车辆，携带灭火机具、通信器材、宿营装备700余件（套），摩托化机动80余公里，采取“一点突破、分段围歼”战法，扑灭连续火线1公里，断续火线0.5公里，清理烟点580余个。

【“8·9”九寨沟长海景点驴友搜救】 2020年8月9日19时10分至22时41分，阿坝州森林消防支队九寨沟中队出动20名指战员，携带皮划艇两艘、救生衣30件、救生绳30根、救生圈8个、对讲机10部、卫星电话1部、无人机1架、北斗1台到长海开展搜救工作，经过1个小时搜救，于21时30分发现被困游客，分别于22时00分、22时41分营救6名游客上岸。

【“8·18”九寨沟县火地坝村洪涝救援】 2020年8月18日12时35分，阿坝州森林消防支队九寨沟中队中队出动25名指战员参与救援，按照清淤组、搬运组、排涝组任务，利用锹镐清理淤泥、利用水泵帮助居民排水，派出经验丰富骨干担任安全员，实时监督过往的车辆和降雨量情况，确保及时发现和处置。

经过5个多小时的奋战，中队清理淤泥15立方米，排水泄洪200立方米。

【"8·18"卧龙特区洪涝救援】2020年8月18日6时30分至18时30分，阿坝州森林消防支队卧龙中队出动8名指战员，1台车辆，携带抗洪抢险装备30余件（套），摩托化行军12余公里，抽排电站积水100余立方米，清理淤泥10余立方米。

【"8·19"汶川中学洪涝救援】2020年8月17日下17午时30分至17日22时10分，阿坝州森林消防支队汶川大队出动35名指战员，3台车辆，携带防汛装备、通信装备、宿营装备320余件（套），摩托化机动20公里，搬运沙袋4500袋，加固堤坝400米。

【"8·19"卧龙特区箭竹隧道洪涝救援】2020年8月19日6时30分至8月20日18时30分，卧龙中队出动16名指战员，1台车辆，携带抗洪抢险装备40余件（套），摩托化行军和徒步行军40公里，运用橡皮艇转移受困群众100余人、转接抢险人员300余人。

【"8·27"卧龙特区头道桥洪涝救援】2020年8月27日9时30分至2020年8月28日18时30分，卧龙中队出动66名指战员，3台车辆，携带抗洪抢险装备70余件（套），摩托化行军40公里，转移受灾群众100余人，受灾房屋清淤60余栋。

【"12·14"马尔康市白湾乡森林火灾】2020年12月14日15时40分至15日17时50分，阿坝州森林消防支队出动87名指战员，7台车辆，携带灭火机具、通信器材、宿营装备400余件（套），摩托化机动40余公里，政委张永强指挥，扑打火线3公里，清理火线6公里，清理烟点40处，处理倒木30根。

（李明奎）

气象监测
Meteorological Monitoring

【概况】2020年，坚持以习近平新时代中国特色社会主义思想为指导，学习贯彻新中国气象事业70周年习近平总书记对气象工作重要指示精神，把握气象工作关系"生命安全、生产发展、生活富裕、生态良好"的战略定位，对标"精密监测、精准预报、精细服务"的战略任务，成立阿坝州气象局机关党委，强化基层党建检查指导，落实州委州政府和省气象局各项决策部署，完成工作任务。

【四季气候特点】冬季1—2月：平均气温0.3℃，较历年同期偏高0.4℃。平均降水量正常略偏少。松潘在2月1日出现单站暴雪天气。1月23—25日马尔康、红原、壤塘、若尔盖、松潘和2月13—15日九寨沟、茂县、汶川、理县出现寒潮天气。1—2月均出现高火险时

2020年阿坝州气象监测情况统计表

表7

站名	年度降水量	年度日照时数	日最大降水量	日最大降水量日期
九寨沟	652.9	1946.3	31.2	8月10日
壤塘	972.7	2306.1	28.8	7月8日
小金	810.9	1964.2	29.9	6月26日
松潘	927.3	1628.7	41.8	6月16日
汶川	722.2	1010.4	53.7	8月15日
理县	885.8	1393.4	28.4	3月21日
红原	1030.6	2436.6	35.9	7月28日
若尔盖	989.6	2211.4	47.9	8月4日
茂县	720.2	1553.5	57.6	8月15日
金川	1058.9	2175.2	54.5	7月24日
阿坝	856.1	2672.9	27.6	6月14日
马尔康	1038.1	2333.6	32.5	8月17日
黑水	1025.7	2186.4	34.7	6月16日
全州平均	899.3	1986.1	38.8	

段，森林草原火险气象等级4~5级。春季3—4月：平均气温7.1℃，较历年同期偏低0.2℃。平均降水量97.4毫米，较历年同期多4成。3月16—18日红原、阿坝、若尔盖出现大雪天气。3月15—18日红原、壤塘、阿坝、若尔盖和4月18—23日马尔康、红原、阿坝、九寨沟、小金、金川出现寒潮天气。4月5日、10—11日、20—21日全州有24个监测站出现暴雨天气。3月上旬和中旬，4月1—2日、15—18日、26—28日森林草原火险气象等级4~5级。汛期5—9月：平均气温15.6℃，较历年同期高0.5℃。平均降水量689.5毫米，较历年同期多4成。雨季开始期，中部个别县在4月下旬前期，其余县在5月上旬，接近常年时间。全州出现9次区域性暴雨，163个监测站点出现一般性洪涝。全州无夏旱和伏旱发生。9月马尔康、红原、壤塘、九寨沟、松潘达到秋季连阴雨天气标准。秋季10月：平均气温9.9℃，较历年同期高0.7℃。平均降水量71.4毫米，较历年同期偏多。雨季结束期在10月下旬后期。前冬11—12月：平均气温2.3℃，较历年同期高0.8℃。平均降水量17.6毫米，较历年同期正常略偏多。11月5日红原、阿坝、壤塘出现大雪天气。12月17—20日红原、若尔盖、壤塘、阿坝出现寒潮天气。11—12月出现高火险时段，森林草原火险气象等级4~5级。

【气候影响评价】 全年气温总体偏高，降水量偏多；部分县暴雨、洪涝偏重，山洪泥石流灾害天气频发，致个别县交通中断；无夏旱、无伏旱，秋季连阴雨略低于常年的正常年景。全年全州平均气温8.9℃，较历年同期偏高0.4℃；小金偏低1.2℃，红原、若尔盖、阿坝、茂县偏高0.8℃~1.3℃，其余县与历年同期持平。年平均降水量899.3毫米，较历年同期偏多4成，各县均偏多2~7成。

【人工影响天气作业】 全年州县开展各类人工影响天气作业64次，发射火箭弹245枚。其中开展人工增雨（雪）作业41次，发射火箭弹155枚。开展人工影响作业管理，建设人工影响弹药物联网终端13个，推进装备年检维修，组织培训作业人员50余人。

【气象服务】 向各级党政决策部门报送各类气象服务6657期，州级领导批示10次。保障服务应急及重大活动，启动应急响应9次，处于应急状态时间56天，发布各类预警309期，发送手机短信822万余条。开展红原瓦切“2·12”火灾、小金“7·6”山洪泥石流复合型灾害气象应急保障服务，完成黄河上游川甘青水源涵养区生态保护和高质量发展协作研讨会等重大社会活动气象保障。服务森林草原防灭火，修订《气象灾害应急预案》。运用电视天气预报、微信公众号，常态化宣传森林草原防灭火安全知识。与省农业气象中心签订联动协议，推进为农业气象决策服务阿坝州现代高原特色农牧业体系建设。编制印发农牧业气象服务周年方案，做好决策部门的农业气象情报、产量预报、农业气象灾害监测与评估等服务。推动网上“气象扶贫特产馆”信息更新工作，全州消费扶贫8600余元，加快智慧农业气象服务客户端“四川e农”的应用；服务特色优质农产品，打造“气候好产品”。6月15日，州委副书记吴立岩调研指导气象服务工作。

【气象监测】 1月1日，投入运行红原新一代天气雷达。完成地面观测自动化改革，观测数据量增加10倍，传输用时优化至秒级、传输频次提升至1分钟。预判全年全州气候年景偏差、涝重于旱，准确预报入汛以来区域性暴雨天气过程9次。

6月15日，州委副书记吴立岩（左二）调研指导气象服务工作　（州气象局提供）

汛期暴雨预警准确率 96.19%，强对流预警时间提前 58 分钟。组队参加四川省第六届气象行业综合气象业务职业技能竞赛，1 人获单项一等奖和个人全能三等奖，1 人代表省局参加 2020 年全国气象行业综合气象业务职业技能竞赛。

【气象预警】 联合电信、移动、联通等运营商建立气象暴雨黄色及以上预警全网发布工作机制，全年全网发布暴雨黄色预警 2 次，发布暴雨红色预警信号 1 次，单次发布手机用户 89.8 万户。建成运行阿坝州突发事件预警信息发布平台，实现预警信息第一时间同步抵达各级决策者和广大社会公众人员，微信应用端注册用户 5000 人。与应急管理、自然资源、水务等部门每月定期召开联合会商，研判汛期地质灾害趋势预报的工作机制；全州气象部门同应急管理、自然资源、水务等部门建立“一日一会商”汛期调度制度，分析研判灾害风险。联合自然资源、水务等部门发布山洪和地质灾害气象风险预警。各县（市）联合自然资源等部门发布山洪和地质灾害气象风险预警超过 1725 期。

【气象监测设施建设】 完成 46 套贫困县乡镇区域自动气象站建设，区域自动气象站 431 个，实现全州自动气象站乡镇全覆盖；推进阿坝、红原、壤塘、茂县基层气象防灾减灾“六个一”能力建设，实现基层气象防灾减灾“六个一”能力建设 13 个县（市）全覆盖。

【建设项目防雷监管】 落实社会监管责任，推动防雷及施放气球安全监管等专项检查，开展安全生产暗访检查 44 次，责令 13 家易燃易爆场所整改。完成 185 个防雷安全重点单位检查，检查覆盖率 100%。组织开展行政执法检查 29 次，与各县（市）应急管理、市场监管、消防等部门开展联合执法检查 10 次，发出防雷安全隐患和问题清单 26 份，防雷安全整改工作清单 26 份。开展“排险除患”集中整治，排查重大安全隐患 3 处。深化“放管服”改革，完善四川省一体化政务服务平台基础配置，做好四川省工程建设项目审批系统相关事项的认领、编辑和测试，防雷装置设计审核和竣工验收两项行政许可事项办理时限减至 8 个工作日，应用全国防雷减灾综合管理服务平台，做好“互联网 + 监管”。

5月18日，组织开展建设项目安全生产检查 （州气象局提供）

【生态遥感监测】 阿坝州生态环境遥感监测平台正式投入业务应用，开展积雪、水涵养、生态红线、植被等方面的生态环境遥感评估，评估报告获得州级领导批示，服务相关部门参考应用。联合中国气象局成都高原气象研究所等单位完成的《若尔盖生态区气候变化及对草原湿地的影响研究与应用》研究，获 2020 年四川省气象科学技术成果二等奖。开展川西北生态示范区区域协同气象工作，联合甘孜州气象局成立“川西北高原生态气象研究性业务创新团队”，获厅级以上项目支撑 3 个，资金 31.5 万元。九寨沟县通过“中国天然氧吧”线上复核。完成阿坝州气象事业发展“十四五”规划初稿编制，推进生态气象保障工程、完善生态气象综合观测体系等纳入阿坝州国民经济和社会发展“十四五”规划总纲。

（杨呈韵）

防震减灾
Earthquake Prevention and Disaster Reduction

【概况】 2020 年，贯彻落实习近平总书记“两个坚持、三个转变”的防灾减灾救灾新理念、新思想，围绕州委、州政府中心工作，以防范

3月24日，州防震减灾局党组书记罗浩岚（正前）主持召开2020年度活断层普查项目领导小组第一次会议

（州防震减灾局提供）

和化解重大地震灾害风险为目标，开展监测预报，推进震害防御，推动阿坝州“十四五”防震减灾规划编制，完成各项目标任务，获四川省地震局综合考核评比第二名。

【地震监测】 配合省地震局实施地震烈度速报与预警工程，完成地震活断层普查工程野外工作，在马尔康市、黑水县、红原县建成二氧化碳断层气观测点10个，完成九寨沟漳扎镇强震台恢复重建工作。处理系统故障、网络传输故障10起，连续准确报送监测数据资料。向州委、州政府上报《地震情况反映》44期、发送震情信息短信2万条。执行宏微观异常“零报告”制度，无漏报情况。完成半年度、年度会商报告，向省地震局报送《震情监视跟踪报告》51期、《震情月会商报告》12期。

【抗震设防】 动态调整行政权力事项，实现省、州、县三级统一。推进全州自然灾害防治能力重点工程建设，推动地震易发区若尔盖县房屋设施加固工程，开展地震安全性评价监管指导，完成马尔康、汶川重大工程项目地震安全性评价监管。联合发改、教育、住建等部门摸底调查全州建设工程项目地震安全性评价和学校、医院抗震设防落实情况。推进“双随机、一公开”监管，制定双随机抽查事项清单、计划、方案，明确抽查内容及参与部门。执行《阿坝州建设工程抗震设防备案制度》，开展新、改、扩建工程项目备案审查，全州备案工程项目69项。

【地震应急管理】 梳理明确地震灾害应急管理职能职责，完成《阿坝州地震应急预案（2020年修订稿）》起草工作，州抗震救灾指挥部印发。现场处置理县上孟4.5级、若尔盖4.0级地震事件。按照州抗震救灾指挥部部署，完成阿坝州地震应急救援桌面推演。在全州10个重点危险区学校、医院等人员密集场所组织开展地震应急演练，在马尔康市大藏乡、木尔宗乡、梭磨乡开展“三网一员”地震灾害防御及应急处置能力培训。在理县、汶川、若尔盖等县开展防范和化解重大地震灾害专项调研及督查。派员参加应急管理能力提升培训。

【地震烈度速报与预警】 配合省地震局实施地震烈度速报与预警工程，完成全州179个台站土建项目工作，阿坝分中心投入使用。

【防震减灾法治和科普宣传】 开展阿坝州“两会”“科普宣传月”“安全生产月”“全国科普宣传日”“全国防灾减灾日”科普宣传活动。举

5月12日，2020年全国防灾减灾日宣传活动在马尔康举行

（州防震减灾局提供）

办街头宣传、防震减灾知识竞赛、防震减灾科普讲座、防灾技能培训等，印发宣传资料5.5万余份，接受群众咨询1000人次，赠送防震减灾宣传品2500份，举办防震减灾知识讲座3场，开展防灾技能培训1场。编印《防震减灾知识手册》7.5万册。

（任海韬）

若尔盖湿地保护

Ruoergai Wetland National Natural Reserve

【概况】 2020年，践行“两山”理论，保持生态系统性、平衡性、和谐性，筑牢长江黄河上游生态安全屏障，揭牌若尔盖狼生态保护监测站，完成黑颈鹤环志工作，授予若尔盖县4所中小学“环境教育示范学校”称号，调查登记国家一级保护动物东方白鹳和国家二级保护动物白琵鹭、彩鹮、大杓鹬、反嘴鹬、羚牛等物种6种。

【湿地建设宣传】 完成“两会”期间、“2·1世界湿地日”“6·5环境日”“生态管护扶贫就业”“黄河流域精神文明建设”“共谋绿色生活 共建美丽家园”“保护湿地 你我同行”等专题宣传，覆盖保护区7个乡镇、28个行政村，发放宣传资料8000余份。推送“至美湿地若尔盖”微信公众号简讯100篇，做好中央电视台和四川卫视等媒体宣传报道保护区，提升若尔盖湿地及黑颈鹤影响力，促进公众生态环保意识。

【湿地保护工程建设】 完成总投资330万元的2019年国家重点生态功能区财政转移支付禁止开发区补助项目建设任务，开展小型生态保护设施维护和改造、监测设备及装备购置更新、专项调查、科研监测、人员技术、技能和管理能力培训等。完成投资700万元的2019年湿地生态效益补偿项目，实施草畜平衡试点4533.33公顷，减畜13600头（只），聘请湿地生态管护员292人。完成四川若尔盖湿地科普教育基地展示厅布展，移交若尔盖县花湖旅游有限责任公司管理维护和运营。

【湿地调查研究】 保护区热尔坝保护站挂牌成立全国首个狼生态保护监测站，推进创新规范管理保护狼生态。与全国鸟类环志中心合作，完成保护区10只黑颈鹤幼鹤环志，做好跟踪监测，据统计，全年保护区黑颈鹤稳定在1000只左右。开展保护区物种动态监测，新发现国家一级保护鸟类东方白鹳、大杓鹬、反嘴鹬和国家二级保护鸟类白琵鹭、彩鹮等5种鸟类，新发现国家一级保护动物羚牛。

【湿地保护】 组织35名公益林管护员和292名建档立卡贫困户湿地生态管护员开展日常巡护，制止和打击非法进入保护区捕鱼、狩猎等犯罪活动，杜绝偷猎、开垦、采挖、修建等破坏湿地资源现象。开展草原防火巡查、宣传和隐患排查工作，全年未发生火情。完成拟建项目点位200处的核查工作，杜绝违法占用湿地资源的行为。巩固环保督察整改工作成效，完成中央“环保督查”问题整改销号，整改完成率100%。开展保护区32个点位地下水监测，协助中国林科院湿地研

5月8日，保护区组织放归黑颈鹤　（若尔盖湿地管理局提供）

8月14—16日，保护区开展黑颈鹤环志工作　（若尔盖湿地管理局提供）

究所完成上半年保护区地下水位和水质变化监测，协助中国科学院成都生物研究所完成四种草地类型产水量监测。

【保护人才培养】 选派工作人员参加四川省林业和草原调查规划院（四川省林业和草原生态环境监测中心）学习；派员参加国家林业和草原局湿地司在河北北戴河举办的全国湿地保护项目培训班；派员参加在黑龙江齐齐哈尔市召开的鹤年会。

（银千措）

四川省汶川卧龙特别行政区 四川卧龙国家级自然保护区管理局

Sichuan Province Wenchuan Wolong Special Administration Region, Sichuan Wolong National Nature Reserve Administration

【概况】 2020年，全州森林覆盖率62.54%，植被覆盖率98%。有脊椎动物517种，昆虫约1700种，高等植物1989种，低等植物近2000种。其中大熊猫、雪豹、绿尾虹雉等珍稀濒危动物69种，珙桐等珍稀濒危植物14种，生物物种多样性位居6个大熊猫分布山系67个保护区前列。面积20万公顷，约占大熊猫国家公园四川片区1／10，野生大熊猫数量约占四川片区1／9，是大熊猫科研的主要发源地。组织开展新冠疫情防控，推进“两联一进”群众工作。5月30日，阿坝藏族羌族自治州公安局卧龙分局挂牌成立，撤销卧龙森林公安局。

【生态建设】 1月7日，卧龙特区、保护区管理局在机关会议室召开2019—2020年度资源保护工作会议，签订天然林协议管护责任书1661份，兑现农户天然林管护费420.76万元，91条大熊猫固定样线野外监测28天1276人次。开展春季反盗猎及清山清套、禁笋、禁挖药，冬季反盗猎、清山清套、高远山巡护等专项行动。开展森林草原防灭火工作，实现47年无森林火灾。召开全区森林草原防火工作会议15次，签订森林草原防火责任书1540份，发放宣传资料4300册，消除火情隐患60起。成立森林草原防灭火专项整治工作领导小组，制定森林草原防灭火专项整治工作实施方案，设置十个专项整治组。完成卧龙大熊猫国家公园基础设施统计、社区统计、生态保护红线划分等工作，完成卧龙大熊猫国家公园自然资源确权登记，划分国有资源权属与集体权属界限，完成评估验收。区、局在家领导班子成员，两镇、机关各部门、学校、卫生院、派出所、水电企业、特区森林消防中队和卧龙交警中队负责人以及村两委干部、生态护林员、巡山护林队代表，邀请汶川县三江镇、三江小学负责人和席草村、草坪村干部70人参会。

2月11日，州委副书记、州长杨克宁（左二）检查指导卧龙新冠肺炎疫情联防联控工作 （何晓安摄）

【科学研究】 开展全区雪豹行为生态学与种群保护研究，拍摄到雪豹照片864张，视频208段约2980秒，有效探测316次。出版《四川卧龙国家级自然保护区综合科学考察报告》《卧龙鸟类原色图谱》《卧龙被子植物原色图谱》《卧龙特区林业有害生物普查图册》等调查成果文本3000本。开展森林资源二类调查和林地一张图调查，形成全省林地一张图。开展大熊猫、雪豹、川金丝猴、雉类、高海拔野生观赏花卉等科研项目，发表《卧龙国家级自然保护区邓生保护站开展森林康养活动的探讨》《利用红外相机研究卧龙国家级自然保护区绿尾红雉的研究》《卧龙自然保护区野生绞股蓝的资源分布调查》《卧龙国家级自然保护区水鹿种群密度及分布调查》等论文。

【防灭火行动】 5月21日，国务院戴建国率防灭火专项督导组到卧龙开展督导工作。印发《关于认真做好当前我区森林草原防灭火工作的紧急通知》《护林防火指挥部领导成员分片包干责任制的通知》《森林草原防灭火工作实施方案》，签订各类防火目标责任书 3212 份，构建组织指挥保障体系。开展全民火源管理宣传教育，通过短信、微信、专题会议、农民夜校、有奖问答、安全警示牌，印制传单等进村入户、进学校，发放宣传资料 5400 余份，悬挂横幅 30 条，设立防火宣传牌 3 个，举办森林防火知识专题宣讲 5 次，制作防火专题微信宣传 7 期，发送短信、微信信息 4000 条。安排 28 名护林员和 7 名草管员专门负责防火巡查和火源管理。开展日常巡护工作，落实 7 名草管员专门管理巡查边远草场防火，拆除国道 350 巴朗山沿线烧烤摊位 2 处，消除隐患树障 368 处。申报防火基础设施建设项目资金 1905.4 万元，提升完善防灭火基础设施、设备等。增购风力灭火机、油锯等防火物资，配备到两镇林业工作站和 3 个基层保护站。建立防火应急物资台账，成立 70 人的地方扑火队，在卧龙森林消防中队培训演练。坚持 24 小时防火值班制度，制定扑火队管理办法，明确指挥体系、工作职责、管理制度和奖惩措施，提升森林草原火灾扑救能力。调剂 49.7 万元开展森林草原防灭火专项整治宣传教育及林下林缘易燃物清理等工作，印制森林草原防灭火宣传手册 3000 册、宣传年画 3000 张、台历 200 本、习近平总书记等领导防灾减灾及森林草原防灭火重要论述及批示指示 600 册、《文明祭祀倡议书》《野外用火告知书》《致学生家长森林草原防灭火公开信》等宣传单 6000 份，制作大型宣传牌画面 4 幅、中型警示牌 3 个，小型警示牌 20 个。

【联防联控】 3 月 31 日，组织党群工作部、资源局、旅游局、邓生保护站、三江保护站、木江坪保护站、卧龙镇、耿达镇在卧龙自然与地震博物馆数字大厅召开第一季度保护工作会议。6 月 10—2 日，四川卧龙国家级自然保护区与世界自然基金会（WWF）、一个地球自然基金会（OPF）主办的“野生大熊猫及雪豹栖息地有效保护经验交流会”在卧龙召开。6 月 29 日，组织资源管理局、邓生、木江坪、三江保护站、卧龙镇、耿达镇负责人、管理人员、业务骨干及森林消防中队召开林业、环保法律法规及森林草原防灭火知识培训暨第二季度资源保护工作例会。11 月 13 日，邛崃山系十县（市）一区第三十六届护林联防会议在崇州市召开。11 月 23 日，卧龙邓生、木江坪、三江保护站在邓生沟口开展今冬明春防灭火演练，卧资源管理局、州公安局卧龙分局、派出所、交警队参与演练。11 月 27 日，邛崃山系十二乡镇（局）第三十三届护林联防宣教暨培训会议在卧龙特区耿达镇召开。

【社区保障】 全年下达卧龙特区教育资金 507 万元，已专户拨付各中小学（园）及两镇普九资金 199.66 万元，完成“两基”巩固提高工作指标。收治门诊患者 4492 人次，其中住院病人 199 人次，开展免费预防接种 1237 人次，建立健康档案 2890 人份。管理特殊人群 380 人，住院分娩孕产妇 20 人，分娩率 100%，妇女“三查”378 人，检查率 100%。开展大病医疗救助 77 人次 14.84 万元，自然灾害救灾救助 1653 人次 170.59 万元，困难群众物价补贴 1980 人次 21.20 万元，城乡低保 860 人次 66.22 万元，慈善助学 3 人 3 万元，老龄津贴发放 427 人次 14.16 万元。完成兜底督查 40 户。更新“量服平台”基本信息 100%，完成州下达残联工作目标任务。

【生态旅游】 投入使用卧龙旅游公共服务配套基础设施，在巴朗

5月21日，国务院防灭火专项督导组到卧龙自然保护区开展防灭火工作督导　（蒋海摄）

山、干海子、邓生沟、神树坪、黄草坪等重点区域及国道350沿线开展旅游环境整顿和安全检查42次，检查涉旅企业168家。申报自然教育基地、研学基地、参加“dou游阿坝培训”“大美甘阿凉，风情藏羌彝”“天府三九大，安逸走四川”——阿坝州重庆投资合作推介会、协助完成大熊猫国家公园汶川（卧龙）入口社区主题晚会及中国大熊猫保护研究中心、阿坝师范学院、四川卧龙国家级自然保护区管理局、汶川县人民政府签订“共同推动大熊猫文化产业高质量发展战略合作协议”。全年接待游客50万人次，旅游收入3425.2万元。

【疫情防控】 按照分片包区方式，落实领导责任，完善防控方案，强化防控措施，做到责任到人、工作到岗，履职必严、失职必究。2月11日，州委副书记、州长杨克宁，州委常委、常务副州长范继跃一行到卧龙检查指导新冠肺炎疫情联防联控工作。开展常住人口、外来人口和返乡人员信息登记排查。全覆盖、无死角宣传疫情防控，悬挂宣传标语、发放宣传单、入户宣传及村村响广播、流动宣传车等，巡回播放防疫知识3000余次。组建6支党员宣传自愿队，走村入户宣传。开展新冠肺炎防控上门服务10252人次，免费开展HIV筛查731人次，消杀14205平方米，定期跟踪随访32人次，实现全区新冠肺炎无病例、无反弹，复工复产。开展爱国卫生运动，整治城乡环境卫生，加强公共场所清洁卫生，普及健康知识。开展动物防疫工作，巩固无疫区建设成果。

【宣传交流】 策划审核新闻通稿等10余篇，海内外媒体单次转发最高400多家。参与策划《看春天·硬核隐士》《看春天雪豹大龙》，在央视综合频道、中文国际频道、纪录频道播出。策划呈现央视综合频道《秘境之眼》3期，为白马鸡、川金丝猴、四川羚牛。策划争取央视熊猫频道出资拍摄公园系列纪录片待播出。编印《熊猫之舟》。《中国绿色时报》整版文章登载3篇，为《光明日报》整版撰写基础资料。协助拍摄亚洲黑熊科普，在央视1套《正大综艺·动物来了》节目播出；协助湖南卫视拍摄《“雪山”精灵》，在国际生物多样性日播出；联手WWF在雪豹日推出，井柏然找寻雪豹活动，推出相关纪录片，微信游戏小程序。在深圳、上海的高铁站、公交站、机场投放活动海报。撰写文章4篇，《大自然》2020年第二期《西河考察散记》《森林与人类》2020年第三期《卧龙：熊猫王国雪豹活跃》《地球》2020年第9期《熊猫王国幽深处兰花多彩呈现》《四川画报》2020年第10期《野性卧龙：与大熊猫为邻的野生动物》。

【脱贫攻坚】 全年全区农村经济总收入10252.71万元，人均纯收入14009.38元。按照脱贫攻坚“四个不摘”要求，开展挂牌督战、“回头看”整改销号和“脱贫攻坚纪律作风保障年”工作，巩固提升脱贫成果、夯实经济社会发展基础，7月通过国家普查验收，实现脱贫目标。对照《阿坝州实施乡村振兴战略示范村考评标准》，创建“四好村”、开展环境治理、基层党建、培育壮大生态农业和生态旅游等工作，推进乡村振兴建设。整合财政专项扶贫资金732万元，推进项目18个，竣工16个，竣工率88.9%。开展农业农村发展和惠农政策宣传，引导农户发展“短、平、快”农业项目。开展种养殖技术培训，提高农户种养殖水平，种植茵红李154.07公顷，重楼、白芨等中药材种植11.67公顷，存栏生猪1400头、畜禽3048只、牛羊1776只、蜂蜜2.72吨。

5月30日，阿坝藏族羌族自治州公安局卧龙公安分局挂牌成立 （杨丽娟摄）

【抗洪救灾】 4月28日，副省长尧斯丹带领省政府办公厅、省水利厅、省自然资源厅、省林草局相关负责人一行到卧龙检查防灾减灾救灾工作，调研指导脱贫攻坚成效巩固提升工作。8月15—17日，强降雨引发卧龙区内特大山洪泥石流灾害，根据龙潭电站监测，此次洪峰为90年一遇，卧龙镇交通、耕地、水利设施、地质灾害防护设施损毁近80%，堪比“5·12”汶川特大地震的破坏力，全区断水、断电、断通讯，国道350线断道，卧龙镇、耿达镇形成多处“孤岛”，直接经济损失约5.1亿元，无人员伤亡。成立卧龙特区山洪泥石流灾害抢险救灾指挥部，启动防汛应急预案和二级防汛应急响应，推进耿达和卧龙两个片区抗洪抢险，了解搜寻人员被困点信息，组织车辆成功转移被困头道桥组的过境人员400余人（成都转移200余人，小金转移200余人），160名当地群众全部安全转移至卧龙镇沙湾。按照“三避让、三个紧急转移”原则，安全转移风险区人员2680人，其中卧龙镇2360人（过境人员900人），耿达镇320人。8月18日下午，抢通映秀至耿达便道，20日晚抢通耿达至卧龙、卧龙至小金便道。19日下午耿达片区恢复通讯和供水供电，20日卧龙片区恢复局部供水供电和应急通信。开展隐患排查，疏浚涉及群众安全的河道，防控次生灾害。深入到村组户开展“户户人、入户户”工作，了解群众的困难和需求，疏导情绪，帮助抢险自救、协调解决实际困难。维持市场秩序，查处商家趁灾哄抬物价，协调解决无现金、无网络支付等困难，保障社会稳定。全区投入抢险队伍22支/天，人员3417人次，机具285台次，警力251人次，警车53台次。5月28日，省林草局党组书记、局长刘宏葆到卧龙督导调研防火防汛工作，大熊猫国家公园四川省管理局总规划师王鸿加参加督导。

（王　华　明　杰）

大熊猫国家公园阿坝管理分局

Giant Panda National Park Aba Administration Sub-bureau

【概况】 2020年，成立大熊猫国家公园管理分局涉及茂县、松潘、九寨沟县和汶川县的14个保护地，总面积59.64万公顷，占大熊猫国家公园四川部分的29.56%，占大熊猫国家公园总面积的21.98%。公园内有野生大熊猫330余只，占全州野生大熊猫种群数量的95%。园区内有珙桐、红豆杉、岷江柏等国家重点保护植物70种（一级保护9种，二级保护61种），分布有岷江水系、涪江水系、白水江水系，林地45.1万公顷，草地6.3万公顷，耕地0.54万公顷，矿产5个，水电站36个。全年，辖区部分镇村调整产业结构，发展高原无公害蔬菜，当归、羌活、大黄、重楼等中药材和“三木药材”种植。

【资源管理体制建设】 根据实现大熊猫栖息地面积保护率70%、野生大熊猫种群数量占比80%的两个核心指标和有自然保护区7个、风景名胜区4个、自然遗产地2个、森林公园1个，有人工圈养大熊猫99只，约占全球圈养大熊猫种群数量的16.5%。组织茂县管理总站制定《宝顶沟自然保护区生物多样性监测管理制度》《宝顶沟自然保护区巡护制度》等规章制度，临聘9名巡护人员，定期开展样线监测、护林巡山、卡点检查等工作，覆盖宝顶沟自然保护区70%以上的区域。

【差别化保护管理】 大熊猫国家公园划分为核心保护区和一般控制区，实行差异化保护管理，严格保护种群密度较高区域、主要栖息地

3月16日，大熊猫国家公园阿坝管理分局挂牌仪式在卧龙特区举行　（阿坝管理分局提供）

和大熊猫局域种群遗传交流廊道划为核心区。公园总面积59.64万公顷，其中核心保护区48.76万公顷，占比81.76%；一般控制区10.88万公顷，占比18.24%。核心保护区内禁止一切人为活动，一般控制区内依照法律法规规定开展人为活动；对不同保护等级的野生动植物，采取不同的保护措施。

【栖息地廊道建设】 完成四川大熊猫国家公园试点评估验收，完成大熊猫廊道建设、栖息地恢复等1106.67公顷。编制2021年大熊猫公园生态修复项目，推进大熊猫公园建设"十四五"规划。完成松潘县区域内配套基础设施建设项目和施家堡、小河大熊猫基因交流走廊带建设项目的建设，恢复栽植箭竹、桦树（红豆杉）和生境保育1972公顷。建成双光谱防火云台摄像机6台、超短波传输双光谱防火球形摄像机5台、车辆卡口摄像机4台、人脸双目全结构化摄像机4台、超短波传输红外相机150台等设备购置及安装。在茂县管理总站土地岭廊道建成野外监测系统、7.3公里巡护道路、588平方米的监测中心、恢复植被333.33公顷。四川勿角省级自然保护区黄土梁大熊猫走廊带和甲勿池片区，恢复大熊猫栖息地走廊带1333.33公顷，贯通大熊猫栖息地，促进野生大熊猫摩天岭种群和九寨—白马种群间的遗传交流。

【自然生态系统修复】 实施大熊猫国家公园生态修复项目一期工程4个，投入资金9349万元，完成恢复植被1088.2公顷，生境保育（竹林复壮）1351公顷，建设竹产业基地673.33公顷，开展九寨沟甲勿海大熊猫保护研究院、大熊猫科普监测站和信息化监控系统、大熊猫廊道建设等工作。实施大熊猫国家公园二期项目5个，投入资金7552万元，完成汶川县、茂县、九寨沟县、松潘县大熊猫公园竹林建设、栖息地恢复、基因走廊带建设等生态植被恢复2494.33公顷。封育管理白羊省级自然保护区（76710公顷）以及龙滴水县级自然保护区（25854.6公顷），禁止无关人员进入保护区内，设置安装禁止性标示标牌80块。

7月12日，州委副书记、州长杨克宁（右一）出席2020年九寨沟熊猫园平台搭建活动（阿坝管理分局提供）

开展四川勿角自然保护区种质资源遗传多样性保护示范研究和建设，稳定生态系统，保护生物多样性，保存种质资源。封育管理草坡自然保护区，设立森林防灭火检查卡点，人员扫码进行保护区，设置安装标示标牌14个。

【合作平台搭建】 6月16日，在九寨沟签订《大熊猫保护研究战略合作协议》，大熊猫国家局和研究中心授予"大熊猫国家公园珍稀动物保护生物学国家林草局重点实验室阿坝州研究基地"和"岷山濒危野生动植物保护生物学国家长期科研基地阿坝州基地"。

【共建共享机制建设】 设立公益性管护服务岗位，聘请生态管护员参与巡护管护，促进贫困群众就业增收，共享自然生态保护效益。建立野生动物肇事定损、调查、补偿，促进"保护区—社区—政府力量"的多方联动。卧龙园区推行"协议管护"模式，九寨沟县勿角镇试点推进"以电代柴"保护工程。

【园区安全建设】 组织四川勿角自然保护区管理处与九寨沟县人民政府签订森林草原防灭火目标管理责任书，与各保护站签订林区工程施工森林草原防灭火责任书、2020—2021年度森林草原防火责任书。推动各保护站与辖区村寨签订2020—2021年森林防火管护协议书。大熊猫国家公园阿坝管理分局成立森林草原防灭火督导组，到四县管理总站检查指导森林草原防灭火工作，推动园区安全建设。

（明　江）

科学技术

SCIENCE AND TECHNOLOGY

科学技术管理

Science and Technology Management

【概况】 2020年，坚持以习近平新时代中国特色社会主义思想为指导，围绕省委“一干多枝、五区协同”区域发展新格局和州委“一州两区三家园”建设目标，改善工作作风，促进科技创新“两个手段、三个导向”，推进“两联一进”群众工作全覆盖、党风廉政建设、依法行政、精神文明、基层党建等工作。

【科技项目规划及实施】 全年争取国家、省各类科技计划项目50项，资金2860.8万元；组织实施州本级科技计划项目66项，资金1210万元。新建科技扶贫示范基地5个。

【科技人才引进】 办理红原嘎曲流传地毯制造贸易有限公司5名尼泊尔技术工人外国人来华工作许可证延期。

【科技人才队伍建设】 推进科技扶贫在线平台管理，健全科技扶贫服务体系，全年入库专家1517人，信息员队伍2640人，完成平台服务咨询15509条，完成目标任务8500条的182.45%。组织各县（市）科技管理部门、科技型中小企业、农业合作社、新型经营主体举办科技创新专业技术人才培训班3期、培训300余人次，三区科技人才培训班2期、培训84人。

【高新技术发展】 新增高新技术企业3家，全州高新技术企业增至9家。实施州级创新资金项目3项，奖补高新企业1个，资金160万元，争取省级高新领域科技项目1项，资金100万元。全州高新技术制造业的主营业务收入340000万元。科技型中小企业评价入库43家。

【科研项目及奖项申报】 企业研发投入6633万元，较上年增长207%；四川川西磁业有限责任公司承担的“灾后恢复暨提升高性能永磁铁氧体材料柔性生产线及其创新能力研究及应用”项目、四川鑫通新材料有限责任公司分别承担的“灾后重建创新能力提升——特种氧化铝粉体研发及人工晶体生长智能化”项目，分别获四川省重大科技成果转化专项资金400万元。

【科普工作】 印发《关于制作疫情期春耕生产等时令科普教学片的通知》，组织各县（市）制作具有区域特色的种植业或养殖业科普教学片23部，推荐到州电视台播出7部。举办科技活动周活动，发放《新冠肺炎病毒防治知识》《地质灾害防治基本知识宣传手册》《科学健身锻炼常识》《农牧民实用技术手册》《科普法宣传手册》等 69 种宣传资料 9200 份，宣传物品 2200 件。

【“双创”工作】 “茂县电子商务众创空间”获四川省 2020 年度省级众创空间备案名单，阿坝州省级众创空间增至 5 个。举办“双创”活动周，开展“双创成果展”“双创大讲堂”“双创政策解读”“阿坝州岷众动力创新创业大赛”“科技创新交流会”“科技项目撰写培训”等专题活动，搭建汇聚资源、对接成果、交流创意、洽谈合作平台。举办阿坝州第一届“岷众动力”创新创业大赛，1092 个项目参赛，评选一等奖 12 个、二等奖 24 个、三等奖 36 个、优秀奖 48 个、“优秀组织奖”5 个，“优秀指导老师”66 名。新增入孵企业 13 家，毕业企业 8 家，在孵企业 46 家，入孵企业从业人员 425 人，入孵企业年营业额 2358.6 万元，纳税总额 24.9 万元。

【“十四五”科技创新规划调研】 在 13 县（市）开展“十四五”科技创新规划调研和中共十九届五中全会、中央第七次西藏工作座谈会精神宣讲工作，实地走访 70 余家企业、单位，召开座谈会 20 余场次，集中宣讲 13 场次，收集科技创新工作意见建议 60 条，工业、农村、民生、生态保护等方面科技攻关需求 50 个，征集重大科技创新项目 80 余个。

5月11日，科技特派员开展技术咨询和实用技术培训（州科技局提供）

【中药材产业】 新增道地中药材种植 2933 公顷，全州种植规模 1.45 万公顷。采挖人工种植中药材 2000 公顷，实现中药材销售收入 2.8 亿元。引进四川利民中药饮片有限责任公司、陕西森海中药材科技产业有限公司、成都第一制药有限公司等企业入驻，发展道地中药材产业。宇妥藏药股份有限公司独家生产的三味龙胆花片被列入《四川省新型冠状病毒感染的肺炎中医药防控技术指南》第六种症状推荐药。

10月15日，2020年阿坝州“大众创业 万众创新”活动周启动仪式在汶川水磨举行（州科技局提供）

【工业科技】 组织 2 项科技转化成果参加四川省两院院士四川行活动，现场签约 1 项；组织参加第八届中国（绵阳）科技城国际科学技术博览会川西北生态示范区阿坝州展区云展览。

【专家工作站】 创建阿坝州自然资源与科技信息研究所“资源环境与空间信息技术”院士（专家）工作站。

【阿坝高分中心】 创建高分辨率对地观测系统四川数据与应用中心阿坝分中心，推动全州高分遥感技术和卫星应用产业快速发展。

（桑根江措）

7月16日，副州长王树明（左中）一行到省高分中心对接工作　（州科技局提供）

科技合作与交流
Scientific and Technological Cooperation and Exchange

【概况】 2020年，完善全州科技创新工作短板，探索区域合作方式和路径，深入推动科技合作与交流，提升全州科技对外交往和创新能力开放合作。

【区域合作与交流】 组织全州企（事）业单位申报2020年国际合作项目2项、软科学3项，指导黄龙国家级风景名胜区管理局签署国际合作项目“黄龙喀斯特湖泊水色形成机制与湖泊景观监测合作研究”任务书和理县塔斯酒庄有限公司完成“四川—瑞士特种葡萄酒生产技术合作与推广”项目验收工作。完成国际科技合作与交流项目统计调查及国际科技合作重点工作年度监测工作。

【技术交易市场运行】 完成“猕猴桃病虫害综合绿色防控、红心猕猴桃储存期延长技术研发、一种高纯碳酸锂生产新工艺产业化应用、风干手撕牦牛肉制备工艺转化及应用”等10个技术合同认定登记，登记金额250.78万元。

（桑根江措）

生态保护与发展研究
Research on Ecological Protection and Development

【概况】 2020年，组织开展农牧业技术研究、新技术成果引进和消化、示范推广，筹措资金2万元，培育积极性高的种养殖业贫困户5户，开办“阿坝州特色种养殖业实用技术培训班”8次，惠及农牧民520余人。向理县蒲溪乡河坝村贫困户及农户发放两年生青脆李苗400余株和两年生大红袍花椒苗1000余株，向河坝村和茂县苏家坪村发放50日鸡龄的土鸡苗800余只。州生态保护与发展研究院党组成员、副院长孙福勇被表彰为2020年度“联户联情”工作先进个人，院党组成员、副院长邓祖烦被表彰为2020年度“联寺联僧”工作先进个人。

【沙化综合治理】 与陕西省铜川市土壤生态技术创研中心共同申报省级定向财力资金项目“若尔盖高寒沙地使用植物碳基营养理论进行防沙治沙技术研究与示范推广”，项目试验点若尔盖县唐克镇，利用“植物碳基营养理论”推进提升地力、修复土壤、防沙治沙，开发专用碳基沙地改良剂、碳基水溶肥，提升沙质土壤有机质，增加沙质土壤团聚体，治理草原沙漠化，恢复生态。实施核心示范区流动沙地治理工程10公顷，推广沙地面积6.67公顷。建立若尔盖高寒沙地使用植物碳基营养理论进行防沙治沙的技

2020年沙化项目治理前后对比图　（州生态保护与发展研究院提供）

术体系，编制若尔盖高寒沙地防沙治沙技术标准，以及技术操作规程，培训科技人员25名。改良示范带动面积20公顷，申请实用新型专利1项，申请发明专利1项，发表论文1篇。

【岷江流域生态修复】 按照山水林田湖系统保护的要求，结合长江经济带“生态优先、绿色发展”指导思想，落实“建设美丽四川”战略部署，布局绿色河源行动、岷江生态廊道、环境污染综合整治、水土保持与地灾防治等重大生态修复工程，发展生态特色农牧业、生态文化旅游业、生态绿色循环工业，建设新型智慧流域，推动岷江上游地区生态文明建设和经济社会建设并重的科学发展、幸福美丽目标与富民强州愿景并行的互惠发展。推动“水生态修复研究”项目，编制岷江上游水生态修复工程规划1个，研究提出岷江上游水生态修复参考报告1份。

【岷江上游生态共建】 与中国电建集团成都勘测设计研究院共同实施“基于物联网的岷江上游流域生态共建模式构建和应用研究”项目，服务流域开发项目环保管理全过程，促进流域环境改善与生态保护长效发展，形成《基于物联网的岷江上游流域生态共建模式构建和应用研究报告》。开发应用《数据化管理的试点应用平台》。

【特色种养殖业技术培训】 在松潘、黑水、九寨沟、小金、汶川、茂县等县开展室内外实用技术培训，全年开展“阿坝州精准扶贫乡村产业发展技术培训”“阿坝州特色种养殖业实用技术培训”等17次，培训驻村农技员、乡镇畜牧兽医技术员和村级兽防员及农牧民群众1300余人，发放科技资料1400余份。

【“7+2”战略合作】 按照《中共阿坝州委、阿坝州人民政府印发〈关于深化“7+2”战略合作行动方案〉的通知》要求，编制《阿坝州生态保护与发展研究院关于推进生态项目合作的行动方案》。与中科院成都分院战略合作完成“推进生态文明建设”“推动旅游业产业发展”“加快农牧产业发展”等3项重点工作。

（李　麟）

7月12日，阿坝州特色种植养殖业实用技术培训班在九寨沟县举行　（州生态保护与发展研究院提供）

种畜科研

Scientific Research on Breeding Livestock

【概况】 2020年，坚持以习近平新时代中国特色社会主义思想为指导，组织宣讲省委十一届七次全会、州委十一届九次全会以及中央第七次藏区工作座谈会，走访五保户、低保户、建档立卡贫困户、因难党员及残疾人员67户，捐赠生活慰问品170件、防疫物资50件，发放畜牧生产实用书籍120册，法律宣传册60册，为8户联系牧民发放价值3000元生活物资，为1名申请贫困学生教育补贴。完成4个季度入寺走访，发放《农牧区寺庙消防安全知识读》（藏语汉语两种语言）《中华人民共和国传染病防治法》（藏语汉语两种语言）等法律知识，宣讲省委十一届七次全会、州委十一届九次全会会议精神。组织党委中心组学习4次，会前学习10次。

【遗传资源保存】 截至12月底，存栏优质种畜1535混合头，其中麦洼牦牛1035头，西藏羊450只，河曲马50匹。按国家肉牛（牦牛）核心育种场管理要求，优化遗传资源，开展全群体重和体尺测定2次，测定牦牛1420头、西藏羊600余只、河曲马70余匹。以测定数据作为淘汰、选育牦牛核心群的重要依据，保证核心群牦牛的质量。组织

5月23日，在麒麟沟开展麦洼牦牛选育工作 （龙日种畜场提供）

10月18日，在原种场开展秋季牛羊防疫注射工作 （龙日种畜场提供）

相关专家、技术人员成立四川省龙日种畜场麦洼牦牛综合评价鉴定小组，根据《麦洼牦牛本品种选育方案》《麦洼牦牛保种方案》《选育方案年度实施计划》，开展麦洼牦牛综合评级1次。淘汰不符合品种及选育要求个体，筛选不符合核心群质量要求牦牛112头、西藏羊185只。

【畜牧科学研究】 推进科研类项目11个，完成6个科研项目所有内容。完成申报落地项目4项，其中四川省科技厅应用基础研究专项研究1项、阿坝州社会科学事业专项资金项目2项、阿坝州科技成果转化1项。开展遗传资源保存研究、种质资源保护与利用示范推广、繁殖性能提升研究、牲畜饲养管理、疾病防治、优质种草培育及利用、科普书籍编辑出版等工作。采集麦洼牦牛优质种公牛精液，生产优质牦牛细管冻精12548支，向红原县、若尔盖县等牧区推广麦洼牦牛优质细管冻精630支，观察近两年麦洼牦牛冻精配种效果，人工授精平均繁殖成活率65.2%，犊牛生长发育性能优于自然交配生产犊牛，初生净重增加20%左右。出版《牦牛养殖实用技术》系列丛书（4套），面向牧民、畜牧工作站等社会群体以及联系部门发放300册；完成金川牦牛、九龙牦牛、昌台牦牛各30头的血样采集、保存及送检等工作，完成样品DNA提取、测序，形成检测报告。建立采精种公牛系谱档案，开展核心群牦牛670头多椎性状牦牛基因组重测序。完成3个麦洼牦牛和3个金川牦牛家系血样采集，提取DNA，组织鉴定分析。依托乐山师范学院牧草根际微生态促生系统研究成果，应用竹纤维高分子材料在若尔盖阿西乡阿西村严重沙化草地开展草原沙化综合治理修复研究，实施6.67公顷沙化草地综合治理修复示范基地。申请发明专利4项，授权实用新型专利2项，申报科研成果登记3项，专业技术人员发表论文8篇，其中独立完成论文1篇，合著论文7篇，出版书籍4套。

【对外合作交流】 4月，省龙日种畜场副场长、推广研究员罗光荣带队到西南民族大学与江明峰教授从基因角度沟通多椎麦洼牦牛选育工作，明确多椎麦洼牦牛在产肉、产奶等方面选育的工作思路。是月，副场长、推广研究员罗光荣带队到中科院成都分院生物研究所与李家堂博士沟通麦洼牦牛基因库建设，明确麦洼牦牛基因库建设路线，深化双方科研合作方向。与四川农业大学就原种场麦洼牦牛核心群系谱构建开展合作研究；与西藏农科院就构建家系系谱档案开展合作研究；与西南民族大学就麦洼牦牛多椎性状选育与推广开展前期研究，申请落地省科技厅应用基础研究项目1项；与乐山师范学院、四川亚博源有限责任公司开展竹纤维高分子材料成果转化运用于沙化草地治理、人工种植牧草等合作，申请落地成果2项。

（张智凯）

知识产权保护

Intellectual Property Protection

【概况】 2020年，发挥市场监管职责，推动知识产权保护工作，打造诚信、公平的环境，完善知识产权政策体系建设，服务全州经济社会发展。

【专利管理与保护】 推动专利指标纳入县（市）政府目标考核，定期跟踪各县（市）专利申请情况。全州专利申请259件，其中发明42件，实用新型178件，外观设计39件。全年全州初审筛选项目3个，通过州级审核3个，成功申报省级知识产权专项项目1个，争取项目资金90万元。推荐1家企业参加2020年四川省专利奖申报，推荐4家企业参加2020年自主创新企业品牌价值50强评价活动。

【政策体系建设】 制定《阿坝藏族羌族自治州专利资助资金管理办法》，全年全州资助专利68件，资助资金17.95万元。

【宣传教育培训】 开展全州知识产权宣传周活动，发送宣传短信100万条，接受咨询300人次，印制宣传手册13类、书籍12种、宣传品8类，向过往群众发放藏汉双语宣传手册3400份、各类书籍5800本、藏汉双语宣传围裙1000张、伞60把、水杯50个、数据线40个、挂图600份。

【知识产权行政执法】 开展专利代理行业“蓝天”专项整治行动，严查无资质专利代理、代理非正常专利、代理“挂证”等违法行为。开展“春雷行动2020”暨知识产权保护执法行动，推进酒类商标专用权保护，在全州大型超市、批发部、烟酒专卖店等开展拉网式监督检查，查处假冒侵权酒类商标案件1件，罚款3万元，查处其他侵犯商标专用权案件5件，罚款0.2万元。打击市场混淆、侵犯商业秘密等不正当竞争行为，查处擅自使用与他人有一定影响的标识，维护公平竞争市场秩序，查处假冒类违法案件4件。

【维权援助体系建设】 解决知识产权诉前纠纷，全州建立非诉讼机构8家，接受知识产权方面咨询16件。

（曹　建）

商标管理与保护
Trademark Management and Protection

【概况】 2020年，落实《中华人民共和国商标法》，推动商标注册与管理，查处商标侵权行为，推动地标保护，培育地方商标，推荐其参加驰名商标的认定，维护著名商标的信誉。

【商标注册】 全年新增注册商标1554件，全州总量8292件，其中地理标志证明商标38件、地标保护产品11件。

【商标侵权查处】 开展涉外、涉农、涉酒类等各类商标侵权检查活动，查处商标案件3件，罚款3.33万元，没收一次性“时尚防护口罩”12包，其中查处其他侵犯商标专用权案件1件，罚款3万元。

【商标培育】 推动培育牌价值大、社会关注度高、具有区域影响力的“净土阿坝”注册商标，全年协同审核25户主体使用“净土阿坝”区域品牌商标。督促全系统开展注册商标现状普查和规范管理工作，普查注册商标8206件，其中有效使用4991件，闲置3215件，在普查中依法停止违规代理、争取贷款和奖励等无实际需要、不以使用为目的的申请商标注册行为185件，挽回主体经济损失20余万元。采取行政建议推进“高原绿谷”“夏末森谷”2件注册商标的使用，对有意向依法转让的“加斯满巴”、许可使用的“杜柯大黄”“小金苹果”“小金松茸”、商标质押的“吾依香”5件注册商标提供跟踪指导服务。全年州政府落实奖励资金30万元，推动“若尔盖唐古特大黄”“九寨沟藏香猪”“色湾藏香猪”地理标志产品保护。

【地标保护】 按照《地理标志专用标志使用管理办法（试行）》规定，

4月12日，阿坝州人民政府新闻办公室召开知识产权新闻发布会　（州市场监管局提供）

2月10日，开展商标保护监督检查　（州市场监管局提供）

开展换标3件，企业有意向拟申请许可、授权用官方标志5件。引导地理标志产品专用标志的生产者、集体商标注册的注册人集体成员、证明商标注册的地理标志被许可人等合法主体使用新的官方地理标志专用标志，推动“红原牦牛奶”“红原牦牛奶粉”“茂汶花椒”地标换标工作。

【地标商品宣传】 推荐3件地标参加“解码中华地标”四川行活动，在北京卫视组织播放“红原牦牛奶、红原牦牛奶粉、金川雪梨”40分钟宣传片，组织拍摄6个地标宣传片，推荐四川卫视播放。

（曹　建）

版权管理与保护
Copyright Management and Protection

【概况】 2020年，推进版权管理，做好版权保护，管理出版物销售，全州有出版物零售单位64家，其中新华书店13家，书刊零售企业、邮亭、音像零售单位51家；印刷企业7家，其中出版物印刷企业2家，其他印刷品印刷企业5家。

【版权行政执法】 组织相关部门开展“剑网2020”专项行动，检查出版物市场。全州出动执法检查人员1592人次、出动执法车辆125台次，检查院线电影、融媒体、流媒体等重点领域398家次，收缴非法藏文出版物120册，其他非法出版物171册，私刻盗版音像制品152张，封堵仿冒政府网站2个，关闭博彩网站5个。

【软件正版化推进】 贯彻落实省推进使用正版软件工作联席会议工作要求和州委、州政府工作部署，推进全州软件正版化工作，建立阿坝州推进使用正版软件工作联席会议制度，负责协调推进全州党政机关和企事业单位使用正版软件工作，研究拟定有关政策措施。督促检查各县（市）、各部门、各单位工作落实情况。组织相关宣传、培训活动等。组织各成员单位按照职能分工，参与联席会议决策，落实联席会议议定事项，处理需要跨部门（单位）协调解决的问题；落实重大事项报告制度、信息通报制度，形成分工负责、相互支持、密切配合的工作格局，提升推进工作整体效应和工作合力，发挥联席会议制度优势。

【版权公共服务与管理】 开展作品著作权免费登记工作，全年收集登记作品2000件，保护文学、艺术、科学等作品作者的著作权，服务版权生态环境。

【版权宣传】 围绕重要时间节点、专项行动和重点整治工作，开展信息宣传、街头宣传、媒体宣传、学校社区宣传等，保障宣传活动深入开展。开展“3·18文化执法宣传周”“4·26知识产权日”等大型宣传活动，利用广场电视、微信平台、现场咨询、发放资料等，向群众宣传版权执法和“扫黄打非”工作内容和举报渠道。同辖区内文化经营单位业主签订守法经营承诺书，推动诚信经营。到学校开展“绿书签”专项宣传活动，发放手册资料1.3万份，筑起青少年思想防护林。

（母新月）

社科事业与活动
Social Sciences Undertakings and Activities

【概况】 2020年，修订完善社科研究管理工作，强化工作标准，规范工作流程，推进课题选题、课题申报、立项评审、项目实施、成果鉴定与结项、成果运用转化等各项工作的健康发展，推动社科事业与活动规范运行。

7月14日，全州文化市场综合执法队伍座谈会在马尔康召开　（州委宣传部提供）

【规划项目管理】 结合成果鉴定机制，形成成果结题鉴定“两评四审一公示”机制，推动评审工的规范和科学。按照《项目（课题）管理实施细则》《项目资助经费标准》《成果专家鉴定费管理办法》等制度，兑付课题资助经费99.3万元，专家鉴定费5万元。

【人才队伍建设】 与四川大学、省社科院、阿坝师院等高校和社科研究机构达成合作共识，开展“校地合作”，汇聚高校人才发挥“智库”作用，协同开展促进本地经济社会文化发展的研究，推进成果转化。

【重要学术活动】 拓展学术交流渠道，活跃学术氛围，组织州内社科类学会围绕藏羌历史文化特色开展学术交流。举办“绍兴·汶川大禹文化交流座谈会”“汶川地震灾后恢复重建（2008—2018）的社会学研究”等学术交流研讨会10场次。发挥省级内刊《阿坝论坛》优势，汇集一批省内、国内以阿坝为研究对象的专家学者，促进学术交流，强化研究合作。

（杨云建）

社科研究
Social Sciences Research

【概况】 2020年，坚持以习近平新时代中国特色社会主义思想为指导，围绕“一州两区三家园”建设，开展理论成果创新，推动党的理论创新成果宣传好、阐释好、解读好。

【社科理论研究】 举办座谈会、研讨会、培训会，引导社科理论界在先学先行、宣传阐释上发挥表率引领作用。组织全州社科理论工作者解读中共十九届五中全会精神、省委十一届十次全会和州委十一届十次全会决策部署，组织撰写理论文章20余篇。在《阿坝论坛》刊物、“阿坝社科网站”刊登优秀成果，鼓励研究人员通过各种媒介公开发表、出版研究成果。

【优秀成果评选】 组织全州社科类作品参加四川省第十九次哲学社会科学评奖工作，推荐《阿坝金石录》《中国少数民族古籍总目提要·四川阿坝藏族卷》《藏羌民族地区高校大学生征信教育理论与实践研究》《阿坝州旧志集成》《用好藏文文献中的国家认同内容支持涉藏宣传工作的建议》等5部作品参选。

【重要成果选介】 推动“成果专报+刊物发表+成果汇编+媒体宣传”组合式成果转化，形成成果专报、成果选编，向州委、州政府及有关职能部门呈报、推送研究成果。《清洁能源发展的金融支持路径探索》《如何建立有效的困境儿童保障体系》《川西北生态示范区规划研究》等课题成果，被相关单位列为工作推动理论参考。

（杨云建）

11月4日，州社科联党组书记、主席陈宝珍（中）主持开展2020年课题结项评审工作　（州社科联提供）

教 育

EDUCATION

教育事业

Educational Undertakings

【概况】 2020年，贯彻落实习近平总书记关于打赢疫情防控阻击战的重要指示批示精神，抓好教育系统疫情防控工作，推进学校有序开学，推进各项重点工作，保障全州教育健康发展。截至12月底，全州有各级各类学校573所，在校学生141301人；有教职工14064人，其中专任教师12154人。

【教育综合改革】 制定2020年教育综合改革工作要点，编制2020年度改革落实台账14项。对照2020年度改革落实台账，完成"推进中等职业学校'双示范'建设"和《阿坝州深化教育体制机制改革实施方案》重点改革任务报备工作。推进育人方式、办学模式、管理体制、保障机制等各项改革。

【学前教育】 全州有独立设置幼儿园276所，在园幼儿30709人，学前三年入园率87.89%。起草《学前教育园点布局调整方案》《阿坝州学前教育深化改革规范发展实施方案》《阿坝州学前教育第三期三年行动工作总结》等。开展小区配套幼儿园治理，做好学前学籍管理，督促各县（市）做好新生学籍录入工作。参与人大学前教育调研，撰写《阿坝州学前教育调研报告》。

【九年义务教育】 全州有小学校237所，在校学生64149人，小学适龄儿童入学率99.96%。特殊教学学校3所，在校学生186人。初中35所（含九年一贯制学校），在校学生27894人，初中净入学率99.49%。开展"控辍保学"工作，落实"六长责任制"，健全联控联

5月12日，开展入学疫情防控 （州教育局提供）

保机制，建立县（市）、乡镇、学校、班级和学生5本台账，推动建档立卡贫困户义务教育阶段适龄儿童少年零辍学。按照“一人一案、分类安置”原则，采用随班就读、特教班、送教上门等方式，解决182名未入学残疾儿童的教育问题，推动各县（市）残疾儿童少年义务教育入学率超过95%。

【高中教育】 全州有普通高中18所，在校学生14805人，高中阶段入学率91.6%。出台《阿坝州教育局关于2020年高中阶段招生计划的通知》，实现职普比5.5∶4.5。落实省级示范性高中学校招生名额50%均衡分配到全州各高中学校，落实招生纪律，杜绝高中学校互抢生源现象，杜绝新增大班额。与成都市教育局对接，协助成都四、七、九中完成2020年度29名高一新生招录工作。按照省教育厅安排，做好青少年航空学校、海军航空学校、中央民大附中等招生工作宣传、公示，全州有2名学生被青少年航空学校录取，14名学生被中央民大附中录取。

【职业教育】 全州有中等职业学校4所，在校中职学生3558人。组织州内中职学校、全国其他地方“9+3”学校到13个县（市）开展招生现场宣传，发放《2020年内地“9+3”学校招生指南》，实现应届初中毕业生人手一册。实施藏区“9+3”免费教育计划。开展阿坝州中职学校教师教学能力大赛，推荐教学作品参加省级大赛，获一等奖2名、二等奖5名、三等奖2名。州中职校牵头阿坝职业学院、北京中思远信息科学研究院、阿坝州旅游协会、大九旅集团组建“阿坝旅游职业教育集团”。州中职校省级示范校建设、阿坝卫校藏医医疗与藏药专业省级示范（特色）专业建设通过省级中期检查。

【校园设施设备】 组织各县（市）编制完成《“十四五”争取国家支持阿坝州教育发展规划建设项目表》。根据年度目标任务，完成学前教育发展专项、十年行动计划、义务教育学校薄弱环节能力提升等项目的遴选、申报、备案及实施。截至10月底，统筹下达学前教育、义务教育及高中阶段教育资金4.86亿元。

【学生艺体活动】 开展“开学第一课”活动、“美育云端课堂”活动、纪念“五四运动”101周年、建团98周年、“先进就在我们身边”“民族团结进步教育”等主题活动，推进爱国卫生运动，开展安全检查和环境卫生整治。树立“健康第一”教育理念，促进学生健康行动和生活方式养成。加强重点传染病防治知识宣传和防控工作。开展“藏羌戏曲”进校园活动，发放《藏羌戏曲进校园普及读本》1500本。组织开展“阿坝州2020年中华经典诵读讲演写系列活动”，遴选优秀作品参加省级展评，获省一等奖3个、二等奖5个、三等奖6个。

【“法律进校园”活动】 开展“疫情防控、法治同行”“法治四川行一月一主题”“法治教育第一课”“法律进学校”“学宪法讲宪法”等学习宣传教育活动，印发《全州教育系统学习宣传〈中华人民共和国民法典〉实施方案》，利用教育部全国青少年普法网，开展法律进机关、进学校活动，引导广大干部职工、师生树立法治意识，提升法治素养。全州开展活动1628场次，受教师生258670人次。推动296所中小学校完成注册教育部全国青少年普法网，86875名师生参与网络知识学习和答题，“宪法小卫士”测评4872人。

【教师队伍建设】 开展“修身正己，立德树人”主题师德师风建设活动。确定招聘培养计划，补充专任教师，全年公开考试招聘教师79名，申报2020年深度贫困县公费师范生定向培养计划20名，招聘特岗教师27名，做好2020届72名公费师范生回州就业工作。实施教师资格制度，认定教师资格1476人。执行《鼓励教师终身从教认定办法》，落实阿坝州优秀老师、优秀教育工作者、十佳乡村教师激励资金49万元。审核州直属学校鼓励教师终身从教一次性激励退休教师29人，全州获州级人民政府及以上表彰、在州内连续教龄满30年的退休教师3人，兑现一次性激励资金82万元。开展教师交流，均衡配置教师资源，推动全州校长教师交流轮岗713人。围绕“教师线上教学”主题，开展线上授课、线上教研、线上批阅作业为专题，运用省级名校（园）长、名教师网上直播平台，全年线上培训1.5万人次。实施阿坝州教师、校（园长）“十百千万”培养培训工程，打造“三年一周期”的阿坝州名优骨干教师、校（园）长培训项目，培训名校（园）长20名、教学名师20

名、学科带头人 100 名、学科骨干教师 1000 名。推动教师培训服务民族教育发展，全州培训教育系统德育骨干 75 人、安全管理骨干 100 人；推进关键少数建设，全年培训校（园）长 111 人次；开展幼儿教师培训，全年培训幼儿教师（辅导员）353 人次。组织参加“四川省 2020 年度教师培训优秀成果评审”，获一等奖 1 个、二等奖 4 个、三等奖 5 个，获奖等级和个数排名“三州”（凉山州、阿坝州、甘孜州）第一。

【教育信息化建设】 贯彻教育信息化 2.0 行动计划，推进全州现代远程教育，引进符合全州发展的教育资源，促进全州教育公平发展。组织全州 120 所学校成为“四川云教”二期优质教育资源应用教学联盟成员；督促各县（市）学校与电信营业企业主动对接，实现所有中小学（教学点）全部接入互联网，到校带宽 100 兆，平均带宽 200 兆。组织全州教师参加教师教育教学信息化大赛、“中国梦——行动有我”系列活动、“云教网课你最红”教师展评等。组织参加四川省第十五届校园影视教育成果展示交流活动，全州获一等奖 4 个、二等奖 14 个、三等奖 22 个、优秀奖 4 个；组织参加四川省中小学实验教学说课评选活动，全州获一等奖 2 名、二等奖 2 名、三等奖 4 名。

【教育援助管理】 统筹安排防疫物资，调配口罩 14 万个、额温枪 885 支。接受阿里钉钉、哈工创想等爱心企业和个人捐赠体温检测设备 113 套、口罩 7 万个及消杀物资。利用抗疫特别国债资金采购体温检测设备 81 套等，分配至 13 个县（市）及直属学校。

【教育监测和督导评估】 落实《四川省人民政府教育督导委员会办公室关于做好 2020 年国家义务教育阶段学生科学学习质量和德育状况监测的通知》，配合省人民政府督导委办公室完成壤塘县 2020 年国家义务教育质量监测工作。完成义务教育基本均衡发展监测复查工作。组织各县（市）开展 2020—2021 学年县域义务教育均衡发展县（市）级监测复查和州级集中监测复查工作。抽调省州教育督导评估专家开展义务教育基本均衡状况检查，重点监测办学条件、校际间差异系数等指标数据监测，推动整改落实。

【校外培训机构综合管理】 联合民政、公安、市场监管部门开展整治校外培训机构无证无照专项行动，全州限期整改 5 所，关停 2 所。开展校外培训机构专项整治“回头看”，解决校培训机构各种风险隐患，用力规范办学行为。防范化解校培机构办学风险，推广和使用四川省校外培训机构信息管理平台，开展校外培训机构资金监管，与农业银行、工商银行签订合作协议，开设资金监管专用账户，掌握专用账户资金最低余额存入标准和专用账户资金用途，督促校培机构购买安全保障责任险，规范使用培训合同，促进校培机构资金安全、落实履约行为、保障意外事故防范化解等。

【教育精准扶贫】 印发《阿坝州家庭经济困难学生认定办法》，指导各县（市）、学校做好家庭经济困难学生认定和动态调整工作，推进精准资助，与国开行签订贷款合同 4961 笔，合同金额 3725 万元，农信社办理贷款业务 1146 笔，发放贷款金额 706.35 万元。发放 1629 名建档立卡贫困家庭中职（含技工）学生生活补助资金 81.45 万元。奖励资助普通高中在校品学兼优家庭经济困难学生和家庭经济困难教师 723 名，发放资金 279 万元。发挥教育扶贫救助基金作用，资助建档立卡学生 7968 名，发放资金 10099.6 万元。实现浙江省与阿坝州推普脱贫结对帮扶全覆盖，推普骨干请进来 386 人次、走出去 180 人次，召开研讨会 135 人次，推普脱贫工作交流 1372 人次，语言文字督导评估帮扶 641 人次，经典文化帮扶 525 人次，学前学普帮扶 1486 人次，推普培训帮扶 6380 人次，其他活动 345 人次，接收帮扶资金 169.03 万元。承办“第 23 届全国推广普通话宣传周活动四川省启动仪式”。

【进城务工子女义务教育保障】 重视随迁子女义务教育就学工作，贯彻落实国家“以流入地政府管理为主，以全日制公办中小学为主”政策，依法确保进城务人员子女平等接受义务教育权利，确保社会公平，促进社会和谐稳定。

【教学模式创新】 全州双语学校推广运用“先学后教，当堂训练”教学模式实现课堂变化，基本养成学生自主学习习惯，提升学生探究问题、解决问题的能力。在普通类学校开展“翻转课堂”“未来课堂”“微课”等现代教育模式试点。联合卫生健康委开展教育系统相关人员疫情防控技能培训，免费培训疫情防控卫生员3843人次。

【招生考试规范管理】 实现“健康、平安考试”目标任务，全年组织高考、中考、成考、民族汉考、自考等国家教育考试12次，涉及考生约4万人次，涉考人员约2万人。做好标准化考点升级及新建，升级标准化考点13个、标准化考场464个、保密室14个。投入使用资金2396万元，新建考点8个、标准化考场237个。全州高考报名7136人，高职提前单招考试录取1562人，比2019年增加244人，全国统一高考实际参考考生5574人，录取5164人。各类普通高校录取考生6726人，录取率94.25%，比2019年增加0.35%。

【教研评比诊断】 组织全州各学段、各学科教师参加全省网络教研活动70余次。组织全州中职学校教师进行10门公共基础学科的课程标准培训和教师能力比赛培训。组织全州高三教师参加四川省教科院举办的线上高三教学研讨会3期，参会教师800人次。申报省级课题立项20项，州级课题立项20项。按照《阿坝州科研课题管理办法》细则，到各县（市）、直属学校开展2020年立项课题现场指导，推进在研课题中期监测，开展州级课题主研人员培训会，组织专家结题州级课题24项，评出优秀课题成果18项。开展小学数学优质课评选、小学班主任优质课评选、初中历史优质课评选、初中地理优质课评选、高中地理优质课评选、初中数学优质课评选、一类模式汉语优质课评选、初中生物优质课评选、小学科学优质课评选、四川省第二届义务教育阶段“唱家乡的歌”唱歌课微课评选、高中语文群文阅读微课评选活动、高中语文群文阅读优质课展评、高中英语优质课州级评比，初中语文散文教学课堂实录展评和初中语文群文阅读教学展评。

11月2日，在马尔康市第三小学校开展对口“帮扶”教育教学交流活动 （州教育局提供）

【学校安全管理】 构建安全教育长效机制、隐患排查治理常态机制等9项，建立完善学校安全管理制度70余项，建立教育行政主管部门责任清单、学校主体责任清单等7项。开展食品安全、卫生防疫、饮用水安全、消防安全、防溺水、防灾减灾、生命健康安全、法治教育等主题教育活动3000余次，约100万人次参与。发布安全提醒信息1万余条，学生及家长阅读安全提醒信息24万余人次。开展演练3000余次，约130万人次参演。开展校园安全隐患排查2600场所次，排查安全隐患1.3万处。联合相关部门开展地质灾害隐患排查215次，排查地质灾害隐患点11个，一时无法整改隐患报告地方政府相关部门。推动扫黑除恶专项斗争同打击防范侵害未成年人犯罪、校园周边综合治理、反恐防暴、校园欺凌、安全风险防控体系建设紧密结合。开展森林草原防灭火宣传教育，举办森林草原防火法治宣传讲座600场次；开展“开学第一课·森林草原防灭火”主题教育活动，参与师生10万人次，举办森林草原防火黑板报800期，上传手抄报1756份，发放森林草原防火倡议书10万份，发放致家长的一封信12万份，发放《森林草原防火教育读本》78360本、挂图4734幅。成立全州教育系统应对新型冠状病毒感染的肺炎疫情工作领导小组，制发《阿坝州教育局关于切实做好新型冠状病毒感染的肺炎疫情应急预案工作的通知》《关于调整2020年春季学期开学时间的通知》等，指导各校制定“开学前准备工作方案”“学校传染病疫情及突发公共卫生事情报告制度”等方案2个和制度10项。围绕“教师线上教学”主题，线上培训教师1万名。

【教育教学督导】 发挥省、州督学及省、州教育督导评估专委会两支队伍的监督、指导和服务教育的作用，开展教育教学督导工作，掌握学校实情，帮助学校改进工作，提升办学水平。开展校园巡视、列席会议、随机听课、座谈走访、查阅资料等，推进学校管理、教育教学、交通安全、食品安全、制度执行情况、师德师风建设、学生学习、体育锻炼和课业负担等督导检查，经常性督导452次，撰写督导报告122篇、督导培训74人、督导记录279篇、问题整改33个。

【学生营养改善】 全州农村义务教育阶段学生营养改善实现食堂供餐100%，全年下拨9.21万名义务教育阶段学生营养膳食补助资金7072.68万元，超计划目标6.32%；完成资金拨付6976.25万元，资金拨付比例104.87%。

【教育交流合作】 做好2020年省内结对帮扶、东西对口帮扶工作协调、督促指导、统计报送、工作总结，经验提炼。全年接收省内结对帮扶支教人员322名，接收浙江省支教教师88人，教师交流学习224人。推荐汶川中学、马尔康中学、九寨沟第四小学加入“川港基础教育联盟”。

【成人高等教育考试】 全州成人高校招生统一考试报名人数2979人，比2019年增加2人，录取2625人，录取率88.12%。实施成人高校本土人才学历提升计划，全州报考本土人才计划，占报名总数的29.23%，录取751人，录取率86.22%。

（尹 波）

校外教育

Out-of-school Education

【概况】 2020年，坚持丰富青少年儿童课余生活、增强青少年综合素质的宗旨和目标，培训学生兴趣，开展大型公益活动，传承中华传统美德，推动科普、社会实践等。舞蹈《吉祥三宝》《那时花开》《金凤来仪》分别获四川省曙少年少儿舞蹈比赛一等奖、二等奖、三等奖。

【校外兴趣培训】 开设幼儿舞蹈2个班级，少儿舞蹈4个班级，传统经典诵读1个班级，珠心算2个班级，非遗藏绣1个班级，幼儿美术班1个班级，少儿美术1个班级，播音主持2个班级，免费开放图书馆、网络教室、汽车模拟驾驶仪，春季学员1万人次。

【推进校外活动】 利用民族节日培养孩子爱祖国、爱人民、勇敢、顽强、吃苦耐劳、善良、勤劳、节俭、感恩、乐于助人、独立思考、动手动脑、勇于实践、不忘历史等优良品质，开展“走进州博物馆·熏陶藏羌文化·弘扬爱国精神”主题活动、“强身健体·从我做起”主题活动、“跳蚤市场·爱心义卖”主题活动、“享受美食·快乐分享”主题活动、“走进消防队·体验消防生活”主题活动、“学习交通规则·从小开始”主题活动、“童心看疫情·笔墨颂英雄·共庆端午节”主题活动、“携手防控·快乐童年”庆六一主题活动等，参与学生1600人次，约3万人次观看表演，阿坝日报社抖音账号、马尔康市电视台、《阿坝日报》等宣传报道部分活动。

（黄 雪）

6月20日，开展亲子游戏活动 （州青少年活动中心提供）

汶川中学
Wenchuan Middle School

【概况】 2020年，坚持以党建为引领，以德育为核心，以师生为中心，以教学为重心，努力提高教学质量，推进素质教育，推动教师敬业爱岗、潜心教研，推动学生勤奋学习、奋发进取。2020年1月，被四川省教育厅授予四川省一级示范性普通高中称号。学校占地面积13.47公顷，建筑面积10万余平方米，在编教职员工367人，学生4300余人。

【学校文化建设】 开展读原著、学原文、悟原理，学习习近平新时代中国特色社会主义思想、中共十九届五中全会精神以及省委、州委各项决策部署，落实“三会一课”制度，全年组织党员开展重温入党誓词活动、党建知识竞赛活动等20场次，掀起理论学习热潮，促进政治理论学习往实里走、往深处走。学校党委坚持在急难险重任务中锤炼党员队伍，成立50名先锋队的疫情防控党员干部先锋队分5批深入社区开展疫情防控政策宣传、物资发放等工作。学习贯彻《党委（党组）落实全面从严治党主体责任规定》，制定学校党委及各支部《关于落实全面从严治党党委主体责任的实施意见》。组织全体党员观看《铁规矩不容破坏》《迷失的初心》等廉政警示教育片，开展党纪法规知识测试，增强廉政意识。

【教育教学活动】 成立应对新型冠状病毒肺炎疫情工作应急指挥部，研究制定疫情防控“四案十制一图”，在全国范围追踪师生轨迹383600余人次，掌握师生返校前14天活动轨迹，贮备各类防疫药品等物资，接受省人民政府副省长杨兴平、省教育厅厅长李江、州委书记刘坪、省卫健委副主任宋世贵、州教育局局长卢晓军等领导的视察督查。2月4日，学校发布疫情防控期间线上教学通知。2月10日，高三年级于线上复课。2月12日，通知疫情低风险区教职员工在2月15日前返回汶川，自行隔离14天。2月19日，学校各年级全面线上复课。4月1—8日分批开学。高2017级学生在2020年高考的本科录取率75%。

【平安校园建设】 开展学习压力、人际交往、青春期性困惑相关心理辅导活动，推进各类安全大检查和常规检查，做好校园安全重点对象、重点部位、重点时段的管理，形成安全管理“一张网”、全覆盖。开展森林草原防灭火“六个一”活动，推动森林草原防火宣传教育贯穿于教育教学全过程，举办教职工大会、校园广播、主题班会、国旗下讲话、悬挂森林草原防灭火图等进行宣传，组织学生参与四川省森林草原防灭火安全教育手抄报比赛，促进动手动脑入心的宣传实践，增强师生森林草原防灭火的意识和理念。

【开展德育教育】 开展“牢记时代使命，书写人生华章”的主题党团日活动、“传播正能量，弘扬主旋律”主题网络教育活动、“凝聚青春力量，闪耀青春光彩”主题典型人物宣传活动，引导学生正确把握社会主义核心价值内涵。实施值日领导和值日教师检查制度，做到随时、随地、随人、随事教育。实施《班级考核加扣分制度》，坚持班级常规管理考评与班主任考评相结合。开展“三爱”“三节”“社会主义核心价值观‘说唱写读画’”“我的中国梦”等活动，增强社会主义核心价值观教育实效性。设立“汶川无忧时间银行”支行，开展“全域无垃圾攻坚行动”“清洁小卫士”行动、“以阅读之名，温暖时光”读书活动，引导学生弘扬传统民族文化。

7月19日，学生在自助书屋学习（汶川中学提供）

开展落实摸底排查建档、强化监护责任、完善教育保障等工作，推动对经济困难家庭子女、单亲家庭子女、进城务工人员随迁子女、农村留守儿童等群体的关爱。2020年，被评为四川省中学生志愿服务示范学校和阿坝州少先队组织建设标准化示范学校。

【推进素质教育】 制定班级公约，细化班级各项管理，建立全方位合作小组，实施不同学生个体精准管理；加强网络教学硬件投入，培养新的教学能手，运用现代化教学手段培养高素质人才；开设小班，制定个性化教学方案，发挥优质教学资源，因材施教，建立独有的激励机制，最大限度激发学生积极性，培养考取“双一流”大学的顶尖人才。加强青年教师培养，激发老教师职业情感，促进教师队伍可持续发展；落实以老带新、优势互补的师徒结对工程，发挥名师和州、县校级骨干教师示范引领作用，缩短青年教师成长周期；搭建专业平台，拓展青年教师发展空间，多渠道、多途径为青年教师提供用武之地。落实《普通高中课程方案》，开展每天一小时体育活动。提升体育训练水平，打造运动队和教练队，促进专业和项目对口。坚持与冯明艺术中心开展合作，提高艺术课质量，提升学生艺术素养。

【校园文化建设】 开展“涌泉之恩、滴水相报”感恩情怀培育，促进学校每一面墙壁、每一个角落均能生动讲述“中国家国情怀故事”“人间大爱故事”，让学校成为弘扬伟大抗震救灾精神的重要平台、社会主义核心价值体系教育的生动课堂、民族团结进步教育的行动指南。以全国绿化模范单位为平台，利用校园内原有地形、植被、建筑等开展自然与人文教育，以生态教育、生态文化、生态规划、生态环境、生态管理为载体，建设校园水系、状元楼台、思源广场、奇石景观、听涛江堤、清塘荷韵、翠竹吟风、紫藤围墙等绿化工程，增强“民族特色、和谐开放、灵动活力、现代幸福、大气精致”的文化追求，拓展师生的生命空间，丰富师生校园生活。落实“启智求真，塑魂强本”主题活动，开展“两报三会”“两典礼十二节点”“三大自主活动节”等德育活动，开展“研究性学习”“选修走班”“名师讲座”“名人励志讲座”等教学活动，推动“社团风采”“文化墙展示”“植物种植”“志愿千里行”等实践活动。

（罗廷亭）

马尔康中学校
Barkam Middle School

【概况】 2020年，四川省马尔康中学校设东校区和西校区，东校区为高中部，占地25亩，西校区为初中部，占地45亩（西校区扩建工程）。有52个教学班，2124名学生，其中住校生1070名，生源来自全州13个县（市），马尔康、金川、小金、壤塘4县（市）居多。马尔康城区单位职工子女较少，外县、农村、留守儿童居多。有258名教职工，其中专业技术人员248人，正高级职称5名，副高级职称101名，研究生学历5名（在职研究生4名），全国模范教师等国家级荣誉获得者5人，州级学科带头人7人，省、州骨干教师60余人。

【德育教育】 健全完善分管副校长、德育处及年级组长组成的班级议事决策机构；梳理班主任基本职责14项，形成10个大项31个指标的班主任积分考评细则。推进班级管理制度改革，形成以学习小组为管理单位的班级管理模式。围绕理想信念、社会主义核心价值观、中华优秀传统文化、生态文明、心理健康教育五个主题，开展勤俭节约、三爱教育、民族团结、劳动实践、国防教育、防震减灾、森林防灭火、法制、校园防欺凌、禁毒防艾、青年大学习、心理、安全、研学、励志等课程教育。开展校园走廊文化、寝室文化、班级文化评比；组织少年中国说等各类演讲比赛，黑板报、手抄报评比；利用宣传栏、LED屏、钉钉、班牌机等平台营造氛围。开设若水论坛融媒体中心，举行“厉行节约”焦点访谈。开展“五四”“九一八”“十一”等主题教育活动，举行每周一升旗、入团入队、入学、成人及毕业等仪式，以主题鲜明、形式多样的各类活动，促进核心价值观的形成，全年开展各类活动80余次。邀请马尔康市应急管理局、城关派出所到学校开展消防讲座、宣传等，组织学生参观格桑梅朵法制教育基地；推进导师制，构建全员参与的育人体系；开展家校合作，形成社会、家长、学校育人整体合力。

【教育均衡发展】 取消大班额，推

动小班化教学，不专设重点班和特色班，采取平行分班，平均每班41人。在师资配备上做到均衡，不偏不倚，实现学生均等接受优质教育。落实义务教育政策，确保适龄儿童入学。执行“划片招生，就近入学”原则，做好新生招生工作。预防学生流失，落实班主任为控辍第一责任人，摸清去向，逐一家访，做好家长工作。全年适龄少年入学率100%，巩固率98%。执行义务教育阶段的收费政策，规范学校收费行为，没有单独收取费用。执行标准课程，本着“相对专兼，错位排课”原则，克服学科教师不足困难开齐开足课程。按政策接收进城务工人员子女入学，全年接纳进城务工子女105人，随迁子女19人，办理进城务工、随迁子女学生学籍注册手续。

【教育教学改革】 注意课堂常规检查监管，开展随堂听课、上公开课研究课、探讨课、推门听课等教学研究，促进新课改教学理念落实，促进老师在实践认识，在实践中运用和提高。制定“让每个学生都出彩”的评价体系和评价制度，注重过程性评价。结合学生能力水平分层布置作业，增强学生自信心。反思课堂，记录反思于教案。反思作业，找到学生学习难点，开展针对性辅导；反思后进生转化，通过对案例分析探索，反省经验梳理等方式，促使教师能力提升。

【教学教研交流活动】 根据学校教学工作计划和教研组工作安排，开展教学研讨，定期召开教研组会议，学习教育教学理论、教学法规和教学大纲，传达教研信息，布置落实教研任务，总结交流教学经验。开展集体备课、上好教学观摩研究课，召开教学质量分析会。开展学科兴趣小组活动实施学科竞赛。实施青蓝工程，做好新进教师传、帮、带工作。开展教研组资料收集整理，建立和完善教研组工作档案，记载各项教研活动的开展情况及成果。加强跨学科、跨校教研交流活动和“一培四展”活动。全年组织跨校教研活动2次、跨学科交流4次。

12月10日，马尔康中学若水融媒体中心访谈节目“厉行节约那些事儿”录制现场 （马尔康中学提供）

【学生艺体活动】 举办春秋两季运动会、足球班级联赛和金秋艺术科技节，组织学生参加省级线上绘画活动、省级篮球比赛，州级雪山杯篮球赛，云越野挑战赛等活动，参与田径、球类、绘画、剪纸、舞蹈、音乐等项目。

【智慧校园建设】 新建智慧后勤、智慧校安、智慧考勤、智能审批、一卡通等智慧校园模块，构建全科校本资源库。制定《四川省马尔康中学校校本资源建设方案》，组织各教研组建立学科校本资源库，号召各学科教师进行优质课录制，充实课堂实录资源库。建设智慧课堂实验班，制定完善智慧课堂教师和学生考核评价体系，以评促教。开展实验班教师集中培训，培养智慧课堂教学骨干。

【教学设施设备建设】 建有辅助用房14096平方米；办公用房4539平方米，生活服务用房16581平方米，基本满足办公需要。现有篮球场5个，排球场6个，器械运动场地4个，200米环形跑道2个。音乐、美术教室5个，体育活动及器材室2个，理化生室15个，图书室2个，阅览室3间，图书馆藏书112640册，生均47册。计算机教室6间，多媒体教室75间，实现多媒体教学全覆盖。投资1700余万元建设西区学生公寓及堡坎，提升改造西区扩建工程（一期）、西区电力搬迁、西区食堂。争取马尔康市集中供暖项目工程。完成32项采购任务，支付资金345.83万元。开展防疫物资采够，支付资金27.34万元。迎接国家通用语言文字检查、省级文明校园复检，投入资金10.98万元。维修教学设施设备及公共设施，投入资金150余万元。

【校园安全管理】 完善安全应急预案，成立安全领导小组，组建护校队，加强校园安全巡逻。开展防灭火、防汛减灾主题教育活动，印发宣传手册，自制主题书签，举行师生签名活动，直播森林消防员主题讲座，观看学生自制宣传视频，增强安全意识。落实“三会一教育”工作机制，建立食品安全风险台账，开展食堂食品安全隐患大排查。投入提升改造资金，推进明厨亮灶升级，完善设施设备，制度上墙、就餐环境文化营造、防“四害”提升工程，校餐安管理系统、人脸消费系统、钉钉陪餐系统等信息化建设，建设农残物快检室2间，配备便携式农残物快捡设备，把好食材进入关口。开展宣传橱窗、主题班会、微信平台、国旗下讲话等，推动民族团结教育和爱国主义教育。开展预防校园欺凌、禁毒、法治教育进校园活动，创建和谐平安校园，打造师生安全的工作、学习环境。开展“校长主播‘说’德育”，向学生宣讲中华民族的责任担当与信仰。征集手抄报、绘画、诗歌、征文等为抗疫英雄加油，为武汉加油，为祖国加油。参与“抗疫系列宣传活动之音乐视频锦集”海选。开展“快乐劳动，一起抗‘疫’”家庭实践活动。录制“大课间”“藏羌韵律操”、防卫操、眼保健操，推动学生在家健身。与马尔康市公安局禁毒大队协作，组织禁毒宣传讲座，在高二年级拍摄“州禁毒宣传片”，在青骄平台观看“虎门销烟”宣传片，开展“禁毒宣传”主题班会，“禁毒教育专刊”黑板报等活动。邀请城关派出所民警到校开展法律知识视频讲座，全校2000名师生参加。

【校园文化建设】 推动省级文明校园复检和文明城市创建，厚植马尔康中学文化符号。开展学校精神指引和物质文化建设，落实“厚德、博学、尚美、健体”的校训，构建师生共同的价值追求、思想理念，形成良好党风、校风、教风和学风，打造“教育有温度、建筑可阅读、校园能漫步”校园生态。开展语言文字工作，促进马尔康中学师生规范使用祖国语言文字的习惯。开展规范使用语言文字培训等活动，规范校园标语、宣传栏、公众号等，成立啄木鸟纠错队，促进全校师生规范使用书面语言。

【教师队伍建设】 结合退休教师数量和学校编制情况以及学科教师配比需求，做好考调、直招需求计划和新进教师入职等工作。2020年退休和调出教师11人，直招和考调入职教师11人。全校专业技术人员中35岁以下67人，36～50岁141人，51～60岁40人。从年龄结构来看，呈现中间大，两头小的趋势，年龄结构趋于合理。开展师德师风建设，推进理论学习，提高政治站位，转变校风教风。全年开展中心组学习16次、会前学纪学法20余次，专题警示教育3次，廉政专题会议2次，推送廉政提醒20次，集中学习27次，举行活动3次，组织评优8次，先进典型宣传17次。开展业务水平考试，落实以考促学，推进教师钻研业务。全年适龄一线教师参加业务水平考试取得优秀等次40人。开展教职工公需科目全员培训，实施学科教师校本培训、网络培训，推动骨干教师能力提升培训，落实新教师培训和青蓝工程师带徒活动和各学科的示范课、公开课活动，促进马尔康中学教师业务水平提升。

【暖心工程推进】 校党委在春节、元旦、建党节、教师节、重阳节等重要节日，组织慰问退休职工、困难群众、党员，按总工会规定慰问婚丧嫁娶或生病住院职工，全年发放慰问金10万余元，受益教职工120人次。落实国家资助政策，在高中部发放助学金12.44万元，1244人次受益；发放寄宿制学生生活补助209.61万元，2466人次领取；发放“珍珠生”生活补助48万元，384人次领取；发放困难大学生入学资助3.2万元，60人领取；落实全友优秀学生奖励金3.27万元；40人学生领取滋蕙计划资金8万元；20名学生领取心温度资金1.6万元。

（郑图碧）

四川省马尔康民族师范学校（四川省阿坝州民族高级中学）

Sichuan Barkam Normal School for Nationalities (Aba Prefecture Nationality High School)

【概况】 2020年，推进意识形态工作，开展活动30余次。开展读“廉政书”，上“廉政党课”，观“警示片”等活动，开展主题党日活动28次。落实“两联一进”群众工作，看望慰问联系户，帮助解决生产生活困难。推行双语高中、五年制大专、三年制中师三种教学模式，有教学班32个。其中双语高中班16个，在校学生747人；五年制大专班16个，在校学生716人。现有专任教师128人，师生比1∶11。

【教育教学质量提升】 落实“质量立校、科研兴校、特色扬校、党建强校”办学理念，落实立德树人根本任务，实施“先学后教，当堂训练”教学模式，督促检查“四清”工作落实。实行教师教案开学检查，教学后记课后检查，作业批改周周检查，公开课人人承担，示范课骨干教师承担，汇报课青年教师承担的管理制度，形成稳定高效教学流程。准确定位，明确奋斗目标，分解总目标到班级，落实到每个教学环节，逐级分解任务，齐抓共管尖子生和普通生，提高总体水平和短板学科得分率。组织上下两届高三教师，召开总结暨动员大会，明确新一年高考的基本目标和奋斗目标为A—10—90（A指完成硬上普通重本线；10指10人硬上普通二本线；90指硬上民族类二本线90%）。推行“先学后教，当堂训练”课堂教学模式，狠抓“四清”工作，制定“四清”工作管理办法，全过程进行严格监督检查，学习氛围浓厚，学生学习自觉性明显提高。全年高考参考207人，上本人数165人，其中文科参考98人，上线人82人；理科参考109人，上线73人；硬上普通一本科线1人，硬上普通二本线13人，400分以上30人，囊括四川省一类模式理科前三名和文科前两名，理科最高分529分，文科最高分512分，夺四川省一类模式高考文理科状元，实现四川省一类模式理科高考史上首次有理科考生成绩突破500分大关和首次有理科考生成绩硬上普通一本分数线两大跨越。

【教育均衡发展】 根据中职和普通高中课程设置要求，开齐课程，开足课时，实现相关奖励和资助全覆盖。学校师范部和高中部均衡分配教师，做到教师资源分布，每一个班级学科教师分配实现科学搭配，构建班级教师队伍，做到教师平等对待每一名学生，实现教育资源均衡分配，实现学生均衡发展，做到均衡分配。

【“3+2”教学模式】 根据“3+2”办学要求，落实教育教学工作。继续开设学前教育和小学教育两各专业。根据专业教学标准认真修订《四川省马尔康民族师范学校学前教育人才培养方案》《四川省马尔康民族师范学校小学教育人才培养方案》，落实职业教育课程，订购职业教育通用系列教材，开展教学。完成师范三年级转录考试，转录率100%。5月19日，州委书记刘坪，州委常委、秘书长刘波涛一行到校调研指导“3+2”教育教学等工作。

【师生德育教育】 学校坚持社会主义办学方向，狠抓学生思想教育，把社会主义核心价值观、社会主义法治建设、中华民族共同体意识融入核心素养的教育中，五育并举。开展爱国主义教育，理想信念教育、民族团结进步教育、森林草原防火教育等活动，国旗下的演讲、主题班会、主题黑板报、名言警句周周记，涉及爱国爱校、核心价值、疫情防控、生命健康、行为规范、遵纪守法、孝老爱亲、安全卫生、学习习惯、学习方法等教育，全年开展国旗下演讲31期，主题班会20次、主题黑板报38次。

【传统文化传承】 聘请3名州级非遗传承人，开设非遗课程，提升美术教育。弘扬民族文化平台，开

5月19日，州委书记刘坪（右二）一行到马尔康民族师范学校调研指导工作 （马师校提供）

展以经典篇目、诗经楚辞、唐诗宋词、四大名著等内容的传统文化经典诵读比赛。推动晨会课、班会课、德育课与德育工作紧密结合，构建学习型校园，参加省州举办的“经典诵读”“中职技能”“中学生技能”等竞赛活动，逐步形成特色教育。参加四川省经典诵读、讲、写活动，获省级一等奖1项、二等奖1项、三等奖2项。推动口述历史进校园、新闻联播进课堂、法制宣讲上层次、文娱活动，培养大局意识强、能扎根基层、奉献正能量的接班人和建设者。12月20日，阿坝州人民政府副州长依当措、阿坝州人民政府一级巡视员葛宁到校参加《森吉梅朵》首映礼，调研指导工作。

12月20日，副州长依当措（右二）、州政府一级巡视员葛宁（中）一行到马尔康民族师范学校调研指导工作

（马师校提供）

【家校共育建设】立足培养社会主义合格接班人，推行学校宏观疏导和远程爱心教育等工作模式，建立健全学校管理制度，关心关爱学生成长。结合生源较为集中特点，因人制宜，开展送“教育”、送“服务”、送“关爱”上门，在家门口开家长会，推动家访活动，家访覆盖率100%。开办家长培训班，举办家庭教育讲座、法制讲座，开展国家政策宣讲，开通活动反馈渠道，提升家校合育、网格管理。

【体艺卫及心理健康教育】落实有1名心理咨询教师，1名生涯规划教师，建立心理咨询室，完善心理健康方面、心理测评系统、解压放松系统等设施设备。初步建立学生心理健康档案。执行中小学和中职体育达标要求，开足体育课程，保证“两操”质量，开展春季田径运动会和秋季球类运动会保障学生健康成长。坚持学生值日制度，组织学生参与校园劳动，开展暑期社会实践和社区志愿服务，知识教育与劳动教育相结合，树立劳动观念，落地落细落实立德树人和“五育”。按规定开设所有艺体课程，丰富课堂活动。组织校文艺队参加各项文艺展演和比赛，组织学生参加四川省“金话筒”主持人大赛、阿坝州“经典诵写讲演”系列活动。组织艺考生训练，编排民族特色舞蹈，推广课间舞蹈。制定疫情防控开学工作方案，组织排查各类安全隐患，落实返校师生员工各项健康检测和心理辅导，做好与家长学生的沟通交流，做细老生返校和新生报到注册，严格落实错时、错峰就餐和学习的防控要求，保持安全距离，维持就餐秩序，检查学生就餐前的洗手、消毒情况，避免人员短时间大规模流动聚集。执行“日报告”“零报告”制度，做到防疫工作人人隔离、室室隔离、组组隔离、班班隔离、区区隔离、工作隔离的“六隔离”要求。4月13日，州委常委、宣传部部长杨星一行到学校专项走访督查指导复学暨疫情防控工作。

【师资队伍建设】把握习近平新时代教师应“塑造灵魂、塑造生命、塑造新人”和“传播知识、传播思想、传播真理”总要求，把立德树人理念渗透到学校工作各个方面、各个环节，强化教职员工的理想信念教育和职业技能教育，大力实施通用语言教学，建设管得住学生、站得稳讲台的高素质双语教师队伍。全年完成15次教学研究活动任务，组织教师参与各级各项比赛。建立新老教师结对传帮带工作机制，推动非双语教师和双语教师结对提升双语教师运用通用语言的能力。落实浙阿合作及省内帮扶政策，推进与合作帮扶学校间的交流和合作，学校派2名教师到浙江嵊州职教中心跟岗学习、4名教师到绵阳普明中学跟岗学习、6名教师到崇庆中学学习，全年完成各级各类培训2658人次，其中完成国家级培训19人次，省级培训11人次，

4月13日，州委常委、宣传部长杨星（中）一行到校督查指导复学复课暨疫情防控工作 （马师校提供）

州级培训19人次，省内外对口帮扶培训4人次，校级培训1205人次，促进年轻教师成长。全年承担马尔康市、阿坝县、若尔盖县、红原县、壤塘县普通话培训及测试任务，测试培训4000余人次。

【教育科研活动】 出版双语杂志2期，刊载藏汉学术作品36篇，刊载学生作品40篇，总计15万字，实现教学研究和校本研究的同步提高，实现师资队伍的内部强化。组织参与各类教学活动和教学竞赛，录制参赛视频30课时，涵盖民族高中教学技能竞赛和中职教师教学技能竞赛，4部作品获州级一等奖，3部作品获州级二等奖，3部作品获州级三等奖，2部作品获省级二等奖。全年有3项在研课题，其中省级课题1项，州级课题2项。

【教学设备保障】 推进学校信息化建设，加强教学信息工程和教育资源共享平台建设，接通省内名校成都七中的现场教学视频，学习观摩教学经验，与州内学校分享教学资源和教学心得，吸收双语教学的理论经验和省内普通学校的先进办法，促进学校教师的专业能力培养。投入400万元采购新建教学楼信息化及教学设备，购买校园智慧、智慧黑板讲台、监控设备、阶梯教室电教等设施设备。投入300万元采购新建教学楼教育教学设备，购买校园一卡通建设、教室云办公、VR特色生物地理教室各一间、选课走班班牌、阅卷系统等。

【安全保卫工作】 推进“三进三查”工作，每周组织班子成员、主管科室成员、全校班主任、宿管教师和值周教师进寝室、进教室、进活动场所进行大排查，查找安全隐患及违禁物品，规范管理学生生活用品，提升学生学习和生活环境。开展周边环境评估，提前防备、提前沟通和提前整改安全隐患。贯彻“安全第一，预防为主，综合治理”的方针，推动“平安和谐校园”创建活动，邀请公安机关、法院等专业人士到校宣讲法律知识，加强学校法制建设，提高学生法律意识，预防未成年人犯罪。落实安全稳定责任，开展考核奖惩和责任追究．落实部门主管责任，推进“内紧外松”管理工作。提前制定各项应急预案，引导师生不信谣、不传谣、不造谣、不转发、不发表、不挑头，一线教师当好老师、站稳讲台、授好课程、管好学生。开展森林防火教育、法制教育、反邪教教育、心理健康教育，引导学生树立正确价值观、人生观和民族观，落实每周有一次国旗下的演讲，每周开展一次主题班会和师生交流会，促进学生思想、行动、行为安全。

【后勤保障服务】 贯彻落实关于厉行勤俭节约反对铺张浪费重要指示精神，组织广大师生观看“文明餐桌，光盘行动”公益广告片。弘扬中华民族勤俭节约传统美德，号召师生以实际行动珍惜粮食、减少浪费，牢固树立节约光荣，浪费可耻意识。制定出台《马师校州民中坚持厉行节约制止餐饮浪费实施方案》，在食堂、餐桌、教室等校园内张贴关于厉行节约宣传语，营造氛围。

【推进暖心工程】 加强学生资助经费的监督管理，落实专人负责统计、审核、公示及发放学生资助经费发放，国家政策助学金覆盖全校学生。发放浙江省嘉兴市盲人中医师、2019年度“感动中国”人物朱丽华爱心捐赠，学校67名贫困学生2300元／人及鸭绒被1床／人。向贫困户购买价值2万元农产品。

2020 年马尔康民族师范学校招生计划一览表

表 8

单位：人

高中一类模式	高中二类模式	师范 3+2				小计	
		小学教育（一类模式）	小学教育（二类模式）	学前教育（一类模式）	学前教育（二类模式）	高中	师范
200	80	50	50	50	100	280	250

2020 年马尔康民族师范学校普通高校录取统计表

表 9

单位：人

文科					理科					免费师范			职教		小计			
重点	本二	专科	高中中专	本专预	重点	本二	专科	高中中专	本专预	本科	专科	预科	本科	专科	重点	本科	专科	预科
3	69	44		6	10	48	22		22						13	117	66	28

（尕让他　毛　霞）

威州民族师范学校
Weizhou Normal School for Nationalities

【概况】 2020 年，贯彻落实中共十九大精神及习近平新时代中国特色社会主义思想，突出“立德树人”宗旨，围绕“党建为统领、德育是首位、教学是中心、后勤是保障”的办学思路，推进“五个威师”建设，开展“全国文明校园”创建，贯彻落实“党委领导下的校长负责制”，完善设备设施采购、基本建设、资金审核批报、监督等各项财经制度，试点开展“党支部领导下的处室主任负责制”，保障活动经费，开展新冠肺炎疫情防控，各项工作取得显著成效，学校被中央文明委命名为“全国文明校园”，学前教育专业被省教育厅批准为“四川省示范（特色）专业”，被国家教育部批准为学前教育幼儿照护“1+X”证书试点学校。

【德育工作】 坚持以社会主义核心价值观引领学校德育工作，突出“德善威师”文化精髓，构建“德育生活化”新型育人模式。全年学校无校园暴力事件、学生犯罪事件发生。学生申请入团 257 人，申请入党 93 人，参加社会志愿服务活动 500 余人次。学校实施“一月一主题”教育活动，每月按时、足额发放学生资金，全年发放国家助学金 196.61 万元，减免学费 238.39 万元。深化“三联共育”学生工作法，构建“家庭、学校、社会”共同育人新模式；开设“道德讲堂”，常态化贯彻“德育生活化”新模式；发挥校风纠察队、文明劝导队、国旗护卫队作用，落实“严管真爱”，规范在校学生“五不允许”要求，常态推进“伸伸手，弯弯腰”和“行四礼”活动，让学生牢固树立“底线”意识。开展校园文化活动，强化传统文化熏陶，提高道德水准和人文素养，2020 年度被命名为“四川省中学生（中职生）志愿服务示范学校”。学校工会、教代会补助特殊困难职工家庭，看望慰问因病住院教职工，哺乳期女教师、女员工。借助三八妇女节、六一儿童节、教师节、元旦等节日，召开座谈会、发放慰问金等关爱教职工。举办“退休教职工新春慰问活动”“离退休教职工庆祝教师节”活动、庆祝“重阳节”活动，丰富退休教职工生活。

4月21日，四川省威州民族师范学校创建学前教育省级示范专业启动会在汶川召开　（威师校提供）

【校园文化建设】 组织学生对井盖、消防栓、墙壁等进行美化，开展“威师儿女画威师”活动；举办“威师校汉字听写大赛”“读经典诗文，做儒雅少年”诗歌朗诵比赛，学生美术、手工作品展评；开展“我爱我的家乡”主题系列活动。开展“四川志愿·携手圆梦——‘互联网+圆梦村小’主题志愿服务活动”。举办第三届“中国梦·威师魂”校园艺术节系列活动。发行文学刊物《山水间》和学校理论刊物《阿坝师训》，开办“威师校微信公众平台”“威师博客”。

【师资队伍建设】 学校学前教育专业获批“四川省学前教育示范（特色）专业”和“教育部‘1+X’制度‘幼儿照护证书’试点学校”。推动“三教改革”，实施青年教师成长“135”工程（一年入格、三年合格、五年成长为骨干）。选派12名骨干教师到四川工商职业学院和南充职业技术学院跟岗培训1个月；邀请遂宁职业技术学校、射洪职业中学校的优秀教师到学校开展课堂教学交流活动。发挥名师工作室在教学、科研方面的示范引领作用，培养教师科研能力和创新能力。全年组织教师参加四川省中职教师教学能力大赛，获一等奖4人，获二等奖2人，获三等奖3人。欧光琳等教师的论文获省级一等奖。

【育人质量提升】 “3+2”学生331名全部转入高校，其中5名学生考入公费师范；三年制学生35名全部升学或就业。与义乌工商学院开展对口扶持，电子商务专业2019、2020级37名学生于11月赴义乌工商学院实习、实践。颁发奖学金及学习成绩进步奖13.93万元，其中奖学金发放81人9.73万元，奖助范围占比7%；学习成绩进步奖发放163人4.2万元，奖助范围占比14%。表彰“优秀教育工作者”10人、“优秀教师”10人、“优秀科研教师”5人。

【招生就业】 全年学校计划招生530人，实际录取新生508人，新生实际报到508人，小学教育、学前教育等专业招生稳定，新开办的电子商务、艺术设计、运动训练等专业实现招生。学校现有学生1256人，比2019年增加109人。全年毕业学生358人，就业学生358人，直接就业6人，就业率100%，对口就业学生352人，对口就业率96.59%；学生初次就业月平均收入3000元，较2019年有增加；对口单招升学学生数占毕业生总数的0.06%，较2019年有提升。

【师培及社会服务】 承办州教育局组织阿坝州小学校长任职资格培训53人。承办州外实小组织的骨干教师培训40人。7月6日至8月4日，承办州人社局组织的阿坝州2020年新聘教师培训339人。10月12—21日，承办若尔盖县教育局组织的若尔盖县中小学教师普通话能力提升培训50人。10月26日至11月4日，承办由若尔盖县教育局组织的“若尔盖小学语文骨干教师培训”50人；完成校地培训140人次。学校普通话测试中心面向全省开展普通话水平测试1期，测试1461人次。

【基础设施建设及后勤保障】 完成浙江义乌工商学院援建的“电商实训楼”主体工程。投入中央财政资金1173.67万元，地方财政投入388.11万元，生均拨款7000元。投资实施网络实训室设备采购、电商实训楼展厅装饰、电商实训楼直播室改造及设备采购、阅读体验室改造、幼儿实训室改造及设备采购、教学管理软件等项目。有固定资产总值8000万元，比2019年增加163.43万元。投入教学改革经费

11月9日，组织31名师生到浙江义乌工商学院参加“创业孵化班创业培训” （威师校提供）

300万元，教学科研经费17万元。实施“阳光校务”，向学生、家长、社会公示收费项目、收费标准等。实施“明厨亮灶”工程，建立进出货台账和食品留样制度。全年没有发生食品安全事件。

【安全保卫】 强化“安全无小事”意识，加强安全教育和保卫工作，开展安全教育宣传，进行地震地质灾害预防演练、消防演练、防恐防暴演练，定期、不定期对校园及周边环境巡查，排查事故隐患，保障学校安全。

（崔仁益）

阿坝州中等职业技术学校
Aba Prefecture Secondary Vocational School

【概况】 2020年，推进省级示范校项目建设，开展师风师德、校风学风建设，深化教育教学改革，面向全州开展各类实用技术培训，推进校校合作、校企合作、校地合作，促进产教融合，6月被省教育厅推荐为全省25所优质职校之一。

【教师队伍建设】 打造教师培养平台，组织公共基础课程教师参加中等职业学校10门公共基础课课程标准培训。组织教师参加信息化应用能力专项提升培训和教师教学能力提升培训，举行以信息化在课堂教学中应用的“一师一优课”赛课活动。疫情期间组织教师参加在线研修工作。遴选4名专业带头人，10名骨干教师，10名“双师型”教师参加国培、省培、专项培训。组织教师参加各类培训210人次。实施教师培养“七个一”工程，开展“师徒结对”活动，第一期结对师徒10对。建立畜牧兽医、高星级饭店两个专业专家工作室，发挥专业带头人和骨干教师“传帮带”作用，促进青年教师成长。

【新生招录】 走进全州初中校园，运用微信、微帮等新媒体，宣传校企合作。开展实施新型学徒制试点，实行企业订单班招生，推进校地合作，与壤塘县非遗传承合作办学等，借助招生组合拳，全年录取新生459人（春季招生）。

【德育教育】 聘请2名驻校教官规范学生行为、指导学生整理内务、提高两操质量、培养国旗护卫队。开展爱国主义教育，实施法制教育、民族团结教育，实施民族团结进步“十个一工程”，开展“十二个一活动”，创建民族团结进步示范学校，促进师生牢固树立“三个离不开”“五个认同”，做到“两个维护”。坚持每周星期一升国旗仪式、学生在国旗下演讲、背诵“八荣八耻”、社会主义核心价值观和校训、每周日的主题班会、黑板报、诗朗诵、普法警示教育等，开展“五项教育”“三禁两不”“十不准”教育，开展“安全教育进课堂”活动、“美育云端课”活动、“宪法晨读”等活动，推进廉政文化、法治进校园。

【教育教学监管】 做到教学工作年初有计划，日常有检查记录，年终有评比，推进教学常规和主题教育活动。教学常规检查坚持教学常规检查和随机抽查相结合，落实课堂教学过程管理，强化教学过程监控，督促教师认真上课，认真备课，维护好课堂秩序，批改好作业，坚持教学“六认真”。

【基础设施建设】 5月启动投资2500万元的旅游专业实用技能技术实训基地建设和投资2540万元的教职工公租宿舍建设。开展示范校建设项目投影设备、一体机和空调、会议室设备、名师工作室设备、智慧教室、电子阅览室、多媒体教室、

4月1日，州委常委、九寨沟县委书记罗智波，副州长葛宁到阿坝州中等职业技术学校检查防疫工作

（州中职校提供）

录播室、语音教室、名师工作室设备、公务用车等16个政府采购项目，项目经费1122.5万元。实施九寨沟“8·8”地震学校建筑等设施维修、加固项目，投入省级灾后重建项目资金500万元，完成省、州规划重建工作。

【教学设备保障】 推进数字校园建设，更新中心机房、校园网、数据中心、网络安全，校园网接入1千兆带宽，完成信息化应用平台和电子阅览、语音室、多媒体教室、录播室建设方案，保障全校师生办公、学习，推进信息化、网络化、现代化建设。

【困难学生减免】 落实国家涉藏地区学生免费职业教育政策，每年发放生活补助1500元/人，发动党员结对帮扶极困家庭学生15人。利用浙川对口支援的瓯海职业中专、瑞安农校的专项助学资金16万元，校企合作单位的生活补助资金（校企合作订单班学生的生活补助金，每个企业发放的标准不统一，如酒店管理专业订单班学生的生活补助金为1300元／月）等，每月按时发放学生生活补助和对口贫困生生活补助，解决学生困难问题，保障贫困家庭的每一名学生不辍学、不失学。

【社会实践活动】 开展实训基地建设，强化专业技能实践，与九寨沟县教育局共同打造的中小学研学旅行基地落地玉瓦，在若尔盖红星建有0.13公顷的畜牧兽医实训基地。实行工学交替，工学结合，校企双主体协同育人，淡季是学生，旺季是员工，推进学生生产实践。开展游学活动，组织汽车运用与维修专业学生到仁寿第二高级职业中学学习先进职业教育理念。

【开展艺体活动】 举办五四青年节、十一国庆节庆祝活动、“一二·九”运动纪念晚会等活动，增进新中国历史认同，激发爱国情怀。举办业余党校，组建护旗队、学生会，促进学生思想进步，加强学生自我管理。每天坚持早晨举行诵读活动，校团委举办主题团日活动，各专业部开展摄影、健美操等课外兴趣小组活动，建立朗读朗诵工作室、学雷锋志愿者服务站，举办“雪域·飞扬职教”韵律操比赛、春季田径运动会、冬季篮球运动会等，丰富学生课外生活。

【校园安全管理】 聘请退伍军人任教官，实施驻校教官、宿舍生活老师、班主任、值周教师全天候协作配合管理。坚持“预防为主”，推进安全预警机制建设，组织签订安全责任书。开展安全隐患排查整治，实施防火、防震、反恐、防暴等突发事件应急演练。开展禁毒知识、法制知识、金融防诈骗知识、预防性病、艾滋病和结核病知识等专题讲座，增强防范意识，强化风险防控，培养自律常识。开展网络舆情和手机信息管控，净化网络校园。学校被表彰为2020年度全州安全稳定工作先进集体。

【校园文化建设】 举办寝室文化设计大赛，把“道德示范”教育和“寝室文化建设”紧密结合起来，量化学生宿舍考核测评，培养学生良好的生活习惯，激励学生争创文明寝室，争做文明学生。开展摄影、健美操等课外兴趣小组活动，建立朗读朗诵工作室、学雷锋志愿者服务站，举办“雪域·飞扬职教”韵律操比赛，形成独具特色的校园文化。

【教研课题考核评比】 组织13名骨干教师参加省特级教师秋桑领衔的“高寒藏区畜牧兽医本土化高技能人才培养模式研究”省级课题，探索畜牧兽医专业人才“本土相融”培养模式。11月，组织艺术专业师生参加四川省2020年职业教育活动周，代表阿坝职教展示技能教育成果。撰写教学科研论文58篇，完成年度论文汇编，推荐优秀论文参与省、州论文评比，获省级二等奖1篇、三等奖2篇。参加州、省教学能力比赛，组织51名任课教师完成参赛作品17件，获州级一等奖1件、二等奖12件，省级一等奖1件。其中郭姗姗、桑杰克老师作品代表四川参加全国比赛（全省参赛队3个），获全国职业技术院校教师教学能力一等奖。

【教学交流合作】 10月22—23日，四川省中职名师工作室联盟到校开展送教送培活动。11月26日，浙江省中职财会专业教学名师团队到校开展“中职生教育教学及专业建设”主题送教活动，促进学校教学质量提升。邀请中思远、金指南等教育机构专家指导教学诊改，遵循现代职业教育发展方向，推进分层教学，确立理实一体、以实为重的目标。

【学生就业】 深化与宏义公司、鸡毛店餐饮有限公司等的合作，开展实习实训工作。推进学生求职意向分类指导，推介2017级、2018级学生参加高职单招和对口高职考试，2017级学生高职录取率超过70%。2020年，毕业生就业率（含“3+2”升学）超过95%。

【校企合作】 与四川鸡毛店餐饮有限公司、九寨沟神仙池旅游区发展有限公司、双流棠湖宾馆等企业合作，成立订单班、冠名班，开展订单培养。探索企中有校、校中有企的双主体育人机制和双元双向的人才培养模式，引企入校，与大九旅校企合作，正在校内建设三星级旅游实训基地，实施“前店后校，工学结合”育人机制，建立“双导师”团队，组织教师下企业实践，实现校企人才共育，提升“双主体”人才培养水平。

【校校合作】 与四川省旅游学校“烹饪专业”开展“1.5+0.5”战略合作、与成都汽车职业学校达成结对帮扶合作、与四川省国际标榜职业学院“民族音乐舞蹈艺术”，中职专业开展“3+3”合作、与四川文轩学院达成“3+3”联合办学合作、与成都职业学院旅游专业开展“3+2”战略合作、与四川交通技师学院开展帮扶合作，实现优质资源共享，合作办学、合作育人、合作就业、合作发展。

【校协合作】 与四川省烹饪协会、四川省陶行知研究会等具有实操性的协会签订战略合作协议，与四川省烹饪协会合作研发九寨盛宴标准的特色餐饮产品、与四川文创旅游产品研发中心合作研发文创产品，推动毕业学生服务地方经济发展。

【校地合作】 与九寨沟县2019年“两山”理论实践创新基地建设，与九寨沟县人力资源社会保障局合作，对17个乡镇1473人实行乡村旅游人才送教培训、对50名民间艺人进行民间传统工艺暨“羌族刺绣”培训。与壤塘县人民政府合作，考核录取壤塘县非遗传习研究所的57名学员，进入民族美术、民族音乐舞蹈专业学习。与凉山州劳务输出基地合作，开办机电和计算机2个专业国企定向班。与九寨沟县国投公司（交投、农投、文旅投）开展合作，推进实施汽车运用与维修专业驾校考点和驾训场、汽车维修场建设。

12月12日，教师郭姗姗、桑杰克获2020年全国职业院校技能大赛教学能力比赛一等奖 （州中职校提供）

【职教联盟建设】 联合区域内外5所中高职院校、19家协会、公司、企业，组建阿坝州旅游职教集团，搭建职教集团内部的资源共享平台，建立健全运行机制，推动专业建设、人才培养、师资互聘、科技创新等优质资源共享。

【省级示范校建设】 作为全省第二批25所“省级示范性中等职业学校建设计划”立项建设单位之一，组织开展示范校建设专项培训10期，召开工作推进会议10次，编写《示范校建设工作简报》19期，专家团队到校指导咨询活动10次。7月13—14日，省教育厅建设示范校检查组在校开展中期检查指导，示范校建设得到检查组的肯定，第一次中期检查结果为B-，基本实现预期目标。

【劳动力素质提升】 接收与四川农业大学联合举办的远程网络教育学员1300名。举办阿坝州深度贫困县“一村一名农技员”提能培训、阿坝州农业职业经理人培训、阿坝州基层农技员知识更新培训、阿坝州退役士兵再就业技能提升培训、阿坝州深度贫困县实用人才免费定向培养等，培训实用技术人才1013名。开展职业技能鉴定服务工作，完成651名“焊工”“电工”“中式烹饪”“钢筋工”“砌筑工”等职业（工种）技能培训与鉴定；推进汇通驾校茂县过渡教学点400名学员培训。

（黄汉华）

四川省阿坝卫生学校

Sichuan Aba Health School

【概况】 2020年，坚持把学习放在首位，增强意识形态凝聚力和引领力，加强基层党组织建设，坚持预防为先，加强党风廉政建设制定学校“两联一进”工作实施方案，推进“两联一进”全覆盖工作。学校派选的驻村干部班玛德谦被表彰为2019年四川省脱贫攻坚“五个一”帮扶先进个人。

【教师队伍建设】 学校领导班子有一正三副，配备正科级干部6人，副科级干部5人。专业技术人员78人，其中专任教师72人（专科1人，本科68人，硕士研究生3人），专业教师46人（专科1人，本科44人，硕士研究生1人）。专业教师占专任教师的64%。取得副高职称16人，中级职称26人，初级职称30人。双师型教师15人，占专业教师的33%。

【新生招录】 招收全日制新生251名，其中五年制高职113名，三年制中职138名。转录高职护理、医学检验技术和医学影像技术大专学生145名。新招2020级成教本科生56人。与温州护士学校开展东西协作“1+2”培养模式，联合培养学生23名。

【德育教育】 组织开展党团活动30次、板报评比5次、国旗下演讲活动29次，开展“青春战役，默许飘扬”“学习寄语精神，展现青春担当”等系列活动9期。学校学生团支部青年大学习活动排名全州前列，学校团委被表彰为“阿坝州五四红旗团委”，学校团委书记被表彰为“阿坝州优秀团干部”。

【教育教学监管】 学校是全省22所中等职业学校教学诊断与改进试点学校之一（州内中职学校唯一一所试点学校），修订完善学校发展、教师素养、专业培育、课程设置、学生培养等规划、标准，诊断与改进教学，提高学校教育教学质量。制定各专业实施性教学计划，执行相关教学制度。开展学生实践技能技术培训，推进实验课程，实施学生医院见习，提升实际操作动手能力。开展教师信息化说课比赛、集体备课等教研活动，提高教师业务水平。

【教学设备保障】 学校各专业均建有教学必需的校内实训场所和设备设施，实训场地8943平方米，设备总价值2390.63万元，生均设备价值2.37万元。校内建有藏医实训室、护理实训室、内科、外科、儿科、妇产科、ICU、检验、影像、康复、生理、病理、药理、化学、解剖等41间实验实训室和大型设备80余套，提供工位700余个，95%的基础和临床课程实现校内实验实训。多媒体教室30个，计算机约400台，图书室藏书10万余册，期刊150余种，电子读物5万余册。

【基础设施建设】 完成人机对话考试、羌医馆项目建设，教师住宿楼、办公楼、校医务室维修改造，实验室设备采购，物业管理服务招标等9个建设任务，拨付资金563万元。向州卫健委、教育局申报项目3个，资金7507万元。申报、储备浙江援助项目5个，资金3477万元。

【东西部协作培养学生】 与浙江温州护士学校联合招生，采取“1+2”模式培养护理专业学生，

5月19日，州委书记刘坪（左二）到四川省阿坝卫生学校调研学校建设与发展情况 （州卫校提供）

招收两期学生46人，其中建档立卡贫困生14人。

【学生技能培训】 与州外4家医院、州内7家医院签订学生实习协议，推动实习生实践教学和实习安全。安排落实农村医学106班、中职护理54班、康复技术2班实习。

【学生社会实践活动】 校团委在寒暑假向全体学生发出倡议，参与疫情防控。弘扬“奉献、友爱、互助、进步”志愿精神，参与青春志愿、靓在乡村、爱在社区、爱在旅途、迷途导航、守护生命等志愿服务活动，用实际行动书写新时代雷锋故事，展现阿坝青年责任与担当。

【校园安全管理】 建立食堂、超市食品安全制度，落实专人督查食品卫生，动态跟踪监测食品质量、零售价格和服务态度。推进医务室建设，提高保障服务能力。开展国家安全和民族团结教育，防范分裂反华势力渗透和破坏。开展网络安全、网络诈骗和网络赌博专题教育，增强学生防骗意识。组织学习禁毒教育视频，引导青年学生自觉抵制毒品。开展安全隐患大排查，落实安全生产责任。开展汛期、消防安全疏散演练，增强自我保护意识和安全意识。成立疫情防控领导小组和防控工作办公室，落实“两案九制”等防控制度，做好校门疫情排查，开展爱国卫生运动。组织藏医药专家，用藏医理论知识编写新冠肺炎科普宣传材料，在阿坝电视台藏语频道宣传，3万人关注。

【校园文化建设】 贯彻落实习近平总书记对制止餐饮浪费行为的重要指示精神，营造“节约为荣、浪费可耻”氛围，增强全体师生“爱护粮食、反对浪费”的行为自觉。制定《四川省阿坝卫生学校语言文字工作达标建设实施方案》，推动校园普通话、汉字规范化工作，增强全校师生的语言文字规范意识。开展语言文字应用能力培训、教师朗诵比赛和硬笔书法比赛，提高师生语言文字规范化水平。

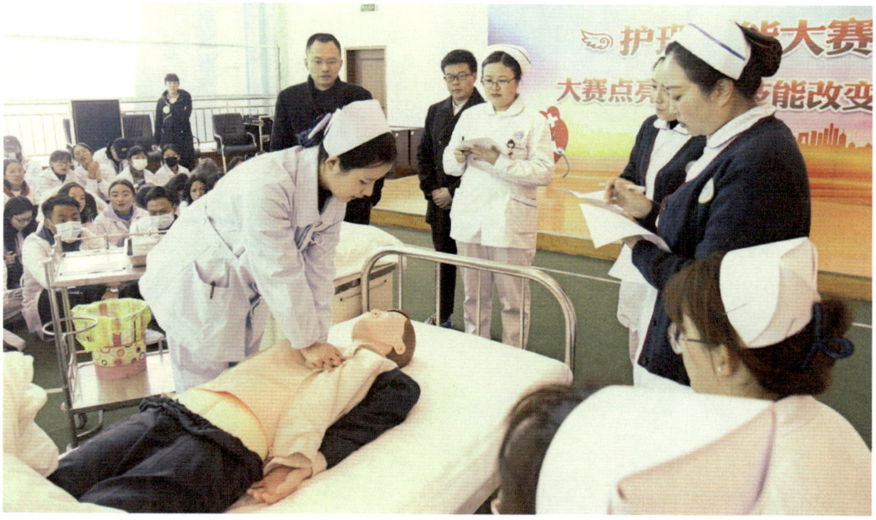

12月5日，开展护理职业技能大赛 （州卫校提供）

【教研课题优化与评比】 建立教师评估、监督、考察机制，促进教师队伍管理和建设。全年开展线上、线下培训243人次，校本部培训111人次，省级以上培训28人次，进修教师2人。组织12个团队近30名教师参加全州2020年教师教学能力大赛，分获州级一、二等奖。组织5个团队代表全州参加全省2020年教师教学能力大赛，获一等奖1个、二等奖4个。学校获四川省中医药职业教育协会（集团）第四届教师教学设计大赛中职组三等奖、获四川省职业院校大赛中等职业学校班主任能力大赛“业务能力组”二等奖。

【教学交流合作】 以医校合作模式促进校企合作，与阿坝州人民医院、崇州市人民医院、温江区人民医院、都江堰市医疗中心、都江堰市第二人民医院、阿坝州藏医院、若尔盖县藏医院、阿坝县藏医院、茂县人民医院、汶川县人民医院等23家医院签订医校合作协议，年内无新增校企合作单位。医校合作覆盖专业6个，合作医院参与教学教师12人，较上年增加1人，合作医院教师参与教学课时1500个，与上年相比增幅较大。落实《职业教育东西协作行动计划（2016—2020）》《浙川东西扶贫协作和两省合作框架协议》，落实与浙江省温州护士学校、浙江省瑞安市职业教育集团签订的《职业教育东西协作行动计划落实（2018—2020）协议书》，开展交流合作，与温州护士学校完成东西协作“1+2”培养模式，联合培养23人。

【学生就业】 2020年毕业普通全日制学生260人，其中三年制中职116人，考入对口高职大专院校深造学习114人，五年制高职转段进入联办高校144人。毕业成人教育本科学生481人。

【特色专业建设】推进省级藏医医疗与藏药特色专业建设，5月接受省教育厅示范（特色）专业中期专家验收，获评B+成绩，得到省教育厅和专家认可。

（陈海英　索朗多吉　罗　茜）

阿坝广播电视大学
Aba Radio and TV University

【概况】2020年，参加阿坝州森林草原防灭火专项整治工作驻汶川县专项督导组工作督导和2020年州级部门赴汶川县脱贫攻坚全覆盖督导检查工作。开展国家开放大学“长征带”精准扶贫工作，开展“两联一进”工作，发放慰问物资2万元，邀请州人民医院眼科专家到松潘县碑子寺村新丰组开展义诊和眼健康知识宣讲。

【教师队伍建设】派遣6名班主任参与省电大举办的第2期班主任专项培训班、4名教师参与省电大举办的年度秋季学期学习网辅导教师专项培训研修班。组织辅导师生参与省校举办的各级各类活动、比赛，学校学员孙晓梅的小说《神鹰与土登》在省校6月举办的2020年四川电大第一届写作技能大赛中获“一等奖”，学校获优秀团体组织奖。11月，组织全校教职工到松潘党校、烈士陵园开展师德师风教育。2名教师晋升中级职称。

【新生招录】学校招收开放教育及成人学历学生813人，与2019年同期相比增长2.65%，超额25.08%，完成省电大下达的年度招生任务。奥鹏学习中心招收东北师范大学春、秋两季学生34人，川北医学院招收新生20人。恢复理县工作站招生办学工作。

【教育教学监督】按照省电大要求，制定完成2020年度各专业各层次实施计划，统一配置教材，指导监督教师完成国开学习网教学、辅导任务，促进开放教育教学质量。指导、收集、评阅、整理、上报12个专业318人的毕业论文工作。办理18名参加成人高考的新生入学注册手续，开展老生进校新学期注册。办理毕业证明书1个，办理824名毕业生的毕业手续，应届生按期毕业率90.97%。抓好考风考纪，全年开展考试工作10次，6000人次学生参考，科次33000余科，课程700多门，无违规违纪及严重责任事故。

【基础设施建设】更换学校校园监控设备，购买55寸立式落地触摸一体机10台，维修翻新教学综合楼顶LED发光字；更换及保养校园消防设备，完成校园内绿化带美化和修复工作。

【教学设备保障】学校在规定标准内购买公务用越野车1辆。按照政府采购程序组织采购笔记本电脑3台。

【校园文化建设】在2020年春节、端午节、重阳节等传统节日开展慰问退休教师活动，送去慰问金和慰问信。9月与威州民族师范学校、马尔康民族师范学校、汶川中学等四校联合继续举办四校庆祝教师节慰问退休教职工活动。参与汶川县团委不定期组织的志愿者活动。举办学校教职工秋季趣味运动会。开展节能减排和杜绝餐盘浪费活动。

【科研项目推进】根据省电大《关于申报四川广播电视大学2020—2021年度科研课题和教改项目的通知》，全年申报科研课题4项，省校评定立项课题2个。

9月10日，开展离退休教师慰问活动　（州电大提供）

【教学交流合作】组织召开全州电大系统教学教务及招生工作会议2次。奥鹏远程教育中心与东北师范大学合作办学，专业涉及教育类34个专业，全年招生34人。与川北医学院联合办学，开办临床医学、护理学、药学、学等专业，全年招收新生20人。9—10月，与阿坝州人力资源和社会保障局合作，承接阿坝州2019年度新招事业单位工作人员培训3期，参训240人。与成都神力工程机械职业技能培训学校协作，培训汶川特种作业人员、安全生产管理人员等的安全意识和安全技能，参训102人。

【学校信息化建设】根据工作需要，购置立式广告机10台，布设专用网络，做到学校信息发布校园全覆盖。

【免费开放教育】全额资助13县（市）150名报名参加开放教育学习的乡村教师学费，提升150名乡村教师学历。招收壤塘县免费就读开放教育乡村基层干部及建档立卡贫困户157名。

（杨逸秋）

阿坝职业学院

Aba Vocational College

【概况】2020年，贯彻落实中央第七次西藏工作会议、全国全省全州教育大会和《四川省职业教育改革实施方案》，围绕州委十一届第九次全会部署，聚焦立德树人根本任务，推动疫情防控和跨越发展，解决学校发展重点难点问题，推进改革发展。

【队伍建设】学习贯彻习近平关于职业教育的重要论述，召开党委中心组集中学习会6次，组织师生开展中共十九届五中全会、中央第七次西藏工作座谈会、省委十一届八次全会、州委第十一届九次、十次全会等重要会议精神宣讲讨论50余场次。教职工中学习使用“学习强国”APP100%，学习积分1367974分，人均年积分13028分。坚持党管干部原则，规范程序，考核转正试用期满中层副职干部10名，新提拔使用校管干部3名。制定人才需求年度计划，引进“硕博进阿坝”专业人才12人。组织招考招聘紧缺性专业人才7人，办理转正、确认和岗位聘任手续11人。实施校内绩效工资分配和基本工作量完成情况挂钩机制，深化绩效奖惩机制。成立职称改革领导小组，制定《阿坝职业学院专业技术职务任职资格评审办法》，实行评聘结合、按岗评审、竞聘上岗，开展职称确认64人。贯彻落实《中国共产党支部工作条例》，全覆盖调训4名党组织书记，坚持党总支和2个支部“三课一会”常态化。实施“双带头人”培育工程，发展中青年骨干教师党员队伍，建立班子成员、中层干部、党员专家教授联系培养1名优秀青年教师制度，吸纳培育31名新团员，吸纳培育入党积极分子21人。召开全院干部职工大会，表彰先进20人，营造崇尚先进、学习先进、赶超先进氛围。引导教师以德立身、以德立学、以德施教，争做有理想信念、有道德情操、有扎实学识、有仁爱之心“四有”好教师，开展“师德师风大讨论”和“中国梦·劳动美——决胜小康、奋斗有我”教师诵读和演讲比赛，1篇文章获全省师德师风征文展三等奖。

【青年党团建设】成立第三支部，归口管理学生党员培养发展工作，推动大学生入党启蒙教育，参训学生1000名。组织全校51个团支部参加团中央举办的共青团网上“青年大学习”团课，学习成绩排名全省前5名，上半年在全省高职院校中综合排名第一名，受到团省委表扬。

【学生艺体活动】贯彻落实《阿坝州中华民族共同体意识实施方案》，开展“民族团结一家亲”主题日活动48次，针对少数民族学生占比近70%的校情，组织评选表扬民族团结先进个人4名。选举成立阿坝职业学院第一届妇女联合会，成立“石榴籽”大学生艺术团，举办《麦瑟梅朵》大学生艺术节。参与“文化动车——丝路情·全国行”文艺会演。组织约3000人次观看爱国主义电影3场。组织舞蹈《拉忠》参加四川省第九届大学生艺术展演，获四川省大学生艺术节二等奖。录制参加中华经典诵写讲演短视频6期，获一等奖1个、优秀奖3个。组织学生参加羌年、彝年、藏历年等活动，夯实中华民族共同体意识。

【卫生安全建设】成立卫生安全防控工作领导小组，贯彻全国全省全州疫情防控文件会议精神，落实《新型冠状病毒肺炎健康教育手册》《新冠肺炎疫情常态化防控健康教育手册》《冬春季预防新冠

2月7日，州委书记刘坪（中）到阿坝职业学院调研疫情防控和教育教学工作　（阿坝职业学院提供）

病毒技术指南》，召开学校疫情防控领导小组会议17次，制定完善学校《疫情防控“两案九制”（一、二版）》《七案七制三流程》，分析研判疫情形势，动态调整管控措施，压实疫情防控主体责任。组织全体教职工捐款2.4万元，支援疫情防控工作。开展疫情防控专题培训线上3期，线下4期、应急预案演练等活动，规范工作流程，熟悉应急处置。组织教师、学生参加常态化新冠肺炎监测采样，设置外环境检测点位40个。设置男女生隔离区各1个。采购口罩37100个、体温枪90个、水银温度计220个、洗手液1636瓶、84消毒液1685公斤、酒精180公斤，防护服60套。开展地震演练2次、消防演练2次、防爆演练1次、疫情应急演练1次。在成都茶店子客运站、茂县车站等开设绿色通道，组织接送复学、新生入学专车40班次。落实学生晨午检、因病因事缺课登记和追踪、复课证明查验等制度，登记信息277320条。掌握师生14天动态信息，收集行程动态1111条，签订离校承诺书1861份。开展食堂、学生宿舍项目施工区域和从业人员健康卫生等关口常态检查监测407次，督促约谈企业整改11次。推进日常清洁和“周末大扫除”等活动，组织3000余人次做好教室、宿舍、食堂、办公楼等重点场所和校园公共区域的卫生清洁、日常消杀，清理卫生死角与盲区6次。组织师生心理疏导和人文关怀讲座2次，提供网络心理健康服务，学生线上访问量超过3200人次。建设平安校园，安装摄像头276个，AI智能预警报警装置20个，实现校园综合监管。

【专业建设】 围绕州委“一州两区三家园”战略目标，服务“一屏四带、全域生态，三地共建、五业同优”发展格局，动态调整学科专业布局，完成小学教育、护理、电子商务技术和音乐表演等4个新设专业申报。获2020年高职单招考试和“9+3”高职单招考试资格，组织实施招生考试。

【新生招录】 争取普通类“9+3”单招招生资格，实现招生批次全覆盖，覆盖对口高职、艺体、普通文理科、藏文一类模式文理科等6个类别。开展线上线下招生宣传100余次。录取新生835人，比原计划多招35人，实报763人，报到率87.7%，其中护理、电子商务技术、小学教育、民族表演艺术等专业报到率超过90%，位列全省第一梯队，全校在校学生1861人。

7月8日，开展“中国梦·劳动美”教职工演讲比赛　（阿坝职业学院提供）

【线上线下教育】 制定《教学组织与管理工作方案》《教学工作指南》和线上教学课程表，做到一班一策。组织60余名教师通过智慧职教云、钉钉、腾讯云课堂、中国慕课等平台直播、录播、分享优质网络教学资源，面向34个班级1111名学生授课，开展76门线上课程教学活动。返校复课后，组织教师全程回顾线上教学内容，开展测试、答辩等形式评价评估教学质量，实现线上线下教学无缝衔接。

【学生资助】 获国家奖学金2人，每人8000元。获得国家励志奖学金50人，每人5000元。获得国家助学金702人，人均3300元。2名同学获2020年“中国大学生自强之星”。服务国防教育建设，推荐9名学生应征入伍。

【校园文化建设】《志愿之爱》《等你》等作品获国家省抗疫原创奖项，《五双竹筷走四方》等学生作品获第十届全国大学生红色旅游创意策划大赛西南赛区特等奖1个、一等奖1个、二等奖2个。特等奖作品参加全国决赛，获二等奖。

【创新创业】 组织参加全州首届“岷众动力”创新创业大赛，获一等奖3个，二等奖4个，三等奖3个，优秀奖4个，促进师生认同感、归属感和荣誉感。

【学生就业】 完成370名毕业生求职创业补贴申报工作。组织收集优质岗位信息、招考信息200余条。召开就业专题讲座5次，举办企业到校专场招聘会7次，组织农业银行茂县分行、高原之宝牦牛乳业、正大集团、陕西美邦药业集团等企业到校开展招聘活动。举办2021届毕业生就业校园双选会，邀请省内外企业40家，提供工作岗位2300余个，190余名毕业生与企业现场签订就业协议。

【校地合作】 研究制定《阿坝职业学院继续教育部培训及其他经费管理办法（试行）》，落实“专家讲座+课程总结+现场教学+专题讨论”模式，推动启发式教学。承办州委组织部等主办的“2020年阿坝州新任村党组织书记示范培训班”“2020年茂县基层治理能手暨村党组织书记培训班”等培训班7期928人次。入选四川省贫困村创业致富带头人首批省级实训基地。

【校校合作】 与成都信息工程大学、成都工业学院、成都农业科技职业技术学院、台州职业技术学院和阿坝师范学院签订合作框架协议，借力人才培养、科技创新、学科建设、师资队伍、社会服务、治理体系和能力等优势，帮扶学校教育教学、师资队伍、专业发展、创新创业、信息化建设、招生就业、考级考证、职称评审、社会服务、人才培养水平评估验收等，促进交流合作，实现资源共享，构建帮扶向合作转变。

【校企合作】 与江西正邦集团、浙江舜宇光学有限公司、奇瑞汽车股份有限公司、安徽迪科数金科技有限公司、茂县松坪沟景区、九顶山滑雪场、鹧鸪山滑雪场等合作，组织2018级542名学生顶岗实习，组织2019级旅游管理专业114名学生到茂县松坪沟景区开展教学实习40天，组织2019级艺术学生完成《阿坝职业学院信息化总规设计方案》。建设覆盖全校的主干光纤网络3200余米，实现楼宇间万兆传输，千兆到桌面，完成办公楼、学生寝室406间2200个信息点位的安装、调试。

【国有资产管理】 完成智慧校园、图书采购、智慧教室、数字仿真模拟、学生用床及实验室桌椅、教学设备采购项目。制定《阿坝职业学院教师周转房管理办法（试行）》《阿坝职业学院楼堂馆所有偿使用办法（试行）》。完成813万元教育科研类资产验收、配置、使用，完成学生用床、电脑等1099万元通专用办公设施设备类资产验收、配置、使用，完成九龙电网公司14套房屋产权划转登记，产权面积1250.48平方米。完成南校区20处房屋/构筑物面积测绘，产权面积92368.92平方米。完成东校区、南校区宗地不动产登记，产权面积263646.12平方米。完成教师周转房分配三批次，覆盖教职工38户；协调茂县分配县级周转房20套，保障学院教师周转房居住。

（唐 斌）

阿坝师范学院
Aba Normal College

【概况】 2020年，坚持以习近平新时代中国特色社会主义思想为指导，学习贯彻中共十九大、十九届二中、三中、四中、五中全会精神和习近平总书记关于教育的重要论述，落实全国全省教育大会和省委十一届历次全会精神，贯彻执行中央和省委重大决策部署，坚持和加强党对教育工作的全面领导，践行为党育人、为国育才使命，统筹推进疫情防控、脱贫攻坚、防汛救灾和学校教育事业发展，提升学院治理体系与能力建设。

【教师队伍建设】 开展年度专业技术职称评审工作，评聘正高级职称 3 名、副高级职称 7 名、中级职称 15 名。实施公开考核招聘 2 次，考核录用教职员工 60 名。开展高层次人才内培外引工作，引进博士 6 名，紧缺专业副高职称人员 3 名（双高人才 1 名）。选送新进教师 51 名参加四川省高校教师岗前培训，开展院内培训短期 4 天，组织教职工参与其他培训 50 余人次。启动与泰国宣素那他皇家大学、格乐大学 2020 年博士培养项目，20 名教师在线学习博士研究生课程，12 名教师自主赴海外攻读博士学位。7 月 7 日，省委常委、组织部部长王正谱到阿坝师范学院调研指导高校党建和人才队伍建设等工作。

【新生招录】 在 10 个省、市（自治区）投放本（专、预）科招生计划 3071 名，其中本科 2180 名，专科（五年一贯制）725 名，少数民族预科 166 名，新生实际报到 2828 名，本科报到率 97.52%。文史类最低录取分数线超省控线 40 分，理工类最低录取分数线超省控线 43 分，录取分数线逐年提高。完成第二批成人教育本土人才招生计划，招收 507 名。学院获评“四川省高等教育学会招生考试研究专业委员会 2020 年度先进集体”。

【思想政治教育】 推进党委中心组学习、专题会议、邀请校内外专家开设线上线下讲座、“三会一课”等教育活动，学习贯彻习近平新时代中国特色社会主义思想和对四川工作系列重要指示精神、中共十九届四中、五中全会、省委十一届七次、八次全会等精神，制发《学习贯彻党的十九届五中全会精神实施意见》等，开展党委中心组（扩大）学习会 12 次，形成学习简报 17 期，策划制作“习近平总书记在全国抗击疫情上的重要讲话”“习近平总书记教育重要论述讲义解读”“十九届五中全会精神”等专题宣传栏 4 期，征订发放《习近平谈治国理政（第三卷）》等党刊、党报及报纸杂志读物 40 类 1000 余份。

7月7日，省委常委、组织部部长王正谱（右二）到阿坝师范学院调研指导工作 （阿坝师范学院提供）

【学科专业建设】 完成第二批 5 个本科专业学士学位授权评审，形成以教师教育为主干、艺术和体育学科为优势、藏语汉语两种语言学科群为特色、非教师教育类学科为增长点的多学科协调发展的学科体系，凝练形成专业特色和品牌优势。

【教育教学改革】 开通在线课程教学 730 门，完成“停课不停教，停教不停学”要求，实现“线上线下等质等效”网络教学质量目标，完成四川省 2020 年省级线上线下混合式、社会实践一流本科课程申报。完成全部本科课程教学大纲修订，制定 2021 版本科人才培养方案。完成四川省高等教育人才培养质量和教学改革项目 4 项。立项省级“课程思政”示范课程 2 项、省级线下一流课程建设项目 2 项、省级应用型本科示范课程建设项目 1 项，国家级大学生创新创业项目立项 50 项，省级大学生创新创业项目立项 100 项。设立名师讲堂，邀请省内外教学名师、企业家、优秀中小学（幼儿园）校长（园长）等 58 人到学院讲学。

【基础设施建设】 完成《阿坝师范学院 2020—2025 年基本建设项目

规划》。完成民族地区师范技能综合实训中心、教职工周转房项目建设调整、场平设计、土地申购等前期工作以及学生公寓地面改造工作。

【困难学生资助】 开展困难学生认定、奖助学金评定、学生勤工助学、基层就业学费奖补、学生生源地助学贷款、特殊困难学生流量补助及防疫物资补助、公费生生活补助发放、应征入伍学生国家教育资助等工作，发放助学金 2089.17 万元，惠及学生 17196 人次。

【学生技能培养】 新建遂宁安居区和乐山沙湾区两个教师教育实验区，实习基地单位扩展到成都、乐山、遂宁、眉山、泸州、资阳、绵阳、广元、巴中、甘孜、阿坝、凉山等地。本科师范专业全部采取集中实习，非师范专业集中实习率也高于往年，派出教师在实习学校和集中实习单位指导。响应国家智力扶贫号召，派出 162 名（上半年 66 名，下半年 96 名）同学赴凉山州越西、昭觉两县支教。

【社会实践活动】 推选 11 个项目团队参加第六届四川省“互联网 +”创新创业大赛，获 3 个铜奖；20 个项目团队参加第十二届“挑战杯”四川省大学生创业计划竞赛，获一金五银十二铜。举办创新创业系列大讲堂 3 场，组织开展阿坝师范学院首届“线上双创大赛”。

【艺体活动】 参与四川省第九届大学生艺术展演活动优秀节目现场展演，获艺术表演类一等奖 5 个，

4月29日，省教育厅机关党委书记李志刚（左二）到阿坝师范学院督导检查返校复学准备工作

（阿坝师范学院提供）

艺术作品类一等奖 2 个、二等奖 3 个，大学生艺术实践工作坊一等奖 2 个，高校美育改革优秀案例一等奖 2 个、二等奖 2 个、三等奖 1 个。

【校园安全管理】 健全安全保卫体系，建立校园定时巡逻制度，加强和完善门卫管理制度，启动四川省教育系统值班值守在线管理平台，落实 24 小时值班制度，设置校园巡逻点 15 个，改造自动消防系统，安装雨量监测器。成立公共法律服务中心，与州、县公安局、县司法局开展法制宣传活动。加强校内交通规范与治理，集中开展校内乱停乱放车辆集中整治行动，保障校园安全稳定。

【校园文化建设】 学校网站首页开辟专栏，报道学校的战疫动态和优秀事迹，其中被《中国教育报》专题报道 1 条、《教育导报》专题报道 2 条，被“学习强国”采用 6 条、四川教育网和教育厅官网采用 14 条、四川电视台教育频道采用 2 条、人民网文创端采用 2 条。组织开展“激情晨读”“岷众动力”创新创业大赛等 260 余场，丰富校园文化活动。

【科研项目发展】 获批国家自然科学基金项目 1 项、国家社会科学基金项目 1 项，实现学校在同一年度同时获批国家社科和国家自科两类国家基金项目立项的重大突破；获批四川省艺术基金项目 2 项，立项数量位居全省第六位。科研经费大幅增长，获批立项经费 360.5 万元，较 2019 年增长 85%；到账经费 271.9 万元，较 2019 年增长 38%。获首届川渝科技学术大会暨四川科技学术大会优秀论文三等奖 1 项；“藏羌民族传统艺术文化学院”被教育厅确定为第一批全省高校重点中华优秀传统文化学院。

【教学交流合作】 10 月 15 日，学校与江苏理工学院签署“江苏理工学院对口支援阿坝师范学院协议书”（江苏理工学院是教育部高等教育教学评估中心面向“三区三州”和 52 个未摘帽贫困县所在地市高等

6月27日，金华市委常委、义乌市委书记林毅（右二）考察汶川电商学院建设情况 （阿坝师范学院提供）

学校评建辅导单位，是指定帮扶单位）。11月4日，选派母春生等4名教师到江苏理工学院挂职学习。

【学生就业】 学院创新就业指导服务工作模式，搭建就业“云平台”，提供就业“云服务”“云指导”和“云管理”。线上发布招聘信息513条，举行线下专场招聘会11场，提供岗位数9.8万余个（岗位数与毕业生数比37 ：1）。8月，全校初次就业率81.33%，其中本科生就业率79.85%，专科生就业率82.79%。

【教师争优创先建设】 9月10日，在学院南苑剧场举行第36个教师节庆祝暨表彰大会，表彰2020年度优秀教育工作者33人、十佳教师奖10人、十佳教师提名奖10人、优秀青年教师奖10人、2019年度科研管理工作先进个人奖10人、优秀科研团队1个、2019年度优秀科研自然科学类和人文科学类成果奖获得者。

【东西部协作建设】 6月27日，金华市委常委、义乌市委书记林毅率义乌市委常委、常务副市长喻新贵，义乌工商职业技术学院副院长李慧玲等到学校考察义乌工商职业学院·阿坝师范学院·汶川电商学院建设情况。电商学院运用“党建＋电商”平台，开展“疫”起助农汶川红脆李进校活动，帮助汶川县铁邑村销售红脆李2300余公斤。

【校地校企校校合作】 与中国大熊猫保护研究中心、四川卧龙国家级自然保护区管理局、汶川县、若尔盖县、松潘县、黑水县、九寨沟县，阿坝职业学院、义乌工商职业学院、江苏理工学院等单位（机构）开展合作，签订相关协议。承担汶川县居民健康指数、幸福指数研究项目，配合汶川县映秀镇建设爱国主义教育基地，探索服务地方经济文化发展新路子。开展质量工程建设项目15项，提升汶川县南部学区12所中小学校（园）教育管理能力。开展对口帮扶村基础设施建设，采取以购代捐方式收购农副产品价值200万元。邀请专家开展茶园管理、老年康养、生态无公害生猪养殖等培训，培训村民200余人次。推进院属企业（阿坝州阿师科技有限公司）服务和管理阿坝州科技企业孵化中心。2020年新增入孵企业13家，培育毕业8家企业，提供劳动就业岗位422个，入孵企业创营业额2348.62万元，向国家纳税24.95万元。

2020年阿坝师范学院招生计划一览表

表10

分项	本科生	国家农村和贫困地区定向招生专项计划			专科生	普通专升本	五年制高职转段
		国家专项	地方专项	高校专项			
列序	3	3（1）	3（2）	3（3）	4	5	6
人数（人）	2180	0	0	0	240	50	466

说明：列3不包含列5，列4不包含列6

（付嘉鑫）

文化 传媒

CULTURE AND MEDIA

文 化

Culture

文化事业

Cultural Undertakings

【概况】 2020年，坚持以习近平新时代中国特色社会主义思想为指导，推进国家公共文化服务体系示范项目“藏羌戏曲进校园”活动，推动区域公共文化合作，实施“五馆一站”免费开放。

【“藏羌戏曲进校园”建设】 9月20—23日，省文旅厅第四批国家公共文化服务体系示范项目专家组在州开展“藏羌戏曲进校园”验收工作。通过“听、看、访、评”形式，听取阿坝州公共文化服务体系建设情况和示范项目创建情况，检查马尔康第二中学校、理县营盘街小学、州图书馆、州博物馆、汶川县文化馆、威州镇文化站、南桥社区文化

4月20日，副州长依当措（右）与重庆市文旅委主任白雨玄签订文化旅游战略合作框架协议（州文体旅局提供）

服务活动中心等藏羌戏曲进校园示范学校和公共文化服务机构工作开展情况，核查创建档案资料，认定阿坝州示范项目创建工作“优秀”。

【区域公共文化合作】 与眉山市、广安市图书馆签订馆际联盟合作协议。成立渝阿公共图书馆战略合作联盟，达成数字资源共建共享、省际阅读推广合作、总分馆体系建设、法人结构治理、人才交流、文旅融合等协议。9月28日，阿坝州“华夏大禹情，中国无忧地”大禹文化学术交流活动暨汶川县无忧地·慢生活国家级旅游度假区创建启动大会在汶川县举行，发布《汶川禹迹图》，开展大禹文化主题演讲和大禹文化论坛研讨。10月1日，“弘扬伟大长征精神——红军长征过阿坝特展”主题展在拉萨市西藏牦牛博物馆开展，是第一次将阿坝州红色文化专题性地向省外推介，拓展长征国家文化公园（阿坝段）知名度和美誉度，是第一次跨省区合作，探索川、藏红色文化交流互联互通。推动“黄河源非遗保护与铸牢中华民族共同体意识论坛”在理县召开。

【“五馆一站”免开】 全州7个博物馆（纪念馆）、1个美术馆、14个图书馆、14个文化馆、219个乡镇文化站全部实现向社会免费开放，保障人民群众享有免费公共文化服务权益。落实中央、省资金2225万元，其中中央补助1887.15万元，省级补助337.85万元。实现中央、省级资金下达县100%，拨付资金2373.27万元，拨付比例107%。

（唐学海）

民族歌舞
Ethnic Songs and Dances

【概况】 2020年，坚持以民族歌舞与旅游融合发展，以历史题材为背景启动“三项”创编工作，推进抗疫作品创作，服务人民群众美好生活需求。

【启动“三项”创编】 启动音乐剧《牦牛革命》、动漫《阿米格东》《全域旅游新锅庄》创编。其中完成“雪山草地、长征精神”主题的《牦牛革命》剧本创作、实地采风、剧目呈现等工作，正在开展剧目导演、音乐创作、视觉设计、服装设计、剧目排练等。

【创作抗疫作品】 推出抗疫主题书法作品98件、美术作品124件，摄影作品208件，剪纸作品23件，诗歌85件，原创音乐作品33件。推出“用文艺作品凝聚力量共抗疫情”音乐辑7期、书法选3期、摄影选4期，“非遗文化 灿若星辰”10期，“宅在家里赏戏剧”4期，“抗击疫情 远离病毒 宅家里舞”12期。举办“战役阿坝 守护净土”——阿坝州抗击新型冠状病毒肺炎疫情纪实展1期。

（唐学海）

社会文化
Social Culture

【概况】 2020年，坚持以服务人民群众文化需求为动力，开展文化图书室建设，实施“送戏下乡”等文艺活动，举办“幸福羌年 吉祥理县”主题的2020羌历年庆祝系列活动，发行《草地》杂志，发挥藏文图书馆的社会功能。

【文化室建设】 完成605个贫困村文化室巩固建设，下达巩固建设经费606万元。按30%比例，对各县（市）2016年以来退出贫困村文化室和农民健身工程进行复查，606个贫困村文化室符合“有标识牌、有多功能文化活动室、有室外

10月26日，召开《牦牛革命》创编动员会 （州文体旅局提供）

文化活动场地、有1套文化器材、有文化志愿者、有活动队伍、有运行管理机制”标准，通过验收。推进阿来书屋建设。

【节庆文艺会演】 开展“送戏下乡”等文艺活动，完成春节、藏历新年、中秋、国庆的各类节庆文化活动，全年开展1345场次，惠及100万余人次。

【文化会展活动】 在阿坝州博物馆开展“净土阿坝·向祖国汇报脱贫攻坚文艺作品展”，精选全州基层一线群文作者的90余件美术、书法、摄影作品，再现全州脱贫攻坚成果。组织推荐评选“四川省文化和旅游扶贫典型案例”工作，九寨沟县的《发展全域旅游，助力脱贫攻坚》、黑水县的《“三支撑、两创新”，立足旅游促脱贫》、壤塘县的《非遗助力脱贫奔康》获奖。10月1日，在拉萨市西藏牦牛博物馆开展“弘扬伟大长征精神——红军长征过阿坝特展”，第一次向省外推介阿坝州红色文化，第一次开展跨省区域合作，推动川、藏红色文化交流互联互通。在理县举办“幸福羌年，吉祥理县”主题的第四届四川省国家级羌族文化生态保护区成果展暨2020羌历年庆祝系列活动。

【文艺活动申报】 组织九寨沟县、黑水县、金川县申报2021年度全省重大节庆主会场。按照省节庆办要求，审核整改全州备案保留节庆活动。

【文化研讨活动】 9月28日，在汶川县会议中心举办阿坝州“华夏大禹情，中国无忧地”大禹文化学术交流活动暨汶川县无忧地·慢生活国家级旅游度假区创建启动大会，发布《汶川禹迹图》，开展大禹文化主题演讲和大禹文化论坛研讨。11月15日，文化和旅游部非物质文化遗产司指导、四川省文化和旅游厅主办、四川省非物质文化遗产保护中心、阿坝州文化体育和旅游局、理县人民政府承办的“黄河源非遗保护与铸牢中华民族共同体意识论坛”在理县举办。

（唐学海）

10月8日，“阿来书屋”授牌仪式在达古冰川景区管理局举行 （州文体旅局提供）

【《草地》杂志发行】 全年，《草地》杂志出版发行汉文版4期，50余万字，60余幅图片。出版发行藏文版《邦炯》2期，30余万藏文字，26幅图片。编辑出版“纪念改革开放40周年”散文集《春天记》、“庆祝新中国成立70周年”专刊，《草地》创刊40周年特刊、“抗击疫情”“绿色环保”专页，推出“脱贫攻坚”文学专页。

（蓝晓梅 蓝士开）

【藏文图书馆】 到全州各村寨、寺院普查、搜集民间古籍资料，其中收集珍贵古籍《般若》《莲花生大师传》《米拉日巴传》《普贤上师教言》《甘珠尔》(散本)《唐东杰布传》《藏族文化发展史》等24函(240册)，收藏全套《金刚经》木刻印刷板7块。挖掘古籍文献资料，整理出版《梵文注释》《象雄结绳记事文化》《姜帕传记及道歌》等珍贵古籍。参与整理出版嘉绒历史文化丛书《嘉绒地区历史(上中下)》《嘉绒地区圣地和寺院》《嘉绒地区名人(上中下)》《嘉绒地区历算》《嘉绒地区杰布和文书档案》。新购长条书包书布和函头标签布各5000条，开展长条书包书布及函头标签更换。组织绘制《甘珠尔》《丹珠尔》木刻珍藏版护经板620张。接待读者和专家来访1700人次，登记新购书籍350本。开展古籍书目普查、编目、编纂、审校等工作，推进馆藏目录登记，登目202函2429册，其中文集类159函2293册、孤本类43函136册。

（乔 夙）

新华书店
Xinhua Bookstore

【概况】 2020年，围绕图书发行工作，开展“书香阿坝·全民阅读”“送书到校”“送书下乡”“两联一进”等密切联系群众的文化惠民活动，推动全州图书发行工作迈上新台阶、开创新局面。全州征订发行教材教辅319万余册，其中州新华书店完成20.6万册，完成一般图书销售4.8万册，中转全州教材教辅325.37万册。

【开展“全民阅读”】 开展“迎新年，庆元旦”“4·23世界读书日”“阅读童年，好书相伴”“开学有礼”2020秋季中小学教辅图书展销、“纪念中国人民抗日战争暨世界反法西斯战争胜利75周年”等图书阅读展销活动，集中展示展销政治类、文学类及反映州内风土人情、人文历史等重点出版物、主题出版物和优秀大众读物。结合全省“爱阅读，会生活”2020年天府书展活动，组织全州书店，开展惠民售书、书展下乡、送书下乡、书展进校园进寺庙等阅读活动，开展各类活动80余次。开通“阿坝州新华书店微信公众平台及微官网”。全年展示展销各类图书、文创产品2万种5.68万册。

【图书惠民行动】 开展送书进乡、进机关、进寺庙等文化惠民活动，到马尔康脚木足乡中心校、沙尔宗镇中心校、壤塘县上壤塘乡、阿坝县安斗乡上安斗寺、龙藏乡中心校、州公安局开展图书捐赠活动，捐赠图书1460册。完成全州寺庙书屋2020年补充出版物配送工作。

【图书发行征订】 5月和11月，在都江堰召开全州2020春秋两季教材教辅征订发行工作会，州委宣传部分管领导和州、县新华书店经理80人参会。发行《习近平谈治国理政》第三卷3900册、《中国制度面对面》900册、《中华人民共和国民法典》1100册。

（唐　倩）

非遗及文物保护
Intangible Cultural Heritages and Cultural Relics Preservation

【概况】 2020年，坚持以习近平新时代中国特色社会主义思想为指导，推动非遗传承人和基地建设，开展文物保护，州文化体育和旅游局、壤塘县文体旅游局、汶川县文体旅游局和州文化馆副馆长易生、汶川县非遗股股长唐宇等分别获评第七届中国国际非遗节组织工作先进集体和先进个人。

【非遗保护】 出台《阿坝州非物质文化遗产科学保护传承与高质量发展实施意见》，明确新时期全州非遗保护传承目标任务、坚持原则、工程项目。启动编制《嘉绒文化生态保护区（阿坝州）总体规划》《河曲马黄河草原文化生态保护区（阿坝州）总体规划》《净土匠心》，完成2017—2018年度省级传承人抢救性记录工作，启动2019—2020年度省级传承人抢救性记录工作。完成“第四批州级传承人第三批州级两基地”申报工作，新增州级传承人128名，州级非遗“两基地”31个。

【非遗宣传培训】 6月9—11日，在阿坝职业学院举办“2020年度阿坝州‘净土非遗’融学课堂”，推动州非遗工坊在“四川非遗购物节”发展“云消费”“云体验”，促进州非遗在互联网领域、物流领域的创新创业。6月13日，组织召开2020年“民宿+非遗”座谈会。

【非遗名录建设】 9月3日，阿坝

7月23日，组织召开《中华人民共和国文物保护法实施条例》学习活动　（州文体旅局提供）

州公布第四批州级非物质文化遗产名录项目代表性传承人暨阿坝州第三批州级非遗“两基地”名单，新增州级传承人128名，非遗基地31个。12月18日，文化和旅游部公示第五批国家级非物质文化遗产代表性项目名录，非遗名录项目“藏棋”成为全州第一个国家级传统体育、游艺与杂技类项目。12月，公布2020“中国非遗年度人物”候选人，州国家级非遗传承人杨华珍、嘉阳乐住为候选人。

【非遗项目建设】 10月11日，40多名州唐卡技艺传承人创作的全球唯一大熊猫巨幅唐卡——《大熊猫百图唐卡长卷》在四川省图书馆首次亮相，作品总长172米，高1.6米，上海大学与阿坝州人民政府在首展仪式上签订战略合作框架协议。10月23日，第六届中国非物质文化遗产博览会在济南国际时尚创意中心开幕，组织州国家级非遗项目羌族刺绣、羌族碉楼营造技艺和羌笛演奏及制作技艺等100余件非遗作品参会。

【文物保护行动】 公布实施《阿坝藏族羌族自治州文物保护条例》，做好革命文物保护利用项目申报工作，申报全国重点文物保护单位修缮项目8项，申报省级文物保护单位10处，公布州级文物保护单位25处。举办阿坝州抗击新型冠状病毒肺炎疫情纪实展陈和首届文化文物创意设计大赛。

【文物创意设计】 5月13日，以“文化·文物·文博·文创”为主题的“阿坝州首届文化文物创意设计大赛”落幕，收到参赛作品63件（套），其中设计类24件（套），实物类39件（套），评选出代表性文博文创精品。12月7—9日，文化和旅游部、四川省文化和旅游厅主办的全国文化和旅游创意产品开发推进活动暨四川省文创大会在成都国际非物质文化遗产博览园举办，全州推荐的非遗音画专辑《羌年》羌笛U盘、绛（黄）笔筒、雪域香阁3件文创作品入选全国文旅创意展；“亚一则则”吉祥娃娃、“九寨有礼”系列产品、“无忧汶川”系列产品等文创产品入选四川文创精品展；祥巴文化公司、西部牧场“云上花街”被命名为首批四川文创集市。

【文物保护宣传】 8月3日，州人大常委会、州文化体育和旅游局（州文物局）主办，州文物考古研究所（州博物馆）、马尔康市文化体育和旅游局承办的阿坝州首届文物保护宣传周活动在马尔康市举办。10月26日，阿坝州文体旅游局（文物局）组织举办的2020年全州文物安全工作及文体旅融合工作培训会在成都开班，推动全州文物安全及文体旅融合工作，提升文物合理利用水平。

（唐学海）

文旅市场管理
Culture and Tourism Market Management

【概况】 2020年，落实文化和旅游市场监管职责，推动文化市场综合行政执法机构建设，实施旅游扶贫专项检查，开展全域旅游整治，交货旅游环境。

【全域旅游环境整治】 制定全州全域环境整治工作方案和督导检查方案，组织相关部门到各县（市）、各景区景点、重点乡（镇）开展全域环境整治暗访工作，通报曝光问题。推进五一、国庆假日旅游市场监管工作，建立景区与分管负责人“一对一”联系制度和景区工作日报制度。开展“扫黑除恶”“扫黄打非”等专项行动，推动文化

12月26日，阿坝州2020年文化市场综合执法工作座谈会在马尔康召开 （州文体旅局提供）

旅游市场执法检查常态化。全年组织检查文化市场经营单位2.9万家次、文物保护单位169家次，涉旅经营单位和景区景点1.4万家次，抽查旅游团队1000余个次、导游1000余人次，处理文化旅游投诉140余件，查处行政处罚案件20件。

【文旅市场监管机构建设】 5月19日，州文化市场综合执法支队挂牌成立，推进全州文化市场综合执法机构改革，负责文化市场综合执法工作。

【旅游扶贫检查】 针对国考、省考提出问题，组织开展旅游扶贫专项自查，发现各县（市）在历年各级各类检查中资料档案不规范等问题，制定措施，按要求完成整改清零工作。清理规范旅游扶贫专项"三本台账"登记工作，梳理各县（市）2017年以来旅游扶贫专项项目资金管理使用情况、国考省考及"回头看"等发现问题及整改情况、扶贫领域项目专项清理情况，如实填写相关台账，查漏补缺全州旅游扶贫专项工作，促进旅游扶贫工作巩固提升。

（唐学海）

志鉴编纂

Compilation of Chronicles and Yearbooks

【概况】 2020年，坚持以习近平新时代中国特色社会主义思想为指导，树牢"四个意识"，坚定"四个自信"，做到"两个维护"。编辑上报《阿坝州建州以来工业发展总体脉络》和《工业大事记（1958—2018）》，推荐申报第七届全国地方志优秀成果（年鉴类），推进阿坝州地方志"两全目标"百日攻坚行动，高质量编纂《阿坝州年鉴（2020）》，收集整理报送《净土阿坝脱贫纪实》和《新时代 脱贫攻坚在四川》图文资料。12月，州地方志办被表彰为全省地方志系统"三个服务工作"先进单位、"宣传与方志馆工作"先进单位和"《四川年鉴（2020卷）》供稿工作"先进单位。

【年鉴编纂出版】 3月，印发《阿坝州年鉴》2020卷资料征集的通知。8月25日，完成组稿工作，11月30日公开出版。《阿坝州年鉴（2020）》是总第21卷，全书收录140余个部门（单位）和13县（市）的资料，分设26个篇目，9个类目，166个分目，1541个条目，224幅图片，308幅随文照片和14张表。

【"两全目标"建设】 7月2—3日，围绕习近平总书记系列重要讲话和国务院总理李克强关于地方志工作的重要批示、《地方志工作条例》、《四川省地方志工作条例》，以及地方志鉴质量提升行动，组织全州地方志机构负责人及业务人员30人在马尔康召开"两全目标"建设培训会。9月22—23日，省地方志办公室党组书记、主任陈建春率队到阿坝州调研指导全州地方志工作，督导地方志"两全目标"推进情况，州人民政府副州长丁明忠代表阿坝州作工作汇报，马尔康、金川、红原、汶川、理县、茂县、黑水7个县（市）的地方志机构负责人汇报"两全目标"推进情况。调研组在马尔康市卓克基红军长征纪念馆、土司官寨及金川县咯尔乡德胜村、金江村调研红色文化、孝善和俭文化及村史馆建设情况。阿坝州本级成为全省第二个完成年鉴2020卷公开出版的市（州），是全省第二个实现地方志"两全目标"的市（州）。

【《雪原文史》出版】 《雪原文史》编辑出版立足"文"和"史"，

9月22—23日，省地方志办公室党组书记、主任陈建春（左二）一行在阿坝州调研督导地方志"两全目标"工作

（州地方志办提供）

辐射相关文化领域，出刊4期（大16开，四色印刷）。设有志鉴论坛、学术研讨、史海钩沉、行走阿坝、民俗民情、红色文化、地名文化、文学园地、工作动态等。4期《雪原文史》刊载文史作品74篇，工作动态38篇，全刊53万字。

【《大小金川之役》出版】《大小金川之役》为《雪原文史》增刊，主要收录第一次平定大小金川和第二次平定大小金川的重要战役，揭开乾隆年间两次平定大小金川之战的“神秘面纱”，丰富全州历史文化研究成果，提升各族人民对大小金川之役的认识，为研究大小金川历史文化的相关专家和学者提供基础资料。四色设计与印刷，成品尺寸170×240毫米，封面封底为240克特种纸，印数500册。

【《抗疫纪实》资料征集】按照州政府《关于开展〈阿坝州抗击新型冠状病毒疫情纪实〉资料征集工作的通知》，宣传习近平和党中央、国务院在抗击新型冠状病毒肺炎疫情的组织指挥和决策部署，宣传中国特色社会主义制度的显著优势，展示州委州政府贯彻落实党中央国务院和省委省政府重大决策部署，征集文字材料2413份，图片872张，影像资料27份。

【志鉴及地情读物赠（借）阅】开展《阿坝州志（1991—2005）》、《阿坝州年鉴（2020）》、《雪原文史》（2020年1～4期）、《大小金川之役》等赠阅活动，向省地方志办、省内20个市（州）、州级各部门（单位）、各县（市）地方志部门、相关科研单位赠阅书籍1600册。向重庆大学、四川大学、四川师范大学、西华大学、内江师范学院、桃溪书院、西华师范大学赠阅2018年、2019年、2020年《阿坝州年鉴》和2020年《松潘年鉴》《小金年鉴》《理县年鉴》《若尔盖年鉴》《茂县年鉴》《红原年鉴》《阿坝县年鉴》《汶川年鉴》，合计65册。向阿坝州组织部人才中心赠阅《阿坝州年鉴》（2012年、2014年、2016年、2017年、2018年、2019年、2020年）、《阿坝州民兵志》、《金川妖姬志》、《金川琐记》、《历史的定格》、《大水金川之役》、《红军长征在阿坝》、《阿坝州简志》、《阿坝州扶贫开发和综合防治大骨节病志》、《雪原文史》（2019年和2020年）等46册及《阿坝州抗震救灾志》1套（3册）。为阿坝军分区编写《阿坝州兵要地志》提供州志与年鉴；为武警阿坝支队编写《阿坝武警志》提供州志和年鉴；为四川师范大学提供州志和各县旧志资料。

【精品志鉴建设】执行《地方志工作条例》《四川省地方志工作条例》《阿坝州地方志事业“十三五”发展规划（2016—2020年）》《关于进一步加强和改进新形势下地方志工作的实施意见》，落实依法修志编鉴程序，落实初审、复审、终审制度，依法开展修志编鉴。12月，举办四川省第十九次地方志优秀成果评选，阿坝州16项地方志成果获四川省第十九次地方志优秀成果奖，其中《阿坝州年鉴（2019）》获年鉴类一等奖，《红原县志》（藏文版）、《岷江水电志》获志书类一等奖，《阿坝旧志集成》获旧志类一等奖，《理县屯兵史料》获地情资料类一等奖。

【业务督促指导】全年到阿坝、若尔盖、红原、黑水等县开展地方志书、年鉴编纂指导工作6次，听取工作汇报，指导各县（市）地方综合年鉴编纂出版工作，解答各种业务问题和疑虑，督促完成“两全目标”任务。指导马尔康民族师范学校校志篇目制定、资料收集，开展编写培训等。

10月13日，成都市地方志办党组成员、副主任王志强（左）与阿坝州地方志党组书记、主任刘佳礼（右）互赠书籍

（州地方志办提供）

【志鉴编纂交流】 10月12—15日，成都市地方志办公室党组成员、副主任、王志强率新津区、龙泉区、新都区地方志机构负责人到阿坝州考察交流地方志工作。王志强一行在理县、马尔康市、松潘县等地考察历史文化、红色文化、民族文化，与阿坝州地方志办举行“两全目标”推进、特色志鉴编纂、地情读物开发、旧志整理、方志馆建设和人才队伍建设座谈交流会，开展特色地情书籍互赠。

（黄　强）

藏文编译

Tibetan Language Compilation and Translation

【概况】 2020年，坚持以习近平新时代中国特色社会主义思想为指导，学习贯彻中共十九大精神、十九届五中全会精神、省委十一届历次全会、州委十一届历次全会精神，围绕州委、州政府“一州两区三家园”和“一屏四带、全域生态”建设目标，发挥“懂双语、用双语”优势，服务政策宣传，拉近党群干群关系。

【两会翻译】 完成州政府工作报告、人大工作报告等“两会”报告及会议材料翻译，藏文6万余字。

【节庆活动翻译】 翻译审校“推进黄河上游川甘青水源涵养区生态保护和高质量发展协商协作研讨会”会议资料，约7万字。完成2020年喜迎羌历新年暨“文化动车丝路情·全国行”条幅和全国部分省、市文化馆（群艺馆）优秀文艺作品（四川阿坝州）交流巡演相关材料翻译。

【政策法规翻译】 完成州人大《阿坝藏族羌族自治州预算审查监督办法》及《人大公报》240~243期翻译审校，约30万字。完成《妨害新冠肺炎疫情防控犯罪典型案例（1~6）》等办法、条例、说明文件30本以及马尔康创建省级文明城市创建宣传资料的翻译审校，15万字。

【门牌店牌翻译】 服务马尔康市文明城市建设，完成马尔康地区门牌店牌翻译50个。

2月12日，省民委古籍办到州藏文编译局调研古籍保护工作　（州藏文编译局提供）

【古籍文献整理出版】 完成《梵藏对照词典》（修订版）、《察柯·阿旺扎巴文集》的审核、校对、补充翻译工作。推进“十三五”古籍整理项目《觉囊续部仪轨图集》工作，完成扫描彩色布绘唐卡41幅、说明文43幅，录入、校对、编辑《觉囊续部仪轨图集》说明文（藏文）。

【古籍文献（实物）收藏】 到全州各村寨、寺院普查、搜集民间古籍资料，收藏珍贵手抄本、金银汁写本、藏纸木刻本等古籍孤本、善本，其中《般若》、《莲花生大师传》、《米拉日巴传》、《普贤上师教言》、《甘珠尔》（散本）、《唐东杰布传》、《藏族文化发展史》等24函（240册），全套《金刚经》（7块）木刻印刷板，增加州藏文图书馆馆藏文献资料。2月12日，省民委古籍办到州藏文编译局调研古籍保护工作，推动古籍重点保护中心申报。

【藏学研究】 完成阿坝州历史文化名人文集《萨迦文集》10卷丛书340万字的编辑、审校、排版等工作。做好《藏学人类学阿坝研究合作协议》协调联络，在《阿坝藏学》刊登藏学人类学阿坝研究新成果，服务阿坝“全域旅游”，促进文旅融合，提升阿坝对外影响。

【《阿坝藏学》刊发与利用】 完成《阿坝藏学》总第37期（汉文版）、总第38期（藏文版）的征稿、审校、出版印刷工作，涉及藏学研讨、文明流源、行记考察、艺术文旅、历史文献、民风民俗、学术论文、翻译园地、科技文化等。与州内外

12月9日，副州长依当措（中）到州藏文编译局调研藏文编译事业发展情况　（州藏文编译局提供）

藏学专家互赠交流，向州级四大班子和有关单位赠阅2000册。作为州委统战部进寺庙读物，向全州各寺院赠送4000册。落实州人民政府同北京大学、中央民族大学藏学研究机构的合作，提升全州藏学人类学研究项目。

【藏文社会用字监管】 贯彻执行《阿坝藏族羌族自治州藏语言文字条例》，审核四姑娘山风景管理局标识标牌、四姑娘山双桥沟景区导视标识牌、景区提示牌、警示语、单位门牌等322幅。审校州公路局国道213线及国省干线公路标志标牌、路段地名及养护区名称337条。审核州文体旅游局《篮球规则》《篮球裁判员手册》等藏文翻译稿件。开展藏文社会用字督导管理，与12个县（市）民宗局对接协调，线上收集、答复、处理藏文社会用字使用不规范等突出热点问题。推进藏文社会用字的日常审校出证工作，出具藏文内容稿件审查证明23件。12月9日，副州长依当措到州藏文编译局调研藏文编译工作，听取工作汇报，参观州藏文图书馆和部分编译成果。

（乔　夙）

传　媒

Media

广电管理

Management of Radio and Television

【概况】 2020年，坚持以习近平新时代中国特色社会主义思想为指导，贯彻落实党中央、省委和州委决策部署，落实全州宣传部长会议和全省广播电视工作会议精神，树牢“四个意识”，坚定“四个自信”，做到“两个维护”，承担“举旗帜、聚民心、育新人、兴文化、展形象”使命，服务州委“一州两区三家园”发展战略。全州有州广播电视台1座、县广播电视台13座；有线电视前端13个，光纤线路3731公里，有线电视用户5万余户，无线数字电视用户约2万户；直播卫星户户通129456套；建成13个深度贫困县（市）应急广播体系，955个行政村有广播村村响；300瓦以上调频广播转播台15座，中波广播电台8座，电子实验台7座。全州广播、电视综合人口覆盖率92.51%、98.51%。

【宣传报道】 宣传阐释中共十九大、十九届四中、五中全会精神，习近平关于做好宣传思想工作的重要论述和对四川工作系列指示精神；推出一批有特色有影响的系列报道，精心策划系列成品牌的理论节目和专题专栏，多层次、多角度开展阐释解读，形成规模、形成声势，推动习近平新时代中国特色社会主义思想深入人心、落地生根。中央、省、州两会、州全委会期间，推出《代表委员在基层》《关注两会》《记者跑两会》《两会会客厅》等专栏，宣传阐释中央、省、州两会精神，阐释中共十九届四中、五中全会精神，州委十一届八次、九次、十次全会精神，唱响主旋律、壮大正能量，加快“一州两区三家园”建设营造舆论氛围。全年，播出相关时政报道3000余条，全力讲好城乡基层治理制度创新和体系能力建设“阿坝实践”新故事。组织“脱贫攻坚、决胜全面小康”重大主题宣传，开设《决胜全面小康，决战脱贫攻坚》《脱贫印记》等5个专栏，播出新闻423条，拍摄制作《脱贫攻坚，奋斗有我》微视频7集，在全媒体平台掀起脱贫攻坚全面小康宣传热潮，讲好脱贫攻坚阿坝故事。聚焦“疫情防控”，在《阿坝新闻联播》、新媒体平台同步推出新闻专栏20余个，新闻报道2000余条、发布文章3000余篇，向大众公布权威信息，播发新冠疫情防控科普知识公益广告60余条。创作拍摄纪录片《我们》等，宣传党中央国务院、省委省政府和州委州政府疫情防控决策部署，营造万众一心阻疫情的舆论氛围，凝聚众志成城，共克时艰的正能量。聚焦森林草原防灭火，开辟《森林防火，人人有责》专栏，运用电视主流媒体和微信、微博、抖音等新媒体，开展防火大宣传，营造氛围。宣传报道黄河上游川甘青水源涵养区生态保护和高质量发展协商协作研讨会，摄制《生态保护，绿色发展——推动黄河上游川甘青水源涵养区生态保护和高质量发展》系列报道4集，推出主题宣传片《守护母亲河》，发布会议动态，播出动态新闻10余条，点击量10余万次。1—10月，全州上传的《全流域保护治理，让黄河成为造福人民的幸福河》《四川阿坝：战疫情，开发7828个疫情防控应急性公益岗位》等85条稿件被央视新闻频道采用，四川卫视采用213条，康巴卫视采用254条，新华社四川频道采用1条。首部音乐纪录片《尔玛笛音》，是《雪山颂歌》系列片第一集，3月在四川电视台妇女儿童频道播出。

【节目创作】 聚焦“两联一进”，报道全州“两联一进”群众工作的举措和典型经验，争取资金40万元，创作、上映网络大电影《森吉梅朵》，在中国新闻网和川甘青滇四省涉藏地区展播，列入2020年州政府工作报告。选送的脱贫攻坚题材纪录片《地柏村的新家园》获“美丽四川”广播电视和网络视听精品创作“十佳优秀作品”奖和“第25届中国纪录片学术盛典”短片好作品奖。组织州、县广播电视台聚焦疫情防控主题，参加“精彩短视频，记录新时代”2020年四川短视频创作传播工程活动。全年创作、上报省广电局短视频145件，其中《一抹红》《净土阿坝“羌地圣果”茂县有“李”》被评最佳作品，《美丽阿坝，我们等你》《理县大白菜扶贫广告》《回族儿子和藏族阿妈》被评优秀作品，《牵挂武汉》《我想对您说　医务人员》《网红“第一书记”张飞　帮助老百姓搭上网络“快车”》《樱桃成长记》《壤塘扶贫印记纪实》等19件作品被评提名作品。阿坝州短视频创作上报数量与质量均排在全省21市个（州）前列，阿坝州广播电视局获评“精彩短视频，记录新时代”2020年度四川省短视频创作传播活动优秀组织单位。

【节目评优】 开展2020年度阿坝州优秀广播电视节目（综合类）暨网络视听节目评选工作，全州各级广播电视播出机构选送广播电视（综合类）节目245件（电视节目150件，广播节目45件，藏语节目50件）、广播电视网络视听节目33件。评选出电视类节目优秀奖42件、提名奖78件；广播节目优秀奖11件、提名奖24件；藏语节目优秀奖16件、提名奖28件；广播电视网络视听节目优秀作品6件，入围作品10件。

【民生工程】 投资3286万元，完成马尔康、金川、小金、若尔盖、九寨沟、黑水6个深度贫困县应急

12月8—12日，2020年度成阿广电交流·阿坝州优秀广播电视节目暨网络视听节目评选会在马尔康召开
（州广电局提供）

9月23日，全省涉藏州县广播电视工作暨广播电视重点项目现场培训班在松潘举办　（州广电局提供）

广播体系项目建设，完成壤塘县推进广播电视播出机构制播能力建设和金川、小金、若尔盖、壤塘、茂县、松潘6个县高山无线发射台站基础设施建设。督促各县（市）按照脱贫攻坚清零行动要求，整合资金购置直播卫星户户通设备，利用州县节目覆盖项目机顶盒和直播卫星户户通等设施设备，查漏补缺盲户、盲点，解决全州农牧民群众收听收看广播电视节目。在脱贫攻坚验收中，广电扶贫项目为满分。投资13497万元完成“藏区州县广播电视节目覆盖工程”，全州建设发射基站352个，发放机顶盒138610个，州县节目人口综合覆盖率85%。完成阿坝州州级广播电视基础设施建设，茂县—松潘光纤干线广电基础设施建设。承办四川省涉藏州县广播电视工作暨广播电视公共服务重点项目现场会，广播电视工作在全省实现“三个第一”（第一个建成符合国家标准的“覆盖城乡、高效便捷、互联互通、可管可控”的县级应急广播体系，第一批建成以“全流程高清、全媒体传播、全业态应用”为标志的智慧广电实验区，第一个探索出“局台网配合”“流动服务+网点坐诊”保障民族地区广播电视户户通、长期通的公共服务长效机制）。投入10万元，在马尔康市草登乡泽湾村实施“智慧广电”项目建设，在全国涉藏地区率先开展智慧乡村试点建设。投入80万元，在全国涉藏地区率先实施州县节目精准统计、精准收视建设试点。

【广播电视安全播出】 全州广播电视部门完成元旦、春节、全国两会、五一、十一等常规时段重要保障期广播电视安全播出，坚持重保期零报告制度，完成省指挥部安排的临时性时段如新冠疫情等期间的安全播出工作。

（冯端春）

新闻宣传报道

News Publicity and Report

【概况】 2020年，开办新闻综合电视频道、阿坝安多藏语电视频道、阿坝人民广播电台频率、阿坝州广播电视网、藏汉双语阿坝州电视台官方微信平台、藏语汉语两种语言美丽阿坝APP客户端等发布平台。开设《阿坝新闻联播》《藏语阿坝新闻》《阿坝民声》《圣地阿坝》（藏语）《阿坝法制》《阳光问廉》《口述历史》《案例教学》《故乡情》《行游阿坝》《非遗阿坝》《航拍阿坝》《记录阿坝》等自办栏目。电视及广播节目覆盖全州13个县城及公路沿线重要乡镇。

【重大会议宣传报道】 国家、省、州两会、州委全会召开期间，推出《代表委员在基层》专栏，报道代表委员们履职尽责的情况，播出反映全州经济社会全面发展的系列报道。推出《关注两会》等专栏，完成《两会会客厅》访谈节目4期。8月，宣传报道在若尔盖县召开的黄河上游川甘青水源涵养区生态保护和高质量发展协商协作研讨会第一次会议，播放宣传片《守护母亲河》，全景式展示黄河上游川甘青水源涵养区自然风光、民族风情、历史文化以及阿坝、甘南、果洛、黄南四州深入贯彻习近平生态文明思想和习近平“重在保护、要在治理、高质量发展”重要讲话精神，为《（阿坝）备忘录》发挥应有作用。摄制《生态保护·绿色发展——推动黄河上游川甘青水源涵养区生态保护和高质量发展》系列报道4集。紧扣“生态保护·全域旅游”主题，发布会议动态，传达会议精神，播出动态新闻10余条，点击量10余万人次。

【突发事件新闻报道】 1月26日，州广播电视台启动抗疫防疫报道，

3月21日，举行“脱贫攻坚、两联一进”题材网络电影《森吉梅朵》首映礼　　（州广播电视台提供）

在《阿坝新闻联播》、新媒体平台同步推出20个新闻专栏、栏目，报道2000条新闻，发布3000篇文章，点击量1.03亿人次，发布权威信息。1月29日起，播出关于新型冠状病毒感染的肺炎疫情防控科普知识公益广告60条，文艺界抗击疫情主题歌曲及诗朗诵2首。州广播电视台藏语译制中策划制作藏语疫情防控特别节目和抗击疫情的公益宣传片。播音员主持人录制温馨提示、顺口溜等公益短片，向观众普及预防疫情的相关知识。推出纪录片《我们》、宣传片《美丽阿坝，我们等你》、MV《牵挂武汉》，宣传奋战一线的公安、医务等人员的无私奉献和普通群众坚守家中的默默付出，鼓舞士气。网络直播“云执勤”“云逛街”“云串门”3期，点击量突破5万人次。

【脱贫攻坚宣传报道】 在新闻中推广各地脱贫奔小康好经验、典型做法，开设《决胜全面小康，决战脱贫攻坚》《脱贫印记》等5个专栏，播出新闻423条，在全媒体平台掀起脱贫攻坚全面小康宣传热潮。拍摄制作完成《脱贫攻坚　奋斗有我》微视频7集；开设专栏宣传报道州级各部门、各县（市）开展“两联一进”群众工作的举措和典型经验；拍摄完成脱贫攻坚和“两联一进”题材网络电影《森吉梅朵》，同步在中国藏语广播、四川藏语广播、康巴卫视、安多卫视、腾讯视频以及川甘青滇四省涉藏地区10个州电视台播出，列入2020年度阿坝州政府工作报告。

【时政要闻宣传报道】 客观、真实、生动记录州委州政府主要领导走基层、做调研、谋发展，心系阿坝发展稳定、关心贫困群众疾苦的情怀，激发全州人民奔小康的信心和决心，全年播出相关时政报道300余条。

【安多藏语节目译制】 藏语频道自办栏目《放歌阿坝》17期、《法治阿坝》22期、《圣地阿坝》22期，运用通俗易懂的语言、形象深刻的电视短剧、访谈等形式普及法律知识，传播民族文化。

【重要新闻宣传报道】 策划《平安边界行》大型采访活动，走访与阿坝州接壤地区党政对和谐边界建设的认识、举措，边界地区群众对和谐边界、和谐社会建设的看法、现状拍摄，采制连续报道7期，引导各族各界人士不断强化“四个意识”，增强“四个自信”，助推经济高质量发展、维持边界地区长期和谐稳定。开辟《森林防火　人人有责》专栏，在电视主流媒体和微信、微博、抖音等新媒体集中开展防火大宣传，营造人人参与的氛围。按照省非遗中心初评要求修改意

6月12日，拍摄展示黄河上游川甘青水源涵养区生态保护和高质量发展宣传片——《守护母亲河》
（州广播电视台提供）

2020 年阿坝州新闻宣传作品一览表

表 11

作品名称	完成单位（个人）	成果价值	获奖等级	经济或社会效益	颁奖单位
《教育托起希望之梦——若尔盖县求吉乡大力发展教育》	阿坝州广播电视台	国家级	广播电视类一等奖	社会反响较好	第二十届全国藏语文媒体协作会
《美丽幸福村——羊绒哈德》	阿坝州广播电视台	国家级	网络及新媒体类一等奖	社会反响较好	第二十届全国藏语文媒体协作会
《返乡创业的大学生们》	阿坝州广播电视台	国家级	广播电视类二等奖	社会反响较好	第二十届全国藏语文媒体协作会
《故乡的变化》	阿坝州广播电视台	国家级	广播电视类二等奖	社会反响较好	第二十届全国藏语文媒体协作会
《若尔盖县茸戈村喜迎“春牛开犁”农耕仪式》	阿坝州广播电视台	国家级	广播电视类二等奖	社会反响较好	第二十届全国藏语文媒体协作会
《红原县文旅融合促进发展》	阿坝州广播电视台	国家级	广播电视类三等奖	社会反响较好	第二十届全国藏语文媒体协作会
《壤塘：非遗传承引来“文化财神”》	阿坝州广播电视台	国家级	广播电视类三等奖	社会反响较好	第二十届全国藏语文媒体协作会
《群众致富的带头人——记红原县安曲乡哈拉吗村村长泽旦多吉》	阿坝州广播电视台	国家级	广播电视类三等奖	社会反响较好	第二十届全国藏语文媒体协作会
《赛马场上闯出致富路——记红原县瓦切乡三村村民委员会》	阿坝州广播电视台	国家级	广播电视类三等奖	社会反响较好	第二十届全国藏语文媒体协作会
《美丽阿坝　我们等你》	阿坝州广播电视台	国家级	网络及新媒体类三等奖	该片在抗疫的关键时候播出，对坚定广大人民群众战胜疫情的决心起到了积极作用	第二十届全国藏语文媒体协作会
《丹增的森林》	阿坝州广播电视台	国家级	网络及新媒体类三等奖	社会反响较好	第二十届全国藏语文媒体协作会
《音之旅》	阿坝州广播电视台	国家级	广播电视类三等奖	社会反响较好	第二十届全国藏语文媒体协作会
网络视听节目《地柏村的新家园》	阿坝州广播电视台	省级	2020 年 3 月获得在 2019 年度“美丽四川”广播电视和网络视听精品创作工程优秀作品评选活动中，获十佳优秀作品	在四川网络广播电视台和阿坝州广播电视台播出后，社会各界对此片都评价较高，他不仅真实再现了阿坝大地上的脱贫工作，更是给脱贫攻坚战的一剂强心针	四川省广播电视局、四川省互联网信息办公室

续表 11

作品名称	完成单位（个人）	成果价值	获奖等级	经济或社会效益	颁奖单位
《美丽阿坝　我们等你》	阿坝州广播电视台	省级	“精彩短视频　记录新时代”2020年四川短视频创作传播活动第一季度抗疫短视频优秀作品奖	该片在抗疫的关键时候播出，对坚定广大人民群众战胜疫情的决心起到了积极作用	四川省网信办、四川日报全媒体、四川大学文学与新闻学院
《疫情无情　人间有爱》	阿坝州广播电视台	州级	广播电视主持作品优秀奖	该片对坚定广大人民群众战胜疫情的决心起到了积极作用	阿坝州广播电视局
《和气四瑞》	阿坝州广播电视台	州级	优秀少儿节目优秀奖	社会反响较好	阿坝州广播电视局
《平安边界行》	阿坝州广播电视台	州级	电视系列报道优秀奖	社会反响较好	阿坝州广播电视局
《怎样保护妇女权利》	阿坝州广播电视台	州级	电视社教专题优秀奖	社会反响较好	阿坝州广播电视局
《卓玛措寻梦之路》	阿坝州广播电视台	州级	电视社教专题优秀奖	社会反响较好	阿坝州广播电视局
纪录片《长路》	阿坝州广播电视台	州级	2020年全州广播电视节目纪录片类优秀奖	得到省内纪录片专家及州内同行的好评	阿坝州广播电视局

见，完成12部非物质文化遗产省级传承人抢救性纪录工程的微调。开展外宣工作，上传的《全流域保护治理　让黄河成为造福人民的幸福河》《四川阿坝：战疫情　开发7828个疫情防控应急性公益岗位》等79条稿件被央视新闻频道采用，四川卫视采用213条，康巴卫视采用254条，新华社四川频道采用1条。制作首部音乐纪录片《尔玛笛音》，作为《雪山颂歌》系列片第一集，于3月在四川电视台妇女儿童频道播出。

（马君梅）

广电惠民行动

Radio and Television Action to Benefit the People

【概况】2020年，坚持以脱贫攻坚回头看、大排查贫困户收听收看广播电视节目为重点，以实施广播电视重点项目为抓手，推进广播电视惠民行动，服务“一州两区三家园”建设。

【“村村通”设施运行保障】“村村通”（户户通）运维工作纳入县（市）绩效保证目标，各县（市）逐一细化分解，明确时间表、任务书、责任人，实施挂图作战。联合财政部门督查、指导各县（市）广播电视项目资金落实及推进情况，各县（市）做到资金专款专用，无挪用、占用专项资金情况存在。保障“村村通”运行维护费，推进全州广播电视基础设施建设，满足广大农牧民群众收听、收

1月7日，州委常委、宣传部长杨星（左二）和副州长葛宁（右二）出席阿坝州广播电视惠民物资发放仪式

（州广电局提供）

看广播电视节目需求，促进全州社会和谐稳定。

【惠民物资发放】 1月7日，在马尔康市举行惠民物资发放仪式。州委常委、宣传部部长杨星和州人民政府副州长葛宁向马尔康、小金、阿坝、壤塘、黑水等县群众代表发放电视机。这一惠民举措满足了有收视愿望却无电视机的贫困户需求，为确保全年工作开局起好步、州“两会”胜利召开和新春佳节欢乐祥和营造良好氛围。

（冯端春）

11月20日，省委宣传部副部长、电影局局长高中伟（左）在阿坝州考察影城建设 （冯茂强摄）

电影服务

Film Service

【概况】 2020年，坚持服务群众、服务社会，推进电影放映工作。全州放映2514场，观众23559人次，票房收入820213元，分别较上年减少76.2%、79.1%、80.5%。其中马尔康太平洋影城全年放映724场，观众9420人，票房370073元，商品销售33885元，分别比上年减少87.2%、91.1%、78.2%、71%，完成目标的28.50%。

【公益电影】 5月，州委宣传部拨付纾困资金40万元，解决新冠肺炎疫情给马尔康太平洋影城造成的经营困难。9月，恢复阿坝农村公益电影放映，全年下载2262部次，放映16897场，受益49.85万人次，完成率103.99%，分别较上年减少1.0%、1.4%、18.5%。小金县放映队在四姑娘山管理局会议室为中共成都文旅集团委员会70名学员放映阿坝州红色题材电影《红色土司》。8—11月，小金县农村公益电影放映队开展“消防电影下乡”活动，放映《消防员的人生》《烈火英雄》《农村消防安全故事》《农村防火常识》《森林防火》等消防题材电影，促进群众提升消防安全意识。11月，茂县电影放映队开展“送电影下乡”活动，播放《无公害猪饲养技术》《蔬菜病虫害绿色防控技术》《环境友好型肥料》等科教片，放映《烈火英雄》《中国机长》《五台山儿女英雄传》等影片。

9月，小金县开展公益电影放映活动

【助力脱贫攻坚】 开展“脱贫攻坚、电影助力”主旋律影片放映活动，下载《村长相声哥》《山里的梦》《十八洞村》等国产影片，展映437部次，放映科教片1614场、故事片1027场。

【放映能力提升】 9月28日，协同州委宣传部在郫都区举办“2020年度阿坝州农村数字电影管理与技术培训班”，全州各县（市）电影管理人员、放映员40人参训，培训4

9月28日，举办阿坝州农村公益电影管理与技术培训班

天。四川省委宣传部电影处处长毛玉梅、成都金沙院线农村数字电影有限公司董事长夏蕾应邀授课，内容涵盖公益电影形式与政策解读、运营管理及发展趋势、城市影院经验管理和数据报表填报等知识，实地考察郫都区三道堰最美乡村影院和现代化城市影院建设。

【基层调研】 10月，组织调研组在壤塘、金川、阿坝等县（市）开展农村公益电影放映工作调研，制定印发《阿坝州农村公益电影放映工作管理细则》。11月20日，四川省委宣传部副部长、省电影局局长高中伟一行在马尔康太平洋电影城检查调研，了解掌握阿坝州电影工作情况。

（冯茂强）

报业服务

Newspapering Service

【概况】 2020年，坚持以习近平新时代中国特色社会主义思想为指导，围绕中心工作，发挥主流媒体作用，开展突发事件宣传、主题宣传、特色宣传，做好疫情防控、脱贫攻坚、稳州兴州等重大新闻报道，推动媒体深度融合，推进“两联一进”群众工作全覆盖，强化队伍建设，完成各项工作任务。

【报纸出版发行】 落实州委书记刘坪对宣传舆论工作的指示，践行“两个维护”，树牢“四个意识”，坚定“四个自信”，坚持“政治家办报”时代要求，开设、提升特色品牌栏目，杜绝低级庸俗等内容稿件，围绕中心做好宣传报道，无片面追求经济利益或炒作社会热点、内容严重偏离办报宗旨的情况。《阿坝日报》（汉文）是周六刊，对开每期四版；《阿坝日报》（藏）是周二刊，对开每期四版；《阿坝日报》子报《四川民族教育报》是周一刊，四开每期八版。坚持三审一校制，落实一号一报，一报一邮发代号，在报纸付印前把好政治关、政策关、文字关，稿件选用、版面内容、文字校对、印刷制作等出版质量完全符合《报纸质量管理标准》，树立正确舆论导向。《阿坝日报》（藏、汉文版）按时出刊，全年出刊《阿坝日报》（汉文）298期、《阿坝日报》（藏文）97期、《四川民族教育报》36期。三类报纸均采用邮发方式传递，全年发行收入367.74万元，没有违纪违规等情况。

【突发事件宣传】 落实新冠肺炎疫情安排部署，开展全媒体矩阵战“疫”报道，推动“短视频+”机制。1月25日开始，开设《众志成城　阻击疫情》专题，设置政策解读、科普知识、基层防控、暖心故事、农民工返岗复工复产、你的战“疫”故事、评论员文章、短评等子栏目，发布权威信息，宣传报道党委政府的防控举措、主动回应群众关切，推出《净土阿坝一定行，阿坝人民一定能》《阿坝人民视我为亲人，我视阿坝为故乡》《他用生命践行入党初心》《致敬，最美“逆行者”》《把人隔远，让心贴近》等文稿，突出主流媒体政治担当。各平台发布稿件13371条，阅读量8878.48万人次，各平台发稿数和阅读量均创新高。州长杨克宁批示《关于新冠肺炎疫情防控宣传报道的专报》。

【主题宣传报道】 发挥《阿坝日报》主流媒体的权威性，在重要版面、重要时段宣传报道全州各行各业学习贯彻中共十九大精神、习近平系列重要讲话精神和党中央、国务院工作部署，省委书记彭清华到阿坝州调研讲话精神、全国全省两会精神、省委十一届七次全会、州委十一届九次全会等中央、省、州重大会议，开设“深入学习贯彻党

的十九大精神　奋力谱写美丽阿坝建设新篇章”“学习贯彻彭清华书记来州调研讲话精神”“在习近平新时代中国特色社会主义思想指引下——新时代，新气象，新作为”“加快推进‘一州两区三家园’建设——2020州两会特别报道”“学习贯彻州委十一届九次全会精神”“学习贯彻省委十一届七次全会精神”等栏目，宣传各项精神落实情况。开设“决胜全面小康·决战脱贫攻坚”专题，形成全方位、多层次、多声部的媒体矩阵，采编接地气稿件。全年各平台发布图文视稿件830条，阅读量775万人次，其中《誓摘穷帽拔穷根　看新风貌新气象》《“网红”民宿，乐了游人，富了百姓——汶川县水磨镇多元化发展乡村旅游产业小记》《村寨变景区，美景变产业——理县以全域旅游带动全面发展》《搬离艰苦高半山，迁来幸福新生活——阿坝州小金县崇德乡海坪村易地扶贫搬迁见闻》等稿件，突出全州脱贫攻坚成就经验、讲好脱贫攻坚阿坝故事。州长杨克宁批示《关于全州脱贫攻坚工作宣传报道情况的专报》。

【亮点栏目开设】　开设“党建之声”“惩治微腐败，一线在行动”“关注重点工程建设”“增强防灾减灾意识，提升灾害防范能力”“扫黑除恶进行时”“全域旅游环境整治在行动”“加快建设国家全域旅游示范区”“创建全国民族团结进步示范州”“践行习近平生态文明思想，加快建设川西北阿坝生态示范区”等栏目，宣传报道全州经济发展、民生改善、民族团结、社会稳定等重点工作，真实反映全州经济社会发展、人民生活、干部群众的幸福感。新增“阿坝史话”“关注阿坝非物质文化遗产”“茶坊漫聊”“政策传真”“经济琐谈”“热点透视”“央媒看阿坝”等栏目，丰富全媒体平台内容，增强可读性。

【宣传舆论引导】　5月15日，牵头召开“阿坝微政联盟决胜全面小康·决战脱贫攻坚”宣传报道启动大会。借助“阿坝微政联盟”平台，整合全州新闻宣传资源，启动脱贫攻坚宣传报道，做好稿件组织策划，发挥宣传舆论引导作用，服务全州决胜全面小康、决战脱贫攻坚的需要。

5月15日，阿坝微政联盟“决胜全面小康·决战脱贫攻坚”宣传报道启动大会在马尔康举行

（阿报日报社提供）

【媒体融合发展】　申报实施“阿坝州汉藏全媒体建设项目”，新建阿坝州汉藏全媒体演播厅、录音室等功能用房，购置汉藏全媒体建设所需设备，总投资706万元，10月底完工，投入使用。

【新闻队伍建设】　落实全州宣传文化系统“能力提升年”号召，组织全州各级各部门通讯员开展能力提升轮训，完成通讯员轮训58人。运用“培训＋实践”轮训方式，锤炼通讯员党性修养，增强通讯员“四力”，促进新闻宣传队伍政治、本领、创新建设。

（杨　佳　李晓燕）

新闻工作者
Journalists

【概况】　2020年，坚持以习近平新时代中国特色社会主义思想为指导，保障新闻工作者权益，推动州、县融媒体建设，完成县级融媒体中心建设任务，全州13个县（市）挂牌成立县级融媒体中心，完成平台搭建和新闻客户端的建设。拟定《阿坝州新闻传媒中心组建方案》，州委全面深化改革委员会、州政府常务会、州委常委会、州委编委会审议通过，报省编委审批。全州13个县级融媒体中心从业人员486人，其中在编318人，聘用152人，其他16

人，取得相关新闻从业资格证 32 人。

【思想建设】 学习习近平新时代中国特色社会主义思想，学习习近平总书记关于宣传思想工作的重要思想和新形势下党中央对宣传思想战线整治素质、理论水平、业务能力、工作作风的新要求，学习宣传贯彻全国、全省、全州宣传思想工作会议精神及省委十一届七次、八次全会和州委十一届九次、十次全会等重大会议部署，开展马克思主义新闻观教育和“脚力、眼力、脑力、笔力”教育实践活动。开展党的创新理论大学习活动。开展“读原著、学原文、悟原理”主题读书活动，建好用好“学习强国”学习平台，抓实抓细日常学习。

【新闻从业者培训】 组织全州新闻媒体单位通过“阿坝宣传‘四力学堂’”“全媒体记者大讲堂”“编前会”等，开展理想信念教育和业务能力提升。

【疫情防控宣传】 组织州县媒体大力宣传各级党委政府决策部署，各地各部门疫情防控工作举措、成效。州、县全媒体平台刊播相关稿件 20300 条，阅读量 2.87 亿人次。

【民族团结进步宣传】 组织媒体宣传党和国家民族政策、法律法规，报道全州经济社会发展成就及民族团结进步模范典型，做好民族团结进步宣传月、民族团结进步创建表彰大会宣传。州县全媒体平台刊播相关稿件 1500 条。

【全域旅游宣传】 组织州县媒体宣传展示全州全域旅游示范区创建工作新进展、新成效，刊发新闻稿件 2000 条。

【森林草原防灭火宣传】 组织州县媒体宣传报道中央、省委和州委有关森林草原防灭火工作部署要求和各地工作动态，普及防火法律法规、基本常识和避险知识，刊发新闻稿件 1000 条。

10月26日，举办阿坝宣传“四力”学堂（州委宣传部提供）

【宣传舆论引导】 统筹报纸、电视、网站、“两微一端”等宣传平台，综合运用文字图片、微视、H5 等宣传形式，开展成就性宣传报道，讲好阿坝发展故事，刊发新闻稿件 500 条。

【脱贫攻坚宣传】 组织州县媒体平台开设“决胜全面小康·决战脱贫攻坚”等 10 个专题专栏，报道全国、全省、全州决胜全面小康、决战脱贫攻坚成就，刊发脱贫攻坚新闻稿件 5000 条。全国、全省“两会”期间，在《四川日报》上推出 12 个专版，宣传介绍全州脱贫攻坚成效、民生持续改善、社会和谐稳定、党建全面加强的态势。

【政策宣传】 组织州县媒体平台宣传解读全国两会、省委十一届七次全会、州委十一届九次全会宣传、中央第七次西藏工作座谈会等会议精神。

【先进典型宣传】 组织州内各级媒体平台，开设“阿坝先锋”10 个专栏，宣传脱贫攻坚先进典型 40 个、疫情防控先进典型 120 个、民族团结典型 20 个。启动新华网、人民网、中新网、中国网的新一轮合作，在 4 家媒体上开设“熊猫家园，净土阿坝”专版，下设“决胜全面小康 决战脱贫攻坚的阿坝答卷”“8·8 九寨沟地震三周年”两个专栏，刊发稿件 1000 余篇（条）。

（母新月）

卫生健康与体育

HYGIENE AND HEALTH AND SPORTS

医疗卫生

Health Care

卫生健康事业

Hygiene and Health Undertakings

【概况】 2020年，围绕做好新冠肺炎疫情防控和推进卫生健康事业持续健康发展两项重点工作，倒排工期，狠抓落实，完成各项工作任务。

【医疗卫生事业发展】 全州卫生机构（含村卫生室）1728个，建筑面积75.72万平方米，床位编制6990张，实有床位5381张，每千人口医疗机构实有床位5.69张。全州卫生人力总量9698人，执业（助理）医师2541人，注册护士2329人。每千人口卫生技术人员数7.42，每千人口执业（助理）医师2.69，每千人口注册护士数2.46，每万人口专业公共卫生机构人员数12.01。传染病发病率、死亡率分别为434.06／10万、1.37／10万，较2019年同期分别下降23.19%、23.53%。全州住院分娩率98.39%，同比上升0.2%。孕产妇死亡率59.12／10万，婴儿死亡率8.16‰。

【卫生人才队伍建设】 培养在校免费医学本科生229名，实施36名“一乡一全科”全科转岗培训项目，选派368名全国其他省市专家开展学术讲座及业务培训1.53万次、手术2.22万次、技术推广368项。建成县级乡村医生远程教育平台，全州培训各类卫生人员3.21万人次。医务人员执证率76.86%。

【卫生健康项目建设】 与13县（市）签订项目责任清单，实施月总结季通报项目推进情况。14个中央预算内投资项目开工率100%。申报2020年抗疫特别国债项目21个，总投资1.6亿元。

【卫生健康政策法规体系建设】 完

8月11日，2020年全州职业病防治工作会暨业务技术培训班在马尔康举办

（州卫健委提供）

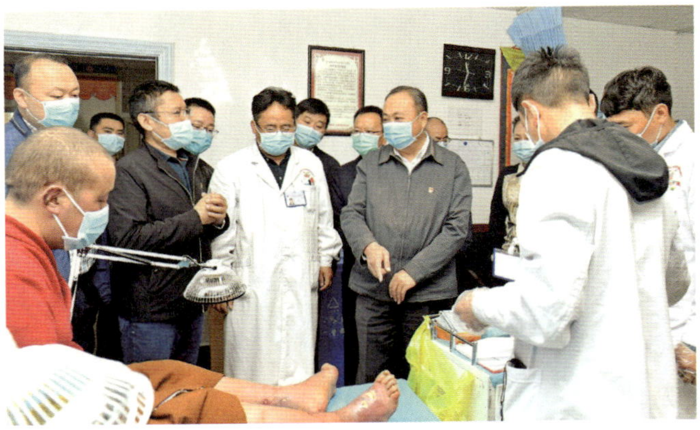

5月19日，州委书记刘坪（右二）在阿坝州藏医院调研医疗卫生改革暨看望住院群众

（州卫健委提供）

善清理卫生健康系统行政权力责任清单，清理后台行政权力377项，其中行政审批（行政许可）13项，行政处罚315项，行政强制10项，行政确认3项，行政检查15项，行政奖励15项，其他行政权力6项。

【卫生健康行政审批】完成行政许可实施清单准入52项，公共服务3项。接受群众各类咨询689件，受理各项许可申请33件，依照政务服务一体化录入平台，行政许可办结率100%，其中全程网办65%，急办件50%，满意率100%。

【卫生健康综合监管】落实各项决策部署，开展普法宣传，组织监督执法，提高监督执法办案的数量和质量，全州监督4250户，合格率96.28%，行政处罚案件197件，罚款金额21.72万元。

（勒　波）

医疗卫生体制改革

Medical and Health System Reform

【概况】2020年，全州各级医改成员单位密切跟踪各项医改工作进展情况，主动提供政策支持和业务指导，帮助研究解决重要问题，完成医改工作年度各项目标任务，推进全州医改工作。

【“深化医改工程”实施】开展取消医用耗材加成改革，推进医疗服务价格调整改革，实施薪酬制度改革、现代医院管理制度建设、紧密型县域医共体等试点工作。推进三级公立医院绩效考核工作，九寨沟县、茂县、松潘县纳入二级公立医院绩效考核工作。

【医联体建设】阿坝州人民医院城市集团医院建设扩大到黑水县人民医院，汶川县县域医共体试点工作取得实效，九寨沟紧密型医共体工作正在加紧推动中。州、县两级医院推开多种形式的医联体建设，实现全覆盖，各级医疗机构协同作用增强。

【国家基本药物制度实施】全州各级各类医疗机构落实国家基本药物制度，提高基本药物占比，巩固提升国家基本药物制度和取消药品加成改革成果，减少人民群众看病就医负担。

（勒　波）

中藏羌医药管理

Traditional Chinese, Tibetan and Qiang Medicine Management

【概况】2020年，全州深入学习贯彻习近平关于中医药特别是民族医药工作的重要指示，开展基层中医药服务能力提升工程，加强中医药基础设施、特色专科建设和人才培养，推进中藏羌医事业产业文化科技高质量发展，完成中藏羌医各项工作任务。

【中藏羌医药服务体系建设】开展州、县、乡、村四级中医民族医机构基础设施配置，13个县（市）中医民族医医疗机构均达到二级以上水平。争取中央和省级资金5000余万元，推进乡镇卫生院中医科或民族医科（室）标准化建设，推动落实基层中医药服务能力提升工程各项任务和措施。全州开设中藏羌医科154个，打造乡镇卫生院中藏羌医馆70个，建成省（州）级重点专科8个。

【中藏羌医药人才培养】依托成都中医大学和阿坝卫校平台，培养中藏羌医药专业人员。开展名老藏医

9月11日，副州长王树明（前排左七）出席"两岸医携手·扶贫阿坝行"海峡两岸专家大型义诊活动开幕式

（州卫健委提供）

药学术经验继承工作，完成第5批全国名老藏医药学术经验继承工作，培养学术经验继承人50名。组织开展2020年传统医学师承和确有专长实践技能考核工作，全州报名确有专长29人，合格27人。

【中藏羌医养生保健服务业发展】推动各县（市）中医民族医医院建立中医治未病科，开展"中医中药中国行——中医药健康文化推进行动"等中医药文化建设和科普教育宣传工作，依托省中医药管理局，在茂县、若尔盖县、马尔康市开展"服务百姓健康行动"全国大型义诊活动，解答老百姓中医药养生保健、防病治病等有关咨询1000余人次，发放宣传资料1万余份。

【中藏羌医药文化传播】争取省级资金40万元，推进羌医药校本教材编撰工作。完成《羌族人文历史概述》《羌医药发展溯源》《羌药学》《羌医临床概述》4本教材编纂工作，在阿坝卫校试用。若尔盖县藏医院旦科纪念馆被评为四川省中医药文化宣传教育基地。

（勒　波）

医政管理

Medical Administration

【概况】2020年，阿坝州医政工作坚持以人民健康为中心，落实党和国家相关规定，做好基层医疗机构医政管理工作，提升基层医疗机构医政管理水平。

【医疗技术监管】按照《医疗技术临床应用管理办法》《四川省医疗技术临床应用管理实施细则》，筑牢医疗技术临床应用安全底线，维护人民群众健康权益。全年全州未发现医疗机构开展禁止类技术，无医疗机构就限制类医疗技术临床应用申请备案，未发现医疗机构开展国家15类和四川省4类限制技术。

【医疗机构发展工程实施】按照"一核两轴多星"医疗服务布局，加强区域医疗中心（分中心）建设。推进深度贫困县人民医院临床专科建设项目，加强感染性疾病科、儿科、麻醉、消化等核心专科建设，提升县级医院服务能力和水平。加强医疗机构药事管理，促进合理用药，强化药师队伍建设，完善药学服务规范。

【医疗机构监管】开展卫生健康行业领域突出问题专项整治工作，收集线索问题701条，调查核实处理666条，处理率95%。其中不合理使用药品216条，不合理使用耗材234条，违规招投标3条，其他方面问题248条；主动说明问题543人，主动上交违法违规所得655.59万元；移交司法3件3人，接受纪律审查和监察调查3人。

【医疗服务监管】实施改善医疗服务行动计划，做好预约诊疗、远程医疗等6项制度建设，创新急诊急救、后勤管理等11项医疗服务，解决疑难复杂疾病和住院手术等"堵点"问题。督促二级以上公立医疗机构参加国家满意度调查，满意度得分持续上升。截至12月底，全州27所二级以上公立医院登陆平台参与测评工作，患者满意度93.2分，员工满意度85.04分，较2019年底分别提高0.81分、1分。

【医师资格技能考试】完成2020年医师资格考试报名资格审核1219人，实际参加考试考生203人，合格135人，合格率66.5%。西医类别应参加考试考生969人，实际参加考试713人，合格407人，合格率57.1%。组织515人（成都考点27人）考生参加医师资格综合笔试，其中机考458人，纸笔考试49人，缺考8人，合格227人，合格率42.5%。组织231人参加第二次医师资格考试，缺考9人，考试合格55人，合格率24.77%。

10月21日，州委常委、宣传部长杨星（左二）在阿坝卫校检查全州卫生专业技术资格考试组织情况

（州卫健委提供）

【医养结合推进】 推进养老机构与医疗机构合作，全州4家养老机构在内部设置医务室等，满足养老机构老年人就医需求，诊疗服务1648人次。全州6家养老机构按照就近原则，与周边医疗机构签订老年人诊疗服务协议，为入住老年人提供健康管理、保健咨询、预约就诊、急诊急救等服务，在养老机构开展中老年人诊疗服务600人次。

【护理优质服务】 围绕临床护理服务模式改革、护理管理方式变革两条主线，深化“以病人为中心”服务理念，全州二级以上医疗机构优质护理服务全院覆盖100%。完善护理工作规章制度，落实临床护理服务指南和护理操作技术规范，建立州、县护理质控中心，完善护理质量控制和持续改进机制，运用科学工作方法优化临床护理实践，提高临床护理质量，保障患者安全。

【医疗纠纷处置】 落实各类保护医务人员人身安全、保障医疗秩序等的各种规定和措施，加强安保建设和医警联动，组织开展依法查处打击医闹、伤医案件和法律法规的宣传，提升就医人员及家属法律意识。落实《医疗机构投诉管理办法》，畅通医疗投诉渠道，加强信访管理，配合医调委做好医疗纠纷处置工作，全年没有伤害医务人员人身安全、扰乱医疗秩序事件发生。

（勒　波）

基层卫生管理
Grassroots Health Management

【概况】 2020年，全州有乡镇卫生院214所，从业人员2078名；社区卫生服务中心8个，从业人员118名；乡村卫生室1300个，从业人员1370名。全州214个建制乡镇卫生院和1300所村卫生室达标覆盖率100%，各乡镇卫生院均有1名执业助理医师以上资格人员。

【城乡居民健康档案建设】 推进基本公共卫生服务项目建设，基本公共卫生服务补助经费提高到79元／人。建立健康档案89.9万份，其中电子建档人数87.86万份，城乡居民健康档案电子建档率90%以上。

【家庭医生签约服务与管理】 完善高血压、糖尿病“两病”和重点人群家庭医生签约服务模式，在汶川、九寨沟两县推行全专结合的慢性病

4月8日，健康阿坝到基层·义诊巡诊活动暨家庭医生签约仪式在金川县毛日乡开展　（州卫健委提供）

家庭医生签约模式，促进医防融合。截至12月底，全州一般人群签约率62.1%，重点人群签约率81%，辖区内常住建档立卡贫困户家庭医生签约实现应签尽签，保障医疗和服务，增强社区居民对基层医疗卫生服务满意度。

【基本公共卫生服务宣传】 举办以“三减三健”为主的健康知识讲座等教育活动，采取微信、多媒体、发放宣传资料等途径宣传国家基本公共卫生服务项目工作，促进居民养成健康生活方式。全州发放宣传资料81万余份，举办健康知识讲座3789次，开展公众健康咨询活动4787次，受益人群21.46万人次。

（勒　波）

卫生应急管理
Health Emergency Management

【概况】 2020年，全州卫生健康系统强化卫生应急能力建设，快速处置马尔康中学污染食品引起的感染性腹泻事件，推动构建突发公共卫生事件及传染病监测报告网络，完成各类重要会议和重大活动医疗保障工作。

【卫生预案体系建设】 制定《阿坝州新型冠状病毒肺炎疫情应急预案》《阿坝州应对秋冬季新冠肺炎疫情应急预案》，修订完善《阿坝州突发公共卫生事件应急预案》，保障处置预防、控制和消除突发公共卫生事件，指导和规范各类突发公共卫生事件的应急处理，减少或减轻突发事件对公众健康带来危害提供预案保障。

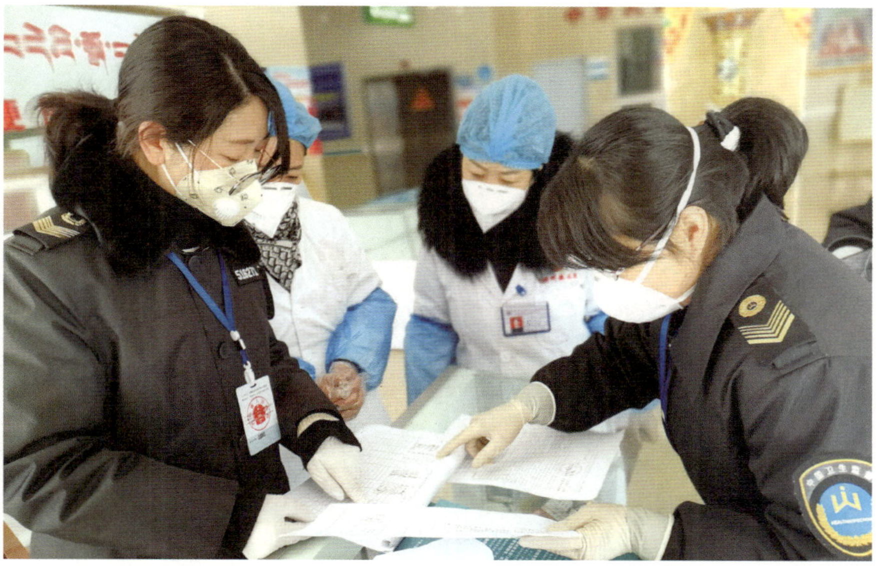

2月3日，开展公共场所卫生安全督查　（州卫健委提供）

【卫生应急能力提升】 结合应对新冠肺炎疫情处置和“5·12”防灾减灾日活动，开展专业人员培训演练。组织各县医疗卫生单位、乡镇卫生院认真落实传染病监测与报告制度，建立以州、县疾控中心为技术依托，以各县医疗卫生单位为枢纽，乡镇卫生院为延伸的突发公共卫生事件及传染病监测报告网络，实行传染病网络直报及零报告制度，明确各网络直报单位责任人、工作职责、规章制度。

【卫生应急保障】 按照统一规划、分级储备、节约高效原则，根据《中共阿坝州委　阿坝州人民政府关于加快卫生事业改革与发展的决定》精神和省卫生应急储备目录、标准，加大物资储备经费的投入，加强卫生应急物资储备库建设，补充更新急救设施设备，确保在突发公共卫生事件应急处置和其他突发公共卫生事件医疗卫生救援中所需物资供应。

（勒　波）

健康促进
Health Promotion

【概况】 2020年，响应国家号召，围绕做好新冠肺炎疫情防控和推进卫生健康事业持续健康发展两项重点工作，开展健康促进工作，提高群众健康水平，推进各项工作。

【国家卫生城市建设】 截至2020年底，创建国家卫生县城3个，国家卫生乡镇4个；创建省级卫生城市13个，省级卫生乡镇85个，省级卫生村746个，省级卫生县城、乡镇、村覆盖率分别为100%、46.7%、54.12%。

【健康科普及教育】 与大众健康报社、阿坝日报社、阿坝州电视台、阿坝州移动公司签订宣传合作协议，通过微信、电视、网络、户外广告、举办知识讲座等各种宣传途

9月11日，组织医护人员在马尔康市参加健康知识科普讲座　（州卫健委提供）

径，投放各类宣传稿件2000余件次，普及健康知识，提高群众知晓率和参与度。

【健康促进活动】 全州实施“将健康融入所有政策”策略，构建“政府主导、多部门协作、全社会参与”的健康素养促进工作格局，建立覆盖各个部门的健康教育与健康促进工作机制，提高居民健康素养水平，开展健康促进活动500场次。汶川县创建健康促进县示范点通过省级技术评估。

（勒　波）

新冠肺炎疫情防控
COVID-19 Prevention and Control

【概况】 2020年，阿坝州新冠肺炎疫情防控领导小组及指挥部贯彻落实习近平关于新冠疫情防控重要指示精神和党中央决策部署，坚持依法防治、科学防治、精准施策，坚持外防输入、内防扩散、严防死守，坚决打赢疫情防控遭遇战、歼灭战、阻击战，切实维护各族群众生命安全和身体健康。3月3日，全州新冠肺炎确诊病例清零，无死亡病例，无疑似病例，无院感人员，成为全省确诊病例最少、最先“清零”、最先实现低风险地区全覆盖的市（州）。

【医疗救治】 按照Ⅰ级响应要求，全州各级都组建疫情防控领导小组、专家组，州本级设立4个梯队后备力量。全州设立防疫卡点64个，守牢第一道关口。设立定点医院14家，发热门诊14个，隔离病床393张；设置集中隔离点64个、隔离房间1079间；投入9172.85万元，应急采购防疫设备、防护物资。3月25日起，全省应急响应级别下调至Ⅲ级，全州疫情防控进入常态化防控阶段。开展入（返）州人员排查，推进核酸实验室检测能力建设，规范预检分诊、发热门诊和传染病区建设，设置集中隔离场所22个（房间1129间），建成负压病房39间，建成核酸实验室（方舱实验室、移动检测车）27个，各县（市）均具备3~5日内局部聚集性疫情全员核酸检测能力，最大单日检测能力达10万人份。抓好秋冬季节重点人员、重点场所管控和爱国卫生运动，做好重点聚集场所管控、进口冷链食品排查、农村疫情防控、“四川天府健康通”推广使用等重点工作，推进冬春季疫情防控。开展新冠疫苗应急接种工作，全州设置接种点50个，无异常反应报告。

【医疗物资保障】 成立驻外采购组、后方物资接收组、综合协调和信息报送组，采购物资881096件，其中州本级购买51920件，接收省级分发物资267540件，接受社会各界捐赠物资292206件，协调帮助县（市）采购物资269430件。推进实施州、县两级医疗储备，分片区建立马尔康、汶川、红原、九寨沟4个储备点位，争取省级物资储备补助资金5224万元，分点拨付到马尔康、汶川、红原、九寨沟4个县（市），4个县（市）政府根据实际情况采购储备。争取中央财政资金1660万元，支持九寨药业、宇妥藏药、伟麟药业、松潘县岷源农业发展有限公司等企业开展产能备份建设和增强应急转产能力。按医用口罩生产线高标准引进口罩生产企业2家，年产一次性民用口罩1800万个。使用州红十字会疫情防控捐赠资金51万元，为全州各级各类学校采购口罩14万个、非接触式红外体温计885台，保障各学校开学防疫物资供应。使用2020年抗疫特别国债资金196.59万元，采购13个县（市）及5所直属学校红外体温检测设备81套。

【生活物资保障】 建立生活物资保

障组联席会议制度，定期不定期召开联席会议，分析研判形势，安排部署工作任务。在Ⅰ级响应期间，协调采购防护口罩3万个，于1月28日运回马尔康，分发至相关医疗机构。清理全州各级储备粮油数量、质量，掌握库存粮油数据，全年州本级采购入库279万元应急救灾物资。下达省、州储备粮轮换计划，督促各县（市）在规定时间前完成轮换任务。分解下达新增500吨县级储备油计划，发挥粮油储备在全州经济发展、疫情防控和社会稳定的作用。落实州委州政府紧急驰援甘孜州生活物资工作任务，分别于2月21日、3月5日将价值70余万元的20吨大米、5吨面粉、0.6吨菜籽油、15.5吨蔬菜、8吨猪肉、0.6吨挂面等生活物资送往色达、丹巴、炉霍、道孚4个县。

【交通运输】 召开8次专题会和5次视频调度会，组织开展全州性督查4轮，疫情初期果断停运108条396辆班线车和1761辆各类包车，降低疫情传播风险，阻断病毒传播渠道，保障公路交通网络、应急运输绿色通道、必要的群众生产生活物资运输通道。成立党员先锋突击队，冲锋战斗在前。2月24日起，停运客运车辆陆续恢复运行。12328交通运输服务监督电话24小时在线，提供出行交通运输信息，畅通投诉渠道，当好民声“连心桥”。压实川西公司都汶管理处、汶马公司、州公路局主体责任，确保都汶高速、汶马高速和国省干道畅通。保障绿色通道畅通，优先检疫、优先放行运送医患人员和防疫应急物资的车辆、运送病毒样本的车辆、运送鲜活农产品车辆。开展农民工返岗“春风行动”，开行“春风行动”专车95辆、运送返岗农民工1736人。

2月15日，开展生活物质储备检查（州发改委提供）

【市场管理】 州市场监管局、卫生健康委、商务和经济合作局、公安局按照突发公共卫生事件Ⅰ级应急响应的总体要求发布联合通告，决定从25日起在全州行政区域内禁止举办各类群体性餐饮经营行为（农村自办群体性宴席）。截至3月24日，全州劝退群体性聚餐2225场次、520807人次。推行药店感冒发烧止痛类药品销售登记，核查州级防疫库防护服、口罩等医用物资111495件（个）。严禁野生动物交易，整顿野生动物繁育市场，全州83家陆生野生动物人工繁育单位、23家野生鱼类繁衍场全部关停。11月起，开展100天的冷链食品物流执法行动，检查各类冻库773家次、市场主体4155家次。开展应用四川省冷链食品追溯平台专项培训，培训监管人员和市场主体1000余人次。开展冷链食品行业新冠病毒核酸监测，检测2947份，其中冷链食品717份、环境样品1387份、从业人员843份，均为阴性。开展16个在用防治新冠肺炎药品专项抽检36批次，合格率100%。开展医用口罩、防护服等专项器械抽检19批次，合格率94%，依照医疗废物规范处置抽检发现的不合格口罩。开展米面油等大宗食品、方便食品专项抽检50批次，合格率100%。开展“万人进万企”活动，收集归总典型问题27项，推动商家恢复营业15185家。开展民企、个体工商户捐赠活动，全州有391家民企、777户个体工商户捐款341万元、捐赠物资价值1276万元。其中红原牦牛乳业向省内和武汉医务工作者捐赠11.42万盒牦牛奶粉，价值1000万元。打击不合格商品销售、不正当竞争、哄抬价格、价格欺诈、虚假宣传等违法行为，查处质量、食品、口罩、价格等违法案件417件，案值76.69万元，罚款353.33万元。推动省公安厅、省检察院挂牌督办案件1件。

【宣传舆情引导】 组织州、县媒体统一开设“众志成城　坚决打赢疫情防控阻击战”专栏，宣传中央、省委、州委决策部署，各地各部门疫情防控工作举措、成效，涌现出的先进典型、防疫知识、企业复工复产、春耕生产、农民工返岗就业等情况。截至年末，州、县全媒体平台刊播相关稿件20300余条，阅读量2.87亿人次。组织州、县（市）、乡、村四级联动，统筹村村通“小喇叭”、流动宣传车、LED显示屏、手机等宣传工具，全覆盖宣传疫情防控知识。全州组建社会宣传队2210支，派出流动宣传车辆5.1万余台（次），悬挂横幅标语、播出公益广告1.38万余幅（次），发放宣传资料375万余份，发送短信960万余条，1086个行政村村村通适时播放，470个LED显示屏播放“倡导社交文明 加强公共卫生”等防护知识和公益广告。召开2场“阿坝州新冠肺炎疫情防控工作新闻发布会”，回应疫情防控、医疗救治、物资保障、交通管控、市场监管等方面的社会关切。新闻稿件《阿坝州唯一确诊病例治愈出院，全州新冠肺炎确诊病例清零》在30余家中央、省级媒体上刊播，阅读量770万次。全州组建疫情防控志愿服务队伍2776支，开展志愿服务活动10.3万余场次，参与志愿者6.9万余人。落实24小时网络舆情监测值班制度，做好网站、微博、微信、博客、论坛等网上平台信息监测和舆情收集工作，与省委网信办建立负面舆情信息处置绿色通道，建立网络舆情零报告制度。

【佛事活动管理】 建立宗教教职人员“来往动向”信息台账，掌握人员健康状况及防疫时段活动轨迹。落实联防联控机制，加强与周边市州协调沟通和重点人员排查工作。在场所路口设置防疫前哨，核查检测登记。全州宗教界人士拥护、支持党和政府各项决策部署，践行“宗教与社会主义社会相适应”要求，参与防疫工作，据不完全统计，全州宗教界捐款300余万元，捐赠口罩、大衣、消毒液、体温仪等物资价值200余万元。开展《四川省宗教活动场所（宗教院校）新冠肺炎分区分类防控技术方案》《四川省新冠肺炎疫情防控卫生员培训大纲》等宣传，全州发放各类宣传资料2万余份。线上网络培训292座宗教活动场所的教职卫生员1000余人，培训覆盖率100%。采取送教上门和专题培训等形式，举办两周的现场培训20余场次，全州292座场所（活动点）600人参加，颁发考核合格教职卫生员证书600份。

【景区管理】 采取“一对一”逆向摸排方式，动态化跟踪核查景区接待的湖北籍游客，建立清单台账，摸清底数。Ⅰ级响应期间，全州45个国家A级旅游景区、7个博物馆（纪念馆）、1个美术馆、14个图书馆、14个文化馆、219个乡镇文化站，120个歌舞娱乐场所、90个互联网上网服务场所、4个游戏游艺场所、28个体育场馆等景区景点和公共文化体育服务场所全部关闭。全州文化旅游执法队伍每天坚持督促检查景区、歌舞娱乐、互联网上网服务、游戏游艺等场所，督促景区景点、文化体育各类服务场所经营业主开展环境卫生治理和公共区域消毒活动，清理清运积存垃圾。贯彻省委书记彭清华到阿坝州调研重要指示和州委、州政府防疫工作要求，推进各类景区景点逐步开园。3月31日，九寨沟、黄龙、四姑娘山、达古冰川景区恢复开放。

【社会管理】 全年，检查人员76万余人（次）、车辆44万余台（次），取消各类聚集活动1500余场次，依法查处涉疫违反治安管理案件40余件，依法处理180余人，打击处理传播涉疫谣言、不实信息人员12人（教育训诫8人，行政拘留4人）。核实省公安厅、州政府大数据中心及四大景区通报的8000余条信息，精准核查掌握涉疫人员轨迹动向。查找湖北籍游客1115名，梳理疑似病例密切接触者300余名。梳理排查境外入境的本州籍人员245人次。在玛曲县追踪、摸清销售冷链涉疫牛肉2人，掌握流入全州冷链涉疫牛肉3150公斤，开展抽样检测和无害化处理。掌握购买玛曲冻肉38087.32公斤，涉及农牧户368户、商户42户。发布防疫抗疫贴文306余篇。落实24小时动态巡查管控机制，打击处理涉疫谣言、不实信息人员12人（教育训诫8人、行政拘留4人）。检查旅店494家（次），检查加油站105家（次），检查药店、民营医疗机构162家（次），检查民爆仓库96次（次），检查物流寄递业15家。检查茶楼、歌舞厅等休闲场所和商家店铺1174家（次），消除各类安全隐患34处。

【农村防疫】 印发《全州农村疫情防控工作督查方案》，落实4个县级干部，分组不定期在各县（市）农区开展督查暗访，推进农区疫情防控。印发《农村地区冬春疫情防控百日大宣传行动方案》《百日清洁行动》，通过小喇叭、村村响、微信群、电视、宣传横幅等，制定藏汉宣传手册，在农村地区宣传疫情防控知识，引导农民群众科学合理性对待疫情，提高防控意识，减少聚焦活动，养成良好卫生习惯。落实“五有一网格”防控措施，制定防控指南、落实防控管理制度和

2月15日，理县公安开展辖区治安防疫巡逻　（州公安局提供）

责任人、落实防护物资储备和医疗卫生服务力量，做到外来返乡人员不漏一人。落实农村地区“三个不举办”措施，做到白事简办、红事一律缓办。

【农民工外出务工服务】 启动“2020春风行动”暨就业援助月活动，组织3万余名农民工出州务工返岗，政府统一组织输送1000余名农民工到浙江务工。全州补贴各县（市）2020年新冠状肺炎疫情“春风行动”车辆资金61.39万元。与台州、温州、嘉兴市人社局签订劳务协作备忘录，收集用工信息和疫情防控政策，掌握州内复工复产企业用工需求，向企业推送帮助阿坝州籍农民工实现就近就地就业倡议书，在州人力资源公共招聘网、农民工服务网等平台发布3379家企业岗位信息11910个，在线提供就业咨询服务1万人次。开展“线上＋线下”专场招聘活动36次，1360家企业提供2万个岗位，达成就业意向5341人。全州231个机构开展疫情防控知识和免费健康服务，设置卫生服务站点57个，日平均服务3000余人。设置农民工返岗出行咨询服务窗口13个，组织开通农民工返岗免费专车，实现农民工“出家门、上车门、下车门、进厂门”一门通达。全年全州转移输出农村劳动力15.63万人，实现劳务收入45.2亿元，全州农牧民人均劳务收入7138元。开行免费专车123辆（省外4辆）、免费包机3架，“点对点、一站式”运送返岗农民工和随行子女2169人。办理外出务工者健康证明149485份。

【外事工作】 建立联动机制，印发《阿坝州涉外（港澳）新型冠状病毒感染的肺炎疫情防控工作应急预案》《从疫情高发国家（地区）来（返）州人员管理服务工作流程》，指导全州涉外及涉港澳疫情防控工作。在波兰采购连体防护服700套，移交给州指挥部办公室。组建州防控境外疫情输入工作专班，全州开展在州境外人员和拟从境外来（返）州人员底数摸排；建立阿坝州籍境外人员“一人一表”台账，动态更新数据、完善台账，精准指导和推进县（市）联防联控。加强与省应急指挥部外事工作组及各县（市）指挥部“上下联动”，做好境外来（返）州人员信息接收推送、情况排查和联防联控工作。全年排查本州籍境外返川人员324名，其中79名境外来（返）州人员执行“14+7+7”服务管理。开展涉外网络舆情应对工作，处理多起境外到州旅游受阻游客投诉，化解网络舆情风险。

【复工复产】 出台《阿坝州关于应对新冠肺炎疫情落实支持工业企业复产达产政策措施》和全州工业企

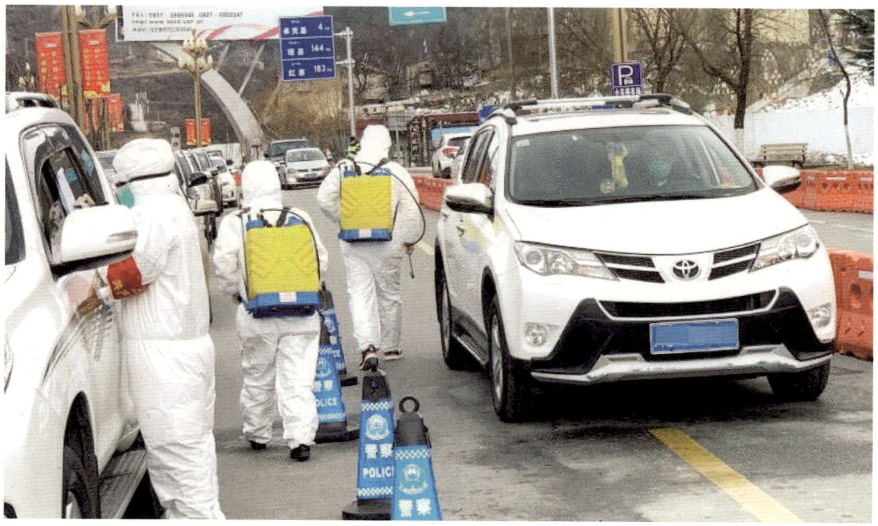

2月4日，马尔康在疫情防控卡点开展排查和消杀毒工作　（州卫健委提供）

业复产达产“一企一策”，指导企业做好疫情防控和推进复工复产。向工信部争取，全州8户工业企业纳入疫情防控保障物资生产企业名单。出台《阿坝州人民政府办公室关于落实支持疫情防控期间工业企业复产达产政策措施的通知》，兑现2018年、2019年28家升规工业企业（含成阿、德阿园区）扶持奖励280万元。支持生产企业稳产保供，整合州工业发展资金、中小微贷款风险补贴资金、电力扶贫资金，以银行承兑汇票“质押借款”和无息“委托贷款”等方式，缓解企业流动资金压力。2020年上半年，办理电力专项资金借款50笔，周转资金9684.54万元，直接减轻企业经济负担460.12万元。印发《关于做好工业和技改项目复工开工的通知》，指导各县（市）分级分类建立重点工业和技术改造项目库。抓好企业开局奖励工作，兑现省、州稳开局资金387万元。开展升规企业指导、培育工作，帮助4户工业企业升规。组织企业申报省级工业发展资金，从项目储备、资金申报、项目评审、现场核查等环节，补齐企业项目申报资金“短板”，争取2020年中小企业发展专项资金180万元。

【推进复学】 坚持“属地管理”原则，指导各学校做好开学复课“五有”（有防护指南、有防控管理制度和责任人、有防护物资设备、有医护力量支持、有隔离转运安排）准备。精准掌握疫情防控重点地区教职员工、学生返校前14天身体健康状况，做好开学前校园环境消杀和学生防疫物资、生活物资采购工作，推动安全开学。指导各县、校制定疫情期间复课工作计划，调整行课时间，落实课程计划，用好疫情防控“教材”，开展爱国主义、民族团结教育、生命健康、理想信念科学精神、法制道德教育，引导师生爱党爱国、尊重生命，敬畏科学，遵守法律、遵从规则。开展各地各校食堂安全隐患大排查、环境卫生大扫除，加强学校从业人员健康、原材料采购储存、饭菜加工制作、售卖留样、食品添加剂使用、餐厨设备用具清洗消毒、餐厨废弃物处置全过程检查，开展饮用水源检验检测，促进学校食品安全。

（勒 波）

卫生和计划生育执法监督
Health and Family Planning Law Enforcement Supervision

【概况】 2020年根据《中华人民共和国基本医疗卫生与健康促进法》《中华人民共和国传染病防治法》《中华人民共和国执业医师法》《中华人民共和国疫苗管理法》《中华人民共和国中医药法》等14部法律30部法规9个规章，开展公共场所卫生、饮用水、职业病和放射卫生服务机构、放射诊疗、学校卫生、消毒卫生、医疗卫生（含中医药）、传染病卫生、餐饮具消毒、血液安全、计划生育监督执法工作，开展脱贫攻坚、“两联一进”等活动，送去茶壶、锅、盆91套和毛毯、米、面、油23套。

【卫生法规培训宣传】 落实对口支援举措，争取省级培训，开展新冠疫情防控知识学习培训，参与网络平台学习培训，实施监督员执法证网上教育培训，全年培训监督员300余人次。利用信息网、新闻媒体和宣传周、日等，开展医疗卫生、公共场所艾滋病防控、职业病防治法等法律法规宣传，全年发放宣传材料5000余份，悬挂横幅、标语20余幅，发放公共场所安全套摆放座卡900个，接受群众咨询1万人次。

【综合监督执法】 全年全州开展

3月21日，全州卫生健康监督执法能力建设培训会在马尔康召开 （州卫生和计生执法支队提供）

4月26日，在宾馆酒店开展卫生执法检查（州卫生和计生执法支队提供）

9月12日，在医疗机构开展监督执法（州卫生和计生执法支队提供）

监督检查4366户次，合格4217户次，合格率96.59%。抽检餐饮具产品240份，合格232份，合格率96.67%。在全州2983户各类公共场所实现量化分级管理和安全套推广工作，监督覆盖率和量化实施率100%。接到投诉举报1起，下达监督意见书4000余份，办理行政处罚案件198件，其中警告179件，罚款94件，罚款金额217176元。

【职业卫生监督检查】 全州卫生监督机构开展监督检查用人单位126家，开展监督检查168家次，下达执法文书140份，处罚21家，责令整改45项。

【双随机监督抽检】 开展“双随机”监督检查527个，其中抽取公共场所单位322家、生活饮用水单位9家、放射卫生单位4家、学校53家、医疗卫生单位55家、传染病防治单位54家、餐饮具集中消毒单位15家、血站1家、计划生育单位14家，完成国家、省下达任务，完成率100%。

【卫生监督案件办理】 全年全州监督检查单位189家，其中疾病预防控制机构5家，医疗机构89家，公共场所86家，集中式供水单位6家，厂矿企业3家。下达卫生监督意见书189份，对发现问题，要求各县（市）卫生健康局监督执法中队立案调查132家。

【重大活动卫生监督】 服务2020年州“两会”、阿坝州干部大会、州委工作会议等，出动卫生监督员18人，做好会议卫生监督保障，完成代表、委员下榻酒店和会场卫生监督检查工作，检查酒店11个，会场21个。落实值班制度，坚持24小时值班，开展新冠疫情防控监督检查3001户次，其中医疗机构1236户次、公共场所1375户次、学校356户次。

（美梅沙　邵正武
董跃翔　蔡　婷）

血液管理与服务
Blood Management and Services

【概况】 2020年，开展无偿献血招募、宣传、动员、采集工作，指导各县（市）临床医疗用血机构的血液供应和医疗用血的业务工作，搭建政府主导的组织领导框架和州中心血站为平台的采供血机构，完善血液统一采供机制，促进临床用血安全。

【血液采集与检测】 全年，采集全血3854人次5075.3单位，献血人次与上年同期相比上升1.69%，采血量上升5.34%。检测血液标本3854人份，不合格228人份。ABO血型及Rh血型检测合格率100%，用于临床ABO血型及Rh血型差错率零，检验漏检率零，漏报率零，传染病疫情报告100%。

【血液冷藏与供应】 制备冰冻血浆4067.6单位、新鲜冰冻血浆811.31单位、悬浮红细胞4956.5单位。血液成分制备率97.66%。保障临床用血需求100%，供应临床用血总量9055.6单位，与上年同比增加7.28%，其中红细胞6450.5单位，同比增长11.52%。供应血浆2597.1单位，同比增长-0.02%。

【用血退费】 2019年底，根据中央、省、州工作安排，启动“无偿献血者临床用血费用直接减免工作”，解决用血退费“最后一公里”问题。

开展州、县两级费用直接减免信息化平台建设，2020年底完成州级无偿献血者临床用血费用直接减免平台，开始试运行。

（吴　峰）

妇幼卫生健康服务
Maternal and Child Healthcare Services

【概况】 2020年，坚持以服务妇幼卫生健康为重点，推进母婴安全管理，做好预防艾滋病、梅毒和乙肝母婴传播项目。

【母婴安全管理】 全年协调紧急用血、贵重药品以及紧急调用新鲜血浆、血小板6人次；危重孕产妇转运车接诊与转诊危重新生儿5次。

【义诊巡诊】 落实年初工作计划，开展义诊巡诊活动，全年完成义诊巡诊5次，受益人群达7256人次。

【预防艾滋病、梅毒和乙肝母婴传播项目】 1—10月，全州孕产妇艾滋病、梅毒、乙肝检测5704例，检测率分别为99.96%、99.96%、99.96%，其中孕期检测率为90.85%、90.85%、90.85%；孕早期检测率为71.77%、71.77%、71.77%。

（杜雨芳）

疾病预防控制
Disease Prevention and Control

【概况】 2020年，组织全州疾控系统常态化开展新冠肺炎疫情防控，做好麻风病、包虫病、艾滋病等重

4月9日，在金川县毛日乡开展义诊巡诊活动　（州妇计中心提供）

点传染病防控、慢性病免疫规划和健康教育工作，完成疾病预防控制各项任务，获四川省卫健委、总工会、妇联“四川省预防接种技能竞赛总决赛组织奖”，被四川省委、省政府表彰为四川省抗击新冠肺炎疫情先进集体。

【传染病防控】 全州报告甲乙丙类传染病2类20种，发病4747例，死亡6人，年报告发病率、死亡率、病死率分别为501.83／10万、0.64／10万、0.13%，与2019年相比，发病率上升36.41%，死亡率、病死率分别下降45.46%、60.01%、0.44%。全州处理未分级突发公共卫生事件1起，5月8日马尔康市马尔康中学发生其他感染性腹泻疫情（发病19人，无死亡）。

【地方病防治】 开展大骨节病防治工作，完成除理县外的12县（市）378个病区村15945名7～12岁儿童大骨节病病情监测工作，临床检查无新发病例。按照《大骨节病消除评价内容及判定标准》，以病区村为单位，判定7～12周岁儿童无大骨节病病例，监测的12个县（市）378个病区村全部达到消除标准。松潘、九寨沟两县通过大骨节病消除达标后巩固省级评价验收。完成全州19256人大骨节和15052氟骨症病病人治疗工作，治疗率分别为72.67%、59.31%。协助省疾控中心在金川县开展饮水型砷中毒消除评价工作，长期实施病区村息病情况筛查，无新发病人，饮用水砷含量符合国家生活饮用水卫生标准，省疾控中心相关专家认定金川县达到饮水型地方性砷中毒病区消除标准。在13个县（市）重点开展8～10岁儿童甲状腺调查，儿童和孕妇尿碘、居民户食用盐碘含量监测，水碘调查和地方性克汀病搜索，全年全州碘盐合格率、合格碘盐食用率、碘盐覆盖率均在90%以上，未发现地方性克汀病病例。九寨沟县通过碘缺乏病消除达标后巩固省级评价。13个县（市）碘缺乏病病区保持消除状态，12个县（理县除外）大骨节病病区保持消除状态。饮茶型地氟病覆盖11个县（除汶川和茂县外）163个乡（镇），在壤塘县开展“改变生活方式、防治饮

1月24日，州疾控中心主任杨贵生（右二）率队检查应急物资　　（州疾控中心提供）

茶型地氟病”行动试点工作。汶川、理县和茂县克山病病区通过省级消除考核。

【免疫规划】 全州基础免疫和加强免疫接种率均在95%以上。乙肝疫苗出生后24小时内首针及时接种5834人，首针及时接种率83.30%。开展脊髓灰质炎灭活疫苗查漏补种工作，摸清0～5岁组目标儿童摸底数55041人。全州脊髓灰质炎灭活疫苗补种应种29834人，实种28981人，接种率97.14%。完成马尔康市、理县目标儿童基础免疫疫苗和免疫疫苗接种率抽样调查。全覆盖开展免疫规划工作督导检查2次，规范全州接种单位预防接种工作。举办2020年免疫规划技能竞赛，13个县（市）选手117人参赛，产生个人单项奖55个，团体奖项10个，优秀组织奖3个。

【基本公共卫生服务均等化和慢性病精神卫生防治】 全州建立居民健康档案908571份，健康管理0～6岁儿童62195人，新生儿访视6263人，健康管理孕产妇6226人，建立老年人健康档案89233人，管理老年人66938人，健康管理高血压患者37574人，健康管理2型糖尿病患者7840人，规范管理严重精神障碍患者1261人，严重精神障碍患者规范管理率71.20%。全州报告死亡数4143例，死亡率437.97／10万。

【艾滋病防治】 新报告艾滋病病毒感染者／艾滋病病人107例（HIV75例，AIDS32例），与上年同期相比减少33例，同比下降23.57%。常住人口HIV检测278239人次，检测覆盖率29.63%，比上年同期上升5.69%。完成5个哨点1248人问卷调查及血清检测工作，检出HIV阳性2例、梅毒阳性13例、丙肝阳性1例。开展“三线”工作例会11期，艾滋病季度疫情分析4期，主要措施落实进展通报4期。指导13个县（市）全覆盖开展艾滋病“三线”工作调研两轮次，完成《阿坝州遏制与防治艾滋病十三五计划终期评估自评报告》《阿坝州预防与控制梅毒规划（2011—2020）终期评估自评报告》。

【结核病防治】 全年全州报告肺结核患者1031例。非结防机构报告本辖区肺结核总体到位率97.80%，成功治疗率96.62%。开展结核病疑匪评估工作，完成《阿坝州结核病“十三五”规划终期评估报告》。

【食品风险预防】 全州采集检测154份食品风险监测样品。“食源性疾病监测系统”上报病例3077例。“食源性疾病事件监测系统”上报8起食源性疾病事件，发病49人，无死亡病例报告，主要是误食有毒

2月24日，州委书记刘坪（前排中）一行慰问抗击新型冠状病毒感染的肺炎防疫人员　　（州疾控中心提供）

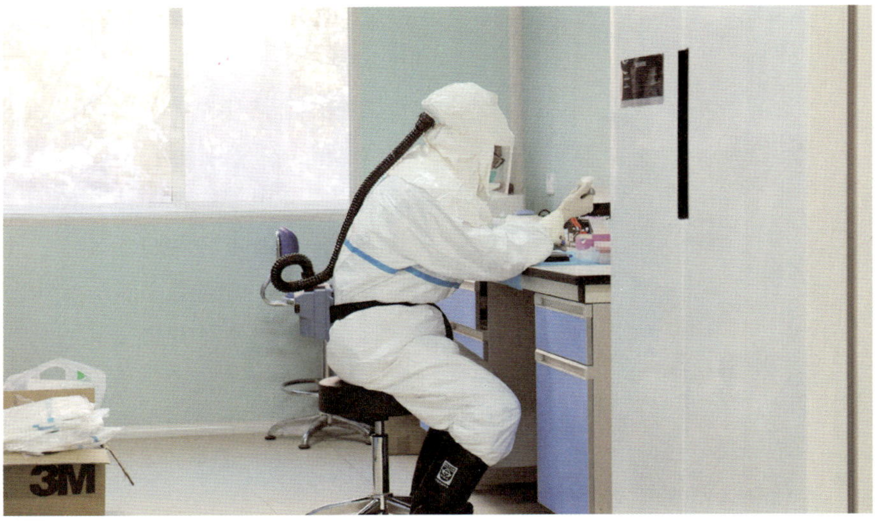
1月27日，开展核酸检测检验 （州疾控中心提供）

野生菌中毒。全年检测各类市政管网末梢水样1433份，监测学生视力及重点常见病5829人，小学生视力不良检出率34.2%，初中生检出率78.9%、高中生检出率74.1%。

【麻风病防治】 全年，全州发现麻风病人2383例，比上年新增发病人1例，现症病人10例，治愈患者247例。按要求开展现症病人及治愈患者随访，组织联合化疗和规则治疗，联合化疗覆盖率和规则治疗率均100%。

【包虫病防治】 开展重点人群B超检查97101人，其中成人B超检查76265人，完成筛查任务的110.31%。新发现成人包虫病患者43例，儿童20836人，登记管理新发现的43例成人包虫病患者。免费为自愿接受药物治疗的43例患者提供阿苯哒唑片剂或乳剂。对正在接受药物治疗的患者，坚持每6个月复查一次影像学及肝、肾功，开展疗效评价，研究制定下一步治疗方案。开展包虫病患者手术治疗，完成符合救治条件、自愿实施外科治疗51人。开展包虫病防治“十三五”中期评估自查，普及包虫病防治知识，诊断和治疗患病群众，中小学包虫病核心信息防治知晓率89%，患者登记管理率99%，专业人员技能合格率100%。

【黑热病防治】 开展黑热病科普宣传，普及黑热病防治知识，提高人民群众对黑热病防治认识。强化黑热病防治人才队伍培养，提升业务技能。改善全州农村居民生活习惯，推动改水改厕工作，促进养成良好卫生习惯。

【疾病预防宣传】 完成“3·24”“4·25”“5·8”“5·15”“6·6”“10·8”等宣传活动，制作新冠防控展板8个，在中心公示栏和2个公交站牌宣传新冠疫情防控知识。收集整理新冠防控等微视频45个，制作宣传单2万份，宣传海报5000张，宣传横幅32条。利用电信、移动、联通等手机平台发送新型冠状病毒感染的肺炎防控知识短信418万条；利用微信、网站等平台发布健康宣传500期。完成13个县（市）健康教育需求评估调查及工作督导，完成全年舆情监测任务，撰写简报20期。推进信息安全建设，全年无泄密事件发生，综合信息填报完成国家考核指标。

（格　敏　泽仁江措）

人民医院
People’s Hospital

【概况】 2020年，州人民医院有编制床位600张，30个临床和医技科室，在职职工628人。召开党委会24次，临时党委会7次，专题研究部署党建工作4次，发展预备党员2名，发展入党积极分子3名。开展廉政谈话100人次，签订廉政责任书100份，召开警示教育座谈会2次，化解医疗纠纷20件。

【医院管理改革】 根据《阿坝州州属公立医院薪酬制度改革试点医院绩效工资总量核定暂行办法》《阿坝州公立医院薪酬制度改革试点工作的实施方案》，实行医院绩效工资总量核定及公立医院薪酬制度改革试点工作。推动医保制度改革，单病种付费手工结算84人次，其中鼻中隔偏曲22例，急性化脓性阑尾炎伴腹膜炎61例，急性轻型胰腺炎1例。推进医疗服务价格改革，执行调整后的医疗服务价格。推进药品耗材领域改革，药品零差率耗材零加成执行到位。按照章程要求，加强医保智能审核监控系统运用、落实医院信息公开制度等措施，提升医院治理能力和治理体系现代化。

1月2日，阿坝州人民政府与四川省人民医院在成都举行阿坝州人民医院托管签约仪式（州人民医院提供）

【医联体建设】 与省人民医院对接托管工作，5月21日，省医院派驻州医院党委书记潘华履职。按照协议，6月上报消化内科、外科（主要是骨科）、妇产科（腔镜治疗）、超声科、病理科、呼吸内科（支气管镜）常驻学科主任需求，省医院回复学科建设需求和履行托管协议合同事宜。10月，党委书记潘华、副院长杨林到甘孜州人民医院考察学习托管方式。11月，党委书记潘华、副院长文传兵到省人民医院汇报和沟通托管工作。

【医疗学科建设】 推进全科医学科建设，调整全科医学科医生，独立设置全科医学科门诊、全科医学教学门诊，设立全科医学科病区。11月，迎接四川省民族地区重点专科建设项目（儿科）现场评审。普通外科“肝胆胰外科方向”列为省乙级重点专科建设；胸痛中心通过资格预审，筹备卒中中心；14个科室上报92项新技术、新项目；院士（专家）站签订协议专家8人，邀请专家13人次到院开展工作；接受四川省人民医院、四川省肿瘤医院、西南医科大学附属口腔医院对口支援，派驻支援专家13人；推进产儿联盟工作，推进各病区5S管理。

【医技人才引进与培养】 办理2019年直接考核3人入编手续；办理2019年取得资格聘任及正常晋级79人，2020年职称考试晋升17人。争取人才公寓建设项目。推动省人民医院、省肿瘤医院和西南医科大学附属口腔医院13人支援专家与32人医务人员结成“师带徒”。安排外出进修人员20人，外送规培学员4名，招收社会化助理全科医生2人。接受各县（市）进修人员16人。承办国家级学术讲座1次，阿坝州医学会各专委会、质控学术会议8次。

【医疗质量监管】 开展日常监管督导，检查科室各种医疗文书书写情况、核心制度执行情况、重要医疗环节、科室医疗流程的优化等，日常巡查18次，不定期检查6次，督导科室工作6次。抽查院内会诊10896人次，随机抽查会诊病历8250人次，抽查覆盖率100%；抽查终末病历3803份，甲级率92.43%，组织问题反馈及整改。开展“医疗质量安全周”活动，查找问题543条，建立问题台账，推进整改。处置医疗纠纷4起，产生赔付4起，全院报送医疗不良事件94例。

【医疗科研建设】 组织申报州科技局科研项目15项，立项6项。申报省科技厅科研项目1项，省卫健委科研5项，立项项目1项；申报院内科研项目47项，立项23项。组织全院科研专题培训2次。

【基础设施建设】 完成阿坝州人民医院污水处理站扩容改造采购项目，阿坝藏族羌族自治州人民医院发热门诊、车道钢构雨篷项目，阿坝州人民医院负压隔离病房改造工程，阿坝州人民医院传染病科采暖设施改造设备项目，阿坝藏族羌族自治州人民医院传染病科维修改造项目。

【医疗设备采购】 根据疫情防控及学科发展的需要，完成采购核酸设备、呼吸机、负压救护车等设备。开展州卫健委调配物资接收及管理。推进抗疫特别国债的使用，成立设备采购、基建项目及信息化建设三个小组，分项推进各项工作。

【艾滋病治疗管理】 按照2020年艾滋病治疗管理重点任务，开展信息月报及台账管理。规范管理免费抗病毒药品。开展艾滋病知识宣传教育及培训。推进州本级、各县（市）艾滋病治疗管理工作暗访抽查、指导。

【核酸检测】 落实国家、省、州各级疫情防控指挥部工作部署，按照“应检尽检、愿检尽检”原则，2020年7月1日起，开展新冠病毒核酸检测相关工作。协调完成基因扩增实验室报备，完善制度流程，组织实验室人员参加培训，取得检测资质3人。

【医疗秩序建设】 成立新型冠状病毒感染肺炎应急处理领导小组，统筹推进防控工作。完成感染性疾病科现住院患者的转移安置，配备相关设施设备，完成医学观察、隔离治疗病区设置。组织春节休假职工返岗，统筹安排医护人员到预检分诊、发热病区及隔离病区开展工作。提升医护人员应急处置能力，开展新型冠状病毒感染的肺炎疫情防控应急演练及新冠肺炎孕产妇救治演练。组建一支8人援鄂医疗队，待命驰援湖北。开展职工外出及返岗管理，排查全院职工情况，登记报送家属流动情况。按照上级部门要求，承建“四川省（阿坝）高原卫生应急救援支队”，与州疾病预防控制中心组建高原应急救援支队参加2020年川渝高原卫生应急暨国防动员联合演练，受到省卫健委表扬。开展突发公共卫生事件应急处置能力建设，组织“临时地质灾害应急救援”综合演练1次，“新冠肺炎应急救治”演练3次。完成马尔康中学“5·6”学生腹泻事件及“10·31”重大车祸伤员救治工作。开展医院“扫黑除恶”，推进医疗乱象专项整治行动，摸排和核查职业“医闹”“医托”涉医违法犯罪等线索，消除各类矛盾和隐患，预防处置各类突发性事件。完成安全生产工作，监控和管理重点要害部位，开展日常巡查，遏制重特大事故。

【国家住院医师培训基地创建】 全科医学科、妇产科、儿科和麻醉科列为国培基地创建的临床专业基地。按照新要求调整住培组织架构，制定及修订制度、方案、报告5次；组织召开住培专题会议3次。邀请省内住培评审专家开展住培基地创建专项指导。完成各专业住培基地督导检查7次。完成年度住培院级师资的培训与考核工作。规范年度住培教学活动登记。指导临床专业基地开展创建工作。规范住培基地和各临床专业基地相关资料，7月30日报送申报材料，12月3日获批“第三批住院医师规范化培训基地”。

【行业领域专项整治】 根据国家、省、州相关要求，制定《贯彻落实2020年医疗行业作风建设工作专项行动方案的实施细则》，组织传达相关讲话精神，召开重点行业领域突出问题系统治理工作动员部署推进会4次。分设专项整治活动小组，开展谈心谈话400人次，摸排查找问题线索。协助州纪委专案组开展工作，组织药剂科、设备科、医务科、医保办开展自查自纠。

【传染病报告】 报告法定传染病1468例（乙类传染病1237例，丙类传染病231例），其他传染病性疾病52例（水痘49例，AFP1例，非淋菌性尿道炎1例，尖锐湿疣1例）；发现麻疹病例1例；传染病死亡2例；完成流感样病例送检标本498份，州疾控中心流感网络实验室检测出阳性标本2份。

【助力健康扶贫】 开展脱贫健康扶贫问题整改“回头看”和脱贫“回头帮”，开通精准扶贫绿色诊疗通道，实行“先诊疗后付费”，减免门诊1295人次的诊查费、挂号费2.18万元；减免住院1546人次诊疗费、会诊费39.74万元。聘请卡龙村贫困人员9人从事保洁保安工作，按照减免住院费用10%的标准，减免吾依乡贫困村民、菜农一村村民12人次住院费12408元。

12月3日，在马尔康举行艾滋病预防宣传活动 （州人民医院提供）

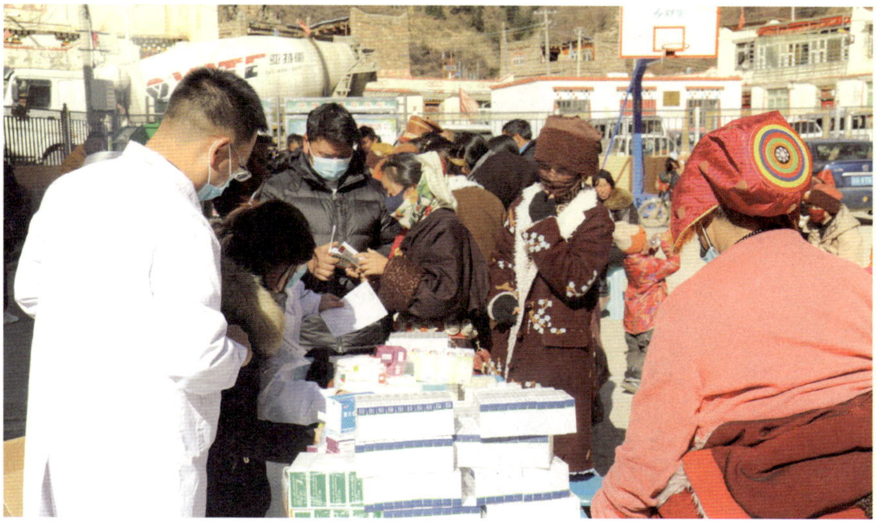

12月6日，在壤塘县开展巡回医疗活动 （州人民医院提供）

【信息化建设】 完成流感病例、新冠病例、发热门诊病例在线上报的接口开发。完成医保电子凭证、门诊特殊药品异地直接结算、第三代医保卡接口改造。完成居民电子健康卡项目改造，正式启用。数据中心应用新增指标20个，修改完善指标50个。通过电子病历系统应用水平分级四级评审。PACS、LIS升级换代，组织实施数据灾备服务项目。完成PACS胶片云HIS对接改造，正对接联调。推进智慧医院建设、传染病上报管理系统、智慧医院建设项目、病案统计管理系统、病案首页质控系统、影像会诊中心。

【医疗感染防控】 全院感染发生率0.37%，例次感染率0.4%。住院患者抗菌药物使用率55.06%，治疗性抗生素送检率70.26%，限制级抗菌药物使用送检率80.08%，特殊级抗菌药物使用送检率84.4%。全院环境卫生学监测采样696个，合格率100%。医务人员发生职业病34例，按处置流程开展预防性用药，没有医务人员被感染。

【医疗指标】 全年，门诊总诊疗122252人次，比上年同期减少6.84%。住院部出院病人12151人，比上年同期减少16.37%。出院患者平均住院天数9.8天，出院病人治疗有效率98.30%。手术病人术前平均住院日3.2天，入院与出院诊断符合率98.13%。术前与术后诊断符合率100%，临床与病理诊断符合率99.52%，出院确诊率97.19%，抢救成功率96.39%，病死率0.40%。

（杨 艳）

藏医医院（藏医药研究所）

Tibetan Medicine Hospital (Tibetan Medicine Research Institution)

【概况】 2020年，发挥藏医药特色优势，推进国家、省重点专科脾胃科、外治科、治未病藏药浴科、老年病科建设，推动疫情防控、健康扶贫、“两联一进”、人才引进和藏医药发展等工作，获评四川省脱贫攻坚“五个一”先进集体、阿坝州抗击新冠肺炎先进集体、阿坝州抗击新冠肺炎疫情先进基层党组织。

【执业医师基地建设】 5月，完成中藏医及中西医结合执业医师基地的基本建设。7月，承担203名中藏医及中西医人员医师实践技能考核工作。

【医疗学科建设】 开展外治“偏瘫肢体康复训练”“长针透刺治疗腰腿痛”“火针治疗带状疱疹”等12项新技术新项目，新增国家级重点外治专科诊疗项目。

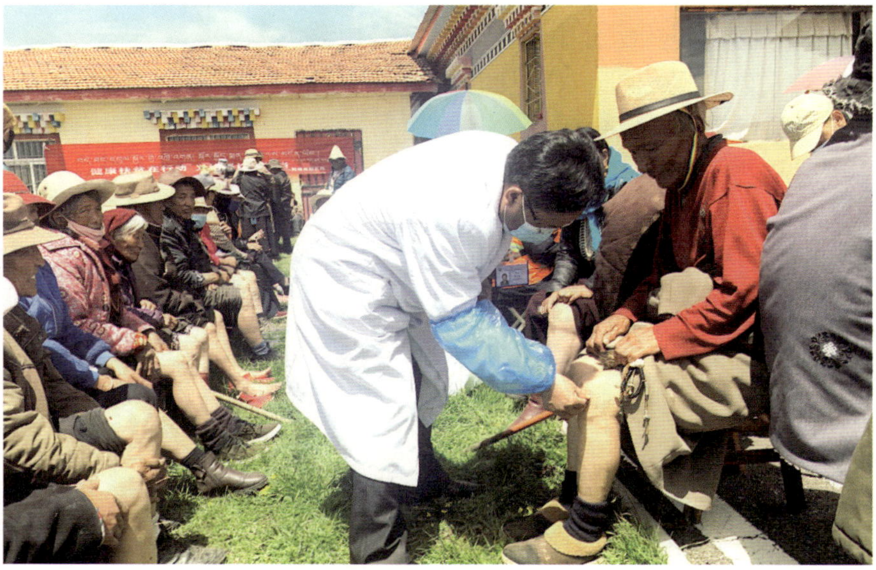

6月5日，四川省“大美医者”罗尔吾在红原县开展义诊活动 （州藏医院提供）

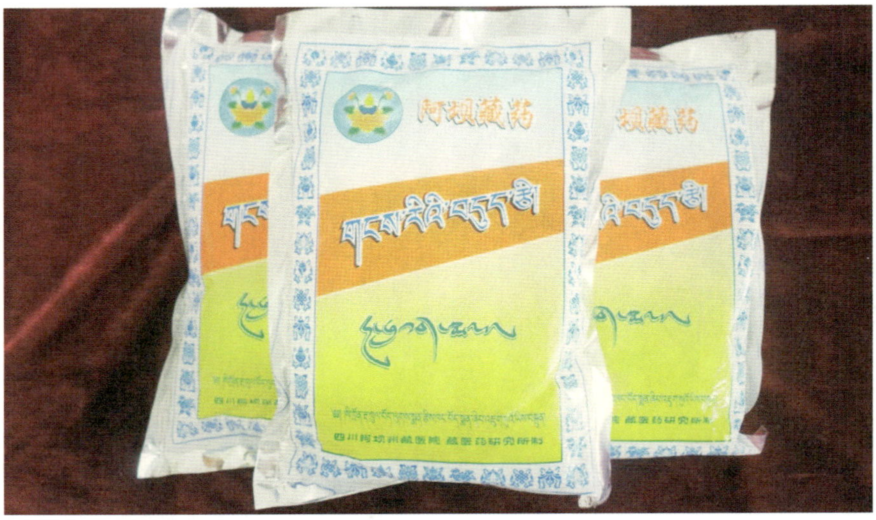

12月6日，自主研发的藏药“三味宽筋藤汤散” （州藏医院提供）

【医技人才引进与培养】 开展“硕博进阿坝”行动，引进硕士研究生2名，外派到上级医院进修12人，取得正高职称2人、副高职称3人、中级职称5人、执业医（药）师7人，接受西南医科大学附属中医医院支援带教老师4人，带教12人。

【藏药制剂发展】 完成藏药“三味宽筋藤汤散”研究项目，取得四川省药监局颁发的院内制剂批准文号，医院现有制剂品种188种。

【医疗质量监管】 开展“传帮带”监管，管理对口支援、资源共享、落实双向转诊、质控同质化，开展辖区群众健康保障服务。

【基础设施设备建设】 投入650万元购置E11彩色多普勒超声诊断仪和62排螺旋CT设备，更新医院现代化诊疗设备，保障患者需求。完成药浴病房及发热诊室改造，优化诊疗环境。

【省藏羌医院建设】 10月启动四川省藏羌医医院建设，完善“马尔康—茂县双城—双区—双医”联动发展机制，创建三级民族医院。

【服务基层群众】 开展“两联一进”工作12次，与红原县让里村和日西村党支部积极开展支部共建活动，向联系户宣传党和政府关于疫情防控政策及卫生健康知识。到艰苦边远地区宣传健康知识、送医送药，组织义诊巡诊10次，义诊巡诊4200余人次，免费发放药品76985.6元。规范启动发热哨点、预检分诊，建立24小时值守和“日报告、零报告”制度，研究生产预防病毒及增强免疫力作用的藏药汤剂、香囊、熏香等，免费发放。州委书记刘坪，州委常委、州委宣传部部长杨星，州政府副州长王树明等领导到院调研疫情防控、慰问一线医务人员。

（谢　玲）

大骨节病综合防治

Comprehensive Prevention and Treatment of Kashin-beck Disease

【概况】 2020年，对涉及大骨节病的13个县（市）87个乡镇、304个病区村进行普查，登记大骨节病患者38684人。全州儿童临床检测连续9年未检出阳性，未发现新发病例，达到消除水平。

【病区粮食更换】 投入州级财政扶贫资金2.7亿元，按照80公斤/人年标准，每年更换14.15万名病区群众及实施易地育人学校学生粮

5月11日，大骨节病综合防治易地搬迁新房 （州扶贫开发局提供）

食1006.74万公斤。落实民政低保、五保供养政策和相关标准，投入资金2.8亿元，对符合条件的2.8万名大骨节病患者分类实施农村低保和五保供养。

【病区产业培育】 推进脱贫攻坚产业扶贫，推动病区贫困村、贫困患者家庭发展产业。全州168个病区贫困村全部退出、3025户6543名建档立卡贫困患者全部脱贫。

（王晓云）

医疗保障

Medical Security

【概况】 2020年，坚持以习近平新时代中国特色社会主义思想为指引，贯彻落实中央、省、州决策部署，履行从严治党责任，推进“两联一进”群众工作全覆盖，创建州级民族团结进步示范单位，医疗保障事业发展势头良好。全年全州基本医疗保险参保85.46万人，其中职工15.67万人，城乡居民69.79万人；生育保险与基本医疗保险合并实施参保10.15万人。全州基本医疗保险总收入17.13亿元，同比增长8.62%，总支出11.94亿元，同比增长1.44%；城乡居民基本医疗保险财政补助标准由520元提高到每550元。

【完善医保政策体系】 全面实施《阿坝州城乡居民基本医疗保险实施办法》《阿坝州城乡居民大病保险实施方案》《阿坝州职工基本医疗保险实施办法》《阿坝州职工大病医疗保险实施办法》《阿坝州机关事业单位工作人员补充医疗保险实施办法》，优化政策结构。完善医疗救助政策，出台《关于完善我州医疗救助政策相关事宜的通知》等，提升医疗救助保障水平。推进“两险”合并实施，印发《阿坝州生育保险和职工基本医疗保险合并实施意见》，实现保障制度、参保登记、基金征缴管理、医疗服务管理、经办服务和信息服务的统一。落实“两病”政策，印发《阿坝州城乡居民高血压糖尿病门诊用药保障机制实施细则》，高血压、糖尿病门诊用药支付限额分别为300元和200元。

【医保扶贫】 印发《阿坝州医疗保障局关于切实落实医疗保障脱贫攻坚硬任务的通知》等，巩固“三保、四救助”多层次保障体系。开展“基本医疗有保障”挂牌督战，聚焦“基本医疗有保障”突出问题，排查梳理62个突出问题，针对重点人群、薄弱环节，明确标识，建立台账，推进整改。聚焦脱贫不稳定户和边缘易致贫户等特殊困难群体，结合乡村振兴战略，会同州卫健委印发《关于基本医疗有保障防止返贫监测和帮扶工作的通知》，建立防范因病致贫返贫长效机制，巩固脱贫攻坚成果。

【维护医保基金安全】 印发《关于下达2020年度阿坝州基本医疗保险统筹基金总额预算控制指标的通知》《关于进一步加强医疗保障基金管理风险防控工作的实施意见》《阿坝州医疗保障风险应急处置预案》，实施医保基金总额预算管理，健全基金运行风险评估、预警机制。印发《关于实行阿坝州基本医疗保险付费总额控制管理的通知》《阿坝州紧密型县域医疗卫生共同体医疗保障管理改革实施方案（试行）》，推进医保支付方式改革，防范化解基金运行风险。出台《阿坝州医疗保障社会监督员管理办法（试行）》，州局聘请14名社会监督员参与监督，拓宽医保基金监管渠道。开展“打击欺诈骗保 维护基金安全”集中宣传，公开州、县医保部门举报电话和举报邮箱，畅通公众参与监督渠道，营造全社会共同维护基金安全的氛围。开展医保基金专项治理，印发《2020年阿坝州医疗保障基金专项治理工作方案》，开展医疗卫生行业领域突出问题系统治理，组织打击医疗机构内外勾结欺诈骗保专项行动，检查定点医药机构472家，追回医保基金及违约金2537.64万元，暂停定点药店协议5家，解除协议1家，查处参保人员欺诈骗保8例，移交纪检监察部门4件，查办举报案例3件。

【推进药品集中采购】 推进“4+7”国家组织药品集中采购和使用试点扩围工作，112种中选药品涵盖糖尿病、高血压、恶性肿瘤等，药品价格平均降幅52%，最高降幅98%，每年为患病群众节约支出近千万元。

【完善医药服务价格】 支持本州医疗机构开展医疗新技术、新项目，调整完善医疗服务项目价格70项。核定公布全州执行新冠肺炎病毒检测相关医疗服务项目收费标准及支付类别。

【推进疫情防治】 出台疫情防控

7月9日，阿坝州医疗保障社会监督员座谈会在马尔康召开　（州医保局提供）

医保特殊政策，推动符合卫生健康部门制定的新型冠状病毒感染肺炎诊疗方案覆盖的药品和医疗服务项目，全部纳入医保基金支付范围。采取先救治后结算措施，推进患者异地就医报销，不再执行异地转外就医支付比例调减规定。采取预付医保基金770万元措施，减轻集中收治新型冠状病毒感染肺炎患者医院的垫付压力。阶段性减征1341家企业职工的基本医疗保险费3221.51万元。开展疫情防控相关医疗商品价格应急监测，设置350个监测点密切监测抗病毒药物、口罩、消毒液等商品价格。出台《疫情防控期间医保业务经办服务指南》，推广“互联网＋医保服务”，推行“不见面”服务，实行门诊特殊疾病（异地就医患者）3个月长处方。

【提升医保服务水平】 印发《关于提升阿坝州异地就医直接结算服务水平的意见》，在都江堰设立临时服务点，统筹州县医保部门开展驻点服务27次，服务2500余人次，发放各类医保宣传资料2400余份。开展本州参保人员异地就医直接结算支付，异地持卡结算39.64万人次，支付医保基金4.15亿元。扩大异地就医联网医疗机构覆盖面，辖区内医疗机构接入异地就医即时结算省级平台23家、国家平台20家，开通门诊特殊疾病异地结算医疗机构18家，开通异地个人账户持卡结算医院20家、药店81家，开通单行支付药品和高值药品异地结算业务医疗机构2家。提升公共服务能力，推进医保公共服务标准化、规范化，实施医保经办政务服务清单制度，梳理政务服务清单，编制办事指南。作为全省“医保电子凭证”推广试点市州，全州实现“医保电子凭证”全覆盖。推动医疗救助、建档立卡贫困人员特殊补助和专项补助纳入异地就医“一单式”结算，实现参保人员异地医疗费用“一站式、一单式”即时结算。

（马　强）

体　育

Sports

体育事（产）业

Sports Undertakings and Industry

【概况】 2020年，立足增强人民体质，开展体育设施建设，推动体育彩票管理与销售，推进体育场馆免费开放，实施农健工程。

【足球场建设】 推进社会足球场地设施建设，完成《全国足球场地设施建设规划（2016—2020年）》目标，“十三五”期间全州将建成14块社会足球场，完成率128.6%。

【体育场馆免费开放行动】 免费向群众开放大型体育场馆7个，全年免费锻炼身体50万人次。大型体育场馆免（低）收费资金700万元，其中中央资金560万元，省级资金70万元，地方配套资金70万元。全年全州体育场馆免费开放83.74万人次，实现资金下达县（市）100%；全州大型体育场馆免（低）收费资金拨付690.77万元，拨付率109.64%。

【农健工程】率先在全省范围内完成农健工程全覆盖任务，完成汶川县、理县8个行政村新增农健工程建设项目。

【体彩销售】全州体彩销售3798万元，任务完成率56%，销量同比下降757万元。其中乐透型游戏同比增长287万元、竞猜型游戏同比下降1146万元、即开型游戏同比增长181万元。在售网点数69个，比上年底增长3个。上半年受足球、篮球停赛时间长等客观因素影响，1—9月全州体彩市场份额33.2%，较上年减少5.4%。

（唐学海）

社会体育
Social Sports

【概况】2020年，坚持以服务人民群众需求开展社会体育活动，举办2020年“中国体育彩票”迎新春3X3篮球赛，推动夹金山云越野挑战赛，开展国家第12个“全民健身日”活动。恩波格斗俱乐部被授予“雪獒高原抗击队”。

【“大比武”测试】推进全州12支项目队214名在编注册运动员两轮业余训练“大比武”全覆盖测试，摸排运动员体能和训练情况。

【训练队伍建设】9月24日，四川省高山滑雪越野滑雪高水平运动队在茂县组建，首批进入队伍集训名单运动员20名。四川省体育职业学院冬季运动管理中心向茂县中学和茂县八一中学授予“四川省高山滑雪越野滑雪高水平运动队”“四川省冬季项目后备人才基地”牌匾。联合马尔康市卓克基小学、茂县凤仪镇小学、壤塘县寄宿制小学建立阿坝州足球和篮球项目业训梯队。

【省级训练基地建设】争取全省少数民族传统体育珍珠球项目训练基地、省冬季项目后备人才基地和四川省少数民族传统体育北嘎（藏式摔跤）项目训练基地等3个省级基地建设项目，分别落户金川县、茂县、若尔盖县。

【组织参赛活动】举办阿坝州首届“净土阿坝”青少年国际式摔跤、柔道精英邀请赛，组织运动员参赛，获十四金十八银十四铜。组织113名注册运动员参加四川省年度锦标赛摔跤、柔道、田径、足球、篮球等9个大项比赛，获二金九银二十铜。5月17日，组织恩波格斗俱乐部参加美国佛罗里达UFC对战，运动员宋亚东获2020年中国男子UFC首胜。5月27日，运动员蔡卿带领国家登山队登顶珠峰，完成高程测量任务。6月12—14日，举办夹金山云越野挑战赛线下活动，20.11万人报名参赛。

【全民健身行动】8月8日，在全国第12个“全民健身日”，推动第六届四姑娘山登山节在小金县四姑娘山景区开幕。8月13日，为期一周的2020阿坝州“8·8”全民健身日系列活动暨阿坝州第三届职工篮球赛在马尔康市落幕，吸引37支队伍参加，举行138场比赛，州公安局代表队获男子组冠军，金川县代表队获女子组冠军。10月12—16日，国家体育总局举办“助力全民健康，决胜全面小康”主题的“2020年全国健身气功健康扶贫走基层系列展示活动”在汶川县举行，全州首个国家级健身气功培训班落户汶川县。11月10—11日，2020年四川省《国家体育锻炼标准》达标赛（阿坝州分站赛）在马尔康结束测试，检验群众体育锻炼效果，培养健康生活方式。

【篮球赛活动】1月10—12日，在马尔康市文化体育广场举办2020

11月10—11日，开展国家体育锻炼标准达标赛测试活动 （州文体旅局提供）

12月25日，开展环四姑娘山超级越野跑活动（州文体旅局提供）

年“中国体育彩票”迎新春3×3篮球赛，吸引全州27支代表队参赛，举行79场比赛，马尔康市代表队获男子组冠军，黑水县和阿坝县分别获亚军和季军；金川县、小金县、州税务局分别获女子冠、亚、季军。

（唐学海）

竞技与青少年体育
Competitive and Youth Sports

【概况】 2020年，发扬吃苦耐劳、积极向上、拼搏奉献的体育精神，不断提升业训水平，参加全国、全省各级各类体育比赛，获金牌18枚、银牌27枚、铜牌35枚成绩，实现竞技成绩和精神文明双丰收。

【竞技体育比赛】 全州派出运动员200余人次参加9个大项11个小项的各级各类比赛，获全国女子柔道青年锦标赛金牌1枚，是全州文体旅融合发展以来连续两年获该项赛事全国冠军。10月27—31日，百城千乡万村系列活动暨阿坝州第二十届“雪山杯”足球赛在茂县举办，茂县队获冠军。

【体育人才培训】 举办2020年阿坝州首期篮球裁判培训班开班，全州各行业篮球裁判骨干103名参加培训。州少年儿童体育学校女子足球队输送卓玛吉、宛丽、庞嘉、沙健玲、王露遥5名队员代表四川女足参赛，在2020全国女子甲级联赛中以五胜一平积16分的成绩夺得女甲冠军，带领四川女足成功冲超。全州运动员在比赛中成长，全年达到等级运动员标准21人，其中国家级运动员1人、国家一级运动员2人、国家二级运动员18人。

【青少年体育比赛】 8月1日，“净土阿坝”青少年国际式摔跤、柔道精英邀请赛在马尔康市落幕。比赛历时3天，来自省集训队、绵阳市代表队、德阳市代表队、眉山市代表队和阿坝州代表队的9支队伍参加，245名运动员竞赛，州代表队参加154场国际式摔跤和153场柔道比，获摔跤项目六金十银八铜，柔道项目八金八银六铜，夺团体总成绩第二名。8月20日，组织运动员在乐山市犍为县参加2020年四川省青少年举重锦标赛，获一银二铜和1个第七名。8月17—20日，组织运动员在眉山市仁寿县视高镇参加2020年度省柔道锦标赛，获男子组一金三铜，获女子组三银二铜，团体收获体育道德风尚奖。11月22日，历时2个周末，举办4天阿坝州青少年体育夏令营（马尔康站）暨2020年马尔康地区小学篮球、足球比赛于落幕。此项赛事是马尔康地区中断近20年小学生篮球比赛的延伸，得到各参赛学校、家长和学生好评，促进“小篮球”、足球项目在学校普及。11月4—8日，组织运动员在攀枝花市盐边县红格镇训练基地参加四川省2020年跆拳道冠军赛，全省20个地市州代表队226名运动员参加15个级别，州代表队派出5名运动员参赛，获女子49公斤级冠军，运动员龙法贝获59公斤级第五名。12月5日，组织运动员在江西省赣州市于都县体育中心体育馆参加“达衣岩”杯2020年全国青少年柔道锦标赛，运动员李珊夺女子78公斤以上级冠军，是四川女子柔道队夺得的唯一金牌。

（唐学海）

社会民生

SOCIETY AND PEOPLE'S LIVELIHOOD

人口与户政管理

Population and Household Administration

【概况】 2020年，开展户政管理，推进人口登记，全州户籍人口总户数284435户、总人口897287人。其中城镇人口253663人，占总人口的28.26%；农村人口643624人，占71.73%；男性456390人，占50.86%；女性440897人，占49.14%；藏族535406人，占59.67%；羌族165357人，占18.43%；回族27957人，占3.12%；汉族165357人，占18.43%。

【户籍办证与窗口管理】 全州有办证窗口148个，其中政务大厅14个、派出所134个。办理出生登记13364人、死亡注销11170人、迁出业务6172人次；办理主项业务变更登记3188人次。完成人像比对疑似重错假户口清理756条，注销重户27人、注销错误采集照片1条、更正错误采集照片76张。清理不规范户籍地址204971人。

【身份证管理】 全州受理居民身份证54729人次，其中首次申领14205人、换领证件18952人次、补办证件21572人次。全州开设13个异地受理点，全年办理省内异地1131人次，跨省异地183人次。

【居住证管理】 落实居住证管理办法，登记发放居住证3692张，办理港澳台居民居住证2张。

【流动人口管理】 核查登记流动人员85191人/次，其中跨市（州）人员65260人，跨省人员19907人，境外居留人员24人。全年清理登记出租房屋42506套，其中一般租借用38946套，其他租借用3560套。

【个人诚信体系建设】 规范个人诚信体系建设，促进诚信资源共享，全州归集诚信基础数据约146.9万条，采集录入个人失信数据6621条。

【第七次全国人口普查户籍整顿】 清理更新不规范照片1900张，注销未满16周岁模糊照片5张，冻结下落不明584人，注销死亡或重户户籍379人，核实在逃2人。

（黄南昕）

公民出入境管理

Administration of Citizens' Exit and Entry

【概况】 2020年，开展公民出入境管理，开全州常住境外人员17人，运用出入境管理信息系统录入上传境外人员临时住宿登记数据7825条，动态掌握外国人员、境外媒体人员、外籍民族同胞13批次54人次。

【中国公民出国（境）管理】 审批公民因私出国（境）证件2190件次，其中普通护照1744件次，内地居民往来港澳通行证298件次，大陆居民往来台湾通行证184件次，录入法定不批准出境人员管控数据180条，处理异地函调核查函333份。

【境外人员来往管理】 办理外国人签证、居留证件13件。查处涉外案（事）件17起19人。录入法定不批准出境人员管控数据180条，处理异地函调核查函333份。

（黄南昕）

5月8日，州委常委、秘书长、公安局局长刘波涛在小金县调研指导社会治安管理工作 （州公安局提供）

社会治安管理

Public Order Governance

【概况】 2020年，落实《2020年全州公安工作要点》《2020年全省治安管理工作要点》，围绕州委、州政府"一州两区三家园"战略部署和四川公安"一三五七"发展战略，开展疫情防控，深化公安改革，夯实基层基础工作，严格各项治安管理，推动全州治安工作和队伍建设提档升级。

【社会治安防控体系建设】 开展社会治安乱点整治，创新"阿坝草原骑警"警务模式，织密区域防控网络，完善"天网"建设，确保重要寺庙、重要路段、重要部位全覆盖。完成"阿坝州道路交通综合智能监控系统"和"视觉计算"阿坝县边缘节点建设，投入使用，形成"以路控车、以车管人"治安防控模式。

【社会治安综合整治】 打击社会影响恶劣、群众反映强烈的杀人、伤害、抢劫等刑事案件，严厉惩治犯罪行为，维护社会治安平稳，组织排查化解各类矛盾纠纷3050起，盘查检查各类人员46万人，盘查各类车辆20万辆；查处涉黄赌治安案件72起，查处违法人员339人，行政拘留77人，行政罚款235人。查处组织卖淫案2起，抓获犯罪嫌疑人5人。

【社会特殊人群管理】 开展精神障碍患者摸排管理，走访登记在册肇事肇祸严重精神障碍患者134人，摸清底数，掌握实情，推动监护人落实主体责任，防范极端案（事）件发生。

【毒品犯罪专项整治】 全州破获毒品案件22起，抓获犯罪嫌疑人49名（协助外地抓获8人），抓获逃犯3人（规劝省级A类逃犯自首1人），移送起诉犯罪嫌疑人19案39人。缴获冰毒999.33克、冰油1.12公斤。破获团伙案件4起，公斤级案件1起，捣毁制毒窝点1处。

【涉枪涉爆隐患治理】 全州收缴枪支233支，其中仿军用枪10支，猎枪8支，小口径步枪15支，气枪14支，火药枪31支，射钉枪121支，其他枪支34支。收缴子弹2408发。收缴炸药22.6公斤，制式雷管177枚。

【"扫黑除恶"专项整治】 全州公安机关接收摸排线索903条，办结890条，立案侦办涉黑案件1起，移送起诉26案21人，判决21人。立案侦办恶势力集团案件5起，移送起诉31案45人，判决45人。立案侦办恶势力（团伙）案件13起，移送起诉50案79人，判决79人。立九类涉恶案件194起，破获187起，抓获犯罪嫌疑人461人，移送起诉166案375人，判决143案303人。冻结涉黑案件资金566.31万元，查获恶势力集团案资产11313万元，查处恶势力资产130.35万元，缴获涉黑枪支46支。

（黄南昕）

安全生产管理
Production Safety Management

【概况】 2020年，坚持学习宣贯习近平关于安全生产工作重要论述、指示批示精神，抓好抓实安全生产工作。全州发生各类生产安全事故95起，同比减少4起，下降4.04%；死亡35人，同比持平；发生较大生产安全事故3起，同比增加1起，上升50%；实现连续8年零9个月未发生重特大生产安全事故，全州安全生产形势平稳可控。

【安全生产责任落实】 完善并发布《阿坝州委常委会、州政府常务会、州委、州政府领导安全生产监管责任清单》，指导下级党委、政府制定安全生产责任清单。全州13各县（市）、卧龙特区和174个乡镇印发党委、政府领导安全生产监管责任清单，做到党政责任清单覆盖率100%。推动34个州级行业主管部门、412个县级行业主管部门制定行业监管责任清单。

【安全生产诚信体系建设】 强化安全生产领域失信行为联合惩戒，建立安全生产信用分级分类制度。阿坝州社会信用体系建设联席会议出台《守信联合激励和失信联合惩戒机制实施方案》《阿坝州信用“红黑名单”评选发布工作方案》，各县（市）、州级行业主管部门印发安全生产领域诚信体系建设实施方案，建立完善制度，执行“黑名单”管理。全年全州无安全生产“黑名单”企业。

【安全隐患排查和预防控制体系建设】 全州排查隐患5486个，其中重大隐患18个，重大隐患整改率100%，一般隐患整改率99.02%。推进重大安全隐患整治，明确7个省州级挂牌督办项目（省级挂牌项目2个），明确整改时限、责任单位、州级督办部门，每月报送整改进度，全部整改闭环销号7个省州级挂牌督办项目。

【安全生产应急救援体系建设】 组织修订《阿坝州生产安全事故灾难应急预案》《阿坝州非煤矿山生产安全事故应急预案》《阿坝州危险化学品安全事故应急预案》《阿坝州道路交通安全事件应急预案》《阿坝州消防安全事件应急预案》等。组织开展鹧鸪山隧道消防逃生演练、汶川县侨源气体有限公司气体爆炸演练、民生燃气生产安全事故应急演练、达古冰山索道事故演练、芦花加油站泄漏事故演练、马尔康教育应急演练等。与省内国有企事业单位签订应急救援战略合作协议。

【安全生产信息化建设】 推进应急管理指挥平台建设，完成5家危险化学品企业三、四级重大危险源在线监测预警系统建设。

【安全生产标准化建设】 推荐汶川县为首批安全发展示范城市创建试点。复评通过省级安全社区3个。推进标准化建设，全州10家企业创建安全生产三级标准化。

【安全生产监察执法】 开展安全生产“铸安2020”监管执法专项行动，推进“1+2+N”执法模式。执法支队牵头，运用购买专家服务保障专业技术支持，开展危险化学品、非煤矿山等执法检查，实现全州铝加工企业和粉尘涉爆企业执法全覆盖，全年无未办结违法案件。实施行政处罚51起，罚款196万元。

【安全生产大检查和专项整治】 组建实体化专班推进安全生产专项整治三年行动计划和安全生产“排险除患”集中整治工作。细化分解6大任务21项考核评价指标至各县（市）、

6月28日，全州安全生产专项整治三年行动计划推进部署会暨2020年全州第二次安全生产工作会议在马尔康召开
（州应急管理局提供）

5月12日，2020年“安全生产月”宣传咨询日活动在马尔康举行（州应急管理局提供）

各行业主管部门，压实各级各部门工作职责。开展危险化学品、非煤矿山、道路交通、学校、消防、建筑施工、城镇燃气、烟花爆竹、旅游、农业农村、特种设备、汛期安全、寺庙安全等18个行业领域“排险除患”集中整治，检查企事业单位8599家，排查一般隐患3508项，整改3416项，整改率97.38%。

【安全生产巡查考核】 开展第二轮安全生产巡查，查出问题和隐患400余项。制定举一反安全生产巡查发现问题整改清单，成立4个工作组到各县（市）、重点企业指导、协助限期整改。推进安全生产党政同责目标考核，兑现年度安全生产目标考核奖励资金100万元。

【安全生产宣传教育培训】 利用“安全生产月”“安全生产雪山草地行”“安康杯”知识竞赛和“两联一进”活动等机会，开展安全生产宣传教育活动，其中州级领导参加宣讲2场，各县（市）政府主要负责人、分管人主持宣讲45次，企业主要负责人宣讲238场次，邀请专家举办专题讲座42场，安全生产志愿服务宣传团宣讲143场，发放各类宣传资料5万余份，各类宣传横幅500余条，公共电子屏播放科普视频、安全提示、公益广告等8216条次。开展“五进”活动1.2万场，30万人次参与。组织2900余人次参加危化品及全民安全应急知识竞赛活动。

【重点行业安全监管】 组织监管交通运输、危险化学品、非煤矿山、建筑施工、文化旅游等重点行业领域。聘请第三方机构保障全州重点行业领域安全生产技术服务，防范事故发生。结合疫情防控，派出工作组到危险化学品、非煤矿山、工贸行业开展复工复产安全生产和疫情防控指导。

（张国勇）

消防救援
Fire Rescue

【概况】 2020年，围绕“一州两区三家园”战略目标，立足“全灾种”“大应急”任务考验和正规化、专业化、职业化建设方向，统筹做好疫情防控、队伍管理、消防监督管理、消防执法改革、抢险救灾等工作任务。推动队伍转型升级，防范化解重大安全风险，推进艰苦边远地区消防治理体系和治理能力现代化，确保全州连续32年未发生重特大火灾事故，实现队伍内部和火灾防控“双稳定”。

【消防救援体系建设】 制定智慧消防建设方案，完成全州初期智慧消防摸底调研工作。推动落实《阿坝州消防安全专项整治三年行动实施方案》，召开动员部署会，常务副州长范继跃，州委秘书长刘波涛等领导专题听取整治工作情况。推动出台《消防安全责任制实施办法》，建立“党政同责、一岗双责、齐抓共管、失职追责”消防安全责任体系。与应急、气象、水务、自然资源等建立互联互通的联勤联动机制，完善“支队指挥中心集中接警+各救援站独立接警+地方公安机关、应急管理部门协助转警”的综合接处警模式和基层执行层级“前端”作战、支队指挥层级“远端”指挥的指挥调度体系。联合州公安局印发《阿坝州公安派出所消防监督检查工作规定》，推动消防治理末端建设。

【消防安全监查】 州政府常务会4次研究讨论消防工作，专题学习《关于深化消防执法改革的意见》《四川省消防安全责任制实施办法》等政策规定4个，召开应急委消防工作联席会议8次，解决重大危险源、文博单位和宗教活动场所消防治理难题4个，挂牌督办整改5起重大火灾隐患和区域性隐患。提级调查阿坝县“1·26”亡人火灾事故，问责党政机关负责人。开展冬春火灾防控、三年行动计划等专项整治工作，推动435家重点单位开展“三自主、两公开、一承诺”消防标准化达标创建工作。建立完善容错减责和信用惩戒机制，纳入消防信用“黑名单”单位2家。确定6个站的指战员参与监督执法试点工作，在5家重点单位开展消防安全清单制管理试点，督促完成茂县、汶川工业园区危化品重大危险源企业问题整改。落实支持复产复工消防工作“十六字”承诺，建立15支技术指导服务组，联合经信、市场监管、住建、国资等部门，下发专项指令单，建立重点企业“一企一策一小组”工作制度，督促指导70余家规模以上企业复工复产，防疫医疗机构和隔离场所实现“零火灾”。

【消防装备设施建设】 全年新增应急救援装备3902件套，同比上年增长52%，消防救援车辆16辆，同比上年增长4倍。购置进口底盘大功率消防车和前突抢险救援车。启动购置举高类消防车三年计划，投入专项经费购置4台举高类消防车。全州9个“3基地、7队站”建设项目全部投入使用。截至年末，全州有队站27个、基地3个，辖区有2个队（站）的县（市）、3个以上队（站）的县（市）4个。启动“火焰蓝高原守护”助力脱贫攻坚行动，帮助贫困村和贫困户修建消防水池192个，配发灭火器、水带等消防器材设施2000余件套，提档升级寺庙和乡镇微型消防站50个，修缮水池水窖18569个。开展“打通消防生命通道”、高层建筑、商业综合体、电动自行车、石油化工企业、文博单位和宗教场所、老旧场所、彩钢板房、民族村寨、行业部门标准化管理等重点场所领域专项治理，建成高层建筑、文博和宗教活动场所、农村社区等微型消防站141个、志愿消防队287个。

【消防队伍建设】 坚持任务导向，组建完成1支55人重型地震救援、1支30人山岳救援、1支40人抗洪抢险、1支40人轻型化工、1支40人低温雨雪冰冻灾害专业救援队伍。各专业队合成训练5次，桌面推演5次。推动县级“轻骑兵”和志愿消防速报员队伍建设，完成支队前突通信分队建设，每支队伍配备无人机3台，无人机飞手2~3名，实现“天地一体”通信保障。开展旋翼无人机集中培训，25人取得无人机驾驶资格证，全州各大队配有操作手1名、1台无人机，增配F150前突通信保障车、北斗有源终端等装备器材，基本实现“辖区覆盖、辐射周边、机动全州”通信保障体系。

【消防救援能力提升】 开展“战训大讲堂”“安全大讲堂”和典型战例研讨36次、案例复盘2次、事故推演3次。组织开展2020年度“高原蓝-A”比武竞赛、“高原蓝-119”攻坚班组业务技体能比武竞赛，组织视频考核12次，全州指战员全员岗位达标考核1、2级达标率84%。开展地震、水域、超长隧道、高层建筑、石油化工、人员密集场所等实战演练30余次。与森林消防队伍、西南护林航空总站成都站首次开展联动联训，完成全州性洪涝、地震、森林草原防灭火等联动演练4次。组织19家行业部门完成消防安全标准化管理培训，3.4万余人参与。

【消防安全宣传教育】 开展“宗教人士话消防”活动，分教派邀请中国佛协副秘书长、若尔盖县达扎寺

10月28日，阿坝州消防救援支队在寺庙开展消防安全宣传活动　（州消防救援支队提供）

活佛达扎·尕让托布旦拉西降措，阿坝州伊协会会长阿訇、汶川水磨黄龙道观观主陈昌谋、汶川县常乐寺主持释觉慧等爱国宗教人士，拍摄、制作少数民族语言（藏语、羌语）汉语两种语言消防公益海报、提示广告。聘请著名藏族歌手容中尔甲担任阿坝州消防安全公益宣传大使，制作支队IP形象标识及LOGO。在汶川县挂牌成立阿坝州应急消防科普教育基地，推行消防教育副校长工作模式，21名干部在全州582所中小学校兼任消防副校长，开展消防安全教育培训等活动2300余次。建立“一县一团”“一乡一支”宣讲队，在农牧区设立双语“村民消防公约”，普及消防安全知识。全年发放《小学生消防安全教育读本》5000册。建成支队全媒体中心，在中央电视台、新华社、四川电视台等主流媒体播发新闻30余次，抖音发布话题单条播放量最高达3500万次。

6月17日，阿坝州消防救援支队跨区域救援甘孜州丹巴县山洪泥石流受困群众　（州消防救援支队提供）

【消防抢险救援增援】6月17日5时43分，甘孜州丹巴县太平桥乡麦隆沟发生泥石流，阻断小金河形成堰塞湖。造成国道350烂水湾段道路中断，烂水湾阿娘寨村山体滑坡。堰塞湖上游水位上涨威胁数百人生命财产安全。小金县消防救援大队出动抢险车、水罐车、行政车、皮卡车各1辆和16人携带通讯及水域救援装备等救援器材180多件套，无人机、4G单兵、布控球、橡皮艇等关键装备，经省道303跨区域救援，完成跨区域增援任务。

（陈龙驹　冷成伟）

应急救援管理
Emergency Rescue Management

【概况】2020年，履行应急救援管理职责，开展防灾减灾救灾。全州发生各类自然灾害97起、死亡6人、失踪2人，紧急转移群众18810人，

2020年阿坝州消防事故一览表

表12

序号	时间	调度单位	力量出动	灾害事故类型、灾情情况
1	6月16日	金川县勒乌消防救援站	3车16人	金川县咯尔乡金江村发生泥石流灾害，有11人被困
2	6月17日	小金县江西路消防救援站	1车8人	小金县崇德乡磨子沟电站因河水上涨造成2人被困
3	6月17日	小金县消防救援大队	4车16人	甘孜州丹巴县半扇门镇梅龙沟发生泥石流灾害，阻断小金河形成堰塞湖
4	6月17日	汶川县消防救援大队	2车8人	跨区域增援小金县和丹巴县
5	6月25日	汶川县双拥路消防救援站	3车11人	汶川芤山驴友被困
6	7月6日	小金县消防救援大队	5车24人	小金县宅垄镇泥石流灾害
7	7月7日	小金县消防救援大队	2车10人	小金县宅垄镇泥石流灾害现场遇难者遗体搜寻工作
8	9月30日	若尔盖县德阳大道消防救援站	3车11人	若尔盖县唐克镇与辖曼镇交界处槽罐车侧翻、泄漏事故
9	11月1日	若尔盖县德阳大道消防救援站	1车6人	若尔盖县辖曼镇液化石油气槽车侧翻事故，人员被困
10	11月12日	若尔盖县德阳大道消防救援站	3车7人	国道213线若尔盖境内郎木寺镇附近交通事故（1辆汽油罐车、1辆危化品槽车发生泄漏）

直接经济损失37.52亿元，同比增加22.15%。其中一般灾害96起，占98.97%，较大灾害1起，占1.04%。

【应急值守和信息报送】坚持24小时值班、领导干部AB岗补位带班、值班制度，按照《阿坝州突发事件信息报送规则》报送灾情信息，指挥调度综合应急救援队伍、行业专业救援队伍赶赴现场处置灾害、事故，全年处置自然灾害98起，未造成社会不良影响。

【预案制定与实战演练】参照国家和省总体应急预案，推进州、县（市）两级总体预案制定，保障应急处置工作。修订完善抗震救灾、突发环境事件、森林草原防灭火、文化体育和旅游突发事件等18个州级专项预案。组织开展“阿坝州2020年地震应急救援桌面演练”“阿坝州2020年洪涝地灾综合应急演练”“阿坝州2020年草原火灾灭火应急演练”“阿坝州2020年森林火灾灭火应急演练”。组织各县（市）和州级相关部门（单位）、基层乡（镇）、企业开展防汛减灾、森林草原防灭火等各类专项应急演练1630会场（次）。

【应急救援基础建设】推进管理信息化建设1期，完成招投标。投入366万元，开展卫星电话、对讲机、组建超短波通讯网等通信能力建设。投入91.94万元，采购州级应急救援装备配备。投入104万元，购置履带式草原灭火车辆。投入1150余万元，购买支综合救援队伍装备。完成7个二级消防站、2个战备保障中心建设，启动映秀消防训练基地建设项目，建成使用小金县野外直升机停机坪，完成马尔康、黑水、若尔盖3个县野外直升机停机坪建设项目前期准备。

【专业救援队和特种力量建设】组织开展消防员招录，完成招录271人。依托州消防救援支队组建州级消防救援前突分队及13支县（市）级消防救援“轻骑兵”前突小队；依托州森林消防支队组建1支州级前突分队和5支前突小队；在小金县试点组建8人村级摩托车骑手与县消防救援大队2名消防员的“轻骑兵”前突小队1支，选聘乡镇、村级志愿消防速报员184人，配备卫星电话5部。

【应急社会救援队伍建设】与四川省华地建设工程有限责任公司等17家省内国有企事业单位合作，签订抢险救援战略合作协议，借智借力提升全州灾害处置能力。与成都、德阳、雅安等地建立区域风险监测预警、救援力量联动、救援物资互调等协调联动机制，促进抢险救援高效联动、物资保障。

【应急宣传教育】开展森林草原防灭火、应急能力提升、安全生产监管、灾情信息能力提升等专题培训班7期，培训812人。举办各级培训班289次，培训5万余人次。运用“两联一进”推进群众受教育180万余人次。运用“两联一进”“防灾减灾日”“安全生产月”“应急大讲堂”等载体，广泛宣传应急管理、安全生产相关法律法规和防灾减灾避灾知识等，悬挂横幅标语及展板1000余张，发放资料14万份，公共电子屏播放科普视频和公益广告等1万余条。免费推送手机短信360万余条，刊发新闻稿件5000余份。

【灾害救助】下达自然灾害救灾、应急设备购置、应急抢险物资、森林草原防灭火专项整治经费等州级资金3845.6万元，争取灾后恢复重建、农业生产和水利救灾、防汛减灾补助、自然灾害救灾、暴雨洪涝

10月11日，州应急管理局与省内国有企事业单位签订应急救援战略合作协议（州应急管理局提供）

9月21日，2020年森林火灾应急演练在松潘举行（州应急管理局提供）

减灾救灾、泥石流抢险救灾、森林草原防灭火专项整治经费45558.6万元，下达住房重建项目资金7419万元。争取中央、省级财政资金4200万元，采购帐篷、折叠床、棉被、棉衣裤、彩条布等物资，保障受灾群众“五有”。

【灾害监测预警】 1月1日，运行阿坝新一代天气雷达，结束阿坝州无多普勒天气雷达历史。完成州、县（市）自动化实时监测平台建设和威胁40人以上1594处地灾隐患点自动化实时监测项目建设，全年380台次监测设备发出预警信息10123条，茂县星空地不稳定斜坡等5处隐患点监测设备发出预警信息，转移受威胁群众342人，成功避险5起。组织13个县（市）完成暴雨洪涝风险普查，普查数据库7439条。采用工作提示单、微信、短信、电话等多平台发布预警信息610期，指导基层落实“三避让”“三个紧急撤离”。

【防灭火指挥部及办公室调整】 落实《省政府办公厅关于调整森林草原防灭火工作体制机制的通知》，指挥部办公室由州林草局调整到州应急局，指挥长由州政府州长担任，新设2名常务副指挥长，新增6个专项工作组，修订完善指挥部议事规则，实现指挥部及内设机构与省完全对应、实体化运转。

【应急体系建设规划编制】 开展工作调研总结，形成《阿坝州应急管理体系建设的思考和建议》，作为“十四五”专项规划重要参考。加大与应急厅、发改委等部门的汇报和对接，梳理上报“十四五”中央支持藏区经济社会发展项目8个，总投资近20亿元，支撑《“十四五”阿坝州应急体系建设规划》项目。成立《“十四五”阿坝州应急体系建设规划》编制工作专班，做好规划编制前期准备工作。

【森林草原防灭火专项整治】 拟定实施森林草原防灭火专项整治工作总体方案和10个专项方案以及“四个清单”。组织专题培训70余次，党政领导、专业队伍、信息员、巡山护林护草员等12000余人次参训，全州副县级以上领导干部撰写森林草原防灭火工作心得体会993篇。制定印发《阿坝州地方专业队伍扑火队伍建设标准指导意见》，促进地方专业扑火队伍管理规范化、标准化和准军事化。编写《阿坝州森林草原防灭火专项整治地方专业队伍建设及基础设施设备技术指南》，采取“4+9+4+10”模式组建地方专业扑火队伍。完成全州地方专业扑火队人员招录工作，组织集中训练。制定印发《农事生产用火管理办法》《阿坝州宗教活动场所野外用火管理办法》等20个制度办法。修订完善州本级灭火作战应急预案，制定《灭火组织指挥手册》《火场紧急避险手册》《扑火全程安全规范》等规范性手册。投入530余万元，开展灭火指挥员、灭火专业骨干和专业灭火队员培训班20期，轮训1679人。

（张国勇）

劳动保障
Labor Security

【概况】 2020年，贯彻省委、省政府和州委、州政府决策部署，应对新冠肺炎疫情影响，着力抓重点、抓执法、抓宣传、抓队伍，实现农民工工资基本无拖欠目标，推动全州劳动保障监察工作，保持全州社会和谐稳定，实现保障农民工工资向好态势。

【和谐劳动关系构建】 全年企业劳动合同签订率96.65%，集体合同签订率91.50%，完成目标任务。联合政法、司法、工会等部门聚焦稳企业、稳就业、稳发展，开展稳定劳动关系“春风行动”，提供法律指导服务，稳定企业劳动用工，稳定企业发展生产，引导劳企双方共克时艰。监测预警和定期排查重点行业、企业劳动关系风险隐患，指导企业规范用工、依法裁员。组织三方成员单位参加2020年“和谐同行”千户企业培育共同行动全国视频培训会，制定全州企业培育方案，完成岷江电化、立敦电子重点培育，指导企业用工服务。

【企业收入分配改革】 落实企业收入分配制度改革，完成103户薪酬调查样本企业数据采集、上报，发布阿坝州2020年企业薪酬调查信息。审核认定和发布2019年州属国有企业负责人基本年薪基数6.81万元，兑现披露2019年州属国有企业负责人薪酬。聘请第三方会计师事务所完成州国资委监管的5家州属企业实施负责人薪酬及企业工资内外收入监督检查。

【劳动仲裁】 推进“互联网+调解仲裁”智慧平台应用和调解仲裁“四化”建设。受理劳动人事争议调解案件25件，成功调解案件20件，调解成功率80%；受理劳动人事争议仲裁案件87件，仲裁结案87件，结案率100%；处理人社来信400件，接待群众来访800件次。

【劳动能力鉴定】 纳入全省社保信息系统省集中试点市（州），阿坝州社保省集中系统4月1日上线运行，成为全省第二个实现省集中的市（州），劳动能力鉴定142人。启动实施工伤预防工作，全州“预防、补偿、康复”三位一体的工伤保险制度体系初步建立，由第三方专业宣传机构承担工伤预防宣传培训，举办工伤预防启动会1场、工伤预防针对性大型宣传活动4场、工伤预防用人单位定制化调研、培训、回访活动80场，工伤预防规模级以上用人单位导师力量培训2场。

（王 伟 李 东）

12月20日，在马尔康市协调处理争议劳动关系 （州人社局提供）

社会保险
Social Insurance

【概况】 2020年，坚持以习近平新时代中国特色社会主义思想为指导，紧扣中心大局，紧盯目标任务，加强行风建设，深化经办改革创新，落实从严治党，强化廉政建设主体责任，推动全州社会保险工作。

【参保扩面】 全州城镇职工养老保险覆盖213381人，其中企业和机关事业单位养老保险在职参保分别为85992人、55812人，企业离退休人员和机关事业单位分别为50105人、21472人；工伤保险参保108675人，享受待遇980人次；城乡居民养老保险覆盖374905人，参保缴费235144人；年满60周岁以上城乡居民92095人。

【社会保险发放】 发放企业离退休人员基本养老金144982万元，机关事业单位退休人员养老金164570万元，60周岁以上城乡居民养老金13698万元，丧葬抚恤金3242万元，工伤保险待遇5072万元。

【社保基金收入】 全年企业职工养老保险征收51062万元，其中1—10月社保征收36794万元，11—12月税务征收14268万元。工伤保险费征收3250万元，其中1—10月社保征收2700万元，11—12月税务征收550万元。税务征收机关事业单位养老保险117959万元，征收城乡居民养老保险7889万元。社保征收企业养老保险历史欠费186万元，职业年金58679万元。

6月18—19日，省社保局在红原县调研督导社保发放工作 （州社保局提供）

【社保降费管理】 落实各项社保降费率政策，做好降费效果统计分析和宣传，引导社会预期，提振市场信心。疫情防控期间，全州社保经办机构推行“部分业务网上办、紧急业务预约办、个别业务延期办”等不见面服务，执行党中央国务院、省委省政府和州委州政府“减免缓”政策的决策部署，发挥社保减震器和稳定器的作用，纾解企业困难，助推复工复产，为1468户参保企业减免企业职工基本养老保险费24219.35万元，为2405户参保企业减免工伤保险费2629.53万元，为1503户参保企业减免失业保险费1097.16万元。

【征地农民参保管理】 按照“属地管理、分级负责”的原则，推进全州被征地农民养老保障经办工作，保障被征地农民合法权益。运用全省被征地农民养老保障经办信息系统，推进经办工作信息化，规范经办流程，严格风险防控，强化工作调度。

【社会资源共享建设】 推进全省统一社会保险信息系统上线工作，成为全省第一批上线市（州），省厅（局）给予肯定。推广使用全国社会保险公共服务平台、“四川e社保”、“阿坝掌上社保”、微信公众号等，推动社保经办服务线上线下融合。建立健全数据质量控制体系，强化数据安全管理，提升联网数据质量。

【工伤保险管理】 贯彻《四川省工伤保险条例》，针对建筑施工企业开展政策衔接和宣传工作，推动部门联动，推进工伤保险扩面，形成“小险种、大格局”态势。规范医疗服务机构协议管理工作，完善规章制度，严把三审关口，确保基金合理使用。推动事后补偿转向事前预防，做好工伤康复工作，构建“预防、补偿、康复”三位一体工伤保险体系。

【基金风险防控】 落实“行政、经办、信息、监管”四位一体模式，建设独立于业务、财务的风险防控信息系统，开展风险排查和监测分析，提升风险防控精细化管理水平。贯彻落实人社部《社会保险数据稽核规程（试行）》，建立常态化数据稽核机制，利用各部门数据资源，核查整改违规一次性补缴、重复领取待遇、违规向服刑人员或不符合领取条件人员发放社保待遇等疑点数据。完善内控机制，督促落实不相容岗位分离、重要敏感岗位不使用编外聘用人员和基金财务业务对账等制度。采用自查、抽查、委托第三方等方式加强内控执行情况监督检查。执行经办管理要情报

8月14日，阿坝州工伤预防项目启动仪式在汶川举行 （州社保局提供）

告制度，加强经办人员管理，开展反面典型警示教育，强化风险意识，提高防控能力。

【社保宣传教育】 推进“看得懂、算得清”宣传模式，开展全民参保计划、减免缓社保费等宣传。疫情期间，综合运用阿坝州人力资源社会保障网、微阿坝人社、广播电视、政务宣传栏等载体宣传解读社保政策，提高城镇职工及城乡居民参保积极性。召开新闻发布会，全方位向社会和企业宣传阶段性减、免、缓社保费等优惠政策，服务企业复工复产。推动政策宣传与业务经办结合，增强系统干部职工学法用法普法能力，在依法履行职责、提供公共服务过程中宣传社保法律法规。

（马庆颖）

就业促进

Employment Promotion

【概况】 2020年，全州城镇新增就业7412人，完成目标任务106%；失业人员再就业721人，完成目标任务136%；就业困难人员就业226人，完成目标任务113%；青年就业见习423人，完成目标任务106%；城镇登记失业率控制在4.0%以内；动态消除零就业家庭，登记失业人员就业率超35%；离校未就业高校毕业生实现就业或处于就业准备活动超97%。发放创业担保贷款2392.85万元，完成目标任务的119.6%。组织684人开展创业培训，完成全年目标任务的136%；组织3640名贫困劳动力开展职业技能培训，完成全年目标任务的170%。

【就业技能培训】 推进深度贫困县技能培训全覆盖，培训未就业建档立卡贫困劳动力3640人。开展创业培训，为684人有创业意愿的城乡劳动者开展创业培训，落实指导创业、后续跟踪服务等政策，帮助实现自主创业和就业。

【高校毕业生就业】 贯彻落实《进一步促进高校毕业生就业十条措施》等，摸清离校未就业高校毕业生就业情况，2247名离校未就业高校毕业生，通过V2.0信息系统开展实名制登记和回访；组织回访在人社部开发的高校毕业生求职登记小程序登记的高校毕业生，更新离校未就业高校毕业生就业状况。扩大见习规模，全州建立就业见习基地67个。促使有就业意愿离校未就业大学生做好就业准备活动，离校未就业高校毕业生实现就业或处于就业准备活动占97%，发放1449名高校毕业生和13名中职毕业生一次性求职创业补贴219.3万元。

【特殊群体就业】 开展牧区无业青年就业促进工作，促进1457人牧区无业青年实现就业创业。开发公益性岗位，托底安置就业困难人员等群体，开发一般公益性岗位6880个，安置就业困难人员等群体5189人，发挥政策兜底作用。

【失业保险发放】 落实失业人员失业待遇和失业保险扶持政策，发放失业人员923人失业保险金720.25万元，代缴723人医保231.64万元，发放2280人失业补助金971.68万元，发放2232人临时价格补贴90.68万元，审核办理61人企业职工技术技能提升补贴，发放补贴9.84万元。发放1727人企业职工以工代训补贴134.37万元，发放稳岗返还补贴11214.67万元（为195户困难企业发放稳岗返还9788.52万元，惠及职工10986人；为390户企业发放普惠制稳岗返还1250.07万元，惠及职工13770人）。

【失业保险基金风险防控】 在全州开展失业保险内控制度建设自查，按季度上报工作进展情况，形成问题台账，明确整改责任人、整改时

3月11日，组织松潘县农民工赴浙江务工 （州就业局提供）

9月10日，阿坝州2020年就业扶贫暨东西部劳务协作专场招聘会在若尔盖举办　（州就业局提供）

间和整改措施，实行问题整改对账销号管理，在规定时间内完成整改。按照部、省防范化解社保基金风险，规范失业保险待遇发放数据向银行传递方式的工作要求，与经办银行开通社银接口，失业保险基金支付数据直接通过系统社银接口加密传递，全州失业保险待遇、稳岗返还、技术技能提升补贴等的支付全面实现社银直发，支付结果通过系统回盘，实现数据不落地，避免失业保险支付风险。按季上报基金运行情况，定期开展失业保险基金监督和社会保险稽核，评估分析基金监督中存在的风险，推进风险防控工作。

【“阳光培训”专项整治】 从监管、权力制衡、追踪溯源等环节，研究制定内部控制制度。从制度落实、专人监管、信息系统监管、引入三方机构监管、社会监督五个方面监管就业技能培训。

【大学生创业引领】 落实各项创业扶持政策，发放高校毕业生创业补贴66万元，直接扶持大学生创业66人。为204名大学生提供创业指导，为26名大学生发放330万元的创业担保贷款，推荐成功创业大学生4人参加“我能飞”提升培训。加强创业服务平台建设，增强创业孵化园区吸纳创业的能力，有创业大学生69人在园区接受创业孵化。

【融资服务】 摸清全州创业担保资金底数，与邮政储蓄银行联合下达2020年返乡下乡创业担保贷款目标任务，定期召开联席会议，总结分析推进创业担保贷款工作，研究解决存在的问题。稳步推进创业担保贷款工作，全州发放创业担保贷款2392.85万元（发放2家小微企业贷款90万元），直接扶持202人创业，带动（吸纳）568人就业。

【创业项目服务】 开展“汇聚双创活力、逐梦净土阿坝”主题的阿坝州2020年创业服务活动，组织省级创业专家为30余名创业者上创客公开课，组织会诊6个创业项目，实地巡诊22个创业项目，为创业者及其创业项目把脉，分析项目存在的风险和问题，提出可行性建议和解决方案，服务创业项目。组织4个优秀创业项目和1个创业园区参加“四川省第二届创业博览会”，搭建创业成果分享交流平台。

【招聘求职平台搭建】 推广、引导用工单位和求职人员通过“阿坝公招网”“阿坝就业”微信服务号等渠道招聘求职。开展百日千万网络招聘专项行动、民族地区招聘活动、民营企业招聘周、高校毕业生网络专场招聘会、行业网络招聘会等线上招聘活动，打造“就业服务不打烊、网上招聘不停歇”服务模式。开展线下招聘，全州举办送岗位下乡活动190场，开展现场招聘会50场，达成就业意向4180人，成功实现就业2152人（建档立卡贫困劳动力607人），其中州内就业613人，到州外省内就业376人，到浙江和其他省市就业1163人。

【就业扶贫现场招聘】 根据贫困劳动者就业创业和技能培训意愿，开展针对性就业创业服务，动态更新“一库五名单”，做实就业扶贫工作。建立东西部劳务协作和省内对口帮扶联系机制，动态收集发布对口援建地区的空岗信息，举办就业扶贫专场招聘会、春风行动等各类专项活动促进转移就业，推进东西部劳务协作和省内对口帮扶，促进转移就业。举办就业扶贫现场招聘会36场，其中东西部劳务协作专场招聘会24场，帮助342名贫困劳动力到省外就业。

（马清涛）

房产管理
House Property Management

【概况】 2020年，全州住建行业执行国家省州有关房屋交易法律法规等政策，加强房屋交易与产权管理，维护房产交易双方合法利益，推进房产交易“互联网+政务服务”建设。

【房屋产权交易】 全州商品房销售15万平方米，同比增长248%；二手房成交12.8万平方米，同比增长377%。

【房产交易服务】 建立全州统一的商品房和存量房网签备案系统，端口延伸至开发企业，方便企业和购房人办事。全州房产交易政务服务事项实行最多跑一次，统一办事流程，推动数据同源共享，简化办理手续，提升房产交易政务服务能力。

（曾　兰　郑祥亮）

【不动产登记】 坚持不动产一般登记、抵押登记业务办理时间压缩至4个工作日内，企业办理非住宅类转移登记、抵押登记办理时间压缩至1个工作日内。不动产统一登记以来，受理不动产登记29382件，颁发不动产权证书19348本、不动产权证明9800份。全州农村集体建设用地和宅基发证率94.93%。完成“房地一体”农村集体建设用地和宅基地使用权确权登记外业测绘和权籍调查，推进数据库建作。启动阿坝州自然资源统一确权登记工作，印发《阿坝州自然资源统一确权登记总体工作方案》和年度任务计划，配合完成大熊猫国家公园确权登记工作。

（蔡良杰）

住房公积金管理
Housing Provident Fund Management

【概况】 2020年，贯彻习近平新时代中国特色社会主义思想，开展疫情防控、脱贫攻坚、“两联一进”、业务改进等任务，推进业务发展和自身建设，发挥支部、党员战斗堡垒和先锋模范作用，完成各项目标任务。

【住房公积金归集扩面】 推动扩大制度覆盖面与降低企业经营成本建设，保障职工合法权益和营造良好经商环境，开展政策宣传和业务指导，引导民营企业、个体工商户、社会团体组织及其职工规范建制和缴纳公积金。全年新开户单位96家，实缴单位2115家；新开户职工1.05万人，实缴职工8.08万人；年末缴存职工较“十二五”末增长22.24%，占城镇参加养老保险在职职工人数的52%，高于全国平均水平5个百分点。全年归集住房公积金21.66亿元，同比增长6.31%，完成年度目标任务的114%；缴存总额146.50亿元，较“十二五”末增长159%；缴存余额62.77亿元，较“十二五”末增长90.28%，超额完成“十三五”预期目标。疫情期间，办理14户困难企业缓缴公积金223.28万元。

【住房公积金使用】 修订住房公积金缴存、提取、贷款管理办法，制发配套实施细则，推进优先保障职工刚需住房消费需求和优先支持州内住房项目建设、住房市场发展的两个“优先”布局，全年办理住房公积金提取15.09亿元，同比增长9.28%，占当年缴存额的69.66%，完成年度目标任务的137%；提取总额83.74亿元，同比增长21.99%。发放住房公积金贷款0.13万笔5.69亿元，同比分别增长15.43%、18.31%，完成年

4月23日，阿坝州住房公积金政策业务调整工作会议在马尔康召开　（州住房公积金中心提供）

度目标任务的227%；发放个人住房贷款1.83万笔55.75亿元，贷款余额33.44亿元，同比分别增长7.71%、11.37%、2.71%。个人住房贷款余额占缴存余额的53.27%，比上年减少4.66个百分点。做好资金风险管理，贷款逾期率0.09‰，处于全省同行业低水平。资金使用率95.21%，资金使用充分。

【住房公积金运营】 完成资金业务运行分析、资金调度，全年创造增值收益0.83亿元，同比增长11.24%；全年运营收益1.24亿元，较“十二五”末增长52.17%，收益率居同行业前列。当年为职工结息0.85亿元，分配法定孳息0.41亿元，上缴财政廉租房补充资金0.41亿元。

【住房公积金风险防控】 落实防范化解风险要求，开展国家审计署反馈问题整改落实，清理历年管委会及办公室规范性文件，制发阿坝州住房公积金贷款资产管理规程、黑名单管理制度。利用电子稽核和监管平台，排查处置风险隐患，建立问题疑点清理机制，逐一登记销号问题。开展“扫黑除恶治乱”工作，查处骗提骗贷，追回违规提取资金3笔20.29万元。支持红原“阳嘎·草原公馆”、壤塘“秀城酒店”等项目风险化解。

【住房公积金服务】 开展“放管服”改革工作，与合作银行签约住房项目协作，解决群众最关心的贷款审批时间较长、利用租房名义骗提套现、房屋评估价格不合理、超面积购房使用公积金等问题。扩展提取办理时间为全工作日，取消部分业务手续，整合归并各类承诺书。推进服务网络信息化建设，推行单位缴存公积金网上办理，实现职工退休提取公积金全程网办，推进公积金跨省通办、川渝通办。全年办理网厅业务38726笔，签约住房开发合作项目6个，向州内住房市场投放资金超过5亿元。阿坝调查队开展2020年州级部门政风行风群众满意度调查测评，州住房公积金中心综合测评得分98.74分，排州政府部门第二名。

【住房公积金自身建设】 加强党建和党风廉政建设，巩固深化“不忘初心、牢记使命”主题教育成果，监督检查“八个不得”规定执行。提拔晋升职务职级6人，解决夫妻长期分居职工1人，给予工作嘉奖12人，脱贫攻坚专项嘉奖1人、记功奖励1人，组织调整履职不到位干部1人，处理工作不在状态职工1人。按期完成支部换届，推行党员积分管理、“四同一融合”等创新工作机制，年内转正预备党员2名，新纳入入党积极分子培养4人，在省委党校举办党性教育专题培训班1期41人。

（罗酬杰）

住房保障
Housing Security

【概况】 2020年，坚持把实现好、维护好、发展好最广大人民根本利益作为各项工作的出发点和落脚点，立足职能职责，集中力量解决群众住房等方面的社会保障工作。

【“人才安居”工程建设】 实施“家在四川”人才安居工程，为全州紧缺人才提供公租房、干部职工周转房、人才公寓等住房，全年分配州本级周转房593套，提供人才公寓48套。

【住房保障体系建设】 完成公租房建设9693套，分配入住9593套，分配比例98.9%；实施25763户城镇棚户改造项目；推进阿坝县、若尔盖县、红原县、壤塘县干部定居改革试点工程，在茂县建设“安心工程”578套，完成认购578套。完成公租房9693套房源采集匹配工作，构建以公租房、棚户区改造、老旧小区改造、其他政策性租赁住房为主体的住房保障体系。

【住房租赁市场管理】 实施公租房租赁补贴，对161户城镇低保、城镇中等偏下收入家庭发放租赁补贴35万元。探索市场租赁管理模式，规范租赁市场管理，助推阿坝州住房租赁市场健康发展。

【物业管理】 建立物业管理信用评价体系，采集45家企业信用信息，开展物业企业日常监管。建立物业企业安全责任清单，落实物业企业安全监管责任。

（郑祥亮）

老年人权益保护
Protection of Rights and Interests of the Elderly

【概况】 2020年，按照“科学规划、合理布局、覆盖城乡”的总体目标，推进全州养老服务体系建设，推进

5月28日，在建的“安心工程”项目——茂县雪花井小区　（州住建局提供）

建立以居家养老为主体、农村（社区）养老为依托、机构集中供养兜底的养老服务体系。

【养老福利服务机构建设】 全州现有公办养老机构39个，其中县级社会救助福利服务中心14所，农村敬老院25所，公办养老机构均由县（市）民政部门管理。有养老床位5324张，其中护理型床位占比73%，主要保障城乡特困老人、大骨节病老人。

【发展农村养老服务】 开展城乡村（社区）养老服务中心（日间照料中心）建设，提升农村养老服务硬件建设，全年建设村（社区）养老服务中心38个。投入资金600万元，在九寨沟县、理县、小金县试点开展社区养老服务综合体建设。开展居家养老服务，提升农村养老服务软件建设。全州民政部门建立“社会力量投资、村（居）委会监督管理、有偿低偿相结合”的管理运行模式，以基层社区（村）为重点，开展居家养老服务，为3万名60岁以上困难家庭失能、失智老人、半失能、半失智老人及80岁以上老人提供居家养老服务。推进农村养老服务工作。借鉴其他（市）州先进经验，在汶川县、马尔康市、松潘县、九寨沟县、若尔盖等县（市）探索采取政府购买养老服务方式，运用专业社工组织服务，调动社会资源参与养老服务工作，保证服务对象提供需求。

【落实惠老政策】 关爱、保障特殊困难老人，连续三年提高特困老人供养水平，落实特困人员照料护理，提高特困供养老人供养标准至老人每月600元，城市特困供养老人每人每月770元。加大关注高龄老人，全州落实高龄老人津贴15464人。

【发展社会化养老服务】 结合民族地区实际，争取国家、省投资4585万元（汶川县1885万元，马尔康2700万元），在汶川县和马尔康市建设“区域性老年养护院”。引导和鼓励社会力量参与养老服务市场，在马尔康市、茂县试点开展第三方机构管理、服务新机制，试点已成效明显。

【养老机构疫情防控】 执行“三个禁止和三个必须”“四不”防控流程、严格“三个严把”“五个严禁、五个坚持、五个加强”和机构内人员全覆盖核酸检测等措施，确保机构及人员安全，实现全州养老机构无人感染。落实公办养老机构疫情防控物质购置补助5.52万元、核酸检测专项补助24.46万元。

6月25日，州民政局领导街头走访调研养老模式　（周晓龙摄）

【养老机制卫生安全】 推进养老机构食堂食品安全管理建设，实施老人用餐安全，制定《阿坝州养老机构食堂食品安全管理规范（试行）》。

（周晓龙）

企业离退休人员管理与服务

Management and Service of Enterprise Retired Personnel

【概况】 2020年，阿坝州退管中心管理和服务原州属企业离退休人员4600余人，其中企业离休干部5人，离休干部遗属8人，建国初期参加革命工作老干部7人，企业军转干部20人，副县级以上退休干部136人，事业单位（原马尔康宾馆）退休人员14人。

【信访和矛盾纠纷处理】 实施信访工作责任制，明确责任领导，落实专（兼）职人员。做好信访接待、登记、解说工作，实施跟踪管理。全年接到离退休人员来信来访5件，办理完成5件。主要涉及改制搬迁企业退休人员居住地用电改造、房屋产权纠纷、改制后退休人员个人相关待遇落实、历史遗留问题解决等。落实包保责任制，开展越级上访、非正常上访重点人员和人群的思想疏导及教育稳控工作，防止到省或进京非正常上访问题发生，实现节假日、重要会议、重大活动期间非正常上访“零”目标。重视矛盾纠纷排查调处，落实领导负责、专人处理，细化调处方案，明确解决时限，形成“矛盾纠纷化解机制”。推动党建和维稳工作相结合，组织下属

1月10日，阿坝州退管中心召开“50年党龄”老党员座谈会 （州经信局提供）

19个退休党支部发挥基层党支部能动作用和党员表率作用，主动担当，做到“小事不出支部、大事不出党委”，最大限度地把各类矛盾纠纷解决在基层，解决在当地，解决在萌芽状态，避免矛盾激化。

【老有所养服务与保障】 做好企业离退休人员服务工作，保障企业离退休老干部、建国初期参加革命工作的老干部、企业军转干部的需要。落实“老有所养、老有所医、老有所教、老有所学、老有所为、老有所乐”服务宗旨，推动“四化建设”，规范内部管理，做到走访慰问“三单齐”（派遣单、访问单、签收单）、开展活动“三要件”（活动主题、活动现场照片、人员签到册）；推进精准帮困解难，建立“一库两卡”（信息库：离退休人员基本信息库，帮扶卡：建立特困人员、困难党员、重病大病、失独失能帮扶卡，健康卡：通过免费体检活动，建立离退休人员健康卡）；按时按标准发放老干部每月津补贴，兑现各项待遇补助，协调处理医保、药费、护理费的报销发放；做好老干部养生指导，邀请州林业中心医院医生到退管中心举办“安全用药”知识讲座，讲解谨慎使用“抗生素”，乱用药、自我诊断用药，使用过期药品等知识，传授家庭储备药品整理和分类管理存放方法。

【帮扶济困】 帮扶和救助管辖范围的特困离退休人员、党员干部个人和家庭，坚持到特困人员家中嘘寒问暖，力所能及解决他们的各种困难。全年慰问生病住院离退休人员、死亡职工家属210人次，节日看望、慰问离退休干部及军转干部165人次，慰问救助、帮扶特困，重病住院离退休人员228人次。

【走访关爱】 宣传老党员、老干部功绩，增强他们的荣誉感、归属感和使命感，于12月对118名党龄满50周年的老党员颁发荣誉证书和开展慰问，引导老党员发挥余热，发扬模范作用和做好“传帮带”。开展“一个不少”爱心走访活动，走访长期居住在外（成都市周边以外）的省内省外企业退休老干部，上门看望问候，了解和掌握老

干部身体状况、困难情况，收集意见建议，分类解决他们的问题和困难。全年走访62户，解决军转干部待遇1人，解决实际困难13件。

【文体娱乐与公益活动】依托州企业退休“职工之家”活动阵地，组织开展“党建知识、民法典”等知识抢答。开展“你比我猜”趣味知识竞赛，乒乓球、羽毛球、滚铁环、跳绳、象棋、扑克等各类比赛，520人参加。组织“职工之家”下属的“诗书画组、摄影组”全体人员开展户外‘采风活动”和徒步组“健身徒步”活动2次，超过600人次参加。举办文艺会演庆“国庆”活动，邀请385名企业离退休老干部、军转干部、原州属国有企业退休厂长、书记观看。举办书画摄影作品展，陶冶情操。

【“爱国主义”教育】结合纪念抗战胜利75周年、抗美援朝入朝作战70周年，落实“抗战胜利”“抗美援朝”主题活动，号召党员干部观看爱国主义教育片、纪录片等影像资料，收看电视专题宣传和专题报到，牢固树立爱国主要思想，弘扬爱国主义热情。开展以党支部为小组的党员干部和退休人员学习座谈活动，讲党课、讲历史、讲故事，增强爱国主义情怀。

（张　莉）

妇女儿童维权保护
Protection of rights of Women and Children

【概况】2020年，组织全州各级妇联完善婚姻家庭纠纷预防化解工作联席会议制度，推进“建设法治阿坝·巾帼在行动”，维护妇女儿童合法权益。

【维权体系建设】与州检察院联合印发《关于建立侵害未成年人案件强制报告制度的意见（试行）》《关于建立共同推动保护妇女儿童权益工作合作机制的意见》等；联合州政府妇儿工委办开展建立预防性侵未成年人维护女童人身权益工作机制专题调研，共同做好未成年被害人“一站式”取证和保护工作。打造妇女儿童“维权地图”“维权服务点（站）”“12338妇女维权热线”线上服务平台，推动全州14条热线24小时值守。全年，全州建立信访代理室141个，建立反家暴妇女儿童救助机构62所，建立村级议事会323个，开展议事活动228场次。全年全州接待家暴信访案件29件，办结29件，办结率100%。完成“七五”普法自查及督查工作。开展州、县（市）、乡（镇）、村（社区）基层维权干部100人，培养第一批基层妇联干部法律明白人100名。

【维权宣传教育】开展“三八”维权周活动，在“花开阿坝”微信平台推送“一图读懂妇女权益保障法”，州直机关工委印发至州级72个妇女组织的3675人。运用新媒体打造“藏羌小妹微普法”线上普法栏目，在阿坝电视台开设《如何保护未成年人的合法权益》藏语宣讲栏目。宣传《中华人民共和国妇女权益保障法》《中华人民共和国未成年人保护法》《中华人民共和国反家庭暴力法》《中华人民共和国民法典》等各类法律知识，辐射17086户家庭的妇女儿童51258人次。举办《中华人民共和国反家庭暴力法》专题讲座1期。指导阿坝县妇联在微信公众号“阿曲阿妈”陆续推出预防未成年人违法犯罪及关爱未成年健康工作相关文刊2期，指导红原县制作《维权路上不沉默，妇联与你相伴行》短视频，开启涉藏地区妇女儿童维权新路子。

【维权联动推进】推进维护未成年

2月8日，副州长蔡清礼（中）到都江堰慰问企业离退休人员　（州经信局提供）

4月16日，举办“净土春晖——“巾帼心向党”思想引领大宣讲暨妇女儿童权益保护宣传活动

（州妇联提供）

人权益保护工作，组成调研组到州公安局、州检察院、州法院、州司法局等部门开展预防性侵未成年人维护女童人身权益工作机制专题调研。召开阿坝州妇女儿童领域矛盾纠纷排查调处工作会议暨重点工作部署会议，召开婚姻家庭纠纷化解和妇女儿童维权工作联席会，传达全国网上维权会议精神，参与省、州政法委未成年保护专项行动部署及推进会议，省法院未成年人司法保护专题调研座谈会。

【州政府妇儿工委办工作】 4月22日，组织成员单位及13个县（市）参加省政府妇女儿童工作委员会第六届二次全本（扩大）视频会议，州一级巡视员、州妇工工委主任葛宁参加会议，安排部署全州贯彻落实会议精神、推进2020年“两纲”目标实现作。完成《阿坝州妇女发展纲要（2011—2020）》和《阿坝州儿童发展纲要（2011—2020）》（以下简称“两纲”）2016—2019年“两纲”监测评估报告，完善制度建设，建立两纲重难点指标台账，在14个州政府妇儿工委成员单位集中调研“两纲”重难点指标完成情况。7月3日，组织涉及“两纲”指标的24个成员单位开展2020年“两纲”统计监测培训。印发《关于印发〈阿坝州妇女发展纲要（2011—2020年）〉〈阿坝州儿童发展纲要（2011—2020年）〉终期评估方案的通知》，指导各成员单位和各县（市）做好终期评估各项备检工作。配合做好新冠肺炎影响造成监护缺失儿童救助保护工作。与州妇幼保健院对接，建立州孕产健康管理群，成员187名。在“花开阿坝”微信公众号开设“净土阿坝·巾帼解忧”心孕阿坝娜姆微课堂4节，指导1012名孕妈孕期健康。争取100万元，建成儿童之家50个。

（邓玉雪）

残疾人权益保护

Protection of Rights and Interests of the Disabled

【概况】 2020年，按照全国第二次残疾人普查样开展抽样调查，核定全州残疾人62900人，约占全州总人口7%。截至年底，全州持第二代残疾人证32589人，建档立卡残疾人6025人。

【残疾人职业培训】 组织开展残疾人实用技术培训，培训技术能手632名。举办残疾人家属藏绣培训

4月20日，在马尔康举办残疾人家属藏绣培训

（州残联提供）

班1期，20人参训，提升残疾人、残疾家庭就业能力，促进增收。

【残疾人家庭医生签约】 与各级医疗机构协调，组织开展残疾人家庭医生签约活动，实现全州残疾人家庭医生签约全覆盖。

【残疾人社会保障】 配合民政部门发放困难残疾人生活补贴8076人，落实资金952.18万元，发放重度残疾人护理补贴10774人，落实资金1044.51万元。制定《关于进一步做好残疾人机动车燃油补贴的通知》，下拨898名残疾人机动车燃油补贴32.78万元。紧急救助困难残疾人56人，落实资金10万元。

【残疾人疫情防控】 落实州委、州政府安排部署，制定印发《关于做好当前疫情防控的通知》，向全州残疾人和残疾人工作者发出《倡议书》，增强残疾人群众和残疾人工作者的自我防护意识和能力。组织残疾人志愿者120人开展疫情防控工作。5月14日，组织47名脑瘫、智力、听力儿童，接受康复训练。全州残疾人零感染、零隔离。

【残疾人维权】 做好残疾人来信来访工作，接待和妥善处理残疾人及残疾人亲属来信来访件37人次，来电咨询69人次，领导批示件和信访案件办结率100%。无残疾人进京上访、无越级上访和无理上访等行为发生。与州司法局印发《关于加强残疾人法律援助工作的通知》，明确相关法律援助目标要求，建立残疾人法律援助中心14个，提供无偿、优质的法律服务。

（姜　懋）

农民工权益保护

Protection of Rights and Interests of Migrant Workers

【概况】 2020年，全州高度重视农民工权益保护工作，公开举报渠道，建立实名制管理系统，落实农民工工资专户，强化《保障农民工工资支付条例》宣传，加强执法力度，保障农民工合法权益，全年未出现较大拖欠事件。

【农民工工资支付保障体系优化】 建立解决拖欠民工工资各类制度方案，完善应急预案，落实行业主管部门监管责任，施工企业欠薪清偿主体责任。依法惩处拒不支付劳动报酬等违法犯罪行为，保障劳务人员特别是农民工按时足额领到工资报酬。执行《四川省住房和城乡建设厅关于推行建筑工人实名制管理工作的通知》，推行分包企业委托总承包企业直接向农民工代发工资制度，指导和督促总承包企业实施统一的农民工实名制管理，统一用工登记和编制工资表，经农民工签字确认由总承包企业委托银行通过其设立的专用账户将工资款直接划拨至农民工个人银行账户，防止分包企业故意拖欠、克扣工资。

【建设领域农民工工资保证】 执行《阿坝州人民政府办公室印发〈阿坝州进一步完善农民工工资保证金缴纳支付工作的实施意见〉的通知》《阿坝州人民政府办公室关于调整工程建设领域保证金收取方式的通知》，工程项目行业主管部门对不落实的施工总承包企业不得办理施工许可、质监和竣工验收等手续，责令限期整改发现问题，拒不整改或者整改后仍未达到要求的依法依规予以行政处罚，将施工总承包企业纳入重点监管企业作为不良行为录入信用档案，报送省住房城乡建设厅列入建设领域“黑名单”。开展责任追究，依法追究责任落实不到位、案件处理不及时和造成严重社会影响的有关单位和责任人责任。

【农民工工资支付专项检查】 督促检查各县（市）城乡建设住房局按照属地管理原则，在辖区范围内房屋建筑和市政基础设施建设项目的农民工工资支付情况开展专项排查，建立排查台账，安排专人跟踪督促整改，久拖未决项目，要本级在全州房屋和市政基础设施质量安全检查、保障性住房检查、城乡建设和住房安全检查中，农民工工资保障情况作为检查的一项重要内容。查阅民工劳动合同、工资发放台账、现场问讯等方式，检查是否存在拖欠农民工工资问题。全年检查施工企业126个、建设单位87个，检查建设项目174个，涉及劳动人数3000余人。结合建筑市政工程领域根治欠薪春冬季攻坚行动，全年发现存在农民工工资纠纷项目31个，涉及施工企业29家。化解28个项目的工资纠纷。

【拖欠农民工工资“黑名单”管理】 2020年度，州、县（市）住房和城乡建设局强化统筹联动，实施拖欠

2月17日，春风行动——阿坝州籍农民工赴西藏返岗务工包机　　（州人社局）

民工工资各方责任主体纳入信用管理。针对恶意欠薪企业，实行不良行为记录扣分，与项目招投标挂钩，在四川省住房和城乡建设厅网站面向社会公示。全年对1家恶意欠薪企业实施“黑名单管理”。

【农民工技能培训】 2020年度，州、县（市）住房和城乡建设局按照《中共四川省委办公厅 四川省人民政府办公厅关于加强技能人才队伍建设大力培养高素质产业大军的意见》要求，推动建设一支专业技术精、安全责任意识强、综合能力素质高的建筑产业技术工人队伍，夯实全省建筑业做大做强人力资源基础，统一思想、提高认识，增强责任感、使命感和紧迫感，加强组织领导，强化管理责任，提高管理效能。实施在施工现场组织人员培训学习、委托行业协会组织培训及委托培训机构组织培训等方式，全年举办培训40余次，涉及农民工3000余人次。

（范秋实）

【农民工工资保障】 宣传贯彻《保障农民工工资支付条例》，实施保障农民工工资支付考核工作，开展根治欠薪专项行动和劳动保障执法专项治理行动，全州工程项目总包直发率、建账率、总包按月足额实名制发放工资、政府投资项目无欠薪，四个指标均达到100%。全州劳动保障监察检查用人单位1345户，涉及劳动者3.44万人，协调处理举报、投诉案件308件，追回60人农民工工资166.34万元；立案查处欠薪案件8件，结案率100%；完成上级部门督办转办欠薪问题线索22件，结案率100%。

（李　东）

消费者权益保护

Protection of Rights and Interests of Consumers

【概况】 2020年，坚持以市场为主导，落实《消费者权益保护法》，完善12315平台建设，畅通投诉渠道，推动经营实体诚信经营。

【“3·15”宣传】 3月15日，州市场监管局、州消委会、马尔康市市场监管局、马尔康市消委会组成5个“3·15”流动宣传小分队，走进马尔康市德惠超市、大润发超市、滨河市场、马尔康综合市场、九洲宾馆等经营场所，向过往群众和经营者宣讲《中华人民共和国消费者权益保护法》《中华人民共和国食品安全法》《市场监管管理部门投诉举报暂行办法》等法律法规及消费者消费维权等知识。动员引导经营员履行好保护消费者权益主体责任，做好疫情防控工作，守法诚信经营。散发《消费维权知识手册》2000份、放心舒心消费环保手

3月15日，开展“凝聚你我力量”主题宣传活动　　（州市场监管局提供）

袋3000个、宣传抽纸1000盒，现场接受群众咨询300余人次。

【畅通投诉】 推进“12315”平台使用管理，畅通“12315”渠道，全年受理消费者咨询投诉举报2972件次，“诉转案”34件，办结率100%，挽回消费者经济损失78.28万元。

【诚信经营】 推动2669家放心舒心创建主体中推行诚信经营承诺制、经营者首问责任制、消费纠纷先行和解制，在704家旅游购物店推行线下购物七日无理由退货制，在18家大型旅游购物企业推行1个月无理由退货制。

（曹　建）

民政管理
Civil Affairs Management

【概况】 2020年，贯彻落实习近平关于民政工作的重要论述和指示精神，围绕全州中心工作，推进基层治理、开展社会组织管理，完成各项工作任务和民生实事。

【基层治理机制建设】 开展村、社区、小组调整优化改革，村级建制调整改革由改革前的1358个调减为1090个，减幅20%。在社区建制及治理优化中新建社区1个、“村改居”8个、撤并社区4个，建制社区从59个调整优化到64个。在村民小组调整优化改革中调减455个村民小组、减幅在10.72%，实现州委“加强基层党建、推进乡村振兴、推动产业发展、促进群众增收、加强乡村治理”五个目标。实施综合服务设施“补短板”项目，争取到位省级社区建设补助资金210万元，用于金川县曾达乡曾达村、倪家坪村，黑水县麻都社区，若尔盖县达扎寺镇曙光社区，汶川县三江镇草坪村，小金县美兴镇新街社区6个村（社区）维修改造、设施设备更新、亲民化改造等。坚持大联动、微治理、创新性，优化基层资源配置、提升发展质量、增强服务能力、提高治理效能，推进乡村振兴、新型城镇化建设和县域经济发展。

【基层自治组织建设】 指导各县（市）推行村（居）务公开和“四议两公开一监督”民主管理制度，村（居）务公开率100%。修订完善村规民约（居民公约），在阿坝县开展村规民约试点工作，发挥村民自治作用。指导涉改村（社区）建立健全村级红白理事会等。开展州级村民自治模范村和依法治村（社区）县级自查、州级抽查，审查、命名州级村民自治模范村和依法治村（社区）475个。开展全州村（社区）主任培训班1期，培训村（社区）主任、民政干部80余人。推进茂县第一批省级城乡社区治理示范县、茂县凤仪镇雪花井社区第一批省级基层治理示范社区工作。争取九寨沟县第二批省级城乡社区治理示范县、九寨沟县南坪镇和平社区第二批省级基层治理示范社区项目。

【行政审批】 全年全州新登记社会组织43家，其中州本级新登记社会组织8个，变更社会组织8个，注销社会组织5个。更新完善行政许可和行政处罚双公示目录和公共信用信息资源目录。

【社会组织管理】 新登记社会组织43个，全州社会组织705个。开展非法社会组织清理排查工作，截止2020年全州依法取缔非法社会组织17个，清理整顿非法社会组织和已从事非法活动的登记社会组织41个。组织引导社会组织参与全州疫情防控工作，多家社会组织通过协助村（社区）开展入户排查、登记人员信息，捐款捐物，引导所属会员科学参与疫情防控等形式，开展参与疫情防控和复工复产工作。

【地名命名与管理】 做好地名文化遗产保护和清理整治不规范地名工作，指导各县（市）贯彻落实《国务院地名普查办加强地名文化保护暨清理整治不规范地名工作视频会议》，搞好地名文化保护和清理整治不规范地名，马尔康市动态管理地名标志标牌，联合多部门核实、更新、规范、完善城区及公路沿线地名标志标牌。指导各县（市）按照地名管理规定和审批程序，命名和更名不规范地名，命名、规划全县行政区划和城区内及乡镇的已建和待建街道（巷）、楼和小区等地名，纠正部分村同音字混用或错别字。

【区域界线管理】 完成5条市州间及6条州内县级行政区域界线联检工作。开展行政区域界线管理应急体系建设，推进平安边界创建，指导各县（市）按照《四川省县级行政区域界线联合检查实施办法》做好境内乡级行政区域界线联合检查，做好联检资料整理归档。开展行政区域界线管理应急体系建设，巩固完善“大调解”工作，建立和完善

7月23日，州民政局党组书记、局长王国民（左二）在村调研群众自治组织建设 （周晓龙摄）

覆盖全州的界线管理矛盾纠纷调处应急体系，排查和协调处理“三山一界”矛盾纠纷，制定深化“大调解”体系的工作措施，提高应对边界地区突发事件的处置能力，全年未接到“三山一界”矛盾纠纷上访事件。

（周晓龙）

民政事务
Civil Affairs

【概况】 2020年，坚持以习近平新时代中国特色社会主义思想为指导，认真落实党中央、国务院关于民政事务的各项安排部署，围绕“一州两区三家园”建设，推进社会救助体系建设，开展婚姻和收养登记，管理福利彩票销售，促进慈善福利事业发展。

【社会救助资金保障】 组织分配国、省下达的社会救助资金，协商同级财政落实困难群众配套补助资金，下达困难群众救助补助资金。全年全州下达困难群众救助补助资金30942.72万元。

【城乡低保专项治理】 根据《2020年阿坝州农村低保专项治理工作要点》，围绕应保尽保，应退尽退，清理纠正农村低保政策落实不到位问题，开展遗留问题纠正。截至12月底，全州保障城乡低保42903户88975人，发放城乡低保补助资金25883.13万元，其中城市低保保障8456户15812人，发放城市低保补助资金7014.94万元；农村低保保障34447户73163人，发放农村低保补助资金17819.61万元。

【困难群体临时救助】 发挥临时救助救急难、托底线的作用，考虑经济下行大环境及疫情等因素，扩大救助范围提高救助标准，全州临时救助13278人（次），发放救助资金1214.85万元，人均临时救助水平提高到915元。建立乡镇临时救助备用金制度。针对紧急性、突发性生活困难的特殊情况，对家庭人均救助金额在500元内的，授权乡镇实施紧急程序，简化审批流程，缩短审批时间，推动困难群众及时就地救助。

【流浪乞讨救助管理】 与州公安局等十部门印发《阿坝州生活无着的流浪乞讨人员救助管理服务质量大提升专项行动工作方案》，开展照料服务、救助寻亲、街面巡查和综合治理、落户安置、源头治理、干部队伍建设等行动，提升全州生活无着的流浪乞讨人员救助管理服务质量。全州救助流浪乞讨人员326人（次），发放救助资金73.13万余元。落户安置长期在州滞留、无法查明原户籍所在地人员3人。

【殡葬服务】 落实“森林草原防灭火工作”要求，规范殡葬服务机构管理，倡导绿色、文明丧葬，禁止墓区野外用火，督促落实排查消除野外祭祀用火造成的火灾隐患，制定《阿坝州野外祭祀用火管理实施意见》，规范殡葬服务祭扫工作。落实绿色惠民殡葬补贴，出台优惠政策、简化结算手续、减免相关费用等措施，补贴本州殡葬服务机构内实施火化的家属给予基本殡葬服务，全年补贴62人3.72万元。

【婚姻登记】 贯彻落实《中华人民共和国民法典》实施后婚姻登记规范管理工作，强化婚姻登记机关离婚调解工作。全年办理结婚登记6390对，离婚登记1532对，补领证件4605对，出具证明、办证合格率100%。

【慈善福利发展】 2月7日，阿坝州慈善总会与蒙牛集团在汶川县人民医院举行捐赠仪式，蒙牛集团向全州一线疫情防控医护人员捐赠牛奶价值26.48万元。全年阿坝州慈善总会接受捐赠资金收入1580.50万元，接收物资价值4.01万元。

【儿童关爱保护保障】 牵头儿童关爱保护保章，与团委、妇联、检察院等十二部门印发关于关心关爱保护困境、留守儿童的文件，协调团委、妇联等部门利用“快乐同行”项目资金，实施购买社工组织、社会工作专业人才，初步建立覆盖城乡、上下联动、协调配合的基层儿童福利服务体系。与公安局印发《关于进一步细化事实无人抚养儿童认定工作中父母失联相关材料办理流程的通知》，明确困境儿童监护人失联认定标准，细化失联身份办理流程，审核认定事实无人抚养儿童，做到应保尽保。

【福利政策落实】 运用“一卡通”系统按月或季度分类及时足额发放孤儿、事实无人抚养儿童、艾滋病病毒感染儿童、特困供养儿童、低保家庭儿童的基本生活费和低保金，逐步提高基本生活保障标准。按照相关要求发放2019—2020年度“福彩圆梦，孤儿助学工程”资金，年满18周岁在校大中专学生孤儿每人每年1万元。实施孤儿医疗“明天计划”项目，孤儿全额报销医疗保险报销后的非合规医疗费用，按照每人800元标准定期组织散居孤儿体检。协助省康复辅具技术中心、省民政康复医院组成的脱贫攻坚“福康工程”服务队开展“福康工程”项目，免费检查筛查全州困境儿童中的残疾儿童，做好配置假肢矫形器等康复辅助器具接收和发放。发放8076人困难残疾人生活补贴942.913万元，发放10774人重度残疾人护理补贴1044.557万元，其中发放3503人一级重度残疾人护理补贴423.186万元，发放7271名二级重度残疾人护理621.371万元。完善全国儿童福利信息系统数据，录入留守儿童1232名、事实无人抚养儿童187名、孤儿292名详细信息。建立台账，按月份更新数据，形成动态管理

（周晓龙）

6月25日，进村开展民政救助暨儿童关爱保护保障政策宣讲　（周晓龙摄）

民族团结建设
Ethnic Unity Construction

【概况】 2020年，贯彻落实中央、省委、州委的各项决策部署，承办全国民族团结进步创建经验交流会汶川点各项工作，组织召开全州民族团结进步表彰大会，出台民族团结进步创建“三项制度”，印刷出版民族文化“两本书”，国家民委、省民族宗教委、州委州政府给予充分肯定，被省人民政府表彰为“四川省民族团结进步模范集体”，被州委、州人民政府记集体二等功。

【民族团结进步表彰】 印发《阿坝州民族团结进步模范（优秀）评选认定办法》《阿坝州民族团结进步创建动态管理办法》，印发《关于命名2019年度州级民族团结进步示范（先进）区（单位）和民族团结进步教育基地的通知》，决定命名州司法局等775个单位为2019年度阿坝州民族团结进步示范（先进）区（单位），金川县乾隆御碑等3处为阿坝州民族团结进步教育基地。9月18日，州委、州政府在马尔康召开阿坝州全国民族团结进步示范州授牌暨民族团结进步创建工作表彰大会，5个集体和3名个人记二等功，表彰78个集体和146名个人，表扬

118个集体和833名个人。9月25日，四川省人民政府印发《关于表彰四川省民族团结进步模范集体和模范个人的决定》，中共阿坝藏族羌族自治州委办公室等10个集体被表彰为四川省民族团结进步模范集体，阿真能周等13名个人被表彰为四川省民族团结进步模范个人。若尔盖县、阿坝州税务局稽查局等15个单位被命名为“第五批全省民族团结进步示范（区）单位”。

【民族交往交流】 5月，与黄冈市英山县民宗部门合作，解决黑水籍9名外出务工群众滞留疫区有关困难和诉求，增强服务全州在外务工少数民族群众工作能力。

【民族文化建设】 定稿出版《青藏高原环境与山水文化（阿坝卷）》。10月印制发行《阿坝州少数民族传统体育汇编》。推动四川省少数民族传统体育项目珍珠球训练基地在金川挂牌成立。启动国家民委“十三五”古籍整理重点项目《中国羌族资料汇编》，收集35个“十四五”古籍项目，申报项目23个。普及与推广国家通用语言文字，执行《阿坝州藏语言文字条例》，督促检查全州商铺店招店牌藏文使用情况。推荐红原县邛溪镇玛萨村入选“全国双语学习特色村镇（实践基地）”。

【民生福祉建设】 争取和管理民宗渠道项目，全年争取民宗委渠道项目资金16533万元，其中两项资金11656万元，实施民族团结进步示范村等四大类建设项目81个，少数民族发展金4877万元全部整合用于各县（市）脱贫攻坚工作。拨付民族事业发展金150万元支持各县民族团结示范县创建。

【民族法治建设】 动态调整行政权力目录清单，梳理州级行政许可类7项、县级5项；州级行政处罚36项、县级36项；州级其他行政权力2项、县级1项；州级行政确认1项、县级1项；州级行政奖励1项、县级1项。全州办理民族成分更改（行政确认）74件。推进宗教活动场所法治宣传，设立法治宣传专栏280个，建立法律图书角262个，培养“法律明白人”512人，建立法律服务联系点200个，配备法律服务联系人237人。

（周　涵）

宗教事务
Religious Affairs

【概况】 2020年，坚持以习近平新时代中国特色社会主义思想为指导，学习贯彻中央第七次西藏工作座谈会、全国宗教工作会议特别是习近平重要讲话精神，落实省委涉藏工作会议精神，领会中共十九届

9月18日，阿坝州全国民族团结进步示范州授牌暨民族团结进步创建工作表彰大会在马尔康召开　（州民宗委提供）

9月18日，阿坝州表彰民族团结进步创建工作先进集体和先进个人代表 （州民宗委提供）

五中全会、省委十一届八次全会和州委十一届八、九全会精神，围绕“一州两区三家园”战略目标，不断创新宗教工作方法，推进全州宗教领域和谐稳定。

【宗教法治建设】 利用《阿坝日报》、LED显示屏、州民宗委门户网站、州民宗委系统、全州民族成分更改QQ群、全州宗教业务交流群、州民宗委友情之约微信群等宣传载体，开展省、州《宗教事务条例（新修订）》解读和宣传报道，发放《宗教事务条例》2万册、新修订的《四川省宗教事务条例》6000册、《阿坝州宗教事务条例》3万册、宣传资料4700份，接受现场咨询200人次，张贴条例展板200幅，推送学法信息70余期。推动各县（市）组建藏汉双语宣讲团，在“宗教政策法规宣传月”“民族团结进步月”“法律七进”等时间走村入户入寺入扎康，扩大社会知晓度。举办“全州宗教业务骨干能力提升培训”“全州藏传佛教寺庙经师培训”“藏传佛教寺庙中青年教职人员培训”等，全年全州举办15场次，12300人次参训。

【宗教活动场所基础设施建设】 投入资金3730万元，组织更换13个县（市）部分宗教活动场所变压器、供电设施，改造线路、业务用房、河堤挡墙，新建微型消防站、化粪池、垃圾池、开水房、浴室，硬化寺庙院坝等基础设施。

【宗教活动场所管理】 依法开展乱搭乱建专项整治，摸排掌握底数，指导督促核查整改。按照行政审批规定，专题研究有关藏传寺庙搬迁新建事宜。结合全域旅游环境综合整治，规范宗教活动场所。开展补办手续，完成两县（市）3座寺庙6处露天造像“十一项要件”审批上报，获国家宗教事务局行政许可。创建省级文明和谐平安宗教活动场所99座、州级224座、县级287座。

【宗教信息管理】 完成宗教信息录入及287座宗教活动场所赋码和登记证换发工作。

【宗教活动管理】 坚持“谁主管、谁负责”、“谁主办、谁负责”和“小型、就地、短期、安全”的原则，落实常规性佛事活动“一年一报一审批”，临时性佛事活动“一事一报一审批”，确保宗教领域安全。

【寺庙民生保障】 做好僧尼社会保障，登记备案教职人员享受城乡低保6216人、五保供养566人，参加养老保险6799人、参加医疗保

3月6日，州民宗委在宗教活动场所检查指导疫情防控工作 （州民宗委提供）

险 16629 人，实施医疗救助 314 人。

【宗教爱国主义教育】 开展“联寺联僧”工作，推动全州 1217 名县级领导与 253 座寺庙、1318 名僧尼结对帮扶。开展“感党恩、听党话、跟党走”活动、“爱国爱教爱家乡”教育活动，引导宗教界树立中华民族共同体意识、与社会主义社会同心同向同行。落实“法律政策七进”工作，增进僧尼法律法规意识，推动依法开展佛事活动。全州设立法治宣传专栏 280 个，建立法律图书角 262 个，培养寺庙“法律明白人”509 人，建设法律服务联系点 200 个、配备法律服务联系人 237 人。

（周　涵）

佛教协会
Aba Prefecture Buddhist Association

【概况】 2020 年，按照“当好桥梁，抓好教务，搞好服务”指导思想和“依法治寺管僧，僧尼守法持戒”工作思路，宣传疫情防控、脱贫攻坚、社会保障、党的民族宗教政策、疫情防控知识、森林草原防灭火知识等，推动各项工作完成。

【佛协组织建设】 贯彻执行党的宗教工作基本方针政策，落实《宗教事务条例》，组织各县（市）佛协和广大教职人员学习习近平新时代中国特色社会主义思想、中共十九届四中全会、中央第七次西藏工作座谈会、省委十一届七次全会、州委十一届九次全会等精神，牢固树立“四个意识”，坚定“四个自信”，坚决做到“两个维护”，佛协领导班子参加中央、省、州相关部门举办的各类培训班、学习班，提升全州佛教界贯彻执行党的大政方针、宗教政策、法律法规等方面的行动自觉性。

【教务管理】 印发《关于印发〈2020 年藏传佛教寺庙教规戒律教育实施方案〉的通知》《关于做好 2020 年度文明和谐平安宗教活动场所创建工作的通知》，开展教规戒律教育活动，指导僧尼学习本教派教义教规及戒律和《宗教事务条例》，指导各寺庙参与文明和谐平安寺庙省、州、县三级联创工作，争做“爱国爱教、持戒守法、团结稳定、活动规范、教风端正、管理有序、整洁安全、服务社会”宗教活动场所。

【维护合法权利】 州佛协多次到基层开展调查研究，真实反映基层寺庙实际情况，维护佛教界合法权益。4—6 月，达扎・尕让托布旦拉西降措、卓藏仓嘉木样格勒永登加措等州佛协领导协助中佛协、省民宗委、省佛协调研组，到马尔康、金川实地查看调研若布洛寺、更达寺、阿科里寺 6 尊露天宗教造像，形成书面材料报中国佛教协会。

【培训活动】 按照培养“政治上靠得住、学识上有造诣、品德上能服众、关键时起作用”僧才要求，配合中国藏语系高级佛学院、四川藏语佛学院开展学衔班招生工作，选派符合条件僧才进入佛学院学习深造。组织参加四川省佛教协会活佛转世指导小组会议，严把审批关，审议藏传佛教活佛转世事项，做好新转世活佛培养、教育工作。开展州佛协理事培训班，组织考察红原、若尔盖、九寨沟、松潘等县相关寺庙和若尔盖县藏医院、松潘县红军长征纪念碑碑园、松潘县城关清真寺等。

【社会公益活动】 引导全州佛教界和信教群众发扬佛教优良传统，践行“人间佛教”思想，挖掘劝人向

10月16日，州佛协学习贯彻“中央第七次西藏工作座谈会”精神宣讲会在马尔康举办　（州佛协提供）

6月22日，达扎·尕让托布旦拉西降措会长陪同中国佛教协会调研组在马尔康开展大型露天宗教造像调研

（州佛协提供）

善的佛教教义，宣传戒偷戒赌，倡导保护森林、草场、濒危野生动植物等资源，投身各项社会公益事业。州佛协县级干部在若尔盖县达扎寺镇向东村开展“两联一进”群众工作和庆七一主题党日活动。据统计，全州佛教界为新冠疫情、捐资助学、脱贫攻坚等捐款捐物400余万元。组织全州佛教界开展“周末卫生大扫除”活动。

【佛教文化弘扬】 与州藏文编译局协作完成《阿坝州历史名人文集·萨迦文集》19卷编撰工作。完成“阿坝菩提道场”藏文手机报40余期和微信公众号40余期的刊播工作，丰富寺庙文化活动内容，弘扬藏传佛教优秀文化。

【专题教育活动】 2020年10—11月，组织全州藏传佛教寺庙开展“爱国爱教爱家乡”主题教育宣讲活动，成立高僧大德宣讲团，邀请统战、民宗、司法、民政等相关部门人员，深入各寺庙开展宣讲，高僧大德讲历史、讲体会，相关专业人士讲政策、讲法律。开展《宗教事务条例》《四川省宗教事务条例》（藏文）知识竞赛和藏文书法比赛。

（供波泽里　贡波泽郎）

社会科学界联合会

Aba Federation of Social Science Associations

【概况】 2020年，贯彻中央、省委、州委决策部署，履行工作职能职责，推进社科研究、社科普及各项工作任务落实。被四川省人社厅、四川省社科联表彰为全省社科组织先进集体，被省政研会表彰全省优秀调研成果评比组织奖。

【组织建设】 加强所属学会管理，与所属学会负责人签订“意识形态工作承诺书”，理顺所属学会意识形态工作责任，加强引导，确保开展工作方向清、责任明。更新社科研究人才库和社科专家评审库，全州新增社科研究人员300余人，其中副高级职称17人，全州社科研究人员稳定在800人左右。开通阿坝州社科之家QQ群、社科之家微信群等平台，加强沟通联系，开展互通社科工作，发挥社科联作为“社科工作者之家”的作用。召开2020年全州社科骨干培训班，邀请省内知名社科专家学者解读方针政策、传授业务知识，引导思想、指导业务。

【课题调研】 完成2019年度州社科资金项目课题87项（5项优秀、82项合格）。开展2020年度课题申报、立项工作。发布《2020年度课题指南》，受理有效申报160项，确定立项实施94项课题，其中一般项目58项、青年项目34项、基地项目2项。组织出版《小金史话》《黑水史话》《九寨沟史话》，截至12月底，全州出版史话丛书9部。挖掘、整理、研究和阐释阿坝红色文化、藏羌民族文化等资源，组织出版《明经世文·川西北史料选编》《羌族姓氏文化研究》《茂县羌族释比传》《永恒的羌族歌谣》《皮鼓之道——羌族口头艺术论集》等7部“阿坝州社科丛书”。抢救性挖掘整理历史文化，组织开展《禹迹岷山》《岷江上游三国文化遗址、遗迹寻踪》等著作结题。结合新冠肺炎疫情防控，组织开展“关于疫情防控与经济复苏应对建议征文”活动和2020年四川省社科规划四川新冠肺炎疫情防控有关重大课题研究、2020年度四川医事卫生法治研究中心关于“疫情法治”项目申报工作，征文10余篇。

7月18日，中国社科院民族学与人类学研究所所长、西藏智库常务副理事长、研究员王延中（左一）在阿坝县开展工作调研

（州社科联提供）

【科普宣传】 发挥全州科普基地作用，开展社科知识宣传咨询、科普知识有奖竞答等活动，各社科基地结合各自工作特点开展“大禹治水精神及其生态文明贡献”等社科普及知识讲座、科普宣传活动10场次。发挥“阿坝人文讲坛”品牌效应，邀请省社科院研究员徐学书、羌族口传史诗传承人赵建康等省内知名社科专家学者在汶川县、理县、阿坝师范学院举办讲坛活动3场。改版升级“阿坝社科在线”网站，充实内容，提升实用性，利用“阿坝人文社科”微信公众号开展线上科普活动，推送安多藏语、嘉绒藏语两个语种动画版的《新型冠状病毒介绍》《阿坝礼仪小常识（微信版）》、防疫小知识、护林防火公益广告、宪法宣传、中共十九届五中全会公报等科普宣传内容20期。推送科普宣传信息24期。开展“书香阿坝、社科阅读”活动，在阿坝县查理乡中心校、金川县勒乌镇中心小学分别建立“社科阅读书屋”。

（杨云建）

水电移民搬迁安置

Relocation and Resettlement of Migrants for Hydropower Station Construction

【概况】 2020年，坚持以习近平新时代中国特色社会主义思想为指导，落实“四个优先”“四个一些”工作方法，梳理在建大中型水电移民安置问题，依法依规推进全州水电移民安置工作。

【水电移民安置】 全年到位资金15.97亿元，消化存量资金5032.95万元。完成巴拉、双江口、金川、猴子岩、毛尔盖5座大型水电站移民安置任务44项，推进新增任务29项。完成剑科、晴朗、俄日、红卫桥等7座中型水电站移民安置任务14项。完成金川水电站五甲、雅京村303户741人的应急避险搬迁，解决双江口水电站所涉省属企业可尔因营运处搬迁问题，推动解决马尔康市脚木足乡沙石村移民群众出行问题。

【水电移民后期扶持】 聚焦移民群众“两不愁三保障”，开展基础设施、产业发展、公共服务等的后期扶持，改善移民群众民生福祉，确保移民群众搬得出、稳得住、能致富。核定移民后期扶持人口11487人，落实移民后期扶持基金2678万元，实施后期扶持项目50个，兑付直发直补资金518.67万元。

（王晓云）

水电移民项目落地见效（8月27日）

（州扶贫开发局提供）

县（市）

COUNTIES (CITIES)

马尔康市
Barkam City

【基本情况】 马尔康市位于四川盆地西北部，阿坝藏族羌族自治州中部，东部与红原县、理县连界，南部与小金县接壤，北部与红原县、阿坝县相连，西部连壤塘县。地处北纬31° 35′ ~32° 21′，东经101° 17′ ~102° 41′之间，东西长134公里、南北宽90公里，面积6633.63平方公里。阿坝藏族羌族自治州首府和马尔康市人民政府驻马尔康镇，距省会成都334公里。

【行政区划】 辖马尔康、松岗、沙尔宗3个镇，梭磨、白湾、党坝、木尔宗、脚木足、大藏、龙尔甲、草登、康山、日部10个乡，94个行政村、222个村民小组，3个社区。

【人口与民族】 年末全市户籍人口总数53138人，其中：男性27164人，女性25974人；城镇人口24131人，乡村人口29007人；藏族42720人、羌族1651人、回族597人、汉族8018人，藏族、羌族、回族、汉族占总人口的比重分别为80.4%、3.1%、1.1%、15.1%。人口出生率9.2‰，人口死亡率4.9‰，人口自然增长率4.3‰。

【经济状况】 2020年，实现地区生产总值414205万元，比上年增长2.1%。其中第一产业增加值38156万元，增长4.4%，对经济增长的贡献率为14.5%，拉动经济增长0.3个百分点；第二产业增加值22882万元，增长8.3%，对经济增长的贡献率为24.0%，拉动经济增长0.5个百分点；第三产业增加值353167万元，增长1.5%，对经济增长的贡献率为61.5%，拉动经济增长1.3个百分点。第一、二、三产业增加值占地区生产总值的比重由上年的8.4∶5.2∶86.4变动为9.2∶5.5∶85.3，第一产业提高0.8个百分点，第二产业提高0.3个百分点，第三产业下降1.1百分点。

【国内贸易】 实现社会消费品零售总额95457万元，比上年下降4.1%，按经营销售所在地分：城镇实现零售额77836万元，比上年下降5.3%，乡村实现零售额6275万元，比上年下降3.5%；零售业实现零售额61992万元，比上年增长0.9%；住宿业实现零售额6108万元，比上年下降11.9%；住宿业实现零售额6108万元，比上年下降11.9%；餐饮业实现零售额21082万元，比上年下降14.8%。

7月17日，马尔康市召开“十三五”易地扶贫搬迁全面评估核查工作部署会　（马尔康市史志中心提供）

【农牧业】 全年实现农林牧渔服务业总产值68111万元，比上年增长4.7%；其中农业产值17062万元，下降0.7%；林业产值1997万元，增长3.1%；牧业产值45382万元，增长13.0%；农林牧渔业及辅助活动产值3670万元，增长6.4%。2019年末全市耕地有效灌溉面积达740公顷，与上年持平。农业机械总动力达8万千瓦，与上年持平。全年农村用电量1841万千瓦时。出栏各类牲畜51305头（只），其中：生猪出栏14010头，牛出栏33810头，羊出栏3485只。全年家禽出栏43640只。年末，各类牲畜存栏164037头（只、匹），其中：猪存栏31363头，牛存栏121028头，羊存栏4970只。全年肉类总产量5840吨，其中：猪肉产量951吨，牛肉产量4745吨，羊肉产量62吨，禽肉产量82吨。全年奶类产量10876吨。

【脱贫攻坚】 脱贫攻坚巩固提升投资12578.8万元，实施基础建设方面项目184个，完成142个。产业扶贫资金投入1975.3万元，实施产业类项目51个。教育扶贫大力实施十五年免费教育，配套提供资金610万元设立教育扶贫救助基金，资助全市农村籍和家庭困难的城镇籍全日制本专科（含高中职）在读学生每学年1000～2500元。健康扶贫贫困人口基本医疗保险参保率100%，设立320万元医疗扶贫救助基金。动态摸排核定边缘户9户52人、脱贫监测户2户5人。建立特殊困难救助基金200万元，对因灾、因病等突发事件导致群众的“两不愁三保障”短板进行帮扶。

【东西协作与省内帮扶】 浙江省嵊州市投入资金5000万元，实施项目11个。开工11个，开工率100%；完工9个，完工率81.8%。完成拨付4621万元，拨付率92.42%。崇州市投入资金1568万元，实施项目17个，全部完工，完工率100%，拨付资金1568万元，资金拨付率100%。

【教育】 有义务教育阶段学校20所，其中小学15所（州直属1所，市属14所），初中1所，九年一贯制学校2所，高完中2所；在校学生5372人，其中小学3703人，初中1669人。特殊教育学校1所，特教学生8人。有学前教育学校46所，在园幼儿2074人；全市有3~6周岁适龄幼儿1753人，在园幼儿1586人，学前一、二、三年入学率分别为90.70%、91.30%、90.50%。有实验室及功能教室129间8593平方米；装备3320万元教学仪器设备设施。拥有计算机室的中学校6所，拥有率100%；拥有校园网中学校3所，拥有率50%；全市中学拥有计算机323台（不包含多媒体

12月16日，开展废物和污水处理检查　（马尔康市史志中心提供）

教室的计算机），每百生拥有计算机约 17.27 台。各级各类高校录取普通类考生 486 人，录取率 96%。初中毕业生被各及各类学校录取 352 人，各类成人高校录取 364 人。

【卫生健康】 有医疗卫生机构床位数 255 张，高级专业技术人员 18 人，中级专业技术人员 32 人，初级专业技术人员 142 人。每千常住人口执业（助理）医师数 1.69 人，每千常住人口注册护士 1.16 人，8 人以上乡镇卫生院 78.6%。全市 10 个乡 3 个镇医疗机构及社区医疗卫生服务中心，设免疫接种点 14 个，负责人 44 人，接种人 31 人。发放营养包 116 人次，372 盒，11160 包。

【国土资源】 全年公开出让土地 13 宗，出让土地 150.75 亩，成交价款 20269 万元。划拨用地 21 宗 206.97 亩，保障州市各级机关、公益性事业、基础设施、军事用地建设。完成松岗镇 500 千伏变电站、松岗天街、汶马高速管理用房等征地项目 21 个，征收土地 312.03 亩，兑付征地补偿款 4046.18 万元，拆迁房屋 30 栋。开展土地动态巡查 30 余次；办结各类不动产业务 13149 件，颁发不动产证书及证明 6886 本。完成一体化平台数据录入 150 余件，不动产权籍系统录入 800 余条。

【生态环境保护】 全市森林面积 228459.73 公顷，森林覆盖率 34.48%。辖区内有自然保护区 1 个，保护区面积 31600 公顷。有污水处理厂 1 个，城镇生活污水处理率 96%。

（李　斌　赵　雪）

金川县
Jinchuan County

【基本情况】 金川县位于阿坝藏族羌族自治州西南部，地处青藏高原东部边缘，居大渡河上游，界于北纬 31°04′～31°58′、东经 101°13′～102°20′之间，东西宽 104 公里，南北长 86 公里，面积 5524 平方公里。东邻小金县，北与西北接马尔康市、壤塘县，南与西南连甘孜州丹巴县、道孚县。县政府驻勒乌镇。

【历史沿革】 金川在新石器时代就有人类活动。秦惠文王后元九年（公元前 316 年），秦国灭蜀，后建立蜀郡，金川为蜀西徼外地。东汉时，金川为益州刺史徼外地。隋称嘉良夷。唐代为西山八国之首的哥邻国。唐王朝兴盛时期，金川地区的部落首领归附朝廷，置羁縻金川州。唐贞观元年（627 年），以古益州地建剑南道，金川州归剑南道节度使统辖。唐永隆元年（680 年），金川没于吐蕃。宋代，置成都府路雅州所领金川羁縻州。元代在大渡河流域置朵甘都司，金川属吐蕃等处宣慰司管辖，以吐蕃八思巴为大宝法王帝师统领其地。明代属朵甘司宣慰司管辖。永乐初，封哈依拉木为金川演化禅师并颁授印信，世领其地。明永乐五年（1407 年），置杂谷安抚司，金川属之。明清更迭之际，金川部落首领乘机脱离明王朝的统治，形成部落割据。清康熙五年（1666 年），金川部落首领嘉勒巴归附清王朝，清廷颁给金川演化禅师印信一枚。乾隆四十一年（1776 年），第二次金川之战后，清廷于大小金川实行改土归流，在大金川置阿尔古直隶厅，下设阿尔古粮务、噶拉依粮务、马尔邦粮务。小金川置美诺直隶厅。乾隆四十四年（1779 年），裁撤阿尔古直隶厅，并入美诺直隶厅，改阿尔古粮务为绥靖屯务，裁撤马尔邦粮务并入噶拉依粮务，更名为崇化屯务。乾隆四十八年（1783 年），改美诺直隶厅为懋功屯务厅，绥靖屯、崇化屯属之。清嘉庆初，置成绵龙茂道，懋功屯务厅隶属该道。光绪三十四年（1908 年），改成绵龙茂道为川

1月25日，县委书记卞思发（右三）在观音桥镇观音寺指导疫情防控　　（金川县史志中心提供）

西道。1914年，改懋功屯务厅为懋功县，绥靖、崇化划出。同年，改川西道为西川道，绥靖屯、崇化屯属之。1935年，置四川省第十六行政督察区，绥靖屯、崇化屯隶属该行政督察区。1935年10月，中国工农红军置大金省委，省会设绥靖。11月，恢复成立中华苏维埃共和国西北联邦政府。同月，成立格勒得沙共和国中央革命政府，首府设绥靖，改绥靖屯为绥靖县，改崇化屯为崇化县。1936年，经南京国民政府批准，将绥靖屯、崇化屯合置为县，以两屯名的第二字组成县名，称靖化县。1950年10月，中国人民解放军解放靖化县，成立靖化县人民政府，隶属川西行政公署所属的茂县专区。1953年7月，将靖化县更名为大金县。1959年6月，撤销绰斯甲县，将下寨（周山）、中寨（观音桥）两个区划归大金县，改县名为金川县，上隶四川省，直属于阿坝藏族自治州。1987年7月，阿坝藏族自治州更名为阿坝藏族羌族自治州，金川属之。

【行政区划】 2019年12月18日，根据《四川省人民政府关于同意阿坝州调整马尔康市等10个县（市）部分乡镇行政区划的批复》，撤销太阳河乡，其所属行政区域划归观音桥镇；撤销万林乡，其所属行政区域划归勒乌镇；撤销马尔邦乡、马奈乡，将原马尔邦乡和原马奈乡所属行政区域设置马奈镇。至此，金川县辖4个镇，15个乡，有居民委员会3个，行政村85个。

【人口与民族】 年末户籍总户数23812户，户籍总人口68266人，其中，城镇人口13303人，农村人口54963人。年末常住人口58068人。其中，农村人口38266人，城镇人口19802人，城镇化34.1%。全县人口出生率6.21‰，死亡率2.76‰，人口自然增长率3.44‰，有藏族、回族，汉族、羌族等14个民族。其中藏族51206人，回族3248人，汉族12485人，羌族1065人。

【经济状况】 2020年，全县实现地区生产总值206739万元，按可比价格计算，同比增长2.7%，绝对额居全州第十位，速度居第七位。其中第一产业增加值43411万元，增长4.4%，对地区生产总值的贡献率为28.6%，拉动经济增长0.8个百分点；第二产业增加值14461万元，增长9.2%，对地区生产总值的贡献率为28.0%，拉动经济增长0.7个百分点；第三产业增加值148867万元，增长1.5%，对经济增长的贡献率为43.4%，拉动经济增长1.2个百分点。地区生产总值三次产业结构由上年的20.0 ∶ 6.7 ∶ 73.3调整为21.0 ∶ 7.0 ∶ 72.0，第一产业回升1个百分点，第二产业回升0.3个百分点，第三产业回落1.3个百分点。全年非公有制经济增加值95381万元，增长1.8%，占地区生产总值的比重为46.1%，对地区生产总值增长的贡献率为35.1%，拉动地区生产总值增长0.9个百分点。其中第一产业增加值19670万元，增长5.9%；第二产业增加值12684万元，增长3.5%；第三产业增加值63027万元，增长0.02%。

【脱贫攻坚】 完成年度减贫任务，实现52个贫困村全数退出，通过省级脱贫攻坚成效考核交叉检查。开展“回头看”“大排查”，建立“问题+责任+措施”清单，499个中央、省州检查反馈问题整改措施全部落实、整改目标全部实现，问题彻底清零销号。投入3.23亿元实施惠农项目266个，实施生态、产业、就业、兜底扶贫等巩固提升工程，推行“代种代养”“集

7月25日，县长朱锐（左二）带队在马奈镇利用无人机排查地质灾害隐患　（金川县史志中心提供）

体经济托管”“产业托管”扶贫模式，增加村集体经济、群众收入。动态掌握边缘户、监测户以及因疫因灾就业难等人群，落实“一类一策”“一户一策”“一事一策”巩固帮扶机制，消除20户79人边缘易致贫户和脱贫不稳定户返贫致贫风险。完成《乡村振兴规划（2018—2022年）》，实施乡村振兴“一十百千万”工程，加快“一镇一乡十村”示范点建设，乡村面貌大幅改善，末末扎村被评为省试点建设示范村，西里寨村、查拉沟村被评为州试点建设示范村。

【新冠疫情防控】 落实“五早三个当日”防控责任，创新落实“五长协管”机制，执行“两报告一检测一证明”制度，9215名居家观察人员落实防疫措施，做到疫区返县人员活动轨迹全过程追踪回溯，实现县域疫情零发生。推进经济社会发展和疫情防控，25个县级以上重大项目、67个县级固投项目、232个脱贫攻坚项目和33家驻县工业企业实现复工复产。完善公共卫生和防疫体系建设，加强人员密集区域消杀灭，加大冷链食品经销管控，开展重点场所与人群核酸采样检测，完成县人民医院、县疾控中心PCR实验室和2间负压病房建设。郫都区疫情发生后，开展精准排查，对1161名成都地区返县人员开展核酸检测、18名风险地区返县人员居家隔离等。

【生态环境】 制定《金川县环境综合整治方案》，拆除八一电站、大柏树电站。成立“5+2”七个专项小组，紧盯小水电、砂石料场、非煤矿山、项目建设等7项重点领域，开展生态环境大排查、大整治。实施大渡河流域水生态综合治理工程，完成封山育林333.33公顷、“两化三害”6666.67公顷、草畜平衡147000公顷，生物多样性持续向好，天然草场、林地、森林蓄积量分别达23.7万公顷、37.5万公顷、3368万立方米，林草综合覆盖率超过88%。落实河（湖）长制，推进“三大革命”“十乱治理”“八大战役”，开展“周五大扫除”爱国卫生运动，整治公路、河道沿线1.68万公里，清运垃圾9021吨，主要河流出境断面水质常年保持II类标准以上。

【绿色经济】 2020年全县经济增长2.5%，呈现止跌回升态势。融入全州“6+N”特色农牧业体系，分片区发展主导产业，提质增效“七大特色产业”，完成1433.33公顷、43万株雪梨提质升档，333.33公顷高标准农田和1333.33公顷节水灌溉农田建设，雪梨现代农业园区纳入省级现代农业园区培育名单，推进“两园三区八带”产业布局。525间灾后重建生猪养殖圈舍实现投产，28家养殖场出栏量平稳增长，全县生猪出栏4.7万头，超额完成目标任务。融入全州“5+N”生态工业体系，推进双江口、金川、俄热、红卫桥等大中型水电站建设，完成移民搬迁安置445户1608人。完成李家沟锂辉石矿项目投资5.13亿元。二产经济增加值同比下降4.1%，较上半年回升12个百分点，较前三季度回升6.2个百分点。融入全州“1+6”现代服务业体系，完工世外梨园国家AAAA级旅游景区基建项目，改造提升观音桥国家AAAA级旅游景区。建设甲索书院、观音桥镇观音民宿等乡村特色旅游，举办“网络梨花节”“红叶节”，全年接待游客151.2万人次、实现收入11.58亿元，分别增长14.1%、13.9%。

【城镇建设】 全年实施基建项目10个，完成投资2.18亿元。启动国土空间规划编制，优化完善《城市总体规划》《城市控制性详细规划》，编制完成《城市排水（雨水）防涝综合规划》。推进双柏树市政、公租房配套基础设施、干部职工周转宿舍等9个在建项目，投入使用县城生活污水处理站、勒双路人行道，完善新城区功能配套。完成城南旧城改造，旧城市政配套（一期）建设项目、龙王庙居民后山照明工程、县城小街小巷太阳能壁灯投入使用，城区供排水管网改造、广金坝大桥开工建设。观音桥镇二级消防站、马奈镇民俗博物馆、末末扎游客集散中心投入使用，改造住房困难户危（旧）房953户。

（邓芝兰　郑泽玉）

小金县
Xiaojin County

【基本情况】 小金县（旧称懋功县）地处四川省西北部、阿坝藏族羌族自治州南端，东邻汶川县，西毗甘孜州丹巴县，南连雅安市宝兴县，北接马尔康市。县城美兴镇，海拔2367米，距省会成都268公里，距州府马尔康143公里。国道350线、351线贯穿全境，是雪山草地红色

5月13日，小金县推进“四好农村公路”建设

（小金县史志中心提供）

旅游精品线路和川西旅游大、小西环线的必经通道。

【历史沿革】 早在五六千年前的新石器时代，小金就有人类活动。《尚书·禹贡》载“禹分中国为九州”，小金地处梁州西北部。殷商、西周、春秋、战国至秦（约公元前16世纪—公元前206年）属氐羌地。汉武帝元鼎六年（公元前111年）平“西南夷”，小金地区即属冉駹之域。魏晋南北朝时连年战乱，郡县建置变化大，小金归党项地域之内。隋罢全国诸郡，改郡为州，划有附国（汉西南夷），小金属嘉良之地。唐实行羁縻州之制，以其首领为州刺史，隶于各所在地区的都督府，小金纳入剑南道雅州之西嘉良州。宋推行化外州县，小金属成都府路西山野川诸部。清乾隆十一年（1746年）至乾隆四十一年（1776年）乾隆皇帝两次征战大小金川，后移民设屯，置美诺直隶厅；乾隆四十八年（1783年）改为懋功直隶厅。1912年裁废道制。1913年废除府、州、厅，恢复县治。1914年懋功屯务厅改设懋功县。1950年9月19日懋功解放，成立懋功县人民政府。1953年12月16日，经政务院批准，改懋功县为小金县。

【行政区划】 辖美兴、四姑娘山、两河口、达维、沃日、宅垄、八角7个镇，新桥、崇德、美沃、沙龙、日尔、结斯、木坡、抚边、窝底、汗牛、潘安11个乡，109个行政村、2个居民委员会、416个村民小组。

【人口与民族】 2020年末，总人口76593人，其中男性39776人，女性36817人。农业人口59412人，非农业人口17181人。藏族49106人，占总人口的64.1%；汉族23626人，占总人口的30.8%；羌族827人，占总人口的1%；回族2820人，占总人口的4%；满族92人，苗族53人，其他民族69人。年末常住人口8.3万人。出生率4.92‰，死亡人口303人，死亡率3.63‰，自然增长率1.28‰。

【经济状况】 2020年，小金县地区生产总值突破24亿元关卡，达到24.37亿元，比上年增长1.2%。其中第一产业增加值4.42亿元，增长4.3%；第二产业增加值4.46亿元，下降1.2%；第三产业增加值15.49亿元，增长1.4%。三次产业结构比为18.1∶18.3∶63.6。

【民营经济】 2020年，全县民营经济实现增加值11.71亿元，比上年增长0.2%。其中，第一产业增加值2.07亿元，增长6.0%；第二产业增加值3.48亿元，下降3.5%；第三产业增加值6.16亿元，增长0.9%，民营经济占地区生产总值比重为48.0%。

【工业】 全年工业增加值33578万元，比上年下降3.5%。年末规模以上工业企业9户，全年规模以上工业增加值下降10.2%。全年规模以上工业企业实现营业务收入70073万元，比上年增长2.8%。总产值66649万元，比上年下降7.9%。

【建筑业】 全年建筑业总产值35615万元，比上年增长9.0%；增加值11000万元，比上年增长7.8%。年末具备建筑业资质等级企业10户。

【固定资产】 全年全社会固定资产投资同口径比上年增长13.9%。建安工程比上年增长9.8%；设备工器具购置比上年下降20.4%；其他费用比上年下降68.9%。从产业投资看，第一产业比上年下降38.8%；第二产业比上年下降76.1%；第三产业比上年增长17.9%。

【农牧业】 全年实现农林牧渔业总产值79968万元，比上年增长4.4%。实现农林牧渔业增加值46283万元，比上年增长4.6%。农作物播种面积9383公顷，其中：粮食作物播种面积6299公顷，经济作物3084公顷。粮食总产量21032吨，比上年下降0.1%。经济作物中油菜籽产量934吨，比上年增长4.8%；蔬菜及食用菌产量76414吨，与上年增长

0.1%；园林水果产量50195吨，比上年下降0.01%。年末大牲畜存栏107755头，比上年增长5.7%，其中牛存栏103716头，比上年增长5.8%；牛出栏19815头，比上年下降7.1%。猪存栏23710头，比上年下降4.7%，其中能繁母畜2075头，比上年下降13.9%；出栏22015头，比上年增长10.4%。羊存栏35136只，比上年下降13.0%；出栏22010头，比上年下降13.2%。全年肉类总产量4254吨，比上年下降7.5%。其中牛肉产量2311吨，比上年下降15.1%；猪肉产量1535吨，比上年增长5.9%；羊肉产量317吨，比上年下降7.1%。奶类产量1441吨，比上年下降35.3%。农村有效灌溉面积4950公顷。农村用电量2217万千瓦时，增长1.2%。年末农业机械总动力10.12万千瓦。

【脱贫攻坚】 投入2.8亿元实施脱贫巩固提升项目382个；投入5851万元实施东西部协作项目12个、省内对口帮扶项目19个，全面巩固提升脱贫成效。开展清零行动，历次巡视巡察、督查调研、审计监督、绩效评价等反馈的679个问题，全部整改到位、清零销号。加强29户114人脱贫监测户、15户58人边缘户动态监测，完成全国普查和省级年度成效考核。

【交通、通信和邮电】 年末出租车118辆。全年公路运输总周转量5495万吨公里，比上年增长1.3%；邮政业务总量645万元，比上年增长15.1%；电信业务总量35059万元。

【财政和金融】 全年地方财政一般公共预算收入实现9146万元，比上年增长14.1%，其中税收收入4887万元，比上年增长7.7%。一般公共预算支出233548万元，比上年增长48.5%。年末金融机构人民币各项存款余额390065万元，比上年末增长2.7%。其中，住户存款余额285767万元，比上年末增长10.8%。人民币各项贷款余额169358万元，比上年末下降24.6%。年末保费收入1337万元，比上年增长15%。

9月8日，州委书记刘坪（右一）在小金县抚边乡调研农业产业发展 （小金县史志中心提供）

【教育和科技】 有各级各类学校29所，在校学生8975人，专任教师981人。其中小学21所，专任教师524人，在校学生3894人；初级中学4所，专任教师172人，在校学生1931人；高完中1所，专任教师192人，在校学生1112人；幼儿园2所，专任教师82人，在园幼儿2014人；特殊学校1所，专任教师11人，在校学生24人。全县小学学龄儿童入学率100%，小学毕业升学率100%，九年制义务教育完成率100%。全年申请专利15个，专利申请受理数11个。

【文化体育】 年末，全县文化馆1个，文化站18个，文物保护单位1个，影剧院1个，公共图书馆3个，图书馆总藏量5220册。体育馆2个。

【卫生】 年末，全县医疗卫生机构155个，其中医院、卫生院23个，妇幼保健站1个，疾病预防控制中心1个。年末卫生机构拥有床位376张，医院、卫生院技术人员492人，执业（助理）医师196人，注册护师、护士128人。卫生防疫人员33人，5岁以下儿童死亡率11.67‰，婴儿死亡率5.84‰，产妇住院分娩比例99.61%。

【环境保护】 全县自然保护区2个，面积70122公顷。空气质量优良天数比例100%。森林覆盖率37.74%，比上年下降0.04个百分点。

【人民生活】 全年全体居民人均可支配收入23127元，比上年增长

6.1%。全年城镇居民人均可支配收入36460元，比上年增长4.6%。其中工资性收入24276元，增长4.3%；经营净收入10237元，增长4.7%；财产净收入912元，增长8.1%；转移净收入1035元，增长7.6%。人均消费性支出20076元，下降9.6%。其中衣着支出增长2.1%，生活用品及服务支出下降11.4%，交通通信支出下降4.4%，教育文化娱乐支出增长2.5%。城镇居民恩格尔系数41.5%。全年农村居民人均可支配收入15414元，比上年增长8.8%。其中工资性收入6537元，增长8.1%；经营净收入7567元，增长9.7%；财产净收入368元，增长9.5%；转移净收入942元，增长6.8%。农村居民人均生活消费支出10552元，下降5.2%。其中衣着支出下降12.5%，居住消费支出增长8.4%，生活用品及服务消费支出下降26.8%，交通通信支出增长1.5%，医疗保健消费支出下降4.3%。农村居民恩格尔系数43.4%。

（张昌林　王　琴）

5月30日，县长陈宝华（左）在基层调研脱贫攻坚工作　（龚伟摄）

阿坝县
Aba County

【基本情况】 阿坝县地处青藏高原东南缘，位于川甘青三省交会处，与州内的若尔盖县、红原县、马尔康市、壤塘县和甘肃省玛曲县、青海省久治县、班玛县七县接壤，是内地通往西北的重要交通枢纽，是重要的商贸中心和物资集散地，是以牧为主、农牧林兼营的县，曾经是典型的老、少、边、穷、病地区。全县面积10435平方公里。

【历史沿革】 阿坝县地区历史悠久，远古时代，即有人类生息。唐初在剑南道设羁縻州168个，阿坝属松州都督府所辖。唐贞观十二年（638年），唐太宗决定安抚吐蕃，把一个远房侄女文成公主嫁给了松赞干布，吐蕃赞普松赞干布迎娶文成公主，占领松州以西地区后，曾从吐蕃腹地阿里一带移民驻军于此，居住繁衍，游牧耕作。清《安多政教史》载："吐善以武力撵走唐军后，百姓（藏族）次第定居下来，所以阿坝当有古代守边的吐警土卒血统，宗喀巴时代也有藏族部落（来阿坝）安家。""多麦南北人民好多都是吐蕃法王派来驻防唐蕃边境的部队之后裔。"明太祖洪武初年属潘州卫，明成祖永乐年间，上中下阿坝属松潘卫所辖，称为三阿坝。清康熙年间，阿坝亦纳入松潘厅建制。清雍正元年（1723年）授甲尔多、麦桑、安羌官察为土千户；麻休、恰窝、阿尔根、学玉贡、浪洛为土百户，受松潘厅漳腊营管辖。

6月3日，县委书记苏均（左一）到阿曲河开展巡河工作　（阿坝县委办提供）

民国时期属松潘县管辖并形成11个大部落、37个小部落，逐步称为阿坝。1951年8月和平解放，同年12月建立相当于县的阿坝藏族自治区人民政府。1954年1月，西南行政委员会批准设县。1956年3月，完成建县。1959年，实行民主改革，废除统治人民长达数千年的封建农奴制度。

【行政区划】 阿坝县辖麦昆、龙藏、四洼、安斗、求吉玛、茸安、垮沙、柯河、查理9个乡，阿坝镇、河支镇、各莫镇、安羌镇、麦尔玛镇、贾洛镇6个镇，80个行政村，1个社区。

【人口与民族】 2020年末，全县户籍人口81739人，比上年增加125人。其中男性41194人，女性40545人。藏族77531人，占总人口的94.85%；羌族411人，占总人口的0.5%；回族1686人，占总人口的2.06%；汉族2063人，占总人口的2.52%，是以藏族为主的少数民族聚居县。

【经济状况】 2020年，实现地区生产总值18.9亿元，增长3.5%，增速全州排名第三；全社会固定资产投资30.7亿元，增长82.7%，增速全州排名第一；地方一般公共预算收入15628万元，增长225.8%；农村居民人均可支配收入15332元，增长8.3%；城镇居民人均可支配收入37837元，增长4.4%；旅游人数达76.3万人次，增长19%；旅游收入达5.6亿元，增长15.8%；社会消费品零售总额实现6.5亿元。

【东西部协作和对口支援】 2020年，温州市新增选派专业技术人才61名到县开展支援工作，选派1名干部、10名专技人才赴温州挂职锻炼。援建项目资金5000万元，项目12个，已完工7个，完成投资4920万元，投资率98.4%，拨付资金4717万元，资金拨付达94.34%。产业合作方面，引进落地企业8家，今年完成投资2117万元，引进企业带动贫困户1186人，完成消费扶贫2842万元。组织贫困人口赴对口支援地就业73人，组织贫困人口在省内就业656人；贫困人口稳岗人数31人，发放稳岗

2020年阿坝县经济社会发展主要指标统计表

表13

经济指标	完成绝对额	增长%
地区生产总值（万元）	189054	3.5
全社会固定的投资（万元）	307000	82.7
地方一般公共预算收入（万元）	15628	225.8
旅游人次（万人次）	76.3	19.0
旅游总收入（万元）	56275	15.8
城镇居民人均可支配收入（元）	37837	4.4
农村居民人均可支配收入（元）	15332	8.3

2020年阿坝县土地利用分类面积统计表

表14

用地类型	占地面积（公顷）
湿地	72366.24
耕地	9211.82
种植园用地	1.21
林地	289476.57
草地	611947.01
工矿用地	163.90
住宅用地	1443.93
阿坝县土地总面积：1012387.59公顷	

2020年阿坝县户籍人口构成及变动统计表

表15

类型	人口数据
全县常住人口（万人）	9.33
常住人口城镇化率（%）	37.3
城镇化率比上年提高（百分点）	6.56
人口出生率（‰）	25
人口死亡率（‰）	21.99
人口自然增长率（‰）	3.01

补贴 4.16 万元、慰问金 1.32 万元，开展各类就业培训 12 期 324 人。完成社会帮扶资金 1511 万元，接收社会捐赠物资价值 200 余万元，交付使用瓯海区筹建的第一寄宿制小学。瑞安市筹建藏医院制剂楼项目，完成主体建设。筹建“阿曲阿妈”关爱基金，评审通过 138 户，发放救助金额 27.57 万元。省内对口帮扶工作，德阳市对口帮扶阿坝县项目开工 28 个，开工率 100%，完工 27 个，在建 1 个。使用援建资金 3260 万元，资金拨付率 92%。

【脱贫攻坚】 2020 年，全县确定年度投资 6.1 亿元，实施脱贫攻坚巩固提升项目 200 个。持续落实教育、医疗、社会保障、易地扶贫搬迁后续扶持等政策，兑现政策兜底资金 3068 万元。积极开展省直定点扶贫工作、东西部扶贫协作和对口支援工作、德阳市省内对口帮扶藏区贫困县等工作，全年累计争取社会扶贫脱贫专项资金 1.05 亿元，实施 60 个扶贫项目。通过消费扶贫，累计销售扶贫产品 2700 余万元，受益贫困户 1232 户。截至年底，累计发放光伏扶贫收益 385.6 万元，全额结转至各村集体账户。光伏电站收益惠及全县 87 个行政村，设置 1659 个公益性岗位，促进就地就近就业。

【社会事业】 2020 年全县举办专场招聘会 2 场，组织贫困人口赴对口支援地就业 73 人，组织贫困人口在省内就业 656 人；贫困人口稳岗人数达 31 人，发放稳岗补贴 4.16 万元、慰问金 1.32 万元，开展各类就业培训 12 期 324 人。

若尔盖县
Ruoergai County

【基本情况】 若尔盖县地处青藏高原东北边缘，位于四川省西北部和阿坝州北部，是四川通往西北省区的北大门。面积 10620 平方公里，地理坐标北纬 32°56′~34°19′、东经 102°08′~103°39′之间，分别与甘肃省玛曲、碌曲、卓尼、迭部 4 个县和四川省阿坝、红原、松潘、九寨沟 4 个县接壤。县城达扎寺镇距成都 498 公里，距兰州 513 公里。

（龚　伟　仁青初）

【历史沿革】 夏商时期，若尔盖地区为西戎之域。西周时期属羌戎诸部。秦代属西羌地的“羌中”。两汉时期，境内东部曾设“护羌校尉”，西晋仍属羌域。南北朝至唐初，境内为党项诸部。贞观九年，拓跋赤辞归附于唐，以拓跋氏为西戎都督，受松州都督府节制，辖党项诸部。五代十国时，其境内曾为凉州六谷部政权首领潘罗支所治。今求吉乡潘州寨即古“潘州”旧址。元至元二十五年（1288 年），总制院升为宣政院后，若尔盖地区属松、潘、宕、叠、威、茂等处军民安抚司。至大二年（1309 年）七月，改松、潘、宕、叠、威、茂等处安抚司为宣慰司。明洪武十一年（1378 年），境内建潘州卫，辖今若尔盖等地区。洪武十二年（1379 年），将松州卫合并为松潘卫。清代顺治到康熙年间，若尔盖地区均属松潘卫管辖。清雍正九年（1731 年），若尔盖地域属松潘抚民厅辖地。1914 年，若尔盖地区属松潘县。

1950 年 8 月，中共茂县地委工作组首次进入包座地区开展工作。1951 年 8 月，松潘县工作组进入若尔盖纯牧区开展工作。1953 年 3 月，中国人民解放军进军川西北草地，剿灭国民党马良残部。6 月 21 日，若尔盖包座地区召开首届各族各界代表会议。6 月 25 日，成立过渡性县级政权机构，即若尔盖包座行政委员会，隶属四川省藏族自治区。1956 年 7 月，正式成立若尔盖县，隶属四川省阿坝藏族自治州。1987 年 7 月，阿坝藏族自治州改名为阿坝藏族羌族自治州，若尔盖县属之。

【行政区划】 全县辖达扎寺、唐克、红星、辖曼、铁布、巴西、阿西 7 个镇，求吉、包座、嫩哇、麦溪、降扎、占哇 6 个乡，白河牧场 1 个牧场，行政村 88 个，社区 3 个。

【人口与民族】 年末，全县户籍总人口 79986 人，其中城镇户籍人口 12478 人，乡村户籍人口 67508 人；其中男性 39968 人，女性 40018 人。

【经济状况】 2020 年，国内生产总值 30.08 亿元，同比增长 2%。其中第一产业增加值 13.96 亿元；第二产业增加值 1.27 亿元；第三产业增加值 14.85 亿元。第一产业增加值占国内生产总值的比重为 46.4%，第二产业增加值比重为 4.2%，第三产业增加值比重为 49.4%。民营经济增加值 15.77 万元，同比增长 1.2%。其中第一产业 5.1 亿元，同比增长 5.8%，第二产业 1.1 亿元，同比增长 9.9%，第三产业 8.9 亿元，同比下降 0.2%。

5月11日，州政协副主席、县委书记泽尔登（左二）到辖曼镇走访慰问河拉村贫困户（若尔盖县史志中心提供）

【东西部协作和对口支援】 实施东西协作援建项目14个，总投资5000万元，完工9个，完成投资率93%，资金拨付率83%。浙江省选派援建干部34名，若尔盖县选派到嘉兴市南湖区、秀洲区交流挂职干部6名。举办脱贫攻坚、金融经济、村主任能力提升、年轻干部铸魂等专题培训班5期，参训若尔盖干部和专业技术人才1200余人次。建成投产“南湖”“秀洲”两个飞地园区，“南湖—若尔盖”飞地园区首期分红1000万元，在教育、医疗、小微创业等方面惠及贫困人口1700余名。投入援建帮扶资金2904万元，实施项目32个，完工23个，在建9个，完成投资4245万元，占年度计划的84%（年度计划总投资5031万元）。帮扶财政资金投入2304万元，占比79%邀请德阳专家和名师26人开展“优质示范课”“名师讲座”活动10场次；组织教育工作者到德阳等地跟岗培训34人。组织10家德阳企业到若尔盖招聘人才，提供就业岗位469个，实现贫困人口转移就业120人。投入30万元建设饲草种植基地13.33公顷、中药材新品种试种基地2公顷；新建或改扩建牦牛藏系绵羊标准化养殖示范牧场7个；投入340万元建设川甘青活畜交易市场。

【脱贫攻坚】 落实产业发展、教育医疗等扶贫政策，推进生态扶贫、就业扶贫、健康扶贫等行动，探索“整合+专项+行业”投入模式，实施农牧业巩固脱贫攻坚助推乡村振兴项目，投入资金1.76亿元，新建扶贫车间2000平方米、推广“三结合”示范牧场100个、饲草基地700公顷、生态暖棚巷道圈263个，巩固“四园一社多基地”，优化农牧产业布局，实现“产业扶贫到产业兴旺”转变。动员高原之宝牦牛乳业有限责任公司等15家企业、专合社申报国家扶贫办消费扶贫商家名录，录入牦牛肉、绵羊肉、青稞等农畜产品56个，申报“四川扶贫”商标用标企业8家，入驻832平台4家。全县建档立卡贫困户有意愿外出务工人员2573人全员上岗，其中五批次“春风行动”输出农民工109人（建档立卡贫困人员19人），生态公益性岗位从业人员1689人。推行以工代赈项目建设方式，吸纳贫困群众投工投劳参与建设实现务工增收，179个产业项目可推广以工赈31个。兑现低保、教育、医疗补助等资金200

9月10日，2020年就业扶贫暨东西部劳务协作专场招聘会在若尔盖举办（若尔盖县史志中心提供）

2020 年若尔盖县主要指标完成情况统计表（一）

表 16

地区生产总值（万元）							规模以上工业增加值（%）					全社会固定资产投资（%）				
实际完成情况				完成目标情况			实际完成情况					实际完成情况		完成目标情况		
绝对额	位次	增长%	位次	全年目标	比目标±百分点	位次	增长%	位次	全年目标	比目标±百分点	位次	增长%	位次	全年目标	比目标±百分点	位次
300841	1	2	1	6.5	-4.5	1	-31.8	1	5.5	-37.3	1	10.353397	1	10	0.3533969	1

2020 年若尔盖县主要指标完成情况统计表（二）

表 17

社会消费品零售总额（万元）							地方公共财政收入（万元）						
实际完成情况				完成目标情况			实际完成情况				完成目标情况		
绝对额	位次	增长%	位次	全年目标	比目标±百分点	位次	绝对额	位次	增长%	位次	全年目标	绝对额完成目标%	位次
74990	1	-3.7705	1	10	-13.7705	1	7015	1	1.23	1	7000	100.21	1

2020 年若尔盖县主要指标完成情况统计表（三）

表 18

旅游人次（万人次）							旅游总收入（万元）						
实际完成情况				完成目标情况		实际完成情况					完成目标情况		
绝对额	位次	增长%	位次	全年目标	绝对额完成目标%	位次	绝对额	位次	增长%	位次	全年目标	绝对额完成目标%	位次
275.8373	1	32.7899	1	235	117.4	1	196452.76	1	23.9041	1	178000	110.4	1

2020 年若尔盖县主要指标完成情况统计表（四）

表 19

城镇居民人均可支配收入（元）							农村居民人均可支配收入（元）						
实际完成情况				完成目标情况			实际完成情况				完成目标情况		
绝对额	位次	增长%	位次	全年目标	绝对额完成目标%	位次	绝对额	位次	增长%	位次	全年目标	绝对额完成目标%	位次
37587.4	1	4.1569	1	38910	96.6	1	15353	1	8.3839	1	15560	98.67	1

万余元，完成 1741 户贫困户、边缘户就业扶贫摸底工作，为 1733 户贫困户购买意外扶贫保险和医疗保险 127.6 万元，兑现建档立卡贫困户残疾人补助 23.7 万元。

（孙玉波　蒋祖建）

红原县
Hongyuan County

【基本情况】 红原县位于四川省西北部，阿坝藏族羌族自治州中部，北与若尔盖县相邻，西接阿坝县，西南与马尔康接壤，东邻松潘县，东南靠黑水县。地处北纬 31°51′~33°33′，东经 101°51′~103°22′之间。面积 8398.23 平方公里。年平均气温

8月25日，第七届五省区草原畜牧业专业合作社发展论坛暨红原经贸洽谈会在红原举行

（红原县史志中心提供）

2.5℃，极端最高气温 24.0℃，极端最低气温 -36.0℃，年降水 908.3 毫米，年日照 2293.7 小时。县城海拔 3507 米，县城所在地邛溪镇。距省会成都 390 公里，距州府马尔康 187 公里。

【行政区划】 辖邛溪、刷经寺、安曲、瓦切、龙日、色地 6 个镇和阿木、麦洼、江茸、查尔玛 4 个乡，4 个社区居委会，31 个村民委员会。

【人口与民族】 年末户数 14055 户，户籍人口总数 49028 人。其中男性 24553 人，女性 24475 人。总人口中农牧业人口 34043 人，非农业人口 14985 人。藏族人口 42757 人，占全县总人口 87.2%；汉族人口 5416 人，占全县总人口 11%；羌族人口 393 人，占全县总人口 0.8%；回族人口 171 人，占全县总人口 0.4%，其他民族 291 人，占全县总人口 0.6%。年内出生人口 1035 人，死亡人口 541 人。全县常住人口 4.6 万人，其中城镇常住人口 2.6 万人，乡村常住人口 2.6 万人。

【经济状况】 2020 年，实现地区生产总值 182892 万元、同比增长 2.7%。第一产业实现增加值 78620 万元，同比增长 4.5%。第二产业实现增加值 9192 万元，同比增长 5.4%。第三产业实现增加值 95080 万元，同比增长 1.4%。全社会消费品零售总额 45009 万元，同比下降 4.6%，实现一般公共预算收入 5311 万元，同比增长 14.1%，城镇居民可支配收入达 37483 元，同比增长 3.7%，农村居民人均可支配收入达 15919 元，同比增长 8.2%。

【农牧科技】 投资 12328.495 万元实施脱贫攻坚和乡村振兴项目 28 个。春防发放疫苗 1349 万毫升，注射 543.5 万头，秋防发放疫苗 315 万毫升。各类牲畜出栏 148254 混合头，肉类总产量 18991 吨，奶产量 37869 吨，秋淡蔬菜产量 11067 吨。推进农村生活污水治理、农村垃圾治理、农村“厕所革命”、“村庄清洁”行动，新建多户共用式高原农村卫生旱厕 25 座和农村户厕 822 座，清理农村生活垃圾 1438 吨，清理村内水塘 103 口、沟渠 357 公里、淤泥 195 吨，清理畜禽养殖粪污等农业生产废弃物 35.9 吨；发动农民群众投工投劳 13290 人次，清理残垣断壁 428 处。

【工业】 投资 3743.2 万元提升园区综合承载能力，实施绿色产业园基础设施和绿色产业园孵化园（一期）等 5 个项目。争取工业发展资金 401 万元，支持企业技改升级。申请专项资金、融资担保费 260 余万元，减免税费 913 万元，争取贷款 1500 余万元，支持企业发展，投产红原新希望牦牛产业。红原牦牛乳业、新希望和宇妥藏药申报纳入四川省 40 家涉及菜篮子产品的国家重点龙头企业名单和新冠肺炎疫情防控重点保障企业。新培育入库规上工业企业 2 家、州级龙头企业 1 家，园区年产值 50500 万元。

【教育】 投资 6877 万元实施项目 11 个。投入 394.8 万元全面实施学前教育“一减一助”资助政策，涉及学生 1974 人，免除所有幼儿每年保教费 1200 元和补助每年生活费 800 元。实行“三免两补”政策，涉及学生 7962 人，享受免学费标准为初中 800 元 / 生 / 年、小学 600 元 / 生 / 年，享受免作业本费标准为初中 40 元 / 生 / 年、小学 30 元 / 生 / 年，享受营养改善补助标准为 760 元 / 生 / 年，享受寄宿制生活补助标准为 170 元 / 生 / 月。免除全县 7962 名义务教育阶段学生学杂费 523.44 万元；免除全县 7962 名义务教育阶段学生作业本费 25.38 万元；补助农村义务教育阶段 7224 名寄宿学生

10月24日，县委书记廖敏（右二）率队参加红原县乡村振兴现场会　（红原县史志中心提供）

生活费 1228.08 万元；继续实施农村义务教育学生营养改善计划，涉及学生 7699 名、资金 739.1 万元。实施高中“两免一补”政策，普通高中免学生学杂费及免教材费 1019 人，资金 183.42 万元。享受“两免一助”中普通高中学生助学金 510 人，资金 102 万元。发放 1646 名建档立卡学生的教育扶贫救助基金 171.91 万元。

【卫生健康】 开展疫情常态化防控工作，设置卫生防疫治安服务卡点，消毒车辆 8926 台次、体温检测 19157 人次。排查 135500 人次，协查省、州反馈重点人员 57 人。发放中药袋 16.5 万袋。开展远程会诊占院外会诊比 50%，远程医疗服务量增加 10%。巩固完善全民医保体系，城乡居民参保（参合）率 99% 以上，政策范围住院费用报销比例稳定在 75% 左右。卫生扶贫救助基金救助 987 人次，救助金额 98.66 万元。人均期望寿命提高至 74 岁，婴儿死亡率降低至 2.89‰，5 岁以下儿童死亡率降低至 5.78‰，孕产妇死亡率降低至 0 / 10 万，肺结核发病率降低至 68.35 / 10 万，居民健康素养水平提高至 20%，中小学健康教育课开课率提高至 100%，人均体育场地面积提高至 1.1 平方米，每千常住人口执业（助理）医师数提高至 2.32 人，个人卫生支出占卫生总费用的比重降低至 25%。落实计划生育“三项制度”481 人（户），奖励资金 167.35 万元。完成公共场所及重点场所 118.94 万平方米的消杀工作。开展儿童健康体检 680 人，新生儿听力筛查 248 例，孕产妇系统管理 456 人。免费婚前医学检查 328 对，孕前优生检测 137 对。

【扶贫协作和对口支援】 投入浙江温州援建资金 5000 万元，实施 11 个项目；争取浙江温州社会各界计划外帮扶资金 2000 余万元。落实绵阳帮扶资金 3398 万元，完成 8 大类 32 个专项建设任务。争取省内定点帮扶资金 1390.5 万元，实施项目 83 个。发挥“千企千户、精准扶贫”等平台作用，实现乳制品、牦牛肉干等销售收入 1793 万元。

（朱大刚）

壤塘县

Rangtang County

【基本情况】 壤塘县位于青藏高原东南边缘，大渡河上游，四川省阿坝藏族羌族自治州西部，地理坐标为北纬 31°29′～32°41′，东经 100°31′～101°29′，东及东北与马尔康市、阿坝县接壤，东南与金川县毗连，南和西南与甘孜州道孚县、炉霍县、色达县交界，西和西北与甘孜州色达县毗邻，北与青海省班玛县为邻。

【行政区划】 行政区划调整后，辖蒲西乡、宗科乡、石里乡、吾依乡、岗木达镇、上杜柯乡、茸木达乡、南木达镇、尕多乡、中壤塘镇、上壤塘乡 11 个乡（镇），社区居委会 2 个，行政村 51 个，村（居）民小组 157 个。

【人口与民族】 年末，全县户籍人口 47058 人，其中男性 23763 人，女性 23295 人；农业人口 41391 人，非农业人口 5667 人；少数民族 44532 人，占比 94.6%（藏族 44121 人，占比 93.75%；羌族 314 人，占比 0.67%；回族 82 人，占比 0.17%；其他少数民族 15 人，占比 0.01%），汉族 2526 人，占比 5.4%；全年人口出生率 16.95‰，人口死亡率 4.33‰，人口自然增长率为 12.62‰。

【生物资源】 境内野生动植物资源丰富，有脊椎动物 200 余种，其中列为国家重点保护的各类珍稀动物有白唇鹿、黑颈鹤、白尾海雕、玉带海雕、胡兀鹫、金雕、班尾榛鸡、

8月2日，副州长、县委书记严华（右二）调研中壤塘镇国家AAAA级旅游景区创建（壤塘县史志中心提供）

水獭、藏原羚等26种；一、二类野生动物有豹、藏羚羊、豺、黑熊、林麝、水鹿、绿头鸭、高山兀、蓝马鸡、白马鸡等；属国家级一类濒危野生动物的兽类有4科5种，鸟类有5科10种；二类保护动物兽类有12科31种，鸟类有9科45种。全县有木本植物35科、109属、207种，中草药122科、218属、245种；属国家一级保护植物有1科1种，二级有2科3种，三级有1科4种。

【经济发展】 全县实现地区生产总值132089万元，比上年（下同）增长1.1%。其中第一产业实现增加值38093万元，增长4.4%。第二产业实现增加值5526万元，下降17.4%。第三产业实现增加值88470万元，增长1.8%。三次产业对经济增长的贡献率分别为88.5%、-110.2%和121.7%，分别拉动经济增长1.0个、-1.2个和1.3个百分点。三次产业结构由上年的24.5∶5.5∶70调整为28.8∶4.2∶67。预计人均地区生产总值30576元，增长0.8%。单位地区生产总值能耗下降1.75%。

【农牧业】 全年实现农林牧渔业总产值63629万元，增长4.7%，其中农业总产值3564万元；林业总产值664万元；牧业总产值55557万元；农林牧渔服务业总产值3844万元。全年出栏牛45364头，下降6.3%，出栏羊39548只，增长19.8%。出栏率40.4%。肉类总产量6493吨，下降9.7%，其中，牛肉产量5978吨，下降9%；羊肉产量515吨，下降4.1%。奶产量11270吨，下降4.1%。年末牛存栏161007头，下降5.9%；羊存栏49118只，下降14.1%。

【教育】 年末，有各级各类学校60所，其中小学校11所、普通中学2所、高完中1所，幼儿园46所。幼儿园在校学生总数2073人，小学在校学生总数5811人，普通中学在校学生总数2067人。幼儿园专任教师87人，小学专任教师341人，普通中学专任教师141人。小学师生比1∶17，初中师生比1∶14.7。义务教育阶段入学率98.76%，小学毕业班学生毕业率100%。

【文旅业】 年末，有公共图书馆1个，藏书3万余册，阅览室座席数30个；乡镇文化站11个。全年举办文艺活动5次；县内国家级文物保护单位3个，省级文物保护单位1个。创建高原林海省级生态旅游示范区和壤巴拉文化旅游国家AAAA级旅游景区，国家AAA级旅

12月14日，县长张德发（右一）调研卫健系统疫情防控（壤塘县卫健局提供）

游景区2个。全年接待游客37.65万人次，实现旅游总收入29202万元，同比分别增长7.0%和5.4%

【卫生健康】 年末，有卫生机构63个（含村卫生室），其中县级医疗卫生机构3所，基层卫生院12所，村卫生室48个。开放床位284张，卫生技术人员291人。每千人拥有床位数6张，每千人拥有卫生技术员6人。开展新冠肺炎疫情排查车辆63501辆，排查人数143061人。开展流行病学调查可疑人员226名，排查湖北等重点地区返壤人员10人，采集标本13人次送检。解除留观3487人。完成免费孕前优生优育检查510人次，完成各项节育手术388例，完成妇女病普查283人，患病168人，患病率59%。完成包虫病B超筛查7231人，免费药物治疗208名患者。规范管理肺结核55例，全年婴儿死亡率21.67‰。

【社会保障】 年末，城镇新增就业302人，27名城镇失业人员和就业难人员实现再就业，城镇登记失业率3.05%。建立10个见习基地，收集见习岗位43个，推荐就业见习人员43人。开展各类技能培训19期，培训城乡劳动者1500余名。实现就近就业1036人、转移就业3500人，开发公益性岗位3196个，城镇登记失业率稳控在3.5%以内。发放城乡低保3977万元，社会救助4013人次。发放高龄津贴68万元。发放生活护理补贴252万元。城乡居民人均可支配收入分别是37549元、13976元，分别增长3.6%、9.3%。

【乡村振兴】 投入1.69亿元，建设中壤塘镇、岗木达村、斯跃武村等1个镇7个村，壤塘村、加斯满村创建为省级乡村振兴示范村。改善家居环境1151户，维修新建公厕12个、改厕4028户，农村卫生厕所普及率55.6%。建成蒲西、伊冬等村污水垃圾处理设施，常态推进环境综合整治，生态宜居新村建设取得突破。保护修卡等传统村落3个，创建"五美文明家庭"630户，"五美民族村寨"实现全覆盖。

（王志蓉　刘　玲）

汶川县
Wenchuan County

【基本情况】 汶川县因汶水（现岷江）得名，位于四川盆地西北部，居阿坝藏族羌族自治州东南缘，是阿坝州的南大门，有"川西锁钥""西羌门户"之称，县城威州镇位于杂谷脑河与岷江交汇地，海拔1326米。县域东西宽84公里，南北长105公里，面积4084平方公里，界于北纬30°45′37″～31°43′10″、东经102°51′46″～103°44′37″之间。境内水能资源蕴藏量348万千瓦，在岷江河、杂谷脑河、龙溪河、草坡河、二河、寿江河等流域建有50余座电站，装机容量100余万千瓦，是川西平原重要能源供给地。森林覆盖率56.85%。

【历史沿革】 西汉元光六年（公元前129年）以蜀郡北部冉駹地设置汶山郡，绵虒为郡、县治地。西晋咸宁六年（280年），以汶山郡隶益州，改绵虒县为汶山县，仍为郡治。梁朝，萧梁统治今四川的56年中，汶山郡仍置都安，齐基县改置郡，于原绵虒县置汶川县（今威州镇），汶山郡辖都安、晏官、汶川3个县。北周天和三年（568年）汶山郡由都安迁治今威州镇，复置汶川县；改晏官县为汶山县（治今都江堰市灌口镇）。汶山郡辖汶川、汶山2个县。明宣德（1426—1435年）年间因维州迁威州，汶川县治迁寒水驿北（今绵虒镇政府所在地）。1950年1月14日，中国人民解放军某

1月19日，汶川县兑付农村集体经济红利　（汶川县史志中心提供）

部进驻汶川原县城绵虒，2月24日，正式成立汶川县人民政府，隶属茂县专区。1952年2月，将理县的威州、克枯2个乡划归汶川县，仍建置威州（1951年9月始迁，1952年3月迁完）。1958年撤销汶川县、茂县，建立茂汶羌族自治县，县治威州镇。1963年2月，恢复汶川县原建置至今。

【行政区划】 年末，县辖威州镇、绵虒镇、映秀镇、漩口镇、水磨镇、三江镇、卧龙镇、耿达镇、灞州镇9个镇，75个行政村，9个社区。

【人口与民族】 年末，全县户籍人口91682人，其中男性47421人、女性44261人，城镇人口38137人、乡村人口53545人。60周岁以上人口16565人，占总人口的18.1%。藏族18700人、羌族36412人、汉族35308人、回族949人、其他民族313人，分别占比例20.4%、39.7%、38.5%、1.0%和0.4%。全县常住人口为82971人，常住人口城镇化率52.29%。

【经济状况】 全年实现规上工业总产值78.83亿元，规上工业增加值22.98亿元。实现社会消费品零售总额13.05亿元。推进无忧·花果山、50万头生猪生态循环现代农业园区全产业链建设等项目，汶川县樱桃现代农业园区被命名为四川省四星级现代农业园区。“汶川三宝”（甜樱桃、脆李子、香杏子）实现销售收入7.95亿元，全县畜禽饲养总量40.47万头（羽、只），“三品一标”产品18个，被认定为四川省第三批食品安全示范县。

8月22日，县长旺娜（右三）在灞州镇马灯村调研防汛减灾工作 （汶川县史志中心提供）

【文化旅游】 依托“天府旅游名县”，举办熊猫O_2生态音乐季、汶川马拉松、熊猫超级山径赛ByUTMB等活动，文旅官方抖音账号播放突破1亿次。发展映秀爱国主义教育基地培训经济，荣获“首批四川省全域研学区县”称号。映秀镇渔子溪村获评省级乡村旅游重点村，漩口镇赵公村入选2020中国美丽休闲乡村。全年接待游客675.2万人次，实现旅游收入51.09亿元，同比分别增长7.6%、77.8%。

【东西部协作和对口支援】 推进东西部扶贫协作和对口支援工作，双方领导互访7批次114人次，召开高层联席会议6次。开展部门互访对接41批451人次。浙江省对口支援汶川县项目13个，开工率100%；对口支援资金5000万元，全部到位。互派干部人才交流142人，其中党政干部3人、专技人员139人；举办各类培训121期4216人次，其中党政干部11期1330人次、专业人员培训110期2886人次。引进汶川县仁杰玻璃有限公司、汶川县萝卜寨青山旅游开发有限公司、来料加工扶贫、浙江明悦纺织公司等浙商企业，完成投资1.49亿元，带动35名贫困人口就业。建成映秀杨梅产业基地65亩，投资800余万元建立汶川—兰溪飞地园区，投资260万元建成义乌进口商品馆。与浙江兰溪、义乌举办“春风行动”劳务招聘会4场，转移贫困人口就业460人；完成来料加工扶贫车间建设35个，实现就业527人，其中贫困人口65人；组织30名贫困学生分两批到兰溪市职业中等专业学校和义乌市中职学校就读。义乌、兰溪与汶川结成帮扶对子90个，其中村企结对44个、镇镇（街道）结对3个、村村结对3个、校校结对26个、医院结对14个。接受浙江捐赠款物2327.5万元，其中社会捐赠资金1740.2万元，物资捐赠价值587.3万元；推动销售车厘子等农副产品价值约5517万元。

【脱贫攻坚】 统筹整合涉农资金18654.96万元。加强财政扶贫专项资金管理，到位14个扶贫专项资金43090.09万元，其中财政专项扶贫资金到位15931万元。补充贫困

2020年汶川县经济社会发展主要指标统计表

表 20

地区生产总值（万元）		第一产业增加值（万元）		第二产业增加值（万元）		第三产业增加值（万元）		民营经济增加值（万元）		全社会固定资产投资	社会消费品零售总额	地方一般公共预算收入	地方一般公共预算支出	城镇居民人均可支配收入	农村居民人均可支配收入
绝对值	增幅（%）	绝对值	增幅（%）	绝对值	增幅（%）	绝对值	增幅（%）	绝对值	增幅（%）	增幅（%）	（万元）	（万元）	（万元）	（元）	（元）
747499	3.6	117887	4.7	312639	4.0	316973	2.6	361362	3.1	11.8	130538	41378	277779	36253	16525

村产业扶持基金、教育扶贫基金、卫生扶贫基金、小额信贷分险基金规模，分别为1575万元、554万元、501.5万元、783万元。完成退耕还林、集体公益林、耕地地力保护、生态护林员补助兑现工作，其中退耕还林补助466.8万元、集体公益林1452.49万元。乡村振兴资金投入84287.08万元，占一般公共预算支出的30.25%。

【生态建设】 启动国家生态文明建设示范县和“两山”实践创新基地创建工作，在生态环境部举办的“两山”理念与实践会议上作分享交流。实施天然林保护、干旱河谷生态治理等重点生态工程，森林蓄积4318万立方米、林地保有量482.36万亩，开放大熊猫国家公园汶川（卧龙）入口社区，举办“生态紫水·福泽天府”增殖放流活动，荣膺“2020中国净水百佳县市”。

（白　莉　陈　文）

理　县
Lixian County

【基本情况】 理县位于四川盆地西北，阿坝藏族羌族自治州东南部。东南连汶川，西南靠小金，西接马尔康，北邻茂县、黑水，西北通红原；地理坐标北纬30°54′43″~31°12′12″、东经102°32′46″~103°30′30″；县境东西长83公里，南北宽78.2公里，辖区面积4318平方公里。县城所在地杂谷脑镇。距成都市165公里，距马尔康市118公里，历来是川西北地区各民族交往的枢纽和商旅集散市场。

【历史沿革】 理县历史悠久。西汉武帝元鼎六年（公元前111年）设广柔县（治所在今县境桃坪乡古城村）是为建置之始。属汶山郡，列入版图。历经两汉、三国、晋、南北朝、隋唐、五代、宋、元、明、清、民国以迄于今，代有沿革。1950年2月16日，召开庆祝理县解放大会，成立理县人民政府。

【行政区划】 全县辖杂谷脑、米亚罗、古尔沟、朴头、薛城、桃坪6个镇；甘堡、蒲溪、上孟、下孟、通化5个乡。按照省委省政府、州委州政府关于村级建制改革的相关部署要求，理县的村级建制调整改革工作于2020年2月启动，6月份完成。调整改革完成后，设置村（居）民委员会71个，其中村民委员会63个、居民委员会8个。

【人口与民族】 年末，全县总户数15027户，户籍人口42863人，其中男性21701人，占总人口的50.6%，女性21162人，占总人口的49.4%；城镇人口11518人，占总人口的26.9%，乡村人口31345人，占总人口的73.1%；藏族23005人，占总人口的53.7%；羌族14391人，占总人口的33.6%；汉族5207人，占总人口的12.1%；回族177人，占总人口的0.4%；其他民族83人，占总人口的0.2%。全年出生346人，出生率7.43‰，死亡247人，死亡率5.31‰，人口自然增长率2.13‰，出生人口性别比103.53。

【气候】 境内受西伯利亚西风气流、印度洋暖流和太平洋东南季风三个气流的影响，属季风气候。四季气候差异显著。冬季受青藏高原和北方冷气流的影响，降水少，日照强，晴朗多大风；5、6月东南季风加强，气候暖湿，降水增多形成雨季；7、8月降水减少，造成伏旱；9、10月雨量增加，形成低温降雨季节。一年内具有两个干季和两个雨季。地处高山中山峡谷，海拔较高，气候较寒冷。全年降水量较少，空气干燥，日照强烈，初春风雪多。随地域和海拔高度的变化，气候差异突出。

【交通　旅游】 年末，理县境内公路总里程达836.727公里，其中等级公路：二级路 133.548 公里、四级路 653.813 公里。客货运周转量 21826.57 万吨公里，比上年增长 6%。接待游客 552.78 万人次，实现旅游总收入 393617 万元，分别下降 4.8% 和 3.2%。

【教育　卫生】 全县有普通中学 3 所（九年一贯制 1 所，高完中 1 所，普通初中 1 所），教职工 202 人，专任教师 193 人，在校生 1261 人；小学 12 所，在校生 1979 人，教职工 439 人，专任教师 434 人，小学学龄儿童入学率 100%；幼儿园 8 所，在园幼儿 1205 人。全县有卫生机构（村卫生室及社区卫生服务机构）101 个，其中医院 2 所，专业公共卫生机构 2 所，卫生院 11 所，村卫生室 81 个，社区卫生服务中心 1 个，社区卫生服务站 2 个，个体诊所 2 所，卫生机构床位数 305 张。有卫生技术人员 390 人（村医 81 人，个体诊所 2 人）；执业（助理）医师 135 人，注册护士 139 人。医疗机构病床使用率 26.03%（县级医疗机构病床使用率 46.74%，乡镇病床使用率 12.93%），本地患者县内就诊率 74.79% 以上。推进家庭医生签约服务，居民档案建档率 93.69%。

【生态环境】 新增人工造林 406.67 公顷，治理修复退化草地 200 公顷，森林蓄积量净增 14.8 万立方米，草原综合植被覆盖率 88.6%。推进“河长制”，清理整改小水电站 41 座，新建维修河堤堡坎 5.4 公里，治理河道 3.6 公里，治理水土流失 24.2 平方公里。坚决打好“三大保卫战”，土壤环境持续保持稳定，出境断面水质保持Ⅲ类标准及以上，县城环境空气质量优良率 100%，年度空气质量改善程度排名全州前三。整合资金 2.6 亿元，实施乡村振兴项目 168 个。推进“三大”革命，县城第二垃圾处理厂投入运营，新建生活污水集中处理设施 8 个、农村卫生厕所 1030 户，集镇污水和生活垃圾处理率分别达 40%、70%，农村卫生厕所普及率 86%。建成民族风情特色街区，绿化美化南山步道、兴隆村步道 4 公里。启动薛城文化产业园建设，完成文峰塔、红军医院历史遗迹修复，红色文化广场建成投用。规范户外广告和牌匾标识设置管理，拆除广告牌 100 余个，清理“两违”建筑 102 处。创建乡村振兴省州县示范乡村 12 个，古尔沟镇获评省级特色小城镇，丘地村获评全省乡村振兴示范村，八角碉村命名为“中国少数民族特色村寨”，增头村确定为“四川省摄影基地”。

【东西部协作和对口支援】 制定《2020 年度金华市对口工作重点任务实施方案》，印发《理县 2020 年东西部扶贫协作和对口支援实施方案》《理县 2020 年东西部扶贫协作和对口支援第一批具体任务指标初排情况》等，确保前后方对口支援工作全年任务有分工、工作完成有时限、落实责任有部门的良好基础。县委、县政府组织召开东西协作工作调度会 3 次，东西部扶贫协作和对口支援领导小组召开办公室联席会议 2 次。制定东部人才选派计划，东部地区择优选派专业技术人才 71 人，实现“教、医、农、金、土”等紧缺人才全覆盖支援；深化人才互派挂职，理县选派 1 名党政干部、4 名专业技术人员在东阳、永康继续开展挂职学习。推进干部人才挂职交流，组织干部提能、人才提升、致富带头人提携的“三提”工程，2020 年下达规划项目 12 个，总资金 5000 万元，其中用于县以下基层 2686 万元。召开东西协作项目专项推进会 3 次，明确每个总项目、子项目的工作时序、完工期限。

（岳云刚　冯丽娟）

9月25日，省委书记彭清华（左）向理县县委书记依当措（右）授牌“天府旅游名县”

（理县史志中心提供）

2020 年理县东西部扶贫协作和对口支援项目一览表

表 21

序号	项目名称	项目内容	帮扶资金（万元）	责任单位
1	理县高半山农村基础设施完善和	新建甘溪村生产道路 4 公里	220	理县通化乡人民政府提升工程
2	理县藏羌古村落保护工程	古镇老建筑改造、维修。薛城老街建筑及基础设施改造提升，完善导视导览图、老街水景观沟改造及微景观打造等附属基础设施	281	理县文化体育和旅游局
3	理县农旅产业融合发展扶贫示范项目	理县薛城镇乡村服务站，全域旅游示范地共计 2200 平方米，及附属设施，薛城镇旅游基础设施提升包括道路、灯光工程，特色街区打造等	1295	理县供销社
3-1		理县薛城镇农旅融合发展，包括道路、灯光工程，特色街区打造等	495	理县薛城镇
3-2		理县薛城镇乡村服务站，全域旅游示范地共 2200 平方米	800	理县供销社
4	理县高半山产业发展工程	推广蜀香二号辣椒苗 1687 引导农户使用果袋提高果品；进行新品种新技术试验示范 1. 采购生物有机肥料 900 吨。2. 采购蜀香二号辣椒苗 460 万株。3. 采购生物农药，需资金。4. 采购苹果、甜樱桃果袋 500 万个。5. 进行新品种新技术试验示范等	464	理县科学技术和农业畜牧水务局
5	理县特色种养植小区建设	1. 在桃坪建设特色水果推广与试验园区，共计 50 亩，包括生产道路、土地复垦、土壤改良、灌溉、树苗采购等 2. 理县三位一体综合服务中心（二期）	1000	理县城投公司
6	理县人才培训项目	专业技术人才、党政干部培训交流	100	理县县委组织部
7	理县交往交流交融项目	农村致富带头人、优秀农民工开展省内外交流培训	40	理县县委组织部
8	理县劳务协作技能培训	开展东西劳务协作专场招聘会 1 场，技能培训 8 期，每期 50 人（组织 400 名贫困劳动力到成都及成都周边地区进行为期 7 天的短期培训，培训费用每人 2050 元）对参加技能培训的建档立卡贫困劳动力给予食宿和交通补贴	100	理县就业局
9	理县薛城镇红色文化产业发展项目	薛城镇红色文化红军被服厂、医院恢复建设、筹边楼廉政文化基地建设等基础设施建设	1100	理县文化体育和旅游局
10	理县教育协作学生就读项目	选派 3 名学生赴浙江中职院校就读，2019 年 27 名就读费用	54	理县教育局
11	理县残疾人就业培训	针对县域内残疾人开展专题就业培训，共计 100 人	26	理县残联
12	理县党群活动中心提质工程		320	
12-1	理县党群活动中心提质工程	党建活动阵地提升 6 个村	120	理县县委组织部
12-2	理县通化村党群活动中心建设	1. 新建通化村党群活动中心 1 个 300 平方米以及设施设备采购。2. 党建活动阵地提升 8 个村	200	理县通化乡人民政府

茂　县

Maoxian County

【基本情况】 茂县位于四川省西北部、阿坝藏族羌族自治州东南部的青藏高原东南边缘。北纬 31°25′～32°16′，东经 102°56′～104°10′，地跨岷江和涪江上游高山河谷地带。东与北川县、安州区、绵竹市相连，南与什邡市、彭州市、汶川县接壤，西与理县、黑水县比邻，北与松潘县相接。东西长 116.62 公里，南北宽 93.73 公里，面积 3903.28 平方公里。东部为中山地带，地貌以高山峡谷为主，地势由西北向东南倾斜，西部万年雪山主峰海拔 5230 米，东部土门河下游谷地海拔仅910米。县人民政府驻地凤仪镇，距省会城市成都150公里。是全国羌族核心聚居区。

【历史沿革】 茂县自古就属羌人栖息地，公元前310年秦设湔氐道始有建制。西汉元鼎六年（公元前111年）设汶山郡，郡治凤仪镇，领5个县，汶江县在今凤仪镇北，蚕陵县在今镇溪镇。东汉时设汶江道，东汉永初三年（109年）改广汉属国都尉，东汉延光三年（124年）设汶山郡。西晋时，汶山郡治迁绵池县，凤仪镇为广阳县县治。初设汶山郡，普通三年（522年）置绳州，领汶山郡和北部郡，南朝陈天嘉五年（564年）绳州改为汶州。南朝陈至德元年（583年）置蜀州，陈至德三年（585年）蜀州改称会州，置会州总管府，唐贞观八年（634年）会州改称茂州。北宋乾德三年(965年)设茂州通化郡，领2个县、羁縻州10个，凤仪镇为州、郡和汶山县治直至元代。明洪武十一年（1378年）设茂州卫，领1个县，汶山县并入。清雍正五年（1727年）茂州为直隶州，领2个县。1913年始称茂县，1927年设四川省松理懋茂汶屯殖督办署。1935年设四川省第十六行政督察区专员公署。1950年1月解放，茂县属茂县专区，1958年7月，茂县、汶川、理县合并成立茂汶羌族自治县，1963年恢复汶川、理县建制，茂县成为茂汶羌族自治县，1987年，阿坝藏族自治州更名为阿坝藏族羌族自治州，复称茂县。

【行政区划】 2020年末，茂县辖凤仪、南新、渭门、沟口、黑虎、沙坝、洼底、叠溪、赤不苏、富顺、土门11个镇。有社区居委会4个，行政村104个，村民小组403个，居民小组12个。

4月16日，茂县人民政府与大陆希望集团举行“智慧防疫助力经济复兴”联合科技抗疫签字仪式

（茂县政府办提供）

【人口与民族】 年末，有35584户、109287人（男性55561人、女性53726人），其中城镇人口47143人、乡村人口62144人。总人口中羌族101314人，占总人口的92.7%；汉族4282人，占总人口的3.9%；藏族1372人，占总人口的1.3%；回族2200人，占总人口的2%；其他民族119人，占总人口的0.1%。

【经济状况】 全年实现地区生产总值430248万元，比上年增长3.4%。其中第一产业增加值89102万元，增长4.4%；第二产业增加值158762万元，增长3.8%；第三产业增加值182384万元，增长2.5%。一、二、三产业对经济增长的贡献率分别为18.7%、53.4%、27.9%。三次产业结构比为20.7：36.9：42.4。全年完成地方一般公共预算收入20049万元，比上年增长7.2%，其中税收收入12088万元，下降6.1%。地方一般公共预算支出201940万元，增长6.5%。年末金融机构人民币各项存款余额547087万元，比上年增长10.2%。其中住户存款余额400915万元，增长11.8%。人民币各项贷款余额320631万元，增长12.4%。全年城镇居民人均可支配收入36144元，比上年增加1635元，增长4.74%。农村居民人均可支配收入15588元，比上年增加1196元，增长8.31%。

【民营经济】 2020年民营经济增加值174679万元，比上年增长2.7%，占地区生产总值的比重为40.6%，对地区生产总值增长的贡献率为36.5%。其中第一产业增加值36178万元，增长5.9%；第二产业增加值68996万元，增长2.1%；第三产业增加值69505万元，增长1.7%。民营经济一、二、三产业对民营经济增加值的贡献率分别为44.1%、35.6%、20.3%。民营经济三次产业结构比为20.7：39.5：39.8。

【工业经济】 全年工业增加值

6月25日，茂县举办“保护、传承、弘扬”主题的瓦尔俄足系列展演活动　（茂县政府办提供）

137383万元，比上年增长2.8%。年末规模以上工业企业18家，规模以上工业增加值增长2.3%。葡萄酒产量344吨，比上年增长21.1%；碳化钙（电石）产量426012吨，比上年下降5.5%；石墨及碳素制品14128.7吨，增长9.8%，硅产量58661.65吨，比上年下降4.6%；铁合金产量38799.46吨，比上年增长9.3%。全年规模以上工业企业实现主营业务收入535374万元，实现利润总额36690万元，利税总额59510万元。

【贸易及旅游】 全年全社会消费品零售总额113273万元，比上年下降3.7%。城镇消费品零售额84932万元，比上年下降4.1%；乡村消费品零售额28341万元，下降2.8%。接待游客366.83万人次，实现旅游总收入314553万元，比上年分别增长21.3%、40.5%。

【交通运输】 2020年货运周转量13481万吨公里，比上年增长6.1%；完成客运周转量1378万人公里，下降43.5%。境内公路总里程1380公里。

【教育卫生】 全年末有小学、中学、普通高等学校24所，其中小学19所，在校生6841人，专任教师616人，普通中学4所，在校生4787人，专任教师536人，普通高等学校1所，在校生1867人，专任教师104人。全县有医疗卫生机构216个，医疗卫生机构床位678张，医院、卫生院技术人员670人，其中执业助理医师414人。

【东西部协作和对口支援】 全年，浙江温岭市、玉环市投入对口支援帮扶资金5000万元，实施产业合作、人才交流、劳务协作等项目17个，开工17个，完工9个，开工率100%。截至年末，项目投资完成率100%，资金支付率90%以上。眉山市东坡区投入对口帮扶资金1000万元，实施业发展、医疗卫生、教育教学、就业培训、智力帮扶、基础设施等项目18个，开工17个（完工14个），完成投资805万元，投资完成率80.5%；资金支付556万元，资金支付率55.6%。

【农牧业】 全年粮食作物播种面积6982公顷，比上年下降0.5%；油料作物播种面积368公顷，较去年增长6.7%；中草药材种植面积207公顷；蔬菜种植面积5152公顷，增长0.1%。粮食产量26672吨，比上年增长0.6%，其中小春粮食产量下降82.5%；大春粮食产量增长46.3%。经济作物中、油料产量665吨，较去年增长6.2%；蔬菜及食用菌产量251092万吨，增长0.5%；园林水果产量111339吨，增长30.9%。肉猪出栏60038头，比上年增长24.9%；牛出栏7122头，增长7.1%；羊出栏16725只，增长1.1%；家禽出栏50709只，增长4.4%。猪肉产量4137吨，增长16.1%，牛肉产量985吨，增长23.3%，羊肉产量280吨，增长7.3%。禽蛋产量137吨，下降15.4%。蜂蜜产量75吨。

（曾承林　张大明
余志军　朱　登）

松潘县
Songpan County

【基本情况】 松潘县位于四川省西北部、阿坝州东北部，地处川、甘、青三省交界处和四川省西部旅游黄金路线的中心位置，平均海拔3000米以上，是岷江和涪江发源地、长江上游的生态屏障。县域面积8339平方公里（耕地面积133.87平方公里），森林覆盖率36.2%，城镇化率41.01%，县城海拔2850米。辖

17个乡镇、110个行政村、12个社区。总人口7.3万人，人口出生率10.31‰，人口死亡率4.9‰，人口自然增长率5.92‰。是以藏族、羌族、回族、汉族为主的多民族聚居地，其中汉族20969人，占28.6%；回族11162人，占15.2%；藏族32913人，占44.9%；羌族8172人，占11.1%；其他民族101人，占0.14%。

【经济状况】 2020年实现地方生产总值25.95亿元，同比增长（以下简称"增长"或"下降"）2.3%；其中第一产业增加值53818万元，同比增长4.3%；第二产业增加值26412万元，同比增长5.8%；第三产业增加值179271万元，同比增长1.1%。全部工业增加值1.81亿元，增长3.4%，其中规模以上工业增加值增长2%；全社会固定资产投资31亿元，增长5.2%；地方一般公共预算收入9166万元，增长6.4%；社会消费品零售总额6.43亿元，下降1.8%；城镇居民人均可支配收入37077元，增长4.2%；农村居民人均可支配收入15544元，增长9%；接待旅游人数498万人次，增长25.1%；旅游总收入40.52亿元，增长15.8%。

【脱贫攻坚】 完成年度4户17人脱贫任务，全面消除53户157人监测户、边缘户和低保户返贫致贫风险，通过省级脱贫攻坚成效考核验收。优化校点布局，推进教师"县管校聘"改革，普惠性幼儿园覆盖率100%，13个教育基建项目全部完工。推进健康扶贫，切实将贫困户县内就医自付费用控制在5%以内，完成县医院与青云镇卫生院"医共体"试点建设，优化先诊疗后结算"一站式"服务。开展稳岗就业，转移输送农村劳动力1.59万人次，带动人均年增收2.7万元。发展电商扶贫，电商网络零售额13.56亿元，占全州的22.61%，排名全州第一。开展东西部扶贫协作、省内对口帮扶、省州定点扶贫和脱贫攻坚普查工作。

【经济社会发展】 推进全社会固定资产投资35亿元，完成5批次380个项目。建成无公害蔬菜基地2133.33公顷，试点推广藜麦规模化种植50.67公顷，申创"三品一标""净土阿坝"品牌8个，藏红花椒主题公园授评州级现代农业园区。发展生态工业、绿色工业，淘汰小水电等落后产能，2家企业入驻园区，3家企业纳入规上序列计划。举办第四届古城花灯会等大型文体活动。黄龙风景区和松州古城入选大熊猫栖息地旅游线路。川主寺、松州古城、牟尼复华度假世界被认定为首批州级旅游度假区。全州35家首批熊猫级标杆酒店民宿挂牌。纪录片《松潘——川西重镇五彩古城》列入央视《记住乡愁》第七季。首部藏族女性主义题材电影《随风飘散》全国上映，斩获金鸡百花电影节少数民族题材最佳创意剧本奖、罗马国际电影节最佳外语片奖等9个奖项。羌族红色题材电影《红色土司》获温哥华华语电影节3项大奖。岷山、苍坪、中江被确定为四川省第三批历史文化街区，塔坪山红军战斗遗址升级为省级文物保护单位。

【环境保护】 推进蓝天、碧水、净土"三大保卫战"，空气优良率位于全省前列，集中式饮用水水源地水质达标率100%，岷江、涪江出境断面水质达到Ⅱ类标准以上，土壤环境保持稳定。推进生态环境保护执法，降低污染物排放量，各项节能减排指标均达到省州标准，生态环境、人居环境持续改善。开展湿地保护管理，管护生态湿地6220公顷，湿地保护率60.6%，牟尼沟

8月1日，县委书记贺松（右二）出席松潘县综合应急救援大队和森林草原专业扑火大队揭牌仪式

（松潘县史志中心提供）

入选“四川最具人气高原湿地”。全县生态环境保护2019年度省级考核名次上升10位，排名全省同类地区第七名。开展综合演练30场次，排查整改火灾隐患117处，成立全州首支地方政府综合应急救援大队和森林草原专业扑火大队，构建起“6+1”应急救援力量体系，实现重大森林火灾连续34年、重大草原火灾连续26年“零发生”。

【社会治理】 开展“扫黑除恶”、“奋进”等专项斗争行动，全年破获刑事、治安案件143起，其中侦破全州第一起帮助信息网络犯罪活动案。推进信访工作，创建成全省信访“满意窗口”。完成122个村（社区）委员会换届选举工作。制发12个专项整治方案，成立全州首支“6+1”综合应急救援大队和森林草原专业扑火大队，创新推行“两长一员”森林草原防灭火管护模式，被省森林草原防灭火专项整治工作领导小组专题推广。重大森林火灾连续35年、重大草原火灾连续27年“零发生”。完成“8·16”特大暴雨山洪泥石流灾害抢险救灾工作，保障广大群众生命财产安全。

【抢险救灾】 “8·16”特大暴雨山洪泥石流灾害导致全县15个乡镇8600余名群众受灾，直接经济损失约7亿元，白羊、小河、黄龙、镇坪、川主寺5个乡镇受灾严重。灾情发生后，县委、县政府及时启动防汛应急Ⅱ级响应，组织抢险队伍153支、出动机具1700余台次、直升机4批13架次，期间紧急避险安置群众2900余人，成功疏散转移群众约8000人次、游客约11000人，实现汛期“零伤亡”。

【两项改革】 推进乡镇行政区划调整和村级建制调整“两项改革”，全县25个乡（镇）撤并为17个乡（镇），143个行政村、4个社区撤并为110个行政村、12个社区。推进村（社区）两委换届试点工作，完成122个村（社区）党组织换届选举工作，比全省预定时间提前两个月。

8月3日，州委书记刘坪（右一）在松潘县调研脱贫攻坚工作 （松潘县史志中心提供）

【基础设施】 完成剑科电站、成兰铁路（松潘段）等6个省、州重点项目的投资21.4亿元，成兰铁路松潘隧道历时8年贯通，推进成西铁路（松潘段）前期工作，实施青云、黄胜关、镇江关、川主寺站前广场建设项目，完成九黄口岸机场建设的验收，打造四川省第二个航空口岸。编制“十四五”规划，储备项目229个。推进国道213线县城过境段改线工程，完成总体工程量30%。完成省道301线松潘至平武段灾毁整治、平松路漳黄段局部道路维修、岷大路提升改造等14个道路建设项目，推进青云客货运综合站及物流仓储中心建设等5个项目，完成进安镇、毛儿盖镇等10个乡镇村组道路路面、路基整治维修。实施政府性投资项目374个、完工297个。推进城南产业新城、古城墙东门维修加固等项目建设，完成西山景区、七藏沟旅游基础设施、县城污水管网接入及提升改造等7个项目建设。推进“8·20”灾后恢复重建项目，完成28个“8·8”九寨沟地震灾后恢复重建项目和23个东西部扶贫协作项目。优化电网结构和输变电平台，推进成兰铁路牵引站220千伏供电工程，开展尕里台、燕云风电测试前期工作。实施农网改造项目61个，完成县城、川主寺镇、九黄机场、黄龙景区5G通信信息全覆盖，推动数字化转型升级。

（车华强 田 瑛）

九寨沟县
Jiuzhaigou County

6月25日，九寨沟县启动五粮液杯“熊猫九寨”美食节暨十大佳肴评选活动 （九寨沟县史志中心提供）

【基本情况】 九寨沟县地处四川省北部高原，阿坝州东北部。东与甘肃省文县，北与甘肃省舟曲县、迭部县交界，西接若尔盖县，南同平武县、松潘县接壤。全县东西长93公里，南北宽89.83公里，总面积5288平方公里。

【行政区划】 辖漳扎镇、南坪镇、勿角镇、黑河镇、双河镇5个镇和草地乡、白河乡、大录乡、玉瓦乡、永和乡、郭元乡、保华乡7个乡，10个社区，100个行政村。

【人口与民族】 年末，全县户籍人口6.69万人。其中男性3.41万人，女性3.28万人；城镇人口2.56万人，乡村人口4.13万人，户籍人口城镇化率38.3%。年末常住人口8.2万人，其中城镇人口4.2万人，乡村人口4.0万人。出生率为4.2‰，死亡率4‰，人口自然增长率为11.24‰。主要居住有汉族、藏族、羌族、回族，其中汉族40276人，占60.2%；藏族21915人，占32.7%；回族3419人，占5.1%；羌族1182人，占1.8%；其他民族165人，占0.02%。

【经济状况】 全年地区生产总值30.69亿元，按可比价格计算，比上年增长3.3%。其中第一产业增加值3.0亿元，增长4.4%，拉动经济增长0.4个百分点；第二产业增加值4.99亿元，增长3.3%，拉低经济0.5个百分点；第三产业（服务业）增加值22.7亿元，增长3.1%，拉动经济增长3.4个百分点。三次产业结构为10∶16∶74。单位地区生产总值能耗下降0.41%。全年民营经济增加值15.14亿元，比上年增长2.4%，占地区生产总值的比重为49.3%。其中第一产业增加值1.44亿元，增长6.0%；第二产业增加值4.0亿元，增长4.5%；第三产业增加值9.7亿元，增长0.8%。民营经济三次产业结构为10∶26∶64。

【工业和建筑业】 全年规模以上工业企业3户，累计实现工业总产值67180万元，比上年增长14.4%；实现工业增加值34948万元，增长8.4%。实现工业销售产值65933万元，增长14.2%；规模以上工业企业产品销售率98.1%。分行业看，水力发电行业实现工业总产值47335万元，比上年增长3.4%；实现工业增加值33051万元，增长7.2%，占规模以上工业增加值的94.6%；金冶炼行业实现工业总产值19845万元，增长53.5%；实现工业增加值1897万元，增长37.9%。从主要工业产品产量看，规模以上工业实现水力发电量198461万千瓦时，比上年增长31.0%；全年生产黄金507千克，增长21.9%。全年具有资质等级的施工总承包和专业承包建筑企业17户，比上年减少1户。完成建筑业总产值7.2亿元，比上年下降22.8%，其中建筑工程产值7.18亿元，下降19.1%；安装工程产值18万元，下降99.1%。在外省完成产值79万元，下降94.5%。

【旅游业】 全年全县接待游客311.15万人，比上年增长67.7%，其中，接待国内游客310.74万人、接待入境游客0.41万人次。旅游总体收入46.52亿元，增长164.2%，其中，国内旅游总收46.47亿元、旅游外汇收入89.55万美元。打造12个景区景点，创建2个国家AAA级旅游景区和2个国家AAAA级旅游景区，新建4个游客中心、20座旅游厕所和124个5G基站，上线“5G游九寨”，旅游专线车416辆，推出7条精品旅游线路，开园“两海一池一关”，形成“世

10月21日，州委常委、县委书记罗智波（右二）在大录乡八屯村调研脱贫攻坚工作

（九寨沟县扶贫开发局提供）

界只有一个九寨沟、九寨沟不只有九寨沟”的全域旅游格局。

【教育卫生】 全县有小学18所，普通中学2所。小学在校学生4504人，比上年下降1.0%，普通中学在校学生3055人，下降5.4%；小学专任教师492人，普通中学专任教师337人。有各类医疗卫生机构数136个（含村卫生所），床位数396张。医院、卫生院技术人员586人，与上年相同。其中执业（助理）医师236人，与上年相同。

【东西部协作】 与四川省绵竹市、浙江省嘉善县和平湖市共同投资20亿元，推进九绵生态旅游产业园、嘉善—庆元—九寨沟“飞地”产业园和平湖—九寨沟“飞地”科创产业园3个“飞地”园区建设。三个“飞地”园区入驻企业22家，实现收益1900万元。

【灾后重建】 制定《2020年重建工作三个“百日攻坚战”责任清单》，召开4次重建委会议。完工111个项目，完成投资30亿元、完成率97.6%。启动“8·16”特大洪涝灾害重建，规划投资7.3亿元推进65个项目。展质量安全检查185次，责令整改质量安全问题84个、罚款481万元。推进“廉洁细胞”工程，立案审查8件，给予党纪处分8人。

【绿色发展】 贯彻习近平生态文明思想，成立生态文明和环境保护委员会，打好三大污染防治攻坚战，建成全省民族地区日处理能力最大的热解垃圾处理厂，落实河（湖、警）长制度，推进“一增一减”工作，完成13个生态环境修复和14个地灾治理项目，森林植被覆盖率82.2%，草原综合植被盖度87.8%，地表水水质达标率和空气质量率均为100%。实施“以电代柴”，薪炭使用率降低20%，南坪镇、漳扎镇获评“四川特色气候小镇”。编制完成《九寨沟县国土空间规划》，编制实施《生态文明评估指标体系》，从严开展生态文明审查，关停2座小水电站和1个非煤矿山，创建国家生态文明建设示范县和“中国天然氧吧”、全国环境保护管理评价九寨沟县位居全省第一、全国第四。

【社会稳定】 深化平安九寨建设，开展“全民国防教育日”、国防教育“七进”活动30场次，获评全省第十一届“双拥”先进县。推进依法治县和“七五”普法，常开展“法律政策八进”，漳扎镇中查村被评为全国民族法治示范村，白河乡被评为全省法治示范乡，县司法局荣获全省“七五”普法中期先进集体。深化扫黑除恶治乱，侦破刑事案件48起，查处治安案件126起，宣判38件，执行37件，连续4年获评全省平安建设先进县。巩固全州首个全国民族团结进步示范县成果，开展“全域发展·同心共建”活动，创建州级民族团结进步示范单位173个，县检察院、大录乡、玉瓦寨村被评为全省民族团结进步示范单位。

（李文勤　周朝霞）

黑水县

Heishui County

【基本情况】 2020年，黑水县辖芦花、卡龙、色尔古3个镇，沙石多、红岩、麻窝、双溜索、维古、木苏、洛多、龙坝、石碉楼、瓦钵、知木林、慈坝、扎窝、晴朗14个乡，居民委员会4个，行政村123个，村民小组324个。全年户籍人口5.99万人。出生人口648人，人口出生率10.81‰；死亡人口462人，人口死亡率 7.71‰；人口自然增长率 3.1‰。年末常住人口 60600 人，同比增长 0.2%。全年外来人口 1.03 万人，外出人口 1.1 万人。

【经济状况】 全年完成地区生产总值 28.56 亿元，同比增长 4.7%，增速位居全州第一（含飞地园区 32.33 亿元，总量居全州第四，增速居全州第一）；全社会固定资产投资 18.4 亿元，同比增长 15.4%；地方一般公共预算收入 8611 万元；实现社会消费品零售总额 4.6 亿元；城乡居民人均可支配收入分别是 36868 元、15200 元，同比增长 4.4%、8.3%；接待游客 176.36 万人次、同比增长 10.1%，实现旅游总收入 13.99 亿元、同比增长 8.8%。

【农牧业】 建成高标准农田 333.33 公顷，农作物播面 7600 公顷，完成粮食生产、生猪稳产保供任务。投资 1868 万元，建成芦花红岩现代农业示范园，晴朗扎窝果蔬产业园创建为州级农业产业示范园区。培育示范合作社 39 家、省级家庭农场 5 家，新增农产品“三品一标”4 个，取得省级农产品质量检验检测“双认证”。实现一产增加值 4.87 亿元，同比增长 4.3%。

【工业】 全县 22 座电站发电 56 亿千瓦时，创历史新高。推进力威、河口电站建设。科迪大数据建成投运，实现升规入统，消纳富余电量 6 亿千瓦时。完成色湾藏香猪食品加工、扎窝冷鲜肉加工项目。全部工业增加值 7.6 亿元，同比增长 11.4%，其中规模以上工业增加值增长 19%，增速居全州第二。

【特色旅游】 投资 1.16 亿元，完成奶子沟彩林公园、阿依天籁等旅游基础设施建设，投入运营三奥雪山景区，推进嘎尔庄园、芦花会址纪念馆建设。卡龙沟景区创建成国家 AAA 级旅游景区，羊茸哈德入选第二批全国乡村旅游重点村。举办四川红叶生态旅游节暨黑水县第八届冰川彩林生态文化旅游季系列活动，中央电视台、四川电视台、芒果 TV 等媒体进行宣传。达古冰川景区接待游客首次突破 20 万人次。

【现代服务业】 组织参加海宁农博会、彭州莱博会等展销活动，开设拼多多云上拼购、川经瞭望等直播平台，农产品电子商贸 6000 余万元。推进交通运输、快递物流、宾馆饭店等服务业发展，新增限额以上商贸企业 3 户，实现第三产业增加值 14.68 亿元，同比增长 1.1%。

【生态环境】 投资 1423.4 万元，抚育国有林 1333.33 公顷、封山育林 1333.33 公顷、人工造林 280 公顷。兑现草原生态奖补、集体林生态效益补偿资金 1035 万元，完成草场禁牧 3.27 万公顷、草畜平衡 10.67 万公顷，改良草原 1333.33 公顷，新增人工草场 200 公顷。实施达古冰川消融减缓试验，“盖被子”区域冰体消融速度明显减缓。开展污染防治，城乡空气质量、集中式饮用水水源地、主要河流出境断面水质优良率 100%。治理干旱河谷 100 公顷，疏浚河道 23 公里，完成晴朗乡俄多沟泥石流等地灾治理项目 6 个、应急排危 8 处。落实“河（湖）长制”，完成河湖划界 528 公里，开展“清四乱”行动，实施长江流域十年禁捕行动。推进环保督察问题整改，中央、省环保督察反馈问题整改率分别是 95.8%、95%，长江经济带生态环境州级反馈问题整改率 100%。

【项目建设】 推进 120 个项目建设（固定资产投资支撑项目 70 个），投资增速位列全州第三。投资 13.65 亿元，推进“交通大会战”。完成茂红路工程路面第一层沥青铺筑，推进隧道、桥梁工程；完成扎

7月18日，州政协副主席、县委书记刘云建（左二）在沙石多乡入户调研“两不愁三保障”工作

（黑水县史志中心提供）

县（市）

红隧道项目工程量的 74%；渔卡路、三奥雪山大本营及观景台公路建成通车；木苏镇环线、扎窝西里等 15 条 77 公里“四好农村路”竣工。投资 2.76 亿元，改造提升彩林路市政设施，完成沙石多、色尔古、知木林市政配套设施建设，新改建防洪堤 3.8 公里，完成 20 个村安全饮水巩固提升项目。投资 9.49 亿元，完成马尔康至黑水 500 千伏输变电线路改造，推进红原至色尔古 220 千伏输变电线路，完成 10 个村农网改造及奶垭线、石马线电力线路迁改入地工程。新改建 4G 基站 81 个、新建 5G 基站 22 个。

【教育事业】 投资 1572.5 万元，建成城关、芦花、扎窝 3 个幼儿园；兑付“一减一助”“两减一助”“三免两补一餐”等资金 1955.62 万元，受益学生 7468 人次；启动义务教育优质均衡发展县创建，推进 15 年免费教育扩面提质，学前三年入园率 92.01%、义务教育阶段入学率 100%、高中阶段入学率 87.99%。

【社会民生】 推进全民参保计划，落实异地就医结算制度，兑付医疗保障金 2516.59 万元。城乡居民养老保险参保覆盖 3.38 万人，兑付社会保障金 1.23 亿元。提高低保救助标准，新纳入农村低保 102 户 285 人，发放城乡低保金 1933.8 万元，实现应保尽保。救助残疾人、孤儿等特殊困难人群 211 人次，发放救助金 38.47 万元。开展“温暖过冬”行动，发放慰问金 565.4 万元。落实应对疫情影响稳就业 22 条政策措施，创新“3+3”就业机制，多渠道促进群众就业，小组团输出务工 3995 人，延续开发生态公益性岗位 2870 个，新开发普工岗位 2816 个、应急公益性岗位 768 个，实现就业 2.03 万人，城镇登记失业率控制在 3.8% 以内。加大稳岗就业投入，兑现企业稳岗补贴 294.8 万元。

【脱贫攻坚】 全县贫困发生率降至零。编制实施《黑水县 2020 年脱贫攻坚巩固提升实施方案》和 14 个专项方案，投入资金 4.1 亿元，推进 118 个项目建设，补齐基础设施、公共服务、产业发展短板；实施医疗救助 2334 人次 276.8 万元，资助贫困学生 1551 人次 196.54 万元，发放各类社会救助金 1913.33 万元。成立 18 个督战组、6 个巡回指导组，常态开展挂牌督战，2280 个问题全部清零。帮扶 54 户监测户、64 户边缘户、134 户受疫情和灾情影响收入降低群众，无一户致贫返贫。落实组团务工、开发公益性岗位等 7 项增收举措，实现贫困人口稳定就业 3236 名，人均增收 1.2 万元。健全减贫带贫机制，164 个新型经营主体与 1196 户贫困户建立利益联结机制，建成扶贫车间 25 个，吸纳贫困人口就业 238 名。投入 4.37 亿元，推进 14 个乡村振兴试点建设。新建和巩固提升村集体经济 49 个，带动 7239 名贫困群众发展。新改建农村公路 132 公里、生产道路 58 公里，巩固提升 5782 户群众安全饮水。推进农村“三大革命”，新改建厕所 1906 户，完成污水治理 1884 户，建成无害化垃圾处理设施 1 座、生活垃圾压缩中转站 5 座。

【社会治理】 开展宪法、民法典等宣传讲座 120 余场次。加强基层法治示范创建，规范化建设 15 个乡镇司法所。巩固民族团结进步创建成果，新创建省级示范乡镇 1 个，州级示范单位 4 个、先进单位 7 个。深化“扫黑除恶”专项斗争，侦破各类刑事案件 23 起，抓获犯罪嫌疑人 32 人。保持打击毒品犯罪高压态势，协助外地公安机关破获涉毒案件 4 起，抓获黑水籍涉毒人员 5 人。深化矛盾纠纷隐患大排查，受理信访 53 批 152 人次，办结率 100%，获评全国信访工作“三无”县称号。

（邹红梅　刘思艺）

10月18日，2020年四川红叶生态旅游节暨黑水县第八届冰川彩林生态文化旅游季在黑水开幕

（黑水县史志中心提供）

人物

PERSONAGES

2020 年阿坝州领导名录

List of Prefecture Leaders in 2020

（按内文刊出先后）

中共阿坝州委

书　记　刘　坪
副书记　杨克宁　李为国（至 9 月）
　吴立岩
常　委　罗智波　范继跃　杨　星
　杨宏寿　高加军
　于　泳（挂职，至 1 月）
　廖申强（至 7 月）
　张　焘（挂职，至 5 月）
　潘国伟（挂职，至 5 月）
　高立新　郑　雷　刘波涛
　徐　春（6 月起）
　廖　辉（11 月起）
秘书长　刘波涛
副秘书长　冯峥勇
　金天强（至 10 月）
　杨贵荣　李维洪（至 5 月）
　马绍强　孙福华　刘坤军(11 月起）
办公室主任、州档案局局长
　金天强至（至 10 月）
　冯峥勇（10 月起）
涉藏办主任、国安办主任
　冯峥勇（至 10 月）
驻州委办公室纪检组长　丁银光
办公室副主任　李小全　唐　波
　蔡春茂
办公室机关党委书记
　孙小飞（7 月起）

阿坝州人大常委会

党组书记　谷运龙（至 10 月）
　李为国（10 月起）
主　任　谷运龙
党组副书记、副主任　王　全
　李洪勇（至 10 月）
党组成员、副主任　张　锐(至 1 月）
　王德海　颂玛德吉　米建康
　张培云　张通荣
党组成员、秘书长　张　建
副秘书长　陈万喜（至 1 月）
　李　玲

中共阿坝州人大常委会机关党组
书　记　张　建
成　员　陈万喜　陈宇生　李启卫
办公室
主　任　陈万喜（至1月）
副主任　黄春梅　黄　虎
法制委员会
主任委员　刘世文
副主任委员　晏文春
民族宗教外事侨务委员会
主任委员　林　蓉
副主任委员　赵　斌
监察和司法委员会
主任委员　陈万喜（1月起）
副主任委员　卓玛吉
财政经济委员会
主任委员　张明德
副主任委员　李祥英
教育科学文化卫生委员会
主任委员　夏习斌
副主任委员　谷清蓉
农业与农村委员会
主任委员　王肃勤
副主任委员　卓玛吉（兼）
城乡环境资源保护委员会
主任委员　张力峰
副主任委员　蒲应清
社会建设委员会
主任委员　胡顺清
副主任委员　谷清蓉（兼）
人事代表工作委员会
主任委员　包正杰
副主任委员　彭晓萍
预算工作委员会
主任委员　杨荣泽
机关党委书记　李启卫
州纪委派驻州人大常委会机关
　纪检组组长　陈宇生
州纪委派驻州人大常委会机关
　纪检组副组长　徐太平
一级巡视员　杨绍林（至3月）
　张　锐　李洪勇（9月起）
二级巡视员　张　建（10月起）
　李　玲（10月起）
　陈钢旗（10月起）
　伍连才（7月起）
　夏习斌（7月起）

阿坝州人民政府

州　长　杨克宁
常务副州长　范继跃
副州长　徐　春（挂职，6月起）
　于　泳（挂职，至4月）
　张　焘（挂职，至6月）
　潘国伟（挂职，至6月）
　葛　宁（至1月）刘波涛（至1月）
　蔡清礼　严　华
　欧阳梅（至1月）
　陶剑锋（至12月）丁明忠
　王树明（1月起）徐贵强（6月起）
　依当措（10月起）
一级巡视员　葛　宁
副州级领导　郎建扎西（至4月）
秘书长　余光亚
副秘书长　杜　林　靳　东
　李元平　罗尔伍（5月起）
　刘　侠（至7月）赵正伟
　蔡东阳　沈林杰（挂职）
　余松荣　段建波
办公室主任、州口岸与物流办公室
　主任　杜　林
州金融工作局局长　杜　林（至7月）
　李元平（7月起）
办公室副主任　陈　磊
　任佰元（至4月）
　季　成（至11月）
　龚昭明（7月起）
　刘　昕（11月起）
州纪委驻州政府办公室纪检组组长
　杨　静
办公室机关党委书记　肖　明
州政府发展研究中心主任
　刘　侠（7月起）
州政府发展研究中心副主任
　郭仕虹　何承明
州机关行政效能建设办公室主任
　龚昭明（至7月）
政府调研室主任
　李　维（2020.08）
　措　科（11月起）
州人民防空办公室主任　顺明厚
州大数据中心主任　宋洪彬（7月起）

政协阿坝州委员会

党组书记、主席　尼玛木
党组副书记、副主席
　王明辉（至10月）
党组副书记、副主席、一级巡视员
　王明辉（9月起）
党组成员、副主席、一级巡视员
　章小平（9月起）
副主席　达扎·尕让托布旦拉西降措
党组成员、副主席
　章小平（至10月）王明辉
　秦开金　龙　刚　王　生
　陈福生　刘云建
副主席　洪秀英
一级巡视员　王　斌
党组成员、秘书长、机关党组书记、
　一级调研员　牟卫东（至8月）
党组成员、秘书长、机关党组书记、
　二级巡视员　牟卫东（7月起）
副秘书长、办公室主任、
　机关党组成员　李　茂
副秘书长、一级调研员　张忠华
机关党组成员、研究室主任、
　一级调研员　刘　峰
提案委主任　赵　德
民宗社工委主任　邓勤俭

经科委主任　杨国彬
教文卫体委主任、一级调研员
耿少将
文史学习委主任、一级调研员
唐　俐
人资环委主任、一级调研员
尹大芝（至 7 月）
人资环委主任、二级巡视员
尹大芝（7 月起）
机关党组成员、州纪委监委派驻州政协机关纪检组长　雷　莉
州纪委监委派驻州政协机关纪检组副组长　许志琼
机关党委书记
赖章勇（7 月起，至 8 月）
机关党组成员、机关党委书记
赖章勇（8 月起）
办公室副主任　侯定茂　奂洪霞
研究室副主任　钟德富
提案委副主任　杨美秀
民宗社工委副主任　尚金甲
经科委副主任　马定英
教文卫体委副主任　朱玉顺
文史学习委副主任　温　婧
人资环委副主任　杨诗义

中共阿坝州纪律检查委员会（阿坝州监察委员会）

书记、主任　喻在岗（至 1 月）
郑　雷（1 月起）
副书记、副主任　董永富　何菊华
纪委常委　许继梅　安　勇
黎　明　付水冰　韩图全
监委委员　许继梅　安　勇
韩图全　刘家福
秘书长　黎　明

中共阿坝州委组织部

部　长　高立新
副部长　张耀龙　苏世升　杨秀方
郭素梅　何元辉　罗增科
熊华明（7 月止）　肖　军
州委非公有制经济组织和社会组织工委书记、州委党建办主任
郭素梅
州公务员局局长　何元辉
州纪委监委派驻州委组织部纪检组组长　朱学英
部务委员　王子亮（6 月起）
益西降措　潘　勇（9 月起）
州委党建办副主任　王育章(9 月起)
州委非公有制经济组织和社会组织工委专职副书记　刘兴林(12 月起)
部机关党委书记　聂采堂(12 月起)

中共阿坝州委宣传部

部　长　杨　星
常务副部长、州委外宣办（州政府新闻办）主任　何　君
副部长、州精神文明办主任　杨林清
副部长、州新闻出版局（州版权局）局长　杨贵海
副部长　刘　昆
州委外宣办（州政府新闻办）
副主任　张　雄

中共阿坝州委讲师团

团　长　蒲治荣

中共阿坝州委统一战线工作部

部　长　李为国
常务副部长、州委台办主任、州侨务办主任、州政府台湾事务办主任　阿　江
副部长　何蔚明　王晓虎　叶　云
刘坤军（7 月起，至 10 月）
藏胞办主任　刘坤军（至 7 月）
莫正萍（7 月起）

中共阿坝州直机关工作委员会

书　记　刘波涛
常务副书记　冉华胜
副书记　银　勇　傅珍国
纪检监察工委书记　袁　锐

中共阿坝州委政策研究室

主　任　马绍强（7 月起）
副主任　赵文辉　敏兴国
纪臻鑫（7 月起）

中共阿坝州委机构编制委员会办公室

主　任　张耀龙
副主任　石　龙　马文革

中共阿坝州委保密机要局

局　长　夏绪光
副局长　袁绍辉　喻智君

阿坝州公务服务中心

主　任　杨贵荣
副主任　蔡正平　张　琼

中共阿坝州委党校

校长、长征干部学院院长
高立新（至 10 月）
校长、四川长征干部学院阿坝雪山草地分院院长　高立新(10 月起)
常务副校长、州民干校副校长、州行政学院副院长、州社会主义学院副院长　杜　强

副校长　甘建斌　陈正香（至12月）
副校长、州民干校副校长、
州行政学院副院长　王建英

中共阿坝州委老干部局

局　长　杨秀方
副局长　杨国光　罗先蓉

中共阿坝州委党史研究室

主　任　肖　飞
副主任　冯佩林

阿坝州档案馆

馆　长　王　勇（1月起）
副馆长　龙显章　杨成立

中共阿坝州委外事工作委员会办公室

主　任　罗让扎西
副主任　朱　俊

阿坝州人力资源和社会保障局

党组书记、局长　苏世升
党组副书记、副局长　李根全
副局长　曾飞雪
党组成员、副局长　宋拉扎西
党组成员、机关党委书记　马吉凤
党组成员　邓运辉　顾　军
王应明
州农民工服务中心主任　顾　军
州人力资源服务中心主任　祁忠山

阿坝州政府政务服务中心

主　任　谢荣妹
副主任　许弟友　罗德江

阿坝州机关事务管理局

局　长　金绍强（至9月）
副局长　高霞蓉　周利庚

阿坝州信访局

党组书记、局长　罗尔伍
党组成员、副局长　王国强　张国树
州信访工作接待中心主任
王国强（兼）

阿坝州行政审批服务中心

主　任　杨　莉
副主任　马正文

阿坝州总工会

主　席　金吉昌（至1月）
李为国（1月起，至12月）
高加军（12月起）
党组书记、副主席　吴　兰（至5月）
李维洪（5月起）
党组成员、副主席　三郎泽郎（至5月）
张　兰（5月起）
副主席　经审会主任　何永生

共青团阿坝州委员会

书　记　王　甲
副书记　旦真泽仁（10月起）
魏　娜（10月起）
黄　敏（10月起）
黄　忱（至10月）　史鑫成（挂职）

阿坝州妇女联合会

党组书记、主席　向秋杰
党组成员、副主席　陈　英　王孝莉
副主席　丁　雁（挂职）

阿坝州文学艺术界联合会

党组书记　江　萍
主　席　巴　桑
党组成员、副主席　王庆九
党组成员、二级调研员　庄春辉

阿坝州科学技术协会

党组书记、主席　勒乌戈
副主席　吕　波
党组成员、副主席　陈正香（12月提名，21年1月任）
彭煜程（9月止）
党组成员、二级调研员　佥　强
党组成员、四级调研员　纪承慧

阿坝州残疾人联合会

党组书记、理事长　杨海成
党组成员、副理事长　谷尕尔莫（6月起）　陈晓东（挂职）

阿坝州社会科学界联合会

党组书记、主席　陈宝珍
党组成员、副主席、秘书长　王远康

阿坝州红十字会

会　长　王树明
党组书记、常务副会长　更　培
党组成员、副会长　雷　英

阿坝州工商业联合会（阿坝州商会）

党组书记、副主席　何蔚明
主　席　喻林超
秘书长　吴春玲

阿坝州佛教协会

会　长　达扎·尕让托布旦拉西降措
副会长　卓藏仓·嘉木样格勒永登
降措
奔卡·嘎桑仁静　根让
昂旺钦绕彭措　嘉阳乐住
登德多吉　供曲银巴
秘书长　供波泽里

中共阿坝州委政法委员会

书　记　杨宏寿
常务副书记　白玛罗尔伍
副书记　罗德勇（8月起）
旦木真（8月起）　江安安（援藏）
政治部主任　周利天
专职委员　旦木真（至8月）
黄　毅（至4月）　杨发礼
州矛盾纠纷多元化解工作领导小组办公室专职副主任
丁　涛（7月起）

阿坝州中级人民法院

党组书记、院长　秦　海
党组副书记、常务副院长　周全寿
党组成员、副院长　何远东
杨　明　张海生
党组成员、执行局局长　薛　勇
党组成员、审判委员会专职委员
李祥根
党组成员、政治部主任　基　吉
州纪委监委派驻州法院纪检组组长
李　劲
专职委员　安　蓉（7月起）

阿坝州人民检察院

党组书记、检察长　邓　鹏（至11月）
党组副书记、常务副检察长　刘志武
党组成员、副检察长　牟格头
毛光文
党组成员、纪检组长　张　宁
党组成员、政治部主任　牟　庆
党组成员、机关党委书记　列尔初
专职委员　周　莲　王金泉

阿坝州公安局

党委书记、局长　刘波涛（至6月）
徐贵强（6月起）
党委委员、常务副局长
张春刚（至7月）
党委副书记、常务副局长
刘　飞（12月起）
党委专职副书记　王桂元
党委委员、副局长
刘　飞（至12月）
罗德勇（至9月）　张　庆
刘鹤斌
党委委员、政治部主任　夏朝晖
党委委员、州纪委派驻州公安局纪检组组长　甘　梅（至10月）
州纪委派驻州公安局纪检组组长
杨　丽（10月起）

阿坝州司法局

党委书记、局长　罗尔基木
党委委员、副局长　邓　军
潘　晖　韩建飞　萨古朗吉（援藏）
党委委员、政治部主任　潘经国
副局长　何成良

阿坝州退役军人事务局

党组书记、局长　李清勇（至12月）
党组成员、副局长　牟　刚
副局长　徐　凡

阿坝州发展和改革委员会

党组书记、主任　杨文松
党组成员、机关党委书记　梁　军
党组成员、州纪委派驻纪检组组长
邓　辉
党组成员、副主任　雷明香（至7月）
潘建虹　邓运林　陈伟国
党组成员　刘　轩
州以工代赈办公室主任　铁布单
州国民经济和装备动员办公室主任
周志康（至7月）
桑　佼（11月起）

阿坝州国有资产监督管理委员会

党委书记、主任　祁　玲
党委委员、副主任　蒋　刚
李　毅（至7月）

阿坝州国有资产投资管理有限公司

党委书记、董事长　陈　磊
党委副书记、总经理　陈太林
党委副书记、纪委书记
李　毅（至8月）
党委委员、副总经理　周　平
杜鹏飞

阿坝州市场监督管理局

党组书记　王　飞（至12月）
白惠蓉（12月起）
局　长　白惠蓉
党组成员、副局长　刘　宏
黄晓瑜　吴晓东　张　辉
党组成员、机关党委书记　苏兴全
安全总监　向开贵
总工程师　夏晓春
总经济师　李灵灵

阿坝州公共资源交易中心

党组负责人、主任　袁翠军
党组成员、副主任　甘立训　李仲宏

阿坝州审计局

党组书记 局长　宋　宁
党组成员、副局长　张泽宇(至7月)
　欧亚州（7月起）
　邓维学（11月起）
副局长　韩卫东（11月起）
州经济责任审计工作联席会议
　办公室主任　韩卫东（至11月）

阿坝州统计局

党组书记、局长　徐光辉
党组成员、副局长　王懋川　李清坤
总统计师　李成琼（至7月）
　黄健英（11月起）

阿坝州行政审批局

党组书记、局长　何志富
党组成员、副局长　郭琪金　泽　里

国网四川阿坝州电力有限责任公司

党委书记、董事长、总经理
　蒋　平
党委副书记、副总经理　郑文强
党委委员、副总经理
　张洪斌（至5月）
　侯小松（至5月）
　严　辉　朱　峰
党委委员、纪委书记、工会主席
　王朝晖
党委委员、财务总监
　黄　培（5月止）
党委委员、总会计师
　邬良军（5月起）
党委委员、副处级调研员
　沈太勋（5月起）

国家统计局阿坝调查队

队　长　邝贵清
纪检组长　巴　准
副队长　曾万国（7月止）　唐　伟

阿坝州财政局

党组书记、局长　泽　久
副局长　雷　刚　陈　尧　赵　宇
　徐　旭
机关党委书记　张清翠
纪检组长　荀于建
总会计师　马定瑜（8月止）
支付中心主任　李　杰

阿坝州税务局

党委书记、局长　胡　春
督　办　郎卡扎西（10月起）
党委委员、副局长
　三郎达尔基（正处级，11月起）
　张明清　孙学研　侯　波
　曾生东　余志甫（至7月）
　蒋文富(至7月)　吕贵荣(至7月)
　李庆萍（至7月）
党委委员、机关党委书记
　蔡云耀（至7月）
党委委员、纪检组长　陈泽新
党委委员、总会计师　巴　旦

阿坝州农业农村局

党组书记　王树云
党组成员、局长　严扎甲
党组成员、副局长　杨培君
　范怀龚　周　云
党组成员、机关党委书记　熊小军
总畜牧师　陈　刚
总农艺师　李学强
州农机监理所所长
　王志江（至10月）
州农业综合行政执法支队支队长
　王志江（11月起）
州委农办专职副主任
　唐孝东（至7月）
　罗尔特（12月起）

阿坝州水务局

党组书记、局长　陈连义
党组成员、副局长　王　祁
　米晓芳(至6月)　罗　巍(援藏)
党组成员、总工程师　龚智成
党组成员、调研员　杨丽娟

阿坝州经济和信息化局

党组书记、局长　郭　雄
党组成员、副局长　杨胜骥
　李宏靖　杜文钲（6月起）
党组成员、机关党委书记　宋海泉
信息产业发展与无线电管理专职
　副主任　王坤发（8月起）

四川阿坝工业园区管理委员会

主　任　杨荣茂
书　记　戴先彪
副主任　陈永革　牛培勇　李　川

成都—阿坝工业集中发展区管理委员会

党工委书记　辜学斌

党工委委员、管委会主任　古建桥
党工委副书记、管委会常务副主任
杨荣茂

德阳—阿坝生态经济产业园区管理委员会

党工委书记、副主任　戴先彪
党工委副书记、主任　陈善勇
党工委委员、副主任　李　川
王　伟
党工委委员　李光美　刘家平
党工委委员、纪工委书记　刘大智

阿坝州住房和城乡建设局

党组书记、局长　赫洛杰（7月起）
党组成员、副局长　王志武
徐富刚（6月起）
副局长　张　鹏
党组成员、总工程师　海一微
党组成员、总规划师
李德超（至4月）

阿坝州烟草专卖局（公司）

党组书记、局长、经理　陈隽逸
党组成员、副经理　吴文凯
党组成员、纪检组长　祝　怡
党组成员、副局长　李良国

阿坝州商务和经济合作局

党组书记、局长　罗尔伍
党组成员、副局长　陈晓斌
王琼瑛

阿坝供销合作社联合社

党组书记、主任　朱湘平
监事会主任　吴　兰（6月起）
党组成员、副主任　杨德海
罗照伟
监事会副主任　马永贵（11月起）

阿坝州银行保险业监督管理分局

党委书记、局长　梁　超
党委委员、副局长　雷　强
柏　松
党委委员、纪委书记　李　燚

中国人民银行阿坝州中心支行

党委书记、行长　郑　琨
党委委员、副行长　胡　平
罗　勇　王光平
党委委员、工会主任　杨　静
党委委员、纪委书记　姜　平

中国农业银行阿坝州分行

党委书记、行长　陈兴权
党委委员、副行长、工会主席
兰　勇
党委委员、副行长　彭　瑛
吴兴勇　何　勇
党委委员、纪委书记　陈　强

中国建设银行阿坝州分行

党委书记、行长　吴　特
党委委员、副行长　刘永平
彭光武
党委委员、驻行纪检特派员
黄　鸿

中国农业发展银行阿坝州分行

党委书记、行长　黄　林（至10月）
王建华（11月起）
党委委员、副行长
杨厚成　（至12月）　李渠寿
党委委员、副行长、纪委书记
韩　彦

阿坝州农村信用联社

党委书记、董事长　罗　伟
党委委员、纪委书记、监事长、
工会主席　李登强（1月止）
马君安（2月起）
党委委员、副主任　冯　楠（8月止）
马君安　贺德荣
罗建琼（4月起）
党委委员、董事会秘书　程文武

中国工商银行阿坝州直属分行

行　长　黄　俊
副行长　强　宇　张　堃

中国邮政储蓄银行阿坝州分行

党委书记　颜　东（至6月）
彭　涛（6月起）
行　长　颜　东（至7月）
彭　涛（8月起）
党委委员、纪委书记、副行长
吴　波（至4月）
党委委员、工会主席、副行长
胡　晓（至10月）
党委委员、副行长　羊　帆
党委委员、纪委书记
崔小军（4月起）
副行长　崔小军（6月起）

成都银行阿坝州分行

党总支书记、行长　袁　斌
党总支委员、副行长　杨　莉

中国人民财产保险股份有限公司阿坝州分公司

党委书记、总经理　雷　云
党委委员、副总经理
　李华平（至7月）
　杨　春（7月起）
党委委员、总经理助理
　陈耿彪（11月起）

中国人寿保险股份有限公司阿坝州分公司

筹建组组长　曹　骏
筹建组副组长　杨文涛

中华联合财产保险股份有限公司阿坝州中心支公司

党委书记、总经理　陶西勇
党委委员、纪委书记、总经理助理
　王元梅
党委委员　唐喜林

中国平安财产保险股份有限公司阿坝州中心支公司

总经理　张　勤

阿坝州交通运输局

党组书记、局长　龚　明
党组成员、副局长　益　英
　李　斌（挂职）　向泉明（7月起）
　樊增彬（挂职）
党组成员、州纪委监委派驻州交通
　运输局纪检组组长　杨培辉
党组成员、副局长、总工程师
　詹永康（至7月）
机关党委书记　刘显辉（至6月）
党组成员、安全总监　尹　忠
党组成员、州公路运输管理处处长、
　州交通运输综合行政执法支队
　支队长　马兴明
州地方海事局局长　胥　斌（至11月）

阿坝州公路管理局

党委书记、局长　益　英（兼）
党委委员、副局长　孟长春
　许小平　杨维利　陶朝勋
工会主席　许小平（兼）

阿坝州公路隧道管理处

处　长　包益权

四川九寨黄龙机场有限责任公司

党委书记、董事长　罗晓勇（至7月）
　郜进良（7月起）
党委副书记、董事、总经理
　朱宝生
党委副书记、董事　陈兴建（至4月）
　曾　宇（7月起）
党委委员、副总经理　曾　勇
　徐　键
党委委员、副总经理、工会主席
　付仲才（至8月）
党委委员、纪委书记
　陈庭兰（12月起）
党委委员候选人、董事、财务总监
　李　琳（至4月）
　乔芮瑶（4月起）
董事、副总经理　孟世雄

阿坝州红原机场有限责任公司

党委书记、董事长　林　鉴
党委副书记、总经理　杨文彬
党委委员　孟世雄
党委委员、纪委书记、工会主席
　阳　林
党委委员、副总经理　方松
党委委员、副总经理　彭文清

阿坝州邮政管理局

党组书记、局长　任凤萍

中国邮政集团公司阿坝分公司

党委书记、总经理　马千军
党委委员、纪委书记、副总经理
　李树明
党委委员、工会主席、副总经理
　张　鉴

中国电信股份有限公司阿坝州公司

党委书记、总经理　蒲　川
副总经理　江继全　马刚军
　刘薇薇　肖康
纪委书记　刘薇薇

中国移动通信集团阿坝州分公司

总经理　黄　河（12月起）
副总经理　袁　彬　肖虎登

中国联合网络通信有限公司阿坝州分公司

党委书记、总经理　王康林
党委委员、副总经理　刘　武
党委委员、纪检组组长　徐　萍
副总经理　税显平

中国铁塔股份有限公司阿坝州分公司

总经理　泽郎登
副总经理　杨志军　米会蓉

中共阿坝州委网络安全和信息化委员会办公室

主　任　周文琴
副主任　白迎春　秦元胜

阿坝州文化体育和旅游局

党组书记　陈顺清
党组成员、局长　巴　黎
党组成员、副局长　董　良
　孟　飞　陈益蛟（援藏）
党组成员、机关党委书记　刘明星
党组成员、州纪委派驻纪检组组长
　魏志敏

阿坝州大九寨旅游集团有限责任公司

党委书记、董事长　杨　芳
党委副书记、总经理　姚晓荣
党委副书记、纪委书记、工会主席
　吴滨宏
党委委员、副总经理　唐　平
　刘自国

九寨沟国家级风景名胜区保管理局

党委书记　徐荣林
党委委员、局长　赵德猛
党委副书记　高恺衡（挂职）
党委委员、纪委书记　白志远
党委委员、副局长　李　怡
　仁青周　刘春龙　文义勇
副局长　丁素琴　袁　龙（挂职）
　杨永钦（挂职）
　蔺文静（挂职，3月起）

黄龙国家级风景名胜区管理局

党委书记、局长　李为仁
党委副书记　吉　戈
党委委员、纪委书记　卓　玛
党委委员、副局长　董　立
　赵　庆　袁付翠　黄何平

四姑娘山国家级自然保护区管理局

党委书记　邹德跃
局　长　周全福
纪检书记　金松强
工会主席　侯文彬
副局长　王　刚　陈　雨

达古冰川自然保护区管理局

党委书记　唐华祥
党委委员、局长　文定清
党委委员、纪委书记　吴成红
党委委员、副局长　仁　青
副局长　周远璐

阿坝州生态环境局

党组书记　邓真言佩
党组成员、局长　杨继雄
党组成员、副局长　三郎俄玛
　陈　勇　杨　庆
副局长　林晓明（6月起）
党组成员、机关党委书记
　谭　波（3月起）

阿坝州自然资源局

党委书记、局长　徐　坚
党委委员、副局长　刘成建
　李军峰（援藏）
　岳　兵（至11月）
党委委员、总工程师　石　强
党委委员、总规划师　李德超
州不动产登记中心主任　刘　帅

阿坝州林业和草原局

党委书记、局长　冯　宇
党委委员、副局长　何晓宇
　荀　琴　张桂林　王春林（援藏）
党委委员、机关党委书记　龙　宝

阿坝州森林消防支队

支队长　黄泽君
政治委员　张永强
副支队长　代雅杰　李建军（7月起）
副政治委员　高德军
政治部主任　李志军

阿坝州气象局

党组书记、局长　杨　斌
党组成员、副局长　杜春毅　何永贵
党组成员、纪检组长　曾晓东

阿坝州防震减灾局

党组书记　罗浩岚
局　长　王树明（至1月）
党组成员、副局长　周荣富
　郭健康（至7月）

四川若尔盖湿地国家级自然保护区管理局

局　长　俄　尕（至8月）
　丹　秀（9月起）
副局长　咏　秀　石　磊

四川省汶川卧龙特别行政区（四川省卧龙国家级自然保护管理局）

党委书记　段兆刚

主　任　陈林强
局　长　何小平
副局长　王鹏彦（至11月）
　何廷美
副主任　鲜继泽　夏绪辉　柯仲辉
　杜　军
副主任、州公安局卧龙分局局长
　何明武

大熊猫国家公园阿坝管理分局

党组书记、局长　丁明忠（7月起）
党组副书记、副局长
　马巧玉（9月起）
党组成员、副局长　冯　宇（9月起）

阿坝州科学技术局

党组书记、局长　张险峰
党组成员、副局长　阿　旺
　王懋军　王军亮

阿坝州生态保护与发展研究院

党组书记、院长　王玉全（至12月）
　李　峰（12月起）
党组成员、副院长　邓祖烦

四川省龙日种畜场

党委书记、场长　李世林
党委委员、副场长　罗光荣
　尼美多杰　沈义攀

阿坝州教育局

党委书记、局长　卢晓军
党委委员　李远康
党委委员、副局长　苏建松
　李开海　张玉芝　李　睿（挂职）
党委委员、机关党委书记
　黄　毅（5月起）
党委委员、州纪委派驻纪检组组长
　龚智韬
党委委员、州政府教育督导室主任
　韩晓琳
党委委员、州招办主任　王树颖

四川省汶川中学校

校　长　龙绍明
副校长　吴国安　昌维清　文思建
　李其江

四川省马尔康中学校

党委书记、校长　胡洪军
党委委员、副校长　蒋兆俊
　余其刚　李开宏　王　平
　曹　军（挂职）

马尔康民族师范学校（阿坝州民族高级中学）

党委书记、校长　尕让他
党委委员、副校长　王　泽　石丹罗
副校长　陈　波

四川省威州民族师范学校

党委书记、校长　顺定强
党委委员、副校长　吴茂华
　宋　斌　褚　机（12月起）

阿坝州中等职业技术学校

党委书记、校长　王树全
党委副书记　秋　桑
党委委员、副校长　杨　春
　余耀武
副校长　夺　波（至10月）

四川省阿坝卫生学校

党委书记、校长　蔡鹏飞（7月起）
党委委员、副校长　张世耀
　唐永东　陈海英

阿坝州广播电视大学

党委书记、校长　徐烁林
党委委员、副校长　覃孝军
　王维蓉

阿坝职业学院

党委书记　谭　可
党委副书记、副院长
　柴继贵（主持行政工作）
党委委员、副院长、工会主席
　龙　涛
党委委员、副院长　彭　龙
　曹善忠（援藏）

阿坝师范学院

党委书记　吴　昊
党委副书记、院长　向　武
党委副书记、工会主席　孙建平
党委副书记、省纪委驻院纪检
　监察组组长、纪委书记　雷　健
党委常委、副院长　凌道明（至3月）
　甲　任　毛　英　马昌威（10月起）

阿坝州新华书店

经　理　何振华

阿坝州藏文编译局

党组书记、局长　鸿　科

党组成员、副局长　阿　根
　扎西罗吾（10月起）

阿坝州地方志办公室

党组书记、主任　刘佳礼
副主任　刘正香（至7月）
党组成员、四级调研员　卓　林

阿坝州广播电视局

党组书记　袁礼忠
党组成员、局长　阿　郎
党组成员、副局长　马锡斌　何志芬

阿坝州广播电视台

党组书记、台长　阿　郎
党组成员、副台长　张亚东
　春　梅　何晓华
党组成员、总工程师　姚　明
党组成员、总编辑　马吉利

阿坝州电影公司

主　任　谢　宁（12月起）

阿坝日报社

党组书记、总编辑　何　君
党组成员、副总编辑　刘树刚
　华文军　克　波　杨　刚

阿坝州卫生健康委员会

主　任　泽郎达尔基
机关党委书记　庞　林
副主任　王晓琳　赵通顺（至7月）
　陈忠强　蔡鹏飞（至7月）
　林　杨

州纪委派纪检组组长　龙　真

阿坝州卫生和计划生育监督执法支队

支队长　美梅沙

阿坝州中心血站

站　长　林艳伟

阿坝州疾病预防控制中心

主　任　杨贵生
副主任　李树成　马吉胜

阿坝州人民医院

党委书记　潘　华（5月起）
党委委员、副院长　胡　林
　杨　林　文传兵（挂职）
副院长　刘义芳　刘志红

阿坝州藏医院（藏医药研究所）

党委书记　余和林（11月起）
党委委员、副院长　余和林（至11月）

阿坝州应急管理局

党组书记　曲　礼（至6月）
党委书记　曲　礼（6月起）
党组成员、局长　兰　翔（至6月）
党委委员、局长　兰　翔（6月起）
州安委会办公室主任、州应急委
　办公室主任、州减灾委办公室
　主任　兰　翔
党组成员、副局长　艾晓兵（至6月）
　周家奇（6月止）　刘明春（至6月）
党委委员、副局长　艾晓兵（6月起）
　周家奇（6月起）　刘明春（6月起）
州安委会办公室副主任　艾晓兵
　刘明春
党组成员、政治部主任
　杨　桦（至6月）
党委委员、政治部主任
　杨　桦（6月起）
党组成员、州灾害救援专职
　副指挥长　彭开顺（至6月）
党委委员、州灾害救援专职
　副指挥长　彭开顺（6月起）

阿坝州消防救援支队

政治委员　黄　波（至3月）
　钟　捷（3月起）
支队长　余　涛（3月起）

阿坝州社会保险事业管理局

局　长　王应明

阿坝州医疗保障局

党组书记、局长　李　军
党组成员、副局长　杨秀平　王先进
党组成员、州医疗保障事务中心
　主任　罗章会

阿坝州就业服务管理局

局　长　邓运辉

阿坝州公积金管理中心

党组书记、主任　胡培柱
党组成员、副主任　彭　伟　尚光丽
党组成员、总稽核　赵　明

阿坝州民政局

党组书记、局长　王国民（至9月）

党组成员、副局长　王惠勇
泽仁扎西　王晓成（至6月）
张禄文（10月起）

阿坝州民族宗教事务委员会

党组书记、主任　郎　卡
党组成员、副主任　铁俊霞
李　华　尚基斯甲

阿坝州扶贫开发局

党组书记、局长　靳　东
党组成员、副局长　朱　钰
吴　定　舒　棋
州大骨节病综合防治服务中心主任
松　彬
总工程师　文瑞源

（县）市领导

马尔康市

中共马尔康市委
书　记　张培云（至11月）
李清勇（12月起）
副书记　窦孝解　何建华
欧　涛（8月起）文建军（挂职）
刘中均（挂职，6月起）
常　委　欧　涛（至7月）龚芹芹
斯旦珍　严　冬　雷开伟
南卡尔甲　龙海峰　左成弘
杨秀国　姚良火　陈大林
马尔康市人大常委会
主　任　苏朗格西
副主任　曲　飞　王崇秀　陈光全
申　涛
马尔康市人民政府
市　长　窦孝解
副市长　严　冬　姚良火　陈大林
龙湛洵　林　敏　杨成才
阎　平　杨飞雄　刘朝军
政协马尔康市委员会
主　席　昌　旺
副主席　泽郎关　陈玉旭　根　让
戴述辉
中共马尔康市纪委监委
书记、主任　龚芹芹
马尔康市人民法院
党组书记、院长　王久洪
马尔康市人民检察院
党组书记、检察长　刘晓虹

金川县

中共金川县委
书　记　卞思发
副书记　朱　锐　田长新　蒋才毅
常　委　魏　骏　杨凯龙　潘学兵
郑　刚　泽仁郎加　欧亚州
张　兰　苏拉让波　韩洪江
隋金涛　王子亮（10月起）
金川县人大常委会
主　任　申红霞
副主任　王晓涛　马良军　李　俊
康健友
金川县人民政府
县　长　朱　锐
副县长　杨凯龙　林　辉　张　庆
卢永波　魏　静　徐富刚
王子亮（至10月）邓志刚
政协金川县委员会
主　席　邓真华
副主席　李茂云　饶有军
新甲旦真　马朝琴
中共金川县纪委监委
书记、主任　欧亚洲
金川县人民法院
党组书记、院长　敬松杰
金川县人民检察院
党组书记、检察长　彭忠勇

小金县

中共小金县委
书　记　毛端喜
副书记　姚奇杰　魏超纲（挂职）
刘明刚　马巧玉（至8月）
杨　健（9月起）郑　宇（挂职）
常　委　刘　泽（至8月）
肖富全（8月起）
杨　健（至11月）李　涌
王瑞刚（至4月）杜小兵（4月起）
刘显凡　李　凡　李贵亮
陈显富　汪　英
何叶春（挂职）谢　匡（挂职）
小金县人大常委会
主　任　余志容
副主任　李世军　骆　雪　李生国
曾应武
小金县人民政府
县　长　姚奇杰
副县长　杨　健（至11月）
李　涌　何叶春（挂职）
谢国彬（挂职）刘　茂
周竞晖　宁华荣　黄　忱
孙　燕　靳福超　吴品俊
陈晓东（挂职）
政协小金县委员会
主　席　全　明（至12月）
副主席　王远富　宁　静　王礼臻
王　勇
中共小金县纪委监委
书记、主任　刘　泽（至8月）
肖富全（8月起）
小金县人民法院
党组书记、院长　戴　敏
小金县人民检察院
党组书记、检察长　张　强

阿坝县

中共阿坝县委
书　记　苏　均

副书记　陈宝华　龙真泽郎（挂职）
　韩德龙　罗　让
常　委　张绍强（4月起）廖宣东
　三郎俄木　尕让当周　泽波甲
　梁　彬（挂职）田祯培（挂职）
　谢祖强　高光平　更仁磋（11月起）
　王育章（至9月）陈　波（9月起）
阿坝县人大常委会
主　任　陈旭春
副主任　咱巴足　王　戈　李　琼
阿坝县人民政府
县　长　陈宝华
副县长　张绍强　梁　彬（挂职）
　田祯培（挂职）更仁磋（至11月）
　卞文强　杨　斌　董宗梁
　张书俊　彭光明
政协阿坝县委员会
主　席　措　德
副主席　杨华秀　确　周　嘎让罗
　周坚措　旦　科
中共阿坝县纪委监委
书记、主任　三郎俄木
阿坝县人民法院
党组书记、院长　文　静
阿坝县人民检察院
党组书记、检察长　赵品安

中共若尔盖县委
书　记　泽尔登
副书记　余开勇　联木参　伍晓东
　李恒春　孙　丹
常　委　木扎塔　代　杰　马启寿
　白玛措　索郎周
　肖富全（至9月）海　涛
　赵顺勇　童伟强　索南罗尔吾
　甘再清　陈正强（9月起）
若尔盖县人大常委会
主　任　陈万里
副主任　泽　旺　索　塔　郎　拉
　刘胜文
若尔盖县人民政府
县　长　余开勇
副县长　木扎塔　童伟强（挂职）
　甘再清（挂职）东　升　李雪燕
　刘跃文
　唐郁鑫　华尔丹
　泽　军
政协若尔盖县委员会
主　席　阿　达
副主席　王　勇
　卓藏仓·嘉木样格勒永登加措
　纳　科　杜　鹃
中共若尔盖县纪委监委
书记、主任　肖富全（至9月）
　陈正强（9月起）
若尔盖县人民法院
党组书记、院长　陈宏毅
若尔盖县人民检察院
党组书记、检察长　李玉梅

红原县
中共红原县委
书　记　廖　敏
副书记　嘉央罗萨　俄　萨　蒋明平
常　委　蔡怀东　赵　荣（12月止）
　吴　剑　泽旺措　容中仁青
　罗雨松　孔　勇（至6月）
　余贵雄（10月起）曾胜利（援藏）
　吕金记（援藏）
红原县人大常委会
主　任　拉旺健
副主任　嘎尔玛甲　牟全友
　旭　东　王　庆
红原县人民政府
县　长　嘉央罗萨
副县长　蔡怀东　吕金记（援藏）
　曾胜利（援藏）吕金记　曾胜利
　刘　健　东　升（至5月）
　桑　佼（至11月）红　梅
　余贵雄（至10月）张天辉
　罗　军　倪　勇（8月起）
　古云健（10月起）
　高　兵（11月起）
政协红原县委员会
主　席　李戎生
副主席　梁　斌　华尔央　让　俄
中共红原县纪委监委
书记、主任　吴　剑
红原县人民法院
党组书记、院长　高德茂
红原县人民检察院
党组书记、检察长　周德淳

壤塘县
中共壤塘县委
书　记　严　华
副书记　张德发　达尔吉　张万贵
　胡明久（挂职）
常　委　周　波（挂职）唐志强
　三郎严木初　仲晓蓉　孙福俊
　龚秋札熙　罗　壤（至9月）
　杨　勇　林　铁（挂职）
　肖开清（至10月）魏　辉
　邹大世（援藏）孙宏斌（9月起）
　张　静（10月起）
壤塘县人大常委会
主　任　刘木滚
副主任　闵　胜　周冬丽　周全和
　王　东
壤塘县人民政府
县　长　张德发
副县长　唐志强　林　铁（挂职）
　邹大世（援藏）凌　悦
　泽　周（至5月）代胜利
　杨福强（5月起）孙宏斌（至9月）
　谷尕尔莫（至5月）杨发义
　康术元（9月起）李文勇（10月起）
政协壤塘县委员会
主　席　马秀珍
副主席　班玛灯　甲央洛州

周春香　彭　杰
中共壤塘县纪委监委
书记、主任　肖开清（至10月）
　张　静（10月起）
壤塘县人民法院
党组书记、院长　刘海龙
壤塘县人民检察院
党组书记、检察长　陈宝全

汶川县

中共汶川县委
书　记　张通荣
副书记　旺　娜　王永寿（至9月）
　邓海兰　罗　凌　龙　跃（9月起）
常　委　刘　兵　邱　宁
　杨　彬（至7月）　王应强（7月起）
　李晓刚　梁雪东（至10月）
　汪国林　罗　壤（6月起）
　陈小建　张树柏　余理胜（10月起）
　张济川（10月起）
汶川县人大常务会
主　任　郭　铭
副主任　朱　顺　嘉国林　方　钰
　余　锋
汶川县人民政府
县　长　旺　娜
副县长　汪国林　陈小建　张树柏
　余理胜（至10月）
　雅哈洛措（5月起）　向光贵
　陈劲斌　侯治强　罗　萍
　任　剑（11月起）
县政协汶川县委员会
主　席　王志勇
副主席　倪明高　刘培英　吴　非
　张晓红
中共汶川县纪委监委
书记、主任　杨　彬（至7月）
　王应强（7月起）
汶川县人民法院
党组书记、院长　侯定云
汶川县人民检察院
党组书记、检察长　薛　伟

理县

中共理县县委
书　记　依当措（至10月）
　金天强（10月起）
副书记　王世伟　雍　军　郑子强
　吴勇刚（挂职）
常　委　杨玉峰　丁龙华
　甘元明（至12月）　余　宁
　索朗永忠　左红卫　莫尚华
　程继军（挂职）　蔡　飞
　刘　旭（挂职）
　封有财（挂职，6月起）
　祝　飞（12月起）
理县人大常委会
主　任　葛永兰
副主任　马永花　熊　瑛　王小刚
　高　健
理县人民政府
县　长　王世伟
副县长　杨玉峰　程继军（挂职）
　刘　旭（挂职）
　封有财（挂职，6月起）　田庆稷
　泽　周（5月起）　熊　伟
　马治国　刘　霞　刘　鲲（5月起）
政协理县委员会
主　席　王　勇
副主席　夏朝骏　王天宝　甘先群
　欧阳平
中共理县纪委监委
书记、主任　丁龙华
理县人民法院
党组书记、院长　何　斌
理县人民检察院
党组书记、检察长　呷尔玛

茂县

中共茂县县委
书　记　高加军（至11月）
　唐远益（11月起）
副书记　唐远益（至11月）
　杨　健（11月起）　尕玛格拉
　史志刚　李　彤
常　委　叶　平　周礼鸿
　杨泽旺（至10月）
　罗江涛（10月起）　李敦灿
　罗先全（12月起）　东　周（至12月）
　周超群（12月起）　李红梅
　三郎斯基（4月起）　陈方岳
　李永康　陈一山
茂县人大常务会
主　任　周启军
副主任　欧全春　余瑞昭　黄　健
　郭　汶
茂县人民政府
县　长　唐远益
副县长　杨　健　陈方岳（挂职）
　李永康（挂职）　罗江涛（至10月）
　周　耀　卞思雨　唐小洪
　钟　刚　妮　娜
　周立军（10月起）
政协茂县委员会
主　席　王　斌
副主席　向光辉　刘海波　赵兰荣
　谢连有
中共茂县纪委监委
书记、主任　叶　平
茂县人民法院
党组书记、院长　林尚华
茂县人民检察院
党组书记、检察长　王　西

松潘县

中共松潘县委
书　记　贺　松
副书记　李建军　杨兴荣（7月起）
　一　西（至12月）
常　委　谢立成　李晓斌
　王应强（至7月）

东　周（12月起）张　艳
付耀林　周超群（至12月）
华尔白　杨　刚　刘庭才（挂职）
何　晓（挂职）袁　杰（挂职）
张　引（12月起）

松潘县人大常务会

主　任　马永香
副主任　胡　铭　刘树成　泽旺梅
黄晓波

松潘县人民政府

县　长　李建军
副县长　杨兴荣（至9月）
刘庭才（挂职）　何　晓（挂职）
袁　杰（挂职）　曾玉林
盛碧慧　马劲松　许建国(至9月）
甘健平　刘雪婷（10月起）
骆志权（11月起）

政协松潘县委员会

主　席　马　骞
副主席　苏晓耘　阿旺尼美
刘　斌　张天虎

中共松潘县纪委监委

书记、主任　王应强（至7月）

松潘县人民法院

党组书记、院长　毛　辉

松潘县人民检察院

党组书记、检察长　何　沂

九寨沟县

中共九寨沟县委

书　记　罗智波
副书记　陶　钢　彭开剑
张　锐（7月起）
常　委　谷文勇　刘志鹏　夏永胜
李炳勇　文成华
杜文钲(至7月）孔　勇(7月起）
高恺衡　张孝军　张　引(8月起）
许建国(11月起）余建平(挂职）
王　平（援藏）
李　桢（挂职，至11月）
唐新林（挂职）蒋　鹏（挂职）
黎　江（挂职，至3月）

九寨沟县人大常务会

主　任　汪世荣
副主任　许德禄　邓　义　刘　斌
周晓喻

九寨沟县人民政府

县　长　陶　钢
副县长　孔　勇（7月起）余建平
王　平　唐新林　蒋　鹏
刘明清　黎永胜　龚学文
陈志敏　张迎凤　夏茂辉
向泉明（至7月）
许勤麒（10月起）

政协九寨沟县委员会

主　席　葛林冲
副主席　左光远　奔卡嘎桑仁静
坤芝陆　扎黑泽里

中共九寨沟县纪委监委

书记、主任　夏永胜

九寨沟县人民法院

党组书记、院长　何其军

九寨沟县人民检察院

党组书记、检察长　周德淳

黑水县

中共黑水县委

书　记　刘云建
副书记　何晓兵　廖　军　张　勇
韩正林（挂职）赵立栋（挂职）
常　委　联木参　罗先全　赵　俊
覃　治　兰卡他　袁旭东
张　薇　斯旦波　董振华
杨述州　李少华

黑水县人大常委会

主　任　陈永清
副主任　邓庆明　陈　剑　银晓清
李贵富

黑水县人民政府

县　长　何晓兵
副县长　联木参　程　勇（援藏）
周春发（挂职）汪　明
恩仁斯甲　尔金初　杜吉泽里
刘　鲲　郎　超（挂职）刘　强

政协黑水县委员会

主　席　王　扎
副主席　胡汉康　安　波　王大兰
张　超

中共黑水县纪委监委

书记、主任　覃　治

黑水县人民法院

党组书记、院长　郭登林

黑水县人民检察院

党组书记、检察长　苟松杰

人物传略

Brief Biography of Famous People

李庆云

李庆云河北广宗县人，生于1931年1月，1962年12月加入中国共产党，李庆云同志1945年3月至1947年3月在白求恩国际和平医院任招护员，1947年4月至1950年3月在二野女大任通讯员、警卫员，1950年4月至1951年2月在西南革命大学任警卫员，1951年3月至1952年11月在西南民族学院任警卫员，1952年12月至1956年7月在四川省第二、五工农干校学习，1956年8月至1960年9月在马尔康林业局任保卫科干事，1960年10月至1971年8月在红光林业局任保卫科干事，1971年9月至1985年4月在南坪林业局汽车队任干事。1985年4月离休（军转干部），享受县级待遇，2009年9月享受副厅级待遇。李庆云热爱党，热爱祖国，热爱人民。在几十年的革命生涯中，保持革命的优良传统，起到一名共产党员的先锋模范作用，时刻以一个优秀共产党员的标准严格要求自己，在平凡的工作岗位上勤勤恳恳、任劳任怨；他心系群众、乐于助人、廉洁奉公；对同志坦诚相待，对自己严格要求，坚持原则，拥护党的领导，认真贯彻执行党的路线、方针、政策，在政治上、思想上、行动上始终与党中央保持高度一致。为人忠厚、襟怀坦白、平易近人、待人真诚，家庭和睦、邻里团结，从不计较个人得失，为党和人民事业奉献了毕生心血。

2020年1月31日，在成都市温江区人民医院医治无效逝世，享年89岁。

何云祥

何云祥，重庆潼南人，出生于1942年10月16日，1961年3月参加工作，1964年5月加入中国共产党，中专学历。1961年3月至1962年3月在漩口矿区里炭坡煤矿生产科工作；1962年3月至1963年任壤塘林业局四林场检尺员；1963年至1973年壤塘林业局机关支部书记；1974年至1983年任壤塘林业局党委成员，劳工科长；1983至1993年9月任壤塘林业局党委副书记；1993年9月至2002年12月任壤塘林业局工会主席，2002年12月退休。何云祥热爱党、热爱人民，在41年的革命生涯中，忠诚履行为人民服务的宗旨，拥护党的路线、方针、政策，坚持共产主义信念、始终与党中央保持一致，工作上兢兢业业、任劳任怨、认真负责、忠于职守、勤政廉政、大公无私、热爱企业、团结同志、作风正派、诚实待人，从不计较个人得失，几十年如一日，在平凡的岗位上做出不平凡的业绩。

2020年2月25日，在重庆潼南家中因病去世，享年78岁。

杨能吉

杨能吉，山西省灵石县人，生于1930年2月，1949年11月加入中国共产党，1949年2月至1950年10月在解放军61军181师542团任战士，1950年10月至1958年7月先后在三台县警卫营、遂宁市军分区、川北军区、盐亭县兵役局、成都军区凉山民政工作团任文书、学员、干事、等职，1958年7月至1984年11月先后任瓦岗县元宝山磷肥厂厂长、元宝乡党支部、布洛依达林指导员，1967年10月至1984年11月在南坪林业局工作，先后任局保卫科副科长、职工医院副院长、机关党总支部总支书记等职。1984年11月离休(军转干部)，享受县级待遇。杨能吉自1949年参加中国人民解放军以来，忠于共产党，热爱祖国，热爱人民。转业到地方工作后，继续保持革命的优良传统，起到一名共产党员的先锋模范作用，时刻以一个优秀共产党员的标准严格要求自己，他一生勤勤恳恳、任劳任怨；在工作岗位上，干一行、爱一行、钻一行、敬业爱岗、廉洁自律、默默奉献；对待工作，从无二话、脚踏实地、埋头苦干；胸怀大局，无论在那里工作，都能服从组织安排，毫无怨言；心系群众、乐于助人、廉洁奉公；对同志坦诚相待，对自己严格要求，是为人处事的一贯准则；为人忠厚、襟怀坦白、平易近人、待人真诚，家庭和睦、邻里团结，是一个深得大家信赖和怀念的好同志。

2020 年 3 月 16 日下午六时，在绵阳市三医院医治无效逝世，享年 90 岁。

何铁军

何铁军，四川广安人，出生于 1932 年 2 月，1951 年 11 月参加工作，1956 年 6 月加入中国共产党，在职大学学历。1951 年 11 月至 1953 年 3 月在川东伐木公司广安伐木站工作；1953 年 4 月至 1960 年 2 月在川西林业局 305 场、301 场、304 场、306 场、307 场工作；1960 年 3 月至 1965 年 4 月在川西林业局基建计划科历任副科长、科长；1965 年 5 月至 1978 年在川西林业局历任副局长、革委会副主任；1979 年至 1981 年 6 月在川西林业局任党委书记、局长；1981 年 7 月任阿坝州林业企业管理局任副局长，1986 年 4 月退休。何铁军热爱党、热爱人民，在 35 年的革命生涯中，忠诚履行为人民服务的宗旨，兢兢业业，恪尽职守，任劳任怨，不畏艰难，在平凡的岗位上做出不平凡的业绩。长期担任县级领导干部，始终做到政治坚定，是非分明；坚持原则，坚决拥护和认真贯彻执行党的路线、方针、政策，在政治上、思想上、行动上始终与党中央保持高度一致，听党指挥、服从安排、遵守纪律，从不计较个人得失，为党和人民事业奉献了毕生心血。

2020 年 3 月 30 日凌晨 3 时，在成都市温江区家中因病去世，享年 88 岁。

张运年

张运年，山西平顺人，1927 年 9 月出生，1945 年 7 月参加中国人民解放军，1947 年 10 月加入中国共产党，先后担任战士、通讯员、文工队组长、副指导员等部队职务，先后亲身参加了淮海战役、渡江战役等重大战役，1952 年 4 月在四川省江津军分区四中队担任副连级干部，1960 年 3 月转业在阿坝州交通运输管理总站工作，先后担任副站长、站长，1985 年 5 月离休，享受正厅级待遇。张运年在长达 40 年革命生涯中，始终对党忠诚，努力为党工作，牢记共产党员初心和使命，坚定共产主义理想奋斗一生，为阿坝交通运输事业贡献了自己的力量。

2020 年 4 月 13 日 11 时 48 分，在成都市郫都区人民医院医治无效逝世，享年 93 岁。

程国才

程国才，辽宁沈阳人，出生于 1929 年 3 月，1948 年 10 月参加工作，初中文化程度。1948 年 10 月至 1950 年 10 月在中国人民解放军独立三师四五九团三营七连任士兵；1950 年 10 月至 1954 年 4 月在中国人民解放军公安九师后勤医院护士；1954 年 4 月至 1954 年 12 月任中国人民解放军公安九师营建办卫生所助理军医；1954 年 12 月至 1958 年 8 任建材部东北冶金一公司医士；1958 年 8 月至 1962 年 5 月任四川省省建二公司第五工程处卫生所副所长；1962 年 5 月至 1962 年 12 月任宜宾楠竹局万岑林场卫生所副所长；1962 年 12 月至 1964 年 12 月任阿坝州川西林业局 301 林保健站站长；1964 年 12 月起任阿坝州川西林业局职工医院医师至 1984 年 1 月离（退）休。程国才热爱党、热爱人民，忠诚履行为人民服务的宗旨，兢兢业业，恪尽职守，任劳任怨，不畏艰难，在平凡的岗位上做出不平凡的业绩。他长期担任县级领导干部，始终做到政治坚定，是非分明；坚持原则，坚决拥护和认真贯彻执行党的路线、方针、政策，在政治上、思想上、行动上始终与党中央保持高度一致，听党指挥、服从安排、遵守纪律，从不计较个人得失，为党和人民事业奉献了毕生心血。

2020 年 6 月 19 日 11 时 30 分在成都市第八人民医院医治无效逝世，享年 91 岁。

华明伦

华明伦，贵州福泉人，1935 年 1 月 13 日出生，1961 年 7 月加入中国共产党，1956 年毕业于西南民族学院，同年分配到成都西南民院，1959 年 9 月到阿坝卫校工作，1990 年 11 月退休。历任科长、副县级干部。

华明伦响应党的号召，积极投

身到支援民族地区建设的热潮中，热爱党的教育事业，对党忠诚、恪尽职守、任劳任怨、团结同事、关爱学生，把自己的一生奉献给了教育事业，深得社会和师生的好评。

2020年6月逝世，享年85岁。

付兴明

付兴明，四川射洪人，出生于1938年12月，1956年6月参加工作，1959年10月加入中国共产党，在职大学学历。1956年6月至1964年3月任黑水林业局党委秘书；1964年4月至1965年8月任州委工交政治部干事、“四清”工作队副队长；1965年9月至1966年3月任岷江木材水运局政治处副主任；1966年3月至1974年11月任岷江木材水运局党委委员；1974年12月至1979年4月任毛儿盖林业局党委副书记；1979年5月至1980年3月任毛儿盖林业局党委书记；1980年4月至1981年6月任阿坝州林业企业管理局党委副书记、局长；1981年7月任阿坝州委、州政府林业办公室副主任；1981年8月至1983年9月任阿坝州林业企业管理局党委书记；1983年10月至1997年7月退休任阿坝州林业企业管理局局长、党委副书记；1997年7月退休。付兴明，在41年的革命生涯中，热爱党、热爱人民，忠诚履行为人民服务的宗旨，兢兢业业，恪尽职守，任劳任怨，不畏艰难，在平凡的岗位上做出不平凡的业绩。他长期担任县级领导干部，始终做到政治坚定，是非分明；坚持原则，坚决拥护和认真贯彻执行党的路线、方针、政策，在政治上、思想上、行动上始终与党中央保持高度一致，听党指挥、服从安排、遵守纪律，从不计较个人得失，为党和人民事业奉献了毕生心血。

2020年11月26日上午9时55分，在成都市第三人民医院医治无效逝世，享年82岁。

郁洪范

郁洪范，江苏省启东人，出生于1929年3月，1946年7月参加工作，1947年9月加入中国共产党，小学文化。1946年7月至1953年7月三野十八兵团战士；1953年7月至1959年7月任漩口下庄水泥厂指导员队长；1959年7月至1964年3月任二〇五段长；1964年3月至1965年8月任壤塘林业局营林处行政股长；1965年8月至1972年11月任壤塘林业局组织科副科长；1972年11月至1980年6月任壤塘林业局供应科长；1980年6月壤塘林业局工会副主席。1983年3月离休。郁洪范热爱党、热爱人民，在37年的革命生涯中，忠诚履行为人民服务的宗旨，兢兢业业，恪尽职守，任劳任怨，不畏艰难，在平凡的岗位上做出不平凡的业绩。他任职期间，始终做到政治坚定，是非分明；坚持原则，坚决拥护和认真贯彻执行党的路线、方针、政策，在政治上、思想上、行动上始终与党中央保持高度一致，他听党指挥、服从安排、遵守纪律，从不计较个人得失，为党和人民事业奉献了毕生心血。

2020年12月13日，在四川省人民医院医治无效逝世，享年91岁。

李玉德

李玉德，1966年3月出生，四川省阿坝州汶川县映秀镇桃关村御底关组村民，生前系汶川太平驿电站保安。2019年8月20日2时许，连续强降雨导致山洪泥石流。李玉德在巡视时听到异响，第一时间叫醒工作人员，并协助撤离到安全地带；又主动返回大坝协助排险，在提取闸门时遭遇洪水冲击牺牲。李玉德在安全转移群众的过程中，冲锋在前，英勇献身，诠释舍身忘我、舍己为人的崇高精神，继承和弘扬了中华民族见义勇为优秀传统，展现了新时期阿坝人光辉形象。根据《四川省保护和奖励见义勇为条例》相关规定，阿坝州人民政府于2020年12月追授李玉德“阿坝州见义勇为勇士”称号，并给予李玉德亲属5万元奖励。

先进个人

Advanced Individuals

国家级表彰

2020 年阿坝州获国家级表彰个人一览表

表 22

获奖人	工作单位	奖项名称	颁奖单位
赵 勇	汶川县三江镇乐活村村委会	全国抗击新冠肺炎疫情先进个人	中共中央、国务院、中央军委
阿真能周	红原县森林公安局刷经寺派出所	全国抗击新冠肺炎疫情先进个人	中共中央、国务院、中央军委
刘 坪	中共阿坝州委	2020 年全国脱贫攻坚先进个人	中共中央、国务院
陈望慧	小金县达维镇冒水村村支部，小金县夹金山清多香野生资源开发有限责任公司	2020 年全国脱贫攻坚先进个人	中共中央、国务院
措斯基	中共阿坝县委机关党委书记	2020 年全国脱贫攻坚先进个人	中共中央、国务院
殷启雄	松潘县税务局机关党委副书记	2020 年全国脱贫攻坚先进个人	中共中央、国务院
张 飞	小金县美兴镇人民政府，小金县甘家沟村第一书记	2020 年全国脱贫攻坚先进个人	中共中央、国务院
徐俊	四川青神经济开发区管委会主任	2020 年全国脱贫攻坚先进个人	中共中央、国务院
何有信	茂县六月红花椒专业合作社	2020 年全国脱贫攻坚先进个人	中共中央、国务院
赵煜民	交通运输部综合规划司水运规划处	2020 年全国脱贫攻坚先进个人	中共中央、国务院
向志雄	阿坝州黑水林业局	全国劳动模范	国务院
宋 飞	阿坝州公安局刑警支队	全国先进工作者	国务院
王 军	阿坝州水务局	全国河长制湖长制先进个人	国家水利部
阿真能周	红原县森林公安局刷经寺派出所	第 24 届“中国青年五四奖章”	共青团中央
韦庆勇	阿坝州儿童福利院	全国民政系统抗击新冠肺炎疫情先进个人	国家民政部
裴连美	阿坝州疾病预防控制中心	2004—2019 年中国死因登记报告工作阶段总结突出贡献先进个人	国家疾控中心
张紫宣	中共阿坝州委网信办	国家网络安全宣传周活动先进个人	中央网信办
杨 斌	阿坝州气象局	全国气象工作先进个人	中国气象局
丁 旷	阿坝州森林消防支队应急通信与车辆勤务中队	国家综合性消防救援队伍抗击新冠肺炎疫情先进个人	国家应急管理部
李丰宏	阿坝州森林消防支队马尔康市大队一中队	第五届全国 119 消防先进个人	国家消防总局
陈玉林	阿坝州农业农村局	对口帮扶“三区三州”绿色食品发展工作先进个人	国家绿色食品发展中心

省委、省政府表彰

2020 阿坝州获省委、省政府表彰个人一览表

表 23

获奖人	工作单位	奖项名称	颁奖单位
但立峰	阿坝州人民医院	四川省爱国拥军模范	中共四川省委、四川省人民政府、四川省军区
泽仁久	中共阿坝州委网信办	四川省脱贫攻坚先进个人	中共四川省委、四川省人民政府
杨艳梅	阿坝州人民医院	四川省抗击新冠肺炎疫情先进个人	中共四川省委、四川省人民政府
张　浪	阿坝州人民医院	四川省抗击新冠肺炎疫情先进个人	中共四川省委、四川省人民政府
生　亮	阿坝州中心血站	四川省抗击新冠肺炎疫情先进个人	中共四川省委、四川省人民政府
敬　琼	阿坝州疾病预防控制中心	四川省抗击新冠肺炎疫情先进个人	中共四川省委、四川省人民政府
泽郎达尔基	阿坝州卫生健康委员会	四川省抗击新冠肺炎疫情先进个人	中共四川省委、四川省人民政府
陈　亚	阿坝州消防救援支队	四川省抗击新冠肺炎疫情先进个人	中共四川省委、四川省人民政府
韩太伟	阿坝州公安局治安支队	四川省抗击新冠肺炎疫情先进个人	中共四川省委、四川省人民政府
周玉贵	阿坝州交通运输局	四川省抗击新冠肺炎疫情先进个人	中共四川省委、四川省人民政府
张贝里	阿坝州广播电视台	四川省抗击新冠肺炎疫情先进个人	中共四川省委、四川省人民政府
陈　娣	阿坝州红十字会	2019 年脱贫攻坚优秀驻村工作队队员	中共四川省委、四川省人民政府
克　基	阿坝州统计局	2019 年全省脱贫攻坚优秀第一书记	中共四川省委、四川省人民政府
贡布夺尔基	阿坝州藏医院	四川省脱贫攻坚优秀驻村工作队员	中共四川省委、四川省人民政府
刘元顺	阿坝州农业农村局	全省优秀驻村农技员	中共四川省委
董成兵	阿坝州农业农村局	全省优秀驻村农技员	中共四川省委
陈伍志	四川红原遛遛牛食品有限责任公司	四川省劳动模范	四川省人民政府
哈弄夺机	中国邮政集团公司四川省若尔盖县分公司	四川省劳动模范	四川省人民政府
刘晓宇	国网四川岷江供电有限责任公司	四川省劳动模范	四川省人民政府
刘国华	中国电信股份有限公司茂县分公司	四川省劳动模范	四川省人民政府
李　进	四川唐古拉风艺术团	四川省劳动模范	四川省人民政府
江润安	小金县兴隆农副产品开发有限责任公司	四川省劳动模范	四川省人民政府
朱　亮	四川省汶川县乐亮种植专业合作社	四川省劳动模范	四川省人民政府
何有信	茂县六月红花椒专业合作社	四川省劳动模范	四川省人民政府
泽让昂休	浙江兴业市政工程有限公司	四川省劳动模范	四川省人民政府
杨　涛	九寨沟县公安局	四川省劳动模范	四川省人民政府
谢晓兰	四川省马尔康中学	四川省先进工作者	四川省人民政府
黎开成	阿坝州科技交流普及中心	四川省先进工作者	四川省人民政府
罗　俊	阿坝州人民医院	四川省先进工作者	四川省人民政府
胡　春	阿坝州税务局	四川省先进工作者	四川省人民政府
班玛德谦	四川省阿坝卫生学校	四川省脱贫攻坚“五个一”帮扶先进个人	四川省人民政府

厅局级表彰

2020 年阿坝州获厅局级表彰个人一览表

表 24

获奖人	工作单位	奖项名称	颁奖单位
明华强	国家税务总局阿坝州税务局	全省模范退役军人	四川省退役军人事务厅、四川省人力资源和社会保障厅
任青松	阿坝州消防救援支队	三等功	省消防救援总队
董　谊	阿坝州红十字会	参与疫情防控工作优秀个人	四川省红十字会
罗　芳	阿坝州红十字会	参与疫情防控工作优秀个人	四川省红十字会
包世勇	大熊猫国家公园阿坝管理分局	四川省大熊猫保护突出贡献奖	四川省林草局、四川省人力资源和社会保障厅
张德丞	大熊猫国家公园阿坝管理分局	四川省大熊猫保护突出贡献奖	四川省林草局、四川省人力资源和社会保障厅
白玛欧智	阿坝州人大常委会办公室信息中心	第 29 届四川人大新闻奖摄影类作品三等奖	四川省人大常委会办公厅
顺定强	四川省威州民族师范学校	2019—2020 年度科研课题结题一等奖	四川省职业教育与成人教育学会
杨跃萍	阿坝州疾病预防控制中心	2020 年全省疾控信息工作优秀个人	四川省疾病预防控制中心
齐颜凤	阿坝州疾病预防控制中心	涉川境外入京人员分流转运工作先进个人	四川省人民政府驻北京办事处
敬　琼	阿坝州疾病预防控制中心	2020 年全省疾控信息工作优秀个人	四川省疾病预防控制中心
秦远吉	阿坝州水务局	2020 年度全省农村水利工作先进个人	四川省水利厅
郭成科	阿坝州水务局	2020 年度四川水利宣传工作先进个人	四川省水利厅
张　未	阿坝州水务局	2020 年度全省水利工程建设工作先进个人	四川省水利厅
巫兴亮	阿坝州水务局	2020 年度四川省质量与安全监督工作先进个人	四川省水利厅
杨　宏	中国邮政储蓄银行阿坝州分行	2019—2020 年度“发挥金融合力，助推脱贫攻坚”“金融精准扶贫劳动竞赛”先进个人	人行成都分行、四川省总工会、四川省地方金融监督管理局、四川证监局
泽　久	阿坝州财政局	四川省财政系统先进个人	四川省人力资源和社会保障厅、四川省财政厅
赵银刚	阿坝州财政局	四川省财政系统先进个人	四川省人力资源和社会保障厅、四川省财政厅
黄　勇	阿坝州财政局	四川省财政系统先进个人	四川省人力资源和社会保障厅、四川省财政厅
武敬峰	阿坝州气象台	2019 年度四川省抗击重大自然灾害先进个人	四川省应急管理厅
蔡远才	四川省马尔康中学校	四川省名班主任	四川省教育厅

续表 24

获奖人	工作单位	奖项名称	颁奖单位
龚智强	阿坝州林业和草原局	四川省大熊猫保护突出贡献先进个人	四川省林业和草原局、四川省人力资源和社会保障局
罗尔吾	阿坝州藏医院	四川省第三届“健康四川大美医者”	四川省委宣传部、四川省精神文明办、四川省卫生健康委员会
泽　戈	阿坝州藏医院	四川省民族地区卫生健康事业发展先进个人	四川省卫健委
金　强	阿坝州科学技术协会	2020 年防范邪教宣传月活动先进个人	四川省反邪教协会
索郎夺尔基	四川若尔盖湿地国家级自然保护区管理局	最美巡护员	四川省林业和草原局
张　跃	九寨沟国家级自然保护区管理局	四川省大熊猫保护突出贡献奖先进个人	四川省林业和草原局、四川省人力资源和社会保障厅
唐　茜	中国联合网络通信有限公司阿坝州分公司	优秀员工	中国联通四川省分公司
王青卓玛	中国联合网络通信有限公司阿坝州分公司	优秀员工	中国联通四川省分公司
董柱秀	中国联合网络通信有限公司阿坝州分公司	优秀员工	中国联通四川省分公司
王廷峰	中国联合网络通信有限公司阿坝州分公司	数字化转型技术之星	中国联通四川省分公司
曹　倩	中国联合网络通信有限公司阿坝州分公司	数字化转型支撑之星	中国联通四川省分公司
熊永花	中国联合网络通信有限公司阿坝州分公司	数字化转型启明之星	中国联通四川省分公司

州委、州政府表彰

2020 年阿坝州获州委、州政府表彰个人一览表

表 25

获奖人	工作单位	奖项名称	颁奖单位
王　兵	阿坝州卫健委	拥军优属模范个人	中共阿坝州委、阿坝州人民政府、阿坝军分区
向庆勇	阿坝州人民医院	拥军优属模范个人	中共阿坝州委、阿坝州人民政府、阿坝军分区
蒋　刚	阿坝州国资委	拥军优属模范个人	中共阿坝州委、阿坝州人民政府、阿坝军分区
嘎让娜姆	阿坝州财政局	拥军优属模范个人	中共阿坝州委、阿坝州人民政府、阿坝军分区
李良霞	阿坝州妇联	拥军优属模范个人	中共阿坝州委、阿坝州人民政府、阿坝军分区

续表 25

获奖人	工作单位	奖项名称	颁奖单位
杜州洋	阿坝州退役军人事务局	拥军优属模范个人	中共阿坝州委、阿坝州人民政府、阿坝军分区
杜朝晋	阿坝州医保局	拥军优属模范个人	中共阿坝州委、阿坝州人民政府、阿坝军分区
邵　坤	第77集团军勤务支援第77旅阿坝独立营	拥政爱民模范个人	中共阿坝州委、阿坝州人民政府、阿坝军分区
彭学平	武警阿坝支队	拥政爱民模范个人	中共阿坝州委、阿坝州人民政府、阿坝军分区
苏华山	武警阿坝支队	拥政爱民模范个人	中共阿坝州委、阿坝州人民政府、阿坝军分区
杨永生	武警阿坝支队	拥政爱民模范个人	中共阿坝州委、阿坝州人民政府、阿坝军分区
李秋洋	武警阿坝支队机动二中队	拥政爱民模范个人	中共阿坝州委、阿坝州人民政府、阿坝军分区
江俊衫	武警机动第四支队	拥政爱民模范个人	中共阿坝州委、阿坝州人民政府、阿坝军分区
张文博	武警机动第四支队作战支援大队	拥政爱民模范个人	中共阿坝州委、阿坝州人民政府、阿坝军分区
郭祖文	阿坝州法院	退役军人模范个人	中共阿坝州委、阿坝州人民政府、阿坝军分区
张秀洪	阿坝州国投公司	退役军人模范个人	中共阿坝州委、阿坝州人民政府、阿坝军分区
李　婷	阿坝州人民医院	十佳军嫂	中共阿坝州委、阿坝州人民政府、阿坝军分区
周　燕	阿坝州经信局	十佳军嫂	中共阿坝州委、阿坝州人民政府、阿坝军分区
马吉莉	阿坝州社工协会	十佳军嫂	中共阿坝州委、阿坝州人民政府、阿坝军分区
赵晓慧	四川省关泰建设项目管理有限公司	十佳军嫂	中共阿坝州委、阿坝州人民政府、阿坝军分区
付明会	阿坝师范学院	2019年度征兵工作先进个人	阿坝州人民政府、阿坝州军分区
林和全	四川省汶川卧龙特别行政区卧龙镇卫生院	阿坝州抗击新冠肺炎疫情先进个人	中共阿坝州委、阿坝州人民政府
邓锣琳	四川省汶川卧龙特别行政区耿达镇卫生院	阿坝州抗击新冠肺炎疫情先进个人	中共阿坝州委、阿坝州人民政府
罗　敏	阿坝州人民医院	阿坝州抗击新冠肺炎疫情先进个人	中共阿坝州委、阿坝州人民政府
李晓玲	阿坝州林业中心医院	阿坝州抗击新冠肺炎疫情先进个人	中共阿坝州委、阿坝州人民政府
杨跃萍	阿坝州疾病预防控中心	阿坝州抗击新冠肺炎疫情先进个人	中共阿坝州委、阿坝州人民政府
殷　召	阿坝州疾病预防控中心	阿坝州抗击新冠肺炎疫情先进个人	中共阿坝州委、阿坝州人民政府
张小兵	阿坝州疾病预防控中心	阿坝州抗击新冠肺炎疫情先进个人	中共阿坝州委、阿坝州人民政府
鄢碧蓉	阿坝州疾病预防控中心	阿坝州抗击新冠肺炎疫情先进个人	中共阿坝州委、阿坝州人民政府

续表 25

获奖人	工作单位	奖项名称	颁奖单位
齐颜凤	阿坝州疾病预防控中心	阿坝州抗击新冠肺炎疫情先进个人	中共阿坝州委、阿坝州人民政府
余路碧	阿坝州妇幼保健计划生育服务中心师	阿坝州抗击新冠肺炎疫情先进个人	中共阿坝州委、阿坝州人民政府
曾元发	阿坝州卫生健康委员会	阿坝州抗击新冠肺炎疫情先进个人	中共阿坝州委、阿坝州人民政府
陈　禁	阿坝州卫生健康委员会	阿坝州抗击新冠肺炎疫情先进个人	中共阿坝州委、阿坝州人民政府
顺明飞	阿坝州卫生健康委员会	阿坝州抗击新冠肺炎疫情先进个人	中共阿坝州委、阿坝州人民政府
切木曲甲	阿坝州卫生健康委员会	阿坝州抗击新冠肺炎疫情先进个人	中共阿坝州委、阿坝州人民政府
勒　波	阿坝州卫生健康委员会	阿坝州抗击新冠肺炎疫情先进个人	中共阿坝州委、阿坝州人民政府
谢晓琴	阿坝州委办公室	阿坝州抗击新冠肺炎疫情先进个人	中共阿坝州委、阿坝州人民政府
李俊峰	阿坝州政府办公室	阿坝州抗击新冠肺炎疫情先进个人	中共阿坝州委、阿坝州人民政府
美梅沙	阿坝州卫生和计划生育监督执法支队	阿坝州抗击新冠肺炎疫情先进个人	中共阿坝州委、阿坝州人民政府
顺定强	威州民族师范学校	阿坝州抗击新冠肺炎疫情先进个人	中共阿坝州委、阿坝州人民政府
付　丹	马尔康中学校	阿坝州抗击新冠肺炎疫情先进个人	中共阿坝州委、阿坝州人民政府
索郎卓玛	四川省阿坝卫生学校	阿坝州抗击新冠肺炎疫情先进个人	中共阿坝州委、阿坝州人民政府
唐　斌	阿坝职业学院	阿坝州抗击新冠肺炎疫情先进个人	中共阿坝州委、阿坝州人民政府
唐　超	四川省阿坝生态环境监测中心站	阿坝州抗击新冠肺炎疫情先进个人	中共阿坝州委、阿坝州人民政府
陈学志	阿坝州文物考古研究所	阿坝州抗击新冠肺炎疫情先进个人	中共阿坝州委、阿坝州人民政府
曾孝娟	达古冰川管理局	阿坝州抗击新冠肺炎疫情先进个人	中共阿坝州委、阿坝州人民政府
银　齐	阿坝日报社	阿坝州抗击新冠肺炎疫情先进个人	中共阿坝州委、阿坝州人民政府
益　英	阿坝州交通运输局	阿坝州抗击新冠肺炎疫情先进个人	中共阿坝州委、阿坝州人民政府
龚利明	阿坝州气象局气象	阿坝州抗击新冠肺炎疫情先进个人	中共阿坝州委、阿坝州人民政府
李雪飞	阿坝大九寨旅游集团有限责任公司	阿坝州抗击新冠肺炎疫情先进个人	中共阿坝州委、阿坝州人民政府
杨玉良	中国邮政集团有限公司阿坝州分公司	阿坝州抗击新冠肺炎疫情先进个人	中共阿坝州委、阿坝州人民政府
樊　娟	阿坝州烟草专卖局（公司）	阿坝州抗击新冠肺炎疫情先进个人	中共阿坝州委、阿坝州人民政府
李作文	国家统计局阿坝调查队	阿坝州抗击新冠肺炎疫情先进个人	中共阿坝州委、阿坝州人民政府
赵　中	阿坝州公路运输管理处	阿坝州抗击新冠肺炎疫情先进个人	中共阿坝州委、阿坝州人民政府
谢永秀	阿坝州经济和信息化局	阿坝州抗击新冠肺炎疫情先进个人	中共阿坝州委、阿坝州人民政府
都　涛	阿坝州公安局	阿坝州抗击新冠肺炎疫情先进个人	中共阿坝州委、阿坝州人民政府
王华麟	阿坝州公安局	阿坝州抗击新冠肺炎疫情先进个人	中共阿坝州委、阿坝州人民政府
周家奇	阿坝州应急管理局	阿坝州抗击新冠肺炎疫情先进个人	中共阿坝州委、阿坝州人民政府
唐天明	阿坝州应急管理局	阿坝州抗击新冠肺炎疫情先进个人	中共阿坝州委、阿坝州人民政府
高攀奎	阿坝州审计局	阿坝州抗击新冠肺炎疫情先进个人	中共阿坝州委、阿坝州人民政府
罗志江	阿坝州机关事务管理局	阿坝州抗击新冠肺炎疫情先进个人	中共阿坝州委、阿坝州人民政府
特　真	格尔登寺管委会	阿坝州抗击新冠肺炎疫情先进个人	中共阿坝州委、阿坝州人民政府
戴先彪	德阿产业园区管委会	阿坝州抗击新冠肺炎疫情先进个人	中共阿坝州委、阿坝州人民政府

续表 25

获奖人	工作单位	奖项名称	颁奖单位
雷　英	阿坝州红十字会	阿坝州抗击新冠肺炎疫情先进个人	中共阿坝州委、阿坝州人民政府
索郎当州	阿坝州政府政务服务中心	阿坝州抗击新冠肺炎疫情先进个人	中共阿坝州委、阿坝州人民政府
许弟友	阿坝州政府政务服务中心	阿坝州“联户联情”工作先进个人	中共阿坝州委
叶　云	阿坝州委统战部	阿坝州“联户联情”工作先进个人	中共阿坝州委
孙福勇	阿坝州生态保护与发展研究院	阿坝州“联户联情”工作先进个人	中共阿坝州委
顺定强	威州民族师范学校	阿坝州“联户联情”工作先进个人	中共阿坝州委
陈　英	阿坝州妇联	阿坝州“联户联情”工作先进个人	中共阿坝州委
肖　军	阿坝州委组织部	阿坝州“联户联情”工作先进个人	中共阿坝州委
鑫　辉	九寨沟管理局	阿坝州“联户联情”工作先进个人	中共阿坝州委
白玛罗尔吾	阿坝州委政法委	阿坝州“联户联情”工作先进个人	中共阿坝州委
王　平	马尔康中学校	阿坝州“联户联情”工作先进个人	中共阿坝州委
余和林	阿坝州藏医院	阿坝州“联户联情”工作先进个人	中共阿坝州委
三郎俄玛	阿坝州生态环境局	阿坝州“联户联情”工作先进个人	中共阿坝州委
文思建	汶川中学校	阿坝州“联户联情”工作先进个人	中共阿坝州委
张世耀	阿坝卫生学校	阿坝州“联户联情”工作先进个人	中共阿坝州委
张　刚	川西国有林保护局	阿坝州“联户联情”工作先进个人	中共阿坝州委
周全福	四姑娘山管理局	阿坝州“联户联情”工作先进个人	中共阿坝州委
李恒希	阿坝州文化旅游发展有限责任公司	阿坝州“联户联情”工作先进个人	中共阿坝州委
庞　林	阿坝州卫生健康委员会	阿坝州“联户联情”工作先进个人	中共阿坝州委
周　云	阿坝州农业农村局	阿坝州“联户联情”工作先进个人	中共阿坝州委
舒　棋	阿坝州扶贫开发局	阿坝州“联户联情”工作先进个人	中共阿坝州委
张清翠	阿坝州财政局	阿坝州“联户联情”工作先进个人	中共阿坝州委
史鑫成	共青团阿坝州委	阿坝州“联户联情”工作先进个人	中共阿坝州委
勒乌戈	阿坝州科协	阿坝州“联户联情”工作先进个人	中共阿坝州委
杨文福	阿坝州政府办公室	阿坝州“联户联情”工作先进个人	中共阿坝州委
李清勇	阿坝州退役军人事务局	阿坝州“联户联情”工作先进个人	中共阿坝州委
牛培勇	阿坝工业园区管理委员会	阿坝州“联户联情”工作先进个人	中共阿坝州委
唐　波	阿坝州委办公室	阿坝州“联户联情”工作先进个人	中共阿坝州委
马定英	阿坝州政协经科委	阿坝州“联户联情”工作先进个人	中共阿坝州委
蔡正平	阿坝州公务服务中心	阿坝州“联户联情”工作先进个人	中共阿坝州委
杨荣茂	阿坝工业园区管理委员会	阿坝州“联户联情”工作先进个人	中共阿坝州委
李开海	阿坝州教育局	阿坝州“联户联情”工作先进个人	中共阿坝州委
张　飞	阿坝州消防救援支队	阿坝州“联户联情”工作先进个人	中共阿坝州委
包姝玥	阿坝州税务局	阿坝州“联户联情”工作先进个人	中共阿坝州委

续表 25

获奖人	工作单位	奖项名称	颁奖单位
谈荣康	玉龙国有林保护局	阿坝州“联户联情”工作先进个人	中共阿坝州委
任凤萍	阿坝州邮政管理局	阿坝州“联户联情”工作先进个人	中共阿坝州委
曾晓东	阿坝州气象局	阿坝州“联户联情”工作先进个人	中共阿坝州委
余光亚	阿坝州政府	阿坝州“联寺联僧”工作先进个人	中共阿坝州委
冯峥勇	阿坝州委	阿坝州“联寺联僧”工作先进个人	中共阿坝州委
黄春梅	阿坝州人大常委会办公室	阿坝州“联寺联僧”工作先进个人	中共阿坝州委
尚金甲	阿坝州政协民宗社工委	阿坝州“联寺联僧”工作先进个人	中共阿坝州委
安　勇	阿坝州纪委监委	阿坝州“联寺联僧”工作先进个人	中共阿坝州委
毛光文	阿坝州检察院	阿坝州“联寺联僧”工作先进个人	中共阿坝州委
阿　江	阿坝州委统战部	阿坝州“联寺联僧”工作先进个人	中共阿坝州委
邓运林	阿坝州发改委	阿坝州“联寺联僧”工作先进个人	中共阿坝州委
宋海泉	阿坝州经信局	阿坝州“联寺联僧”工作先进个人	中共阿坝州委
苏建松	阿坝州教育局	阿坝州“联寺联僧”工作先进个人	中共阿坝州委
周　牧	阿坝州公安局交警支队	阿坝州“联寺联僧”工作先进个人	中共阿坝州委
王茂芳	阿坝州司法局	阿坝州“联寺联僧”工作先进个人	中共阿坝州委
严扎甲	阿坝州农业农村局	阿坝州“联寺联僧”工作先进个人	中共阿坝州委
巴　黎	阿坝州文体旅局	阿坝州“联寺联僧”工作先进个人	中共阿坝州委
泽郎达尔基	阿坝州卫生健康委员会	阿坝州“联寺联僧”工作先进个人	中共阿坝州委
祁　玲	阿坝州国资委	阿坝州“联寺联僧”工作先进个人	中共阿坝州委
徐光辉	阿坝州统计局	阿坝州“联寺联僧”工作先进个人	中共阿坝州委
张国树	阿坝州信访局	阿坝州“联寺联僧”工作先进个人	中共阿坝州委
罗德江	阿坝州政务中心	阿坝州“联寺联僧”工作先进个人	中共阿坝州委
赵　明	阿坝州住房公积金管理中心	阿坝州“联寺联僧”工作先进个人	中共阿坝州委
卓　林	阿坝州地方志办	阿坝州“联寺联僧”工作先进个人	中共阿坝州委
杨荣茂	成阿工业园区管委会	阿坝州“联寺联僧”工作先进个人	中共阿坝州委
李为仁	黄龙管理局	阿坝州“联寺联僧”工作先进个人	中共阿坝州委
陈　雨	四姑娘山管理局	阿坝州“联寺联僧”工作先进个人	中共阿坝州委
黄　忱	共青团阿坝州委	阿坝州“联寺联僧”工作先进个人	中共阿坝州委
向秋杰	阿坝州妇联	阿坝州“联寺联僧”工作先进个人	中共阿坝州委
益　英	阿坝州公路管理局	阿坝州“联寺联僧”工作先进个人	中共阿坝州委
邓祖烦	阿坝州生态保护与发展研究院	阿坝州“联寺联僧”工作先进个人	中共阿坝州委
杨　斌	阿坝州气象局	阿坝州“联寺联僧”工作先进个人	中共阿坝州委
李　杰	阿坝州国库集中支付中心	阿坝州“联寺联僧”工作先进个人	中共阿坝州委
蔡云耀	阿坝州税务局	阿坝州“联寺联僧”工作先进个人	中共阿坝州委

续表 25

获奖人	工作单位	奖项名称	颁奖单位
雷　强	阿坝银保监分局	阿坝州“联寺联僧”工作先进个人	中共阿坝州委
余　涛	阿坝州消防救援支队	阿坝州“联寺联僧”工作先进个人	中共阿坝州委
泽郎登	中国铁塔阿坝州分公司	阿坝州“联寺联僧”工作先进个人	中共阿坝州委
龙瑞泉	松潘国有林保护局	阿坝州“联寺联僧”工作先进个人	中共阿坝州委
陈显华	阿坝州委办公室	阿坝州“法律政策七进”工作先进个人	中共阿坝州委
李疆燕	阿坝州委政法委	阿坝州“法律政策七进”工作先进个人	中共阿坝州委
三郎泽郎	阿坝州总工会	阿坝州“法律政策七进”工作先进个人	中共阿坝州委
陶斌莉	阿坝州人民检察院	阿坝州“法律政策七进”工作先进个人	中共阿坝州委
苏　娜	阿坝州法院	阿坝州“法律政策七进”工作先进个人	中共阿坝州委
杨文松	阿坝州发改委	阿坝州“法律政策七进”工作先进个人	中共阿坝州委
张玉芝	阿坝州教育局	阿坝州“法律政策七进”工作先进个人	中共阿坝州委
泽斯关	阿坝州民宗委	阿坝州“法律政策七进”工作先进个人	中共阿坝州委
赵文才	阿坝州公安局	阿坝州“法律政策七进”工作先进个人	中共阿坝州委
代俊平	阿坝州民政局	阿坝州“法律政策七进”工作先进个人	中共阿坝州委
侯正茂	阿坝州司法局	阿坝州“法律政策七进”工作先进个人	中共阿坝州委
索郎娜么	阿坝州财政局	阿坝州“法律政策七进”工作先进个人	中共阿坝州委
杨　林	阿坝州社保局	阿坝州“法律政策七进”工作先进个人	中共阿坝州委
达　伟	阿坝州生态环境局	阿坝州“法律政策七进”工作先进个人	中共阿坝州委
向文玲	阿坝州交通运输局	阿坝州“法律政策七进”工作先进个人	中共阿坝州委
杨培君	阿坝州农业农村局	阿坝州“法律政策七进”工作先进个人	中共阿坝州委
骆淑映	阿坝州文体旅局	阿坝州“法律政策七进”工作先进个人	中共阿坝州委
泽郎达尔基	阿坝卫生健康委员会	阿坝州“法律政策七进”工作先进个人	中共阿坝州委
漆　伟	阿坝州应急管理局	阿坝州“法律政策七进”工作先进个人	中共阿坝州委
张　琼	阿坝州公务服务中心	阿坝州“法律政策七进”工作先进个人	中共阿坝州委
张　娟	阿坝州扶贫开发局	阿坝州“法律政策七进”工作先进个人	中共阿坝州委
王廷景	阿坝州信访局	阿坝州“法律政策七进”工作先进个人	中共阿坝州委
姚良君	阿坝州林草局	阿坝州“法律政策七进”工作先进个人	中共阿坝州委
走多太	阿坝州电视台	阿坝州“法律政策七进”工作先进个人	中共阿坝州委
龙雪梅	阿坝州医疗保障局	阿坝州“法律政策七进”工作先进个人	中共阿坝州委
阿　根	阿坝州藏文编译局	阿坝州“法律政策七进”工作先进个人	中共阿坝州委
王树琼	阿坝州防震减灾局	阿坝州“法律政策七进”工作先进个人	中共阿坝州委
郭建龙	阿坝州公路管理局	阿坝州“法律政策七进”工作先进个人	中共阿坝州委
马祖源	九寨沟管理局	阿坝州“法律政策七进”工作先进个人	中共阿坝州委
杨培清	四姑娘山管理局	阿坝州“法律政策七进”工作先进个人	中共阿坝州委

续表 25

获奖人	工作单位	奖项名称	颁奖单位
曾晓英	达古冰川管理局	阿坝州“法律政策七进”工作先进个人	中共阿坝州委
薛　梅	阿坝州委党	阿坝州“法律政策七进”工作先进个人	中共阿坝州委
哈么措	阿坝红原机场	阿坝州“法律政策七进”工作先进个人	中共阿坝州委
泽真美多	格尔登寺管委会	阿坝州“法律政策七进”工作先进个人	中共阿坝州委
江继全	电信阿坝分公司	阿坝州“法律政策七进”工作先进个人	中共阿坝州委
舒　驰	国家交通运输部	阿坝州创建全国民族团结进步示范州工作个人二等功	中共阿坝州委、阿坝州人民政府
铁俊霞	阿坝州民族宗教事务委员会	阿坝州创建全国民族团结进步示范州工作个人二等功	中共阿坝州委、阿坝州人民政府
包正杰	阿坝州人大常委会人事代表工委	阿坝州创建全国民族团结进步示范州工作先进个人	中共阿坝州委、阿坝州人民政府
郎　卡	阿坝州民族宗教事务委员会	阿坝州创建全国民族团结进步示范州工作先进个人	中共阿坝州委、阿坝州人民政府
喻林超	阿坝州工商业联合会	阿坝州创建全国民族团结进步示范州工作先进个人	中共阿坝州委、阿坝州人民政府
王晓虎	中共阿坝州委统战部	阿坝州创建全国民族团结进步示范州工作先进个人	中共阿坝州委、阿坝州人民政府
李　斌	阿坝州交通运输局	阿坝州创建全国民族团结进步示范州工作先进个人	中共阿坝州委、阿坝州人民政府
文传兵	阿坝州人民医院	阿坝州创建全国民族团结进步示范州工作先进个人	中共阿坝州委、阿坝州人民政府
王超耀	阿坝州老年协会	阿坝州创建全国民族团结进步示范州工作先进个人	中共阿坝州委、阿坝州人民政府
松　涛	中共阿坝州委宣传部	阿坝州创建全国民族团结进步示范州工作先进个人	中共阿坝州委、阿坝州人民政府
王　伟	阿坝州人力资源和社会保障局	阿坝州创建全国民族团结进步示范州工作先进个人	中共阿坝州委、阿坝州人民政府
张德艳	阿坝州民族宗教事务委员会	阿坝州创建全国民族团结进步示范州工作先进个人	中共阿坝州委、阿坝州人民政府
胡延明	阿坝州科学技术局	阿坝州创建全国民族团结进步示范州工作先进个人	中共阿坝州委、阿坝州人民政府
赵政桥	阿坝州公安局	阿坝州创建全国民族团结进步示范州工作先进个人	中共阿坝州委、阿坝州人民政府
易　生	阿坝州文化馆	阿坝州创建全国民族团结进步示范州工作先进个人	中共阿坝州委、阿坝州人民政府
苏伯科	金川县河东乡人民政府	阿坝州创建全国民族团结进步示范州工作先进个人	中共阿坝州委、阿坝州人民政府
赵德亮	阿坝州社会保险事业管理局	阿坝州创建全国民族团结进步示范州工作先进个人	中共阿坝州委、阿坝州人民政府

续表 25

获奖人	工作单位	奖项名称	颁奖单位
尚应君	阿坝州人民医院	阿坝州创建全国民族团结进步示范州工作先进个人	中共阿坝州委、阿坝州人民政府
登德多吉	壤塘县中壤塘镇确尔基寺民管会	阿坝州创建全国民族团结进步示范州工作先进个人	中共阿坝州委、阿坝州人民政府
饶　瑾	阿坝州登山户外运动协会	阿坝州创建全国民族团结进步示范州工作先进个人	中共阿坝州委、阿坝州人民政府
周文琴	中共阿坝州委网信办	阿坝州创建全国民族团结进步示范州工作优秀个人	中共阿坝州委、阿坝州人民政府
邓勤俭	政协阿坝州委员会民宗社工委	阿坝州创建全国民族团结进步示范州工作优秀个人	中共阿坝州委、阿坝州人民政府
严扎甲	阿坝州农业农村局	阿坝州创建全国民族团结进步示范州工作优秀个人	中共阿坝州委、阿坝州人民政府
郭　雄	阿坝州经济和信息化局	阿坝州创建全国民族团结进步示范州工作优秀个人	中共阿坝州委、阿坝州人民政府
更　培	阿坝州红十字会	阿坝州创建全国民族团结进步示范州工作优秀个人	中共阿坝州委、阿坝州人民政府
谷清蓉	阿坝州人大教科文卫委	阿坝州创建全国民族团结进步示范州工作优秀个人	中共阿坝州委、阿坝州人民政府
傅珍国	中共阿坝州直属机关工作委员会	阿坝州创建全国民族团结进步示范州工作优秀个人	中共阿坝州委、阿坝州人民政府
王国强	阿坝州信访局	阿坝州创建全国民族团结进步示范州工作优秀个人	中共阿坝州委、阿坝州人民政府
王孝莉	阿坝州妇女联合会	阿坝州创建全国民族团结进步示范州工作优秀个人	中共阿坝州委、阿坝州人民政府
松　彬	阿坝州大骨节病综合防治服务中心	阿坝州创建全国民族团结进步示范州工作优秀个人	中共阿坝州委、阿坝州人民政府
马正文	阿坝州行政审批服务中心	阿坝州创建全国民族团结进步示范州工作优秀个人	中共阿坝州委、阿坝州人民政府
牛培勇	阿坝州公安局	阿坝州创建全国民族团结进步示范州工作优秀个人	中共阿坝州委、阿坝州人民政府
王体仁	阿坝州驻都江堰老干部管理服务中心	阿坝州创建全国民族团结进步示范州工作优秀个人	中共阿坝州委、阿坝州人民政府
兰寿云	阿坝州文化体育和旅游局	阿坝州创建全国民族团结进步示范州工作优秀个人	中共阿坝州委、阿坝州人民政府
陈志刚	中共阿坝州委办公室	阿坝州创建全国民族团结进步示范州工作优秀个人	中共阿坝州委、阿坝州人民政府
措　科	阿坝州人民政府办公室	阿坝州创建全国民族团结进步示范州工作优秀个人	中共阿坝州委、阿坝州人民政府

续表 25

获奖人	工作单位	奖项名称	颁奖单位
三郎初	阿坝州纪委监委驻文体旅局纪检监察组	阿坝州创建全国民族团结进步示范州工作优秀个人	中共阿坝州委、阿坝州人民政府
徐建祥	阿坝州生产力促进中心	阿坝州创建全国民族团结进步示范州工作优秀个人	中共阿坝州委、阿坝州人民政府
任　伟	阿坝州民政局	阿坝州创建全国民族团结进步示范州工作优秀个人	中共阿坝州委、阿坝州人民政府
张国勇	阿坝州应急管理局	阿坝州创建全国民族团结进步示范州工作优秀个人	中共阿坝州委、阿坝州人民政府
曾云红	阿坝州退役军人事务局	阿坝州创建全国民族团结进步示范州工作优秀个人	中共阿坝州委、阿坝州人民政府
李晓军	国家统计局阿坝调查队	阿坝州创建全国民族团结进步示范州工作优秀个人	中共阿坝州委、阿坝州人民政府
杜礼武	阿坝州人民检察院	阿坝州创建全国民族团结进步示范州工作优秀个人	中共阿坝州委、阿坝州人民政府
董泽友	阿坝州社会科学界联合会	阿坝州创建全国民族团结进步示范州工作优秀个人	中共阿坝州委、阿坝州人民政府
杰　玛	阿坝州自然资源局	阿坝州创建全国民族团结进步示范州工作优秀个人	中共阿坝州委、阿坝州人民政府
王存兵	阿坝州政府政务服务中心	阿坝州创建全国民族团结进步示范州工作优秀个人	中共阿坝州委、阿坝州人民政府
谷　雨	阿坝州文化体育和旅游局	阿坝州创建全国民族团结进步示范州工作优秀个人	中共阿坝州委、阿坝州人民政府
王　强	中国人民银行九寨沟县支行	阿坝州创建全国民族团结进步示范州工作优秀个人	中共阿坝州委、阿坝州人民政府
陈　红	国家税务局阿坝州税务局	阿坝州创建全国民族团结进步示范州工作优秀个人	中共阿坝州委、阿坝州人民政府
董　林	阿坝州民族工人文化宫	阿坝州创建全国民族团结进步示范州工作优秀个人	中共阿坝州委、阿坝州人民政府
王文芳	阿坝州民族歌舞团	阿坝州创建全国民族团结进步示范州工作优秀个人	中共阿坝州委、阿坝州人民政府
罗玉雷	阿坝州人民医院	阿坝州创建全国民族团结进步示范州工作优秀个人	中共阿坝州委、阿坝州人民政府
白玛泽仁	松潘县公安局毛儿盖派出所	阿坝州创建全国民族团结进步示范州工作优秀个人	中共阿坝州委、阿坝州人民政府
金群明	四川省汶川卧龙特区耿达镇	阿坝州创建全国民族团结进步示范州工作优秀个人	中共阿坝州委、阿坝州人民政府
李　红	成阿工业园区财税管理局	阿坝州创建全国民族团结进步示范州工作优秀个人	中共阿坝州委、阿坝州人民政府
姜继娜	阿坝州教育局	阿坝州创建全国民族团结进步示范州工作优秀个人	中共阿坝州委、阿坝州人民政府

续表 25

获奖人	工作单位	奖项名称	颁奖单位
周均安	阿坝州水务局	阿坝州创建全国民族团结进步示范州工作优秀个人	中共阿坝州委、阿坝州人民政府
曹　建	阿坝州市场监督管理局	阿坝州创建全国民族团结进步示范州工作优秀个人	中共阿坝州委、阿坝州人民政府
张　英	阿坝州中级人民法院	阿坝州创建全国民族团结进步示范州工作优秀个人	中共阿坝州委、阿坝州人民政府
梁元媛	阿坝州实施西部大开发领导小组办公室	阿坝州创建全国民族团结进步示范州工作优秀个人	中共阿坝州委、阿坝州人民政府
丁　韵	阿坝州民营经济指导中心	阿坝州创建全国民族团结进步示范州工作优秀个人	中共阿坝州委、阿坝州人民政府
陈阵阳	阿坝州城乡环境综合治理服务中心	阿坝州创建全国民族团结进步示范州工作优秀个人	中共阿坝州委、阿坝州人民政府
高　宏	四川省马尔康中学校	阿坝州创建全国民族团结进步示范州工作优秀个人	中共阿坝州委、阿坝州人民政府
王国群	四川省马尔康中学校	阿坝州创建全国民族团结进步示范州工作优秀个人	中共阿坝州委、阿坝州人民政府
龚利明	阿坝州气象探测中心	阿坝州创建全国民族团结进步示范州工作优秀个人	中共阿坝州委、阿坝州人民政府
李　昕	阿坝州民族宗教事务委员会	阿坝州创建全国民族团结进步示范州工作优秀个人	中共阿坝州委、阿坝州人民政府
李丹凤	阿坝州生态环境局	阿坝州创建全国民族团结进步示范州工作优秀个人	中共阿坝州委、阿坝州人民政府
张林飞	阿坝军分区	阿坝州创建全国民族团结进步示范州工作优秀个人	中共阿坝州委、阿坝州人民政府
邓长贵	阿坝州广播电视台	阿坝州创建全国民族团结进步示范州工作优秀个人	中共阿坝州委、阿坝州人民政府
姜国春	阿坝日报社	阿坝州创建全国民族团结进步示范州工作优秀个人	中共阿坝州委、阿坝州人民政府
索朗吉	阿坝州文化体育和旅游局	阿坝州创建全国民族团结进步示范州工作优秀个人	中共阿坝州委、阿坝州人民政府
谢　繁	阿坝州发展和改革委员会	阿坝州创建全国民族团结进步示范州工作优秀个人	中共阿坝州委、阿坝州人民政府
陈晓芳	达古冰川风景名胜区管理局	阿坝州创建全国民族团结进步示范州工作优秀个人	中共阿坝州委、阿坝州人民政府
张秀洪	阿坝州国投公司	阿坝州创建全国民族团结进步示范州工作优秀个人	中共阿坝州委、阿坝州人民政府
田绍明	阿坝铝厂	阿坝州创建全国民族团结进步示范州工作优秀个人	中共阿坝州委、阿坝州人民政府
泽尔甲	四川省马尔康民族师范学校	阿坝州创建全国民族团结进步示范州工作优秀个人	中共阿坝州委、阿坝州人民政府

续表 25

获奖人	工作单位	奖项名称	颁奖单位
杨厚成	中国农业发展银行阿坝州分行	阿坝州服务业发展先进个人	中共阿坝州委、阿坝州人民政府
高跃军	建行阿坝分行公司	阿坝州服务业发展先进个人	中共阿坝州委、阿坝州人民政府
李全胜	中国工商银行阿坝直属支行	阿坝州服务业发展先进个人	中共阿坝州委、阿坝州人民政府
贾勇军	中国邮政储蓄银行阿坝分行	阿坝州服务业发展先进个人	中共阿坝州委、阿坝州人民政府
王　岚	阿坝州文化旅游发展有限责任公司	阿坝州服务业发展先进个人	中共阿坝州委、阿坝州人民政府
袁　彬	中国移动四川公司阿坝分公司	阿坝州服务业发展先进个人	中共阿坝州委、阿坝州人民政府
克　基	阿坝州统计局	2019 年度脱贫攻坚工作先进个人	中共阿坝州委、阿坝州人民政府
王超乾	阿坝州委办公室	阿坝州生态建设工作先进个人	中共阿坝州委
韩兴香	阿坝州人大城环资委	阿坝州生态建设工作先进个人	中共阿坝州委
李应军	阿坝州政府发展研究中心	阿坝州生态建设工作先进个人	中共阿坝州委
寇天菊	阿坝州政协人资环委	阿坝州生态建设工作先进个人	中共阿坝州委
黄明全	阿坝州纪委监委	阿坝州生态建设工作先进个人	中共阿坝州委
苏　娜	阿坝州法院	阿坝州生态建设工作先进个人	中共阿坝州委
吴　霜	阿坝州发改委	阿坝州生态建设工作先进个人	中共阿坝州委
卢桂虎	阿坝州经信局	阿坝州生态建设工作先进个人	中共阿坝州委
达尔基	阿坝州公安局森林警察支队	阿坝州生态建设工作先进个人	中共阿坝州委
龙　波	阿坝州司法局	阿坝州生态建设工作先进个人	中共阿坝州委
扎　科	阿坝州财政局	阿坝州生态建设工作先进个人	中共阿坝州委
颜　乔	阿坝州住建局	阿坝州生态建设工作先进个人	中共阿坝州委
唐　伟	阿坝州生态环境局	阿坝州生态建设工作先进个人	中共阿坝州委
秦晓英	阿坝州生态环境保护综合行政执法支队	阿坝州生态建设工作先进个人	中共阿坝州委
陈　涛	阿坝州安全生产监察执法支队	阿坝州生态建设工作先进个人	中共阿坝州委
杨　露	阿坝州林草局	阿坝州生态建设工作先进个人	中共阿坝州委
罗　玲	团州委	阿坝州生态建设工作先进个人	中共阿坝州委
王　健	阿坝工业园区管委会	阿坝州生态建设工作先进个人	中共阿坝州委
李为仁	黄龙管理局党委书记、局长	阿坝州生态建设工作先进个人	中共阿坝州委
陈艳长	阿坝州住房公积金管理中心	阿坝州生态建设工作先进个人	中共阿坝州委
龙　君	阿坝州公路工程造价管理站	阿坝州生态建设工作先进个人	中共阿坝州委
洁夏姆	阿坝日报社	阿坝州生态建设工作先进个人	中共阿坝州委
邬彦姝	草地编辑部	阿坝州生态建设工作先进个人	中共阿坝州委
王　勇	阿坝生态环境监测中心站	阿坝州生态建设工作先进个人	中共阿坝州委
旦真甲	阿坝州税务局	阿坝州生态建设工作先进个人	中共阿坝州委
郭　斌	阿坝州气象局	阿坝州生态建设工作先进个人	中共阿坝州委
兰永香	国家统计局阿坝调查队	阿坝州生态建设工作先进个人	中共阿坝州委
刘万栋	阿坝州银保监分局	2020 年度脱贫攻坚工作先进个人	中共阿坝州委
詹小平	阿坝州财政局	2019 年度全州政府系统办公室工作先进个人	阿坝州人民政府

先进集体

Advanced Collectives

国家级表彰

2020年阿坝州获国家级表彰集体一览表

表26

获奖单位	奖项名称	颁奖单位
阿坝藏族羌族自治州	全国双拥模范城	全国双拥模范领导小组、退役军人事务部、中央军委政治工作部
阿坝州档案馆	先进发行单位	中国档案报社
阿坝州司法局人民参与和促进法治科	“大排查早调解护稳定迎国庆”专项活动表现突出集体	司法部
中国人民银行阿坝州中心支行	中国人民银行先进集体	中国人民银行总行
国家税务总局阿坝州税务局	保留“全国文明单位”	中央精神文明建设指导委员会
阿坝州档案馆	先进发行单位	中国档案报社
阿坝州人大常委会人代工委	2019—2020年度“宣传人民代表大会制度”工作先进单位	全国人大常委会办公厅
阿坝州人大常委会	全国文明单位	中央精神文明建设指导委员会
阿坝州人力资源和社会保障局	人社扶贫助力全面建成小康社会优秀成果	人力资源和社会保障部
中国农业银行阿坝分行	金融服务脱贫攻坚先进集体	中国农业银行总行
四川省马尔康中学校	2019-2020年节约型公共机构示范单位	国家机关事务管理局
若尔盖高原之宝牦牛乳业有限责任公司工会委员会	全国模范职工之家	中华全国总工会
阿坝州公路管理局	2020年度全国安康杯竞赛安全文化宣传工作先进单位	全国安康杯竞赛组委会
阿坝州公路管理局九寨沟公路管理分局	全国交通运输系统先进集体	人力资源社会保障部、交通运输部
阿坝州公路管理局九寨沟公路管理分局	全国交通运输行业文明示范窗口	交通运输部
阿坝州科学技术协会	2020年全国科普日活动优秀组织单位	中国科学技术协会办公厅
阿坝州青少年科技馆	2020年全国科学实验挑战赛优秀组织单位	中国科学技术协会普及部、中国自然科学博物馆学会、中国科学技术馆
阿坝州中级人民法院	司法宣传和通联工作先进单位	人民法院新闻传媒总社
阿坝州法院刑二庭	先进集体	最高人民法院

续表 26

获奖单位	奖项名称	颁奖单位
阿坝州生态环境局	第二次全国污染源普查表现突出集体	国务院第二次全国污染源普查领导小组办公室
阿坝州生产力促进中心	全国 2019 年度“生产力促进奖”	中国生产力促进中心协会
小金县四姑娘山镇双桥村	全国文明村镇	中央文明委
阿坝县查理乡神座村	全国文明村镇	中央文明委
若尔盖县红星镇折勿村	全国文明村镇	中央文明委
茂县凤仪镇坪头村	全国文明村镇	中央文明委
黑水县色尔古镇色尔古村	全国文明村镇	中央文明委
中国银行保险监督管理委员会阿坝监管分局	全国文明单位	中央文明委
国网四川阿坝州电力有限责任公司	全国文明单位	中央文明委
中国人民银行汶川县支行	全国文明单位	中央文明委
威州民族师范学校	全国文明校园	中央文明委

省委、省政府表彰

2020 年阿坝州获省委、省政府表彰集体一览表

表 27

获奖单位	奖项名称	颁奖单位
阿坝藏族羌族自治州	全省双拥模范城	中共四川省委、四川省人民政府、四川省军区
国家税务总局阿坝州税务局	2019 年脱贫攻坚‘五个一’帮扶先进集体	中共四川省委、四川省人民政府
阿坝州疾病预防控制中心	四川省抗击新冠肺炎疫情先进单位	中共四川省委、四川省人民政府
阿坝州卫生健康委员会党委	四川省抗击新冠肺炎疫情先进单位	中共四川省委、四川省人民政府
阿坝州委办公室	四川省抗击新冠肺炎疫情先进单位	中共四川省委、四川省人民政府
阿坝州人民政府办公室	四川省抗击新冠肺炎疫情先进单位	中共四川省委、四川省人民政府
阿坝州经济和信息化局	四川省抗击新冠肺炎疫情先进单位	中共四川省委、四川省人民政府
阿坝州公路运输管理处	四川省抗击新冠肺炎疫情先进单位	中共四川省委、四川省人民政府
阿坝州市场监督管理局	2019 年脱贫攻坚先进集体	中共四川省委、四川省人民政府
中国农业银行阿坝分行	四川省“优秀服务业企业”	中共四川省委、四川省人民政府
阿坝州森林消防支队汶川大队	2019 年度四川省抗击重大自然灾害先进集体	中共四川省委、四川省人民政府
阿坝州林业和草原局	2019 年脱贫攻坚‘五个一’帮扶先进集体	中共四川省委、四川省人民政府
阿坝州藏医院	2019 年脱贫攻坚‘五个一’帮扶先进集体	中共四川省委、四川省人民政府
阿坝州委宣传部	2019 年脱贫攻坚‘五个一’帮扶先进集体	中共四川省委、四川省人民政府
阿坝大九寨旅游集团有限责任公司	2019 年脱贫攻坚‘五个一’帮扶先进集体	中共四川省委、四川省人民政府
阿坝大九寨旅游集团有限责任公司	四川省优秀服务业企业	中共四川省委、四川省人民政府
阿坝州生态环境局环境监察支队	四川省环保工作先进集体	四川省人民政府

续表 27

获奖单位	奖项名称	颁奖单位
阿坝州科学技术局	第七届中国（绵阳）科技城国际科技博览会组织工作先进集体	四川省人民政府
阿坝州财政局	第七届中国（绵阳）科技城国际科技博览会组织工作先进集体	四川省人民政府
阿坝州文化旅游和体育局	第七届中国成都国际非物质文化遗产节组织工作先进集体	四川省人民政府

厅局级表彰

2020 年阿坝州获厅局级表彰集体一览表

表 28

获奖单位	奖项名称	颁奖单位
阿坝州委办公室	四川省拥军优属先进单位	四川省双拥工作领导小组
阿坝州人民政府办公室	四川省拥军优属先进单位	四川省双拥工作领导小组
阿坝州宣传部	四川省拥军优属先进单位	四川省双拥工作领导小组
阿坝州政法委	四川省拥军优属先进单位	四川省双拥工作领导小组
阿坝州人力资源和社会保障局	四川省拥军优属先进单位	四川省双拥工作领导小组
阿坝州退役军人事务局	四川省拥军优属先进单位	四川省双拥工作领导小组
黑水县退役军人事务局	四川省拥军优属先进单位	四川省双拥工作领导小组
松潘县川主寺镇人民政府	四川省拥军优属先进单位	四川省双拥工作领导小组
阿坝县阿坝镇人民政府	四川省拥军优属先进单位	四川省双拥工作领导小组
红原县人民武装部	四川省拥政爱民先进单位	四川省双拥工作领导小组
中国人民解放军 31680 部队 72 分队	四川省拥政爱民先进单位	四川省双拥工作领导小组
武警机动第四支队	四川省拥政爱民先进单位	四川省双拥工作领导小组
武警阿坝支队政治工作部	四川省拥政爱民先进单位	四川省双拥工作领导小组
中共阿坝州委网信办	2019 年度网信工作先进单位	中共四川省委网信办
中共阿坝州委办公室	四川省 2020 年脱贫攻坚先进集体	四川省脱贫攻坚领导小组办公室
中国人民银行阿坝州中心支行	四川省民族团结进步模范集体	四川省民族宗教事务委员会
中国人民银行阿坝州中心支行	四川省最佳文明单位	四川省精神文明委员会
阿坝州财政局	四川省最佳文明单位	四川省精神文明委员会
阿坝州司法局	第五届四川省文明单位	四川省精神文明委员会
阿坝州司法局	四川省未成年人思想道德建设工作先进单位	四川省精神文明委员会
阿坝州气象局	第五届四川省文明单位	四川省精神文明委员会
中国人民银行阿坝州中心支行	四川省节约用水工作先进集体、	四川省水利厅
中共阿坝州委讲师团	2020 年度全省党委讲师团综合考评先进单位	四川省委讲师团
中共阿坝州委讲师团	组织体系建设先进单位	四川省委讲师团

续表 28

获奖单位	奖项名称	颁奖单位
国家税务总局阿坝州税务局	四川省第四次全国经济普查先进集体	四川省统计局、四川省人力资源和社会保障厅
国家税务总局阿坝州税务局	第五批四川省民族团结进步示范单位	四川省委宣传部、四川省委统战部、四川省民族宗教委
阿坝州商务和经济合作局	2017—2019 年度全省贸促系统先进集体	四川省人力资源和社会保障厅、四川省贸促会
阿坝州档案馆	川渝地区档案馆爱国主义教育基地讲解员风采大赛优秀组织奖	四川省档案馆、重庆市档案馆
阿坝州红十字会	2020 年“99 公益日”活动组织工作先进集体	四川省红十字会
阿坝州红十字会	参与疫情防控工作优秀集体	四川省红十字会
阿坝州红十字会	2019 年度工作优秀市（州）红十字会	四川省红十字会
阿坝州红十字会	新冠肺炎疫情防控接受捐赠款物工作先进集体	四川省红十字会
马师校、州民中	四川省家庭工作先进集体	四川省妇女联合会、四川省精神文明办公室
马师校、州民中	2019 年度省内优质学校对品帮扶深度贫困县中小学校工作先进集体	四川省教育厅
阿坝州地方志办公室	全省地方志系统“三个服务工作”先进单位	四川省地方志工作办公室
阿坝州地方志办公室	全省地方志系统“宣传与方志馆工作”先进单位	四川省地方志工作办公室
阿坝州地方志办公室	全省地方志系统“《四川年鉴（2020 卷）》供稿工作”先进单位	四川省地方志工作办公室
阿坝州消防救援支队	2020 年度先进支队党委	四川省消防救援总队
阿坝州消防救援支队	2020 年度目标任务先进支队	四川省消防救援总队
阿坝州消防救援支队	2020 年度党风廉政建设先进单位	四川省消防救援总队
阿坝州消防救援支队	2020 年度安全工作先进单位	四川省消防救援总队
中国联合网络通信有限公司阿坝州分公司党委	党建统领文化文化兴企先进单位	中国联通四川省分公司
中国联合网络通信有限公司阿坝州分公司	价值创造卓越奖	中国联通四川省分公司
中国联合网络通信有限公司阿坝州分公司	资产资源盘活处置奖	中国联通四川省分公司
中国联合网络通信有限公司阿坝州分公司	重大项目贡献奖	中国联通四川省分公司
阿坝州分公司客户服务部	数字化转型先进客户服务团队	中国联通四川省分公司
四川省阿坝州政企 BG	数字化转型先进政企客户团队	中国联通四川省分公司
阿坝州生态保护与发展研究院	四川省科技系统先进集体	四川省科学技术厅
四川勿角自然保护区管理处	四川省大熊猫保护突出贡献奖	四川省林草局、四川省人力资源和社会保障厅

续表 28

获奖单位	奖项名称	颁奖单位
四川白羊自然保护区管理处	四川省大熊猫保护突出贡献奖	四川省林草局、四川省人力资源和社会保障厅
省宝顶沟自然保护区管理处	四川省大熊猫保护突出贡献奖	四川省林草局、四川省人力资源和社会保障厅
四川草坡自然保护区管理局	四川省大熊猫保护突出贡献奖	四川省林草局、四川省人力资源和社会保障厅
阿坝州市场监督管理局	清理整顿人力资源市场秩序专项执法行动工作成绩突出单位	四川省人力资源和社会保障厅、四川省市场监督管理局
四川省威州民族师范学校	四川省中学生（中职生）志愿服务示范学校	共青团四川省委、四川省教育厅
阿坝州社会科学界联合会	全省社科组织先进集体	四川省人力资源和社会保障厅、四川省社会科学界联合会
阿坝州社会科学界联合会	全省优秀调研成果评比组织奖	四川省政研会
阿坝州疾病预防控制中心	四川省预防接种技能竞赛总决赛组织奖	四川省卫健委员会、四川省总工会、四川省妇联
阿坝州人力资源和社会保障局	全省去冬今春农民工服务保障工作先进单位	中共四川省委办公厅、四川省政人民府办公厅
阿坝州人力资源和社会保障局	四川省第四次全国经济普查先进集体	四川省人力资源和社会保障厅
阿坝州司法局	四川省司法行政系统先进集体	四川省人力资源和社会保障厅、四川省司法厅
阿坝州司法局	对抗击新冠肺炎疫情表现突出集体	四川省司法厅
阿坝州司法局	四川省民族团结进步示范机关	中共四川省委宣传部、中共四川省委统战部、四川省民族宗教委员会
阿坝州司法局	全省司法行政系统法治示范机关	四川省司法厅委员会
阿坝州水务局	2020 年度四川水利宣传工作先进集体	四川省水利厅
阿坝州水利工程质量监督站	2020 年度四川省质量与安全监督工作先进集体	四川省水利厅
阿坝师范学院	2020 年度招生考试先进集体	四川省高等教育学会招生考试研究专业委员会
阿坝州商务和经济合作局	2017—2019 年度全省贸促系统先进集体	四川省人力资源和社会保障厅、四川省贸促会
阿坝藏族羌族自治州农产品质量安全中心	2020 年度全省地理标志农产品工作成绩突出单位	四川省绿色食品发展中心
阿坝藏族羌族自治州农产品质量安全中心	2020 年度全省“三品一标”品牌宣传工作成绩突出单位	四川省绿色食品发展中心
阿坝州国有资产监督管理委员会	2019 年度全省国资国企系统信息工作先进单位	四川省国有资产监督管理委员会
阿坝州国有资产监督管理委员会	2020 年度全省国资国企综合研究工作先进单位	四川省国有资产监督管理委员会
阿坝州财政局	四川省财政系统先进集体	四川省人力资源和社会保障厅、四川省财政厅

续表 28

获奖单位	奖项名称	颁奖单位
四川省马尔康中学校	四川省艺术教育特色学校	四川省教育厅
四川省马尔康中学校	四川省防震减灾科普示范学校	四川省教育厅
阿坝州米老头生态农业科技开发有限公司工会委员会	四川省模范职工之家	四川省总工会
中国农业发展银行阿坝州分行	2019—2020 年度“发挥金融合力、助推脱贫攻坚”金融精准扶贫劳动竞赛先进集体	中国人民银行成都分行、四川省总工会、四川省地方金融监督管理局、四川证监局
阿坝州广播电视局	四川省首届“广电惠民服务月”活动先进集体	四川省广播电视局
阿坝州广播电视局	“精彩短视频、记录新时代”2020 年度四川省短视频创作传播活动优秀组织单位	四川省广播电视局
阿坝州妇联	第二届四川省家庭工作先进集体名单	四川省妇联、四川省精神文明建设办公室
阿坝州烟草专卖局（公司）	川烟总量增幅突出贡献单位	四川省烟草专卖局（公司）
中国电信集团阿坝分公司支部	四川省五四红旗团支部、	共青团四川省委
阿坝州人民医院内科团支部委	四川省五四红旗团支部、	共青团四川省委
阿坝州公路管理局	2019 年度四川省抗击重大自然灾害先进集体	四川省应急管理厅、四川省人力资源和社会保障厅
阿坝州公路管理局松潘公路管理分局川主寺养护站工会小组	四川省模范职工小家	四川省总工会
阿坝州科学技术协会	2020 年防范邪教宣传月活动优秀组织单位	四川省反邪教协会
阿坝州法院环境资源审判庭	全省法院先进集体	四川省高级人民法院、四川省人力资源和社会保障厅
阿坝州中级人民法院	集体嘉奖	四川省高级人民法院
阿坝州中级人民法院	“基本解决执行难”工作先进集体	四川省高级人民法院
四川若尔盖湿地国家级自然保护区管理局	四川省自然教育基地	四川省林业和草原局
阿坝州科学技术局	2019 年度四川省科技创新工作先进单位	四川省科学技术厅
阿坝州科学技术局	四川省科学技术厅科技特派团先进集体	四川省科学技术厅
阿坝州科学技术局	四川省全面创新改革试验先进集体	四川全面创新改革试验工作领导小组办公室、四川省人力资源和社会保障厅
阿坝州生产力促进中心	2020 年度四川生产力促进中心协会先进集体	四川省生产力促进中心协会
九寨沟国家级自然保护区管理局	四川省大熊猫保护突出贡献奖	四川省林业和草原局、四川省人力资源和社会保障厅

州委、州政府表彰

2020 年阿坝州获州委、州政府表彰集体一览表

表 29

获奖单位	奖项名称	颁奖单位
州纪委监委	拥军优属模范单位	中共阿坝州委、阿坝州人民政府、阿坝军分区
州委组织部	拥军优属模范单位	中共阿坝州委、阿坝州人民政府、阿坝军分区
州人大办公室	拥军优属模范单位	中共阿坝州委、阿坝州人民政府、阿坝军分区
州政协办公室	拥军优属模范单位	中共阿坝州委、阿坝州人民政府、阿坝军分区
州公安局	拥军优属模范单位	中共阿坝州委、阿坝州人民政府、阿坝军分区
人行阿坝州中心支行	拥军优属模范单位	中共阿坝州委、阿坝州人民政府、阿坝军分区
武警阿坝支队执勤二大队	拥政爱民模范单位	中共阿坝州委、阿坝州人民政府、阿坝军分区
武警机动第四支队机动二大队	拥政爱民模范单位	中共阿坝州委、阿坝州人民政府、阿坝军分区
武警机动第四支队保障大队卫生队	拥政爱民模范单位	中共阿坝州委、阿坝州人民政府、阿坝军分区
第 77 集团军勤务支援第 77 旅阿坝独立步兵营	拥政爱民模范单位	中共阿坝州委、阿坝州人民政府、阿坝军分区
廖涛家庭	双拥模范家庭	中共阿坝州委、阿坝州人民政府、阿坝军分区
阿坝州纪委监委	阿坝州创建全国民族团结进步示范州工作集体二等功	中共阿坝州委、阿坝州人民政府
中共阿坝州委宣传部	阿坝州创建全国民族团结进步示范州工作集体二等功	中共阿坝州委、阿坝州人民政府
阿坝州民族宗教事务委员会	阿坝州创建全国民族团结进步示范州工作集体二等功	中共阿坝州委、阿坝州人民政府
中共阿坝州委办公室	阿坝州创建全国民族团结进步示范州工作先进集体	中共阿坝州委、阿坝州人民政府
阿坝州人大常委会机关	阿坝州创建全国民族团结进步示范州工作先进集体	中共阿坝州委、阿坝州人民政府
阿坝州人民政府办公室	阿坝州创建全国民族团结进步示范州工作先进集体	中共阿坝州委、阿坝州人民政府
政协阿坝州委员会机关	阿坝州创建全国民族团结进步示范州工作先进集体	中共阿坝州委、阿坝州人民政府
中共阿坝州委统战部	阿坝州创建全国民族团结进步示范州工作先进集体	中共阿坝州委、阿坝州人民政府
中共阿坝州委政法委	阿坝州创建全国民族团结进步示范州工作先进集体	中共阿坝州委、阿坝州人民政府
中共阿坝州委老干部局	阿坝州创建全国民族团结进步示范州工作先进集体	中共阿坝州委、阿坝州人民政府
阿坝州教育局	阿坝州创建全国民族团结进步示范州工作先进集体	中共阿坝州委、阿坝州人民政府
阿坝州财政局	阿坝州创建全国民族团结进步示范州工作先进集体	中共阿坝州委、阿坝州人民政府

续表 29

获奖单位	奖项名称	颁奖单位
阿坝州文化体育和旅游局	阿坝州创建全国民族团结进步示范州工作先进集体	中共阿坝州委、阿坝州人民政府
阿坝州扶贫开发局	阿坝州创建全国民族团结进步示范州工作先进集体	中共阿坝州委、阿坝州人民政府
阿坝日报社	阿坝州创建全国民族团结进步示范州工作先进集体	中共阿坝州委、阿坝州人民政府
中共阿坝州委组织部	阿坝州创建全国民族团结进步示范州工作优秀集体	中共阿坝州委、阿坝州人民政府
阿坝州发展和改革委员会	阿坝州创建全国民族团结进步示范州工作优秀集体	中共阿坝州委、阿坝州人民政府
阿坝州司法局	阿坝州创建全国民族团结进步示范州工作优秀集体	中共阿坝州委、阿坝州人民政府
阿坝州人力资源和社会保障局	阿坝州创建全国民族团结进步示范州工作优秀集体	中共阿坝州委、阿坝州人民政府
阿坝州卫生健康委员会	阿坝州创建全国民族团结进步示范州工作优秀集体	中共阿坝州委、阿坝州人民政府
阿坝州应急管理局	阿坝州创建全国民族团结进步示范州工作优秀集体	中共阿坝州委、阿坝州人民政府
阿坝州政府政务服务中心	阿坝州创建全国民族团结进步示范州工作优秀集体	中共阿坝州委、阿坝州人民政府
四姑娘山风景名胜区管理局	阿坝州创建全国民族团结进步示范州工作优秀集体	中共阿坝州委、阿坝州人民政府
黄龙国家级风景名胜区管理局	阿坝州创建全国民族团结进步示范州工作优秀集体	中共阿坝州委、阿坝州人民政府
人行阿坝州中心支行	阿坝州创建全国民族团结进步示范州工作优秀集体	中共阿坝州委、阿坝州人民政府
共青团阿坝州委	阿坝州创建全国民族团结进步示范州工作优秀集体	中共阿坝州委、阿坝州人民政府
阿坝州红十字会	阿坝州创建全国民族团结进步示范州工作优秀集体	中共阿坝州委、阿坝州人民政府
阿坝州人大常委会机关	阿坝州抗击新冠肺炎疫情先进单位	中共阿坝州委、阿坝州人民政府
阿坝州政协机关	阿坝州抗击新冠肺炎疫情先进单位	中共阿坝州委、阿坝州人民政府
阿坝州中级人民法院	阿坝州抗击新冠肺炎疫情先进单位	中共阿坝州委、阿坝州人民政府
阿坝州纪委监委机关	阿坝州抗击新冠肺炎疫情先进单位	中共阿坝州委、阿坝州人民政府
阿坝州委组织部机关党支部	阿坝州抗击新冠肺炎疫情先进单位	中共阿坝州委、阿坝州人民政府
阿坝州委宣传部	阿坝州抗击新冠肺炎疫情先进单位	中共阿坝州委、阿坝州人民政府
阿坝州委统战部	阿坝州抗击新冠肺炎疫情先进单位	中共阿坝州委、阿坝州人民政府
阿坝州委政法委	阿坝州抗击新冠肺炎疫情先进单位	中共阿坝州委、阿坝州人民政府
阿坝州委网信办	阿坝州抗击新冠肺炎疫情先进单位	中共阿坝州委、阿坝州人民政府
阿坝州委外事办	阿坝州抗击新冠肺炎疫情先进单位	中共阿坝州委、阿坝州人民政府
阿坝州直属机关工作委员会	阿坝州抗击新冠肺炎疫情先进单位	中共阿坝州委、阿坝州人民政府
阿坝州发展和改革委员会	阿坝州抗击新冠肺炎疫情先进单位	中共阿坝州委、阿坝州人民政府
阿坝州教育局	阿坝州抗击新冠肺炎疫情先进单位	中共阿坝州委、阿坝州人民政府
阿坝州科学技术局	阿坝州抗击新冠肺炎疫情先进单位	中共阿坝州委、阿坝州人民政府
阿坝州民族宗教事务委员会	阿坝州抗击新冠肺炎疫情先进单位	中共阿坝州委、阿坝州人民政府
阿坝州司法局	阿坝州抗击新冠肺炎疫情先进单位	中共阿坝州委、阿坝州人民政府
阿坝州财政局	阿坝州抗击新冠肺炎疫情先进单位	中共阿坝州委、阿坝州人民政府
阿坝州人力资源和社会保障局	阿坝州抗击新冠肺炎疫情先进单位	中共阿坝州委、阿坝州人民政府
阿坝州农业农村局	阿坝州抗击新冠肺炎疫情先进单位	中共阿坝州委、阿坝州人民政府
阿坝州商务和经济合作局	阿坝州抗击新冠肺炎疫情先进单位	中共阿坝州委、阿坝州人民政府
阿坝州文化体育和旅游局	阿坝州抗击新冠肺炎疫情先进单位	中共阿坝州委、阿坝州人民政府
阿坝州市场监督管理局	阿坝州抗击新冠肺炎疫情先进单位	中共阿坝州委、阿坝州人民政府

续表 29

获奖单位	奖项名称	颁奖单位
阿坝州扶贫开发局	阿坝州抗击新冠肺炎疫情先进单位	中共阿坝州委、阿坝州人民政府
阿坝州林业和草原局	阿坝州抗击新冠肺炎疫情先进单位	中共阿坝州委、阿坝州人民政府
阿坝州税务局	阿坝州抗击新冠肺炎疫情先进单位	中共阿坝州委、阿坝州人民政府
阿坝州公安局特警支队党总支	阿坝州抗击新冠肺炎疫情先进单位	中共阿坝州委、阿坝州人民政府
阿坝州总工会	阿坝州抗击新冠肺炎疫情先进单位	中共阿坝州委、阿坝州人民政府
共青团阿坝州委	阿坝州抗击新冠肺炎疫情先进单位	中共阿坝州委、阿坝州人民政府
阿坝州妇女联合会	阿坝州抗击新冠肺炎疫情先进单位	中共阿坝州委、阿坝州人民政府
九寨沟风景名胜区管理局	阿坝州抗击新冠肺炎疫情先进单位	中共阿坝州委、阿坝州人民政府
黄龙风景名胜区管理局	阿坝州抗击新冠肺炎疫情先进单位	中共阿坝州委、阿坝州人民政府
阿坝州广播电视台	阿坝州抗击新冠肺炎疫情先进单位	中共阿坝州委、阿坝州人民政府
阿坝州藏医院党委	阿坝州抗击新冠肺炎疫情先进单位	中共阿坝州委、阿坝州人民政府
中国电信阿坝分公司	阿坝州抗击新冠肺炎疫情先进单位	中共阿坝州委、阿坝州人民政府
阿坝州发展和改革委员会	阿坝州服务业发展先进单位	中共阿坝州委、阿坝州人民政府
阿坝州商务和经济合作局	阿坝州服务业发展先进单位	中共阿坝州委、阿坝州人民政府
阿坝州文化体育和旅游局	阿坝州服务业发展先进单位	中共阿坝州委、阿坝州人民政府
阿坝州市场监督管理局	阿坝州服务业发展先进单位	中共阿坝州委、阿坝州人民政府
阿坝州统计局	阿坝州服务业发展先进单位	中共阿坝州委、阿坝州人民政府
人行阿坝州中心支行	阿坝州服务业发展先进单位	中共阿坝州委、阿坝州人民政府
阿坝州文化旅游发展有限责任公司	阿坝州服务业发展先进企业	中共阿坝州委、阿坝州人民政府
中国农业发展银行阿坝藏族羌族自治州分行	阿坝州服务业发展先进企业	中共阿坝州委、阿坝州人民政府
中国电信股份有限公司阿坝分公司	阿坝州服务业发展先进企业	中共阿坝州委、阿坝州人民政府
中共阿坝州委统战部	2019 年度社会治安综合治理工作优秀单位	中共阿坝州委、阿坝州人民政府
中共阿坝州委统战部	2019 年度维护社会稳定工作优秀单位	中共阿坝州委、阿坝州人民政府
阿坝州人大常委会办公室	2019 年阿坝州州脱贫攻坚先进集体	中共阿坝州委、阿坝州人民政府
阿坝州人大常委会办公室	2019 全州社会治安综合治理工作优秀单位	中共阿坝州委、阿坝州人民政府
阿坝州人大常委会办公室	2019 年度全州维护社会稳定工作优秀单位	中共阿坝州委、阿坝州人民政府
阿坝州市场监督管理局	2019 年度社会治安综合治理工作优秀单位	中共阿坝州委、阿坝州人民政府
阿坝州供销合作社联合社	2019 年度社会治安综合治理工作优秀单位	中共阿坝州委、阿坝州人民政府
阿坝州供销合作社联合社	2019 年度维护社会稳定工作优秀单位	中共阿坝州委、阿坝州人民政府
阿坝州人力资源和社会保障局	2019 年全州维护社会稳定工作优秀单位	中共阿坝州委、阿坝州人民政府
阿坝州农村信用联社	2019 年阿坝州民族团结进步示范单位	中共阿坝州委、阿坝州人民政府
阿坝州司法局	2019 年度州级民族团结进步示范（先进）区（单位）和民族团结进步教育基地	中共阿坝州委、阿坝州人民政府
中国人民银行阿坝州中心支行	阿坝州全州金融服务发展先进单位	中共阿坝州委、阿坝州人民政府
中共阿坝州纪律检查委员会	2019 年度全州维护社会稳定和社会治安综合治理工作先进单位	中共阿坝州委、阿坝州人民政府
阿坝州信访局	2019 年度全州治安综合治理和维护稳定先进单位	中共阿坝州委、阿坝州人民政府

续表 29

获奖单位	奖项名称	颁奖单位
阿坝州医疗保障局	2019 年州级民族团结进步示范单位	中共阿坝州委、阿坝州人民政府
阿坝州财政局	2019 年度全州社会治安综合治理优秀单位	中共阿坝州委、阿坝州人民政府
阿坝州总工会	2019 年度社会治安综合治理工作优秀单位	中共阿坝州委、阿坝州人民政府
阿坝州林业和草原局	2019 年度社会治安综合治理工作优秀单位	中共阿坝州委、阿坝州人民政府
阿坝州林业和草原局	2019 年度维护社会稳定工作优秀单位	中共阿坝州委、阿坝州人民政府
阿坝州妇联	2019 年全州社会治安综合治理工作优秀集体	中共阿坝州委、阿坝州人民政府
阿坝州文化旅游和体育局	2019 年度维护社会稳定工作优秀单位	中共阿坝州委、阿坝州人民政府
阿坝州文化旅游和体育局	2019 年脱贫攻坚“五个一”帮扶先进集体	中共阿坝州委、阿坝州人民政府
阿坝州生态环境局	2019 年度州级民族团结进步示范先进单位	中共阿坝州委、阿坝州人民政府
四川若尔盖湿地国家级自然保护区管理局	2019 年度州级民族团结进步示范单位	中共阿坝州委、阿坝州人民政府
阿坝州市场监督管理局	2019 年度食品安全党政同责工作先进单位	中共阿坝州委、阿坝州人民政府
阿坝州人民法院	阿坝州“联户联情”工作先进集体	中共阿坝州委
阿坝州民族宗教事务委员会	阿坝州“联户联情”工作先进集体	中共阿坝州委
中共阿坝州委编办	阿坝州“联户联情”工作先进集体	中共阿坝州委
阿坝州人力资源和社会保障局	阿坝州“联户联情”工作先进集体	中共阿坝州委
阿坝州红十字会	阿坝州“联户联情”工作先进集体	中共阿坝州委
阿坝州科学技术局	阿坝州“联户联情”工作先进集体	中共阿坝州委
阿坝州林业和草原局	阿坝州“联户联情”工作先进集体	中共阿坝州委
阿坝州人民医院	阿坝州“联户联情”工作先进集体	中共阿坝州委
黑水国有林保护局	阿坝州“联户联情”工作先进集体	中共阿坝州委
中国电信阿坝分公司	阿坝州“联户联情”工作先进集体	中共阿坝州委
阿坝州大九旅集团有限责任公司	阿坝州“联户联情”工作先进集体	中共阿坝州委
中共阿坝州委编办	阿坝州“联寺联僧”工作先进集体	中共阿坝州委
阿坝州人力资源和社会保障局	阿坝州“联寺联僧”工作先进集体	中共阿坝州委
阿坝州水务局	阿坝州“联寺联僧”工作先进集体	中共阿坝州委
阿坝州机关事务管理局	阿坝州“联寺联僧”工作先进集体	中共阿坝州委
阿坝州审计局	阿坝州“联寺联僧”工作先进集体	中共阿坝州委
阿坝州扶贫开发局	阿坝州“联寺联僧”工作先进集体	中共阿坝州委
阿坝州林业和草原局	阿坝州“联寺联僧”工作先进集体	中共阿坝州委
阿坝州藏文编译局	阿坝州“联寺联僧”工作先进集体	中共阿坝州委
阿坝州工商联	阿坝州“联寺联僧”工作先进集体	中共阿坝州委
达古冰川管理局	阿坝州“联寺联僧”工作先进集体	中共阿坝州委
阿坝州供销社	阿坝州“联寺联僧”工作先进集体	中共阿坝州委
阿坝州人大常委会办公室	阿坝州“法律政策七进”工作先进集体	中共阿坝州委
阿坝州人民政府办公室	阿坝州“法律政策七进”工作先进集体	中共阿坝州委
阿坝州政协办公室	阿坝州“法律政策七进”工作先进集体	中共阿坝州委

续表 29

获奖单位	奖项名称	颁奖单位
阿坝州纪委监委	阿坝州“法律政策七进”工作先进集体	中共阿坝州委
阿坝州委组织部	阿坝州“法律政策七进”工作先进集体	中共阿坝州委
阿坝州委统战部	阿坝州“法律政策七进”工作先进集体	中共阿坝州委
阿坝州经济和信息化局	阿坝州“法律政策七进”工作先进集体	中共阿坝州委
阿坝州税务局	阿坝州“法律政策七进”工作先进集体	中共阿坝州委
阿坝职业学院	阿坝州“法律政策七进”工作先进集体	中共阿坝州委
黄龙管理局	阿坝州“法律政策七进”工作先进集体	中共阿坝州委
郎木寺管委会	阿坝州“法律政策七进”工作先进集体	中共阿坝州委
阿坝州委办公室	阿坝州生态建设工作先进集体	中共阿坝州委
阿坝州人大城乡建设环境资源保护委员会	阿坝州生态建设工作先进集体	中共阿坝州委
阿坝州政府办公室	阿坝州生态建设工作先进集体	中共阿坝州委
阿坝州政协办公室	阿坝州生态建设工作先进集体	中共阿坝州委
阿坝州纪委监委机关	阿坝州生态建设工作先进集体	中共阿坝州委
阿坝州法院	阿坝州生态建设工作先进集体	中共阿坝州委
阿坝州委组织部	阿坝州生态建设工作先进集体	中共阿坝州委
阿坝州委宣传部	阿坝州生态建设工作先进集体	中共阿坝州委
阿坝州委编办	阿坝州生态建设工作先进集体	中共阿坝州委
阿坝州发改委	阿坝州生态建设工作先进集体	中共阿坝州委
阿坝州经信局	阿坝州生态建设工作先进集体	中共阿坝州委
阿坝州科技局	阿坝州生态建设工作先进集体	中共阿坝州委
阿坝州财政局	阿坝州生态建设工作先进集体	中共阿坝州委
阿坝州文体旅游局	阿坝州生态建设工作先进集体	中共阿坝州委
阿坝州信访局	阿坝州生态建设工作先进集体	中共阿坝州委
阿坝州供销社	阿坝州生态建设工作先进集体	中共阿坝州委
黄龙管理局	阿坝州生态建设工作先进集体	中共阿坝州委
四姑娘山管理局	阿坝州生态建设工作先进集体	中共阿坝州委
阿坝州政务服务中心	阿坝州生态建设工作先进集体	中共阿坝州委
阿坝日报社	阿坝州生态建设工作先进集体	中共阿坝州委
阿坝州公安局森林警察支队	阿坝州生态建设工作先进集体	中共阿坝州委
阿坝州生态环境保护综合行政执法支队	阿坝州生态建设工作先进集体	中共阿坝州委
阿坝生态环境监测中心站	阿坝州生态建设工作先进集体	中共阿坝州委
阿坝州市场监督管理局	2019 年度安全生产优秀单位	阿坝州人民政府
阿坝州林业和草原局	2019 年度安全生产优秀单位	阿坝州人民政府
阿坝州文化旅游和体育局	2019 年度安全生产目标考核优秀单位	阿坝州人民政府
达古冰川管理局	2019—2020 年度森林草原防灭火工作考核优秀单位	阿坝州人民政府

先进事迹

Meritorious Deeds

个人先进事迹

措斯基

巍巍雪山，青青草原，当初升的太阳把草原映红的时候，阿坝县2147名县乡村三级干部跋山涉水、卧雪踏冰来到牧民亲戚家开展“联户联情”工作。席地而坐，他们手拉手、话家常、听民意、宣传政策、疏解民怨、为民解困，成为阿坝这片红色土地上藏民心中可爱可敬的格桑梅朵，措斯基便是其中耀眼的一朵……

措斯基，女，藏族，四川壤塘人，1989年6月出生，2012年7月参加工作，2011年6月加入中国共产党，先后在阿坝县河支乡政府、贾洛镇政府、阿坝县委办工作。她先后在民政助理员、包村组长、驻村干部等岗位工作，从发补助、搞救济做起，小心经营着每一件民生琐事，孕育出一颗为民初心，她把联户群众当亲人，像母亲一样给予无微不至的关怀，成为农牧民群众争相传颂的一段佳话，是转作风、联基层、办实事、联感情的一个鲜活典范，曾先后荣获省委省政府“四川省优秀共产党员”“记一等功公务员”称号和州委州政府“脱贫攻坚先进个人”“两联一进先进个人”称号以及州委宣传部“阿坝州年度感动人物称号”称号。

俯身为民守初心
历经风霜别样红

她是一位美丽的藏族女孩儿，有着一双乌黑灵动的双眼和让人艳羡的高鼻梁，说话时的她总是带着娇羞和善意的微笑。2012年7月，措斯基被分配到阿坝县河支乡人民政府，担任文书兼民政助理，在完成本职工作的同时主动关心孤寡老人，给老人们买衣服买零食，像女儿一样贴心。为统计孤寡老人、残疾人、孤儿基本情况，每天她骑着电动车穿梭在藏寨牧区，遇到需本人来办理救助的情况，她就用小电动车载着行动不便的孤寡老人到相关单位办理。在河支乡的4年里，措斯基一直深受老百姓的爱戴，老百姓每次到乡政府来办事都指名找“措斯基”。2016年1月，措斯基被调到阿坝县贾洛镇人民政府工作（科员），贾洛镇是阿坝县最偏远的纯牧区乡镇，常年有积雪，道路崎岖，作为贾洛镇合拉玛村的包村干部，她主动适应、迅速调整、任务重的时候两三个月都到回不了家一次，但她依然用乐观和坚强守住清贫耐住寂寞，茫茫的雪山草地上，她就像一朵盛开格桑花，带给人们很多感动。

用心用情真帮扶
大爱无私暖人心

初遇“小怪兽”。2018年初冬，她休完产假后，正是阿坝州启动“联户联情”群众工作，作为一名帮扶干部，她走进学尔沟村，学尔沟村是阿坝县最偏僻最落后的村落之一，平均海拔在3500米左右，全村141户，867人，其中建档立卡贫困户54户，277人，90%的村民都是文盲，经济来源单一，生活非常贫困。她的3户帮扶户中有一户是以一个92多岁的老奶奶和3岁的小女孩为组合的特殊家庭，小女孩是一个双侧唇裂、“斗鸡眼”的残疾孩子，每当看见陌生人走向她时，会急忙起身躲在老奶奶身后，像是一个受了惊吓的“小怪兽”。老奶奶告诉措斯基，这个孩子叫桑准，是自己的重孙女，快3岁了，桑准的父母长年生活在远牧点，身边还有4个孩子需要照顾，因家境贫寒，无力照顾先天性残疾且多病的桑准，所以桑准从小就“寄放”在自己的身边，和自己过着相依为命的生活，因自己年迈行动不便，加之害怕他人的闲言碎语和异样的眼光，一直让桑准生活在家里，极少让她走出过自家的院子，所以桑准的性格非常孤僻，特别抵触与陌生人接触。

抉择前的挣扎。自从见到桑准后，一连数日，她彻夜难眠，始终没有办法忘记桑准的样子，每每见到桑准，她的心都在隐隐作痛，多方了解桑准家的真实情况后，她萌生了帮助桑准的念头，可她有两个幼儿需要照顾，丈夫没有固定收入，加之自己的收入也仅够维持日常家庭开销，她又开始害怕自己没有能力帮助桑准。于是她想到发动社会的力量，可是朋友们都否定了她的想法，朋友们说“即便筹了钱，桑准的父母因为家庭环境的原因，也没有能力和办法带桑准到外地医治”，找不到办法的措斯基只好求助丈夫。起初，丈夫非常反对，他对她说：“你一天要上班又要照顾两个孩子，我只是小本生意，哪有时间和精力？再说把别人的孩子带出去治疗，万一在路上或治疗过程中出现意外情况怎么向孩子的父母交代？”，丈夫的考虑不是没有道理，但是心底纯善的措斯基不停地问自己“难道就因为贫困，让这并非不治之症的唇腭裂去折磨一个家庭、一个幼小的心灵吗？桑准的病情如若长此下去，将来她如何在社会上立足？之后在每次走村入户的时候，措斯基坚持给桑准拍视频然后把视频发给丈夫。慢慢地，措斯基的丈夫觉得小女孩儿的病并不是不治之症，也许只要他们花一点钱和时间就可以挽救小女孩的下半辈子，于是决定带桑准治疗！

为爱坚持不离不弃。单位领导对她的善举十分钦佩，批准她带孩子外出就医，县委常委会带头捐款，筹到领导、同事以及社会各界好心人士的爱心款两万余元，并承诺报销他们在外的住宿费用，让她放心带着孩子去治疗。

2018 年 12 月 26 日，措斯基夫妇带着 3 个平均年龄不到 3 岁的孩子开始艰难的求医之路，从草原到大城市，一路颠簸，孩子们相续晕车呕吐，车子在路上走走停停，直到晚上 11 点才到达成都。天蒙蒙亮，措斯基夫妇就开始“全面武装”，她背着 6 个月大的女儿，用小推车推着 3 岁的桑准，丈夫背着 2 岁的儿子，手里推着行李箱，开始挤公交车、排队挂号等等，终于顺利在华西口腔医院就诊，当天晚上，她们“一家 5 口”挤在一张病床和一个陪护椅上度过了充满希望的一晚。但是命运并没有因此垂怜这对善良的夫妻，可经过系列检查后，桑准的血红蛋白特别低，属于严重贫血，达不到做手术的要求，她不愿意相信这个孩子这么倒霉，就苦苦哀求医生，医生得知桑准的情况后，终于答应重新安排做一次血检，可最终结果还是一样，也就是在这样的情况下，一直内向的桑准却对着措斯基夫妇和脱口就叫着“爸爸妈妈”，桑准的这一声“爸爸妈妈”让他们感动又让他们心酸，也让他们更加坚定了为桑准治疗的信心和决心，他们不愿就这样放弃孩子，开始四处寻找着治疗的希望，从华西医院出院后，先后到成都陆军总医院、人民三医院等医院以及一些小诊所求医，甚至在网上把华西的检查报告发给北京嫣然天使医院等多家医院，他们苦苦哀求医生“不管花再多的钱都无所谓，钱我想办法，如果我们就这样把桑准带回家，恐怕以后在没有人带桑准出来”。

风雨之后见彩虹。苍天不负有心人，成都市妇女儿童医院鉴于高原儿童血红蛋白普遍偏低的现象同意给桑准做手术，但是要求手术之前输一周的营养液，初到成都的桑准因为水土不服，经常拉肚子，措斯基半夜起来为桑准清洗还买来坐便器教桑准上厕所。

1 月 9 日，经过长达 6 个小时的手术，下午 5 点 30 分，桑准从手术室被推了出来，看到桑准的那一刻，他们泪如雨下……

手术后桑准总试图用手抓伤口，为了不让桑准抓伤口，她与丈夫不分白天黑夜的抱着桑准，桑准每天要输 4 瓶液体，做 3 次雾化。桑准吃饭也特别困难，她把食物打碎后抱着桑准像给婴儿喂饭一样喂她。

2019 年 5 月 9 日，措斯基夫妇带着桑准到汶川参加了“爱在汶川，微笑未来”2019 年汶川国际公益救助行动，但因桑准没有通过筛查而未能在汶川做第二期手术，随后，他们带着桑准即刻前往成都市妇幼儿童医院且成功完成了第二期手术。在两期住院期间，他们一直住在医院里，晚上就睡在那些空床上或陪护椅上，桑准的第一、二期手术非常成功，治疗效果非常好，前后在成都治疗共 52 天，花费 9 万多元，除去爱心款 2 多月，剩余 7 万元是措斯基夫妇通过自筹解决的。

两期手术后她们把一个从“小怪兽”蜕变为“小天使”的桑准送回学尔沟村，村民们听说了她们的事情后纷纷自发来到桑准家门口，为学尔沟的好干部、桑准的好妈妈献上了洁白的哈达，感谢她们的真情付出，离别之时，桑准用尽全身力气挣脱开奶奶的手，哭着追在他们的身后，喊着“阿爸，阿妈，不要扔下我……”，桑准的这一声声“阿爸阿妈”让她的脚步再也无法往前迈步，她转身跑回去，紧紧地抱着桑准，这一场景使村民们也被感动得流泪，如今桑准已经在村幼儿园读书了，性格也变得开朗，每次看见措斯基就会喊着“阿妈”扑向她的怀抱。

格桑花开遍地
干群真情永续

这位充满母性光辉的80后帮扶妈妈用自己的实际行动感动了身边的人们，她是阿坝县在深入开展“两联一进”群众工作、“三包三扶手拉手、干部群众心连心”结对帮扶，全面决战决胜脱贫攻坚伟大征程中涌现出的优秀代表，她是阿坝县脱贫攻坚结对帮扶工作的一个缩影，她的事迹集中反映了广大党员干部特别是藏区党员干部对党忠诚、为民服务、勇于担当的崇高品格。藏族人民说高原上只要有草的地方就有格桑花，格桑花是草原上随处可见的美丽风景，在习近平总书记以人民为中心发展理念的指引下，阿坝县2147名帮扶干部就像草原上的格桑花一样深深扎根基层、服务人民，他们用青春奋斗的姿态诠释着为民服务、敢于担当的新时代共产党员精神！

俄准初

俄准初，女，藏，1991年6月出生，四川壤塘县人，2012年7月担任上壤塘乡大学生村官、村级幼儿园保育员，2016年5月任职环保和林业局工作人员，几年的时间，让她从青涩的大学生变成了稳重的人民公仆。2017年5月组织部的一个电话，让她感到了迷茫。“第一书记”几个字一直在她脑海里盘旋。带着领导的嘱托，带着家里母亲的牵挂，她踏上了宗科乡两年的驻村生活。宗科是她出生的地方，宗科是多元文化的交融地，三村两种语言，而她所擅长的土语在她所帮助的卧龙村毫无施展的空间，从当时单位推荐的双语本土干部瞬间变成了单语外乡干部，面对语言沟通的障碍，再次加重了她畏惧的情绪，但俗话说“世上无难事，只怕有心人”，从最初依赖村干部带路翻译到自己独立开展工作，以不怕不会说、不怕会说错的信念，密切联系群众用肢体语言和支支吾吾的安多藏语与群众打成一片，消除了语言上的障碍。

自选派到村开展脱贫攻坚以来，她始终以“想贫困户之所想，急贫困户之所急”的工作态度推进扶贫工作，在县委、县政府的坚强领导下，各级部门倾情帮扶下，卧龙村致富路上的“障碍”正在逐步消除。眼前这个“障碍”（贫困单亲家庭）能否成功消除直接关系到卧龙整村脱贫。卧龙村43户贫困户中单亲家庭有23户，通过与单亲贫困户深入交流，造成单亲家庭的主要原因是传统生活陋习。无法外出务工、子女多、收入单一、社会地位低是单亲家庭一直面临的困难。看着她们的不易，她暗地里告诉自己：“一定要帮帮她们，一定要帮助她们脱贫。”

量体裁衣
制定行之有效的帮扶措施

一是入户开展思想引导，重塑她们对生活的信心，宣传妇女维权知识；二是向妇联争取专项技能培训计划，提升单亲妇女社会竞争力，提高生活技能。在县妇联的大力支持下，在卧龙村组织开展“藏装缝纫培训”两次，累计参与人数达100余人次，兑现务工补助4万余元，让单亲母亲在家门口提升技能获得收入；三是县乡两级设立单亲家庭“脱单奖”，鼓励她们重建家庭，单亲家庭凭结婚证可以到乡领取价值500~1000元的生活用品；四是将非婚生育纳入村规民约中，对非婚生育家庭制定处罚制度；五是邀请县法律宣讲队到村开展婚姻法、妇女儿童维权法等法律宣讲，提升单亲家庭法律意识、自我保护意识。六是积极为她们寻找务工机会，与就近工地协调就近务工，介绍她们到县城务工，增加务工收入，两年来累计务工人数达11人次，增加务工收入2万余元。经过近两年来的真情帮助，卧龙村于2017年顺利脱贫42户，单亲家庭从原来的23户降到现在的5户。看着一个个残缺的家庭走向美满，一张张幸福的脸上笑容不断，一户户家庭顺利脱贫，所有的艰辛付出都是值得的。

无数卡卓
坚定真实的扶贫路

她始终聚焦群众关心、关注、

关切，坚持做群众的“贴心人、真亲人”，在卧龙期间，自创“3+2+1”入户走访模式，充分发挥“宗科人”优势，每天走村入户3小时，每周末两天到贫困户家中访谈交流，力争每周为群众办一件事实，前后完成“自定任务”100余件。特别是在了解到贫困户罗吾泽让女儿珍美姐天生唇腭裂，前后数次赴州县，对接民政、卫计、红会等单位，成功为其争取到免费手术机会。用现代的科学技术及时弥补了珍美姐的先天不足。她的另外一位“亲人”叫柔托，一位80岁的老奶奶，初见奶奶时精神萎靡不振，居住环境破败不堪，让初涉扶贫工作的她彻夜难眠。通过反复的走访和沟通，俄准初走进了奶奶的内心，了解到柔托因为陈旧的婚俗习惯致使她成了拥有6名子女的高龄单亲妈妈。一般来说，膝下有6个子女应该是儿孙满堂，幸福满满。但世事无常，她的长女因病逝世后，女婿不告而别，留下一个不学无术的浑小子，两女两子虽分户成家，但因家庭都十分困难，无法对其进行赡养。留家的次子身患多重精神疾病，致使其无法像正常人一样生活，长女遗孤因家庭困境走上了犯罪的道路。她暗地里告诉自己，奶奶过去经历了什么，她没有办法弥补，但是，从现在开始她可以让奶奶的生活幸福一点儿。她多次与县乡领导对接，就如何对其进行帮扶进行研究，通过不间断的努力和争取。首先，通过家居环境改善政策，改变了其破败不堪的家居环境状况；其次，通过协调对接为其解决电视和卫星接收设备；第三，为其次子进行医学鉴定，办理精神二级残疾证，并争取了相应的救助政策。第四，为其次子送去过冬衣物。看着奶奶一家生活的改善，想着奶奶慈祥的笑容，回想在耳边的是数不尽的“卡卓”，让她更加坚定了做第一书记的决心，更加坚定了她的扶贫路，她认为她得到的比失去的更伟大。让情为民所系、利为民所谋在卧龙大地生根发芽。

真实笑容
收获别样的基层“经”

在两年多的驻村时间里，从刚开始群众叫她“阿勒”到现在人人叫她“俄书记”，从给贫困户统计收入账到帮助他们报销药费，从刚开始的自我介绍到现在的时常入梦，两年多的点滴记在了她的驻村笔记里，两年多的工作保存在她的手机相册里，两年多的喜怒深深地印在她内心深处，两年多一幕幕感恩的画面不停在脑海中闪现，两年多来在村两委、同事、朋友、家人的关心和支持下，她与卧龙村233户989名群众结下了深厚的情谊，更是与43户152名贫困群众成了“一家人”。心中的迷茫已经荡然无存，工作的目标已清晰无比，心智正不断地成熟，然而肩上的责任却越来越重。通过努力与付出从早忙到晚，她的梦想或许就是对得起自己这份工作、对得起领导、家人、朋友和同事的信任，靠自己的奋斗为“家人们”实现一些期待已久的“小目标”，为卧龙村创造一些闪耀光芒的“小美好”。群众无小事，脱贫无儿戏，只要认真对待“家人们”的诉求，理性回答“家人们”的疑惑，真实解决“家人们”的难处，这才是真正的一家人。脱贫的道路上“家人们”一个也不能掉队。2020年壤塘县整县摘帽获得省委政府批准，这是一个令人振奋的消息，然而这只是脱贫攻坚的一次阶段总结，解决群众最后一公里的事业还在继续，群众工作一直在路上，“家人们”你们放心，她会一直陪在你们身边。

俄准初，先后获得阿坝州脱贫攻坚贡献奖、壤塘县2019年度优秀第一书记、壤塘县2019年脱贫攻坚先进个人、壤塘县2018年度优秀第一书记、壤塘县2018年度脱贫攻坚先进个人。

敬　琼

敬琼，女，朝鲜族，1973年2月出生，1994年参加工作，中共党员，大学文化，现任阿坝州疾病预防控制中心传染病管理所所长、兼质量控制科科长，传染性疾病控制副主任医师。2011年被聘为国家应急队高原急救分队成员，从事卫生应急、传染病报告管理、急性传染病监测等多项工作。参加工作20多年以来，敬琼作为一名共产党员，坚定政治立场，对党无比忠诚，具有强烈的事业心和责任感，以不畏艰险、求真务实、踏石留印的精神和严肃认真、雷厉风行的作风对待每一件事、每一项工作，组织并亲历多次突发公共卫生事件处置工作，赢得了组织的肯定、同行们的尊重和群众的信任。头顶青天，脚踏热土，勇于拼搏是她牢记初心、坚守执着、不干落后、践行使命的真实体现。

在灾后防疫中，她是“女汉子”，没有任何一点畏难情绪

阿坝州地震、泥石流等地质灾害频发，多灾多难。面对突如其来的自然灾害，敬琼总是首当其冲，亲临一线开展救灾和灾后卫生防疫工作，确保了“大灾之后无大疫”。制定防控方案、开展风险评估、深入集中安置点了解情况、向群众讲解灾后防病知识、组织力量对重点场所消毒，开展饮水监测、虫媒监测、流行病学调查等等，无不闪动着她忙碌的身影。2008年汶川特大地震发生后，她主动请缨；2017年“8·8”九寨沟地震发生，她主动请缨；2019年汶川特大山洪泥石流发生，她主动请缨……每一次这样的重特大自然灾害发生后，她总是要求前往重灾一线，一去就长时间驻扎，少则20天，多则40多天，直至灾后防疫全面收官方才罢休。就这样在不知不觉中，多少繁重的工作任务早已将她相夫教子柔似水的性格锤炼成不屈不挠的“女汉子”。

在疫情处置中，她是侦查尖兵，不放过任何蛛丝马迹

面对疫情她义不容辞挑起阻击疫魔的大梁。2005年至今，阿坝州发生突发公共卫生事件70多起，敬琼带头参与处置就超半数以上，多年的工作历练，促使她积累了足够丰富的传染病防控经验和较强的突发公共卫生事件处置能力，成为全州传染病防控和卫生应急工作的急先锋和能手。在人感染H7N9禽流感、甲型H1N1流感、疫苗衍生株脊髓灰质炎及其他传染病暴发疫情处置中，她能准确对疫情定性、侦探式的开展传染病流行病学调查、应急现场处置高效、调查报告撰写及时。2009年九寨沟发现四川省第二例甲型H1N1流感，她和同事们追踪20多名密切接触者到凌晨4点，只休息1个多小时又开始第二天的工作。2012年，现场处置阿坝县疫苗衍生株脊髓灰质炎病毒暴发疫情，她克服语言交流障碍，提前准确的完成多名患儿流行病学调查。国家疾控专家组到达后在多次的反馈会议中说到“她把我们到现场想做的事提前都做了，为处置疫情赢得了时间”。2017年，阿坝州金川、小金、若尔盖县相继发生的人感染H7N9禽流感疫情，通过她的精准研判和指导，均在第一批标本中成功找到传染源，为环境的消毒处理等后续防疫工作赢得了足够的时间，有效避免了病例扩散。2018年4月，红原县麦洼乡发生炭疽疫情，她带领技术力量第一时间赶赴现场，就像老天爷对这位“女汉子”发出挑战似的，红原县四月的天气大雪纷飞、寒风刺骨，疫情发生地距麦洼乡政府100公里以外的草原深处，只能借助摩托车前往，为及时明确诊断、准确查找出传染源，她要求其他女同事留下，带领男同事背着沉重的采样箱、消毒物品，搭乘牧民的摩托车前往疫点开展调查处置工作，归来时已晚上9点多，当同事把冻僵的她从摩托车上车扶下来时已不能正常行走。为了进一步了解突发事件情况，第二天她组织技术力量再次向疫点挺进，因积雪大摩托车无法继续前行后，在白雪皑皑的雪地上徒步行走5个小时10余公里，详细调查了解病死牛马的数量和无害化处理情况，还对周边邻居情况进行摸排并开展防病知识宣传。无论雪后的骄阳怎样灼伤她的脸颊，她依然昂首阔步将疫情处置工作落地落实。

今年，武汉新型冠状病毒疫情发生前，她以超前的意识、敏锐的思维，积极谏言并组织全州疾控和医疗机构相关人员提前开展了“不明原因肺炎防控知识及实验室检测技术培训班”，有针对性制定防控方案和应急预案，及时成立领导小组、专家组和工作组，组织清理并及时采购补充应急物资，切实做到了反应敏捷、备而无患。2020年1月29日凌晨1点，阿坝州疾控中心首次从一名湖北籍患者标本中检出新冠病毒核酸，她立即带领专业人员对患者及亲属开展流行病学调查、标本采集，快速准确的摸清患者的流行病学史、活动轨迹、准确划定密切接触者。她作为全州新冠肺炎防控专家组成员、流调组组长、督导组组长，始终以坚忍不拔的精神和务实高效的作风，带领团队披星戴月，夜以继日，坚守在“抗疫”第一线，她每天接听几十个来电，指导县（市）疾控中心开展疫情防控工作，每个咨询来电都要在脑海里迅速分析，及时给出明确的建议。1月15日至今，她俯案笔耕、分析研判、建言献策，提出防控措施，没有星期天节假日，每天加班至深夜早已成为常态，由于长时间的加班加点和超长负荷，敬琼头发成块脱落，白发增多，而她却坚守岗位，履职尽责，体现了一名优秀共产党员的担当和作为。根据新冠疫情发展态势，适时下基层指导医疗机构规范

开展病例报告、预检分诊、发热门诊开诊，查看社区、集中医学观察点、定点酒店、交通卡点等防控工作的落实情况。积极为政府和卫健行政部门提供防控建议，当好参谋助手。在复工复产复学前，及时制定全州复工复产复学、商场酒店景区等重点场所疫情防控方案，确保正常复工复产复学。为确保医疗机构报告的新冠肺炎病例能在2小时内完成省州县三级连审，及时发现和处置疫情，她率先垂范，以身作则，和同事一道坚持轮流24小时疫情值守，她的敬业精神和优良作风赢得了领导的肯定和同事们的赞誉。

在中央、省、州委和政府的坚强领导下，阿坝州精准施策，科学防控，在全省最早成为无现症病例区并清零，敬琼及所有坚守岗位、不计得失、勇于担当，努力拼搏的广大疫情防控工作者用生命和汗水筑起一道坚不可破的防线，护佑生命，诠释价值，践行初心和使命，为打赢这场新冠疫情防控总体战、阻击战作出了积极的努力和贡献。

在业务管理中，她精益求精，不落下任何一点任务

每年她都会带领科室同事，对全州传染病网络直报工作质量进行督导，年均督导约60~80个机构。在督导工作中她原则性强，不讲情面，不走马观花，认真查阅资料，敢于直面问题，工作开做得好的给予肯定，开展得差的进行严肃批评，不厌其烦的添措施，提出解决问题的方法和路径。由于业务知识深厚、实践技能熟练，工作经验较丰富，多次被省疾控中心抽到省督导组对其他市州进行检查。

2008年来，她在省级以上核心期刊发表论文10多篇，2010年主研的《阿坝州传染病疫情资料分析与应用研究》课题，获阿坝州人民政府“科技进步成果”三等奖。2019年主研《高于地区人感染H7N9禽流感防控对策研究》在省科技厅取得成果登记、2020年获得四川省科技进步三等奖。2017年，被州政府评为“优秀医务人才”，2020年被四川省委、省人民政府评为“抗击新冠肺炎疫情先进个人”，2020年被四川省委评为“优秀共产党员”。

张　霞

张霞，生于1974年12月，系四川省茂县人，1993年参加工作，期间分别于1996年和2000年在宜宾师范专科学校和四川师范大学脱产学习，本科毕业，现任教于四川省汶川中学校。

信念坚定
忠诚于党的教育事业

她从教已有20余年，自站上三尺讲台起，已然明确了自己一生的奋斗目标——为民族地区教育事业奋斗终生。热爱党、热爱社会主义祖国，拥护党的路线、方针、政策，拥护改革开放，坚持四项基本原则。她一直耕耘在民族地区基础教育的第一线，切实履行教书育人的职责，始终保持清醒的政治头脑，具有良好的职业道德和奉献精神，爱岗敬业，且有很强的事业心、责任感和主人翁精神。自2014年10月被评为中学英语高级教师以来更是觉得自己肩上责任重大，从不敢懈怠，始终热爱教师这个职业，认真履行教书育人职责，更加潜心研究教学，积极参加学术活动，撰写论文和课题，真诚帮扶年轻教师。她的工作得到了学生与家长的认可、同事的赞许、领导的信任和上级教育主管部门的肯定:2014年9月被授予“全国模范教师”荣誉称号；2015—2017年被列入《阿坝州高层次人才库》成员名单；2019年2月25日进入“四川省程远友名师工作室”；2019年9月被评为“阿坝州第一届高中英语学科带头人”；2020年7月被评为汶川中学2019—2020学年度优秀共产党员；2020年9月被评为汶川中学“优秀教育工作者”；2013年12月被评为校年度“十佳优秀教师”；2011年12月被评为校年度“十佳班主任”；2011年4月被授予阿坝州“巾帼建功标兵”荣誉称号；2010年3月被授予汶川县“‘三八’红旗手”称号；分别在2004年、2006年和2009年被评为“汶川县优秀教师”。

润物无声
做心灵的引导者

张霞老师从教至今，担任班主任也有二十余年。她关注当代教育教学改革新动向，注重学生政治思想素质的提高，用自己的爱心换学生的真心。“春风化雨，润物无声”，她经常利用休息时间，进行家访，与学生个别谈心，与家长私下沟通，了解学生的心理动态，分层次召开家长会。她对班集体建设有自己独

特的方法和见解，她一直坚信一个良好的班集体对每个学生的健康发展、幸福生活和学习成绩的提高有着巨大的影响。

“5·12”汶川大地震，关爱学生。当地震发生时，张霞老师不顾年幼的儿子和家里老人的安危，全力疏散学生，在自己家人生死未卜的情况下，竭尽全力宽慰学生，努力微笑着面对学生；在等待救援，断水断电和缺衣少食的那些日日夜夜，她白天被安排在学校后操场为避难的师生分发饮食，哪怕是一碗稀饭她都会让学生们先喝，晚上在孩子们睡下后，她还在巡夜，负责看护他们；地震结束后，威州中学和汶川别的学校一样将举家搬迁，她主动担任了第四十二号车的带队老师，经过三天三夜沿途的危险，车队的颠簸和干渴饥饿，借道马尔康，翻越二郎山，最后将一车35个孩子安全送达成都，直到孩子们被亲人们接走；在龙泉阳光城异地复课的一年里，他用母亲般的柔情深切地关爱学生，为尽快抚平孩子们的心理创伤，回复到以前的生活状态，她还经常给孩子们上心理辅导课。她说：“或许她的力量很渺小，但她愿张开双臂化作孩子们的天使，永远守护着他们。”——这是当代教师伟大的师魂，从地震发生到千里龙泉大转移，再到龙泉驿阳光城异地复课，她一直陪伴着学生而没有离开学校，谱写了一曲“抗震救灾，再塑师魂”的动人乐章，是一种值得永远铭记的精神财富。2009年1月被评为汶川县教育系统抗震救灾先进个人。

自2018年到学校德育处分管学校住校生管理工作。首先是把原来的“外围老师”改为“楼栋负责人”，这样就更加明确了楼栋负责人的管理职责。负责人不仅负责寝室外的学生秩序还包括寝室内部的管理；实行负责人每日巡查制度，并专门记载在每日巡查本上；每周还有专门的负责人不定时抽查楼栋和楼层的卫生和内务整理；每周四负责人要定期召开各栋会议，就生活老师工作中出现的问题、学生管理问题进行总结，同时还要负责对自己负责管理的生活老师进行思想教育。其次，以“以人为本，尽善尽美”为管理理念，从制度建设做起，经过多次调研，和年级、班主任沟通，与德育处分管校长和主任商讨，先后拟定了住校生管理细则并分步恰当地实施。充分保障了学生的就寝时间和秩序，为教学提供了基本的保障。另外，对五栋楼共计2000多名学生造册统计，学生调寝室和调床位都得到德育处办理相关手续，这样极大地保证了寝室的生活秩序，保证了学生在位人数。这一切制度的实施都极大地保证了学生有一个舒适、安逸和放松的生活休息环境，对于大多数一学期才能回家的学生来说寝室是一个温暖的家。

张霞老师的教育教学工作得到了学生与家长的认可、同事的赞许，领导的信任、上级教育主管部门的肯定：2009年8月在四川省地震灾区中小学生赴俄疗养活动中被表彰为“优秀班主任”，2009年1月被评为汶川县教育系统抗震救灾先进个人，2009年9月被评为汶川县优秀教师。2011年12月获校“十佳班主任”，2013年6月获得“暨南教师爱生奖”，所带班级先后在2004年和2013（初2005级2班和初2014级9班）被评为“汶川县优秀班集体”，2014年被评为“全国模范教师”，2020年7月1日被评为2019—2020学年度优秀共产党员，2020年9月被评为汶川中学“优秀教育工作者”。

孜孜以求
争做具有教育情怀的优秀教师

（一）深度钻研，寓教于乐

在教学工作中，张霞老师兢兢业业，有很强的责任心和事业心。她有较强的组织教学能力，教学方法和手段多，上课富有激情，讲解幽默生动，有很强的课堂应变能力，极具个人魅力。在学生的心中她是一位名副其实的让学生敬畏，对学生有感染力的好老师。张霞老师认为每位老师都应该有自己教学特色和教学方法，形成自己的教学理念。她坚持在教学中做到：眼中有人、心中有标（课标）、手中有法、动态生成。把学习《普通高中英语课程标准》作为她教学的日常，努力做到：课标在心中、功夫在题外。结合《标准》和大量的阅读，主动参加学术组织、交流和培训，尝试应用英语活动观、情境教学法、整体教学、深度教学等新的教学理念、教学方法；她尝试研究新教材，把新旧教材对比、整合，研究自己学生的学情，根据民族地区学生的特点与英语学科的特点把握教材的重难点，合理地设计教学设计和学案，做到因材施教、因人施教。为了进一步提升自己的能力，在2020年10月她与工作室的老师到乐山市井研中学交流，同时进行了新课标 Book1 Module5 An Encounter with

Nature（developing idea）的教学展示课，与同行交流研讨，得到专家教授的进一步指导。2020 年 10 月完成外研版（2019）Book3 Unit 3 The world of Science（Understanding ideas）的第三稿教学设计，参加“四川省成都市第七中学暨‘教育信息化助力民族地区英语教育发展的探索与研究’课题组教学设计征集活动”，获得二等奖。

（二）潜心研究，实践创新

作为一名教师她尽量做到心中有乾坤、课堂有天地、手中有尺度、眼中有人生。她坚持英语学科核心素养的落地关键在于日常教学设计。她也坚持英语教学 = 思维 + 品质的教学。她在教学中坚持“因文制宜、精深阅读”。对学生来说，每次英语课堂上的英语阅读讲评对于学生来说那就是一次视觉、听觉和思想的一次盛宴。于 2019 年 10 月在校教研组内上公开课《因文制宜　精深阅读》，获得一致好评。

为了在教学中顾及学生思想、情感、态度与价值观的发展，使“教书育人”更好的落地。她尊重每个学生的独立存在，积极调动每个学生的主观能动性，发挥每个学生的主体参与性，激发学生发展的内在潜质，培养学生的实践精神和自主能力，由此全面提高普通高中学生的综合素质。她与课题组老师一起尝试“高中导师制”来指导学生发展，关注每个学生的成长、成人与成才，关注全体学生的品德性发展、学业性发展与社会性发展。在 2019 年学年中，她运用思想引导、心理疏导、生活指导、学业辅导与督促、学科专业指导、人生规划向导等方法，在尊重学生主体性的基础上，有效发展学生的自主精神、态度和方法，有效促进学生个体的各种认知能力的提高，包括自她认知、学习认知、生活认知和社会认知等。实验对象朱林睿、孟秋雨于 2017 年高考中分别取得了 138 分和 133 分的优异成绩，考上了自己心仪的大学。本班平均成绩从进校的 70 多分上升到了 118.5 分。课题《学科教师在高中阶段实施导师制的探索》于 2020 年结题。2018 年 4 月《对高中导师制开展的设想和推进的研究》发表在《学校教育研究》上。

在管理实践中，她尝试了前苏联著名教育家马卡连科的“退三进一”教育法，即批评学生一个缺点时，不妨先表扬他的三个优点，“用放大镜看学生的优点，用缩小镜看学生的缺点”。经过长期不懈地辛勤耕耘，每一年她班上 90% 的学生成绩会显著提高。高 2014 级学生获得全州文理科均分第一；高 2017 级学生获得全州文理科均分第一。先后有学生考入浙江大学、南开大学、四川大学等知名大学；她所教的每届学生参加全国英语竞赛均能获得全国一、二、三等奖。以高 2017 级为例，马玉鑫同学在全国英语竞赛中获得高一组全国三等奖。由于教学业绩突出，多次被评为汶川县“优秀教师”和校“优秀教师”。由于教学工作的成绩斐然，此外她多次承担全州、县英语教学的出题任务和竞赛评委工作。

潜心钻研
成为气象万千的教育家型教师

（一）专家引领，团队协作

在搞好教育教学工作的同时，她积极参加由上级主管部门、学校、教研组举办的各项教研活动，按规定完成每学期的听、评课任务和考评工作，并做好教学经验的总结。

她于 2015—2017 年被列入《阿坝州高层次人才库》成员名单，2019 年 9 月 11 日被批准为“州级学科带头人”。并于 2019 年 2 月成为“四川省程远友名师工作室”成员，自从加入名师工作室，她始终兢兢业业，以更高的要求严格要求自己，充分发挥自己的示范引领作用。分别参加了 2019 年 10 月 22 日至 24 日名师工作室第九次活动和 2019 年 12 月 4 日至 5 日骨干教师培训。在 2019 年 6 月 26 日《两堂公开课，看高中英语语法教学如何从“定式”走向“定制”》参加四川省教育科学研究院论文评比获得一等奖。参与 2019 年 10 月 9 日英语组研究课《因文制宜　精深阅读》和 2019 年 12 月 28 日，在年会代表州级学科带头人教师上展示课 An Encounter with Nature。

2020 年度，她的工作坊根据年度的研修工作安排，以“聚焦英语尖优生培养，造就一支青年骨干团队”为宗旨，组织地区集中研修活动。通过学习眉山市彭山区第一中学，眉山市王学文名师工作室王学文老师在第三次聚焦课题“英语教学活动中如何培育学生核心素养”的研修活动中，做的题为“严格要求，巧妙关注，厚积薄发，静待花开——谈英语尖优生的培养”的汇报内容，结合阿坝州地区英语学科基础能力薄弱，学习能力缺乏，优生的培养主要是老师的培养这个特点，采取了一系列措施，取得了良好的效果。

她多次参加省、州和县级的赛课，并在县内、校内和其他市、县老师上公开课或示范课，在2019年12月年会上与名师工作室何艳玲老师同堂异构后研究课，共上新课标（2019）Book1 Module5 An Encounter with Nature（Developing idea），该课在邓道宣教授的指导后，在2020年10月在“四川省程远友名师工作室第五次研修活动中”上示范课。2020年12月28日与工作室的何艳玲老师同堂异构了外研版（2019）Book1 Module 5 Into the World 中的developing idea部分的An Encounter with Nature。在工作室领衔人的带领下，2019年8月在研省级课题《边远、民族地区高中远程直播教学模式下学生核心素养培育的实践研究》也有序进行。同时积极向工作室的两名专家邓道宣教授和吴永胜教授请教，在他们的指导下阅读了大量的专业书籍，记笔记，写感悟，于2020年6月《如何通过“优质好问题”来实现“深度学习”》获得首届“英语周报杯”全国英语教学论文大赛二等奖。2020年8月16日，受四川省教科所委派，她们工作室的成员到凉山州培训千名骨干教师，她做了题为“不积跬步，无以至千里——谈教学相长”的讲座。学员们纷纷表示：张霞老师的讲座极富操作性、实效性和可行性，在今后的教学科研工作中要学以致用。

在汶川中学，她拥有三届网班的教学经历，在七中老师的带领下，积极学习，认真思考，做了近30本听课记录和反思，秉着“活到老，学到老”。

（二）示范引领，青蓝相接

作为英语学科州级学科带头人、县英语学科带头人，担负着培养、指导青年教师的任务。2018年5月在教研组内上研讨课Module 3 Adventure in Literature and the Cinema；2017年5月在教研组内上公开课Book 3 Module 5 Philosophers of Ancient China；2017年4月在教研组内上高三公开课The Adjective and The Adverb。2019年12月在第四届配音比赛中担任评委并点评；2019年4月主持英语教研组校本研修“向学生学习How and Why”。

她积极参加学校的校本教研活动，贡献了自己的力量；她也热心指导本校年轻教师，听他们的课、评他们的课，无私帮助他们，使他们很快适应了高中英语教学工作，并在教学上有了长足的进步与提升，迅速成为学校的中坚力量；作为师父，她对自己的徒弟杨雨倾其所学，认真负责，使得杨雨老师迅速成长，很快成了汶川中学的优秀年轻教师，在她的指导下杨雨老师教授的课于2020年参加“汶川县课堂教学大比武”获得一等奖，此外她指导的倪琳老师获得二等奖。

此外她每年还指导来校进行教学实习的在校大学生，为他们进入工作岗位打下坚实的基础，如于2018年和2019年先后指导李佳镁和李美玲进行实习。

她还带领阿坝州青年工作室的成员（汶川中学曾晓忆、马尔康中学廖权勇、理县中学刘红、黑水中学胥杨洋等），积极开展研修活动，研究教材，研究课改，积极投身于课堂改革之中，他们也迅速地成了各个学校的中坚力量和佼佼者。

向志雄

向志雄，1969年出生，四川郫县人，高中文化，非党群众，四川阿坝州黑水林业局职工。向志雄自参加工作以来勤勤恳恳，始终站在植树造林、森林抚育、森林防火、保护野生动物等工作的第一线。1998年9月，四川省全面实施“天保”工程。他迅速转变角色，从“砍树人”变成“栽树人”。每年3月至6月，就带领造林班组，扎根深山，开展植树造林工作。2010年，黑水林业局实施中幼林森林抚育工作。作为森林抚育班班长的他，总是以保质保量完成工作任务为中心，带领班里的其他同事顺利完成各项工作。森林抚育工作一结束，他又投身到森林防火工作中，为了看管好1209243.9亩森林，从垭口山下到渔巴渡，战线约60公里，10条巡护沟道，每天都要走几十里的山路，针对农事用火、“清明”节祭祀用火，向志雄不惧压力，深入各沟道，排除一切火灾隐患。为保护野生动物，他定期进入原始森林，到安装红外线相机的各个地点，收集影像资料，了解野生动物的相关情况，做好记录，及时向局汇报。向志雄自1988年参加工作以来，在本职工作岗位上，做出了突出贡献，2019年8月获“保护森林和野生动植物资源先进个人”；曾多次被单位评为“先进生产工作者”。

刘陈军

刘陈军，1974年3月出生，四川省茂县人，中专文化，中共党员，现茂县“回归饭店”总经理。先后担任阿坝州第十一届人大代表，四川省人大代表。刘陈军从业23年，她自立自强，敢闯敢为，用勤劳守信创业，带头发家致富，将所创立的“回归饭店”做成了九寨沟旅游环线精品饭店，留下了好口碑；她助力精准扶贫，投身乡村振兴，促进地区发展，带领父老乡亲发家致富，拓宽拓广产品销路；她积极扶助贫困家庭，资助学生，改善贫困户生活条件；她初心不改，感恩回报，切实履行社会责任，积极参与“5·12”汶川特大地震、茂县“6·24”山体高位垮塌的救援工作；在2020年“新冠肺炎”疫情来袭之际，她尽一己之力宣传抗击疫情、为前线送去急需物资；她倾听群众呼声，深入调研，提出合理议案，为基层人民做尽职的“代言人”。2017年7月曾荣获四川省6·24茂县特大山体滑坡灾害抢险救灾先进个人称号；2008年获四川省“5·12”抗震救灾英模、四川省劳动模范；2014年获全国最美家庭、全国五好家庭。

陈伍志

陈伍志，1978年9月出生，四川省金堂县人，中专学历，现任四川红原遛遛牛食品有限责任公司副总经理。他用自己的辛勤和汗水努力开拓着高原畜牧产业的不断发展，狠抓生产管理及牦牛产品的开发，参与多项新产品研发工作，特别是参与开发的“手撕风干牦牛肉制备方法”研究成果获国家发明专利授权，大大增加了牦牛肉的附加值，产品受到社会的良好赞誉，被列入四川省地方名优产品目录，同时也为带动当地农牧民增收致富作出了一定的贡献。他在发展自己的同时，不断学习内地大城市大企业的先进管理方式，结合高原藏区特色，应用到企业的经营管理当中，在高原地区率先提出符合藏区企业发展的先进的现代企业管理模式。与此同时，他积极参与到脱贫攻坚工作当中，先后帮扶我县阿木乡峨扎村建档立卡贫困户日格郎、瓦切镇达峨村建档立卡贫困户杨清拉姆。“创业有起点，事业无终点”，他带领技术团队，为公司研发牦牛肉酱、富营养组合牦牛肉、牦牛肉烘干技术、牦牛肉腌制技术等。曾被阿坝州政协“我为扶贫攻坚做件事”先进个人；2017年曾被国家农业部、国家人力资源和社会保障部联合授予“全国农业劳动模范”称号。

哈弄夺机

哈弄夺机，藏族，1984年2月出生，四川若尔盖县人，专科学历，中共党员，中国邮政集团公司四川省若尔盖县分公司职工，网运班组长兼乡邮员。新冠肺炎疫情发生以来，哈弄夺机冲锋在前，积极参与各项疫情防控工作，在疫情防控一线中践行初心使命。在高原牧区的乡村土路简陋，不少多路段通行条件很差的情况下，他投递乡镇党报党刊3534份，包裹百余多件。在得知县相关政府部门急需一批物资需要从成都运回，他主动请缨，两次逆行，从若尔盖出发到成都为当地政府及相关部门带回抗疫物资。天寒地冻，来回近一千公里的路程，他克服了重重困难，路上没有饭吃，他只能吃泡面充饥，没有地方休息，他便在汶川绵虒服务区停车，选择在狭小车内蜷缩过夜。长途跋涉，不眠不休，他克服了身体上和心理上的双重困难，只为第一时间将抗疫物资带回。两次共计带回消毒液、酒精38桶，小型消毒液1000瓶。小喷壶一箱，背试喷壶2个以及口罩5000个。他时刻以高度的责任感和使命感尽责地做好自己工作，一直为邮政事业默默奉献，赢得了广大客户和邮政员的一致好评。2015年曾获四川省邮政企业“邮政规范化服务”劳动竞赛活动年度服务优胜个人；2018年在四川省首届“快递之星”快递员评选活动中获快递之星；2019年获中国快递协会“快递小蜜蜂”称号。

刘晓宇

刘晓宇，回族，1978年2月出生，四川省阿坝州小金县人，大学本科学历，中共党员，现任国网四川岷江供电有限责任公司生产技术部主任职务，经济师职称。刘晓宇自参加工作以来勤勤恳恳，任劳任怨，服从组织安排，在从事过的发电运行、电力营销、变配电运管、安全监察、生产技术管理等多种本职工作岗位上，都能勇于担当，刻苦钻研业务，组织团队带头深入开展安全生产体系健全和安全隐患排查治理，规范优化运维检修工作标准和业务流程，推广发电、供电安全生产先进技术，保持设备状态健康，不断提升电能质量和供电可靠性，刘晓宇先后参加过2008年

“5·12”汶川大地震、2013年“7·09”泥石流、2018年“8·20”山洪泥石流自然灾害等多次重大应急抢险救灾工作，面对急难险重任务，均不计个人得失，深入灾害现场连续奋战，作风顽强，为保障岷江电网发电厂、变电站、输配电线路的安全稳定运行和灾区电力可靠供应做出了较大贡献。个人曾获岷江水电公司2014年度“优秀共产党员”、2017年度“先进工作者”、2018年度“先进工作者”等荣誉。2019年，被国家能源局四川监管办公室评为“2018年度四川电力安全生产先进个人”。

刘国华

刘国华，羌族，1975年1月出生，四川省茂县人，大学本科，中共党员，中国电信茂县分公司渠道分局长。刘国华自1993年参加茂县邮电局工作以来，公司就成了他生命中不可割舍的一部分，在工作中多次荣获阿坝州电信公司优秀客户经理、优秀服务明星等称号。2017年6月24日，四川阿坝州茂县叠溪镇新磨村发生高位垮塌灾害，在此次灾害中，他痛失36位亲人，仍强忍悲痛，坚守岗位。他冒雨顶着飞石和二次垮塌的危险，为省、州公司和地方相关抢险救援队伍带路15次，带领安装队伍为抗灾指挥部、武警部队等开通救灾专线，为受灾群众落实上网、充电、免费Wi-Fi和平安电话等，为救灾工作做出了突出贡献。2020年1月“新冠疫情”发生后，刘国华加班加点，为企业客户制定综合信息服务方案，利用物联网技术为企业单位提供疫情防控宣传、生产经营管理手段，助力企业有序复工；协助阿坝职业技术学院开通完成AI+5G疫情体温监控项目，为高校提供了科学防疫手段。2017年，获四川省“6·24”茂县特大山体滑坡灾害抢险救灾“优秀共产党员”“先进个人”称号。2018年12月，获“第四届中国电信十大感动人物特别奖”和“中国电信集团劳动模范”称号。

李　进

李进，藏族，1970年出生，四川理县人，大专，中共党员，四川唐古拉风艺术团党支部书记、成都阿坝州商会会长。李进身为一名共产党员，时刻牢记习总书记指示，始终以一线劳动者的标准要求自己，执行党的政策，遵守党纪国法。着眼于传递党的扶贫政策，丰富贫困群众精神文化生活。带领艺术团累计演出达1000余场，覆盖甘孜、阿坝、凉山等地的17个深度贫困县，约21.3万贫困群众观看了演出。采取“边演出、边发现、边吸收、边培养”的方式，帮助贫困地区艺术青年脱贫致富。截至2020年，艺术团已培养和吸纳贫困地区歌手200多名、舞蹈演员800多名，占演职人员总数的90%，实现“一人参演，全家稳定脱贫”的目标。个人累计出资、捐款捐物折合人民币2000多万元，募集、带动各类扶贫资金近2亿元投入到高原藏区、凉山等深度贫困地区脱贫攻坚事业，惠及贫困群众4000多户20000多人。成都阿坝州商会自成立以来，共为28户会员企业收回投资款和经济损失6272万元，调解各类矛盾纠纷上百起，将多起可能引发的群体事件消弭于萌芽状态，有力地维护了民族团结和社会稳定。2020年2月，为支援民族地区抗击新型冠状病毒肺炎疫情，向阿坝州和甘孜州捐赠了20.6万只口罩、防护服30套、蔬菜40吨，及时缓解了一线人员的物资紧张，为坚守一线的干部群众提供了强有力的后勤保障，用实际行动践行初心使命！在汉藏两地群众中有较高声誉，2019年被授予“全国民族团结进步模范个人”、获评“全国脱贫攻坚奖奉献奖”、被评为“中国好人”，参加国庆70周年大会观礼、获评“四川慈善奖”最具爱心慈善个人，荣登四川好人榜；2018年，获评四川省优秀中国特色社会主义事业建设者；获评四川省改革开放40年四川百名杰出民营企业家、获得“四川省脱贫攻坚奉献奖”、被阿坝州委、州政府授予“阿坝州优秀民营企业家”；2016年，获评成都市民族团结进步模范个人、阿坝州第十一届人民代表大会优秀代表。

江润安

江润安，藏族，1966年3月出生，四川小金县人，学历初中，中共党员，现任小金县沃日镇窄小村支部书记、小金县兴隆农副产品开发有限责任公司总经理。他是勤劳致富的先行者，他是脱贫奔康的领路人，他是群众心中的老大哥。产业发展上，在2000年和2002年，他分别建立了全县第一个蔬菜大棚、全县第一座小型冷冻库，2011年，创办了以收购松茸及野生菌冷藏保鲜加工为主的小金县兴隆农副产品开发有限责任公司，开创了小金县农特产品加工的新纪元。脱贫攻坚中，2014年以来累计帮助群众增收2600余万元，每年野生菌类采收季节解决周边群众70余人稳定就业。牵头运营五村集体经济综合体，每年给五个村保底分红11万元，消除了“空壳村”。村级治理上，他带领村两委干部，完善村内基础设施建设，提升群众的满意度和幸福感。1998年荣获阿坝州“青年星火带头人标兵”，2005年获阿坝州“青年科技兴农带头人”，2007年获四川省优秀农村人才示范岗，2008年获“四川省农村优秀人才”和“抗震救灾先进个人”，2009年获阿坝州“先进农村科普带头人”，2015年获阿坝州“优秀基层党组织书记”，2018年获阿坝州民族团结进步模范个人称号，2019年获阿坝州脱贫攻坚创新先进个人。

朱　亮

朱亮，羌族，生于1971年6月，四川省阿坝州汶川县人，中专学历，2007年成为中国共产党党员，2016年当选汶川县政协委员。汶川县乐亮种植专业合作社社长、汶川县开心家庭牧场合伙人。朱亮自参加工作以来兢兢业业，作为一名共产党员事事以身作则，为家乡人民的增收致富做出了突出贡献。朱亮种植了汶川第一批甜樱桃并摸索出适合当地的甜樱桃管理技术，任甜樱桃协会首任会长期间致力于推进甜樱桃管理技术规范化，无偿为农户讲解栽培技术并提供优质植株的嫁接枝条，其后他又引进香杏子类和梨枣类品种，并摸索出丰产示范规范。朱亮同志为汶川的水果种植推广做出了较大贡献。自2015年以来，朱亮的“汶川县乐亮种植专业合作社”对社员和芤山村村民免费开放保鲜库，电费和管理费由其个人承担，为社员和当地村民实现了显著增收。朱亮扎根高山，设立“汶川开心牧场”，扩建高山路，搭建10千伏高压电5公里，在农业转型、康养旅游方面继续做着开拓探索，经过长期艰苦奋斗已取得较大成果。1999年5月获评“第二届四川省十大杰出青年农民”，2005年4月获评“阿坝州劳动模范”，2008年3月获评“阿坝州农村优秀人才”，多次获评汶川县“优秀共产党员”及“科技致富带头人”。

何有信

何有信，1968年4月出生，四川茂县人，羌族，中共党员，茂县六月红花椒专业合作社理事长。2008年8月，何有信和椒农一起成立了茂县六月红花椒专业合作社，现合作社已发展为集花椒种植、加工销售于一体的国家级农民专业合作示范社。通过订单收购、二次返利和成立资金互助社带动社员增收致富，社员户均年收入高于非社员21%。合作社对36户建档立卡贫困户开展产业扶贫，免费培训、免费发放种苗、农药及肥料和生产工具，签订高于市价的保定回收合同；与沟口镇岐山村建立帮扶关系，除培训和回收农产品外每年给予帮扶资金14000元。积极开展定点帮扶贫困村和贫困户对茂县脱贫攻坚贡献力量。在何有信带领下，2016年在全州首次创新试点六月红花椒专业合作社资金互助模式，成立了“茂县六月红农村资金互助社”，推动椒农与现代农业发展有机衔接，实现农业经济可持续发展。通过何有信的努力，六月红花椒合作社引领的茂县花椒已经建立起了从基地生产，产品加工，产品销售的良性产业链条，为老百姓带来了实实在在的实惠，发展花椒产业已成为了助力全县产业振兴的重要手段。2015年获评四川省林业产业工作先进个人；2019年获四川省第四届农村乡土人才创新创业大赛乡村振兴贡献奖。

泽让昂休

泽让昂休，藏族，1997年出生，四川阿坝县人，中专学历，现为浙江兴业市政工程有限公司职工。作为一名来自贫困家庭的孩子，泽让昂休早早地承担起了家庭的重担，在上学期间他勤奋好学，并可以熟练地将所学知识运用到实际当中，多次参加学校组织的实践活动，努力夯实了所学基础。实习期间与同事积极合作，互相帮助，熟练掌握了图纸、工艺、测量放线等技能。后成功被温州瓯海区市政建设公司录用，在普通的岗位上，他通过自己的努力奋斗，不断在提高自身素质上创先争优，不断增强学习上的紧迫感，把学习作为第一需要，勤于学习，善于学习，不断扩大知识面，更新知识结构，注重在学习工作中加强知识和经验的积累，切实把握住自己的人生机遇，努力实现自我价值。心怀感恩，砥砺前行。泽让昂休是贫困家庭的孩子，在实现就业的人生新阶段，他靠着自己的勤奋与刻苦，不断学习文化和业务知识，丰富充实自我，以谦逊和诚心待人的态度，把回报社会、建设家乡作为自己人生的新目标，书写着自己的感恩人生。2018、2019年他被公司评为优秀员工，2019年被评选为全州优秀农民工。

谢晓兰

谢晓兰，女，汉族，出生于1973年9月，籍贯茂县，大学本科，群众，四川省马尔康中学，高级教师。她政治立场坚定，具有良好的思想道德品质和教育教学能力。忠诚于党的教育事业，从事一线教学24年，担任年级组长14年、班主任21年。她是育人的典范，推行“班就是我们共同的家”的管理模式。她是教学能手，终坚守“教师首先是导师”的教学理念，不断创造出“低进高出”的奇迹！得到家长和学校领导的高度评价，所教的4届学生高考文、理科硬上本科线人数居全州第二，其中两届培养了州理科状元和文科状元。她是教改的先锋，积极探索适合民族地区的英语教学模式，率先采用微课教学，实施分层走班、分层教学模式，有4篇教育教学论文发表在全国全省刊物上。主研省州教学课题5个，其中1个省课题获一等奖，主编《马中教学金略》等多种校本教材。发挥政协常委的示范作用，是教育同行的领路人，积极承担“青蓝工程”师带徒任务，带出教学骨干6人。率先担当，积极投入抗疫攻坚战。“停课不停教，停课不停学”，创立“网课”同步辅导模式和“云端班会”模式，确保学生的学习不受影响。2019年被评为全国优秀教师、阿坝州高中英语学科“带头人”；2013年被评为四川省优秀教师。

黎开成

黎开成，羌族，1966年12月生，四川茂县人，大学本科，中共党员，阿坝州科技交流普及中心副主任（主持工作）、研究员、高级咨询师。黎开成主持参与省州科技计划项目19个（其中主持实施省级科技计划中药材项目5个，示范推广1000余亩）。为阿坝州科技项目论证咨询60余次。搭建阿坝州技术转移中心和技术合同登记机构，负责技术合同认定登记46项，金额1230.31万元。组织参与发放科普资料8万余册，培养科技明白人1800余人次。编撰科普知识读本三套（册），印发1.2万册。组织参与编撰24种农村实用技术，印发12万册。主动争取搭建全州14个科技扶贫在线平台，解决农牧民生产中的技术问题24550个，年均解决8000余个。撰写文章20篇，提出大量科技发展建设性意见建议，起草阿坝州科技发展政策性文稿4篇，由州委、州人民政府印发实施。为满足新冠疫情期间春耕生产的技术需求，组织各县（市）制作科普教学片15部。2017年评为阿坝州优秀共产党员，2018年撰写的《科技支撑阿坝州生态经济发展着力巧打四张牌》获阿坝州“科技引领精准扶贫”学术论文二等奖。

罗　俊

罗俊，羌族，1974年10月出生，四川茂县人，大学本科，非党群众，阿坝藏族羌族自治州人民医院感染性疾病科主任，副主任医师。为一名临床医师，罗俊凭借自己娴熟的业务知识和高尚的医德，在医疗战线上做出了优秀成绩，得到了广大患者及社会各界的好评。在工作中，他牢固树立全心全意为人民服务的意识，在2009年担任感染性疾病科主任以来任劳任怨、一丝不苟，勤勤恳恳，为医院留住年轻医生在藏区工作作出了表率。2020年新冠肺炎疫情期间，作为感染性疾病科主任的罗俊同志，在疫情袭来时毫不退缩、沉着应战，随着首例确诊病例的收治入院，他义无反顾日夜奋战在抗疫一线。组织专家讨论，邀请华西医院专家会诊，查看检查报告，制定治疗方案，反复和患者沟通，视病人为亲人，一切为了病人，奉献自己的全部力量来确保患者的早日康复。他用扎实的专业知识诊疗，用无微不至的医者仁心面对，诠释了一名医务工作者的高尚情怀。作为医院新冠肺炎救治首席专家，他和其他专家组成员像侦探一样研判病例，力争做到不误诊、不漏诊。他一直坚守在抗疫一线对200多名发热患者预检分诊，用火眼金睛维护了广大人民群众的健康生命安全，为净土阿坝保驾护航！2003年获阿坝州委、州人民政府表彰的阿坝州SARS防治工作先进个人。

胡　春

胡春，汉族，1980年出生，四川宜宾人，博士学历，中共党员，国家税务总局阿坝藏族羌族自治州税务局党委书记、局长。胡春从川南宜宾到省会成都再到雪域高原，他始终坚守初心使命，践行忠诚担当。从税20年，他以学力行，先后入选全国首批税务领军人才、阿坝州高层次人才，先后荣获四川省优秀青年卫士、全省税收征管标兵等称号。在他的带领下，阿坝税务服务地方发展大局提档升级，得到国家税务总局、省税务局及州委州政府主要领导的多次批示肯定。全系统先后荣获省部级集体荣誉3项，厅局级集体荣誉10项。扎根高原，他是把青春献给藏区的“80后”。他到阿坝任职后，克服高原不适，半年行程两万多公里，为纳税人缴费人纾难解困。他扎根高原，带领税务干部服务地方经济社会发展，让“税务蓝”生辉在疫情防控、脱贫攻坚最前线。真抓实干，他是以创新引领发展的领军人。凭借过硬专业素养，忠诚“一分一厘都是税”，构建起具有阿坝特色的税费征管服务体系，税费收入实现58亿元的历史性突破，“三语宣传”“非接触式”服务、减税降费利惠千家万户，全力服务“一州两区三家园”建设。倾情带队，他是把真情融进队伍的一把手。打造“净土阿坝·阳光税务”文化品牌，创新实施“青蓝工程”加强队伍建设，倾力改善高海拔县局取暖、供氧、饮水等难题，高原铁军越练越优，高质量税收越建越强。

李丰宏

李丰宏，白族，1996年8月出生，2016年9月参加工作，阿坝藏族羌族自治州森林消防支队马尔康市大队一中队四级消防士。2019年3月4日，增援凉山州喜德县灭火作战过程中，李丰宏带领自己班人员成功避开危险火，进入火烧迹地避险，确保队员的生命安全。2020年2月13日，红原县发生草原火灾，李丰宏带领班级4人找到水源，为灭火作战完成赢得先机。2020年4月5日，在凉山木里县烧香梁子火场，李丰宏带着两名消防战士成功实施了紧急避险，挽救了同伴性命。被评为“第五届全国119消防先进个人”。

丁　旷

丁旷，1996年8月出生，2013年9月参加工作，阿坝藏族羌族自治州森林消防支队应急通信与车辆勤务中队三级消防士。在疫情严峻的形势下，正在湖北孝感老家探亲的丁旷，主动向村委会请缨，积极宣传防控知识，不惧病毒主动参战，转战武汉奋战一线，用共产党员和森林消防员的忠诚与担当冲锋在抗击疫情最前沿。被应急管理部授予“国家综合性消防救援队伍抗击新冠肺炎疫情先进个人”荣誉称号。

集体先进事迹

汶川县妇联

在省、州妇联的关心指导下，在县委、县政府的坚强领导下，在全县妇女的共同努力下，汶川县妇联紧紧围绕“巾帼心向党·建功新时代”的主题，结合全县中心工作，充分发挥妇联干部的积极性和主动性，组织引领全县广大妇女凝心聚力，坚定不移听党话，跟党走；坚持服务大局，积极助力汶川高质量发展；坚持深化改革，不断推进妇联组织创新发展；坚持维护妇女儿童合法权益，为实现全面小康砥砺奋进，全县上下形成了有利于妇女儿童发展的浓厚氛围。先后获省维护妇女儿童合法权益先进集体、省无烟单位、州民族团结先进单位、州“三八”红旗集体、州巾帼文明岗等称号。

凝心聚力　思想引领

在全县广大妇女中认真开展学习党的十九届历次全会和习近平总书记重要系列讲话精神，以及中国妇女十二大、四川妇女十三大精神，通过开展“巾帼大宣讲”“幸福讲堂”“书香飘万家—家庭亲子阅读”等活动，把党的声音和国家、省、州、县重要会议精神和重大决策及时传达到基层一线；与相关部门联合开展民族团结、网络安全、法律等宣传活动；举办大型宣传活动共计11次，印制并发放各类宣传册及宣传袋等宣传制品5.3万余份；通过“四川幸福女性”“花开阿坝”“汶川妇女联合会”等微信公众号新媒体平台把新时代的政治理论、价值理念传递给妇女群众，引导广大妇女感党恩、听党话，跟党走；通过汶川县妇女联合会微信公众号共发布信息80期（原创），切实做到网上有旗帜、有组织、有活动、有服务、有群众。

主动作为，巾帼行动

一是开展巾帼志愿服务活动：先后组建互助、维权等4支巾帼志愿队，在全县开展各有侧重、各具特色的宣传活动；每月定期参加“全域无垃圾”“汶川无忧时间志愿服务”等活动，疫情期间开展“卡点值守”“入户摸排”“解忧行动”“文明劝导”等志愿服务160次；在元宵夜为一线工作人员送汤圆、在情人节制作玫瑰和蛋糕送抗“疫”人员家属、走访慰问援鄂医务人员家属、组织志愿者为宅在家的群众免费理发、发放倡议书，及时提供相关信息，号召各类生产企业复工复产，村民防疫、春耕两不误；为帮扶村每户村民送口罩、消毒液和洗手液等防疫物资，手把手教会她们正确使用方法以及做好防护措施；充分发挥“联”的优势，多方筹集防护物资，及时在来料加工扶贫车间复工前夕，送去口罩、消毒液等物品；组织各羌绣合作社开展“最美的花送给最美的你”活动，自愿为赴鄂的女性医务人员捐送价值近3万元的车枕、手包等羌绣手工制品100余件；动员广大妇女做好环境卫生、清理村内塘沟、畜禽养殖粪污等农业生产废弃物，保持公共环境的清洁卫生等等；二是开展评先评优活动：深入开展“最美家庭”“平安家庭”“五好文明家庭”等“家”字号活动，通过网络投票，不断提升群众的参与度和知晓率；今年选树并表彰县级“三八”红旗集体5个，“三八”红旗手10名，“巾帼建功标兵”12名，“最美家庭”14户，“五好文明家庭”10户、“平安家庭示范户”15户；推荐并表彰州级“三八”红旗手2名、“最美家庭”2户、“三八”红旗集体“巾帼建功先进集体”“巾帼建功标兵”“巾帼文明岗”各1名；推荐并表彰省级“最美家庭”1户；推荐并表彰全国“三八”红旗集体1个；三是开展感恩情怀活动：举办“守望幸福，传承好家风”宣讲活动，聘请知名专家，通过中华传统经典的家风家训文化以及婚姻家庭沟通技巧，紧密围绕家庭、家教、家风，开展“感恩党，感恩祖国，感恩手足之情”等感恩情怀活动；深化“文明四风”、“好家风·廉内助”等建设，通过讲齐家故事、立家规家训，弘扬家庭美德，传承优良家风。

执着奋斗　服务大局

一是实施巾帼素质行动，投入资金10万元，开展妇女居家灵活就业培训，举办30天集中学习和60天的个别辅导的羌绣技能培训，100名绣娘参训；举办巾帼主播带货培训班2期，全县女种养殖户、合作社女负责人等60余人参加培训；动员300多名妇女积极参加相关部门举办的电子商务、厨师、家政等技能培训；与兰溪、义乌、金华妇联合作成功举办巾帼云创联盟直播活动，通过直播间推荐汶川“三宝”以及羌绣手工制品。同时，选派5名巾帼致富带头人分别前往甘肃、青海、浙江等地进行学习交流；完成州妇联2个来料加工技能培训共计20万元的项目申报工作；二是抓好关爱帮扶行动。定期走访慰问留守儿童，残疾儿童、贫困大学生等38人，为她们送去课外书籍、新衣服、助学金等，合计8.24万元；救助患大病贫困妇女4人，发放救助金1.9万元；与义乌、兰溪市妇联联合开展送温暖活动，争取1万多个“爱的守护包”、400多双爱心童鞋、400多套床上四件套等爱心物资，折合人民币90多万元，持续开展老干部、老党员、贫困妇女、女性农民工以及困境儿童等群体的走访慰问工作。三是推进“巾帼维权服务”行动。大力宣传法律法规，让妇女群众知法、懂法、守法、用法律武器维护自身的合法权益，继续组织县、乡镇、村妇联干部积极参加“法律大讲堂”培训；做好接待来信来访工作，做到件件有登记，事事有着落，服务对象满意度达100%；四是推动建立完善婚姻家庭纠纷化解工作机制，以及跨部门预防性侵、反家暴等妇女儿童维权发现报告、关爱服务、联防联控、舆情处置、工作督查“五项机制”，为家庭的平安幸福和孩子们的健康成长保驾护航。

强基固本　履职尽责

一是织密妇联组织网络，最大限度将关心妇女儿童事业、自愿为妇女儿童的服务女性吸纳入巾帼志愿队，开展环境整治、卡点值守、入户排查、文明劝导等各类志愿服务，让“巾帼红”在全县各地各处处处可见；二是从多行业多领域里增选政治素质好、工作能力强、热爱热心妇女工作、群众公认的优秀女性担任妇联执委、村（社）妇联干部，使妇女工作的触角延伸到了“神经末梢”，真正做到党有号召，妇联有行动；2020年共新增县妇联执委5人，在来料加工车间新建妇女组织2个，在教育、卫计中心等新建“妇女之家”5个，还在全县各行各业优秀女性中选举产生州第十三次妇女代表大会代表18名，为及时将妇女群众合法诉求上传相关部门并有效解决畅通渠道；三是坚持党建带妇建，为广大妇女群众服好务的思想贯穿落实到妇联各项工作中，常态化开展意识形态教育工作，举办能力提升、素质培训，培训全县各级妇联干部 300 人次；多次举办巾帼宣讲，廉政党课以及各类云课堂，引领全县各级妇联干部牢记使命，以饱满的热情投身到妇女儿童工作中，把妇女儿童工作做实、做深、做细。

脚踏实地　办好实事

一是管好建好妇女之家、儿童之家。全力推进州民生工程——新建“儿童之家”项目顺利完成，今年在绵虒镇向前村，水磨镇刘家沟等村新建“儿童之家”4 个，提前超额完成“90% 以上城镇社区建立一所儿童之家”的指标任务；督导已建的 16 个“城乡儿童之家”，结合当地特色和人文环境，开展灵活多样，丰富多彩的活动等，积极与民政局对接合作，甄选符合条件的“儿童之家”纳入社会服务项目，确保人员、资金有保障，“儿童之家”各项活动顺利开展；二是继续发挥好七盘沟巾帼爱心屋作用，开展新时期城乡社区精准扶贫工作模式的新探索，发扬志愿爱心服务和“自立、自强”精神，建立让弱势群体得到关爱，同时也鼓励这些弱势群体“自立、自强”的平台。三是继续推动妇女就业创业。加强与县人社、就业等部门的沟通联系，联合开展春风行动暨东西部劳务协作与帮扶网上招聘会，为贫困妇女、高校毕业生等提供就业信息及就业岗位；四是联合工会、团委举办单身派对，搭建年轻人交友交流平台逐步缓解汶川年轻人结婚难的问题；五是扎实做好今冬明春关爱农民工家庭川女“回家行动”工作，向女性农民工推送“天府家教微课堂”“天府小妹微普法”“网上维权地图”等，建立“妇女微家”1 个，随时随地方便她们学习相关知识，并能通过地图及时找到当地维权组织，宣传；疫情期间，及时通过微信群、QQ 群等转发《关于四川外出务工人员申报健康证明服务操作指南》《汶川县首班农民工返岗专车即将发车》《汶川县 2020 年“春风行动”东西部劳务协作（义乌、兰溪）暨省内对口帮扶网络招聘会》等信息，为方便外出务工女性顺利返岗复工或就业；六是深化脱贫攻坚工作，继续深入所联系的水磨镇白石村，开展“户户人，人户户”“两联一进”、精准帮扶“大走访”、回头看大排查等活动，宣传护林防火、民族团结、妇女权益保障等国家的方针政策，法律法规，发放资料、宣传画册，及时了解群众各类需求，主动为他们解决生产生活中的出现的困难和问题出谋划策；与群众交心谈心，激发当地群众感党恩、图奋进的心，协助他们制定当年发展规划等；与白石村两委联合组织村里的党员干部开展环境卫生整治行动，开展“洁美家庭”创建活动。

阿坝州中级人民法院妇委会

“中国将更加积极贯彻男女平等基本国策，发挥妇女‘半边天’作用，支持妇女建功立业、实现人生理想和梦想。”这是习近平总书记向世界的郑重宣誓，是对中国女性激扬巾帼志、建功新时代的殷勤期待，也是州法院践行男女平等基本国策、激励女干警实现人生价值的殷切期待。近年来，州法院妇委会充分发挥工作职能，筑起依法维护妇女儿童权益的有力屏障。

加强认识　提升巾帼建功意识

阿坝州中级人民法院妇委会现有 6 人，其中 4 人为中层及以上干部，40 岁以下 5 人，30 岁以下 2 人。这是一个多元互补、富有活力、充满温度的集体。她们是母亲、妻子、女儿，也是审判台上的女法官、低调细致的女书记员，审判执行工作中步履不停的身影，成为法院美丽的风景。这个既软弱又坚强，即平凡又伟大的集体，用开拓进取、艰苦奋斗的精神和坚韧刚毅、智慧豁达的品格奋斗带领两级法院干警在审判执行一线，为坚守社会和谐稳定的法治底线初心不改、干劲不减，用实际行动诠释了新时代女性的自尊、自信、自立、自强精神，展现了新时代女性的巾帼风采。

司法为民　倾力铺就维权通道

增强保护妇女权益工作的意识。由妇委会委员吴艳丽负责的家事审判工作，通过下发《阿坝州中级人民法院关于推进家事审判维护单亲母亲权益工作意见》、《阿坝州中级人民法院单亲母亲权益保障工作推进方案》，提高审判人员的理论素养；推动草地四线法院成立“单亲母亲权益保障专项活动”办公室或工作领导小组，建立法官带头挂钩帮扶单亲母亲家庭制度。同时，组织干警编撰典型案例宣传家事法律法规，引导公民学法、知法、守法；通过三八妇女节等特殊时间节点推动举办相关活动、向相关部门、单位发送司法建议书、举办专题讲座等形式宣传以妇女为犯罪对象的相关法律法规，提高全民尊重妇女、保护妇女的法律意识。

注重对妇女儿童的权益保护。妇委会委员马燕、吴延丽、胡晓莹等带头走在审判第一线，在案件审理方面，坚持对涉及妇女儿童权益的案件开辟绿色通道，实行“三优先”原则：优先立案、优先审理、优先执行。对文化程度偏低的妇女，加强诉讼指导，对侵害妇女合法权益的案件，在家庭财产、住房、子女抚养教育等依法予以优先照顾；同时进一步加大对故意杀害、伤害、拐卖妇女儿童等犯罪行为的打击力度，全面贯彻宽严相济的刑事政策，在审理未成年人犯罪案件中，寓教于审，对犯罪的留守青少年、妇女，积极贯彻“帮助、教育、感化、挽救”方针，综合考察其犯罪情节、危害后果、社会影响，依法从轻或减轻处罚。三年来，共审结涉及妇女儿童权益民事案90件。刑事方面，加大对强奸案的打击力度，审结强奸罪案件4件5人。在定点帮扶村若尔盖县降扎乡木岔村，对家庭困难的学生进行经济资助，三年来，共为该村妇女儿童捐助资金3万余元。

完善、创新司法救助机制。充分发挥司法救助主动意识，加强与州级相关部门的横向联合，建立法律援助与司法救助相衔接机制，引导和帮助妇女儿童最大限度维自身的合法权益，对因案致贫、因案返贫的单亲家庭对象认真细化识别，积极为权益受侵害的弱势妇女儿童群体提供法律援助和诉讼费减、免、缓等司法救助。三年来，共为妇女儿童当事人减免缓交诉讼费180万余元，受理涉及妇女儿童权益的来电、来访70件次。

创新多元化纠纷解决机制。依托法院“诉调对接中心”，建立与妇联、社区居委会、人民调解组织等机构的无缝对接平台，组织参与庭前走访、庭中调解、判后回访，开展提供法律咨询、调处矛盾纠纷等工作，为妇女权益保护提供有力司法保障；建立妇女维权“绿色通道”，对行动不便的涉诉妇女实行电话预约、上门立案、及时调解、就地审理、快速执行，依法优先保护妇女合法权益。

深化法治宣传
推动维权服务网络化

通过巡回审理和送法下乡等形式，以案示法，引导农村妇女学法、懂法、守法。在每年“三八”妇女节、“六一”儿童节等重大节日集中开展婚姻家庭法治宣传，组织法官走进学校、街头义务宣传《中华人民共和国婚姻法》《中华人民共和国反家暴法》；利用巡回审判车深入牧区，使用当地语言进村入户开展宣传活动；制作诉讼指南、举证指南、家暴证据收集、人身保护令申请指南等指南向单亲母亲家庭发放，便于单亲母亲家庭主张权利；组织开展维护妇女合法权益典型案例征集发布活动，并将审判中的典型案例制作成双语案例教育片，以生动的形式起到警示教育的效果。通过面对面耐心解答妇女群众、在校学生提出的各类法律问题和疑惑，并及早发现不稳定因素，早排查早化解，避免发生侵害妇女儿童权益案件，努力营造尊重妇女、爱护儿童的良好社会风气。两年来，通过开展“送法进校园”“模拟法庭”“法院开放日”等形式多样的教育活动，累计参加学生达千人以上，收到了良好的法治宣传效果。

丰富业内外活动
激发女干警生机活力

州法院妇委会高度重视文化的浸润、教育作用，推动开展扎根沃土文化活动，着力锻造人格魅力，培育人文情怀。成立读书、摄影、舞蹈等兴趣小组充实女干警业余生活，由妇委会委员担任主编的中院“婆陵甲萨·书屋”读书活动常态开展，编发电子刊物5期。2019年隆重举行追记（授）秋灯同志“个人一等功”“优秀共产党员”先进事迹报告会，开展秋灯、邹莹事迹宣讲，掀起学习先进热潮，鼓励两级法院干警争做“三高六质”优秀法官。助力开展“十佳员额法官”、优秀裁判文书等评选表彰活动，彰显旗帜效应，培养争先意识。

近年来，州法院妇委会的巾帼们致力于温情司法、和谐司法，用别样的方式默默地诠释着法律的神圣与尊严，用她们的爱心、公心、诚心，温暖感召着每一位寻求司法救济的妇女同胞，为辖区妇女儿童撑起了一片湛湛青天。

阿坝州森林消防支队汶川大队

2019年8月19日，汶川县卧龙特别行政区发生洪涝灾害，接到当地政府的通知后，大队全体指战员立即出动，解救了两名被困在卧龙污水处理厂的同志。同日，汶川县克枯乡杂谷脑村发生泥石流，中断道路和河道，形成小型堰塞湖，造成30户居民受灾。8月20日，接到灾情后，大队立即启动抢险救援应急机制，主要担负搜救人员、转移群众、路面清障和抢运物资任务。2020年12月24日，大队被四川省委、省政府表彰为“2019年度四川省抗击重大自然灾害先进集体”。

若尔盖高原之宝牦牛乳业有限责任公司工会委员会

在上级工会组织和企业党支部的领导下，公司工会结合实际，突出重点，面向广大职工，注重实效，开展各类活动，把建设“先进职工之家”列入工作日程，丰富“建家”活动内容，增强职工凝聚力，提高职工业务技术水平，加强理论学习，坚持职代会制度，推进厂务公开，开展丰富多彩的文体活动，团结带领广大职工，以经营生产为中心，深入、扎实工作，狠抓落实，为全面完成企业各项工作打下坚实的基础，为促进企业两个文明建设和经济发展做出积极贡献。

1. 依法科学维权，建“民主职工之家”。公司工会建立起重大决策参与、领导干部评议监督、企业利益共保的三大机制，在具体工作开展中，注意处理好维护企业根本利益和维护职工经济利益、政治地位和民主权利的关系，通过工会主席参加董事会、推行厂务公开工作、平等协商签订集体合同，以推动党的依靠方针的落实，除以职代会作为厂务公开的基本载体外，公司的简报、宣传栏怎么等都作为厂务公开工作的补充形式，公开生产经营方针政策、企业发展目标、生产经营发展计划、主要经营发展情况等。

2. 强化组织建设，建“满意职工之家”。重视自身建设，在组织领导上采取了有力的措施。一是明确分管领导。公司党委书记分管工会工作，对建家工作直接给予指导。二是根据人员变动情况，适时调整工会小组，选举配齐工会小组长。工会委员会由主席、女职工委员、经审委、组织委员、宣传委员5位委员组成。根据公司实行现代企业制度管理和企业实际，达到合理调配资源、党政工组织齐心合力的格局。三是工会领导人参与到董事会的决策层，做到随时和员工进行沟通交流。

3. 广泛发动群众，建“和谐职工之家”。一是牵头组织开展“安康杯”、“安全月”、“中国梦.劳动美”等多种形式的劳动竞赛。开展合理化建议、岗位练兵、技术比武、技术攻关、技术创新等活动；二是围绕建设节约型企业，广泛开展“我为构建节约型企业献计策”的合理化建议活动，将节约理念贯穿在企业生产经营管理和员工日常的具体工作岗位职责之中，推动节约型企业的建设。三是开展丰富多彩的文娱活动，增强企业凝聚力和向心力。每逢重大节日，公司工会都要组织开展文体活动，在内部组织开展了篮球、扑克、拔河、歌咏比赛等，从培育企业亲和力，增强企业吸引力、凝聚力和战斗力入手，提高了文化品位和员工参与率。四是开展职工年度培训，培育员工的核心价值观。公司工会与行政每年都要举办培训班，帮助新入职员工快速了解公司企业文化，树立统一的企业价值观念，行为模式，了解公司相关规章制度，培养良好的工作心态职业素质，为职工树立正确的核心价值观奠定坚实基础。

4. 想职工之所想，建“温暖职工之家”。努力为员工办好事、办实事，培养企业亲情文化。一是启动为困难员工送温暖活动，对家庭困难的员工每年组织帮扶送温暖活动，除了特定的过年慰问，在遇到重大变故的时候积极帮助职工家庭渡过难关。二是了解、关注并及时反馈反映员工切身利益的问题，释其所疑，解其所难，帮其所需。三是提供培训和外派锻炼，提供贫困户就业岗位，助推就业脱贫。近年来通过对24名农民工内部培训和外派锻炼的方式，让他们学习工作技能，达到上岗要求。

阿坝州米老头生态农业科技开发有限公司工会委员会

近年来，在上级工会的指导下，阿坝州米老头生态农业科技开发有限公司工会以饱满的工作热情，认真履行好工会职责，竭诚为职工服务，集全会之力，精心打造，较好地发挥了工会的桥梁和纽带作用。

1. 提高保障水平，职工认家。按集体合同的有关条款，公司工会建立健全集体合同监督机构及劳动争议调解组织，维护职工合法权益。在改革力度不断加大的同时，不忘抓好关心职工生活工作，继续发扬工会组织和工会专兼职干部密切联系群众，关心群众，服务职工，为职工排忧解难，做职工的贴心人的优良传统和作风，深入一线生产线，深入职工家庭，了解职工生产生活情况，反映职工建议及要求，并引导广大职工支持企业改革，积极参与改革，投身到企业发展中去，教育职工明确只有企业发展了，企业效益提高了，才能改善职工生活福利水平的道理。此外，在公司行政的支持和关心下，为每位职工赠送节假日福利让职工感受到企业组织的温暖。

2. 健全制度、狠抓落实，使工会工作逐步规范。在工作中该公司始终坚信要使工会的工作开展得有声有色，扎实有效，必须建立健全必要的规章制度。年初根据相关政府部门的要求，结合公司工作的实际，制定了工会工作制度，并对工作计划的执行情况，坚持6个事事的方针，“事事有方向、事事有标准、事事有落实、事事有跟进、事事有绩、事事有评估”，严格按照职业卫生管理体系的目标落实安全生产责任制。严格执行安全管理制度，实行三级安全教育，对安全隐患立即要求责任部门整改，并进行整改验收。安全是意识问题，经常性地开展安全教育和培训职工在工作中有效的预防安全事故，并每月组织一线员工安全培训，同时利用各种宣传手段对全体员工进行安全教育，取得较好的效果，提高了员工的安全意识和自我防护的意识。

3. 以培训为抓手提升提高工会会员的素质，助力工会建设。通过长期举办多种形式的技术培训和岗位练兵，充分调动员工的积极性，发挥职工主观能动性，强调“不断学习、终身学习、善于学习”。以“严、细、实”为抓手，使工作和学习紧密结合，定期开展培训、比武、考试等培训工作。组织多种形式的创新活动，以赛代培，以考代训，创新举行安全生产月比武活动、安全比武活动和安康杯体育文化节等活动，通过各种培训凝练队伍，提升工作干劲。

4. 发挥文化聚力作用，打造特色文化之家。定期开展职工联谊活动，搭建职工展现自我的舞台，通过参加活动增进人员之间的情感交流，缓解日常工作中的压力。2019年在资金紧张的情况下先后2次组织“快乐端午”踏青活动和中秋团建活动。2019年10月开展“壮丽70年，奋进新时代”主题活动，组织全体干部员工唱红歌、升国旗，看阅兵。每年工会的春节送温暖活动、妇女关爱月活动、职工家属联谊活动和体育文化节活动在职工中反响强烈。

附　录

APPENDIX

文献资料

Documents and Literature

中共阿坝州委工作报告

中共阿坝州委书记　刘　坪

2020年，面对加快发展与疫情防控的双重挑战、脱贫攻坚与灾后重建的双重任务，在中央、省委的坚强领导下，州委团结带领州人大、州政府、州政协班子，坚持以习近平新时代中国特色社会主义思想为指导，对标清华书记来州调研重要指示要求，聚焦“生态、发展、民生、稳定、作风”五个关键，统筹推进“三安全、两治理、一能力”，加快建设“一州两区三家园”，推动各项工作取得全方位进步、开创性成绩，成为全省首个以市州为单元的低风险区，取得“整体解决深度贫困问题”的历史性成就，成功创建全国双拥模范城，2020年实现地区生产总值411.75亿元、同比增长3.3%。

一年来，面对复杂严峻的形势、艰巨繁重的任务特别是新冠肺炎疫情的严重冲击，州委积极发挥总揽全局、协调各方的领导核心作用，以非常之举应对非常之时，用非常之力推进非常之事，在危机中育先机、于变局中开新局，重点抓了以下大事。

一是坚定贯彻中央省委重大决策部署。及时召开州委常委会会议、州委理论中心组学习会，举办县处级领导干部读书班，深入学习领会党的十九届五中全会和省委十一届八次全会等精神实质。州委常委带头联系县（市）、乡镇和寺庙全面宣讲会议精神，带动全州开展宣讲2600余场次；组建35个宣讲团，分层分类开展宣讲活动，切实把全州干部群众的思想和行动统一到中央省委决策部署上来。召开州委十一届九次、十次全会和州委经济工作会议，出台《关于深入贯彻习近平总书记重要讲话精神推动长江黄河上游生态重在保护要在治理高质量发展的决定》《深入基层“两联一进”群众工作全覆盖办法》《关于制定国民经济和社会发展第十四个五年规划和二〇三五年远景目标的建议》等文件，坚定推动中央省委工作决策部署在阿坝落地生根、开花结果。

二是全力抗击新冠肺炎疫情。坚定贯彻习近平总书记关于新冠肺炎疫情防控工作的重要指示精神，始终把人民群众的生命安全和身体健康放在第一位，科学建立“三圈层”防控布局，创新推行“两报告一检测一证明”制度，率先推行“两个一律”工作要求，用24天实现了唯一确诊病例“清零”。疫情防控应急响应级别调整后，我们统筹推进疫情防控和经济社会发展，加快恢复正常生产生活秩序，2020年4月1日前全州28个主要景区景点对外开放，规上工业企业、省州重点项目100%复工复产。郫都区疫情发生后，第一时间恢复疫情防控卡点，开展排查核查，细化人和物同防举措，着力管好每一个风险环节，坚决守住疫情防控成果。

三是坚决打好脱贫攻坚收官之战。坚持以习近平总书记关于扶贫开发工作的重要论述为指引，精准制定“一户一策”“一人一策”帮扶菜单，推动剩余41户221名贫困人口全部脱贫。建立防止返贫监测帮扶机制和解决相对贫困长效机制，消除601户2651人不稳定户和边缘户的返贫致贫风险。坚持把产业就业作为稳定脱贫的根本之策，8.1万余名贫困人口、3.2万余名贫困劳动力通过发展产业、外出务工实现增收。全面推进乡村振兴，发挥州级2亿元启动资金杠杆作用，撬动各类资金开展乡村振兴试点，成功创建一批省州级先进县（市）、乡镇及示范村。

四是成功举办黄河上游川甘青水源涵养区生态保护和高质量发展协商协作研讨会。坚定贯彻习近平生态文明思想，共同推进黄河上游生态保护治理和高质量发展。2020年8月，牵头召开研讨会，得到全国政协、九三学社中央和7个国家部委的大力支持，以及“三省四州”政协的积极响应。会议形成《阿坝备忘录》，在协同筑牢生态屏障、构建全域旅游发展联盟等方面达成广泛共识，为国家出台《黄河流域生态保护和高质量发展规划纲要》提供了有益参考。

五是稳步推进乡村“两项”改革。坚定贯彻省委决策部署，召开全州乡镇行政区划调整改革小结暨村级建制调整改革工作推进会，建立“州级领导牵头挂帅、州县乡村联动”工作推进机制，结合“两联一进”群众工作全覆盖，开展政策宣讲、意见建议征求，全面凝聚共识、争取支持。接续做好两项改革“后半篇文章”，积极优化空间、聚集资源、提升服务。目前，全州乡镇减幅达20.5%，行政村减幅达20%，全州基层治理体系发生结构性变革、实现整体性重塑。

一年来，州委始终坚持以人民为中心的发展思想，统筹力量抓实工作，破解了很多具有开拓性的难事，启动了很多具有创新性的实事，为开启全面建设社会主义现代化阿坝打下了坚实基础。

一是生态环境持续改善。坚持以习近平生态文明思想为指引，认真践行“重在保护、要在治理、高质量发展”理念，大力推行“一增一减”措施，全面加强生态保护和治理。举一反三开展“5+2”重点领域清理整顿，整治突出问题110个，推动全州上下形成警钟长鸣、严抓严管的思想自觉和行动自觉。深入推进“七大保护”行动，探索推进“七大治理”工程，全年森林面积和蓄积量分别净增5.3万亩和299万立方米，林草综合覆盖率达80%以上，主要河流出境断面水质常年保持Ⅲ类标准以上，环境空气质量稳居全国前列、全省前茅。

二是经济发展稳步向好。坚定贯彻中央、省委统筹推进疫情防控和经济社会发展的重大部署，扎实抓好“六稳”工作、落实“六保”任务，全州经济呈现出逐季向好的良好态势。坚持农业多贡献，成立“净土阿坝”农业投资发展公司和品牌产业联盟，积极构建“6+N”特色农牧业产业体系，全年一产增加值同比增长4.5%。坚持工业挑大梁，着力抓好成阿、德阿、绵阿“飞地”园区建设，积极构建“5+N”生态工业体系，全年二产增加值同比增长5.3%。坚持消费促升级，积极打造“1+6”现代服务业产业体系，全年三产增加值同比增长1.9%。坚持投资唱主角，73个省州重点项目加快推进，九寨沟地震灾后恢复重建基本完成，金川、汶川县特大山洪泥石流灾后重建加力推进，全年固定资产投资同比增长12.3%，位居全省第2位。

三是风险防范有序有力。牢固树立“人民至上、生命至上”理念，扎实推进森林草原防灭火专项整治，迅速制定“1+10”整治方案及“四个清单”，整改火灾隐患5659处，开展综合演练158场次，组建地方专业扑火队13支、群众义务扑火队1190支。全力做好防灾减灾救灾工作，坚定推进“七个到位”，有效应对山洪泥石流等自然灾害98起，安全转移群众8.12万人次。全力抓好安全生产工作，对重点领域开展安全生产专项整治三年行动，安全生产事故同比下降17.86%。

四是民生事业不断改善。自觉践行以人民为中心的发展思想，深入实施“春风行动”，组织15.7万名农民工外出务工，1.2万余名就业困难群众实现就地就近稳定就业。认真抓好教育优先战略，深入推进十五年免费教育扩面提质，加快推进阿坝师院应用型本科建设，加强阿坝职业学院重点专业、重点学科培育，形成了较为完善的国民教育体系和终身教育体系。认真抓好“健康阿坝”建设，持续深化医药卫生改革，13个县（市）综合医院均达到二级甲等，贫困居民健康建档率达100%。狠抓公共卫生应急能力建设，建设核酸监测实验室15个，改造负压病房39间，配备负压救护车12台。

五是改革开放坚实有力。始终保持改革定力，确保改革更好对接发展所需、基层所盼、民心所向，完成12项国省重大改革试点任务、9项自主创新改革任务。扎实推进创新驱动战略，高新技术制造业主营业务收入达到34亿元。成立西藏四川阿坝商会、重庆四川阿坝商会，大力开展和主动参加省内外各类大型招商活动；组织党政代表团前往浙江、重庆、省内对口帮扶地开展考察学习，先后签订浙阿文化旅游战略合作、渝阿文化旅游战略合作协作等协议，形成了“全面发力、多点突破、蹄疾步稳、纵深推进”的大开放格局。

六是群众工作纵深开展。认真践行新时代党的群众路线，坚定落实“两联一进”群众工作全覆盖办法，持续开展民情走访、法律政策宣讲、助民解困等活动，广大干部群众心手相牵、常联常亲，进一步夯实了党在基层的执政基础。深化联户联情，常态化进藏乡羌寨、入田间地头，解决群众诉求1.3万余件，化解矛盾纠纷3500余件。深化法律政策七进，开展政策法规宣讲20475场次，覆盖群众139.2万余人次。

七是民主法治稳步加强。坚定贯彻习近平法治思想，大力推进民主法治建设，巩固团结和谐、安定有序的良好局面。着力加强党对民主法治建设的领导，积极支持和保障州人大及其常委会依法行使职权，支持法治政府建设，支持政协照章履行职能。着力加强立法工作，强化重点领域和重大改革立法，同步强化重点领域的工作监督和法律监督。着力推进依法治州，“七五”普法圆满收官，成功创建一批国家级、省级法治示范县、乡镇、单位。积极推进群团换届工作，持续加强党管武装、统一战线、保密、老干、双拥等工作。

八是党的建设持续除弊革新。坚定强化思想政治建设，纵深推进“不忘初心、牢记使命”主题教育，实施领导班子和干部队伍政治建设工程，推动政治体检和思想体检走深走实。建立县级领导班子结构模型，集中开展领导干部考核调研分析。积极探索聘任制公务员和干部“三跨”试点，扎实推进“硕博进阿坝”行动。统筹推进州县两级党校分类建设，优化现场教学点28个。加强组织建设，开展党支部共建共促活动2300余场次，培养村级后备人才4500名、发展党员2764名。创新开展“三察三治”，制定阿坝州党政干部容错纠错实施细则。

一年来，州委高度重视自身建设，认真履行党员责任、公职责任、岗位责任，着力提升把方向、管大局、做决策、保落实的能力。深入学习贯彻习近平新时代中国特色社会主义思想，带头增强“四个意识”、坚定“四个自信”、做到“两个维护”。坚持常委会会前学党规学法纪，集中学习了《中国共产党章程》等45篇党纪党规。带头开展“两联一进”群众工作全覆盖，下功夫解决人民群众的操心事、烦心事、揪心事。严格落实民主集中制，召开45次常委会会议研究部署全州重大工作、重大事项。加强与人大、政府、政协的沟通协调，“四大家”精诚团结、步调一致，示范带动全州上下思想上同心、目标上同向、行动上同步。认真落实中央八项规定精神和省委省政府十项规定及其实施细则，带头明大德、守公德、严私德，自觉做好“政治坚定、绝对忠诚，敢于担当、真抓实干，牢记宗旨、真情为民，发扬民主、团结干事，修身立德、清正廉洁”五个表率。

下一步工作中，州委坚定以习近平新时代中国特色社会主义思想为指导，深入贯彻党的十九届五中全会、省委十一届八次全会和经济工作会议精神，找准阿坝定位、展现阿坝行动，统筹抓好疫情防控、重点项目建设、现代产业培育、森林草原防灭火专项整治、全省文旅发展大会筹备等工作，奋力推进“十四五”开好局、起好步，开启全面建设社会主义现代化阿坝新征程，以优异成绩献礼建党100周年。

阿坝藏族羌族自治州人民代表大会常务委员会工作报告

——在阿坝藏族羌族自治州第十二届人民代表大会第五次会议上

阿坝州人大常委会主任　谷运龙

（2021年1月12日）

各位代表：

我受州十二届人民代表大会常务委员会委托，向会议报告工作，请予审查。

2020年的主要工作

2020年，州人大常委会在州委的坚强领导下，坚持以习近平新时代中国特色社会主义思想为指导，深入学习贯彻习近平总书记关于坚持和完善人民代表大会制度的重要思想，全面贯彻落实党的十九大和十九届二中、三中、四中、五中全会，省委十一届六次、七次、八次全会和州委十一届五次、六次、七次、八次、九次、十次全会精神，紧紧抓住“生态、发展、民生、稳定、作风”五个关键，围绕中心、服务大局，全力助推“一州两区三家园”建设，切实担负起新时代赋予地方人大的历史使命。

一、坚持党的全面领导，坚定政治建设、政治方向

坚持以习近平新时代中国特色社会主义思想为指导，始终把政治建设摆在首位，切实增强“四个意识”，坚定“四个自信”，做到“两个维护”。

一是始终坚持党的领导。坚持重大问题、重要工作、重要活动及时向州委请示报告，印发实施《中共阿坝州人大常委会党组向中共阿坝州委请示报告工作实施办法》，更加有力地把人大工作置于州委领导之下。去年，州人大常委会党组共向州委请示报告工作41件次，召开常委会党组会议19次、机关党组会议24次，自觉把党的领导贯穿于行使职权的全过程，落实到依法履职的各方面，使州人大及其常委会始终成为党领导下的重要政治机关。严格执行州委《关于健全和落实人大讨论决定重大事项制度、各级政府重大决策出台前向本级人大报告的实施办法》，依法作出决议决定4项，保证了党的主张通过法定程序成为人民意志。坚持党管干部原则和人大依法任免的有机统一，全年共依法任免国家机关工作人员42人次，保证了州委推荐人选通过法定程序成为地方国家机关的领导人员。

二是大力强化理论武装。坚持把学习贯彻习近平新时代中国特色社会主义思想、习近平总书记关于坚持和完善人民代表大会制度的重要思想作为理论学习的重中之重，作为人大工作的主题主线。全年开展集体学习研讨6次，及时学习贯彻党的十九届五中全会、中央第七次西藏工作座谈会和习近平总书记重要讲话指示批示精神，研究贯彻落实措施，自觉在政治立场、政治方向、政治原则、政治道路上同以习近平同志为核心的党中央保持高度一致。深入学习贯彻省委十一届七次、八次全会、省委人大工作会议和彭清华同志来州调研视察讲话精神，深入学习贯彻州委十一届九次、十次全会和刘坪同志在全州重要会议上的讲话精神，准确领会和把握党中央、省委、州委根据经济社会发展新变化作出的新要求，切实把思想和行动统一到党中央、省委和州委的决策部署上来。

二、着力提高立法质量，引领推动改革发展稳定

注重发挥人大在立法工作中的主导作用，紧紧抓住提高立法质量这个关键，在立良法、立好法、立务实管用之法方面迈出了新步伐，为全州改革发展稳定提供了法制保障。一年来，共制定法规 2 件、修改法规 4 件、报批实施法规 3 件。

一是突出重点领域立法，主动适应改革发展需要。紧扣“一屏四带、全域生态”发展新格局，深入分析研判全州森林草原防灭火工作现状、薄弱环节和突出问题，经请示州委同意，及时将《阿坝藏族羌族自治州森林草原防灭火条例》立法工作纳入年度立法计划，完成会议审议，并按照立法程序规定报请省人大常委会批准。立足我州实际，继续审议《阿坝藏族羌族自治州实施〈四川省旅游条例〉的变通规定（修订草案）》，依法规范旅游市场秩序，维护旅游者和经营者的合法权益，促进旅游产业发展。深入开展乡村振兴、乡村集体经济组织地方立法前期调研，充分吃透州情，找准问题症结，为高质量立法打下坚实基础。

二是加强立法组织协调，充分发挥人大主导作用。及时向州委请示汇报立法工作中的重大问题，统筹协调立法工作中的重大事项，督促立法项目高效有序推进。为确保《阿坝藏族羌族自治州生态环境保护条例》的修改工作既不违背上位法要求，又符合我州实际，先后组织立法调研 6 次，召开座谈会论证会 3 次，征求意见 26 条，在深入研究、充分论证的基础上，准确把握症结所在，站在重在保护要在治理高质量发展的高度，加强与有关方面的协商沟通，共同研究解决，努力取得共识。主动争取上级人大的立法支持和指导，积极做好法规报批工作，经省人大常委会审查批准，《阿坝藏族羌族自治州文物保护条例》《阿坝藏族羌族自治州宗教事务条例（修订）》已于 2020 年 8 月 1 日正式实施，《阿坝藏族羌族自治州人民代表大会关于修改〈阿坝藏族羌族自治州野生动物植物保护条例〉的决定》已于 2020 年 11 月 30 日公告实施。

三是持续强化法规清理，坚定维护国家法制统一。民法典颁布后，及时对我州自治条例、单行条例和地方性法规进行全面清理，经请示州委同意，决定对《阿坝藏族羌族自治州施行〈中华人民共和国婚姻法〉的补充规定》《阿坝藏族羌族自治州施行〈中华人民共和国继承法〉的变通规定》进行修改，确保与《民法典》精神、原则和规定既高度一致，又充分体现了我州的具体情况。按照“有件必备、有备必审、有错必纠”的要求，认真开展规范性文件备案审查，全年共备案审查州人民政府规范性文件 2 件，向省人大常委会报备人大决议决定 6 件，确保宪法法律在我州得到正确执行，坚定维护国家法制统一。

三、切实提升监督实效，坚定服务全州工作大局

严格依照法定原则、限于法定范围、遵守法定程序，聚焦全州工作大局，坚持对重大问题重点监督、对复杂问题连续监督、对困难问题联动监督，着力推动经济社会持续健康发展。全年共审议专项工作报告 21 个，作出审议意见 51 条，对 4 部法律法规开展执法检查。

一是聚焦生态抓监督，助力生态环境持续改善。听取和审议全州环境状况和环境保护目标完成情况、草地沙化治理情况和全州法院环境资源审判工作情况报告，开展全州农村面源污染治理情况专题调研，督促推进生态环境持续改善，依法解决生态环境突出问题。牵头主办“美丽阿坝，我是行动者”2020 年度阿坝环保世纪行活动，广泛宣传习近平生态文明思想和中央、省委、州委生态环境保护工作部署，督促提高生态环境保护工作透明度，保障公民知情权和监督权。举办“绿色生活，美丽阿坝”2020 年阿坝州环保世纪行活动征文大赛，展示阿坝生态文明建设和环境保护成果，增强广大公众生态环境意识，充分激发群众热爱自然、保护环境的热情。

二是聚焦发展抓监督，助推经济社会高质量发展。听取和审议上半年国民经济和社会发展计划执行情况报告，着重就推动经济复苏转稳、加快实体经济转型发展等方面提出意见，督促计划有效落地。按照预算审查重点向支出预算和政策拓展的要求，持续深化预决算审查监督。审查批准州级决算、预算调整方案，深入推进预算联网监督工作，全力为经济发展提供法治支撑。加强审计发现问题整改的跟踪监督，推动州人民政府及其工作部门进一步规范预决算管理，不断提升资金使用绩效。听取和审议国有企业国有资产管理情况报告，促进国有资产保值增值。深入开展全州固定资产投资项目开工复工情况和旅游环线购物点中

药材销售管理专题调研，积极帮助企业解决疫情防控和复工复产难题，积极推动旅游产业高质量发展。

三是聚焦民生抓监督，推动群众福祉不断增进。坚持把脱贫攻坚作为人大监督的重大民心任务，采取州县联动方式，连续五年对省州农村扶贫开发条例进行执法检查，依法助推打赢脱贫攻坚战。开展农产品质量安全法和四川省实施办法执法检查，首次以问题清单形式列出存在的问题，首次由接受检查单位负责人向会议报告贯彻实施情况，首次对接受检查单位贯彻实施情况进行满意度测评，突出体现了靶向定位，精准发力。经请示州委同意，及时增加新冠肺炎疫情防控议题，督促落实党中央和省委、州委决策部署，切实扛起非常时期的责任担当，全力助推疫情防控和经济社会发展。听取和审议全州学前教育工作情况报告，不断助推学前教育资源有效供给。选取州级义诊巡诊、农村综合改革转移支付资金支持村集体经济发展 2 项民生实事项目进行全程跟踪监督试点，推动群众关心的民生实事项目办实办好。

四是聚焦稳定抓监督，促进治理能力不断提升。听取和审议法治政府建设、全州应急管理能力建设和检察机关未成年人检察工作情况报告，用法治思维健全治理体系、提升治理能力，更加有力地保障人民生命财产安全和社会长治久安。听取州法院、检察院、公安局、司法局营造法治化营商环境情况报告，推动相关部门合力解决法治化营商环境中的难点、痛点、堵点问题，督促营造稳定、公平、透明、可预期的良好环境，为经济高质量发展提供有力法治保障。认真处理群众来信来访，转办、交办、督办率 100%，切实保护群众合法权益，维护社会和谐稳定。

五是聚焦作风抓监督，推进重点工作全面落实。紧盯履职尽责，强化责任担当，连续四轮全覆盖开展州人民政府工作部门主要负责人履职评议工作，听取评议意见整改落实情况报告，着力推动工作改进，切实提高工作质量和效率，确保圆满完成各项目标任务。按照州委要求，州人大常委会班子成员把握时间节点，带领州直相关部门下沉一线，围绕州委中心工作和重点任务，采取明察暗访方式，驻县开展全面督导；州人大常委会机关会同州级有关部门组成工作组，先后 5 次赴茂县对脱贫攻坚、森林草原防灭火、防汛抢险等重点工作推进情况进行全方位、广覆盖、多层次督导，确保州委工作安排高效落实。

四、尊重代表主体地位，充分保障代表依法履职

坚持把代表工作放在重要位置，健全工作机制，丰富活动载体，全力支持和保障代表依法履行职责、发挥主体作用。

一是加强统筹协调，充分发挥代表作用。新冠疫情发生后，州人大常委会第一时间号召全州各级人大代表主动担当作为，奋勇投身抗疫一线，以实际行动践行使命担当。据不完全统计，全州各级人大代表仅向疫区群众捐款达 318 万元。围绕疫情影响，组织开

1月10日上午，阿坝藏族羌族自治州第十二届人民代表大会第五次会议在马尔康开幕（州人大常委会办公室提供）

展为期3个月的人大代表走访企业、群众专项工作，各级人大代表共走访企业688户、群众68874人，收集困难问题2916条转相关部门研究解决，为夺取疫情防控和经济社会发展双胜利作出了积极贡献。组织驻州部分全国、省和州人大代表对我州公路建设和养护工作进行集中视察，并就代表提出的意见建议向州委专题汇报。深入开展“脱贫攻坚——人大代表再行动”活动，继续落实代表结对帮扶、对口帮扶举措，积极为脱贫攻坚贡献力量。组织开展代表小组、专业代表小组活动，印发《代表小组办法》，推进闭会期间代表履职常态化、规范化、制度化。全州1310个代表小组和8个州代表专业代表小组结合自身工作实际，认真开展小组活动，代表履职实效进一步提升。

二是加强履职保障，促进代表依法履职。密切与人大代表的联系，扩大代表对州人大常委会、专委会工作的参与，邀请代表列席州人大常委会会议108人次，组织代表参加专题调研450余人次，视察21人次，执法检查62人次。建成人大代表履职网上平台，持续加强和巩固代表联络站建设。印发领导干部人大代表进站密切联系群众工作办法，促进和规范领导干部人大代表进站工作，切实发挥领导干部人大代表的带头作用。围绕代表履职需要，积极拓展代表培训层级，丰富培训形式，分三期培训州、县、乡三级人大代表和人大工作者420余名，整体提升全州人大工作水平。完善代表履职监督制度，印发《代表规范化履职指导意见》，指导代表依法履职、正确履职、有效履职。

三是加强建议督办，提升代表履职实效。高度重视代表议案建议办理落实工作，持续完善督办机制，确保件件有交代、事事有回音。针对代表建议提出质量不高、重点不突出等问题，通过开展代表培训、审核代表建议、召开专题调研座谈会等方式，从代表建议的选题、内容、格式、文字表述等方面提出新的要求，严把建议入口关。对州十二届人大第四次会议期间代表提出的88件建议及时交办，实行常委会领导领衔督办、专委会和工作机构全覆盖、全过程督办，对承办单位办理情况进行量化评估，专题审议州人民政府关于代表建议办理情况的报告，有力推动了代表建议办理工作的深入开展。

五、紧扣新时代新要求，不断夯实人大工作基础

主动适应新时代人大工作的新要求，持续用力抓好“四个机关”建设，为依法履职提供坚强政治保证、组织保证和制度保证。

一是着力加强能力建设。经请示州委同意，设立州人大监察和司法委员会、社会建设委员会，州人大专门委员会职能得到进一步优化，为推进法治阿坝建设，创新社会管理，更好保障和改善民生注入新动力。举办全州人大立法和监察司法业务培训，着力提升工作能力。建成运行“智慧人大”网络平台，为推动人大工作创新发展提供信息化支撑。深入开展乡（镇）人大规范化建设，就机构建设、人员配备、经费保障、依法履职、能力提升等方面提出意见建议，指导汶川、马尔康、松潘等县（市）出台关于进一步加强乡（镇）人大规范化建设的意见，为进一步加强和改进全州乡（镇）人大工作、夯实人民代表大会制度底部基础作出了有益探索。

二是着力加强制度建设。牢牢把握执法检查的定位和目的，修订完善执法检查制度，精准发挥“法律巡视”监督利剑作用，进一步强化法律刚性约束。主动适应新时代人大备案审查工作需要，修订完善州人大常委会备案审查办法。建立健全预算审查监督制度，制定阿坝州预算审查监督办法，着力强化预算审查监督。建立常态化监督国民经济和社会发展机制，出台审查和监督国民经济和社会发展规划和计划规定，全力推动国民经济和各项社会事业持续健康发展。印发实施州人大常委会州级领导联系指导县（市）人大工作方案，建立州人大常委会领导和人大专门委员会及常委会办事工作机构联系指导县（市）人大工作制度，更加密切与县（市）、乡（镇）人大的全方位联系，凝聚全州人大工作合力。

三是着力加强作风建设。持续推动全面从严治党向纵深发展，严肃对待、主动认领巡视反馈意见，以最鲜明的态度、最坚决的行动、最严明的纪律，不折不扣完成巡视整改任务。认真落实党风廉政建设责任制，深入开展廉政警示教育，推动形成风清气正的良好政治生态。印发贯彻中央八项规定精神的实施细则，加强干部队伍管理，严明工作纪律，主动对标“五个表率”，以勇于创新和奋发有为的精神状态抓好工作落实。积极创建全国民族团结进步示范单位，深入开展爱国主义、历史国情和感恩奋进教育，旗帜鲜明反对“两面人”“骑墙派”。认真贯彻《阿坝州深入基层

“两联一进”群众工作全覆盖办法》，州人大常委会机关35名州县级干部全年深入联系群众、僧尼150余次，积极宣传法律法规和党的惠民利民政策，帮助解决困难12件，在与群众、僧尼常来常往、常联常亲中锤炼党性、转变作风、为民服务。

各位代表，过去一年及近几年州人大常委会所取得的工作成绩，是州委坚强领导的结果，是全体人大代表、常委会组成人员、各专门委员会组成人员，以及州人大常委会机关工作人员履职尽责、辛勤工作的结果，是州政府、州政协、州监委、州法院、州检察院和县乡各级人大密切配合、通力协作的结果，是全州各族人民充分信任、大力支持的结果。在此，我代表州人大常委会，向各位代表、各有关方面，表示衷心的感谢，并致以崇高的敬意！

在看到进步和成效的同时，我们也清醒地认识到，在中国特色社会主义步入新征程之时，州人大常委会工作还存在不少薄弱环节，主要表现在：通过立法引领、支持和保障改革发展稳定的作用还需加强，自治法规在依法行政中的应用还比较薄弱，监督工作的针对性和实效性还需不断提高，发挥代表作用的形式还需不断创新，常委会的履职能力还需不断提升等等。这些都需要我们在今后的工作中予以改进。

2021年主要任务

各位代表，2021年是建党100周年，也是实施“十四五”规划开局之年，做好这个特殊重要年份的人大工作，责任重大、使命光荣。今年州人大常委会工作的总体要求是：以习近平新时代中国特色社会主义思想为指导，全面贯彻党的十九大和十九届二中、三中、四中、五中全会精神以及省委十一届六次、七次、八次全会和州委十一届五次、六次、七次、八次、九次、十次全会精神，增强“四个意识”，坚定“四个自信”，做到“两个维护”，按照省委、州委人大工作会议的部署要求，紧扣“生态、发展、民生、稳定、作风”五个关键，着力提升立法、监督、决定、代表等工作和自身建设水平，努力开创新时代地方人大工作新局面，为全面建设生态美丽、富裕小康、和谐幸福的社会主义现代化新阿坝开好局、起好步贡献人大智慧和力量。

一、坚持学思践悟、知行合一，深入贯彻省委、州委人大工作会议精神

深入学习贯彻习近平新时代中国特色社会主义思想、习近平总书记关于坚持和完善人民代表大会制度的重要思想，读原著、学原文、悟原理，深刻领会科学内涵，准确把握精髓要义，促进学思用贯通、知信行统一。坚持党的全面领导，严格落实向州委请示报告工作制度，通过人民代表大会制度保证党中央、省委决策部署和州委工作安排得到全面贯彻，保证党的主张依法转化为人民意志，保证组织意图圆满实现。去年，省委召开了人大工作会议，州委也即将召开人大工作会议，这是全州民主法治建设的一件大事，也是推动人大事业发展的重要契机。全州各级人大及其常委会要第一时间抓好学习贯彻，深刻领会省委、州委人大工作会议精神，以最高要求、最严标准、最实作风确保省委、州委关于加强和改进新时代人大工作的各项要求落地见效，乘势推动全州人大工作再上新台阶。

二、坚持立好良法、保证善治，持续加强和改进立法工作

深入推进科学立法、民主立法、依法立法。认真组织实施年度立法计划，扎实做好《阿坝藏族羌族自治州实施〈四川省旅游条例〉的变通规定（修订草案）》审议工作，启动阿坝州实施《四川省电力设施维护和供用电秩序维护条例》补充规定立法工作、开展阿坝州乡村振兴促进和农村集体经济管理立法工作。报批实施《阿坝州森林草原防灭火条例》和阿坝州人民代表大会关于修改《阿坝州生态环境保护条例》《阿坝州施行〈中华人民共和国婚姻法〉的补充规定》《阿坝州施行〈中华人民共和国继承法〉的变通规定》的决定。开展立法规划调研，积极储备立法项目，认真做好下一个五年立法规划。坚持把法规实施放在和立法同等重要的位置，丰富法规宣传形式，推动“谁执法谁普法”的责任落实，探索建立法规实施情况报告制度和跟踪监督制度，确保自治法规和地方性法规得到全面贯彻执行。持续强化规范性文件备案审查信息平台建设，认真做好现行有效政府规章电子报备工作。

三、坚持正确监督、有效监督，持续加强和改进监督工作

坚持围绕大局、贴近民生、突出重点，依法行使监督权。深入实施生态环境报告制度，听取和审议森

林草原防灭火、国有自然资源资产管理和河（湖）长制情况报告，持续深化阿坝环保世纪行活动，推动生态环境持续改善。开展城乡环境综合治理执法检查，推动建设优美生态宜居环境。进一步加强计划执行和预决算审查监督，完善审查机制，深入推进人大预算联网工作。紧盯审计发现问题整改落实，推动财政资金规范提效。坚定践行以人民为中心的发展思想，听取和审议未成年人控辍保学、全州医疗保障和公共卫生应急处置体系建设等专项工作报告，推动民生福祉有力增进。着眼民生热点，聚焦“四好农村路”、避险搬迁工程、农村“厕所革命”等7项民生实事项目，精心组织开展民生项目跟踪监督，督促项目落地见效。深入开展民族团结进步条例执法检查，不断巩固和发展平等团结互助和谐的社会主义民族关系。紧扣基层社会治理，听取和审议扫黑除恶专项工作情况报告，保障人民安居乐业、社会安定有序。听取和审议法治政府建设、“放管服”改革工作情况报告，促进依法行政，优化发展环境，提升政府服务水平。组织代表视察全州文化和旅游发展情况，为加快建成国家全域旅游示范区出智献力。围绕乡村振兴战略，深入开展巩固拓展脱贫攻坚成果同乡村振兴有效衔接专题调研，为州委决策提供参考。根据省人大常委会要求，适时听取和审议州监察委员会专项工作报告。继续开展履职评议工作，持续强化任后监督。

四、坚持依靠代表、服务代表，持续加强和改进代表工作

尊重代表主体地位，树牢服务代表意识，保障代表依法履职。认真落实人大常委会组成人员联系代表、代表联系群众制度，依托网上履职平台，不断拓展代表联络站功能，持续推动担任领导职务的人大代表带头深入联络站参加接待选民和群众等活动。完善人大代表列席和公民旁听人大常委会会议制度，深化代表对常委会和专门委员会工作的参与，促进“一府一委两院”联系代表规范化常态化。精心组织代表视察、专题调研和代表小组活动，支持和保证代表依法履职，充分发挥代表作用。强化代表政治素养，扎实做好代表培训工作，不断提高代表履职能力。切实抓好代表议案建议“提出、交办、办理、督办”四个环节，着力提高议案建议办理的落实率、解决率。加强代表履职监督，做好代表履职评估，健全不称职代表辞职和退出机制，不断规范代表履职行为。深入贯彻党中央、省委和州委关于换届选举要求，协助做好州十三届人大换届选举准备工作，加强对县乡人大换届选举工作的指导，确保换届工作风清气正，有序平稳进行。

五、坚持强基固本、守正笃实，持续加强和改进自身建设

严格落实全面从严治党主体责任，持续加强常委会党组和机关各级党组织建设。严明纪律作风，深入开展党风廉政建设和反腐败斗争，努力建设忠诚干净担当的高素质人大干部队伍。不断拓展“四个机关”建设内涵，巩固和深化主题教育成果，建立“不忘初心、牢记使命”长效机制。着力巩固好全国文明单位和全省民族团结进步示范单位创建成果，铸牢中华民族共同体意识，旗帜鲜明反对分裂，坚决维护全州社会大局稳定。深入开展“两联一进”群众工作全覆盖，坚持走出机关、走进基层、走入群众，真正做到从思想上尊重群众、从感情上贴近群众、从行动上深入群众。加强州人大常委会组成人员和机关干部学习培训，着力提升履职能力和工作水平。加强对县（市）人大工作的常态化指导和联系，推动基层人大履职能力建设，夯实全州人大工作基础。

各位代表，奋斗创造历史，实干造就未来。让我们更加紧密地团结在以习近平同志为核心的党中央周围，在中共阿坝州委的坚强领导下，锐意进取、扎实工作，不断开创人大工作新局面，以优异成绩庆祝建党100周年！

阿坝州人民政府工作报告

——在阿坝藏族羌族自治州第十二届人民代表大会第五次会议上

阿坝州人民政府州长　杨克宁

（2021年1月10日）

各位代表：

现在，我代表州人民政府向大会报告工作，请予审查，并请州政协委员提出意见。

“十三五”和2020年工作回顾

“十三五”时期，是我州自然灾害最多、环境影响最深、发展任务最重的五年，也是我州决胜全面建成小康社会取得决定性成就的五年。面对风险挑战明显上升的外部环境、转型升级阵痛凸显的严峻考验、两难多难问题交织的复杂局面，在州委的坚强领导下，在州人大及其常委会、州政协的监督支持下，我们深入贯彻落实习近平新时代中国特色社会主义思想，牢牢抓住“五个关键”，保持定力、攻坚克难、勇毅前行，基本完成了“十三五”规划确定的目标任务，各项事业取得了全方位进步和历史性成就。

一、生态建设成绩斐然

自觉践行习近平生态文明思想和“长江经济带共抓大保护、不搞大开发”“黄河流域生态重在保护要在治理高质量发展”要求，履行上游责任，强化上游担当，谱写了生态优先、绿色发展新篇章。

生态示范创建迈出重大步伐。坚定不移推进生态空间、生态经济、生态环境示范创新。调整划定生态保护红线3.94万平方公里，规模以上单位工业增加值能耗下降18%左右。创建国家村庄清洁行动先进县1个、“两山理论”实践创新基地1个，省级及以上生态文明建设示范县2个、生态乡镇64个。全州生态环境指数保持优级，主要河流出境断面水质、集中式饮用水水源地水质、环境空气质量优良率均达100%。

生态保护修复实现重大突破。坚定不移开展“七大保护”行动，大熊猫国家公园体制试点有序推进，整合优化自然保护地62个，红原、曼则塘、热尔大坝草原入选“四川十大最美草原”。国际重要湿地保护修复、岷江大渡河上游地区生态修复等工程深入实施，大规模绿化全州行动扎实有效，林草综合覆盖率达80%以上，水土资源保持、江河流量调蓄等功能持续增强。新增国家重点保护野生动植物65种，种群总量全省第一。

生态环境整治取得重大成效。坚定不移实施“七大治理”工程，治理大中型地质灾害419处、沙化土地63万亩、水土流失182平方公里。高质量完成“二污普查”，污染防治“三大战役”效果明显，主要污染物指标大幅下降。重拳整治环保突出问题，整改长江经济带生态问题、环保督察反馈问题883个。全域环境整治大见成效，建制镇污水处理设施、生活垃圾收转运处置体系覆盖率分别达62%和77%。如今的阿坝，城镇乡村绿意盎然、环境质量上档升级。

生态治理体系得到重大提升。坚定不移推进生态文明建设，生态环境系统垂直管理制度改革纵深推进，全域化、网格化监测格局基本形成，综合评估、绩效考核、责任追究等制度不断完善，条块结合、权责明确、覆盖广泛的监管体系加速构建。四级河湖名录和河（湖）长体系全面建立，“一河（湖）一策”“四项行动”深入实施，河畅、湖洁、水清、岸绿的生动画面正徐徐展开。

二、经济发展质效双增

自觉践行新发展理念，主动应对宏观经济持续下行、自然灾害频发叠加等不利影响，推动经济在调整中蓄势突破、在灾难中重构振兴、在逆势中强劲崛起，走出了一条具有阿坝特色的发展之路。

*综合实力迈上新台阶。*坚持不懈挖增量、优存量、提质量，经济总量逐年扩大。2020年地区生产总值突破400亿元、达到411.75亿元，较2015年增长26.7%。人均地区生产总值突破4万元，达到4.2万元，提前实现“较2010年翻一番”目标。地方一般公共预算收入28.7亿元，其中税收收入18亿元，收入结构更趋合理。地方政府性基金预算收入完成8.8亿元。存贷款余额突破千亿大关，较2015年分别增长35%、70%，增幅创历史新高。

*生态产业构建新布局。*坚持不懈扬优势、重特色、壮产业，“三地共建、五业同优”格局初步成型，三次产业结构加快向更优形态演进，服务业占比达56.7%。新建果蔬核心示范基地76个、适度规模标准化养殖小区87个、现代农业示范园区20个，整州通过国家无公害农产品产地认定，“净土阿坝”区域品牌享誉全川。新增清洁能源装机72万千瓦，水电消纳示范区建设取得实效；大数据、水制氢等新兴产业落地生根，工业硅、盐化工等传统产业加快转型，特色农牧产品加工、民族文化工艺品制造等特色产业突破发展，唐卡羌绣、吉祥娃娃、小金松茸等特色产品成为旅游“伴手礼”。阿坝园区加速转型。绵阿园区筹建有序，德阿园区建设加快，成阿园区健康发展，“飞地”经济多点支撑格局巩固拓展。建筑业总产值年均增长44.3%，增速居全省前列。文旅、体旅、农旅融合步伐加快，“一县一节一品”精彩纷呈。创建县级国家全域旅游示范区1个、生态旅游示范区1个，天府旅游名县2个。新增AAAA景区12个，总量跃居全省第二。率先实现A级景区县（市）全覆盖，成为全省首个符合国家全域旅游示范区前置条件的市（州）。旅游电商、快递物流、微店微商等新产业发展迅猛，网络交易额年均增长20%，邮政业务规模增长4倍，新的经济增长点加速形成。

*改革开放形成新态势。*坚持不懈抓改革、扩开放、谋合作，发展活力竞相进发。乡镇行政区划和村级建制调整改革顺利实施，乡镇、行政村减幅达20%。商事制度改革成果丰硕，新增民营市场主体2万户，民营经济对经济增长的贡献率达39.8%。财税体制改革基本完成，累计减税降费29.2亿元。金融服务改革创新推进，在全国首创牦牛价格指数保险、县级财政风险巨灾指数保险，在全省首批开展绿色金融创新试点。国资国企改革稳步推进，组建国投、交投、农投等公司，国有资本整体功能和配置效率有效提升。科技改革创新扎实有效，新增高新技术企业9家、省级工程技术中心和众创空间7个，建成院士（专家）工作站9个，转化科技成果67项。国有林区改革、生态综合补偿试点等全面完成。川滇藏青交界地、长江黄河流域等区域合作全面推进，校地、企地、厅地等战略合作广泛开展，浙阿、成阿、德阿等产业合作不断深化，签订合作协议83项，引进项目172个，到位资金414亿元，开放合作进入历史最好时期。

*融合发展呈现新局面。*坚持不懈抓机遇、优布局、促融合，片区、县域、城乡融合发展步伐加快。西北片区、西南片区经济总量占比稳步提高，“四带”平衡发展取得实质突破。10个县（市）地区生产总值迈上20亿元台阶，培育省级县域经济发展先进县4个。创建“百镇建设行动”示范镇12个，省级以上特色小镇8个、传统村落127个。城镇建成区面积达101.5平方公里，城镇化率提高到42%，城乡一体发展格局初步形成。

三、脱贫攻坚完美收官

自觉践行“三个最大、一个提前”要求，紧盯“两不愁三保障”目标，尽锐出战、精细“绣花”，以不获全胜、决不收兵的决心和定力啃下了深度贫困这个“硬骨头”。

*跑出了扶贫的阿坝速度。*驰而不息推进“五个一批”计划、十大扶贫专项行动，累计投入504.8亿元，实施项目2.9万个，投入力度之大、实施项目之多前所未有。完成藏区新居1.6万户、易地扶贫搬迁9355人，农村生产生活布局发生深刻变化。新改扩建农村公路6961公里，解决了4.4万贫困人口饮水安全、3.9万人用电安全，实现了“五通”全覆盖，贫困乡村基础条件“一步跨千年”。

*探索了战贫的阿坝模式。*驰而不息实施“六个融合”战略，创新推进生态、产业、金融扶贫，整体推进教育、健康、文化扶贫，统筹推进就业、社保、基础扶贫，形成了“基地＋扶贫”“非遗＋扶贫”“金融＋扶贫”等新模式。累计开发生态公益性岗位2.4万个，8.1万贫困群众依托产业脱贫，3.7万贫困劳动力实现稳定就业，贫困群众人均纯收入突破万元大关，较2015年增长近4倍。“阿坝经验”连续两年入选博

鳌论坛《亚洲减贫报告》。

汇聚了减贫的阿坝力量。驰而不息构建“四位一体”大扶贫格局。全面推行“扶志六法”，贫困群众思想观念、生活习惯发生革命性变化。高效承接交通运输部定点扶贫、浙阿东西部扶贫协作、省内对口帮扶，一大批打基础、利长远、促发展的民生工程建成投用，实现了输血向造血的实质性转变。1827名第一书记和驻村工作队员不负使命，铸就了扎根一线、锲而不舍、务实苦干的攻坚精神。

创造了脱贫的阿坝奇迹。驰而不息攻克贫困堡垒，脱贫攻坚连战连胜，13个县（市）、606个贫困村提前一年摘帽退出，10.38万贫困人口全部如期脱贫，贫困发生率从14.5%降至零，绝对贫困、区域性整体贫困问题基本解决。在近年全省脱贫攻坚考核中，州、县共24次被评为“好”的等次，位居全省前列，创造了我州脱贫速度最快、质量最高、成色最足的奇迹。

四、民生福祉极大改善

自觉践行以人民为中心的发展理念，千方百计办好民生实事、建好民生工程，群众获得感、幸福感、安全感明显增强。“十三五”以来，基本民生支出只增不减，占总支出的70%以上。

基础设施全面升级。始终聚焦重点领域、关键掣肘和薄弱环节，大力度投入、全过程督导、高品质建设。综合交通投资达708.9亿元，实施高速公路项目3个、452公里，改扩建国省干线公路项目35个、2140公里。国省干线现代化养护体系初步建成，在全省率先实现“三个第一”。建成35千伏及以上电网项目45个，新增外送能力200万千瓦。全面完成“三区三州”农网改造升级，农网供电可靠率达99.8%。初步形成了以500千伏为骨干、220千伏为支撑、110千伏覆盖县（市）的电力网络。新建4G基站3053个、5G基站461个，实现了县城、重点景区5G网络全覆盖。新建水利工程7195处，五大中型水利工程建成投用，功能配套、丰枯调剂的水网体系初具雏形。

灾后重建全面发力。始终聚焦“民生优先、生态为重、不等不靠、科学重建”要求，高标准执行重建规划、高水平恢复生产生活、高质量推动振兴发展。汶川“8·20”、金川“6·27”等灾后重建全速推进。茂县“6·24”灾后重建全面完成、“8·8”九寨沟地震灾后重建基本完成，探索了绿色发展新模式，打造了全域旅游新样板，形成了脱贫奔康新经验。九寨沟灾后生态恢复和自然遗产保护取得显著成效，荣获“中国天然氧吧”称号。秀美山水之间，一切更胜往昔。

社保水平全面提高。始终聚焦最困难群体、最直接利益、最现实关注，大力构建立体式、多元化保障体系。建成保障性住房3.7万套。水电移民安置1620人。基本养老保险参保60.7万人、医疗保险参保85.4万人，财政补助社会保险费5.4亿元。连续16年上调企业退休职工养老金和工伤保险待遇，3次上调城乡居民养老保险待遇。社会救助事业、社区养老服务快速发展，城乡低保、残疾人“两项补贴”标准稳步提高。健全最低工资调整机制，维护劳动者合法权益。城镇登记失业率控制在4%以内。预计，2020年城乡居民人均可支配收入分别达37010元、15539元，是2015年的1.4倍、1.6倍。

社会事业全面进步。始终聚焦公共服务均等化目标，加速公共资源向基层延伸、向农村覆盖、向弱势群体倾斜。完成汶川、马尔康片区教育资源整合，持续实施十五年免费教育、“9+3”免费职业教育，在“三州”率先实现整州县域内义务教育均衡发展。新建阿坝职业学院。阿坝师范学院实践教育体系进一步完善，民族地区的“人才基地”和“智力支撑”作用不断提升。医联体、医共体建设加快推进，县级综合医院全部达到二甲水平，分级诊疗模式初步形成，疾病防控顺利推进，群众健康保障有力。在“三州”率先实现省级爱国卫生县城全覆盖，民族医药服务能力稳步提升。建成全国首批阿来书屋，与《民族文学》杂志社联合举办两届“阿来诗歌节”和首届“青稞文学奖”颁奖活动。成功举办《大熊猫百图唐卡长卷》首展仪式。群众文化活动场次较“十二五”期间增长6倍。一大批体现时代特色、展示民族文化的精品力作相继问世，大型民族音乐剧《辫子魂》在浙川两地巡回演出30余场次，电视剧《阿坝一家人》入选国家脱贫攻坚题材重点剧目，“两联一进”题材网络电影《森吉梅朵》成功上映，电影《阿拉姜色》《随风飘散》等文艺作品斩获国际大奖。创新非遗保护传承模式，成为全国首个文化生态保护区全域覆盖的市州。在全省率先实现村级“农健工程”全覆盖，多个竞技项目在全国比赛中实现重大突破。

精神文明创建活动深入开展，6个县（市）入选省第五届文明城市，干部群众道德涵养、文明素养进一步提高。编撰出版《阿坝州民兵志》。高效推进“七人普”，全面完成“三农普”“四经普”。高质量实施“两纲”。慈善、红十字、青少年、老年人等事业健康发展，供销、气象、佛协、职工维权、住房公积金、社会科学研究和科技人才引进等工作取得新成绩。

五、创新治理硕果累累

自觉践行全面依法治国基本方略，紧紧围绕长治久安目标，标本兼治、综合施策，基层治理体系不断完善，治理能力持续提升。

社会稳定大局更加巩固。坚决落实总体国家安全观，扎实推进“三反两防”专项斗争，成功破获系列危安案件。“扫黑除恶”等专项斗争成效明显，立体化、网格化治安防控体系更加健全。“三跨三分离”信访平台全面建成，诉求渠道更加通畅，一批信访积案难案有效化解。安全生产大检查、大排查、大整改纵深推进，事故起数、死亡人数持续下降，安全生产形势稳定向好。应急管理工作体系、运行机制、处置能力整体提升，成功应对重特大自然灾害370起，汶川阿尔村滑坡等避险经验全省推广。

民族宗教管理更加规范。坚决落实党的民族宗教政策，爱国主义、民族团结宣传教育不断深化，成功创建“全国民族团结进步示范州”，中华民族共同体意识明显铸牢。“一寺一策”分类治理扎实推进，寺庙管理达标升级全面完成，格尔登寺、郎木寺等“干部+僧人”新型寺管会改组挂牌。文明和谐平安宗教活动场所“三级联创”持续推进，实现寺庙僧尼基本公共服务均等化全覆盖。各民族和睦相处、和衷共济、和谐发展，像石榴籽一样紧紧拥抱在一起。

民主法治建设更加高效。坚决落实基层民主法治建设要求，圆满完成第十届村（居）委会换届选举。“法律政策七进”深入开展，“七五”普法圆满收官，创建全国法治县2个、民主法治示范村7个。公共法律服务体系更趋完善，特色法律服务广域覆盖，办事依法、遇事找法、解决问题用法、化解矛盾靠法的法治良序逐步形成。

军政军民团结更加紧密。坚决落实军民融合发展战略，人民防空、防灾一体化建设进展顺利，全省首个以民族自治州命名的军舰“阿坝舰”建成下水。国防教育、国防动员、民兵预备役工作扎实有效。退役军人事业全面发展，成功创建全国双拥模范城。

六、自身建设不断加强

自觉践行为民、务实、清廉要求，政府职能和作风进一步转变，战斗力、执行力、公信力进一步增强。

政治建设持续推进。坚持把政治建设放在首位，深入学习贯彻习近平新时代中国特色社会主义思想和习近平总书记对四川、阿坝工作系列重要指示精神，增强“四个意识”，坚定“四个自信”，做到“两个维护”，把准政府工作的政治方向。常态化、制度化推进“两学一做”“不忘初心、牢记使命”主题教育和“大学习大讨论大调研”，忠诚、干净、务实、担当精神蔚然成风。

依法行政全面推进。坚持全面依法履职，制定修订政府规章制度17件，依法决策机制不断完善。“五大领域”综合行政执法改革持续深化，行政执法“三项制度”全面落实。依法主动公开政府信息86万条。自觉接受州人大及其常委会、州政协监督，提请州人大常委会审议地方性法规19件，办理建议提案1135件。职能科学、权责法定、执法严明、公开公正、廉洁高效、守法诚信的法治政府加速构建。

效能建设扎实推进。坚持优化、协同、高效原则，全面完成本轮机构改革、事业单位分类改革。“放管服”改革纵深推进，取消、下放行政审批事项151项。州政务云、政务大数据、政府网站集约化平台全面建成，无纸化办公系统广泛应用，在全国率先推行公共资源全程电子化交易。一窗受理、一网通办、只跑一次等便民措施全面推广，政务服务“好差评”系统上线运行，限时办结率、群众满意率达99%以上，“12345”热线成为政府服务“总客服”。

廉政建设纵深推进。坚持一体推进不敢腐、不能腐、不想腐，审计“治已病、防未病”功能充分发挥，以案促改、巡视整改、统计督察反馈意见整改扎实有效。严格落实中央八项规定及其实施细则精神，大力整饬“四风”顽疾，“光盘行动”见行见效，督查考核更加规范，文件会议和“三公经费”大幅减少。深化拓展“两联一进”群众工作全覆盖，坚决整肃庸政懒政怠政，全面推进作风建设制度化、常态化、长效化，风清气正的政治生态持续优化。

各位代表！去年，是“十三五”规划的收官之年，也是我州发展历程中极不平凡的一年。面对突如其来的新冠肺炎疫情、异常严峻的经济发展形势，我们积极有为落实中央、省、州决策部署，统筹推进疫情防控和经济社会发展，扎实抓好“六稳”“六保”，打赢了一场又一场硬仗。

一年来，我们坚持人民至上、生命至上，坚决打赢疫情防控“阻击战”。全州仅有1例武汉输入病例，是全省首个以市州为单元的低风险区，也是全省确诊病例最少、最先实现“清零”的市州，为全省抗“疫”大局做出了阿坝贡献。

疫情就是命令。第一时间启动应急响应、组建防控机构，第一时间组织医护人员全员到岗，第一时间建立日报告、日调度、日研判制度，率先实行“两个一律”，形成了全速、全域、全员行动的格局。防控就是责任。聚焦“外防输入、内防扩散”目标，严格落实“三圈层”布局，抓实网格化管理、地毯式摸排、全程式监测，因时因势开展常态化防控，做到了找得到、管得住、服务好。郫都区疫情发生后，迅即开展人员排查和核酸检测，守住了疫情防控成果。救治就是作战。坚持“四早”“四集中”原则，投入资金4.5亿元，全力保障防疫物资需求，确定定点医院14家，建成核酸检测实验室22个、改造负压病房39间，唯一确诊病例成功治愈出院，守住了院内“零感染”底线。藏药“三味龙胆花片”入选《全省新冠肺炎中医药防控指南》。恢复就是担当。及时出台“工业复产达产8条”“支持文旅企业10条”“缓解房屋租金压力12条”“重点项目复工开工3条”等政策措施。在确保安全的前提下，抢抓农业生产，加速复工复产，推动景区开园，促进复市复课，全力保供稳价，最快速度恢复了生产生活秩序。成功举办全国首个地市级抗疫纪实展。互助就是道义。在最艰难的时期，用最短的时间筹集4105万元款物，紧急驰援武汉、道孚、丹巴等地，绘就了手足相亲、守望相助的温情画卷。

在这场大考中，广大医务工作者与时间赛跑、同死神较量，用医者仁心担起战士使命；公安干警枕戈待旦、敢打硬仗，基层干部坚守一线、连续作战，志愿者冲锋在前、敢上火线，人民群众风雨同舟、“宅”家抗疫，涌现出了一大批先进典型，谱写了一曲曲感天动地、气壮山河的英雄赞歌！

一年来，我们坚持危中寻机、困中破局，坚决打赢经济发展“翻身战”。全州地区生产总值增长3.3%，实现了止滑企稳—快速复苏—扭负为正的“三级跳”。

坚持投资唱主角。深入实施重点领域“补短板”行动，项目储备规模突破1.5万亿元，75个省、州重点项目全速推进。全社会固定资产投资增长12.3%，连续三年保持两位数增长。坚持农业多贡献。建成高标准农田4.7万亩，超额完成粮食、生猪生产任务。现代农业园区建设加快，采摘经济、直播带货、线上销售发展迅猛。预计，一产增加值增长4.5%。坚持工业挑大梁。战疫贷、稳保贷、企业纾困、留存电量等政策措施落地见效，发电量、用电量双双增长，新增规上工业企业18户。规上工业增加值增长5%。坚持消费促升级。市场拓展“三大活动”“政银携手·促进消费”专项行动广泛开展，社会消费品零售总额快速回升。四姑娘山景区AAAAA创建工作取得实质进展，“一洗三养四净”线路产品备受青睐，九寨沟、黄龙、达古冰川等景区旅游疫后“井喷”。全州接待游客3604万人次、实现旅游收入301.1亿元，分别增长14.2%、32.3%。

一年来，我们坚持突出重点、抓纲带目，坚决打赢风险防控“大会战”。守住了不发生系统性、区域性风险的底线，有力维护了国家安全、社会安定、群众安宁。

全域化开展森林草原防灭火专项整治。制定“1+10”整治方案和“四个清单”，修订完善应急预案28个，整改火灾隐患5659个，组建扑火队1371支、航空护林队1个，新建卫星林火监测监控系统40套、野外停机坪4个，应急灭火能力大幅提升，取得了连续33年无重特大森林火灾的好成绩。法治化推进反分维稳工作。“六项治理”全面深化，社会面管控有力有效，打赢了春节、三月、“两会”等敏感时期和重要时段安保维稳硬仗，确保了“大事小事都不出”。常态化抓好防灾减灾救灾抗灾。“四灾体系”建设稳步推进，应急演练广泛开展，应急救援能力逐步提升，高效应对处置金川“6·14”、九寨沟松潘茂县“8·16”等自然灾害，安全转移群众8.2万人次。精准化加强环保、金融等领域风险防控。雷霆开展“5+2”专项治理，依法拆除金川八一等违法违规小水电。完成农信社高风险“摘帽”，隐性债务风险有效化解。

一年来，我们坚持接续攻坚、一抓到底，坚决打赢基础建设“提升战”。一批关键性、支撑性项目开工建设、建成投用，群众生产生活更加方便、快捷、舒适。

把交通建设作为“头号”工程。持续开展“交通大会战”，实施项目37个，完成投资186.8亿元，创历史新高。九黄口岸机场建设完成省级验收。全国首条山地轨道交通都四项目开工建设，成西（兰）铁路、久马高速、九绵高速、茂红路等项目加快推进，汶马高速、迭玛路、叠松路等11个项目完工，在交通运输部全国公路养护管理评价考核中取得优异成绩。把城镇建设作为民心工程。全面启动老旧小区改造，百强中心镇、特色小城镇创培工作推进有力。马尔康、茂县等旧城改造成效明显，阿坝、壤塘等新区建设亮点频现。生活垃圾分类试点稳步实施，红原藏家新村、壤塘集中供暖等市政设施建成投用，城镇功能持续提升。

一年来，我们坚持无缝衔接、统筹推进，坚决打赢乡村振兴“阵地战”。农村的基础设施更强了、人居环境更优了、生活方式更好了，为全面实施乡村振兴战略打下了坚实基础。

搞好典型示范。整合投入9.3亿元，实施示范项目54个，创建省级先进乡镇3个、示范村14个，命名州级先进县（市）2个、先进乡镇5个、示范村30个。抓好环境整治。“厕所革命”整村示范建设有序推进，新改建农村厕所2.4万户，清理村内沟渠1.1万公里、生活垃圾3.3万吨，常态化环卫机制逐步建立。建好农村路网。扎实推进交通扶贫，大力实施“金通工程”，“两通”任务全面完成。积极创建全国“四好农村路”示范州，建成示范路615公里。小金、壤塘成功创建省级“四好农村路”示范县，实现了零的突破。

一年来，我们坚持紧盯目标、破冰前行，坚决打赢就业增收“持久战”。城乡居民人均可支配收入分别增长4.3%和9%，实现了大疫、大灾之后持续稳定增收。

强化以“岗”增收。出台“就业促进6项举措”，发放创业担保贷款2393万元，开发疫情应急性公益岗位8449个，1.2万人就地就近稳定就业。“春风行动”深入实施，农民工服务平台逐步完善，转移劳动力15.7万人，实现劳务收入41.9亿元，做到了“一超两不低”。强化以“保”增收。出台“社保10条措施”，减免基本医疗、养老、失业和工伤保险费3亿元，发放稳岗返还资金1.1亿元、惠及2.9万名职工。“四办法一方案”医保新政全面实施，“七个统一”目标顺利实现。强化以“扶”增收。发放困难群众临时价格补贴7242万元，为贫困人口代缴医疗保险2713万元。“三专一平台”建设全面完成，扶贫产品销售额超过5亿元。“一户一策”解决剩余41户221名贫困群众增

1月10日，人大代表审议政府工作报告 （州政府提供）

收问题，确保了脱贫路上"一个都不少"。

*一年来，我们坚持精准定位、靶向施策，坚决打赢协同发展"突围战"。*系列重大战略部署落地落实，跨区域、跨行业、跨领域协同发展取得积极进展。

以深化对外开放为突破。出台鼓励投资、支持总部经济发展优惠政策，在西藏、重庆成立阿坝商会。网上洽谈、在线签约广泛开展，参加网上广交会等商贸活动成果丰硕。新引进落地项目18个，到位资金112.7亿元。以拓展帮扶支援为突破。承接帮扶资金41.5亿元，实施帮扶项目453个，承接机制更活、合作领域更广，打造了扶贫协作和对口支援新样板。以加强县域协作为突破。特色产业分区布局日趋优化，协同共兴考核体系初步建成，培育州级县域经济发展强县3个、先进县1个、进步县1个，底部基础更加坚实。

各位代表！"十三五"期间，我们在重重灾难中奋勇前行，在直面挑战中逆势而上，在创新转型中加速追赶，经济社会发展取得了巨大成就。这是党中央、国务院和省委、省政府深切关怀的结果，是在州委坚强领导下，州人大及其常委会、州政协监督支持下，全州各族干部群众顽强拼搏的结果。在此，我谨代表州人民政府，向全州各族干部群众、驻州解放军指战员、武警部队官兵、政法干警、民兵预备役人员、工商联、人民团体、援助省市人民和各界朋友表示衷心感谢，并致以崇高敬意！

成绩来之不易，经验弥足珍贵。五年的实践启示我们：在艰难时期推动新发展、续写新篇章、实现新跨越，最核心的是坚持党的领导，做到绝对忠诚。始终自觉向中央看齐、向省委对标、向州委跟进，不折不扣推动决策部署落地落实。最根本的是牢记殷殷嘱托，砥砺奋进前行。坚定不移沿着总书记指引的方向阔步迈进，在建设"一州两区三家园"中实现更大作为。最关键的是守住生态底线，走出发展新路。矢志不渝实施生态立州、绿色发展战略，既守住绿水青山，又收获金山银山。最重要的是坚定人民立场，践行为民宗旨。把以人民为中心的发展思想贯穿政府工作，让改革发展成果更好惠及全州人民。最可贵的是敢于迎难而上，勇于苦干实干。非常之时施非常之策、用非常之力、行非常之举，奋力开创美好未来。这些经验启示，我们必须倍加珍惜、长期坚持、丰富发展。

思危方能居安，知忧才能克难。当前，我州正处在转型升级、爬坡过坎的关键时期，一些长期积累的深层次矛盾和问题尚未根本解决，一些新的困难和挑战又在不断出现。主要表现在：一是发展不平衡、不充分问题仍然突出，经济总量不大、增速不快、动力不足、抗风险能力不强。去年，受疫情冲击、灾害叠加等因素影响，部分经济指标未完成年度目标。二是生态保护治理任务仍然繁重，"四灾体系"建设还有不少弱项。三是巩固提升脱贫成果压力仍然不小，基础设施建设、基本公共服务、基层社会治理还有不少短板。此外，部分干部精气神不足、执行力不强，科学应变、主动求变的水平不高，个别领域腐败问题仍然存在。对这些问题，我们一定用坚如磐石的决心、改革创新的办法、务实管用的举措切实加以解决。

"十四五"时期主要目标任务

"十四五"时期，是我州开启社会主义现代化阿坝建设新征程，全面建成"一州两区三家园"的关键时期。根据州委十一届十次全会通过的《中共阿坝州委关于制定国民经济和社会发展第十四个五年规划和二〇三五年远景目标的建议》，州人民政府组织编制了《阿坝藏族羌族自治州国民经济和社会发展第十四个五年规划和二〇三五年远景目标纲要草案》，提交大会审查。

今后五年，全州经济社会发展的指导思想是：高举中国特色社会主义伟大旗帜，坚持以习近平新时代中国特色社会主义思想为指导，全面贯彻习近平总书记对四川工作系列重要指示精神和关于涉藏工作重要论述，认真践行生态"重在保护、要在治理、高质量发展"理念，深入落实新时代党的治藏方略和省委涉藏工作部署，统筹推进"五位一体"总体布局，协调推进"四个全面"战略布局，坚定贯彻新发展理念，坚持稳中求进工作总基调，以长治久安和高质量发展为主题，以供给侧结构性改革为主线，以改革创新为根本动力，以满足人民日益增长的美好生活需要为根本目的，紧扣"生态、发展、民生、稳定、作风"五个关键，聚焦国家安全、生态安全、人民安全，强化基层组织治理和基层社会治理，推进治理体系和治理能力现代化，深化拓展"一屏四带、全域生态""三地共建、五业同优”“四向通道、全域拓展”战略部署，努力实现经济行稳致远、社会安定和谐，全面彰显生态之美、发展之美、人文之美、和谐之美，为全面建设社会主义现代化阿坝开好局、起好步。

主要目标是：到2025年，全州生态环境持续向好，经济实力大幅提升，民生福祉有力增进，发展活力充分迸发，社会文明不断进步，治理效能显著增强，全面建成“一州两区三家园”。力争到2035年，与全国、全省同步基本实现社会主义现代化。

要实现这些目标，我们必须从以下方面持续用力。

——重保护、强治理，推动生态功能大彰显。坚定贯彻习近平生态文明思想，全面落实“一增一减”措施，深入开展“七大保护”行动，大力打造全球高海拔地带重要的湿地生态系统和生物栖息地。扎实推进“七大治理”工程，持续减少主要污染物排放总量。加强生态文明制度体系建设，优化国土空间开发保护布局，高效配置能源资源。严格落实“三线一单”，深化全域环境综合治理。成功创建国家生态文明建设示范区，全面建成生态美丽家园，走出一条人与自然和谐共生的现代化生态文明之路。

——抢先机、建体系，推动经济发展大跨越。坚定践行新发展理念，抢抓国家推进“四化”同步发展机遇，把特色优势产业和战略性新兴产业作为主攻方向，加快发展“6+N”高原特色农牧业、“5+N”生态工业、“1+6”现代服务业，基本形成具有阿坝特色的生态产业体系。大力开展“建链、补链、强链”行动，打造具有核心竞争力的产业集群。坚持“龙头企业+产业集群”发展思路，培育壮大市场主体，增强经济发展活力。到2025年，地区生产总值突破600亿元，年均增速高于全省平均水平。

——优供给、添动能，推动新型格局大构建。以融入成渝地区双城经济圈为主线，加快构建“3+N”基础设施新体系，形成“三纵两横”交通网络体系，拓展融入新发展格局的战略通道。以国内市场为主体，以特色优质产品为支撑，打造服务新发展格局的供给基地。坚定实施扩大内需战略，促进投资稳定增长，推动消费扩容升级。深化与对口支援地区、成渝地区的战略合作，与国家部委、省级部门的全面合作，加强与毗邻市州的产业合作，构建全方位、宽领域、多层次嵌入新发展格局的开放态势。

——调布局、抓统筹，推动全域协同大发展。大力支持“四带”特色化发展，加快汶理茂“一体化”协同发展，做强三大经济支撑轴，发展两大航空经济圈，不断优化区域经济发展布局。坚定不移走以人为核心的新型城镇化道路，加快健全“四位一体”城镇化体系，大力打造宜居宜业、宜游宜人、繁荣舒适的现代复合型城区。统筹落实“1+6+N”规划体系，全面实施乡村振兴战略，巩固拓展脱贫攻坚成果，促进城乡协调、区域协同发展。隆重举办建州70周年庆祝活动。

——盯重点、攻难点，推动改革创新大突破。全面深化重点领域、关键环节改革，创新推进基层社会治理、生态保护治理等改革试点，着力破解影响发展进步的根本性、深层次问题。全面建设职责明确、依法行政的政府治理体系，加快政府职能转变，不断优化营商环境。稳步推进社会诚信体系建设。持续改善创新生态，积极培育创新主体，大力构建科技、教育、产业、金融、人才等紧密融合的创新体系，大幅提升科技投入，增强对经济增长的贡献。

——提质量、促均衡，推动民生福祉大改善。深入开展习近平新时代中国特色社会主义思想教育，大力培育和践行社会主义核心价值观，全面推进新时代精神文明建设，不断提升社会文明程度。全面推进公共服务资源优化配置、合理布局、高效利用，加快建设更加充分的就业、更有质量的教育、更高水平的医疗、更多层次的社会保障体系，基本公共服务主要指标接近全省平均水平，城乡居民人均可支配收入大幅提升，人民群众的获得感成色更足、幸福感更可持续、安全感更有保障，全面建成富裕小康家园。

——防风险、保稳定，推动社会治理大进步。坚持以基层组织治理、社会治理为重点，优化资源配置、增强服务能力、提高治理效能，推进社会治理体系和治理能力现代化。加强平安阿坝基层基础建设，维护国家安全、制度安全和意识形态安全。把法治贯穿社会治理全过程，推动自治、法治、德治相融合。攻坚破解基层治理中的突出问题，打好防范化解重大风险持久战，探索形成适合民族地区全面依法治理的“阿坝模式”。全面建成和谐幸福家园。

置身“两个一百年”奋斗目标的历史交汇期，我们深感责任重大、使命光荣。尽管面临的形势可能会更加严峻、问题可能会更加复杂、任务可能会更加艰巨，但唯有勇于担当、跳起摸高，才是时代所需、才能不辱使命、才合民心所向。只要迎难而上、竞进不息，我们的“十四五”规划目标和2035年远景蓝图就一定能够实现！

2021年重点工作

今年，是“十四五”规划的开局之年，阿坝发展即将迎来大有可为的战略机遇期。我们要坚持以习近平新时代中国特色社会主义思想为指引，紧扣中央、省委、州委决策部署，把握重点、系统谋划、精准发力，全面推动各项工作落地落实。

今年全州经济社会发展的主要预期目标是：地区生产总值增长7.5%以上；全社会固定资产投资增长10%以上；规上工业增加值增长7.5%以上；社会消费品零售总额增长10%以上；一般公共预算收入增长7.5%左右；城乡居民人均可支配收入分别增长8%、9%以上；城镇登记失业率控制在4%以内；环境质量保持优良。

围绕上述目标，我们要着力抓好以下十个方面工作。

一、高标准建设生态屏障，不断厚植绿色优势

把生态文明建设摆在更加突出的位置，守护好生灵草木、万水千山，加快建设川西北阿坝生态示范区。

持续强化生态保护。大力实施长江黄河上游生态修复、干旱河谷治理等重点工程，深入推进退化草原、沙化土地综合治理。加强自然保护地管理，加快建设大熊猫国家公园和若尔盖国家公园。开展全民义务植树活动。持续推进森林草原防灭火及专项整治工作，全州森林草原火灾受害率控制在0.9‰以内。全面禁止天然林商品性采伐，加强森林管护、退耕还林成果巩固和草原禁牧、草原生态修复治理，完成营造林22万亩、草原修复治理220万亩，扮靓我们“绿水青山常在、宜居宜业宜游”的美丽家园。

持续强化综合治理。坚持山水林田湖草系统治理，坚决打赢污染防治攻坚战。全面做好小水电遗留问题清理整改，常态化推进非煤矿山、砂石料场、建筑工地规范管理。持续抓好生活大气污染治理，强化机动车尾气排放监测监管，确保大气环境质量优良率100%。认真做好水生态保护、修复、治理“三篇文章”，持续加强地质灾害防治，统筹推进黄河干支流防洪体系建设，实施中小河流治理44公里、水土流失综合治理65平方公里。全面加强河湖水污染治理、城镇和农村生活污水治理，保持出境断面水质优于Ⅲ类标准。加强城乡垃圾处理和农村面源污染防治，确保土壤质量总体良好。

持续强化机制建设。落实最严格生态环境保护制度，建立“三线一单”分层分级管控机制。健全国土空间规划和实施体系，建立预留重大基础设施建设廊道和用地制度。加强生态环境保护多元投入、损害赔偿、责任追究等机制建设，深入开展生态环境突出问题整改全程督办和跟踪问效。全面落实河（湖）长制，加快推行林长制，深入实施长江黄河流域十年禁渔行动。全力推进阿坝县基层生态环境治理试点。争创2个国家生态文明建设示范县。

二、高速度补齐基础短板，有效增强保障功能

聚焦“三条高速通道”建设，深入实施基础设施补短板行动，不断夯实经济社会发展的基础和支撑。

加快推进交通建设。大力实施“交通强州”战略，持续深化交通大会战，力争完成交通投资200亿元以上。开工建设川汶高速、松黑路、白湾至马奈段公路等项目，力争开工汶彭高速、川九轨道、金八路、理县小丘地治理工程等项目；加快建设成西（兰）铁路、久马高速、九绵高速、都四山地轨道、友谊隧道至映秀段公路等项目；确保茂红路、达维至夹金山段公路、日部至热足公路、“8·10”水毁恢复等项目全面完工；加快两康高速、川藏北线高速、茂绵高速、黑水至茂县高速化公路和汶川、九寨沟、马尔康、金川、小金、若尔盖通用机场等项目前期。高质量推进全国“四好农村路”示范州、“交通+旅游”融合发展试点创建，扎实抓好全省文化和旅游发展大会道路提升与保障工作。

统筹推进能源开发。认真落实长江保护法律法规，科学开发利用水能、光伏、风能等清洁能源。有序推进大渡河“两库八级”水电开发，加快建设金川、巴拉、双江口等大中型水电站，建成俄日、红卫桥等水电站；加快推进光伏发电基地建设，完成20万千瓦光伏竞价项目；实施风电和风光水多能互补开发、水电就地消纳等试点。力争阿坝—成都（东）1000千伏特高压

项目纳入国家“十四五”电力发展规划，开工建设金川220千伏、四姑娘山110千伏等输变电工程，建成投运马尔康500千伏、红原220千伏骨干电网和成兰铁路阿坝牵引站220千伏供电工程。

全面推进通信提速。围绕“安全、便捷、高效、广覆”要求，加快高速光纤宽带网络建设，提升综合承载力。深化4G基站覆盖，推动5G网络规模组网和应用扩面，打造远程医疗、智慧旅游、物联网等行业新技术应用示范区。统筹布局新型基建，加快建设“智慧阿坝”。推动大数据、云计算、人工智能在电子商务、民生服务、应急管理等领域创新应用。规范建设全州应急管理指挥中心。

三、高质量发展特色产业，加快推进转型升级

立足资源禀赋，保持战略定力，发挥比较优势，加快发展符合高质量发展要求、具有阿坝特色的现代优势产业。

大力发展特色农牧业。深入实施藏粮于地、藏粮于技战略，建设高标准农田6万亩。加快实施马尔康脚梭两河等重点水利工程，完善水利设施配套。持续优化产业结构和空间布局，大力发展特色主导产业，新建高原绿色原料食品基地100万亩、牦牛标准化养殖示范场100个，创建省级农业园区3个，打造成渝错季果蔬大走廊和畜产品供应地。做强“净土阿坝”品牌产业联盟，建成“净土阿坝”特色农产品成都展示和电商中心，推动公司化、市场化、整体化运作。大力发展农旅融合康养产业，申创省级示范农业主题公园3个。健全市场准入、准出机制，持续推进农药、化肥负增长。

大力发展生态工业。多形式发展中小微园区，推动成阿园区提质增效、德阿园区发展壮大、绵阿园区挂牌运行。合理布局新能源、新材料、绿色载能、信息技术等产业，加快推动水制氢、氢能装备制造等项目建设。积极开发青稞、沙棘、天然矿泉水等生态资源，推动藏佑饮品建设投产、四姑娘沙棘发展壮大。大力发展牦牛肉、奶制品加工等绿色食品产业，鼓励新希望牦牛、高原之宝做大做强。依托宇妥藏药、旦科藏药等企业，加快中藏药制剂、饮片、药膳等产品研发。科学合理开发锂资源，有序推进金川李家沟、业隆沟锂矿采选项目，推动锂产业全链条发展。深度开发唐卡、羌绣等民族工艺品，加快建设民族文化产业集聚区。全年培育州内规上工业企业10户以上。

大力发展现代服务业。高质量承办全省文化和旅游发展大会。以创建国家全域旅游示范区为抓手，全力推进四姑娘山创AAAAA景区、九寨沟鲁能胜地创国家级旅游度假区、达古冰川和莲宝叶则创国家级生态旅游示范区。加快推进特色文化旅游名镇、村寨建设。争创天府旅游名县1个、省级特色文旅小镇1个。加快建设G317最美景观大道、黄河天路国家旅游风景道、“重走长征路”红色旅游廊道，促进旅游提档升级。围绕“九大品牌”，深入开展线上线下精准营销，不断扩大“熊猫家园·净土阿坝”知名度和影响力。完善智慧旅游服务体系，开发推广“智享阿坝”APP。以创意激活文旅资源，以服务提升旅游品质，让游客尽情感受诗和远方。

全面落实服务业高质量发展政策措施，坚持以旅游为“龙头”，紧扣旅游新旧六要素，大力发展休闲康养、特色民宿、美食餐饮等生活性服务业。培育壮大金融服务、商业贸易、现代物流、科技信息等重点产业，新增规上服务业企业5户。用好州级电子商务发展基金，高标准实施国家级电子商务进农村综合示范项目。

四、高效率挖掘内需潜力，主动适应供需变化

坚持投资、消费“双轮驱动”，加快解决动力不足和生产过剩并存问题，增强经济运行的活力和韧劲。

增强有效投资拉动力。立足发展需要，滚动更新“万亿储备库”，大力开展“5个千亿+N个百亿”专项储备。深入对接“十四五”规划投向，扎实开展项目前期，确保更多项目纳入国家、省规划“总盘子”。创造性拓展资金来源，做好储备项目与中省预算内资金、专项债券、银行融资、社会资金间的匹配。加强政金企合作，通过项目捆绑、上下游串联等方式，积极扩大社会投资。持续强化投资管理，加快推进生态治理、交通能源、产业发展、灾后重建等重点项目建设。

增强多元消费支撑力。依托川主寺、水磨、桃坪等特色文旅小镇，培育独具藏羌风格的特色商贸镇、商业街、餐饮街，打造特色化、品质化、差异化商贸圈。大力开展“互联网+消费”行动，培育打造智慧消费、定制消费、体验消费等新业态，鼓励发展特色网店微店、连锁便利店，发展壮大市场主体，新增限上商贸企业13家。积极参加市场扩展“三大活动”，推动“净

土阿坝”农特产品进商圈、进社区、进市场、进餐企、进展会。全力办好阿坝—成都、阿坝—重庆农商对接会。

增强财政金融保障力。积极培植财源，增强财政可持续性。优化支出结构，大力压减非急需、非刚性支出，切实保障基本民生和重点领域支出。深化财政预算管理，提升资金使用效率。强化财政金融互动，发挥政策叠加效应，加快普惠金融、绿色金融发展。持续完善金融要素市场，改善金融生态环境，构建多元融资格局。加快推进农改商工作。稳妥有序化解金融风险。全面落实减税降费政策，支持市场主体健康发展，全年减税降费 8.5 亿元以上。大力盘活存量资金资产，用政府的精打细算，增添老百姓的幸福安康。

五、高要求深化改革开放，加速融入崭新格局

继承和弘扬首创精神，实施更大范围、更宽领域、更深层次的改革开放，构建与高质量发展相适应的体制机制。

更大力度激活创新。深入实施创新驱动发展战略，完善创新机制、优化创新政策、搭建创新平台，构建以企业为主体、市场为导向、产学研深度融合的科技创新体系。鼓励企业与科研院所建立产学研联盟，支持骨干企业牵头成立技术创新合作组织。借助对口支援省市创新平台，搭建企业孵化器，共建产业园区。引导农户与龙头企业、专合社建立利益联结机制，依靠科技创新推动产业转型升级。围绕磁材、锂盐、晶体新材料等产业开展科技攻关，实施国家、省重大科技成果转化项目 2 项，力争 8 项科技成果通过第三方评价。弘扬劳模精神，开展劳动模范和先进工作者评选表彰。只要我们搭好平台、育好环境，必能“近者乐、远者悦”，让创新创业者创造更多无愧于时代的新业绩。

更深层次推进改革。积极适应改革形势和发展需要，纵深推进要素市场化配置、财税体制等方面改革，更大程度释放制度红利。深化农村集体产权制度改革，做好乡镇行政区划和村级建制调整改革“后半篇”文章。稳妥推进资源开发、国资国企等重点领域改革，创新推进供给侧结构性改革，支持民营企业、中小微企业健康发展。持续深化“放管服”“最多跑一次”改革，健全营商环境评价指标体系，构建亲清新型政商关系，切实维护企业合法权益，让广大企业家安心谋发展，走向更加广阔的舞台。

更高水平扩大开放。坚持“走出去”与“请进来”相结合，紧盯京津冀、长三角、粤港澳和成渝地区双城经济圈“四极”，切实发挥驻京、驻杭、驻深、驻蓉联络处和在外阿坝商会的桥梁纽带作用，引进更多新型企业、高新技术及其配套产业，推动更多名优特产品走出国门、走向世界。推进与对口帮扶省市更深层次的交流合作，变“单向帮扶”为“携手共进”。强化与川甘青接合部、成都平原经济区、省内区域中心节点城市的交往交流，积极开展需求互补式招商和人才引进。推动已签订战略合作协议落地落实。健全招商引资和签约项目跟踪服务机制，提高项目履约率和资金到位率。

六、高层次统筹协同创新，持续增强发展动力

树立“一盘棋”思想和“一体化”理念，分类施策、整体联动，不断提高区域发展的协调性、平衡性、持续性。

主动融入成渝地区双城经济圈。加快打通连接成渝地区大通道，积极推进与天府新区、两江新区战略合作，共建四川、重庆区域协同发展总部基地。主动推动产业和要素融入，全力承接绿色载能、清洁能源、生物医药、民族工艺品加工等转移性产业，加快建设成渝地区产业转移最佳承接地。借助天府文创城、西部博览城等载体，加强文化艺术、城市旅游、文创产品等方面合作，着力打造成渝地区休闲旅游、生态文化旅游最佳目的地。

全面推动“四带”特色化发展。发挥地区优势，打破空间壁垒，建立发展规划对接、资源充分利用、项目整体谋划、产业抱团发展、合作利益共享等制度，加快形成多方认可、平等互利、权责清晰的机制体系，促进区域协同由“单一单向”向“全域多元”拓展。促进东南绿色经济先行示范带一体发展、东北精品文化旅游示范带转型提升，支持西南清洁能源产业示范带次级突破、西北草原特色产业示范带追赶跨越。推动东南、西北、东北片区旅游环线和文旅产品开发合作，加速旅游连线成片；推动东南、西北、西南片区优质资源和精深加工开发合作，加速产业链条延伸。

积极培育和壮大县域经济。大力实施县域基础设施“补短板”行动，不断改善硬件条件，提升服务功能。支持发展县域特色产业，积极构建“一县一支柱、

一县一基地、一县一特色”发展格局。深化县域合作，力争共建一批现代农业基地、文化旅游廊道。支持各县（市）创建省级县域经济发展先进县，确保在全省58个重点生态功能区县域经济考核中争先进位。

七、高起点推进乡村振兴，全力建设幸福家园

坚持农业农村优先发展，科学把握“二十字”总要求，推动重点领域实质突破，不断开创乡村发展新局面。

巩固拓展脱贫成果。落实“四不摘”要求，保持现有脱贫政策、资金支持、帮扶力量总体稳定。健全防返贫致贫监测帮扶制度，完善增强内生动力机制，构建兜底保障和精准防贫体系。持续壮大扶贫产业，全力抓好稳岗就业，深入实施消费扶贫。大力推进东西部协作、对口支援、定点扶贫和社会帮扶，加大易地扶贫搬迁后续帮扶力度。坚持以脱贫攻坚基础布局乡村振兴战略，有效衔接脱贫攻坚政策，加强资金项目管理，确保政策延续、机制连续、规划持续、项目接续，推动脱贫攻坚工作体系向乡村振兴平稳转型。

全面促进城乡融合。统筹县域城镇和村庄规划建设管理，推进传统村落保护和城乡风貌改造，做好历史文化名城、名镇、名村保护利用工作。聚焦中心镇、特色小镇培育建设，争创“省级百强中心镇”2个，实施马尔康、阿坝、汶川等城镇基础设施建设项目20个，启动51个老旧小区改造。扩大城乡生活垃圾分类覆盖面，实施“新三推”工程，城市（县城）生活污水、垃圾处理率分别达85%、92%以上，农村生活垃圾收转运处置体系覆盖率达85%以上，深入推进农村污水处理。畅通物流、人流、资金流，推进城乡市场一体化，不断提升乡村借力发展能力。

不断增强乡村活力。立足“一村一品”，培育特色鲜明、绿色生态的农牧产业新业态，创新村集体经济经营形式，推动“三生”一体化发展。探索宅基地“三权分置”实现形式，开展农民合作社质量提升整县试点，积极培育农民合作社、家庭农牧场等新型经营主体，让农村沉睡的资源“活起来”。落实特聘农技员制度，定向培养农村实用人才184人、高素质农民1300人，建设“懂农业、爱农村、爱农民”的乡村干部队伍，全面提升“三农”工作水平。

八、高水平保障改善民生，整体提升生活质感

树立人文化、便捷化、均衡化、绿色化导向，推进公共服务资源合理布局、优化配置，不断满足人民日益增长的美好生活需要。

提高就业促进有效性。持续实施“就业优先”战略，清理取消不合理限制灵活就业规定，推动“四业联动”。积极推进技师学院建设，实施大规模职业技能培训计划，全年培训1.2万人次以上。做好退役军人、高校毕业生等重点群体就业工作，引导扶持农民工返乡创业，全州城镇新增就业7000人以上，确保动态消除零就业家庭。落实农民工工资支付制度，农民工兄弟的辛苦钱，决不允许拖欠。

提高教育发展均衡性。深入实施十五年免费教育，创新思想政治教育，稳妥推进高考综合制度改革。加大学校布局结构调整，支持汶川县特教中心建设。巩固“控辍保学”成效，确保学前三年毛入园率88%以上、小学适龄入学率99.6%以上、初中净入学率99.4%以上、高中阶段入学率92%以上。优化整合职业教育资源，建立州职业教育联盟，建好阿坝职业学院。全面推进教育信息化2.0行动，拓展“四川云教”资源覆盖面。加强教师队伍和师德师风建设。

提高健康服务便民性。坚持“外防输入、内防反弹”策略，常态化做好新冠肺炎疫情防控工作，全面提升核酸检测能力，坚决打赢疫情防控人民战争。完善疾病监测网络，健全重大突发公共卫生事件应急体系。深化“三医联动”，提升分级诊疗、家庭医生签约服务质量。加快公立医院薪酬制度改革，完善药品和医用耗材集中采购制度。大力实施“名医、名科、名院”战略，推进民族医疗机构创等达标。加强传染病、地方病、慢性病、高原病、精神病联防联控，持续开展大病专项救治和慢病服务管理，加快建设“健康阿坝”。

提高文体事业普惠性。深入实施“文化强州”战略，加大黄河文化传承弘扬、长征遗址遗迹抢救保护力度，加快长征国家文化公园阿坝示范段、藏羌文化走廊建设。培育更多具有阿坝特色的优秀文艺原创作品，推动电影《珠峰队长》发行热映，推进《辫子魂》等剧目驻演。做好音乐剧《牦牛革命》创编工作，力争红军长征胜利85周年之际完成首演和巡演。承办好国家、省级文体赛事活动，充分展示阿坝蓬勃向上的崭新气象。

提高社会保障精准性。实施“全民参保登记计划”，推动社会保险提标扩面，促进新业态就业人员

参加城镇职工基本养老保险和工伤保险。配合做好企业职工养老保险全国统筹，基本医疗保险、失业保险和工伤保险省级统筹工作。落实基本养老、基本医疗保险筹资和待遇调整政策，稳步推进机关事业单位养老保险制度改革。探索设立社区社会救助协理员，开通12349社会救助服务热线。深入开展异地就医备案登记制度改革试点，推广医保电子凭证应用。

九、高效能加强社会治理，全面建设平安阿坝

坚持预防为主、综合施策，探索建立与实现长治久安、高质量发展相适应的公共安全服务保障体系。

坚决维护社会稳定。全面贯彻新时代党的治藏方略，持续深化“三反两防”专项斗争。健全“一核三治”城乡治理体系，争创社会治安防控体系建设标准化城市。建强民兵力量，发挥应对复杂形势的“突击队”作用。发扬新时代“枫桥经验”，畅通群众诉求表达、利益协调、权益保障通道，依法规范信访秩序。健全“扫黑除恶”长效常治机制，严厉打击涉枪涉爆、黄赌毒、盗抢骗等违法犯罪行为，让城乡更安宁、群众更安乐。

坚决抓好公共安全。严格落实安全生产责任制，全面推行清单制管理，持续开展安全生产专项整治三年行动，加强交通运输、建筑施工、文化旅游、非煤矿山等重点领域安全生产专项整治，强化食品药品安全监管，做好气象、水文、地震、防疫等监测预警预报，坚决防范和遏制重特大安全事故。持续加强应急管理体系、救援队伍和装备保障能力建设，提升防灾减灾救灾抗灾水平。强化网络安全，营造清朗网络空间。安全关乎千万家庭的幸福，一定要警钟长鸣、常抓不懈。

坚决铸牢共同体意识。全面贯彻党的民族政策和宗教工作基本方针，坚持和完善民族区域自治制度。深入开展“四史”教育和社会主义核心价值观教育，全面推广普及国家通用语言文字，推动宣教活动进机关、进村寨、进学校、进企业、进寺庙，增进“五个认同”。坚持藏传佛教中国化方向，按照“一寺一策”和“三个不增加”原则，稳慎推进重点寺庙治理，弘扬“爱国爱教爱家乡”优良传统，引导藏传佛教与社会主义社会相适应。

坚决推进民主法治。丰富民主形式，拓宽民主渠道，保障人民群众知情权、参与权、表达权、监督权。健全民主决策程序，加强人民建议征集工作，使人民意愿在政府工作中得到更好体现。全面启动“八五”普法工作，提高普法依法治理水平。深化政务公开、村务公开、厂务公开，发挥社会组织在扩大群众参与、反映群众诉求方面的积极作用，增强社会自治功能。

十、高站位强化自身建设，精心打造满意政府

新时代对政府自身建设提出了更高要求，我们既要有勇于担当的英雄气魄，又要有刀刃向内的革命精神。

主动担当，建设务实政府。强化担当精神和效率意识，健全正向激励、容错纠错机制，完善考核问责制度，严格效能督查、责任倒查和全程问责，坚决整治不作为、慢作为、乱作为，纠正表态多、行动少、落实差等行为，推动形成竞相干事创业、主动攻坚克难的良好局面。深化政民互动，从群众最期盼、企业最迫切的难事着手，事不避难、义不逃责，以创新实干赢得群众点赞。

依法行政，建设法治政府。落实法治政府建设纲要，健全法治政府建设制度体系，加强重点领域政府立法，健全法律顾问制度。深化综合行政执法改革，严格规范公正文明执法。加大公平竞争审查和备案审查力度，做好行政复议、行政应诉工作。自觉接受州人大及其常委会的法律监督、工作监督和州政协民主监督。带头尊法、学法、守法、用法，提高运用法治思维和法治方式深化改革、推动发展、化解矛盾、维护稳定和应对风险能力。

为民施政，建设服务政府。坚定落实“两联一进”群众工作全覆盖办法，推进政府服务专业化、精细化。大力推进简政放权，推动政务服务标准化和政务流程再优化，做好下放乡镇公共服务事项后续工作。持续推进“一事一次办”改革，再推出20项套餐式集成服务，实现面向企业和民生领域依申请政务服务事项全程网办、一次不用跑，真正把困难麻烦留给政府，把便利实惠送给群众。贯彻执行新修订的《国防法》，为建设新时代强大国防发挥政府应有职能。

从严执政，建设廉洁政府。认真贯彻落实中央八项规定及其实施细则精神，驰而不息反“四风”、树新风，持续巩固“不忘初心、牢记使命”主题教育成果。严格执行党风廉政建设责任制，认真履行“一岗双责”，扎实推进政府系统党风廉政建设和反腐败工作。推进审计监督全覆盖，加强重点领域、关键岗位监督管理，大力惩治群众身边的不正之风和腐败问题。

人民政府植根人民、服务人民，“人民”二字重于泰山，我们一定不忘初心、牢记使命，让清正廉洁成为每一名政府工作人员的行为自觉，让勤政为民成为人民政府的永恒本色。

各位代表！为政之要在于人民至上，成就梦想唯有干字当头。让我们更加紧密地团结在以习近平同志为核心的党中央周围，在省委、省政府和州委的坚强领导下，勠力同心、奋勇争先、苦干实干，为加快建设“一州两区三家园”，谱写社会主义现代化阿坝绚丽篇章而不懈奋斗！以优异成绩向建党100周年献礼！

名词解释

1. 五个关键：生态、发展、民生、稳定、作风。

2. 七大保护行动：草原森林、湿地海子、雪山冰川、野生动物、珍稀植物、蓝天净土、绿水青山保护行动。

3. 七大治理工程：草原“两化三害”治理、长江黄河上游干支流流域治理、地质灾害治理、污染治理、增草增林增绿治理、森林草原防灭火治理、全域环境综合治理。

4. 二污普查：第二次全国污染源普查。

5. 污染防治三大战役：大气污染防治战役、水污染防治战役、土壤污染管控和修复战役。

6. 四项行动：清河、护岸、净水、保水行动。

7. 三地共建、五业同优：加快建设国际生态文化旅游目的地、现代高原特色农牧业基地、国家清洁能源基地。优先发展全域旅游、特色农牧、清洁能源、民族文化和“飞地经济”。

8. 四带：西北草原特色产业示范带、西南清洁能源产业示范带、东北精品文化旅游示范带、东南绿色经济先行示范带。

9. 三个最大、一个提前：脱贫攻坚是最大的政治任务、最大的民生工程、最大的发展机遇；提前一年实现贫困县（市）全部摘帽。

10. 两不愁三保障：不愁吃、不愁穿；义务教育、基本医疗、住房安全有保障。

11. 五个一批：产业就业发展一批、移民搬迁安置一批、低保政策兜底一批、医疗救助扶持一批、灾后重建致富一批。

12. 十大扶贫专项行动：基础扶贫、产业扶贫、就业扶贫、生态扶贫、教育扶贫、健康扶贫、住房扶贫、低保扶贫、金融扶贫、社会扶贫等扶贫行动。

13. 五通：通路、通电、通水、通网、通信。

14. 六个融合：脱贫攻坚与绿色发展、生态保护、防灾减灾、乡村振兴、民族团结、地方病防治有机融合。

15. 四位一体大扶贫格局：党政主导、行业协同、社会参与、群众主体的扶贫工作格局。

16. 扶志六法：通过党建引领、教育引导、村规民约、典型示范、公益救助、司法保障等激发群众内生动力的举措。

17. 三个第一：第一个实现县级汽车站联网售票全覆盖，第一个实现班线车和旅游车纳入互联网全过程监管，第一个实现城市公交一卡通互联互通全覆盖。

18. 三区三州：西藏、新疆南疆四地州、四省藏区；临夏州、凉山州、怒江州。

19. 五大中型水利工程：金川崇化、小金抚美达日、黑水西尔芦色、阿坝若果朗、茂县凤南土水利工程。

20. 国家残疾人两项补贴：重残护理补贴与残疾人困难生活补贴。

21. 七人普：根据《全国人口普查条例》有关规定，国务院决定于2020年开展的第七次全国人口普查。

22. 三农普：根据《全国农业普查条例》有关规定，国务院决定于2016年开展的第三次全国农业普查。

23. 四经普：根据《全国经济普查条例》有关规定，国务院决定于2018年开展的第四次全国经济普查。

24. 两纲：《阿坝州妇女发展纲要（2011—2020年）》《阿坝州儿童发展纲要（2011—2020年）》。

25. 三反两防：反分裂、反渗透、反自焚；防举旗举像、防群体性事件。

26. 三跨三分离：跨地区、跨部门、跨行业；人事分离、人户分离、人事户分离。这里的“人”是指信访人，“事”是指事件发生地，“户”是指户籍所在地。

27. 法律七进：法律进机关（单位）、进乡村（社区）、进学校、进寺庙、进企业、进景区、进医院。

28. 四个意识：政治意识、大局意识、核心意识、看齐意识。

29. 四个自信：道路自信、理论自信、制度自信、文化自信。

30. 两个维护：坚决维护习近平总书记在党中央和全党的核心地位，坚决维护党中央权威和集中统一领导。

31. 五大领域综合行政执法改革：在环境保护、

道路交通、农业农村、文化旅游、市场监管五个领域开展的综合行政执法改革。

32. 行政执法三项制度：行政执法公示制度、执法全过程记录制度、重大执法决定法制审核制度。

33. 四风：形式主义、官僚主义、享乐主义、奢靡之风。

34. 三公经费：因公出国（境）经费、公务车购置及运行费、公务招待费。

35. 两联一进：联户联情、联寺联僧、法律政策七进。

36. 六稳：稳就业、稳金融、稳外贸、稳外资、稳投资、稳预期。

37. 六保：保居民就业、保基本民生、保市场主体、保粮食能源安全、保产业链供应链稳定、保基层运转。

38. 两个一律：一律暂停景区景点、宗教寺庙、文化娱乐等人员密集场所营业，一律取消群众聚集性活动和佛事活动。

39. 三圈层：按照地域分布，将13个县（市）分为三个圈层。第一圈层：小金、金川、壤塘、阿坝、若尔盖、九寨沟、松潘、茂县、汶川；第二圈层：红原、黑水、理县；第三圈层：马尔康市。

40. 四早：早发现、早报告、早诊断、早隔离。

41. 四集中：集中患者、集中专家、集中资源、集中救治。

42. 市场拓展三大活动：川货全国行、惠民购物全川行、万企出国门活动。

43. 一洗三养四净：洗肺；养身、养心、养神；净心、净水、净空、净土。

44. 1+10整治方案："1"是指森林草原防灭火专项整治工作实施方案，"10"是指思想认识提升、宣传教育、地方专业扑火队伍建设、火灾风险隐患、违规野外用火和火案查处、林牧区输配电设施火灾隐患、扑火指挥与安全、体制机制和党政责任落实、道路与航空灭火设施、基础设施建设十个专项整治实施方案。

45. 四个清单：重大风险清单、突出问题清单、整改任务清单、完善制度清单。

46. 六项治理：重点寺庙集中整治、民间非法组织治理、涉藏出入境管理、网络舆情监管、重点行业物品整治、社会面依法治理。

47. 四灾体系：防灾、减灾、抗灾、救灾体系。

48. 5+2专项整治：小水电、砂石料场、非煤矿山、建筑工地、交通项目和疫情防控、森林草原防灭火等重点领域专项整治。

49. 两通：乡镇和建制村通硬化路、通客运。

50. 四好农村路：把农村公路建好、管好、护好、运营好，逐步消除制约农村发展的交通瓶颈。

51. 春风行动：指在春季开展的稳定劳动关系专项行动，旨在通过加强劳动关系领域政策宣传、积极防范风险隐患、强化法律服务、保障政策落地落实等措施，实现稳企业、稳就业、稳发展目标。

52. 一超两不低：贫困劳动力外出务工人数超过2019年；中西部省份到东部省份务工人数不低于2019年，东部省份吸纳中西部省份务工人数不低于2019年。

53. 四办法一方案：《阿坝州城乡居民基本医疗保险实施办法》《阿坝州职工基本医疗保险实施办法》《阿坝州职工大病医疗保险实施办法》《阿坝州机关事业单位工作人员补充医疗保险实施办法》；《阿坝州城乡居民大病保险实施方案》。

54. 七个统一：统一参保范围、统一筹资政策、统一保障待遇、统一医保目录、统一定点管理、统一信息系统、统一基金管理和目标考核。

55. 三专一平台：消费扶贫智能专柜、消费扶贫线下专馆、消费扶贫线下专区；中国社会扶贫网四川扶贫馆平台。

56. 一州两区三家园：全国民族团结进步示范州；国家全域旅游示范区、国家生态文明建设示范区；生态美丽家园、和谐幸福家园、富裕小康家园。

57. 五位一体：经济建设、政治建设、文化建设、社会建设、生态文明建设五位一体。

58. 四个全面：全面建设社会主义现代化国家、全面深化改革、全面依法治国、全面从严治党。

59. 四向通道、全域拓展：形成东接成渝浙、南融成德绵、西通川滇藏、北联甘青宁全方位、宽领域、多层次的开放新态势。

60. 一增一减：增加林草覆盖率、森林蓄积量、水源涵养量；减少水土流失面积、草场过载率、水体泥沙含量。

61. 三线一单：生态保护红线、环境质量底线、资源利用上线和生态环境准入清单。

62. 四化：新型工业化、信息化、城镇化、农业现代化。

63. 6+N 高原特色农牧业："6"代表牛羊（禽蜂）、生（藏）猪、特色果蔬、高原菜蔬、优质粮油、道地药材六大主导产业；"N"代表食药菌类、高原花卉等有发展潜力、尚在培育的 N 个新兴产业。

64. 5+N 生态工业："5"代表清洁能源产业、特色农牧深加工产业、民族文化工艺产业、中藏羌医药产业、优质矿产资源产业；"N"代表以"飞地"园区、县域中小微企业园为载体发展的数字经济、绿色载能、材料加工等 N 个特色产业。

65. 1+6 现代服务业：以文化旅游为核心，培育提升金融服务、商业贸易、现代物流、科技信息、休闲康养、特色餐饮六大重点产业。

66. 3+N 基础设施新体系："3"是交通、能源、通信三条高速通道；"N"是新基建基础设施。

67. 1+6+N 规划体系："1"指县域乡村振兴规划；"6"指乡村空间布局、乡村产业发展、宜居乡村建设、乡村生态环境、乡村基础设施和公共服务设施建设、古镇古村落古民居和古树名木保护等六个专项规划；"N"指各类年度实施方案及重点镇（特色镇）乡村振兴规划、重点村（特色村）建设规划、有条件的村可组织编制村土地利用规划。

68. 三条高速通道：交通、能源、通信三条高速通道。

69. 九大品牌：大九寨、大熊猫、大草原、大雪山、大冰川、大彩林、大长征、大地震遗址、大禹故里。

70. 旅游新旧六要素：旧六要素指吃、住、行、游、购、娱；新六要素指商、学、养、闲、情、奇。

71. 5 个千亿 +N 个百亿专项储备：交通、能源、文旅、产业和飞地、生态保护五个领域超千亿项目储备库；城镇、道路桥梁、老旧小区等领域 N 个超百亿项目储备库。

72. 乡村振兴二十字要求：产业兴旺、生态宜居、乡风文明、治理有效、生活富裕。

73. 四不摘：摘帽不摘责任、摘帽不摘政策、摘帽不摘帮扶、摘帽不摘监管。

74. 新三推：《四川省城镇生活污水和城乡生活垃圾处理建设三年推进总体方案（2021—2023）》。

75. 三生：生产、生活、生态。

76. 宅基地三权分置：宅基地的所有权、资格权、使用权分置。

77. 四业联动：产业、创业、企业、就业联动。

78. 教育信息化 2.0 行动：中共十九大后，针对教育信息化发展提出的新的要求，推进互联网 + 教育的具体实施计划。教育信息化 2.0 具体目标是实现"三全两高一大"，即：教学应用覆盖全体教师、学习应用覆盖全体学生、数字校园覆盖全体学校；信息化应用水平和师生信息化素养普遍提高；建成"互联网 + 教育"大平台。

79. 三医联动：医疗、医保、医药改革联动。

80. 一核三治城乡治理体系：在党组织领导下，自治、法治、德治相融合的基层治理体系。

81. 四史：中国共产党党史、新中国史、改革开放史、社会主义发展史。

82. 五个认同：对伟大祖国、中华民族、中华文化、中国共产党、中国特色社会主义的认同。

中国人民政治协商会议第十四届阿坝藏族羌族自治州委员会常务委员会工作报告

——在政协第十四届阿坝州委员会第五次会议上

阿坝州政协主席　尼玛木

（2021 年 1 月 9 日）

各位委员，各位同志：

我代表政协第十四届阿坝州委员会常务委员会，向大会报告工作，请各位委员审议，并请列席会议的同志提出意见。

2020 年工作回顾

2020 年是新冠肺炎疫情全球肆虐的特殊之年，也是我国决胜全面小康、决战脱贫攻坚的收官之年。一年来，州政协及其常委会在中共阿坝州委的坚强领导下，团结带领各界委员，坚持以习近平新时代中国特色社会主义思想为指导，深入学习贯彻中共十九大及十九届四中、五中全会，中央、省委政协工作会议，省委十一届六次、七次、八次全会，州委十一届八次、九次、十次全会精神，牢牢把握人民政协性质定位，紧紧围绕全州中心工作，坚持建言资政和凝聚共识双向发力，冲锋在一线，战斗在前沿，勇于担当尽责，超常努力履职，各项工作取得新进展新成效，为夺取疫情防控和经济社会发展双胜利、助推稳州兴州再上新台阶作出了积极贡献。

一、聚焦中心工作，服务大局显担当

一年来，我们始终坚持“州委中心工作推进到哪里、政协履职就跟进到哪里”，深入贯彻州委刘坪书记在十四届州政协四次会议上提出的“不动摇、不避难、不缺位、不松劲”要求，自觉将州委决策部署落实到具体工作中，抓大事、办要事履行职能，勇担当、善作为服务全局。

积极投身疫情防控。新冠肺炎疫情发生后，我们坚决贯彻州委部署要求，及时发出倡议书，组织动员全州政协系统积极投身疫情防控阻击战。主席会议成员闻令而动、冲锋在前，深入联系县开展督导，落细防控措施，落实防控责任。各县（市）政协积极响应号召，认真组织、参与疫情防控工作。广大政协委员立足本职岗位，宣传政策法规、普及防控知识，引导群众配合防控举措，动员宗教界委员停办宗教活动减少人员聚集，带头踊跃捐款捐物。据不完全统计，在上半年疫情防控的关键期，全州政协系统捐款 243 万元，捐物折合 142 万元，为我州成为全省首个以市州为单元的低风险区作出了积极努力。认真落实统筹推进疫情防控和经济社会发展工作部署，开展“政协委员走访困难企业和群众”专项活动，深入企业和群众了解情况、解决问题、反映困难，鼓励引导企业和群众坚定信心、主动作为。全州政协组织和委员参与专项活动 3091 人次，走访困难企业 286 家、困难群众 4017 户，协调解决各类问题 318 个，协调解决资金和捐款捐物 220 余万元，并立足政协职能建言资政，形成调研报告 25 份、提案 14 件、社情民意信息 90 余条，提交有关方面参考，在危难关键时刻，以实际行动助力发展、为民解忧。

紧跟重大战略履职。深入践行习近平生态文明思想，抢抓“黄河流域生态保护和高质量发展”重大国家战略机遇，及时落实州委十一届九次全会推动长江黄河上游生态“重在保护、要在治理、高质量发展”的工作部署，在州委刘坪书记的亲自部署和州人大、州政府的支持下，积极沟通协调、请示报告，推动建立了由全国政协人资环委指导，九三学社中央和川甘青三省政协主办的“黄河上游川甘青水源涵养区生态保护和高质量发展协商协作研讨会”机制。州委、州

政协作为会议主要承办方，刘坪书记亲自督导、定向把关，州政协倾尽全力、攻坚克难，州级相关部门和若尔盖县各司其职、紧密配合，成功召开了高规格、高层次的第一次会议。全国政协副主席、九三学社中央常务副主席邵鸿出席会议并讲话，生态环境部、财政部等7个国家部委领导发言，中国工程院院士王桥等10名专家作专题演讲。会议聚焦“生态保护·全域旅游”主题，深入协商研讨，积极建言献策，形成《阿坝备忘录》，在筑牢黄河上游生态屏障、构建全域旅游发展联盟、推进区域互联互通等方面达成广泛共识，进一步探索了“共同抓好大保护、协同推进大治理”的上游思路和着力重点，为更好争取国家层面的关注支持，搭建了便捷高效的协商协作平台。尤其让我们振奋的是：这次研讨会的许多成果，为国家出台《黄河流域生态保护和高质量发展规划纲要》提供了有益参考。全国政协邵鸿副主席给予充分肯定，指出会议筹备质量很高、会议成果极其丰硕。与会各方赞誉此次会议契合应机，利在长远。省政协党组将州政协上报的《会议情况报告》呈送省委后，省委彭清华书记批示有关部门认真研究，更加突出了黄河流域保护发展在治蜀兴川全局中的地位。此次会议被列为州委常委会2020年重点抓的七件大事之一，州委十一届十次全会充分肯定州政协“勇于担当，善作善成”。

持续助力脱贫攻坚。始终将助力脱贫攻坚作为人民政协义不容辞的政治责任。巩固拓展全州政协系统“我为扶贫攻坚做件事”活动成效，持续带动广大政协委员立足自身特长优势，不断增强帮扶实效。落实州委安排，主席会议成员经常深入联系县督导脱贫攻坚工作。政协机关牵头组织成员单位，对九寨沟县脱贫攻坚工作进行全覆盖督导。按照相关要求，主动与民盟四川省委联系对接，加强对九寨沟县脱贫攻坚工作的督促指导。协调对接致公党福建省委对我州的脱贫攻坚民主监督工作，确保如期打赢脱贫攻坚战。编撰出版《我为扶贫攻坚做件事——阿坝政协履职风采录》文史资料，展现全州政协组织和广大政协委员勇担时代使命、情系百姓民生的时代风采。

致力文化事业发展。按照州委安排，立足服务民族团结进步事业，助力民族文化传承保护，广收博采、反复考证，编纂完成500余万字，系统总结历史、盘点遗产、延续文脉、服务现实的地方性文化丛书——《中华羌族历史文化集成》。

二、强化主责主业，建言资政添助力

一年来，我们准确把握人民政协专门协商机构职能定位，健全协商机制、搭建协商平台，丰富协商内

1月9日上午，中国人民政治协商会议第十四届阿坝藏族羌族自治州委员会第五次会议在马尔康开幕　　（州政协办提供）

容、增加协商密度，积极建言资政，不断提高政治协商、民主监督、参政议政工作水平。

政治协商有序开展。发挥全体会议协商履职最高形式的作用，组织委员围绕“生态、发展、民生、稳定、作风”五个关键，发表意见建议、积极建言献策；邀请州委、州政府主要领导参加委员联组会，听取委员心声，加强交流互动，实现了反映意见建议和解疑释惑良性互动、民主氛围和协商效果有机统一。改进专题议政性常委会会议方式，组织常务委员通过大会发言对相关工作发表意见建议，以发言专报等形式报送州委、州政府参考。强化各类专题协商会功能，开展调研、视察等工作邀请当地政协委员、党政领导、专业人员和基层群众协商座谈，听取民意、集中民智，众人的事情由众人商量，努力商出共识、商出办法。一年来，召开全体会议1次、常委会议5次、党组会议10次、主席会议10次、各类专题协商会70余次，就全州经济社会发展的重大事项和人民群众关心的热点难点问题开展广泛多层协商，很多意见建议得到州委、州政府的重视和采纳。协商讨论《关于制定阿坝州“十四五”规划和二〇三五年远景目标的建议（征求意见稿）》，提出意见建议29条。突出提案协商这一政协最广泛、最直接的履职方式，引导委员广泛深入调研、积极提交提案，共提出提案173件，审查立案95件，已全部办理完毕，其中87件提案提出的问题和建议，得到解决采纳或已纳入规划拟逐步解决。发挥政协履职平台渠道畅通优势，通过住州委员向全国政协、省政协提交提案24件，争取国家和省的关注支持。其中《关于完善四川涉藏地区工资福利政策缩小收入差距》等4件提案通过全国政协十三届三次会议立案，并交相关部门办理答复。

民主监督切实加强。坚持把加强民主监督作为履职重要内容，着力改进监督方式，拓宽监督渠道，提高监督实效，促进州委州政府决策部署得到更好贯彻落实。通过州政协常委会会议，听取“一府两院”阶段性工作和专项工作情况通报，认真提出评议意见。突出问题导向，将监督融入调研、视察、提案、反映社情民意等人民政协经常性工作之中，客观反映真实情况，实事求是指出问题，切实提出针对性意见建议，促进相关工作不断改进完善。组织委员视察成兰铁路阿坝段建设情况，广泛听取各方意见，指出“工程建设缓慢，补偿标准低、兑现迟缓，失地农民后续保障亟待解决”等问题，并针对问题提出相应工作建议。围绕建设美丽阿坝，就全域环境综合整治、农村环境整治“三大革命”开展协商监督，指出问题8个，提出建议14条。落实州委安排，主席会议成员深入各县认真督导森林草原防灭火、防灾减灾、复工复产、维护稳定、脱贫攻坚、乡村振兴、重点项目建设以及小水电、沙石料场、非煤矿山、建筑工地等重点领域清理整顿工作，倾力服务党政工作大局。

参政议政深入推进。认真落实州委刘坪书记“站位要高，质量要高，务实建言”要求，努力提升建言资政水平。确定年度重点调研课题8个，较往年大幅增加。着眼基层治理制度创新和体系能力建设，开展依法管理宗教事务情况专题调研，提出5方面16条对策建议。州委刘坪书记在调研报告上批示：“《报告》很扎实，针对性很强，对策措施很具有可操作性。”省政协李昌平副主席高度评价调研成果，要求送省级主管部门并转发甘孜、凉山州政协参阅。选择党政重视、群众关注的乡村振兴及巩固脱贫成效、慢病高原病康复医疗体系建设开展调研，州委刘坪书记对《关于我州乡村振兴试点工作及巩固脱贫攻坚成效情况的调研报告》专门作出批示。围绕国家生态示范区建设、国家全域旅游示范区建设重大工作，开展重点旅游集镇规划建设、生态保护与全域旅游发展、旅游景区管理情况调研，提出相关建议意见48条，供州委、州政府决策参考。坚持用真情换支持，精心配合做好全国政协、省政协来州开展的草原生态环境保护、基层应急能力建设、地质灾害防范、乡村振兴等调研工作，大力宣传介绍我州工作情况、全面反映困难问题、切实提出意见建议，得到高度肯定和充分采纳。

三、把准中心环节，凝聚共识增合力

一年来，我们牢固树立政治共同体意识，始终把加强思想政治引领、广泛凝聚共识作为履职中心环节，努力使人民政协成为坚持和加强党对各项工作领导的重要阵地、用党的创新理论团结教育引导各族各界代表人士的重要平台、在共同思想政治基础上化解矛盾和凝聚共识的重要渠道。

毫不动摇坚持党的领导。一年来，州委总揽全局、协调各方，把政协工作纳入重要议事日程，认真贯彻落实中央、省委政协工作会议精神，制发《关于新时代加强和改进人民政协工作的实施方案》，为加强党对政协工作领导、充分发挥人民政协作用提供了重要遵循。州政协始终旗帜鲜明讲政治，制定《党组向州委请示报告工作实施办法》，政协年度工作要点、协商计划、重点调研课题等主动向州委请示报告，每月向州委常委会报告上月重点工作完成情况和当月重点工作安排，自觉把政协各项工作置于州委全面领导之下。始终坚持与州委同心同向、同频共振，州委作出的工作安排第一时间抓好贯彻、抓好执行，确保决策部署不折不扣落实到政协工作各方面。积极贯彻全州政协系统党的建设工作座谈会精神，全面落实党建主体责任，召开州政协党组会议 10 次，安排部署和督促落实党建各项工作。

切实加强思想政治引领。坚持用科学理论武装头脑，通过党组中心组理论学习、党组会议、专题学习会、常委会会议、委员培训班、理论研讨会等平台，深入学习习近平新时代中国特色社会主义思想、习近平总书记关于加强和改进人民政协工作的重要思想、《习近平谈治国理政》第三卷以及党的十九届五中全会、中央第七次西藏工作座谈会和省、州重要会议精神，广泛开展中共党史、新中国史、改革开放史、社会主义发展史教育。通过学习，更加深刻领会了习近平新时代中国特色社会主义思想的精神实质，更加准确把握了加强和改进人民政协工作的新要求，更加筑牢了增强“四个意识”、坚定“四个自信”、做到“两个维护”的思想政治基础，更加强化了做好新时代政协工作的责任担当。

用心用情凝聚共识力量。坚持在履行统战职责中强化思想政治引领，广泛凝聚人心、汇聚力量，努力将各族各界群众团结在党的周围。认真做好党组成员联系党员委员、党员委员联系非党委员工作，引领委员在界别群众中广泛宣讲党的基本理论、基本路线、基本方略和省、州决策部署，积极开展协调关系、解疑释惑、理顺情绪、化解矛盾各项工作，切实增进各族群众对中国共产党和中国特色社会主义的政治认同、思想认同、理论认同、情感认同，增进对州委发展战略、工作举措的认同，汇聚起推动落实的智慧和力量。主席会议成员认真开展联系宗教界代表人士、高层次人才、非公有制经济代表人士工作，宣讲政策、通报情况、听取意见，畅通意见诉求表达渠道。组织动员宗教界委员开展“爱国爱教爱家乡”主题教育活动，发挥宗教界委员在团结引领僧俗群众中的积极作用，引导宗教与社会主义社会相适应。落实以人民为中心的发展思想，将凝聚共识与改善民生有机结合，在纵深推进“两联一进”群众工作中，既着力思想政治教育、政策法律宣讲，又突出解决群众实际困难、助力民生改善，绵绵用力，久久为功。一年来，州政协机关副县级以上干部开展“两联一进”工作 140 余次，开展政策法规宣讲 130 余场次，参与群众 4100 余人次，收集反映困难诉求 110 余条，帮助解决困难问题 90 余个，实现了在问候关怀中密切关系、在交心谈心中形成共识、在排忧解难中为民服务。

四、抓实自身建设，提升能力强根基

一年来，我们切实鲜明崇严尚实、提质增效的工作导向，持续加强自身建设，不断提升履职能力，夯实履职基础。

健全制度机制。坚持改革创新，推动政协各方面制度更加成熟定型。修订《委员视察考察工作办法》《提案工作条例》，促进相关工作规范化、程序化。完善发挥专门委员会基础性作用的工作机制，强化专门委员会联系界别委员、开展界别活动、组织界别协商职能，工作方式不断创新，形式更加丰富，有力推动政协工作提质增效。加强反映社情民意信息和政协理论与实践研究工作，健全运行机制，落实工作责任，工作质量不断提升。

强化委员管理。认真落实“懂政协、会协商、善议政，守纪律、讲规矩、重品行”要求，教育引导委员深刻认识、切实珍惜委员荣誉和政治身份，旗帜鲜明讲政治，立足岗位作贡献，以责任委员的姿态和干劲，积极投身凝心聚力、决策咨询、协商民主、国家治理第一线的具体实践。加强委员履职管理，严格执行政协常委会组成人员参加会议通报制度，对违反政协章程的委员撤销委员资格。深化委员“五个一”活动，建立履职档案，评选优秀委员通报表扬。组织 179 名委员和政协干部参加专题学习培训，提升履职能力。

切实转变作风。认真落实党风廉政建设主体责任，召开州政协党风廉政建设工作会议，研究制定党风廉政建设和预防腐败工作要点，压紧压实廉政责任。认真研究制定省委第六巡视组巡视反馈问题整改落实方案，制发《关于进一步严肃相关工作纪律的通知》，严格落实外出报备制度，从严管理班子带好队伍。积极配合州纪委监委开展正风肃纪督查工作，支持派驻纪检监察组工作。制定《深入贯彻落实中央八项规定精神、省委省政府十项规定和州委州政府八条意见及其实施细则的具体措施》，持之以恒转变作风。坚持重要会议会前学纪、学法，树牢法治思维，提高法治素养。

加强机关建设。坚持以机关党建工作为引领，推进机关各项建设。经州委批准设立州政协机关党委，进一步夯实了机关党建组织基础。强化机关内部管理，深入开展民族团结进步示范机关、学法用法示范机关创建和“厉行节约、反对浪费”活动，积极巩固省级最佳文明单位创建成果。关心关爱退休老干部，联系走访慰问和组织学习考察形成常态。认真办好阿坝政协杂志和网站，制作《守护母亲河》宣传片，积极在《人民政协报》《中国政协》杂志、《四川政协报》等媒体反映履职动态，发出阿坝政协好声音。不断拓宽团结联谊面，接待其他地区政协来州学习考察20余批次，为助力经济社会发展搭建桥梁，促成港澳委员来州捐资助学。2020年，州政协机关获得“全省政协新闻宣传先进单位”“民族团结进步创建工作先进集体”“脱贫攻坚工作先进集体”“法律政策七进先进集体”“拥军优属模范单位”等表扬奖励，机关4名干部获评“四川省抗击重大自然灾害先进个人”“全省政协系统新闻宣传先进个人”“创建全国民族团结进步示范州工作先进个人”“联寺联僧工作先进个人”。

各位委员，各位同志：一年来，我们牢记使命、奋发进取，勇当加快建设“一州两区三家园”的参与者、实践者、推动者，展现了新时代人民政协的新样子。州委刘坪书记在州政协党组《关于2020年州政协工作开展情况的报告》上批示指出：一年来州政协工作成效突出，特色亮点纷呈，围绕党的中心工作履职尽责，体现了每一位政协委员的家国责任情怀，望来年再接再厉。这些成绩的取得，是中共阿坝州委坚强领导和省政协有力指导的结果，是州人大常委会、州政府及社会各界大力支持的结果，是州、县（市）政协组织和广大政协委员勠力同心、团结奋斗的结果。在此，我代表州政协常务委员会，向大家表示衷心的感谢并致以崇高的敬意！

对照新使命新要求，回顾一年来的工作，我们也认识到工作中存在的差距和不足，主要是：对人民政协职能定位新内涵的认识有待进一步深化；发挥专门协商机构作用的制度规则有待进一步健全；调查研究、建言资政的质效有待进一步提升；机关工作力量薄弱的具体问题有待进一步解决。对此，我们将认真研究，切实改进。

2021年主要任务

今年是实施“十四五”规划和二〇三五年远景目标纲要的开局之年，是本届政协任期的最后一年，我们将迎来伟大的中国共产党成立100周年。州政协总体工作要求是：坚定以习近平新时代中国特色社会主义思想为指导，在中共阿坝州委的坚强领导下，深入学习贯彻中共十九大和十九届四中、五中全会精神，全面落实中央、省委政协工作会议和省委十一届八次全会、州委十一届十次全会工作部署，充分发挥专门协商机构作用，坚持发扬民主和增进团结相互贯通、建言资政和凝聚共识双向发力，不断提高政治协商、民主监督、参政议政水平，为开启全面建设社会主义现代化阿坝新征程，实现“十四五”良好开局作出新贡献。

一、强化理论武装，夯实共同思想政治基础。坚持把政治理论学习摆在更加突出位置，始终以习近平新时代中国特色社会主义思想武装头脑、统领工作、指导实践。健全以党组中心组理论学习为引领的学习制度体系，综合运用常委会议专题学习、政协学习会集中学习以及专题研讨班和委员培训班等形式，深入学习贯彻中共十九届四中五中全会、中央第七次西藏工作座谈会、中央和省委政协工作会议、省委十一届八次全会以及州委十一届十次全会精神，及时跟进学习省、州重要会议精神，切实增进对中国共产党领导的政治优势和中国特色社会主义制度优势的理解和把握，不断深化对发挥人民政协专门协商机构作用的认识，巩固团结奋斗的共同思想政治基础，切实将思想和行动统一到中央、省委、州委决策部署上来，始终做到政治上同向、思想上同心、工作上同步。

二、汇聚各方合力，助推“十四五”规划强劲起步。州委十一届十次全会擘画了我州“十四五”目标任务和二〇三五年远景蓝图，吹响了迈向全面建设社会主义现代化阿坝新征程的集结号。州政协及其常委会要切实增强责任意识、担当意识，围绕中心、坚定信心，立足岗位、出力实干，合力助推“十四五”规划开好局、起好步。围绕“十四五”规划实施，发挥政协智力密集的优势，紧扣创建国家生态建设示范区、构建现代产业体系、融入新发展格局、推进城乡区域协调发展等重大工作，建睿智之言、献务实之策。认真落实2021年协商计划，聚焦州委关于筑牢生态屏障、抓好产业园区、推进乡村振兴、抓实基层治理等工作部署，找准切口、选好议题，开展广泛多层制度化协商，努力形成一批有力度、有分量的协商议政成果。着眼挖掘红色文化资源潜力，就红色文化发展、红色基因传承课题深入调研，助力全域旅游提档升级。围绕构建现代产业体系、健康阿坝建设和川西北生态示范区建设，选择现代农业园区建设、中小微企业园区发展、“飞地”园区建设、疾病预防控制体系建设、水生态资源利用与水质监测体系现状等课题开展调研、视察，努力形成高质量的调研报告，供党政决策参考。

三、坚持双向发力，更好凝聚团结奋进正能量。坚持建言资政和凝聚共识双向发力，是新时代对人民政协工作的新要求。我们要充分发挥政协“重要阵地”“重要平台”“重要渠道”作用，加强思想政治引领，广泛汇聚正能量，形成强大向心力。要切实把凝聚共识融于协商议政、民主监督、视察考察、调查研究、提案办理、反映社情民意等履职活动，实现建言资政和凝心聚力协调并进，同步提升。贯彻省政协工作部署，在各县（市）政协开展“有事来协商”工作试点，搭建接地气、合民意、见实效的履职平台，拓宽工作领域，延伸协商层面，更好地发挥专门协商机构在国家治理体系中的重要作用。完善州政协党组成员联系党员委员、党员委员联系非党委员等制度，开展经常性走访、经常性谈心谈话。发挥宗教界委员影响力和带动作用，扎实开展“感党恩、听党话、跟党走”和“爱国爱教爱家乡”教育活动，进一步铸牢中华民族共同体意识。加强同党外知识分子、非公有制经济人士、新的社会阶层人士的沟通联系，邀请他们参加政协协商议政活动，针对性做好团结引领、解疑释惑工作。强化团结联谊和对外交往，不断壮大助推我州经济社会发展的外部支持力量。

四、强化责任担当，全面加强自身建设。认真贯彻落实新时代加强和改进人民政协工作的新部署、新要求，坚持党对人民政协工作的全面领导，严格落实全面从严治党主体责任，以党的建设新成效带动政协自身建设取得新进展。加强委员队伍建设，引导委员加强学习提升履职能力，积极建言彰显责任担当，牢记宗旨主动服务群众，遵章守纪维护自身形象，以为国履职、为民尽责的具体行动展现时代风采。加强专门委员会建设，更好发挥在政协工作中的基础性作用，全面提升提案、文史、社情民意、理论研究等专项工作水平。抓好政协机关和干部队伍建设，严格要求、严格管理，激发工作积极性、主动性、创造性，为政协工作高质量发展提供优质服务和有力保障。认真总结本届政协履职实践中的好经验、好做法，推进人民政协工作不断创新发展。

各位委员，各位同志：新蓝图鼓舞人心，新征程催人奋进。让我们更加紧密地团结在以习近平同志为核心的中共中央周围，高举中国特色社会主义伟大旗帜，在中共阿坝州委的坚强领导下，同心同德、群策群力，为加快建成生态美丽、富裕小康、和谐幸福的现代化新阿坝、献礼中国共产党成立100周年而团结奋斗！

报告略缩词语注释

1.“黄河上游川甘青水源涵养区生态保护和高质量发展协商协作研讨会”机制：为深入践行习近平生态文明思想，抢抓“黄河流域生态保护和高质量发展”重大国家战略机遇，发挥人民政协专门协商机构作用和民主党派中央渠道优势，更好反映黄河上游川甘青水源涵养区经济社会发展困难问题、争取国家关心支持，2019年下半年以来，在四川省政协支持下，经请示州委同意，州政协积极汇报协调各方，与九三学社中央、全国政协人口资源环境委员会、甘青两省政协和甘南、果洛、黄南三州政协，达成了建立协商协作研讨机制性会议的共识。决定从2020年开始，以阿坝、黄南、甘南、果洛四州为举办地，每年轮流召开“黄河上游川甘青水源涵养区生态保护和高质量发展协商协作研讨会”。该机制性会议由九三学社中央、四川省政协、甘肃省政协、青海省政协主办，全国政协人口资源环境委员会指导，当年会议承办省的省政协办公厅、九三学社省委和会议举办地的州委、州政协承办。

2. 一州两区三家园：全国民族团结进步示范州，国家生态建设示范区、国家全域旅游示范区，生态美丽家园、和谐幸福家园、富裕小康家园。

3. 四个意识：政治意识、大局意识、核心意识、看齐意识。

4. 四个自信：中国特色社会主义道路自信、理论自信、制度自信、文化自信。

5. 两个维护：坚决维护习近平总书记党中央的核心、全党的核心地位，坚决维护党中央权威和集中统一领导。

6. 两联一进：联户联情、联寺联僧、法律政策七进。

7. "五个一"活动：提交一件提案、反映一条社情民意信息、参加一次调研或视察、办一件好事实事、承担一项专门任务。

8. 农村环境整治"三大革命"：垃圾、污水、厕所专项整治。

9. "十四五"规划：阿坝州国民经济和社会发展第十四个五年规划。

地方性法规

Local Regulations

阿坝藏族羌族自治州文物保护条例

2019 年 12 月 12 日阿坝藏族羌族自治州第十二届人民代表大会常务委员会第二十一次会议通过，2020 年 6 月 12 日四川省第十三届人民代表大会常务委员会第十九次会议批准

第一章　总　则

第一条　为了加强阿坝藏族羌族自治州（以下简称自治州）行政区域内的文物保护工作，有序推进文物的合理利用，继承和弘扬优秀历史文化，根据《中华人民共和国文物保护法》《中华人民共和国文物保护法实施条例》《四川省〈中华人民共和国文物保护法〉实施办法》《阿坝藏族羌族自治州自治条例》等有关法律法规，结合自治州实际，制定本条例。

第二条　自治州行政区域内文物的保护、监督管理、利用及相关活动适用本条例。

第三条　自治州文物工作坚持保护为主、抢救第一、合理利用、加强管理的方针。

建设工程、旅游开发和文物保护利用等活动必须遵守文物保护工作方针，不得对文物造成损害。

第四条　自治州、县（市）人民政府负责本行政区域内的文物保护工作，建立文物保护管理协调机制，将文物保护工作纳入各级人民政府年度考核内容。

乡（镇）人民政府、街道办事处应当在县（市）人民政府文物行政部门指导下做好辖区内的文物保护工作，明确相应的机构或者人员承担辖区内的文物保护工作，在文物相对集中或者有重要文物的地方聘请文物保护员。

第五条　自治州、县（市）人民政府文物行政部门具体负责本行政区域内的文物保护和监督管理工作。

发展改革、宗教事务、公安、应急管理、财政、自然资源、生态环境、市场监管、住房城乡建设等有关部门依法在各自的职责范围内，负责有关的文物保护工作。

自治州、县（市）人民政府应当加强本行政区域内的文物行政执法和刑事司法的衔接，建立健全文物行政部门与司法机关案情通报、案件移交制度。

第六条　自治州、县（市）人民政府应当将文物保护经费列入本级财政预算。

中央和省级财政下达的文物保护专项资金，应当按照规定使用，任何单位和个人不得侵占、截留、挪用。

国有博物馆、纪念馆、文物保护单位等的事业性收入，应当按规定专门用于文物保护，任何单位和个人不得侵占、截留、挪用。

第七条　鼓励单位或者个人通过志愿服务、设立基金、捐赠捐资等方式参与文物保护工作。

对文物保护工作中作出突出贡献的单位或者个人，按照国家有关规定给予精神鼓励或者物质奖励。

第八条　自治州、县（市）人民政府文物行政部门及其他有关部门应当加强对文物保护工作的宣传教育，普及文物保护知识，增强公众文物保护意识。

每年 8 月的第二周为自治州文物保护宣传周。

第九条　一切单位和个人都有依法保护文物的义务，有权制止和举报破坏、损毁、非法买卖文物的行为。

第十条　自治州、县（市）人民代表大会常务委员会应当加强对本级人民政府文物保护工作的监督，适时听取本级人民政府关于文物保护工作的情况报告。

国有文物收藏单位负责人离任时，应当向本级人民政府文物行政部门报告任期内的文物资产管理情况，并依法接受监督。

第二章　保护与管理

第十一条　自治州、县（市）人民政府制定国土空间规划及有关专项规划，应当根据文物保护的需要，事先由自然资源等部门会同文物行政部门商定各级文物保护单位的保护措施，并纳入规划。

第十二条　自治州、县（市）人民政府文物行政部门应当根据不同文物的保护需要，制定文物保护单位和未核定为文物保护单位的不可移动文物的具体保护措施，并公告施行。

第十三条　根据文物保护的实际需要，经省人民政府批准，自治州人民政府可以在文物保护单位周围划出一定的建设控制地带，并予以公布。建设控制地带具体划定工作由自治州文物行政部门会同住房城乡建设部门组织开展。

在文物保护单位的保护范围和建设控制地带内，不得建设污染文物保护单位及其环境的设施，不得进行可能影响文物保护单位安全及其环境的活动。对已有的污染文物保护单位及其环境的设施，应当限期治理。

第十四条　文物保护单位的保护范围内禁止下列行为：

（一）刻划、涂污、损坏文物；

（二）刻划、涂污、损毁或者擅自移动文物保护单位标识、保护界桩和其他保护设施；

（三）存放易燃、易爆、易腐蚀等危险品；

（四）建窑、取土、采石、捞沙、毁林；

（五）进行其他建设工程或者爆破、钻探、挖掘等作业；

（六）攀爬、倚靠、骑坐文物；

（七）法律、法规禁止的其他行为。

因特殊情况需要在文物保护单位的保护范围内进行其他建设工程或者爆破、钻探、挖掘等作业的，应当依法办理相关手续，保证文物保护单位的安全。

第十五条　自治州、县（市）文物行政部门应当会同本级自然资源部门开展自治州行政区域内地下（水下）文物埋藏区域和可能埋藏文物的区域的划定工作，划定后的文物埋藏区域和可能埋藏文物的区域的相关信息由自治州人民政府统一管理。

公民、法人或者其他组织可以依法向自治州人民政府申请公开相关信息。

第十六条　建设工程的选址，应当尽可能避开不可移动文物、文物保护单位的保护范围和建设控制地带，因特殊情况不能避开的，应当尽可能对不可移动文物实施原址保护，并事先确定保护措施报相应的文物行政部门批准，未经批准的，不得开工建设。

进行基本建设工程，工程范围在已核定公布为文物保护单位的古遗址、古墓葬、古建筑、石刻、纪念建筑等历史文化遗迹的区域，地下（水下）文物埋藏区域和地下（水下）可能埋藏文物的区域的，建设单位取得项目选址意见书后，应当报自治州文物行政部门报请省级文物行政部门组织从事考古挖掘的单位进行考古调查、勘探。考古调查、勘探中发现文物的，自治州文物行政部门应当根据文物保护的要求会同建设单位共同制定保护措施，遇到重要发现的，按国家相关法律法规处理。

第十七条　自治州文物行政部门应当会同相关部门建立文物保护专家咨询制度，为地方文物保护工作提供政策、法律咨询和文物保护专业技术支持。

第十八条　因地质灾害等造成文物的重大险情，自治州、县（市）文物行政部门应当会同自然资源、应急管理部门组织进行勘探、治理和抢救性保护。

自治州人民政府应当根据文物应急抢险等特殊需要落实专项经费。

第十九条　国有不可移动文物的保护管理责任人为其使用人；非国有不可移动文物的保护管理责任人为其所有人。

宗教活动场所内的文物保护单位，其保护管理责任人为管理使用该文物保护单位的宗教活动场所。

非国有不可移动文物有损毁危险，所有人不具备修缮能力的，自治州、县（市）人民政府应当给予帮助；所有人具备修缮能力而拒不依法履行修缮义务的，自治州、县（市）人民政府可以给予抢救修缮，所需费用由所有人负担。

第二十条　不可移动文物保护管理责任人应当遵守下列规定：

（一）负责不可移动文物的修缮、保养及安全管理；

（二）不得改变不可移动文物被认定为文物时的原状；

（三）不得损毁、擅自改建、扩建或者拆除与不可移动文物相关的建筑物以及其他设施；

（四）不得擅自改变文物保护单位的用途；

（五）不得以合理利用为名拆真建假，影响文物安全和景观原貌；

（六）发现危害不可移动文物安全的险情时，应当及时采取救护措施，并向当地文物行政部门报告；

（七）法律、法规规定的其他保护责任。

县（市）文物行政部门应当与不可移动文物的保护管理责任人签订文物保护责任书，明确其对不可移动文物的保护管理责任。

第二十一条　对尚未公布为文物保护单位的具有地方特色和历史价值的传统村寨、民居及建筑构件等，县（市）文物行政部门应当会同住房城乡建设部门，组织专家进行认定，对具有保护价值的实行统一挂牌管理。

建设工程的施工涉及挂牌管理的传统村寨、民居及建筑构件的，建设单位应当事先征求县（市）文物行政部门和住房城乡建设部门的意见，确定保护措施。

第二十二条　自治州、县（市）人民政府文物行政部门应当分别建立本行政区域内的馆藏文物档案。

博物馆、图书馆、展览馆、宗教活动场所等文物收藏单位应当配合文物行政部门对所管理的文物以及其他具有保护价值的壁画、雕刻彩塑、唐卡、石碑、经书、史料、法器、古具等器物进行认定，建立文物档案，健全保护管理制度，并报自治州、县（市）文物行政部门备案。

宗教活动场所作为文物收藏单位的，其文物档案和管理制度还应当向自治州、县（市）宗教事务部门备案。

第二十三条　博物馆、图书馆、展览馆、宗教活动场所等文物收藏单位应当遵守下列规定：

（一）接受文物行政、应急管理、宗教事务等部门和公安机关的检查、监督和指导，并为其工作人员履行职责提供方便。

（二）文物藏品对外交流、展示、展览前，应当依法向文物行政部门备案；宗教活动场所作为文物收藏单位的，其文物对外交流、展示、展览前还应当向当地宗教事务部门备案。

（三）文物收藏单位发生盗窃、火灾等危害文物安全事故后，应当及时向当地文物行政、应急管理部门和公安机关报告；宗教活动场所作为文物收藏单位的还应当向当地宗教事务部门报告。

（四）文物收藏单位应当加强对一切火源、易燃、易爆、易腐蚀等危险品的管理，配置必要的消防灭火器材、设备和水源设施。

（五）法律法规规定的其他职责。

第三章　合理利用

第二十四条　自治州、县（市）人民政府应当坚持合理、适度和可持续的原则，有序推进文物资源的利用，挖掘文物的历史文化内涵，宣传民族文化，促进文物保护与旅游产业、公共文化事业的融合发展。

第二十五条 鼓励单位和个人在确保安全的前提下，依法合理利用不可移动文物开展研究、宣传、教育、陈列等活动，推进博物馆、纪念馆、陈列馆（室）等展馆建设。自治州、县（市）人民政府应当对开展社会教育和公众服务较好的博物馆、纪念馆和陈列馆（室）给予支持。

第二十六条 鼓励村（居）民在确保安全的前提下，依法利用传统建（构）筑物开设博物馆、纪念馆、传统作坊、传统商铺、民宿等，对传统村寨民俗文化遗产进行展示宣传。

第二十七条 自治州、县（市）人民政府应当加强旅游景区内的不可移动文物的保护管理。以文物保护单位和文物点为主的旅游景区，应当按国家和省有关规定安排一定的经费用于文物本体的修缮养护和安全建设。

支持文物收藏单位开发文化创意产品，鼓励与非馆藏资源及与博物馆相关的非物质文化遗产的融合，培育新型文化产业。

第二十八条 自治州人民政府应当加强红军长征遗址遗迹、纪念设施、文物藏品和其他实物资料的保护、普查和统筹管理，挖掘传承红色文化，推进红军长征遗址遗迹保护性开发，弘扬长征精神。

第二十九条 自治州人民政府应当加强“5.12”汶川特大地震遗址遗迹和文物史料的保护工作，保护地震遗址遗迹、文物史料的真实性和完整性，将地震遗址遗迹以及相关纪念设施建设成为重要的爱国主义教育基地，弘扬抗震救灾精神。

第四章 法律责任

第三十条 违反本条例规定的行为，法律、法规已有法律责任规定的，从其规定。

第三十一条 文物行政部门、相关部门及其行政执法人员在履行职责过程中滥用职权、玩忽职守、徇私舞弊的，由有权机关按照管理权限对主管人员和其他直接责任人员依法给予政务处分；构成犯罪的，依法追究刑事责任。

第三十二条 违反本条例第十四条第一款第四项规定，在文物保护单位的保护范围内建窑、取土、采石、捞沙、毁林，尚不构成犯罪的，由自治州、县（市）人民政府文物行政部门责令改正，造成严重后果的，处五万元以上五十万元以下的罚款；构成犯罪的，依法追究刑事责任。

第五章 附 则

第三十三条 本条例自 2020 年 8 月 1 日起施行。

阿坝藏族羌族自治州宗教事务条例（修订）

2010 年 2 月 8 日阿坝藏族羌族自治州第十届人民代表大会第五次会议通过，2010 年 3 月 31 日四川省第十一届人民代表大会常务委员会第十五次会议批准；2020 年 1 月 15 日阿坝藏族羌族自治州第十二届人民代表大会第四次会议修订通过；2020 年 6 月 12 日四川省第十三届人民代表大会常务委员会第十九次会议批准

第一章 总 则

第一条 为了保障公民宗教信仰自由，规范宗教事务管理，提高宗教工作法治化水平，引导宗教与社会主义社会相适应，维护宗教和睦与社会和谐，根据宪法和有关法律法规的规定，结合阿坝藏族羌族自治州（以下称自治州）实际，制定本条例。

第二条 自治州行政区域内宗教事务活动及其管理适用本条例。

第三条　公民有宗教信仰自由。

任何组织或者个人不得强制公民信仰宗教或者不信仰宗教，不得歧视信仰宗教的公民（以下称信教公民）或者不信仰宗教的公民（以下称不信教公民）。

信教公民和不信教公民，信仰不同宗教、教派的公民应当互相尊重、和睦相处。

第四条　宗教事务管理坚持保护合法、制止非法、遏制极端、抵御渗透、打击犯罪的原则。

第五条　宗教团体、宗教院校、宗教活动场所和信教公民的合法权益、正常宗教活动受法律保护，任何组织和个人不得侵犯和干涉。

宗教团体、宗教院校、宗教活动场所和信教公民应当遵守宪法、法律、法规和规章，遵循国家宗教工作方针政策，践行社会主义核心价值观，维护国家统一、民族团结、宗教和睦与社会稳定。

任何组织和个人不得利用宗教危害国家安全、破坏社会秩序、损害公民身心健康，不得利用宗教干预、妨碍国家行政、司法、教育等制度，不得利用宗教从事损害国家利益、社会公共利益和公民合法权益等违法活动。

各宗教应当坚持宗教中国化方向，坚持独立自主自办的原则，不受外国势力的支配。

第六条　宗教团体、宗教院校、宗教活动场所应当加强法治宣传教育，引导信教公民尊法、学法、守法、用法。

第七条　自治州、县（市）人民政府应当加强宗教工作，建立健全宗教工作机制，保障宗教工作力量和必要的工作条件；听取宗教团体、宗教院校、宗教活动场所和信教公民的意见，协调宗教事务管理工作，为宗教团体、宗教院校、宗教活动场所提供公共服务。

自治州、县（市）人民政府宗教事务部门负责本辖区内宗教事务行政管理工作，其他相关部门在职责范围内依法负责有关的行政管理工作。

乡（镇）人民政府应当做好辖区内的宗教事务管理工作。村民委员会、居民委员会应当依法协助乡（镇）人民政府管理宗教事务。

第八条　自治州信息产业主管部门和电信管理机构依法对互联网宗教信息服务实施监督管理，其他有关部门在各自职责范围内依法对互联网宗教信息内容实施监督管理。

第二章　宗教团体

第九条　宗教团体的成立、变更和注销，应当依照有关法律法规的规定办理登记。

宗教团体依照章程开展活动，受法律保护。

第十条　宗教团体应当对教义教规作出符合当代中国发展进步要求、符合中华优秀传统文化的阐释，开展宗教思想建设；应当加强宗教教职人员教育培养，增强国家意识、公民意识和法治意识；应当对信教公民进行爱国主义和法治教育，反映信教公民的合理诉求，维护信教公民的合法权益。

第十一条　宗教团体申请编印、发送宗教内部资料性出版物或者其他宗教用品，应当按照有关法律法规的规定执行。出版、发行涉及宗教内容的出版物，应当符合有关法律法规的规定。

第十二条　宗教团体依照有关规定，对宗教活动场所的活动进行指导和监督，认定宗教教职人员教职身份，协调、指导和监督跨地区宗教活动，指导宗教活动场所加强内部管理。

宗教团体依照有关规定，可以依法兴办公益慈善事业和开展以自养为目的的经营活动，接受合法捐赠，进行宗教文化学术研究，开展对外友好交往。

宗教团体应当接受自治州、县（市）人民政府有关部门的管理和监督。

第三章　宗教活动场所

第十三条　宗教活动场所，是指依法登记的寺观教堂和其他固定宗教活动处所。

第十四条　筹备设立宗教活动场所，应当按照有关规定执行。

依法登记的宗教活动场所应当按照规定取得统一社会信用代码。

符合法人条件的宗教活动场所，经所在地宗教团体同意，并报县级人民政府宗教事务部门审查同意后，可以到县级人民政府民政部门办理法人登记。

第十五条　宗教活动场所终止或者变更登记内容的，应当到原登记机关办理有关手续。

第十六条　新建、改建、扩建、异地重建宗教活动场所的，应当符合当地国土空间规划，依照有关法律法规的规定办理。属于文物保护单位的，应当征得文物行政部门同意。

宗教活动场所扩建、异地重建的，应当按照本条例第十四条、第十五条规定的程序办理。

第十七条　宗教团体、寺观教堂申请在寺观教堂内修建大型露天宗教造像，应当按照国家有关规定报批。

宗教团体、寺观教堂以外的组织以及个人不得修建大型露天宗教造像。

禁止在寺观教堂外修建大型露天宗教造像。禁止在寺观教堂外利用投影、灯光或者其他手段营造大型露天宗教图像、影像。

第十八条　宗教活动场所应当设立管理组织，实行民主管理。管理组织的组成人员应当经民主推选产生。管理组织的组成人员应当报县（市）人民政府宗教事务部门备案。宗教活动场所管理组织每届任期不超过5年。

第十九条　宗教活动场所应当加强内部管理，建立健全教务、人员、财务、资产、会计、安全、消防、卫生防疫、食品安全、治安、文物保护、非物质文化遗产保护、生态环境保护等管理制度，接受当地人民政府宗教事务及有关部门的指导、监督和检查。

宗教活动场所应当加强对常住、暂住人员的日常管理，建立人员入住登记制度。

宗教活动场所管理组织应当建立应急机制，防范本场所内发生安全责任事故或者违犯宗教禁忌等伤害信教公民宗教感情、破坏民族团结、影响社会稳定的事件。发现事故隐患或者发生事故、事件时，宗教活动场所管理组织应当立即报告当地人民政府，积极配合人民政府进行处置。

第二十条　宗教活动场所定员数额由该活动场所管理组织向所在地宗教团体提出申请，并提交该宗教活动场所具备的容纳能力、自养能力、自我管理能力、当地信教公民供养能力的说明材料。宗教团体审核同意后，报所在地县级人民政府宗教事务部门，由县级人民政府宗教事务部门逐级报省级人民政府宗教事务部门备案。

宗教活动场所依照本宗教传统开办学经班招收的学员，年龄应当在18周岁以上，国家另有规定的从其规定。

宗教团体和寺观教堂开展学习时间在3个月以上的宗教教职人员的教育培训，应当报自治州人民政府宗教事务部门审批。不超过3个月的宗教教职人员的教育培训，宗教团体和寺观教堂应当在培训前将内容、人数、地点等情况报告县级以上人民政府宗教事务部门。

第二十一条　宗教活动场所接收外来学经人员，应当申报。

接收自治州行政区域内的异地学经人员，应当具备其户籍所在地乡（镇）的有效证明、《居民身份证》《宗教教职人员证》，经县（市）宗教团体和县（市）人民政府宗教事务部门审查同意，报自治州人民政府宗教事务部门备案，并在学经地公安机关办理相关手续。

接收自治州行政区域以外的异地学经人员，应当具备其户籍所在地各级宗教团体、政府相关部门的有效证明、《居民身份证》《宗教教职人员证》，经学经地县（市）宗教团体和人民政府宗教事务部门审查同意，并在学经地公安机关办理相关手续。

第二十二条　宗教活动场所兴办涉及旅游的经营服务项目，应当由宗教活动场所管理组织依照有关法律法规的规定，办理相关手续。未经批准，不得开展涉及旅游的经营活动。

宗教活动场所依法开展涉及旅游的经营服务项目，应当由宗教活动场所管理组织自主经营。其讲解人员应当由经自治州旅游主管部门核发讲解员证的该宗教活动场所的合法教职人员担任。

宗教活动场所开展涉及旅游的经营服务活动，应当划定游览区和购物区，实行分区管理，不得对外承包或者联合经营，不得影响正常宗教活动或者从事有悖宗教教义教规、伤害信教公民宗教感情、诱导欺诈游客等违法违规活动。

第二十三条　景区内有宗教活动场所的，其所在地的县级以上人民政府应当协调、处理宗教活动场所与景区管理组织及园林、林业、文物、旅游等方面的利益关系，维护宗教活动场所、宗教教职人员和信教公民的合法权益，保护正常的宗教活动。

第二十四条　宗教活动场所不得接收、印制、出版、复制、散发、传播破坏民族团结、危害国家安全的书籍、图片、影像、广播、信息或者非法宣传品；

不得组织收听、收看非法广播和影视；不得利用手机、互联网等散布非法信息。

第二十五条　宗教活动场所的基础设施建设，应当由县（市）、乡（镇）人民政府纳入农村或者城镇建设总体规划。

第二十六条　宗教活动场所具备条件的，应当由所在地县（市）、乡（镇）人民政府统一规划，对宗教活动区和宗教教职人员生活区实行分区域管理。

第二十七条　有关单位和个人在宗教活动场所内设立商业服务网点、举办陈列展览、拍摄电影电视片等，应当符合有关法律法规的规定，事先征得该宗教活动场所同意，并接受自治州、县（市）人民政府有关部门的监督。

第四章　宗教教职人员

第二十八条　宗教教职人员由县以上宗教团体依照有关规定和程序认定，报县级以上人民政府宗教事务部门备案。未取得或者已丧失宗教教职人员资格的，不得以宗教教职人员身份从事宗教活动。

自治州行政区域内公民要求进入宗教活动场所从事宗教教职的，应当由个人提出申请，村（居）民委员会签署意见，持公安机关户籍证明，报乡（镇）人民政府审查同意，拟接收的宗教活动场所管理组织依照相关规定提出意见，经县（市）宗教团体审核认定，报县（市）人民政府宗教事务部门备案。

自治州行政区域外公民要求来州内宗教活动场所从事宗教教职的，应当由个人提出申请，提供户籍所在地乡（镇）人民政府和县级以上人民政府公安机关有效证明。拟接收的宗教活动场所管理组织提出同意接收意见后，经县（市）宗教团体审核认定，属地乡（镇）人民政府审查同意，报县（市）人民政府宗教事务部门备案，并且在当地公安机关办理相关手续。

第二十九条　宗教活动场所中的堪布、赤哇、翁则、格古、经师、住持（方丈）、阿訇等主要教职，应当在本宗教活动场所教职人员中产生。

藏传佛教活佛传承继位批准和备案，按照国家有关规定执行。

第三十条　宗教教职人员依法享有以下权利：

（一）开展宗教活动；

（二）开展教务活动；

（三）提供宗教礼仪服务；

（四）接受教育培训；

（五）开展宗教学术研究。

第三十一条　宗教教职人员应当履行以下义务：

（一）自觉遵守国家法律法规；

（二）维护国家安全；

（三）维护民族团结和社会稳定；

（四）提供宗教礼仪服务，维护正常的宗教秩序；

（五）接受县级以上人民政府有关部门、宗教团体、乡（镇）人民政府、村（居）民委员会以及宗教活动场所管理组织的管理和监督。

第三十二条　宗教教职人员接受邀请，可以到信教区群众家中从事祈福诵经、超度亡灵等宗教服务活动。

第三十三条　宗教教职人员跨地区从事宗教活动，应当依照国家、省、自治州有关规定办理相关手续。

第三十四条　宗教教职人员外出学经，应当持所在地乡（镇）人民政府和所在宗教活动场所管理组织的函件逐级申报。跨乡（镇）学经的，经县（市）宗教团体同意，县（市）人民政府宗教事务部门备案；跨县（市）学经的，经自治州宗教团体同意，报自治州人民政府宗教事务部门备案；跨自治州学经的，经自治州宗教团体和自治州人民政府宗教事务部门审核后，依照国家、省有关规定办理。

外出学经期间，应当接受学经地人民政府有关部门的管理和监督。外出学经期满，应当及时返回原宗教活动场所报到。宗教活动场所管理组织应当向属地乡（镇）人民政府、原批准的宗教团体和人民政府宗教事务部门报告情况。

第三十五条　宗教教职人员不得传看、收听、印制、传播破坏民族团结、危害国家安全的书籍、图片、影像、广播、信息或者非法宣传品，不得利用手机、互联网等散布非法信息。

第三十六条　宗教教职人员出访参加宗教学术交流和宗教活动或者出国留学、朝觐等，应当依照有关法律法规的规定办理相关手续，不得非法出境。

第三十七条　宗教教职人员被判处刑罚或者非法出境的，宗教活动场所管理组织应当予以除名，认定该宗教教职人员的宗教团体应当到备案部门办理注销备案手续，收回宗教教职人员证书并公告。

第五章 宗教活动

第三十八条 宗教活动应当在法律法规允许的范围内进行，坚持就地、小型、分散原则，方便当地信教公民。

第三十九条 宗教活动应当在依法登记的宗教活动场所或者经批准的宗教临时活动地点内举办。由宗教团体或者宗教活动场所组织，持有《宗教教职人员证》的宗教教职人员主持，按照教义教规进行。非宗教团体、非宗教活动场所不得组织、举办宗教活动。

举办宗教活动应当向县级以上人民政府宗教事务部门报告宗教活动的时间、名称、内容、规模、邀请范围、安全保障措施及责任人、社会稳定风险评估报告和应急预案，并接受拟举办地乡（镇）人民政府和县级以上人民政府有关部门的管理和监督。

第四十条 常规性宗教活动实行预报、备案制。宗教活动场所管理组织应当在上年末拟定下一年度常规性宗教活动计划，确定宗教活动的规模和次数，经属地乡（镇）人民政府签署意见、县（市）宗教团体同意后，报县（市）人民政府宗教事务部门备案。

宗教活动场所管理组织应当依照预报备案计划逐项举办宗教活动，不得擅自更改时间或者扩大规模。确因特殊情况需更改活动时间、规模的，应当按临时性宗教活动逐级申报。

第四十一条 临时性宗教活动应当实行一事一报一审批。举办临时性宗教活动或者邀请跨区域宗教教职人员主持、参加宗教活动的，举办的宗教团体、寺观教堂应当在拟举行日 30 日前提出书面申请。

举办跨乡（镇）的宗教活动，应当征求属地乡（镇）人民政府意见，经县（市）宗教团体同意，报县（市）人民政府宗教事务部门审批；举办跨县（市）的宗教活动，应当经属地和举办地县（市）宗教团体签署意见，县（市）人民政府宗教事务部门审核，报自治州人民政府宗教事务部门审批；举办跨自治州的宗教活动，应当经自治州宗教团体签署意见，自治州人民政府宗教事务部门自收到申请之日起 10 日内，在征求本级人民政府公安机关意见后，作出批准或者不予批准决定。作出批准决定的，应当在批准之日起 5 日内报省人民政府宗教事务部门备案。

第四十二条 从事互联网宗教信息服务，应当遵守国家有关法律法规和规章，不得含有下列内容：

（一）攻击国家宗教政策法规，宣扬极端主义、恐怖主义、分裂主义和宗教狂热的；

（二）破坏不同宗教之间、同一宗教内部以及信教公民和不信教公民之间和睦相处的；

（三）歧视、侮辱信教公民或者不信教公民，损害信教公民或者不信教公民合法权益的；

（四）以宗教名义进行商业宣传、骗取财物等活动的；

（五）利用宗教宣扬邪教和封建迷信的；

（六）违背宗教独立自主自办原则的；

（七）其他依法禁止传播的内容。

第六章 宗教财产

第四十三条 本条例所称宗教财产，是指宗教团体、宗教院校、宗教活动场所合法使用的土地，合法所有或者合法使用的房屋、构筑物、设施以及其他合法财产、收益。

第四十四条 宗教团体、宗教院校、宗教活动场所所有的房屋和使用的土地等不动产，应当依法向不动产所在地的县级人民政府不动产登记机构申请登记；产权变更的，应当及时办理变更手续。

第四十五条 因公共利益需要搬迁宗教活动场所或者征用宗教活动场所使用的土地、草场、林地等，应当事先与产权单位协商，并征求当地宗教团体和人民政府宗教事务部门的意见，依照有关法律法规的规定办理。

第四十六条 宗教团体、宗教院校、宗教活动场所可以按照国家有关规定接受境内外组织和个人的捐赠，用于与其宗旨相符的活动。

非宗教团体、非宗教院校、非宗教活动场所不得接受宗教性捐献。

宗教团体、宗教院校、宗教活动场所可以按照宗教习惯接受公民的捐赠，但不得强迫或者摊派。

宗教团体、宗教院校、宗教活动场所不得接受境外组织或者个人附带条件的捐赠。接受捐赠金额超过人民币 10 万元的，应当报县级以上人民政府宗教事务部门审批。接受的捐赠属于建筑设施的，应当由捐赠方出具合法证明并按照规定办理捐赠文书。

禁止投资、承包经营宗教活动场所或者大型露天宗教造像，禁止以宗教名义进行商业宣传。

第四十七条 宗教团体、宗教院校、宗教活动场所应当依法办理税务登记，依法履行纳税义务，接受税务管理和服务，按照国家有关规定享受税收优惠。

宗教团体、宗教院校、宗教活动场所应当执行国家统一的财务、资产、会计制度，建立健全会计核算、财务报告、财务公开等制度，建立健全财务管理机构，配备必要的财务会计人员。不具备财务管理机构或者会计人员设置条件的，应当委托经批准设立从事会计代理记账业务的中介机构代理记账。

宗教团体、宗教院校、宗教活动场所应当定期向所在地县级以上人民政府宗教事务部门报告财务状况、收支情况和接受、使用捐赠的情况，并向信教公民公布；应当依法接受县级以上人民政府宗教事务部门与有关部门对其进行的财务、资产监督检查和审计。

第七章　法律责任

第四十八条 违反本条例规定的行为，法律法规已有法律责任规定的，从其规定。

第四十九条 强制公民信仰宗教或者不信仰宗教，或者干扰宗教团体、宗教院校、宗教活动场所正常宗教活动的，由宗教事务部门责令改正。

侵犯宗教团体、宗教院校、宗教活动场所和信教公民合法权益的，依法承担民事责任。

第五十条 宣扬、支持、资助宗教极端主义，或者利用宗教进行危害国家安全、公共安全，破坏民族团结、分裂国家和恐怖活动，侵犯公民人身权利、民主权利，妨害社会管理秩序，侵犯公私财产等违法活动，尚未构成犯罪的，由有关部门依法给予行政处罚；对公民、法人或者其他组织造成损失的，依法承担民事责任。

宗教团体、宗教院校或者宗教活动场所有前款行为，情节严重的，有关部门应当采取必要的措施对其进行整顿，拒不接受整顿的，由登记管理机关或者批准设立机关依法吊销其登记证书或者设立许可。

第五十一条 宗教团体、宗教院校、宗教活动场所有下列行为之一的，由县级以上人民政府宗教事务部门责令改正；情节较重的，由登记管理机关或者批准设立机关责令该宗教团体、宗教院校、宗教活动场所撤换直接负责的主管人员；情节严重的，由登记管理机关或者批准设立机关责令停止日常活动，改组管理组织，限期整改，拒不整改的，依法吊销其登记证书或者设立许可；有违法所得、非法财物的，予以没收：

（一）未按规定办理变更登记或者备案手续的；

（二）宗教院校违反培养目标、办学章程和课程设置要求的；

（三）宗教活动场所违反规定，未建立有关管理制度或者管理制度不符合要求的；

（四）宗教活动场所违反规定，将用于宗教活动的房屋、构筑物及其附属的宗教教职人员生活用房转让、抵押或者作为实物投资的；

（五）宗教活动场所内发生重大事故、重大事件未及时报告，造成严重后果的；

（六）违反本条例第五条规定，违背宗教的独立自主自办原则的；

（七）违反国家有关规定接受境内外捐赠的；

（八）拒不接受县级以上人民政府有关部门、乡（镇）人民政府依法实施的监督管理的。

第五十二条 违反本条例规定，有下列情形之一的，由县级以上人民政府宗教事务部门会同有关部门依法予以取缔，有违法所得、非法财物的，没收违法所得和非法财物；违法所得无法确定的，处 5 万元以下的罚款；有违法房屋、构筑物的，由自然资源、住房城乡建设、文物等主管部门依法处理：

（一）擅自设立宗教活动场所、宗教院校和宗教临时活动地点的；

（二）擅自异地重建、扩建宗教活动场所，或者在宗教活动场所内改建、新建建筑物的；

（三）擅自在寺观教堂外利用投影、灯光或者其他手段营造大型露天宗教影像、图像的。

第五十三条 非宗教团体、非宗教院校、非宗教活动场所、非指定的临时活动地点组织、举行宗教活动，接受宗教性捐赠的，由县级以上人民政府宗教事务部门会同公安、民政、住房城乡建设、教育、文化、旅游、文物等有关部门责令停止活动；有违法所得、非法财物的，没收违法所得和非法财物，可以并处违法所得1倍以上3倍以下罚款；违法所得无法确定的，处5万元以下罚款。

擅自组织公民出境参加宗教方面的培训、会议、朝觐等活动的，或者擅自开展宗教教育培训的，由县级以上人民政府宗教事务部门会同有关部门责令停止活动，可以并处2万元以上20万元以下的罚款；有违法所得的，没收违法所得。

第五十四条 大型宗教活动中发生危害国家安全、公共安全或者严重破坏社会秩序情况的，由有关部门依照法律法规进行处置和处罚；主办的宗教团体、寺观教堂负有责任的，由登记管理机关责令其撤换主要负责人，情节严重的，由登记管理机关吊销其登记证书。

擅自举行大型宗教活动的，由自治州、县（市）人民政府宗教事务部门会同有关部门责令停止活动，可以并处10万元以上30万元以下的罚款；有违法所得、非法财物的，没收违法所得和非法财物。其中，大型宗教活动是宗教团体、宗教活动场所擅自举办的，登记管理机关还可以责令该宗教团体、宗教活动场所撤换直接负责的主管人员。

第五十五条 宗教教职人员在宗教教务活动中违反法律法规的，除依法追究法律责任外，由县（市）人民政府宗教事务部门责成所在的宗教活动场所除名。

第五十六条 假冒宗教教职人员进行宗教活动或者骗取钱财等违法活动的，由宗教事务部门责令停止活动；有违法所得、非法财物的，没收违法所得和非法财物，并处1万元以下的罚款。

第五十七条 宗教活动场所未经批准，擅自对外开展涉及旅游经营活动或者虽经批准但有违反本条例第二十二条规定的，由县（市）人民政府旅游主管部门会同宗教事务部门依法给予处罚。

第五十八条 国家工作人员在宗教事务管理工作中有滥用职权、玩忽职守、徇私舞弊等行为的，由有权机关依法给予处理。

第八章 附 则

第五十九条 本条例未作规定的，依照有关法律法规的规定执行。

第六十条 自治州人民政府应当根据本条例制定实施办法。

第六十一条 本条例自2020年8月1日起施行。

阿坝藏族羌族自治州野生动物植物保护条例

2014年1月9日阿坝藏族羌族自治州第十一届人民代表大会第三次会议通过，2014年11月26日四川省第十二届人民代表大会常务委员会第十三次会议批准；根据2020年1月15日阿坝藏族羌族自治州第十二届人民代表大会第四次会议通过，2020年11月26日四川省第十三届人民代表大会常务委员会第二十三次会议批准的《阿坝藏族羌族自治州人民代表大会关于修改〈阿坝藏族羌族自治州野生动物植物保护条例〉的决定》修正

第一章 总 则

第一条 为保护、发展和合理利用野生动物植物资源，保护生物多样性，维护生态平衡，建设生态文明，根据《中华人民共和国民族区域自治法》《中华人民共和国野生动物保护法》《中华人民共和国野生植物保护条例》《四川省〈中华人民共和国野生动物保护法〉实施办法》等法律、法规，结合阿坝藏族羌族自治州（以下简称自治州）实际，制定本条例。

第二条 在自治州辖区内从事与野生动物植物保护、管理、猎捕、采集、人工繁育、驯化培育、经营利用、科学研究等相关的所有活动，适用本条例。

第三条 本条例所称野生动物，是指珍贵、濒危

和有重要生态、科学、社会价值的陆生、水生野生动物，包括列入国家、省、自治州、县（市）保护名录的野生动物。

本条例所称野生植物，是指原生地天然生长的珍贵、濒危、稀有和具有重要生态、科学、社会价值的野生植物，包括列入国家、省、自治州、县（市）保护名录的野生植物。

本条例所称野生动物植物及其产品，包括野生动物植物的所有部分及其衍生物。

第四条　自治州对野生动物植物资源实行严格保护、科学管理、积极发展、合理利用的方针，鼓励野生动物植物人工繁育、驯化培育、科学研究和应用推广。

第五条　自治州各级人民政府应当加强野生动物植物资源保护，制定保护规划，加大资金投入，采取有效措施，保护、发展和合理利用野生动物植物资源。

第六条　自治州、县（市）人民政府及其部门、乡镇人民政府、村（居）民委员会和社会团体、企业事业单位应当宣传野生动物植物保护法律法规，普及野生动物植物知识，提高公民保护意识。

各级各类学校应当将野生动物植物保护法律法规和知识纳入相关课程教学内容。

第七条　公民、法人和其他组织有保护野生动物植物资源的义务；对破坏野生动物植物资源的行为，有权制止和举报。

第八条　自治州鼓励建立野生动物植物保护协会，制定保护公约，合理利用野生动物植物资源。

第二章　保　护

第九条　自治州建立野生动物植物保护名录。保护名录由自治州、县（市）野生动物植物行政主管部门制定，报自治州、县（市）人民政府批准后公布，向省野生动物植物行政主管部门备案。

第十条　自治州建立野生动物植物资源信息系统，开展野生动物植物资源调查和监测，掌握资源消长情况，建立档案，为保护和合理利用野生动物植物资源提供科学依据。

第十一条　每年十月为自治州野生动物植物保护宣传月。新闻媒体应当开展保护野生动物植物的公益宣传。

第十二条　自治州、县（市）人民政府应当加强野生动物植物保护区建设，在珍稀或者有特殊保护价值的野生动物植物的主要栖息生长地划定自然保护区、种质资源保护区、野生动物植物保护小区、禁渔区、禁猎区和禁采区等生态功能保护区，设立保护标志，公布保护措施。

严禁在保护区内猎捕野生动物、采集野生植物，禁止采砂、取土、采石和开垦等破坏毁坏野生动物植物环境的活动。

保护区内应当采取生物和工程技术措施，改善野生动物的栖息环境、食物条件和野生植物的生长条件。

第十三条　自治州建立野生动物植物栖息生长地保护制度。加强对野生动物迁徙繁衍地、活动区域的巡护监测。对野生动物植物栖息生长地受到威胁的，野生动物植物行政主管部门应当采取建立繁育基地、种质资源库或者迁地保护等措施，保护或者恢复其栖息生长环境。

禁止违法开发野生动物植物主要栖息生长地、自然保护区、湿地等重要生态功能保护区；禁止污染野生动物植物栖息生长环境；禁止破坏野生动物巢、穴、洞、产卵场、越冬场、索饵场和洄游通道。

在水生动物洄游通道建闸、筑坝，建设单位应当建造洄游设施，保证最低生态流量，采取增殖放流或者其他补救措施。

第十四条　自治州加强野生动物植物疫源疫病监测防控工作。优化布局监测站点，配备必要设施设备，林草、农业农村、水务、卫生健康等部门建立协调会商机制，制定应急预案，及时采取预防和处置措施，有效防控突发疫情。

第十五条　建设单位制定的林木采伐、造林绿化、森林抚育等作业设计方案应当符合野生动物植物资源保护规划，并报州林草行政主管部门审批。

作业设计方案应当根据野生动物植物资源调查成果，标明作业区内的野生动物植物资源。

森林经营单位以及农业（畜牧）生产单位和个人在森林经营管理、农业（畜牧）生产中应当采取有效措施，保护野生动物植物。

第十六条　自治州建立外来物种风险评估和准入制度。引进外来物种经科学论证并报野生动物植物行政主管部门审批后实施。未经审批的，公民、法人和其他组织不得擅自引入外来物种。

外来物种的野外放生活动按照国家有关规定执行。野生动物行政主管部门应当加强外来物种野外放生活动的管理，防止外来物种侵害。

第十七条　自治州建立野生动物救助制度。在野生动物重点分布区建立野生动物救护站，加强巡护和监测，开展野生动物救助工作。

公民、法人和其他组织应当尽力救护伤病、受困、搁浅、迷途等野生动物，并且及时报告当地野生动物行政主管部门。

第三章　开发利用

第一节　猎　捕

第十八条　禁止猎捕国家一级、二级保护野生动物。因科学研究、人工繁育、种群调控、疫源疫病监测、资源调查、宣传展览、科普教育以及控制危害等需要进行猎捕陆生、水生野生动物的，应当依法申请办理特许猎捕证。

国家重点保护野生动物的特许猎捕证，按照国家有关规定办理。省重点保护野生动物和有重要生态、科学、社会价值的野生动物的特许猎捕证，报自治州野生动物行政主管部门审批。

第十九条　有下列情形之一，需要猎捕重点保护野生动物的，应当申请特许猎捕证，并依法提交相关资料：

（一）为进行野生动物科学考察、资源调查，只能猎捕获取的；

（二）为人工繁育重点保护野生动物，只能从野外获取种源的；

（三）承担省级以上科学研究项目，需要且只能从野外获取重点保护野生动物的；

（四）宣传、普及野生动物知识或者教学、展览的需要，只能从野外获取重点保护野生动物的；

（五）为调控重点保护野生动物种群数量和结构，经科学论证应当猎捕的；

（六）因其他特殊情况，需要猎捕重点保护野生动物的。

第二十条　有下列情形之一的，不予发放特许猎捕证：

（一）申请人有条件以合法非猎捕方式获得重点保护野生动物种源的；

（二）猎捕申请不符合国家有关规定，或者申请使用的猎捕工具、方法以及猎捕时间、地点不当的；

（三）根据野生动物资源现状不宜猎捕的；

（四）法律、法规规定的其他情形。

第二十一条　自治州境内天然水域实行常年禁渔制度，禁止捕捞活动和销售、收购捕捞的渔获物。因科研、驯养等特殊情况需要捕捞的，需经州级以上渔业行政主管部门批准。

陆生野生动物禁猎期由各县（市）人民政府规定。

第二十二条　取得特许猎捕证的公民、法人和其他组织，应当按照规定的种类、数量、地点、期限、工具和方法进行猎捕，防止误伤野生动物或者破坏其生存环境。猎捕作业完成后，应当及时向野生动物行政主管部门申请查验。

县（市）野生动物行政主管部门对本辖区内的猎捕活动，应当进行监督检查，向批准猎捕的部门报告检查结果。

第二十三条　自治州建立野生动物控制危害猎捕机制。坚持科学论证，实行年度猎捕量限额管理。

野猪、狼等野生动物危害人身和财产安全，需要控制性猎捕的，报自治州野生动物行政主管部门审批。

县（市）人民政府可以结合地方实际组建专兼职猎捕队伍，组织猎捕活动。

控制性猎捕应当向社会公开，接受社会监督。

第二十四条　自治州、县（市）有关行政主管部门应当加强对合法持有的猎枪、猎具和捕捞工具的管理。

第二节　采　集

第二十五条　野生植物采集坚持资源永续利用和有偿采集原则，按照采集量低于增殖量的要求，有效控制年度采集量。

采集野生植物应当缴纳生态植被恢复费。

县（市）野生植物行政主管部门应当发布野生植物采集的方法和保护、恢复措施，对采集过程进行监督检查。

第二十六条　禁止采集国家一级、二级保护野生植物。因科学研究、驯化培育、资源调查、宣传展览、科普教育、文化交流，需要采集野生植物的，应当申请办理采集证。

第二十七条　申请办理采集证，应当提交下列资料：

（一）采集方案（包括采集目的、种类、数量、地点、期限和方法）；

（二）用于驯化培育的，应当提交培育场所的设施、设备和技术条件等材料；

（三）用于科学研究和文化交流等用途的，应当提交相关部门的批准文件或者科学研究和文化交流项目立项、合作协议等资料。

第二十八条　有下列情形之一的，不予发放采集证：

（一）申请人有条件以非采集的方式获取野生植物的种源、产品或者达到其目的的；

（二）采集申请不符合国家或者地方有关规定，或者申请的采集方法、时间、地点、数量不当的；

（三）根据野生植物资源现状不宜采集的；

（四）法律、法规规定的其他情形。

第二十九条　县（市）人民政府应当根据野生植物生物学特性和资源消长情况，确定野生植物禁采期和禁采区。

禁止在禁采期、禁采区，严重退化、沙化、盐碱化和荒漠化等生态脆弱地区采集野生植物。

第三十条　取得采集证的公民、法人和其他组织，应当按照规定的种类、数量、地点、期限和方法进行采集。禁止采用灭绝性的方法采集野生植物。采集作业涉及采挖、移植的，应当采取回填等植被恢复措施，防止水土流失。采集作业完成后，应当及时向野生植物行政主管部门申请查验。

第三十一条　自治州建立野生植物采集分类管理制度。自治州内跨县（市）境和州外人员采集野生植物的，应当到采集地野生植物行政主管部门办理采集证，依法接受监督检查。

第三十二条　在他人承包或者使用的林地（草原）上采集野生植物的，应当征得林地（草原）承包经营者或者使用者的同意。

第三节　人工繁育

第三十三条　自治州鼓励开展野生动物人工繁育。有关部门应当在种源、技术指导、人员培训、信贷等方面给予支持，发展特种养殖业。

第三十四条　人工繁育野生动物的公民、法人和其他组织应当申请办理人工繁育许可证。国家一级、二级保护野生动物，报省级以上野生动物行政主管部门审批。省重点保护、有重要生态、科学、社会价值的野生动物，报自治州野生动物行政主管部门审批。

野生动物人工繁育及野生动物产品无害化处理场所应当符合《中华人民共和国动物防疫法》等相关法律法规的规定，依法取得防疫条件合格证。

禁止伪造、倒卖、转让人工繁育许可证。

第三十五条　人工繁育野生动物需要从野外获取种源，按照本条例规定，报野生动物行政主管部门审批。禁止收购无证猎捕的野生动物用作种源。

第三十六条　持有人工繁育许可证的公民、法人和其他组织应当自觉接受当地野生动物行政主管部门的管理，做好防疫、检疫，建立台账，如实报告养殖和经营利用情况。

第三十七条　自治州建立野生动物人工繁育许可证年度验证制度。

第四节　驯化培育

第三十八条　自治州鼓励开展野生植物驯化培育。有关部门应当在种源、技术指导、人员培训、信贷等方面给予支持，发展特种种植业。

第三十九条　驯化培育野生植物需要从野外获取种源，按照本条例规定，报野生植物行政主管部门审批。

第四十条　自治州、县（市）人民政府统筹规划本地区珍稀、特有野生植物繁育基地建设，建立植物园、花卉园、种苗圃、繁殖圃等。

鼓励采用科技手段培育优质资源，建立中药材、菌类、花卉等珍稀野生植物的驯化培育基地。

第四十一条　自治州建立野生植物迁地保护制度。采取适度引种、驯化培育和扩大繁殖等措施，增加珍稀、濒危、特有和独有野生植物的资源总量。

第五节　经营利用

第四十二条　禁止非法食用、出售、收购、利用、加工、转让野生动物植物及其产品。出售、收购、利用、加工、转让人工繁育、驯化培育的野生动物植物及其产品，应当出具检疫证明，报野生动物植物行政主管部门审批。

出售、收购、利用、加工、转让国家一级、二级保护野生动物的报省级以上野生动物行政主管部门审批。省重点保护、有重要生态、科学、社会价值的报自治州野生动物植物行政主管部门审批。

第四十三条 运输、携带、邮寄、快递人工繁育、驯化培育的野生动物植物及其产品，应当申请办理运输证。自治州内出县（市）境的，报县（市）野生动物植物行政主管部门核发；省内出自治州境的，报自治州野生动物植物行政主管部门核发。

快递、邮政等部门不得承运、收寄无运输证的野生动物植物及其产品；发现非法运输、携带、邮寄、快递野生动物植物及其产品的，应当及时报野生动物植物行政主管部门。

第四十四条 依法设立的动物植物检查站、野生动物保护站、林业工作站、自然保护区管理机构对非法运输的野生动物植物及其产品有权制止，予以扣留，并及时移交野生动物植物行政主管部门处理。

依法没收的野生动物植物及其产品，以及控制危害猎捕的野生动物，由野生动物植物行政主管部门处理。

第四章 管 理

第四十五条 野生动物植物保护实行综合管理与分部门管理相结合的管理体制。

野生动物植物行政主管部门应当明确与任务相适应的机构和人员承担野生动物植物保护职责。

野生陆生动物、野生木本植物以及林业用地上的其他野生植物，由林草行政主管部门负责保护管理；野生水生动物由渔业行政主管部门负责保护管理；林草行政主管部门管理以外的野生植物，由农业农村、风景园林行政主管部门负责保护管理；其他部门按照职责分工负责有关野生动物植物的保护管理。

第四十六条 自治州实行野生动物植物保护管理责任制。

村（居）民委员会应当把野生动物植物保护纳入村规民约。

第四十七条 自治州、县（市）人民政府应当将野生动物植物保护和野生动物致害补偿经费纳入同级财政预算。

第四十八条 自治州设立野生动物植物保护资金。资金来源：

（一）造成野生动物植物栖息生长地环境影响，缴纳的补偿资金；

（二）财政部门拨付的专项资金；

（三）争取的国家、省的保护资金；

（四）接受国内外社会各界捐赠的资金。

第四十九条 自治州建立野生动物致害补偿机制，逐步实行野生动物致害补偿保险。

自治州辖区内，野生动物造成人身和财产损害有下列情形之一的，受害人有依照本条例取得政府补偿的权利：

（一）对正常生活和从事正常生产活动的人员造成身体伤害或者死亡的；

（二）对在划定的生产经营范围内种植的农作物和经济林木造成较大损毁的；

（三）对居住在自然保护区内的人员在划定的生产经营范围内放牧的牲畜，或者在自然保护区外有专人放牧的牲畜以及圈养、归圈的牲畜造成较重伤害或者死亡的；

（四）经县（市）林草行政主管部门认定，造成人身和财产损害的其他情形。

具体补偿办法由自治州人民政府制定。

第五十条 野生动物造成人身和财产损害，属于下列情形之一的，政府不承担补偿责任：

（一）对进行猎捕活动或者擅自进入自然保护区的人员造成身体伤害或者死亡的；

（二）对围观或者挑逗野生动物的人员造成身体伤害或者死亡的；

（三）对在划定的生产经营范围以外种植的农作物和经济林木造成损毁的；

（四）对野养散放或者擅自进入自然保护区内放牧的牲畜造成伤害或者死亡的；

（五）法律、法规规定的其他情形。

第五十一条 自治州建立野生动物植物栖息生长地环境影响补偿机制。

开发利用水、土地、矿产等自然资源，对野生动物植物栖息生长地环境产生影响的，建设单位应当给予补偿，制定恢复治理和保护方案，采取生物和工程措施，并承担所需费用。

第五十二条 外国人在自治州辖区内未经审批，不得进行野生动物植物科学考察、标本采集、拍摄电影、录像等活动；确需开展有关活动的，应当到当地行政主管部门登记，依法办理审批手续，接受有关行政主管部门监督。

第五十三条　野生动物植物行政主管部门依法对采集、猎捕、出售、加工、利用、运输、贮藏重点保护野生动物植物的场所或者工具进行检查，有权暂扣来源不明的重点保护野生动物植物。

第五十四条　自治州加强出口类野生动物植物管理。

第五章　奖励与处罚

第五十五条　有下列情形之一的公民、法人和其他组织，由自治州、县（市）人民政府或者野生动物植物行政主管部门予以表彰奖励：

（一）在野生动物植物资源调查、保护管理、宣传教育、科学研究、开发利用等方面做出突出贡献的；

（二）拯救、保护、人工繁育或者驯化培育重点保护野生动物植物有显著成绩的；

（三）在查处野生动物植物资源案件中有重要贡献的；

（四）热爱野生动物植物保护事业，长期从事野生动物植物保护工作，取得显著成绩的。

具体奖励办法由自治州人民政府制定。

第五十六条　在保护区内进行砍伐、放牧、猎捕、采药、采集野生菌类、开垦、烧荒、开矿、采石、挖沙等活动，按照相关法律法规规定，由县级以上野生动物植物行政主管部门没收违法所得，责令停止违法行为，限期恢复原状或者采取其他补救措施，可以处以三百元以上一万元以下的罚款。

在保护区内造成污染事故的；造成野生动物植物栖息生长地环境质量下降的，依照有关法律法规的规定处罚。

第五十七条　非法引进外来野生动物物种的，由野生动物保护主管部门责令采取环境隔离、猎杀等补救措施；造成严重后果的，处以五万元以上二十五万元以下的罚款。非法引进外来野生植物物种的，依照相关法律法规的规定处罚。

非法进行外来物种野外放生活动的，按照相关法律法规规定，由野生动物行政主管部门责令采取捕回等补救措施，停止野外放生活动；造成严重后果的，处以一万元以上五万元以下的罚款。

第五十八条　未取得特许猎捕证或者未按照规定猎捕野生动物的，由野生动物行政主管部门没收猎获物、猎捕工具和违法所得，吊销特许猎捕证。属于国家重点保护野生动物的，并处猎获物价值二倍以上十倍以下的罚款；没有猎获物的，并处一万元以上五万元以下的罚款。属于非国家重点保护野生动物的，并处猎获物价值一倍以上五倍以下的罚款；没有猎获物的，并处二千元以上一万元以下的罚款。

第五十九条　未取得采集证或者未按照规定采集野生植物的，由县级以上野生植物行政主管部门没收野生植物和违法所得，可以并处违法所得十倍以下的罚款；有采集证的，可以吊销采集证。采用灭绝性采挖方法造成严重后果的，责令恢复治理，并依法承担法律责任。

第六十条　未取得人工繁育许可证或者超越人工繁育许可证规定范围人工繁育保护野生动物的，由野生动物行政主管部门没收野生动物和违法所得，处以野生动物及其制品价值一倍以上五倍以下的罚款。

伪造、变造、买卖、转让、租借人工繁育许可证及专用标识或者有关批准文件的，由县级以上人民政府野生动物保护主管部门没收违法证件、专用标识、有关批准文件和违法所得，并处以五万元以上二十五万元以下的罚款；构成违反治安管理行为的，由公安机关依法给予治安管理处罚；构成犯罪的，依法追究刑事责任。

第六十一条　非法食用、出售、收购、利用、加工、运输、携带、邮寄（快递）重点保护野生动物植物及其产品的，由市场监督管理部门或者野生动物植物行政主管部门没收实物和违法所得，并处相当于实物价值二倍以上十倍以下的罚款。

收购无证猎捕的野生动物用作种源的，由野生动物行政主管部门没收实物和违法所得，并处实物价值二倍以上十倍以下的罚款，吊销人工繁育许可证。

第六十二条　人工繁育、运输野生动物的公民、法人和其他组织，因管理不善致使野生动物逃逸造成人身和财产损害的，依法承担民事责任。

第六十三条　虚报、冒领、骗取野生动物致害补偿金的，按照相关法律法规规定，由县（市）林草行政主管部门责令退回补偿金；情节严重的，处以虚报、冒领、骗取补偿金一倍以上三倍以下的罚款。

第六十四条　外国人未经批准进行野外考察、标本采集、拍摄电影、录像，收购重点保护野生动物植物及其产品的，按照相关法律法规规定，由野生动物植物行政主管部门没收实物、考察和拍摄资料，并处五千元以上五万元以下的罚款。

第六十五条　国家工作人员违反本条例，滥用职权、玩忽职守、徇私舞弊，尚未构成犯罪的，依法给予行政处分。

第六章　附　则

第六十六条　本条例未作规定的，按照有关法律、法规规定执行。

第六十七条　自治州人民政府应当根据本条例制定相关办法。

第六十八条　本条例自2014年12月25日起施行。

文件目录

File Catalog

州委及州委办公室部分文件目录

2020 年中共阿坝州委及州委办公室部分文件一览表

表 30

文号	文件标题
阿委〔2020〕1 号	中共阿坝州委关于呈报《2019 年工作总结》的报告
阿委〔2020〕2 号	中共阿坝州委关于州委常委班子“不忘初心、牢记使命”专题民主生活会的情况报告
阿委〔2020〕3 号	中共阿坝州委关于召开州委常委班子巡视整改专题民主生活会的请示
阿委〔2020〕4 号	中共阿坝州委关于海军“阿坝舰”成功下水的报告
阿委〔2020〕5 号	中共阿坝州委关于召开州委常委班子巡视整改专题民主生活会的请示
阿委〔2020〕8 号	中共阿坝州委、阿坝州人民政府关于全面落实河（湖）长制工作情况的报告
阿委〔2020〕9 号	中共阿坝州委关于同意设立中共阿坝州委办公室机关委员会的批复
阿委〔2020〕10 号	中共阿坝州委关于撤销中共阿坝州人民政府办公室党组的批复
阿委〔2020〕11 号	中共阿坝州委关于设立中共阿坝州人民政府机关党组的批复
阿委〔2020〕12 号	中共阿坝州委关于同意设立中共阿坝州政协机关委员会的批复
阿委〔2020〕13 号	中共阿坝州委关于同意设立中共阿坝州格尔登寺管理委员会机关委员会的批复
阿委〔2020〕16 号	中共阿坝州委、阿坝州人民政府关于贯彻落实浙江省党政代表团来州考察重要指示精神情况的报告
阿委〔2020〕17 号	中共阿坝州委关于落实党风廉政建设责任制情况的报告
阿委〔2020〕18 号	中共阿坝州委、阿坝州人民政府关于申报 2020 年度表彰奖励项目的请示
阿委〔2020〕20 号	中共阿坝州委关于阿坝藏族羌族自治州第十二届人民代表大会第四次会议选举结果的报告
阿委〔2020〕23 号	中共阿坝州委、阿坝州人民政府关于表彰 2019 年全州脱贫攻坚先进集体和先进个人的决定
阿委〔2020〕28 号	中共阿坝州委关于开展乡镇行政区划调整改革工作情况的报告
阿委〔2020〕29 号	中共阿坝州委、阿坝州人民政府关于做好当前疫情防控工作的紧急通知
阿委〔2020〕30 号	中共阿坝州委、阿坝州人民政府关于成立州委应对新型冠状病毒感染肺炎疫情工作领导小组及阿坝州应对新型冠状病毒感染肺炎疫情应急指挥部的通知

附录

续表 30

文号	文件标题
阿委〔2020〕33 号	中共阿坝州委关于坚决贯彻落实中央省委重要部署要求，切实加强党的领导、为打赢疫情防控阻击战提供坚强政治保证的通知
阿委〔2020〕34 号	中共阿坝州委关于开展新型冠状病毒感染的肺炎疫情防控工作的报告
阿委〔2020〕37 号	中共阿坝州委关于新冠肺炎疫情防控工作情况的报告
阿委〔2020〕40 号	中共阿坝州委关于贯彻中央、省委重大部署要求进一步落实疫情防控措施的情况报告
阿委〔2020〕41 号	中共阿坝州委关于贯彻落实中央八项规定精神和省委省政府十项规定有关情况的报告
阿委〔2020〕44 号	中共阿坝州委关于红原县瓦切镇“2·12”草原火灾情况的报告（续报）
阿委〔2020〕45 号	中共阿坝州委关于贯彻中央、省委疫情防控与经济社会发展重大部署要求情况的报告
阿委〔2020〕46 号	中共阿坝州委关于整治形式主义、官僚主义突出问题为基层减负工作情况的报告
阿委〔2020〕49 号	中共阿坝州委关于贯彻落实中央、省委统筹推进新冠肺炎疫情防控和经济社会发展工作重大部署要求情况的续报
阿委〔2020〕50 号	中共阿坝州委、阿坝州人民政府关于深入学习贯彻习近平总书记重要讲话精神落实新冠肺炎疫情低风险地区外防输入策略全面恢复生产生活秩序的实施意见
阿委〔2020〕53 号	中共阿坝州委、阿坝州人民政府、阿坝军分区关于表彰双拥工作模范集体和模范个人的决定
阿委〔2020〕55 号	中共阿坝州委、阿坝州人民政府印发《关于巩固脱贫成果全面建成小康的实施方案》的通知
阿委〔2020〕56 号	中共阿坝州委关于省委第六巡视组反馈选人用人问题整改落实情况的报告
阿委〔2020〕57 号	中共阿坝州委关于省委第六巡视组巡视阿坝州反馈意识形态问题专项整改工作情况的报告
阿委〔2020〕60 号	中共阿坝州委关于省委第六巡视组巡视反馈意见整改落实情况的报告
阿委〔2020〕69 号	中共阿坝州委关于追授阿真能周、杨忠特同志“阿坝州优秀共产党员”的决定
阿委〔2020〕70 号	中共阿坝州委关于乡镇行政区划调整改革和村级建制调整改革工作推进情况的报告
阿委〔2020〕73 号	中共阿坝州委关于贯彻落实省委邓小刚副书记来州调研重要指示要求情况的报告
阿委〔2020〕74 号	中共阿坝州委关于清明前后森林草原防火灭火工作的报告
阿委〔2020〕75 号	中共阿坝州委、阿坝州人民政府关于命名 2019 年度州级民族团结进步示范（先进）区（单位）和民族团结进步教育基地的决定
阿委〔2020〕76 号	中共阿坝州委关于贯彻落实省委清华书记在茂县调研重要指示要求的报告
阿委〔2020〕79 号	中共阿坝州委关于给予陈连义同志党内警告处分的请示
阿委〔2020〕80 号	中共阿坝州委　阿坝州人民政府关于表扬 2019 年度全州社会治安综合治理和维护社会稳定工作优秀单位的通报
阿委〔2020〕82 号	中共阿坝州委关于召开常委会议专题学习《中国共产党统一战线工作条例（试行）》情况的报告
阿委〔2020〕83 号	中共阿坝州委关于召开中国共产主义青年团阿坝藏族羌族自治州第十三次代表大会的批复
阿委〔2020〕84 号	中共阿坝州委关于召开阿坝州妇女第十三次代表大会的批复
阿委〔2020〕85 号	中共阿坝州委关于召开阿坝州红十字会第五次会员代表大会的批复
阿委〔2020〕86 号	中共阿坝州委关于关于召开阿坝州工会第九次代表大会的批复
阿委〔2020〕87 号	中共阿坝州委关于学习贯彻落实《党政领导干部选拔任用工作条例》有关情况的报告
阿委〔2020〕89 号	中共阿坝州委　阿坝州人民政府关于追记阿真能周同志二等功的决定
阿委〔2020〕90 号	中共阿坝州委　阿坝州人民政府关于做好“三农”补短板强弱项重点工作决胜全面小康的意见
阿委〔2020〕91 号	中共阿坝州委　阿坝州人民政府关于命名 2019 年度实施乡村振兴战略工作州级先进县（市）、先进乡镇、示范村的决定

续表 30

文号	文件标题
阿委〔2020〕92 号	中共阿坝州委关于开展向阿真能周同志学习活动的决定
阿委〔2020〕93 号	中共阿坝州委 阿坝州人民政府关于印发《阿坝州现代高原特色农牧业产业体系建设实施方案（2020—2022 年）》的通知
阿委〔2020〕96 号	中共阿坝州委关于贯彻落实国务院森林草原防灭火督导工作要求的情况报告
阿委〔2020〕98 号	中共阿坝州委关于同意州应急管理局党组改设党委的批复
阿委〔2020〕99 号	中共阿坝州委关于同意州属森工企业基层党委和基层纪律检查委员会更名的批复
阿委〔2020〕100 号	中共阿坝州委印发《关于新时代加强和改进人民政协工作的实施方案》的通知
阿委〔2020〕107 号	中共阿坝州委关于防汛减灾工作开展情况的报告
阿委〔2020〕108 号	中共阿坝州委关于《关于建立省重点项目推进和投资运行“红黑榜”通报工作机制的通知（征求意见稿）》修改意见的复函
阿委〔2020〕109 号	中共阿坝州委、阿坝州人民政府关于印发《阿坝州创建少数民族地区“四好农村路”示范州实施方案》的通知
阿委〔2020〕116 号	中共阿坝州委关于省委第六巡视组巡视阿坝州反馈意识形态问题专项整改情况的报告
阿委〔2020〕126 号	中共阿坝州委、阿坝州人民政府关于阿坝州加快推进信息高速公路建设的实施意见
阿委〔2020〕127 号	中共阿坝州委关于召开黄河上游川甘青“三省四州”生态保护治理和高质量发展协商协作研讨会第一次会议的报告
阿委〔2020〕129 号	中共阿坝州委关于深入贯彻习近平总书记重要讲话精神推动长江黄河上游生态重在保护要在治理高质量发展的决定
阿委〔2020〕130 号	中共阿坝州委关于阿真能周同志的考察报告
阿委〔2020〕132 号	中共阿坝州委关于对省委第六巡视组巡视反馈意见整改落实情况中不予公开事项的请示
阿委〔2020〕133 号	中共阿坝州委关于省委第六巡视组巡视反馈意见整改弥补工作的报告
阿委〔2020〕134 号	中共阿坝州委关于巡视整改进展情况的通报
阿委〔2020〕135 号	共阿坝州委关于成功举办黄河上游川甘青“三省四州”水源涵养区生态保护治理和高质量发展协商协作研讨会第一次会议的报告
阿委〔2020〕136 号	中共阿坝州委关于高质量推进九寨沟灾后恢复重建的报告
阿委〔2020〕137 号	中共阿坝州委、阿坝州人民政府关于近期灾情及抢险救灾情况的报告
阿委〔2020〕138 号	中共阿坝州委关于同意中共阿坝州政府政务服务管理办公室党组更名的批复
阿委〔2020〕139 号	中共阿坝州委、阿坝州人民政府关于开展违建别墅问题清查整治专项行动情况的报告
阿委〔2020〕141 号	中共阿坝州委关于同意设立中共阿坝州水务局机关委员会的批复
阿委〔2020〕143 号	中共阿坝州委、阿坝州人民政府关于阿坝州第五批院士（专家）工作站建站和命名有关工作的通知
阿委〔2020〕144 号	中共阿坝州委、阿坝州人民政府关于开展小微企业和困难群众帮扶工作情况的报告
阿委〔2020〕145 号	中共阿坝州委、阿坝州人民政府关于对中共红原县委等 5 个集体和舒驰等 3 名同志记二等功的决定
阿委〔2020〕146 号	中共阿坝州委、阿坝州人民政府关于表扬阿坝州创建全国民族团结进步示范州工作优秀集体和优秀个人的决定
阿委〔2020〕147 号	中共阿坝州委、阿坝州人民政府关于表彰阿坝州创建全国民族团结进步示范州工作先进集体和先进个人的决定
阿委〔2020〕150 号	中共阿坝州委关于恳请省委领导出席《大熊猫百图唐卡长卷》首展仪式的请示
阿委〔2020〕152 号	中共阿坝州委、阿坝州人民政府关于推荐全省抗击新冠肺炎疫情先进集体和先进个人情况的报告

续表 30

文号	文件标题
阿委〔2020〕156 号	中共阿坝州委、阿坝州人民政府关于申报“阿坝州抗击新冠肺炎疫情先进个人和先进集体”表彰项目的请示
阿委〔2020〕158 号	中共阿坝州委关于《中共四川省委关于制定国民经济和社会发展第十四个五年规划和二〇三五年远景目标的建议》(征求意见稿)征求意见情况的报告
阿委〔2020〕163 号	中共阿坝州委关于理县古尔沟镇沙坝村发生地质灾害险情的报告
阿委〔2020〕164 号	中共阿坝州委　阿坝州人民政府关于阿坝州 2020 年脱贫攻坚工作自评的报告
阿委〔2020〕166 号	中共阿坝州委　阿坝州人民政府关于金川县八一水电站核查整改进展情况的报告
阿委〔2020〕169 号	中共阿坝州委关于同意中共阿坝州人民政府驻外联络办公室委员会更名的批复
阿委〔2020〕170 号	中共阿坝州委关于州第十二届人民代表大会第五次会议的批复
阿委〔2020〕171 号	中共阿坝州委关于政协第十四届阿坝藏族羌族自治州委员会第五次会议的批复
阿委〔2020〕173 号	中共阿坝州委关于新冠肺炎疫情防控工作开展情况的报告
阿委〔2020〕175 号	中共阿坝州委关于落实省委第六巡视组巡视反馈意见年度整改工作推进情况的报告
阿委〔2020〕177 号	中共阿坝州委关于马尔康市白湾乡石广东村“12·14”森林火情的报告
阿委〔2020〕178 号	中共阿坝州委关于贯彻落实省委人大工作会议精神情况的报告
阿委〔2020〕181 号	中共阿坝州委关于同意设立中共阿坝州委党校机关委员会的批复
阿委〔2020〕183 号	中共阿坝州委关于中国共产党阿坝州第十一届委员会第十次全体会议的公报
阿委〔2020〕184 号	中共阿坝州委关于制定国民经济和社会发展第十四个五年规划和二〇三五年远景目标的建议
阿委〔2020〕186 号	中共阿坝州委关于终止王松柏中国共产党阿坝州第十一次代表大会代表资格的报告
阿委〔2020〕187 号	中共阿坝州委、阿坝州人民政府关于申报 2021 年度表彰奖励项目的请示
阿委办〔2020〕1 号	中共阿坝州委办公室关于整治形式主义、官僚主义突出问题的情况报告
阿委办〔2020〕2 号	中共阿坝州委办公室关于成立阿坝州基层治理委员会的通知
阿委办〔2020〕4 号	中共阿坝州委办公室关于核定机关党委书记等职数的请示
阿委办〔2020〕5 号	中共阿坝州委办公室、阿坝州人民政府办公室关于印发《2020 年全州经济工作要点》的通知
阿委办〔2020〕6 号	中共阿坝州委办公室关于印送《州委常委班子“不忘初心、牢记使命”专题民主生活会整改落实方案》的通知
阿委办〔2020〕8 号	中共阿坝州委办公室印发《关于进一步加强和改进机关党的建设的实施意见》的通知
阿委办〔2020〕9 号	中共阿坝州委办公室、阿坝州人民政府办公室关于成立阿坝州村级建制调整改革领导小组的通知
阿委办〔2020〕10 号	中共阿坝州委办公室、阿坝州人民政府办公室关于印发部分议事协调机构调整清理结果的通知
阿委办〔2020〕11 号	中共阿坝州委办公室、阿坝州人民政府办公室关于呈报《2020 年督查检查考核年度计划》的报告
阿委办〔2020〕12 号	中共阿坝州委办公室、阿坝州人民政府办公室关于成立阿坝州应对新型冠状病毒感染的肺炎疫情联防联控机制领导小组的通知
阿委办〔2020〕13 号	中共阿坝州委办公室、阿坝州人民政府办公室关于做好全州机关事业单位工作人员有序返岗上班相关事宜的通知
阿委办〔2020〕14 号	中共阿坝州委办公室、阿坝州人民政府办公室关于严格落实属地管理要求共同做好疫情防控工作的通知
阿委办〔2020〕15 号	中共阿坝州委办公室、阿坝州人民政府办公室关于贯彻落实习近平总书记重要讲话精神进一步加强新型冠状病毒肺炎疫情防控工作的通知
阿委办〔2020〕16 号	中共阿坝州委办公室、阿坝州人民政府办公室关于贯彻落实习近平总书记重要讲话精神进一步加强新型冠状病毒肺炎疫情防控工作的通知

续表 30

文号	文件标题
阿委办〔2020〕17 号	中共阿坝州委办公室关于调整州委领导分工的通知
阿委办〔2020〕18 号	中共阿坝州委办公室、阿坝州人民政府办公室关于做好新冠肺炎疫情期间森林草原火灾防控工作的通知
阿委办〔2020〕20 号	中共阿坝州委办公室、阿坝州人民政府办公室关于印发《贯彻落实〈中共阿坝州委关于深入贯彻党的十九届四中全会精神扎实推进全州基层治理制度创新和体系能力建设的决定〉项目责任分工方案》的通知
阿委办〔2020〕22 号	中共阿坝州委办公室、阿坝州人民政府办公室关于成立阿坝州脱贫攻坚普查领导小组的通知
阿委办〔2020〕23 号	中共阿坝州委办公室、阿坝州人民政府办公室关于印发《贯彻落实州委经济工作会议重要部署项目责任分工方案》的通知
阿委办〔2020〕24 号	中共阿坝州委办公室、阿坝州人民政府办公室关于印发《州委、州政府决策咨询委员会章程》的通知
阿委办〔2020〕25 号	中共阿坝州委办公室、阿坝州人民政府办公室关于印发《阿坝州国土空间规划管理实施意见》的通知
阿委办〔2020〕27 号	中共阿坝州委办公室、阿坝州人民政府办公室印发《关于进一步关心爱护基层一线干部职工激励干事创业担当作为的若干措施》的通知
阿委办〔2020〕28 号	中共阿坝州委办公室关于调整州委审计委员会组成人员的通知
阿委办〔2020〕33 号	中共阿坝州委办公室　阿坝州人民政府办公室关于印发《阿坝州国家生态文明示范州、示范县（市）创建工作方案》的通知
阿委办〔2020〕35 号	中共阿坝州委办公室关于印发《2020 年会议协商计划》的通知
阿委办〔2020〕36 号	中共阿坝州委办公室关于落实重大事项请示报告“责任制 + 清单制”的通知
阿委办〔2020〕38 号	中共阿坝州委办公室　阿坝州人民政府办公室关于印发《“硕博进阿坝行动”2020 年实施方案》的通知
阿委办〔2020〕39 号	中共阿坝州委办公室　阿坝州人民政府办公室转发《中共四川省委办公厅四川省人民政府办公厅印发〈关于深化县级市改革激发经济社会发展活力的意见〉的通知》的通知
阿委办〔2020〕40 号	中共阿坝州委办公室　阿坝州人民政府办公室关于做好 2020 年全州重点项目建设工作的通知
阿委办〔2020〕41 号	中共阿坝州委办公室　阿坝州人民政府办公室关于驻县开展森林草原防灭火专项督导的紧急通知
阿委办〔2020〕42 号	中共阿坝州委办公室关于印发《阿坝州持续解决困扰基层的形式主义问题为决胜全面建成小康社会提供坚强作风保证责任分工方案》的通知
阿委办〔2020〕43 号	中共阿坝州委办公室关于下达 2020 年度全州党委信息工作目标任务的通知
阿委办〔2020〕44 号	中共阿坝州委办公室　阿坝州人民政府办公室关于成立阿坝州森林草原防灭火专项整治工作领导小组的通知
阿委办〔2020〕45 号	中共阿坝州委办公室　阿坝州人民政府办公室关于调整阿坝州服务业发展工作领导小组的通知
阿委办〔2020〕46 号	中共阿坝州委办公室　阿坝州人民政府办公室关于成立阿坝州“十四五”规划工作领导小组的通知
阿委办〔2020〕47 号	中共阿坝州委办公室　阿坝州人民政府办公室关于成立阿坝州文化生态保护区（实验区）建设管理领导小组的通知
阿委办〔2020〕48 号	中共阿坝州委办公室关于调整州委巡察工作领导小组组成人员的通知
阿委办〔2020〕51 号	中共阿坝州委办公室　阿坝州人民政府办公室关于成立阿坝州生态环境保护委员会的通知
阿委办〔2020〕52 号	中共阿坝州委办公室、阿坝州人民政府办公室关于成立阿坝州新闻传媒中心筹建工作领导小组的通知
阿委办〔2020〕54 号	中共阿坝州委办公室　阿坝州人民政府办公室关于印发《阿坝州新闻传媒中心组建方案》的通知
阿委办〔2020〕55 号	中共阿坝州委办公室、阿坝州人民政府办公室关于加强汛期防汛减灾和地质灾害防治工作坚决保障人民群众生命财产安全的通知
阿委办〔2020〕56 号	中共阿坝州委办公室关于成立州委督促检查暨绩效管理工作领导小组及工作机构的通知

续表 30

文号	文件标题
阿委办〔2020〕57 号	中共阿坝州委办公室、阿坝州人民政府办公室关于印发《2020 年全州 24 件民生实事实施方案》的通知
阿委办〔2020〕58 号	中共阿坝州委办公室、阿坝州人民政府办公室关于印发《关于加快建立网络综合治理体系的实施方案》的通知
阿委办〔2020〕59 号	中共阿坝州委办公室关于成立四川长征干部学院阿坝雪山草地分院建设工作领导小组的通知
阿委办〔2020〕61 号	中共阿坝州委办公室关于黑水县脱贫攻坚州县全覆盖督导报告
阿委办〔2020〕62 号	中共阿坝州委办公室、阿坝州人民政府办公室关于成立阿坝州落实国家统计督察反馈意见整改工作领导小组的通知
阿委办〔2020〕63 号	中共阿坝州委办公室、阿坝州人民政府办公室关于 2019 年度县（市）、州直部门、州本级事业单位、景区管理局目标绩效管理考评结果的通报
阿委办〔2020〕64 号	中共阿坝州委办公室关于表扬“两联一进”群众工作全覆盖先进集体和先进个人的通报
阿委办〔2020〕65 号	中共阿坝州委办公室关于调整州委落实中央巡视四川省反馈意见整改工作领导小组的通知
阿委办〔2020〕68 号	中共阿坝州委办公室、阿坝州人民政府办公室关于 2019 年度食品安全党政同责工作目标绩效考评结果的通报
阿委办〔2020〕69 号	中共阿坝州委办公室、阿坝州人民政府办公室关于 2019 年度县（市）、州直部门、州本级事业单位、景区管理局目标绩效管理考评结果的通报
阿委办〔2020〕71 号	中共阿坝州委办公室、阿坝州人民政府办公室关于印发《阿坝州落实国家统计督察反馈意见整改方案》的通知
阿委办〔2020〕74 号	中共阿坝州委办公室　阿坝州人民政府办公室关于调整阿坝州劳务开发暨农民工工作领导小组组成人员的通知
阿委办〔2020〕75 号	中共阿坝州委办公室关于印发《关于被巡察党组织进一步加强巡察整改工作的意见（试行）》的通知
阿委办〔2020〕76 号	中共阿坝州委办公室关于部分议事协调机构更名的通知
阿委办〔2020〕77 号	中共阿坝州委办公室、阿坝州人民政府办公室关于调整部分议事协调机构组成人员的通知
阿委办〔2020〕78 号	中共阿坝州委办公室、阿坝州人民政府办公室关于表扬阿坝州促进服务业发展工作先进集体和先进个人的通报
阿委办〔2020〕82 号	中共阿坝州委办公室、阿坝州人民政府办公室关于建立阿坝州支持总部经济发展联席会议制度的通知
阿委办〔2020〕83 号	中共阿坝州委办公室关于印发《阿坝州县级党校分类建设计划实施方案》的通知
阿委办〔2020〕84 号	中共阿坝州委办公室关于做好民盟中央副主席龙庄伟一行来州调研有关工作的通知
阿委办〔2020〕85 号	中共阿坝州委办公室、阿坝州人民政府办公室关于印发《贯彻落实州委十一届九次全会重要部署责任分工方案》的通知
阿委办〔2020〕87 号	中共阿坝州委办公室关于印发《关于被巡察党组织进一步加强巡察整改工作的意见（试行）》的通知
阿委办〔2020〕88 号	中共阿坝州委办公室、阿坝州人民政府办公室关于举行 2020 年阿坝州暨茂县烈士公祭活动的通知
阿委办〔2020〕89 号	中共阿坝州委办公室、阿坝州人民政府办公室关于做好全省表彰抗击新冠肺炎疫情先进对象推荐评选工作的通知
阿委办〔2020〕90 号	中共阿坝州委办公室关于报送 2020 年工作总结和 2021 年工作计划的通知
阿委办〔2020〕92 号	中共阿坝州委办公室、阿坝州人民政府办公室关于切实加强秋冬季道路交通事故预防工作的紧急通知
阿委办〔2020〕93 号	中共阿坝州委办公室、阿坝州人民政府办公室关于成立 2021 年四川省文化和旅游发展大会筹备工作领导小组的通知

续表 30

文号	文件标题
阿委办〔2020〕96号	中共阿坝州委办公室、阿坝州人民政府办公室关于成立金川县八一水电站网络舆情调查核实工作领导小组的通知
阿委办〔2020〕98号	中共阿坝州委办公室关于印发《州委副秘书长及州委办公室领导班子成员工作分工》的通知
阿委办〔2020〕99号	中共阿坝州委办公室、阿坝州人民政府办公室关于成立金川县八一水电站核查整改工作领导小组的通知
阿委办〔2020〕100号	中共阿坝州委办公室、阿坝州人民政府办公室关于成立阿坝州村（社区）“两委”换届工作领导小组的通知
阿委办〔2020〕101号	中共阿坝州委办公室关于建立州级领导班子党员成员党支部工作联系点制度的通知
阿委办〔2020〕102号	中共阿坝州委办公室、阿坝州人民政府办公室关于做好抗击新冠肺炎疫情州级表彰推荐评选工作的通知
阿委办〔2020〕103号	中共阿坝州委办公室　阿坝州人民政府办公室关于印发《阿坝州州级党政领导干部食品安全工作责任清单》的通知
阿委办〔2020〕104号	中共阿坝州委办公室　阿坝州人民政府办公室关于印发《阿坝州贯彻落实〈新时代爱国主义教育实施纲要〉实施方案》的通知
阿委办〔2020〕105号	中共阿坝州委办公室　阿坝州人民政府办公室关于进一步规范紧急信息报送和应急值守工作的通知
阿委办〔2020〕106号	中共阿坝州委办公室关于调整部分州委常委联系县的通知
阿委办〔2020〕107号	中共阿坝州委办公室关于印发《州直机关党建“四同一融合”工作模式实施方案》的通知
阿委办〔2020〕108号	中共阿坝州委办公室关于印发《深入推行机关党建“四分”工作机制实施方案》的通知
阿委办〔2020〕109号	中共阿坝州委办公室　阿坝州人民政府办公室关于举行2020年阿坝州森林火灾灭火应急演练的通知
阿委办〔2020〕110号	中共阿坝州委办公室关于印发《贯彻落实〈四川省委办公厅关于四川省贯彻落实《关于巩固深化“不忘初心、牢记使命”主题教育成果的意见》实施方案〉责任分工方案》的通知
阿委办〔2020〕111号	中共阿坝州委办公室　阿坝州人民政府办公室关于印发《贯彻落实〈关于加快构建“1+6”现代服务业体系推进服务业高质量发展的实施意见〉责任分工方案》的通知
阿委办〔2020〕113号	中共阿坝州委办公室、阿坝州人民政府办公室关于调整州委应对新型冠状病毒肺炎疫情工作领导小组及州应对新型冠状病毒肺炎疫情应急指挥部组成人员的通知
阿委办〔2020〕114号	中共阿坝州委办公室、阿坝州人民政府办公室关于成立阿坝州迎接省委新冠肺炎疫情防控机动巡视工作联络组的通知
阿委办〔2020〕115号	中共阿坝州委办公室　阿坝州人民政府办公室关于印发《阿坝州村（社区）“两委”换届工作方案》的通知
阿委办〔2020〕116号	中共阿坝州委办公室　阿坝州人民政府办公室关于高质量做好村（社区）“两委”换届工作的通知
阿委办〔2020〕117号	中共阿坝州委办公室　阿坝州人民政府办公室关于印发阿坝州厉行节约制止餐饮浪费行为行动方案的通知
阿委办〔2020〕118号	中共阿坝州委办公室关于解决购置特种专业技术用车经费的请示
阿委办〔2020〕119号	中共阿坝州委办公室关于印发《州委领导班子2020年度民主生活会方案》的通知
阿委办〔2020〕120号	中共阿坝州委办公室关于印发《州级党员领导同志参加和督导县（市）、州级部门领导班子民主生活会方案》的通知
阿委办〔2020〕121号	中共阿坝州委办公室、阿坝州人民政府办公室关于做好2021年元旦春节期间有关工作的通知
阿委办发〔2020〕1号	中共阿坝州委办公室、阿坝州人民政府办公室关于印发《阿坝州关于建立资源环境承载能力监测预警长效机制的实施方案》的通知
阿委办发〔2020〕2号	中共阿坝州委办公室、阿坝州人民政府办公室关于印发《关于推动“一屏四带、全域生态”发展战略促进区域协调发展的实施意见》的通知
阿委办发〔2020〕4号	中共阿坝州委办公室、阿坝州人民政府办公室印发《州委书记、州长信箱来信办理工作规程（试行）》的通知

续表 30

文号	文件标题
阿委办发〔2020〕5 号	中共阿坝州委办公室、阿坝州人民政府办公室关于印发《阿坝州民族团结进步创建动态管理办法》的通知
阿委办发〔2020〕6 号	中共阿坝州委办公室、阿坝州人民政府办公室关于印发《阿坝州民族团结进步模范（优秀）评选认定办法》的通知
阿委办发〔2020〕7 号	中共阿坝州委办公室关于印发《阿坝州贯彻落实〈中国共产党重大事项请示报告条例〉的实施细则》的通知
阿委办发〔2020〕8 号	中共阿坝州委办公室　阿坝州人民政府办公室关于印发阿坝州投资促进和项目推进目标绩效考核办法（试行）的通知
阿委办发〔2020〕9 号	中共阿坝州委办公室　阿坝州人民政府办公室关于印发阿坝州国有企业退休人员社会化管理实施方案的通知
阿委办发〔2020〕10 号	中共阿坝州委办公室　阿坝州人民政府办公室关于印发《阿坝州领导干部自然资源资产离任（任中）审计实施细则》的通知
阿委办发〔2020〕11 号	中共阿坝州委办公室关于印发《阿坝州领导班子和干部队伍政治建设工程实施方案》的通知
阿委办发〔2020〕12 号	中共阿坝州委办公室印发《关于进一步加强向省委请示报告工作的具体措施》的通知
阿委办发〔2020〕13 号	中共阿坝州委办公室　阿坝州人民政府办公室关于印发《阿坝州巩固和提升城镇建设管理的实施意见》的通知
阿委办发〔2020〕14 号	中共阿坝州委办公室、阿坝州人民政府办公室关于印发《阿坝州州属国有企业投资监督管理办法（试行）》的通知
阿委办发〔2020〕15 号	中共阿坝州委办公室　阿坝州人民政府办公室关于印发《阿坝州县（市）、州直部门、州本级事业单位目标绩效管理办法》的通知
阿委办发〔2020〕16 号	中共阿坝州委办公室、阿坝州人民政府办公室关于印发《阿坝州州属企业领导人员管理办法》的通知
阿委办发〔2020〕17 号	中共阿坝州委办公室、阿坝州人民政府办公室关于印发《阿坝州党政主要负责人履行推进法治建设第一责任人职责实施办法》的通知
阿委办发〔2020〕18 号	中共阿坝州委办公室、阿坝州人民政府办公室关于印发阿坝州金融支持乡村振兴工作方案的通知
阿委办发〔2020〕19 号	中共阿坝州委办公室、阿坝州人民政府办公室关于印发《阿坝州发展“5＋N”生态工业体系责任分工方案》的通知
阿委办发〔2020〕21 号	中共阿坝州委办公室关于印发《阿坝州党政干部容错纠错实施细则》的通知
阿委办发〔2020〕22 号	中共阿坝州委办公室关于印发《四川长征干部学院阿坝雪山草地分院建设实施方案》的通知
阿委办发〔2020〕23 号	中共阿坝州委办公室、阿坝州人民政府办公室关于印发《阿坝州建立健全村纪检监察组织和村务监督委员会的指导意见》的通知

说明：空缺文号为“非主动公开文件”

州人民政府及州人民政府办公室部分文件目录

表 31

文　号	文件标题
阿府发〔2020〕1 号	关于印发《阿坝州市场监管领域全面推行部门联合“双随机、一公开”监管的实施方案》的通知
阿府发〔2020〕3 号	关于深化收入分配制度改革的实施意见
阿府发〔2020〕4 号	关于做好阿坝州第七次全国人口普查工作的通知
阿府发〔2020〕5 号	关于防范森林草原火灾的通告

续表 31

文 号	文件标题
阿府发〔2020〕6 号	关于印发《阿坝州鼓励投资优惠政策若干规定》的通知
阿府发〔2020〕7 号	关于 2020 年征兵的命令
阿府发〔2020〕8 号	阿坝州人民政府关于印发《阿坝州人民政府常务会议议事决策规则（修订）》的通知
阿府发〔2020〕9 号	关于印发《阿坝州人民政府工作规则（修订）》的通知
阿府发〔2020〕10 号	关于印发阿坝州行政规范性文件管理办法的通知
阿府发〔2020〕11 号	关于印发阿坝州人民政府重大行政决策程序规定的通知
阿府发〔2020〕12 号	关于印发阿坝州人民政府重大行政决策合法性审查规定（修订）的通知
阿府发〔2020〕13 号	关于印发《阿坝州随军家属就业安置实施办法（试行）》的通知
阿府发〔2020〕14 号	关于追授李玉德“阿坝州见义勇为勇士”荣誉称号的决定
阿府发〔2020〕15 号	阿坝州人民政府四川出入境边防检查总站关于印发《九寨黄龙机场口岸限定区域管理办法》的通知
阿府发〔2020〕16 号	关于印发《阿坝州自然资源统一确权登记总体工作方案》的通知
阿府办发文〔2020〕1 号	关于印发《阿坝州促进建筑业高质量发展的实施意见》的通知
阿府办发文〔2020〕2 号	关于印发阿坝州文化和旅游资源普查工作方案的通知
阿府办发文〔2020〕3 号	关于印发阿坝州职业技能提升行动工作方案的通知
阿府办发文〔2020〕4 号	关于支持贫困县开展统辞行整合使用财政涉农资金试点的指导意见
阿府办发文〔2020〕5 号	关于落实支持疫情防控期间工业企业复产达产政策措施的通知
阿府办发文〔2020〕6 号	关于有序推进全州重点项目复工开工的通知
阿府办发文〔2020〕7 号	关于印发《阿坝州推进“飞地”园区高质量发展实施方案》的通知
阿府办发文〔2020〕8 号	关于做好 2020 年民兵组织整顿工作的通知
阿府办发文〔2020〕9 号	关于印发阿坝州人民政府 2020 年度法治政府重点工作安排的通知
阿府办发文〔2020〕10 号	阿坝州人民政府办公室关于转发州自然资源局阿坝州 2020 年度地质灾害防治方案的通知
阿府办发文〔2020〕11 号	关于印发《阿坝州 2020 年网格化生态环境监管体系建设实施方案》的通知
阿府办发文〔2020〕12 号	关于印发《阿坝州残疾人联合会改革方案》的通知
阿府办发文〔2020〕13 号	关于印发《促进 3 岁以下婴幼儿照护服务发展实施方案》的通知
阿府办发文〔2020〕14 号	关于印发《州本级行政权力清单目录（2019—2020 年本）》的通知
阿府办发文〔2020〕15 号	关于印发《“阿坝藏族羌族自治州人民政府”门户网站内容保障工作细则》的通知
阿府办发文〔2020〕16 号	关于印发《阿坝州政务新媒体管理办法（试行）》的通知
阿府办发文〔2020〕17 号	关于进一步规范河道砂石管理的通知
阿府办发文〔2020〕18 号	阿坝州人民政府办公室关于印发《阿坝州下放乡镇公共服务事项清单》的通知
阿府办发文〔2020〕19 号	关于印发《阿坝州州属企业外部董事选聘管理办法》的通知
阿府办发文〔2020〕20 号	关于印发阿坝州推进政务服务“跨省通办”工作实施方案的通知
阿府办发文〔2020〕21 号	关于印发阿坝州州属企业董事会及董事评价暂行办法的通知
阿府办发文〔2020〕22 号	关于印发《阿坝州森林草原防灭火标本兼治总体方案（2020—2025 年）》的通知

附
录

公报公告

Bulletins and Announcements

阿坝藏族羌族自治州2020年国民经济和社会发展统计公报[1]

阿坝州统计局

2020年是极不平凡的一年。面对国内外形势的深刻复杂变化，新冠肺炎疫情的严重冲击，全州上下认真贯彻落实中央和省委省政府决策部署，科学统筹疫情常态化防控和经济社会发展，全面落实“六稳”要求，扎实做好“六保”工作，坚持稳中求进工作总基调，牢固树立新发展理念，紧紧围绕“一州两区三家园”建设，不断提高发展质量，全州经济和社会发展各方面呈现健康良好的发展态势。

一、综合

根据四川省地区生产总值统一核算初步结果，2020年阿坝州地区生产总值（GDP）突破400亿元，达411.75亿元，按可比价格计算，比上年增长3.3%，其中：第一产业增加值82.07亿元，增长4.5%，对经济增长的贡献率为19.1%，拉动经济增长0.6个百分点；第二产业增加值96.45亿元，增长5.3%，对经济增长的贡献率为49.5%，拉动经济增长1.6个百分点；第三产业增加值233.23亿元，增长1.9%，对经济增长的贡献率为31.4%，拉动经济增长1.1个百分点。三次产业结构为19.9 ∶ 23.4 ∶ 56.7。单位GDP能耗下降5.32%。

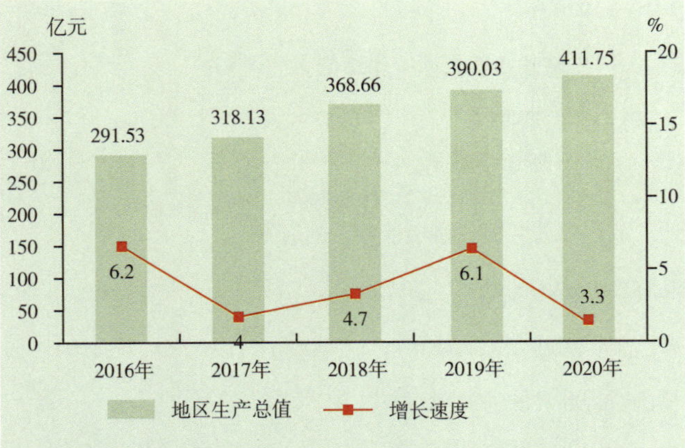

图7 近五年阿坝州地区生产总值增长速度（四经普调整后）示意图

全年民营经济增加值185.32亿元，增长2.6%，占GDP的比重为45%，对GDP增长的贡献率为39.8%。民营经济中第一产业增加值33.78亿元，增长5.9%，第二产业增加值60.50亿元，增长3.7%，第三产业增加值91.04亿元，增长0.3%。民营经济三次产业对民营经济增加值的贡献率分别为40.8%、53.4%、5.8%。民营经济三次产业结构为18.2∶32.7∶49.1。

全年居民消费价格（CPI）比上年上涨6.3%，涨幅比上年增加4个百分点，其中：食品烟酒类最高，上涨15.2%，其他用品和服务上涨4%，医疗保健类上涨3.7%，教育文化和娱乐上涨2.5%，衣着类上涨1%。商品零售价格指数上涨5.1%。

二、农业

全年农林牧渔业总产值142.21亿元，按可比价计算比上年增长4.8%，农林牧渔业增加值85.39亿元，增长4.8%。年末，灌溉面积37.03千公顷，其中耕地有效灌溉面积28.08千公顷。年末农业机械总动力达76.29万千瓦，同比增长1.8%。继续实施粮食综合产能提升行动，突出抓好“四新”“五良”示范推广，优化完善粮食补贴政策，稳定粮食生产。全年粮食作物播种面积73.9万亩，增长1.2%；粮食总产量16万吨，增长1.3%；粮食单产216.4公斤／亩；蔬菜产量72.62万吨，下降0.7%；园林水果产量30.13万吨，增长42.5%。

2020年阿坝州居民消费价格统计表

表32

单位:%

指标	比上年涨跌(%)
居民消费价格	6.3
#食品烟酒	15.2
#粮食	-0.4
鲜菜	8.3
畜肉	58.9
水产品	1.5
蛋	-0.9
鲜昊	-6.4
#衣着	1.0
#居住	0.6
#生活用品及服务	0.4
#交通和通信	-3.1
#教育文化和娱乐	2.5
#医疗保健	3.7
#其他用品和服务	4.0
商品零售价格	5.1

2020年阿坝州主要农产品生产情况一览表

表33

单位:公顷、吨

指标	播种面积		总产量	
	绝对数	比上年增长%	绝对数	比上年增长%
经济作物	27673	3.4		
油料作物	3719	2	5336	1.5
中草药材	3593	29.1	10967	97.4
蔬菜及食用菌	19191	持平	726210	-0.7
园林水果	19991	10.9	301301	42.5
苹果	4457	-0.5	66981	-0.9
梨	1244	0.6	15823	4.6
食用坚果			4539	7.6

2020年阿坝州主要畜产品生产情况一览表

表34

单位:头、只、匹、吨

指标	当年出栏数		期末存栏数		肉产量	
	绝对数	比上年增长%	绝对数	比上年增长%	绝对数	比上年增长%
猪	330199	15.5	355900	34.1	22783	10.9
牛	574064	-2.4	2316804	1.3	74549	-4
羊	480784	0.4	957118	0.3	7790	1.2
家禽	694672	-8	486442	-3.2	1346	8.1
牛奶产量					140402	-2.1
肉类总产量					107416	-0.6

建设生态，筑牢防线。完成营造林58.93万亩，义务植树人数29.66万人，植树217.77万株。完成川西高原生态脆弱区治理面积5.2万亩。完成沙化土地治理3.6万亩。完成退化草原改良52万亩，人工种草2.4万亩，黑土滩治理2.8万亩，草原围栏12万亩，毒害草治理4万亩。完成退化草原治理18万亩，天然草原改良35.6万亩。实施大熊猫国家公园二期项目5个，完成生态植被恢复面积37415亩。完成退化湿地恢复6.9万亩，现有湿地保有量63.38万公顷。全州林地保有量6337.1万亩，林地面积6534.75万亩，森林面积3284.69万亩，森林蓄积4.58亿立方米，活立木蓄积4.79亿立方米，森林覆盖率26.58%。建设各类自然保护地62个，居全省第二，其中：森林和野生动物、湿地类型自然保护区25个，森林公园10个，湿地公园6个，风景名胜区10个，地质公园5个，自然遗产6个。草原综合植被盖度达到85.22%。红原大草原、阿坝曼泽塘大草原和若尔盖热尔大坝草原成功评选为“四川十大最美草原”称号。

加快构建“6+N”现代高原特色农牧产业体系，实施牲畜饲养标准化示范推广工程。全年，出栏生猪33.02万头，比上年增长15.5%；出栏牛57.41万头，下降2.4%；出栏羊48.08万只，增长0.4%。

三、工业和建筑业

工业内生动力不断增强，实现工业经济加快恢复。全年全部工业增加值79.52亿元，比上年增长5.2%，

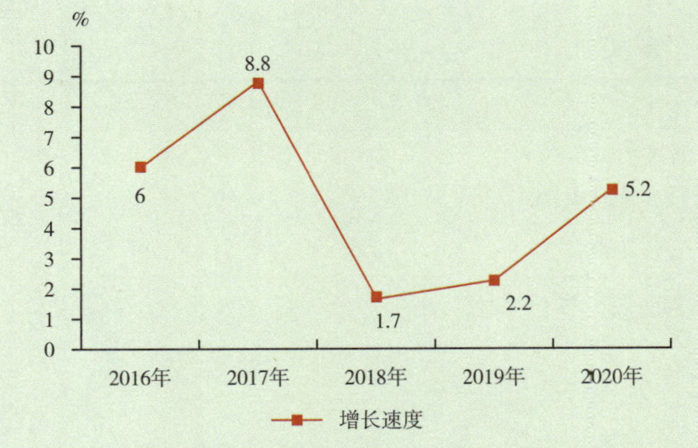

图8 近五年阿坝州全部工业增加值增长速度（四经普调整后）示意图

对经济增长的贡献率为40.8%，拉动经济增长1.3个百分点。工业化率为19.3%。规模以上工业增加值增长5.1%。规模以上工业单位增加值能耗下降8.02%。

年末规模以上工业企业[3]123户，实现工业总产值185.62亿元。其中，战略新兴产业企业22户，实现产值15.51亿元。轻工业产值12.38亿元，重工业产值173.23亿元。分行业看，规模以上工业15个行业大类中有7个行业增加值保持增长，其中，支柱行业电力、热力生产和供应业增长6.7%。从主要工业产品产量看，有11种呈正增长，增长面达57.9%，其中农用薄膜4112吨，增长60.4%，电子元件2166万只，增长58.7%，水泥69.2万吨，增长22.3%，发电量228.19亿千瓦时，增长5.9%。下降较多的有：石灰石1.69万吨，下降89.6%，硅酸盐水泥熟料20.57万吨，下降24.7%。

2020年阿坝州规模以上工业企业主要产品产量及其增长速度统计表

表35

工业产品	计量单位	绝对额	比上年增长（%）
铁矿石原矿	吨	417901	0.2
石灰石	吨	16851	-89.6
鲜、冷藏肉	吨	4430	-53.1
熟肉制品	吨	245	-40.6
乳制品	吨	1442	3.7
饮料酒	千升	543	-9.7
碳化钙（电石，折300升／千克）	吨	420426	-5.5
硅	吨	114858	3.7
中成药	吨	4324	23.6
农用薄膜	吨	4112	60.4
硅酸盐水泥熟料	吨	205702	-24.7

续表 35

工业产品	计量单位	绝对额	比上年增长（%）
水泥	吨	692027	22.3
铁合金	吨	63064	-32.8
原铝（电解铝）	吨	94986	6.3
黄金	千克	507	21.9
铝合金	吨	102272	1.6
金属切削机床	台	237	-7.1
电子元件		2166	58.7
发电量	亿千瓦时	228.19	5.9

全年规模以上工业企业实现主营业务收入 177.12 亿元，比上年下降 2.6%。盈亏相抵后实现利税总额 24.22 亿元，增长 26.4%。产品销售率 94.9%，比上年减少 1.5 个百分点。

全年实现建筑业增加值 17.13 亿元，比上年增长 6.1%。年末，全州具有资质等级的施工总承包和专业承包建筑业企业 148 户，实现建筑业总产值 69.41 亿元，增长 6.6%。竣工产值 30.34 亿元，增长 6.7%。房屋建筑施工面积 74.14 万平方米，增长 1%，其中本年新开工面积 39.45 万平方米。

四、固定资产投资

全年全社会固定资产投资比上年增长 12.3%。其中，项目投资增长 12.8%。全社会投资中，基础设施投资增长 15.7%，占投资完成额的比重较上年提高 1.7 个百分点；产业投资增长 21.3%；民生及社会事业投资下降 6 7%。民间投资增长 13.9%。分产业看，第一产业投资同比增长 8.5%；第二产业投资增长 0.1%，其中工业投资增长 0.1%；第三产业投资增长 17.6%。

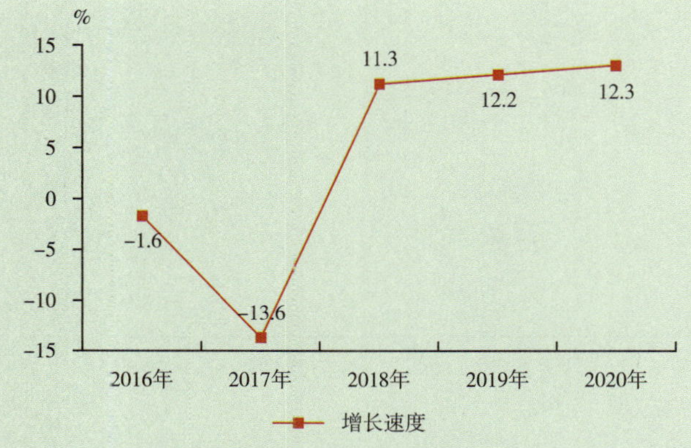

图9 近五年阿坝州全社会固定资产投资增长速度示意图

三次产业投资比例为 3.8 : 25.1 : 71.1。

全年完成房地产开发投资 4.63 亿元，比上年增长 118.7%。商品房施工面积 27.58 万平方米，增长 50.5%，其中新开工面积 12.24 万平方米，下降 0.6%，商品房销售面积 12.32 万平方米，增长 4.8 倍。

五、交通运输和邮电通讯业

年末，行政区划面积内公路总里程达 15547 公里，其中等级公路 14943 公里。全年公路客运量 606 万人，比上年下降 48%，旅客周转量 91159 万人公里，下降 43.2%；公路货运量 2317 万吨，下降 7.4%，货物周转量 400832 万吨公里，增长 3.8%。

年末，全州有固定电话用户 21.91 万户，移动电话用户 87.28 万户。互联网用户 33.53 万户，增长 8.5%。全年完成邮电业务总量 90.23 亿元，增长 51.4%，完成邮电业务收入 9.25 亿元，增长 9.7%。全州快递服务企业业务总量 716.56 万件，增长 99.3%，实现业务收入 9208 万元，增长 26.8%。邮政局所网点总数为 234 个，邮路 172 条、总长度 14703 公里；农村投递路线 216 条，总长度 9681 公里。

六、国内贸易

全年实现社会消费品零售总额 96.81 亿元，比上年下降 4.2%。按经营单位所在地分，城镇实现零售额 72.39 亿元，下降 4.5%，乡村实现零售额 24.42 亿元，下降 3.3%。按消费形态分，餐饮收入 33.26 亿元，下降 9.8%，商品零售 63.55 亿元，下降 0.9%。

七、对外经济

全年实现进出口总额 2581 万美元，比上年增长 29.3%，其中：出口 1680 万美元，增长 2.9%，进口 901 万美元，增长 148.2%。

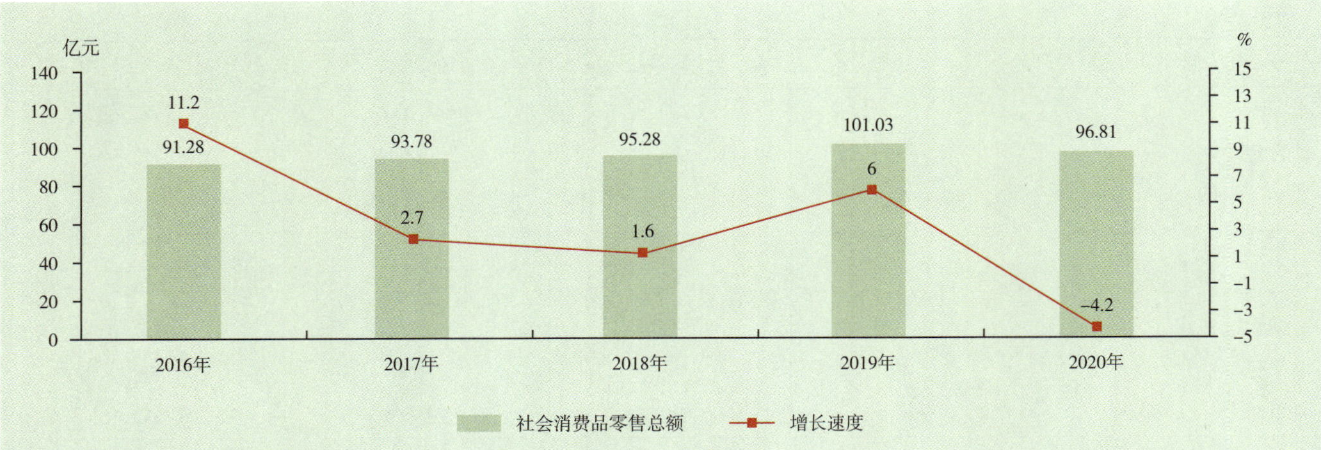

图10 近五年阿坝州社会消费品零售总额增长速度（四经普调整后）示意图

全年实现续约项目164个、新引进落地项目18个；实现招商引资到位资金112.68亿元，其中，到位国内省外资金44.19亿元。组织10户企业参加青藏川滇甘特色农产品展销会，实现现场交易金额2.76万元，达成协议金额380万元。

八、旅游业

实施全域旅游示范区、天府旅游名县、A级景区、旅游度假区等品牌创建行动，共创建国家全域旅游示范区1个、省级全域旅游示范区2个，天府旅游名县1个，有A级景区49个，其中：5A级景区3个，4A级景区22个。有旅行社32家。星级饭店18个，其中：五星级3个，四星级7个。旅游从业人员6.6万人。全年接待游客3604.01万人次，比上年增长14.2%，实现旅游总收入301.14亿元，增长32.3%。除疫情管控外，九寨沟景区基本实现全年开放，景区全年接待游客147.67万人次，实现门票收入1.65亿元，同比分别增长209.8%和234.9%。受其拉动，全州各A级景区共接待海内外游客1882.79万人次，实现门票收入3.74亿元，分别增长40.4%和11.8%，高速增长态势明显。九黄机场、红原机场进出港航班2450架次、运送旅客16.97万人次。

九、财政、金融和保险业

全年，完成一般公共预算收入28.73亿元，比上年增长8.8%。其中：税收收入18.01亿元，下降2.6%；非税收入10.72亿元，增长35.6%。全州一般公共预算支出368.38亿元，增长19.7%。其中：社会保障和就业支出增长5.2%，交通运输支出增长98.7%，教育支出增长4.5%，卫生健康支出增长7.1%，节能环保支出增长5.9%。

年末，全州金融机构本外币存款余额738.33亿元，比上年增长11.1%，其中住户存款余额315.72亿元，增长13.8%，本外币贷款余额375.46亿元，增长11.4%，其中：短期贷款43.45亿元，增长32.9%，中

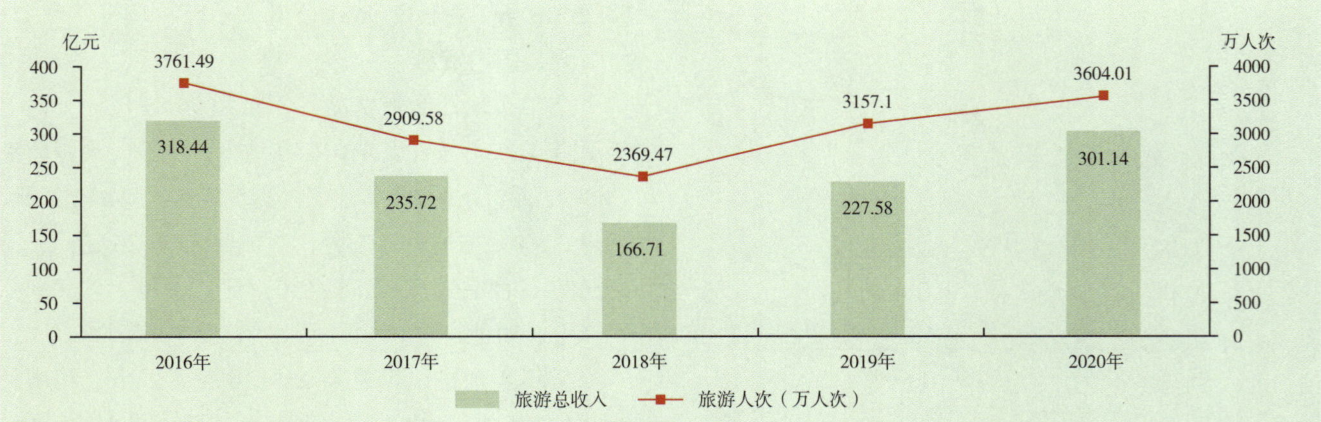

图11 近五年阿坝州旅游总收入、旅游人次示意图

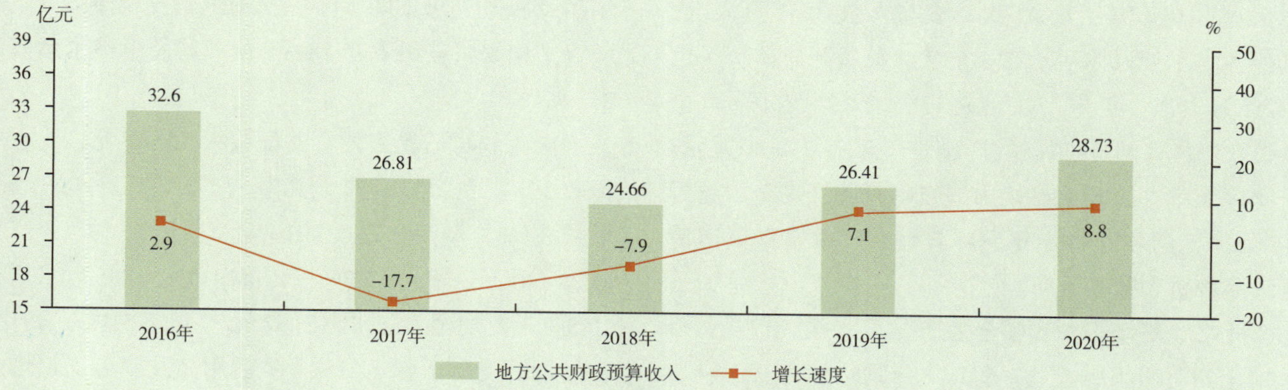

图12 近五年阿坝州地方公共财政预算收入及其增长速度示意图

长期贷款315.69亿元，增长11.6%。住户贷款77.81亿元，增长4.9%。非金融企业及机关团体贷款余额297.66亿元，增长13.3%。

全年全州保险机构保费总收入8.89亿元，比上年增长12.4%。其中：人身险2.37亿元，增长13.8%；财产险6.52亿元,增长12%。已决赔案件数12.75万件，增长28.6%；已决赔案件金额4.23亿元，增长26.5%。

十、教育和科学技术

全州有普通高等院校2所，专任教师623人，普通本科招生2684人，在校生8919人，普通专科招生1475人，在校生3702人，本专科毕业生2567人。全日制中等职业学校4所，专任教师295人，在校生3558人。普通中学53所，专任教师4210人，在校生42699人；普通中学中高中18所，专任教师1372人，在校生14805人。小学237所，专任教师6448人，在校生64149人。幼儿园276所（含民办），在园幼儿30709人，学前三年的毛入园率87.89%。小学学龄儿童入学率99.94%。女童入学率99.95%。九年义务教育完成率97.19%。

全年申请专利362件，专利授权396件。争取省级各类科技计划专项50项，获得资金支持2860万元；争取州级科技计划项目共54项，资金750万元。开展高新企业奖补1个，资金160万元。年末有高新技术企业9户，科技企业孵化器1个，省级众创空间5个，国家级国际科技合作基地1个。全年共登记技术合同10项，成交金额251万元。实施省级科技农村领域项目38项共1575万元。其中，科技扶贫项目27项共1160万元。

十一、文化卫生和体育

实施文旅融合战略。创作全球唯一一幅《大熊猫百图唐卡长卷》，并成功首展，全国首部登山题材体育记录励志电影《珠峰队长》拍摄制作完成。完成动漫《阿米格东》和《全域旅游新锅庄》创编工作。年末，完成606个贫困村文化室巩固和贫困村文化室巩固建设工作。全州有文化馆14个，文化站174个，博物馆（纪念馆）9个，公共图书馆14个，图书馆书籍总藏量88.4万册。有农家书屋1354个。广播电视台14座，有线电视用户6.35万户，州级广电网络公司1个。广播、电视人口综合覆盖率分别达到92.51%和98.51%。

持续加强疫情防控。加强应急物资储备，建成核酸实验室27个，现有负压救护车12台，负压担架24张，改造负压病房39间、病床68张。年末，全州13个县级综合医院均达到二级甲等，其他县级医疗机构均达到二级水平。卫生机构（含村卫生室）1728个，其中：医院40个（综合医院23个，中医民族医院15个，中西医结合医院1个，专科医院1个），乡镇卫生院214个，社区卫生服务机构13个，疾病预防控制机构14个，采供血机构1个，卫生监督机构4个，医学科学研究机构1个，医学在职培训机构1个，村卫生室1330个。卫生机构拥有床位5381张。有卫生技术人员7022人，其中：执业（助理）医师2541人，注册护士2329人。孕产妇住院分娩率98.39%。

全省首个少数民族传统体育珍珠球项目训练基地、省冬季项目后备人才基地、四川省少数民族传统体育北嘎（藏式摔跤）项目训练基地落户我州。200余人次运动员积极参加各级各类比赛，获得金牌18枚。

成功组建全省首支高山滑雪越野滑雪队。全年开展各类大型群众体育活动41次，参与人数达61万人次，其他各类小型群体活动213余次，免费开放体育场馆83.74万人次。年末，共完成1362个农村农民、8个乡镇农民体育健身工程建设。销售体育彩票4880万元。全年圆满举办了环四姑娘山超级越野跑、夹金山越野跑、“净土阿坝”青少年国际式摔跤、柔道精英邀请赛等品牌重大赛事活动。

十二、环境保护和安全生产

全州可吸入颗粒物（PM_{10}）年均浓度为23微克/立方米、细颗粒物（$PM_{2.5}$）年均浓度为16微克/立方米，州府所在地城市空气质量优良天数比例达100%，环境空气质量保持全省第二、全国前列（第13位），城市噪声平均等效声级≤55分贝。主要河流出境断面水质达到II类水域标准，州、县（市）政府所在地城市集中式饮用水源地水质达到III类水域标准。全州环境质量持续保持优良。

全年发生各类安全事故350起，死亡117人，造成经济损失960万元。亿元国内生产总值安全事故死亡人数为0.28人。

十三、人民生活与社会保障

全年全体居民人均可支配收入23726元，比上年增长5.8%。

按常住地分，全年城镇居民人均可支配收入37011元，比上年增收1541元，增长4.3%。其中，工资性收入26973元、增长4.3%，经营净收入7212元、增长3.8%，财产净收入1449元、增长7.3%，转移净收入1377元、增长6.1%。人均消费支出20619元，下降13.6%。其中，食品烟酒支出下降17.6%，生活用品及服务支出下降14%，交通通信支出下降7.2%，教育文化娱乐支出下降18%。城镇居民恩格尔系数为34.6%。

全年农村居民人均可支配收入15539元，比上年增收1287元，增长9%。其中，工资性收入4201元、增长8.1%，经营净收入9013元、增长8.9%，财产净收入440元、增长15.3%，转移净收入1885元、增长10.5%。人均消费支出12162元，下降5.4%。其中，食品烟酒支出下降12.1%，生活用品及服务支出增长6.4%，交通通信支出下降5.6%，教育文化娱乐支出下降8.9%。农村居民恩格尔系数为38.1%。

全年城镇新增就业7412人。年末城镇登记失业率3.79%。全州城镇职工养老保险覆盖超过22.9万人，城乡居民养老保险覆盖37.49万人。基本医疗保险参保人数85.46万人，其中：城镇职工基本医疗保险参保15.67万人，城乡居民基本医疗保险参保69.79万人。失业保险参保人数7.81万人（含失地农民）。工伤保险参保人数10.86万人。生育保险参保人数10.15万人。

全年共有1.58万人纳入城市低保，7.31万人纳入农村低保，城市和农村低保标准分别为590元/月和390元/月，累计发放城乡低保补助资金24835万元。纳入农村特困供养6151人，其中：集中供养971人，集中供养率为16%。实施医疗救助7.91万人次，发放医疗救助资金14139万元，重点救助对象政策范围内住院自付费用救助比例达到80%及以上。出台阶段性减征职工基本医疗保险费相关政策，共为1341

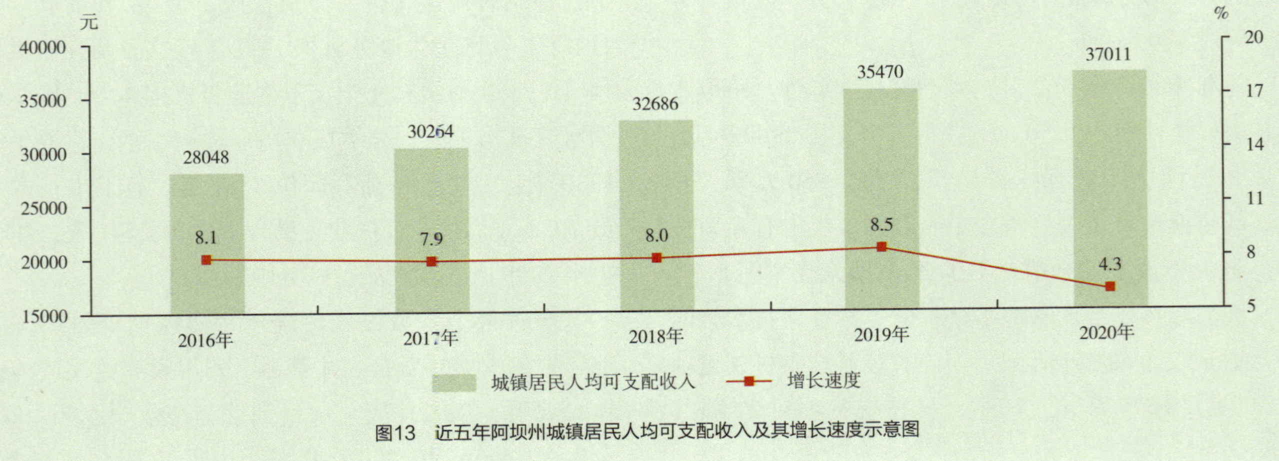

图13 近五年阿坝州城镇居民人均可支配收入及其增长速度示意图

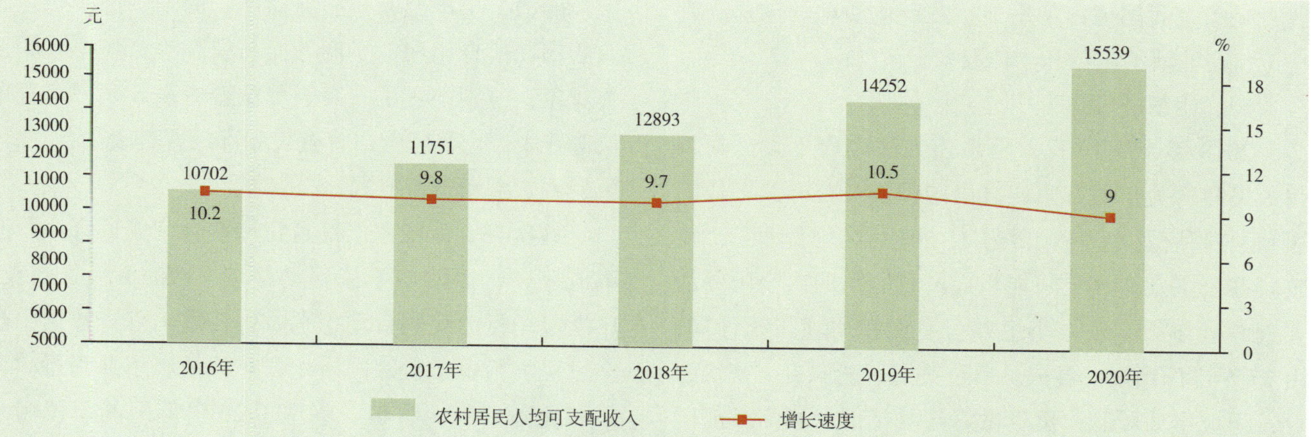

图14 近五年阿坝州农村居民人均可支配收入及其增长速度示意图

户企业减征医疗保险费 3222 万元。参保人员异地就医医疗费用持社会保障卡联网直接结算 39.65 万人次，医保基金支付 44023 万元，职工个人账户支付 7665 万元。

注释：

〔1〕公报中部分数据为初步统计数，正式数据以《阿坝统计年鉴—2021》为准。

〔2〕地区生产总值、行业增加值、社会消费品零售总额指标绝对数已经按第四次全国经济普查结果进行修订，增长速度按可比价格计算。

〔3〕规模以上工业增加值增速含成阿工业园区和德阿园区数据，其余细项均不含。工业增加值、财务指标增速及变化按可比口径计算。

〔4〕2020 年开展第七次全国人口普查，常住人口相关数据待第七次人口普查数据发布后另行公布。

资料来源：公报中物价、林业、农业机械化、灌溉面积、交通运输、邮政、电信、金融、旅游、对外贸易、财政、保险、教育、科技、文化、卫生、体育、环境保护、安全生产、人口、人民生活和社会保障数据来源于州教育局、州科学技术局、州公安局、州民政局、州财政局、州人力资源和社会保障局、州自然资源局、州生态环境局、州交通运输局、州农业农村局、州商务和经济合作局、州文化体育和旅游局、州卫生健康委员会、州应急管理局、州市场监督管理局、州林业和草原局、州广播电视局、州医疗保障局、人行阿坝州中心支行、国家统计局阿坝调查队、州邮政管理局等单位和电信、保险各公司。

阿坝州第四次全国经济普查公报（第一号）

——阿坝州第四次全国经济普查圆满完成

第四次全国经济普查是党的十九大胜利召开、中国特色社会主义进入新时代后的首次重大国情国力调查，是在决胜全面建成小康社会、开启全面建设社会主义现代化国家新征程中的一次“全面体检”。在州委、州政府的正确领导下，在各部门和各县（市）普查机构的共同努力下，经过广大普查人员两年来的艰辛努力以及全州范围内普查对象的积极参与，阿坝州第四次全国经济普查全面完成了前期准备、单位清查、现场登记、审核验收、经济普查“回头看”、汇总评估等各项任务，取得重大成果和显著成效。根据《全国经济普查条例》规定，第四次全国经济普查的标准时点是2018 年 12 月 31 日，普查的时期资料为2018 年度，普查对象是我国境内从事二、三产业活动的全部法人单位、产业活动单位和个体经营户。

一、组织领导有力

2018 年 3 月 13 日，阿坝州人民政府下发《阿坝州人民政府关于做好第四次全国经济普查有关工作的通知》(阿府发〔2018〕3 号)。2018 年 7 月 16 日，州政府办公室发文成立阿坝州人民政府第四次全国经济普查领导小组，领导小组办公室设在阿坝州统计局，由 27 个部门组成。各成员单位按照职能职责，密切配合，积极主动履职，负责做好与县(市)和州级部门的沟通协调，共同做好经济普查相关工作。乡镇和县(市)以上各级人民政府以及相关部门均建立普查机构，以保证人员到位、措施到位、经费到位，为普查工作开展提供了坚实的组织保障，确保了普查的顺利实施。

二、全面摸清家底

2019 年 1 月 1 日至 4 月 30 日，我州 2647 名基层普查人员克服重重困难，对我州辖区内从事第二、三产业的法人单位、产业活动单位和抽取的个体经营户逐一入户完成数据采集。通过这次普查，既摸清了我州第二产业和第三产业的发展规模、布局和效益，了解了我州产业组织、产业结构、产业技术、产业形态的现状以及各生产要素的构成，也掌握了全部法人单位资产负债状况和新兴产业发展情况，进一步查实了各类单位的基本情况和主要产品产量、服务活动，全面准确反映了供给侧结构性改革、新动能培育壮大、经济结构优化升级等方面的新进展。

二、采用科学方法

2018 年 9 月 3 日，在马尔康市召开了阿坝州第四次全国经济普查综合试点培训会，并对《四川省第四次全国经济普查试点方案》、《普查单位具体处理规定》、《普查表填写及指标解释》进行了培训。9 月 5 日开始对我州辖区内全部法人单位、产业活动单位和从事第二、三产业的个体经营户开始第四次全国经济普查采取“地毯式”的全面清查。全面清查后，对从事第二、第三产业的法人单位、产业活动单位在其主要经营活动所在地进行全面普查登记，对建筑业法人单位在其注册地进行全面普查登记，对数量众多的个体经营户采用抽样调查方法在其主要经营活动所在地进行样本登记。普查主要内容包括单位基本情况、组织结构、人员工资、财务状况、能源生产与消费情况、生产能力、生产经营和服务活动、固定资产投资、研发活动、信息化和电子商务交易情况等，根据不同普查对象，分别设置了一套表单位普查表、非一套表单位普查表、个体经营户普查表和部门普查表。

四、创新普查方式

这次普查采用数据信息化和结合“五证合一”改革成果，全面使用手持移动终端(PAD)采集数据，广泛应用行业代码自动识别赋码技术，普查数据生产全过程实行电子化、网络化，并积极利用部门行政记录和业务资料，收集、整理了 26 个部门的单位名录信息，通过比对、合并生成底册信息 3 万余条。使普查的数据采集处理效率得到大幅度的提升。

五、依法依规普查

各县(市)普查机构和广大普查人员严格执行《中华人民共和国统计法》和《全国经济普查条例》，严格履行独立普查、独立报告职责，依法保护普查对象资料。通过建立健全普查数据质量追溯和问责机制，加大普查违纪违法行为的查处力度，确保普查工作中造假作假责任追究到位。

六、确保数据质量

阿坝州第四次全国经济普查实行全过程数据质量控制。各县(市)普查机构狠抓源头数据质量，实时监控普查数据采集、上报，加强入户数据核实与业务指导，开展源头数据自查与抽查，坚持联动审核，及时消除差错，普查数据填报综合差错率符合控制标准，核查结果符合国家、省普查的方案要求，确保普查数据真实可靠。

第四次全国经济普查充分运用了现代信息技术手段，普查全过程公开透明，全面摸清了我州第二、三产业家底，能够真实反映我州经济社会发展状况，达到了预期目标。普查结果显示，2018 年末，全州共有从事第二产业和第三产业活动的法人单位 9801 个，与 2013 年末(2013 年是第三次全国经济普查年份，下同)增加 2909 个，增长 42%，从业人员 142765 人，下降 6.3%；产业活动单位 13102 个，增加 3678 个，增长 39%；个体经营户 43654 个。

阿坝州统计局

阿坝州人民政府第四次全国经济普查领导小组办公室

2020 年 4 月 29 日

阿坝州第四次全国经济普查公报（第二号）

——单位基本情况

根据第四次全国经济普查结果，现将我州单位的基本情况、从业人员、资产负债状况和营业收入公布如下：

一、单位基本情况

2018年末，全州共有从事第二产业和第三产业活动的法人单位9801个，比2013年末（2013年是第三次全国经济普查年份，下同）增加2909个，增长42%；产业活动单位13102个，增加3678个，增长39%；个体经营户43654个。

2018年末，在第二产业和第三产业法人单位中，位居前三位的行业是：公共管理、社会保障和社会组织3805个，占38.82%，批发和零售业1297个，占13.23%；租赁和商务服务业675个，占6.89%。在个体经营户中，位居前三位的行业是：批发和零售业16406个，占37.55%；住宿和餐饮业11412个，占26.12%；交通运输、仓储和邮政业11309个，占25.88%。

2018年末，全州共有第二产业和第三产业的企业法人单位4440个，比2013年末增加2508个，增长129.8%。其中，内资企业占99.75%，港、澳、台商投资企业占0.05%，外商投资企业占0.20%。内资企业中，国有企业占全部企业法人单位的2%，私营企业占78%。

2018年末阿坝州单位数与个体经营户数一览表

表36

	单位数（个）	比重（%）
一、法人单位	9801	100
企业法人	4440	45
机关、事业法人	2623	27
社会团体	555	6
其他法人	2183	22
二、产业活动单位	13102	100
第二产业	1282	9.78
第三产业	11820	90.22
三、个体经营户	43654	100
第二产业	1244	2.85
第三产业	42447	97.15

二、从业人员

2018年末，全州第二产业和第三产业法人单位从业人员142765人，其中女性从业人员54810人。第二产业的从业人员为33395人；第三产业的从业人员为109370人。

在法人单位从业人员中，位居前三位的行业是：公共管理、社会保障和社会组织49445人，占34.6%；教育15913人，占11.1%，建筑业14414人，占10.1%。

三、资产负债状况和营业收入

2018年末，全州第二产业和第三产业法人单位资产总计1812.82亿元。其中，第二产业法人单位资产总计占比为48.9%，第三产业法人单位资产总计占比为51.1%。法人单位负债合计887.43亿元。其中，第二产业法人单位负债合计占比为70.0%，第三产业法人单位负债合计占比为30.0%。

2018年，全州第二产业和第三产业企业法人单位实现营业收入316.10亿元。其中，第二产业营业收入占比为77%，第三产业营业收入占比为23%。

注释：

〔1〕三次产业的划分：

第一产业是指农、林、牧、渔业（不含农、林、牧、渔专业及辅助性活动）。

第二产业是指采矿业（不含开采专业及辅助性活动），制造业（不含金属制品、机械和设备修理业），电力、热力、燃气及水生产和供应业，建筑业。

2018 年阿坝州按行业门类分组的法人单位与个体经营户一览表

表 37

	法人单位		个体经营户	
	数量（个）	比重（%）	数量（个）	比重（%）
合　计	9801	100	43654	100
采矿业	94	0.96	60	0
制造业	441	4.5	1097	3
电力、热力、燃气及水生产和供应业	236	2.41	3	0
建筑业	420	4.29	83	0
批发和零售业	1297	13.23	16379	38
交通运输、仓储和邮政业	261	2.66	11309	26
住宿和餐饮业	453	4.62	11407	26
信息传输、软件和信息技术服务业	102	1.04	60	0
金融业	21	0.21	0	0
房地产业	129	1.32	3	0
租赁和商务服务业	675	6.89	344	1
科学研究和技术服务业	248	2.53	17	0
水利、环境和公共设施管理业	192	1.96	3	0
居民服务、修理和其他服务业	123	1.25	2404	6
教育	467	4.76	74	0
卫生和社会工作	355	3.62	164	0
文化、体育和娱乐业	411	4.19	247	0
公共管理、社会保障和社会组织	3805	38.82	0	0

说明：表中法人单位合计数含从事农、林、牧、渔专业及辅助性活动和兼营第二、三产业活动的农、林、牧、渔业法人单位 71 个；个体经营户合计数含从事农、林、牧、渔专业及辅助性活动和兼营第二、三产业活动的农、林、牧、渔业个体经营户

2018 年末阿坝州按登记注册类型分组的企业法人单位一览表

表 38

	单位数（个）	比重（%）
合　计	4440	100
内资企业	4429	99.75
国有企业	69	1.55
集体企业	38	0.86
股份合作企业	3	0.07
联营企业	5	0.11
有限责任公司	731	16.46
股份有限公司	122	2.75
私营企业	3461	77.95
港、澳、台商投资企业	2	0.05
外商投资企业	9	0.20

2018年末阿坝州按行业门类分组的法人单位与个体经营户从业人员一览表

表39

	法人单位从业人员（人）		个体经营户从业人员（人）	
		其中：女性		其中：女性
合　计	142765	54850	74395	41486
采矿业	1309	232	42	5
制造业	10702	3492	2168	734
电力、热力、燃气及水生产和供应业	6993	2370	4	0
建筑业	14414	3048	124	29
批发和零售业	5940	2733	22467	13992
交通运输、仓储和邮政业	4163	1196	9826	1736
住宿和餐饮业	4115	2392	30070	19797
信息传输、软件和信息技术服务业	1801	793	83	49
金融业	2123	1042	0	0
房地产业	1335	544	6	0
租赁和商务服务业	7024	1927	1627	542
科学研究和技术服务业	1709	601	48	2
水利、环境和公共设施管理业	4512	1737	7	0
居民服务、修理和其他服务业	693	265	5830	3197
教育	15913	9578	938	727
卫生和社会工作	7521	5159	366	176
文化、体育和娱乐业	2696	1362	789	500
公共管理、社会保障和社会组织	49445	16224	0	0

说明：表中法人单位从业人员合计数含从事农、林、牧、渔专业及辅助性活动的法人单位从业人员357人，其中女性115人

2018年末阿坝州按行业门类分组的单位资产负债状况和营业收入一览表

表40

	法人单位资产总计（亿元）	法人单位负债合计（亿元）	企业法人单位营业收入（亿元）
合　计	1812.82	887.43	316.30
采矿业	15.71	10.13	4.74
制造业	138.38	84.67	100.06
电力、热力、燃气及水生产和供应业	663.65	493.16	85.77
建筑业	68.79	33.61	50.02
批发和零售业	33.24	12.82	37.92
交通运输、仓储和邮政业	27.10	6.46	5.18
住宿和餐饮业	41.66	17.76	5.16
信息传输、软件和信息技术服务业	23.51	18.95	9.55
金融业	4.46	0.94	
房地产业	56.42	41.58	1.51
租赁和商务服务业	137.48	56.73	8.74

续表 40

	法人单位资产总计（亿元）	法人单位负债合计（亿元）	企业法人单位营业收入（亿元）
科学研究和技术服务业	6.31	0.93	1.37
水利、环境和公共设施管理业	82.02	28.05	2.86
居民服务、修理和其他服务业	7.48	4.53	0.95
教育	78.07	3.26	0.45
卫生和社会工作	34.38	2.66	0.29
文化、体育和娱乐业	15.77	4.75	1.53
公共管理、社会保障和社会组织	377.77	66.14	

说明：表中法人单位资产总计合计数含从事农、林、牧、渔专业及辅助性活动法人单位资产总计 0.61 亿元；表中法人单位负债合计数含从事农、林、牧、渔专业及辅助性活动法人单位负债合计 0.30 亿元。表中企业法人单位，包括机构类型为企业的法人单位，以及执行企业会计制度的事业法人单位、民办非企业法人单位和基金会，农民专业合作社，农村集体经济组织和除宗教活动场所以外的机构类型为其他组织机构的法人单位，表中数据不含银行、证券等部门数据

第三产业即服务业，是指除第一产业、第二产业以外的其他行业。第三产业包括：批发和零售业，交通运输、仓储和邮政业，住宿和餐饮业，信息传输、软件和信息技术服务业，金融业，房地产业，租赁和商务服务业，科学研究和技术服务业，水利、环境和公共设施管理业，居民服务、修理和其他服务业，教育，卫生和社会工作，文化、体育和娱乐业，公共管理、社会保障和社会组织，国际组织，以及农、林、牧、渔业中的农、林、牧、渔专业及辅助性活动，采矿业中的开采专业及辅助性活动，制造业中的金属制品、机械和设备修理业。

〔2〕单位的划分：

法人单位是指有权拥有资产、承担负债，并独立从事社会经济活动（或与其他单位进行交易）的组织。法人单位应同时具备以下条件：

（1）依法成立，有自己的名称、组织机构和场所，能够独立承担负债和其他民事责任；

（2）独立拥有和使用（或受权使用）资产，有权与其他单位签订合同；

（3）会计上独立核算，能够编制资产负债表等会计报表。

法人单位包括企业法人、事业单位法人、机关法人、社会团体法人、其他法人等。

产业活动单位是指位于一个地点，从事一种或主要从事一种社会经济活动的组织或组织的一部分。产业活动单位应同时具备以下条件：

（1）在一个场所从事一种或主要从事一种社会经济活动；

（2）相对独立地组织生产活动或经营活动；

（3）能提供收入或者支出等相关资料。

〔3〕表中的合计数和部分计算数据因小数取舍而产生的误差，均未作机械调整。

阿坝州统计局

阿坝州人民政府第四次全国经济普查领导小组办公室

2020 年 4 月 29 日

阿坝州第四次全国经济普查公报（第三号）

——第二产业基本情况

根据第四次全国经济普查结果，现将我州工业和建筑业的主要数据公布如下：

一、工业

（一）企业法人单位数

2018年末，全州共有工业企业法人单位770个，比2013年末增长46.1%。

在工业企业法人单位中，内资企业766个，占99.5%；港、澳、台商投资企业1个，占0.1%；外商投资企业3个，占0.4%。内资企业中，国有企业11个，占全部企业的1.4%；集体企业10个，占1.3%；私营企业482个，占62.6%。

在工业企业法人单位中，采矿业94个，制造业441个，电力、热力、燃气及水生产和供应业235个，分别占12.2%、57.3%和30.5%。在工业行业大类中，电力热力生产和供应业、农副食品加工业、非金属矿物制品业企业法人单位数位居前三位，分别占全部企业的26.8%、11.4%和11.4%。

2018年末阿坝州按登记注册类型分组的工业企业法人单位一览表

表41

	企业法人单位（个）
合　计	770
内资企业	766
国有企业	11
集体企业	10
股份合作企业	0
联营企业	1
有限责任公司	184
股份有限公司	19
私营企业	482
其他企业	59
港、澳、台商投资企业	1
外商投资企业	3

（二）主要经济指标

2018年末，全州工业企业法人单位资产总计817.74亿元，比2013年末增长19.6%。负债合计587.96亿元。全年实现营业收入190.57亿元。

（三）主要产品产量

主要工业产品产量详见表格。

二、建筑业

（一）企业法人单位数和从业人员

2018年末，全州共有建筑业企业法人单位420个，从业人员1.44万人，分别比2013年末增长692.5%和105.3%。

建筑业企业法人单位中，内资企业420个，占100%。其中，国有企业占内资企业的0.2%，集体企业占0.7%，私营企业占80.7%。

建筑业企业法人单位从业人员中，内资企业占100%。其中，国有企业占内资企业的3.8%，集体企业占1.5%，私营企业占63.8%。

建筑业企业法人单位中，房屋建筑业占55.7%，土木工程建筑业占20.0%，建筑安装业占5.7%，建筑装饰、装修和其他建筑业占18.6%。

建筑业企业法人单位从业人员中，房屋建筑业占66.9%，土木工程建筑业占25.9%，建筑安装业占2.8%，建筑装饰、装修和其他建筑业占4.4%。

（二）主要经济指标

2018年末，建筑业企业法人单位资产总计68.63亿元，比2013年末增长315.5%。负债合计33.60亿元。全年实现营业收入50.02亿元。

注释：

〔1〕本公报中的企业法人单位，包括机构类型为

2018年末阿坝州按行业大类分组的工业企业法人单位一览表

表42

	企业法人单位（个）
合　计	770
煤炭开采和洗选业	0
石油和天然气开采业	0
黑色金属矿采选业	1
有色金属矿采选业	12
非金属矿采选业	80
开采专业及辅助性活动	0
其他采矿业	1
农副食品加工业	88
食品制造业	14
酒、饮料和精制茶制造业	52
烟草制品业	0
纺织业	1
纺织服装、服饰业	19
皮革、毛皮、羽毛及其制品和制鞋业	1
木材加工和木、竹、藤、棕、草制品业	5
家具制造业	3
造纸和纸制品业	2
印刷和记录媒介复制业	5
文教、工美、体育和娱乐用品制造业	77
石油、煤炭及其他燃料加工业	0
化学原料和化学制品制造业	41
医药制造业	7
化学纤维制造业	0
橡胶和塑料制品业	2
非金属矿物制品业	88
黑色金属冶炼和压延加工业	6
有色金属冶炼和压延加工业	6
金属制品业	3
通用设备制造业	4
专用设备制造业	2
汽车制造业	0
铁路、船舶、航空航天和其他运输设备制造业	0
电气机械和器材制造业	0
计算机、通信和其他电子设备制造业	5
仪器仪表制造业	0
其他制造业	1
废弃资源综合利用业	3
金属制品、机械和设备修理业	6
电力、热力生产和供应业	206
燃气生产和供应业	10
水的生产和供应业	19

2018 年末阿坝州按行业大类分组的工业企业法人单位主要经济指标一览表

表 43

	资产总计（万元）	负债合计（万元）	营业收入（万元）
合 计	8177389.2	5879582.4	1905746.1
煤炭开采和洗选业	0.0	0.0	0.0
石油和天然气开采业	0.0	0.0	0.0
黑色金属矿采选业	36841.9	32205.2	13700.4
有色金属矿采选业	71596.3	53410.6	261.6
非金属矿采选业	48656.1	15676.4	33491.3
开采专业及辅助性活动	0.0	0.0	0.0
其他采矿业	0.0	0.0	0.0
农副食品加工业	72028.3	36356.9	36239.3
食品制造业	96942.6	62038.9	19826.2
酒、饮料和精制茶制造业	94884.3	40683.5	11474.3
烟草制品业	0.0	0.0	0.0
纺织业	0.0	0.0	0.0
纺织服装、服饰业	1368.2	173.2	377.1
皮革、毛皮、羽毛及其制品和制鞋业	63.5	3.7	36.0
木材加工和木、竹、藤、棕、草制品业	8.9	0.3	2.8
家具制造业	149.0	0.0	32.0
造纸和纸制品业	132.6	0.0	34.3
印刷和记录媒介复制业	804.9	126.4	203.2
文教、工美、体育和娱乐用品制造业	11067.6	5128.3	2040.8
石油、煤炭及其他燃料加工业	0.0	0.0	0.0
化学原料和化学制品制造业	533832.5	370104.6	478447.1
医药制造业	29726.3	12579.6	22818.9
化学纤维制造业	0.0	0.0	0.0
橡胶和塑料制品业	502.4	324.5	2844.5
非金属矿物制品业	130528.7	90696.2	53976.1
黑色金属冶炼和压延加工业	87966.0	63578.5	75211.8
有色金属冶炼和压延加工业	275682.8	133550.7	287086.4
金属制品业	930.6	68.0	89.9
通用设备制造业	6280.6	3342.3	2390.3
专用设备制造业	19142.0	10094.0	132.4
汽车制造业	0.0	0.0	0.0
铁路、船舶、航空航天和其他运输设备制造业	0.0	0.0	0.0
电气机械和器材制造业	0.0	0.0	0.0
计算机、通信和其他电子设备制造业	20692.3	17565.9	6522.6

续表 43

	资产总计（万元）	负债合计（万元）	营业收入（万元）
仪器仪表制造业	0.0	0.0	0.0
其他制造业	0.0	0.0	0.0
废弃资源综合利用业	347.2	270.7	681.2
金属制品、机械和设备修理业	691.4	19.4	90.4
电力、热力生产和供应业	6604093.0	4912516.5	851639.6
燃气生产和供应业	7170.1	3809.4	2637.0
水的生产和供应业	25258.9	15258.7	3458.8

企业的法人单位，以及执行企业会计制度的事业法人单位、民办非企业法人单位和基金会，农民专业合作社，农村集体经济组织和除宗教活动场所以外的机构类型为其他组织机构的法人单位。

〔2〕表中的合计数和部分计算数据因小数取舍而产生的误差，均未作机械调整。

阿坝州统计局

阿坝州人民政府第四次全国经济普查领导小组办公室

2020 年 4 月 29 日

2018 年末阿坝州主要工业产品产量一览表

表 44

产品名称	产量（万吨）
十种有色金属	10.62
原铝（电解铝）	10.62
水泥	66.41

2018 年末阿坝州按登记注册类型分组的建筑业企业法人单位和从业人员一览表

表 45

	企业法人单位（个）	从业人员（人）
合　计	420	14414
内资企业	420	14414
国有企业	1	548
集体企业	3	221
股份合作企业		
联营企业		
有限责任公司	71	4268
股份有限公司	6	188
私营企业	339	9189
其他内资企业		
港、澳、台商投资企业		
外商投资企业		

2018 年末阿坝州按行业分组的建筑业企业法人单位和从业人员一览表

表 46

	企业法人单位（个）	从业人员（人）
合　计	420	14414
房屋建筑业	234	9644
土木工程建筑业	84	3736
建筑安装业	24	400
建筑装饰、装修和其他建筑业	78	634

2018 年末阿坝州按行业分组的建筑业企业法人单位主要经济指标一览表

表 47

	资产总计（万元）	负债合计（万元）	营业收入（万元）
合　计	686258	336008	500246
房屋建筑业	481730	240788	318141
土木工程建筑业	152665	61929	130595
建筑安装业	42653	28735	33764
建筑装饰、装修和其他建筑业	9211	4556	17746

阿坝州第四次全国经济普查公报（第四号）

——第三产业基本情况之一

根据阿坝州第四次全国经济普查结果，现将全州第三产业中批发和零售业，交通运输、仓储和邮政业，住宿和餐饮业，信息传输、软件和信息技术服务业，房地产业，租赁和商务服务业的主要数据公布如下：

一、批发和零售业

（一）企业法人单位数和从业人员

2018 年末，全省共有批发和零售业企业法人单位 1297 个，从业人员 5940 人，分别比 2013 年末增长 146.1% 和下降 26.5%。

在批发和零售业企业法人单位中，批发业占 31.8%，零售业占 68.2%。在批发和零售业企业法人单位从业人员中，批发业占 34.8%，零售业占 65.2%。

在批发和零售业企业法人单位中，内资企业占 99.8%，外商投资企业占 0.2%，无港、澳、台商投资企业。

在批发和零售业企业法人单位从业人员中，内资企业占 99.9%，外商投资企业占 0.1%，无港、澳、台商投资企业从业人员。

（二）主要经济指标

2018 年末，批发和零售业企业法人单位资产总计 33.24 亿元，比 2013 年末增长 14.6%。其中，批发业企业法人单位资产总计 14.92 亿元，零售业企业法人单位资产总计 18.32 亿元，分别比 2013 年末下降 10.7% 和增长 49.1%。负债合计 12.82 亿元。全年实现营业收入 37.92 亿元。

二、交通运输、仓储和邮政业

（一）企业法人单位数和从业人员

2018 年末，全州共有交通运输、仓储和邮政业企

2018 年末阿坝州按行业中类分组的批发和零售业企业法人单位和从业人员

表 48

	企业法人单位（个）	从业人员（人）
合 计	1297	5940
批发业	412	2069
农、林、牧、渔产品批发	80	302
食品、饮料及烟草制品批发	104	675
纺织、服装及家庭用品批发	9	27
文化、体育用品及器材批发	7	12
医药及医疗器材批发	27	173
矿产品、建材及化工产品批发	122	664
机械设备、五金产品及电子产品批发	12	91
贸易经纪与代理	6	12
其他批发业	45	113
零售业	885	3871
综合零售	137	714
食品、饮料及烟草制品专门零售	253	998
纺织、服装及日用品专门零售	31	72
文化、体育用品及器材专门零售	73	457
医药及医疗器材专门零售	120	274

续表 48

	企业法人单位（个）	从业人员（人）
汽车、摩托车、零配件和燃料及其他动力销售	62	351
家用电器及电子产品专门零售	41	125
五金、家具及室内装饰材料专门零售	86	626
货摊、无店铺及其他零售业	82	254

2018 年末阿坝州按登记注册类型分组的批发和零售业企业法人单位和从业人员一览表

表 49

	企业法人单位（个）	从业人员（人）
合　计	1297	5940
内资企业	1295	5938
国有企业	24	447
集体企业	15	87
股份合作企业	3	17
联营企业	4	13
有限责任公司	128	1243
股份有限公司	28	378
私营企业	952	3187
其他企业	141	566
港、澳、台商投资企业外商投资企业	2	2

2018 年末阿坝州按行业中类分组的批发和零售业企业法人单位主要经济指标一览表

表 50

	资产总计（万元）	负债合计（万元）	营业收入（万元）
合　计	332422.6	128238.8	379198.3
批发业	149193.3	65732.3	254217.1
农、林、牧、渔产品批发	12375.6	2398.5	4206.7
食品、饮料及烟草制品批发	69246.7	12188.0	93069.2
纺织、服装及家庭用品批发	300.4	108.0	458.3
文化、体育用品及器材批发	191.0	25.6	99.8
医药及医疗器材批发	7748.0	5251.5	8437.7
矿产品、建材及化工产品批发	50875.3	40504.2	138485.3
机械设备、五金产品及电子产品批发	1620.5	581.0	2727.0
贸易经纪与代理	208.9	10.0	171.5
其他批发业	6626.9	4665.5	6561.6
零售业	183229.3	62506.5	124981.2
综合零售	20765.3	11242.5	27003.0
食品、饮料及烟草制品专门零售	66391.3	25736.4	27926.5
纺织、服装及日用品专门零售	1634.1	49.9	924.2

续表 50

	资产总计（万元）	负债合计（万元）	营业收入（万元）
文化、体育用品及器材专门零售	15773.5	4177.6	5989.4
医药及医疗器材专门零售	5550.2	2990.6	6696.2
汽车、摩托车、零配件和燃料及其他动力销售	25647.4	6517.8	29777.6
家用电器及电子产品专门零售	2364.1	949.1	2317.0
五金、家具及室内装饰材料专门零售	26582.4	1888.7	13252.1
货摊、无店铺及其他零售业	18521.1	8953.8	11095.2

业法人单位 241 个，从业人员 2675 人，分别比 2013 年末增长 131.7% 和 26.5%。

在交通运输、仓储和邮政业企业法人单位中，内资企业占 100%。

（二）主要经济指标

2018 年末，交通运输、仓储和邮政业企业法人单位资产总计 22.30 亿元，比 2013 年末下降 3.5%。负债合计 5.35 亿元。全年实现营业收入 5.18 亿元。

2018 年末阿坝州按行业大类分组的交通运输、仓储和邮政业企业法人单位和从业人员

表 51

	企业法人单位（个）	从业人员（人）
总计	241	2675
道路运输业	187	1646
航空运输业	3	140
多式联运和运输代理业	22	55
装卸搬运和仓储业	12	86
邮政业	17	748

2018 年末阿坝州按行业大类分组的交通运输、仓储和邮政业企业法人单位主要经济指标

表 52

	资产总计（万元）	负债合计（万元）	营业收入（万元）
合　计	223017	53483	51836
道路运输业	95318	41183	42137
航空运输业	108652	5079	751
多式联运和运输代理业	2170	668	611
装卸搬运和仓储业	3271	947	1857
邮政业	13605	5603	6479

三、住宿和餐饮业

（一）企业法人单位数和从业人员

2018 年末，全州共有住宿和餐饮业企业法人单位 453 个，从业人员 4115 人，分别比 2013 年末增长 91.1% 和下降 55.3%。

在住宿和餐饮业企业法人单位中，住宿业占 74.6%，餐饮业占 25.4%。在住宿和餐饮业企业法人单位从业人员中，住宿业占 80.8%，餐饮业占 19.2%。

在住宿和餐饮业企业法人单位中，内资企业占 99.6%，外商投资企业占 0.4%，无港、澳、台商投资企业。

在住宿和餐饮业企业法人单位从业人员中，内资企业占 100%，无港、澳、台商和外商投资企业从业人员。

2018 年末阿坝州按行业中类分组的住宿和餐饮业企业法人单位和从业人员一览表

表 53

	企业法人单位（个）	从业人员（人）
合　计	453	4115
住宿业	338	3323
旅游饭店	171	2450
一般旅馆	131	757
民宿服务	21	57
露营地服务		
其他住宿业	15	59
餐饮业	115	792
正餐服务	105	671
快餐服务	2	
饮料及冷饮服务	2	7
餐饮配送及外卖送餐服务	2	100
其他餐饮业	4	14

2018 年末阿坝州按登记注册类型分组的住宿和餐饮业企业法人单位和从业人员一览表

表 54

	企业法人单位（个）	从业人员（人）
合　计	453	4115
内资企业	451	4115
国有企业	7	50
集体企业	4	12
股份合作企业		
联营企业		
有限责任公司	79	1372
股份有限公司	21	240
私营企业	292	2333
其他企业	48	108
港、澳、台商投资企业		
外商投资企业	2	

2018 年末阿坝州按行业中类分组的住宿和餐饮业企业法人单位主要经济指标一览表

表 55

	资产总计（万元）	负债合计（万元）	营业收入（万元）
合　计	416608.6	177635.1	51646.7
住宿业	385858.9	161914.3	41069.8
旅游饭店	284542.9	133189.5	32111.9
一般旅馆	95274.4	27627.7	8134.4
民宿服务	3387.2	256.5	372.0
露营地服务			
其他住宿业	2654.4	840.5	451.5
餐饮业	30749.7	15720.8	10576.9
正餐服务	30363.4	15696.7	7856.6
快餐服务			
饮料及冷饮服务	2.8		35.3
餐饮配送及外卖送餐服务	282.5	24.1	2675.6
其他餐饮业	101.0		9.4

（二）主要经济指标

2018 年末，住宿和餐饮业企业法人单位资产总计为 41.66 亿元，比 2013 年末下降 229.5%。其中，住宿业企业法人单位资产总计 38.59 亿元，餐饮业企业法人单位资产总计 3.07 亿元，分别比 2013 年末下降 22.4% 和 67.3%。负债合计 17.76 亿元。全年实现年营业收入 5.16 亿元。

四、信息传输、软件和信息技术服务业

（一）企业法人单位数和从业人员

2018 年末，全州共有信息传输、软件和信息技术服务业企业法人单位 84 个，从业人员 1548 人，分别比 2013 年末增长 950.0% 和 19.4%。

在信息传输、软件和信息技术服务业企业法人单位中，内资企业占 100%，港、澳、台商投资企业占 0%，外商投资企业占 0%。

在信息传输、软件和信息技术服务业企业法人单位从业人员中，内资企业占 100%，港、澳、台商投资企业占 0%，外商投资企业占 0%。

2018 年末阿坝州按行业大类分组的信息传输、软件和信息技术服务业一览表

表 56

	企业法人单位（个）	从业人员（人）
合　计	84	1548
电信、广播电视和卫星传输服务	10	1275
互联网和相关服务	19	73
软件和信息技术服务业	55	200

2018 年末阿坝州按登记注册类型分组的信息传输、软件和信息技术服务业一览表

表 57

	企业法人单位（个）	从业人员（人）
合　计	84	1548
内资企业	84	1548
国有企业	1	30
集体企业		
有限责任公司	12	588
股份有限公司	5	730
私营企业	65	185
其他企业	1	15

2018 年末阿坝州按行业大类分组的信息传输、软件和信息技术服务业一览表

表 58

	资产总计（万元）	负债合计（万元）	营业收入（万元）
合　计	217501	188502	95545
电信、广播电视和卫星传输服务	205788	184436	90341
互联网和相关服务	1064	1165	1376
软件和信息技术服务业	10648	2901	3828

（二）主要经济指标

2018 年末，信息传输、软件和信息技术服务业企业法人单位资产总计 21.75 亿元，比 2013 年末增长 55.0%。负债合计 18.85 亿元。全年实现营业收入 9.55 亿元。

五、房地产业

（一）企业法人单位数和从业人员

2018 年末，全州共有房地产业企业法人单位 127 个，比 2013 年末增长 170.2%。其中，房地产开发经营企业 30 个，物业管理企业 74 个，分别比 2013 年末增长 130.8%、184.6%。

2018 年末，全州房地产业企业法人单位的从业人员为 1231 人，比 2013 年末增长 60.1%。其中，房地产开发经营企业 363 人，物业管理企业 677 人，分别比 2013 年末减少 3.4%、增长 124.2%。

（二）主要经济指标

2018 年末，全州房地产业企业法人单位的资产总计 56.35 亿元，比 2013 年末增长 886.9%。其中，房地产开发企业 53.52 亿元，物业管理企业 0.53 亿元，

2018 年末阿坝州按行业中类分组的房地产业企业法人单位和从业人员一览表

表 59

	企业法人单位（个）	从业人员（人）
合　计	127	1231
房地产开发经营	30	363
物业管理	74	677
房地产中介服务	2	
房地产租赁经营	20	189
其他房地产业	1	2

2018 年末阿坝州按行业中类分组的房地产业企业法人单位主要经济指标一览表

表 60

	资产总计（万元）	负债合计（万元）	营业收入（万元）
合　计	563534	415809	23029
房地产开发经营	535211	401901	15124
物业管理	5296	2563	4448
房地产中介服务	14	0.5	
房地产租赁经营	22074	11345	3107
其他房地产业	940		350

分别比 2013 年末增长 929.2%，120.8%。负债合计 41.58 亿元。全年实现营业收入 2.3 亿元。

六、租赁和商务服务业

（一）企业法人单位数和从业人员

2018 年末，全州共有租赁和商务服务业企业法人单位 634 个，从业人员 6701 人，分别比 2013 年末增长 256.2% 和 33.1%。

在租赁和商务服务业企业法人单位中，租赁业占 21.1%，商务服务业占 78.9%。在租赁和商务服务业企业法人单位从业人员中，租赁业占 5.1%，商务服务业占 94.9%。

在租赁和商务服务业企业法人单位中，内资企业占 100%，港、澳、台商投资企业占 0%，外商投资企业占 0%。

2018 年末阿坝州按行业大类分组的租赁和商务服务业企业法人单位和从业人员一览表

表 61

	企业法人单位（个）	从业人员（人）
合　计	634	6701
租赁业	134	344
商务服务业	500	6357

2018 年末阿坝州按登记注册类型分组的租赁和商务服务业企业法人单位和从业人员一览表

表 62

	企业法人单位（个）	从业人员（人）
合　计	634	6701
内资企业	634	6701
国有企业	10	120
集体企业	4	11
有限责任公司	99	2925
股份有限公司	12	26
私营企业	469	3547
其他企业	40	72

2018 年末阿坝州按行业大类分组的租赁和商务服务业企业法人单位主要经济指标一览表

表 63

	资产总计（万元）	负债合计（万元）	营业收入（万元）
合　计	1366886	566851	87403
租赁业	25199	4507	5771
商务服务业	1341686	562343	81632

在租赁和商务服务业企业法人单位从业人员中，内资企业占100%，港、澳、台商投资企业占0%，外商投资企业占0%。

（二）主要经济指标

2018年末，租赁和商务服务业企业法人单位资产总计136.69亿元，比2013年末增长160.2%。负债合计56.69亿元，全年实现营业收入8.74亿元。

注释：

〔1〕本公报中的企业法人单位，包括机构类型为企业的法人单位，以及执行企业会计制度的事业法人单位、民办非企业法人单位和基金会，农民专业合作社，农村集体经济组织和除宗教活动场所以外的机构类型为其他组织机构的法人单位。

〔2〕表中的合计数和部分计算数据因小数取舍而产生的误差，均未作机械调整。

阿坝州统计局

阿坝州人民政府第四次全国经济普查领导小组办公室

2020年4月29日

阿坝州第四次全国经济普查公报（第五号）

——第三产业基本情况之二

根据第四次全国经济普查结果，现将我州第三产业中科学研究和技术服务业，水利、环境和公共设施管理业，居民服务、修理和其他服务业，教育，卫生和社会工作，文化、体育和娱乐业，公共管理、社会保障和社会组织的主要数据公布如下：

一、科学研究和技术服务业

（一）法人单位数和从业人员

2018年末，全州共有科学研究和技术服务业法人单位247个，从业人员1709人。其中，企业法人单位112个，从业人员781人，分别比2013年末增长286.2%和59.1%。

在科学研究和技术服务业企业法人单位中，内资企业占100%。

2018年末阿坝州按行业大类分组的科学研究和技术服务业企业法人单位和从业人员一览表

表64

	企业法人单位（个）	从业人员（人）
合　计	112	781
研究和试验发展	3	3
专业技术服务业	62	612
科技推广和应用服务业	47	166

（二）主要经济指标

2018年末，科学研究和技术服务业企业法人单位

2018年末阿坝州按登记注册类型分组的科学研究和技术服务业企业法人单位和从业人员一览表

表65

	企业法人单位（个）	从业人员（人）
总　计	112	781
内资企业	112	781
国有企业	1	
有限责任公司	18	297
股份有限公司	2	
私营企业	81	452
其他企业	10	32

2018年末阿坝州按行业大类分组的科学研究和技术服务业企业法人单位主要经济指标一览表

表66

	资产总计（万元）	负债合计（万元）	营业收入（万元）
合　计	22776	7516	13705
研究和实验发展	1039	511	
专业技术服务业	14806	5033	12205
科技推广和应用服务业	6931	1972	1500

资产总计2.28亿元，比2013年末增长212.3%。负债合计0.75亿元，全年实现营业收入1.37亿元。

二、水利、环境和公共设施管理业

（一）法人单位数和从业人员

2018年末，全州共有水利、环境和公共设施管理业法人单位192个，从业人员4512人，分别比2013年末增长108.7%和26.7%。其中，行政事业及非企业法人单位50个，从业人员2128人，分别比2013年末下降16.7%和增长6.6%。

在科学水利、环境和公共设施管理业法人单位中，内资企业占100%。

（二）主要经济指标

2018年末，水利、环境和公共设施管理业企业法人单位资产总计22.55亿元，比2013年末增长12.9%。负债合计11.55亿元。全年实现营业收入2.86亿元。

行政事业及非企业法人单位年末资产59.48亿元，比2013年末增长245.8%。本年支出（费用）合计13.16亿元。

三、居民服务、修理和其他服务业

（一）企业法人单位数和从业人员

2018年末，全州共有居民服务、修理和其他服务业企业法人单位120个，从业人员687人，分别比2013年末增长313.8%和55.4%。

在居民服务、修理和其他服务业企业法人单位中，内资企业占100%。

（二）主要经济指标

2018年末，居民服务、修理和其他服务业企业法人单位资产总计7.47亿元，比2013年末增长1805.4%。负债合计4.53亿元。全年实现营业收入0.95亿元。

2018年末阿坝州按行业大类分组的居民服务、修理和其他服务业一览表

表67

	企业法人单位（个）	从业人员（人）
合　计	120	687
居民服务业	46	260
机动车、电子产品和日用产品修理业	42	272
其他服务业	32	155

2018年末阿坝州按登记注册类型分组的居民服务、修理和其他服务业一览表

表68

	企业法人单位（个）	从业人员（人）
合计	120	687
内资企业	120	687
国有企业	1	13
有限责任公司	12	89
股份有限公司	1	5
私营企业	103	559
其他企业	3	21

2018年末阿坝州按行业大类分组的居民服务、修理和其他服务业一览表

表69

	资产总计（万元）	负债合计（万元）	营业收入（万元）
合　计	74659	45338	9478
居民服务业	63210	43546	5111
机动车、电子产品和日用产品修理业	8209	802	3531
其他服务业	3239	988	836

四、教育

（一）法人单位数和从业人员

2018年末，全州共有教育法人单位467个，从业人员15913人，分别比2013年末增长27.2%和12.6%。其中，行政事业及非企业法人单位389个，从业人员15258人，分别比2013年末增长8.4%和10.2%。

（二）主要经济指标

2018年末，教育企业法人单位资产总计1.14亿元，比2013年末增长1040.2%。负债合计0.53亿元。全年实现营业收入0.45亿元。

行政事业及非企业法人单位年末资产76.94亿元，比2013年末增长1.6%。本年支出（费用）合计29.82亿元。

五、卫生和社会工作

（一）法人单位数和从业人员

2018年末，全州共有卫生和社会工作法人单位355个，从业人员7521人，分别比2013年末增长2.9%和34.8%。其中，行政事业及非企业法人单位330个，比2013年末下降3.5%，从业人员7270人，增长32.6%。

（二）主要经济指标

2018年末，卫生和社会工作企业法人单位资产总计0.15亿元，比2013年末增长650.1%。负债合计0.05亿元。全年实现营业收入0.29亿元。

行政事业及非企业法人单位年末资产34.23亿元，比2013年末增长70.1%。本年支出（费用）合计18.28亿元。

六、文化、体育和娱乐业

（一）法人单位数和从业人员

2018年末，全州共有文化、体育和娱乐业法人单位411个，从业人员2696人，分别比2013年末增长71.3%和下降13.8%。其中，企业法人单位294个，从业人员1710人，分别比2013年末增长141.0%和下降7.1%。

（二）主要经济指标

2018年末，文化、体育和娱乐业企业法人单位资产总计9.70亿元，比2013年末增长81.3%。负债合计4.53亿元。全年实现营业收入1.53亿元。

行政事业及非企业法人单位年末资产6.06亿元，比2013年末增长14.8%。本年支出（费用）合计3.31亿元。

七、公共管理、社会保障和社会组织

2018年末，全州共有公共管理、社会保障和社会组织法人单位3801个，比2013年末增长2.3%，从业人员49407人，下降20.4%。行政事业及非企业法人单位的本年支出（费用）合计167.83亿元。

注释：

〔1〕本公报中的企业法人单位，包括机构类型为企业的法人单位，以及执行企业会计制度的事业法人单位、民办非企业法人单位和基金会，农民专业合作社，农村集体经济组织和除宗教活动场所以外的机构类型为其他组织机构的法人单位。

〔2〕本公报中的行政事业及非企业法人单位，不包括执行企业会计制度的事业法人单位、民办非企业法人单位和基金会，农民专业合作社，农村集体经济组织和除宗教活动场所以外的机构类型为其他组织机构的法人单位。

〔3〕表中的合计数和部分计算数据因小数取舍而产生的误差，均未作机械调整。

阿坝州统计局

阿坝州人民政府第四次全国经济普查领导小组办公室

2020年4月29日

阿坝州第四次全国经济普查公报（第六号）

——部分新兴产业基本情况

根据第四次全国经济普查结果，现将部分新兴产业的主要数据公布如下：

一、工业战略性新兴产业

2018年末，全州从事战略性新兴产业生产的规模以上工业企业法人单位20个，占规模以上工业企业法人单位的19%。其中：新材料产业10个，占50%；新能源产业5个，占25%；生物产业2个，占10%。

二、高技术制造业

2018年末，全州共有规模以上高技术制造业企业法人单位4个，与2013年末持平；占规模以上制造业的比重为6.9%，比2013年下降1.1个百分点。

三、工业企业研究与试验发展活动

2018年，开展R&D活动的规模以上工业企业法人单位5个，占全部规模以上工业企业法人单位的4.8%。

2018年，规模以上工业企业法人单位R&D人员折合全时当量156人年。

2018年，规模以上工业企业法人单位R&D经费支出6880.4万元；R&D经费与营业收入之比为0.39%。

2018年，规模以上工业企业法人单位全年专利申请量20件，其中发明专利申请6件。

四、文化及相关产业

2018年末，全州有文化及相关产业法人单位907

个；从业人员 8915 人；资产总计 127.59 亿元。

2018 年末，全州有经营性文化产业法人单位 623 个；从业人员 5688 人；资产总计 68.52 亿元；全年实现营业收入 6.33 亿元。

2018 年末，全州有公益性文化事业（含社团）法人单位 284 个；从业人员 3227 人；资产总计 59.07 亿元；全年支出（费用）14.64 亿元。

注释：

〔1〕本公报中的企业法人单位，包括机构类型为企业的法人单位，以及执行企业会计制度的事业法人单位、民办非企业法人单位和基金会，农民专业合作社，农村集体经济组织和除宗教活动场所以外的机构类型为其他组织机构的法人单位。

〔2〕战略性新兴产业：根据《国务院关于加快培育和发展战略性新兴产业的决定》（国发〔2010〕32 号）的精神和国家统计局制定的《战略性新兴产业分类（2018）》标准确定。战略性新兴产业是以重大技术突破和重大发展需求为基础，对经济社会全局和长远发展具有重大引领带动作用，知识技术密集、物质资源消耗少、成长潜力大、综合效益好的产业，包括：新一代信息技术产业、高端装备制造产业、新材料产业、生物产业、新能源汽车产业、新能源产业、节能环保产业、数字创意产业、相关服务业等 9 大领域。

〔3〕规模以上工业：是指年主营业务收入 2000 万元及以上的工业法人单位。

阿坝州统计局

阿坝州人民政府第四次全国经济普查领导小组办公室

2020 年 4 月 29 日

阿坝州第四次全国经济普查公报（第七号）

——分区域单位和从业人员情况

根据第四次全国经济普查结果，现将我州分县（市）的单位和从业人员基本情况公布如下：

一、单位基本情况

2018 年末，马尔康市法人单位 1051 个，占 10.72%，比 2013 年末增长了 28.6 个百分点；汶川县 998 个，占 10.18%，增长了 62.3 个百分点；理县 596 个，占 6.08%，增长了 18.5 个百分点；茂县 926 个，占 9.45%，增长了 24.0 个百分点；松潘县 949 个，占 9.68%，增长了 17.5 个百分点；九寨沟县 1081 个，占 11.03%，增长了 79.0 个百分点；金川县 675 个，占 6.89%，增长了 35.8 个百分点；小金县 804 个，占 8.20%，增长了 54.6 个百分点；黑水县 398 个，占 4.06%，增长了 23.6 个百分点；壤塘县 457 个，占 4.66%，增长了 38.5 个百分点；阿坝县 655 个，占 6.68%，增长了 59.8 个百分点；若尔盖县 716 个，占 7.31%，增长了 67.6 个百分点；红原县 477 个，占 4.87，增长了 62.2 个百分点。马尔康市拥有产业活动单位 1348 个，占 10.72%；汶川县 1259 个，占 9.61%；理县 888 个，占 6.78%；茂县 1289 个，占 9.84%；松潘县 1100 个，占 8.4%；九寨沟县 1369 个，占 10.45%；金川县 975 个，占 7.44%；小金县 1126 个，占 8.59%；黑水县 663 个，占 5.06%；壤塘县 601 个，占 4.57%；阿坝县 802 个，占 6.12%；若尔盖县 929 个，占 7.09%；红原县 729 个，占 5.56%。

在第二产业和第三产业法人单位中，位居前三位的地区是：九寨沟县 1081 个，占 11.03%；马尔康市 1051 个，占 10.72%；汶川县 998 个，占 10.18%。

按地区分组的单位情况详见表格。

二、从业人员

2018 年末，马尔康市 2.02 万人，占 14.1%；汶川县 2.59 万人，占 18.1%；理县 0.85 万人，占 6.0%；茂县 1.72 万人，占 12.0%；松潘县 0.87 万人，占 6.1%；九寨沟县 1.29 万人，占 9.0%；金川县 0.78 万人，占 5.5%；小金县 0.93 万人，占 6.5%；黑水县 0.62 万人，

2018 年末阿坝州按地区分组的法人单位和产业活动单位一览表

表 70

	法人单位		产业活动单位	
	数量(个)	比重(%)	数量(个)	比重(%)
合　计	9801	100	13102	100
马尔康市	1051	10.72	1348	10.72
汶川县	998	10.18	1259	9.61
理县	596	6.08	888	6.78
茂县	926	9.45	1289	9.84
松潘县	949	9.68	1100	8.4
九寨沟县	1081	11.03	1369	10.45
金川县	675	6.89	975	7.44
小金县	804	8.20	1126	8.59
黑水县	398	4.06	663	5.06
壤塘县	457	4.66	601	4.57
阿坝县	655	6.68	802	6.12
若尔盖县	716	7.31	929	7.09
红原县	477	4.87	729	5.56

2018 年末阿坝州按地区分组的法人单位从业人员一览表

表 71

	法人单位从业人员(万人)	
		其中:女性
合　计	14.28	5.48
马尔康市	2.02	0.84
汶川县	2.59	0.92
理县	0.85	0.36
茂县	1.72	0.65
松潘县	0.87	0.35
九寨沟县	1.29	0.49
金川县	0.78	0.31
小金县	0.93	0.36
黑水县	0.62	0.24
壤塘县	0.49	0.18
阿坝县	0.65	0.26
若尔盖县	0.91	0.31
红原县	0.58	0.24

占 4.3%；壤塘县 0.49 万人，占 3.4%；阿坝县 0.65 万人，占 4.6%;若尔盖县 0.91 万人，占 6.4%;红原县 0.58 万人，占 4.1%。

2018 年末，在法人单位从业人员中，位居前三位的县（市）是：汶川县 2.59 万人，占 18.1%；马尔康市 2.02 万人，占 14.1%；茂县 1.72 万人，占 12.0%。

按地区分组的法人单位从业人员情况详见表格。

注释：

〔1〕表中的合计数和部分计算数据因小数取舍而产生的误差，均未作机械调整。

阿坝州统计局

阿坝州人民政府第四次全国经济普查领导小组办公室

2020 年 4 月 29 日

阿坝州第七次全国人口普查公报[1]（第一号）

——全州人口情况

根据第七次全国人口普查结果，现将 2020 年 11 月 1 日零时全州人口的基本情况公布如下：

一、常住人口

全州常住人口[2]为 822587 人，与 2010 年第六次全国人口普查相比，减少 76121 人，下降 8.47%，年平均下降 0.88%。

二、户别人口

全州共有家庭户[3] 251493 户，集体户 13299 户，家庭户人口为 734564 人，集体户人口为 88023 人。平均每个家庭户的人口为 2.92 人，比 2010 年第六次全国人口普查的 3.67 人减少 0.75 人。

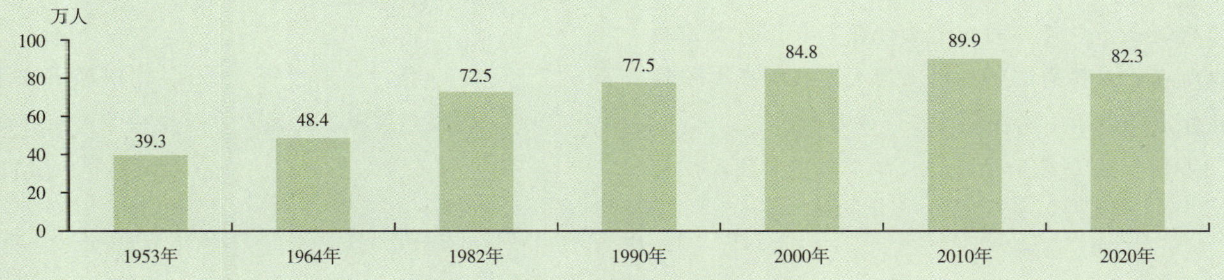

图15 阿坝州历次人口普查常住人口数示意图

注释：

〔1〕本公报中数据均为初步汇总数。

〔2〕常住人口包括：居住在本乡镇街道且户口在本乡镇街道或户口待定的人；居住在本乡镇街道且离开户口所在的乡镇街道半年以上的人；户口在本乡镇街道且外出不满半年或在境外工作学习的人。

〔3〕家庭户是指以家庭成员关系为主、居住一处共同生活的人组成的户。

阿坝州统计局

阿坝州第七次全国人口普查领导小组办公室

2021 年 6 月 11 日

阿坝州第七次全国人口普查公报[1]（第二号）

——县（市）人口情况

根据第七次全国人口普查结果，现将 2020 年 11 月 1 日零时全州 13 个县（市）常住人口有关数据公布如下：

一、县（市）常住人口

13 个县（市）中，常住人口[2]超过 8 万人的县（市）有 3 个，在 5 万人至 8 万人之间的县（市）有 6 个；在 5 万人以下的县（市）有 4 个。常住人口居前五位的县（市）是茂县、汶川县、阿坝县、若尔盖县、松潘县，合计占全州常住人口比重为 50.43%。

二、县（市）常住人口变化

与 2010 年第六次全国人口普查相比，13 个县（市）中，有 4 个县常住人口增加，排在前四位的依次为阿坝县、壤塘县、若尔盖县、红原县，分别增加 8079 人、5506 人、2826 人、2093 人。

注释：

〔1〕本公报中数据均为初步汇总数。

2020 年 11 月 1 日阿坝州各县（市）常住人口数一览表

表 72

地区	常住人口	比重[3]	
		2020 年	2010 年
马尔康市	58390	7.10	6.50
汶川县	82971	10.09	11.21
理县	36926	4.49	5.18
茂县	95361	11.59	11.66
松潘县	66937	8.14	8.05
九寨沟县	66055	8.03	9.06
金川县	58068	7.06	7.34
小金县	64813	7.88	8.65
黑水县	44564	5.41	6.75
壤塘县	44679	5.43	4.36
阿坝县	80467	9.78	8.06
若尔盖县	76712	9.33	8.30
红原县	46644	5.67	4.88

〔2〕常住人口包括：居住在本乡镇街道且户口在本乡镇街道或户口待定的人；居住在本乡镇街道且离开户口所在的乡镇街道半年以上的人；户口在本乡镇街道且外出不满半年或在境外工作学习的人。

〔3〕指各县（市）的常住人口占全州常住人口总量的比重。

阿坝州统计局

阿坝州第七次全国人口普查领导小组办公室

2021 年 6 月 11 日

阿坝州第七次全国人口普查公报[1]（第三号）

——人口性别构成情况

根据第七次全国人口普查结果，现将 2020 年 11 月 1 日零时全州及 13 个县（市）人口性别构成情况公布如下：

一、全州人口性别构成

全州常住人口[2]中，男性人口为 426330 人，占 51.83%；女性人口为 396257 人，占 48.17%。人口性别比（以女性为 100，男性对女性的比例）由 2010 年第六次全国人口普查的 108.29 下降为 107.59。

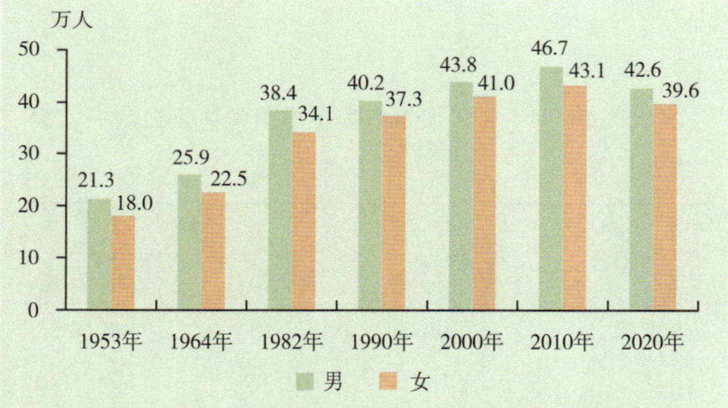

图16　阿坝州历次人口普查人口性别数示意图

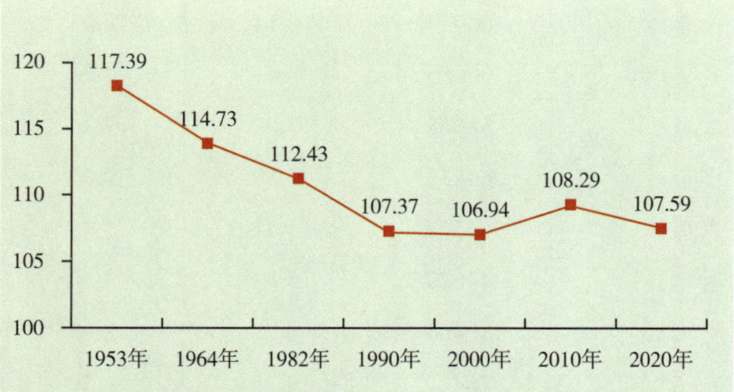

图17　阿坝州历次人口普查人口性别比示意图

二、县（市）人口性别构成

13 个县（市）中，常住人口性别比在 100 以下的县（市）有 1 个，在 100 至 105 之间的县（市）有 2 个，在 105 至 110 之间的县（市）有 5 个，在 110 以上的县（市）有 5 个。

注释：

〔1〕本公报中数据均为初步汇总数。

〔2〕常住人口包括：居住在本乡镇街道且户口在

2020 年 11 月 1 日各县（市）人口性别构成一览表

表 73

地区	占常住人口总量比重（%）		性别比
	男	女	
马尔康市	51.85	48.15	107.7
汶川县	49.32	50.68	97.3
理县	52.36	47.64	109.93
茂县	51.39	48.61	105.73
松潘县	53.24	46.76	113.86
九寨沟县	53.44	46.56	114.78
金川县	53.36	46.64	114.42
小金县	52.74	47.26	111.61
黑水县	51.66	48.34	106.85
壤塘县	51.22	48.78	105.01
阿坝县	52.64	47.36	111.13
若尔盖县	50.28	49.72	101.12
红原县	51.14	48.86	104.67

本乡镇街道或户口待定的人；居住在本乡镇街道且离开户口所在的乡镇街道半年以上的人；户口在本乡镇街道且外出不满半年或在境外工作学习的人。

阿坝州统计局
阿坝州第七次全国人口普查领导小组办公室
2021 年 6 月 11 日

阿坝州第七次全国人口普查公报[1]（第四号）

——人口年龄构成情况

根据第七次全国人口普查结果，现将 2020 年 11 月 1 日零时全州及 13 个县(市)人口年龄构成情况公布如下：

一、全州人口年龄构成

全州常住人口[2]中，0~14 岁[3]人口为 155212 人，占 18.87%；15~59 岁人口为 549526 人，占 66.80%；60 岁及以上人口为 117849 人，占 14.33%，其中 65 岁及以上人口为 88962 人，占 10.81%。与 2010 年第六次全国人口普查相比，0~14 岁人口的比重下降 0.99 个百分点，15~59 岁人口的比重下降 2.47 个百分点，60 岁及以上人口的比重上升 3.46 个百分点，其中 65 岁及以上人口的比重上升 3.53 个百分点。

二、县（市）人口年龄构成

13 个县（市）中，15~59 岁人口比重在 60% 及以上的县（市）有 12 个，在 60% 以下的县（市）有 1 个。65 岁及以上老年人口比重超过 14% 的县（市）有 1 个。

注释：

〔1〕本公报中数据均为初步汇总数。

〔2〕常住人口包括：居住在本乡镇街道且户口在本乡镇街道或户口待定的人；居住在本乡镇街道且离开户口所在的乡镇街道半年以上的人；户口在本乡镇街道且外出不满半年或在境外工作学习的人。

〔3〕0~15 岁人口为 164371 人，16~59 岁人口为 540367 人。

阿坝州统计局
阿坝州第七次全国人口普查领导小组办公室
2021 年 6 月 11 日

2020 年 11 月 1 日阿坝州全州人口年龄构成一览表

表 74　　单位：人、%

年龄	人口数	比重
总　计	822587	100.00
0—14 岁	155212	18.87
15—59 岁	549526	66.80
60 岁及以上	117849	14.33
其中:65 岁及以上	88962	10.81

2020 年 11 月 1 日阿坝州各县（市）人口年龄构成一览表

表 75　　单位：%

地区	占常住人口总量比重			
	0~14 岁	15~59 岁	60 岁及以上	其中:65 岁及以上
马尔康市	14.51	70.59	14.90	11.47
汶川县	14.70	69.77	15.53	12.12
理县	13.93	67.75	18.32	13.95
茂县	16.73	66.80	16.47	12.34
松潘县	17.34	67.96	14.70	10.75
九寨沟县	16.93	69.50	13.57	9.80
金川县	14.70	64.83	20.47	15.95
小金县	14.54	67.51	17.95	13.17
黑水县	15.28	69.89	14.83	11.44
壤塘县	30.72	59.56	9.72	7.34
阿坝县	26.75	63.03	10.22	7.72
若尔盖县	23.58	65.95	10.47	7.81
红原县	26.88	63.97	9.15	6.94

阿坝州第七次全国人口普查公报[1]（第五号）

——人口受教育情况

根据第七次全国人口普查结果，现将2020年11月1日零时全州及13个县（市）人口受教育情况公布如下：

一、受教育程度人口

全州常住人口[2]中，拥有大学（指大专及以上）文化程度的人口为108510人；拥有高中（含中专）文化程度的人口为67955人；拥有初中文化程度的人口为177795人；拥有小学文化程度的人口为296926人（以上各种受教育程度的人包括各类学校的毕业生、肄业生和在校生）。与2010年第六次全国人口普查相比，每10万人中拥有大学文化程度的由7594人增加到13191人；拥有高中文化程度的由8630人减少到8261人；拥有初中程度的由23873人减少到21614人；拥有小学文化程度的由41818减少到36097人。

2020年11月1日阿坝州分县（市）每10万人口中拥有的各类受教育程度人数一览表

表76　　单位：人／10万人

地区	大学（大专及以上）	高中（含中专）	初中	小学
全州	13191	8261	21614	36097
马尔康市	23660	12279	17482	31255
汶川县	19483	11915	28250	28003
理　县	14979	9692	29307	31257
茂　县	12615	8043	27743	37456
松潘县	11742	8135	21953	42123
九寨沟县	15841	11073	23891	28837
金川县	14009	8158	23457	36395
小金县	12541	7839	23554	41277
黑水县	11799	8022	34333	29755
壤塘县	8098	2684	7961	50843
阿坝县	7873	4868	12640	40275
若尔盖县	8270	6528	16099	39330
红原县	10349	7234	13140	31078

二、平均受教育年限[3]

与2010年第六次全国人口普查相比，全州常住人口中，15岁及以上人口的平均受教育年限由7.59年提高至7.97年。

注释：

〔1〕本公报中数据均为初步汇总数。

〔2〕常住人口包括：居住在本乡镇街道ヨ户口在本乡镇街道或户口待定的人；居住在本乡镇街道且离开户口所在的乡镇街道半年以上的人；户口在本乡镇街道且外出不满半年或在境外工作学习的人。

〔3〕平均受教育年限是将各种受教育程度折算成受

2020年11月1日阿坝州分县（市）15岁及以上人口平均受教育年限一览表

表77　　单位：年

地区	2020年
全　州	7.97
马尔康市	9.51
汶川县	9.59
理　县	8.73
茂　县	8.46
松潘县	8.03
九寨沟县	8.5
金川县	8.1
小金县	8.12
黑水县	8.31
壤塘县	6.25
阿坝县	5.99
若尔盖县	6.51
红原县	6.28

教育年限计算平均数得出的，具体的折算标准是：小学=6年，初中=9年，高中=12年，大专及以上=16年。

阿坝州统计局
阿坝州第七次全国人口普查领导小组办公室
2021年6月11日

阿坝州第七次全国人口普查公报[1]（第六号）

——城乡人口和流动人口情况

根据第七次全国人口普查结果，现将2020年11月1日零时全州城乡人口分布及流动情况公布如下：

一、城乡[2]人口

全州常住人口[3]中，居住在城镇的人口为341329人，占41.49%；居住在乡村的人口为481258人，占58.51%。与2010年第六次全国人口普查相比，城镇人口增加70856人，乡村人口减少146977人，城镇人口比重上升11.39个百分点。

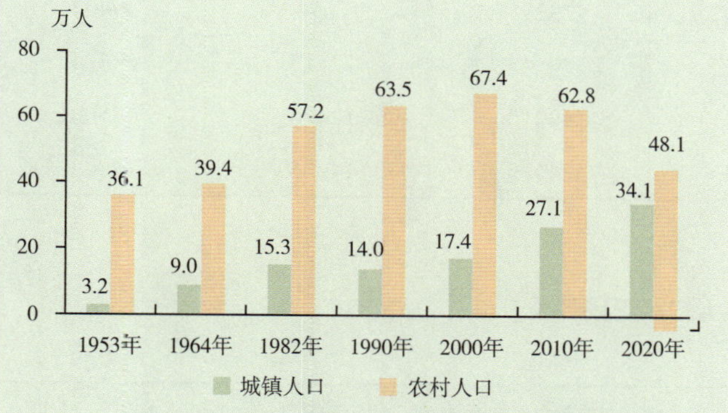

图18 阿坝州历次人口普查城乡人口数示意图

二、流动人口[4]

全州常住人口中，流动人口为178869人，其中，跨省流入人口17337人，省内流动人口161532人。

与2010年第六次全国人口普查相比，流动人口增加64944人，增长57.01%。

注释：

〔1〕本公报中数据均为初步汇总数。

〔2〕城镇、乡村是按国家统计局《统计上划分城乡的规定》划分的。

〔3〕常住人口包括：居住在本乡镇街道且户口在本乡镇街道或户口待定的人；居住在本乡镇街道且离开户口所在的乡镇街道半年以上的人；户口在本乡镇街道且外出不满半年或在境外工作学习的人。

〔4〕流动人口是指人户分离人口中扣除市辖区内人户分离的人口。

阿坝州统计局
阿坝州第七次全国人口普查领导小组办公室
2021年6月11日

统计资料

Statistical Data

2020年阿坝州人口数及构成统计表

表 78 单位：户、人

	年末总户数	年末总人口	按性别分		合计中	
			男	女	城镇人口	乡村人口
全州	284435	897287	456390	440897	253663	643624
马尔康市	18285	53138	27164	25974	24131	29007
汶川县	37516	91682	47421	44261	38137	53545
理县	15027	42863	21701	21162	11518	31345
茂县	35584	109287	55561	53726	47143	62144
松潘县	25151	73003	37572	35431	17761	55242
九寨沟县	21662	66901	34083	32818	26506	40395
金川县	23812	68266	34807	33459	13303	54963
小金县	26547	76593	39776	36817	17181	59412
黑水县	18835	57745	28829	28916	10751	46994
壤塘县	12230	47056	23761	23295	7654	39402
阿坝县	18245	81739	41194	40545	12115	69624
若尔盖县	17486	79986	39968	40018	12478	67508
红原县	14055	49028	24553	24475	14985	34043

说明：此表所列数据均为公安年报口径

2020年阿坝州各民族人口状况统计表

表 79 单位：人

	合计	藏族	汉族	羌族	回族	满族	土家族	苗族	彝族	其他
全州	897287	535406	165357	166910	27957	338	237	307	266	509
马尔康市	53138	42720	8018	1651	597	28	35	26	30	33
汶川县	91682	18700	35308	36412	949	59	59	47	52	96
理县	42863	23005	5207	14391	177	10	5	33	18	17
茂县	109287	1372	4282	101314	2200	11	12	21	28	47
松潘县	73003	32757	20819	8159	11167	8	3	18	19	53
九寨沟县	66901	22010	40111	1190	3429	43	30	20	23	45
金川县	68266	51206	12485	1065	3248	49	46	49	34	84
小金县	76593	49106	23626	827	2820	92	16	53	20	33
黑水县	57745	54809	2342	506	60	4	1	6	7	10

续表 79

	合计	藏族	汉族	羌族	回族	满族	土家族	苗族	彝族	其他
壤塘县	47056	44111	2536	302	80	1	7	4	3	12
阿坝县	81739	77531	2063	411	1686	3	1	11	9	24
若尔盖县	79986	74934	3285	301	1378	29	6	4	15	34
红原县	49028	43145	5275	381	166	1	16	15	8	21

2020 年阿坝州人口自然变动情况统计表

表 80

单位：人、‰、千分点

	出生		死亡		自然增长	
	人数	出生率	人数	死亡率	人数	自然增长率
全州	10499	11.09	3598	3.80	6901	7.29
马尔康市	539	9.20	287	4.90	252	4.30
汶川县	722	7.59	401	4.22	321	3.38
理县	346	7.42	247	5.30	99	2.12
茂县	1283	10.34	302	2.43	981	7.91
松潘县	781	10.01	319	4.09	462	5.92
九寨沟县	1032	14.70	284	4.05	748	10.65
金川县	465	6.21	207	2.76	258	3.44
小金县	480	5.76	370	4.44	110	1.32
黑水县	540	8.84	276	4.52	264	4.32
壤塘县	704	15.04	194	4.14	510	10.90
阿坝县	1262	15.54	243	2.99	1019	12.54
若尔盖县	1379	17.42	298	3.76	1081	13.66
红原县	966	20.34	170	3.58	796	16.76

说明：此表所列数据为计生年报口径

2020 年阿坝州按行业分组的法人单位和产业活动单位数统计表

表 81

单位：个

行业	法人单位数				产业活动单位数	
	合计	单产业法人单位	多产业法人单位	规模、资质或限额以上单位	合计	多产业法人所属的产业活动单位
按国民经济行业分组	16202	15550	652	605	19420	3870
农、林、牧、渔业	5000	4990	10	4	5051	61
农业	2019	2017	2	1	2022	5
谷物种植	18	18			18	
稻谷种植	3	3			3	

续表 81

行业	法人单位数				产业活动单位数	
	合计	单产业法人单位	多产业法人单位	规模、资质或限额以上单位	合计	多产业法人所属的产业活动单位
小麦种植	3	3			3	
玉米种植	3	3			3	
其他谷物种植	9	9			9	
豆类、油料和薯类种植	19	19			19	
豆类种植	7	7			7	
油料种植	6	6			6	
薯类种植	6	6			6	
蔬菜、食用菌及园艺作物种植	540	539	1	1	541	2
蔬菜种植	443	442	1		444	2
食用菌种植	60	60			60	
花卉种植	31	31		1	31	
其他园艺作物种植	6	6			6	
水果种植	563	563			564	1
仁果类和核果类水果种植	316	316			316	
葡萄种植	16	16			16	
香蕉等亚热带水果种植	2	2			2	
其他水果种植	229	229			230	1
坚果、含油果、香料和饮料作物种植	79	79			79	
坚果种植	44	44			44	
含油果种植	1	1			1	
香料作物种植	30	30			30	
茶叶种植	4	4			4	
中药材种植	719	718	1		720	2
中草药种植	651	650	1		652	2
其他中药材种植	68	68			68	
草种植及割草	11	11			11	
草种植	11	11			11	
其他农业	70	70			70	
其他农业	70	70			70	
林业	969	962	7		1006	44
林木育种和育苗	87	87			93	6
林木育种	20	20			20	
林木育苗	67	67			73	6

续表 81

行业	法人单位数				产业活动单位数	
	合计	单产业法人单位	多产业法人单位	规模、资质或限额以上单位	合计	多产业法人所属的产业活动单位
造林和更新	72	70	2		81	11
造林和更新	72	70	2		81	11
森林经营、管护和改培	808	803	5		830	27
森林经营和管护	808	803	5		830	27
畜牧业	1901	1901		2	1903	2
牲畜饲养	1436	1436		2	1437	1
牛的饲养	755	755			756	1
马的饲养	11	11			11	
猪的饲养	455	455		2	455	
羊的饲养	118	118			118	
其他牲畜饲养	97	97			97	
家禽饲养	245	245			245	
鸡的饲养	204	204			204	
鸭的饲养	2	2			2	
其他家禽饲养	39	39			39	
其他畜牧业	220	220			221	1
兔的饲养	15	15			15	
蜜蜂饲养	175	175			176	1
其他未列明畜牧业	30	30			30	
渔业	24	24			24	
水产养殖	24	24			24	
农、林、牧、渔专业及辅助性活动	87	86	1	1	96	10
农业专业及辅助性活动	60	59	1	1	66	7
种子种苗培育活动	1	1			2	1
农业机械活动	3	3			3	
农产品初加工活动	33	32	1	1	33	1
农作物病虫害防治活动					1	1
其他农业专业及辅助性活动	23	23			27	4
林业专业及辅助性活动	16	16			17	1
林业有害生物防治活动	2	2			3	1
森林防火活动	3	3			3	
其他林业专业及辅助性活动	11	11			11	
畜牧专业及辅助性活动	6	6			8	2
畜牧良种繁殖活动	1	1			2	1

续表 81

行业	法人单位数				产业活动单位数	
	合计	单产业法人单位	多产业法人单位	规模、资质或限额以上单位	合计	多产业法人所属的产业活动单位
畜禽粪污处理活动	1	1			1	
其他畜牧专业及辅助性活动	4	4			5	1
渔业专业及辅助性活动	5	5			5	
鱼苗及鱼种场活动	5	5			5	
采矿业	121	121		7	121	
黑色金属矿采选业	1	1		1	1	
铁矿采选	1	1		1	1	
铁矿采选	1	1		1	1	
有色金属矿采选业	14	14		2	14	
常用有色金属矿采选	1	1			1	
其他常用有色金属矿采选	1	1			1	
贵金属矿采选	6	6			6	
金矿采选	6	6			6	
稀有稀土金属矿采选	7	7		2	7	
钨钼矿采选	1	1			1	
其他稀有金属矿采选	6	6		2	6	
非金属矿采选业	105	105		4	105	
土砂石开采	100	100		4	100	
石灰石、石膏开采	3	3		1	3	
建筑装饰用石开采	6	6			6	
黏土及其他土砂石开采	91	91		3	91	
石棉及其他非金属矿采选	5	5			5	
其他未列明非金属矿采选	5	5			5	
其他采矿业	1	1			1	
其他采矿业	1	1			1	
制造业	563	556	7	79	573	17
农副食品加工业	115	113	2	14	119	6
谷物磨制	3	3			3	
杂粮加工	1	1			1	
其他谷物磨制	2	2			2	
饲料加工	6	6			6	
宠物饲料加工	1	1			1	
其他饲料加工	5	5			5	
植物油加工	5	5		1	6	1

续表 81

行业	法人单位数				产业活动单位数	
	合计	单产业法人单位	多产业法人单位	规模、资质或限额以上单位	合计	多产业法人所属的产业活动单位
食用植物油加工	5	5		1	6	1
屠宰及肉类加工	73	71	2	11	76	5
牲畜屠宰	20	20		8	24	4
肉制品及副产品加工	53	51	2	3	52	1
水产品加工	1	1			1	
鱼糜制品及水产品干腌制加工	1	1			1	
蔬菜、菌类、水果和坚果加工	13	13		1	13	
蔬菜加工	5	5		1	5	
食用菌加工	6	6			6	
水果和坚果加工	2	2			2	
其他农副食品加工	14	14		1	14	
淀粉及淀粉制品制造	2	2			2	
豆制品制造	4	4			4	
其他未列明农副食品加工	8	8		1	8	
食品制造业	22	22		3	22	
焙烤食品制造	2	2			2	
糕点、面包制造	2	2			2	
方便食品制造	3	3			3	
米、面制品制造	3	3			3	
乳制品制造	9	9		3	9	
液体乳制造	4	4			4	
乳粉制造	2	2		2	2	
其他乳制品制造	3	3		1	3	
调味品、发酵制品制造	1	1			1	
其他调味品、发酵制品制造	1	1			1	
其他食品制造	7	7			7	
营养食品制造	3	3			3	
保健食品制造	1	1			1	
食品及饲料添加剂制造	1	1			1	
其他未列明食品制造	2	2			2	
酒、饮料和精制茶制造业	63	60	3	4	64	4
酒的制造	34	31	3	2	35	4
白酒制造	23	20	3		24	4
啤酒制造	2	2			2	

续表 81

行业	法人单位数				产业活动单位数	
	合计	单产业法人单位	多产业法人单位	规模、资质或限额以上单位	合计	多产业法人所属的产业活动单位
黄酒制造	2	2			2	
葡萄酒制造	4	4		2	4	
其他酒制造	3	3			3	
饮料制造	26	26		2	26	
瓶（罐）装饮用水制造	19	19		1	19	
果菜汁及果菜汁饮料制造	5	5		1	5	
固体饮料制造	1	1			1	
茶饮料及其他饮料制造	1	1			1	
精制茶加工	3	3			3	
精制茶加工	3	3			3	
纺织业	7	7			7	
棉纺织及印染精加工	1	1			1	
棉纺纱加工	1	1			1	
毛纺织及染整精加工	2	2			2	
毛织造加工	2	2			2	
针织或钩针编织物及其制品制造	4	4			4	
针织或钩针编织物织造	2	2			2	
针织或钩针编织物印染精加工	1	1			1	
针织或钩针编织品制造	1	1			1	
纺织服装、服饰业	21	21			21	
机织服装制造	9	9			9	
其他机织服装制造	9	9			9	
针织或钩针编织服装制造	2	2			2	
其他针织或钩针编织服装制造	2	2			2	
服饰制造	10	10			10	
服饰制造	10	10			10	
皮革、毛皮、羽毛及其制品和制鞋业	3	3			3	
皮革鞣制加工	1	1			1	
皮革鞣制加工	1	1			1	
毛皮鞣制及制品加工	1	1			1	
毛皮服装加工	1	1			1	
制鞋业	1	1			1	
纺织面料鞋制造	1	1			1	
木材加工和木、竹、藤、棕、草制品业	5	5			5	

续表 81

行业	法人单位数				产业活动单位数	
	合计	单产业法人单位	多产业法人单位	规模、资质或限额以上单位	合计	多产业法人所属的产业活动单位
木材加工	4	4			4	
锯材加工	3	3			3	
其他木材加工	1	1			1	
木质制品制造	1	1			1	
建筑用木料及木材组件加工	1	1			1	
家具制造业	2	2			3	1
木质家具制造	2	2			2	
木质家具制造	2	2			2	
造纸和纸制品业	1	1			1	
纸制品制造	1	1			1	
其他纸制品制造	1	1			1	
印刷和记录媒介复制业	6	6			6	
印刷	2	2			2	
书、报刊印刷	1	1			1	
本册印制	1	1			1	
装订及印刷相关服务	3	3			3	
装订及印刷相关服务	3	3			3	
记录媒介复制	1	1			1	
记录媒介复制	1	1			1	
文教、工美、体育和娱乐用品制造业	79	79			79	
工艺美术及礼仪用品制造	79	79			79	
雕塑工艺品制造	12	12			12	
金属工艺品制造	1	1			1	
漆器工艺品制造	1	1			1	
花画工艺品制造	4	4			4	
抽纱刺绣工艺品制造	41	41			41	
地毯、挂毯制造	4	4			4	
珠宝首饰及有关物品制造	2	2			2	
其他工艺美术及礼仪用品制造	14	14			14	
石油、煤炭及其他燃料加工业	1	1			1	
精炼石油产品制造	1	1			1	
其他原油制造	1	1			1	
化学原料和化学制品制造业	54	54		27	54	
基础化学原料制造	43	43		27	43	

续表 81

行业	法人单位数				产业活动单位数	
	合计	单产业法人单位	多产业法人单位	规模、资质或限额以上单位	合计	多产业法人所属的产业活动单位
无机碱制造	2	2		2	2	
无机盐制造	17	17		9	17	
有机化学原料制造	1	1		1	1	
其他基础化学原料制造	23	23		15	23	
肥料制造	1	1			1	
有机肥料及微生物肥料制造	1	1			1	
日用化学产品制造	10	10			10	
化妆品制造	2	2			2	
香料、香精制造	6	6			6	
其他日用化学产品制造	2	2			2	
医药制造业	10	10		2	10	
中药饮片加工	2	2			2	
中药饮片加工	2	2			2	
中成药生产	5	5		2	5	
中成药生产	5	5		2	5	
卫生材料及医药用品制造	3	3			3	
卫生材料及医药用品制造	3	3			3	
橡胶和塑料制品业	2	2		1	2	
塑料制品业	2	2		1	2	
塑料薄膜制造	1	1		1	1	
塑料零件及其他塑料制品制造	1	1			1	
非金属矿物制品业	118	117	1	13	120	3
水泥、石灰和石膏制造	4	4		1	4	
水泥制造	4	4		1	4	
石膏、水泥制品及类似制品制造	56	55	1	8	57	2
水泥制品制造	47	46	1	7	48	2
砼结构构件制造	5	5		1	5	
轻质建筑材料制造	2	2			2	
其他水泥类似制品制造	2	2			2	
砖瓦、石材等建筑材料制造	40	40		1	40	
黏土砖瓦及建筑砌块制造	22	22			22	
建筑用石加工	13	13		1	13	
其他建筑材料制造	5	5			5	
玻璃制造	1	1			1	

续表 81

行业	法人单位数				产业活动单位数	
	合计	单产业法人单位	多产业法人单位	规模、资质或限额以上单位	合计	多产业法人所属的产业活动单位
平板玻璃制造	1	1			1	
玻璃制品制造	2	2		1	2	
技术玻璃制品制造	1	1			1	
其他玻璃制品制造	1	1		1	1	
玻璃纤维和玻璃纤维增强塑料制品制造	1	1			1	
玻璃纤维及制品制造	1	1			1	
陶瓷制品制造	1	1			1	
陈设艺术陶瓷制造	1	1			1	
石墨及其他非金属矿物制品制造	13	13		2	14	1
石墨及碳素制品制造	2	2		1	3	1
其他非金属矿物制品制造	11	11		1	11	
黑色金属冶炼和压延加工业	10	10		6	10	
铁合金冶炼	10	10		6	10	
有色金属冶炼和压延加工业	7	7		4	7	
常用有色金属冶炼	2	2		1	2	
铝冶炼	1	1		1	1	
硅冶炼	1	1			1	
贵金属冶炼	2	2		1	2	
金冶炼	2	2		1	2	
有色金属压延加工	3	3		2	3	
铝压延加工	3	3		2	3	
金属制品业	7	7		1	8	1
结构性金属制品制造	2	2			3	1
金属结构制造	2	2			2	
金属工具制造	1	1			1	
农用及园林用金属工具制造	1	1			1	
建筑、安全用金属制品制造	2	2			2	
铸造及其他金属制品制造	2	2		1	2	
黑色金属铸造	1	1		1	1	
其他未列明金属制品制造	1	1			1	
通用设备制造业	3	3		1	3	
金属加工机械制造	1	1		1	1	
金属切削机床制造	1	1		1	1	
通用零部件制造	2	2			2	

续表 81

行业	法人单位数				产业活动单位数	
	合计	单产业法人单位	多产业法人单位	规模、资质或限额以上单位	合计	多产业法人所属的产业活动单位
机械零部件加工	2	2			2	
专用设备制造业	2	2			2	
化工、木材、非金属加工专用设备制造	1	1			1	
塑料加工专用设备制造	1	1			1	
电子和电工机械专用设备制造	1	1			1	
电子元器件与机电组件设备制造	1	1			1	
计算机、通信和其他电子设备制造业	5	5		2	5	
电子器件制造	1	1			1	
其他电子器件制造	1	1			1	
电子元件及电子专用材料制造	4	4		2	4	
其他制造业	5	5			5	
其他未列明制造业	5	5			5	
废弃资源综合利用业	9	8	1	1	10	2
金属废料和碎屑加工处理	4	3	1		5	2
非金属废料和碎屑加工处理	5	5		1	5	
金属制品、机械和设备修理业	6	6			6	
通用设备修理	1	1			1	
专用设备修理	2	2			2	
电气设备修理	2	2			2	
其他机械和设备修理业	1	1			1	
电力、热力、燃气及水生产和供应业	265	257	8	74	306	49
电力、热力生产和供应业	230	222	8	73	270	48
电力生产	211	205	6	62	235	30
水力发电	195	189	6	52	219	30
风力发电	2	2			2	
太阳能发电	14	14		10	14	
电力供应	16	14	2	11	32	18
热力生产和供应	3	3			3	
燃气生产和供应业	10	10		1	10	
水的生产和供应业	25	25			26	1
自来水生产和供应	17	17			18	1
污水处理及其再生利用	7	7			7	
其他水的处理、利用与分配	1	1			1	
建筑业	640	606	34	148	689	83

续表 81

行业	法人单位数				产业活动单位数	
	合计	单产业法人单位	多产业法人单位	规模、资质或限额以上单位	合计	多产业法人所属的产业活动单位
房屋建筑业	367	341	26	102	390	49
住宅房屋建筑	317	294	23	94	335	41
其他房屋建筑业	50	47	3	8	55	8
土木工程建筑业	110	105	5	43	121	16
铁路、道路、隧道和桥梁工程建筑	79	75	4	36	86	11
铁路工程建筑	1	1			1	
公路工程建筑	44	43	1	22	51	8
市政道路工程建筑	28	25	3	13	27	2
城市轨道交通工程建筑	1	1			1	
其他道路、隧道和桥梁工程建筑	5	5		1	6	1
水利和水运工程建筑	3	3		1	3	
水源及供水设施工程建筑	1	1			1	
河湖治理及防洪设施工程建筑	2	2		1	2	
架线和管道工程建筑	2	2		1	3	1
其他土木工程建筑	26	25	1	5	26	1
园林绿化工程施工	5	5			5	
其他土木工程建筑施工	21	20	1	5	21	1
建筑安装业	25	23	2	4	33	10
电气安装	8	6	2	3	14	8
管道和设备安装	4	4			4	
其他建筑安装业	13	13		1	15	2
体育场地设施安装	1	1			1	
其他建筑安装	12	12		1	14	2
建筑装饰、装修和其他建筑业	138	137	1	1	145	8
建筑装饰和装修业	98	97	1	1	100	3
公共建筑装饰和装修	13	13			15	2
住宅装饰和装修	83	82	1	1	83	1
建筑幕墙装饰和装修	2	2			2	
建筑物拆除和场地准备活动	3	3			7	4
建筑物拆除活动	3	3			6	3
提供施工设备服务	2	2			2	
其他未列明建筑业	35	35			36	1
批发和零售业	1856	1828	28	52	2026	198
批发业	623	616	7	5	653	37

续表 81

行业	法人单位数				产业活动单位数	
	合计	单产业法人单位	多产业法人单位	规模、资质或限额以上单位	合计	多产业法人所属的产业活动单位
农、林、牧、渔产品批发	116	116			118	2
谷物、豆及薯类批发	7	7			7	
种子批发	8	8			8	
畜牧渔业饲料批发	3	3			3	
林业产品批发	8	8			8	
牲畜批发	19	19			19	
渔业产品批发	1	1			1	
其他农牧产品批发	70	70			72	2
食品、饮料及烟草制品批发	130	129	1	1	146	17
糕点、糖果及糖批发	1	1			1	
果品、蔬菜批发	61	61			61	
肉、禽、蛋、奶及水产品批发	26	26			26	
盐及调味品批发	6	6			6	
酒、饮料及茶叶批发	13	13			13	
烟草制品批发	1		1	1	16	16
其他食品批发	22	22			23	1
纺织、服装及家庭用品批发	7	7			8	1
服装批发	2	2			3	1
化妆品及卫生用品批发	1	1			1	
灯具、装饰物品批发	1	1			1	
日用家电批发	1	1			1	
其他家庭用品批发	2	2			2	
文化、体育用品及器材批发	8	8			8	
文具用品批发	1	1			1	
首饰、工艺品及收藏品批发	6	6			6	
其他文化用品批发	1	1			1	
医药及医疗器材批发	36	35	1	2	36	1
西药批发	8	7	1	1	8	1
中药批发	21	21		1	21	
医疗用品及器材批发	7	7			7	
矿产品、建材及化工产品批发	212	209	3	2	218	9
煤炭及制品批发	7	7			7	
石油及制品批发	4	3	1	1	6	3
非金属矿及制品批发	2	2			2	

续表 81

行业	法人单位数				产业活动单位数	
	合计	单产业法人单位	多产业法人单位	规模、资质或限额以上单位	合计	多产业法人所属的产业活动单位
金属及金属矿批发	6	6			6	
建材批发	140	140		1	140	
化肥批发	25	24	1		25	1
农药批发	20	20			20	
其他化工产品批发	8	7	1		12	5
机械设备、五金产品及电子产品批发	21	20	1		22	2
农业机械批发	6	6			6	
汽车及零配件批发	1	1			1	
五金产品批发	6	6			6	
电气设备批发	1	1			1	
计算机、软件及辅助设备批发	2	2			2	
通讯设备批发	1		1		1	1
其他机械设备及电子产品批发	4	4			5	1
贸易经纪与代理	32	32			32	
贸易代理	31	31			31	
一般物品拍卖	1	1			1	
其他批发业	61	60	1		65	5
再生物资回收与批发	38	37	1		41	4
互联网批发	6	6			6	
其他未列明批发业	17	17			18	1
零售业	1233	1212	21	47	1373	161
综合零售	242	236	6	16	258	22
百货零售	72	69	3	6	83	14
超级市场零售	13	12	1	6	13	1
其他综合零售	157	155	2	4	162	7
食品、饮料及烟草制品专门零售	306	301	5	11	326	25
粮油零售	15	11	4	5	29	18
糕点、面包零售	1	1			1	
果品、蔬菜零售	81	81		1	81	
肉、禽、蛋、奶及水产品零售	56	56			59	3
营养和保健品零售	5	4	1		5	1
酒、饮料及茶叶零售	23	23		1	23	
烟草制品零售	2	2			4	2
其他食品零售	123	123		4	124	1

续表 81

行业	法人单位数				产业活动单位数	
	合计	单产业法人单位	多产业法人单位	规模、资质或限额以上单位	合计	多产业法人所属的产业活动单位
纺织、服装及日用品专门零售	36	36			39	3
纺织品及针织品零售	7	7			7	
服装零售	15	15			17	2
化妆品及卫生用品零售	1	1			1	
钟表、眼镜零售	5	5			6	1
箱包零售	2	2			2	
自行车等代步设备零售	1	1			1	
其他日用品零售	5	5			5	
文化、体育用品及器材专门零售	80	78	2	6	82	4
文具用品零售	7	7			7	
体育用品及器材零售	6	6			6	
图书、报刊零售	12	10	2		12	2
珠宝首饰零售	3	3			3	
工艺美术品及收藏品零售	47	47		6	48	1
乐器零售	1	1			1	
其他文化用品零售	4	4			5	1
医药及医疗器材专门零售	236	232	4	4	260	28
西药零售	192	188	4	4	216	28
中药零售	28	28			28	
动物用药品零售	8	8			8	
医疗用品及器材零售	8	8			8	
汽车、摩托车、零配件和燃料及其他动力销售	73	71	2	10	132	61
汽车新车零售	13	13		2	15	2
汽车旧车零售	5	5			5	
汽车零配件零售	3	3			3	
摩托车及零配件零售	3	3			3	
机动车燃油零售	47	45	2	8	103	58
机动车燃气零售	2	2			3	1
家用电器及电子产品专门零售	54	53	1		58	5
家用视听设备零售	1	1			1	
日用家电零售	13	13			14	1
计算机、软件及辅助设备零售	29	29			29	
通信设备零售	8	7	1		11	4
其他电子产品零售	3	3			3	

续表 81

行业	法人单位数				产业活动单位数	
	合计	单产业法人单位	多产业法人单位	规模、资质或限额以上单位	合计	多产业法人所属的产业活动单位
五金、家具及室内装饰材料专门零售	104	104			105	1
五金零售	36	36			37	1
家具零售	7	7			7	
木质装饰材料零售	2	2			2	
陶瓷、石材装饰材料零售	6	6			6	
其他室内装饰材料零售	53	53			53	
货摊、无店铺及其他零售业	102	101	1	4	113	12
流动货摊零售	1	1			1	
互联网零售	26	26		2	26	
自动售货机零售	1	1			1	
生活用燃料零售	34	33	1	1	38	5
宠物食品用品零售	1	1			1	
其他未列明零售业	39	39		1	46	7
交通运输、仓储和邮政业	340	326	14	10	516	190
道路运输业	278	268	10	8	340	72
城市公共交通运输	23	23			28	5
公共电汽车客运	7	7			7	
城市轨道交通					1	1
出租车客运	14	14			17	3
其他城市公共交通运输	2	2			3	1
公路旅客运输	17	13	4	4	23	10
长途客运	7	4	3	3	13	9
旅游客运	4	3	1	1	3	
其他公路客运	6	6			7	1
道路货物运输	202	197	5		209	12
普通货物道路运输	190	185	5		196	11
冷藏车道路运输	1	1			1	
危险货物道路运输	2	2			2	
城市配送	7	7			7	
其他道路货物运输	2	2			2	
道路运输辅助活动	36	35	1	4	80	45
客运汽车站	1	1			14	13
公路管理与养护	25	24	1	3	56	32
其他道路运输辅助活动	10	10		1	10	

续表 81

行业	法人单位数				产业活动单位数	
	合计	单产业法人单位	多产业法人单位	规模、资质或限额以上单位	合计	多产业法人所属的产业活动单位
航空运输业	7	7		1	7	
通用航空服务	5	5			5	
通用航空生产服务	2	2			2	
观光游览航空服务	1	1			1	
其他通用航空服务	2	2			2	
航空运输辅助活动	2	2		1	2	
机场	1	1		1	1	
其他航空运输辅助活动	1	1			1	
多式联运和运输代理业	23	23			24	1
运输代理业	23	23			24	1
货物运输代理	11	11			12	1
旅客票务代理	11	11			11	
其他运输代理业	1	1			1	
装卸搬运和仓储业	10	9	1		12	3
装卸搬运	6	6			6	
装卸搬运	6	6			6	
谷物、棉花等农产品仓储	3	2	1		5	3
其他仓储业	1	1			1	
邮政业	22	19	3	1	133	114
邮政基本服务	1		1	1	53	53
快递服务	20	18	2		79	61
其他寄递服务	1	1			1	
住宿和餐饮业	519	506	13	77	559	53
住宿业	383	371	12	72	415	44
旅游饭店	203	196	7	65	221	25
旅游饭店	203	196	7	65	221	25
一般旅馆	132	127	5	12	145	18
经济型连锁酒店	1	1			1	
其他一般旅馆	131	126	5	12	144	18
民宿服务	29	29		1	29	
民宿服务	29	29		1	29	
其他住宿业	19	19			20	1
其他住宿业	19	19			20	1
餐饮业	136	135	1	5	144	9

续表 81

行业	法人单位数				产业活动单位数	
	合计	单产业法人单位	多产业法人单位	规模、资质或限额以上单位	合计	多产业法人所属的产业活动单位
正餐服务	128	127	1	5	134	7
快餐服务	2	2			2	
饮料及冷饮服务	1	1			1	
茶馆服务	1	1			1	
餐饮配送及外卖送餐服务	1	1			3	2
外卖送餐服务	1	1			2	1
其他餐饮业	4	4			4	
其他未列明餐饮业	4	4			4	
信息传输、软件和信息技术服务业	150	145	5	6	240	95
电信、广播电视和卫星传输服务	25	22	3	4	99	77
电信	11	8	3	4	83	75
固定电信服务	2	1	1	1	30	29
移动电信服务	3	1	2	2	46	45
其他电信服务	6	6		1	7	1
广播电视传输服务	11	11			13	2
有线广播电视传输服务	7	7			9	2
无线广播电视传输服务	4	4			4	
卫星传输服务	3	3			3	
广播电视卫星传输服务	3	3			3	
互联网和相关服务	46	46		1	49	3
互联网接入及相关服务	3	3			3	
互联网信息服务	18	18			19	1
互联网搜索服务	1	1			1	
互联网游戏服务	1	1			1	
互联网其他信息服务	16	16			17	1
互联网平台	5	5			5	
互联网生产服务平台	2	2			2	
互联网生活服务平台	3	3			3	
互联网安全服务	1	1			1	
互联网数据服务	8	8		1	10	2
其他互联网服务	11	11			11	
软件和信息技术服务业	79	77	2	1	92	15
软件开发	27	26	1		31	5
基础软件开发	19	18	1		21	3

续表 81

行业	法人单位数				产业活动单位数	
	合计	单产业法人单位	多产业法人单位	规模、资质或限额以上单位	合计	多产业法人所属的产业活动单位
应用软件开发	4	4			4	
其他软件开发	4	4			6	2
信息系统集成和物联网技术服务	11	10	1	1	16	6
信息系统集成服务	9	8	1	1	14	6
物联网技术服务	2	2			2	
运行维护服务	8	8			8	
信息处理和存储支持服务	6	6			6	
信息技术咨询服务	11	11			14	3
数字内容服务	1	1			1	
其他数字内容服务	1	1			1	
其他信息技术服务业	15	15			16	1
金融业	30	19	11		296	277
货币金融服务	18	11	7		247	236
中央银行服务	1		1		4	4
货币银行服务	12	6	6		237	231
商业银行服务	10	6	4		53	47
政策性银行服务	1		1		1	1
信用合作社服务	1		1		183	183
非货币银行服务	5	5			5	
典当	2	2			2	
小额贷款公司服务	3	3			3	
银行监管服务					1	1
银行监管服务					1	1
资本市场服务	1	1			2	1
证券市场服务					1	1
证券经纪交易服务					1	1
资本投资服务	1	1			1	
资本投资服务	1	1			1	
保险业	7	3	4		43	40
人身保险	1	1			11	10
人寿保险	1	1			11	10
财产保险	6	2	4		31	29
其他金融业	4	4			4	
金融信息服务	1	1			1	

续表 8-

行业	法人单位数				产业活动单位数	
	合计	单产业法人单位	多产业法人单位	规模、资质或限额以上单位	合计	多产业法人所属的产业活动单位
其他未列明金融业	3	3			3	
房地产业	179	174	5	12	213	39
房地产业	179	174	5	12	213	39
房地产开发经营	53	51	2	12	59	8
物业管理	100	99	1	1	114	15
房地产中介服务	3	3			4	1
房地产租赁经营	20	19	1	1	20	1
其他房地产业	3	2	1		16	14
租赁和商务服务业	1015	999	16	29	1125	126
租赁业	243	242	1		246	4
机械设备经营租赁	241	240	1		244	4
汽车租赁	30	29	1		32	3
农业机械经营租赁	5	5			5	
建筑工程机械与设备经营租赁	186	186			186	
计算机及通讯设备经营租赁	1	1			1	
其他机械与设备经营租赁	19	19			20	1
文体设备和用品出租	2	2			2	
休闲娱乐用品设备出租	2	2			2	
商务服务业	772	757	15	29	879	122
组织管理服务	79	73	6	12	94	21
企业总部管理	6	5	1	1	8	3
投资与资产管理	42	41	1	11	51	10
资源与产权交易服务	1	1			1	
单位后勤管理服务	4	4			4	
农村集体经济组织管理	4	4			6	2
其他组织管理服务	22	18	4		24	6
综合管理服务	28	27	1	1	29	2
园区管理服务	2	2			2	
商业综合体管理服务	5	5		1	5	
市场管理服务	9	9			11	2
供应链管理服务	6	6			6	
其他综合管理服务	6	5	1		5	
法律服务	21	21			35	14
律师及相关法律服务	12	12			17	5

续表 81

行业	法人单位数				产业活动单位数	
	合计	单产业法人单位	多产业法人单位	规模、资质或限额以上单位	合计	多产业法人所属的产业活动单位
公证服务	5	5			11	6
其他法律服务	4	4			7	3
咨询与调查	61	60	1	1	68	8
会计、审计及税务服务	35	35			41	6
社会经济咨询	14	13	1	1	13	
健康咨询	2	2			2	
环保咨询	1	1			1	
体育咨询	2	2			2	
其他专业咨询与调查	7	7			8	1
广告业	155	154	1		161	7
互联网广告服务	5	5			5	
其他广告服务	150	149	1		156	7
人力资源服务	117	116	1	4	136	20
公共就业服务	11	11			26	15
职业中介服务	7	6	1	1	7	1
劳务派遣服务	85	85		3	86	1
其他人力资源服务	14	14			17	3
安全保护服务	17	16	1	5	23	7
安全服务	11	10	1	4	17	7
安全系统监控服务	6	6		1	6	
会议、展览及相关服务	11	11		1	11	
科技会展服务	2	2			2	
旅游会展服务	1	1			1	
文化会展服务	5	5		1	5	
其他会议、展览及相关服务	3	3			3	
其他商务服务业	283	279	4	5	322	43
旅行社及相关服务	224	220	4	4	259	39
包装服务	5	5			6	1
办公服务	8	8			8	
翻译服务	2	2			3	1
非融资担保服务	1	1			1	
商务代理代办服务	15	15			15	
票务代理服务	2	2		1	3	1
其他未列明商务服务业	26	26			27	1

续表 81

行业	法人单位数				产业活动单位数	
	合计	单产业法人单位	多产业法人单位	规模、资质或限额以上单位	合计	多产业法人所属的产业活动单位
科学研究和技术服务业	323	304	19	3	575	271
研究和试验发展	19	19			20	1
工程和技术研究和试验发展	4	4			4	
工程和技术研究和试验发展	4	4			4	
农业科学研究和试验发展	9	9			9	
农业科学研究和试验发展	9	9			9	
医学研究和试验发展	1	1			2	1
医学研究和试验发展	1	1			2	1
社会人文科学研究	5	5			5	
社会人文科学研究	5	5			5	
专业技术服务业	168	152	16	3	340	188
气象服务	25	16	9		36	20
地震服务	8	8			10	2
测绘地理信息服务	2	2			3	1
其他测绘地理信息服务	2	2			2	
质检技术服务	35	34	1		62	28
检验检疫服务	16	15	1		39	24
检测服务	14	14			18	4
计量服务	1	1			1	
认证认可服务	1	1			1	
其他质检技术服务	3	3			3	
环境与生态监测检测服务	19	19			27	8
环境保护监测	8	8			13	5
生态资源监测	11	11			14	3
地质勘查	2	2			5	3
固体矿产地质勘查	2	2			2	
基础地质勘查					1	1
地质勘查技术服务					2	2
工程技术与设计服务	53	50	3	2	84	34
工程管理服务	30	28	2	1	42	14
工程监理服务	4	3	1		9	6
工程勘察活动	5	5			8	3
工程设计活动	10	10		1	18	8
规划设计管理	4	4			5	1

续表 81

行业	法人单位数				产业活动单位数	
	合计	单产业法人单位	多产业法人单位	规模、资质或限额以上单位	合计	多产业法人所属的产业活动单位
工业与专业设计及其他专业技术服务	24	21	3	1	113	92
工业设计服务	2	2			2	
专业设计服务	6	6			6	
兽医服务	7	6	1		88	82
其他未列明专业技术服务业	9	7	2	1	17	10
科技推广和应用服务业	136	133	3		215	82
技术推广服务	113	110	3		185	75
农林牧渔技术推广服务	90	88	2		158	70
生物技术推广服务	10	10			10	
新材料技术推广服务	2	2			2	
新能源技术推广服务	4	3	1		4	1
环保技术推广服务	2	2			3	1
其他技术推广服务	5	5			7	2
知识产权服务	1	1			1	
科技中介服务	3	3			6	3
其他科技推广服务业	19	19			23	4
水利、环境和公共设施管理业	223	217	6	19	296	79
水利管理业	7	6	1		46	40
防洪除涝设施管理	1	1			1	
水资源管理	2	2			19	17
水文服务	1		1		18	18
其他水利管理业	3	3			8	5
生态保护和环境治理业	88	88		1	99	11
生态保护	80	80		1	88	8
自然生态系统保护管理	73	73		1	80	7
野生动物保护	2	2			3	1
野生植物保护	2	2			2	
其他自然保护	3	3			3	
环境治理业	8	8			11	3
水污染治理	5	5			5	
土壤污染治理与修复服务	1	1			2	1
其他污染治理	2	2			4	2
公共设施管理业	127	122	5	18	147	25
市政设施管理	9	8	1	3	9	1

续表 81

行业	法人单位数				产业活动单位数	
	合计	单产业法人单位	多产业法人单位	规模、资质或限额以上单位	合计	多产业法人所属的产业活动单位
环境卫生管理	19	19			25	6
城乡市容管理	2	2			4	2
绿化管理	27	27			29	2
游览景区管理	70	66	4	15	80	14
名胜风景区管理	20	18	2	6	23	5
森林公园管理	2	2		1	5	3
其他游览景区管理	48	46	2	8	52	6
土地管理业	1	1			4	3
其他土地管理服务	1	1			2	1
居民服务、修理和其他服务业	163	161	2	1	175	14
居民服务业	62	61	1	1	67	6
家庭服务	16	16			16	
家庭服务	16	16			16	
托儿所服务	1	1			1	
托儿所服务	1	1			1	
洗染服务	6	6			6	
洗浴和保健养生服务	3	3			4	1
洗浴服务	1	1			2	1
足浴服务	1	1			1	
养生保健服务	1	1			1	
摄影扩印服务	3	3			3	
婚姻服务	13	13			13	
殡葬服务	8	8			11	3
其他居民服务业	12	11	1	1	13	2
机动车、电子产品和日用产品修理业	50	50			51	1
汽车、摩托车等修理与维护	41	41			41	
汽车修理与维护	41	41			41	
计算机和办公设备维修	5	5			6	1
计算机和辅助设备修理	5	5			5	
其他办公设备维修					1	1
家用电器修理	4	4			4	
家用电子产品修理	3	3			3	
日用电器修理	1	1			1	
其他服务业	51	50	1		57	7

续表 81

行业	法人单位数				产业活动单位数	
	合计	单产业法人单位	多产业法人单位	规模、资质或限额以上单位	合计	多产业法人所属的产业活动单位
清洁服务	35	34	1		40	6
建筑物清洁服务	4	4			5	1
其他清洁服务	31	30	1		35	5
宠物服务	1	1			1	
宠物饲养	1	1			1	
其他未列明服务业	15	15			16	1
教育	495	478	17	1	574	96
教育	495	478	17	1	574	96
学前教育	71	70	1		84	14
初等教育	220	210	10		223	13
普通小学教育	220	210	10		223	13
中等教育	53	52	1	1	53	1
普通初中教育	43	43		1	43	
普通高中教育	8	8			8	
中等职业学校教育	2	1	1		2	1
高等教育	8	8			11	3
普通高等教育	2	2			2	
成人高等教育	6	6			9	3
特殊教育	2	2			3	1
特殊教育	2	2			3	1
技能培训、教育辅助及其他教育	141	136	5		200	64
职业技能培训	61	56	5		97	41
体校及体育培训	5	5			6	1
文化艺术培训	8	8			8	
教育辅助服务	27	27			43	16
其他未列明教育	40	40			46	6
卫生和社会工作	358	357	1	2	379	22
卫生	316	315	1	2	326	11
医院	42	41	1	2	44	3
综合医院	24	24		2	24	
中医医院	3	2	1		3	1
中西医结合医院	2	2			2	
民族医院	10	10			10	
专科医院	2	2			2	

续表 81

行业	法人单位数				产业活动单位数	
	合计	单产业法人单位	多产业法人单位	规模、资质或限额以上单位	合计	多产业法人所属的产业活动单位
疗养院	1	1			3	2
基层医疗卫生服务	241	241			244	3
社区卫生服务中心（站）	16	16			19	3
乡镇卫生院	207	207			207	
村卫生室	2	2			2	
门诊部（所）	16	16			16	
专业公共卫生服务	32	32			37	5
疾病预防控制中心	14	14			15	1
专科疾病防治院（所、站）	1	1			2	1
妇幼保健院（所、站）	10	10			11	1
采供血机构服务	1	1			1	
计划生育技术服务活动	6	6			8	2
其他卫生活动	1	1			1	
其他未列明卫生服务	1	1			1	
社会工作	42	42			53	11
提供住宿社会工作	28	28			36	8
干部休养所	3	3			6	3
精神康复服务	1	1			1	
老年人、残疾人养护服务	21	21			25	4
孤残儿童收养和庇护服务	1	1			1	
其他提供住宿社会救助	2	2			3	1
不提供住宿社会工作	14	14			17	3
社会看护与帮助服务	5	5			8	3
康复辅具适配服务	1	1			1	
其他不提供住宿社会工作	8	8			8	
文化、体育和娱乐业	459	453	6	6	556	103
新闻和出版业	6	6			9	3
新闻业	3	3			6	3
出版业	3	3			3	
报纸出版	1	1			1	
期刊出版	1	1			1	
音像制品出版	1	1			1	
广播、电视、电影和录音制作业	31	29	2		39	10
广播	4	4			5	1

续表 81

行业	法人单位数				产业活动单位数	
	合计	单产业法人单位	多产业法人单位	规模、资质或限额以上单位	合计	多产业法人所属的产业活动单位
电视	8	7	1		10	3
影视节目制作	11	11			12	1
电影放映	7	6	1		11	5
录音制作	1	1			1	
文化艺术业	200	197	3	2	282	85
文艺创作与表演	69	69		2	73	4
艺术表演场馆	1	1			2	1
图书馆与档案馆	28	26	2		35	9
图书馆	11	11			15	4
档案馆	17	15	2		20	5
文物及非物质文化遗产保护	12	12			17	5
博物馆	2	2			4	2
群众文体活动	51	50	1		113	63
其他文化艺术业	37	37			37	
体育	33	33		3	36	3
体育组织	11	11			11	
体育竞赛组织	2	2			2	
体育保障组织	1	1			1	
其他体育组织	8	8			8	
体育场地设施管理	4	4			5	1
体育场馆管理	2	2			3	1
其他体育场地设施管理	2	2			2	
健身休闲活动	17	17		3	18	1
其他体育	1	1			2	1
体育健康服务					1	1
其他未列明体育	1	1			1	
娱乐业	189	188	1	1	190	2
室内娱乐活动	159	159			160	1
歌舞厅娱乐活动	25	25			25	
电子游艺厅娱乐活动	4	4			4	
网吧活动	128	128			129	1
其他室内娱乐活动	2	2			2	
休闲观光活动	13	13		1	13	
文化体育娱乐活动与经纪代理服务	16	15	1		16	1

续表 81

行业	法人单位数				产业活动单位数	
	合计	单产业法人单位	多产业法人单位	规模、资质或限额以上单位	合计	多产业法人所属的产业活动单位
文化活动服务	16	15	1		16	1
其他娱乐业	1	1			1	
公共管理、社会保障和社会组织	3695	3245	450	37	5342	2097
中国共产党机关	138	101	37		175	74
中国共产党机关	138	101	37		175	74
国家机构	1260	867	393	37	2843	1976
国家权力机构	28	24	4		32	8
国家行政机构	1198	821	377	37	2741	1920
综合事务管理机构	487	282	205	6	717	435
对外事务管理机构	4	4			6	2
公共安全管理机构	48	25	23		311	286
社会事务管理机构	254	193	61	1	750	557
经济事务管理机构	300	220	80	30	764	544
行政监督检查机构	105	97	8		193	96
监察委员会、人民法院和人民检察院	28	16	12		61	45
监察委员会	14	3	11		45	42
人民法院	14	13	1		16	3
其他国家机构	6	6			9	3
消防管理机构	4	4			7	3
其他未列明国家机构	2	2			2	
人民政协、民主党派	17	17			17	
人民政协	17	17			17	
人民政协	17	17			17	
社会保障	74	72	2		97	25
基本保险	58	57	1		68	11
基本养老保险	37	37			44	7
基本医疗保险	19	18	1		22	4
工伤保险	1	1			1	
其他基本保险	1	1			1	
其他社会保障	16	15	1		29	14
其他社会保障	16	15	1		29	14
群众团体、社会团体和其他成员组织	866	851	15		870	19
群众团体	72	59	13		72	13
工会	14	11	3		14	3

续表 81

行业	法人单位数				产业活动单位数	
	合计	单产业法人单位	多产业法人单位	规模、资质或限额以上单位	合计	多产业法人所属的产业活动单位
妇联	14	13	1		13	
共青团	14	10	4		14	4
其他群众团体	30	25	5		31	6
社会团体	494	493	1		498	5
专业性团体	261	260	1		262	2
行业性团体	61	61			62	1
其他社会团体	172	172			174	2
基金会	3	3			3	
基金会	3	3			3	
宗教组织	297	296	1		297	1
宗教团体服务	34	33	1		34	1
宗教活动场所服务	263	263			263	
基层群众自治组织及其他组织	1148	1145	3		1148	3
社区居民自治组织	58	58			58	
村民自治组织	1090	1087	3		1090	3

2020 年阿坝州按地区、机构类型分组的法人单位和产业活动单位数统计表

表 82　　单位：个

行业	法人单位数				产业活动单位数	
	合计	单产业法人单位	多产业法人单位	规模、资质或限额以上单位	合计	多产业法人所属的产业活动单位
一、按地区分组						
阿坝藏族羌族自治州	16202	15550	652	605	19420	3870
马尔康市	1490	1391	99	50	1791	400
汶川县	1881	1787	94	98	2085	398
理县	1016	965	51	53	1433	337
茂县	1609	1540	69	73	1908	368
松潘县	1435	1413	24	43	1583	170
九寨沟县	1621	1574	45	81	1948	313
金川县	1392	1357	35	29	1681	324
小金县	1720	1661	59	41	1953	384
黑水县	805	754	51	30	1074	320
壤塘县	577	552	25	18	726	174

续表 82

行业	法人单位数				产业活动单位数	
	合计	单产业法人单位	多产业法人单位	规模、资质或限额以上单位	合计	多产业法人所属的产业活动单位
阿坝县	860	852	8	23	980	128
若尔盖县	1111	1070	41	36	1321	251
红原县	685	634	51	30	937	303
二、按机构类型分组						
企业	6849	6685	164	549	7864	1179
事业单位	1614	1560	54	14	3149	1589
机关	931	515	416	32	1590	1075
社会团体	591	576	15		595	19
民办非企业单位	60	60			60	
基金会	3	3			3	
居委会	58	58			58	
村委会	1090	1087	3		1090	3
农民专业合作社	4657	4657		2	4657	
农村集体经济组织	1	1			2	1
其他组织机构	348	348			352	4

2020 年阿坝州及下属各县（市）地区生产总值统计表

表 83

单位：万元、元 / 人、%

	地区生产总值	按三次产业分			按国民经济行业分								人均地区生产总值	三次产业构成
		第一产业	第二产业	第三产业	农、林、牧、渔业	工业	建筑业	交通运输、仓储和邮政业	批发和零售业	住宿餐饮业	金融业	其他行业		
阿坝州	4117469	820683	964466	2332320	853870	795217	171279	80312	190822	157044	227626	1641299	49668	19.9:23.4:56.7
马尔康市	414205	38156	22882	353167	40419	12473	11115	8422	12172	18007	77489	234108	71415	9.2:5.5:85.3
汶川县	747499	117887	312639	316973	120872	252866	60433	7732	52499	21470	26455	205172	87941	15.8:41.8:42.4
理县	290176	36049	78039	176088	38104	68618	9421	3584	11871	12271	12113	134194	72544	12.4:26.9:60.7
茂县	430883	89102	159397	182384	91832	138018	21880	5782	17332	12752	17538	125749	45771	20.7:37.0:42.3
松潘县	259501	53818	26412	179271	56706	18093	8319	15173	11161	13099	10392	126558	39923	20.7:10.2:69.1
九寨沟县	307593	30003	50659	226931	32915	39391	11268	4637	19204	26123	22873	151182	47210	9.8:16.5:73.7
金川县	206739	43411	14461	148867	46022	7997	6627	8410	11438	8122	10938	107185	33892	21.0:7.0:72.0
小金县	243681	44201	44578	154902	46283	33578	11000	5709	14482	8706	12406	111517	36370	18.1:18.3:63.6
黑水县	323319	48718	127769	146832	52229	113666	14103	2124	5678	6315	8594	120610	57123	15.1:39.5:45.4
壤塘县	134088	38093	7525	88470	40297	4156	3369	2226	6128	4257	5488	68167	30020	28.4:5.6:66.0
阿坝县	189054	62946	11249	114859	64684	4279	6970	2308	11268	5658	8183	85704	24238	33.3:6.0:60.7

续表 83

	地区生产总值	按三次产业分			按国民经济行业分								人均地区生产总值	三次产业构成
		第一产业	第二产业	第三产业	农、林、牧、渔业	工业	建筑业	交通运输、仓储和邮政业	批发和零售业	住宿餐饮业	金融业	其他行业		
若尔盖县	300841	139679	12666	148496	143060	6586	6080	9956	9747	12841	8674	103897	39584	46.4:4.2:49.4
红原县	182892	78620	9192	95080	80447	8498	694	4249	7842	7423	6483	67256	38103	43.0:5.0:52.0

说明：此表按当年价格计算

2020 年阿坝州非公有制经济增加值统计表

表 84

单位：万元、%

指标名称	按当年价格计算				比上年同期增长
	绝对值		构成		
	2020 年	2019 年	2020 年	2019 年	
国内生产总值	4117469	3900256	100	100	3.3
公有制经济	2251323	2077208	54.7	53.3	4.1
非公有制经济	1866146	1823048	100	100	2.5
民营经济	1853180	1809719	99.3	99.3	2.6
外商经济					
港澳台经济	12966	13329	0.7	0.7	1
第一产业	337824	327234	18.1	17.9	5.9
民营经济	337824	327234	18.1	17.9	5.9
第二产业	609721	578071	32.7	31.7	3.7
民营经济	605026	572964	32.4	31.4	3.7
外商经济					
港澳台经济	4695	5107	0.3	0.3	0.7
1. 工业	456453	448892	24.5	24.6	3.2
民营经济	451758	443785	24.2	24.3	3.2
外商经济					
港澳台经济	4695	5107	0.3	0.3	0.7
2. 建筑业	155298	130819	8.3	7.2	5.7
民营经济	155298	130819	8.3	7.2	5.7
外商经济					
港澳台经济					
第三产业	918601	917743	49.2	50.3	0.3
民营经济	910330	909521	48.8	49.9	0.3
外商经济					
港澳台经济	8271	8222	0.4	0.5	1.2

续表 84

指标名称	按当年价格计算				比上年同期增长
	绝对值		构成		
	2020 年	2019 年	2020 年	2019 年	
1. 交通运输、仓储和邮政业	76092	80288	4.1	4.4	-1.6
民营经济	76092	80288	4.1	4.4	-1.6
外商经济					
港澳台经济					
2. 批发和零售业	163125	161218	8.7	8.8	-1.2
民营经济	163125	161218	8.7	8.8	-1.2
外商经济					
港澳台经济					
3. 住宿和餐饮业	152520	162207	8.2	8.9	-4
民营经济	152520	162207	8.2	8.9	-4
外商经济					
港澳台经济					
4. 房地产业	174516	161845	9.4	8.9	5.8
民营经济	174516	161845	9.4	8.9	5.8
外商经济					
港澳台经济					
5. 其他	352348	352185	18.9	19.3	1.1
民营经济	344077	343963	18.4	18.9	1.1
外商经济					
港澳台经济	8271	8222	0.4	0.5	1.2

说明：此表绝对额为当年价格计算，比上年增长速度按可比价格计算

2020 年阿坝州及下属各县（市）全社会固定资产投资情况一览表

表 85

单位：%

单位	全社会固定资产投资增速	
	合计	房地产开发投资增速
阿坝州	12.3	118.7
马尔康市	2.3	-100.0
汶川县	11.8	
理县	-31.1	
茂县	2.0	120.3
松潘县	5.2	-100.0
九寨沟县	10.4	
金川县	13.3	

续表 85

单位	全社会固定资产投资增速	
	合计	房地产开发投资增速
小金县	13.9	
黑水县	15.4	
壤塘县	6.0	
阿坝县	82.7	
若尔盖县	10.4	
红原县	56.1	
成阿工业园区	63.1	
德阿工业园区	68.3	

2020 年阿坝州全社会固定资产投资及构成情况一览表

表 86　　单位:%

一、全社会投资（增速）	12.3
其中:房地产投资	118.7
（一）按构成分	
建安装工程	8.1
设备工器具购置	-32.9
其他费用	91.6
（二）按产业分	
（1）第一产业	8.5
（2）第二产业	0.1
其中:工业	0.1
（3）第三产业	17.6
其中:交通运输	21.9

2020 年阿坝州分行业全社会固定资产投资情况一览表

表 87　　单位:%

	增速
计划总投资	34.7
本年完成投资	12.3
其中:国有经济控股	12.6
一、按登记注册类型分	
1. 内资	13.9
（1）国有	-2.1
（2）集体	
（3）股份合作	63.2
（4）联营企业	

续表 87

	增速
a. 国有联营企业	
b. 集体联营企业	
c. 国有与集体联营企业	
d. 其他联营企业	
（5）有限责任公司	52.2
a. 国有独资公司	462.1
b. 其他有限责任公司	-13.2
（6）股份有限公司	-27.9
（7）私营企业	22.5
私营独资企业	-100
私营合伙企业	
私营有限责任公司	20.3
私营股份有限公司	-98.9
（8）其他企业	72.8
2. 港、澳、台商投资企业	-100
（1）合资	
（2）合作	
（3）独资	-100
（4）股份有限公司	
（5）其他港、澳、台商投资企业	
3. 外商投资企业	176.6
（1）合资	
（2）合作	
（3）独资	
（4）股份有限公司	
（5）其他外商投资企业	176.6
4. 个体经营	-3.3
（1）个体户	-4.7
（2）个人合伙	
二、按建设性质分	
1. 新建	15.3
2. 扩建	-11.7
3. 改建和技术改造	98.7
三、本年新增固定资产	-36.7
施工项目个数	0.7
其中：本年新开工	-24.3
本年投产项目个数	-18.8

续表 87

	增速
本年施工房屋面积	-44.4
其中:住宅	1.1
本年竣工房屋面积	-100
其中:住宅	-100
四、按国民经济行业分	
(一)农、林、牧、渔业	12.6
农业	7.1
林业	-8.6
畜牧业	295.7
渔业	
农林牧渔专业及辅助性活动	87.8
(二)采矿业	41.3
煤炭开采和洗选业	
石油和天然气开采业	
黑色金属矿采选业	
有色金属矿采选业	33.2
非金属矿采选业	255.8
开采专业及辅助活动	-78.5
其他采矿业	
(三)制造业	42
农副食品加工业	71.5
食品制造业	-70.2
酒、饮料和精制茶制造业	-95.8
烟草制品业	
纺织业	
纺织服装和服饰业	
皮革、毛皮、羽毛(绒)及其制品业	
木材加工及木、竹、藤、棕、草制	
家具制造业	
造纸及纸制品业	
印刷业和记录媒介的复制	
文教体育用品制造业	-10
石油加工、炼焦及核燃料加工业	
化学原料及化学制品制造业	-38.9
医药制造业	-73.5
化学纤维制造业	
橡胶和塑料制品业	

续表 87

	增速
非金属矿制品业	165
黑色金属冶炼和压延加工业	
有色金属冶炼和压延加工业	450.7
金属制品业	-94.2
通用设备制造业	
专用设备制造业	
汽车制造业	
铁路、船舶、航空航天等制造业	
电气机械及器材制造业	
计算机、通信和其他电子设备制造业	63.5
仪器仪表制造业	
其他制造业	
废弃资源综合利用业	-100
金属制品、机械和设备修理业	
（四）电力、热力、燃气及水的生产和供应业	-13.8
电力、热力的生产和供应业	-16.7
燃气生产和供应业	-28.9
水的生产和供应业	72
（五）建筑业	
房屋建筑业	
土木工程建筑业	
建筑安装业	
建筑装饰装修和其他建筑业	
（六）批发和零售业	50.9
批发业	36.4
零售业	52.4
（七）交通运输、仓储和邮政业	21.9
铁路运输业	10.8
道路运输业	21.4
水上运输业	
航空运输业	1717.7
管道运输业	-66.4
多式联运和运输代理业	
装卸搬运和仓储业	-31.1
邮政业	1510
（八）住宿和餐饮业	28.1
住宿业	26

续表 87

	增速
餐饮业	
（九）信息传输、软件和信息技术服务业	127.4
电信、广播电视和卫星传输服务业	223.9
互联网和相关服务业	-33.4
软件和信息技术服务业	172.5
（十）金融业	-100
货币金融服务	-100
资本市场服务	
保险业	
其他金融业	
（十一）房地产业（包括房地产开发）	-7.9
房地产业	-58.3
（十二）租赁和商务服务业	19.8
租赁业	
商务服务业	19.8
（十三）科学研究和技术服务业	41.6
研究与试验发展	-59.3
专业技术服务业	516.6
科技交流和推广服务业	-51
（十四）水利、环境和公共设施管理业	35.8
水利管理业	-34.6
生态保护和环境治理业	19.5
公共设施管理业	56.9
土地管理业	
（十五）居民服务和其他服务业	-16.7
居民服务业	-68
机动车、电子产品和日用产品修理业	-100
其他服务业	
（十六）教育	-28.5
教育	-28.5
（十七）卫生和社会工作	-77.7
卫生	-75
社会工作	-100
（十八）文化、体育和娱乐业	-32.2
新闻和出版业	
广播、电视、电影和影视录音制作业	8389.2
文化艺术业	-49.3

续表 87

	增速
体育	-58.4
娱乐业	0.2
（十九）公共管理和社会组织	-27.9
中国共产党机关	
国家机构	-35.9
人民政协和民主党派	-100
社会保障	-87.3
群众团体、社会团体和其他成员组织	186
基层群众自治及其他组织	-33.1
（二十）国际组织	
国际组织	

2020 年阿坝州地方公共财政预算收入情况一览表

表 88

单位：万元

	合计	增值税	房产税	企业所得税	个人所得税	城市维护建设税	资源税	耕地占用税	其他各项税收收入	非税收入
全州	287323	92170	5327	17623	6279	8632	9782	20132	20198	107180
州本级	104071	48265	889	9497	3248	4621	2285	162	2173	32931
马尔康市	25103	3438	674	316	616	448	183	9069	2710	7649
汶川县	41378	12951	887	5132	486	1438	2641	43	3437	14363
理县	12003	4786	198	388	175	216	541	9	508	5182
茂县	20049	6697	913	573	326	481	623		2475	7961
松潘县	9166	1773	134	121	313	132	591	1682	525	3895
九寨沟县	15420	2733	785	375	280	436	1289	545	4414	4563
金川县	10008	1305	110	133	121	77	177	4928	657	2500
小金县	9147	2472	170	163	128	208	409	937	401	4259
黑水县	8611	4126	104	615	187	259	447		371	2502
壤塘县	2468	540	100	27	83	36	50	75	323	1234
阿坝县	15628	939	100	54	107	53	184	1243	778	12170
若尔盖县	7015	916	131	134	109	77	205	13	912	4518
红原县	5311	651	127	50	92	60	101	1426	493	2311
卧龙	1945	578	5	45	8	90	56		21	1142

2020 年阿坝州地方公共财政预算支出情况一览表

表 89

单位：万元

	合计	一般公共服务	教育	科学技术	文化旅游体育与传媒	社会保障和就业	卫生健康	节能环保	城乡社区	农林水	交通运输	其他支出
全州	3679485	318906	361520	10420	187769	243366	278547	126234	113649	737790	822090	479194
州本级	935945	51079	32944	3302	82124	27736	60445	4729	4197	83403	494831	91155

续表 89

	合计	一般公共服务	教育	科学技术	文化旅游体育与传媒	社会保障和就业	卫生健康	节能环保	城乡社区	农林水	交通运输	其他支出
马尔康市	187668	21497	17402	919	5595	18875	15879	9557	18808	44181	7165	27790
汶川县	277779	20781	33934	1169	14150	18635	19469	6758	25454	73278	29582	34569
理县	132370	16641	16083	150	6441	10570	13526	5393	4389	38760	2137	18280
茂县	201940	20762	31956	850	4871	19849	22836	7947	6778	50937	6149	29005
松潘县	199042	25333	36319	1388	2894	14745	17227	12671	7262	37143	16209	27851
九寨沟县	372026	21910	21879	244	25680	14307	18277	9937	5311	61762	129791	62928
金川县	168227	15616	20484	323	4147	14639	16436	8771	5093	43175	4252	35291
小金县	233552	19690	24538	676	9087	15228	17756	2979	8048	46935	60206	28409
黑水县	156141	15735	16759	187	6262	14892	14744	10726	3352	34306	19355	19823
壤塘县	191562	20759	22364	343	4664	18990	13276	6444	10977	48987	22422	22336
阿坝县	231546	28309	32413	257	6360	24289	19263	4986	5254	61066	13625	35724
若尔盖县	213827	23269	28791	210	9496	16127	16444	21550	3315	65434	4310	24881
红原县	163445	17500	25124	402	5998	14163	12793	13786	4924	45391	3184	20180
卧龙	14415	25	530			321	176		487	3032	8872	972

2020 年阿坝州城镇居民住户收支情况（抽样调查）一览表

表 90

单位：元

指标名称	阿坝州	马尔康市	汶川县	理县	茂县	松潘县	九寨沟县	金川县	小金县	黑水县	壤塘县	阿坝县	若尔盖县	红原县
总收入（未扣除生产费用）	42170.2	43744.3	40966.9	46025.6	41537.5	38776.7	39987.9	48649.9	41051.8	40957.8	43699.4	40625.3	44279.7	44053.1
其中：可支配收入	37010.8	39645.4	36252.5	36338.2	36143.9	37077.0	36938.1	36519.9	36460.2	36867.7	37549.4	37837.0	37587.4	37483.4
一、工资性收入	26973.2	33628.8	30318.7	22635.7	25647.0	16487.2	25466.6	30194.8	24275.6	32708.2	33877.1	23277.2	25277.2	29778.3
二、经营净收入	7212.3	3633.4	2827.8	8534.4	9265.3	17062.8	5135.1	5461.5	10236.7	3383.9	2513.4	11896.1	9571.3	4500.9
三、财产净收入	1448.6	1421.9	1591.8	1358.9	1786.4	3021.9	1835.2	579.3	912.4	740.9	703.5	1314.9	1239.7	506.2
四、转移净收入	1376.6	961.2	1514.2	3809.1	−554.7	505.0	4501.2	284.2	1035.5	34.7	455.4	1348.8	1499.2	2698.0
总支出	30249.6	33972.3	29808.4	35960.4	26781.5	23642.7	29736.8	41621.4	28589.2	30095.4	26333.9	25867.3	33997.1	29363.0
一、消费支出	20618.6	23406.0	22385.3	23041.3	18264.1	17433.6	19540.8	18564.0	20075.6	22007.1	17605.1	21538.7	24591.9	18766.2
（一）食品烟酒	7131.9	8104.0	6741.8	6713.4	5944.9	6800.5	6127.4	6484.2	8321.4	8565.2	7229.1	7954.8	9233.5	6319.5
（二）衣着	1698.1	2155.1	2304.7	1304.5	1534.0	1093.2	1343.2	1805.0	1902.9	2231.6	974.7	1344.4	1258.9	1924.3
（三）居住	3764.5	3903.6	5041.8	3760.4	3731.0	4093.0	3899.1	2751.0	2118.3	3794.0	2202.8	4335.1	4008.4	2992.1
（四）生活用品及服务	1889.6	1533.1	3463.0	2594.4	1660.8	1515.3	1156.0	1389.6	1665.8	1971.9	1617.2	1660.6	2060.1	1282.7
（五）交通通信	2468.4	2984.8	2235.0	1741.4	1760.9	1906.3	3260.0	2273.5	1845.0	2716.0	2012.2	1392.1	4676.8	3363.4
（六）教育文化娱乐	1679.7	2384.1	1268.7	2448.5	1784.5	1308.2	1470.8	2020.6	2303.3	964.8	1884.4	1928.9	995.9	1459.3
（七）医疗保健	1232.4	1265.0	816.0	3505.1	1453.0	465.1	1050.9	1099.4	1397.3	974.7	1090.2	1776.6	1199.9	650.7
（八）其他用品和服务	753.9	1076.3	514.4	973.6	395.0	252.0	1233.4	740.8	521.5	788.9	594.4	1146.2	1158.4	774.2
二、生产经营费用支出	1755.3	73.1	1498.7	5790.4	1834.6	212.7	2046.2	7693.5	1083.3	462.9	2770.9	552.0	631.5	77.3
三、财产性支出	148.2	19.7	233.4	487.7	14.5	54.0	98.4	334.2	92.1	125.5	56.1	361.8	201.5	51.9

续表 90

指标名称	阿坝州	马尔康市	汶川县	理县	茂县	松潘县	九寨沟县	金川县	小金县	黑水县	壤塘县	阿坝县	若尔盖县	红原县
四、转移性支出	2987.9	3929.3	2640.5	2555.6	3523.2	1399.8	853.9	3808.1	3183.2	3366.0	2917.1	1870.2	4643.2	5947.2
五、部分商业保险支出	79.9	158.0	142.4	63.5	50.6	59.6	94.6	5.2	54.5	4.1	74.9	60.8	97.1	90.9
六、购置资产及非经常性转移支出	2639.4	2725.8	1419.8	2171.3	2613.1	2632.7	3871.9	6000.0	2823.6	3350.1	1445.2	920.9	1490.4	1882.8
七、借贷性支出	2020.3	3660.3	1488.2	1850.7	481.4	1850.3	3231.1	5216.4	1276.8	779.7	1464.5	562.8	2341.5	2546.7

2020 年阿坝州农村居民住户收支情况（抽样调查）一览表

表 91 单位：元

指标名称	阿坝州	马尔康市	汶川县	理县	茂县	松潘县	九寨沟县	金川县	小金县	黑水县	壤塘县	阿坝县	若尔盖县	红原县
可支配收入	15539.0	16102.0	16525.0	15501.4	15588.1	15543.7	15666.2	15513.0	15414.1	15200.2	13976.1	15332.0	15352.8	15919.4
一、工资性收入	4201.0	3950.9	6478.3	4020.0	4884.2	6264.0	6639.8	4343.9	6537.6	5863.2	2617.6	934.6	496.1	573.1
（一）工资	3113.1	3923.4	6125.8	3025.0	3392.9	1813.9	4509.6	2347.8	5635.7	5784.9	1515.6	681.2	466.1	534.8
（二）实物福利	9.8	2.2	25.6	1.7	4.2	26.3	13.0	10.9	0.1	1.0	34.3	6.1	1.6	
（三）其他	1078.1	25.3	326.9	993.3	1487.1	4423.8	2117.2	1985.2	901.8	77.3	1067.7	247.3	28.4	38.2
二、经营净收入	9013.1	8950.2	7527.7	9356.3	9320.4	6766.2	6157.9	8626.0	7566.6	6920.3	6348.6	12606.9	13441.3	12359.0
（一）第一产业经营净收入	6622.2	7091.8	6084.3	6814.0	8154.1	3610.6	4007.4	5v533.0	4507.5	2702.8	5991.7	7487.0	12493.2	10453.8
1. 农业	2530.2	2800.8	5275.4	4823.0	6299.1	1525.9	1541.0	2266.5	1173.4	1156.1	811.4	661.1	2357.8	99.7
2. 林业	1057.4	1637.1	245.5	965.8	466.7	1428.4	1662.8	360.1	1944.1	790.9	3361.4	1152.8	511.1	273.4
3. 牧业	3033.7	2653.1	562.8	1025.3	1388.3	656.3	803.6	2899.6	1390.1	742.2	1833.7	5671.5	9624.4	10080.6
（二）第二产业经营净收入	54.9	4.4		41.1		297.8	30.8	300.2	1.2		27.6	2.9		
（三）第三产业经营净收入	2336.0	1854.1	1443.5	2501.3	1166.4	2857.8	2119.7	2792.8	3057.9	4217.5	329.2	5117.0	948.1	1905.2
三、财产净收入	440.2	622.6	311.4	906.2	226.1	257.1	1245.9	399.5	367.8	356.1	123.7	441.3	290.6	523.5
（一）利息净收入	53.1	-18.6	28.1	81.9	33.7	68.3	32.9	27.9	3.2	322.7		126.6	0.6	
（二）红利收入	68.2	65.3	33.8	112.0		70.2	288.5	48.7	45.8		25.9	13.6	188.6	
（三）储蓄性保险净收益	0.4					5.8								
（四）转让承包土地经营权租金净收入	129.2	101.4	5.2		69.2	7.6	494.5	268.4	93.8	33.4	12.7	294.7	69.1	230.2
（五）出租房屋财产性收入	76.4	264.6	165.8	149.9	69.5	14.9	123.7	54.4	124.6		85.3	1.3		
（六）出租机械专利版权等资产的收入	25.5	209.9	2.2			52.6	10.7	0.2	104.4			3.3		
（七）其他财产净收入	87.3		76.3	562.5	53.8	37.7	295.7		-4.0		-0.3	1.7	32.3	293.3
（八）房屋虚拟租金														
四、转移净收入	1884.8	2578.3	2207.6	1218.8	1157.4	2256.4	1622.6	2143.6	942.1	2060.5	4886.3	1349.3	1124.7	2463.8
（一）转移性收入	2210.4	3039.8	2558.2	1460.4	1651.8	2423.8	1952.6	2500.5	1391.0	2413.1	5105.8	1543.7	1532.5	2501.7
（二）转移性支出	325.6	461.5	350.6	241.6	494.3	167.4	330.0	356.9	448.9	352.6	219.5	194.4	407.8	37.8

续表 91

指标名称	阿坝州	马尔康市	汶川县	理县	茂县	松潘县	九寨沟县	金川县	小金县	黑水县	壤塘县	阿坝县	若尔盖县	红原县
实物可支配收入	1059.7	683.6	880.6	519.9	1261.6	1432.8	649.1	801.1	1070.1	1619.7	-960.9	1633.4	2452.3	347.0
总支出	15720.1	16181.0	20285.6	20017.3	15001.0	16565.2	16744.3	13837.1	15794.0	14477.4	10900.4	15662.4	15475.4	11558.2
一、消费支出	12162.2	10344.0	15290.8	13096.6	10367.7	13395.3	12862.8	9896.8	10551.6	11944.9	10079.2	14550.7	13158.7	10939.4
（一）食品烟酒	4634.3	4245.4	4662.4	4407.3	3819.3	5231.0	4367.1	3770.6	4576.5	4747.5	4669.1	5653.7	5239.0	4753.0
（二）衣着	708.0	704.1	666.2	808.3	589.9	660.6	679.2	697.0	658.3	1013.7	547.3	501.6	1038.9	658.5
（三）居住	2994.0	2355.7	3550.2	3505.4	2612.9	3248.3	3328.6	1635.2	1472.1	2607.9	3070.0	4937.0	4262.5	1628.6
（四）生活用品及服务	792.5	630.0	1731.7	1018.0	519.5	870.4	1019.8	607.5	567.9	751.8	556.9	391.8	653.9	946.2
（五）交通通信	1407.9	943.9	2722.3	1330.7	1331.4	1377.8	1562.6	1042.3	1508.5	1510.9	672.8	903.1	1338.4	1472.1
（六）教育文化娱乐	586.3	246.6	888.4	502.0	608.5	844.9	836.1	1234.3	506.7	487.7	140.2	362.6	213.9	444.5
（七）医疗保健	705.0	875.9	509.3	1152.9	771.4	945.5	944.6	761.0	956.8	411.6	107.8	1258.2	159.9	257.1
（八）其他用品和服务	334.2	342.4	560.4	371.9	114.8	216.8	124.7	148.8	304.8	413.9	315.2	542.5	252.2	779.4
二、生产经营费用支出	1655.6	2679.6	3069.2	3516.9	2181.7	1485.7	490.4	1903.7	2997.0	744.0	58.4	583.7	1043.0	154.4
三、财产性支出	12.2	23.3	1.8	64.3					15.5	3.3	0.3		21.7	63.8
四、转移性支出	325.6	461.5	350.6	241.6	494.3	167.4	330.0	356.9	448.9	352.6	219.5	194.4	407.8	37.8
五、部分商业保险支出	22.4	20.1	14.1	34.8	86.6	11.6	41.2	2.5	27.3	2.1	14.3	17.2	1.1	0.2
六、购置资产及非经常性转移支出	1399.5	2435.5	1417.9	2744.2	1669.2	1413.1	2893.5	1676.3	1426.4	1205.2	497.1	308.3	679.7	362.5
七、借贷性支出	142.6	217.1	141.2	318.9	201.5	92.2	126.5	1.0	327.3	225.4	31.7	8.1	163.3	

2020 年阿坝州社会保障基本情况一览表

表 92　　单位：人

	养老保险参保人数	机关事业单位	企业	离休、退休、退职人数	城乡居民	医疗保险参保人数	城镇职工	离休、退休、退职人员	城乡居民（人）	失业保险参保人数	城镇居民最低生活保障人数	农村居民最低生活保障人数
全州	588286	77284	85992	50105	374905	854585	101543	55190	697852	78130	15812	73163
州本级	30478	14906	5782	9790		33970	11796	22174		9155		
马尔康市	32928	4071	4650	2780	21427	43296	5715	2179	35402	3911	1165	4809
汶川县	65327	6349	19126	12644	27208	86510	14821	8503	63186	12892	562	1773
理县	30033	4260	5865	3070	16838	40875	5855	1959	33061	4555	511	729
茂县	66622	6165	13396	5760	41301	101372	10282	2794	88296	8849	7624	1332
松潘县	45204	5072	6277	3538	30317	67379	7004	2048	58327	5279	3777	2584
九寨沟县	49335	5277	10492	2106	31460	63459	9767	2296	51396	7999	543	2521
金川县	44494	5171	3839	2568	32916	60700	5590	2155	52955	4098	38	663
小金县	50106	5005	4713	1694	38694	71021	5970	2139	62912	4506	223	1507
黑水县	35644	4150	2102	929	28463	52574	4518	1556	46500	3158	232	6350
壤塘县	28996	3494	1331	924	23247	44422	3695	1122	39605	2474	413	15989

续表 92

	养老保险参保人数	机关事业单位	企业	离休、退休、退职人数	城乡居民	医疗保险参保人数	城镇职工	离休、退休、退职人员	城乡居民（人）	失业保险参保人数	城镇居民最低生活保障人数	农村居民最低生活保障人数
阿坝县	39407	4824	2372	752	31459	70504	5638	1782	63084	3870	462	24538
若尔盖县	46957	4662	2473	1372	38450	69035	5039	2224	61772	3513	149	4310
红原县	20677	3878	2260	1414	13125	44351	4712	1977	37662	3116	113	6058
卧龙	2078		1314	764		5117	1141	282	3694	755		

2020 年阿坝州主要农产品生产情况一览表

表 93　　计量单位：万亩、万吨

指标名称	阿坝州		马尔康市		汶川县		理县		茂县		松潘县		九寨沟县		金川县		小金县		黑水县		壤塘县		阿坝县		若尔盖县		红原县	
	播种面积	总产量	播种面积	总产量	播种面积	总产量	播种面积	总产量	播种面积	总产量	播种面积	总产量	播种面积	总产量	播种面积	总产量	播种面积	总产量	播种面积	总产量	播种面积	总产量	播种面积	总产量	播种面积	总产量	播种面积	总产量
粮食作物	73.9	16.0	5.8	0.9	4.7	1.1	2.4	0.7	10.5	2.7	6.1	1.3	4.4	1.1	8.8	2.3	9.6	2.1	8.9	1.7	2.9	0.4	6.8	1.1	3.1	0.6		
1. 小春粮食	4.1	0.8	0.1	0.0	0.8	0.2	0.2	0.0	0.8	0.2			0.1	0.0	2.0	0.4			0.1	0.0					0.0	0.0		
2. 大春粮食	69.8	15.2	5.7	0.9	3.9	0.9	2.2	0.7	9.7	2.5	6.1	1.3	4.3	1.1	6.8	1.9	9.6	2.1	8.7	1.7	2.9	0.4	6.8	1.1	3.1	0.6		
（一）谷物	43.1	9.7	3.0	0.5	3.0	0.8	1.7	0.6	6.2	1.7	3.0	0.7	2.8	0.7	5.6	1.5	3.7	0.9	5.5	1.0	1.6	0.2	5.8	0.9	1.3	0.2		
1. 小麦	5.3	0.9	0.7	0.1			0.0	0.0			0.3	0.1	0.1	0.0	1.2	0.2	0.6	0.1	2.3	0.4	0.0				0.1	0.0		
（1）冬小麦	1.5	0.3	0.1	0.0			0.0	0.0					0.1	0.0	1.2	0.2			0.1	0.0					0.0	0.0		
（2）春小麦	3.9	0.6	0.6	0.1							0.3	0.1			0.0		0.6	0.1	2.2	0.4	0.0				0.1	0.0		
2. 玉米	24.7	7.0	1.3	0.3	3.0	0.8	1.7	0.6	6.2	1.7	1.2	0.4	2.4	0.7	4.2	1.3	3.1	0.8	1.6	0.4	0.0	0.0						
3. 其他谷物	13.1	1.8	1.0	0.1	0.0						1.5	0.2	0.3	0.0	0.2	0.0	0.0		1.6	0.2	1.6	0.2	5.8	0.9	1.2	0.2		
荞麦	0.9	0.0			0.0								0.1	0.0					0.8	0.0								
其他	12.2	1.8	1.0	0.1							1.5	0.2	0.2	0.0	0.2	0.0	0.0		0.8	0.1	1.6	0.2	5.8	0.9	1.2	0.2		
（二）豆类	7.9	1.0	1.3	0.2	0.5	0.0	0.2	0.0	0.6	0.1	1.2	0.1	0.3	0.1	0.5	0.2	1.4	0.1	1.2	0.1	0.4	0.0	0.0	0.0	0.3	0.0		
其中：大豆	0.8	0.1			0.3	0.0			0.3	0.0			0.1	0.0	0.0	0.1	0.0											
其他杂豆	7.1	0.9	1.3	0.2	0.2	0.0	0.2	0.0	0.3	0.0	1.2	0.1	0.2	0.0	0.4	0.1	1.4	0.1	1.2	0.1	0.4	0.0	0.0	0.0	0.3	0.0		
（三）扩粮薯类	22.9	5.3	1.5	0.2	1.2	0.3	0.5	0.1	3.7	0.9	1.9	0.5	1.3	0.3	2.7	0.6	4.5	1.1	2.2	0.6	0.9	0.2	1.0	0.2	1.5	0.4		
其中：洋芋	22.8	5.3	1.5	0.2	1.1	0.3	0.5	0.1	3.7	0.9	1.9	0.5	1.3	0.3	2.7	0.6	4.5	1.1	2.2	0.6	0.9	0.2	1.0	0.2	1.5	0.4		
红苕	0.1	0.0			0.1	0.0																						

说明：数据来源于国家统计局四川调查总队阿坝调查队

2020 年阿坝州经济作物生产情况一览表（一）

表 94　　单位：公顷、吨

指标名称	阿坝州		马尔康市		汶川县		理县		茂县		松潘县		九寨沟县	
	播种面积	产量	播种面积	产量	播种面积	产量	播种面积	产量	播种面积	产量	播种面积	产量	播种面积	产量
经济作物	27673		956		2863		1938		6519		2978		1830	
一、油料	3719	5336	7	22	326	531	4	10	368	665	85	132	87	151
油菜籽	3718	5334	7	22	326	531	4	10	368	665	85	132	87	151

续表 94

指标名称	阿坝州		马尔康市		汶川县		理县		茂县		松潘县		九寨沟县	
	播种面积	产量	播种面积	产量	播种面积	产量	播种面积	产量	播种面积	产量	播种面积	产量	播种面积	产量
其中:冬油菜籽	721						4	10	368	665				
葵花籽	1	2			1	2								
二、糖料	7	174											7	174
甜菜	7	174											7	174
三、中草药材	3593	10967	115	490	511	331	8	38	207	623	642	1869	968	3055
四、蔬菜及食用菌	19191	726210	834	33500	1875	43103	1869	94762	5152	251092	2240	89360	737	16442
(一)叶菜类	3833	127738	201	1934	634	12711	448	18400	108	5535	1621	66229	125	2970
其中:芹菜	332	11289	15	70	40	261	62	2250	94	5289	11	215	6	74
油菜	288	2914			198	894	1	18					12	198
菠菜	423	11233	20	92	124	636	3	23	6	105	7	60	2	40
(二)白菜类	4117	184923	467	26336	485	12079	970	58824	454	22748	233	11097	201	4282
其中:大白菜	3781	173241	466	26261	385	11379	970	58824	453	22694	200	10624	197	3801
(三)甘蓝类	1418	72612	121	4852	40	4443	225	11774	712	40350	59	2298	96	1723
其中:卷心菜(结球甘蓝)	1276	63929	119	4722	40	4443	225	11774	572	31797	59	2298	96	1723
(四)根茎类	2467	115980	10	99	243	6969	12	473	1530	78321	82	3408	85	2540
其中:白萝卜	916	34152	10	99	177	5668			285	12209	62	2604	77	2075
胡萝卜	121	3780			50	1082	2	90			20	804	4	355
生姜	23	406			14	153							4	110
榨菜头	7	12												
(五)瓜菜类	346	7076			63	1211			78	770	30	446	68	1351
其中:黄瓜	205	5153			56	1174			7	239	11	137	38	931
南瓜	54	880			1	6					14	191	30	420
冬瓜	5	363												
(六)豆类(菜用)	1585	15931			42	162			300	6047	31	400	30	660
其中:豇豆	63	681			36	151			8	204	14	170	1	22
四季豆	374	7606			6	11			289	5812	17	230	18	420
(七)茄果类	2661	115833	10	112	84	2188	171	3920	1840	93212	40	362	108	2117
其中:茄子	89	2137			10	191	1	8	10	368	11	105	17	308
辣椒	2101	90100	10	112	16	259	165	3667	1555	75494	20	145	64	1189
西红柿	468	23476			58	1738	5	245	272	17230	9	112	27	620
(八)葱蒜类	799	16148	25	62	197	2873	43	1352	59	2086	125	2576	13	491
其中:大葱	307	6386	25	62	128	1835	19	631	48	1906	31	602	2	22
蒜头	469	8904			69	1038	11	314	11	180	94	1974	1	18
(九)其他蔬菜	1965	65610			87	467			71	2023	19	684	11	258
(十)食用菌(干鲜混合)		4359		105		391		19				1860		50
1. 干品		28												28

续表 94

指标名称	阿坝州		马尔康市		汶川县		理县		茂县		松潘县		九寨沟县	
	播种面积	产量	播种面积	产量	播种面积	产量	播种面积	产量	播种面积	产量	播种面积	产量	播种面积	产量
其中:香菇		7												7
黑木耳		3												3
2. 鲜品		4331		105		391		19				1860		22
其中:蘑 菇		298		35		354								8
五、瓜果类	8	36									7	32	1	4
其中 : 西瓜														
草莓	8	36									7	32	1	4
六、其他农作物	1155				151		57		792		4		30	
其中:青饲料	619				73		40		352		4		29	
花卉种植面积	842				2									
鲜切花														
盆栽观赏植物(包括盆景)		2000		39		2000								
香料原料		1688		39		69		160		750		20		287
其中:花椒		1688				69		160		750		20		287

2020 年阿坝州经济作物生产情况一览表(二)

表 95

单位:公顷、吨

指标名称	金川县		小金县		黑水县		壤塘县		阿坝县		若尔盖县		红原县	
	播种面积	产量	播种面积	产量	播种面积	产量	播种面积	产量	播种面积	产量	播种面积	产量	播种面积	产量
经济作物	1209		3084		1730		439		2467		1517		143	
一、油料	126	243	608	934			240	432	1000	1200	868	1016		
油菜籽	126	243	608	934			240	432	1000	1200	868	1016		
其中:冬油菜籽	24	63												
葵花籽														
二、糖料														
甜菜														
三、中草药材	144	77	562	917	142	2689	10	17			284	861		
四、蔬菜及食用菌	939	44032	1914	76414	1583	42747	156	3561	1467	9900	282	8158	143	13139
(一)叶菜类	242	12024	188	5972	12	238			254	1725				
其中 : 芹菜	14	307	70	2673					20	150				
油菜	24	392	53	1412										
菠菜	137	7837	65	1887	12	238			47	315				
(二)白菜类	282	14454	307	14266	552	17943	18	432	63	412	85	2050		
其中:大白菜	98	4635	307	14266	552	17943	18	432	50	332	85	2050		
(三)甘蓝类	64	3873	74	2769			4	100	13	90	10	340		
其中:卷心菜(结球甘蓝)	64	3873	74	2769			4	100	13	90	10	340		

续表 95

指标名称	金川县		小金县		黑水县		壤塘县		阿坝县		若尔盖县		红原县	
	播种面积	产量	播种面积	产量	播种面积	产量	播种面积	产量	播种面积	产量	播种面积	产量	播种面积	产量
（四）根茎类	71	3885	172	6242	84	2237	15	375	3	23	17	339	143	13139
其中：白萝卜	58	3571	128	4952	84	2237	15	375	3	23	17	339		
胡萝卜	6	302	39	1147										
生姜			5	143										
榨菜头	7	12												
（五）瓜菜类	25	778	71	2408	11	112								
其中：黄瓜	21	651	61	1909	11	112								
南瓜	4	127	5	136										
冬瓜			5	363										
（六）豆类（菜用）	19	379	19	750	10	138			1134	7395				
其中：豇豆	2	35	2	99										
四季豆	17	344	17	651	10	138								
（七）茄果类	175	7091	125	4727	108	2104								
其中：茄子	17	369	23	788										
辣椒	116	4635	68	2664	87	1935								
西红柿	42	2087	34	1275	21	169								
（八）葱蒜类	41	844	68	2170	215	3541	4	41			9	112		
其中：大葱	19	527	27	710							4	50		
蒜头	22	317	41	1460	215	3541	4	41			5	62		
（九）其他蔬菜	20	704	890	37110	591	16434	115	2613			161	5317		
（十）食用菌（干鲜混合）										255				2070
1. 干品														
其中：香菇														
黑木耳														
2. 鲜品										255				2070
其中：蘑 菇										255				
五、瓜果类														
其中：西瓜														
草莓														
六、其他农作物					5		33				83			
其中：青饲料					5		33				83			
花卉种植面积			840											
鲜切花														
盆栽观赏植物（包括盆景）														
香料原料		189		99		75								
其中：花椒		189		99		75								

2020年阿坝州畜牧业生产情况一览表(一)

表 96　　单位:头、只、匹、吨

指标名称	阿坝州				马尔康市				汶川县			
	当年出栏头数	期末存栏数	其中:能繁殖母畜	肉产量	当年出栏头数	期末存栏数	其中:能繁殖母畜	肉产量	当年出栏头数	期末存栏数	其中:能繁殖母畜	肉产量
一、猪	330199	355900	33000	22783	14010	31363	4207	951	56020	53331	2237	3849
二、牛	574064	2316804		74549	33810	121028		4745	4038	9680		530
三、羊	480784	957118		7790	3485	4970		62	10000	10072		160
四、家禽	694672	486442		1346	43640	6421		82	140146	113812		263
五、家兔	482279	153515		718					4532	1713		9
六、其他大牲畜(除牛外)	3546	104548		231		6676				74		
1. 马	3520	103421		225		6669				74		
2. 驴		393				7						
3. 骡	26	734		5								
七、其他肉类												
八、奶类产量				140402				10876				
九、山羊毛产量				82								
1、山羊粗毛				67								
2、山羊绒产量				15								
十、绵羊毛产量				257								
其中:细羊毛				45								
半细羊毛				103								
十一、天然蜂蜜产量				958				50				112
十二、禽蛋产量				1610				10				1051
其中:鸡鸭鹅				1610				10				1051
十三、肉类总产量				107416				5840				4810

2020年阿坝州畜牧业生产情况一览表(二)

表 97　　单位:头、只、匹、吨

指标名称	理县				茂县				松潘县			
	当年出栏头数	期末存栏数	其中:能繁殖母畜	肉产量	当年出栏头数	期末存栏数	其中:能繁殖母畜	肉产量	当年出栏头数	期末存栏数	其中:能繁殖母畜	肉产量
一、猪	20016	20037	1179	1429	60038	48132	6735	4137	14020	26837	2054	978
二、牛	9382	37792		1197	7122	32552		985	46505	127113		6207
三、羊	9780	14876		158	16725	19774		280	34897	65884		595
四、家禽	61688	22213		124	50709	63123		98	27896	28597		56
五、家兔	436993	138960		638		721			538	497		
六、其他大牲畜(除牛外)		740				2805				10889		

续表 97

指标名称	理县				茂县				松潘县			
	当年出栏头数	期末存栏数	其中：能繁殖母畜	肉产量	当年出栏头数	期末存栏数	其中：能繁殖母畜	肉产量	当年出栏头数	期末存栏数	其中：能繁殖母畜	肉产量
1. 马		714				2805				10746		
2. 驴		26								53		
3. 骡										90		
七、其他肉类												
八、奶类产量				80								8674
九、山羊毛产量												40
1、山羊粗毛												40
2、山羊绒产量												
十、绵羊毛产量												16
其中：细羊毛												16
半细羊毛												
十一、天然蜂蜜产量				27				91				205
十二、禽蛋产量				61				137				87
其中：鸡鸭鹅				61				137				87
十三、肉类总产量				3546				5500				7837

2020 年阿坝州畜牧业生产情况一览表（三）

表 98

单位：头、只、匹、吨

指标名称	九寨沟县				金川县				小金县				黑水县			
	当年出栏头数	期末存栏数	其中：能繁殖母畜	肉产量	当年出栏头数	期末存栏数	其中：能繁殖母畜	肉产量	当年出栏头数	期末存栏数	其中：能繁殖母畜	肉产量	当年出栏头数	期末存栏数	其中：能繁殖母畜	肉产量
一、猪	26010	23902	1670	1852	38030	37148	4120	2628	22015	23710	2075	1535	65014	73753	7432	4430
二、牛	18096	50297		2244	13617	88457		1616	19815	103716		2311	10802	57717		1238
三、羊	7908	10276		133	11103	10803		184	22010	35136		317	6516	11547		108
四、家禽	62946	31909		126	116123	156009		198	23683	30958		44	167841	33400		355
五、家兔	7698	1215		12					1317	420		3	31201	9989		56
六、其他大牲畜（除牛外）	235	5427		14	149	5982		13	445	4039		44	2717	6870		160
1. 马	235	4476		14	123	5982		7	445	4039		44	2717	6870		160
2. 驴		307														
3. 骡		644			26			5								
七、其他肉类																
八、奶类产量				1099				5358				1441				832
九、山羊毛产量				7				5								30
1. 山羊粗毛				7				5								15
2. 山羊绒产量																15

续表 93

指标名称	九寨沟县				金川县				小金县				黑水县			
	当年出栏头数	期末存栏数	其中：能繁殖母畜	肉产量	当年出栏头数	期末存栏数	其中：能繁殖母畜	肉产量	当年出栏头数	期末存栏数	其中：能繁殖母畜	肉产量	当年出栏头数	期末存栏数	其中：能繁殖母畜	肉产量
十、绵羊毛产量								3				14				25
其中：细羊毛																25
半细羊毛												14				
十一、天然蜂蜜产量				77				69				38				204
十二、禽蛋产量				48				88				82				47
其中：鸡鸭鹅				48				88				82				47
十三、肉类总产量				4381				4639				4254				6347

2020 年阿坝州畜牧业生产情况一览表（四）

表 99　　单位：头、只、匹、吨

指标名称	壤塘县				阿坝县				若尔盖县				红原县			
	当年出栏头数	期末存栏数	其中：能繁殖母畜	肉产量	当年出栏头数	期末存栏数	其中：能繁殖母畜	肉产量	当年出栏头数	期末存栏数	其中：能繁殖母畜	肉产量	当年出栏头数	期末存栏数	其中：能繁殖母畜	肉产量
一、猪						319			15026	17368	1291	994				
二、牛	45364	161007		5978	98605	475656		11959	144504	506072		18904	122404	545717		16635
三、羊	39548	49118		515	24956	68513		551	282764	645000		4527	11092	11149		200
四、家禽																
五、家兔																
六、其他大牲畜（除牛外）		7470				10919				23400				19257		
1. 马		7470				10919				23400				19257		
2. 驴																
3. 骡																
七、其他肉类																
八、奶类产量				11270				25363				39940				35469
九、山羊毛产量																
1、山羊粗毛																
2、山羊绒产量																
十、绵羊毛产量								69				110				20
其中：细羊毛												4				
半细羊毛								69								20
十一、天然蜂蜜产量												85				
十二、禽蛋产量																
其中：鸡鸭鹅																
十三、肉类总产量				6493				12510				24425				16835

说明：数据来源于国家统计局四川调查总队阿坝调查队

2020 年阿坝州农林牧渔业总产值情况一览表

表 100　　　　单位：万元

项目	阿坝州	马尔康市	汶川县	理县	茂县	松潘县	九寨沟县	金川县	小金县	黑水县	壤塘县	阿坝县	若尔盖县	红原县
农林牧渔业总产值	1422087	68111	214810	65588	157505	98184	61398	77223	79968	82881	63630	113451	211284	128054
一、农业	489062	17062	151352	39965	106145	32634	20769	29160	41092	23450	3564	12525	6624	4720
（一）谷物及其他作物	66631	5353	4766	2765	7783	8516	4078	8654	7919	5172	2157	6382	3086	
1. 薯类	28316	1647	1908	602	4525	2537	1399	3524	4582	2411	1445	2145	1593	
2. 油料	2854	10	490	10	412	57	63	138	402		207	576	488	
3. 豆类	4978	1318	256	131	310	1348	121	351	417	380	122	36	68	
4. 其他农作物	2341		430	40	145	528	320			578	272		149	
（二）蔬菜、食用菌及花卉盆景园艺产品	183030	9624	11689	22118	59648	22802	4455	11023	19772	10451	1093	3143	2636	4577
1. 蔬菜（不含食用菌）	179724	9427	11664	22099	59623	21263	4376	11023	19563	10451	1068	2990	2636	3542
2. 食用菌	2932	132		19		1539	54					153		1035
3. 花卉	209								209					
（三）水果、坚果、茶、饮料和香料	220860	1005	132161	14324	38517	652	7549	9107	11568	5976				
1. 水果	194800	357	130626	12748	28626	527	5906	4788	8031	3191				
2. 坚果	11192	372	960	555	892	21	372	2618	2705	2698				
3. 茶及饮料原料	15		15											
4. 香料原料	14852	276	560	1022	9000	104	1271	1701	832	87				
（四）中草药材	18542	1080	2737	757	197	663	4687	377	1834	1851	314	3000	902	143
二、林业	65159	1997	25500	1871	3063	7008	6531	5993	3144	7215	664	289	743	1142
（一）林木的培育和种植	62236	1577	23698	1871	3063	7008	5906	5993	3144	7215	587	289	743	1142
（二）竹木采运	1122	420					625				77			
（三）林产品的采集	1802		1802											
三、牧业	814200	45382	32288	20403	43775	54221	29554	38139	31786	47058	55558	97555	199278	119203
（一）牲畜的饲养	633262	37365	4603	7954	9015	45890	15771	16811	19497	10689	55558	97360	193547	119203
1. 牛的饲养	447636	27999	3274	6636	5974	34589	13300	11230	15823	9119	42349	80658	105640	91045
2. 羊的饲养	57956	380	1329	1252	2681	4464	1034	1601	2615	934	5891	3198	31110	1466
3. 其他牲畜饲养														
4. 奶产品	88055	8824		66		6698	791	3971	1059	635	6785	13453	21197	24577
5. 毛绒产品	4081	2				137	66	9				52	3800	15
6. 其他牲畜副产品	35533	161			360		580				533		31800	2100
（二）猪的饲养	166057	7395	25711	9975	34201	7485	12609	18525	11985	33036			5135	
（三）家禽饲养	6634	372	1947	499	542	278	503	1003	296	1195				
1. 肉禽	4996	358	1013	418	372	165	439	868	190	1173				
2. 禽蛋	1638	14	934	81	170	114	64	134	106	21				

续表 100

项目	阿坝州	马尔康市	汶川县	理县	茂县	松潘县	九寨沟县	金川县	小金县	黑水县	壤塘县	阿坝县	若尔盖县	红原县
（四）狩猎和捕捉动物														
（五）其他畜牧业	8246	250	27	1975	17	568	671	1800	9	2138		195	595	
四、渔业	306		159		22	20	33	72						
五、农林牧渔专业及辅助性活动	53360	3670	5512	3348	4499	4301	4510	3860	3946	5159	3844	3082	4640	2989

2020 年阿坝州规模以上工业主要经济指标一览表（一）

表 101

单位：个、千元、人

甲栏分组	代码	企业单位数（个）	亏损企业	工业总产值（当年价格）	年初存货	产成品	资产总计
总计	01	136	52	18917153	1759664	775186	62903290
内资企业	02	131	52	18577766	1713570	746126	61603001
国有企业	03	2		1055455	173291		2653552
中央企业	04	1		1015695	709		1786577
地方企业	05	1		39760	172582		866975
有限责任公司	13	69	27	11161705	576202	272094	47608800
国有独资公司	14	3	2	618471	1275		7015446
其他有限责任公司	15	66	25	10543234	574927	272094	40593354
股份有限公司	16	6	1	566497	80611	42616	1487000
私营企业	17	54	24	5794109	883466	431416	9853649
私营独资企业	18	4	1	2904742	303727	100036	2339309
私营有限责任公司	20	48	23	2773614	525543	305255	7300419
私营股份有限公司	21	2		115753	54196	26125	213921
港、澳、台商投资企业	23	1		234986	46094	29060	338757
港澳台商独资经营企业	26	1		234986	46094	29060	338757
外商投资企业	29	3		104401			961532
中外合资经营企业	30	1		26850			170811
中外合作经营企业	31	2		77551			790721
二、在总计中：亏损企业	35	52	52	2826940	423709	232603	20776356
在总计中：国有控股企业	36	29	5	8027333	353050	43255	39381941
在总计中：轻工业	37	22	8	1294445	350576	212113	1990525
重工业	38	113	44	17622708	1409088	563073	60912765
在总计中：大型企业	39	1		2465399	5653		1569857
中型企业	40	6		5536399	424189	187572	5271565
小型企业	41	128	52	10915355	1329822	587614	56061868
纯小型企业	42	97	37	10118686	1254901	562851	50965207
微型企业	43	31	15	796669	74921	24763	5096661
在总计中：公有制企业	44	30	6	8045410	380147	67133	39702335

续表 101

甲栏分组	代码	企业单位数（个）	亏损企业	工业总产值（当年价格）	年初存货	产成品	资产总计
其中:国有控股企业	45	29	5	8027333	353050	43255	39381941
其中:中央企业	46	10	1	3637943	8341		28901539
地方企业	47	19	4	4389390	344709	43255	10480402
非公有制企业	48	105	46	10871743	1379517	708053	23200955
股份制企业	51	125	51	14617569	1236552	646090	56610140
外商及港澳台商投资企业	52	4		339387	46094	29060	1300289
在总计中:私营企业	53	54	24	5794109	883466	431416	9853649

2020年阿坝州规模以上工业主要经济指标一览表（二）

表 102

单位:个、千元、人

甲栏分组			资产总计							
	流动资产合计	应收账款	流动资产合计		长期股权投资	固定资产原价			累计折旧	本年折旧
			存货	产成品			房屋和构筑物	机器设备		
总计	13003232	3651277	1654149	716465	1117593	60537528	39545509	13223287	20105948	1898141
内资企业	12587984	3338004	1609069	698480	1117593	59470273	39448221	12495417	19905292	1851863
国有企业	872023	1916	130178		397040	2030225	1140037	753836	743192	84143
中央企业	471741	96			331540	1649029	759547	753836	716393	75409
地方企业	400282	1820	130178		65500	381196	380490		26799	8734
有限责任公司	6396739	1215846	611356	265459	625172	49985345	35892800	8819868	16197294	1489399
国有独资公司	201208	64415	1906			8670267	8016088	571613	2237167	222114
其他有限责任公司	6195531	1151431	609450	265459	625172	41315078	27876712	8248255	13960127	1267285
股份有限公司	436995	74795	85876	46153	74566	1155174	244393	149664	349590	35996
私营企业	4882227	2045447	781659	386868	20815	6299529	2170991	2772049	2615216	242325
私营独资企业	1985197	1430061	261047	109699		1400777	175316	1107147	1084175	48795
私营有限责任公司	2786885	599633	476870	246028	19396	4842513	1948709	1655629	1528063	191268
私营股份有限公司	110145	15753	43742	31141	1419	56239	46966	9273	2978	2262
港、澳、台商投资企业	175956	110458	44710	17985		212582	89219	118298	53503	7955
港澳台商独资经营企业	175956	110458	44710	17985		212582	89219	118298	53503	7955
外商投资企业	239292	202815	370			854673	8069	609572	147153	38323
中外合资经营企业	32514	32514				158296		137661	23838	12000
中外合作经营企业	206778	170301	370			696377	8069	471911	123315	26323
二、在总计中：亏损企业	3289889	633291	451434	243089	134656	19040202	13335951	3219619	3945204	566262
在总计中：国有控股企业	4602195	817194	294755	50125	715445	41317575	29966702	6834845	13025175	1151732
在总计中：轻工业	1201505	272992	353810	186819	60489	592336	309383	204154	206335	28038
重工业	11801727	3378285	1300339	529646	1057104	59945192	39236126	13019133	19899613	1870103
在总计中：大型企业	688960		4235			1728379	406159	442848	920195	80772

续表 102

甲栏分组			资产总计							
	流动资产合计	应收账款	流动资产合计		长期股权投资	固定资产原价			累计折旧	本年折旧
			存货	产成品			房屋和构筑物	机器设备		
中型企业	2977977	1518890	383882	191333	386106	3704617	1259496	2271661	2129728	159632
小型企业	9336295	2132387	1266032	525132	731487	55104532	37879854	10508778	17056025	1657737
纯小型企业	7851803	1571580	1184326	498689	669133	50674039	36387928	8218293	15844468	1494382
微型企业	1484492	560807	81706	26443	62354	4430493	1491926	2290485	1211557	163355
在总计中:公有制企业	4754272	824392	320999	74552	735445	41421558	29990656	6902095	13057824	1155944
其中:国有控股企业	4602195	817194	294755	50125	715445	41317575	29966702	6834845	13025175	1151732
其中:中央企业	1692491	220541	7942		647945	30639498	23938311	3435745	9001949	780178
地方企业	2909704	596653	286813	50125	67500	10678077	6028391	3399100	4023226	371554
非公有制企业	8248960	2826885	1333150	641913	382148	19115970	9554853	6321192	7048124	742197
股份制企业	9730764	1906027	1217844	588781	720553	56039271	38132868	10634434	18077925	1718925
外商及港澳台商投资企业	415248	313273	45080	17985		1067255	97288	727870	200656	46278
在总计中:私营企业	4882227	2045447	781659	386868	20815	6299529	2170991	2772049	2615216	242325

2020 年阿坝州规模以上工业主要经济指标一览表（三）

表 103

单位:个、千元、人

甲栏分组	资产总计				负债合计			所有者权益合计
	固定资产净额	在建工程	无形资产	土地使用权		流动负债合计	应付账款	
总计	38099659	4890138	714831	328385	43998509	21207906	3184920	18904781
内资企业	37239857	4890138	710601	324190	43293167	21023254	3135934	18309834
国有企业	1251674	94292	27296	19049	1022496	271076	109871	1631056
中央企业	897277	50336	24604	19049	539194	200688	105264	1247383
地方企业	354397	43956	2692		483302	70388	4607	383673
有限责任公司	32645903	4003105	258179	201391	35503315	16285286	1939957	12105485
国有独资公司	6433100	118847	4794	3011	6212068	2916657	3880	803378
其他有限责任公司	26212803	3884258	253385	198380	29291247	13368629	1936077	11302107
股份有限公司	313161	60660	18951	7114	730406	498220	83849	756594
私营企业	3029119	732081	406175	96636	6036950	3968672	1002257	3816699
私营独资企业	208047	2622	20847	20847	1022133	880346	112741	1317176
私营有限责任公司	2773521	716490	383984	74445	4916620	3023746	877510	2383799
私营股份有限公司	47551	12969	1344	1344	98197	64580	12006	115724
港、澳、台商投资企业	159079		3575	3540	61750	61750	43193	277007
港澳台商独资经营企业	159079		3575	3540	61750	61750	43193	277007
外商投资企业	700723		655	655	643592	122902	5793	317940
中外合资经营企业	127661				108345	6655		62466

续表 103

甲栏分组	资产总计				负债合计			所有者权益合计
	固定资产净额	在建工程	无形资产	土地使用权		流动负债合计	应付账款	
中外合作经营企业	573062		655	655	535247	116247	5793	255474
二、在总计中：亏损企业	13726331	1173465	421996	105956	16961169	7515710	1362483	3815187
在总计中：国有控股企业	26988959	3632720	137651	113187	28865205	12242094	1040189	10516736
在总计中：轻工业	350764	121343	64029	59760	1084586	712969	135740	905939
重工业	37748895	4768795	650802	268625	42913923	20494937	3049180	17998842
在总计中：大型企业	808184	22708	58606	57729	504379	479196	244998	1065478
中型企业	1539530	90970	83812	77044	2189552	1685176	355410	3082013
小型企业	35751945	4776460	572413	193612	41304578	19043534	2584512	14757290
纯小型企业	32678843	4722447	526844	154698	37737909	17511151	2364528	13227298
微型企业	3073102	54013	45569	38914	3566669	1532383	219984	1529992
在总计中：公有制企业	27060292	3693113	146595	116709	29128807	12432123	1069676	10573528
其中：国有控股企业	26988959	3632720	137651	113187	28865205	12242094	1040189	10516736
其中：中央企业	21069427	3220303	37221	26105	22890271	8833135	584154	6011268
地方企业	5919532	412417	100430	87082	5974934	3408959	456035	4505468
非公有制企业	11039367	1197025	568236	211676	14869702	8775783	2115244	8331253
股份制企业	35780136	4793224	662458	284294	41248538	19871832	2913322	15361602
外商及港澳台商投资企业	859802		4230	4195	705342	184652	48986	594947
在总计中：私营企业	3029119	732081	406175	96636	6036950	3968672	1002257	3816699

2020年阿坝州规模以上工业主要经济指标一览表（四）

表 104

单位：个、千元、人

甲栏分组	所有者权益合计							营业收入
	实收资本	国家资本	集体资本	法人资本	个人资本	港澳台资本	外商资本	
总计	12583183	3586000	35791	7367155	1281691	250080	62466	18174697
内资企业	12046430	3586000	35791	7142948	1281691			17798737
国有企业	1590245	1209178		381067				1143152
中央企业	1209178	1209178						1016008
地方企业	381067			381067				127144
有限责任公司	8717297	2276822	28800	5806459	605216			10782294
国有独资公司	1216832	1216832						621531
其他有限责任公司	7500465	1059990	28800	5806459	605216			10160763
股份有限公司	249538	100000		133538	16000			613485
私营企业	1489350		6991	821884	660475			5259806
私营独资企业	92921			16226	76695			2545227
私营有限责任公司	1343429		6991	772658	563780			2603218
私营股份有限公司	53000			33000	20000			111361

续表 1C4

甲栏分组	所有者权益合计							营业收入
	实收资本	国家资本	集体资本	法人资本	个人资本	港澳台资本	外商资本	
港、澳、台商投资企业	250080					250080		270210
港澳台商独资经营企业	250080					250080		270210
外商投资企业	286673			224207			62466	105750
中外合资经营企业	62466						62466	26850
中外合作经营企业	224207			224207				78900
二、在总计中：亏损企业	2759193	292171		1945173	521849			2785357
在总计中：国有控股企业	8106747	3315153		4790594	1000			7976597
在总计中：轻工业	384553	9000	1991	134539	239023			952103
重工业	12198630	3577000	33800	7232616	1042668	250080	62466	17222594
在总计中：大型企业	100000	100000						2478582
中型企业	1494074	1209178		211896	73000			4937959
小型企业	10989109	2276822	35791	7155259	1208691	250080	62466	10758156
纯小型企业	9706103	2176822	35791	6317886	925524	250080		9956180
微型企业	1283006	100000		837373	283167		62466	801976
在总计中:公有制企业	8140285	3315153		4824132	1000			7983713
其中:国有控股企业	8106747	3315153		4790594	1000			7976597
其中:中央企业	5702080	2746460		2955620				3656568
地方企业	2404667	568693		1834974	1000			4320029
非公有制企业	4442898	270847	35791	2543023	1280691	250080	62466	10190984
股份制企业	10363264	2376822	35791	6745655	1204996			14110358
外商及港澳台商投资企业	536753			224207		250080	62466	375960
在总计中:私营企业	1489350		6991	821884	660475			5259806

2020 年阿坝州规模以上工业主要经济指标一览表（五）

表 105

单位：个、千元、人

	主营业务收入	营业成本	税金及附加	销售费用	管理费用	研发费用	财务费用	利息费用	利息收入
总计	17981953	13954906	280501	325949	682358	83296	1490389	1419557	11169
内资企业	17606243	13682746	278817	322988	676662	75046	1450534	1389149	11075
国有企业	1142839	1033420	8312	72	64421		11995	12472	639
中央企业	1015695	936399	7987		47021		12177	12472	442
地方企业	127144	97021	325	72	17400		-182		197
有限责任公司	10661599	7654721	231084	133522	395620	4705	1255545	1232017	9649
国有独资公司	616795	350074	20899	2045	2788		253659	252541	26
其他有限责任公司	10044804	7304647	210185	131477	392832	4705	1001886	979476	9623
股份有限公司	609603	530930	5812	15531	25568	2185	7603	7248	110
私营企业	5192202	4463675	33609	173863	191053	68156	175391	137412	677

续表 105

	主营业务收入	营业成本	税金及附加	销售费用	管理费用	研发费用	财务费用	利息费用	利息收入
私营独资企业	2516461	2151817	14485	27473	24485	56223	34714	34716	76
私营有限责任公司	2564380	2251652	17244	120798	148486	11484	137555	100062	601
私营股份有限公司	111361	60206	1880	25592	18082	449	3122	2634	
港、澳、台商投资企业	269960	226141	1572	2961	4015	8250	-89	60	76
港澳台商独资经营企业	269960	226141	1572	2961	4015	8250	-89	60	76
外商投资企业	105750	46019	112		1681		39944	30348	18
中外合资经营企业	26850	11222	17		1531		5022	5022	
中外合作经营企业	78900	34797	95		150		34922	25326	18
二、在总计中：亏损企业	2751212	2333602	39959	67843	200733	2230	642945	589632	1079
在总计中：国有控股企业	7931430	5515983	194359	29252	220786	3415	1035932	1032299	9034
在总计中：轻工业	950295	777637	8334	51205	64088	4505	33988	30727	43
重工业	17031658	13177269	272167	274744	618270	78791	1456401	1388830	11126
在总计中：大型企业	2465399	2448168	10571		21602		-1709		1973
中型企业	4902722	4277356	29270	61324	139254	57991	70046	70638	847
小型企业	10613832	7229382	240660	264625	521502	25305	1422052	1348919	8349
纯小型企业	9833915	6671432	233736	243598	479771	25305	1290528	1227025	8189
微型企业	779917	557950	6924	21027	41731		131524	121894	160
在总计中:公有制企业	7936028	5522985	194428	29376	226189	3415	1036205	1032131	9029
其中:国有控股企业	7931430	5515983	194359	29252	220786	3415	1035932	1032299	9034
其中:中央企业	3636419	2120371	100450	2612	84204		835142	836872	3415
地方企业	4295011	3395612	93909	26640	136582	3415	200790	195427	5619
非公有制企业	10045925	8431921	86073	296573	456169	79881	454184	387426	2140
股份制企业	13946943	10497509	256020	295443	587756	18823	1403825	1341961	10360
外商及港澳台商投资企业	375710	272160	1684	2961	5696	8250	39855	30408	94
在总计中:私营企业	5192202	4463675	33609	173863	191053	68156	175391	137412	677

2020 年阿坝州规模以上工业主要经济指标一览表（六）

表 106

单位:个、千元、人

甲栏分组	资产减值损失	其他收益	投资收益	公允价值变动收益	资产处置收益	营业利润	营业外收入	营业外支出	利润总额
总计	89178	41527	72789		-6019	1376417	132317	61257	1447477
内资企业	87796	41421	72685		-6019	1332235	129318	61184	1400369
国有企业		9303	15689		-188	49736	3617	414	52939
中央企业		9303	12802		-188	34341	3503	413	37431
地方企业			2887			15395	114	1	15508
有限责任公司	70537	21399	66984		-5881	1119062	92666	35304	1176424
国有独资公司		585				-7349	4148	2756	-5957

续表 106

甲栏分组	资产减值损失	其他收益	投资收益	公允价值变动收益	资产处置收益	营业利润	营业外收入	营业外支出	利润总额
其他有限责任公司	70537	20814	66984		-5881	1126411	88518	32548	1182381
股份有限公司	11923	122	386			14441	5160	1535	18066
私营企业	5336	10597	-10374		50	148996	27875	23931	152940
私营独资企业		9323	-10410		50	234993	1291	13959	222325
私营有限责任公司	5336	1274	36			-88027	24401	9869	-73495
私营股份有限公司						2030	2183	103	4110
港、澳、台商投资企业			104			27464	1984	56	29392
港澳台商独资经营企业			104			27464	1984	56	29392
外商投资企业	1382	106				16718	1015	17	17716
中外合资经营企业	1382	106				7782	906		8688
中外合作经营企业						8936	109	17	9028
二、在总计中：亏损企业	78604	5958				1073167223	29801	14738	-559538
在总计中：国有控股企业	9821	17901	79690		-6171	1058469	38255	8728	1087996
在总计中：轻工业	-79	2373				14798	10545	297	25046
重工业	89257	39154	72789		-6019	1361619	121772	60960	1422431
在总计中：大型企业	-410	121				481	10731	73	11139
中型企业	-28	23226	4625		-138	330459	40677	36590	334546
小型企业	89616	18180	68164		-5881	1045477	80909	24594	1101792
纯小型企业	88529	18061	56462		-5881	991923	76589	20794	1047718
微型企业	1087	119	11702			53554	4320	3800	54074
在总计中：公有制企业	9821	17901	79690		-6171	1052714	39717	8730	1083701
其中：国有控股企业	9821	17901	79690		-6171	1058469	38255	8728	1087996
其中：中央企业	1038	12586	53650		-6171	563216	8251	4217	567250
地方企业	-817	5315	26040			495253	30004	4511	520746
非公有制企业	79357	23626	-6901		152	323703	92600	52527	363776
股份制企业	87796	22795	67406		-5881	1047506	124410	46811	1125105
外商及港澳台商投资企业	1382	106	104			44182	2999	73	47108
在总计中：私营企业	5336	10597	-10374		50	148996	27875	23931	152940

2020 年阿坝州规模以上工业主要经济指标一览表（七）

表 107

单位：个、千元、人

甲栏分组	资产减值损失	其他收益	投资收益	公允价值变动收益	资产处置收益	营业利润	营业外收入	营业外支出	利润总额
总计	89178	41527	72789		-6019	1376417	132317	61257	1447477
内资企业	87796	41421	72685		-6019	1332235	129318	61184	1400369
国有企业		9303	15689		-188	49736	3617	414	52939

续表 107

甲栏分组	资产减值损失	其他收益	投资收益	公允价值变动收益	资产处置收益	营业利润	营业外收入	营业外支出	利润总额
中央企业		9303	12802		-188	34341	3503	413	37431
地方企业			2887			15395	114	1	15508
有限责任公司	70537	21399	66984		-5881	1119062	92666	35304	1176424
国有独资公司		585				-7349	4148	2756	-5957
其他有限责任公司	70537	20814	66984		-5881	1126411	88518	32548	1182381
股份有限公司	11923	122	386			14441	5160	1535	18066
私营企业	5336	10597	-10374		50	148996	27875	23931	152940
私营独资企业		9323	-10410		50	234993	1291	13959	222325
私营有限责任公司	5336	1274	36			-88027	24401	9869	-73495
私营股份有限公司						2030	2183	103	4110
港、澳、台商投资企业			104			27464	1984	56	29392
港澳台商独资经营企业			104			27464	1984	56	29392
外商投资企业	1382	106				16718	1015	17	17716
中外合资经营企业	1382	106				7782	906		8688
中外合作经营企业						8936	109	17	9028
二、在总计中：亏损企业	78604	5958				1073167223	29801	14738	-559538
在总计中：国有控股企业	9821	17901	79690		-6171	1058469	38255	8728	1087996
在总计中：轻工业	-79	2373				14798	10545	297	25046
重工业	89257	39154	72789		-6019	1361619	121772	60960	1422431
在总计中：大型企业	-410	121				481	10731	73	11139
中型企业	-28	23226	4625		-138	330459	40677	36590	334546
小型企业	89616	18180	68164		-5881	1045477	80909	24594	1101792
纯小型企业	88529	18061	56462		-5881	991923	76589	20794	1047718
微型企业	1087	119	11702			53554	4320	3800	54074
在总计中：公有制企业	9821	17901	79690		-6171	1052714	39717	8730	1083701
其中：国有控股企业	9821	17901	79690		-6171	1058469	38255	8728	1087996
其中：中央企业	10638	12586	53650		-6171	563216	8251	4217	567250
地方企业	-817	5315	26040			495253	30004	4511	520746
非公有制企业	79357	23626	-6901		152	323703	92600	52527	363776
股份制企业	87796	22795	67406		-5881	1047506	124410	46811	1125105
外商及港澳台商投资企业	1382	106	104			44182	2999	73	47108
在总计中：私营企业	5336	10597	-10374		50	148996	27875	23931	152940

2020年阿坝州规模以上工业主要经济指标一览表（八）

表108

单位：个、千元、人

甲栏分组	应交税金及附加	营业收入利润率（%）	资产负债率（%）	总资产贡献率（%）	人均营业收入（万元/人）	流动资产周转率（次/年）	每百元资产实现的营业收入（元）	产成品存货周转天数（天）	应收账款平均回收期（天）	成本费用利润率（%）
总计	1246245	8.0	70.0	6.1	1403	1	29	18	72	8.8
内资企业	1269154	7.9	70.3	6.2	1392	1	29	18	68	8.6
国有企业	58453	4.6	38.5	4.5	1458	1	43		1	4.8
中央企业	46999	3.7	30.2	5.2	1441	2	57		0	3.8
地方企业	11454	12.2	55.8	3.1	1609	0	15		5	13.6
有限责任公司	1003027	10.9	74.6	6.8	1498	2	23	12	41	12.5
国有独资公司	91305	-1.0	88.6	4.8	1986	3	9		37	-1.0
其他有限责任公司	911722	11.6	72.2	7.1	1476	2	25	13	41	13.4
股份有限公司	18482	2.9	49.1	2.9	960	1	41	31	44	3.1
私营企业	189192	2.9	61.3	4.3	1262	1	53	31	140	3.0
私营独资企业	108659	8.7	43.7	14.2	2651	1	109	18	202	9.7
私营有限责任公司	76402	-2.8	67.4	1.1	854	1	36	39	83	-2.8
私营股份有限公司	4131	3.7	45.9	5.1	709	1	52	186	51	3.8
港、澳、台商投资企业	8555	10.9	18.2	9.0	1930	2	80	29	147	12.2
港澳台商独资经营企业	8555	10.9	18.2	9.0	1930	2	80	29	147	12.2
外商投资企业	-31464	16.8	66.9	1.7	4807	0	11		690	20.2
中外合资经营企业	17	32.4	63.4	8.0	3836	1	16		436	48.9
中外合作经营企业	-31481	11.4	67.7	0.3	5260	0	10		777	12.9
二、在总计中：亏损企业	138156	-20.1	81.6	0.7	835	1	13	38	82	-17.2
在总计中：国有控股企业	763480	13.6	73.3	7.0	1956	2	20	3	37	16.0
在总计中：轻工业	18461	2.6	54.5	3.7	660	1	48	86	103	2.7
重工业	1227784	8.3	70.5	6.2	1497	1	28	14	71	9.1
在总计中：大型企业	89784	0.5	32.1	6.3	1526	4	158			0.5
中型企业	196641	6.8	41.5	10.7	1585	2	94	16	111	7.3
小型企业	959820	10.2	73.7	5.7	1310	1	19	26	71	11.6
纯小型企业	987635	10.5	74.1	6.0	1302	1	20	27	57	12.0
微型企业	-27815	6.7	70.0	2.8	1424	1	16	17	252	7.2
在总计中：公有制企业	754971	13.6	73.4	6.9	1938	2	20	5	37	15.9
其中：国有控股企业	763480	13.6	73.3	7.0	1956	2	20	3	37	16.0
其中：中央企业	440739	15.5	79.2	6.2	2263	2	13		22	18.7
地方企业	322741	12.1	57.0	9.1	1755	1	41	5	50	13.8
非公有制企业	491274	3.6	64.1	4.8	1154	1	44	27	100	3.7
股份制企业	1102042	8.0	72.9	5.9	1278	1	25	20	49	8.8
外商及港澳台商投资企业	-22909	12.5	54.3	3.6	2321	1	29	24	300	14.3
在总计中：私营企业	189192	2.9	61.3	4.3	1262	1	53	31	140	3.0

表 109

2020 年阿坝州规模以上工业企业主要产品产量统计表

指标名称	计量单位	阿坝州	马尔康市	汶川县	理县	茂县	松潘县	九寨沟县	金川县	小金县	黑水县	壤塘县	阿坝县	若尔盖县	红原县
铁矿石原矿	吨	417901		417901											
石灰石	吨	16851		16851											
鲜、冷藏肉	吨	4430											1262	855	2313
冻肉	吨	98	98												
熟肉制品	吨	245	31				50								164
乳制品	吨	1442												377	1066
饮料酒	千升	543				344				199					
碳化钙（电石，折 300 升 / 千克）	吨	420426				420426									
硅	吨	114858	2770	34925	6837	58662				11664					
中成药	吨	4324		4205											119
农用薄膜	吨	4112		4112											
硅酸盐水泥熟料	吨	205702		205702											
水泥	吨	692027		692027											
商品混凝土	立方米	176527		136354											40173
石墨及碳素制品	吨	14129				14129									
铁合金	吨	63064		24264		38799									
原铝（电解铝）	吨	94986		94986											
铝合金	吨	102272		102272											
铝材	吨	2094		1365						729					
金属切削机床	台	237		237											
发电量	万千瓦时	2281909	22882	572488	415318	286200	71885	198461	8986	114595	562204	12361	3259	7326	5943
其中：太阳能发电	万千瓦时	31051								10401	4121		3259	7326	5943
水力发电量	万千瓦时	2243811	22882	570802	415318	280839	71885	198461	8986	104194	558083	12361			

2020 年阿坝州交通运输业基本情况一览表

表 110

	公路旅客运输量（万人）	公路旅客周转量（万人公里）	公路货物运输量（万吨）	公路货物周转量（万吨公里）	公路里程（公里）
全州	606	91159	2317	400832	15547
马尔康市	2	264	66	13015	1269
汶川县	388	58260	1284	249989	1087
理县	38	5687	128	21258	942
茂县	9	1378	101	13481	1426
松潘县	21	3128	152	26269	982
九寨沟县	108	16272	35	5576	794
金川县	1	76	30	4666	1511
小金县	4	650	55	5430	1575
黑水县	17	2490	12	1994	1276

续表 110

	公路旅客运输量（万人）	公路旅客周转量（万人公里）	公路货物运输量（万吨）	公路货物周转量（万吨公里）	公路里程（公里）
壤塘县	1	127	6	625	1015
阿坝县	11	1639	2	551	1140
若尔盖县	5	763	323	54971	1192
红原县	3	426	126	3007	1338

说明：客货运指标为抽样调查测算数据

2020 年阿坝州邮电业务基本情况一览表

表 111

单位：万元、户

	邮电业务总量	邮电业务收入	年末移动电话用户	年末固定电话用户	年末互联网用户
全州	902295	92459	872792	219144	335268
马尔康市	99071	9736	75730	25027	30439
汶川县	99750	9580	110380	24466	42796
理县	43923	5529	44257	13380	26337
茂县	104344	9394	111253	24711	38145
松潘县	67185	6684	72972	22655	31895
九寨沟县	78013	7684	79557	30294	44041
金川县	59825	6461	59110	12322	23124
小金县	81493	7754	80361	19192	28623
黑水县	46931	5193	37965	9983	15829
壤塘县	38896	3661	27929	5132	8940
阿坝县	71047	7640	72999	11047	16992
若尔盖县	67023	6727	58892	11544	16574
红原县	42700	5002	41081	9392	11534
州本级	2093	1415	308		

2020 年阿坝州社会消费品零售总额统计表

表 112

单位：万元

	社会消费品零售总额		
		城镇	乡村
阿坝州	968077	723841	244236
马尔康市	95457	77836	17622
汶川县	130538	115934	14604
理县	63133	44568	18565
茂县	113273	84932	28341
松潘县	64329	45635	18693
九寨沟县	103554	76434	27121
金川县	66424	62221	4203

续表 112

	社会消费品零售总额		
		城镇	乡村
小金县	66862	40379	26482
黑水县	46020	33098	12923
壤塘县	33257	25903	7354
阿坝县	65231	46778	18452
若尔盖县	74990	50339	24651
红原县	45009	23158	21851

2020 年阿坝州旅游事业发展情况一览表（一）

表 113

	计量单位	2020	2019	2018 年	2017 年	2016 年	2015 年
1、旅游资源							
世界自然遗产	处	3	3	3	3	3	3
风景名胜区	处	10	10	10	10	9	9
# 国家级	处	3	3	3	3	3	3
省级	处	7	7	7	7	6	6
A 级景区	处	47	45	26	20	13	14
#5A 级	处	3	3	3	3	3	3
4A 级	处	22	22	17	13	10	11
2、旅行社总数	家	34	32	31	31	32	32
# 经营出境旅游业务	家	2	2	2	2	1	1
# 经营入境旅游业务	家	34	30	29	29	32	32
3、星级宾馆	家	16	16	16	16	17	17
# 五星级宾馆饭店	家	3	3	3	3	2	2
四星级宾馆饭店	家	7	7	2	7	7	7
三星级宾馆饭店	家	6	6	6	6	8	8
二星级宾馆饭店	家	0		0	0	–	–
4、旅游从业人员	万人	6.5	6.4	2.9	6.7	7.4	7.4
5、旅游接待人数	万人次	3604.01	3157.1	2369.47	2909.58	3761.49	3230.57
# 国际旅游	万人次	0.62	7.52	4.03	5.28	11.23	11.11
国内旅游	万人次	3603.39	3149.58	2365.44	2904.3	3750.26	3219.46
6、旅游收入	亿元	301.14	227.58	166.71	235.72	318.44	285.09
# 国际旅游	万美元	95.07	988.22	429.68	1004.56	2554.94	1830.13
国内旅游	亿元	301.08	226.96	166.44	235.09	313.72	283.97

2020 年阿坝州旅游事业发展情况一览表（二）

表 114

单位：万人次、万元

	旅游接待人次	累计 ± %	旅游总收入	累计 ± %
全州	3604.01	14.2	3011405	32.3
马尔康市	121.00	8.0	100685	7.1
汶川县	675.20	7.6	510967	77.8
理县	552.78	−4.8	393617	−3.2
茂县	366.83	21.3	314553	40.5
松潘县	498.05	25.1	405172	15.8
九寨沟县	311.15	67.7	465230	164.2
金川县	151.86	14.6	115494	13.6
小金县	188.38	19.2	147652	26.8
黑水县	176.36	10.1	139926	8.8
壤塘县	37.65	7.0	29202	5.4
阿坝县	76.31	19.0	56275	15.8
若尔盖县	275.84	32.8	196453	23.9
红原县	172.60	−10.4	136180	−12.7

2017—2020 年阿坝州对外贸易情况一览表

表 115

单位：万美元

主要国家（地区）	2020 年			2019 年			2018 年			2017 年		
	进出口总额	出口	进口	进出口总额	出口	进口	进出口总额	出口	进口	进出口总额	出口	进口
总计	2581	1680	901	1996	1633	363	3263	2248	1015	3338	2352	985
亚洲	2133	1232	901	1624	1261	363	2570	1556	1014	2759	1774	985
# 中国香港	143	143		118	118		308	308		453	453	
日本	525	224	301	701	444	257	1172	371	801	998	218	780
尼泊尔	4	4		4	1	3						
韩国	38	38		33	33		67	67		30	30	
中国台湾	839	241	597	368	266	102	516	303	213	453	247	206
东盟	544	541	3	341	339	2	482	482		598	598	
非洲	7	7		9	9		41	41		76	76	
欧洲	55	55		49	49		234	233	1	108	108	0
# 欧盟	49	49		44	44							
拉丁美洲	26	26		9	9							
北美洲	360	360		279	279		418	418		330	330	
大洋洲				26	26					64	64	

2020 年阿坝州金融机构本外币各项存款、贷款年末余额情况一览表

表 116　　　　单位：万元

	存款年末余额		贷款年末余额
一、各项存款	7383328	一、各项贷款	3754612
1、住户存款	3157179	1、住户贷款	778060
2、非金融企业存款	980211	（1）短期贷款	234773
3、机关团体存款	2775092	（2）中长期贷款	543287
4、非银行业金融机构存款	6	2、非金融企业及机关团体贷款	2976551
二、应付及暂收款	140235	三、联行往来（净）	2281212
三、各项准备	134802	四、应收及预付款	37558
四、所有者权益	190475	五、固定资产	68025
资金来源总计	7036890	资金运用总计	7036890

2019—2020 年阿坝州保险业基本情况一览表

表 117

	单位	2020 年	2019 年
保费收入	万元	88929	79090
财产险	万元	65197	58232
人身险	万元	23732	20858
已决赔案件数	件	127510	99173
财产险	件	122409	92358
人身险	件	5101	6815
已决赔案金额	万元	42319	33453
财产险	万元	39329	31780
人身险	万元	2990	1672

2020 年阿坝州普通高等学校、中等专业学校基本情况一览表

表 118　　　　单位：人

	学校地址	毕业生数	招生数	在校学生数	教职工数	专任教师
合计	—	3730	6164	16761	1273	918
一、学院小计	—	2567	4741	13203	899	623
阿坝师范学院	汶川县	2567	3968	11335	774	516
阿坝职业学院	茂县		773	1868	125	107
二、中等专业学校小计	—	1163	1423	3558	374	295
威州师范学校	汶川县	368	508	1255	109	91
马尔康民族师范学校	马尔康市	219	242	726	47	37
阿坝州卫生学校	马尔康市	260	248	827	94	70
阿坝州中等职业技术学校	九寨沟县	316	425	750	124	97

2020年阿坝州普通中学基本情况一览表（一）

表119

单位：所、个、人

	学校数			班数			教职工数	
		初中	高中		初中	高中		专任教师数
全州	53	35	18	1026	679	347	4550	4210
马尔康市	5	3	2	89	48	41	456	400
汶川县	5	2	3	142	72	70	709	660
理县	3	2	1	35	23	12	213	193
茂县	4	3	1	107	72	35	561	536
松潘县	8	7	1	61	42	19	329	265
九寨沟县	2	1	1	77	49	28	372	337
金川县	5	4	1	64	40	24	360	333
小金县	4	3	1	70	45	25	380	364
黑水县	2	1	1	33	21	12	179	166
壤塘县	4	3	1	52	47	5	167	157
阿坝县	2	0	2	91	76	15	194	179
若尔盖县	7	5	2	129	92	37	416	414
红原县	2	1	1	76	52	24	215	206

2020年阿坝州普通中学基本情况一览表（二）

表120

单位：人

	毕业生数			招生数			在校生数		
		初中	高中		初中	高中		初中	高中
全 州	14449	9096	5353	13366	8901	4465	42699	27894	14805
马尔康市	1272	618	654	1065	450	615	3572	1674	1898
汶川县	2017	941	1076	2054	1054	1000	6141	2947	3194
理县	418	266	152	410	265	145	1261	818	443
茂县	1803	1123	680	1442	910	532	4787	3025	1762
松潘县	752	563	189	696	500	196	2132	1492	640
九寨沟县	1096	623	473	906	620	286	3055	1923	1132
金川县	676	417	259	649	437	212	2049	1278	771
小金县	1170	748	422	882	551	331	3043	1931	1112
黑水县	617	462	155	421	335	86	1406	1062	344
壤塘县	436	363	73	743	743	0	2230	2067	163
阿坝县	1109	887	222	1088	878	210	3840	3211	629
若尔盖县	2005	1365	640	1913	1373	540	5835	4103	1732
红原县	1078	720	358	1097	785	312	3348	2363	985

2020 年阿坝州小学基本情况一览表

表 121　　单位：所、人、%

	学校数	毕业生数	招生数	在校学生数	教职工数		学龄儿童入学率
						专任教师	
全州	237	9599	10611	64149	7167	6448	99.94
马尔康市	18	479	683	3706	486	393	99.57
汶川县	14	775	775	5232	734	685	100.00
理县	12	325	300	1979	469	434	100.00
茂县	19	977	1093	6841	646	616	100.00
松潘县	23	630	747	4478	697	567	100.00
九寨沟县	18	679	750	4504	524	492	99.84
金川县	23	490	631	3475	559	436	100.00
小金县	21	598	602	3894	534	524	100.00
黑水县	11	497	341	2228	393	348	100.00
壤塘县	12	833	954	5811	377	341	99.89
阿坝县	29	1228	1440	8619	697	653	99.99
若尔盖县	23	1279	1216	7500	605	536	99.86
红原县	14	809	1079	5882	447	423	100.00

2020 年阿坝州幼儿园基本情况一览表

表 122　　单位：所、个、人

	园数	班数		入园人数		在园幼儿数		教职工数	
			大班		大班		大班		专任教师
总计	276	1175	567	13247	4711	30709	14739	1908	1394
一、按县镇分：	96	721	294	8900	2273	21559	9034	1713	1272
# 教育部门和集体办	52	480	197	6372	1599	15462	6462	919	806
民办	44	241	97	2528	674	6097	2572	794	466
其他部门办									
二、按农村分：	180	454	273	4347	2438	9150	5705	195	122
# 教育部门和集体办	170	441	263	4216	2344	8942	5537	161	101
民办	10	13	10	131	94	208	168	34	21
其他部门办									

说明：班数小于园数是因为有学校没有学生

2020 年阿坝州广播、电视事业基本情况一览表

表 123　　单位：%

	广播综合覆盖率	电视综合覆盖率
全州	92.51	98.51
马尔康市	98.57	99.64
汶川县	94.40	99.49

续表 123

	广播综合覆盖率	电视综合覆盖率
理县	95.77	98.44
茂县	90.99	98.65
松潘县	91.61	98.14
九寨沟县	93.06	98.52
金川县	90.59	98.76
小金县	90.98	98.90
黑水县	91.29	96.61
壤塘县	90.07	98.38
阿坝县	89.13	98.13
若尔盖县	96.88	98.13
红原县	90.25	98.31

2020 年阿坝州卫生机构、床位、人员情况一览表

表 124　　单位:个、张、人

	医疗卫生机构数		床位数		卫生人员													
						卫生技术人员									乡村医生和卫生员	其他技术人员	管理人员	工勤技能人员
		医院、卫生院		医院、卫生院	总计	小计	卫生防疫人员数	医院、卫生院	执业医师	执业助理医师	注册护士	药师（士）	技师（士）	其他				
全州	1728	254	5381	5177	9677	7001	573	5744	1887	654	2329	265	530	1336	1370	400	429	477
马尔康市	142	19	808	786	1535	1115	132	900	357	64	440	29	89	136	95	54	169	102
汶川县	147	18	589	570	1124	773	43	660	255	41	288	25	49	115	202	48	38	63
理县	98	13	229	223	513	390	40	322	91	44	139	26	35	55	79	15	13	16
茂县	215	22	545	518	1142	825	44	648	227	74	284	40	63	137	151	51	36	79
松潘县	175	24	351	339	740	544	31	452	137	67	159	28	33	120	125	13	31	27
九寨沟县	134	20	437	429	816	620	32	542	186	50	224	30	61	69	105	33	23	35
金川县	131	26	414	410	707	519	33	433	120	77	176	17	43	86	85	63	28	12
小金县	155	23	376	346	697	470	33	384	119	70	146	14	40	81	130	36	31	30
黑水县	147	19	201	189	543	377	24	317	59	42	118	10	30	118	122	20	10	14
壤塘县	77	14	274	256	383	282	39	209	59	30	83	10	20	80	60	15	10	16
阿坝县	125	23	543	533	555	438	42	359	73	29	116	16	27	177	87	9	9	12
若尔盖县	129	20	333	317	547	362	43	284	113	33	93	14	21	88	105	8	17	55
红原县	53	13	281	261	375	286	37	234	91	33	63	6	19	74	24	35	14	16

附录

索 引

INDEX

编制说明

一、本索引为2021年卷《阿坝州年鉴》的内容分析索引。通过本索引所选的主题词条，可以对具有独立检索意义的完整资料进行检索。

二、本索引按汉语拼音字母（同音字按声调）顺序排列。索引词条用宋体字标明。数字表示该词条内容所在页码，后面的拉丁字母（a、b、c）表示栏别（从左到右）。

三、内文中的“特载”“大事记”“附录”篇目，以及彩色插页未作索引。

四、本索引内容有交叉的词条，在索引中重复出现，可以通过同一词条的不同页码进行检索。

A

B

C

E

F

G

H

J

K

L

M

N

P

Q

R

X

Y

Z